L'ESTHÉTIQUE

DE

BAUDELAIRE

André FERRAN

L'ESTHÉTIQUE
DE
BAUDELAIRE

LIBRAIRIE NIZET
3 bis, Place de la Sorbonne, Vᵉ
PARIS

A la mémoire

de ma mère et de mon père.

L'ESTHÉTIQUE DE BAUDELAIRE

On a beaucoup écrit sur Baudelaire, et l'entreprise est audacieuse, peut-être, de chercher du nouveau sur un terrain exploré par tant de curiosités érudites ou enthousiastes. Pourtant, il y a mille façons de placer la balle, et le but de ce travail est moins d'apporter de l'inédit que d'étudier la formation et l'expression d'une doctrine, d'éclairer des jugements ou des intuitions par des enquêtes menées suivant les méthodes de l'histoire littéraire. On a dit que Baudelaire avait instauré une nouvelle manière de sentir, et la phrase éclatante de Victor Hugo semble à qui la reprend aujourd'hui une redite banale. Dans l'obscure mêlée qui suit la bataille romantique et prolonge, dans la confusion, les luttes de 1830, des ambitions se dressent, des conflits se nouent, et chacun s'imagine qu'il détient la vérité. Au temps où le jeune Baudelaire entre en scène, la Révolution littéraire est accomplie : on s'avise de reconstruire et les vaincus de 1830 reparaissent à la lumière. Pourtant il flotte encore dans l'air des relents de poudre, et de jeunes écervelés s'émancipent, nourris de romantisme frelaté, mûrs pour la magie noire, le roman frénétique ou la hantise sensuelle. Baudelaire respire cette griserie excitante, et, quelque temps, s'y plonge avec délices. Mais il réagit très vite et ce sont ces réactions que nous avons voulu suivre à travers son existence et dans ses œuvres critiques. Ce n'est pas en un jour et sans effort qu'un génie se révèle. La génération spontanée est un mythe même dans le domaine de l'esprit. Baudelaire, comme tous ses frères humains, n'est compris que s'il est replacé dans son « atmosphère ». Par ses confidences, par les témoignages de ceux qui l'ont connu, par l'étude des milieux où il est né, où il s'est formé, où il a vécu, nous avons voulu situer son départ et déceler la formation de sa doctrine esthétique. Nous avons pensé que nous trouverions là le plus sûr moyen d'éclairer son œuvre si étrange et si nouvelle. Et nous avons lu les mêmes livres que lui, fréquenté les mêmes compagnons, interrogé ses amis, écouté leurs discussions. Nous avons assisté à ses débuts dans les journaux et les revues, vers 1845, à la longue gestation des *Fleurs du Mal,* à l'éclosion des premiers essais critiques. Et peut-être, si nos efforts ne nous ont pas trahi, reconnaîtra-t-on que ces recherches valaient d'être tentées.

Dès le début, nous avons noté une attitude de défense qui cache sous le paradoxe sa haine du préjugé et, sous l'outrance, son horreur du poncif. Nous avons essayé de définir l'originalité et la vertu de ce dandysme qui distingue Baudelaire de tous les dandys de parade, d'occasion ou de désir et qui cesse d'être un jeu pour devenir une force de vie intérieure. Au seuil de la vie littéraire, tout jeune encore, ce poète se fait critique pour affirmer des tendances personnelles et rêver d'un nouveau romantisme qui interprètera la modernité, tandis que s'éveille en lui le goût des beaux-arts et qu'il devient, parmi les salonniers de son temps, le plus difficile et le plus lucide des juges. A l'égard des médiocres, Baudelaire est intransigeant, et ses exécutions sont décisives. Nul ne fut plus distant que lui, et cet aristocrate, ce prince des nuées, dédaigne les conceptions étriquées ou les réalisations sans flamme. Devant ses pairs, il ne s'incline qu'à bon escient. Il fixe, sans en être ébloui, les réputations les plus assurées, et le succès d'une œuvre ne lui en impose pas plus que la célébrité d'un nom. Il semble vouloir reviser les valeurs pour n'admirer qu'à son gré, en toute indépendance, jugeant les auteurs les plus fameux, les artistes les plus entourés, d'un regard dur qui s'avise de leurs tics et de leurs tares, et découvre leurs procédés avec une perspicacité rigoureuse. Mais si le génie est sans tache, s'il ne doit rien aux rhétoriques formelles, aux prosodies laborieuses, ce critique laisse le charme opérer, et il se passionne pour ceux qui lui apportent, réalisés, ses plus beaux rêves. Sa doctrine s'affirme et s'explique, au hasard de ces rencontres merveilleuses, où il se découvre lui-même en des novateurs qui furent aussi ardents, aussi inquiets, — et aussi combattus que lui. La doctrine esthétique d'un Poe, d'un Wagner, d'un Delacroix enrichit la doctrine esthétique d'un Baudelaire. Il a certes beaucoup donné à ces méconnus dont il s'est fait le champion avec une foi désintéressée. Mais il a reçu d'eux la révélation de ce qu'il était ou de ce qu'il pouvait devenir. Et c'est pourquoi nous avons estimé qu'il ne suffisait pas d'étudier dans l'œuvre de Baudelaire, et comme en reflet, ceux qui furent les Phares de sa vie intellectuelle. Nous avons cru devoir les interroger eux-mêmes et, en pénétrant leurs secrets, nous avons mieux compris ceux de Baudelaire. A les mieux connaître, nous avons mieux saisi comment ce poète, penchant sur eux sa critique, les transforme en sa propre substance, comment il affirme ce qu'il leur doit, ce qu'il leur emprunte, ce qu'il devine en eux, — et aussi comment il se sépare d'eux pour demeurer leur égal par les vertus de son génie créateur. On a trop vécu sur des rapprochements qui tournaient vite au lieu commun ou tendaient aux artifices des vies parallèles. Ne convenait-il pas de chercher comment Baudelaire s'enthousiasme, et pourquoi il donne à cet enthousiasme une ardeur combative ? Et, d'autre part, on a loué avec une admiration justifiée certes, mais non point assez raisonnée ni assez établie, les vues modernes de ce critique, défendant ses frères de génie et de misère. Ne devait-on pas montrer que, dans cette lutte pour le triomphe d'idées nouvelles, Baudelaire ne fut pas toujours un combattant isolé, et que, s'il porta les arguments les plus lumineux, s'il interpréta, avec d'incomparables intuitions, les œuvres surprenantes de Delacroix et de Wagner, d'autres, auprès de lui, les connurent et les comprirent, sans souci des considérations officielles ? Pour montrer que Baudelaire jugea d'une vue plus haute et plus pénétrante ne fallait-il pas entrer au cœur même de la mêlée ?

Aussi bien, c'est dans le jeu de ces réactions, dans la fièvre de ces luttes, que se forme, après une intimité spirituelle avec de souverains artistes, la personnalité de Baudelaire. Les problèmes que posent l'art et la vie lui deviennent familiers et il les traite avec la netteté et l'assurance du génie. Il formule ses opinions sans égard pour les susceptibilités de ses plus chers amis. Banville ne peut le rallier à ses vertigineuses réussites et Champfleury ne le convertira jamais au réalisme. En face des écoles, devant les œuvres, condamnant le Romantisme qui s'est épuisé dans un individualisme tapageur, se riant des prosaïques élans de l'Ecole du Bon Sens ou des mascarades fardées de l'Ecole païenne, affirmant les droits divins de l'Imagination, reine des Facultés, s'élevant, devant une caricature, jusqu'à une mystique du rire, parcourant les Expositions d'un regard qui se pose infailliblement sur le chef-d'œuvre et voit plus loin que les techniques, cherchant partout l'âme qui veut se libérer dans l'expression du Beau, fuyant l'insincérité, la complication, l'obscurité, la vulgarité, rêvant de chefs-d'œuvre longuement préparés et produits d'un soudain jaillissement, Baudelaire exprime une doctrine chaque jour plus active, plus impérieuse, plus féconde.

C'est le sens de cette doctrine que s'efforce de présenter cette étude. Nous nous sommes préoccupé beaucoup plus d'analyse, peut-être, que de synthèse, assuré que la meilleure méthode pour définir une pensée, c'est d'assister, en témoin attentif, au déroulement même de sa vie. Nous n'avons pas suivi ces théories sur le plan des réalisations, estimant que ces recherches étaient d'un autre ordre et dépassaient notre dessein, et qu'au surplus, sur ce terrain, nous risquions de marcher sur des voies déjà frayées. Pour donner plus d'unité à notre travail, nous lui avons imposé ces limites et nous avons renoncé à étudier, dans l'œuvre du poète, les réalisations de la doctrine. Pourtant nous avons l'espoir que, pour les fervents de Baudelaire, notre enquête sur l'œuvre critique éclairera parfois certains aspects de l'œuvre où le théoricien s'efface devant le créateur. Que de vers des *Fleurs du Mal*, que de suggestions des *Paradis Artificiels* ou des *Poèmes en prose* s'enrichissent de sens pour qui songe à l'influence de Poe, d'Hoffmann, de Joseph de Maistre, des romans de Maturin, des drames wagnériens, des symphonies colorées de Delacroix ! Sans renoncer à l'espoir de compléter un jour notre travail, nous avons pensé que, tout modeste qu'il est, notre effort aura peut-être son utilité.

En refaisant par le souvenir la longue route parcourue, il m'est agréable de retrouver ceux qui ont montré la voie, ceux qui ont facilité les étapes et m'ont permis d'arriver au terme. Je veux leur dire ma reconnaissance, persuadé que mes seules forces n'auraient pu supporter un si lourd dessein. J'achève ces pages devant une tombe à peine refermée : je ne puis songer sans tristesse qu'Ernest Zyromski inspira ce travail et que, sans lui, je n'aurais jamais tenté cette entreprise. Je garde l'inoubliable souvenir de causeries baudelairiennes dans la campagne de Toulouse ou devant les horizons de la Haute-Ariège. A ce Maître qui m'a donné, sans compter, ses encouragements, ses conseils, son affection, j'adresse l'hommage de ma pieuse gratitude. M. le Doyen Jules Marsan sait bien ce que je lui dois et il sait aussi que je sens l'étendue de ma dette. J'ai trouvé de précieux renseignements dans sa Bibliothèque généreusement ouverte. Mais surtout j'ai rencontré, chez lui, un conseiller lucide et un appui affectueux, à un moment critique où, cédant à des forces contraires, j'allais abandonner mon effort. Sans lui, ce travail n'eût point vu le jour. Je veux placer tout près de lui, dans mes sentiments de reconnaissance, M. Daniel Mornet qui a bien voulu accepter de donner à cette étude l'appui de son autorité. Il m'a signalé des écueils que je n'aurais pas évités et je lui dois d'avoir compris quelle est, pour le présent et l'avenir, la sûre méthode de la critique littéraire.

Je n'oublierai pas ce que je dois à tous ceux qui m'ont soutenu ou donné confiance : à mes Maîtres, le Doyen Félix Durrbach, trop tôt disparu, à M. Octave Navarre, à M. Louis Delaruelle ; à mes amis Henri Jacoubet et Léon Moulin ; à tous mes camarades de *l'Archer,* et surtout à G. Gaudion, P. Voivenel, J. Douyau. Je veux remercier aussi M. Ch. Cestre, professeur à la Sorbonne et M. Dottin, professeur à la Faculté des Lettres de Toulouse, mes collègues et amis Louis Sauzin, Jean Boyer et Jean Loiseau qui m'ont éclairé sur des points où je me sentais incompétent. Je dois au wagnérien G. Servières, au grand baudelairien Jacques Crépet, à mon ami Emile Henriot, des conseils précieux, des éclaircissements, qui rendent ce travail moins imparfait. A M. Marcel Bouteron, je dois d'avoir obtenu sans peine l'autorisation de reproduire des inédits de Baudelaire, conservés au Fonds Spoelberch de Lovenjoul. La famille de Jules Buisson, M. André Buisson, Mlle Andrée Buisson, m'ont obligeamment communiqué des documents intéressant la jeunesse de Baudelaire. Avec un dévouement joyeux, mon ami André Bellivier et Mme André Bellivier ont assumé la tâche délicate de consulter pour moi des textes difficilement accessibles. Mlle J. Boulade, mes anciens élèves Mme et M. Michel Smeyers et M. Pierre Souchon, mon aimable collègue et ami A.-G. Fite, professeur à l'Université de Los Angeles et Mme A.-G. Fite, M. le chanoine Guilhem ont collaboré à des recherches longues et difficiles. L'Institut Catholique de Toulouse m'a permis l'accès de sa Bibliothèque dont les richesses sont trop peu connues, et mon camarade et ami, E. Decahors, professeur à la Faculté libre des Lettres, m'a guidé parmi des collections et des livres rares, où j'ai trouvé de précieuses documentations. M. Louis Lacroix m'a ouvert ses collections uniques et m'a donné des suggestions dictées par un sens très averti des choses de l'art. Mlle Th. Laberty, professeur au Lycée de Jeunes Filles de Toulouse, mes

amis Jean Fourcassié, Roger Durban et Lucien Escarti ont bien
voulu m'aider dans la correction des épreuves. Mlles E. Berdot
et S. Pillu ont collaboré à l'établissement de l'Index. Comment les
remercier tous de la peine qu'ils ont prise si généreusement ? Et
surtout comment leur dire la joie secrète que j'ai eue de goûter,
par eux, le réconfort de la vraie amitié ?

I

L'INVITATION AU VOYAGE

I

ATMOSPHÈRES

C'est Baudelaire qui parle : « Les milieux, les atmosphères dont tout un récit doit être trempé [1]. » On ne comprend pas Baudelaire, si on ne le replace dans le climat où sa vie se déroula depuis le premier jour. On ne peut juger son originalité — sa grandeur comme ses limites — si l'on ne respire le même air, si l'on ne vit sous les mêmes ciels. En dépit des apparences, ce dandy qui se veut impassible a vécu tragiquement son œuvre avant de l'exprimer. Quelques aveux lui échappent, bien qu'il répugne à l'étalage, et les lettres à sa mère sont, dès 1842, une mine précieuse de confidences et d'enseignements. Sa « jeunesse ne fut qu'un ténébreux orage » : il faut connaître cette jeunesse, et non par une curiosité qui se suffirait à elle-même, mais comme un moyen d'expliquer. Baudelaire s'est mêlé à d'autres jeunes gens. Il a vécu, au foyer, des jours amers. Son imagination et sa sensibilité de jeune romantique ont, vers 1835, jeté leur gourme avant de se traduire en vers. Il eut des heures agitées. Il rencontra des hommes — grands et petits. Il lut des œuvres. Il subit des influences, se cabra, se défendit. Ses réactions sont souvent mal démêlées, sans doute parce qu'on n'a pas éclairé les préludes. *Champavert* et *Trialph* autant, plus peut-être, que la *Comédie de la Mort* dictent au jeune Baudelaire des outrances dont il rougira bientôt. Son dandysme qui éblouit l'Hôtel Pimodan où fréquentent Gautier, Roger de Beauvoir et la jeunesse dorée, ce goût de la parade et de la parure que Prarond remarquait déjà à la pension Bailly [2] se transforme vite en désir ou en besoin de se singulariser autrement que par l'élégance de la toilette ou de la tenue, « les manchettes intactes » et « la canne à petite pomme d'or » [3]. Attitudes concertées ou réflexes de défense dont il faut rechercher, puis éclairer les secrets mobiles.

Charles Asselineau qui fut le témoin de cette existence et qui entreprit, le premier, d'écrire la vie de Baudelaire, affirme dès les premières pages :

Son œuvre est bien lui-même mais il n'y est pas tout entier... Derrière l'œuvre écrite et publiée, il y a toute une œuvre parlée, agie, vécue qu'il importe de connaître parce qu'elle explique l'autre et en contient, comme il eût dit lui-même, la genèse [4].

Il faut, certes, de la prudence : il est difficile de ressusciter une vie « parlée », « agie ». Les écrits seuls restent, et ils demeurent la base solide. Mais les témoignages des contemporains ont leur valeur, si l'on veut appuyer l'œuvre sur la vie. Baudelaire n'écrivit que pour se libérer : « Son procédé était la concentration » [5] ; et d'Emerson, il retient cette formule que le héros est un être qui se concentre [6]. C'est pourquoi, il convient, sinon de pénétrer dans cette âme repliée — tentative hasardeuse, — du moins d'utiliser ses propres confidences et les affirmations de ses amis pour saisir plus sûrement sa pensée et son œuvre.

Baudelaire parle quelque part de ses « ancêtres idiots ou maniaques dans des appartements solennels, tous victimes de terribles passions » [7]. Si, du côté paternel, on a pu remonter jusqu'à des ancêtres vivant sous Louis XV dans la commune de la Neuville-au-Pont, dans la Marne, et conjecturer que c'étaient de petits propriétaires aisés et sans tares manifestes [8], on n'a pu découvrir avec certitude les origines lointaines de sa mère [9]. De tares, à la vérité, ses ascendants directs ne manquaient pas et il n'est pas besoin, pour amorcer une étude psycho-physiologique de Baudelaire, de remonter dans le passé ancestral : les dangers génétiques de cette union d'une jeune fille de vingt-sept ans, à la sensibilité maladive, et d'un vieillard de soixante-deux ans, guetté par l'ictus cérébral [10], ont été signalés dans le plus précis détail. Baudelaire est, dès sa naissance, voué au déséquilibre. Il aura de la peine à exercer sur lui-même ce contrôle dont il a, pourtant, la hantise [11]. Cet état physiologique dominera sa vie littéraire. Son œuvre jaillira par effusions auxquelles, si nous en croyons les théories médicales, ne sera pas étrangère l'action excitante du mal acquis dès la vingtième année. Mais cette œuvre s'organisera lentement, retardée par les repentirs, reprise par les scrupules, arrêtée par les défaillances et les paresses. Cet écrivain qui « se délectait à la lecture de l'article où Edgar Poe... expose... avec le sang-froid d'un prestidigitateur, comment, par quels moyens précis, positifs, mathématiques, il est parvenu à produire un effet d'épouvante et de délire dans son poème du *Corbeau* [12] », ce logicien qui a « un goût passionné des méthodes de composition » tend à la régularité comme un forçat évadé à la clairière de salut. Trop de forces contraires pèsent sur lui — héréditaires ou acquises — et son découragement n'est pas veulerie mais désespoir, sa paresse n'est pas lâcheté mais impuissance. Sa vie fut, contre lui-même, une lutte sans arrêt comme sans issue. Il y a dans cet acharnement à forcer le destin une sorte d'héroïsme secret : attitude émersonienne d'un Vigny qui aurait horreur des grands mots.

On est peu renseigné sur la première enfance de Baudelaire. Lui-même répugnait à « prostituer les choses intimes de famille » [13]. Quelques brèves notes dans les *Journaux*, indications qui ont cependant une valeur précieuse :

Sentiment de solitude dès mon enfance, malgré la famille et au milieu des camarades surtout, — sentiment de destinée éternellement solitaire. Cependant goût très vif du plaisir et de la vie... [14].

ENFANCE : Vieux mobiliers Louis XVI, antiques, consulat, pastels, société dix-huitième siècle. Après 1830, le collège de Lyon, coups, batailles avec les professeurs et les camarades, lourdes mélancolies. Retour à Paris, collège et éducation par mon beau-père... [15].

Ce sentiment de solitude, à vrai dire, Charles ne l'éprouva qu'après la mort de son père. François Baudelaire était un père attentif comme il était un époux attentionné [16]. Il s'occupait de peinture et, s'il n'avait pas grand talent [17], il ne manquait pas de goût. Le titre de « peintre » lui est donné dans l'acte de baptême de son fils [18]. Ancien précepteur d'un duc de Choiseul-Praslin, — le père de ce Choiseul qui fut traduit devant la Chambre des Pairs comme assassin de sa femme, — « très distingué sous tous les rapports, avec des manières exquises, tout à fait aristocratiques », « ayant vécu dans l'intimité des Choiseul, des Condorcet, des Cabanis [19], des Mme Helvétius », « héroïque », durant la grande Révolution, puisqu'il « risqua vingt fois sa vie pour le duc et la duchesse » qui, proscrits, lui avaient confié leurs enfants [20], secrétaire de la commission administrative et contrôleur des dépenses du Sénat [21], plus tard chef de bureau au Sénat (1804-1814), il dut, après sa retraite, survenue probablement en 1814 [22], se livrer à son goût pour les beaux-arts. L'inventaire du mobilier fait à sa mort mentionne une vingtaine de pastels et de gouaches [23], en partie son œuvre, en partie l'œuvre de sa première femme, Mlle Janin [24]. Et ces visions donnent à Charles, dès l'enfance, l'amour des représentations plastiques. L'appartement de François Baudelaire était assez vaste : il prenait vue en partie sur la cour, en partie sur un jardin. Un petit piano à cinq octaves, des piédestaux supportant des statuettes : *Vénus, Apollon, Cléopâtre, Hermaphrodite*, des portraits de famille, des cadres tapissant les murs, des gravures représentant *Charles Ier*, *Agar renvoyée par Abraham, la Femme adultère*. Parmi les tableaux à l'huile de la première Madame Baudelaire l'inventaire signale une tête, deux marines, *Samuel, Mlle de la Vallière,* une bacchante, trois têtes de vieillard. Les gouaches de F. Baudelaire sont répandues un peu partout, dans le salon, dans la chambre de son fils, dans le cabinet de travail. Ce goût des images, la « grande », la « primitive passion » [25] de Charles Baudelaire, ce désir du beau, du cher, du voyant dont il signale l'obsession à maintes reprises [26], et aussi ce penchant pour la peinture qui le poussera à disserter sur la couleur, à combattre pour un Delacroix, un Manet, un Guys, ces tendances d'artiste, il les doit à ce père [27] qui avait pris soin de peindre pour lui, sur un album [28], en regard de leur nom, des arbres, des routes, des villages.

Ce sont là des ferments que François Baudelaire déposait au cœur de son fils au temps où, à travers le Jardin du Luxembourg, il le conduisait vers son ami Naigeon au Palais du Sénat [29] : goûts d'esthète, goûts d'homme du XVIIIe siècle, libertin à tous les sens du mot [30]. La bibliothèque de cet ami des philosophes comprend l'*Encyclopédie,* les œuvres de Lavater, *les Antiquités d'Herculanum,* héritées de la duchesse de Choiseul-Praslin, les œuvres de Voltaire en 92 volumes, Molière, Rabelais, le Plutarque de Mme Dacier, La Bruyère, Montesquieu, le *Contrat Social* [31]. De là chez le fils, à côté d'un sens inné de critique d'art, cette indépendance caustique à l'égard des dogmes de toute nature et aussi ce dédain d'intellectuel supérieur devant les foules stagnantes et médiocres.

Le 10 février 1827, François Baudelaire meurt. Charles a six ans. Il se réfugie dans l'amour de sa mère. Il doit à cette femme sensible et pieuse, guettée par les scrupules [32], ces élans de mysticité qu'il note dans ses *Journaux* [33] et qui s'uniront étrangement au scepticisme élégant et gouailleur qu'il tient de son père [34]. Dans sa chambre il suspend deux tableaux : l'un représente Saint-Antoine tenté par le démon dans sa solitude et l'autre offre à la place du Saint une Bacchante : le thyrse y est substitué à la croix et des amours figurent les anges. Ainsi Charles Baudelaire, physiquement et psychologiquement, est le produit de deux êtres contrastés : un vieillard sceptique, un cérébro-sensuel et une jeune femme mystique, douloureuse dans sa déchéance, ayant la nostalgie du bonheur. Du fond de ces premiers jours se lèvent les éléments confus d'un avenir.

Avant de connaître la femme, cet enfant recherche dans sa mère le mystère qui sera demain sa hantise et son tourment. Il aime cette mère avec l'emportement exclusif de la jalousie et une sorte de sensualité filiale. Son goût précoce de la femme, il l'apaise auprès de sa mère qu'il chérit « pour son élégance » [35]. Aussi, quand, le 8 novembre 1828, la veuve de François Baudelaire épouse le chef de bataillon Aupick, une crise d'âme se déclenche dans l'enfant spolié. On aurait ici beau jeu pour parler de refoulements mal contenus. Farouche Hamlet, le petit Charles voue à l'intrus une haine dont les biographes se font l'écho. Sur le sujet du second mariage de sa mère, écrit J. Buisson [36] « il était inépuisable et sa terrible logique se résumait toujours ainsi : quand on a un fils comme moi — comme moi était sous-entendu, — on ne se remarie pas. »

Viennent les premières heures de séparation, heures de solitude dont il n'oubliera pas l'amère saveur. Aupick promu lieutenant-colonel part pour Lyon. On enferme Charles à la pension Delorme. L'année suivante (1833), il est interne au Collège-Royal. Et les notes autobiographiques citées plus haut prennent tout leur sens. Enfant rétif, il se rebelle et ce sont « coups et batailles », en effet, et « lourdes mélancolies » d'une jeunesse indépendante, sans joie, sans foyer. En 1836, le colonel Aupick est appelé à l'état-major de la place de Paris. Admis comme interne à Louis-le-Grand où il entre en 3ᵐᵉ, Charles n'est pas, comme Gautier le prétend [37], un élève médiocre : « Ce que je puis affirmer, proteste sa mère [38], c'est que tout jeune il a montré une intelligence d'élite, a eu d'immenses succès dans les collèges où il a été, a eu toujours des prix, à Lyon d'abord, quand mon mari y était chef d'état-major, puis à Paris, allant toujours au grand concours où il a été couronné en vers latins en 1837 ». La vérité c'est que l'élève Charles Baudelaire fit d'honorables études et que son nom se retrouve, bien des fois cité, au palmarès de Louis-le-Grand [39] : à la fin de sa troisième, en 1837, il a non un prix mais un accessit de vers latins au concours général. Il professe du mépris pour l'histoire et ce futur traducteur d'E. Poe n'a pas de nomination en anglais. En rhétorique il a le premier prix de français mais il « ne réussit qu'en vers latins », ne faisant « pas d'efforts pour réussir dans les autres facultés » [40], sans doute parce que déjà son goût pour les constructions artificielles est satisfait par la géométrie des exercices prosodiques et parce que son tempérament littéraire se prête mal aux développements emphatiques des discours français. Le voilà mêlé à des condisciples qui plus tard apporteront leur témoignage sur cet étrange écolier : Henri Hignard, qui sera un jour doyen de la Faculté des Lettres de

Lyon, l'a connu au collège de Lyon « fin et distingué plus qu'aucun de ses condisciples » [41] ; Emile Deschanel était, à Louis-le-Grand, le complice de ses manquements aux disciplines scolaires :

Pendant les classes de mathématiques, nous passions le temps à nous écrire des bouts-rimés au courant de la plume. J'ai encore dans la mémoire quelques-uns des vers de ce temps-là, qu'il a oubliés sans doute et qui ne ressemblent pas précisément à ceux qu'il a donnés au public sous le nom de *Fleurs du Mal* [42].

C'est à Louis-le-Grand qu'il rencontre Louis Ménard qui le respectait beaucoup « parce qu'il était fort en vers latins » [43] et Charles Cousin qui le tient pour un excentrique et donnera à son départ de Louis-le-Grand des motifs peu honorables [44] — comme c'est à Lyon qu'il avait rencontré cet étrange condisciple, plus tard retrouvé au quartier latin, Songeon, baptisé Clergeon par une hôtelière de la rue Monsieur-le-Prince, « masque Kalmouk ou de la Malaisie, nez écrasé,... myope à travers ses binocles jusqu'à la cécité » et qui, au dire de Nadar, excitera la verve humoristique du poète [45]. Les maîtres, en dépit de ses succès, jugent mal « cet esprit fin » mais « pas assez sérieux », qui « n'a pas assez de gravité pour faire des études fortes » ; ils lui reprochent son affectation choquante, sa conduite dissipée, ses manières cavalières. [46] En avril 1839, il est, de fait, expulsé et une ligne de l'esquisse autobiographique note sèchement la chose puis parle d'un « voyage avec son beau-père dans les Pyrénées ». La période de la vie scolaire est, pour Baudelaire, close à cette date.

Période où déjà la Muse a parlé : les *Œuvres posthumes* [47] ont reproduit ces premiers vers. Longueurs verbeuses. Epithètes banales. Cependant déjà quelques impressions personnelles [48] et déjà, malgré qu'il en ait, cet élan vers l'amitié auquel il devra de si chers dévouements. Parfois, des notations plus fraîches, des pastiches adroits de Chénier [49], déjà une maîtrise du rythme, plus de fermeté [50]. Enfin sur le thème des luttes chaudes de l'amour, voici des sonnets déjà « baudelairiens » : sur « la belle aux yeux trop adroits » [51], ou sur « des yeux noirs flamboyants de panthère amoureuse » [52]. Là c'est la sensualité des petits auteurs du XVIIIᵉ, pressante et spirituelle, mais avec une pointe d'ardeur qu'ils n'ont pas connue. — Et ici, c'est déjà le mystère de la *Vie antérieure* :

Je suis saisi du rut sombre et mystérieux
Qui jadis transportait la Grèce langoureuse

> Quand elle contemplait, terre trois fois heureuse,
> L'accouplement sacré des Hommes et des Dieux.

Ou ce sont les balbutiements qui préludent aux poèmes mystiques des *Fleurs du Mal* : *Bénédiction, le Voyage à Cythère, De Profundis* :

> Hélas ! qui n'a gémi sur autrui, sur soi-même
> Et qui n'a dit à Dieu : Pardonnez-moi, Seigneur,
> Si personne ne m'aime et si nul n'a mon cœur.
> Ils m'ont tous corrompu : personne ne vous aime...

> ... Alors, il faut s'entourer de mystère
> Se fermer aux regards et, sans morgue et sans fiel,
> Sans dire à ses voisins : « Je n'aime que le ciel »,
> Dire à Dieu : « Consolez mon âme de la terre ! » [53].

Sans doute ce ne sont que vers de jeunesse, mêlés de rhétorique, écrits pour des camarades, inspirés par l'amitié [54]. Ce sont assurément sonnets exaltés, encore entachés de banalités, semblables à tant de vers d'écoliers promis à des carrières sans poésie et qui n'ajoutent rien à la gloire de Charles Baudelaire. Pourtant, il y a dans ces premiers vers que l'auteur des *Fleurs du Mal* ne retiendra pas, qu'il reniera sans doute et avec raison, une personnalité qui veut échapper aux banalités des romantiques sur le déclin, faiseurs de poncifs, donneurs d'aubades extatiques et déjà fanées. Mise à part la hantise de la femme, commune à tous les jeunes gens de dix-huit ans, et qui inspire toujours les premières rimes, il y a dans ces vers de collégien cette âpreté inquiète des choses de l'amour qui semble ouvrir le rideau sur cette vie double, à la fois sensuelle et sentimentale, dont plus tard Baudelaire traînera le poids. Cette « panthère amoureuse » qui appelle « les baisers furieux », il la connaîtra demain, hélas ! Et cette sensualité qui rêve de « respirer les odeurs de rivière » auprès d'une belle rouée, n'est-ce pas déjà ce trouble sexuel dont, avec tant de poèmes, les *Journaux intimes* nous livrent le secret :

Tout jeune, les jupons, la soie, les parfums, les genoux des femmes [55] ?

Mais cette première jeunesse d'abandonné et d'interne, dans le milieu familial que son imagination jalouse peuple de trahison, dans les collèges où il se replie sous un silence un peu méprisant et où il se bat « avec les professeurs et les camarades » [56], porte des traits déjà marqués. Un père vieux, aimé avec respect, idéalisé sans doute par l'illusion d'un souvenir toujours vivant, — une mère, chérie avec un exclusivisme farouche, qui lui révèle la douceur parfumée de la femme [57] mais qui, peut-être, « ne comprenant pas les desseins éternels » [58] sera toujours un peu « épouvantée » en face de ce fils inquiétant, — un beau-père, détesté comme un intrus, voleur de paix heureuse, — tels sont les personnages de ce premier drame intérieur. C'est la gratitude vouée à ce père, raffiné d'art, sceptique aux heures calmes, mais héroïque aux jours sombres [59], par qui pénètre dans les sens de Ch. Baudelaire un besoin de luxe, de volupté — et s'éveillent les goûts intellectuels du penseur, le souci fiévreux de comprendre, toutes ces tendances, frondeuses du dogme et de l'autorité, qui donnent un air voltairien au sourire de ce « fils de prêtre ». De sa mère, il reçoit — lourd héritage — cette sensibilité de Marsyas qu'accentue la disproportion d'âge des ascendants, ces instincts ou ces intuitions d'émotif, ces élans et cette angoisse du mystère qui le plongera dans l'inconnu à la poursuite du nouveau. Et cette révolte de jeune paria contre une autorité qu'il répudie effare le commandant Aupick qui, tenant la discipline pour la force du foyer, veut réduire cette fougue par l'astreinte du collège. Erreur de psychologie, certes, mais de plus habiles auraient échoué à manœuvrer cette nature imprenable, tantôt concentrée et muette, tantôt déchaînée et prête à l'esclandre. Le déséquilibre physiologique joue dès la jeunesse et crée en Charles Baudelaire, enfant et adolescent, de brusques écarts que François Baudelaire lui-même, s'il eût vécu, n'aurait pu maîtriser, tant sont forts les instincts déposés par la vie dans une âme.

Si donc l'on veut bien s'appuyer sur le petit nombre de documents qui nous viennent de ces premiers jours, les confidences des *Journaux*, des *Poèmes en prose* — souvenirs stylisés sans doute, mais qu'on ne peut révoquer entièrement et qui, d'ailleurs, sont contrôlés par les révélations des premiers vers et des affirmations de camarades ou d'amis, — on commence à définir cette âme déjà hautaine, éprise de grands desseins, amie de l'isolement, méprisant le médiocre, sensible aux images, aux milieux, aux atmosphères, aux raffinements, éprise « uniquement du plaisir d'une excitation perpétuelle » [60], mêlant en de sensuelles correspondances la recherche des voyages, des beaux meubles, des tableaux et des filles [61], déjà rêvant de ce pays où « tout est calme, luxe et volupté » et créant pour s'évader et se consoler le mystère de *la Chambre double*. Mais que de souffrances aussi : la lutte contre le tyran domestique, l'amertume de se sentir « abandonné » [62], la peur grandissante de n'être pas aimé, le désir

hélas ! déçu d'une tendresse qui l'enveloppe : « Quand je sens
en moi — écrit-il avec reproche à sa mère — quelque chose qui
me soulève, que sais-je, un violent désir de tout embrasser, une
peur de ne pas savoir acquérir de l'instruction, des craintes de
la vie, ou bien simplement un beau couchant à la fenêtre, à qui le
dire ? Tu n'es pas là... » [63]. Sa vie tout entière retentira de ces
frémissements de jeunesse. A quarante ans, il ne pensera pas
« aux collèges sans douleur, non plus qu'à la crainte que *son*
beau-père lui inspirait ». Douleur et crainte complexes d'ailleurs,
où l'imagination vient jouer peu à peu un rôle de premier plan,
pour accroître les griefs et les motifs de haine ou de division.
La vérité est qu'Aupick, loyal soldat, n'eut pas tous les torts.
Dans ces tempêtes, il y eut des accalmies. Charles écrit le 12 août
1839 [64] à son beau-père une lettre cordiale pour le féliciter de
sa nomination au grade de maréchal de camp et lui annoncer
son propre succès au baccalauréat. Il voyagera avec lui dans
les Pyrénées et, après la scène tragique du dîner officiel que
Maxime Du Camp a rapportée sans doute avec quelque exagération [65], il écrit de Creil à sa mère :

Tu te porteras bien afin que ton mari ne me reproche pas de t'avoir
rendue malade. Persuade-lui, si tu peux, que je suis non pas un grand
scélérat mais un bon garçon [66].

C'est donc par aberration de jalousie que Baudelaire se cantonne dans ce rôle d'incompris et de révolté qu'il tient avec une
sincérité croissante au point d'être la dupe de son personnage.
Vertu de cette exaltation imaginative par quoi Baudelaire est le
bourreau de soi-même, vampire de son cœur [67], et que nous signa-
lerons à chaque page d'une vie tourmentée par le démon de
l'esprit. D'étranges impulsions dicteront ses admirations comme
ses rancunes et ses amis qui le savent pardonneront : le pauvre
Ancelle pliera le dos bien souvent sous l'orage et gardera à ce
pupille rancunier tout son tendre dévouement, malgré vents et
marées, mettant toute sa vengeance à conserver et à classer les
lettres où lui et les siens sont si mal traités. Car cette révolte,
qui le met en marge du commun, est faite d'un souci de se libérer
et de se singulariser qui est à la fois réflexe d'âme en quête de
perfection et rétive volonté d'indépendance. Cette apparente brutalité couvrira souvent une timidité de scrupuleux, de malade,
de pauvre. Elle naît d'un orgueil qui, conscient d'une supériorité,
se veut dominateur au mépris des concessions ou des diplomaties
par horreur de l'utile [68]. Déjà Baudelaire aspire à de hauts

destins : le temps n'est pas loin où il écrira : « Je crois que la
postérité me concerne » [69]. Ainsi, malgré tant de rancœurs et
d'amertumes, ce Baudelaire qui fut, toute sa vie, un être d'élans
et de luttes, se redresse et, avide de vivre, plein de confiance,
rompt avec la discipline du foyer. Après un séjour à la pension
Lassègue, d'où il sort bachelier (1839), et un exil à Creil, chez
un colonel ami où il trouve en Madame Nemfray une femme
« plus tatillonne et plus maman qu'une maman » [70], il entre dans
la pension Bailly qui ouvre sur le Quartier Latin.

*
* *

« Vie libre à Paris, premières liaisons littéraires... » dit une
note baudelairienne [71]. C'est d'août-septembre 1839 à juin 1841
que Baudelaire se trouve mêlé pour la première fois avec la jeunesse qui rêve de la gloire des lettres. « La maison où s'exploitait
la pension Bailly était située dans la rue des Fossés-Saint-
Jacques [72] », l'une de ces rues que Balzac décrit dans le Père
Goriot, où « un Parisien égaré ne voyait guère que des pensions
bourgeoises ou des institutions de la misère et de l'ennui, de la
vieillesse qui meurt, de la jeunesse contrainte par besoin ou par
devoir à travailler ». Aux numéros 11 et 13 de cette rue, c'est-à-
dire au point le plus élevé de la rive gauche, le directeur de
la pension, oratorien et journaliste, « réunissait alors les écoliers
de marque sous la surveillance la plus paterne » [73]. « C'était surtout par devoir, écrit G. de Contades, que l'on travaillait à la
pension Bailly où des fils de familles aisées, venus de Paris ou
de la Province, se dirigeaient sans trop de préoccupation du
combat de la vie vers des professions sages. Le propriétaire et
directeur, M. Bailly, possédait, place de la Sorbonne, une imprimerie et une fonderie et présidait aux destinées d'un journal de
relief très modéré, l'Univers, un tout petit Univers d'avant Veuillot » [74], où collabore Melchior du Lac [75]. « En ce temps-là [76], écrit
Henry de Chennevières, Veuillot s'armait pour la lutte et Dulac de
Montvert, un instant bénédictin, soutenait presque seul le poids
de la rédaction du journal catholique. On le voyait souvent à la
pension Bailly ; on y apercevait de même à la table commune,
Montalembert, Ozanam et Charles Jourdain Sainte-Foy flanqué de
son prince polonais. De jeunes étrangers de distinction s'y rencontraient aussi, enguirlandés de leurs précepteurs, avec des airs
de curieux, tout ravis de se sentir en fête de gaîté dans un
endroit aussi grave d'apparence » [77]. Henry de Chennevières,
d'après les souvenirs de son père, nous retrace le tableau de

l'existence qu'on mène dans ce milieu si vivant. L'étiquette n'y est
austère que d'apparence et le vin qui pétille au goulot des
bouteilles fait parfois sauter le bouchon. Les plaisants y dérident
les sévères, les trompes de chasse y chantent, le soir, des fanfares
et bien avant dans la nuit, la portière, la mère Girardin, tire le
cordon aux enragés de théâtre, « spectateurs assidus des parterres de la Porte-Saint-Martin, de l'Ambigu et des drames du
Boulevard du Temple ». C'était un joyeux pêle-mêle où les joueurs
« réduits à la bouillotte purement platonique, ne dépassèrent jamais un sol la fiche ». Hôtellerie modèle et de tout repos pour
les familles [78]. Baudelaire y rencontre pour la première fois Trapadoux [79] que le père Bailly avait donné comme précepteur provi-
soire à son fils Vincent-de-Paul [80]. La maison avait une marque
littéraire et, par le guichet, entraient les muses et la fantaisie.
Le jardin, planté de beaux arbres, s'élevait en terrasse sur la
place du Panthéon et les pensionnaires pouvaient apercevoir de
l'autre côté de la rue la façade austère de l'Ecole de Droit [81].
« Chose impossible à croire, dit Henry de Chennevières, les
plus normands se trouvaient les moins assidus. Se fiaient-ils au
flair natal, pour les procès de l'avenir, ou plutôt imaginaient-ils
un emploi plus intelligent de leur matinée ? [82] ». Leurs regards
plongeaient sur l'Ecole et beaucoup d'entre eux se contentaient
de cette vue... « à vol d'oiseau » [83]. « Blondeau, Buguet, Du-
caurroy et Valette avaient beau rendre le *Digeste* le moins indi-
geste possible », les plus consciencieux ne traversent guère la place
du Panthéon « plus d'une fois par mois » [84]. Et les boules noires
les menaçaient ainsi que les remontrances familiales. Mais les
rires et les rêves avaient vite raison de ces importunes perspectives, car, « s'ils boudaient le droit à la barbe de Cujas, ces
jeunes gens faisaient une cour assidue aux lettres et aux beaux-
arts. » [85] Le jeune Baudelaire y trouve des camarades à la gaîté
sans souci, à l'amitié sans reprise : Anatole du Boulet, un Parisien, « si paresseux qu'avec tout son esprit, sa fine ironie, son
grand cœur et sa fidélité » [86] il n'a guère laissé que son nom qui
excitait la verve de ses compagnons [87] ; Ernest Prarond, venu
d'Abbeville, « grand, robuste, le visage frais, l'œil clair et lumineux,
le front large »[88] ; Louis de la Gennevraye, un enfant du Merle-
rault ; Armand et Constantin de Nettancourt, dont les parents
avaient apporté en Normandie un des plus beaux noms de la
Lorraine ; le méridional Saussine ; le Languedocien Jules Buisson ; Philippe de Chennevières, de Falaise ; Gustave Le Vavasseur,
d'Argentan [39]. « La chambrette de Saussine était changée en ate-

lier, le paysagiste Alexis Daugé y distribuait des leçons ; l'absinthe suisse y donnait le ton, on adorait Calame comme un dieu, on y vénérait Diday comme un maître » [90]. Près d'un demi-siècle plus tard, retiré dans sa retraite de Labastide-d'Anjou, Jules Buisson, ancien député de l'Aude à l'Assemblée Nationale et Mainteneur de la toulousaine Académie des Jeux Floraux, évoquera la joie du groupe en ces silhouettes rimées [91] :

Philippe-Ernest-Constant Prarond
Est un blond bourgeois d'Abbeville.
Quel honnête garçon tout rond
Philippe-Ernest-Constant Prarond !
Quand les poules des dents auront
Il pourra faire chose vile :
Philippe-Ernest-Constant Prarond
Est un blond bourgeois d'Abbeville.

Connaissez-vous bien l'ami Jean,
Jean, le vrai Jean, Jean de Falaise ?
Dans sa barbe, il s'en va, songeant.
Connaissez-vous bien l'ami Jean :
Elle est rousse et d'un ton changeant.
Comment se fait-il qu'elle plaise ?
Connaissez-vous bien l'ami Jean,
Jean, le vrai Jean, Jean de Falaise.

Qu'est donc notre ami Du Boulet ?
Aux finances surnuméraire,
A ses pieds il traîne un boulet.
Qu'est donc notre ami Du Boulet ?
Il a ce que chacun voulait :
Naître et mourir sur numéraire.
Qu'est donc notre ami Du Boulet,
Aux finances surnuméraire...

Encore quelques années et ce groupe formera l'Ecole Normande qui intriguera « les jeunes en quête de neuf, vers 1845 » et où nous retrouverons Baudelaire, aux côtés de Banville, au retour du beau voyage [92]. Pour le moment les ambitions ne dépassent pas les joyeuses facéties d'étudiants. Gustave Le Vavasseur rencontra Baudelaire, un jour qu'il était monté dans la chambre de son compatriote Louis de La Gennevraye [93]. « Nous nous liâmes d'amitié tendre », écrivit plus tard Le Vavasseur [94] ; et il énumère plaisamment les contrastes qui auraient dû les séparer et qui créèrent par opposition une sympathie réciproque : « Il était brun, moi blond, de taille moyenne, moi tout petit ; maigre comme un ascète, moi gros comme un chanoine ; propre comme une hermine, moi, négligé comme un caniche ; mis comme un secrétaire d'ambassade anglaise, moi comme un vendeur de contremarques ; réservé, moi bruyant ; libertin par curiosité, moi sage par indolence ; païen par révolte, moi chrétien par obéissance ; caustique, moi indulgent ; se tourmentant l'esprit pour se moquer de son cœur, moi laissant tous les deux trottiner comme une attelée » [95]. De son côté Baudelaire garda, au cours de son existence douloureuse, le vivant souvenir de ce Normand impénitent. Il le nomme parmi ceux qui furent « ses premières liaisons littéraires ». Et c'est lui qui signera la notice consacrée à Le Vavasseur dans *les Poètes français* d'Eugène Crépet [96] : il parlera de son goût pour la musique des rimes multipliées, de sa recherche du subtil, du contourné, de la pointe, de son intelligence égale à son cœur, de sa causerie bondissante et solide, nourrissante et suggestive, de son esprit souple « qui lui permet de tout comprendre, de tout apprécier, de tout sentir », même ce qui semblait « à première vue, le plus éloigné de sa nature » [97]. C'est que ce Normand avait pris, très vite, dans le groupe, le rôle de boute-en-train. Venu du collège d'Argentan au collège de Juilly, d'où il sortait à peine, « petiot, comme l'on disait chez ses gens, rondelet, bien portant, la figure plaisante et la mine éveillée », surnommé par ses camarades de pension « pinguis et exiguus », le petit gros, il répondait « malicieusement au sobriquet amical par un regard perçant et vif » [98]. Féru de tours d'adresse, il fut surpris, un matin, par Baudelaire en instable équilibre sur un échafaudage de chaises [99]. Son esprit avait une égale élasticité : un soir de carnaval la pension Bailly eut la primeur d'une revue en un acte dont il était l'auteur et d'une pièce : *les Saltimbanques,* dans laquelle « La Gennevraye jouait le principal rôle » et où il « représentait fort gaîment Atala, la femme sauvage » [100]. Il rajuste les tirades rimées du *Martyre de sainte Agnès,* une tragédie embryonnaire de Constantin de Nettancourt [101]. La nuit qui suit la première représentation des *Ressources de Quinola* [102], il est capable d'écrire, avec Prarond, une parodie en vers de la pièce en prose et il l'envoie à Balzac « avec la prière naïve qu'il la donn[e] lui-même à quelque théâtre » [103]. Dans un amphithéâtre ouvert, près de la pension, pour des conférences philosophiques ou littéraires « où la plus grande liberté de discussion était admise », il lit un soir un poème épique sur un *Voyage en bateau de Paris à Rouen* [104]. Une telle activité intellectuelle, cet amour passionné des tours de force [105], cette joie à voir dans les obstacles « les séductions d'une nymphe » [106], ne pouvaient manquer d'attirer Baudelaire. La liaison littéraire devint

amitié, puis, s'il faut en croire G. Le Vavasseur [107], collaboration.
Mince badinage d'ailleurs, déposé dans la boîte du *Corsaire,* chan-
son en sept ou huit couplets sur l'air du *Roi d'Yvetot* contre
Casimir Delavigne, auteur de la *Parisienne* et de l'*Ecole des
Vieillards* :

> Avec l'*Ecole des Vieillards*
> Il amassa quelques milliards
> De liards.
> Oh ! oh ! oh ! oh ! etc. [108]

Parmi les pensionnaires ou habitués de la pension Bailly, il est
trois autres amis de G. Le Vavasseur qui vont bientôt s'unir à lui
pour « faire école » et dont nous avons seulement donné les
noms. Le rôle qu'ils jouent dans la vie de Baudelaire, à cette
époque (1839-1841), nous incite à les présenter plus longuement :
leurs traits mieux fixés, leurs caractères mieux définis nous aide-
ront à déterminer l'influence que cet entourage put avoir sur le
goût littéraire ou artistique de Charles Baudelaire.

Ernest Prarond avait quitté Abbeville pour faire son droit à
Paris. C'est là qu'en 1839 il rencontre Le Vavasseur et Baudelaire
auxquels il s'attacha d'une prompte et ferme amitié. Ce Picard
solide, épris à la fois de bon sens et de style harmonieux, franchit
« sans trop de culbutes la haie des examens et la banquette irlan-
daise de la thèse » [109], de conserve avec son camarade Normand.
Mais cela ne comptait guère. Il a déjà le culte des lettres et lui
sacrifierait volontiers codes et pandectes. Dès cette période de
débuts, il possède cette « sage philosophie de la belle école française qui n'aime pas les Muses belles des blancheurs de la pâle
chlorose et qui ne dédaigne ni la simplicité, ni la gaîté, ni l'amour
de la vie » [110]. Son inspiration, dira son beau-frère Philippe de
Chennevières [111], « avait pour elle le charme d'une naïveté et d'une
grâce toutes françaises ». Et il cite quelques-uns de ces vers
écrits en 1841 où s'exhale en jolis riens le regret du vieux temps :

> Des choses qu'on n'a plus je regrette surtout
> L'amour un peu musqué, la langue de nos pères,
> Leurs modes, leur esprit, leurs nymphes, leurs bergères
> Et jusqu'aux mots vieillis qu'a laissé choir le goût :
> Elvire avait alors des *appas* et des *charmes,*
> Des mouches, des paniers, compléments superflus,
> Du rouge, une pudeur accessible aux *alarmes,*
> Des choses qu'on n'a plus... [112]

Quand Baudelaire le connut, il

> s'en allait en guerre
> Contre les mots chaque matin [113].

et Gustave Le Vavasseur a fait revivre leur commune passion pour la Poésie :

> Ce fut vers ce temps-là que d'une amour fervente
> Nous aimâmes aussi la Muse et sa servante ;...
> Nous aimions follement la Rime : Baudelaire
> Cherchait à l'étonner plus encor qu'à lui plaire [114].

Prarond se plaisait aux jeux des rimes difficiles : son acrobatie était d'autre mode que celle du Normand, équilibriste en chambre. Il s'amusait aux surprises prévues des triolets et aux échos des rimes batelées dont Nadar s'émerveillera [115]. Banville, qui s'y connaissait, ne pourra s'empêcher, plus tard, de louer cette virtuosité :

Ernest Prarond, qui date comme nous de 1840, est un des plus excellents artistes en vers de ce temps-ci : il possède à fond les secrets du rythme et de la rime, la variété des sons, les combinaisons harmoniques et le don inestimable du pittoresque, dont la perfection n'exclut chez lui ni la délicatesse ni la hauteur des pensées. [116]

D'une cadence légère, il traite, en effet, les sujets les plus variés, soucieux d'une forme aisée et d'une rime riche :

> Petits Amours, aux cuisses rondelettes,
> Musqués, léchés, caressés, bichonnés,
> Toujours culs nus, toujours à leurs toilettes,
> Peignés, lavés et de fleurs couronnés ;
>
> Petits Amours aux formes si dodues,
> Toujours hissés au poil d'un bouc barbu,
> Roulés sur l'herbe, ou, les mains étendues,
> Levant la coupe où quelque faune a bu ;
>
> Mots si jolis, vers plus jolis encore,
> Minois encor plus jolis que les mots,
> Doris, Eglé, Thémire, Mélidore,
> Noms à ravir les si jolis marmots ;
>
> Tels les dieux grands et la langue choisie
> Dont nos aïeux ont — un jour — raffolé.
> Damnerons-nous la vieille poésie
> Pour s'être prise aux petits airs d'Eglé ?
>
> Non ; loin d'ici, critiques meurtrières.
> Elle a connu Candide, Almaviva ;
> Elle a sauvé le don des douairières —
> Du temps passé... dont la race s'en va. [117]

Et plus tard, il regrettera ce temps d'insouciante jeunesse, ces années « où les femmes portaient des bonnets à la Charlotte Corday », où la mode était « des manches trouées au coude » [118] :

Ah ! le printemps de ce temps-là
Fut le plus beau depuis Bérose,
Depuis Babel, depuis la rose
Qui du Paradis s'envola...

Alors régnait le roi Philippe.
Plaisance avoisinait Paris.
Nos déserts étaient Montsouris
Et Meudon notre Pausilippe...

On évitait fort la Sorbonne,
Mais en face, chez Flicoteaux,
Où le bœuf tordait les couteaux,
L'appétit faisait la chair bonne...

Et l'on raillait beaucoup de choses
Sans scrupules, tant on avait
Ailleurs de foi, tant on vivait
Dans l'air bleu des apothéoses...

Hélas ! combien se sont éteints
Des ardents dévorant la terre ?
L'un fut préfet, l'autre est notaire.
C'est de deuil que leurs fracs sont teints. [119]

« En attendant nous chantions tous de notre mieux » poursuit Le Vavasseur : et il évoque maint épisode de jeunesse, s'efforçant de prévenir les critiques et de faire valoir les côtés séduisants du poète, son ami :

Si quelques-uns qui ne sont pas de la famille trouvent que les souvenirs évoqués sont des enfantillages et que la manière de Prarond, bien que correcte et aisée, est un peu celle de tout le monde, qu'ils relisent, entre autres, cette petite pièce dont l'éclosion et peut-être la forme définitive sont des produits de la jeunesse du poète :

SUR UN PONT, LA NUIT :

L'eau coule avec un bruit de fuite de baignoire
Sur le pont où la nuit de sombre devient noire.
Hors de l'arche elle brille en mica turbulent,
Et, sur le fleuve au loin plus tranquille et plus lent,
Une ligne de feu tremble, voie étoilée,
Fébricitante, brusque et comme flagellée.
Le silence est partout ; le talon d'un sergent
Trouble seul d'un bruit mat le calme intelligent ;
Le gars en faction songe seul dans l'espace

Et sur le pont qui dort le désœuvré qui passe
En regardant cette eau doucement se complaît
A ne penser à rien, comme un sage qu'il est. [120]

Ce « tableau parisien » dans la manière d'un Coppée fait songer à d'autres tableaux où Baudelaire mettra sa griffe de maître. Il témoigne d'une âme rêveuse, sans mélancolie surannée et ces vers, sans éclat, ont le charme de la simplicité. En 1840, on avait quelque mérite à éviter les emphases d'un romantisme abâtardi et nous ne sourirons pas trop, puisqu'elle a l'excuse de l'amitié, et qu'elle recrée toute une atmosphère, de cette apostrophe que lance à Prarond Gustave Le Vavasseur :

Réveillons-nous : voici la cloche
Qui tinte au haut de la cloison
Et fredonne gaîment l'approche
De quelque ami de la maison.

C'est Ernest : son cœur est en quête
Bien après l'heure du berger ;
Il nous demande à l'héberger,
A minuit, l'heure du poète.

Entrez, ami ; par Apollon,
Asseyez-vous jusqu'à l'aurore.
Notre taudis vaut un salon
Et nos bûches flambent encore.

Vous protestez quand nous hâblons
Pour le bon grain contre l'ivraie ;
L'amour de la vérité vraie
Habite dans vos cheveux blonds,

Et quand votre front les secoue,
Indigné du plus mince écart,
On voit monter à votre joue
Votre bon sang de franc Picard.

Sous votre chère et douce tête
Et votre sourire moqueur,
Je suis sûr qu'il est un grand cœur,
Je sais qu'il est un grand poète. [121]

Grand poète ? Assurément non, mais poète facile et charmant, nonchalant et flâneur, faisant « des haltes et des retours, fleurissant à nouveau les chemins déjà jonchés, se plaisant et s'intéressant aux élagages, aux rangements et aux alignements » [122], et, dès son départ, donnant les promesses d'une carrière heureuse et abondante. Mais son caractère s'accommodait aisément, à l'ombre du grand Baudelaire, d'une renommée de seconde zone : car ce fut un noble cœur, « modèle achevé d'élévation de sentiments, de probité et d'honneur », incapable de cette jalousie si commune pourtant chez les gens de lettres, modeste, « réservé et voilé jusqu'au scrupule » [123], figure d'homme et d'écrivain attachante entre toutes, dans ce milieu riche de jeunesse, de saine gaîté et de franche amitié où Baudelaire connut les heures les plus « libres » de son existence [124].

A la pension Bailly et à leurs rares apparitions à la Sorbonne, Ernest Prarond et Gustave Le Vavasseur rencontraient Charles-Philippe, marquis de Chennevières-Pointel, venu de Falaise [125] où il était né le 23 juillet 1820 : en 1828, Philippe et Gustave avaient déjà lié amitié dans les petites classes du collège d'Argentan [126]. La révolution de 1830 qui bouleversa le collège fit prendre à Philippe le chemin de Pontlevoy tandis que Gustave partait pour Juilly. En 1896 — deux mois avant sa mort — en une lettre charmante [127], Gustave Le Vavasseur évoquait, 65 ans après, les souvenirs de cette première enfance qui les unit de si tendre affection. « Tous deux, d'un tempérament expansif, d'une imagination vive, originale, artistes jusqu'au bout des ongles, chacun en leur manière, narrateurs séduisants, chacun aussi à leur façon orientés de même, ils devaient marcher de concert, sans se nuire l'un à l'autre, malgré leurs affinités [128] ». En 1839 tous deux sont à Paris, poursuivant les mêmes études et les mêmes chimères. Chennevières écrit lui aussi des vers — et ces essais, qui remontent à 1837, il les publiera à Caen en 1842 sous le titre : *Les vers de François-Marc de la Boussardière* [129]. Mais ce sont surtout les contes qui attireront son esprit d'observation et son imagination sans cesse en éveil. Les Goncourt le représentent caressant « toujours à l'horizon de sa pensée quelque petit conte normand ou vendéen » [130]. Quand, en 1842, il perdit l'un de ses plus chers amis, Ernest Lafontan, il alla finir son droit à Aix-en-Provence et en rapporta ses « *Historiettes baguenaudières* et le gros butin de notes » d'où il tira « le premier volume des *Recherches sur les peintres provinciaux*, c'est-à-dire le point de départ de tous [ses] travaux à venir. » [131] Il cueille ses contes au cours de ses promenades, en touriste. Tout lui est prétexte à voyage, à littérature. Et son œil d'esthète est toujours en quête de visions pittoresques ou de vestiges d'art. Ernest Prarond le montre, alerte et fureteur, aux ruines du Château-Gaillard, en Normandie, aux bords de la Méditerranée, l'œil enchanté de beaux paysages, dans une auberge de Saneville, tantôt musant sur la route d'Abbeville à Dieppe, tantôt accueilli par l'hospitalité familière d'un curé de village. La moindre halte le trouve occupé à de curieuses enquêtes et rien n'égale son bonheur quand il peut « aviser dans l'église une décollation de saint Jean-Baptiste dans laquelle saute son pas une Hérodiade éblouissante, en dame de Cour Henri III » [132]. Une telle nature devait séduire Baudelaire : sensibilité prête à goûter le beau, « esprit réfléchi, capricieux, fantasque, fantaisiste, observateur », ennemi des « grands éclats » [133], ayant un penchant à l'humour, il apportait les qualités que le jeune Baudelaire prisait le plus. Et on le verra bien quand le *Corsaire-Satan* du 4 novembre 1845 publiera l'article de Baudelaire-Dufays sur les *Contes normands de Jean de Falaise*. Comment le signataire n'eût-il pas aimé ces définitions qui étaient presque de sa manière :

Une préface est une parade que fait l'auteur devant son livre comme un paillasse devant sa toile...
— Les sans-culottes n'étaient pas en vérité si buveurs de sang que l'on dit. A dose égale, ils préféraient le vin vieux [134].

Et de même Philippe de Chennevières gardera le souvenir des sonnets que Baudelaire leur disait sur le canapé de l'appartement de Le Vavasseur et de Buisson, « sonnets d'allure verte, nerveuse, étrange et forte..., d'un coloriste et d'un descriptif hors de pair. » [135]

Ce groupe amical de poètes avait trouvé dans Jules Buisson, transplanté du Languedoc, un dessinateur et graveur [136] qui cachait des Goya sous ses pandectes [137]. En attendant d'illustrer d'eaux-fortes les *Fables* d'E. Prarond, il prenait ses amis comme modèles et burinait leurs portraits ou composait, pour leur amusement, des images « qui n'étaient pas faites pour les dames. Mais Chien-Caillou était distancé. » [138] Chennevières, dans ses *Lettres sur l'art français en 1850* [139], parle de lui avec admiration :

Qu'est-il devenu ce peintre, ce sculpteur, ce graveur, notre orgueil, l'orgueil aussi de son maître De Rudder ? Qu'est devenu notre Jules Buisson, ce fainéant plein d'ardeur dont Delacroix et Gavarni admiraient les eaux-fortes, dont Préault voulait copier en marbre tumulaire le frontispice des *Fables* de Prarond, par lequel Janin avait l'ambition de faire illustrer sa *Clarisse Harlowe* et que Balzac, le grand Balzac, remercia par un exemplaire de sa *Comédie humaine* du petit aide qu'il avait prêté à Edmond Hédouin pour décorer le boudoir de l'hôtel mignon que l'illustre moraliste possédait au haut du faubourg du Roule ? Qu'est devenu ce pinceau précoce dont la Société des Amis des Arts acheta en 1842 le premier tableau exposé, des chiens peints dans le goût de Decamps avec une habileté sans pareille, à l'âge de dix-sept ans ? Les Pyrénées, la Normandie et l'Espagne avaient, depuis, enrichi de tant de notes et d'études cette tête tourmentée et fière de son art ! Qu'allait-il naître de tout cela quand est survenue cette révolution nuisible à Dieu et aux hommes ? [140]

Ce « fainéant plein d'ardeur » sourira plus tard de cette légende qui faisait de lui un fantaisiste « ne travaillant que par intervalles et soubresauts ». Seul, Gustave Le Vavasseur, dont, au sortir de la pension Bailly, il partagea le logis au troisième de la rue de Beaune [141], avait trouvé le secret de chasser sa paresse : certain jour, il le fait peindre dix heures de suite sans interruption. Dès qu'il est à son chevalet, l'artiste devient pour ce Normand un être sacré digne d'être servi comme un Dieu: Il s'ingénie à lui épargner toute recherche, toute distraction, tout mouvement. Il devient le rapin idéal, serviteur muet ou excitateur, gardant un religieux silence ou au contraire allumant sa verve pour le ranimer au moindre signe de lassitude [142]. Parfois Baudelaire entre, s'assied longuement sur le canapé et, de sa voix contenue, dit d'étranges vers [143]. « Nous n'aurions pas soupçonné, écrira Prarond, qu'on pût faire un procès aux *Fleurs du Mal*, récitées déjà par Baudelaire dans nos vagabondages. Les libertés communes ne nous semblaient pas avoir plus à désirer ou à craindre que celle des lettres » [144].

Il est hasardeux assurément d'affirmer que la fréquentation de ces camarades ait laissé une empreinte profonde dans le goût de Baudelaire. Il est surtout difficile de mesurer cette influence. S'il n'est pas douteux que Baudelaire surprit plus d'une fois ses amis par ses habitudes et ses gestes insoucieux des contraintes sociales et des formules convenues, il est bien clair aussi que, plus ou moins, chacun d'eux fut à cette époque marqué de son signe. Quelque temps, Prarond traitera des thèmes baudelairiens [145], Le Vavasseur écrira un sonnet sur *les Chats* [146]. Chennevières est remué par l'allure nerveuse et la vigueur colorée des premiers vers du poète [147]. Jules Buisson demeure en arrêt devant ces complications d'un être qu'il sent moins simple mais plus riche qu'eux tous [148]. Et aux premières pages de son étude sur *Quelques écrivains nouveaux* [149], le porte-parole du groupe reconnaîtra, bien avant la parution des *Fleurs du Mal,* la maîtrise de son génie.

Il est, d'autre part, permis de supposer que Baudelaire trouva son compte à fréquenter ce milieu, où l'amitié lui était offerte, mêlée d'admiration, avec une franchise joyeuse, la main tendue. Jules Buisson, technicien adroit, dessinateur et graveur déjà personnel, Philippe de Chennevières, attiré par l'art, Ernest Prarond, préoccupé de formes savantes, Gustave Le Vavasseur, causeur

plein de verve, d'intelligence ouverte, formaient des auditeurs
capables de le comprendre, donc de l'intéresser. Et des échanges
d'idées, des discussions de goût ne pouvaient manquer de s'établir
aux heures où les folles exubérances laissaient place à la réflexion
et aux graves causeries. Tous aimaient les lettres et les arts avec
passion. Le lauréat de vers latins avait des partenaires dignes
de lui :

Ceux qui par obligation ou par dévotion, écrira G. Le Vavasseur [150],
s'obstinent à traduire leurs pensées en vers latins peuvent mettre au service de l'expression moderne un trésor inconnu aux illettrés et véritablement ciseler des vers antiques sur des pensées nouvelles. Dans le petit
troupeau de ces écoliers attardés, de ces rhétoriciens de persévérance, dont
Baudelaire faisait partie, Prarond mérite une place à part. Les bibliophiles privilégiés qui gardent le *Ludus secularis* à la place d'honneur de
la vitrine réservée savent à quoi s'en tenir sur l'entêtement de l'Huma-
niste révolté [151].

Plus tard, Prarond s'occupera à déchiffrer de vieilles chroniques et son érudition s'emploiera pieusement à remettre en lumière
un vieux poème latin du XVIe siècle [152]. Gustave Le Vavasseur
pouvait lui faire raison sur ce point. *La Petite Revue* du 21 avril
1866 publiera [153] une *Chanson ou prose latine* reconstituée, d'après
ses souvenirs, pour ses lecteurs curieux de tours ingénieux et rares.
Ces *Apritis mensis laudes* avec leurs rimes quadruplées :

> Ecce venustus aprilis
> Jucundus et utilis
> Venis Cybelis fertilis :
> Nunc vita serpit subtilis,

cette richesse et cette verve de latiniste n'étaient-elles pas bien
faites pour séduire celui qui devait si subtilement chanter, dans
la langue de Catulle, les mérites d'une modiste érudite et dévote ?
Des liens étroits unissent Baudelaire et cette troupe où Normands,
Picard, Languedocien vibrent de communes pensées. Et quand
— un jour prochain — chantera pour lui l'invitation au voyage,
c'est à Gustave Le Vavasseur qu'il confiera son premier trésor
poétique [154].

Baudelaire ne pouvait rester le prisonnier d'un groupe. Dès cette
époque (1840) il fréquente le « grenier » de Louis Ménard et y
rencontre les habitués, Octave Feuillet, Leconte de Lisle, Pierre
Dupont, Bocage [155]. Charles Cousin nous a donné une description

de ce cadre, bien fait pour attirer et inspirer un fidèle d'Hermès Trismégiste :

Deux petites chambres au cinquième avec balcon, place Sorbonne ; décor composite, comme les aptitudes du locataire, helléniste enragé, peintre de paysages, poète, alchimiste, mystagogue et chasseur de serpents. Des bustes, des statuettes, des ébauches, des bas-reliefs cloués aux murailles ou traînant sur chaque meuble, rien dans tout cela d'extraordinaire au quartier Latin. Les fourneaux, les matras, les tubes en trombones, les fioles inquiétantes, pleines d'or et de diamants, en préparation, auraient attiré davantage l'œil du bourgeois et son étonnement eût augmenté devant l'ornement principal du sanctuaire, cette fameuse armoire nauséabonde quoique vitrée où grouillaient dans l'alcool sous de formidables étiquettes les batraciens invraisemblables, les lézards géants et les vipères de choix assassinés à Fontainebleau.

C'est dans ce cher grenier d'où se sont envolées les heures les plus regrettées de ma jeunesse, c'est dans ce cadre étrange et sur ce fond bariolé que je retrouve l'image la plus nette de Baudelaire que j'ai le mieux connu à vingt ans, cherchant sa voie entre Villon et Ronsard, fou de vieux sonnets et de jeunes peintures, raffiné, paradoxal, bohème et dandy [156].

Avant d'habiter l'hôtel Pimodan, Baudelaire s'est installé dans l'île Saint-Louis [157] et a transporté dans un rez-de-chaussée du quai de Béthune ses bahuts, sa vieille table aux pieds tournés, ses miroirs de Venise et quelques livres, ses chats et certain lit de chêne brun, sans pieds ni colonnes. Quand ses amis vont le voir ou quand il se rend chez eux, il leur psalmodie des vers d'une voix monotone mais impérieuse qui résonne étrangement. Ce sont les rimes émouvantes adressées *à une mendiante rousse*, l'hymne à « sa négresse »,

Bizarre déité, brune comme les nuits,

et une œuvre abracadabrante qui échappait à l'analyse, où l'on voyait un roi sommer un amant de lui prêter sa maîtresse et qui, sur son refus, envoyait une armée entière la souiller sous les yeux du bien-aimé, paralysé d'horreur : « description plastique des exécuteurs de l'œuvre infâme, costumes, gestes, attitudes diverses de l'infanterie, de la cavalerie et des armes spéciales »... [158]

Louis Ménard et Charles Baudelaire avaient des idées et des convictions divergentes. Le mysticisme du païen Louis de Senneville [159] ne retentissait pas du même son que l'inquiétude chrétienne de Baudelaire : on le verra bien quand, le 3 février 1846, le *Corsaire-Satan* publiera, sous la signature de Baudelaire-Dufays, une critique du *Prométhée délivré*. Mais ces oppositions intellectuelles n'empêcheront pas Baudelaire d'être assez impartial, assez

clairvoyant et assez perspicace pour rendre hommage au talent
de son cadet. Celui-ci, dès la première heure, sera du petit nombre de ceux qui comprirent et admirèrent le nouveau venu dans
les lettres [160]. Il garda avec piété « les premiers vers de Baudelaire » qu'il publiera en tête de la notice consacrée à son ami
dans le *Tombeau de Charles Baudelaire* :

> Tout là-haut, tout là-haut, loin de la route sûre,
> Des fermes, des vallons, par delà les coteaux,
> Par delà les forêts, les tapis de verdure,
> Loin des derniers gazons foulés par les troupeaux ;
>
> On rencontre un lac sombre encaissé dans l'abîme
> Que forment quelques pics désolés et neigeux.
> L'eau nuit et jour y dort dans un repos sublime
> Et n'interrompt jamais son silence orageux...

Mais l'admiration de Baudelaire, aux premières heures, va vers
des maîtres : il nomme Gérard et Balzac dans ses brèves notes —
et tous deux, on le verra, ont posé leur, marque sur le génie
baudelairien. Baudelaire pourtant s'impose déjà par sa personnalité : « il n'avait guère plus de vingt ans qu'on parlait déjà de
lui dans le monde de la jeunesse littéraire et artistique comme
d'un poète « original »... ; sous le rapport de l'inspiration Baudelaire ne procédait de personne » [161]. Ce témoignage d'Asselineau
est accepté par la postérité. Mais Baudelaire ne pouvait échapper
aux influences : en 1840, Gérard, son aîné de treize ans, ami de
Gautier, connu dans les milieux littéraires par son goût des
voyages, ses aventures sentimentales, son élégance, ses paradoxes
charmants, son amour mystique du rêve, guetté par d'inquiétants
symptômes [162], ce Gérard, qui dans les rondes déchaînées de la
Bohème est déjà le ténébreux, le veuf, l'inconsolé pour avoir
entrevu, aux jours inoubliés de Mortefontaine, l'image dansante
d'Adrienne, ce poète aux douces tristesses, au sombre destin, dut
attirer, par le jeu fatal des affinités, le regard profond de ce jeune
homme qui, lui aussi, était obsédé d'une « vie antérieure ». Nous
ne savons comment ils se connurent [163]. Le nom de Gérard cité
parmi quelques autres, évoque, en face de Baudelaire, d'étranges
correspondances ; ce sont les mêmes fantômes qui hantent « le
rêve et la vie » de Gérard et « le spleen et l'idéal » de Charles
Baudelaire. Chez l'un c'est l'appel des chimères — impossibles à
saisir, entrevues dans ce délire inspiré que les hommes appellent
folie. Chez l'autre c'est l'extase de ces Paradis où, par une
fraude ennoblie du désir des hautes visions, le poète s'évade de

la vie médiocre. Et pour l'un et l'autre la vie est si terne et si redoutable que le seul refuge c'est la mort.

Prarond nous renseigne [164], par contre, en termes très nets sur la rencontre de Balzac et de Baudelaire. Il nous rapporte que Baudelaire se présenta à Balzac sans intermédiaire, sur un quai de la rive gauche, s'étant arrêté devant lui et s'étant mis à rire comme s'il le connaissait depuis dix ans. Balzac lui répondit par un large rire comme devant un ami retrouvé. Et les voilà cheminant ensemble, discutant, s'enchantant, ne parvenant pas à s'étonner l'un l'autre. Peut-être ce récit, relaté sur la foi de l'intéressé, est-il sujet à caution. Ce qui est sûr, c'est que Baudelaire admirait Balzac, dès sa jeunesse, et que Fontanarès, le héros des *Ressources de Quinola,* aux côtés de Vautrin, Rastignac, Birotteau, hantera son âme, amoureuse d'héroïsme moderne [165].

Baudelaire cite d'autres noms : figures qui l'ont séduit à ces heures de jeunesse promptes à s'éblouir et à s'enthousiasmer. H. de Latouche n'est évoqué que dans cette ligne brève d'auto-biographie et sans doute notre poète n'eut-il avec ce borgne perspicace, dénicheur de talents mais artiste médiocre, que de fugitives relations. « Je ne sais absolument rien des rapports de Baudelaire avec Delatouche, note G. Le Vavasseur [166]. Il devait avoir été attiré vers l'auteur de *Fragoletta* par le côté lesbien de l'ouvrage, comme vers Gautier par *Mademoiselle de Maupin,* comme vers Balzac par *la Fille aux cheveux d'or.* Malheureusement notre pauvre ami avait de ces curiosités malsaines et, plus malheureusement encore, il les prenait au sérieux ». Le « petit gros », qui avait l'âme candide, est ici dupe d'apparences. Baudelaire n'avait pas de si mauvais instincts et il est possible que le « côté lesbien » de *Fragoletta* soit tout étranger au souvenir que Baudelaire a conservé de H. de Latouche. Enfin un autre nom cité par Baudelaire est celui d'Edouard Ourliac. De celui-ci Baudelaire parle à plusieurs reprises dans *l'Art Romantique.* Il le rencontrait parfois dans la compagnie de Hugo et c'est lui qui lui fit connaître, s'il faut l'en croire, Pétrus Borel et Gérard de Nerval [167]. Il parle de lui comme d'un esprit distingué et conscien-cieux qui abusait de son temps et de son talent [168] et qui avait le tort de se moquer de Pétrus Borel, en « petit Voltaire de ha-meau à qui tout excès répugnait, surtout l'excès de l'amour de l'art » [169]. Sans doute il souriait avec lui de ceux qui recherchaient en poésie et en peinture ce faux naïf qui dégénère si vite en platitude, et il garde le souvenir de ce vers de sa composition qu'Edouard Ourliac lui citait en riant comme modèle du genre :

Les cloches du couvent de Sainte-Madeleine.

Ce n'est pas le lieu ici de parler longuement de ce petit homme au teint un peu bilieux, d'une physionomie où « le sang-froid et le pétillement se succédaient sans transition » et que marquait « incontestablement le sceau de l'intelligence » [170]. Charles Monselet a, comme Baudelaire, noté la ressemblance : « A le voir, à l'écouter surtout, écrit-il, on aurait dit un neveu de Voltaire. » [171] Il nous suffira de noter quelques traits pour deviner la prise qu'il put avoir sur le jeune Baudelaire. Ce méridional, journaliste endiablé et collaborateur de *l'Univers* [172] où, selon le mot de Balzac, il retournait l'ironie de *Candide* contre la philosophie de Voltaire, homme du coup de griffe, entouré de camarades mais sans ami, se complaisant aux plaisanteries cruelles, aimant à travailler sur le vif, « tantôt habillant l'insolence d'un vêtement de gravité, tantôt faisant traîner à la raison toutes les fanfreluches et toutes les casseroles de la Courtille », ce mystificateur impitoyable, « blagueur » et « farceur » comme un Jeune-France déchaîné, faisait, par anticipation, figure de baudelairien [173]. Ses mots fusaient et frappaient et Gautier garde le souvenir de sa première rencontre avec lui, au bal costumé de la rue du Doyenné (1833), où « Edouard Ourliac ... improvisait avec une âpreté terrible et un comique sinistre ces charges amères où perçait déjà le dégoût du monde et des ridicules humains [174] ». Arsène Houssaye l'évoque, intarissable dans les soirées de sa jeunesse, bataillant, comme Karr, à travers toutes les bêtises officielles avec une verve de pince-sans-rire sous sa face de Samson et de Deburau [175]. En 1840, aux soirées de Gavarni, il improvisait avec Albéric Second et Lorentz « d'invraisemblables et désopilantes charades ». Après H. Monnier dont les monologues-charges déchaînaient les éclats de rire, après Félix Mornand, Forgues, l'Old Nick du *National*, le Dr Aussandon, Clément Caraguel, Théophile Gautier dont « les anecdotes impossibles » et « les foudroyants paradoxes » éblouissaient l'assistance, « Ourliac offrait le bouquet à la nombreuse réunion » et savait être à la fois « le moins bruyant et le plus spirituel de la bande » [176].

**

Telles furent, à ses tout premiers débuts, les rencontres de Charles Baudelaire. Il eut cette chance d'être accueilli et compris par des camarades au cœur ouvert qui lui offrirent sans réticence leur amitié. D'autres, qui le devinèrent plus grand qu'eux et formé

d'une autre pâte, l'admiraient bien avant qu'il ne fût lui-même.
Qu'était-il donc, cet adolescent au cœur déjà meurtri, abreuvé de
déceptions et rendu distant par de précoces désillusions ? En vain
ses condisciples à Lyon ou à Louis-le-Grand, ses compagnons de
la pension Bailly veulent lui donner sa part de leur joie commune.
Il les surprend un peu par ses repliements et ses « complications » [177]. S'il les recherche, c'est par goût du paradoxe et par
l'attirance des contrastes. Mais sut-il jamais rire avec eux, lèvres
épanouies ? Déjà il jette sa gourme et se mêle à la Bohème qui
court les cabarets, du *Lapin blanc* au *Café des Aveugles*, — et
c'est dans ces milieux qu'il enrichit ses expériences de poète
maudit, par quoi son œuvre sera si pathétique, au hasard des pires
rencontres, au prix de lourdes misères. Il semble se complaire
aux extrêmes. Soucieux de toilette, il apparaît un jour à Prarond,
dans l'escalier de la maison Bailly, le cou dégagé, paré d'un gilet
très long et de manchettes soignées, une légère canne à la main,
marchant d'un pas souple et presque rythmique [178]. Le voici
maintenant mêlé à de folles équipées ou à de lamentables contacts.
Qu'il ait participé à de nocturnes expéditions qui trouvent un écho
dans certains récits de Nadar [179], cela n'aurait pas, après tout,
grande importance. Il connaît de pires aventures. La revue *La
Jeune France* publiera plus tard les stances consacrées à Sarah,
dite Louchette, la Juive de la rue Saint-Antoine, qui l'occupa,
selon Prarond, « avant l'Inde », et dont il ne « conserva pas un
souvenir clément » [180] :

> Si vous la rencontrez, bizarrement parée,
> Se faufilant au coin d'une rue égarée
> Et la tête et l'œil bas comme un pigeon blessé,
> Traînant dans les ruisseaux un talon déchaussé,
>
> Messieurs, ne crachez pas de jurons ni d'ordure
> Au visage fardé de cette pauvre impure
> Que déesse Famine a, par un soir d'hiver,
> Contrainte à relever ses jupons en plein air.
>
> Cette bohème-là, c'est mon tout, ma richesse,
> Ma perle, mon bijou, ma reine, ma duchesse,
> Celle qui m'a bercé sur son giron vainqueur
> Et qui de ses deux mains a réchauffé mon cœur. [181]

Cette pièce garde, sans doute, un écho des pitiés romantiques,
penchées sur la réhabilitation des filles perdues et contient une
vigueur et un réalisme qui dépassent déjà la truculence d'un Pétrus
Borel. Mais elle affiche un dédain pour les milieux sociaux auxquels

appartenaient les amis et la famille du poète. Baudelaire se libère
— mais avec cet éclat brutal que lui dictera toujours son désir
de scandale. Comment le général Aupick n'en eût-il pas été
effrayé ? Prarond lui-même dira plus tard ses regrets devant cette
déchéance inquiétante :

> Vous aviez l'esprit tendre et le cœur vertueux,
> Tous les biens convoités d'une amitié naïve,
> Lorsqu'une femme belle, et de naissance juive
> Vous conduisit au fond d'un couloir tortueux.
>
> Elle vous fit couler d'un doigt voluptueux
> La source des plaisirs aux égouts de Ninive,
> Elle vous fit toucher, sur sa chair toute vive,
> Du vice et de l'amour les secrets monstrueux. [182]

L'oisiveté est dangereuse pour la jeunesse. Le patrimoine de
Charles n'est pas inépuisable. Avec le consentement du conseil
de famille qui autorise un emprunt de cinq mille francs, on prend
la grave décision de l'éloigner de Paris. Mme Aupick, émue de
voir son fils négliger les saines amitiés de Gustave Le Vavasseur
et d'Ernest Prarond pour s'en aller, en perverse compagnie, vers
tous les jardins du mal [183], se décide à le faire embarquer. On
le confie à un rude et honnête marin, le capitaine Saliz [184] et il
quitte Bordeaux le 9 juin 1841 sur le *Paquebot des Mers du Sud*
en partance pour les Indes. Sur la foi des mystifications de Baudelaire on a raconté plus tard d'imaginaires péripéties sur ce
voyage qui l'aurait amené, au milieu des pires traitements, jusqu'à
Calcutta [185]. Maxime Du Camp et Gautier parleront de ce long
périple à travers les terres coloniales, Madagascar, l'Afrique méridionale, les Indes, Ceylan, le Gange [186]. La vérité est plus modeste. Prarond déjà s'était méfié [187]. Le marquis Daruty de
Grandpré avait prouvé que Baudelaire s'arrêta à Bourbon [188]. Un
article, documenté aux meilleures sources, de M. Foucque a mis
les choses au point [189]. Le 1er septembre 1841 le navire qui porte
Baudelaire et son destin aborde à Port-Louis de Maurice. Huit
passagers en débarquent et le journal local cite le nom de Charles
Baudelaire [190]. On séjourne dix-neuf jours à Maurice : il fallait
réparer une avarie survenue à un mât brisé par la tempête au
passage du Cap de Bonne-Espérance. C'est pendant cette escale
que Baudelaire fait la connaissance de M. et Mme Autard de
Bragard, auxquels il écrira le vingt octobre, de Bourbon, pour
s'excuser de leur avoir paru un peu « baroque » [191], faisant à
Mme Autard de Bragard l'hommage d'un sonnet. C'est chez les

Autard de Bragard qu'il connaît Dorothée, leur servante [192], jolie
Malabaraise, fille d'une Indienne de Bénarès, qui hantera longtemps les rêves exotiques de Baudelaire [193]. Le 19 septembre 1841
le *Paquebot des Mers du Sud* met à la voile pour Bourbon [194],
où Baudelaire demeure quarante-cinq jours, encore qu'il ait affirmé
plus tard à Leconte de Lisle : « Je n'ai jamais mis le pied dans
votre cage à moustiques, sur votre perchoir à perroquets ». Là, il
refuse de suivre plus loin le capitaine Saliz et manifeste une si
forte volonté de revenir à Paris que celui-ci dut céder, reconnaissant avec lui qu'il n'avait « aucune contrainte à exercer sur
lui pour le forcer à *le* suivre » [195]. Le 4 novembre 1841, Baudelaire appareille pour la France, à bord de l'*Alcide*, capitaine Judet
de Beauséjour.

La lettre du capitaine Saliz au général Aupick, relative au
séjour de Baudelaire à Maurice et à Bourbon et aux difficultés
que l'idée tenace du retour créa entre eux, est pleine d'enseignements sur le carctère de ce passager d'un nouveau genre.
Se piqua-t-il au jeu de mystifier ce marin, inhabile à démêler les
complications psychologiques ? Le témoignage de celui-ci affirme
l'isolement hautain où se complaisait durant le voyage ce jeune
homme hanté de la seule littérature et déterminé « à ne se livrer à
aucune autre occupation ». « Ses notions », « ses expressions
tranchantes » choquent cette rude conscience qui juge ses propos
« pénibles à entendre de la bouche d'un jeune homme de vingt ans
et dangereux pour les autres jeunes gens » du bord. Les manières
douces et amicales de Charles inspirent au capitaine un intérêt
sincère et on le sent désolé de ne pouvoir opérer une conversion
dont il était implicitement chargé. Les péripéties d'une traversée où
l'on « toucha la mort du bout du doigt », sans le démoraliser,
le dégoûtent et l'attristent. A Maurice, il n'a de « rapports qu'avec
quelques hommes de lettres inconnus dans un pays où elles occupent une place bien petite », et rien dans ce pays si nouveau ne
semble avoir éveillé son attention. Et tandis que le *Paquebot des
Mers du Sud* appareillait vers Calcutta, le 19 octobre, laissant
Baudelaire gonflé de l'espérance du retour, le capitaine Saliz s'api-
toyait, avec la tendresse des âmes rugueuses, sur le jeune poète,
« atteint de la Nostalgie, cette maladie cruelle » aux effets terribles et dont les conséquences possibles auraient rendu trop lourdes ses responsabilités.

Ces apparences étaient pourtant trompeuses. Tristesse, dégoût,
nostalgie ? Il est possible. Mais il n'est pas moins sûr que ce
voyage eut sur la vie poétique de Baudelaire un incalculable

retentissement. Ce rude contact avec une nature heureuse et libre, un pays parfumé sous les caresses du soleil, dégage à jamais le jeune homme des conventions sociales et des contraintes littéraires. Il vit ses *Orientales* et pourra juger bientôt d'un œil aiguisé par l'expérience les fausses notes des couleurs romantiques. Sans doute ce voyage, au départ, a l'apparence d'un exil. Mais quel exil attirant, quelle invitation séductrice ! Baudelaire est trop jeune encore et trop romanesque pour ne pas goûter l'ivresse de partir. Supprimons ce voyage aux îles et, du même coup, s'effacent de l'œuvre future des inspirations souveraines, quelques-unes des plus belles pièces des *Fleurs du Mal,* des plus belles pages des *Poèmes* en prose. Des images s'imposent et s'accumulent. N'est-ce pas dans les visions exotiques, autant que dans les *Contes immoraux* de *Champavert* [196], qu'il puisera ce goût pour les beautés de couleur qui de la Malabaraise le conduira, hélas ! à Jeanne Duval, mais lui inspirera, parmi tant de traverses douloureuses, tout un cycle de poèmes d'amour sensuel et mystique? Tant de beaux vers, endormis, un soir, sous les voiles et les mâts, dans son âme de passager en route vers les mers du Sud, surgiront à point nommé, avec l'enchantement des îles de soleil, avec le bourdonnement des ports qui voient, sous les chansons marines et les parfums des tamariniers, les beaux navires courant sans effort vers le large. Sons, odeurs et visions se mêlent dans sa mémoire en de fécondes correspondances. Ainsi s'expliqueront bien des gestes et des goûts de sa vie excentrique, cet amour bizarre pour les fruits noyés en des sauces vertes où il recherchera l'illusion de confiseries exotiques [197]. Plus tard il avouera lui-même : « Il est présumable que je suis moi-même atteint quelque peu d'une nostalgie qui m'entraîne vers le soleil, car de ces toiles lumineuses [de Fromentin] s'élève pour moi une vapeur enivrante qui se condense bientôt en désirs et en regrets. Je me surprends à envier le sort des hommes étendus sous ces ombres bleues et dont les yeux qui ne sont ni éveillés, ni endormis n'expriment, si toutefois ils expriment quelque chose, que l'amour du repos et le sentiment du bonheur qu'inspire une immense lumière » [198]. De là son goût pour les savanes et les prairies de Catlin où les sauvages du Nord-Amérique dressent leurs silhouettes de dandys patriciens [199]. Son esthétique prend vie et se rapproche du réel pour nourrir le rêve.

L'horizon grandit. L'avenir est désormais lourd de thèmes et d'harmonies. Si Baudelaire n'avait vu la mer qu'à Honfleur, eût-il découvert ces images tendues jusqu'à l'infini, qu'on ne peut goûter pleinement que si l'on a vécu un jour, quelque part entre deux miroirs qui se conjuguent dans le lointain, sans profil étranger, dans l'indépendance de la solitude :

Homme libre, toujours tu chériras la mer...

La postérité doit au général Aupick une reconnaissance qu'il n'a pas cherchée, lui qui songeait seulement à imposer à un jeune homme en mal de frasques et de gaspillage un temps de solitude et de méditations sur un bateau sans confort. Grâce à l'énergique méthode de ce tuteur vertueux, Baudelaire a vogué vers des îles merveilleuses qui conservent encore avec fierté le souvenir de son passage. Il a respiré l'âpre brise de mer. Et souvent, au cours des voluptés artificielles, il essaiera de ressusciter ces émotions inoubliées, par un rêve d'infini qui le conduira, très loin, « quelque part, hors du monde. » [200] C'est pourquoi, après ce voyage, Baudelaire, grandi par l'aventure, mûri par l'expérience, fera aisément figure d'être supérieur au milieu de ses amis retrouvés. Non parce qu'il a beaucoup vu, mais parce qu'il a beaucoup retenu. Pour un être de sa qualité un tel voyage ne pouvait être sans profit. Son chant oriental s'enrichira du son de la vie. Son exotisme, dépassant les jongleries rythmiques du romantisme, aura ce charme des choses plus lointaines que notre curiosité juge un peu étroit même dans l'*España* de Gautier. Que de souvenirs tombés dans cette âme ouverte : négresses aux toisons de ténèbres, sous les odeurs de coco, de musc et de goudron, chants de couleurs, bariolages de timbres, caresses de rythmes et de parfums. Les Correspondances s'appellent dans le kaléidoscope du voyage. Baudelaire est né.

L'absence dura du 9 juin 1841 aux premiers jours de février 1842. En avril, Baudelaire est majeur. Aupick lui rend des comptes : l'héritage paternel est partagé entre les deux frères, Claude et Charles. Riche d'un capital de 75.000 francs, Charles, qui a quitté le quai de Béthune pour la rue Vaneau, s'installe, à la fin de 1842, quai d'Anjou, 17, à l'hôtel Pimodan. Il a retrouvé intacte l'amitié des anciens pensionnaires du père Bailly et il s'épanouit au récit des sages ambitions des jeunes fondateurs de l'Ecole Normande [201]. Le Vavasseur et Buisson vivent ensemble dans un modeste appartement de la rue de Beaune et la joie confiante de ces compagnons n'a pas connu de nuage. Ce « logis commun était le centre quotidien des réunions amicales. L'affection était égale, la confiance égale entre tous... Rien ne se faisait à l'Ecole

Normande comme ailleurs. Elle n'avait même pas de devise. Devise implique prévoyance, dépendance du but [202] », et cette jeunesse était imprévoyante et indépendante. Le programme cependant, selon Jules Buisson, aurait pu se formuler : « le Beau pour le Beau, le Bien pour le Bien, l'un et l'autre par l'amitié » [203]. Le groupe normand a quelque notoriété dans les milieux d'étudiants et de rimeurs : il intrigue les jeunes, en quête de nouveau [204] :

Notre petite éclosion, écrira Le Vavasseur [205], fit son petit bruit, semblable à un roulement de tambour promptement interrompu, plus vite encore oublié. La foire aux idées se tenait déjà sous les galeries de l'Odéon. Paul Masgana préludait à Marpon et aux autres. Nous avions nos amis et quelques camaraderies parmi les folliculaires. Errant chasseur de la Chimère, Privat d'Anglemont nous berçait de rimes en nous abusant de triomphes imaginaires ; quelques grincheux nous traitaient d'inconvenants, de mirlitonniers et d'évaporés... [206]

Baudelaire fréquentait assidûment au Cénacle de l'Ecole Normande [207]. Un jour, Prarond et Le Vavasseur proposent à Baudelaire de publier, à frais communs, un recueil de vers. Ce sera, à défaut de manifeste d'Ecole, une preuve d'existence et de vitalité. Baudelaire accepte d'abord et propose d'associer, comme quatrième participant, son ami de collège Auguste Dozon, étrange garçon qui « écrit, sous le pseudonyme d'Argonne, des pièces très vigoureuses de pensée, très lourdes d'expression, qui semblent d'un demi grand poète et comme gauchement établies sur quelque puissante charpente de Baudelaire. » [208] Fils d'un député de Paris, au temps du roi Louis-Philippe, il avait le don des langues et sa curiosité philologique, le détournant de la passion de rimer, le jettera dans d'invraisemblables études : en 1844, il apprend le Javanais avec un prince de Java dépossédé par les Hollandais et pensionné par eux à Paris. Il saura plus tard les langues des Balkans et de la Grèce moderne. [209] Ce collaborateur, appuyé par un tel garant, fut accepté d'enthousiasme. Bientôt Baudelaire remet ses manuscrits : « C'était, dit Gustave Le Vavasseur, l'ébauche de quelques pièces insérées depuis dans *les Fleurs du Mal.* » [210] Sur quelques observations que lui présente son ami, Baudelaire, sans se fâcher ni dire un mot, retire sa part de collaborateur. Et si le recueil renferme des vers qui ont pu faire illusion à certains commentateurs, aucune preuve n'est apportée que Baudelaire y collabora. « Son étoffe, constate avec modestie Le Vavasseur, était d'une autre trame que notre calicot et nous parûmes seuls » [211], et il ajoute ailleurs :

3

Un garçon de beaucoup de sens, qui serait devenu un grand critique et dont le filet de voix défendait à quelque temps de là avec de bonnes raisons et un grand courage les *Burgraves* contre la *Lucrèce* de Ponsard, fanfarée au berceau par le clairon de Ricourt, Jacques Chaudesaigues, mort prématurément, nous fut clément et doux. Il ne put s'empêcher toutefois d'écrire que de notre premier essai, on ne pouvait induire si nous serions de grands poètes. Nous lui en voulûmes un peu de cette restriction.

Chaudesaigues avait raison [212].

Peu à peu, après cette aventure, le charme se rompt entre eux et Baudelaire. Certes ils chemineront encore ensemble et ils collaboreront quelque deux ou trois ans plus tard au *Corsaire-Satan*. Ils se retrouveront, côte à côte, aux journées de juin 1848 et Baudelaire pérorant, déclamant, avide de martyre, leur fera sentir ses mains noires de poudre. [213] Mais leur goût qui mûrit les sépare chaque jour davantage. — Prarond fera des vers faciles et plus élégants que profonds, s'amusant à des *Fables* ou modulant des *Airs de flûte sur des motifs graves*. Les Goncourt, quand il s'exercera à la critique, le trouveront « trop modeste, trop bienveillant » et ne séparant pas « assez brutalement le bon grain de l'ivraie [214] » : vertus d'indulgence qui ne sont guère dans la manière baudelairienne. — Le bon Gustave tournera de plus en plus son inspiration vers l'amour de sa province, chantant l'Arnette, le cidre et les grands prés verts où

le soleil fait la cour aux pommiers qui fleurissent. [215]

Il écrira une vie enthousiaste de Pierre Corneille et des triolets sur les gens de Vire [216]. Il ne rêve pas d'aventures ni de paradis artificiels. Le temps n'est pas loin où la vie va disperser le groupe. Après 1848, Le Vavasseur revenu dans sa Normandie s'y enracinera pour de longs jours. Maire de la Lande de Gougé depuis 1849, conseiller d'arrondissement depuis 1852, il mènera dans ses terres la vie du sage de Vérone. — Prarond ira vers Abbeville méditer sur les vieilles archives, Jules Buisson fera de la politique et Castelnaudary l'enverra siéger, comme député, à l'Assemblée nationale où il caricaturera ses collègues. Le marquis de Chennevières [217] chantera le regret de ces neiges d'antan dans une lettre à Le Vavasseur :

L'émeute maudite a chassé de Paris le bon grain pour ne garder que l'ivraie : son tourbillon vous a tous enlevés : Prarond vers Abbeville, toi, vers Argentan, le pauvre peintre vers Castelnaudary et, s'il a jeté sa palette aux orties, vous n'avez pas de pierre à lui lancer vous, deux poètes, aux muses desquels le pays natal a collé des ailes de prose.

Mais, du fond de leur province, les anciens commensaux de la pension Bailly et de Flicoteaux gardaient le souvenir et le culte de celui qui était leur maître à tous. Seul Chennevières, fonctionnaire, arrivé à de hautes places, Inspecteur des Musées de province, avant de devenir Directeur des Beaux-Arts, Officier de la Légion d'honneur et membre de l'Institut, reniera un jour, vers 1871, en une séance de l'Académie de Bellème qu'il avait fondée, la « lesbiennerie immonde, pâture faisandée de ces vingt dernières années » dont Baudelaire pourtant avait tiré de si pathétiques résonances [218]. Trouvons-lui une excuse : Baudelaire n'était pas un sujet académique et ses outrances comme ses paradoxes avaient fâcheusement compromis, aux yeux officiels, la justesse et la profondeur de son esthétique. Mais ne quittons pas, sans le salut qu'on doit aux sentiments sincères, ces amis des premières heures, fidèles dans les mauvais jours, qui placèrent leur affection au-dessus des injustices des hommes et des rigueurs de la destinée.

*
* *

L'atmosphère de l'Ecole Normande ne pouvait, à la vérité, suffire à Baudelaire, jeune homme à peine majeur mais riche d'avoir traversé tant de milieux, vécu sous tant de climats, rêvé sous tant de ciels. Son expérience lui dicte l'impatience de tout voir et de tout connaître. De plus en plus, il s'émancipe, à tous les sens du mot, ivre d'indépendance et de plaisirs. Il rencontre, vers 1842, [219] une fille de couleur, figurante dans un petit théâtre qui avoisine le Panthéon : liaison qu'il croit, comme tant d'autres, sans conséquence, mais qui va enchaîner ses sens et tourmenter sa vie. Il fréquente les cafés du Quartier Latin, où la Bohème littéraire s'agite, pérore beaucoup et consomme peu : la Rotonde, au coin occidental des rues Hautefeuille et de l'Ecole de Médecine, où Mürger et son entourage demandent un verre, de l'eau et un gloria quand l'un d'eux a dix sous ; le café Tabourey, « l'Odéon des Cafés », où, avec Banville, Barbey d'Aurevilly et d'autres poètes du genre flamboyant, il va surprendre, dans leur quartier général, Ponsard et les principaux adeptes de l'Ecole du Bon Sens, acharnés contre le romantisme déjà en désarroi ; la Taverne ; le Café Soufflet ; le Prado d'été, rue de la Gaîté, au quartier Montparnasse, où l'on danse trois jours la semaine et dont les fenêtres donnent sur le cimetière du Sud ; enfin et surtout le Café Momus, 15, rue des Prêtres-Saint-Germain-l'Auxerrois, où il s'attable, « étrange mais captivant » [220], et coudoie une pléiade d'hommes de lettres en mal d'inspiration ; reçu là par un limona-

dier, courtisan des muses, dont la femme assez jolie prend, derrière le comptoir, des airs de déesse exilée, il retrouve Mürger
et son groupe, Champfleury à la moustache de chat, le romancier
André Thomas, le joufflu Monselet, Jean Journet, pharmacien de
Carcassonne et apôtre du Phalanstère, le chansonnier Pierre Dupont,
Fauchery [221] qui tient le burin tout en aspirant à la plume, Gérard
de Nerval qui raconte ses voyages d'Orient avant de les écrire,
le bibliophile Asselineau avec son éternelle cravate blanche, le
peintre réaliste Bonvin, le puissant comédien Rouvière, en ces
temps élève de Delacroix, l'archi-bohème Privat d'Anglemont et
parfois, rare et barbu comme un Dieu, Arsène Houssaye, qui sera
demain [222] directeur de *l'Artiste*. C'est l'époque où s'affirme la
renommée littéraire du divan Le Pelletier dont Edmond Texier,
Laurent Jan et Chenavard furent les fondateurs [223] :

> Ce fameux divan est un van
> Où l'on vanne l'esprit moderne.

Là, ce sont, tous les soirs, théories transcendantes sur l'art,
discussions politiques de haute portée. Chenavard, venu de Lyon,
pour qui Baudelaire éprouvera tant de sympathie [224], expose son
éternelle idée de l'inutilité des arts et du travail et semble prendre
à tâche de mériter son surnom de Décourageateur Ier. Un bourgeois qui fût entré par hasard se fût trouvé écrasé entre la double
machine à paradoxes de M. Texier et de M. Laurent Jan « comme
dans les engrenages d'une machine à vapeur ». Et quelle variété
de types offre ce milieu où des bohèmes, en mal d'orientalisme,
« voulaient vivre à la turque, évoquant un harem d'occasion » et
qu'un censeur morose avait surnommé le *Club des Fumeurs
d'opium* [225] ! C'est Roger de Beauvoir, Gérard de Nerval, c'est Lerminier qui a l'idée, à une époque d'inondations, d'ouvrir une sous-
cription pour les gens à sec. Le baron de Gyvès entame d'épiques
parties de dominos contre Busquet, sous l'œil de Fages, ancien
gérant de l'ancien *Mousquetaire*. Un être anonyme débite un
drame moral et pathétique, *Un inceste à Chandernagor* : pochard
mystérieux qui ravit le garçon en extase. Guichardet y fait resplendir les lueurs rouges de son nez cyranesque [226], Adolphe Gaiffe y
étale sa bonne humeur et sa nonchalance et Adolphe Vernet, y
parodiant Jean Racine, prête à sa *Nouvelle Phèdre* des propos
ahurissants :

> Mon époux est vivant. On l'a vu sur le Pont...
> Mon sein est devenu depuis que je l'(= le poison) ai pris
> Tantôt rouge — de blanc et tantôt vert — de gris !

On s'amuse à crayonner sur les murs des calembours, des à-peu-près sous la direction de l'avocat Edouard Bourdet : c'est l'épitaphe des Goncourt :

> Edmond et Jules dort ici
> avec calembour.

ou encore ce sont des vers innocents :

> Quand Paul Féval
> Est à cheval
> On voit Banville
> Courir la ville
> Et Paul Foucher
> Va se coucher.

Banville, lui, y viendra rêver aux fusées de ses *Odes funambulesques* :

> Le divan près de l'Opéra
> Est un orchestre de voix fausses.
> On ne sait quel mage opéra
> Le divan près de l'Opéra.
> Ces immortels morts, on paiera
> Pour contempler encor leurs fosses.

Et il crayonnera d'un trait deux de ses amis venus là avec lui et qui offrent un aspect si contrasté :

> On voit le doux Asselineau
> Près du farouche Baudelaire.
> Comme un Moscovite en traîneau
> On voit le doux Asselineau.
> Plus aigre qu'un jeune cerneau,
> L'autre est comme un Gœthe en colère. [227]

A minuit et demi chacun se retire et va rêver brelan et double six.

C'est l'époque où Baudelaire se mêle à cette bohème littéraire, qui succède à la Bohème de 1832, où régnait Gautier avec, comme courtisans, Houssaye, Gérard, Roqueplan, Rogier, Ourliac, « bohème volontaire où l'on joue à la pauvreté » [228], en des attitudes romantiques. Elle se distingue aussi de la Bohème de Mürger où voisinent Schanne, Wallon, Trapadoux et Champfleury et qui, d'abord besogneuse, sera vite débrouillée par la grâce du public et le jeu d'habiles camaraderies. Elle admet des attardés et des égarés des deux autres groupes, mais elle comprend des bohèmes de mérite qui ont l'amour des lettres chevillé dans l'âme. Baudelaire y trouve des amis et des compagnons d'aventures qui l'amusent et avec qui, si l'humeur lui vient, il s'amuse : le cocasse Nadar, « aussi populaire que le Juif Errant », répandu sur les boulevards, dans les théâtres et les solennités, occupé tour à tour à peindre, dessiner, fusiner, « caricaturiser », photographier, vibrant d'ardeur et d'étonnement perpétuels, ayant répudié son nom d'opérette de Félix Tournachon pour un pseudonyme oriental qui lui restera, prompt à tutoyer les gens et que Monselet menace de « vouvoyer » pour le tuer [229], mûr déjà pour la caricature dont Félicien Rops enrichira la galerie de l'*Uylenspiegel* [230], et si fidèle dans son amitié enthousiaste pour Baudelaire ; Charles Monselet, « petit abbé du XVIIIᵉ, bedonnant et versiculant, boulimique à mériter place dans l'article « cas rares » au dictionnaire des Sciences médicales, — la bouche en pan coupé, se fendant en coup de sabre, d'une oreille à l'autre comme chez les batraciens [231] » ; « passant de la rue de l'Eperon, dans le quartier des écoles, à la rue de Harlay qu'abrite la Sainte-Chapelle, à la rue d'Argenteuil qu'abrite presque le Palais-Royal, sautant des bureaux d'un journal chez M. Mürger, chez M. Vitu, chez les poètes, chez les romanciers, chez les politiques nouveaux, romanciers, poètes, politiques » [232], si avisé et sachant juger et jauger les talents et mordre d'un trait juste dans ses critiques à l'eau-forte [233] ; Fernand Desnoyers, futur rédacteur en chef du *Polichinelle*, « dont les convictions poétiques sont aussi ardentes que sa maigre barbe et ses quelques cheveux » [234], dont Sainte-Beuve [235] admirera la chanson de Mme Fontaine et à qui Baudelaire confiera un jour qu'il est « incapable de s'attendrir sur les végétaux » et qu'il a toujours vu « dans la nature florissante et rajeunie quelque chose d'affligeant, de dur, de cruel, — un je ne sais quoi qui frise l'impudence » [236] ; Philoxène Boyer, « l'inverse » de Baudelaire [237], que Nadar appelle « Philobscène ou la Pluie qui marche », résigné, chétif dans son ossature exagérée, nerveux et contourné dans ses mouvements, avec son front bombé à la Hugo, toujours boutonné dans son habit noir, ayant l'air, avec ses chemises à jabot et sa cravate blanche, d'un pion élégant et d'un violoniste romanesque, reconnaissant du plus léger service, oublieux des injures, pareil à un chat maigre qui fait le gros dos, à qui, pour réussir, les circonstances manquèrent plus que le talent ; Trapadoux, apprenti philosophe, qui, avec sa figure aux traits secs et ses mains osseuses, ses cheveux insoumis, sa barbe plantureuse, sa peau bistrée d'arabe, ressemblait à un bourreau du moyen âge et qui hospitalisera une nuit le dénuement de Baudelaire dans sa chambre du boulevard Montparnasse [238]; Barbara, l'Orléanais concentré et plein

de mystère qui, « sérieux, impassible, souriait rarement et semblait
craindre les plaisanteries de ses camarades aventureux..., pres-
sentant, semble-t-il, son terrible destin [239], muet, boutonné jusqu'au
paletot propre comme celui d'un ancien militaire » [240], que Nadar
et Baudelaire s'amusent à surprendre le soir « en sa mansarde...
sans chandelle, juché et accroupi, la tête entre les poings, au sommet d'un haut tabouret » [241], violoniste habile d'ailleurs et jouant
de son instrument avec une ferveur contenue, fenêtres ouvertes,
tandis qu'à l'écouter « la petite place Saint-Benoît, près de l'ancien
Panthéon, était en fête » [242] : celui-là fut sensible à la poésie
baudelairienne, dès la première rencontre, et dans son roman :
l'*Assassinat du Pont-Rouge*, il introduit un poète qui récite des
vers depuis fameux, alors inédits :

> Que diras-tu, ce soir, pauvre âme solitaire...

Et, sans nommer son ami, il parle de lui avec une chaleur
vibrante et juste comme d' « un poète chez lequel une aptitude
décidée pour les spéculations les plus ardues n'excluait pas une
poésie solide, chaude, colorée, essentiellement originale et humaine. » [243]

Plus étrange que tous, était ce « triple bohème », venu de Sainte-
Rose des Antilles, où il était né vers 1815, héritier de Pierre Grin-
goire et de François Villon, vaillant explorateur des dessous de
Paris, Alexandre Privat d'Anglemont, « tant craqueur qu'on n'a
jamais pu connaître s'il était juif, bulgare, mulâtre. » [244] A vingt
ans, il était « un cavalier plein d'élégance et de distinction. Sa
taille grande, mince et élancée, un grand air de planteur américain, des vêtements coupés à l'anglaise — chose rare alors — qui
lui donnaient une tournure tout à fait britannique, des yeux gris
et pleins de feu, rayonnant sur un visage que des taches de rous-
seur ne déparaient même pas, attiraient sur lui l'attention même
des indifférents. » [245] Il était, vers 1840, le lion de la Chaumière
et du café Procope et le divan le Pelletier s'installait à peine que
Privat y démolissait, avec une ferveur d'iconoclaste et une verve
d'enfant du soleil, tout ce qui de près ou de loin touchait à l'Académie. Essentiellement noctambule, il passe ses nuits à expérimen-
ter Paris et, souvent, « sa barbe inculte, sa chevelure, vrai buisson
laineux digne d'être caressé par le soleil des tropiques trahissaient
ses mœurs nomades. » [246] Prodigue, aux heures où un or mystérieux lui vient d'Amérique, ses débuts de trimestre sont un enchantement pour les filles qu'il régale en grand seigneur. Mais les
beaux jours des habits neufs à l'anglaise s'évanouissent et le voici

bientôt avec « un petit feutre mou, une vareuse dont le collet gras obstinément relevé avait pour mission de cacher une chemise problématique, un pantalon et des chaussures à l'avenant. » [247] Dans ce costume, souvenir miteux d'anciens beaux jours, il va occuper son fauteuil d'orchestre aux secondes représentations de l'Odéon ou il va rôder, rue Saint-Jacques, auprès de Trousseville-House, dont la vitrine s'orne de bocaux où des cerises s'imbibent de trois-six, buvette sordide où l'on consomme, face au comptoir, aux heures vertes, de cinq à sept [248]. Il mystifie ses contemporains, tapant avec esprit tel « gros confrère » : « Du feu ? — ... Et maintenant... un cigare » [249], et, en lui, Baudelaire trouvera un égal et parfois un maître dans l'art d'éblouir par d'imaginaires exploits. Du plus loin qu'il l'apercevait, « sur la crête du Pont-Neuf », Nadar lui criait : « Privat, c'est pas vrai ». Et régulièrement, Privat s'approchait, la main sur le cœur, en affirmant : « Parole d'honneur » [250]. La légende veut que Baudelaire et lui s'unirent pour une mystification qui a fait, ces temps derniers, couler beaucoup d'encre et qu'ils présentèrent à Arsène Houssaye un sonnet composé par Baudelaire et signé par lui : Privat d'Anglemont. [251] Le sonnet parut dans l'Artiste le 1ᵉʳ décembre 1844 [252] et, dédié à Mme du Barry, il est d'une jolie allure. De son côté J. Levallois, ancien secrétaire de Sainte-Beuve et camarade de Privat, affirme que « celui-ci était très fier de son œuvre » et que « Baudelaire n'était pas assez généreux pour faire d'aussi beaux cadeaux. » [253] Sont-ils de Baudelaire ou de Privat les deux poèmes insérés dans la Closerie des Lilas [254], un sonnet qu'un jour de 1843 où elle lui était infidèle « un poète aujourd'hui connu » fit pour Alexandrine aux lourds cheveux d'or, une chanson offerte à la Belle Hortense au teint de roses et de lys, aux cheveux d'ébène, au front plus beau que celui de Marie Stuart ? Il est difficile de conclure. Mais il est permis de trouver dans ces problèmes d'histoire littéraire une preuve de la camaraderie qui, vers 1843, unissait Baudelaire et Privat d'Anglemont.

C'est Privat d'Anglemont qui présente un jour Banville à Baudelaire, dans le jardin du Luxembourg. « Jamais choc ne fut plus vif, plus absolu, plus spontané. » [255] Avant d'avoir échangé une parole, ils sont amis, comme ils devaient l'être « pendant la vie et par delà la mort ». Scène d'idylle amicale, retracée par l'imagination enchantée de Banville : ils reprennent une conversation commencée (où, dans quelles étoiles ?) sans tirades, ni périodes ; ils se devinent poètes à des signes mystérieux. La nuit enchanteresse les enveloppe, hors du Luxembourg, sur les boulevards extérieurs, dans les rues. Privat marche en silence, un peu éloigné, comprenant avec l'intuition des âmes délicates, qu'il ne faut pas troubler cet échange naïf de deux cœurs avides de se posséder et de se pénétrer l'un l'autre. Cette amitié fut unique. Baudelaire, nous le verrons, ne ménagea pas à Banville les surprises de ses contradictions. Banville avait l'humeur heureuse et il connaissait son ami : il ne songea pas un instant à se formaliser de critiques que d'autres n'eussent pas acceptées. Il admettait dans l'amitié la franchise même brutale, — et c'est pourquoi cette amitié fut de qualité rare. Et dès lors, ils vivent côte à côte « non plus dans les gargotes, les goguettes et les taudis mais sur les divans des cafés en face du monstre Odéon » [256], où, sous les yeux étonnés et fiers du jeune auteur des *Cariatides*, Baudelaire se pique au jeu d'étonner tout le cercle : « les paroxystes, les agités, les excessifs n'avaient pu, parodistes d'originalité, prendre du maître que des attitudes, banalement simulateurs de cette affectation qui chez Baudelaire était née native. » [257] La phrase solennelle de Nadar exagère un peu : autour de Baudelaire, sinuent des maîtres ès mystifications. Nous les connaissons : Ourliac qui se faisait une fête d'aller, avec sa bande, sous les fenêtres des Tuileries réclamer Louis-Philippe au balcon et de le saluer d'ovations, jusqu'au moment où sur la demande générale le roi-citoyen déclamait, la main sur le cœur, un couplet de la Marseillaise ; Privat qui, ayant prié Gervès, caissier de la *Revue des Deux-Mondes,* de lui garder vingt-quatre heures sa pension servie par une main mystérieuse, fait croire à ses amis qu'il « passe à la *Revue* » et va, au milieu d'un cercle ébloui, toucher à ses bureaux la somme mirifique de 500 francs pour une critique d'art qui ne parut jamais [258]. Mais il faut convenir que Baudelaire poussa plus loin le désir d'étonner : Asselineau en témoigne avec un sourire indulgent comme d'un tic qu'il faudrait pardonner à une jolie femme [259]. Champfleury, Asselineau, Ph. Audebrand, Banville [260] retracent dans leurs souvenirs ces jours épiques où l'on faisait la guerre à tous les poncifs, en des propos énormes et joyeux, et où l'on méprisait les auteurs de l'Ecole du Bon Sens comme des tempéraments provinciaux et notariés [261]. Champfleury admire avec quelque inquiétude les étrangetés de Baudelaire : ses « longues fréquentations avec le poète » le font passer « par des admirations saugrenues et des hébêtements naïfs » dont il ne s'explique pas le sens, et ses enthousiasmes mêmes lui paraissent quelquefois des mystifications [262]. Bien des soirées s'écoulent chez Banville dans la chambrette de la maison Jean Goujon, rue Monsieur-le-Prince, « à causer art, femmes, poésies, peinture. » [263] Ce petit cénacle, Auguste Vitu l'a évoqué, en 1849, dans un article de la *Silhouette* consacré à Pierre Dupont, en précisant la date :

> On se réunissait souvent chez Théodore de Banville dans son petit appartement de la Place de l'Odéon, charmant entassement de plâtres et de tableaux, de livres et de draperies qui commandait l'intimité, la causerie et la paresse.
> C'est là qu'un soir l'auteur de cet article, nouveau venu dans les lettres, trouva quatre ou cinq personnes qui toutes valent une longue et minutieuse étude qui peut-être ne sera jamais faite.
> C'était Théodore [264] Deroy, un très grand peintre, mort à la fleur de l'âge et du talent, mort de misère... ; Baudelaire-Dufays, poëte étrange et grandiose qui tient à honneur de rester inédit ; puis un grand garçon que je ne désigne même pas par une initiale parce que le 13 juin en a fait presque un homme sérieux ; enfin un jeune homme blond [265] doué d'un visage méditatif et rusé auquel une barbe rousse divisée en deux cornes, selon une mode ancienne, donnait un caractère particulier.
> Quand j'entrai l'on parlait musique. L'homme blond parlait tout seul, exposait des systèmes, posait des objections, les résolvait, essayait des mélodies, commentait des chants, tourmentait des périodes, sautant à pieds joints sur toutes règles et écrasant sans y prendre garde les problèmes les plus délicats.
> Dans un coin, Deroy fumait sa pipe d'un air indifférent et narquois ; Baudelaire, les coudes sur ses genoux et sa tête dans ses mains, ajustait les rimes d'un sonnet ; Banville seul, avec sa politesse exquise, faisait de petits signes de tête qui encourageaient le discoureur... [266]

Dans ce milieu, Baudelaire, qui déjà avait une réputation de poète original parmi la jeunesse littéraire et artistique [267], rêve et compose son œuvre. Parfois il récite des vers — et, en écoutant *l'Albatros* et *Bien loin d'ici*, ses amis n'ont aucune peine à croire aux récits merveilleux qu'il leur débite sur les îles, sur l'Inde et sur la montagne solitaire où une belle mulâtresse cuisait pour lui des ragoûts délicats, tandis que dansaient et hurlaient autour des chaudrons de cuivre de petits négrillons nus. [268] Son œuvre est encore sans nom ; demain il songera à des titres retentissants : *les Lesbiennes* [269], *les Limbes* [270]. Il a la défiance de la foule et il se sent étranger au goût commun : s'il a vraiment fait don de quelques vers à Privat d'Anglemont, ce serait pour éprouver, à l'ombre de cet essai, les réactions du public. Il se réserve, sentant peut-être, comme l'a deviné Champfleury, combien peu d'esprits comprendraient le parfait comédien qui analysera si subtilement les âcres fleurs du mal [271]. Il est chez Banville, tel que Nadar l'apercevra au coin des carrefours, « traqué, méditatif », « nez vigoureusement lobé entre deux yeux qu'on n'oubliait plus : deux

gouttes de café, sous des sourcils repoussés ». Ceux qui le connaissent, comme les passants saisis, songent : celui-là n'est pas
tout le monde [272].

C'est pourtant l'époque où il se déploie en apparence, dans
l'activité d'une vie de dépense et de luxe, et où il ne laisse pas
d'être intéressé par le monde extérieur. Il est déjà installé pour un
séjour de deux années à l'Hôtel Pimodan où Banville le va visiter
quelques jours après leur première rencontre [273]. L'île Saint-Louis,
à cette date, était abandonnée aux artistes qui, sans quitter leur
costume d'atelier, flânaient en négligé sur le quai Bourbon ou le
quai d'Anjou [274], occupés à regarder couler l'eau et à boire le
soleil dans un décor vide pour amants de Molière. De « grandes
dames », un jour, vinrent à passer, amies de la femme de l'ambas-
sadeur Aupick ; leurs toilettes riantes ressemblaient à un triomphe
de fleurs et Baudelaire qui humait le soleil près de la Seine en
croquant des pommes de terre frites leur fit les honneurs de son
cornet, avec une grâce suprême, au pied de leur calèche arrêtée. [275]
C'est là que le poète habitait, dans « ce vieux et célèbre hôtel
Pimodan, superbe et triste, dont les peintures décoratives ont été
transportées au Louvre. Il y avait dans cette noble demeure des
appartements princiers, notamment celui où le peintre Boissard
s'enorgueillissait avec raison d'un piano peint tout entier de la
main de Watteau. » [276] Un jour de 1843, la maîtresse de Mossel-
man, accompagnée de rieuses amies, vint visiter le peintre au sortir
d'une baignade en Seine — et ce fut la première rencontre de
Charles Baudelaire et d'Apollonie Sabatier. [277]

« Baudelaire, lui, avait choisi un logement exigu, aux murailles
très hautes, composé de plusieurs petites pièces sans attribution
spéciale, dont les fenêtres laissaient voir la verte et large rivière. » [278] Cet appartement sis sous les combles, au loyer de
350 francs par an, était composé de deux pièces et d'un cabinet.
Ces pièces étaient uniformément tendues sur les murs et au plafond d'un papier glacé aux énormes ramages rouge et noir qui
s'accordaient avec les draperies d'un lourd damas antique. Sur
ces fonds d'une voluptueuse élégance, d'une harmonie farouche,
éclairés çà et là de fauves dorures, était accrochée, mise sous
verre et sans cadre, toute la série des Hamlet lithographiés de
Delacroix et aussi une tête peinte par Delacroix d'une expression
inouïe, intense, extra-terrestre qui représentait la Douleur. [279] Une
seule fenêtre éclairait la chambre principale, chambre à coucher à
la fois et cabinet de travail. Les carreaux en étaient dépolis « jusqu'aux pénultièmes exclusivement » : afin de mieux voir le ciel,

disait-il. Il était plus tard revenu de ces mélancolies éthérées et
plus que personne il aima les maisons et les rues. Il dit quelque
part [280] : « J'ai eu longtemps devant ma fenêtre un cabaret rouge
et vert qui était pour mes yeux une *douleur* délicieuse. » [281] Entre
l'alcôve et la cheminée prit place en 1843 le fameux portrait peint
par Deroy, aujourd'hui au Musée de Versailles : portrait tourmenté et tragique de Baudelaire à vingt ans, en habit noir et cravate blanche, avec de grands yeux sombres, une fine barbe légère,
une longue chevelure noire de Paganini, la main crispée et frémissante et où le fond lui-même, d'un gris strié et mâchuré de
noir, prenait l'air irrité et sarcastique du futur poète des *Fleurs
du Mal* [282]. Sur le mur opposé, au-dessus d'un divan toujours encombré de livres, Baudelaire montrait avec orgueil la copie réduite
des *Femmes d'Alger* que Deroy avait faite pour lui. Deroy, qui
mourut à vingt-trois ans, était, au dire d'Asselineau [283], un coloriste merveilleux et Baudelaire « dont l'œil perçant lisait dans
les âmes et dont le diagnostic était infaillible » voyait en lui un
homme de génie [284]. Rendu méfiant et caustique par la pauvreté et
l'isolement, « il mourut triste et délaissé, peu regretté de ses
confrères qu'il ne ménageait guère et à qui il faisait peur, mais
digne de sympathie pour ceux qui avaient apprécié son talent
et qui croyaient à son avenir. » [285] Baudelaire l'aimait. C'est par
lui qu'Asselineau fut présenté à Baudelaire, au Louvre, lors de
l'exposition de 1845 [286]. Est-ce à lui qu'il dut la révélation d'un
Delacroix ? Il n'est pas douteux, en tout cas, que la fréquentation
d'Emile Deroy n'ait avivé en Baudelaire son goût déjà prononcé
pour les choses de la peinture.

A l'Hôtel Pimodan, Baudelaire assiste parfois en curieux aux
séances où le *Club des Hachichins* se réunit pour prendre le dawa-
mesk et y coudoie un soir Balzac, écoutant et questionnant avec
une attention et une vivacité amusantes [287]. Gautier a décrit [288]
ces mystérieuses réunions, l'arrivée nocturne sur le quai désert,
la masse de bâtiments sombres, le vieux pêne rouillé, la porte aux
ais massifs, la cour entourée de bâtiments de vieille architecture,
aux pavés moussus, verdis par l'herbe, — l'ascension de l'immense
escalier Louis XIV, peuplé de chimères égyptiennes, aux degrés
larges, aux paliers bien distribués, — l'entrée dans la salle du
club aux murs peints en blanc, couverts à moitié de toiles rem-
brunies ayant le cachet de l'époque — et les personnages étranges
et enthousiastes occupés à narrer l'histoire du Vieux de la Montagne, des Assassins, du ciel de Mahomet et des houris des trois
nuances. Baudelaire y put (Gautier affirme qu'il n'y fut que spec-

tateur) se documenter auprès des fervents de la drogue sur les
voluptés de ces paradis artificiels où passent en cohues étranges
le pulcinella napolitain, l'arlequin de Bergame et le paillasse de
France, des créatures hybrides, des monstres tenant de l'homme,
de la bête et de l'ustensile, des danseurs convulsés aux yeux cli-
gnotants, aux bouches en coups de hache, toute une frénésie
joyeuse qui grouille, rampe, trotte, saute, grogne, siffle, parmi des
soupirs langoureux de Weber, jusqu'au moment où l'horloge, sonnant onze heures, annonce que le Temps est ressuscité.

C'est à l'Hôtel Pimodan que Baudelaire rencontre Roger de
Beauvoir — ce maître du dandysme, Musset à cheveux noirs [289],
enfant gâté des habitués du café de Paris, élégant et exubérant,
vivant d'amour et de champagne, auréolé du succès de son *Ecolier de Cluny* [290], grand rimeur d'épigrammes et de madrigaux,
qui évoquera dans *l'Artiste* [291] « le vieil hôtel lézardé par le
temps » où le fier Lauzun « joua des monts d'or » et qui se dresse,
dans l'île, telle

> une immense fresque
> Dont rosace, festons, astragales d'amour
> Comme en un grand ballet accomplissent le tour.

« En quittant l'hôtel Pimodan » [292], en mars 1845, Roger de
Beauvoir dédiera « à M. Baudelaire » une jolie pièce parue plus
tard dans son recueil : *Colombes et Couleuvres.* Qu'il nous soit
permis de la citer comme un témoignage de l'amitié et des rêveries
communes qui lièrent un instant les deux dandys-poètes, et comme
une dernière évocation, en guise d'adieu à cette ancienne demeure
où Baudelaire vécut les jours les plus somptueux de sa jeunesse :

> Si tu me vois pensif, arrêté sous tes dômes,
> Vieil hôtel où reluit l'astre de Lesueur ;
> En te quittant ce soir, si j'étreins les fantômes
> Dont je suivis longtemps la douteuse lueur,
>
> Fantômes chers et doux, l'art, la beauté, la gloire,
> Brillante trinité dont mon cœur est jaloux,
> C'est que je n'aurai point de place en ton histoire,
> C'est que tout est fini, morne tombe, entre nous !
>
> Qu'est-ce donc que la vie et le bonheur ? Vaine ombre.
> Lauzun, dans ton enceinte est-il enseveli ?
> Dis-nous quelle beauté rayonne en ta nuit sombre,
> Traînant parmi tes murs le linceul de l'oubli ?
>
> Quel prince et quelle fée ouvrent le bal superbe
> Où l'archet de Lulli modulait les accords ;

Quel magique clairon vient réveiller sous l'herbe
Ninon et Mancini pour ranimer leurs corps ?

Hélas ! bien avant nous ils ont mené la fête,
Tous ces héros galants au courage éprouvé ;
Tous cherchaient le bonheur. Réponds-nous, ô poète !
Sous ces lambris pompeux qui d'eux tous l'ont trouvé ?

O puissant Lesueur ! en voyant, fresque immense,
Ta peinture éclater sous ce palais poudreux
Et ta mythologie amoureuse, je pense,
Malgré moi, docte maître, à tes pâles chartreux...

*
* *

Ainsi s'écoulent les heures encore insouciantes. Nous devons à
Deroy de garder le visage de Baudelaire entrant dans la vie littéraire. Il n'est pas encore l'être énigmatique « au visage glabre,
cléricalement rasé jusqu'au scrupule » qui inquiètera Nadar » [293],
il est « barbu, ultra fashionable et voué à l'habit noir ;... ses yeux
sont grand'ouverts, ses prunelles directes, ses sourcils exhaussés ;
les lèvres exsufflent, la bouche va parler ; une barbe vierge, drue
et fine, frisotte à l'entour du menton et des joues. La chevelure
très épaisse fait touffe sur les tempes ; le corps incliné sur le
coude gauche est serré dans un habit noir d'où s'échappent un
bout de cravate blanche et des manchettes de mousseline plissées.
Ajoutez à ce costume des bottes vernies, des gants clairs et un
chapeau de dandy et vous aurez le Baudelaire d'alors tel qu'on
le rencontrait aux alentours de son île Saint-Louis, promenant
dans ces quartiers déserts un luxe de toilette inusité. » [294] D'après
Prarond et Le Vavasseur [295], Baudelaire féru des vieux maîtres
croyait avoir découvert des Bassan et ses visiteurs le surprenaient en
contemplation devant des toiles italiennes. La vérité était peut-être
tout autre. Déjà court d'argent, Baudelaire était la proie d'un bro-
canteur dont le magasin se trouvait au rez-de-chaussée de l'Hôtel
Pimodan et lui avait même souscrit des billets, lors de son installa-
tion au quai de Béthune, quelques mois auparavant. Ce sinistre
personnage, balzacien de nom et de type, Arondel, apparaît, miel-
leux et tenace, dans la correspondance de Baudelaire, jusqu'aux
derniers jours [296]. Il reçut de l'usurier 4.000 francs et souscrivit,
suivant ce qu'il confesse à Ancelle, « des effets pour quinze mille
francs » [297]. Baudelaire affirmait à son ami Hignard [298] qu'il faisait
le commerce des tableaux. Mystification, fanfaronnade ou excuse
à ses ruineuses tractations ? La vérité pourtant est que Baudelaire s'intéressait dès ce moment à l'art et aux artistes, travaillait

dans la joie au milieu d'amis [299], vagabondant et gesticulant, lançant dans la Chaussée du Maine et la rue de la Tombe-Issoire « des déclarations à faire crouler l'Institut » [300]. Cette période — de 1842 à 1845 — épanouit Baudelaire, l'arrache à ses tourments intérieurs et lui donne, sinon le bonheur, du moins quelques heures de libre expansion. On dînait chez Duval, au coin de la rue Voltaire et de la place de l'Odéon, ou à *la Tour d'Argent* [301], dans l'île Saint-Louis, près du pont qui mène au Quai de Béthune, ou bien hors des barrières de Plaisance ou au Moulin de Montsouris ou dans des terrains vagues : un gazon maigre, un bout de haie, quelques arbres étaient le décor d'entretiens littéraires, artistiques ou même moraux [302]. Baudelaire trouvait à la vérité le vert des arbres trop fade : « Je voudrais, disait-il, avec son air pince-sans-rire, les prairies teintes en rouge, les rivières jaune d'or et les arbres peints en bleu. La nature n'a pas d'imagination. » [303] Paradoxe qui contient tant de profondeur. Plus tard, devant l'œuvre et la pensée d'Eugène Delacroix, Baudelaire appuiera ces propos de jeunesse de la grande affirmation du maître : la nature n'est qu'un dictionnaire. Pour l'instant il est occupé dans quelque crèmerie de la rue Saint-André des Arts ou dans quelque modeste café de la rue Dauphine à réunir, en petit cénacle, ses amis auxquels se joignent d'autres familiers : Melvil-Bloncourt, Malassis, Antonio Watripon, Gabriel Dantrague, Alfred Delvau, Jules Levallois. Il commande du punch et quand il voit le groupe disposé, par ce régal, à la bienveillance, il se met à réciter d'une voix précieuse, flûtée, onctueuse et mordante, *Une charogne* [304] ou quelque autre énormité : « le contraste était saisissant entre la violence des images et la placidité affectée, l'accentuation suave et pointue du débit » [305]. Asselineau évoque avec mélancolie ce temps sans nuages, « ce passé de jeunesse poétique et espérante : les longues promenades au Luxembourg et au Louvre, les visites aux ateliers, les cafés esthétiques et les soirées de l'Odéon-Lireux. » [306] C'est le temps où Paris salue comme une souveraine et porte en triomphe, un soir de mai 1844, cette Elise Sergent, baptisée la Reine Pomaré, qui soulève l'enthousiasme dès sa première polka, aux quadrilles du bal Mabille, [307] et pour qui s'exalteront en prose et en vers Auguste Vitu, Charles de Boigne, Gautier, Nadaud, Romieu, Privat d'Anglemont, Banville. Précaire royauté. Paris use vite ses idoles. Deux ans après [308], un jour de décembre verra la fin lamentable et solitaire de cette pauvre reine de vingt et un ans dans une chambre sordide de la rue d'Amsterdam...

Autour de Baudelaire, « figure silencieuse attestant dans son

costume et dans sa pose les prétentions communes, surgit tout un
essaim de jeunes visages,... tous souriant au même espoir et
professant la même ambition. » [309] Ambition innocente sans doute
mais démesurée jusqu'à l'infini. Quelques-uns peuvent la juger
ridicule mais elle garde sa noblesse, car elle vise plus haut que
l'argent ou les places. Ces rêves d'avenir sont émouvants comme
la fraîcheur des matins d'été. La camaraderie est joyeuse et franche. La jalousie des gens arrivés est inconnue. On ne pose que
pour le bourgeois, et, pareils aux monstres que les Chinois portent
à la guerre, les habits funèbres et les chevelures désordonnées
n'ont d'autre visée que de servir d'épouvantails à l'ennemi [310].

*
* *

Ainsi Baudelaire forme son expérience et son goût. La jeunesse
des grands hommes est un creuset où les désordres des premiers
élans, des impulsions, des fougues, des ambitions sans mesure et
des brutales déceptions viennent se fondre pour élaborer le métal
pur. Rien n'est négligeable, car ce chaos est une promesse de discipline. Après le voyage aux îles où son esthétique reçoit l'élan qui
l'arrache au sol, après les rudes souffrances d'une enfance et d'une
jeunesse aux ténébreux orages, voici la divagation presque heureuse, entre 1842 et 1845, en des milieux d'une féconde diversité
— la Bohème succédant à l'Ecole Normande, les groupes s'élar-
gissant et s'enrichissant tous les jours de figures nouvelles, les
amitiés s'offrant, nombreuses et fidèles, et décidées à donner plus
qu'à recevoir. Les idées grouillent avant de s'effacer devant la
souveraine qui doit dominer et créer l'ordre.

Baudelaire déjà juge en silence, sans éclat. Son esprit ne se
montre que pour dominer. Ses mystifications donnent le change
sur lui-même et lui ménagent, derrière le masque, une zone de
repliement. Cette âme ombrageuse garde jalousement un coin secret de méditation, de rêve et de travail. Rêve et travail collaborent
en lui. La fantaisie devient géométrique et l'inspiration, déjà, est
réfléchie. Et tandis qu'il se mêle aux jeux et aux conversations,
il garde toujours cette réserve qui étonne ses amis les plus familiers. Il juge les œuvres et les hommes. Banville note [311] : « Par
son amour de la clarté, de la netteté, de la phrase bien attachée
et logique, Baudelaire appartenait à la bonne et vieille tradition
française. » S'il refuse à de chers amis une collaboration désirée,
ce n'est point par mépris mais par dignité. Il se rend compte —
avec l'orgueil des êtres privilégiés — qu'il est supérieur. S'il se
rétracte et s'isole, c'est parce qu'il s'est pris à aimer et à com-

prendre le prix de cette solitude, si pesante à ses premiers jours :
il la poursuit et semble désormais la revendiquer comme un moyen
de s'exprimer mieux. Autour de lui, les intuitions amicales le
devinaient sans s'offusquer :

> Avait-il peur de voir par un soin puéril
> L'originalité de sa Muse en péril,
> Et son indépendance était-elle effrayée
> De suivre, en cet amour, une route frayée ?
> — Peut-être, parmi ceux d'hier et d'aujourd'hui
> Nul ne fut moins banal ni moins naïf que lui. [312]

Son exubérance et sa franchise ont un son personnel. Il ne
s'abandonne jamais. Il est déjà un artiste épris d'artificiel, c'est-à-
dire de raison et de choix. Nous sommes déjà enlevés en des régions hautaines où les mots ont des richesses inconnues. Il faut se
« tremper » dans ces « atmosphères » pour aborder Baudelaire,
dandy héroïque et juge du romantisme, au seuil de la vie littéraire.

II

AU SEUIL DE LA VIE ESTHÉTIQUE
LE DANDY INTÉRIEUR

Baudelaire marquait tout ce qu'il touchait. Il fut un dandy volontaire : les *Journaux intimes* en témoignent[1]. Le dandysme n'est point pour lui seulement attitude extérieure. Il est par lui transformé, agrandi, purifié. Il devient un sacerdoce qui distingue l'Homme et le rapproche du Héros et du Saint. En morale, il s'apparente au stoïcisme. Socialement, il forme une caste aristocratique qui répugne aux vulgarités du commun. Dans la vie esthétique, le dandy est un artiste jaloux de perfection. Pour mesurer, sur ces points, l'originalité de Baudelaire, il est indispensable d'étudier dans les milieux qui le préparent ou qui l'entourent les manifestations d'un mode d'être qui devient, chez lui, un état d'âme singulier. Avec une noblesse raffinée, il résume et il justifie ces manières et ces manies qui régnaient, sur les Boulevards et dans les Cafés, aux temps où tous les gandins et les lions du jour aspiraient à la gloire d'un George Brummell. Dandy supérieur qui, sans eux, eût certes existé — mais qui n'aurait pu, sans lutte ni comparaison, offrir le spectacle d'une victoire devenue difficile sur un terrain où s'affrontaient des rivaux de choix comme le comte d'Orsay, Roger de Beauvoir ou Barbey d'Aurevilly.

L'étude que Barbey d'Aurevilly publia en 1845 sur le dandysme et George Brummell est d'un admirateur du dandy anglais. On sait la manière de Barbey, prompt à l'enthousiasme, amoureux de panache et de bataille. Peut-être, ce « souverain futile d'un monde futile »[2] ne méritait pas cet excès d'honneur — et la compilation un peu lourde du Captain Jesse donnait plus justement raison de ce héros de la mode tandis que l'ironie d'un John Lemoinne soulignait avec bonheur les limites de son esprit et de son caractère[3]. Pourtant ce petit livre demeure aujourd'hui encore le bréviaire du dandysme et, à le lire, nous pouvons apprécier la supériorité de Baudelaire, sur un terrain où tant de ses devanciers étaient passés maîtres. A tout prendre cependant, la science de Brummell fut, surtout, de toilette et d'habits. Son esprit est dans

sa cravate et dans ses gilets. « Mettez-le nu, cet humoriste, et il
n'est plus qu'un fade railleur. Mais habillez-le, et vous lui rendez
son empire » [4]. Il faut lire, chez ses biographes, la description
de ses costumes, la perfection de ses ajustements, l'harmonie de
ses « ensembles » [5] — pour juger de l'incomparable habileté, dans
son art, de ce roi du Dandysme pour qui « l'audace était de la
justesse » [6] et qui inventa « ce grand axiome de la toilette :
pour être bien mis il ne faut pas être remarqué » [7]. Balzac traduira un jour la pensée de Brummell en édictant que « la toilette
ne consiste pas tant dans le vêtement que dans une certaine manière de le porter », que « tout ce qui vise à l'effet est de mauvais
goût, comme tout ce qui est tumultueux » et qu'enfin « la toilette
est, tout à la fois, une science, un art, une habitude, un sentiment » [8]. Ce roi du Dandysme n'avait à la vérité ni fortune, ni
noblesse, mais il pensait que si l'on devient riche on naît élégant [9].
Son esprit, en dépit de l'indulgence admirative de Barbey [10],
n'était que froide impertinence. Son cœur reste insensible car
l'amour est toujours un esclavage. Le dandy n'est pas le roué et
ce « sultan sans mouchoir » n'a rien d'un Richelieu [11]. Il a de
l'insolence dans l'amour comme dans l'humour et cette insolence,
qui s'accommode d'un respect très britannique des convenances,
donne à ce snobisme comme une consécration officielle. A Eton
comme à Oxford, il tranchait déjà par son affectation impassible.
Peu de goût pour le sport : il hait le mouvement qui dérange les
lignes et trouble l'harmonie d'une cravate ou d'une coiffure. Peu
de goût pour l'étude : sa cervelle spécialisée ne se haussera pas
au-dessus du pourpoint ou du haut-de-chausse. Officier désinvolte,
capitaine à vingt et un ans, par la faveur du prince de Galles, il
est vite las de l'élégance commune de l'uniforme et des contraintes
du métier [12] : il vend sa compagnie quand son régiment quitte
Londres pour Manchester. Malgré les protestations de Barbey [13],
nous admettrions pour un peu le jugement de ces prédicateurs
méthodistes qui l'ont peint « comme une espèce de poupée sans
cerveau et sans entrailles », si nous ne goûtions en lui la séduction
du parfait Dandy, qui confère une grâce artistique à un geste, à
une attitude, à un costume. Ses paradoxes manquent peut-être de
cette fantaisie qu'y saura mettre notre Barbey, mais sa désinvolture garde une saveur pittoresque [14] et son cynisme reste marqué
d'élégance. Ce prince des « bucks » et des « maccaronies », sans
rival en matière d'habillement, qui conduit la vanité jusqu'au seuil
de l'art, donne la mesure du Dandysme anglais.

Cette forme d'orgueil qui n'exige peut-être ni une très grande intelligence ni une très grande imagination réclame à coup sûr beaucoup d'adresse et d'habileté. L'humour du dandy peut allier la gravité et l'invraisemblance et tient à la fois de la parade de l'écuyère et de la solennité du clown. Aussi quelle déconvenue quand la pirouette est manquée ! L'exil d'un Brummell à Calais et à Caen est plus triste que celui d'un souverain. Cette déchéance, pareille à une mort, ne présente plus qu'une silhouette de pantin cassé [15] — et c'est bien un mort vivant que les gamins sans pitié poursuivront de leurs sarcasmes dans la rue [16]. Mais n'est-il pas d'une élégance suprême de jeter un voile sur cette misère, sur cette décadence suivant de si près cette apparence de grandeur ?

Ce Brummell pourtant survécut à sa disgrâce et régna par la vertu de la légende. Sa vie finit le 16 mai 1816 au moment où il sort de l'Opéra pour gagner Douvres, abdiquant en pleine gloire. Le reste est dans l'ombre et ne compte pas : sa vanité se hausse jusqu'à l'orgueil et devient « muette comme la honte » [17]. Mais son nom demeure un symbole et on ne peut le prononcer sans que se lève l'image idéale du Dandy. Depuis les *gandins* qui paradent, sous Louis XVIII, le long du boulevard de Gand et qui se réunissent, l'été, « à Coblentz », pour jacasser à l'ombre, entre la rue du Helder et la rue Taitbout, jusqu'aux *lions* qui, sous Louis-Philippe, choisiront le boulevard baptisé désormais « des Italiens » pour plastronner et parader, tous rêvent d'imiter ce « falstaff du prince de Galles..., un des premiers et plus célèbres dandys » [18]. L'Anglomanie, grâce à lui, devient une mode, et c'est à lui que songe Lady Morgan quand elle écrit : « Il faut que vous sachiez que tout ce qui est anglais, excepté la politique, est maintenant en grande faveur à Paris et réputé romantique » [19]. Anglomanie ingénue d'ailleurs et superficielle. Le romantisme des boulevards autant que le romantisme des lettres admire les insulaires sans les pénétrer bien profondément. Il faudra attendre notre Baudelaire pour avoir l'intelligence de ces attitudes glacées et pour les adapter à la manière française. En attendant, on écorche, dans les salons et les cafés et jusque chez les confiseurs, les noms britanniques des parfums et des gâteaux [20]. Chacun veut avoir des gants jaunes appelés « fashionables », des « pantalons à la Brummell », des « manteaux Victoria », « l'air impassible et les sourcils rasés » [21]. C'est, en grande partie, au souvenir des triomphes de Brummell, que l'on doit cet engouement pour les modes et les manières anglaises. Et c'est en Angleterre qu'au printemps de 1821

le comte d'Orsay [22] va former, sinon son esprit qui est bien français [23], du moins ses façons, sa désinvolture et son impertinence.
Celui-là, qui est de chez nous, s'essaie à mener la mode à Londres
en 1822 avant de la mener à Paris en 1829 [24]. Des deux entreprises quelle était la plus difficile ? De même pourtant qu'il avait,
au bout d'un mois, dans les Salons du West-End, relevé le sceptre
de Brummell, de même sa casaque verte triomphera au Bois de
Boulogne, aux applaudissements de tous, et aux courses de Clo-
cher, où il prendra part, le 4 mars 1830 [25], il aura les faveurs
populaires. Mais c'est parce que la mode des courses et des chevaux est une mode d'Angleterre [26]. On se montre « parmi les
amateurs les plus assidus, M. Henry Seymour qui passe pour
un des *forts* et qui, en Angleterre, a payé largement son appren-
tissage, MM. Waleski, de la Bastide, Charles Laffitte... » [27].
Pourtant, dans l'histoire du dandysme le comte d'Orsay finira par
prendre figure originale.

Il était « une nature infiniment plus complexe, plus ample et
plus humaine que cette chose anglaise... Il avait une main superbe
sans superbe et une manière de la tendre qui prenait les cœurs
et les enlevait ! Ce n'était pas là le *Shake hand* hautain du Dandysme. D'Orsay plaisait si naturellement et si passionnément à
tout le monde qu'il faisait porter son médaillon jusqu'à des
hommes... [28] » Grâce à lui, peu à peu, le dandysme de Brummell
acquit cette bienveillance aimable, cette intelligence artiste que
« le Beau » n'a jamais connues et par quoi il ouvre la voie à un
Baudelaire. Il plut à Byron qui lui trouvait « l'air d'un Cupidon
déchaîné » et l'admirait comme « un des rares échantillons » de
son idéal « du Français d'avant la Révolution » [29]. Il sut, à force
de charme, faire accepter une liaison dépourvue d'élégance, vivant
d'une femme qui l'aimait [30]. Les soucis d'argent n'abattent pas
sa fierté : il dessine, il sculpte et lutte pour gagner sa vie [31].
Il faut glisser sur les déchéances et se souvenir de la grâce aimable du Dandy français, si séduisant à côté de Brummell, cette
marionnette un peu sèche... On lit dans le *Manuel du fashionable* [32], paru en 1829 ; « Il ne faut aujourd'hui pour être un *homme*
comme il faut, un fashionable, avoir ni richesse, ni naissance, ni
talent, ni gloire, et cependant il faut posséder un *je ne sais quoi*
composé de tous ces éléments... » C'est parce qu'il possédait ce
je ne sais quoi que, plus souple et plus spirituel que son devan-
cier, d'Orsay fut le séducteur-né. Certes, il sut se parer, mais il
doit son succès à son esprit autant qu'au nœud de ses cravates.

C'est par lui que le Dandysme, se dérobant peut-être au modèle idéal établi par les Beaux d'outre-Manche, devient français — et vivant. Il a pénétré — par intuition ou par étude — l'essence du dandysme et deviné que le génie de la mise sans la souplesse et l'esprit n'est qu'art glacé de fantoche. Brummell restait guindé, malgré sa désinvolture, et son impassibilité est souvent théâtrale. C'est plus justement à propos de notre d'Orsay qu'on peut évoquer la formule de Barbey : « le comble de l'art donne la main au naturel » [33].

Pour en juger plus clairement, avant d'admirer en Baudelaire, la synthèse des audaces de Brummell et des grâces de d'Orsay, jetons un coup d'œil sur cette caricature du dandysme, qui ignore le goût de la nuance, et qui étale, au temps du romantisme, les outrances d'une jeunesse qui vit pour étonner bruyamment. Faute d'avoir pénétré l'essence du dandysme — qui est la mesure dans la distinction — les élégants de 1820 et de 1830 apportent le contraste de l'exubérance française, exaltée avec les manies troubadour d'abord, plus tard déchaînée avec les parades des Jeunes-France. Ceux-là n'avaient d'ailleurs aucune inquiétude de raffinement, aucun souci des convenances. Le dandy recherchait l'imprévu mais se gardait de l'excentrique, respectait la règle, tout en se jouant d'elle [34]. Eux semblent échapper à ces lois de l'élégance souveraine, et Baudelaire, qui les fréquente, au temps où ils vont s'assagir, ne gardera d'eux que le goût d'inquiéter le vulgaire et de mystifier le bourgeois. Car il apprend bien vite des maîtres que se costumer et se parer ce n'est point s'habiller, que « la brute se couvre, le riche ou le sot se parent, l'homme élégant s'habille » [35]. Le signe du dandy, c'est qu'il sait s'habiller. « L'homme s'habille avant d'agir, de parler, de marcher, de manger, disait Brummell. Les actions qui appartiennent à la mode, le maintien, la conversation, etc., ne sont jamais que la conséquence de notre toilette. Sterne, cet admirable observateur, a proclamé de la manière la plus spirituelle que les idées de l'homme barbifié n'étaient pas celles de l'homme barbu. Nous subissons tous l'influence du costume. L'artiste en toilette ne travaille plus [36]. » Or, ces lois, autour du comte d'Orsay et après lui, sont méconnues de ceux qui prétendent à régenter la mode et se disent arbitres d'élégances révolutionnaires.

Vers 1820, c'est-à-dire environ le temps où le chevalier d'Orsay se pique de conquérir, dans les salons londoniens, la gloire d'un Brummell, le romantisme troubadour, sous l'influence de *la Gaule*

poétique de Marchangy, avait fait un succès aux toques de velours, aux pourpoints et aux hauts de chausse. Après 1830 le
goût nouveau veut s'imposer dans l'ivresse du récent triomphe :
les romantiques barbus et chevelus bousculent les convenances
tandis que les bourgeois glabres et traditionalistes restent fidèles
à l'étiquette. Malgré la résistance des classiques, le romantisme
régente la toilette masculine. La jeunesse, comme il convient, se
plaît aux extrêmes : on se souvient de l'accoutrement des personnages dans le *Bol de Punch* [37] de Gautier : pourpoints de
velours et pantalons collants, habits de conventionnel et feutres
pointus, redingote de dandy et fraise à la Henri IV. La *Préface
de Cromwell* a passé là : tout est fantaisie et démesure. Aucune
unité ne subsiste plus. D'autres pourtant conservent encore quelque sagesse — ou peut-être quelque goût : « Beauvoir, Albéric
et moi, écrit Arsène Houssaye [38], nous contrastions avec les autres romantiques par notre habillement rigoureusement à la mode
du jour, presque à la mode du lendemain. Nous trouvions très
bien que Théophile Gautier eût une redingote à brandebourgs
pour être mieux étoffé ; que Gérard de Nerval s'habillât à la
Werther ; qu'Edouard Ourliac eût des bottes à la Souvaroff, mais
nous pensions qu'on pouvait être un bon romantique en s'habillant
comme tout le monde, en mettant le chapeau sur le coin de l'oreille
et en renversant outre mesure les revers de l'habit. Les romantiques abracadabrants se moquaient de nous et nous appelaient des
muscadins. » Mais cette sagesse est jugée bourgeoise par les truculences d'un Borel ou d'un Gautier. Chacun rêve de créer pour
soi une toilette inédite : on met un bonnet rouge à la Mode, fille
complaisante, et l'individualisme envahit les salons des tailleurs.
Il faut, à tout prix, être singulier — et l'on est excentrique. Les
« flamboyants » — entendez : les romantiques — ne veulent
pas être confondus avec les « grisâtres » qui sont les classiques [39].
On sait comment Gautier apparut à la première d'*Hernani*. Le
Salon de 1833 donne un portrait de Pétrus Borel où le rouge
domine, dans un cadre tricolore [40], et le costume *bousingo* du
Lycanthrope fit, quelque temps, révolution [41]. Les peintres s'en
mêlent : Achille Devéria, Camille Rogier, Jehan du Seigneur,
Gavarni se parent d'éclatants oripeaux [42]. Peu à peu on quitte
le goût moyenageux. On prend en horreur le col de chemise et
les Jeunes-France cultivent la chevelure et la barbe. La jeunesse
n'a d'autre désir que de se distinguer des « philistins » au lieu
de se distinguer, tout court. La toilette féminine évolue, de son

côté, rapidement. Aux robes à la châtelaine, aux manches à gigots, aux nuances mélancoliques de 1830 succèdent des élégances plus désinvoltes. La « lionne » de 1835 dédaignera les parures vaporeuses qui idéalisent la femme, les bijoux moyen âge et les robes traînantes. Elle relègue ces fanfreluches dans l'oubli. Echappée d'un roman de Mme Sand, « cavalière et chasseresse, cravache levée, botte éperonnée, fusil à l'épaule, cigare à la bouche, verre en main, tout impertinence et vacarme, elle prend plaisir à défier et à déconcerter en ses extravagances un galant homme [43] ». L'air troubadour est périmé. L'air romantique triomphe avec le souci de ne point passer inaperçu.

Mais ce sont là fantaisies d'artistes. A lire l'*Histoire du Romantisme* nous nous doutons que ces fantaisies s'épanouiront en verve lyrique autant qu'en extravagances vestimentaires. Le nom et les attitudes d'un Gautier semblent résumer ce premier aspect d'un désir du singulier qui n'est pas le dandysme, encore qu'il ait peut-être le secret désir de lui ressembler. Pour distinguer les nuances, il faut s'approcher, écouter les affirmations des théoriciens, regarder les professionnels. Un artiste n'est jamais qu'un amateur. Or la vie d'artiste n'est pas, en 1830, la vie élégante. Balzac prend soin de les distinguer [44]. La « fashion » est sans force chez ces êtres indomptés qui façonnent tout à leur guise avec un éclat qui peut éblouir mais qui dépasse toujours la mesure. Or la vie élégante c'est la distinction dans la mesure, « le développement de la grâce et du goût dans tout ce qui nous est propre et nous entoure [45] » et, selon le mot d'Emile de Girardin, « la noblesse transportée dans les choses [46] ». Elle naît de ce sentiment qu'on méprise à tort, selon Barbey d'Aurevilly, et qui est la vanité, « cette recherche inquiète de l'approbation des autres, cette inextinguible soif des applaudissements de la galerie qui dans les grandes choses s'appelle *Amour de la gloire* » [47]. Disons que le souci de la vanité c'est de plaire en étonnant. Les romantiques abracadabrants veulent bien éblouir les bourgeois mais il se préoccupent peu de cette admiration que suscite l'harmonie des savantes simplicités. « Tout Dandy est un *oseur*, mais un oseur qui a du tact, qui s'arrête à temps et qui trouve, entre l'originalité et l'excentricité, le fameux point d'intersection de Pascal [48] ». Et c'est pourquoi ces poètes, ces artistes ne seront pas des dandys, ayant trop d'orgueil pour consentir à la vanité.

D'autres, en France, aspirèrent sans y atteindre à la gloire de Brummell. Roger de Beauvoir, au sortir de l'Hôtel Pimodan, promenait lui aussi avec orgueil « son habit bleu à boutons d'or, son gilet de poil de chèvre jaune, son pantalon gris perle, sa canne en corne de rhinocéros [49] ». Lui aussi il eut 30.000 livres de rente, un tilbury, un groom, des chevaux — et un cabinet gothique que la *Mode,* en 1838, décrivait avec complaisance [50]. Grand soupeur, brillant causeur, beau cavalier, il séduisait toutes les femmes « avec sa barbe noire, ses longs cheveux frisés par des mains habiles, l'éclat de son sourire, son regard joyeux », et « il ressemblait à ces jeunes seigneurs vénitiens que Paul Véronèse a assis à la table des *Noces de Cana* [51]. » — Musset vise lui aussi à la nonchalance du dandy : à vingt ans, il veut jouer à l'impassible et il n'y réussit guère. Le perron de Tortoni voit défiler tous les lions du jour et Jules-Amédée Barbey d'Aurevilly « appuie à la rampe ses nonchalances et sa superbe », drapant dans sa cape espagnole ses costumes éblouissants [52]. Peut-on nommer tous les disciples de Brummell — dont quelques-uns furent des amis de Baudelaire — qui fréquentaient vers 1838 au Café Hardy, au Café Riche, surtout au Café de Paris ? « Il faut être riche pour dîner au Café Hardy et hardi pour dîner au Café Riche » écrivait-on dans la *Mode* en 1837 [53]. Il faut être riche et hardi pour dîner au Café de Paris où se réunissent, à grand bruit, les convives les plus notoires et les dandys les plus réputés — tous les soupeurs de ce temps où l'on savait si bien souper [54] : le commandant de Bougainville, le marquis du Hallays-Coëtquen, le comte Guy de la Tour du Pin, l'irascible major Frazer, le comte Germain, le plus jeune des pairs que les filles appellent « mon cousin Germain », le baron de la Valette, l'homme de France qui passe le plus de temps chez son tailleur, le marquis de Saint-Cricq aux folies légendaires, le comte de Septeuil toujours beau malgré ses cinquante ans et sa jambe de bois, et tant d'autres aujourd'hui oubliés : Charles de Chaveau, Alfred Gohin, Louis de Montbrun, le marquis de Belmont, qui fut l'ami de Musset, féru des tables tournantes, Léopold d'Ivri [55]. Autour du docteur Véron, c'est feu roulant d'esprit avec des convives comme Beauvoir, Roqueplan, Malitourne, Lautour-Mézeray, l'homme au camélia, Romieu, futur préfet, Bequet, Courchamps, l'ami de Brillat-Savarin [56]. Il faut en passer, non des moindres peut-être, pour ne citer enfin que les grands qui doivent d'avoir survécu à la précaution qu'ils prirent d'être autre chose que des dandys en gants jaunes et à cannes à pommes d'or, ou des soupeurs dont l'esprit s'allumait aux flacons poudreux, dont la verve moussait comme un champagne. Car à leur manière furent des dandys, après Chateaubriand et Stendhal, avec Baudelaire — mais moins « intégralement » que lui, peut-être — les Barbey, les Balzac, les Mérimée. Mérimée est un dandy minutieux, élégant et froid. Balzac est, gros et lourd, un dandy refoulé : il se venge des rigueurs de la nature à son égard en adonisant ses héros. Il les habille, il les pare comme des « lions » [57]. Les bottes de Charles Grandet sont en maroquin et ses gants gris sont assortis au gris de son pantalon à boutonnières latérales. Bixiou a un pantalon noir, un gilet de fantaisie, une redingote bleue, un chapeau de Bandoni, des gants de chevreau couleur sombre. Vimeux, dans *les Employés,* a des pantalons collants, demi-collants, à plis, à broderie et sa main est ornée d'une chevalière mise par dessus le gant. Le baron Hulot, dandy militaire, ferme jusqu'au cou son habit bleu ; cambré, aligné, avec cravate de velours noir. Le baron Montès de Montejanos a des gilets rutilants et une voiture menée par des nègres, et Lucien de Rubempré éprouve d'orgueilleuses rancœurs, le matin, aux Tuileries, en se comparant aux jeunes élégants qui se saluent de la main et des yeux.

Mais celui qui, aux côtés de Baudelaire, approcha le plus l'idéal du Dandy, pour l'avoir étudié dans les maîtres et réalisé dans les moindres gestes d'une vie empanachée, ce fut ce Barbey d'Aurevilly que Lamartine appela un jour le duc de Guise des Lettres. Le dandysme de Barbey mériterait mieux qu'une esquisse [58]. Nous devons signaler seulement les traits par quoi Barbey, tout en conservant au Dandysme ses manières et ses élégances extérieures, l'ennoblit et le purifie, au contact de son âme ardente, pour l'amener vers une noblesse désintéressée et préparer les voies à un Baudelaire auquel il s'apparente par plus d'un trait. Celui qui regrettait que Thomas Carlyle n'eût pas compris, dans sa revue des Héros, à côté du Héros Poète et du Héros Prêtre, le Héros Dandy [59], était bien fait pour hausser sur un plan supérieur les préoccupations, avouons-le, un peu étroites d'un George Brummell ou d'un Comte d'Orsay. Pour lui, « le Dandysme est toute une manière d'être et l'on n'est pas que par le côté matériellement visible » [60]. En vérité, définissant Brummell, il lui arrive de se peindre et de donner à son héros des qualités qu'il n'a pas, des desseins qu'il n'a jamais eus — mais que, lui, Barbey possède ou dont il rêve. Ne s'est-il pas lui-même contredit, qui, après avoir affirmé que le Dandysme, spécifiquement anglais, n'a aucune chance de s'acclimater à Paris [61], écrit sur Lauzun, gentilhomme

français, une étude qu'il appelle : *Un Dandy d'avant les Dandys* [62] ?
Il y affirme que « le dandysme a sa racine dans la nature humaine
de tous les pays et de tous les temps, » et que « ce qu'on pourrait
appeler la *corde du Dandysme* dort, pour s'éveiller, au milieu des
trente-six mille cordes qui composent ce diable d'instrument si
compliqué et parfois si détraqué de la nature humaine » [63]. Lui, il
enrichit de toute sa nature ce dandysme, au point de lui donner
des lettres de noblesse. Certes, il est dandy au sens inférieur du
mot, ayant la vanité et la fatuité d'un Brummell, ce Barbey d'Aurevilly qui met une gravité religieuse à essayer un pantalon
et à commander une redingote [64], et qui se préoccupe à tout instant d'étonner ceux — et celles — qu'il approche [65]. Brummell
lui-même — qui affectait la simplicité et dont la suprême élégance
se piquait de passer inaperçue — n'eût pas avoué pour son disciple l'homme à la cape espagnole du perron de Tortoni. Mais
ces propos fulgurants, ces costumes extravagants cachent une
noblesse intérieure qui doit au dandysme ce goût d'être distingué
dans la vie de l'âme comme dans les parures du corps. Barbey
porte ses opinions comme ses redingotes et ses manchettes — avec
ostentation, et en garde la vanité agressive, même si elles sont
d'une mode surannée. Il n'a pas le respect des idoles — ce qui
est maladresse mais aussi indépendance. Il se rend impossible au
Pays [66] et au *Figaro* [67]. Il éreinte Buloz, il massacre Vigny, Hugo,
Lamartine, Mérimée, Sainte-Beuve et Nisard [68]. Il y a quelque
mérite à attaquer les puissants, quand on est pauvre, et quelque
courage, quand on est seul. Il est de belles maladresses et d'émouvantes indépendances. Enfin ce dandy voulut mourir debout et
tint tête à la vieillesse avec une coquetterie que certains jugent
ridicule, mais qui dépasse, pourtant, le lamentable effondrement
de Brummell, maniaque et gâteux [69]. Il figure déjà, — au-dessus de
Brummell et du comte d'Orsay et près de Baudelaire, — le dandy
qui se regarde vivre « dans un miroir » et qui a le souci de
toutes les élégances, sachant qu'on n'est un parfait acteur que si
l'on joue son rôle avec foi.

Nous voici loin de tous ces dandys de profession, d'occasion
et de désir menant ou brûlant de mener cette vie oisive et délicieuse qui s'use chez Drake où sont les chevaux nouvellement
arrivés d'Angleterre, sur les routes du Bois, les étriers chaussés
à fond, un grand chapeau bien enfoncé, l'air plus inquiet que
vainqueur [70], sur les boulevards à faire escorte aux amazones ou à
parader aux portières des « landows » : leurs rêves se limitent à

l'horizon des Tuileries ou des Champs-Elysées et leur air d'ennui est une pose sans grâce. Ceux dont je parle, au contraire, savent que l'élégance française porte un « je ne sais quoi » qui passe les manières d'outre-Manche. On a beau médire du « nœud de leur cravate » et des « cordons de leurs souliers » [71], il sauront donner à leur dandysme une originalité qui est la marque de la race. Ceux-là certes ont le goût de se garder d'un dandysme qui n'est défendu ni contre les exagérations ni contre les ridicules. Ils ne sont point « de ces jeunes gens pâles, vieux avant l'âge, dépourvus de verdeur », paraissant « n'avoir plus de souffle », que Ph. Audebrand évoque avec « l'âge des cocodettes et des gandins ». Ces dandys dégénérés, « Grévin les a dessinés tels qu'ils étaient : indolents, hébétés et tristes ; Nestor Roqueplan leur a infligé le surnom de *Petits Crevés* qu'ils ont gardé ; au Théâtre Dejazet, Lambert Thiboust les a montrés à la foule avec leur imbécillité et leurs travers sous le titre de *Chevaliers du Pince-Nez* » [72]. Ces pâles snobs, la caricature et la satire les a rejetés du monde d'élégance frivole, certes, mais si séduisante, où règnent les vrais dandys. Et ni Beauvoir, ni Balzac, ni Barbey ne leur ressemblent.

Ni surtout Baudelaire [73].

J. Boulenger [74] définit le Dandysme un don du paradoxe. Selon lui, « devant avant tout produire la surprise, il faut qu'un dandy ne fasse jamais ce qu'on attend de lui : il doit toujours *dépasser*. » Et Barbey donne au Dandysme, comme son caractère le plus général, « de produire toujours l'imprévu, ce à quoi l'esprit accoutumé au joug des règles ne peut pas s'attendre en bonne logique » [75]. Si quelqu'un dépassa les possibilités de surprise et, dandy, fit éclater les limites, étroites pour lui, du dandysme, ce fut assurément Charles Baudelaire.

Celui-là certes savait s'habiller. Un de ses biographes, entre autres, en témoigne avec une admiration un peu jalouse :

Dandy surtout et grand théoricien d'élégance. Pas un pli de son habit qui ne fût raisonné. Aussi, quelle merveille que ce costume noir toujours le même, en toute heure, en toute saison. Ce frac d'une ampleur si gracieuse, dont une main cultivée taquinait les revers ; cette cravate si joliment nouée ; ce gilet long, fermant très haut le dernier de ses douze boutons et négligemment entr'ouvert sur une chemise si fine, aux manchettes plissées ; ce pantalon « tirebouchonnant » sur des souliers d'un lustre irréprochable ! [76]

C'est ce Baudelaire qui règne dans le souvenir de ses amis :
« le Baudelaire en habit bleu, troué aux coudes, avoue Charles
Cousin [77], en bas chinés, aux gros souliers, est complètement sorti
de ma mémoire ». Prarond garde toujours présente la vision de
sa toilette et de son élégance, un jour qu'il descendait l'escalier
de la maison Bailly. Hignard, près de l'Odéon, lui trouve, avec
son justaucorps de velours serré à la taille, « l'aspect de ces jeunes
patriciens de Venise dont Titien nous a laissé le portrait » [78]. Les
poètes du quartier latin et les bohèmes du temps des *Cariatides* [79]
qui ont, dans les yeux, les parures tapageuses des Gautier et des
Borel, se rendent compte que ce dandy leur donne une leçon de
mesure et de goût, que son habit noir réagit contre « le débraille-
ment prétendu romantique », et qu'il est, pour étonner le bourgeois,
d'autres moyens que de s'affubler en écuyer d'opéra ou en troubadour. Sa tenue, « à la fois anglaise et romantique », en impose.
Sous « le chapeau haute forme », dans l'habit noir flottant, avec
son gilet de casimir, sa cravate souple et son pantalon de drap fin,
c'est un Byron habillé par Brummell [80]. En 1911, — après plus
d'un demi-siècle, — les souvenirs de Nadar le ressuscitent, tel
qu'il lui apparut, un matin de 1840, au Luxembourg, dans le groupe
de Banville, Deroy et Privat d'Anglemont, « avec l'aspect encore
lointain d'une figure bizarre, fantomatique, qui se découpait sous
la voûte des verdures » :

A mesure que l'apparition se rapprochait, comme aimantée sur nous,
plus distinctement nous percevions un jeune homme de bonne taille
moyenne, élégant, tout de noir vêtu sauf la cravate sang-de-bœuf, en
habit, — ça se rencontrait encore de jour, par-ci par-là, — l'habit, qui dut
être médité, démesurément évasé du torse en un cornet d'où émergeait,
comme bouquet, la tête, et à basques infinitésimales en sifflet ; — l'étroit
pantalon sanglé sous le sous-pied sur la botte irréprochablement vernie.
Col de chemise largement rabattu, manchettes non moins amples en linge
très blanc de fine toile protestaient par la proscription du moindre empois
contre le supplice d'encarcanement dont l'étrange goût s'obstine à encar-
caner nos générations présentes dans les roideurs du calicot silicaté :
émancipation du corps n'aurait-elle quelque accointance avec dégagement
de l'esprit ? — A la main, gantée de rose pâle — je dis, de « rose », — il
portait son chapeau, superflu de par la surabondance d'une chevelure bou-
clée et très noire qui retombait sur les épaules. Depuis Louis XIV en ses
perruques on n'avait vu qu'au statuaire Christophe [81] et à Got [82] de *M. de
Pourceaugnac* cascades de crinière aussi avantageuse.

Privat d'Anglemont signale l'arrivant : Baudelaire. Le banc
tressaille :

L'aspiré tirait bien à nous maintenant sur l'appel entendu, procédant de sa marche par saccades des articulations, ainsi que les petits acteurs en bois du sieur Séraphin [83], semblant choisir pour chacun de ses pas la place, comme s'il marchait encore sur des œufs ou qu'il craignît pour ce sable innocent de compromettre le luisant de sa chaussure.

Le noir du costume aidant, le geste retenu, méticuleux, concassé, rappelait les silhouettes successives du télégraphe optique qui se démantibulaient alors sur les tours de Saint-Sulpice, ou mieux la gymnastique anguleuse de l'araignée par temps humides au bout de son fil [84].

Si nous trouvons quelque excentricité à cette toilette, songeons que c'est Nadar qui parle, dont les souvenirs sont peut-être embellis par le temps, et aussi que la mesure est d'un équilibre lentement obtenu. En 1842, Baudelaire, abandonné, sera bien vite « sans aliments » comme « sans vêtements [85] », mais il affichera un mépris souverain de l'humanité, une hautaine confiance en soi, un scepticisme total, qui effrayera et bouleversera sa mère tremblante [86], incapable de comprendre l'âme, subtile en vérité, de ce dandy, pour qui l'habit est à la fois parure et masque.

Dès l'enfance, Baudelaire est pris du goût de l'ornement. Petit garçon, on l'avait un jour mené chez Mme Panckoucke qui lui offrit des jouets [87]. Il s'empara du plus magnifique, « du plus beau, du plus cher, du plus voyant, du plus frais, du plus bizarre des joujoux ». Ce qu'il admirait, enfant, dans un théâtre « c'est le *lustre*, un bel objet lumineux, cristallin, compliqué, circulaire et symétrique » [88]. Il envie les acteurs costumés : « Je tâchais de me figurer que c'était moi ». Plus tard, dans la maison de santé du docteur Duval [89], il polit ses ongles et soigne ses mains. Et pourtant, si, en 1840, il s'habille avec ce raffinement, s'il préfère l'habit noir sur linge blanc, si sa cravate est sang de bœuf et ses gants roses, c'est, autant qu'un sacrifice à la mode, un souci de distinction. Car la parure, bien vite, n'est plus pour lui, comme elle le fut toujours pour Brummell, une fin en soi. En ceci encore il se sépare de ceux qui l'entourent et crée, suivant son désir [90], « une supériorité du Dandysme ». Brummell limite le parfait Dandysme à son orgueil d'être le « Buck Brummell », le « Beau » suprême [91]. Baudelaire part de ce qui est, pour les autres, le point d'arrivée. S'il s'habille avec un luxe qui dépasse peut-être ses ressources, s'il fatigue « son tailleur pour en obtenir des habits pleins de plis » [92], s'il souffre plus tard de ne plus pouvoir s'habiller suivant ses goûts en vérité ruineux [93], si, de tant de splendeurs, il garde aux jours lamentables ce dernier luxe : du linge blanc, et s'il s'ingénie en Belgique à n'affirmer que des tenues minutieusement soignées [94], c'est peut-être parce qu'il voit des correspondances entre les pensées secrètes et les convenances extérieures — et aussi parce que, à son gré, s'habiller étant le propre de l'homme, se bien habiller est la marque du dandy. L'homme en s'habillant se distingue de la bête. Le dandy en s'habillant bien se retranche du vulgaire. S'il exagère, c'est, comme se fût exprimé Pétrus Borel, manière de jeune homme qui « jette sa bave » [95]. Il eût répugné aux bariolages vestimentaires des Jeunes-France et c'est pour qu'on mesure le danger auquel échappe le goût de Baudelaire que nous les avons évoqués aux premières pages de ce chapitre. Car, le premier feu amorti, c'est l'équilibre. Les gants roses disparaîtront et la cravate sang de bœuf : ce sera le triomphe du complet noir, des manchettes immaculées et de la cravate blanche, dont il gardera la coquetterie même aux confins de la misère [96]. Et il arrivera que, même sous la blouse flottante du démocrate — prétexte à de nécessaires restrictions, — sous le foulard jaune et rouge ou les habits râpés, Baudelaire aura grand air, comme si par une réversibilité étrange il conférait une distinction spirituelle au costume par la dignité aristocratique de l'attitude et la fixité distante du regard. Quand cet homme, qui savait si bien s'habiller, ne pourra plus avoir l'élégance du riche (on ne prête qu'aux Brummell), il saura parer ce qu'il porte et se distinguera encore de la foule des snobs qui n'existent que par l'habit, ornés qu'ils sont d'étoffes choisies, comme des chiens rares d'un ruban. Si dans la décadence, d'Orsay et Barbey, qui sont de chez nous, conservent quelque splendeur, Brummell, lui, n'existe plus et devient la risée publique. Il y a dans le vêtement baudelairien une intelligence qui éclaire la ligne en la figeant dans cette immobilité qui n'est pas sans souplesse, dans cette rectitude qui garde la grâce. C'est une mesure et un équilibre. Le Dandysme mène à la Beauté : « Ces êtres n'ont pas d'autre état que de cultiver l'idée du beau dans leur personne » [97], dit Baudelaire, parlant des personnages de roman de *high life*. Car le dandy « ne vise pas à l'amour comme but spécial ». Et l'argent même ne lui est pas « une chose essentielle » [98]. C'est grossière passion « pour mortels vulgaires ». « Le dandysme n'est même pas, comme beaucoup de personnes peu réfléchies paraissent le croire, un goût immodéré de la toilette et de l'élégance matérielle ». La parfaite toilette est dans la simplicité — et cela est dans la ligne de Brummell. Mais ceci le dépasse : le dandysme a pour but d'aller vers la Beauté — en se désintéressant des médiocres — par « culte pour soi-même », dominant même « la recherche du

Bonheur », cachant la souffrance ou la désillusion sous un sourire de Lacédémonien [99].

Pour atteindre à cette Beauté des stades s'imposent et on doit user de lenteurs, s'astreindre à des règles et même à des artifices. Le chemin est long et il faut tendre son âme dans l'effort et dans la constance. Une force intérieure soutiendra ce dandy héroïque : l'horreur du trivial et le sentiment que la vie de l'esprit exige une qualité sublime : « Le mot dandy implique une quintessence de caractère et une intelligence subtile de tout le mécanisme moral du monde » [100]. Il faudra sans doute se voiler d'étrangeté et de contradiction, sourire parfois et parfois prendre l'air « d'un Chartreux creusant sa fosse » : « Je ne sais, disait Courbet, comment « aboutir » au portrait de Baudelaire ; tous les jours il change de figure. » Et Champfleury, qui rapporte le propos, ajoute : « Il est vrai que Baudelaire avait l'art de transformer son masque comme un forçat en rupture de ban » [101]. Il faut étonner non, comme Brummell, par sotte impertinence, mais pour marquer des distances aux fats et aux médiocres : le plaisir d'étonner se double de la satisfaction orgueilleuse de n'être jamais étonné. « Un dandy peut être un homme blasé, peut être un homme souffrant... Un dandy ne peut jamais être un homme vulgaire. » [102] Car c'est d'être vulgaire que le dandy se doit garder. Un être semble, au temps de Louis-Philippe, « l'olympienne poire », [103] incarner cette vulgarité, antipode du dandysme : est-il besoin de nommer le bourgeois ? Qu'on n'invoque pas l'introduction du *Salon de 1845* [104] — où Baudelaire parle du bourgeois trompé par les critiques, ahuri par les artistes, avec la pitié qu'aurait une âme sensible pour un cobaye de laboratoire, ni la dédicace du *Salon de 1846* [105] qui n'est peut-être qu'une mystification d'une ironie supérieure [106]. On pourrait, si ces pages expriment bien la pensée de Baudelaire, les expliquer par un mouvement d'humeur : qu'on songe à l'article que Baudelaire écrit le 3 février 1846 dans le *Corsaire-Satan* contre le *Prométhée délivré* de Louis de Senneville [107]. C'est l'époque où la poésie philosophique et l'école païenne lui apparaissent « une comédie dangereuse » [108].

Baudelaire eut toujours des réactions aussi violentes qu'inattendues. Le bourgeois a peut-être, un jour, bénéficié d'un dépit impulsif. Mais cette erreur d'un moment, Baudelaire l'a effacée. Faut-il interpréter comme la preuve d'un regret certaines phrases inscrites dans les Notes pour une Préface des *Fleurs du Mal* [109] ? Ne songeons qu'aux rudes attaques contre « la sotte hypocrisie

bourgeoise », sa correction gourmée et vaniteuse [110], sa physionomie banale et excentrique, dernier vestige du moyen âge et ruine
gothique [111]. Il a la verve d'un Daumier pour en souligner cruellement les inconséquences et les ridicules : quelle bouffonnerie de
la *Silhouette,* du *Charivari* ou de la *Caricature* vaut cette page
des *Journaux,* où, sous une réflexion de Louise Villedieu, une...
fille à cinq francs que scandalisent les nus du Louvre, jaillit un
réquisitoire contre « tous les imbéciles de la Bourgeoisie qui pro-
noncent sans cesse les mots : immoral, immoralité, moralité dans
l'art et autres bêtises... » ? [112] Ce dandy trouve une verve pittoresque pour peindre la mentalité rabougrie des salons bourgeois [113]
— et cette solitude où il s'absorbe, par horreur de tous les médiocres, est une Thébaïde pareille à celle des solitaires que poursuivait dans le désert l'image des plaisirs refoulés :

> Je dispute parfois avec des monstres grotesques, des hantises du plein
> jour, des spectres de la rue, du salon, de l'omnibus. En face de moi, je
> vois l'âme de la Bourgeoisie, et croyez bien que si je ne craignais de
> maculer à jamais la tenture de ma cellule, je lui jetterais volontiers et avec
> une vigueur qu'elle ne soupçonne pas mon écritoire à la face [114].

Un dandy ne peut s'incliner jusqu'aux préoccupations bourgeoises : il y a incompatibilité de sentiments, de tenue, de manières,
de langue. Ce sont deux plans parallèles et lointains. Et Baudelaire confond dans le même mépris la vulgarité des foules sans
nom et la platitude des Augier et des Monthyon [115]. Pour lui, le
sens de la parure et de la distinction est inconnu à ces êtres
enfermés en d'obscurs préjugés, enchaînés par des habitudes im-
perfectibles. Et ses jugements sévères sont des réactions de dandy
avec lequel le bourgeois offre un tel contraste qu'il suffit de les
placer côte à côte pour mieux sentir l'horreur de la médiocrité
sans goût et sans idéal — et le charme d'une élégance où le
rayonnement de l'esprit ajoute aux grâces de la ligne.

Toilette, élégance ? Moyens pour le dandy et « symboles de la
supériorité aristocratique de son esprit » [116]. Reproche-t-on à
Baudelaire de n'être pas naturel ? Il s'en réjouit ; car le naturel
est à la portée du vulgaire, et seul l'artificiel — création du
génie — est le privilège des êtres supérieurs. Il écrira l'éloge du
maquillage et méprisera la femme qui est « naturelle, c'est-à-dire
abominable » et « vulgaire, c'est-à-dire le contraire du Dandy » [117].
La nature est mauvaise, dira ce Dandy, parlant le langage des
théologiens. Il faut s'en séparer et créer, à côté d'elle, des formes

nouvelles, des aspects surprenants pour atteindre à la perfection réclamée par l'Art. Etre commun, la pire chose : « le terre à terre lui inspire de l'horreur » [118]. Il souffre, comme d'une tare, du « manque de personnalité » et détruit les exemplaires du *Salon de 1845,* ayant aperçu des rapports entre les idées qu'il y expose et celles de Heine ou de Stendhal [119]. Ce dandy haïra la foule, c'est-à-dire l'homme vulgaire, et le bourgeois, c'est-à-dire l'homme moyen, et, s'il recourt à la mystification, ce sera façon d'affirmer son dédain, son indépendance, — sa supériorité. Voyez-le, à ses derniers jours, au café de Robespierre : « Vieilli, fané, alourdi..., il s'asseyait seul à un guéridon ». Il boit sa bière, il fume sa pipe. Parfois, un admirateur s'arrête. Il ne bouge pas. Il ne daigne même pas lire les journaux qui parlent de lui [120]. C'est qu'il se sent étranger comme un être d'une autre caste et que ce monde mécanique de cocodettes et de petits crevés donne la nausée à ce Dandy solitaire. Ses amis même se dispersent, happés par la vie : Banville reste à la surface des idées, Gautier, plus rapin que penseur, ploie sous le feuilleton, Leconte de Lisle s'absorbe dans l'antique, Poulet-Malassis est à ses échéances, Asselineau à ses livres rares. Baudelaire reste seul. Si parfois il s'amuse à déclencher le jeu de la naïveté ou de la sottise, faut-il lui en vouloir ? L'impertinence était, pour Barbey, une marque de dignité. Le paradoxe est, pour Baudelaire, un moyen d'évasion. Il cache son vrai visage sous la légende comme sous un loup de velours : « Vous êtes très convenable, lui disait une femme. Je croyais que vous buviez toujours et que vous sentiez mauvais » [121]. Quand paraissent les *Fleurs du Mal,* il est « fier » de « ce maudit livre » [122], et les *Confessions* de Rousseau sont de pâles récits en face des *Journaux intimes* où ce cœur mis à nu ressemble si peu, en apparence, à celui des autres hommes [123]. « La farce le ravissait à condition qu'elle fût excessive » et si Champfleury répand le bruit qu'il a mis une perruque bleu de ciel, il est bien loin de lui en vouloir [124]. Il va jusqu'à se réjouir — non sans amertume — [125] d'être pris, en Belgique, pour un agent de police ou un pédéraste, et « nage dans le déshonneur comme un poisson dans l'eau ». Il renonce sans trop de peine à être de l'Académie, après sa candidature, paradoxale pour le public, au fauteuil d'un Lacordaire [126], et il est heureux de n'être pas décoré, puisque « consentir à être décoré c'est reconnaître à l'Etat ou au prince le droit de vous juger et de vous illustrer... » [127]. Mais nul ne pourrait nier que son « caractère de parfait gentleman » ne fût « d'une

rare distinction » : « les êtres vulgaires haïssaient l'homme, les
femmes se plaisaient à l'entendre dérouler le chapelet de ses fantaisies et les esprits distingués se reconnaissaient au cas qu'ils
faisaient de cette nature pleine de distinction » [128]. Cet aveu d'un
contemporain, qui l'avait compris et qui l'aimait, eût rempli d'aise
Baudelaire : il marque le triomphe du Dandy.

Ce triomphe n'est pas d'un dément, ni même — en dépit des
apparences — d'un excentrique. Baudelaire est un sincère qui vit
suivant une droite ligne. Le même Champfleury le note [129] : « la
logique était excessive » en lui. Excessive, pour obéir à la loi du
jeu. Il faut toujours, pour atteindre sûrement un but, avoir la force
de le dépasser. Cette horreur du vulgaire qui le conduit à la
haine de la femme [130] et qui, par réaction si naturelle, l'amène,
déjà freudien et « précoce dandy », à aimer sa mère « pour son
élégance » [131], tend vers des hauteurs où le Dandysme est spiri-
tualisé. Balzac oppose quelque part le Dandysme et la vie élégante.
Son jugement, à quelques termes près, éclaire l'attitude baudelairienne :

> Le *Dandysme*, dit-il, est une hérésie de la vie élégante. En se faisant
> Dandy, un homme deviendra meuble de boudoir, un mannequin extrême-
> ment ingénieux qui peut reposer sur un cheval ou sur un canapé, qui
> mord ou tette habilement le bout d'une canne, mais un être pensant ?...
> Jamais. L'homme qui ne voit que la mode dans la mode est un sot. La vie
> élégante n'exclut ni la pensée ni la science : elle les consacre : elle ne
> doit pas apprendre seulement à jouir du temps, mais à l'employer dans
> un ordre d'idée extrêmement élevé [132].

Balzac avait ses raisons de condamner la vanité du Dandysme
— parade d'une jeunesse bien faite et bien vêtue. Mais c'est, pour
quelques brebis égarées, faire le procès du troupeau. Disons, si
l'on veut, qu'en Baudelaire le Dandysme se plie à la vie élégante
— puisque celui-ci n'est pas de ceux qui ne voient dans la mode
que la mode. Il faut pardonner au Dandysme des erreurs et des
extravagances, puisqu'il a façonné un Baudelaire. Mais on doit
bien reconnaître qu'ici encore Baudelaire a plus donné que reçu :
par sa grâce hautaine, le Dandysme s'ennoblit. On a pu dire que
Brummell était le Parfait Dandy [133]. Baudelaire est le Dandy pur.

Il écrit : « Le dandy doit aspirer à être sublime sans interruption. Il doit vivre et dormir devant un miroir » [134]. L' « éternelle
supériorité du Dandy » [135], que Baudelaire pose comme un postulat
dans ses *Journaux intimes*, n'est pas seulement de dominer la platitude vestimentaire ou cérébrale du Bourgeois, mais de détruire

toute trivialité d'âme et de purifier l'instinct. Cet être de péché
eut des tentatives d'arrachement et rêva de se libérer de ses misères. Ce dandysme est propreté morale, « hygiène spirituelle » [136].
Il révèle un être, comme un symbole dégage une idée. Cet habit
sombre est en « correspondance » avec le sombre de ses pensées.
Ce souci de la netteté qui s'inquiète, aux portes de la mort, de
la finesse des mains [137] et de la pureté des ongles est une transposition à peine matérialisée de son amour du Parfait. Et ce
Parfait, le dandy doit l'atteindre en soi-même, autant que hors
de soi-même. Dans sa vie intérieure il doit tendre à devenir un
héros et un saint, non pour la montre, mais pour soi-même [138].
Et dans la recherche du raffiné et du délicat, il doit trouver un
moyen d'atteindre le beau : ce regard agile qui découvre dans
l'élégance d'un vêtement ce qu'elle doit à l'imperceptible variation
d'une ligne [139], est le même qui, dans les visions d'une vie imma-
térielle, entrevoit cette démarcation subtile qui sépare le beau perçu
par tous et banalisé — du Beau idéal et inexprimable.

Etre un grand homme et un saint quand on se sent fragile et
pécheur, quelle entreprise ! Baudelaire va la tenter. Ce sensible
se veut impassible. Il ne consent pas à être ému ni à être étonné [140].
Cette impassibilité n'est pas dressée pour l'ostentation ni pour une
satisfaction d'orgueil. Elle est le témoignage et la récompense
d'un effort vers une discipline et une maîtrise — tenté par un
être en quête de perfection morale. Le mot attendu, Baudelaire
le prononcera un jour : le dandysme ainsi compris c'est un « dernier éclat d'héroïsme dans les décadences » [141]. C'est lui qui
soutient l'orgueil patricien des sauvages — [142] comme il doit appuyer l'énergie solitaire de ceux qu'a déçus la civilisation. Il est
une forme du stoïcisme, ayant choisi d'être, non plus jeu d'apparence, mais tension intérieure. Comme le héros d'Emerson [143], qui
vise, dans l'effort, à devenir le « Representative man », c'est-à-dire
l'homme essentiel, intégral, dépouillé et purifié [144], le Dandy baudelairien sait que tout le bien est dans la concentration, tout le
mal dans la dispersion. Fermé aux bruits du dehors, figé devant
les choses humaines, il développe sa vie intérieure en plénitude.
Il est curieux que le puritain ait donné au catholique des formules
qui précisent et fortifient son dandysme : on observe mieux les
lois bien définies. Cette concentration sera désirée de tous les
grands dandys et elle fera le génie d'un Delacroix [145]. Le dandy
ne se pare que pour se séparer. Et l'isolement lui permettra la
méditation nécessaire aux grandes œuvres. Il sera une digue con-

tre les vagues de dissipation. Il le défendra contre les besognes du travail-fonction [146]. Il permettra à l'auteur de se mieux connaître pour mieux se réaliser, pour calculer ses élans et parfaire son œuvre. Ce souci d'être meilleur *pour soi-même,* cet orgueil intérieur se reflètera dans l'œuvre en sérénité et en puissance : qu'importent à qui se satisfait du spectacle intime les approbations d'un public ?

Est-il bien nécessaire pour le contentement de l'auteur qu'un livre quelconque soit compris, excepté de celui ou de celle pour qui il aura été composé ? Pour tout dire enfin, indispensable qu'il ait été écrit pour quelqu'un ? J'ai quant à moi si peu de goût pour le monde vivant que, pareil à ces femmes sensibles et désœuvrées qui envoient, dit-on, par la poste leurs confidences à des amies imaginaires, volontiers je n'écrirais que pour les morts [147].

Cette stoïque élégance a sa grandeur, et le dandysme ainsi conçu fait pâlir les apparences des Brummell, des Orsay, des Beauvoir, de tous les raffinés du Café de Paris. On saisit mieux par le contraste du dandy-homme la richesse d'âme de ce dandy-héros. On entre dans le sens de cette ironie, de ces sarcasmes. Un masque tombe et l'originalité se manifeste sous un signe de puissance :

Vous me croyez froid et vous ne voyez pas que je m'impose un calme artificiel que veulent sans cesse troubler votre laideur et votre barbarie, ô hommes de prose et de crime ! Ce que vous appelez indifférence n'est que la résignation au désespoir ; celui-là ne peut s'attendrir que bien rarement qui considère les méchants et les sots comme des incurables. C'est donc pour éviter le spectacle désolant de votre démence et de votre cruauté que mes regards restent obstinément fixés vers la muse immaculée... [148]

Le dandysme de Baudelaire ne se borne pas à une « concentration » [149] immobile. Par l'amour de l'effort et du travail [150], il conduit le poète au seuil de l'art pur. Cette volupté de se maintenir hors de l'humanité par la perfection de la parure et par la distinction intérieure crée une volupté plus haute qui a sa fin dans la transe lyrique. La vie des choses banales prend un relief épique et devient matière de beauté :

L'héroïsme de la vie moderne nous entoure et nous pousse... : celui-là sera le peintre, le vrai peintre, qui saura arracher à la vie actuelle son côté épique et nous faire voir et comprendre, avec de la couleur et du dessin, combien nous sommes grands et poétiques dans nos cravates et nos bottes vernies [151].

Si Baudelaire s'habille de noir, s'il exige un linge éclatant de blancheur, et même s'il unit à des gants roses le rouge de sa cravate, c'est beaucoup moins pour paraître singulier et pour étonner les bourgeois que pour harmoniser des effets de couleurs et s'entourer de tons contrastés ou d'une gamme de colorations. Le dandysme c'est assurément pour Baudelaire une correspondance moderne de l'anathème d'Horace. C'est aussi pour l'homme vertueux et courageux, au milieu d'une foule sans vertu ni courage, un moyen de s'isoler dans la recherche héroïque du Parfait. C'est enfin l'Art, comme but suprême, et par l'Art, la Beauté.

Cet art inquiet, né de l'effort, n'est souvent qu'artifice. Mais donnons à ce mot son sens baudelairien. L'artifice, comme le maquillage, est un moyen de corriger la nature viciée dans son essence et de la rendre propre à l'art. Reproduire la nature est dangereux : on n'aboutit qu'à des œuvres sans imagination. Un premier travail s'impose, de redressement, d'ajustement, de parure. Le dandy déteste ce qui est naturel et se transforme ou se corrige ou se retouche pour être ou paraître beau. L'artiste transforme la nature pour en faire matière de beauté [152]. L'artifice est le moyen par quoi l'homme refond les choses perverties et l'art a toujours été l'homme corrigeant la nature [153]. L'artifice — art au second degré — n'est que la transposition dans le domaine esthétique de l'effort intérieur, des tendances à la purification. Et l'artiste est donc ce dandy qui purifie ce que la nature comporte de trouble. Le chrétien qui repousse l'instinct est un dandy, être artificiel [154]. Le baptisé façonne à côté de l'homme naturel, c'est-à-dire instinctif et pervers, un homme transformé et comme repétri qui vit par la vertu et la lutte suivant les lois d'un dandysme moral. Ce « culte de soi-même » « confine au spiritualisme » [155], « gymnastique propre à fortifier la volonté et à discipliner l'âme, » il prend une valeur mystique et devient « une espèce de religion » [156]. Ethique et esthétique semblent donc se confondre dans ces sommets que n'eussent prévus ni Brummell ni d'Orsay et qu'entrevit à peine Barbey d'Aurevilly. Ou plutôt ici la morale obéit au souci du Beau et n'existe que dans la mesure où la recherche du Beau lui donne droit de vie. Ainsi l'on peut dire que la religion de Baudelaire — ce catholicisme qui s'irrite contre les instincts originels — est un effet logique et comme une conclusion de son dandysme.

Là est déjà une esquisse de l'Esthétique baudelairienne. Il faut spécifier que les tendances n'en sont pas toutes dégagées au temps où Baudelaire se préoccupe d'éblouir ses amis par la perfection de sa toilette. Et pour juger d'une vue nous avons dû franchir des étapes et admettre, à côté de confidences cueillies dans les *Journaux intimes,* des réflexions suggérées par l'observation de la vie moderne, au soir d'une existence qui fut si brève mais si pleine [157]. Mais « les considérations et les rêveries morales » que lui suggèrent, en 1860, les dessins de Constantin Guys, fermentent en Baudelaire depuis de longues années et surgissent pareilles à des fruits qui auraient mûri longuement dans l'ombre. Elles sont en germe dans ces scrupules d'artiste qui feront différer jusqu'en 1857 la publication de poèmes composés dès 1843, dans ces repentirs d'insatisfait détruisant *le Salon de 1845,* comme un Brummell se fût refusé à porter l'habit d'un rival, dans cette lutte d'artiste construisant lentement son œuvre, toujours avide de beaux projets, toujours inquiet devant les réalisations. C'est que dans les costumes il voit toujours les disparates et les faux plis — et dans les œuvres les bavures et les fatales imperfections. Il se voudrait non parfait, certes, (sa forme est souvent négligée et il le sait, et il sait aussi que c'est là un habit commun), mais nouveau, inédit, — comme, dandy, il se voudrait supérieur par la parure et par l'âme. Le « lion », comme le héros et le saint, comme le prêtre, le soldat et le poète [158], est de ces êtres d'exception qui, pour créer la voie, battent des sentiers infrayés. Et cette tendance royale à être au-dessus, — seul, — est, avec son désir de création originale, la marque de Baudelaire. C'est par le dandysme que s'opère en lui l'unité. Il est là tout entier : l'homme avec son souci de correction distinguée, impassible et étonnant ; l'aristocrate, dédaignant le bourgeois qui n'a pas compris encore et la foule qui ne comprendra jamais ; le chrétien qui a besoin de se singulariser pour s'élever et voit dans cet effort un moyen de perfectionnement intérieur ; le mystique qui repousse les instincts de la nature comme un appel de la bête et qui, tombé par faiblesse dans le gouffre, appelle, comme une « dynamique morale » [159], ce Dieu avec qui, dès l'enfance, il a des conversations [160] ; l'artiste enfin qui, dans l'horreur du banal, trouve un élan vers l'inspiration et un moyen d'accès vers la Beauté. Ainsi, par la grâce de Baudelaire, le mot « dandysme », comme par un charme, prend un sens qu'il n'avait pas encore, qu'il n'aura plus jamais peut-être, tant ce magicien transmue en métal unique toute matière qu'il touche. Nous laissons à nos pieds tant de dandys — même les grands qui montent vers les sommets ! Même Barbey d'Aurevilly, même Delacroix n'accèdent pas à cette compréhension géniale du Dandysme. Baudelaire est le Dandy intégral. Le parfait est unique. La pureté n'est accessible qu'aux dieux. Toute sa nature s'efforce à cette perfection, tout son désir tend à cette pureté. Son mépris de la foule n'est pas un défaut de bonté ; son horreur du naturel n'est pas une forme du dégoût ; son dandysme n'est — du moins dans l'harmonie du soir — ni pose, ni attitude. Baudelaire est un Dandy, il n'est pas un snob. Soucieux de monter, il a l'inquiétude des scrupuleux : il veut se placer au-dessus des hommes qui brisent et souillent. Il a raison ainsi. Il sera le prêtre du Dandysme. Ce goût du difficile, cet effort d'évasion, cette mystique de concentration, ce spiritualisme et ce stoïcisme de héros, de saint et d'esthète expliqueront bien des aspects de son génie.

Barbey d'Aurevilly écrivait des dandys [161] : « L'humanité a autant besoin d'eux et de leur attrait que de ses plus imposants héros, de ses grandeurs les plus austères. Ils donnent à des créatures intelligentes le plaisir auquel elles ont droit. Ils entrent dans le bonheur des sociétés comme d'autres font partie de leur moralité. Natures doubles et multiples, d'un sexe intellectuel indécis, où la grâce est plus grâce encore dans la force et où la force se retrouve encore dans la grâce... » Barbey s'emporte et il nous fâche que l'incroyable Brummell ait inspiré cet enthousiasme. Mais relisons la page en l'appliquant à Baudelaire.

III

AU SEUIL DE LA VIE LITTÉRAIRE
UN NOUVEAU ROMANTISME

Au contact du dandysme, avant même qu'il en dégage toute l'essence sublime, Baudelaire prend conscience de lui-même : il sait ce qu'il vaut et, autour de lui, on le sent marqué d'un signe. Il étonne même ceux qui se défendent de l'aimer. Il semble qu'il n'ait rien fait. Pourtant, son œuvre est en lui, déjà organisée, déjà composée. Dès 1843, au dire de Prarond, bien des pièces des *Fleurs du Mal* sont écrites [1] et il les psalmodie, dans les divers cénacles où il fréquente, de sa « voix ferme, pure et musicale » [2]. Il pourrait, s'il voulait, écrire sa *Préface de Cromwell*. Mais son goût est d'être seul — même s'il doit, à certaines heures, souffrir de cet isolement [3]. Il s'offusque, vers 1866 [4], qu'on ose parler d'une « école Baudelaire » comme si l'on violait son intimité intellectuelle. Certes il est un dandy même dans son appétit de gloire. Il ne veut pas devoir la notoriété à des imitateurs ou à des disciples, ni qu'on la mesure au nombre de ses lecteurs ou de ses admirateurs. Mais il sait, dès ses premiers pas dans la carrière des lettres, ce qu'il veut et ce qu'il ne veut pas. Il juge ses contemporains, soucieux de ne pas leur ressembler, et le Romantisme, qui l'a vu naître, déjà périmé et fané vers 1840, n'agira sur lui qu'en surface. Bien vite, hors du Romantisme qui se déforme et s'anémie, il se libérera vers un Romantisme renouvelé.

La jeunesse de 1840 a été élevée dans l'atmosphère romantique. Elle a entendu raconter les batailles de 1830 par des combattants qui ne sont pas encore des vieillards et qui ont le prestige des grands aînés. Selon un témoin [5], compagnon de Baudelaire, elle a « pris littérairement 1829, 1830, la religion poétique et morale de ces généreuses années, au mot, à la lettre. » Elle a grandi dans le culte des maîtres et s'incline toujours devant leurs noms. Pourtant,

peu à peu, des critiques sont hasardées, qui tarissent la production
des jours glorieux, et le concert d'admiration n'est plus unanime.
On se rend compte que la révolution littéraire n'accomplit pas ses
promesses. Dressée contre le classicisme désuet, l'intellectualité
desséchée, les formes rigides du Premier Empire, la peinture à la
David et la tragédie à la Campistron, elle n'a pas su ordonner
ses fougues pour défendre les grandes traditions de l'esprit français. Cette démagogie littéraire s'est mise, hors des barrières des
lois, au service des individualismes, et le culte du moi s'est substitué à l'étude de l'homme. Les Maîtres semblent arrêtés dans leur
élan, comme s'ils hésitaient, inquiets d'avoir fait fausse route.
Vigny se tait après *Chatterton,* Lamartine, depuis les *Recueille-
ments,* s'occupe à la politique, Hugo abandonne le lyrisme pur
pour aborder la littérature militante. La *Revue des Deux-Mondes*
publie, en 1836, les réflexions des bourgeois de la Ferté-sous-
Jouarre sur les ridicules romantiques et, en 1840, un article de
Sainte-Beuve [6] qui fait le point sans indulgence. La critique de
Gustave Planche croît en audace et voici le temps où *Lucrèce* va
triompher bruyamment, tandis que la caricature soulignera l'échec
des *Burgraves.* Les classiques reviennent à la mode : Rachel fait
applaudir Racine et c'est un romantique — non des moindres —
qui souligne son succès [7]. Le *Port Royal* de Sainte-Beuve, le *Rapport sur Pascal* de Cousin ramènent l'attention sur le « grand
siècle ». Les grandes tirades de la *Préface de Cromwell* ont fondu
comme neiges d'antan et le bourgeois, qui a la vie dure, sort, en
époussetant son habit boutonné jusqu'au cou, des décombres amon-
celés par la bataille romantique. Le public assidu aux représentations du Théâtre-Français sait bien qu'applaudir à *Phèdre,* c'est
manifester contre l'auteur de *Ruy-Blas.* Il admire, hélas, par tempérament et par goût du médiocre, l'habile Scribe, en attendant
de jouir de la revanche offerte par l'Ecole du Bon Sens. Il faudra
l'intervention d'artistes comme Gautier et Baudelaire pour amortir
les excès de cette réaction et empêcher, par des jugements de critique éclairée, l'abandon d'une esthétique qui a déçu ses partisans
et si vite épuisé sa mesure.

Au début de 1840, *l'Artiste,* qui n'est pas suspect de pactiser
avec les Bourgeois ni de brimer le Romantisme, mais qui sait s'enthousiasmer pour Delacroix [8] comme pour Victor Hugo [9], publie
un article où J. Chaudesaigues [10], sévère pour les gloires de 1830,
confesse :

Chaque jour la littérature contemporaine perd de son importance. Vainement les livres nouveaux s'entassent chez les éditeurs et chez les libraires, le public reste indifférent et froid. C'est à peine si quelques femmes oisives ou quelques échappés de collège trouvent encore une heure pour lire avec le pouce tant de pâles et monotones productions.

Chaudesaigues n'est pas le premier venu et son témoignage est précieux, comme reflet de ce « monde » spirituel et cultivé où son élégance, sa bonne humeur et son talent de causeur lui assurent de vifs succès. La plume à la main, cet ami de Gustave Planche, pénétré des devoirs sacerdotaux du critique, traite les auteurs et les œuvres avec une conscience indépendante et une gravité dogmatique [11]. Il publiera en 1841 un livre qui n'est pas sans valeur sur les *Ecrivains modernes de la France* [12], où, sous forme de conseils à Hugo, il signale que le temps des « confidences personnelles » et des « intimes épanchements » est bien passé [13]. Son article de *l'Artiste* est plein d'enseignements et nous donne, sur Hugo et le romantisme, l'opinion moyenne des gens pondérés. Il signale que la curiosité publique, qui, trois ou quatre ans plus tôt, était éveillée par la moindre brochure littéraire, reste insensible aux efforts des survivants d'un passé aboli. Le temps n'est plus [14] des préfaces retentissantes et des professions de foi. Le silence a succédé aux « clameurs enthousiastes et enveloppe les réformateurs de l'année passée avec ceux de l'année présente dans un injurieux oubli... Les grands hommes ont beau se voiler le visage, crier à la profanation et à l'ingratitude, à la stupidité et à l'injustice ; rien n'y fait... » D'ailleurs, cet oubli est mérité, car les auteurs « n'ont pas répondu à l'attente universelle », n'ont pas « tenu leurs promesses », n'ont pas « déplacé les bornes de l'art dans un but véritablement utile et progressif », et leurs « plaintes » sont « hors de saison ». Impitoyable, il montre la faillite dans la poésie lyrique, le roman et le drame. Il affirme — non sans quelque rigueur — que, depuis quinze ans, seuls comptent deux ou trois recueils lyriques. S'il consent que les auteurs « se sont visiblement inquiétés de la discipline des strophes » et ont « élargi le domaine du vocabulaire » ; s'il reconnaît en eux l'énergie de l'expression, l'éclat des images, la concision des périodes, il leur dénie l'originalité de la pensée, ne voit dans leur art qu'une question de mots et critique non sans justesse les outrances du moi romantique :

Ils imaginèrent de se chanter eux-mêmes sur leurs lyres, de se prendre pour sujets uniques de leurs dithyrambes, de rimer complaisamment les moindres événements de leur existence, comme un peintre qui passerait sa vie à peindre sa propre figure de cent façons... [Leur] individualité... s'admira dans l'eau des fontaines... Toujours et sans cesse le moi, le moi qui chante, le moi qui voyage, le moi qui aime ou qui pleure, qui souffre ou qui raille, qui blasphème ou qui prie... 15

Et dans une attaque directe contre Hugo, il donne raison au public qui boude « fatigué de lire tant d'apothéoses personnelles, d'assister à la toilette de tant de martyrs, d'ouïr tant de voix de plus en plus *intérieures* ». Plus loin il fait allusion à *Notre-Dame de Paris,* critiquant les déformations du réel dans le roman historique :

C'étaient des Louis XI passés à l'état de tigres et des chakals (*sic*) et, tout à côté, des prêtres amoureux à qui la brute la plus lascive ne saurait être comparée ; et, plus loin, des mères exprimant leur tendresse pour leurs enfants par des hurlements et des gestes d'hyène enragée...

Il n'est pas plus tendre pour les romanciers que pour les poètes 16, mais quand il aborde la question du drame, il ne procède plus par allusions, et les œuvres sont nommées, les héros désignés nettement sur un ton plus acerbe encore :

Dieu nous préserve de confondre l'œuvre sans nom que nos réformateurs ont baptisée drame avec les admirables tragédies historiques de Shakespeare et de Schiller... La jeune école romantique... inventa les fables les plus saugrenues de la terre ; elle mêla, sous prétexte d'antithèses, les courtisanes et les femmes vertueuses, les bouffons et les verts galants, les pauvres et les grands seigneurs, les laquais et les princes... Le but philosophique du drame moderne, le voici : démontrer la supériorité du laid sur le beau... [Les auteurs] se contentèrent de proclamer à son de trompe, à grand bruit de préfaces, l'avènement du *laid idéal.* Belle trouvaille ! et qui aboutit à encombrer nos théâtres de Triboulet et de Ruy Blas, à la place de ces fiers héros qui faisaient bondir jadis nos poitrines ; de Lucrèce Borgia, de Marion de Lorme et de Marie Tudor à la place de ces belles et chastes héroïnes dont les malheurs mouillèrent nos yeux tant de fois... 17

Et Chaudesaigues préconise — quel beau vacarme dix ans plus tôt ! — d' « encourager la réaction vers les études classiques, » de « donner un autre but que l'égoïsme et la fantaisie » aux tentatives de l'art, de « revenir un peu à la simplicité par les chemins de l'étude », de « se retourner vers Corneille ou vers Racine, vers Bossuet ou La Fontaine ». Il souhaite 18 un théâtre moralisateur, un roman qui se donne une mission civilisatrice, une poésie lyrique qui se veuille plus humaine. Sa conclusion est accablante : « Laissons donc, dit-il, les derniers représentants d'une littéra-

ture haletante et rachitique jouir de leur reste en paix et en
silence. » Et il nous semble entendre en écho les rudes jugements
de Max. Du Camp :

A cette époque — 1840-1841 — le temple commençait à se lézarder.
Les grandes statues y brillaient toujours : Lamartine, Victor Hugo, Alexandre Dumas, Alfred de Vigny, Théophile Gautier, Alfred de Musset y
apparaissaient comme aujourd'hui, la tête nimbée d'or et en possession
d'une gloire qu'on ne leur avait point encore contestée. Mais les écrivains
inférieurs qui les avaient accompagnés, qui s'étaient faufilés à leur suite
dans la célébrité, s'affaissaient de plus en plus et semblaient augmenter
leur faiblesse par la violence même de leurs conceptions. Le public se
lasse promptement des insanités... A l'amplitude parfois emphatique de
V. Hugo, à l'action vivante jusqu'au prodige des pièces d'Alexandre
Dumas on avait fait succéder les actions les plus extravagantes. [19]

C'est vers le même moment que paraît, dans la *Revue des Deux
Mondes* [20], l'article retentissant de Sainte-Beuve : *Dix ans après
en littérature*. Il montre le mouvement littéraire de la Restauration brisé dans son essor par la révolution de Juillet et la séduction
de la politique pratique. En dix ans, les maîtres sont dépassés
ou parvenus à « leurs phases secondes ». Chateaubriand s'établit dans le calme serein de la gloire ; les chefs de file Guizot,
Cousin, Villemain ont dû cesser brusquement l'activité de leur
rôle. Le jaillissement imprévu d'un Lamennais, « l'éclat d'aventure » d'un Lamartine ont effrayé le public et l'ont « fait rentrer
en soi par leurs excès. » Lamartine a manqué à son rôle par « une
trop grande facilité d'ouverture et d'abandon. » Hugo « s'y est
refusé par une raideur singulière que rien n'a fléchi ». Et le jugement de Sainte-Beuve s'appesantit durement — on sait trop pourquoi — sur le chef romantique. Il critique en lui, non seulement
« une absence totale de modification et de nuance dans des théories individuelles que l'épreuve du public a déjà coup sur coup
jugées », mais aussi le « refus d'admettre... les travaux qui s'accomplissent, les idées qui s'élaborent, les jugements qui se ras-
seoient et auxquels un art qui s'humanise devrait se proportion-
ner » :

On peut dire que le genre de déviation propre à V. Hugo, depuis
dix ans, c'est sa persistance... Il reste un des grands exemples qu'on
admire en partie, qui éclairent par réflexion, à distance, et qui hâtent la
maturité de ceux qui en sont capables.

On ne saurait mieux saper les illusions de celui qui se croit
né pour conduire les esprits et qui, demain, revendiquera le titre

de **Mage**. Et Balzac n'est pas mieux traité : il a eu « son moment
de sirène » mais il a abusé de son talent et n'est plus qu'un « docteur indiscret de secrètes maladies ». Les doctrines de Leroux et
de Reynaud ont un aspect « exclusif et répulsif » ; le Saint-Simo-
nisme n'a plus que cet « effet négatif de couper chez les jeunes
esprits la fièvre flagrante du libéralisme ». L'heure est aux hésitations : nul groupe, nul centre doctrinal. On se regarde, on se
retrouve. On s'essaie. On retourne aux anciens travaux avec une
persistance désabusée. Il s'agit de « refaire un grand radeau avec
les débris des naufrages ». Le salut n'est plus qu'en la critique,
seule capable d'établir l'union des esprits dans une ligue de bon
vouloir et de bon sens. L'heure est venue de juger :

> Le départ des mauvais s'est fait de lui-même ; les excès se sont tirés
> sur chaque ligne et jusqu'à leurs dernières et révoltantes conséquences ;
> l'industrialisme, la cupidité, l'orgueil ont atteint d'extravagantes limites qui
> font un camp à part et bien large à tous les esprits modérés revenus des
> aventures, amis des justes et bienfaisantes lumières...

« Le règne des demi-dieux littéraires est passé » et cette multi-
plicité de chefs de partis aux noms éclatants n'entraîne plus personne et ne range rien autour d'elle. Peut-on mieux appuyer sur
la faillite d'une génération ?

Ce ne sont pas là critiques isolées [21]. Mais où trouver une autorité mieux garantie ? D'autres écrivains qui n'ont pas le poids
d'un Sainte-Beuve ni même d'un Chaudesaigues [22], d'autres périodiques qui n'ont pas le prestige de *l'Artiste* ou de la *Revue des
Deux Mondes* [23] apportent leur témoignage à cette ruine d'un
passé. L'élection de Hugo à l'Académie en 1841, péniblement ob-
tenue [24], ne suscite pas, dans les milieux pondérés, un grand enthousiasme. Il semble que ce succès soit une récompense dangereuse et trop tôt venue :

> Si M. Hugo fût arrivé à l'Académie à la plus belle époque des déchaî-
> nements romantiques, — écrit *l'Artiste* — qui sait jusqu'où aurait été
> poussée l'ardeur fougueuse des innovations et à quel effroyable abîme de
> doutes et de perturbations littéraires auraient été entraînées même les
> intelligences les plus sages et les plus éclairées... ? Nous nous sommes
> toujours dits les partisans sincères mais non exclusifs de l'école nouvelle.
> Ce n'est pas que nous professions une foi aveugle en cet académicien
> de fraîche date et une admiration sans mélange pour ses œuvres. Nous
> savons que s'il atteint parfois à la hauteur du *Cid* et de *Cinna*, il a aussi,
> comme le Grand Corneille, ses heures de mauvais goût et de faiblesse,
> que, s'il a fait les *Orientales*, les *Feuilles d'Automne* et *Notre-Dame de*

Paris, il a enfanté également des romans impossibles et des drames barbares... [25]

L'Artiste, en 1841, ne se pique point de partis pris antiromanti-
ques. Depuis 1830 il y a quelque chose de changé. Les articles
consacrés à la réception de Hugo à l'Académie sont loin d'être des
panégyriques : « On s'entretient, dit Eugène Briffaut [26], de la
réception de M. Victor Hugo à l'Académie française, bien moins
pour rappeler ce qui a eu lieu dans cette séance qu'on s'attendait
à trouver si solennelle, que pour dire tous les mérites qui lui ont
manqué et tous ceux qui ont brillé par leur absence ». La céré-
monie fut sans éclat et « il ne faut chercher que dans l'absence
de sympathie subite le calme désolant de l'Assemblée qui a écouté
M. Victor Hugo ». Celui-ci, moins jeune ou découragé, ne réagit
guère contre l'hostilité qui l'entoure et il néglige une occasion
de « proclamer hautement sa foi littéraire ». La réponse du Chan-
celier M. de Salvandy ressemble à une exécution et dépasse le
ton admis des aménités académiques : « Nous vous avons vu, à
dix-huit ans, publier votre premier recueil lyrique qui n'a pas été
surpassé, même par vous ;... poussant la passion littéraire jusqu'à
l'esprit de secte, l'ambition littéraire jusqu'à l'esprit de parti avec
tous ses périls. » Celui-là gardait de vieilles rancunes mal digé-
rées et, sous l'impunité de l'habit vert, prenait, au nom des classiques, la revanche d'*Hernani*. Mais les vieilles perruques n'ont pas
tribune libre dans *l'Artiste* et il faut bien admettre que ces critiques, dégagées de la passion des anciennes luttes, signifient que
la question romantique est portée sur un plan nouveau. Le romantisme a brillé d'un éclat magnifique mais vite éteint. On est au
crépuscule d'un beau jour. Les tendances vont changer : on cherche de nouvelles voies vers la Beauté. La nouvelle Bohème de
Mürger et de Champfleury va préparer le terrain à la campagne
réaliste [27]. On pourra certes demeurer Romantique, mais c'est là
une étiquette. Le temps des effusions lyriques est passé. On
veut à la fois plus de sincérité et plus de précision. Les thèmes
sont devenus des poncifs. Ils ont déjà le ridicule d'une vieillesse
qui essaie vainement de se rajeunir.

C'est dans cette atmosphère d'admiration plus raisonnable et de
critique plus raisonnée que Baudelaire fait ses débuts dans les
lettres. Il aime, dès ses vingt ans [28], la clarté, la netteté, la tradi-

tion française. Toute convention le choque comme un mensonge :
« Il exécrait jusqu'au dégoût la romance, les cascatelles, le vague
à l'âme, les amours sentimentales et toute la friperie poétique.
Très dédaigneux de ces billevesées, il ne croyait qu'au travail
patient, à la vérité dite en bon français et à la magie du mot
juste. Sa conversation était nette, précise et parfaitement simple,
en dépit des récits qui lui prêtent une préciosité raffinée et des
affectations voulues ; ce qui est vrai, c'est qu'il avait horreur de
la platitude aussi bien que de l'emphase inutile [29]. » Et s'il est
romantique, c'est pour avoir compris le romantisme autrement que
tous les lyriques de 1830 et pour avoir donné au mot un sens
dégagé des horizons d'une Ecole. Sa majorité est à peine atteinte
que sa personnalité est formée. Il est à l'heure des méditations qui
s'épanouissent promptement en œuvre écrite. Il n'est pas pressé
de publier, — et c'est d'une précoce sagesse. Pourtant, il est au
seuil d'années fécondes : 1846 sera une année de production et
d'activité intellectuelle [30]. Sa vie poétique s'enrichit tous les jours
de poèmes qu'il polit lentement et qu'il récite à ses amis. Il a
beaucoup lu. A la vérité, le hasard a présidé au choix de ses
livres autant que la fantaisie. Mais, dès les heures décisives de
cette jeunesse moins folle qu'on ne l'imagine, son esprit se forme
en compagnie fort avouable : les Latins de la décadence, Martial,
Juvénal, Pétrone, Lucain ; les poètes de la première Pléiade française où Sainte-Beuve avait puisé ses inspirations intimistes ; les
grands parmi les grands, Racine, Pascal, Bossuet ; les Pères de
l'Eglise latine, les écrivains chrétiens, et singulièrement Saint-
Augustin et Tertullien. D'autres comme Byron, Maturin, Lewis,
Anne Radcliffe nourriront son imagination de hantises exaltantes ;
ceux-ci forment son goût pour l'art sans défaillance, pour la
passion sans cabotinage, pour la grandeur sans phrases [31]. Il a
voyagé et il n'est pas de ceux qui ne retiennent rien de ce qu'ils
ont vu. C'est bientôt le temps de sa rencontre avec Edgar Poe [32].
Physiquement, il échappe encore aux menaces de la déchéance.
Moralement, il n'est pas torturé par les soucis du lendemain, du
jour même, les dettes, les exigences des créanciers ; en septembre
1844, le scrupuleux Ancelle est commis au soin de veiller sur les
restes du patrimoine et modère les instincts dissipateurs du dandy
impénitent. Ce n'est pas encore, par-dessus les toits, le ciel « bas
et lourd » du spleen. Baudelaire mesure les adversaires qui s'af-
frontent, prêt à prendre parti dans le conflit des esthétiques. Il
songe à l'avenir, à la poésie, à l'art, à lui-même. Et soudain, il

parle de lui et des autres d'un esprit libre, ayant pris soin de voiler son visage sous un masque.

La Fanfarlo, — nouvelle qui sera publiée au mois de Janvier 1847 par le *Bulletin de la Société des Gens de Lettres,* — est, suivant la note de l'édition de 1869, le premier écrit de Baudelaire. Elle apporte un précieux témoignage et des jugements qui dépassent la portée de la simple aventure d'un poète, d'une danseuse et d'une honnête femme. Les journaux contemporains n'y font aucune allusion et ce n'est que vingt ans plus tard, en Avril 1866, que Henry de la Madelène, un ami de jeunesse, consacrera, dans le *Nain Jaune,* quelques lignes à cette nouvelle du poète dont la mort avait été prématurément annoncée. Que l'œuvre ait été inspirée de la *Fille aux yeux d'or* de Balzac [33], il est possible. Qu'au surplus on songe, en lisant ce conte, à Musset, à Gautier, à Mérimée, même à Voltaire, cela n'offre qu'un intérêt secondaire. L'essentiel est non dans le récit, mais dans les caractères et, à vrai dire, dans le caractère du seul Cramer, les autres acteurs n'ayant qu'un rôle accessoire sur la scène où ce jeune premier croit jouer la grande vedette. On pourrait épiloguer sur l'identité de la Fanfarlo et de la reine Pomaré ou sur la ressemblance de cette aventure avec la rencontre de Jeanne Duval dans le petit théâtre voisin de l'Odéon. Madame de Cosmelly c'est déjà — comme par une prémonition — l'Ange et la Madone, et Baudelaire semble, bien avant le roman avec la Présidente, se rendre compte de ses « possibilités » sentimentales — à moins que la rencontre avec Madame Sabatier ne soit si merveilleuse que pour réaliser soudain un long rêve. Ce qui importe dans cette nouvelle, c'est l'identité de Samuel Cramer et de Charles Baudelaire. On l'a signalée sans peut-être en tirer toutes les conséquences, en éclairer toute la portée. Identité physique : Charles Asselineau la notait déjà en 1859 puisqu'il ne pouvait considérer le portrait de Baudelaire par Deroy sans songer aussitôt à Cramer [34]. Et les portraits que trace Banville de Baudelaire en 1844, éclairent la personnalité véritable du héros baudelairien [35]. — Baudelaire se peint, d'un jeu amusé et impitoyable à la fois, signalant les penchants sensuels et ironiques comme les tendances nobles, les défauts comme les qualités de celui qui définira son âme contradictoire en deux mots : spleen et idéal. Il semble ne rien ignorer de cette nonchalance, de ce désir maladif de l'impossible, de cet effort caché que le dandy n'avouera pas — car l'élégance est facilité et fantaisie — mais dont l'artiste souffrira comme d'une impuissance [36]. Nous

touchons, par ces réticences pleines d'aveux, au plus profond
Baudelaire. Vifs éclairs, avortements, naïveté et paradoxe, imagination, sécheresse désolée, brusques lueurs, exaltations sans lendemain, — tel est Cramer, tel est, tel sera le Baudelaire à l'âme
double, déchiré tout entier par cette dualité invincible. Cramer
s'exerce à rire aux éclats ou se regarde pleurer devant la glace,
roué et naïf, dévot avec fureur, athée avec passion [37]. Il est romantique jusqu'au cabotinage — tout en étant sentimental jusqu'à
la naïveté. Curieux travail d'analyse qui nous permet de descendre, guidés par Baudelaire, dans sa redoutable intimité.

Car Cramer, c'est un Baudelaire dont Baudelaire se détache. Le
critique se substitue très vite au peintre pour exercer ses droits
sur un personnage qui n'est bientôt plus qu'un Baudelaire déjà
lointain, un fantôme de jeunesse qui se transforme peu à peu et
devient le poète-type de 1840, romantique de seconde zone, attardé
dans la pâle imitation des grands romantiques de 1830. Certes,
l'imagination de l'auteur a divagué comme celle de son héros.
Il a désiré, comme lui, une vie harmonieuse et puissante et, comme
lui, il a connu la chute des déceptions. Dans tous les jeunes gens
de 1840 s'agitait, ignoré, un Rastignac ou un Rubempré en quête
d'illusions qui demain seront perdues. Tous n'ont pas su passer à
l'action et conquérir l'ardente vie dont ils ont rêvé : tel le héros
de Baudelaire, tel Baudelaire lui-même. Mais Baudelaire a vite
compris les déceptions et les ridicules de ces rêves et c'est ici
qu'il échappe à son personnage.

Cramer en face de la « rêverie humide » de Madame de Cosmelly, — c'est Lovelace, dressant ses batteries contre l'héroïne
romantique. Il se croit très habile et joue, sous les yeux moqueurs
de Baudelaire (Clarisse est en train de duper Lovelace), la comédie
romanesque et romantique de l'amour. Désormais, chaque trait du
dessin est souligné d'une critique qui, discrètement, s'arrête au
seuil de la caricature. Mais l'ironie n'est pas toujours indulgente [38] et, peu à peu, s'élargit la portée du commentaire baudelairien qui dépasse le cadre d'une comédie donnée par soi-même
à soi-même. L'acteur reste encore Baudelaire mais il n'est bientôt
plus le seul Baudelaire ; il est toute la jeunesse poétique qui rit
autour de Baudelaire, tous ces compagnons et tous ces amis de
la bohème littéraire que Mürger a chantée, que Balzac a peinte.
L'intérêt du conte est multiplié ; l'étude psychologique devient un
document de mœurs. Autour de la personnalité de Cramer poète
des *Orfraies* — ce mot ténébreux aura son écho dans *les Limbes*,

titre primitif et vite abandonné des *Fleurs du Mal* — nous devinons les familiers du *Corsaire,* du grenier, de la *Tour d'Argent,* de l'Hôtel Pimodan. Derrière eux, se profilent, ombres incertaines et assagies, les excentriques de l'Impasse du Doyenné. Cramer, c'est Trialph, le héros byronien de ce cyranesque Lassailly, le plus naïf des amoureux et le plus sentimental des poètes ; comme Cramer, Trialph a des amours simultanées et contrastées passant de l'amour pur de Nanine à l'amour sensuel de la comtesse de Liadères ; Cramer c'est aussi Champavert qui livre en testament, s'étant suicidé, ses *contes immoraux* où frissonnent l'orgie et l'horreur. Mais Trialph, Champavert, Cramer sont, avec tant d'autres, des survivants d'un romantisme qui se démode, ayant perdu la sincérité lamartinienne et l'éclat juvénile de Hugo. La raillerie s'adoucit : ce sont là péchés de jeunesse dont Baudelaire s'accuse ou erreur de compagnons dont il sourit :

Il lui offrit son volume des *Orfraies,* recueil de sonnets, comme nous en avons tous fait et tous lu, dans le temps où nous avions le jugement si court et les cheveux si longs...

Et la critique, ce sera l'héroïne qui la fera, irréfutable :

... Les tristesse et les amours de messieurs les auteurs ne ressemblent guère aux tristesses et aux amours des autres hommes... Vous chantez la beauté des mères dans un style qui doit vous priver du suffrage de leurs filles... Vous réservez votre encens le plus mystique à des créatures bizarres qui lisent encore moins que les dames et vous vous pâmez platoniquement devant les sultanes de bas lieu qui doivent, ce me semble, à l'aspect de la délicate personne d'un poète, ouvrir des yeux aussi grands que des bestiaux qui se réveillent dans un incendie. De plus, j'ignore pourquoi vous chérissez tous les sujets funèbres et les descriptions d'anatomie. Quand on est jeune, qu'on a comme vous un beau talent et toutes les conditions présumées du bonheur, il me paraît bien plus naturel de célébrer la santé et les joies de l'honnête homme que de s'exercer à l'anathème et de causer avec des *Orfraies* [39].

Voilà de nettes paroles. Cette critique des jeunes nécromants de 1840 Baudelaire se l'applique à soi-même secrètement en un *mea culpa* sarcastique. Ne dirait-on pas d'une condamnation de tout ce qu'on a appelé — d'un mot tendancieux — le baudelairisme ? Plus tard, elle eût merveilleusement convenu à tous ces rimeurs de bouge, aux cheveux en désordre, qui fabriquaient des vers macabres et les débitaient, dans un décor funèbre, devant des filles ou des rapins. Baudelaire fut, un temps, ce baudelairien. Mais ce terme il faut le concevoir désormais hors de son faux prestige. Baudelaire est le moins baudelairien de tous ces auteurs qui se plaisaient vers cette époque à l'étrange et au morbide. Et il est nécessaire ici de détruire une légende en apportant des faits et des textes, en montrant que Baudelaire a purifié et vivifié ce que ses devanciers avaient ébauché d'une matière malsaine et informe, — et qu'il subit la peine de leurs fautes pour avoir magnifiquement exprimé — ou paru exprimer — leurs tendances dans l'œuvre achevée. L'héritage était lourd en vérité et le tort de Baudelaire fut de n'y pas renoncer tout de suite. Mais on n'est pas coupable des vices d'un ancêtre. Et nous jugerons bien vite que Baudelaire a su corriger cet atavisme par la sincérité et la puissance de son tempérament.

Après 1830, sous la poussée d'une jeunesse enivrée d'individualisme, dans l'indépendance de sa pensée et de ses sens, la littérature prend ses sujets dans les violences mélodramatiques. Les nerfs sont émoussés par trop de vibrations lyriques. Il leur faut un tonique pimenté. Ce ne sont que débauches, orgies, scandales, tortures, adultères, viols, incestes [40]. Les théâtres « luttent à coup d'adultères et d'assassinats à qui emportera les plus fortes recettes » [41]. La sensation brutale triomphe. Th. Gautier écrit [42] : les écrivains d'autrefois « ont pipé les niais de leur époque avec du sucre ; ceux de maintenant aiment le poivre. » On s'est bouché le nez avec des mines de dégoût devant *Une charogne*. Mais Jehan, *l'Ecolier de Cluny* [43], a vu, sans frémir, d'autres spectacles et rencontré, sans trop d'étonnement, au retour d'une orgie, le cadavre de sa mère abandonné, crâne ouvert, dans la rue. Pétrus Borel nous a accoutumés à trouver l'horreur naturelle : Andréa Vesalius dissèque, avec sadisme, les amants de sa femme et sa femme elle-même ; l'histoire de *Dinah la belle Juive* débute par une idylle et finit par un viol et un suicide [44] : lisons après ces deux contes *Une Martyre* et peut-être mesurerons-nous la différence. Le Testament de Champavert est écrit dans un accès de frénésie :

Ce n'est plus l'abrutissement qu'il me faut, c'est le néant !... Nos amours ont été affreuses, car mon amour est fatal, car je suis funeste comme un gibet !... [45]

L'*Arthur* [46] d'Eugène Sue fera, un jour, « vomir » Flaubert de dégoût [47]. Et George Sand écrit le 9 mars 1831 à Boucoiran : « On veut du neuf et, pour en faire, on fait du hideux. Balzac est au pinacle pour avoir peint l'amour d'un soldat pour une tigresse et celui d'un artiste pour un *castrato*... Les monstres sont à la mode. Faisons des monstres [48]... » Et les romans de l'époque nous édifient sur les tendances. Qu'on lise *La Lescombat* de Roger de Beauvoir : c'est l'histoire d'une femme fatale qui fait assassiner son mari architecte et finit pas expier son crime sur l'échafaud, après avoir subi, comme en d'autres temps, les affres de la question ; *les deux Anges* d'Arnould-Fremy racontent l'histoire scabreuse de deux fils de paysans qui partagent sans vergogne les faveurs d'une prostituée dont ils vivent, qui se marient ensuite et troquent leurs femmes et leurs filles [49]. Le comte Horace de Vieil-Castel donne, en 1839, un *Arthur d'Aizac,* où l'on voit un gentleman, amoureux de sa cousine, la menacer, pour s'en faire aimer, de « ternir son honneur » et torturer sa conscience jusqu'à ce qu'elle meure de désespoir. En 1838, *le Bâtard* de J. Lacroix montre en deux volumes un séducteur qui tue en duel le mari de sa maîtresse, son meilleur ami, mais qui a l'horreur de rencontrer plus tard son fils adultérin, lequel se met en tête de séduire la propre fille du vieux séducteur : duels, meurtres, amours traversées d'inceste et de crime. [50] Louis Maigron [51] cite des vers d'étudiants — obscurs poètes infectés du virus prébaudelairien — qui mêlent à l'amour le moins pur un élan mystique par quoi la Fille se transforme en Madone :

> Et toujours dans ma vie obscure et ténébreuse
> Tu luiras à mes yeux comme un bel ostensoir
> Et pour toi je ferai balancer l'encensoir
> De l'adoration heureuse [52].

Le même auteur chante à une muse de lupanar des litanies où la religiosité se mêle à la sensualité — comme dans certains poèmes, d'une autre classe certes, des *Fleurs du Mal* :

> Brillante maison d'or où résident les anges,
> Toujours ma faible voix chantera tes louanges.

> A toi toute mon âme, à toi tout mon amour.

> Etoile du matin, pur rayon de lumière,
> Du jour qui va venir brillante messagère... [53]

De la platitude en vérité. Mais des vers semblables abondent chez les jeunes Cramer de l'époque post-romantique [54]. Ils révèlent un état d'âme. Les romans et les drames ont déversé un flot d'histoires immorales. Le romantisme a divinisé la passion. George Sand a proclamé les droits de l'amour — c'est-à-dire des sens.

Et tout cela certes est littérature, car les mœurs du temps ne répondent pas à cette température de fièvre cérébro-sensuelle [55]. Mais, d'autre part, suivant une réaction dont Baudelaire a marqué dans un vers le réflexe psychologique [56], on veut mêler aux choses d'amour, non seulement l'honnêteté, mais une pureté idéale et comme une nostalgie de virginité. Cette mixture est faite de parfums d'encensoir et de relents de mauvais lieu. Il y a un ragoût à parler à sa maîtresse comme on prierait la Vierge. Amalgame de religiosité, de lyrisme, de sensualité ? Le recueillement des églises obscures est propice aux rêveries d'amour :

> Tes yeux ont la splendeur des antiques verrières,
> Où les rayons d'en haut s'irisent d'irréel,
> Angéliques clartés, célestes arcs-en-ciel,
> O mes séraphiques lumières.
> Comme un chrétien fervent au pied d'un sanctuaire
> Epanche en soupirant son cœur tumultueux,
> O Madone d'amour, je t'adresse mes vœux
> Et vers toi monte ma prière [57].

Tout cela n'est, au fond, que mauvais romantisme : l'individu s'exalte et va d'antithèse en contraste. Il se plaît à l'outrance — comme un enfant hors de surveillance ou un écolier en maraude. Il veut étonner le bourgeois, l'épicier, le notaire, le philistin. C'est pose de même nature que les costumes extravagants ou les propos des Jeunes-France. Des écrivains notoires entrent dans le jeu. Flaubert signe ses lettres : Gustavus Flaubertus bourgeoisophobus, et Philothée O'Neddy déclare un jour qu'il ne publiera ses œuvres complètes que « lorsqu'il n'y aura plus de bourgeois » [58]. Cette horreur du normal aboutit au goût du romanesque qui pousse Flaubert à écrire à dix-sept ans ses *Mémoires d'un fou* et à ce sadisme macabre qui, à Florence, attire Berlioz aux obsèques d'une jeune femme morte en couches et lui inspire l'envie étrange de se faire ouvrir le cercueil pour une méditation hamlétienne [59]. Chez Jehan Duseigneur, Gérard boit dans un crâne transformé en hanap. Et ce goût de l'inédit qui emporte le Romantisme aux confins du surnaturel, l'entraîne jusqu'au culte de Satan.

Notre dessein n'est pas de retracer l'influence du satanisme sur la littérature romantique. La question est complexe et déborde notre cadre. Mais on ne comprendrait pas Baudelaire si l'on ne constatait que tout son entourage littéraire est hanté par l'énigme du Malin. Faut-il rattacher cette vogue du « diabolicisme », comme parle Stendhal [60], à la vague d'occultisme qui soulève le xviiie siècle finissant [61] ? Faut-il penser que l'amour des inspirations médiévales a tout naturellement amené les romantiques, à la suite de Chateaubriand, vers les goûts d'un temps où l'on croyait à la magie, à la sorcellerie, à la nécromancie, à la possession, à tous les sortilèges, tous les maléfices et tous les pactes du Démon [62] ? Satan, — le Satan de Milton, — enveloppé de sa déchéance comme d'une auréole, hante les inspirations romantiques et c'est de sa beauté fatale que rayonnent, dans leur énigmatique tristesse, les René, les Lara, les Hernani, les Antony. Les littératures d'Allemagne et d'Angleterre ont leur part de responsabilité dans cette mode : les héros byroniens enchantent les jeunes poètes par leurs révoltes de dieux tombés [63] ; la traduction de *Faust* par Gérard de Nerval, en 1828, fait fureur à Paris et jusqu'en province. L'imagination française est hantée par le sourire silencieux et sarcastique de Méphistophélès, et les lithographies de Delacroix, que Gœthe admirait [64], parent de toutes les séductions du génie l'aspect fantastique et hallucinant du Rebelle.

Plus encore peut-être qu'à Byron et à Gœthe, cette mystique noire doit sa faveur sans cesse croissante aux romans fantastiques de la fin du XVIIIe siècle anglais [65] et à l'œuvre d'Hoffmann [66]. Littérature de macabre et de surnaturel mêlés, qui ajoute à tant d'autres ses vibrations pour ébranler une sensibilité mise à nu et qui retentira sur Baudelaire lui-même. Il nous dira son goût pour les auteurs du « roman noir » [67] qu'il confond, dans une même admiration, avec Edgar Poe, Balzac et Hoffmann [68]. Il a passé, à les lire, des heures enthousiastes. Il aurait voulu traduire *Melmoth* [69], et Champfleury le montre parlant fréquemment d'Hoffmann, de Maturin, de Lewis [70]. Il est, sur ce point, victime d'une contagion : depuis la fin du XVIIIe siècle, un vent d'hallucinations passe d'Angleterre en France. De 1797 à 1803, la littérature romanesque est peuplée de démons et de vampires. *Célina ou l'Enfant du Mystère* de Ducray-Duminil se vend à raison de 1.200.000 exemplaires [71], et, le 7 nivôse, an VI, on joue, sous forme de comédie, le *Moine* de Lewis, au Théâtre de l'Emulation pour le reprendre, habillé en mélodrame, le 30 Thermidor, an X, à l'ouverture de la Gaîté [72]. La vogue, un instant éclipsée sous l'Empire, refleurit après 1815. *Melmoth* a une influence qu'on n'a pas encore évaluée. Balzac appelle Maturin « un des plus grands génies de l'Europe » et « l'auteur moderne le plus original dont la Grande-Bretagne puisse se glorifier » [73]. De 1822 à 1825, il publie une série de romans qui révèlent sa hantise des thèmes terrifiants [74].

Le romantisme s'imprègne déjà de spectres et de démons, et l'*Almanach des Muses* offre à ses lecteurs comme régal, en 1823,

> Et la nuit qui s'allume et le jour qui s'éteint
> Et le spectre sanglant qui menace et se plaint
> Et l'antique donjon et la lugubre orfraie
> Et l'éternel secret qu'on n'a pu vous ravir
> Et l'enfer au besoin tout prêt à vous servir [75].

Lélia, en 1833, met en scène un « moine » lubrique et *la Tour de Nesle*, en 1832, bien plus qu'à *l'Ecolier de Cluny* de Roger de Beauvoir doit au *Château d'Otrante* de Walpole et aux *Mystères d'Udolphe* d'Anne Radcliffe le secret de ses trucs mélodramatiques. Le succès de *Melmoth* n'est pas épuisé en 1840 : le comte Gaspard de Pons essaie vainement de 1834 à 1841 de faire jouer une pièce qu'il a tirée du fameux roman [76]. Et nous voici tout près de Cramer et de Baudelaire. Dans ces romans, Satan joue un rôle de premier plan. *Le Moine* est rempli de charmes diaboliques, d'apparitions surnaturelles [77], de pactes sanglants et s'achève dans un bruit infernal de tonnerres et d'éclairs. Melmoth essaie vainement à travers les péripéties d'une longue vie errante d'échapper à la damnation éternelle : « l'ennemi des âmes » ne laissera pas échapper sa proie [78]. Et que d'imitations, dans les œuvres des meilleurs écrivains, vers 1840, depuis les *Mémoires du Diable* de Frédéric Soulié [79], qui utilisent les données des romans de Lewis et de Maturin, et *Inès de las Sierras* de Charles Nodier [80], qui rappelle curieusement *la Nonne Sanglante* [81], jusqu'à *la Vénus d'Ille* [82] de Prosper Mérimée et au *Château d'Eppstein* [83] d'Alexandre Dumas.

Mais c'est surtout Hoffmann qui a fait la vogue, en France, du fantastique uni au diabolique. Son œuvre apparaît, traduite pour la première fois par Loève-Veimars, en 1830-1833 [84]. Dès la fin de 1830 Théophile Gautier, attiré par ce génie de l'hallucination, écrit sur son œuvre sa première page de prose [85], prélude de ses études sur *les Contes d'Hoffmann* que publieront *la Chronique de Paris*, le 14 août 1836, et le *Musée des Familles*, en Janvier 1840. Sa première nouvelle publiée dans *le Cabinet de Lecture* du 4 mai 1831, *la Cafetière*, subit l'influence du conteur allemand et ses œuvres de jeunesse seront marquées du même sceau. Ainsi le grand romantique Théophile Gautier débute dans les lettres sous le signe d'Hoffmann. Qu'on lise au surplus *Onuphrius* (1832), et l'on verra comment les « vexations fantastiques d'un admirateur

d'Hoffmann » tournent la tête de la jeunesse romantique et lui
gonflent l'imagination de formes cornues et d'idées diaboliques. Et
ce n'est pas seulement Gautier qui est grisé de ces hallucinations
au point qu'il lui semble qu'il a « bu dix bouteilles de vin de
champagne » et « qu'une roue de moulin a pris la place » de
sa cervelle [86], mais tous ceux qui cherchent dans le fantastique des
inspirations nouvelles et comme un excitant capable de revigorer
le Romantisme qui s'épuise. Avec Hugo et Balzac, c'est Nodier,
Gérard, Mérimée, Musset, George Sand, Pétrus Borel et plus tard
Barbey d'Aurevilly et Villiers de l'Isle Adam [87] qui subissent le
charme de ces étranges visions. Et la séduction du fantastique
hoffmannesque enveloppe aussi notre Baudelaire : ne doit-il pas,
dès 1846, à l'auteur des *Kreisleriana* la révélation de ces analogies
entre les couleurs, les sons et les parfums qui inspireront son
esthétique des *Correspondances* ? Plus tard quand il s'agira de
définir l'essence du rire qu'il rattache à la malice diabolique, il
ira vers le conteur de la *Princesse Brambilla* et le proclamera un
maître du comique absolu [88]. Et c'est sans doute à Hoffmann autant qu'à Maturin et à Lewis qu'il doit quelques-uns de ces élans
mystiques vers les sommets où la Beauté prend figure divine et
vers le gouffre où bouillonne la rébellion du Mauvais Ange. Il n'est
besoin que d'ouvrir les *Fleurs du Mal* à la première page pour se
sentir enveloppé de ce surnaturel de messe noire qui est l'aboutissant normal du fantastique, où Satan Trismégiste joue le grand
premier rôle, sous les aspects les plus divers. Selon notre poète,
c'est le Diable qui tient les fils qui nous remuent et ce savant
chimiste s'amuse cruellement à provoquer nos chutes, en vapori-
sant le métal de notre volonté. Pour les autres romantiques, Satan
est le Beau Ténébreux, incliné au vent de la Révolte. Lamartine
voit en lui le Destin ennemi de l'Homme ; Vigny penche vers
sa solitude triste la pitié généreuse d'*Eloa* ; Hugo fait de Satan
le symbole de la violence physique tandis qu'E. Quinet incarne
en lui le mal social et Gautier la pensée libre. Pour George Sand,
c'est l'amour passionnel, pour Michelet, le consolateur des affligés,
pour Flaubert, le symbole de l'analyse. Et ainsi peu à peu ils
dégagent de son rôle malfaisant et « diabolique » celui que le
moyen âge appelait le Malin et donnent une représentation symbolique à toutes les terreurs dont s'affolaient les lecteurs des romans
noirs ou des contes hoffmannesques. Evolution fatale chez des
esprits libérés dont aucun n'accepte le dogme de l'enfer et qui
essaient de donner une valeur littéraire et une portée philosophique

à des tendances en vogue. Mais n'ayons garde d'oublier que, pour beaucoup, Satan reste vivant dans sa personnalité de Séduction, de Mensonge et de Volupté — et que bien des poètes de préfectures louent en lui l'Ange rebelle et chantent des hymnes au Très-Bas [89]. Pour Baudelaire, dont le tempérament reste imprégné de souvenirs catholiques, les tendances de son époque et les incursions de sa curiosité dans le domaine du fantastique et du surnaturel créeront des réactions originales dans son interprétation du Diabolique. Symbole des Voluptés défendues et de la Révolte de l'Instinct, Satan apparaît dans cette œuvre unique revêtu d'une personnalité et d'une apparence. On songe à ces gravures du moyen âge où il prend physionomie en des poses menaçantes ou obscènes, ou encore à ces figures grimaçantes que les cathédrales gardent, depuis des siècles, dans le bois de leurs stalles ou la pierre de leur gargouilles. Vers cette Puissance maléfique, il tend les appels de sa misère — mais pour sentir très vite le goût amer de la Damnation éternelle. Baudelaire croit aux souillures du Péché et aux flammes de l'Enfer.

Sainte-Beuve écrivait un jour à Baudelaire :

Vous avez pris l'enfer... Cette tristesse particulière, qui ressort de vos pages et où je reconnais le dernier symptôme d'une génération malade, dont les aînés nous sont très connus, est aussi ce qui vous sera compté [90].

Cette tristesse, fruit du mal romantique, nous en avons vu les causes, en étudiant les syndromes des désordres qui désorganisent, dans sa sensibilité, la génération de 1840. Le charnel mêlé au spirituel, le fantastique évoluant vers le démoniaque : sources de tant de chocs qui, sous l'effet de tant de lectures et de tant de rêveries, alimentées par l'apport de l'Angleterre et de l'Allemagne, ont désaxé l'âme du siècle. Baudelaire ne pouvait échapper à la contagion. Le moment n'est pas venu de rechercher par quelles réactions de sa personnalité, par quelle alchimie singulière, il transformera ces germes communs. Nous essayons de faire revivre les milieux, de retrouver les atmosphères, où sa jeunesse a pris conscience, et d'expliquer, par l'histoire littéraire, les impulsions premières qui ont donné le départ à son génie. Chaos d'influences où, bien vite, il retrouvera la voie unique avec son sens de l'ordre et de la clarté, mais où il a pu s'égarer quelque temps. Lui-même d'ailleurs a signalé, sans se mettre hors de cause, le danger de ces efforts mal dirigés d'une génération qui cherche à pallier son

impuissance d'attitudes empruntées, espérant trouver dans Plotin
ou Porphyre, dans Crébillon ou Rabelais, dans Jérôme Cardan ou
dans Sterne ce qui manque à sa personnalité [91]. Il s'est regardé
vivre et il a compris qu'il était pareil à ces cabotins de messe
noire, à ces chantres de *Limbes* et d'*Orfraies*. L'heure est arrivée
pour lui de se juger. Il est pourtant trop tôt pour qu'il se lève,
changé en lui-même, hors de tout magistère. Et, signalant ses
« secondes liaisons littéraires » après son retour à Paris, il nous
invite à chercher à quelles influences il a pu un instant se soumettre. Il nomme Gautier et Sainte-Beuve : ceux-là furent bien
les maîtres de sa jeunesse et il ne les a jamais reniés [92]. La dédicace des *Fleurs du Mal,* le ton de sa correspondance avec l'auteur
de *Volupté* et de *Joseph Delorme* en sont un témoignage. Négligeons les œuvres de comparses — qui eurent pourtant en lui leur
grâce opérante — comme le *Trialph* de Lassailly ou *Feu et Flamme* [93] de Philothée O'Neddy. Ne retenons, avec celui des deux
maîtres, que le nom de Pétrus Borel — et nous identifierons ainsi
quelques-uns de ces « aînés », auxquels Sainte-Beuve — songeant
certes à lui-même — faisait allusion dans la lettre à son « cher
enfant ».

La Préface des *Rhapsodies* [94] affirmait un désir de franchise —
dont l'accent brutal ne pouvait déplaire au jeune lecteur en mal
de surprendre et d'étonner à tout prix :

Il faut qu'un enfant jette sa bave avant de parler franc, il faut que le
poète jette la sienne ; j'ai jeté la mienne : la voici... Heureusement, il nous
reste l'adultère, le tabac de Maryland et du papel espagnol por ciga-
ritos... [95].

Un peu plus tard, Champavert [96] parlera d'amour avec une
fougue qui plaira aux amants-ennemis de Baudelaire [97] :

Qu'ils viennent donc les imposteurs, que je les étrangle ! Les fourbes
qui chantent l'amour, qui le guirlandent et le mirlitonnent, qui le font
un enfant joufflu, joufflu de jouissances, qu'ils viennent donc, les imposteurs, que je les étrangle ! Chanter l'amour !... Pour moi l'amour c'est
de la haine, des gémissements, des cris, de la honte, du deuil, du fer, des
larmes, du sang, des cadavres, des ossements, des remords, je n'en ai
pas connu d'autre ! Allons, roses pastoureaux, chantez donc l'amour, dérision, mascarade amère... [98]

Le prologue de *Madame Putiphar* [99] chante, en des vers qui, par
anticipation, ont un son baudelairien, d'horrifiques évocations de
l'amour et de la mort, en lutte dans un champ clos :

Et sur leurs corps lascifs, tes passions durables
Comme sur un caillou tu les aiguiseras !
... Viens, redescends chez moi, sans oubli je vendange
Un par un les raisins du cep humanité !
... Sous le vent des déserts, tes désirs flamberont... 100

Certes, ces rodomontades du Lycanthrope ont un ton déclamatoire, un parti pris d'outrance. Pourtant elles caractérisent cette
génération où Baudelaire puise ses premières sensations littéraires,
peut-être ses premières inspirations. Les *Contes immoraux*, disant
l'horreur de la nature monotone, la hantise de la destruction, la
terreur de l'amour-passion imprégneront sa jeune sensibilité de
thèmes et de mots. Les squelettes, les vampires, les poisons, accessoires de tous ces récits d'orgie et d'effroi, ressemblent à ces
attributs que Rops, plus tard, rassemblera pour graver un frontispice aux *Fleurs du Mal*. La « propension sympathique » qui entraîne Jacques Barraou « aux femmes de couleur » [101] de quel
impondérable pèsera-t-elle aux sens amoureux de Baudelaire ? Le
spleen de Passereau, renfermé, les volets clos au soleil, dans une
solitude illuminée de lampes, lustres, girandoles, flambeaux et bougies [102], avant de dicter les étranges gestes de des Esseintes,
n'inspirera-t-il pas au poète du *Paysage* [103] son goût pour les fée-
riques palais construits dans sa chambre obscure par sa volonté
d'évoquer le Printemps,

De tirer un soleil de *son* cœur et de faire
De *ses* pensers brûlants une tiède atmosphère... ?

Ce carabin qu'un désespoir d'amour conduit vers le bourreau
avec cette originale requête : « Je désirerais ardemment que vous
me guillotinassiez [104] », c'est déjà Baudelaire demandant : « Avez-
vous mangé de la cervelle de petit enfant ? » et récitant à Charles
Asselineau [105] ou dans le grenier de Ménard ce poème hélas
perdu [106] où un amant se désole de voir sa maîtresse violée par
toute une armée. Ce Passereau, amant sadique et jaloux, qui
conduit sa maîtresse infidèle dans une solitude perdue et l'égare
dans un chemin où se trouve un puits au ras du sol [107], n'est-ce
pas le prototype de l'*Ivrogne*, le héros de ce drame poesque que
Baudelaire rêva d'écrire et dont il a laissé le scénario [108]? Le thème
d'*Une Passante* est traité dans *Dinah, la Belle Juive* [109] et le thème
de l'*Etranger*, le premier des *Poèmes en prose*, dans *Passereau,
écolier parisien* [110]. Toutes ces inspirations d'un romantisme exa-
cerbé, toutes ces truculences de bousingo [111], ne pouvaient, sans

y laisser leur marque, effleurer une jeune sensibilité : Baudelaire n'oubliera pas cette « étoile » qui régnait, au temps de sa jeunesse, dans le « sombre ciel romantique [112] ». Plus tard, dans la *Revue fantaisiste* [113], il aura, nous le verrons, un souvenir particulièrement sympathique pour cet écrivain, à qui les occasions manquèrent plus que le talent, « plein d'ambition et de maladresse ». A distance, détaché des influences et grandi par son génie depuis révélé, il condamne ces bizarreries qui altérèrent une native grandeur. Mais il sent bien, après de longues années, comme aux jours de 1844, où il le rencontrait aux bureaux de *l'Artiste* [114], que la mélancolie de ce malheureux écrivain et son destin voué au Guignon rapprochent cette âme de la sienne [115]. Certes, il y a entre Borel et Baudelaire une différence de classe. Mais l'influence du Lycanthrope sur sa génération était trop bruyante pour que Baudelaire y pût échapper tout à fait : libre au génie, en prenant son butin dans une glaise commune, de la vivifier ensuite de l'étincelle créatrice.

Plus profonde sur la sensibilité de Baudelaire fut, dès cette époque, l'influence de Gautier son aîné de dix ans, enveloppé du prestige d'ancien combattant d'*Hernani* mais prêt à réagir déjà contre le romantisme sentimental. La préface d'*Albertus*, avant le scandale de *Mademoiselle de Maupin*, coupe la communication avec le gros public et refuse de commettre l'art avec les médiocrités de la vie, d'attendre de lui une utilité pratique. Il s'agit d'effarer le bourgeois et de réagir contre les « utilitaires, utopistes, économistes et autres ». Et ce sont là des formules que plus tard Baudelaire prendra à son compte, reconnaissant sa dette [116]. Dès les *Premières poésies*, Gautier affirmait ce souci du métier qui fera de lui ce magicien ès lettres françaises que Baudelaire louera par-dessus tout :

> Refondre un vers pesant et sans grâce jeté,
> Ou d'une rime faible à sa sœur mal unie
> Par un son plus exact réparer l'harmonie [117].

C'est là goût d'artiste qui se développera comme la faculté maîtresse de Gautier : dans *l'Art romantique*, nous trouverons l'éloge de ces tendances, que l'œuvre réalisera merveilleusement, et auxquelles Baudelaire reconnut qu'il devait tant [118].

Ne nous arrêtons pas aux boutades échappées à Baudelaire [119] : en rendant plus tard « un hommage profond à l'auteur d'*Albertus*, de la *Comédie de la mort* et d'*España* » [120], il efface ces intem-

pérances de jeunesse. M. Vivier a montré par de suggestifs rapprochements d'images et de formes « à quel point Baudelaire s'est
servi dans sa création des découvertes poétiques de Gautier » [121].
Mais ce sont aussi les thèmes de Gautier qui ont leur écho dans
l'œuvre de Baudelaire. Dans les premières *Poésies* apparaît cet
émoi devant la mort, qui nourrit la tristesse d'un Baudelaire : le
macabre d'*une Charogne* frémit déjà dans la *Tête de Mort*
(I, 56-58) :

> Un crâne blanc et nu
> Deux trous noirs et profonds où l'œil fut contenu,
> Une face sans nez, informe et grimaçante...
> Voilà ce qu'il en reste avec un souvenir...

En Espagne, en face de *Deux tableaux de Valdès Leal* (II, 147)
ou *En passant à Vergara* (II, 105), Gautier prélude aux méditations baudelairiennes devant la chair qui se pourrit, et pressent,
devant ces secrets dévoilés « de la mort et de la sépulture »,

l'angoisse de l'enfer et de l'éternité (II, 147),

dont les *Fleurs du Mal* vont exprimer la hantise. Cette vision de
la mort, Baudelaire l'enrichira d'un sens spirituel et méditera devant « l'essence divine » des amours décomposées : mais cet élargissement du thème, il peut le découvrir déjà indiqué dans telle
pièce d'*España* (II, 106) [122]. La fantasmagorie du roman frénétique,
qu'il goûte dans les œuvres de Maturin et de Lewis, il la retrouve
dans le décor d'*Albertus,* avec tout le bagage démoniaque du roman noir et des *Infernalia* de Nodier [123].
Dans l'*Oiseau captif* (I, 38-39), Gautier n'avait-il pas traité à
sa manière le thème du Spleen que Baudelaire marquera de son
empreinte ? Et Fortunio chantant son hymne à la beauté, à la
richesse et au bonheur n'éprouve-t-il pas soudain cette satiété,
mère de l'ennui [124] ? L'évasion dans le voyage, thème auquel Baudelaire donnera de si émouvantes résonances, Gautier l'a goûtée
pleinement dans ce voyage en Espagne, où il ne s'arrête ni au
charme de la promenade curieuse à la façon d'un Ramond ou d'un
Rousseau, ni au prestige de l'exotisme comme un Bernardin de
Saint-Pierre ou un Chateaubriand — mais où il s'imprègne, avant
Barrès, de visions d'art, d'impressions de sang, de volupté et de
mort, qui l'enrichissent de couleurs et d'émotions et guérissent
peut-être son tourment intérieur : bien avant de réaliser ce départ,
Gautier avait dit l'ivresse du voyage sous une épigraphe emprun

tée à Jean de La Fontaine : « Il me faut du nouveau, n'en fût-il plus au monde » [125]. Enfin les correspondances entre les sentiments, les souvenirs, les sons et les images, familières au Gautier de *Contralto* et de *Musée secret,* ordonnent déjà, dans *Albertus,* le jeu de leurs transpositions où Teniers, Callot et Goya ont leur part [126]. Les femmes damnées figurent déjà dans le décor de *Mademoiselle de Maupin* et le dandysme des Jeunes-France est riche d'attitudes baudelairiennes. Mais, plus que ces rencontres de formes et de thèmes qui, certes, ne sont pas dues au hasard, c'est le goût de Gautier qui marque Baudelaire. Il lui doit d'être fortifié contre le romantisme sentimental et de goûter, dans le culte du beau, la seule consolation. Ce magicien lui enseigne la difficulté de l'art et c'est à lui qu'il s'en remet pour juger de ses propres essais [127] : « Protège-moi ferme, écrit-il. Si on ne grogne pas trop contre cette poésie, j'en donnerai de plus voyante encore... » [127]. Depuis les jours des premières rencontres à l'Hôtel Pimodan jusqu'à ce 4 août 1862 où Baudelaire remercie Gautier de l'avoir loué comme il désirait l'être [128], c'est une confiance déférente non peut-être de disciple à maître mais de cadet à aîné. Cette confiance est la preuve que Baudelaire reconnaît sa dette. En 1857, il écrira sur l'exemplaire des *Fleurs* offert à Gautier : « La dédicace imprimée à la première page n'est qu'une ombre très faible de l'amitié et de l'admiration véritable que j'ai toujours éprouvées pour toi, tu le sais... » Certes, Baudelaire sera, plus tard, très différent d'un Gautier mais, au seuil de la vie littéraire, il ne peut lire son œuvre sans en être ébranlé et sans y puiser des leçons qui vont l'aider à se révéler.

L'influence de Sainte-Beuve sur la génération de Baudelaire est indéniable. Les *Poésies de Joseph Delorme* et *Volupté* expriment sous forme de rêveries intimes ou d'analyses aiguës les aspects de l'élégie moderne, les troubles inquiétudes d'une sensualité mal définie, le désir de concentration qui sont à la base des tourments de l'époque. Dès 1844, Baudelaire incline son admiration reconnaissante, en des vers faits pour Sainte-Beuve et à lui adressés naïvement :

> Ce fut dans ce conflit de molles circonstances,
> Mûri par vos sonnets, préparé par vos stances,
> Qu'un soir, ayant flairé le livre et son esprit,
> J'emportai sur mon cœur l'histoire d'Amaury...
>
> J'en ai tout absorbé, les miasmes, les parfums,
> Le doux chuchotement des souvenirs défunts,

Le long enlacement des phrases symboliques
— Chapelets murmurants de madrigaux mystiques
— Livre voluptueux si jamais il en fut...

J'ai partout feuilleté le mystère profond
De ce livre si cher aux âmes engourdies
Que leur destin marqua des mêmes maladies,
Et, devant le miroir, j'ai perfectionné
L'art cruel qu'en naissant un démon m'a donné
— De la douleur pour faire une volupté vraie —,
D'ensanglanter son mal pour en faire une plaie... 129

Et comme il dut aussi reconnaître son âme de vingt ans dans cette *Vie de Joseph Delorme* où, sous couleur de louer un mort chimérique, Sainte-Beuve analyse le mal secret de la sensibilité romantique : effusions de sensualité et de mysticisme 130 aux premières heures de jeunesse, exaltation pour des idées philosophiques, philanthropie farouche, désillusions, isolement, retour aux muses consolatrices, toute la courbe douloureuse d'une vie vouée aux beaux élans toujours brisés ! Toutes les poésies de Sainte-Beuve — de *Joseph Delorme* aux *Pensées d'Août* — éveillèrent l'admiration de Baudelaire et, plus tard, les relisant et les comprenant mieux, il reconnaîtra dans ces vers d'anciens amis, mettant une joie naïve à constater que son goût de gamin n'était pas si mauvais 131. Baudelaire poète réalisera les possibilités lyriques de Sainte-Beuve trop vite étouffées par son sens critique : les *Rayons jaunes* apportent dans leurs dernières strophes 132 tout le thème de l'élégie moderne se développant dans un décor contemporain :

Ce ne sont que chansons, clameurs, rixes d'ivrogne
Ou qu'amours en plein air et baisers sans vergogne
        Et publiques faveurs ;
Je rentre ; sur ma route, on se presse, on se rue.
Toute la nuit, j'entends se traîner dans ma rue
        Et hurler les buveurs.

Les désirs du bonheur nostalgique 133, le rêve étrange d'aimer

en deux beaux yeux un sourire un peu louche 134,

le besoin du recueillement et le goût pour les poèmes d'intimité 135, la recherche d'un lyrisme surnaturel, entrevu dans la lecture des poètes anglais 136 et surtout le sentiment confus de correspondances entre les apparences du monde extérieur et le jeu des forces invisibles [137] — toute cette richesse d'un lyrisme tourmenté, en proie au démon de l'analyse, en mal d'inspirations nouvelles, en quête d'inconnu et d'inexprimé, Sainte-Beuve l'a révélée sans pouvoir l'exploiter lui-même. Après lui, des disciples sont venus qui ont élevé l'amour à des sommets spirituels, parant le temple sans souci de l'idole et passant du lyrisme sensuel ou imaginatif au lyrisme cérébral [138]. Baudelaire a vu dans ces raffinements d'intellectuel qui inspirent telle pièce des *Consolations* [139] une mine dont il suivra dans les profondeurs les filons mal explorés. Il fut celui qui, négligeant les apparences où s'attachent les suiveurs, réalise en œuvre parfaite des efforts avortés. « *Joseph Delorme* c'est les *Fleurs du Mal* de la veille », dira Sainte-Beuve un jour. Et Baudelaire répètera, en l'approuvant, la formule [140]. Mais, ce n'est pas sans quelque amertume que le poète de 1830, devenu critique, pour avoir tari trop tôt sa veine, traînant le regret du temple déserté, verra ses idées reprises et magnifiquement élaborées par ce disciple plus grand que le maître. Et peut-être pourrait-on voir, dans cette jalousie qu'il ne s'avoue pas, les raisons de l'étrange attitude que Sainte-Beuve eut toujours pour la pensée et l'art de Charles Baudelaire [141]. Mais, d'avoir reconnu que Baudelaire a su tirer un si merveilleux parti d'une œuvre que son « imitation » a pu faire oublier, n'est-ce pas, de la part d'un Sainte-Beuve, l'aveu que s'il a ouvert un domaine à son disciple, celui-ci a su y pénétrer et s'y établir en souverain ?

On pourrait multiplier citations et rapprochements. Mais ce serait répéter, après d'autres, des faits incontestés. Le tableau que nous venons d'esquisser montre que le milieu où Baudelaire se forme, après son retour du beau voyage, est plein de ferments baudelairiens. Les inspirations macabres, sataniques, fantastiques, morbides, animent, à toute page, les recueils du temps. L'étude de cette atmosphère post-romantique montre bien que tant de reproches adressés à Baudelaire n'atteignent pas Baudelaire. Ce qu'on n'a pas vu — et voilà bien la cause de l'incompréhension des adversaires — c'est la réaction de Baudelaire : pour un Dusolier, le satanisme de Baudelaire n'est « qu'un thème, un canevas, une *matière* à amplifications qu'il se distribue à lui-même comme les professeurs en distribuent à leurs élèves » [142], et pour un Durandeau, lithographe du *Boulevard* [143], les *Nuits de M. Baudelaire* sont agitées de cauchemars : la tête encornée de Satan y préside

à un décor où rôdent des chats maigres, échappés de sabbats
nocturnes, où voisinent cornues, alambics, bocaux remplis de
fœtus, squelettes et têtes de morts. Pour l'un, Baudelaire est le
prince de l'artificiel et comme un « Boileau hystérique » qui culti-
verait avec jouissance son hystérie. Pour le second, il serait un
fanatique de ténèbres magiciennes et ses inspirations seraient d'un
alchimiste et d'un nécromant. L'un et l'autre, exprimant des opinions, de leur temps communes [144], n'ont vu que des apparences
et n'ont pas senti que Baudelaire a su dégager de thèmes apportés
par les souffles de son époque quelque chose qui ne ressemble
à rien. A coup sûr dans la gestation des grandes œuvres intervien-
nent d'inappréciables éléments et des impulsions qui défient l'analyse. Un médiocre peut engendrer un génie. Mais, à mieux connaître les efforts de ces rimeurs sans nom, les outrances ou les
maladresses de ces auteurs glorieux — exprimant les uns et les
autres l'âme de leur temps, — nous pouvons mieux juger des
réalisations qui ont pu suivre. On a eu le tort de croire que ces
paradoxes du dandy, fils de prêtre, amateur de danses macabres,
c'était Baudelaire — et tout Baudelaire. Cet héritage qu'il accepte d'abord, ou qu'il subit, Baudelaire finira par le désavouer —
et ses richesses lui deviendront personnelles. Ce qui doit rester
s'est, hors de la légende, purifié dans la lumière. Déjà, en 1846,
à l'époque où il écrit *la Fanfarlo,* cette confession, Baudelaire
tâche à transformer cet atavisme littéraire, et son truchement,
Samuel Cramer, laisse échapper cet aveu d'enfant du siècle où
le ton déclamatoire de l'acteur n'arrive pas à étouffer la sincérité
de l'auteur :

Madame, plaignez-moi, ou plutôt plaignez-nous, car j'ai beaucoup de
frères de ma sorte ; c'est la haine de tous et de nous-mêmes qui nous
a conduits vers ces mensonges. C'est par désespoir de ne pouvoir être
nobles et beaux suivant les moyens naturels que nous nous sommes si
bizarrement fardé le visage. Nous nous sommes tellement appliqués à
sophistiquer notre cœur, nous avons tant abusé du microscope pour étudier les hideuses excroissances et les honteuses verrues dont il est couvert et que nous grossissons à plaisir, qu'il est impossible que nous par-
lions le langage des autres hommes. ... Nous avons altéré l'accent de la
nature, nous avons extirpé une à une les pudeurs virginales dont était
hérissé notre intérieur d'honnête homme. Nous avons psychologisé comme
des fous qui augmentent leur folie en s'efforçant de la comprendre...
Malheur, trois fois malheur aux pères infirmes qui nous ont faits rachi-
tiques et mal venus... [145]

Grattez l'auteur : l'homme apparaît. Cette confession n'est-elle

pas encore une condamnation? Sous les termes, délibérément excessifs, sont décrits des travers qui ne sont que les séquelles du mal
romantique : folie d'analyse, impuissance devant les beaux desseins, tourment de René, trouble d'Amaury, fièvre d'Albertus,
spleen de Passereau, incapacité de discerner le poncif de la
fraîche sincérité. Ainsi Baudelaire poursuit ce personnage fatal,
déjà condamné à disparaître, à travers ceux qui furent un peu
lui-même. Ce personnage qui boit « le poison de l'ennui » [146], ce
Romantique, qui, dégoûté de vivre, ne veut pourtant pas mourir,
est déjà marqué comme un vieux Beau. Baudelaire qui le dé-
masque rit de sa décrépitude qui tend la jambe et voudrait encore
chanter la romance. Vainement il ajuste des costumes et des fards,
cherche à se rajeunir ou à se renouveler en des inspirations d'emprunt, poursuit à travers l'étrange et l'inédit le dessein d'étonner
et de séduire : son règne est périmé. Avec courage, — non sans
regret, — Baudelaire juge. Assurément il n'a pas entendu en vain
l'écho des méditations lamartiniennes ; il n'a pas vécu, sans dommage, en cette époque de clinquant, d'orientalisme, de sentimentalités, de déchaînements ; il est le fils d'un philosophe sensible et
d'une plaintive aristocrate. Mais il a, inné, le sens de la mesure,
le goût de la vérité et de l'unité. Les déclamations lui deviennent
peu à peu insupportables. Il se choque du déséquilibre et du fatras. Il voit les tares du Romantisme qui s'accusent, chaque jour,
moins acceptables chez les héritiers sans génie :

> L'irrésistible nuit établit son empire,
> Noire, humide, funeste et pleine de frissons.

> Une odeur de tombeaux dans les ténèbres nage
> Et mon pied peureux froisse au bord du marécage
> Des crapauds imprévus et des froids limaçons [147].

La décadence de Cramer éclaire le sentiment qu'éprouve Baudelaire pour ces épaves d'un passé brillant. Prestige éteint, fin de
race. Cramer, dupé par une honnête femme, sera victime d'une
courtisane. Et c'est l'histoire du moqueur moqué : cet idéaliste
sans retenue deviendra pratique sans pudeur. La nature se venge
de ceux qui forcent leur talent. Les parures de fête brillent d'un
pauvre éclat, le matin venu. Elles ne sont, ensuite, dans les tiroirs
secrets, que poussière du souvenir.

Baudelaire, dandy, danse devant son « miroir ». Non plus seulement par jeu. Ce dandy a un œil d'inquisiteur. Il discerne ce qu'il

fut, ce qu'on est autour de lui, ce que, peut-être, il est encore.
Il mesure ce qui l'attache à ceux qu'il répudie. Il ne se sent pas
encore libéré — mais sa chaîne lui pèse. Il discerne déjà les
défauts et les ridicules dans cet héritage romantique. Il les signale
de sa griffe. Le Romantisme, il l'aperçoit, encombré de poncifs,
toujours en deçà ou au delà du goût. D'ailleurs qu'est, au juste,
ce Romantisme ? Il faut bien le définir, le connaître, puisqu'on vit
de lui comme de l'air environnant. Tâche difficile. Pourtant Baudelaire essaiera cette entreprise. Il va réfléchir sur les doctrines
et il nous livrera nettement sa pensée. Le Romantisme est un de
ces mots inhabiles à recouvrir les sens. Que cache cette étiquette ?
Il faudra démêler tant d'éléments, creuser tant d'analyses. Le *Salon
de 1846* nous apportera, comme une conclusion, des vues nouvelles. Certes, le Romantisme de Cramer, Baudelaire le renie sans
pitié, ni regret : il n'est pas l'art, n'ayant ni sincérité ni grandeur ;
il n'est pas le beau, admettant le banal ; il apporte « ce rococo du
romantisme qui est le plus insupportable de tous sans contredit » [148]. Mais, après le soleil couché, la nuit prépare l'aurore.
Et les rayons du lendemain peuvent rajeunir et transformer le
monde.

L'heure est venue d'établir un premier bilan. Baudelaire, entrant
dans la vie littéraire, aux environs de 1845, s'examine et se juge.
Ses goûts se précisent et il voit les limites d'une esthétique péri-
mée. Il éprouve, déçu, le besoin de frissons nouveaux. Ses lectures
l'ont formé autant que ses expériences. S'il a des sympathies pour
Boileau qui symbolise cette construction logique dont il s'enchan-
tera à travers l'œuvre d'Edgar Poe [149], il trouve encore Montaigne,
La Fontaine et Molière « trop sages » [150] : son inquiétude « ne
trouve pas de résonance » dans les œuvres des écrivains trop
raisonnables du XVIIᵉ siècle [151] mais il sera sensible à la « puissance de l'analyse racinienne » que, parmi ses contemporains,
auront seuls héritée du grand siècle Stendhal, Sainte-Beuve et
Balzac [152]. Il se refuse à admirer « les choses de convention » [153]
et s'incline devant Pascal et Bossuet, bien faits pour correspondre
aux exigences de son esprit « névralgique » [154]. Nous avons vu
qu'il goûte, parmi les Anciens, les Latins de la décadence, cite
Apulée, s'enthousiasme à la lecture de Lucain dont, à ce moment
comme plus tard, l'œuvre lui apparaît « étincelante, mélancolique,
déchirante, stoïcienne ». Il tente de traduire Pétrone et se penche

sur les œuvres de Juvénal, Tertullien, Saint-Augustin [155]. Le goût
du mystère l'incline vers Maturin, Lewis, Anne Radcliffe, Hoffmann,
Swedenborg — comme plus tard, mais avec d'autres préoccupations, vers Edgar Poe ou Joseph de Maistre. Les contemporains
l'intéressent plus encore et captivent son sens critique. Les milieux
qu'il a fréquentés, les rencontres qu'il a faites, — autant que ses
lectures, — l'ont éclairé sur les buts qu'autour de lui poursuivent tant de maîtres et tant d'écoles. Les grands romantiques lui
ont causé mainte déception : à l'exception de Vigny, — dont il
sera compris et qu'il comprendra, par affinité de natures [156], — ils
ne pouvaient en effet que l'indisposer : leur imagination n'a pas
cette sincérité qu'il recherche, même à travers ses paradoxes ;
leur analyse s'éparpille en observations de surface ; les flots de
leur sensibilité submergent sans féconder. Après avoir étonné
comme une mélodie nouvelle, ce chant monotone a comme rançon
ennui et lassitude. Hugo n'a pas vu toute la complexité de l'âme
moderne. Il veut appliquer ses théories sans tenir compte des
réactions de la vie et ses généralisations sont d'un romantisme
qui échappe aux principes mêmes qu'il a posés puisque cette sensibilité, en se répandant, n'exprime plus ses vibrations secrètes et
ne saurait, après tant d'effusions, se concentrer pour se révéler.
Il dit son âme mais une âme d'attitude ou d'illusion qui ne ressemble ni à son âme ni à l'âme des autres hommes. Il a beau
adjurer l' « insensé » qui refuse de croire qu'il l'exprime en
s'exprimant, ces formules ne sont que des incantations vides de
sens et d'effet et comme puisées dans un rituel de culte mort [157].
Baudelaire observe Hugo, avant de le juger et de le condamner
en des termes que nous aurons, plus tard, à examiner. Et il devine — comme le remarque P. Valéry [158], « les impuretés, les imprudences, les points vulnérables de l'œuvre, c'est-à-dire les possibilités de vie et les chances de gloire qu'un si grand artiste
laissait à cueillir ». Il exécutera plus tard Musset en des termes [159]
qui témoignent des sentiments qu'eut pour lui sa jeunesse consciente, n'ayant « jamais pu souffrir ce *maître des gandins,* excepté
à l'âge de la première communion, c'est-à-dire à l'âge où tout ce
qui a trait aux filles publiques et aux échelles de soie fait l'effet
d'une religion ». Il ne voit déjà qu' « effusions de l'ignorance » dans
« son impudence d'enfant gâté qui invoque le ciel et l'enfer pour
des aventures de tables d'hôte, son torrent bourbeux de fautes de
grammaire et de prosodie, enfin son impuissance totale à comprendre le travail par lequel une rêverie devient un objet d'art. » [160]

La mystique lamartinienne ne peut, non plus, le satisfaire dans ses élans : elle n'est qu'un vol d'oiseau né dans l'espace, non, comme il le rêve, le résultat d'efforts de purification et de concentration hors d'une matière trop lourde pour une âme. Trop vite atteintes, ces régions idéales ne sont pas goûtées comme le seront ces paradis d'évasion, récompense d'un long tourment. Peut-être serait-il attiré davantage, cet artiste amoureux d'étrange et de plaisirs aigus, par les folies cavalières de Pétrus Borel, — si son sens de l'harmonie n'était vite choqué par des dissonances. Gautier le séduit certes et Sainte-Beuve le trouble mais les œuvres de Gautier, jeune romantique, si enthousiastes et si crues, ne satisfont pas sa manie de la nuance, tandis que le goût du macabre va chez lui au plus profond de l'âme, éveillant d'intraduisibles émotions et comme des frissons de conscience. Et, de même, les raffinements de Joseph Delorme, qui apportent à ce Romantisme une note si singulière, conservent, au regard de Baudelaire, parmi d'émouvantes analyses, trop d'attitudes à la Werther. Ses dettes à Sainte-Beuve, Baudelaire mettra une inquiète coquetterie à les affirmer [161] et jusqu'au dernier jour il aura la fidélité du disciple [162] mais cette dissection qui fixe l'aile de l'idée et la dépossède des cimes où elle planait dangereusement avec les grands romantiques n'offre plus à l'œil exigeant de Baudelaire la couleur de la vie. Cette chair est d'un cadavre et le poète doit opérer sur une substance vivante. Baudelaire a vite jugé Sainte-Beuve, tout en mesurant ce qu'il apporte de fécond. Il utilisera son œuvre mais transformera la glaise en lui insufflant une âme. Sainte-Beuve l'a-t-il senti? Joseph Delorme est impuissant à s'élever et son interprétation de la vie reste banale et prosaïque. Et Baudelaire a d'autres rêves.

Dès 1845, Baudelaire est donc amené à concevoir l'art sur un plan nouveau — qui ne coïncide pas avec le plan romantique. Va-t-il jusqu'à mesurer la faillite de tant de promesses ? Sainte-Beuve évoquera un jour les buts qu'avait rêvés le Romantisme [163] : restaurer dans la poésie française la vérité, le naturel, la liberté, exprimer les choses oubliées depuis plus d'un siècle et d'autres jamais dites, traduire le trouble de l'âme et le sens des pensées les plus secrètes, réfléchir la nature extérieure, refléter le rythme de la vie contemporaine. Ce beau programme, qui était celui de Joseph Delorme, est resté en souffrance. Tant d'efforts semblent avoir échoué. En 1845, les esprits ont évolué. Le temps des inspirations inconscientes est passé. Dans l'ombre, où méditent Champfleury et Courbet, le réalisme s'apprête à préluder aux doctrines de l'art pour l'art. L'école du Bon Sens triomphe bruyamment et l'Ecole païenne nous offre par les soins de Banville un Olympe en stuc colorié. Demain [164], Leconte de Lisle écrira : « Nous sommes une génération savante. » A cette époque d'art conscient et de science positive, le Romantisme des maîtres, usé avant le temps, n'apporte pas des résonances harmoniques. On attend des poètes capables de traduire les anxiétés et les problèmes d'un monde nouveau. Baudelaire ne parle pas encore de « baragouin romantique » [165] et il n'est pas encore accusé de payer « d'ingratitude envers les chefs de l'ancien romantisme » [166], de renier ses maîtres et de cracher sur son drapeau [167]. Mais, dès à présent, pour le laver des accusations de l'avenir, disons bien que, s'il leur doit quelque chose, il ne leur doit pas tout [168] et que, dès sa vingt-cinquième année, il s'est rendu compte que la formule du romantisme était usée et que tous les efforts de 1830 n'avaient pas abouti. Il veut se dégager de cette « malheureuse époque de révolution » dont il a « enregistré les nombreuses méprises » [169] et donner au Romantisme, en le transformant, un but nouveau et une plus large portée.

*
* *

Les premiers articles de Baudelaire le montrent préoccupé de cette recherche. Ce romantisme étouffé par le poncif et le convenu ne peut se libérer et revivre que par l'apport d'un sang nouveau. La dernière page du *Salon de 1845* signale à la fois le mal et le remède, en transposant la question sur le plan de la peinture, l'artiste et le poète étant les prêtres d'un même Dieu :

Constatons que tout le monde peint de mieux en mieux, ce qui nous paraît désolant ; mais d'invention, d'idées, de tempérament, pas davantage qu'avant. — Au vent qui soufflera demain nul ne tend l'oreille ; et pourtant l'héroïsme *de la vie moderne* nous entoure et nous presse. — Nos sentiments vrais nous étouffent assez pour que nous les connaissions. Ce ne sont ni les sujets, ni les couleurs qui manquent aux épopées. Celui-là sera le *peintre,* le vrai peintre qui saura arracher à la vie actuelle son côté épique et nous faire voir et comprendre avec de la couleur et du dessin combien nous sommes grands et poétiques dans nos cravates et nos bottes vernies. — Puissent les vrais chercheurs nous donner l'année prochaine cette joie singulière de célébrer l'avènement du *neuf* [170].

Bientôt, il précisera cette idée dont pourtant il trouve déjà l'essentielle formule. Le romantisme ne peut se régénérer qu'en cherchant le nouveau, non dans l'inconnu, mais dans l'inédit. Il doit trouver son inspiration dans la vie moderne — et regarder non

plus vers le passé mais dans le présent et vers l'avenir. Et ne
chicanons pas Baudelaire, en disant qu'il parle pour les peintres :
sur les sommets de la vie spirituelle, les barrières n'existent plus.
Dès cette époque, il est frappé de la correspondance des arts et
ne peut parler couleur sans évoquer des sons [171]. Mais s'il tient
à débuter par la critique d'art, c'est que sa nature, nous l'avons
vu, le pousse à contempler des images et que ses fréquentations
l'ont mêlé aux milieux des peintres et des sculpteurs : Deroy l'a
introduit dans les ateliers, dans les cafés il a coudoyé théoriciens
et artistes : au café Tabourey il a rencontré des critiques qui
font autorité et a étudié avec eux la technique et les doctrines [172] ;
au divan Le Pelletier il a écouté Chenavard et Préault [173], et Prarond nous raconte, comme Champfleury, qu'il ne passe jamais devant le Louvre, sans entrer et s'arrêter au gré de sa fantaisie et
de ses « toquades » [174]. Une autre raison l'entraîne vers la critique d'art : alors que, parmi les écrivains de son temps, il ne
trouve personne qui le satisfasse pleinement, il peut, chez les peintres, trouver des sujets d'admiration. Son enthousiasme peut nous
surprendre, quand il vibre d' « un éloge violent » [175] pour un
William Haussoullier : mais sur ce point nous sommes mauvais
juges puisque *La Fontaine de Jouvence* est aujourd'hui perdue [176].
Pourtant, dès les premiers pas dans une carrière où il va s'illustrer,
son admiration va vers les maîtres et Delacroix a la place d'honneur dans son premier *Salon*. Et n'est-ce pas chez lui que, demain,
Baudelaire trouvera la plus parfaite illustration de ce que nous
pourrons appeler un nouveau romantisme ?

D'ailleurs, ce goût pour les arts, il peut le développer librement dans les groupes qu'il fréquente de 1844 à 1847, aux bureaux de l'*Artiste* ou du *Corsaire-Satan*.

Arsène Houssaye nous a retracé, dans ses Souvenirs de jeunesse [177], la vie et le programme de cette jeunesse de choix qu'il
appelle à l'*Artiste* au moment où, nommé rédacteur en chef, il en
assume la direction [178].

En 1844, l'*Artiste* qui avait résisté à tous les naufrages cria enfin :
terre, en débarquant sur le quai Malaquais dans un pavillon de l'Hôtel
de Chimay. Champfleury a très bien peint la bande joyeuse et brillante
de ce journal aventureux. C'étaient Théophile Gautier, Gérard de Nerval,
Alphonse Esquiros [179], Charles Baudelaire, Théodore de Banville, Henry
Mürger, Charles Monselet, Champfleury. Combien d'autres pour former
cette nouvelle pléiade ! Pétrus Borel y vint, mais noir et triste comme
un loup...

La vérité, c'est que notre poète doit attendre jusqu'au 25 mai 1845 pour débuter à l'*Artiste* par un *sonnet à une Créole* qu'il signe Baudelaire-Dufays. Mais, dès le 16 novembre 1843, dans une lettre à sa mère [180], il parle de son espoir d'entrer dans la rédaction de l'*Artiste* avec un désir frémissant et cet orgueil du jeune homme de lettres à la veille de voir son premier manuscrit reçu dans une Revue fameuse. Il faut bien reconnaître, en attendant, que ce milieu où se coudoient tant de jeunes talents épris de liberté et de fantaisie, poètes, artistes, critiques, — où fréquentent aussi Banville, Barbara, Desplaces, Vacquerie, Mantz, Aubryet, Molènes, Pelletan, Ourliac — et Delacroix [181], est, pour Baudelaire, le plus fécond des excitants. Il y puise quelques-unes des idées qui lui seront chères et auxquelles son génie donnera, en les vivifiant, le plus haut destin. Ces jeunes gens, en 1844, tentaient « de faire l'histoire contemporaine des arts et des lettres par la poésie, par la critique, par l'imagination et par la gravure créant ou interprétant la création d'autrui » [182]. Leur programme s'inspire de « la passion du Beau », de « la haine des écoles et des entraves » :

Nous avons débuté, raconte Houssaye [183], par cette idée que Dieu, ayant trouvé son œuvre imparfaite, après avoir créé le monde en avait rêvé un plus beau, plus infini, plus digne d'un tel maître ; que l'artiste et le poète avaient reçu la mission de continuer le rêve de Dieu et de gravir l'âpre montagne où fleurit son idéal... Le Beau, voici comment nous le comprenions : le Beau visible doit parler du Beau invisible comme le monde parle de Dieu. Dieu a créé l'homme avec un peu d'argile en laissant tomber sur sa créature les rayonnements de sa pensée, alliant ainsi par une œuvre sublime la terre au ciel. L'artiste et le poète ne doivent pas séparer l'argile du rayonnement, la terre du ciel, le fini de l'infini. L'art est une majestueuse unité : ce qui a presque toujours stérilisé l'art moderne c'est que tour à tour enfant prodigue et vierge mystique, il a dissipé son bien avec les courtisanes dans les orgies de la forme ou bien il a voilé sa face et a poursuivi l'ombre de la pensée elle-même...

Baudelaire retrouvera plus tard, à la lecture d'Edgar Poe, ces formules de mysticisme esthétique. Dès 1844, il ne peut qu'adhérer aux enthousiasmes de ce groupe si vibrant. Quelques mois après le sonnet que lui avait inspiré Mme Autard de Bragard, au cours de son voyage à Maurice, il donne à l'*Artiste*, le 6 septembre 1846 sous le titre de l'*Impénitent* et la signature de Baudelaire-Dufays son *Don Juan aux Enfers*. Le 13 décembre paraît le poème adressé *A une Malabaraise* qui s'intitule : *A une Indienne* et dont l'auteur s'enveloppe du pseudonyme de Pierre de Fayis. Et c'est

ainsi que le poète des *Fleurs du Mal* débute dans la poésie sous
le patronage de l'*Artiste*, pour la plus grande gloire, assurément,
d'Arsène Houssaye.

C'est vers la même époque qu'il débute au *Corsaire-Satan*. Amédée Rolland assure dans la *Revue fantaisiste* [184] que c'est lui qui
commit dans ce journal cette « bucolique » :

> Paulin Limayrac
> A fait l'ombre d'Eric.
>   Cric,
>   Crac.

« J'ose affirmer, ajoute-t-il, que ce ne sont pas ces quatre vers
qui ont poussé l'éditeur Poulet-Malassis à décorer sa boutique du
portrait de l'auteur des *Fleurs du Mal* ». On peut l'en croire. Mais
cette plaisanterie de rimeur donne le ton du Journal et de l'esprit
qui règne parmi les collaborateurs. Le 25 novembre 1845, *le Corsaire-Satan* publie les fragments d'une tragédie intitulée *Sapho*
qu'on attribuait à Arsène Houssaye et que Rachel devait jouer.
Mystification littéraire composée par Auguste Vitu, Pierre Dupont
et Charles Baudelaire. Et le *Corsaire-Satan*, plusieurs mois durant [185], prolongera cette calembredaine d'étudiants frondeurs. La
vérité est que, pour Baudelaire, les bureaux du *Corsaire-Satan*
sont surtout « un salon de conversation » [186], car ce singulier
journal, s'inquiétant peu de cultiver les arts et de rechercher le
Beau, se plaît à recueillir les scandales du monde et du demi-
monde, bannit tout enthousiasme désintéressé et dissimule souvent
sous l'éreintement littéraire des chantages profitables. Le frontispice représentait, sous la signature de H. Valentin, un vaisseau
corsaire dressé dans la tempête où Satan, couronne en tête, enveloppé d'immenses ailes, semble commander l'abordage. Le revers
de la médaille est moins reluisant. En 1844, à la suite d'une
condamnation à 10.000 francs d'amende, *le Corsaire* mourait
d'anémie, quand un vieux routier de la presse, Le Poitevin Saint-
Alme, de son vrai nom Poidevin, qui avait fondé *le Figaro* de
1826, proposa une association avec un hebdomadaire intitulé *Satan*
qu'il dirigeait sans grand succès. Les deux journaux unirent leurs
misères et mêlèrent leurs titres du 7 septembre 1844 au 12 mars
1847 [187] et firent voile vers d'assez belles destinées. Le contingent
athénien de Paris adopta dès le premier numéro *le Corsaire-
Satan* [188]. Dès lors il publie, sous les rubriques de « nouvelles à
la main », « griffes », « butins », « coups de plume », des

attaques contre Guizot, Thiers, Bugeaud, le Gouvernement, les
auteurs en vogue. Quelques extraits cueillis presque au hasard
vont suffire à donner le ton de ces articulets :

> Messieurs Guizot, Thiers, Odilon
> Sont métaux de même filon.
> Messieurs Odillon (*sic*), Guizot, Thiers
> Se moquent du quart et du tiers... [189]

... M. Guizot se surpasse tous les jours. Quand s'éclipsera-t-il ?... [190]
... Les sièges sont rares chez le duc de Nemours. Il donne des soirées à
dormir debout... [191]

> Monsieur Guizot, cet immense génie,
> Me semble avoir un double tort ;
> Le premier de n'être pas mort,
> Le second d'être encore en vie... [192]

... M. Bugeaud ne cesse de répéter qu'il a franchi l'Isly : quel saute-
ruisseau... ! [193]

> ... Hugo, Victor Hugo viser à la pairie,
> Cette prétention est de la moquerie :
> Orphée est descendu, dit-on, dans les Enfers ;
> Mais aurait-il osé descendre chez les pairs ?... [194]

... Avant de se lancer dans la politique, nous conseillons humblement à
M. V. Hugo de consulter ses *voix intérieures* »... [195]

... M. l'Archevêque de Paris vient disputer son fauteuil à M. A. de Vigny.
L'auteur de *Chatterton* est le Juif-Errant de la littérature. Ne pourra-t-il
jamais s'asseoir ?... [196]

Le Poitevin-Saint-Alme qui préside au destin du navire radoubé
(le Saint-Charmay des *Aventures de Mlle Mariette*, de Champfleury) était « un vieillard solennel, à mine de vieux troupier, qui
découvrait majestueusement ses cheveux blancs devant quiconque
s'avisait de venir se plaindre des vivacités de la rédaction » [197].
Le père Alme — comme l'appelait Baudelaire « par le fait d'une
élision sarcastique », — avait les goûts de l'ogre du conte : « Il
aimait la chair fraîche. Soit à l'aide de son flair, soit par le fait
d'un heureux hasard, il avait rencontré un jeune et valeureux
escadron de volontaires qui faisaient leurs premières armes sous
ses ordres tout en se moquant de lui » [198]. Il se venge d'ailleurs
en tarifant à des prix de famine les feuilletons de ses collaborateurs de qui il réclame surtout des récits légèrement égrillards. La
nouvelle de Mürger : *Un envoyé de la Providence*, qui paraît le
9 mars 1845 rapporte quinze francs à l'auteur. E. Prarond et Ph.
Audebrand [199] disent expressément que les artistes étaient payés

un sou et six liards la ligne — et ne pouvaient prétendre à une gloire compensatrice. A vrai dire, la part de collaboration de Baudelaire sera mince : des comptes rendus (*Contes Normands* de Jean de Falaise, pseudonyme de Philippe de Chennevières-Pointel, 4 novembre 1845 — *Romans, contes et voyages* d'Arsène Houssaye, Janvier 1846 — *Prométhée délivré* de L. de Senneville, pseudonyme de Louis Ménard, 3 février 1846) ; un *Choix de Maximes consolantes sur l'amour* (3 mars 1846), signé Baudelaire-Dufays ; une critique d'art sur *le Musée classique du Bazar Bonne-Nouvelle* (21 janvier 1846). Ces articles, il les répudiera plus tard et on ne les retrouve pas sur les listes qu'il a laissées des œuvres à réimprimer [200]. Les polémiques sans envergure ne plaisent pas à cette nature d'aristocrate et il répugne à « ce pugilat en public qui rappelle l'arène et le cirque banal [201]. » Rien ne semble devoir l'y retenir : au moment où s'ouvre le Salon de 1845, *le Corsaire-Satan,* sous l'obscure signature de Courtois, porte aux nues, le 17 mars, Horace Vernet que Baudelaire déteste et, le 21 mars, éreinte Delacroix qu'il admire. Mais c'est pourtant aux bureaux du journal qu'il retrouve des amis dans l'équipe qu'affame le vieillard industrieux. Il y rencontre Henri Mürger qui, à partir du 1er mars 1845, ouvre une rubrique pour des *Scènes de la Vie de Bohème* ; Auguste Vitu, avec qui il collabore pour mystifier Arsène Houssaye en attendant de signer avec lui et Banville les Causeries du *Tintamarre* sous les pseudonymes de Francis Lambert, Marc Aurèle et Joseph d'Estienne [202] ; Armand Busquet, le gendre de l'éditeur Pagnerre ; l'éternel Privat d'Anglemont ; l'élégant Hippolyte Castille, futur historien des hommes de 1830 ; Edouard Plouvier, auteur de jolies romances ; Antoine Fauchery, qui transporte au café son attirail de graveur, avant de partir, un beau jour, pour le pays de l'or, quoique l'or ne le tentât guère [203] ; Jules Viard, un demi Saint-Simonien, qui écrira *Les Petites joies de la vie humoristique* ; Alexandre Weill, apprenti rabbin, auteur, demain, de *Moïse et le Talmud* ; Marc Fournier, Henri Nicolle, Isidore Salles, Charles de la Ronnat [204]. Mais, c'est avec Banville et Champfleury qu'il s'attarde de préférence. Dès l'apparition des *Cariatides* il a voué à Banville une admiration sincère qui ne l'empêchera pas de le juger, avec, parfois, quelque humeur. Le bon Asselineau, les replaçant, dans son souvenir, côte à côte au *Corsaire-Satan,* ne peut s'empêcher de remarquer :

Il ne s'est jamais peut-être rencontré de plus complète opposition de génie et de nature qu'entre ces deux poètes, d'ailleurs égaux en talent.

De façon qu'on peut dire que chacun se complète l'un par l'autre et qu'entre eux l'admiration, de même que l'amitié, vivait de contrastes... [205]

Quant à Champfleury, dont il louera les *Contes* comme appartenant « à un ordre de littérature très relevé » [206], Baudelaire éprouve à le rencontrer une joie partagée. Ce sont des aperçus sans fin sur la musique et la peinture [207] dont le poète des *Correspondances* fera son profit. Car cet esprit aux multiples richesses devait lui plaire par sa distinction souriante et son observation toujours en éveil qui s'offusquent, sans révolte extérieure, de l'insolence du Père Alme traitant ses collaborateurs de petits crétins et leurs articles de crottes [208]. Il était la gaîté même, mais d'une gaîté qui répugnait à toute plaisanterie commune et grossière. Sa nature d'artiste se révélait au moindre choc. Musicien dans l'âme, non seulement il jugeait en critique mais il exécutait sur le piano, le violoncelle ou le cor, les œuvres des grands maîtres, se rencontrant avec le goût de Baudelaire, mais se séparant de lui en ce que, sensible aux sonorités musicales, il restait sourd aux rythmes prosodiques et avait l'horreur innée du vers alexandrin [209]. Moustache de chat, pince-nez braqué sur deux yeux à demi-fermés, des yeux de myope à qui rien n'échappe de ce qu'on peut voir ou observer, la tête légèrement inclinée en arrière et cambrée dans un grand faux-col, le nez ayant une tendance à rejoindre le menton en galoche [210], il était le moins banal peut-être de tous ceux qui hantaient la maison inhospitalière de Saint-Alme. Baudelaire et lui durent certainement prendre en même horreur ce petit journal où ils étaient entrés avec tant d'ardeur [211] : tous deux reconnurent vite « le vide et le triste de cet esprit de mots si agréable à ceux qui lisent ces malices le matin en déjeunant. » Comment Baudelaire n'eût-il pas aimé cette nature charmante et de si noble simplicité qui parlera ainsi de la manière dont ils quittèrent le journal :

Nous sommes sortis du *petit journal* parce que nous étions honnêtes. Qu'on ne croie pas que le peu que nous gagnions soit entré pour quelque chose dans cette résolution. Pour moi, j'écris pour rien toutes les fois que je crois dire la vérité ; j'ai toujours refusé d'écrire contre mes opinions, quand même l'argent éborgnerait mes yeux. Jamais de concessions à personne ! De grandes haines et de grandes admirations ! De grandes douleurs, mais de grandes joies ! Avec de tels principes, on ne fait pas fortune. Les quelques-uns des nôtres qui sont restés fidèles à ces principes tout particuliers, ceux-là vivent de peu, mais tranquilles et indépendants. Ils ne vont pas dans les salons littéraires ou politiques parce qu'on y ment et qu'il faut mettre des sourdines à ses opinions. [212]

C'est le langage même que tiendrait Baudelaire. Tous deux ont le même idéal de propreté morale et de noblesse artistique. Même leurs dissentiments — soudains et brefs [213] — attestent leurs communes pensées. Tous deux quittèrent le *Corsaire-Satan*, plus riches d'expériences, plus avertis sur eux-mêmes et sur les autres, prêts à entrer dans une mêlée où ils seront parfois adversaires mais toujours amis.

*
* *

Les premiers articles de Baudelaire, épars dans *le Corsaire-Satan, l'Esprit public* ou *l'Echo des théâtres* [214], montrent bien dans quel état d'âme le critique abordera l'étude de son époque. Malgré le dédain qu'il affectera pour ces premières productions, elles apportent de précieux témoignages sur les tendances primitives d'une esthétique qui tâtonne certes, mais qui prend des mesures pour s'orienter. Dans un entrefilet écrit sur les *Contes normands et Histoires baguenaudières* de Jean de Falaise [215], il note, comme « mérite particulier », « une naïveté d'impressions toute fraîche, un amour sincère de la nature ». Naïveté, sincérité, désir de « parler vrai » — suivant un mot de Champfleury [216] — vertus baudelairiennes peut-être, mais non point, à coup sûr, vertus romantiques. Et, pour mieux éclairer sa pensée, Baudelaire ajoute :

Pendant que tous les auteurs s'attachent aujourd'hui à se faire un tempérament et une âme d'emprunt, Jean de Falaise a donné la sienne tout de bon et il a fait tout doucement un ouvrage original.

Ces quelques lignes de compte rendu, par leur concision nerveuse, ont plus de poids que la longue étude consacrée par E. Prarond aux *Contes* de son ami [217]. C'est que déjà Baudelaire, en jugeant les autres, s'exprime lui-même. Retenons ses principes : une œuvre, pour mériter de vivre et de durer, doit retentir sur le lecteur par la sincérité. La formule pascalienne n'était-elle pas une condamnation anticipée d'un certain romantisme ? Baudelaire veut voir l'homme sous l'auteur — et ce qui le fâche, c'est de voir, dans une œuvre, trop de « littérature ». Dans les Causeries du *Tintamarre* il réagit contre tous les fabricants de poncifs et il s'en prend à Vaquerie, n'osant encore attaquer directement les grands responsables [218]. Il ne goûtera rien autant que l'étonnement ravi du lecteur qui découvre, sous les mots, une âme. Une œuvre concertée sera une œuvre manquée. Si l'auteur vit dans son œuvre, le lecteur sera mieux atteint :

Quand un peintre se dit : — Je vais faire une peinture crânement poétique ! Ah ! la poésie ! !... il fait une peinture froide où l'intention de l'œuvre brille aux dépens de l'œuvre... La poésie d'un tableau doit être faite par le spectateur. Comme la philosophie d'un poème par le lecteur [219].

Et c'est pourquoi il juge la poésie philosophique un genre faux, entendez la poésie volontairement philosophique ; car il admet que la poésie puisse porter en elle une leçon et une pensée — à condition que cette leçon et cette pensée ne soient point parti pris d'auteur. N'est-ce pas, par dessus Louis de Senneville — que Louis Ménard vengera sans noblesse — condamner encore ce Romantisme qui s'interpose entre l'œuvre et le lecteur et veut forcer son jugement et son adhésion par une parade de « montreur » ?

Dans l'article sur le *Musée classique du Bazar Bonne-Nouvelle*, paru au *Corsaire-Satan*, le 21 janvier 1846, sous la signature de Baudelaire-Dufays, notre critique ironise, à propos d'une exposition classique, sur « les jeunes artistes » qui se moquent des œuvres sages et calmes des maîtres classiques — David, Ingres, Prud'hon, Gros, Géricault, Gérard. Ce sont, dit-il, « messieurs présomptueux... qui représentent assez bien dans l'art les adeptes de la fausse école romantique en poésie » [220]. On voit l'intention : rabaisser l'outrecuidance des rapins exaltés au profit des méthodes qui ont fait leurs preuves. Quand il jugera, en 1848, les *Contes* de Champfleury [221], il affirmera plus nettement encore son désir de sincérité artistique :

Pas de grosses bouffissures, pas de littérarisme outré. L'auteur, de même qu'il s'applique à bien voir les êtres et leurs physionomies toujours étranges pour qui sait bien voir, s'applique aussi à bien retenir le cri de leur animalité et il en résulte une sorte de méthode d'autant plus frappante qu'elle est pour ainsi dire insaisissable. J'explique peut-être mal ma pensée mais tous ceux qui ont éprouvé le besoin de se créer une esthétique à leur usage me comprendront.

Et certes il se gardera plus tard des excès du réalisme et ne suivra pas Champfleury dans sa marche en avant, comme il saura bien vite marquer des limites à son admiration pour David et pour Ingres. Mais il se définit déjà en réagissant devant les œuvres. « La fausse école romantique » qui se plaît aux « bouffissures » et au « littérarisme », c'est toujours celle qu'il caricature dans *la Fanfarlo*. Pour appuyer cette critique, il suffit de feuilleter le *Choix des Maximes consolantes sur l'amour* [222] :

En amour, gardez-vous de la *lune* et des *étoiles*, gardez-vous de la

Vénus de Milo, des lacs, des guitares, des échelles de corde et de tous romans... N'escaladez jamais les balcons, n'insultez jamais la force publique [223].

Rêveurs à nacelles, Roméos de 1830 et de 1840, comme Baudelaire les dépouille de leurs prestiges ! Il les écrase sous des formules paradoxales avec un sourire plissé : « Aimez bien, vigoureusement, crânement, orientalement, férocement celle que vous aimez... » Voilà qui nous libère du « littérarisme » !

Dès cette époque, la critique de Baudelaire s'élève à des jugements plus précis encore. Dans les *Conseils aux jeunes littérateurs* — fantaisie qui parut en feuilleton dans *l'Esprit public* le 15 avril 1846 [224] — Baudelaire, négligeant de s'attaquer uniquement à des excès d'école, formule sa pensée en quelques « préceptes », « fruit de l'expérience ». Expérience d'un jeune homme de vingt-cinq ans qui a trop de perspicacité pour rien oublier de ce qu'il a vu. Voici « des méthodes de composition » qu'ont toujours ignorées les Romantiques : « Pour écrire vite, il faut avoir beaucoup pensé ». Cela est nouveau à cette époque de fougues débridées. « L'orgie n'est pas la sœur de l'inspiration ; nous avons cassé cette parenté adultère. L'énervation rapide et la faiblesse de quelques belles natures témoignent assez contre cette odieuse pensée ». Après une phrase sur la nourriture substantielle et régulière indispensable pour la fécondité de l'écrivain, — Baudelaire souffre déjà de la gêne [225], — voici une formule qui sera reprise plus tard [226] : « L'inspiration est décidément la sœur du travail journalier ». Certes, Baudelaire n'a pas eu la constance de ce labeur quotidien — mais il connaît la force miraculeuse de la volonté dans la création littéraire : c'est « une lente agrégation de succès moléculaires » qui supprime les « générations miraculeuses et spontanées ». N'y a-t-il pas, dans ces affirmations catégoriques [227], une condamnation sans appel des procédés romantiques et de cette inspiration-délire qui se rit de l'effort et méprise le travail comme indigne du poète. Toute sa vie, Baudelaire proclamera la nécessité — si douloureuse — de l'effort et du travail dans la vie artistique. Il a beaucoup travaillé — non peut-être autant qu'il aurait voulu, mais, souvent, plus qu'il ne pouvait. S'il n'a pu arriver à composer et à écrire rapidement, malgré de longues méditations, il faut imputer cet échec à d'autres causes — où les embarras d'argent et le délabrement physique prennent la plus large part. Faut-il se plaindre d'ailleurs que les *Fleurs du Mal* aient subi une longue gestation ? L'improvisation a de l'éclat. Elle ne résiste pas à l'épreuve du temps. La nature prépare longuement ses trésors et elle ignore les bondissements. Baudelaire, à travers l'ironie de certains conseils, apporte une doctrine déjà mûrie, aux formules sobres, aux jugements assurés : « Aller vite » dans la production littéraire, c'est, après la réflexion qui « trimballe » un sujet « à la promenade, au bain, au restaurant et presque chez sa maîtresse », se hâter lentement. C'est la seule condition pour écrire sans rature — « la rature trouble le miroir de la pensée » — et composer, comme Ourliac ou Balzac, en chargeant le papier ou les épreuves c'est, pour ne rien perdre, abuser de son temps et de son talent et disperser l'unité de la phrase ou de l'œuvre. Il faut avoir couvert sa page en esprit au moment où l'on prend la plume pour écrire le titre, afin que « tous les coups portent et que pas une touche ne soit inutile ». Baudelaire aspire à cette facilité qui simule l'improvisation — mais qui n'est qu'une longue conquête. Il condamne cette facilité qui n'est qu'improvisation et qui trompe, un instant brillante, mais stérile comme une flamme sans aliment.

Ainsi déjà, en 1846, à ses débuts dans les lettres, Baudelaire signale les parties caduques de l'esthétique romantique. *La Fanfarlo,* écrite dès ce moment, éditée plus tard « par les hasards d'une combinaison de librairie » [228], nous avait apporté du Romantisme une critique indirecte, d'une bien curieuse ironie. Le dogmatisme apparaît déjà dans les articles — que Baudelaire, par scrupule d'artiste, jugeait à tort négligeables. Ces comptes rendus ou ces fantaisies éclairent les premiers linéaments et indiquent la voie. Baudelaire formé par les livres et la vie, ayant voyagé dans l'espace, dans le temps, dans le rêve, ayant beaucoup souffert et beaucoup joui, dandy contracté, — « concentred man », — réclame après tant d'étalages plus de discrétion. L'auteur doit abandonner l'individualisme intempérant et s'effacer derrière l'œuvre pour qu'agisse tout son charme, sans présentation charlatanesque. Songe-t-il ou vise-t-il à l'impersonnalité des classiques ? Je ne le crois pas. Voyons seulement dans ces premiers et discrets manifestes une protestation contre l'impudeur romantique qui veut entraîner le lecteur — au lieu de lui laisser loisir de juger. Les formes désuètes, les poncifs rebattus sont odieux à Baudelaire et il demande une œuvre naïve, naturelle. Ecoutons-le s'indigner le 13 septembre 1846, au *Tintamarre,* à propos de l'*Eloge de Turgot* de Henri Baudrillart, lauré par l'Académie : « Qui nous délivrera

des *Eloges* et des *Essais* ? Qui nous sauvera à tout jamais des
mémoires, des diatribes, des critiques, de l'esthétique, de tout ce
qui constitue en un mot le haut embêtement littéraire en vogue à
l'Institut. » Poncifs classiques et poncifs romantiques sont pour
lui de même farine. Il a le désir de la spontanéité sans phrases
après tant d'attitudes à poses. L'inspiration, on la trouvera en
soi-même certes, mais après une studieuse élaboration qui d'ailleurs renforcera la sincérité : il faut du temps pour se connaître
et se révéler. La fantaisie est souvent concertée et les sources les
plus jaillissantes sont les plus profondes, les plus lentes à paraître
au jour. Mais, à tout prendre, que veut Baudelaire ? Sa pensée
n'est pas tout entière dans ces œuvres dont il juge insuffisante la
portée. Il doit parler plus clairement. Les premières pages du
Salon de 1846 semblent apporter ce manifeste nécessaire.

*
* *

Le Salon de 1846 [229] fonde la réputation de Baudelaire : « Nadar, dans son *Salon de 1855* et Paul Boiteau dans une chronique
parue à la *Revue française* en 1855 y voyaient tous deux *un des
plus beaux* livres d'art de l'époque et peut-être le plus beau » [230].
Marc Fournier dans *l'Artiste,* le 31 mai 1846, rend hommage au
« sentiment original et altier » de ce « petit livre ». Théodore de
Banville a longuement insisté sur « la nouveauté » des « idées »,
« la beauté et la force du style », la « solide érudition » d'une
œuvre qui mit « tout de suite Baudelaire à un rang très élevé
qu'il garda toujours parmi les critiques d'art » [231]. Charles Asselineau constate le « bruit » que fait l'ouvrage. Il note la richesse
de tons « tantôt plaisants, tantôt graves », enthousiastes ou ironiques : « C'est de la critique voltigeante et ondoyante, courant
par bonds et par voltes, et que l'on suit sans fatigue ». La réputation de Baudelaire en fut assise — cette « réputation que Baudelaire possédait légitimement déjà dans le cercle d'amis qui
avaient eu communication de ses poésies et de sa nouvelle *la
Fanfarlo* ». « Ce début le classa parmi les écrivains artistes, assez
élevés en intelligence pour comprendre l'importance du style et de
la forme dans les œuvres, qui n'ont d'enthousiasme que pour le
beau, d'ambition que celle de bien faire et que pour cette raison
les politiques et les moralistes appellent sceptiques... » [232].

L'œuvre expose toute une théorie de la couleur et apporte « à
l'occasion d'une exposition du Louvre tout un catéchisme de la
peinture moderne » [233]. Nous n'en retiendrons ici, pour éclairer

l'esthétique littéraire de Baudelaire en 1846, que les pages inscrites sous le titre : *Qu'est-ce que le Romantisme* ? [234] Et nous y
trouverons enfin les formules essentielles.

Ce Romantisme, dont Baudelaire combat les formes exaltées et
la rhétorique vide, a une existence et une force. Il ne faut pas
détruire les forces : il est plus sage de les étudier et de les exploiter. Trop d'auteurs se sont qualifiés de romantiques sans prendre
soin de définir le Romantisme. Le premier devoir d'un critique
est d'être informé et lucide. Baudelaire veut savoir ce que recouvre
exactement l'épithète — ou l'étiquette — de romantique. Il dira
plus tard, il est déjà prêt à dire, s'inclinant devant le fait romantique : « Le romantisme est une grâce, céleste ou infernale, à qui
nous devons des stigmates éternels » [235]. Le romantisme a une
indéniable puissance de retentissement. Mais qui pourrait affirmer
devant les ravages du torrent la vertu divine de la source ? Trop
de disciples s'évertuent sans discipline. Diversités et contradictions
dont restaient ahuris en 1836 Dupuis et Cotonet et qui portent un
germe de mort. Toute force divisée doit périr. Pour donner toute
sa force au Romantisme, il faudrait le ramener à l'unité. Et, pour
obtenir ce résultat, on doit analyser d'abord les éléments et les
possibilités du Romantisme. Certes, tous ces disciples, à qui manqua l'initiation, ont cherché « loyalement » le Romantisme. Peu
l'ont trouvé. Rares étaient ceux qui gardaient, dans les effusions
du lyrisme, la vue claire qui juge. Confusions et chaos, bruits de
lutte, disputes d'école, haines tapageuses : comment, dans ce vacarme, dans ce désordre, se reconnaître, si les maîtres eux-mêmes
ne sont pas d'accord et, sans doute, se jalousent secrètement. Il
y a le romantisme de Hugo et celui de Lamartine. Il y a le romantisme parisien des Cénacles officiels et le romantisme provincial des Jeux-Floraux et de Jules de Rességuier. Il y a le romantisme de la *Muse française* et de la *Psyché* et celui de la bataille
d'Hernani, le romantisme « troubadour » et le romantisme « Jeune-
France », le romantisme des *Odes et Ballades,* celui des *Orientales,*
celui des *Voix intérieures,* le Romantisme de 1820, celui de 1830
et celui de 1840. Comment distinguer ?

Quelques-uns ne se sont appliqués qu'au choix des sujets ; ils n'avaient
pas le tempérament de leurs sujets. — D'autres, croyant encore à une
société catholique, ont cherché à refléter le catholicisme dans leurs œuvres.
— S'appeler romantique et regarder systématiquement le passé, c'est se
contredire. — Ceux-ci au nom du romantisme ont blasphémé les Grecs et
les Romains : or on peut faire des Romains et des Grecs romantiques
quand on l'est soi-même. — La vérité dans l'art et la couleur locale en

ont égaré beaucoup d'autres. Le réalisme avait existé longtemps avant cette grande bataille [236].

Ainsi Baudelaire voit l'élément caduc du Romantisme et signale la pierre branlante qui risque d'entraîner dans sa ruine l'édifice tout entier : le classicisme avait ses règles — étroites peut-être — mais précises comme des frontières, et les classiques se reconnaissaient à un air de famille. Les romantiques sont bruyants et indisciplinés comme une troupe d'écoliers à la porte d'un mélodrame. Leur faiblesse vient de leur incohérence. Il faut les encadrer par des limites. Une définition simple et claire, — à la fois précise et générale, — capable d'englober sans confusion les tendances complexes qui font la vie, voilà le premier moyen de ramener l'ordre :

Le romantisme n'est précisément ni dans le choix des sujets ni dans la vérité exacte, mais dans la manière de sentir.

Ce n'est donc pas en des dispersions extérieures qu'il faut chercher le Romantisme, mais dans le tempérament. Certes, chacun agit avec son tempérament. Mais chaque époque suscite une manière de sentir qui lui est propre. Le Romantisme sera, à chaque époque, l'expression — littéraire ou artistique — de cette « manière de sentir ». Il évoluera mais il sera toujours vivant, étant la réaction littéraire et artistique de la vie contemporaine. Sous l'impulsion de Chénier, on a compris que le passé n'était plus que matière à respect, admiration ou souvenirs. Seul le présent est matière d'art. Les pensers nouveaux sont l'élément unique — et fécond — de l'inspiration moderne. Le romantisme, c'est précisément l'expression de la vie présente, transposée en sensations ou en sentiments et transformée en matière d'art. Stendhal qui fut à la fois le plus réaliste des romantiques et le plus romantique des réalistes définira le romanticisme « l'art de présenter aux peuples les œuvres littéraires qui, dans l'état actuel de leurs habitudes et de leurs croyances, sont susceptibles de leur donner le plus de plaisir possible » [237]. Il rejoint l'opinion de Mme de Staël pour qui la littérature était l'art de faire usage des impressions personnelles en vue de susciter l'émotion — et il donne, par opposition, comme définition au classicisme, le pouvoir artistique qui donna le plus de plaisir à nos grands-parents. C'est ainsi que tout classicisme n'est qu'un romantisme qui a fait son temps, dépassé qu'il est par la vie toujours en marche, par les hommes toujours inquiets du nouveau. Et tous les écrivains — Stendhal l'affirme — ont été romantiques, de leur temps. Ce romantisme des classiques

— tout différent de celui qu'analysait Emile Deschanel — n'est
« romantisme » que pour la génération de l'auteur. Il se fige ensuite dans le classicisme — qui n'est plus guère qu'une forme
attrayante de la mort : fossile ou momie, — mais d'une beauté
souvent émouvante — et il passe au rang des choses qui ont vécu
et donné toute leur mesure — pour laisser place à des successeurs
qui le poussent de l'épaule, leur tour venu.

Toutes ces idées sont voisines de la conception baudelairienne
du Romantisme et Stendhal prélude au *Salon de 1846* quand il
écrit [238] : « C'est probablement par une peinture exacte et enflam-
mée du cœur humain que le XIXᵉ siècle se distinguera de tout ce
qui l'a précédé ». Pourtant dégageons l'originalité de Baudelaire.
Elle est d'ordre actif. Sa définition n'est pas seulement d'un critique. Elle est d'un artiste qui n'examine les œuvres d'autrui que
pour en subir le choc et enrichir ses facultés de création. En
définissant le Romantisme, il songe moins à détruire des statues
qu'au moyen d'en dresser de nouvelles, plus vivantes, plus belles
encore. Il donne au romantisme un but précis en l'arrachant aux
disputes extérieures, en le ramenant à l'unité. Le romantique sera
le peintre ou le poète de la vie moderne. Il devra s'adapter pour
comprendre et comprendre pour interpréter : « Qui dit romantisme
dit art moderne, c'est-à-dire intimité, spiritualité, couleur, aspiration vers l'infini, exprimées par tous les moyens que contiennent
les arts ». Le Romantisme a failli jusqu'ici à son rôle et il faut le
ramener à son vrai destin. Le grand artiste sera celui qui unira
à la naïveté et au tempérament le plus de romantisme possible,
c'est-à-dire qui saura deviner la vie complexe de son temps et
établir entre son œuvre et les atmosphères contemporaines une
parfaite correspondance.

C'est ainsi que, dès 1846, Baudelaire définit et juge le Romantisme. C'est ainsi qu'il veut renouveler non seulement des formules
d'école mais des réalisations artistiques. *La Fanfarlo*, ses premiers
articles montrent un malade qui connaît son mal et veut s'en
guérir, ayant éprouvé ses effets et ayant découvert les remèdes.
Mais le passé n'est pas stérile et le condamner est injustice ou
sottise. Il faut simplement se résigner à le rejeter hors du présent,
comme un poids mort, une œuvre qui a donné son fruit, une fleur
qui se fane après avoir eu son heure d'éclat. Mais gardons-nous
de l'immobilité et allons vers d'autres buts et ouvrons d'autres

voies. Le Romantisme se dessèche, s'il est seulement regard tourné vers le passé, complaisance pour de vieilles plaintes, retour vers des sujets périmés. Il se continue et s'enrichit s'il est la transcription de la vie qui se prolonge. Ainsi le Romantisme se confond avec l'art moderne et sa jeunesse ne saurait vieillir, étant chaque jour renouvelée.

Mais quelle maîtrise il réclame de l'artiste. Pour saisir la vie moderne il faut un sens aigu de l'analyse accru d'une puissance de dédoublement. Seuls les très grands peuvent oser et entreprendre. Hugo a échoué, selon Baudelaire. Delacroix, Balzac, Daumier, demain Guys et Manet réussiront. C'est vers les premiers que regarde déjà Baudelaire : car ce prélude ne saurait se borner à tracer un programme, à témoigner d'un idéal. Baudelaire songe à tous ceux qui, témoins d'une époque, ont tâché de la réfléchir dans un miroir fidèle et naïf au lieu de l'escamoter au profit des modes abolies, par artifice de physicien ou de prestidigitateur. D'ailleurs cette expression de la modernité peut emprunter toutes les formes de l'art. La couleur comme la musique peuvent émouvoir l'âme : le poète de la vie moderne, le romantique de l'avenir, pourra, s'il le veut, se libérer par des rythmes verbaux. Il pourra aussi enfermer ses visions dans la peinture ou la mélodie. Il y a des correspondances entre les arts, et l'âme moderne pourra satisfaire « son aspiration vers l'infini » par les modes les plus divers. Elle s'exprimera dans le tourment coloré d'un Delacroix, dans l'épopée réaliste d'un Balzac, dans le drame musical de Wagner, et aussi, et surtout dans les poèmes d'un Charles Baudelaire.

IV

AU SEUIL DE LA CRITIQUE D'ART
UN CATÉCHISME DE LA PEINTURE [1]

Le *Salon de 1846* marque une date. Non seulement Baudelaire juge le romantisme et, par une formule élargie, lui ouvre tout un avenir d'inspirations : il agrandit encore le domaine de l'art en abattant les barrières qui le divisent. Déjà se dessine une esthétique. Certes, la littérature offre à l'artiste des moyens divers d'expression. Mais réduire l'art à des formules écrites ou à des rythmes verbaux est d'une vue courte. Baudelaire, dès 1846, conçoit cette « ténébreuse et profonde unité » de l'art qui aboutit plus loin et plus haut. Voilà pourquoi le rôle du critique n'est pas d'enseigner leur métier aux artistes ni d'imposer des admirations au public : prétentions dont on pourrait s'indigner mais dont il vaut mieux sourire. Selon Baudelaire la critique s'élève au-dessus des partis pris d'une école ou d'un genre. Elle devra s'inquiéter des destinées particulières, sans recommander, avec une froideur dogmatique, la couleur aux dessinateurs et le dessin aux coloristes. Vouloir tout expliquer comme une algèbre, en dépouillant toute haine ou tout amour, est indigne d'un esprit intelligent et sensible. Avant de décider, il faut comprendre : on ne comprend — et l'on n'est juste — que si l'on est partial, passionné, politique [2]. Ce point de vue exclusif est aussi celui « qui ouvre le plus d'horizons ». Selon Baudelaire, la critique d'art peut s'amuser à des jeux poétiques : par exemple, l'Art étant la fusion de tous les Arts, et les diverses expressions d'une pensée artistique se transposant en de secrètes correspondances, « le meilleur compte rendu d'un tableau pourra être un sonnet ou une élégie ». Mais si l'auteur de l'*Impénitent* et des *Phares* a des raisons d'aimer une critique de ce genre, il convient qu'elle ne saurait agréer à tous les lecteurs. Il l'affirme sans restriction : la critique doit se refuser à demander des comptes, suivant des dogmes une fois fixés, mais, par contre, chercher à s'assouplir en de mystérieuses sympathies. C'est le principe même de la critique lyrique.

Donc le critique se gardera de théories préconçues, entrera dans l'âme de l'artiste et se penchera sur son individualité. Ayant compris le « tempérament » de l'auteur, il lui imposera de créer suivant ce tempérament. Il exigera « la naïveté et l'expression sincère » de ce tempérament « aidée par tous les moyens que lui fournit son métier »[3] — ce qui suppose chez le critique assez de psychologie pour pénétrer la personnalité et comme la dominante d'un tempérament — et assez de connaissances des moyens d'un art pour juger des qualités techniques d'un artiste. Ce critérium tiré de la nature comporte, pour Baudelaire, de telles certitudes que le critique accomplira son devoir avec passion, afin de s'accorder au tempérament créateur et d'élever sa raison à des hauteurs nouvelles. Mais cette passion a sa part de science positive : elle doit pouvoir juger des moyens et du métier, tout en affirmant qu'il ne suffit pas de bien peindre pour avoir du génie[4] et qu'un peintre sans âme est à peine capable d'être le rapin d'un peintre à tempérament[5]. Ainsi la critique est pour Baudelaire une création — ou du moins une reconstruction : elle participe de l'art qu'elle juge. Elle touche à la métaphysique puisqu'elle suit l'art sur les cimes où il atteint le Beau et qu'elle cherche à interpréter dans l'étude des arts, dont le but est unique, cette variété dans l'unité où se révèlent les faces de l'absolu. Elle doit — si elle parle de peinture — éclairer cette « manière de sentir » à la fois individuelle et actuelle, c'est-à-dire ce romantisme nouveau, ce sens de la modernité qui est, exprimées par les moyens de la peinture, « intimité, spiritualité, couleur, aspiration vers l'infini »[6].

Dans l'art moderne, « la couleur joue un rôle très important » : fils du Nord[7], le romantisme est coloriste, car « les rêves et les féeries sont enfants de la brume » et celui-là sera le grand romantique qui, puissant coloriste, nous rendra « nos sentiments et nos rêves les plus chers avec une couleur appropriée aux sujets »[8]. C'est pourquoi, avant de juger des artistes, Baudelaire tient à faire précéder le compte rendu du Salon de 1846 d'une étude sur la couleur. Après avoir étonné les amis du coloriage classique en montrant, dans le *Salon de 1845*, que la peinture, ayant en elle des trésors de tristesse et de joie, s'adresse directement à l'âme, en dehors du drame exprimé, il expose ici une théorie de la couleur, des reflets et des teintes qui est, à son goût, le bréviaire du peintre : elle témoigne, en tout cas, que Baude-

laire, critique d'art, n'entend pas écrire sur la peinture en feuilletoniste, ni même suivant l'instinct distingué d'un homme de goût,
mais en interprète consciencieux à qui l'étude et la méditation ont
rendu familiers les secrets de l'art.

La critique d'art en 1846 n'offre pas d'exemple d'une conscience
professionnelle aussi exigeante. Depuis de longues années les artistes — et non les moindres — protestent contre les partis pris
de critiques improvisés. En 1857, Delacroix laissera dans son
Journal cette note qui est la conclusion de constatations amères :
« La plupart des livres sur les arts sont faits par des gens qui ne
sont pas artistes : de là, tant de fausses notions et de jugements
portés au hasard du caprice et de la prévention » [9]. Mais dès
1829, le grand artiste avait écrit dans la *Revue de Paris* [10] un article : *Des critiques en matière d'art* où, songeant bien des fois à
Quatremère de Quincy [11], il établit, non sans ironie, les rôles du
critique, de l'artiste et du public. La critique qui s'exerce sur les
beaux-arts fait bâiller les gens du monde par ses obscurités et
suscite la haine des artistes qui « contestent aux faiseurs de théories le droit de s'escrimer ainsi sur leur terrain et à leurs dépens ».
Rien n'est plus facile en effet que de refaire, avec des mots pompeux, ce qui est le résultat de longues réflexions et d'efforts
patients. L'artiste ne s'intéresse qu'aux difficultés de son métier :
« Aussi serait-ce un beau jour que celui où les gens de l'art
devenus rétifs s'attaqueraient à toutes les rêveries sur leur profession et sur leurs ouvrages, et rendraient sottises pour sottises
sur un sujet si pauvre en véritables résultats ». Quant au public,
il ne saurait garantir l'artiste : il veut être amusé avant tout.
Les procès de l'esthétique ne l'intéressent que s'il peut en rire et
il se soucie peu d'entreprendre les « études indispensables pour
distinguer le vrai du faux, le beau du passable ». Il n'a pas le
temps de discuter et d'approfondir. Il se croit heureusement doué
d'un instinct naïf que ne gâte aucune prévention de métier ou
d'école et se juge capable d'apprécier sans réflexion « un beau
et un vilain tableau, une musique bonne ou mauvaise ». Comment
l'homme de métier oserait-il en appeler d'un jugement où la passion n'entre pour rien ? Prétendra-t-il qu'il travaille pour d'autres
juges que pour ce bon sens général dont le rôle est de combattre
ses préjugés et de corriger ses défauts ? Le public s'en remet ensuite aux critiques du soin de disputer sur ce qui devait se régler
du premier coup d'œil. Les débats divisent bientôt les critiques
eux-mêmes et l'artiste paie les frais de la guerre car tous sont

d'accord pour lui « montrer charitablement de combien il s'est
trompé ».

Entre les dogmes du critique et l'instinct du public y a-t-il
place pour l'art ? Les discussions engagées sur les détails détournent des vues d'ensemble : « Celui-ci combat pour le contour et
vous terrasse avec la ligne de beauté ; ils discutent sans fin sur
la préséance du dessin et de la couleur, si le chant doit passer
avant l'harmonie, si la composition est la première des qualités...
Plaisantes gens qui voient apparemment la nature procéder par
lambeaux à leur manière, montrer un peu de ceci, retrancher cela
suivant la convenance ; comme si l'imagination se contentait d'une
propriété isolée de la beauté, et comme si elle n'était pas frappée
avant tout de cette harmonie parfaite, de cet accord inimitable qui est
le caractère de tous les ouvrages de la nature. » Et c'est ainsi
que les critiques briment le génie quand il s'efforce aux synthèses
qui dépassent leurs perspectives. Ils rabattent l'audace des novateurs qui veulent donner aux choses « leur figure véritable » en
courant à la défense « des principes avoués par les gens de
goût » : ainsi la médiocrité voit son essor aidé, les oisons se
sentent pousser des ailes et les téméraires sont ramenés à l'ordre.
Cette critique, devenue si aisée, rend par surcroît l'art facile
puisqu'on n'a plus, pour avoir du génie, qu'à puiser « dans un
vaste dictionnaire de traditions, de préceptes et de formules »
afin d'y trouver « la source de cette inspiration qu'on dit si rare »
et d'y prendre à pleines mains la matière toute prête, toute éti-
quetée, du chef-d'œuvre. Malheureusement il arrive parfois que
de si faciles prospérités sont troublées par de soudaines explosions et que « le mérite se trouve mis à sa place en ne faisant
qu'un saut des ténèbres à la lumière ». D'étranges retours se
produisent : les dogmes sont renversés, les idoles vont rejoindre
les dieux morts ; le public adopte ces turbulents et le critique
ferme ses yeux offusqués, tourne sa tendresse vers le passé et se
cramponne aux débris du temple qui croule. Il prophétise en vain
sur des ruines comme un mauvais augure. Il est dépassé et c'est
la revanche de l'artiste.

Le tableau s'achève en beauté : pourtant Delacroix ne se fait
guère illusion. Bien que les principes sur lesquels les critiques
bâtissent leurs théories aient la fragilité de toute loi humaine et
que le beau immuable change tous les vingt ou trente ans, les
critiques demeurent les maîtres dans le champ des arts, vaste domaine dont ils ont la clef en poche. « Dragons vigilants », ils

donnent au public les règles de la jouissance artistique. « Gardiens de l'honneur de l'art », ils révèlent au monde les réputations, et les artistes leur doivent toute leur reconnaissance pour le soin qu'ils se donnent de faire d'eux quelque chose.

Ce portrait du critique d'art témoigne de quelque rancœur. Il dessine pourtant avec une magistrale vérité un personnage dont, au temps de la lutte des *homéristes* et des *shakespeariens,* on voyait, dans les Salons, parader la suffisance péremptoire. Dès le Salon de 1808 [12], David, sexagénaire, avait pressenti la revanche des chevaliers moyenâgeux sur l'héroïque nudité des ravisseurs des *Sabines* ou des compagnons de *Léonidas.* Mais la lutte sera longue et le triomphe des modernes sera retardé par des résistances obstinées. Au Salon de 1819, les critiques dévoués à l'Institut, par la plume du comte Auguste-Hilarion de Kératry, déclarent déshonorante pour l'art cette scène de « *Naufrage* » qui s'appellera *le Radeau de la Méduse* de Théodore Géricault [13]. Et Delacroix se souvient, en écrivant son article sur les critiques d'art, qu'au Salon ouvert le 24 avril 1822, si M. Thiers, inspiré, dit-on, par Gérard ou par quelqu'un de plus grand, caché dans l'ombre [14], avait, dans le *Constitutionnel* du 11 mai, salué la naissance d'un chef-d'œuvre annonciateur du génie, le classique impénitent Etienne-Jean Delécluze avait traité de « vraie *tartouillade* » son *Dante et Virgile conduits par Phlégias, traversant le lac qui entoure les murailles de la ville infernale de Dité* [15], tandis que C. P. Landon, critique des *Annales du Musée de l'Ecole moderne des Beaux-Arts,* dictait au public ce jugement sommaire :

Vu d'assez loin pour que la touche n'en soit pas apparente, ce tableau dont la couleur tombe un peu dans le gris produit néanmoins un effet remarquable ; il le doit au caractère de la composition qui a du nerf et de l'originalité. Vu de près, la touche en est si hachée, si incohérente, quoique exempte de timidité, qu'on ne saurait se persuader qu'au point où le talent d'exécution est parvenu dans notre école, aucun artiste ait pu adopter cette singulière façon d'opérer qu'on retrouve tout au plus dans quelques peintres à la détrempe [16].

L'expérience — à la vérité douloureuse — de Delacroix nous permet de juger que ce tableau, par lui tracé, des misères de l'artiste livré au critique n'est pas une exagération littéraire. Qu'on lise les comptes rendus des Salons jusqu'en 1829 et l'on admettra l'indignation de Delacroix : le 1er septembre 1824, un critique de la *Gazette de France* écrit sur le *Massacre de Scio* des pages sévères qu'il développe dans un gros livre. ne sachant que « blâ-

mer davantage ou de l'épouvantable naïveté de tous ces égorge-
ments ou de la façon plus barbare encore dont M. Delacroix les
a retracés sans égard aux proportions, au dessin, aux plus habituelles conventions de l'art ». Et celui-là aussi montre au public
la voie de la saine peinture :

> Le romantique a je ne sais quoi de forcé, de hors de nature qui cho-
> que au premier coup d'œil et rebute l'examen. Inutilement l'auteur en dé-
> lire combine des scènes atroces, verse le sang, déchire les entrailles,
> peint le désespoir, l'agonie. La postérité ne recevra point de tels ouvrages
> et les contemporains de bonne foi s'en lasseront. Ils s'en lassent déjà... [17]

En cette même année 1824, que de jugements dans les journaux,
aussi tranchants qu'injustes, dictés par la courte expérience de
ces gens férus de « règles salutaires » [18] : le Moniteur universel [19]
se lamente sur les fautes de Delacroix contre « l'unité du plan et
la régularité des formes », et rappelle au peintre que « le goût
français est noble et pur et que nous mettrons toujours une grande
différence entre les peintures touchantes de Racine et les drames
sanglants de Shakespeare » ; le Journal des Débats [20] émet une
longue et sévère appréciation des « gens massacrés » et n'accepte
que l'homme blessé du premier plan ; les Annales du Musée motivent d'attendus implacables leur condamnation [21] et Stendhal lui-
même, pourtant chaud partisan du romantisme et de la modernité, déclare qu'il a beau faire, il ne peut admirer ni l'auteur ni
l'ouvrage et termine par ce singulier compliment à Delacroix :
« Au moins le public s'est beaucoup occupé de son ouvrage » [22].
Et l'on a tôt fait, à cette date, de compter les défenseurs d'E.
Delacroix [23]. En 1827, les mêmes champions entrent en lice pour
défendre le goût menacé dans sa pureté par la mort de Sardanapale : l'un adjure Delacroix « d'acquérir du style » et « de consentir à dessiner » [24] ; l'autre s'indigne de « la confusion des
lignes et des couleurs » [25] ; un troisième abandonne l'artiste à
son destin qui est de progresser « dans le mauvais goût et dans
l'extravagance » [26] ; le critique de la Quotidienne [27] trouve l'œuvre
bizarre et mal dessinée et celui de la Gazette de France dogma-
tise : « le plus mauvais tableau est le Sardanapale de M. de
Lacroix et... il ne faut décourager personne » [28].

On s'explique aisément par ces textes que le ton de la critique
devait irriter des artistes qui, tourmentés de perfection, comme
Delacroix, cherchaient dans leur tempérament plus que dans les
règles d'école la flamme qui anime le chef-d'œuvre. Des partis
se sont formés qui barrent la route aux personnalités turbulentes.

Les Académies restaurées par la Monarchie ont un caractère conservateur, autoritaire, stagnant. Les émules et les élèves de David tranchent et pontifient, et l'apparition de Delacroix les groupe pour une lutte qu'ils sentent décisive [29]. Delécluze, le critique des *Débats*, prend la tête de la résistance et malgré de touchants efforts de courtoisie et d'impartialité [30] ne peut admettre une technique et une fougue qui bouleversent des principes puisés à l'école de David, au temps où lui-même exposait au Salon des œuvres conçues suivant les doctrines du classicisme gréco-romain [31]. Il demeure féru de l'exécution et fulmine contre les représentants de l'école du laid qu'il compare à la maladie des femmes qui leur fait manger plâtre, charbon, bois, par appétit dépravé [32].

D'ailleurs il serait injuste de nier sa conscience [33] : on voudrait seulement qu'il affichât avec moins de solennité les devoirs et les droits du critique d'art, tels qu'il les définit en 1832 dans *l'Artiste* [34], sous le titre qui rappelle le titre choisi par Delacroix pour son article de 1829. La critique en matière d'art, dit-il, est « une magistrature que l'on s'arroge par instinct », mais qui, pour être exercée dignement, demande étude et réflexion :

Pour bien apprécier ce qui est grand, beau et aimable, il faut observer et connaître toutes les choses qui ont les qualités contraires, il faut étudier la nature et l'art dans toute leur diversité, sous tous leurs aspects, dans leurs innombrables combinaisons...

Tant de connaissances sont nécessaires que seul un homme d'âge peut se juger apte à exercer ce sacerdoce — et que les plus graves dangers guettent l'imprudent qui oserait s'y risquer sans un long noviciat :

Je ne pense donc pas que la critique soit une œuvre naturelle ni possible pour un jeune homme. La science qu'il faut avoir acquise pour s'y livrer dépend tellement de l'expérience ou du temps que les livres sont insuffisants même aux esprits les plus pénétrants et les plus profonds. Dans la jeunesse d'ailleurs, les goûts sont si vifs, et tellement exclusifs qu'il y a le danger pour un trop jeune critique d'outrer la qualité que je reconnaissais plus haut, et qu'à force de bonne foi et d'entraînement il ne risque pas d'enjamber une erreur sur une autre, sans marcher jamais sur un terrain stable et solide. Cette critique purement imaginaire qui ne repose sur rien mais qui impose par la hardiesse, par la singularité et quelquefois par l'éclat du style, comme les *Salons* de Diderot en fournissent l'exemple, cette critique en langage artistique, dis-je, est extraordinairement stérile.

Pour Delécluze, la critique d'art est une science longuement acquise par la lecture des ouvrages d'art, l'étude des diverses

théories, l'examen des écoles opposées, l'analyse des œuvres, la
familiarité des artistes. Et quand il s'agira de juger, il faudra observer une méthode qu'il édicte en ces termes :

> Quant au degré de sévérité... lorsqu'il y a à reprendre de graves dé-
> fauts, on doit considérer si l'auteur a déjà ou n'a pas encore de célé-
> brité. Dans le dernier cas, si l'œuvre est faible, il faut être indulgent ;
> si elle est mauvaise, on fera mieux de n'en rien dire afin de ne pas don-
> ner, par une critique intempestive, trop d'importance à une production qui
> ne le mérite pas... Mais si un artiste célèbre trébuche quelquefois, si sur-
> tout il abuse de la complaisance avec laquelle le public ou une partie du
> public accueille ses ouvrages pour tenter des essais de mauvais goût, pour
> insinuer des mauvaises pratiques ou de fausses doctrines, c'est alors que
> le critique doit développer sa sévérité avec courage, c'est alors qu'il faut
> dire la vérité crûment parce que le mérite d'un homme de talent qui s'est
> trompé donne de l'éclat et de l'autorité aux observations sérieuses que
> provoque son ouvrage.

Toute cette page sue un bon sens, odieux à Delacroix comme à
Baudelaire. Et, suivant ces préceptes, on fera peut-être une critique d'honnête homme, non une critique de poète ou d'artiste.
Un Delécluze juge l'œuvre du dehors : il ne tente pas de pénétrer
le tempérament et s'en méfie même — car le tempérament, pour
Baudelaire le ferment essentiel de la production artistique, fait
craquer les principes et défie l'analyse ; aussi voyons-nous un
jour cet honnête homme qui fut pourtant un homme de goût pro-
diguer des conseils paternels à Delacroix et l'adjurer de comprendre la nécessité d'études plus sérieuses [35].

Autour de lui, d'autres critiques devinent que leur rôle doit
s'élever au-dessus des luttes et tendre vers l'impartialité. Nous
savons déjà que Baudelaire se refusera à cette impartialité, en
quoi il ne peut voir qu'impuissance et médiocrité. Devant une
œuvre de génie l'impartialité est une injustice. Mais ce sont là
vues de poète qui, par intuition, a tout de suite aperçu et classé
l'œuvre de génie. Le critique d'art qui n'est qu'un homme de savoir et de goût est contraint de juger autrement. Et nous ne
devons pas négliger les aveux et les points de vue de ceux qui
assument entre le public et l'artiste le rôle délicat d'arbitre. Ch.
Calemard de Lafayette, qui publie parfois des vers d'une harmonie lamartinienne [36], n'a pas les fougues d'un Baudelaire. Il
écrira, en 1847, dans l'*Artiste* : « La critique en fait d'art doit
se méfier du parti pris » [37]. Sagesse mesurée qu'un autre rédac-

teur de l'*Artiste* avait recommandée en 1842 [38], en définissant le rôle du critique d'art : « Que de sottises n'a-t-on pas fait dire à Raphaël, à Michel-Ange, à Poussin, à Léonard de Vinci, sous prétexte d'expliquer leurs ouvrages et de rendre compte de leurs idées ! » Le critique doit éclairer l'œuvre que, sans lui, le public comprend mal :

La plupart du temps la foule qui s'arrête devant un tableau admire des qualités conventionnelles que le peintre n'a pas cherchées tandis qu'elle reste parfaitement indifférente au mérite réel qu'il est parvenu à réaliser dans son œuvre... C'est cet antagonisme funeste entre le goût du public et celui des artistes que la critique devrait, ce nous semble, s'attacher particulièrement à détruire, en faisant tous ses efforts pour initier les profanes et les amener au point de vue des artistes. Au lieu de cela, la critique des journaux s'est faite jusqu'à ce jour pédante et gourmée, hérissant ses explications de mots techniques dont la plupart du temps elle ne connaît pas au juste la signification, et, de cette façon, elle augmente les ténèbres au lieu d'apporter la lumière [39].

Et certes, ce sont là des vues raisonnables. Mais il faut bien reconnaître que, vers 1840-1845, la critique d'art est au-dessous de sa noble tâche. *L'Art en Province* fait, en 1843 [40], le procès des critiques d'art, et il y a, parmi quelques exagérations, des vérités à retenir : la presse politique est en général peu soucieuse des beaux arts, le roman trône exclusivement dans toutes les colonnes de ses feuilletons, les analyses des salons sont écourtées et dédaigneuses, les toiles historiques sont appréciées dans le sens politique et humanitaire, selon la tendance adoptée par la rédaction principale. La réclame s'y fait jour. Les écrivains chargés de ces comptes rendus sont, pour la plupart, incompétents. Quelques hommes éclairés, rares et connus, font des analyses respectées par les artistes et le public. Les autres sont de toute profession et de tout rang : vaudevillistes, avocats, jeunes gens de lettres sortis du collège l'an dernier. *Le Siècle* a pour représentant « *un bourgeois* » — pseudonyme qui cache, dit-on, M. Hippolyte Lucas ; *la Presse* confie sa critique à Mme la comtesse d'Agoult — et, ainsi, les deux journaux politiques les plus populaires sont rédigés par des rédacteurs incompétents. La haute probité et la longue expérience de M. Delécluze honorent toujours *le Journal des Débats*, M. A. Tardieu continue dans *le Courrier français* une série d'articles bien pensés et la critique du *National* a de la chaleur et de la finesse. Mais les autres feuilles politiques n'ont pas le même bonheur. Dans les grandes revues, les comptes rendus des salons sont dévolus à des hommes très spirituels, à

des écrivains brillants transplantés sur un terrain inconnu. Ena-
mourés du thème choisi par l'artiste ils ne comprennent que l'idée
et ne peuvent raisonner de la valeur technique de l'œuvre. Ceux-
là sont peu dangereux : ils racontent beaucoup, discutent peu et
ne jugent jamais. Si l'*Artiste* est rédigé par un artiste, les *Beaux-
Arts* — publication de grand luxe éditée par Curmer — offrent
les propos amusants mais vides d'un Jules Janin dont tous les
artistes savent qu'il est extrêmement myope et qu'il ne connaît pas
le premier mot de la peinture et de la sculpture. Pour les petits
journaux de littérature et d'art, les journaux des théâtres, les
journaux industriels — feuilles innombrables et inconnues, qui
les rédige, d'où viennent-ils, que veulent-ils ? Personne ne le sait.
Bref « quelques hommes isolés, mais convaincus et riches d'aptitude et de probité, puis l'indifférence, le dédain, la partialité, la
camaraderie, l'insuffisance spirituelle, les divagations poétiques et
ce qui est cent fois plus déplorable l'ignorance et la vénalité :
voilà ce que la métropole offre aujourd'hui plus que jamais en
fait d'appréciateurs des ouvrages des peintres, des sculpteurs, des
graveurs et des architectes » [41].

Il est malheureusement exact que, vers 1840, la critique d'art
n'était bien souvent pour des journalistes amateurs ou lettrés
qu'un exercice de style et une matière à amplifications. Un vocabulaire s'est formé que tous emploient, de Delécluze à Théophile
Gautier, les pires et les meilleurs. Les mots de la critique littéraire sont appliqués aux arts plastiques : « *La mort du Poussin*
est le plus beau poème de M. Granet », écrit Gustave Planche,
le salonnier de la *Revue des Deux Mondes* [42], et il va jusqu'à parler d'un tableau « bien écrit » [43]. Le critique de l'*Art en Province*
lui-même tombe dans l'écueil et compare des toiles à des « poèmes » [44]. A la *Prise de la Smahla* de M. H. Vernet, ce « grand
drame », l'un oppose cette « petite pièce », *le Sultan de Maroc*
d'E. Delacroix [45], l'autre, parlant d'Ary Scheffer, s'écrie : « Cet
artiste est plus que poète, il est oiseau, il a des ailes et une
voix » [46]. Les épithètes les plus communes sont accompagnées
d'exclamations admiratives. C'est la critique facile qui décrit le
tableau, reconstitue les sentiments des personnages et étudie l'impression morale produite sur le spectateur. On ne voit que le
sujet et on reste incapable d'un jugement esthétique : « Désormais... l'expression dramatique, écrit, en 1831, l'un d'eux, — et
non des moindres — sera la première constitution de toute peinture » [47]. Et il parlera d'exécution « sèche », « lâchée » ou « sou-

pie » [48] — suivi dans cette voie par la majorité de ses confrères. C'est partout, à cette époque, le même langage convenu — qui trahit bien l'incompétence et dissimule sous des fleurs banales ou des éreintements sans courage l'inexpérience de la jeunesse ou la manière du journaliste. Au Salon de 1845, dans le *Corsaire-Satan*, Courtois, qui trouve « laids et mal habillés » [49] les Arabes qui entourent le *Sultan de Maroc*, parle avec un enthousiasme de commande de la « suavité du pinceau », du « bel empâtement de la couleur » de M. R. Lehmann [50], de la « merveilleuse improvisation » et des « étonnantes pages de décors » de M. H. Vernet [51]. Un tout jeune homme, A. de Martonne, dans une revue belge [52], s'exclame, en 1845, sur le tableau d'E. Le Poittevin représentant la *Prise de Baruth* : « Quel soin exquis dans la manière d'étendre la couleur ! Quelle finesse de touche ! Quelle excellente disposition de groupes ! Quel dessin ! Quelle lumière ! [53] » Et le même écrase le tableau marocain de Delacroix en ces termes assurés : « Une odeur d'ennui semble s'échapper de là et on bâille de grand cœur en regardant ces figures immobiles et sans vie. Tous les défauts du maître sont présents mais on cherche en vain un seul de ses mérites. Ce jugement qui peut paraître sévère n'en est pas moins celui de la majorité » [54]. Ailleurs, ce ne sont que « têtes d'expression remarquables », « sens de la douleur parfaitement rendu », « merveille de sentiment », « impressions puissantes », « composition irréprochable sous tous les rapports » [55]. C'est, dans le blâme et dans l'éloge, la même banalité. Le rédacteur en chef du *Journal des Artistes*, A.-H. Delaunay, use du même vocabulaire et, après une diatribe contre Delacroix, fait grâce à son aquarelle du Salon de 1846 représentant un *Lion* « admirable de vie, d'expression, de calme mouvementé ; dessin très correct, couleur excellente » [56]. Les critiques les plus réputés ne s'expriment pas mieux. Mérimée aborde en 1839 dans la *Revue des Deux Mondes* la critique d'art sous l'anonymat « d'un peintre anglais à qui de fréquents voyages à Paris ont rendu notre langue familière » [57]. Lié avec Stendhal, avec les trois frères Fielding, aquarellistes de talent, avec Boulanger, Devéria, Delacroix, peintre lui-même, il lui arrive de chercher l'âme de l'œuvre et de confesser : « C'est un privilège du talent que de revêtir d'une forme appréciable à tous le rêve de sa pensée » [58]. Mais, bien vite, affleurent les formules littéraires qui font songer aux jugements de Diderot : « Il y a, dans cette noble figure, quelque chose de si tendre et de si triste qu'il est impossible de la contempler sans une vive émotion » [59]. Planche, lui, croit créer des formules éternelles et, pontifiant, conseillant, tranchant, dogmatisant, raconte les tableaux, discute le « sujet », dégage l'impression morale. Ayant fréquenté les peintres, lui qui n'a jamais tenu un crayon et ne sait rien de l'anatomie, il enchâsse dans ses périodes des observations sur le dessin et la couleur qui déconcertent les techniciens. Il loue un Ary Scheffer de « son ardent désir de bien faire », mais le critique de son « absence de dessin manifeste et choquante », se fâchant à propos de *Faust et Marguerite* parce que « non seulement les cuisses et les jambes sont absentes » mais parce qu' « il n'y a pas même de place pour les loger » [60]. Il dit de Decamps : « Il n'est pas une de ces quatre toiles où il ne soit facile de signaler une rare habileté » [61]. Il reproche aux *Adieux de Roméo et de Juliette* de Delacroix de n'être pas dessinés avec précision, n'aperçoit ni l'attitude ni le mouvement et conclut : « Pourquoi a-t-il voulu émouvoir sans charmer ? » [62] *L'Enlèvement de Rebecca* est complaisamment décrit, les proportions sont discutées : le cheval n'est pas en harmonie avec le cavalier, comme si Delacroix était novice dans la peinture des chevaux ; le dessin est confus : on ne sait si Rebecca est effrayée ou prie — et le mouvement de cette femme qui s'abandonne, épuisée par la lutte, ses traits sans expression de victime évanouie restent lettre morte à cet amateur mal inspiré qui parlera plus loin de « savoir consommé » ou de « rare finesse » [63] devant des tableaux de second ordre et terminera avec assurance : « Nous avons la ferme confiance que la plupart de nos jugements seront acceptés et ratifiés par les esprits sérieux » [64]. La critique de Delécluze est, comme il l'a définie, d'une ligne sobre, sans éclat et sans joie. Cet honnête homme ignore la fantaisie — et son style a la rondeur terne des formules sages. Il a débuté au *Lycée Français* en 1819 [65] ; en 1822, il a écrit dans le *Moniteur,* et il est entré aux *Débats* le 25 novembre de la même année, pour y défendre pendant quarante ans les disciplines davidiennes [66]. Il fait figure de doyen parmi les critiques d'art. En face d'Auguste Jal qui militait pour les romantiques, plus tard en face de Planche, de Gautier, de Thoré, il reste le champion du passé, consciencieux, mais passionné jusqu'à l'aveuglement. Il est l'écho de Quatremère de Quincy auquel il « emprunte beaucoup sans le citer » [67] et quand le théoricien vieilli se retire en 1839 dans une retraite muette, Delécluze continue à combattre pour les anciens dieux, sans jamais s'incliner devant les gloires nouvelles [68]. Sans doute, assagi, il ne parlera plus, vers 1845, de « tartouillade » [69] et, devant Delacroix, son hostilité cherchera des formules polies. En 1841, il exprime son désir « d'une *prose* plus ferme et plus claire » dans l'*Entrée des Croisés*, et il lui préfère « l'expression vraie » des personnages du *Naufrage*, en loue le coloris qui « va bien au sujet », à condition que l'on soit fait à cette manière « vague et fantasque ».[70]. Un jour de 1853, usant pour la première fois de ses entrées aux Italiens, Eugène Delacroix s'étonnera que Delécluze lui frappe sur l'épaule « avec une amabilité » qu'il n'attendait guère d'un homme qui « depuis environ trente ans... *l'*immole à chaque Salon » [71]. Ce n'est qu'armistice sans lendemain : en 1855, à propos de l'Exposition universelle, il refera encore un coup le procès de l'école moderne [72]. Il mourra sans accorder de concessions à ses adversaires, n'ayant rien oublié de ces principes absolus qu'il a puisés dans Winckelmann, Mengs ou Quatremère, hanté de « la *vraie* vérité, celle qui est conforme à la nature de l'homme » et n'est pas « cette vérité *relative* qui, comme celle que recherchent les danseurs et les faiseurs de tours de force, consiste à rendre possible un geste maniéré, une position bizarre qui cependant ne sont ni naturelles, ni vraisemblables » [73]. N'attendons de lui nulle fantaisie, nul éclat : les malheurs de l'école davidienne n'abattront pas sa fierté et son ombre austère combat le progrès comme un sacrilège.

D'ailleurs, si l'on s'en rapporte aux confidences de Delacroix, les artistes sont parfois découragés par ces critiques sans compétence, sans envergure ou sans intelligence : « On nous juge toujours, écrit-il à Th. Thoré, avec des idées de littérateur et ce sont celles qu'on a la sottise de nous demander » [74]. Devant des jugements superficiels ou prétentieux les grands se détournent : « L'enflure, le pathos, le mauvais, le faux goût sont le goût général et sans le goût, c'est-à-dire sans la mesure, à mon avis, il ne peut y avoir de beauté » [75]. Aussi sont-ils sensibles à ces rares éloges qui reposent sur un examen consciencieux et compétent, et c'est pour eux l'occasion d'apporter de précieux enseignements aux critiques futurs. Delacroix écrira à Louis Peisse pour le remercier d'un article sur les *Femmes d'Alger* du Salon de 1849 publié dans le *Constitutionnel* [76].

Ce que vous dites de la couleur et des coloristes ne s'est jamais dit beaucoup. La critique est comme bien des choses, elle se traîne sur ce qui a été dit et ne sort pas de l'ornière. Ce *fameux Beau* que les uns voient dans la ligne serpentine, les autres dans la ligne droite, ils se sont

tous obstinés à ne le voir que dans les lignes. Je suis à ma fenêtre et je
vois le plus beau paysage ; l'idée d'une ligne ne me vient pas à l'esprit ;
l'alouette chante, la rivière réfléchit mille diamants, le feuillage murmure ;
où sont les lignes qui produisent ces charmantes sensations [77].

Certes la critique d'art voit, dès 1840, apparaître un certain
nombre de juges curieux de pénétrer dans l'intime des œuvres et de
goûter l'art des tempéraments hors des préjugés d'école. Ceux-là
iront, d'un coup d'œil juste, au génie si contesté d'E. Delacroix
et sauront justifier leur admiration par des formules dégagées du
convenu littéraire, du vocabulaire traditionnel, de la banalité pompeuse de leurs confrères les mieux intentionnés, — et ceux-là
sont les véritables précurseurs de Baudelaire.

En 1838, la *Revue de Paris* [78] publie de Théophile Thoré un
article sur *M. Delacroix et M. Gignoux* où sont loués les indépendants qui « vont puiser aux sources éternelles de toute poésie,
la nature et l'humanité ». Delacroix y est représenté avec « l'emportement dramatique de son talent » qui se plaît dans l'Orient
aux « vives lumières », aux « riches costumes ». Et, avant Baudelaire, le critique notera, chez le peintre, cette mélancolie tourmentée qui est l'aliment de son génie et l'éloge sera particulièrement sensible à Delacroix :

Croyez cependant que ce que vous dites de plus vrai est ce qui concerne cette ardeur inquiète qui m'entraîne toujours vers cette région que
je n'atteindrai jamais [79].

Paul Mantz, critique de l'*Artiste,* a, lui aussi, des aperçus qui
tranchent sur la médiocrité de l'entourage : il donne aux peintres
religieux des conseils d'indépendance :

Il faudra d'abord renoncer à la tradition qui, en cette matière, est insuffisante et mensongère ; en second lieu, chercher dans les symboles
évangéliques des idées vivantes, des sentiments modernes, ainsi que l'a
fait l'auteur de la *Pieta* et du *Christ aux Oliviers* [80].

Il s'incline devant Delacroix, victime des mesquineries du jury
dont l'*Education de la Vierge* a été refusée, au Salon de 1845 :
« Tout ce qui se rattache à l'éclatante école de M. Delacroix est
impitoyablement exclu », proteste-t-il, et il écrit des phrases capables de faire frémir M. Delécluze :

Il est triste de penser que lorsqu'un jeune artiste entreprend un tableau
pour le Salon, il doit s'interdire toute hardiesse, toute audace dans la
touche ou le coloris, et se résigner à être vulgaire ou médiocre s'il veut
être agréé ...Malheur à tout ce qui est jeune, vigoureux, exubérant, im-

prévu !... Un pareil état de choses peut compromettre au plus haut degré les intérêts de l'art et des artistes... [81]

S'il utilise le vocabulaire des littérateurs c'est pour marquer une critique — et non pour suivre des traditions banales. *La Prise de la Smahla* d'H. Vernet, en 1845, lui apparaît comme une amusante suite d'épisodes :

C'est tout un roman, dit-il, et, sous ce mot, en apparence inoffensif, se cache un grave reproche, oui, c'est un roman... une série de feuilletons... [82]

Est-ce une rencontre ? En 1846, un autre critique d'art — qu'aimait Baudelaire — se dégage des opinions admises, pour critiquer le même Horace Vernet — dont Planche, au même Salon, louait le talent et le savoir [83]. Il n'use lui aussi du vocabulaire littéraire que par ironie et comme blâme :

M. Horace Vernet passe pour faire de la peinture « spirituelle », un de ces mots tout faits qui vont merveilleusement aux esprits étroits. On peut expliquer la peinture de M. Horace Vernet par des semblables : *le Postillon de Longjumeau* en musique et les romans *intéressants* en littérature. La foule ne demande pas à travailler pour jouir ; elle demande la jouissance *a priori*. La peinture de M. H. Vernet est si simple, si facile, si peu travaillée qu'elle est comprise à première vue. Mais elle a les défauts des romans-feuilletons : il est impossible de la relire [84].

Ces lignes de Champfleury vont rejoindre l'opinion de Baudelaire. Une mauvaise peinture évoque pour tous deux un mauvais ouvrage de musique ou de littérature. Et tous deux seraient d'accord pour parler de la paresse d'esprit de la foule incapable de conquérir par un effort l'émotion artistique. Au *Corsaire-Satan* les deux amis passaient de longues heures à discuter de peinture et de musique — si bien que, sur beaucoup de points, leurs idées étaient communes, tous deux détestant le banal et le convenu, tous deux, avec des nuances, allant vers la nature inspiratrice [85]. Tous deux condamneront la peinture de sentiment d'un Ary Scheffer avec des mots très durs : « sentimentalerie » dira Champfleury, « singe de sentiment » appuiera Baudelaire [86]. Au contraire, leur admiration pour Delacroix saura se passer des exclamations naïves et des épithètes usées : Champfleury, sur ce point, s'exprime comme Baudelaire :

M. Eugène Delacroix est peintre avant tout. Il ne prend pas ses brosses en s'écriant : je vais faire de la poésie. Il peint. La poésie jaillira toujours de ses tableaux par la raison toute naturelle qu'il ne s'en préoccupe pas et qu'il laisse ce soin à sa couleur... [87]

Champfleury, ami de Courbet, ne fait pas profession de critique d'art. Il n'a pas le ton assuré d'un Delécluze ou d'un Planche. Il n'a pas non plus leurs préjugés et il écrit, de bonne foi, suivant un goût éclairé, des connaissances raisonnées et une simplicité sans dogmatisme. Si Baudelaire exalte Delacroix — lequel était très attaqué mais aussi très défendu, Champfleury aura le mérite, en 1848, de signaler l'apparition de ce Courbet auquel son grand cœur s'attachera et de dire le premier de l'auteur de la *Nuit classique de Valpurgis* qu'il sera « un grand peintre » [88]...

*
* *

Mais un examen plus minutieux nous montre bien vite que ces jugements, où nous reconnaissons des vues justes, sont des exceptions assez rares et que les plus intelligents et les plus estimés des critiques ne laissent pas de marquer parfois quelque incertitude ou de s'abandonner à d'inquiétantes fantaisies. Il convient de s'incliner devant leurs efforts et leurs qualités, mais il importe aussi de fixer leurs limites. L'originalité de notre Baudelaire s'affirmera ainsi d'elle-même.

Car un Théophile Gautier lui-même — d'un tempérament tout opposé à celui du grave Etienne J. Delécluze — ne se garde pas d'une admiration facile et grandiloquente, cherchant des effets de style et se multipliant en articles brillants, rêveries d'imagination, paraphrases superficielles. A ses débuts dans la critique d'art, en 1833, il parle de Delacroix en un langage de rapin-littérateur : « La tête de Charles-Quint est d'une philosophie et d'une satiété étonnamment exprimée et sentie. Le jeune religieux est tout un poème [89]... » Plus tard, il se répandra en éloges qui font plus d'honneur à sa verve qu'à sa pensée : « Comme arrangement ingénieux, comme symétrie heureuse, les peintures de la salle du Trône sont de vrais chefs-d'œuvre. N'était le maussade goût de l'architecture qui contrarie l'illusion, on pourrait se croire, en voyant ces peintures souriantes et lumineuses, dans une salle de la Renaissance décorée par quelque artiste appelé de Florence, le Primatice ou Maître Rosso, tant le style est élégant et souple, tant ces belles femmes allégoriques, nues et caressées par des draperies légères, ont cet air royal et accoutumé aux magnificences qui manque aux figures ébaubies, barbouillées par les artistes

modernes pour le palais des Souverains ou les édifices publics » [90].
C'est là certes une chronique de poète : des images, de la verve,
des exagérations méridionales, des indignations généreuses, du
lyrisme. Charles Blanc écrit de ce feuilletoniste éblouissant, à la
veille du Salon de 1845 : « C'est un des plus forts d'entre nous
à mon sens. Non pas qu'il soit le plus juste, car il est capricieux
à l'excès et plein de boutades, mais ses boutades sont charmantes, ses caprices ont de l'éclat, et, chose étrange, sa critique est
presque un art à elle seule » [91]. Il a préludé au métier ingrat de
chroniqueur d'art le 8 octobre 1831, par un article sur *le Buste
de Victor Hugo*, publié dans le *Mercure de France au XIXe siècle*.
En 1832, l'*Exposition du Musée Colbert* lui a permis de prendre
position dans la lutte par un article anonyme que publie, le
29 mai, *le Cabinet de Lecture*. Devant le *Portrait de Pie VII* par
David, ce jeune homme tranche, péremptoire : « C'est bien ce
qu'on peut imaginer de plus mauvais ; il est jaune comme un
citron ; les mains sont mal modelées, le dessin vague et mou ».
Comme avec irrévérence parle des dieux ce rapin ! Et nous n'attendons pas qu'il soit tendre pour les membres tyranniques de
la quatrième classe de l'Institut ni qu'il préfère l'application savante des ingristes [92] aux fantaisies éblouissantes des romantiques. Selon lui, la « fougue » d'un Delacroix l'emportera toujours
sur les habiletés spirituelles et anecdotiques d'un H. Vernet [93].
Mais qu'il confie sa prose jaillissante à *la France littéraire*, à
la France industrielle, à *Ariel, journal du monde élégant*, au *Cabinet de lecture*, ou à *la Presse*, sans rester étranger aux détails
techniques [94], sans se refuser aux idées générales et aux discussions esthétiques, il s'emporte trop dans les formules d'admiration [95], les évocations romantiques [96] ou les descriptions complai-
santes [97]. Et nous concevons que, devant ce journaliste qui
s'abandonne avec trop de joie aux caprices abondants de sa
plume, le grave Ch. Blanc se défende avec quelque inquiétude :
« J'admire son talent sans vouloir le recommander aux autres.
La critique de M. Th. Gautier s'arrête à la surface des choses ;
elle ne cherche que ce qui brille ; elle est toute en reliefs et en
dehors comme la frise des temples grecs ; je la trouve dépourvue
de tendresse, purement plastique et n'y découvre d'autre poésie
que celle de l'argile ou de l'outre-mer [98] ».

A côté d'un Delécluze et d'un Gautier, Thoré et Haussard sont,
vers 1845, des critiques fort prisés. Thoré a débuté en 1834 et
Haussard en 1838. *Le Constitutionnel, la Revue de Paris* et *l'Ar-*

tiste, le Temps et *le National* accueillent régulièrement leurs chroniques d'hommes de conscience et de goût. Thoré est l'ami de Baudelaire [99] et ce républicain aux manières élégantes ira vers le moderne et le progrès, tout en répugnant aux vulgarités des réalistes ou aux désinvoltures des habiles. Le bibliophile Jacob loue « les rudes franchises » de sa critique qui ne tient « aucun compte des amitiés, des recommandations et même des tempéraments du monde » [100]. Selon Ch. Blanc, la façon de Thoré est large, franche et nette, donnant l'importance juste au détail : « On y rencontre quelquefois de la poésie, rarement une émotion intense et profonde, mais toujours l'expression saisissante de l'effet produit... [Il] repeint à grands traits, sa critique est remplie de soleil ! Il voit et nous fait voir clairement les œuvres qui l'ont frappé. Son style est d'autant plus hardi que son impression a été plus vive et s'il va jusqu'à l'exagération, ce n'est pas sans y être porté par l'enthousiasme ». Mais « on peut lui reprocher d'être exclusif, de n'avoir pas cette souplesse qui consiste à envisager l'art sous ses divers aspects, à travers la différence des tempéraments individuels, en un mot, de ne pas faire le tour de cette beauté de laquelle on peut dire, comme Montesquieu, qu'elle est *illustre par tant de visages* [101] ». Haussard est plein de loyauté et de décision et il ne restera pas froid devant un paysage de Corot : s'il ne s'amuse pas « à décrire la touche des feuillés ou l'excellence du terrain, à vanter l'habileté pratique..., il sentira transpirer l'idéal à travers les teintes mystérieuses du soir [102] ». Mais, à notre sens, cette discrétion manque d'enthousiasme et nous restons un peu froids devant tant de mesure et tant de scrupuleuse lucidité.

A côté de ces grands critiques qui ont les uns leurs partis pris et les autres leurs limites, que de chroniqueurs de seconde zone, honnêtes sans doute dans leurs jugements comme dans leurs intentions, mais incapables de s'élever bien haut. A. Houssaye, dans *l'Artiste,* se répand en bavardages superficiels, Paul Mantz y apparaît, nous l'avons vu, plus grave et plus mesuré, mais sa pénétration manque souvent d'éclat. Fabien Pillet, dans *le Moniteur Universel,* est plus sensible à l'adresse qu'à la flamme et garde, sous un apprêt officiel, le pédantisme de l'augure et les rigueurs du pédagogue [103].

De Théophile Gautier, qui cependant le comprend et l'admire, Delacroix écrira en 1855 : « Il prend un tableau, le décrit à sa manière, fait lui-même un tableau qui est charmant, mais il n'a pas fait œuvre de véritable critique ; pourvu qu'il trouve à faire chatoyer, miroiter les expressions macaroniques qu'il trouve avec un plaisir qui vous gagne quelquefois, qu'il cite l'Espagne et la Turquie, l'Alhambra, l'Atmeïdan de Constantinople, il est content, il a atteint son but d'écrivain curieux et je crois qu'il ne voit pas au-delà... Il n'y aura ni enseignement ni philosophie dans une pareille critique » [104]. Au total, on cherche encore cet écrivain d'art qui secoue les règles étroites, s'élève au-dessus des mêlées, juge enfin, non d'après des principes d'école, des vues impulsives ou de consciencieuses comparaisons, mais suivant l'intelligence de l'Art et l'intuition du génie.

Le 6 avril 1845, dans l'*Artiste*, Arsène Houssaye avait paru deviner la dominante d'un Delacroix, en même temps que Baudelaire, et prenait devant lui « une attitude respectueuse » : « C'est un grand peintre, écrivait-il, cherchant la poésie des douleurs humaines, du sentiment qui saisit au cœur, de l'idée qui élève l'âme, cherchant surtout une des plus belles royautés de la peinture : la couleur ». Il le qualifiait de « peintre inquiet » [105], parlant d'avance le langage de la postérité. Dans l'introduction du Salon de 1846, il apportait sur les écoles et les peintres des remarques judicieuses qu'on pourra comparer utilement avec les jugements de Baudelaire [106]. Mais on pouvait s'apercevoir bien vite qu'à lui comme aux autres il manquait d'avoir réfléchi sur les problèmes de la technique :

Il y a aujourd'hui deux écoles distinctes, la raison et la fantaisie, le crayon et la palette, le contour et l'effet. Dans le premier camp se retranchent Ingres, Scheffer, Delaborde, Gleyre, Aligny, Chenavard, Lehmann, Flandrin. De ce côté-là le génie revêt un caractère d'austérité, une forme savante et traditionnelle ; il s'égare quelquefois avec l'imagination, mais c'est l'imagination qui domine la pensée et que contient la règle. Dans l'autre camp, c'est Delacroix, Decamps, Diaz, Couture, Muller, Corot, Leleux. C'est la liberté qui va toute jeune et toute enivrée de poésie, sans traditions, emportant son génie dans son âme ; elle va comme l'imprévu, sans savoir où, secouant du pied la rosée du matin [107].

Le début nous promettait un spécialiste : « crayon, palette, contour, effet ». Mais bien vite ces distinctions apparaissent comme des antithèses faciles. Le littérateur domine le critique. La symétrie des fausses fenêtres le mène à l'erreur : dire d'un Delacroix qu'il ne sait où il va, le transformer en être ailé qui secoue la rosée du matin, c'est, soit méconnaître et sa méthode laborieuse et sa puissance, soit céder aux griseries de la phrase

au lieu de subordonner les mots aux sens. Et il faut maintenant
en venir à Baudelaire pour s'aviser que la littérature est le plus
grand danger de la critique en général, de la critique d'art en
particulier, et que le vrai juge est celui qui s'oublie pour comprendre et faire comprendre. Il faut plus que du goût et de
l'étude pour être critique, il faut la lucidité de l'intelligence et
l'intuition du cœur. Mais il faut aussi cette abnégation qui renonce
à la parade et se dévoue à son sujet. Delacroix a réfléchi sur la
couleur, les vertus des masses fondues, les correspondances ou
les complémentaires dans la composition de sa palette. C'est pour
avoir pénétré dans ce domaine que Baudelaire comprendra, jusqu'à l'âme, le génie et l'art de Delacroix et qu'il lui rendra justice.
Sa critique, à la fois passionnée et logique, ne se contente pas
de deviner un tempérament — et d'exposer les merveilles de la
découverte. Un Baudelaire, par la grâce d'une sensibilité qui vient
seconder l'intelligence, a pu tenter l'aventure. Mais il ne s'y ha-
sarde qu'après s'être préparé — de sorte que cette partialité et
cette passion, dont il fait l'essentiel caractère de sa critique, sont
déterminées par la méditation laborieuse et la recherche méthodique. Avant de parler de peinture et de juger de peintres, il voudra savoir comment la science d'un artiste peut l'aider dans la
réalisation du chef-d'œuvre.

L'étude technique qui sert de préface au *Salon de 1846* aurait
pu être écrite par un professionnel. Non seulement Baudelaire,
enfant, avait le goût des images [108], mais, de tout temps, il avait
connu des artistes, dans le milieu familial : Ramey, les deux
Naigeon. Nous savons que son père, peintre assez médiocre à la
vérité, n'ignorait pas les secrets du métier : c'était lui qui commandait à des artistes de son choix les tableaux et les statues
pour l'ornement du Palais du Sénat [109]. A l'Hôtel Pimodan, Baudelaire a comme voisin, et bientôt pour intime, Fernand Boissard,
peintre, musicien, dandy, dilettante [110], qui ouvre son salon aux
séances des Haschischins. C'est là que Baudelaire a rencontré
Gautier qui débuta par la peinture et garde des habitudes de
rapin. Aux jours de jeunesse, Deroy, dont Asselineau nous a
tracé un si émouvant portrait [111], conduit Baudelaire dans les ateliers de peintres où il est accueilli pour ses idées libres. Est-ce à
Deroy que Baudelaire devra ce goût de la couleur dont le peintre
était si « doué... lors de l'avènement des coloristes signalé par le
triomphe de Delacroix et les premiers succès de Couture » [112].
L'influence de Deroy sur les idées du futur critique d'art n'est pas

niable : Baudelaire gardait de lui une copie des *Femmes d'Alger*
de Delacroix et la « prisait très haut » [113]. Il visite avec lui les
Salons de peinture [114]. On ne saurait fréquenter un tel ami sans
que sa pensée suscite des actions ou des réactions fécondes :
« Remarquablement organisé comme peintre, coloriste merveilleux,
homme intelligent d'ailleurs et juge clairvoyant,... Baudelaire l'aimait tant pour ses qualités d'artiste que pour son esprit et il en
avait fait son commensal » [115]. Au quartier latin, Baudelaire s'est
mêlé aux artistes ; il fréquente au café Tabourey des critiques et
avec eux « il avait étudié les doctrines des diverses écoles et les
principes techniques des arts plastiques [116] ». Bientôt il s'élèvera
plus haut mais tant de discussions lui furent profitables. Julien
Lemer, mi-journaliste, mi-libraire, ancien camarade de Baudelaire
qui s'entremit en 1865 pour traiter avec les éditeurs [117], déclare
avoir vu Baudelaire vers 1846 au divan Le Pelletier où il se
faisait remarquer par l'attention assidue qu'il prêtait aux discussions d'esthétique et aux théories d'art de Chenavard, de Préault
et d'autres professionnels [118]. Champfleury nous a parlé de ses
« promenades au Louvre » avec un Baudelaire enflammé d'enthousiasme pour le Bronzino ou Van Eyck [119]. Prarond insiste,
de son côté, sur les préoccupations de la peinture, sa curiosité
pour les Musées et son ardeur à prendre parti :

Je l'ai suivi quelquefois au Louvre devant lequel il passait rarement
sans entrer. Il s'arrêtait alors (1842-1846), de préférence dans la salle des
Espagnols. Il avait des toquades, était très attiré par un Teotocopuli,
entrait pour deux ou trois tableaux et s'en allait. Il commençait à discuter les modernes. Je n'ai pas besoin de dire son admiration pour Delacroix. Parmi les dessinateurs, comme il était parfois de parti pris violent, il adorait Daumier et abominait Gavarni [120].

Tous ces témoignages s'accordent à montrer un Baudelaire
complétant ses goûts par l'étude. Suivant la méthode qu'il préconise aux autres [121], qu'il s'impose à lui-même ou dont il rêve [122],
il se soumet au travail et ne s'improvise pas critique d'art. Le
Salon de 1846, ce début, est le terme d'une longue étape. Il doit
nous arrêter comme le durable témoin de tous ces efforts préliminaires.

*
* *

Nous savons que, pour Baudelaire, l'art romantique, c'est-à-dire
l'art moderne doit être « coloriste ». Le Romantisme est fils des
brumes nordiques. La couleur, comme les rêves et les féeries, est

fille des pays brumeux, de l'Angleterre, des Flandres, de Venise même, ville des lagunes [123]. Le Romantique sera donc le coloriste qui rendra nos sentiments en appropriant justement à nos sentiments la couleur de ses tableaux.

La couleur est l'élément primordial de la peinture moderne. La querelle entre peintres dessinateurs et peintres coloristes semble mesquine au regard de ceux qui jugent sans parti pris. Ingres le sait bien, qui connaît les lois de la perspective et de la couleur — dessinateur habile au jeu des profondeurs, dans la *Stratonice*, et peintre curieux de l'éclat voyant et des tons recherchés jusqu'à l'excès, dans la seconde *Odalisque* [124]. Quant à Delacroix, il juge que le dessin doit s'incorporer à la couleur : il est le peintre des masses colorées et son œuvre possède, en dépit de tant d'objections [125], l'harmonie souveraine du mouvement et de la vie même. Baudelaire chante, en une sorte de poème en prose, la symphonie colorée du monde sous le soleil [126]. Tout change de seconde en seconde. C'est une « perpétuelle vibration ». L'immensité est bleue et verte. Les tons se mélangent : vert, rouge, bleu, gris. « Tous les objets accrochent au passage lumière et couleurs voisines et lointaines ». Il y a pourtant dans la nature une harmonie mystérieuse qui garde l'unité dans le changement :

Les tons changent de valeur, mais, respectant toujours leurs sympathies ou leurs haines naturelles, continuent à vivre en harmonie par des concessions réciproques. Les ombres se déplacent lentement et font fuir devant elles ou éteignent les tons à mesure que la lumière, déplacée elle-même, en veut faire résonner de nouveau.

« Mariages mélodieux » dont la nature est l'ordonnatrice :

Quand le grand foyer descend dans les eaux, de rouges fanfares s'élancent de tous côtés, une sanglante harmonie éclate à l'horizon et le vert s'empourpre richement. Mais bientôt de vastes ombres bleues chassent en cadence devant elles la foule des tons orangé ou rose tendre qui sont comme l'écho lointain et affaibli de la lumière. Cette grande symphonie de jour, qui est l'éternelle variation de la symphonie d'hier, cette succession de mélodies où la variété sort toujours de l'infini, cet hymne compliqué s'appelle la couleur.

N'adressons pas à Baudelaire le reproche de se perdre dans l'exaltation poétique. Il exprime avec éclat des vérités rigoureuses. Des lois physiques président à la vie des couleurs. Une couleur est l'accord de deux tons qui n'existent que relativement. L'étude minutieuse des détails, faite à la loupe, constate l'harmonie parfaite et la combinaison de tons qui, juxtaposés logiquement, se

fondent naturellement sous la loi qui les régit. La nature ne peut
commettre une faute dans l'arrangement des tons : les lois physiques, les affinités chimiques ont une rigueur qui la garantit contre
la fausse note. Combinée avec les ombres, cette harmonie produit
le modelé des coloristes qui unit, ainsi que dans la nature, la
forme et la couleur : les dessinateurs qui les séparent ne seront
jamais des artistes, c'est-à-dire des interprètes éclairés de la nature, car, ici, il ne s'agit pas de copier mais de comprendre. Le
vrai coloriste aura donc la nature comme guide et comme maîtresse d'école. Il sait de naissance dès que ses yeux se sont
ouverts — par l'instinct, avant l'étude, — « la gamme des tons,
la force du ton, le résultat des mélanges et toute la science du
contrepoint et qu'il peut ainsi faire une harmonie de vingt rouges
différents ». Baudelaire a étudié scientifiquement la nature de la
couleur et les lois qui en règlent les harmonies et les contrastes.
En 1842, l'*Artiste* rendant compte du *Cours sur le Contraste des
couleurs par M. Chevreul* [127], insiste sur la nécessité pour le coloriste de connaître ces lois primordiales :

Mettre une couleur sur une toile, dit l'auteur de l'article, ce n'est pas
seulement colorer de cette couleur la partie de la toile sur laquelle le pinceau a été appliqué mais c'est encore colorer de la complémentaire de
cette même couleur l'espace contigu [128].

Car le coloris n'est pas un pur don du ciel : il s'apprend comme
la musique. De temps immémorial les Orientaux en ont connu les
lois et les ont transmises de génération en génération. Les musiciens doivent, pour être habiles ou simplement corrects, apprendre
le contrepoint. De même, on peut former les coloristes en leur
enseignant les phénomènes de la perception simultanée des couleurs. Assurément les règles de cette prosodie picturale ne suffi-
ront pas à faire d'un profane un coloriste — comme l'étude même
approfondie de la métrique ne saurait former le poète. Il y a, par
delà les principes écrits, un don incommunicable qui guide le peintre dans l'application des lois, et le garde des erreurs ou des
fausses notes. Ceci est du domaine de l'âme : c'est l'inspiration
qui dictera au coloriste de génie cette synthèse mélodieuse par
quoi vivent les *Femmes d'Alger* ou la *Noce juive*. Mais les lois
demeurent, et le mérite de Baudelaire, qui croit à la nécessité
et à la puissance du génie naturel, c'est de signaler, avant d'étudier les œuvres, et « pour l'intelligence » [129] même des œuvres,
les bases mathématiques de cet art qu'il va juger. S'il y a dans

la couleur — comme dans toute musique — des harmonies intérieures perceptibles au seul esprit de finesse, si déliées et si
nombreuses que, sauf à l'inspiré, il est presque impossible qu'il
n'en échappe, il y a aussi des méthodes de coloration, qui sont du
domaine géométrique et où le calcul intervient. Chez les grands
coloristes, elles s'appliquent avec tant de justesse que si, dans
un tableau, l'on modifiait la nuance d'un ton, l'on ajoutait ou
l'on enlevait une touche colorée, tout s'écroulerait dans la dissonance. Le rimeur aux hémistiches corrects mais interchangeables
n'est pas un poète. De même, n'est pas coloriste le peintre qui
offre une œuvre où l'on pourrait mettre indifféremment du rouge
sur une draperie bleue ou du bleu sur une draperie rouge, que
les couleurs aient été motivées par un simple caprice ou juxtaposées au gré du ton local [130] des objets pris séparément dans la
nature. Les éléments du coloris s'analysent et s'enseignent.
L'adage : on devient dessinateur, on naît coloriste, n'est pas tout
à fait exact — et c'est pourquoi Baudelaire, comme Delacroix et,
sans doute, suivant Delacroix, est instruit de cette théorie de la
couleur — que Chevreul venait d'exposer dans un savant ouvrage [131]. E. Delacroix la possédait scientifiquement, après l'avoir,
comme Baudelaire semble le suggérer [132], connue par instinct.
Est-il besoin de rappeler ces lois familières à tous les artistes
des couleurs primaires, des couleurs binaires, des couleurs complémentaires ? Les couleurs primaires — le jaune, le rouge et le
bleu — indécomposables et irréductibles — se combinent deux à
deux pour engendrer les couleurs binaires : l'orange (jaune et
rouge), le vert (jaune et bleu) et le violet (bleu et rouge). Cette
couleur binaire atteint son maximum d'éclat, quand elle est rap-
prochée de la troisième couleur primaire, écartée du mélange :
l'orangé s'exalte en face du bleu, le vert en face du rouge,
le violet en face du jaune. Et l'on dit que le bleu est le complément — ou la couleur complémentaire — de l'orange, le jaune
du violet, le rouge du vert. Réciproquement, par la loi du contraste simultané, chacune des couleurs composées est la complémentaire de la couleur primaire, non employée dans le mélange.
Si l'on mêle à quantités égales les couleurs complémentaires, ces
couleurs, qui s'exaltent par leur juxtaposition, se détruisent par
leur mélange : le bleu et l'orange, mêlés de la sorte, donnent un
ton gris absolument incolore. Mais si l'on mêle deux couleurs complémentaires à proportions inégales, elles ne se détruiront que
partiellement et on aura un ton rompu qui sera une variété du

gris. Une série de contrastes s'établit ou peut s'établir, suivant le gré ou le goût du coloriste : si l'on juxtapose deux complémentaires dont l'une est pure, l'autre rompue, l'une des couleurs triomphe mais l'intensité de la dominante n'empêche pas l'accord ; si l'on rapproche les semblables à l'état pur, mais à divers degrés d'énergie, — bleu clair et bleu foncé par exemple, — on obtient un effet nouveau où s'établiront un contraste par la différence d'intensité et une harmonie par la similitude des couleurs ; enfin, si l'on combine le voisinage de deux semblables, l'une à l'état pur, l'autre de ton rompu — par exemple le bleu pur et le bleu gris — il en résulte une sorte de contraste tempéré par l'analogie. Ainsi, s'ouvrent au coloriste d'infinies possibilités de fortifier, d'atténuer, de soutenir ou de neutraliser l'effet d'une couleur — non pas en agissant sur elle, mais en opérant sur ce qui l'avoisine [133].

Tout ceci est du domaine de la chimie. Le vrai coloriste doit connaître ces lois qui sont, en fin de compte, de mécaniques procédés, indispensable au métier de peintre. Mais l'application scientifique de ces lois demande une mesure que l'expérience ne donne que si le génie vient l'aider. Le peintre doit varier les intensités, doser les mélanges, calculer les places, délimiter les espaces, — et seul le tempérament conduit à la perfection dans ces pondérations et ces calculs. C'est en ce sens que, selon Baudelaire, la supériorité du vrai coloriste est dans la science innée de la gamme des tons, de la force du ton, du résultat des mélanges — de tout ce contrepoint qui lui permet, s'il le veut, de faire une harmonie de vingt rouges différents [134]. Delacroix, à côté des dons de nature, possédait une étonnante connaissance de la théorie, mais il l'utilisait en maître : il créait des harmonies insoupçonnées et parfois il faisait sortir l'accord des dissonances. Ses palettes nous montrent cette richesse native mêlée à une technique parfaite. Les couleurs opposées — orangés et bleus, violets et jaunes — semblent deux armées prêtes pour le choc et la destruction. Mais ce désordre heurté n'est qu'une apparence. Son élève Lassale-Bordes nous dit qu' « avant de peindre, il composait un grand nombre de tons sur sa palette qu'il opposait avec un art infini et qui lui facilitaient la promptitude de l'exécution » [135]. Sous la main du maître les tons hostiles retrouvaient de mystérieuses analogies, mêlant aux lacs de sang les sapins toujours verts, éclatant en étranges fanfares — comme pour une réconciliation, après la mêlée. Qu'on regarde par exemple les *Femmes d'Alger* : le corsage orangé de la femme couchée au premier

plan laisse apercevoir le bord de ses doublures de satin bleu ;
la jupe de soie violet foncé est rayée d'or. Le pagne de la négresse, d'un bleu profond à rayures, son corsage, d'un bleu clair,
et un madras orangé, apportent trois tons qui se font valoir à
ce point que le dernier, rendu encore plus éclatant par la peau
bronzée, a dû être coupé avec les couleurs du fond afin de ne
pas s'en détacher avec trop de violence. Ce sont là contrastes dus
à la juxtaposition des complémentaires et des analogues. Et pour
pacifier les tons en les rapprochant, Delacroix sait les rompre
l'un par l'autre d'une manière presque invisible. La femme, assise
près de la négresse et qui porte une rose dans les cheveux, a un
demi-pantalon vert semé de mouchetures jaunes, tandis que sa
chemise rosée présente un ton modifié par un semis imperceptible
de fleurettes vertes. Et ainsi le génie, par d'éblouissantes intuitions, s'empare des principes théoriques pour les nuancer, les enrichir, leur donner l'âme.

C'est pourquoi l'étude de la nature ne peut suffire à guider le
coloriste. Sans doute, le coloriste doit s'identifier avec la nature
qui crée et combine la couleur, en opposant les tons dans le
modelé des masses. Mais tout lui est permis « par ce qu'il connaît
de naissance... toute la science du contrepoint », et si « un propriétaire anticoloriste » par exemple « s'avisait de repeindre sa
campagne d'une manière absurde et dans un système de couleurs
charivariques, le vernis épais et transparent de l'atmosphère et
l'œil savant de Véronèse redresseraient le tout et produiraient sur
la toile un ensemble satisfaisant, conventionnel sans doute, mais
logique » [136]. Ainsi, ces données de la nature, le grand peintre,
c'est-à-dire le coloriste doit les interpréter. La photographie en
couleurs ne sera jamais de l'art — car il manquera toujours à ce
mécanisme brutal l'intelligente adaptation de l'artiste qui doit
« pour imiter le modèle, le reproduire autrement qu'il le voit » [137] :
« L'étude de la nature conduit souvent, dit Baudelaire, à un résultat tout différent de la nature. » L'air joue son rôle dans la
théorie de la couleur, et il faut avoir égard, pour être fidèle et
exact, à la perspective aérienne [138] : un paysagiste, qui peindrait
les feuilles des arbres telles qu'il les voit, « obtiendrait un ton
faux, attendu qu'il y a un espace d'air bien moindre entre le
spectateur et le tableau qu'entre le spectateur et la nature » [139].
Il faut donc tricher pour traduire la nature. L'intelligence et l'imagination ont leur rôle à jouer pour interpréter cette harmonie où
l'œil savant du coloriste opère son choix. Car le coloriste est

celui qui reproduit l'image avec cette fidélité et cette exactitude qui supposent des « mensonges nécessaires » [140], qui saisit avec justesse l'harmonie des teintes dans les couleurs locales et dans les couleurs de chaque partie, mais qui arrive à rendre aussi cette mélodie qui est l'unité dans la couleur, la couleur générale, l'ensemble où tous les effets concourent à un effet général. Et c'est ainsi que le tableau prendra un sens — même avant qu'on aperçoive le sujet et les lignes — et aura déjà sa place dans le répertoire des souvenirs. Mais s'il s'agit d'ajouter à la couleur le style et le sentiment, le tempérament de l'auteur doit intervenir, car la couleur n'est, pour le peintre, qu'un moyen d'interpréter le Beau et de créer l'émotion esthétique : l'art est l'union du sentiment et de la technique. Le tempérament de l'artiste choisit dans les choses, fuyant « la cruelle réalité des objets » pour se réfugier « dans la sphère des créations de l'art » [141]. Et c'est déjà dans ce sens qu'on pourra parler de ce « surnaturalisme », qui est pour Baudelaire la marque d'un Delacroix, et dont Delacroix se réclame en toute occasion [142]. Les ressources du métier sont un instrument — mais un instrument qu'on doit apprendre à manier et qu'il faut maîtriser de façon à éviter les tâtonnements qui gâchent l'œuvre et découragent le génie. C'est ainsi que le musicien doit connaître les notes et leurs harmoniques, l'écrivain les mots et leurs sens secrets. Que la technique aboutisse au chef-d'œuvre, c'est l'affaire du génie : ainsi deviendra gaie et calme la couleur d'un Véronèse, terrible la couleur d'un Catlin, plaintive la couleur d'un Delacroix. Mais il n'est pas moins indispensable que la technique soit assurée pour éviter bavures et repentirs, pour que l'inspiration jaillisse librement et sans contrainte [143].

Ces théories sont le résultat de longues méditations. Baudelaire a fréquenté les artistes et lu les critiques d'art [144] et ses vues sont conformes aux jugements des plus qualifiés. Il est curieux, pour appuyer cette affirmation, de confronter les pages écrites par Baudelaire sur la couleur, les coloristes et la peinture, avec les aveux ou les confidences que Delacroix nous a laissés dans ses écrits littéraires, en particulier dans son *Journal*.

Pour Delacroix, en effet, comme pour Baudelaire, une peinture doit être à la fois une harmonie et une mélodie. L'harmonie naît d'un accord, la mélodie d'un ensemble. L'harmonie est créée par le peintre, la mélodie est sentie par le spectateur. Pour saisir l'harmonie et la traduire, il faut être du métier et avoir, comme Delacroix, longtemps considéré les ombres et les reflets pour deviner un jour que « le linge a toujours des reflets verts et l'ombre violette » [145]. L'harmonie obéit à des lois souvent mystérieuses — mais que l'œil et l'esprit découvrent après de longues observations. Delacroix ajoute :

> Je m'aperçois que la mer est dans le même cas, avec cette différence que le reflet est très modifié par le grand rôle que joue le ciel, car, pour l'ombre portée, elle est violette évidemment...

Le grand coloriste est surtout préoccupé des ombres et c'est en elles qu'il trouve ces complémentaires qui sont la seule forme artistique des antithèses et des contrastes :

> Je vois de ma fenêtre l'ombre des gens qui passent au soleil sur le sable qui est sur le port ; le sable de ce terrain est violet par lui-même mais doré par le soleil ; l'ombre de ces personnages est si violette que le terrain devient jaune [146].

Les ombres deviennent donc des couleurs — et cette harmonie des complémentaires que Baudelaire goûtait avec une « douleur délicieuse » [147], Delacroix en use avec son expérience et son instinct pour marier des tons verts et violets — et violets et jaunes. Il découvre un jour que les trois couleurs mixtes se retrouvent partout :

> J'en suis venu à me convaincre que rien n'existe sans ces trois tons. En effet, quand je trouve que le linge a l'ombre violette et le reflet vert, ai-je dit qu'il présentait seulement ces deux tons ? L'orangé n'y est-il pas forcément puisque dans le vert se trouve le jaune et que dans le violet se trouve le rouge ?

Inquiet d'unité, au même degré que Baudelaire, il écrira :

> Il est probable que je trouverai que cette loi s'applique à tout. L'ombre portée sur la terre de quoi que ce soit est violette ; les décorateurs, dans la grisaille, n'y manquent pas, terre de cassel, etc... [148]

D'autre part, pour obtenir la mélodie dans le tableau, le peintre doit consentir obscurément des « sacrifices » [149]. Il faut qu'il donne à la nature cette combinaison qui crée l'agrément chez le spectateur. La représentation exacte, pour Delacroix, n'est jamais mélodieuse, car elle n'apporte aucun choc intime à qui la regarde. Ce choc est au contraire ressenti devant une œuvre qui révèle un tempérament. Le « tempérament » choisit — et ce choix se traduit par la mélodie.

Baudelaire s'accorde donc avec Delacroix, quand il parle des redressements qu'un coloriste doit opérer dans « un système de couleurs charivariques », que la nature grimée par l'homme pourrait, par hypothèse, lui offrir :

Cela explique comment un coloriste peut être paradoxal dans sa manière d'exprimer la couleur et comment l'étude de la nature conduit souvent à un résultat tout différent de la nature [150].

Cette mélodie qui unit la couleur au sentiment, interprète la nature et l'enrichit du choix opéré par le tempérament. C'est elle qui arrête un Delacroix devant le *Josué* de Decamps et lui fait comprendre, malgré une première impression mauvaise, ce qui le rend à distance admirable par la distribution « sublime » des groupes et de la lumière [151]. C'est elle qui établit la correspondance entre le peintre qui donne, par la couleur, le sens du tableau et le spectateur en qui s'éveille l'émotion esthétique, avant de laisser la place « au répertoire des souvenirs ». C'est elle enfin qui établit cette analogie entre les couleurs et les sentiments, par quoi « il y a des tons gais et folâtres, folâtres et tristes, riches et gais, riches et tristes, de communs et d'originaux » [152]. Delacroix éclaire, sur ce point, la pensée de Baudelaire, en lui faisant écho :

Il y a un genre d'émotion qui est tout particulier à la peinture... Il y a une impression qui résulte de tel arrangement de couleurs, de lumières et d'ombres, etc... C'est ce qu'on appellerait la musique du tableau. Avant même de savoir ce que le tableau représente, vous entrez dans une cathédrale et vous vous trouvez placé à une distance trop grande du tableau pour savoir ce qu'il représente, et souvent vous êtes pris par cet accord magique [153] : les lignes seules ont quelquefois ce pouvoir par leur grandiose [154]. C'est ici qu'est la vraie supériorité de la peinture sur l'autre art, car cette émotion s'adresse à la partie la plus intime de l'âme. Elle remue des sentiments que les paroles ne peuvent exprimer que d'une manière vague et de telle sorte que chacun suivant son génie particulier le comprend à sa manière tandis que les peintres vous y transportent en réalité. Elle, comme une puissante magicienne, vous prend sur ses ailes et vous emporte devant. Elle ajoute à ce que serait le spectacle de la nature cet élément qui vérifie et choisit, l'âme du peintre, son style particulier [155].

Ainsi, pour l'un comme pour l'autre, pour le théoricien comme pour l'artiste, la couleur d'un tableau est le moyen unique de révéler l'âme. Il faut plus que des dons naturels, si ceux-ci sont en vérité indispensables, pour réaliser dans un tableau l'harmonie et la mélodie. La part du génie s'ajoute à l'étude. Mais qui saurait dire ce que pourrait le génie sans l'étude ?

L'habitude du métier est si nécessaire dans tous les arts, et cette culture incessante de l'esprit dirigée vers un but doit si bien accompagner le génie qui crée, que, sans elle, les lueurs les plus heureuses s'évanouissent [156].

La nature fournit — mais l'homme crée. Chez Baudelaire, comme chez Delacroix, l'étude de la couleur a pour corollaire les rapports de l'idéal et du modèle. Baudelaire consacre d'importantes pages à ce sujet essentiel et Delacroix nous a, dans son œuvre écrite, livré, en maints endroits et fort nettement, sa pensée sur ce point. Car de même que le coloriste doit corriger les données de la nature « dans sa manière d'exprimer la couleur », il doit aussi, après « une étude lente et sincère du modèle » [157], retrouver dans l'individu cette harmonie supérieure qui le rattache au monde idéal : « un idéal » ce n'est pas « cette chose vague, ce rêve ennuyeux et impalpable qui nage au plafond des académies ;... c'est l'individu redressé par l'individu, reconstruit et rendu par le pinceau ou le ciseau à l'éclatante vérité de son harmonie native ». Ici encore l'interprétation du modèle naturel réclame l'intuition de l'artiste, qui choisit et qui lutte. Il ne faut pas copier la nature, mais saisir « ses intentions », la traduire « dans une langue plus simple et plus lumineuse [158] ». Dans un article inédit qui exprime la pensée de Delacroix sur le « naturalisme », le baron Rivet écrit :

Delacroix n'avait aucun penchant pour ces tentatives d'imitation stérile qui se proposent de faire au spectateur une illusion qu'il faudrait déplorer si elle était possible. Son effort constant, acharné, cherchait à pénétrer par la réflexion, par la mémoire, par le sentiment, par le culte le plus pur du vrai jusques au sein même de la nature. Dans ce travail de son imagination la forme s'altérait parfois ; elle perdait la régularité des proportions et des contours. Mais s'il avait réussi à parler à l'âme, à faire courir ce vague frisson qui est comme une chaîne électrique entre l'artiste et celui qui la comprend ; s'il avait laissé dans le souvenir une de ces impressions qu'on ne peut plus faire taire, peu lui importaient les mépris des critiques ; il croyait avoir atteint les plus hautes limites de l'art, être parvenu à l'idéal, avoir parlé la même langue que les poètes, que les grands musiciens [159].

Baudelaire est d'accord avec Delacroix pour condamner le réalisme. Il cite avec complaisance une page de Heine qui traduit la pensée commune du peintre et du poète :

En fait d'art je suis surnaturaliste. Je crois que l'artiste ne peut trouver dans la nature tous ses types, mais que les plus remarquables lui sont révélés dans son âme... [160]

La sévérité avec laquelle tous deux jugeront Courbet, tout en proclamant les merveilleuses aptitudes du peintre, prouve à quel point les tendances de cette école étaient opposées aux leurs [161]. « Ce scrupule excessif de ne montrer que ce qui se montre dans la nature, écrira Delacroix, rendra toujours le peintre plus froid que la nature qu'il croit imiter ; d'ailleurs, la nature est loin d'être toujours intéressante au point de vue de l'effet d'ensemble » [162]. Et, à propos des esquisses de la *Sainte Anne* qu'il avait faites à Nohant et qu'il a reprises, il compare un premier croquis, reproduisant servilement la nature et qui lui est « insupportable », au second, dans lequel ses « intentions sont plus prononcées », d'où « les choses inutiles sont éloignées » et qui commence à lui plaire : « Il est plus important, conclut-il, pour l'artiste de se rapprocher de l'idéal qu'il porte en lui et qui lui est particulier que de laisser, même avec force, l'idéal passager que peut présenter la nature » [163]. Et ailleurs il dira :

Eh ! réaliste maudit, voudrais-tu par hasard me produire une illusion telle que je me figure que j'assiste en réalité au spectacle que tu prétends m'offrir ?...

Imaginer une composition, c'est combiner les éléments qu'on connaît, qu'on a vus, avec d'autres qui tiennent à l'intérieur même, à l'âme de l'artiste [164].

On n'admet donc la nature que comme point de départ : la nature ne donne rien d'absolu ni de complet. Et le but de l'artiste est de tout compléter, de retrouver chaque idéal et d'aboutir au principe universel : c'est le souvenir et l'imagination qui coopéreront pour rejoindre à travers le spectacle des formes la représentation idéale, le Beau : « Le souvenir, dit Baudelaire, est le grand critérium de l'art ; l'art est une mnémotechnie du beau ; or l'imitation exacte gâte le souvenir » [165]. Si l'art devait reproduire la nature et non l'interpréter, — sans essayer de rassembler les éléments, épars en elle ou abâtardis, du Beau idéal, et de dégager de cette gangue le diamant pur — il n'aurait qu'une valeur commune et deviendrait vite une curiosité inutile. Ce serait le triomphe de ces peintres qui « croient avoir tout fait quand ils ont reproduit des têtes, des mains, des accessoires imités servilement et sans rapport mutuel » [166]. Il ne faut pas introduire la réalité au milieu du songe car « l'art du peintre vraiment idéaliste est aussi différent de celui du froid copiste que la déclamation de

Phèdre est éloignée de la lettre d'une grisette à son amant » [167]. Entre ceux qui conçoivent l'art comme une application conscien- cieuse, satisfaite d'exactitude, et ceux qui recherchent le plaisir de l'imagination et veulent goûter la joie de la création, un Baude- laire ou un Delacroix ont choisi. C'est pourquoi les coloristes seront supérieurs à ceux qui ne sont que dessinateurs car le « dessin imaginatif et de création » est en général le privilège des coloristes [168] : les purs dessinateurs dessinent par raison, les grands coloristes dessinent par tempérament. Est-ce parce que M. Ingres met toutes ses qualités « au profit de la nature » [169] que Baudelaire est si dur pour ses admirables portraits de femme ? La critique est bien faite dans l'esprit « surnaturaliste » puis- qu'elle reproche au peintre rival — et ennemi, de s'attacher aux moindres beautés des femmes « avec une âpreté de chirurgien », « avec une servilité d'amoureux » : ce n'est, dit-il, « ni l'atmos- phère dorée qui baigne les champs de l'idéal, ni la lumière tran- quille et mesurée des régions sublunaires » [170]. L'art véritable est une lutte entre la nature et l'artiste — où l'artiste ne doit jamais s'avouer vaincu. « Le génie n'est que le don de généraliser et de choisir » [171] et c'est à lui de changer en or ce qu'il touche. De plus en plus, Delacroix renoncera à la peinture directe. Son tra- vail sera accompli dans le silence de l'atelier — loin de tout modèle de nature et même de tout modèle vivant. Il composera d'après ses souvenirs et ses notes. Il ne prendra dans le modèle que « ce qui sert à expliquer, à corroborer l'idée » ; ses formes, que ce soit un arbre ou un homme, ne sont que le dictionnaire où l'artiste va retremper ses impressions fugitives : « Le modèle est nécessaire, presque indispensable mais ce n'est qu'un esclave qui doit obéir à la partie de l'invention » [172]. La technique est un accessoire, le modèle est un élément. La science et la nature ont leur part dans le chef-d'œuvre. Mais, sans le génie, sans l'inspiration, ou, parlons comme Baudelaire, sans imagination et tempérament, le pinceau, la couleur, les formes ne sont que ma- tière inerte.

*
* *

Le *Salon de 1845,* qui marque les débuts de Baudelaire dans la critique d'art, était écrit dans la manière des comptes rendus. Le *Salon de 1846* apporte des nouveautés retentissantes. Nous avons vu qu'il donne une définition du Romantisme spiritualiste et moderne — opposé au Romantisme périmé, artificiel et théâtral.

Il a, en outre, l'intérêt de placer Baudelaire au seuil de la critique d'art où il prend, dès le premier essai, la plus haute place. Il définit la critique d'une manière hautaine — qui étonne par certains mots, mais qui, à l'analyse, prend un sens profond. La critique partiale et passionnée est une arme dangereuse aux mains des petits esprits ; dirigée par l'intuition divinatrice du poète, elle est l'auxiliaire des grandes causes, et venge, par son ardeur combative et sa foi agissante, les méconnus et les sacrifiés. Elle résiste aux conventions paresseuses, aux méthodes timorées et bouleverse les habitudes et les partis pris. Ne cherchons pas à savoir si cette critique est sans défaut. Reconnaissons qu'à l'heure où Baudelaire entre dans la lice, les critiques d'art s'assoupissaient dans les formules cent fois répétées et jugeaient sans comprendre, férus de tradition, prévenus contre le nouveau. Il fallait chasser les vendeurs du temple. Le geste passionné s'imposait. Baudelaire aborde courageusement les plus difficiles questions de la technique picturale et donne un catéchisme de la couleur, qui est la clef d'un Delacroix. Dans le *Salon de 1845*, parlant de Delacroix, il avait défini le secret de cette « harmonie sourde et profonde » qui consiste « à modeler avec de la couleur », d'un « travail subit, spontané, compliqué » et qui trouve son charme irrésistible dans la logique des ombres et de la lumière, dans la justesse et l'harmonie du ton [173]. Il approfondit le mystère de cet art et montre que l'harmonie d'un tableau doit, pour s'imposer au souvenir, concourir à cette unité de l'ensemble qui rend l'œuvre mélodieuse. La mélodie parle à l'âme par les yeux que l'harmonie a pu attirer et séduire. Parler à l'âme, c'est, nous l'avons vu, le but poursuivi par un Delacroix et nous savons bien que, lié très jeune avec Delacroix, Baudelaire eut avec lui de nombreuses conversations qui l'ont sur bien des points éclairé [174]. Mais c'est surtout pour avoir admiré et compris, mieux que les admirateurs même de Delacroix, cette grande œuvre si contestée, qu'il a donné, dès ce premier essai, ces remarques d'un maître. Il a, sur l'idéal et le modèle, le dessin et la couleur, les mêmes vues que le Peintre, parce que lui, Poète, sait que l'art n'est ni dans le choix des sujets, ni dans la vérité exacte, ni dans la ligne appliquée ou la couleur juste, mais dans la manière de sentir qui vivifie principes et techniques.

Baudelaire n'a pas vécu dans l'intimité d'un Delacroix [175]. Mais il a étudié l'œuvre — et si nous avons confronté si souvent les opinions de Delacroix et les jugements de Baudelaire, c'est pour trouver dans ce rapprochement une précieuse confirmation aux vues du jeune critique. Le *Journal* montre qu'il n'est pas de peintre peut-être qui ait, plus que Delacroix, réfléchi sur son art. Beaucoup d'élèves profitèrent de ses leçons, bien des critiques reçurent ses confidences. On peut dire que Baudelaire, à 25 ans, parle comme un artiste averti. Il a su écouter mais surtout il a senti et pensé. Et c'est pourquoi son jugement apporte tant d'assurance. Au surplus, il dépasse un étroit horizon. Son œil va plus loin, dans ses observations, que l'objet dont il nous entretient. Il n'est pas facilement satisfait et il ne se penche vers les choses muettes que pour écouter et comprendre leurs révélations. Ses généralisations apaisent son inquiétude d'unité. Sur ce point, il rejoint encore Delacroix qui voulait que la compréhension d'un artiste s'étendît à toutes les manifestations de la Beauté [176] et que l'unité s'établît dans la correspondance des sensations traduite par la correspondance des arts [177]. Cette intuition des *correspondances*, qui est le sommet de l'esthétique baudelairienne, s'esquisse au cours du *Salon de 1846*. Il y est parlé des mariages mélodieux des couleurs et des sentiments et c'est l'œuvre de Decamps qui fournit cette remarque, plus tard longuement reprise : « [Sa couleur] était, pour me servir de mots empruntés à l'ordre moral, sanguinaire et mordante. Les mets les plus appétissants, les drôleries cuisinées avec le plus de réflexions, les produits culinaires les plus âprement assaisonnés avaient moins de ragoût et de montant, exhalaient moins de volupté sauvage pour le nez et le palais d'un gourmand que les tableaux de M. Decamps pour un amateur de peinture » [178]. Analogie des goûts et des couleurs ici ; ailleurs analogie des sons, des couleurs et des parfums — et le choreute de cette marche à l'unité est Hoffmann, un des maîtres de Baudelaire.

Ainsi, en 1846, tout en réfléchissant, en critique, sur un art voisin, Baudelaire ne cesse de marquer sa réflexion de préoccupations créatrices. Il songe à unir tous les arts dans une unité de conception. Ce sera là une hantise de ses rêveries. Il sait, avec Delacroix, qu' « il n'y a pas d'art sans poésie... Qui dit art dit poésie ! » [179] et il cherche le secret de réaliser cet art unique, révélateur de Beauté, ou du moins d'établir entre les arts des liens qui les joignent. Pour lui, musique, peinture, littérature sont des moyens d'expression qui s'équivalent et doivent, loin de s'ignorer et de se contredire, se confondre pour la recherche du Beau. Il faut marquer qu'avant d'offrir son œuvre au public, Baudelaire est maître de sa pensée et déjà conscient de ses buts.

Tout un avenir est en germe dans ces affirmations. Le texte d'Hoffmann, le tableau de Decamps, la conversation de Delacroix ont-ils, avant la rencontre d'Edgar Poe, donné l'impulsion à l'idée de la correspondance des sensations et de la correspondance des arts ? Ce qui est incontestable c'est que Baudelaire a déjà cette inquiétude de l'unité universelle et que tout lui est écho pour exprimer son idée. Cette idée portera, demain, ses fruits.

II

LES PHARES

EDGAR POE

ou

LE PRINCIPE POÉTIQUE

Baudelaire était l'homme des enthousiasmes. Comme La Fontaine célébrant Baruch, il exalte, au gré des rencontres, des lectures, des événements, les êtres les plus disparates en des admirations souvent imprévues, souvent passagères. Ses amis s'étonnent et s'inquiètent, prêts à croire à la mystification, puis bientôt se soumettent docilement, écoutent, se rendent [1].

Un jour — témoigne Champfleury — Baudelaire se montrait avec un volume de Swedenborg sous le bras ; rien dans aucune littérature ne pouvait selon lui tenir à côté de Swedenborg. Dans nos promenades au Louvre, il me donnait le *Bronzino*, un maître maniéré, comme le plus grand peintre de toutes les écoles. On rencontrait le poète avec un gros volume d'algèbre ; il n'y avait plus de littérature, c'était l'algèbre qu'il fallait étudier et le Polonais Wronski [2] faisait oublier Swedenborg. Tantôt le vin devenait une liqueur misérable, seul le *porter* avait été brassé pour développer les facultés intellectuelles. Une autre fois Van Eyck et les peintres primitifs remplaçaient ce coquin de Bronzino. [3]

Blanqui, de Flotte [4], Lavater, Haussoullier, Maturin, Lewis, panthéon hétéroclite édifié par la fantaisie d'un esprit toujours en quête de nouveau. Enthousiasmes qui répondent, en général, aux préoccupations du moment et qui tombent, soudain, comme une flamme trop vive. D'autres empreintes, plus durables, marquent, sur le génie baudelairien, leur trace profonde. Des noms se présentent : c'est Edgar Poe, Delacroix, Wagner, Guys, Rops, Manet, — les Phares...

Ce fut vers 1846 que Baudelaire connut Edgar Poe. Lui-même nous renseigne sur ce point : il écrit à Armand Fraisse en 1858 :

Je puis vous marquer quelque chose de plus singulier et de presque incroyable. En 1846 ou 1847, j'eus connaissance de quelques fragments d'Edgar Poe : j'éprouvai une commotion singulière. Ses œuvres complètes n'ayant été rassemblées qu'après sa mort en une édition unique, j'eus la patience de me lier avec des Américains vivant à Paris pour leur emprunter des collections de journaux qui avaient été dirigés par Edgar Poe.

Et alors je trouvai, croyez-moi si vous voulez, des poèmes et des nouvelles dont j'avais eu la pensée, mais vague et confuse, mal ordonnée, et
que Poe avait su combiner et mener à la perfection... [5]

Ch. Asselineau confirme la date de cette rencontre :

Vers ce temps-là aussi (1847-1848) une curiosité nouvelle s'empara de
l'esprit de Baudelaire et remplit sa vie. On devine que je veux parler
d'Edgar Poe qui lui fut révélé par les traductions de Mme Adèle Meunier,
publiées en feuilletons dans les journaux. Dès les premières lectures, il
s'enflamma d'admiration pour ce génie inconnu qui affinait au sien par
tant de rapports. J'ai vu peu de possessions aussi complètes, aussi rapides,
aussi absolues. A tout venant, où qu'il se trouvât, dans la rue, au café,
dans une imprimerie, le matin, le soir, il allait demandant : « Connaissez-
vous Edgar Poe ? » Et selon la réponse, il épanchait son enthousiasme ou
pressait de questions son auditeur. Un soir, fatigué d'entendre ce nom
nouveau revenir sans cesse dans nos conversations et tourbillonner à mes
oreilles comme un hanneton exaspéré, je dis à mon tour : Qu'est-ce
qu'Edgar Poe ? En réponse à cette sommation directe, Baudelaire me
raconta, ou plutôt me récita le conte du *Chat Noir* qu'il possédait comme
une leçon apprise et qui, dans cette traduction improvisée, me fit une vive
impression. [6]

Il est possible que ce soit dans les traductions d'Isabelle — et
non Adèle [7] — Meunier, publiées en 1847 dans *la Démocratie
Pacifique* [8], que Baudelaire apprit l'existence d'Edgar Poe : la
première traduction de Poe, donnée par Baudelaire, le 15 juillet
1848, dans *la Liberté de Penser* [9], porte en note : « On a beaucoup parlé, dans ces derniers temps, d'Edgar Poe », sans que
le nom d'Isabelle Meunier soit prononcé. La vérité est que, dès
novembre 1845 [10], il pouvait lire dans *la Revue britannique,* sous
les initiales A. B., une version française du *Scarabée d'Or* d'Alphonse Borghers [11], accompagnée d'une courte note du directeur
Amédée Pichot [12]. *La Quotidienne,* les 11, 12 et 13 juin 1846, avait
francisé le *Murders in the rue Morgue* sous le titre d'*Un meurtre
sans exemple dans les annales de la justice,* et le plagiat signé
G. B. passa inaperçu [13]. Mais voici qu'un procès de presse met Poe
en vedette : le 12 octobre 1846, *le Commerce,* sous le titre *Une
sanglante énigme,* signée du pseudonyme de Old Nick, démarquait
l'adaptation donnée par *la Quotidienne* du *Double Assassinat de
la Rue Morgue* : Poe n'est point nommé. *La Presse,* qu'Emile
Daurand Forgues, l'Old Nick du *Commerce,* avait attaquée, signale
le plagiat en guise de « petites représailles » [14]. Forgues, levant
le masque, publie dans *le National* et dans *le Commerce,* le surlen-
demain, une réponse où il donne la véritable source et nomme

Edgar Poe, littérateur américain. Insinuations, polémique, procès qui se termine par une condamnation de Forgues, le 9 décembre 1846 [15]. Entre temps, en septembre 1846, Forgues avait traduit pour la *Revue britannique* : *Une descente dans le Maelstrom* et avait publié dans la *Revue des Deux Mondes*, le 15 octobre 1846, le premier article français sur Edgar Poe [16]. Il est difficile de supposer que Baudelaire n'ait pas été alerté par tout le bruit fait en 1846 autour de Poe. Lui-même donne les dates de « 1846 ou 1847 », et on n'a aucune raison de rejeter le témoignage d'Asselineau, concernant Baudelaire, Poe et Mme Meunier. Ce qui est indéniablement établi, c'est le choc reçu. Baudelaire trouve en Poe un frère de génie et s'attache à lui avec passion. C'est l'enthousiasme de la « possession ». Baudelaire est pris tout entier [17] : il ne fait plus une démarche ni un pas dans un autre sens ; il questionne tous ceux qui, à tort ou à raison, passent pour informés de la littérature anglaise ou américaine ; il fait des recherches auprès des libraires étrangers et il a de terribles colères contre leurs ignorances ou leurs informations erronées. Il se mue en reporter pour interroger les Américains de passage à Paris :

Je l'accompagnai un jour, écrit Asselineau, à un hôtel du boulevard des Capucines où on lui avait signalé l'arrivée d'un homme de lettres américain qui devait avoir connu Poe. Nous le trouvâmes en caleçon et en chemise au milieu d'une flottille de chaussures de toutes sortes qu'il essayait avec l'assistance d'un cordonnier. Mais Baudelaire ne lui fit pas grâce : il fallut, bon gré, mal gré, qu'il subît l'interrogatoire entre une paire de bottines et une paire d'escarpins. L'opinion de notre hôte ne fut pas favorable à l'auteur du *Chat Noir*. Je me rappelle notamment qu'il nous dit que Poe était un esprit bizarre et dont la conversation n'était pas du tout *consequioutive*. Sur l'escalier, Baudelaire me dit en enfonçant son chapeau avec violence : Ce n'est qu'un Yankee. [18]

Aussi prendra-t-il en haine Rufus Griswold « le détracteur de Poe » [19] et s'attachera-t-il d'affection lointaine à Willis et à Mrs Clemm [20] « son apologiste et son ange gardien ». Il devient très susceptible pour tout ce qui concerne son héros, ne supporte aucune ironie, ne tolère aucune ignorance. Il se rendait compte que ses connaissances, suffisantes pour l'anglais littéraire, ne pouvaient pénétrer et révéler la subtilité moderne d'Edgar Poe, ni son ironie impassible, ni ses plaisanteries courantes « qu'un domestique ou un petit négociant étaient plus capables de saisir et d'expliquer qu'un académicien » [21]. Ce n'est pas au Collège — où il n'eut aucune récompense en la matière [22] — qu'il avait appris l'anglais mais auprès de sa mère [23], née à Londres de parents français

et qui, dans sa vieillesse, terminait ses lettres par des formules
d'un anglais courant [24]. Aucune difficulté ne l'arrête [25]. Il prépare
sa traduction « pendant quatre ans, avant de commencer le manuscrit ». Il emploie ces quatre années « à consulter, à s'enquérir,
à se perfectionner dans la connaissance de la langue anglaise et
à entrer en communication de plus en plus intime avec son auteur » [26]. Il emporte partout un dictionnaire anglais [27], fréquente,
pour apprendre l'anglais populaire, les cabarets où l'on boit du
sherry et de l'ale, et trouve le moyen d'apprivoiser les jockeys [28].
Il discutait de termes d'argot avec les garçons de café et « il prit
longtemps pour conseil un tavernier anglais de la rue de Rivoli
chez lequel il allait boire le whisky et lire le *Punch* en compagnie
de grooms du faubourg Saint-Honoré » [29]. Soucieux de comprendre les détails techniques, il court les tavernes pour se faire
expliquer par des matelots anglais les termes de navigation ou de
manœuvre [30], s'entoure d'atlas, de cartes, d'instruments, vérifie des
calculs nautiques [31] — voulant offrir de l'œuvre de Poe une
image parfaite.

C'est par ce soin scrupuleux qu'il parvient à donner des versions
définitives. Asselineau parle d'un article du *Spectator* [32] où Baudelaire est représenté avec enthousiasme au public anglais, non
seulement comme l'auteur génial des *Fleurs du Mal*, mais comme
l'auteur « d'admirables traductions et de critiques judicieuses sur
les écrivains anglais et américains » [33]. De longues années, il est
hanté par ce souci. Entreprises dès 1848 — la première traduction
paraît le 15 juillet dans *la Liberté de Penser* sous le titre : *Révélation magnétique* — traductions ou études se poursuivront jusqu'au seuil même de la mort [34]. C'est surtout à partir de 1852 que
Baudelaire est pris tout entier d'une ardeur mystique : ce flâneur
s'acharne au travail, ce sceptique s'enthousiasme comme un croyant.
Le Magasin des Familles, *la Revue de Paris*, *l'Illustration*, *Paris-
Journal*, *l'Artiste*, *le Monde Littéraire* publient ses traductions,
d'avril 1852 à novembre 1853. En juillet 1854 il entre au *Pays* [35]
où le feuilleton lui est payé à raison de 20 francs [36] : la production s'accélère et, en juillet, août et septembre, les contes se succèdent à un rythme presque quotidien. A partir du 25 janvier 1855,
Baudelaire résout le dur problème d'écrire un feuilleton par jour.
Le feuilleton n'a que six colonnes, les deux premières pages du
Pays étant consacrées aux romans originaux et la troisième seulement aux traductions et variétés. Mais la tâche n'en est pas
moins très dure : autre chose est rêver ou parler une traduction,

autre chose est l'écrire et la livrer avec une impeccable ponc-
tualité :

Baudelaire, écrit Asselineau, soutint vaillamment la gageure qu'il avait
faite avec lui-même. Pour s'épargner le temps d'ouvrir sa porte ou l'ennui
des malentendus, il laissait la clef dans la serrure et recevait tout en travaillant les visites de gens quelquefois très importuns et très indiscrets
qu'il ne se donnait même pas la peine de congédier et qui ne se retiraient
que vaincus par son silence et sa distraction ou agacés par le bruit de la
plume courant sur le papier. Souvent, en l'allant voir, le soir, un peu tard,
j'ai trouvé endormi dans un coin le garçon d'imprimerie chargé de rapporter soit la copie, soit les épreuves que Baudelaire lui laissait quelquefois
attendre longtemps. [37]

Le texte imprimé de ces feuilletons forma peu à peu la première
épreuve du livre. Collé sur une grande feuille de papier bistré
dont les marges se couvraient chaque jour de corrections, il cons-
titua le manuscrit qui, serré dans un carton vert monumental, fit
escale, à Paris, chez de nombreux libraires — Lecou, Hachette —
pour s'arrêter enfin en 1855, rue Vivienne, chez Michel Lévy. Et,
de tirage en tirage, malgré les protestations de l'éditeur, l'auteur
lui fait subir des modifications nombreuses [38]. Scrupuleux dans la
correction des épreuves [39], il alla loger pendant un mois [40] à Cor-
beil, pour être à portée de l'imprimerie Crété où se composait son
livre, vivant et travaillant au milieu des ouvriers qui durent garder
le souvenir de ce séjour.

Il faut parcourir la correspondance de Baudelaire pour voir
jusqu'à quel point, aussi bien pour la composition du feuilleton
que pour l'établissement du livre, ses préoccupations de traducteur
le poursuivaient sans relâche et de quelle conscience laborieuse il
s'employa à une œuvre qu'il considéra très vite moins comme
une tâche littéraire que comme un devoir de justice. Au reçu des
premières feuilles il lui arrive de multiplier les corrections et les
remaniements au point qu'il faut « défaire les formes et recom-
poser à neuf » [41]. On comprend le découragement de maint éditeur.
L'un d'eux — sans doute Lecou [42] — le croit fou, s'irrite, — et
Baudelaire, par « honneur », prend à son compte et paye « la
moitié des frais d'impression » [43] ; tel autre [44] crie « comme un
enragé » contre ses lenteurs et les frais qu'il lui cause [45]. En vain :
« Je suis décidé à toujours faire ainsi, écrit Baudelaire, c'est-à-dire
ma volonté, — littérairement du moins ». Il s'enferme chez lui :
« Il y a un tas de fainéants et de méchants qui me font perdre
mes journées par leurs visites, — je vais me faire fermer hermé-

tiquement » [46]. Le soir il est à l'imprimerie et ce sont des indignations contre les maladresses des protes :

Ces animaux-là [47] se sont avisés de commencer la publication le 24 [48] à quatre heures, sans m'avertir. D'où il suit que l'édition des départements a été un vrai torche-cul, un monstre. [49]

Il s'acharne — car il veut la perfection : « Ma seconde notice me donne un mal de tous les diables [50] ». Il s'inquiète de voir les épreuves [51] traîner sur sa table. Il subit, de la part des journaux où il essaie de faire passer ses traductions, l'humiliation du silence [52] ou du renvoi [53]. *Le Figaro*, après *l'Opinion Nationale*, refuse la traduction du *Mystère de Marie Roget* [54] parce que « c'est trop au-dessus de la portée de ses lecteurs » [55]. Sans récriminer Baudelaire constate : « C'est sans doute une manière polie de me dire que c'est ennuyeux » [56]. Et certes toute idée d'intérêt passe au second plan, malgré de lourds besoins d'argent. Un jour, Baudelaire vend tous ses droits sur les cinq volumes de ses traductions, pour la somme de 2.000 francs une fois payée, à Michel Lévy — et il ne touche pas un centime, l'éditeur ayant pris sur lui de désintéresser les créanciers avec cette somme misérable [57].

Le résultat vint récompenser des efforts aussi obstinés. Il est superflu désormais de louer le mérite des traductions de Baudelaire. M. Léon Lemonnier et M. Yves-Gérard Le Dantec ont donné, avec les plus précis détails et les plus minutieuses comparaisons, les raisons de la valeur intrinsèque de ces traductions et de leur supériorité sur leurs rivales [58]. Egalement éloigné de la désinvolture d'un Forgues et des raffinements d'un Borghers, plus exact même que Mme Meunier, pourtant scrupuleusement attachée au texte, Baudelaire vise à la correction du style autant qu'à la justesse de l'interprétation. Mais surtout, il met au service de Poe son tempérament fraternel et les contemporains les plus difficiles sont d'accord pour reconnaître que sa traduction est à la fois originale et fidèle [59]. Il a défini lui-même sa méthode :

Il faut surtout s'attacher à suivre le texte littéral ; certaines choses seraient devenues bien autrement obscures si j'avais voulu paraphraser mon auteur au lieu de me tenir servilement attaché à la lettre. J'ai préféré faire du français pénible et parfois baroque et donner dans toute sa vérité la technie philosophique d'Edgar Poe [60].

Et, sans doute, Baudelaire a écrit ses traductions « en une langue étrange, heurtée, forgée pour la circonstance, une langue qui choque et qui surprend. Il a été littéral jusqu'à l'audace et maladroit

jusqu'au génie. Mais, recherchant comme Poe « l'idée d'unité »
et possédé comme lui du désir d'étonner, il s'est révélé lui-même,
en révélant l'œuvre de Poe, sentant qu'il traduisait des histoires
qui dormaient dans son propre cerveau » [61].

Ainsi peut s'expliquer l'extraordinaire succès des traductions de
Baudelaire. Revues et journaux commentent avec faveur l'œuvre
nouvelle. Baudelaire pour beaucoup restera le traducteur d'Edgar
Poe plus que le poète des *Fleurs du Mal* [62]. Les plus hostiles, malgré qu'ils en aient, s'inclinent en fin de compte. Edmond Duranty
parlant des *Jeunes* dans le *Figaro* du 13 novembre 1856 [63] et divi-
sant les littérateurs en compartiments étiquetés fait de Baudelaire
le chef des « Vampires » — mais subit son ascendant, qu'il doit
reconnaître, en dépit de ses phrases ironiques :

> Ce qui a donné la vie à M. Baudelaire c'est sa traduction d'Edgar Poe ;
> il s'est collé au flanc de cet Américain pour prendre une part de son
> manteau. Cet auteur... lui a suggéré une préface tourmentée, âpre, d'une
> vigueur artificielle, pleine d'effets, mais qui montre que M. Baudelaire est
> de tous les traînards romantiques celui qui a le plus de *tournure.*

D'ailleurs les louanges vont sans grandes réticences à Baudelaire. Les puristes signalent, sans insister, quelques vétilles : Pontmartin souligne quelques néologismes [64], Louis Etienne trouve le
ton parfois trop familier [65]. Mais, dès 1852, Forgues [66] goûte un
charme nouveau aux *Contes* de Poe. Le *Figaro* qui a souvent
boudé à Baudelaire, parle du traducteur de Poe comme d'un
« admirateur dévoué, un artiste savant et consciencieux » [67]. La
Revue des Deux Mondes [68], la *Revue de Paris* [69], la *Revue Française* [70], le *Moniteur Universel* [71], le *Présent* [72], le *Journal des
Débats* [73], parmi tant d'autres journaux ou revues, rendent hommage au talent, au courage, à la conscience de Baudelaire [74].
Même si nous négligeons les témoignages admiratifs des amis de
Baudelaire, quelle moisson d'éloges de la part des plus difficiles
et des plus éminents de ses contemporains : Taine, Sainte-Beuve,
Delacroix [75]. Ce succès profite certes à Baudelaire et ouvre la
voie à la publication des *Fleurs du Mal*. Mais c'est la gloire de
Poe qui en bénéficie : cette traduction était un « monument élevé...
à la gloire » [76] de Poe. S'il n'a pas découvert Poe, Baudelaire
l'a révélé et l'a « naturalisé chez nous » [77], mettant à assurer le
triomphe de ce méconnu une ardeur désintéressée.

Car un motif plus puissant que l'intérêt soutient l'enthousiasme
de Baudelaire et le fortifie dans ses luttes et ses efforts. Dès la

première rencontre, il a vu en Poe un frère de misère et de génie.
En tête de son premier essai, il expose en deux curieuses pages,
sous la tutelle d'Edgar Poe, des théories qui lui sont chères :

> On a beaucoup parlé dans ces derniers temps d'Edgar Poe... Avec un
> volume de nouvelles cette réputation a traversé les mers. Il a *étonné, étonné*
> surtout plutôt qu'ému et enthousiasmé. Il en est ainsi de tous les roman-
> ciers qui ne marchent qu'appuyés sur une méthode créée par eux-mêmes
> et qui est la conséquence même de leur tempérament... Tous ces gens avec
> une volonté et une bonne foi infatigables décalquent la nature, la pure
> nature, laquelle ? La leur. Aussi sont-ils généralement bien plus *étonnants*
> et originaux que les simples imaginatifs qui sont tout à fait indoués d'es-
> prit philosophique et qui entassent et alignent les événements sans les
> classer et sans en expliquer le sens mystérieux. J'ai dit qu'ils étaient *éton-*
> *nants* : je dis plus, c'est qu'ils visent généralement à l'*étonnant*... Pour en
> finir, il vient toujours un moment où les romanciers de l'espèce de ceux
> dont je parlais deviennent pour ainsi dire jaloux des philosophes, et ils
> donnent alors, eux aussi, leur système de constitution naturelle, quelquefois
> même avec une certaine immodestie qui a son charme et sa naïveté...
> Balzac, ce grand esprit, ...a essayé de fondre en un système unitaire et
> définitif différentes idées de Swedenborg, Messmer, Marat, Gœthe et
> Geoffroi Saint-Hilaire. L'idée d'unité a aussi poursuivi Edgar Poe... Il est
> certain que les esprits spécialement littéraires font, quand ils s'y mettent,
> de singulières chevauchées à travers la philosophie. Ils font des trouées
> soudaines et ont de brusques échappées par des chemins qui sont bien
> à eux... [78]

N'est-ce pas définir les tendances essentielles de l'esprit baudelairien : désir concerté d'étonner, besoin intuitif d'unité, dandysme
et correspondances. Tout Baudelaire est là dans ses paradoxes et
dans ses inquiétudes. S'il loue Edgar Poe, n'est-ce pas de lui ressembler ? N'est-ce pas aussi parce qu'il le guide à travers lui-
même et lui permet de se mieux connaître ? Signalons ce trait,
tout en nous gardant d'exagérer : la curieuse *Philosophie de la
Composition,* si mêlée de sérieux, d'ironie — et peut-être de mystification, *le Principe poétique,* des contes comme *Puissance de la
Parole, Colloque entre Monos et Una,* suffiraient, sans autres preuves, à justifier, en ce qui concerne les visées de Poe, le jugement
de Baudelaire. Et d'autre part, la correspondance de Baudelaire,
dans sa sincérité mise à nu, nous offre des textes, souvent cités
— mais que nous voulons reproduire pour éclairer la psychologie
de cette « possession ».

Le 27 mars 1852, il écrit à sa mère :

> J'ai trouvé un auteur américain qui a excité en moi une incroyable sym-
> pathie et j'ai écrit deux articles [79] sur sa vie et ses ouvrages. [80]

Le 26 mars 1853, il donne cet aveu émouvant :

Comprends-tu maintenant pourquoi au milieu de l'affreuse solitude qui m'environne j'ai si bien compris le génie d'Edgar Poe et pourquoi j'ai si bien écrit son abominable vie ?.[81]

Le 8 mars 1854, en envoyant à sa mère les *Œuvres poétiques* d'E. Poe il lui écrit :

Tu y trouveras, j'en suis sûr, des choses merveilleuses ; excepté dans les *Poésies de jeunesse* et dans les *Scenes from Politian* qui sont à la fin et où il y a du médiocre, tu ne retrouveras que du beau et de l'étrange... Ce qu'il y a d'assez singulier et ce qu'il m'est impossible de ne pas remarquer, c'est la ressemblance intime, quoique non positivement accentuée, entre mes poésies propres et celles de cet homme, déduction faite du tempérament et du climat. [82]

Les années se succèdent. L'accent frémit de la même ardeur fraternelle. En 1864 Baudelaire écrira au critique d'art Théophile Thoré, à propos de Manet et de ses prétendus pastiches de Goya :

Vous doutez que de si étonnants parallélismes géométriques puissent se présenter dans la nature. Eh bien ! on m'accuse moi d'imiter Edgar Poe ! Savez-vous pourquoi j'ai si patiemment traduit Poe ? *Parce qu'il me ressemblait*. La première fois que j'ai ouvert un livre de lui, j'ai vu, avec épouvante et ravissement non seulement des sujets rêvés par moi mais des PHRASES pensées par moi, et écrites par lui, vingt ans auparavant. [83]

Ces sujets — si l'on peut par des titres et de brèves ébauches conjecturer le caractère d'une œuvre — Baudelaire les avait rêvés avec une imagination obsédée par le surnaturel et l'invisible. L'étrange et l'extraordinaire auraient eu leur part dans *le Crime au Collège, la Fin du Monde, la Maîtresse de l'Idiot, le Marquis invisible, le Pauvre affamé, le Rêve avertisseur, le Visage ingénu*. Mais Edgar Poe aurait-il avoué les corruptions raffinées que pourraient cacher des titres comme *la Maîtresse vierge, une Infâme adorée, le Déshabillage, l'Entreteneur, la Femme malhonnête, le Catéchisme de la Femme aimée, le Bain et la Toilette...* ? [84] Regrettons que Baudelaire n'ait pas eu le temps ou la force de traiter de tels sujets : nous aurions dans ces œuvres le moyen de juger mieux encore des qualités qui rapprochent ces deux génies comme aussi nous pourrions mieux voir les traits qui les séparent.

*
* *

La *Revue de Paris* publia en mars et avril 1852 les premiers travaux de Baudelaire sur *Edgar Allan Poe, sa vie et ses ouvrages*.

Ces études, différentes des Notices imprimées plus tard en tête des deux séries d'*Histoires Extraordinaires,* contiennent une appréciation critique de Baudelaire sur la plupart des ouvrages de Poe. Elles s'ouvrent par un récit de la vie de Poe. Complaisamment — sans pourtant repousser les allégations de Rufus Griswold qui a poussé au noir la légende de l'alcoolisme — Baudelaire retrace les misères de Poe :

> Il y a des destinées fatales ; il existe dans la littérature de chaque pays des hommes qui portent le mot *Guignon* écrit en caractère mystérieux dans les plis sinueux de leur front. [85]

Echo des plaintes de ce Vigny qui « a écrit un livre pour démontrer que la place du poète n'est ni dans une république ni dans une monarchie absolue, ni dans une monarchie constitutionnelle » [86]. Hoffmann, Balzac furent de grands sacrifiés. Et l'on entend déjà les plaintes de *Bénédiction* où la souffrance du poète est affirmée nécessaire parmi l'incompréhension et le mépris des hommes. Et voici Edgar Poe se débattant, dans une vie de tragédie, au milieu d'une atmosphère d'antipathie haineuse, en un pays muré, « vaste cage » où s'entassent des rangs silencieux de comptables. Il aurait pu, et Baudelaire aussi, — avec plus d'âpreté ou simplement plus d'adresse, — être, comme d'autres, un auteur à argent, un money-making author — si, n'ayant pas eu tant d'obstination à se vouer au génie, il s'était contenté d'exploiter son talent. [87] L'Amérique de Poe retentit déjà de la formule moderne : Make money, — honestly, if you can, — but, make money ! Cette Amérique de 1840, d'un puritanisme qui n'excluait pas des vues très positives [88], ne pouvait guère comprendre Poe. Pays étrange dont Poe exprime une tendance souvent refoulée où se mêle le goût du mysticisme et le souci des réalités, qui sera le berceau du transcendantalisme et de la théosophie comme la patrie du standard et des gratte-ciel. De nos jours, si des tendances s'y manifestent vers l'intellectualisme, elles restent le fait d'une élite et le divorce subsiste entre la jeune littérature et la masse du public. Au temps d'Edgar Poe, l'Amérique vient de subir une crise politique. La lutte pour l'indépendance, l'établissement de sa constitution l'absorba totalement pendant les trente dernières années du XVIIIᵉ siècle. Et si des orateurs purent manifester leurs dons naturels, les poètes ne trouvèrent guère de place pour leurs rêveries. Au commencement du XIXᵉ siècle, New-York devient un centre littéraire, tandis que Boston subit une éclipse momentanée. C'est vers la ville nouvelle, capitale commerciale et maritime du pays agrandi que sont attirés les écrivains. Irving, disciple d'Addison et de Goldsmith, s'affirme Américain par son esprit d'observation et ses dons imaginatifs. Il combine le réalisme et l'idéalisme à doses équilibrées et parsème ses descriptions et ses contes d'un humour discret. L'œuvre poétique de Bryant, imprégnée des thèmes lakistes, chante une nature gracieuse et optimiste, admettant, sans s'attrister, les méditations puritaines sur la mort. Mais c'est surtout Fenimore Cooper qui fournit au romantisme américain des puissances de développement. Ses Indiens peaux-rouges évoluant dans la forêt vierge ou dans la prairie, leurs ruses de guerre, leur vie libre dans la nature, ouvrent une piste immense à ces romans d'aventures trépidants et mouvementés qui feront la fortune de la littérature — et, plus tard, du film américains. Séduisant d'ailleurs malgré ses défaillances d'artiste, tant se rencontre chez lui de couleur, de vie pittoresque, d'intérêt humain [89]. Venu de Virginie, Américain du Sud, Edgar Poe fait d'abord figure d'étranger à New-York. Son génie n'a pas le ton yankee. Il puise dans le courant romantique venu d'Europe des inspirations qui contrastent avec la jeunesse optimiste de ce monde trop jeune encore pour philosopher, trop pressé de vivre pour rêver et qui détend, dans l'action, ses forces neuves. Il se délivre de ses inquiétudes en des poèmes de symbole et de mystère, en des contes d'horreur et de surprise ; il bâtit, aux sommets mystiques, des cités de lumière et se perd, loin des hommes, dans les régions musicales ou colorées du lyrisme. Et les hommes, ses contemporains, ne songent pas à l'y suivre. Ses compatriotes que Baudelaire allait visiter à Paris avec la curiosité d'un journaliste fureteur n'avaient pas compris une œuvre qui échappait aux littérateurs eux-mêmes :

Si vous causez avec un Américain — écrira-t-il — et si vous lui parlez de M. Poe, il vous avouera son génie ; volontiers peut-être en sera-t-il fier mais il finira par vous dire avec un ton supérieur : Mais moi je suis un homme positif ; puis avec un petit air sardonique, il vous parlera de ces grands esprits qui ne savent rien conserver ; il vous parlera de la vie débraillée de M. Poe, de son haleine alcoolique qui aurait pris feu à la flamme d'une chandelle, de ses habitudes errantes ; il vous dira que c'était un être erratique, une planète désorbitée, qu'il roulait sans cesse de New-York à Philadelphie, de Boston à Baltimore, de Baltimore à Richmond... [90]

Et assurément un être ainsi formé ne pourra comprendre le génie hautain de Poe. Comment s'attacher à un auteur si décon-

certant, à un homme si mal équilibré ? En 1858, un manuel américain de littérature et de biographie, conclut en ces termes une
rapide étude sur Edgar Poe :

> Et maintenant que dire de l'homme qui a mené une existence si variée
> et si misérable, qui haïssait l'humanité et qui a cherché à noyer ses mi-
> sères dans la coupe de l'ivresse ? Que dire pour excuser son caractère
> dissolu, son manque intégral de principes moraux, son exemple pernicieux ?
> Il fut une victime de ses appétits et de ses passions sans frein. Espérons
> que sa vie sera un avertissement. [91]

Dira-t-on que Baudelaire pousse au noir la psychologie de
l'Américain ? La vérité admet des nuances. On ne saurait oublier,
malgré tout, qu'au milieu du XIXe siècle, Boston deviendra le centre intellectuel de l'Amérique (Edgar Poe ira y faire une « lecture ») : l'idéalisme anti-esclavagiste s'y développe, et bientôt y
naît et y grandit cette religion mystique et morale qui s'appellera
le transcendantalisme et qui donnera toute sa ferveur à l'exaltation
concentrée d'Emerson, à la méditation solitaire de H. D. Thoreau
et à l'angoisse mystérieuse de Nathaniel Hawthorne. A vrai dire,
cette démocratie américaine qui s'enorgueillit de ses jeunes muscles
et qui étale sa force déplaît aux instincts racés de l'aristocrate
Baudelaire et il imagine un Edgar Poe, prince de l'esprit, brimé
dans son individualité puissante par « vingt, trente millions de
souverains », par la tyrannie implacable de l'opinion :

> L'Américain est un être positif, vain de sa force industrielle et un peu
> jaloux de l'ancien continent. Quant à avoir pitié d'un poète que la douleur
> et l'isolement pouvaient rendre fou, il n'en a pas le temps. Il est si fier
> de sa jeune grandeur, il a une foi si naïve dans la toute-puissance de
> l'industrie, il est tellement convaincu qu'elle finira par manger le Diable
> qu'il a une certaine pitié pour toutes ces rêvasseries... Il passerait volontiers
> sur les âmes solitaires et libres et les foulerait aux pieds avec autant
> d'insouciance que ses immenses lignes de fer les forêts abattues, et ses
> bateaux-monstres les débris d'un bateau incendié la veille. Il est si pressé
> d'arriver ! Le temps et l'argent, tout est là... [92]

Et plus loin, à la lecture des biographies d'Edgar Poe, il s'indigne de certains silences ou d'allusions obscures : les coups suspendus dans les ténèbres sont les plus redoutables [93] et jamais le
silence ne doit « primer l'histoire » :

> Ils sont trop bons démocrates, termine-t-il, pour ne pas haïr leurs grands
> hommes et la malveillance qui poursuit Poe après la conclusion lamentable
> de sa triste existence rappelle la haine britannique qui persécuta Byron.

Dirons-nous que Baudelaire, songeant peut-être avec trop de

complaisance à son propre destin, dramatise, sur des données incertaines, la vie incomprise de son frère de génie et de misère ? Les
derniers travaux publiés en Amérique sur Edgar Poe [94] semblent
prouver que les moments difficiles ne durèrent pas toujours. Poe
fut vite en mesure par ses écrits et par ses honoraires de secrétaire
général du *Southern Literary Messenger* de vivre, modestement il
est vrai, et de faire vivre Mrs Clemm et Virginie. Mais l'irrégu-
larité de son travail, due tantôt à sa dépression nerveuse, tantôt
à ses libations intermittentes, découragent, les uns après les autres,
les directeurs de magazines. Il apparaît qu'il n'y a pas eu de
conjuration contre lui, mais la fatalité de la maladie, l'étrangeté
de son caractère furent, beaucoup plus qu'une persécution de ses
compatriotes, les éléments de ses disgrâces. Sa poésie éthérée et
ses contes d'horreur ou d'excentricité furent médiocrement goûtés.
Sa critique acerbe indisposa. Il ne pouvait, malgré son génie,
conquérir qu'un succès limité et les durs jugements que nous
avons rapportés, tout injustes qu'ils sont, ont leur explication
beaucoup moins dans l'incompréhension ou la malice des hommes
que dans les circonstances qui firent apparaître trop tôt dans un
siècle trop jeune ce poète, prince des nuées, ce conteur, maître
du mystère et de la terreur, cet homme de douleur et de guignon,
héritier de tares implacables. Mais les poètes n'ont pas le souci
des contingences misérables et ils jugent plus avec leur cœur
qu'avec leur esprit critique.

Le récit de cette jeunesse sans joie, de cette vie de misère est
poursuivi par Baudelaire avec une émotion dont nous verrons
plus tard les causes profondes. Il suit le poète dans ses épreuves
avec une frémissante sympathie et s'attarde à mille détails comme
s'il contait sa propre histoire. Il ne laisse échapper aucun épisode.
C'est l'enfance marquée par la douleur dans un foyer d'acteurs
déchus, qui meurent, à quelques semaines d'intervalle, happés par
la tuberculose. Trois fantômes au seuil de cette vie : « la faim, le
dénuement, la misère [95] ». Sans doute, Poe sera adopté par un
brave homme, élevé dans l'aisance, mais une lourde hérédité est
sur lui. Il est né pour l'indépendance et pour la douleur. Baudelaire s'étonne à la lecture de *William Wilson* — cette autobiogra-
phie — que Poe n'éprouve pas, au collège, toutes les tortures de
la claustration, « le malaise de l'enfance chétive et abandonnée » [96]
et qu'il goûte, jeune, la solitude. Il voit, dans ce singulier caractère
d'adolescent, s'annoncer une volonté et un orgueil. La douleur ne
l'effraie pas, — et il semble que, toute sa vie, il ira au-devant
d'elle.

A mesure que, dans la biographie de Rufus Griswold — faite, selon Baudelaire, de beaucoup de légendes et semée d'erreurs ou de partis pris — il lit le supplice que fut la vie de Poe, il s'émeut certes, et son émotion, devant tant d'efforts avortés, de labeurs sans salaire, d'incompréhensions et de mépris, de misère physique et morale, grandit jusqu'à éclater en indignations contre les hommes qui ont méconnu ou dédaigné le pauvre Eddie. Pourtant, on devine peu à peu que le cas de Poe l'intéresse pour d'autres raisons et que dans cet enfant, « marqué comme une médaille carthaginoise » [97], c'est lui-même qu'il aperçoit refoulant, au milieu d'un foyer étranger, une « sensibilité » [98] qui éclatera bien un jour. Dans les deux articles écrits en 1852, Baudelaire apparaît hanté du désir de se mêler à Poe, de se confondre avec lui et de créer un nouveau personnage qui sera, peut-être encore, à ses yeux, le jeune homme au grand front où trône, « dans un orgueil calme, le sens de l'idéalité et du beau absolu, le sens esthétique par excellence » [99], — mais déjà aussi le dandy de 1840, le Samuel Cramer sensuel et mystique, le fils abandonné de Caroline Dufays, en révolte contre Aupick et la société, contraint dans ses goûts par un conseil judiciaire, dès septembre 1844, à l'entrée de sa jeunesse, en proie à l'amertume et au désespoir et, par-dessus tout, jaloux d'indépendance, nourrissant le mépris du commun et le goût de l'étrange. Ph. Audebrand écrit sans aucune sympathie, mais non point tout à fait sans raison :

Edgar Poe et Charles Baudelaire ! Pour qui s'entend à l'art de faire des rapprochements, il y a, entre les deux écrivains, une ressemblance fondée sur des rapports de consanguinité. Cette espèce de déraison littéraire que Philoxène Boyer appelait « l'insenséisme » coule à pleins bords dans les œuvres de l'un et de l'autre. Tous deux, s'efforçant de ne ressembler en rien aux autres hommes ont fait de l'extravagance un système. Pour fuir le terre à terre et pour échapper au convenu, ils ont transporté dans la réalité, en ce qui les concernait, la vie des héros de roman. Si la chose leur eût été possible, ils n'eussent fait aucune difficulté pour marcher sur la tête. Tous deux prenaient plaisir à s'enivrer, l'Yankee avec du whisky, le Français avec du hatchich. Tous deux professaient hautement l'amour des choses horribles et des visions surnaturelles. Tous deux et c'était inévitable ont fini par la folie. [100]

Tout n'est pas justifié dans ce parallèle tendancieux [101]. Il y a des erreurs dues à la légende déjà en cours. Mais on en peut retenir ceci : le rapprochement que Baudelaire faisait en 1852, après la découverte d'Edgar Poe, n'était pas factice et il n'y eut pas, dès le début, une sorte de brusque dédoublement, une création imaginative, une construction psychologique. Ce n'est pas la seule intuition d'une communauté d'âme et de vie qui a conduit Baudelaire vers Poe. C'est une longue étude de son existence, de ses œuvres, de son caractère. S'il se laisse duper sur certains points [102] par la biographie de Griswold, il se méfie pourtant des bizarreries des notes américaines qui lui semblent souvent des insinuations hypocrites [103]. Il a, sous les yeux, pour juger l'écrivain et le journaliste, la collection des numéros des deux années où E. Poe dirigea le *Southern Literary Messenger*. Il s'applique donc à le connaître et son enthousiasme a, pour base, l'étude minutieuse de son héros.

Mais, peu à peu, cet enthousiasme, que rien n'a démenti un seul instant depuis la découverte de Poe, prend des motifs plus personnels. Il se produit un curieux phénomène de compénétration et de fusion qui conduira Baudelaire à se regarder et à s'aimer en un autre lui-même. On finit par dégager, des critiques de Baudelaire échelonnées sur cinq années [104], cette arrière pensée à demi-consciente, et, dans le soin scrupuleux mis à ses traductions, on découvre la complaisance d'un esprit qui explore des domaines familiers et y retrouve un peu de lui-même. On ne saurait aller jusqu'à prétendre que, par mimétisme, Baudelaire ait façonné, après 1848, et surtout après 1852, sa personnalité sur celle de Poe, ses tendances sur ses tendances, son art sur son art. Pourtant on peut affirmer que, sans la rencontre de Poe, l'œuvre de Baudelaire n'aurait pas développé tout son dynamisme.

D'ailleurs le phénomène est d'une psychologie complexe que seuls des textes et des faits pourront appuyer. En face d'Edgar Poe et de l'Amérique, Baudelaire fait écho aux jugements des critiques contemporains. Les romantiques français, entre 1835 et 1850, n'aimaient guère les Etats-Unis en qui ils voyaient l'image du progrès matériel et de la prospérité bourgeoise. Le succès de l'étude de Tocqueville, aux environs de 1840, avait fixé sur la démocratie américaine l'attention de l'Europe. Mais nos hommes de lettres sont remplis de prévention devant cette société d'industriels et de commerçants qui n'admet guère de place pour les rêveries des poètes. La *Revue des Deux-Mondes* consacre de nombreux articles à ce conflit de la matière et de l'esprit. Le 15 juillet 1835, Philarète Chasles, dans un aperçu de *la Littérature dans l'Amérique du Nord*, déplore que la Muse ne se montre pas et que l'inspiration ne soit pas née dans cette civilisation, à tant d'autres égards attirante : l'esprit mercantile, selon lui, a usé en Amérique toute inspiration. Le 15 avril 1841, retraçant quelques *Scènes de la vie privée dans l'Amérique du Nord,* il rencontre partout « une activité insatiable, une ardeur d'acquérir, un besoin de dévorer l'espace et le temps. », assurément incompatibles avec le culte paisible des lettres. Le 15 septembre 1841, P. Dillon, étudiant *la littérature et les hommes de lettres aux Etats-Unis,* admire aussi les progrès matériels et trace de pittoresques tableaux de cette ardeur laborieuse, mais s'inquiète de la déficience littéraire de ce peuple trop réaliste. Le journalisme seul semble représenter la part spirituelle dans cette société neuve — et, plus de quinze ans après, le 15 mai 1857, Cucheval-Clarigny confirmera, dans un grand article, cette juste opinion. En 1843, le 1er février, dans un article très nuancé, Philarète Chasles montre, à propos du voyage de Cooper à Paris, en 1830, que l'Amérique nourrit une totale incompréhension de l'Europe et que l'Europe, de son côté, met entre elle et ces hommes nouveaux « toute la distance qui sépare la première jeunesse de la maturité ». [105]. Les conclusions sont ici concordantes : ce peuple n'est pas fait pour les rêveries lyriques et sa mission est de tendre au développement matériel, au bien-être social par les puissances conjuguées du commerce et de l'industrie. Baudelaire n'a aucune peine à partager ces opinions de la critique française : elles répondent à ses tendances et à ses vues. Comme Barbey d'Aurevilly il est heureux, en défendant Poe, de s'en prendre à « la brutalité sourde de cette société américaine qui se soucie bien d'un grand poète et le brise aussi indifféremment qu'une machine coupe le sein à une jeune fille » [106]. Il aurait pu écrire, comme l'auteur anonyme [107] de la note qui précède *Bérénice* dans *l'Illustration* du 17 avril 1852 : « Il faut rejeter la responsabilité d'une partie des vices [de Poe] sur la sévère société dans laquelle la Providence l'avait enfermé. » Il est de l'avis de Louis Etienne, le rédacteur de la *Revue Contemporaine :* Poe est victime de son milieu : « Il eût fallu, pour le sauver, le transporter dans un autre monde » [108]. Il écrit que les Etats-Unis sont pour Poe « une vaste cage » [109], comme Etienne écrira : « Tout ce qui porte le cachet de l'Amérique a le droit de lui déplaire, aussi bien la fontaine de New-York que le Capitole de Washington » [110]. Il admettra, comme d'autres, que sa *Philosophie de l'Ameublement* est écrite pour nous donner loisir de « juger s'il a raison de railler le goût de ses compatriotes » [111], qu'il prend dans son œuvre le contre-pied de toutes les opinions populaires de son pays et que, suivant son opinion, « sa nation n'était qu'un tas de coquins » [112]

C'est donc, en partie, par correspondance avec les opinions reçues dans la critique française et en harmonie avec les idées romantiques sur le génie, méconnu du peuple et voué au malheur,
que Baudelaire prend en main la cause de Poe contre la société
américaine. Il voit en lui un nouveau Gérard [113]. Et aussi un autre
Baudelaire. Car, s'il adopte et, sur certains points, précède ou
exagère les méfiances tendancieuses de la vieille Europe, c'est
parce qu'il se sent attiré vers cet esprit par d'étranges affinités et
aussi parce qu'ils subirent tous deux des influences communes et
éprouvèrent, en face de heurts identiques, les mêmes réactions.
Nous trouverons là une première explication au mystère de cette
impulsion qui pousse Baudelaire vers Poe. Ces deux âmes, façonnées par les mêmes maîtres, — nous verrons que Poe est marqué,
lui aussi, de romantisme européen, — vivent les mêmes rêves en
des milieux qui ont quelques ressemblances et qui posent les mêmes
problèmes : le merveilleux fascine les esprits et Swedenborg hante
la curiosité de Baudelaire, tandis que les sœurs Fox, vers le même
temps, entendent leurs premiers rappings [114] ; le métier d'homme
de lettres, des deux côtés de l'Atlantique, traîne les lourds boulets
de la misère, de la solitude, de la fatalité ; la foule bourgeoise se
rit des chimères vaines du poète et l'utile triomphe contre le beau.
Pourtant il convient de préciser, en raison même de ces sources
ou de ces influences communes, que l'œuvre de Baudelaire ne doit
pas à Poe le meilleur de sa substance : si nous admettions que
le poète français s'est soumis aux inspirations venues du poète
américain, l'originalité de notre Baudelaire serait singulièrement
diminuée et c'est, en toute justice, Edgar Poe qui devrait, en nos
jours de justes réhabilitations, bénéficier de toute la gloire de
Baudelaire. Mais, en étudiant l'œuvre de Poe en regard de celle
de Baudelaire, nous saurons voir que, si l'esthétique de Baudelaire
trouve dans les doctrines de Poe un appui, une confirmation et
même des impulsions précieuses, il arrive aussi que Baudelaire
prête à Poe des qualités qui lui sont propres et, tout en s'efforçant de ressembler à son émule, le contraint parfois à adopter
son propre masque.

Nous savons que les poèmes de Baudelaire furent conçus dès
sa première jeunesse dans le milieu de l'Ecole Normande ou de
l'Hôtel Pimodan. Les témoignages de Prarond, de Champfleury,
d'Asselineau, de Banville [115] nous ont montré un Baudelaire sûr,
dès 1843, de sa pensée et de sa forme. Beaucoup des pièces qui
formeront l'œuvre poétique sont écrites et il pourrait, s'il n'aimait

mieux rester inédit, imprimer un volume de vers. Il récite ses poèmes dans des cénacles choisis, chez Le Vavasseur et Buisson [116],
au grenier de Louis Ménard [117], chez Banville [118] ; *l'Artiste* a
publié ses premiers vers [119] au moment où il rencontre Poe et,
déjà, il est célèbre comme poète original [120] au point que sa marque personnelle s'impose à tous ses amis [121]. On sait que, dès
1847 [122], *la Fanfarlo*, composée bien avant cette date, parle du
poète des *Orfraies* qui a composé un recueil où sont traités les
différents thèmes des *Limbes* ou des *Fleurs du Mal*. Il est question
dans les affirmations de Samuel Cramer d'amour pur et de mysticisme, d'évocations et d'élans spirituels, d'un « matérialisme absolu » qui n'est « pas loin de l'idéalisme le plus pur [123] ». On ne
saurait donc attribuer à l'influence d'Edgar Poe l'architecture
esthétique des *Fleurs du Mal*. Certes, on peut faire des rapprochements et signaler, peut-être, dans les vers de Baudelaire quelques
emprunts aux poèmes d'Edgar Poe [124]. Mais ce sont là souvent
des coïncidences de formules ou d'images qui trouvent leur explication ailleurs que dans des plagiats, des imitations ou de simples
réminiscences. Rappelons pour établir un point de départ précis
les nettes affirmations d'un ami de Baudelaire :

> Baudelaire sentit de bonne heure combien peu d'esprits comprendraient
> « le parfait comédien » qui a analysé si subtilement les âcres parfums
> des *Fleurs du Mal,* c'est pourquoi il resta près de quinze ans sans publier
> ses poésies... Des natures simiesques s'emparaient de ses thèmes favoris
> (ceux de 1840 à 1844), les vulgarisaient et pouvaient faire paraître comme
> *réchauffé* ce qui était la résultante d'une opiniâtre concentration ; déjà la
> réputation dorait les noms de quelques amis du penseur inconnu qui ne
> se pressait pas, attendant de la maturité de ses efforts le clou qu'il faut
> enfoncer solidement dans le mur où tant d'œuvres superficielles sont ac-
> crochées fragilement. [125]

Evidemment, si Baudelaire pressé de jouir de la gloire eût publié
ses vers au moment où il les composait, l'influence possible d'Edgar
Poe n'eût pas été mise en question et beaucoup de rapprochements
mal garantis eussent été évités. Mais les témoignages concordent
trop nombreux, des dates sont trop nettement posées, des titres
sont trop explicitement donnés pour qu'un doute subsiste. D'ailleurs, Baudelaire ne semble pas avoir été particulièrement frappé
par les vers de Poe : et ne l'accusons pas de rester silencieux,
sur ce point, pour donner le change, lui qui avoue son admiration
pour ce *Poetic Principle* auquel il doit tant. Si, dans une lettre à
sa mère [126], il note en passant une ressemblance entre l'œuvre
poétique d'Edgar Poe et la sienne propre, il signale ailleurs [127]

d'un mot assez rapide, avec une erreur de date, sans y prêter
grande attention, et, semble-t-il, sans le bien connaître, le premier
recueil de poésies :

En 1831 [128], il publia un petit volume de poésies qui fut favorablement
accueilli par les revues mais que l'on n'acheta pas. C'est l'éternelle histoire du premier livre. M. Lowell, un critique américain dit qu'il y a dans
une de ces pièces, adressée à *Hélène, un parfum d'ambroisie,* et qu'elle ne
déparerait pas l'Anthologie grecque. Il est question dans cette pièce des
barques de Nicée, de naïades, de la gloire et de la beauté grecque et de
la lampe de Psyché. Remarquons en passant le faible américain, littérature
trop jeune, pour le pastiche. Il est vrai que, par son rythme harmonieux
et ses rimes sonores, cinq vers, deux masculines et trois féminines, elle
rappelle les heureuses tentatives du romantisme français. Mais on voit
qu'Edgar Poe était encore bien loin de son excentrique et fulgurante destinée littéraire.

Voilà pourquoi, sur ce point, les travaux d'A. Patterson et de
R. Vivier [129] paraissent apporter un faux point de vue. Je ne crois
pas qu'il soit opportun d'épiloguer sur des rencontres de formes
et de thèmes et de rapprocher des allitérations, des procédés de
rythmes, de rimes ou de refrains. Les dates sont là pour qu'on
puisse affirmer que l'influence de Poe ne s'est pas exercée sur le
dessin général de l'œuvre poétique de Baudelaire.

Peut-être faut-il chercher à ces coïncidences des causes toutes
naturelles. L'affinité de tempérament ne saurait tout expliquer. La
réalité est que Baudelaire et Edgar Poe puisent leurs inspirations chez les mêmes maîtres et que tous deux ont subi, bon
gré mal gré, l'empreinte du Romantisme.

« Edgar Poe, écrivait un critique en 1857, est un romantique
de 1827 qui a été forcé d'émigrer aux Etats-Unis [130]. » Au temps où
Edgar Poe fréquentait, vers 1826, l'Université de Virginie, il subit
comme la jeunesse de son temps l'influence des mélancolies qui
troublent les sensibilités d'Europe : avant de devenir, comme Gray
et Young, le poète de la nuit et de la mort, il écrit ses premiers
vers sous le signe de ce Byron dont il déclame les poèmes avec
enthousiasme [131]. Qu'on lise, dans le recueil de 1827, la confession de Tamerlan : les désespérances du Giaour, les sombres
rêveries de Conrad et de Lara, les déclamations ambitieuses de
Childe Harold et de Manfred, les thèmes de l'amour goûté sur les
cimes mystiques, de l'orgueil qui mène au crime, du dédain supérieur pour la vile race des hommes, inspirent tout le poème où se
heurtent les rêves les plus fous et les plus lamentables déceptions.

Pendant son séjour en Angleterre, de 1815 à 1820, Edgar Poe connut la littérature anglaise : le préromantisme de Gray et de Young a son reflet sur tant de poèmes sombres ou funèbres ; il connut l'œuvre de Coleridge et de Wordsworth [132]. Le romantisme anglais a déjà produit ses plus belles pages, et c'est l'heure où commence à chanter ce Shelley dont Poe subira le charme prenant [133]. Le jour n'est pas loin où il sera hanté par le fantastique d'Hoffmann dont lui parviendront, vers 1824 et 1826, les premières traductions anglaises. [134]

Et ce jeune étudiant qui, aux heures où la bataille romantique se développait à Paris, cueillait de beaux succès en langue française à l'Université de Virginie [135], connut bien vite les grandes œuvres de notre littérature en mal de révolution : « Il a respiré le romantisme qui était dans l'air, écrit L. Etienne, en 1857. Je crois qu'il nous a emprunté nos goûts et nos préjugés de cette époque. Il semble ne lire que des livres français ; il se souvient quelque part d'*Hernani* [136] ». Nous manquons de précisions rigoureuses pour affirmer l'emprise de tel ou tel auteur. Pourtant ces quelques détails et le son même de certaines œuvres, où se révèlent des préoccupations semblables à celles qui hantaient à cette époque les poètes d'Europe [137], prouvent bien que les thèmes romantiques ont attiré l'attention d'E. Poe. De sorte qu'il est permis de se demander si des influences communes n'ont pas déterminé pour une part ces étranges points de contact entre l'inspiration d'E. Poe et celle de Ch. Baudelaire.

Ceci précisé, peut-être comprendrons-nous mieux et les ressemblances et les différences que la lecture comparée des poèmes de Baudelaire et de Poe nous permet d'établir. Certes, la part de collaboration demeurera toujours mystérieuse car il est vain d'essayer un départ, dans le secret de la création artistique, entre l'inspiration spontanée et l'inspiration suggérée. Mais, avant le choc de la rencontre, des influences, plus fortes que ne sera l'emprise de Poe, se sont exercées : nous les avons déjà signalées et Baudelaire les a toujours avouées [138]. Je ne crois pas que les poèmes de Poe aient effacé l'empreinte des vers de *Joseph Delorme* [139] ou de la *Comédie de la Mort*. Souvenons-nous que Baudelaire sait reconnaître ses emprunts. Il a laissé une « note sur les plagiats » [140] où il énumère la liste des poètes qu'il a imités. Le nom d'Edgar Poe s'y trouve avec cette précision : deux passages. Il proteste quand on l'accuse d' « imiter Poe » [141] et nous comprenons son indignation, si des poèmes manifestement écrits avant 1847 — comme *l'Albatros, le Mauvais Moine, Don Juan aux Enfers, le Rebelle, la Géante, une Charogne, l'Ame du Vin, le Vin de l'Assassin* [142] — contiennent déjà la moelle baudelairienne. A qui feuillette les *Fleurs du Mal* il n'est guère possible de distinguer entre les poèmes de jeunesse et les poèmes d'âge mûr [143]. On pourrait d'ailleurs dresser le bilan des différences que présente l'œuvre poétique des deux artistes. « Baudelaire a un sens de la plastique et de la couleur qu'il s'en faut que Poe possède au même degré. Moins spirituelle, moins aérienne, moins désintéressée en général que celle de Poe, sa musique est plus adaptée à la variété des sentiments et des sensations et plus impressionniste. Si elle n'enlève pas l'âme sur une nappe d'ondes ethérées, elle force son refuge inviolable en s'en approchant par les voies ramifiées des sens avec des ondulations mystérieuses » [144]. On peut conclure en affirmant que les poèmes de Poe n'ont exercé sur Baudelaire qu'une influence tout extérieure et que le tempérament de l'auteur des *Fleurs du Mal* a trouvé, dans ses vibrations intérieures, toute la richesse du frisson nouveau.

Mais l'œuvre de Poe a souvent été pour Baudelaire une source d'impulsions. Baudelaire a pu adapter ou transmuer la matière. Le choc initial est souvent indéniable. Cependant, plus que sur son art, il s'est exercé sur les idées, mêlé d'ailleurs à d'autres éléments, subordonné aux influences du milieu ou des circonstances. La rencontre de Poe a aidé Baudelaire à répudier certaines idées sociales, d'ailleurs superficielles et passagères, pour prendre nettement et définitivement position dans son dédain de la foule et du peuple. Surtout, elle lui apporte sur l'esthétique, magnifiquement formulé, un idéal dont il rêve, dès sa jeunesse, et l'oriente vers une conception toute moderne de la poésie.

On sait que les dernières années du règne de Louis-Philippe virent l'union des bourgeois et des socialistes qui ouvraient leurs rangs aux artistes épris d'indépendance et prêts à se détourner de la royauté pour prôner la démocratie — et Baudelaire fait l'éloge du bourgeois. Lui-même signale cette étrange association qu'il a d'abord acceptée sans indignation :

En 1848, il se fit une alliance adultère entre l'école littéraire de 1830 et la démocratie, une alliance monstrueuse et bizarre. Olympio renia la fameuse doctrine de *l'art pour l'art* et depuis lors, lui, sa famille et ses disciples n'ont cessé de prêcher le peuple et de se montrer en toute occasions les amis et les patrons assidus du peuple. [145]

Lui-même, quelque temps, est séduit par ce programme. Faut-il voir, dans son apostrophe aux Bourgeois [146], une preuve de sa foi d'un moment dans la mission sociale de l'artiste ? En 1851 [147], il préfacera les *Chansons* de Pierre Dupont et si, dès sa jeunesse, il déteste Béranger, c'est plutôt pour sa médiocrité que pour sa popularité [148]. Dans son étude sur Dupont que d'affirmations dont il rougira plus tard sur la morale et sur la politique [149] ! La révolution de Février bouleversa Baudelaire et l'article écrit sur Pierre Dupont reflète cette émotion encore mal dissipée. Jules Buisson nous montre un Baudelaire venant de faire le coup de fusil, au soir du 24 février [150], et Le Vavasseur le représente animé de la soif du martyre et s'emportant en « fusées socialistes » [151]. Lié avec Thoré, Proudhon, Hippolyte Castille, il a l'horreur du soldat et du galon [152]. Le 27 février, il fonde un journal avec deux amis du *Corsaire*, Champfleury et Toubin. *Le Salut public* vécut deux jours (27 et 28 février) et Baudelaire y écrivit, s'il faut en croire ses amis, un article d'une extrême violence sur *les Châtiments de Dieu* [153]. Haine du tyran, amour de la république et de la liberté, tels sont les thèmes développés en un galimatias emphatique où l'on a peine à retrouver Baudelaire [154]. Ses notes intimes expliquent cette exaltation par l'amour — très baudelairien — des sensations violentes et nouvelles, le mépris de la médiocrité sans horizon, le désir d'aventures imprévues :

> Mon ivresse de 1848. De quelle nature était cette ivresse ?
> Goût de la vengeance. Plaisir naturel de la démolition.
> Ivresse littéraire ; souvenir des lectures...
> 1848 ne fut amusant que parce que chacun y faisait des utopies comme des châteaux en Espagne.
> 1848 ne fut charmant que par l'excès même du ridicule... [155]

Ces idées étaient d'un dilettante plus que d'un convaincu : en septembre-octobre 1848, il fait un voyage dans l'Indre pour fonder à Châteauroux un journal conservateur [156]. Expédition sans lendemain. Le premier article secoua d'indignation le calme des provinciaux et Baudelaire revint à Paris [157]. Enfin, en 1850, les velléités politiques de Baudelaire se révèlent une dernière fois : il collabore, avec Dupont, la Chambeaudie, Gustave Mathieu, à *la République du Peuple, almanach démocratique,* et son nom figure, au *Journal de la Librairie* [158], comme gérant de cet opuscule. La signature ne s'y trouve il est vrai qu'au bas d'un poème (*l'Ame du vin*) et La Fizelière et Decaux lui attribuent la paternité d'un article anonyme : *Biographie des excentriques* [159]. Son exaltation paraît tom-

bée et, dans ces derniers gages au parti humanitaire, Baudelaire
n'est plus qu'un littérateur très assagi. Il ressort cependant de ces
faits qu'à un moment Baudelaire se préoccupe de la vie sociale.
Il fait confiance quelque temps — si nous voulons bien ne voir
aucune ironie dans de trop fameuses pages — au bon sens du
Bourgeois capable de soutenir les intérêts de l'art. Et cela est
d'un piquant intérêt, si l'on songe que, dans le même temps, les
premières traductions d'Edgar Poe soulevaient la réaction du bon
sens bourgeois qui repoussait l'auteur américain comme un bohème,
un fou, un réaliste et un matérialiste [160]. Baudelaire, néanmoins,
s'enthousiasme pour la vertu libératrice d'une Révolution et s'incline devant le jugement populaire en matière de chansons. Mais
ce fut courte illusion. Baudelaire n'était qu'un démocrate d'occasion et s'il crie : « Vive la République », ce sera dans un journal
qui paraît deux jours [161], en haine d'une société que défend le
général Aupick [162]. C'est par boutade qu'il fait dans le *Journal
de Châteauroux* l'éloge de « Marat, cet homme doux, » et de « Robespierre, cet homme propre » [163]. Et ses *Journaux intimes* apportent à chaque page des preuves de son horreur croissante pour les
doctrines des partis démocratiques. Il parle de « la folie du peuple » et de la « folie de la bourgeoisie » [164] : « Robespierre n'est
estimable, dit-il, que parce qu'il a fait quelques belles phrases » [165],
et, « en politique le vrai saint est celui qui fouette et tue le peuple
pour le bien du peuple » [166]. Plus tard, il traitera sans respect
les « exilés volontaires » qui ont refusé l'amnistie de 1859 et
qui ne sont pour lui que des « père Loriquet de la démocratie »,
des « vérités de Télémaque », des « vieilles bêtes, vieux Lapalisse,
propres à rien, fruits secs, élèves de Béranger », n'ayant qu'une
« philosophie de maîtres de pension et de préparateurs au baccalauréat » et lui inspirant cette boutade de désabusé : « Je n'ai
jamais si bien compris qu'en les voyant la sottise absolue des
convictions » [167]. Quand, sur la fin de sa vie, il reçoit de Hugo
un livre [168] dédicacé : « Jungamus dextras », Baudelaire traduira,
impitoyable : « Cela veut dire... : unissons nos mains pour sauver
le genre humain. Mais je me fous du genre humain » [169] — et il
prendra en pitié son amie, Mme Paul Meurice, qui est « tombée
dans la démocratie comme un papillon dans la gélatine » [170].

Cette horreur de la démocratie et du jugement populaire, il faut,
pour être juste, avant de parler de l'influence d'Edgar Poe, l'attribuer pour une part aux théories de Joseph de Maistre [171] dont
Baudelaire aimait à se proclamer le disciple. « De Maistre et

Edgar Poe, écrit-il [172], m'ont appris à raisonner ». C'est donc lui-même qui nous invite à des discriminations nécessaires. Qu'en-tend-il par raisonner, sinon prendre conscience de ses idées et remplacer la vie de l'instinct par la réflexion méthodique ? Sur ce point la philosophie aristocratique de Joseph de Maistre le ga-rantit contre la foule, contre la femme, contre tout ce qui se livre aux impulsions d'une nature viciée par le péché originel et réglée par l'esprit de perversité. Ce penseur chrétien lui apprend à approfondir l'analyse de la nature humaine et lui dicte cette psychologie pessimiste qui voit partout la souillure de la faute primitive. Maintes pièces des *Fleurs du Mal* auront leur source dans les *Soirées de Saint-Pétersbourg* [173] et bien des idées fonda-mentales du mysticisme esthétique de Baudelaire — prévarication originelle, mal universel, rachat de l'homme par la douleur, carac-tère sacré de l'échafaud purificateur [174], réversibilité des mérites et des souffrances, dualité intérieure de l'être humain, — combien d'autres tendances de son dogmatisme d'aristocrate — dérivent de celui qu'il appelle, tour à tour, un « soldat animé de l'esprit saint », un prophète, « aigle et bœuf tout à la fois », un « voyant », « le plus grand génie de notre temps » [175]. Il semble bien que toutes les inspirations qu'on a groupées sous la rubrique : catho-licisme de Baudelaire, trouvent leur source première dans les *Soi-rées de Saint-Pétersbourg*. N'est-ce point là qu'il a lu la condam-nation de ces « folles doctrines » qui ont ridiculement prôné la bonté de « l'état de nature » [176], l'exaltation de l'homme qui souf-fre et que le malheur rend meilleur et plus méritant [177], la croyance à la réversibilité des douleurs de l'innocence au profit des cou-pables [178], à la vertu du sacrifice qui grandit l'homme et de la souffrance qui le purifie [179] ? Ainsi l'influence de Joseph de Maistre se conjuguera, le moment venu, avec celle d'Edgar Poe et lui don-nera des résonances plus profondes. C'est pourquoi il convient de rapprocher, comme Baudelaire nous y invite lui-même, ces deux maîtres de sa pensée et de son esthétique.

Néanmoins, en cette affaire, il faut distinguer des nuances : l'influence de Joseph de Maistre tendra à placer le mysticisme de Baudelaire sur le plan de la morale et du dogme. Et c'est l'in-fluence de Poe qui le portera plus délibérément sur le plan esthé-tique. Pourtant, chez tous deux, Baudelaire puise le dégoût du commun et cette idée que la vie de l'esprit dépasse les médiocres instincts de la foule. Et c'est ainsi qu'au sortir des méditations où le plonge la lecture du *Pape* ou des *Soirées de Saint-Péters-*

bourg, devant Poe, victime de la démocratie américaine, étouffé par la loi d'airain de la masse, Baudelaire se prend de dégoût pour ce peuple de journalistes à grand tirage qui figure à ses yeux le symbole de la démocratie sans esprit et sans âme : « Il était difficile de l'employer, relate-t-il avec amertume, et on était obligé de le payer moins que d'autres parce qu'il écrivait dans un style trop au-dessus du vulgaire. Quelle odeur de magasin ! comme disait Joseph de Maistre » [180]. Baudelaire se sent désormais détaché de cette foule bourgeoise ou populaire qui n'a jamais compris — et les vieux sentiments romantiques à la Vigny remontent vers ses lèvres. Il songe au succès des médiocres qui flattent le goût des majorités ; il voit le « guignon » poser sa marque lourde sur le front des inspirés, et, son enthousiasme pour les émancipations révolutionnaires s'étant évaporé, il se retrouve, meurtri et pessimiste, en face de l'homme intérieur, devant les tourments de conscience, les conflits pascaliens, la souillure adamique, toute la triste nudité humaine. Il cherchera à se séparer et à se distinguer. L'oubli lui viendra à contempler l'étrange, à l'aimer, à le réaliser en lui, car, pour lui comme pour Poe, l'étrange deviendra bien vite un signe de supériorité artistique. Par là, il étonne et séduit, et surtout, il s'évade. Dès 1845, Baudelaire saluait en Delacroix « les facultés étranges et étonnantes d'un grand génie malade de génie » [181]. Cet amour du bizarre est certes au fond de sa nature éprise du rare, éloignée du commun ; mais il est indéniable que les contes de Poe ont accentué ce goût natif. On ne se penche pas impunément sur les visions qu'évoquent la *Chute de la Maison Usher*, la *Barrique d'Amontillado*, le *Double Assassinat de la rue Morgue*.

Par voie de conséquence et par contraste, c'est la haine de la démocratie et du progrès matériel qui attache Baudelaire à Edgar Poe et qu'il aime retrouver en lui, nourrir à cause de lui, à un moment où ses instincts d'aristocrate se délient des fougues révolutionnaires et où l'existence quotidienne, bridée par le conseil judiciaire, lui est devenue une lutte de tous les instants. Le parallèle entre ses propres misères et les misères de Poe il l'établit de lui-même. Et le voilà qui exagère les misères de Poe pour les égaler aux siennes. Ce jeune homme — qui est riche seulement de ses poèmes que personne ne lisait, de ses contes que personne ne publiait et qui, avec 12 cents en poche, tente vainement tous les métiers, — lui apparaît comme une victime de la démocratie. Il oublie la jeunesse choyée chez John Allan et les succès littéraires qui le gonflent de joie. Le *Saturday visitor* donne deux prix, au poème *The Coliseum* et aux *Tales* de Poe, et l'éditeur Kennedy devient son ami, le sauve de lui-même et le fait entrer, en septembre 1835 [182], au *Southern Literary Messenger* où il prendra vite une place importante, comme Baudelaire lui-même doit le constater [183]. Mais ce jeune homme s'évade de la vie régulière — et faut-il en vouloir à la Société, si elle ne comprend ni ses fantaisies ni ses coups de tête ? Quoi qu'il en soit, Baudelaire puisera, dans l'amère contemplation de cette existence, le dégoût de ses semblables — et son pessimisme a sa source dans la haine de ceux qui n'ont pas assez compris et assez aidé Edgar Poe, qui ne comprennent et n'aident jamais les êtres qui les dépassent. Cette haine de la démocratie, corollaire du goût de l'étrange, du désir du singulier, pour tout dire cette horreur du commun, c'est au fond, chez Baudelaire, comme chez Poe, tendance de poète. Il n'existe pas de vrai poète qui n'ait cet orgueil du génie où il entre toujours un dédain aristocratique des masses. Le rude populaire ne saurait s'élever jusqu'aux élans, toujours imprévus ou raffinés, de l'œuvre poétique. Cette langue, le vulgaire ne la parle pas — et il ne l'entend guère. Le roman, moins concentré, sera mieux compris que le poème où s'enferme une âme pour méditer ou pour souffrir. Et il ne saurait être question aux regards d'un Baudelaire ou d'un Poe de cette contrefaçon de poésie qui se voue à l'enseignement ou à l'amusement des foules [184]. C'est pourquoi le divorce est fatal entre le poète et le peuple — et Baudelaire peut écrire : « Le poète court à l'extrême orient quand un feu d'artifice se tire au couchant [185]. » Sur ce point Baudelaire se rapproche de Poe et c'est par là que l'influence de Poe s'exerce sur l'esthétique de Baudelaire.

En août et en novembre 1848 Edgar Poe fit à Providence et à Lowell deux « lectures » publiques [186] : les « lectures », en Amérique, jouaient un grand rôle dans la vie intellectuelle. C'étaient des manières de conférences où un auteur produisait une dissertation sur un sujet philosophique ou littéraire. Edgar Poe avait choisi comme thème de son discours *le Principe de la Poésie, The Poetic Principle,* trouvant dans cette mode un moyen d'exprimer ses idées les plus chères. A ce moment, Poe jouit de quelque célébrité grâce à « la folie du *Corbeau* » dont le pathétique avait ému, en 1845, la sensibilité américaine [187]. Il eut un vaste auditoire : « tous ceux qui n'avaient pas vu Edgar Poe depuis les jours de son obscurité accouraient en foule pour contempler leur compatriote devenu illustre [188] ». Poe déclara la guerre aux faux artistes qui veulent donner comme but à la poésie une utilité directe et illustra sa thèse de récitations de poètes anglais. On lui demanda la lecture du *Corbeau*. Et l'auditoire fut désappointé de sa voix trop sourde et trop insouciante des effets musicaux [189]. Mais le succès avait été assez vif pour gonfler de joie le cœur du poète et lui ouvrir de belles espérances...

Le *Poetic Principle,* que Baudelaire a longtemps médité, qu'il a traduit et qu'il a reproduit en partie dans ses *Notes sur Edgar Poe* [190], et même, sans nommer l'auteur, dans son étude sur Gautier [191], contient, en vérité, toute l'esthétique de la poésie pure. La Poésie pour Edgar Poe est le but de tout art supérieur et le moyen unique d'atteindre et de révéler le Beau. Or le Beau n'est perçu qu'en de brefs éclairs. Cette vision déchaîne dans l'âme du poète un enthousiasme dont la courte durée se mesure aux limites de l'émotion humaine. Le poème est le réceptacle fragile de cet enthousiasme ; par lui le poète communique à ses frères humains une parcelle de cette révélation du Beau — et les hommes doivent se contenter de cette imparfaite traduction d'une intraduisible intuition. Cet enthousiasme de l'interprète ne saurait se répandre sans se diminuer : un poème doit être court. Si les premiers recueils de Poe (1827 et 1829) contiennent de longs poèmes — d'ailleurs d'une obscurité sans profondeur et d'une qualité inférieure (*Tamerlan, Al Aaraaf*) — ce sera erreur et fougue de jeunesse, et les pièces écrites depuis (*à Hélène, Israfel, la Vallée de l'Inquiétude, Un rêve, l'Empire des fées,* etc.), tendront à n'être que de brusques révélations. Baudelaire suivra, de son côté, cet exemple : poèmes courts, œuvre courte. La force d'évocation — cette « sorcellerie évocatoire » qui enrichit les mots d'un or secret [192] — se concentre dans une sobriété volontaire qui éclaire et condense la pensée dans l'image : un poème doit émouvoir l'âme en l'élevant — et on ne saurait prolonger l'émotion sans l'affaiblir :

Je soutiens qu'il n'existe pas de long poème. J'affirme que l'expression « un long poème » est une contradiction pure et simple dans les termes. J'ai à peine besoin de faire observer qu'un poème ne mérite son titre qu'autant qu'il excite l'âme en l'élevant. Le poème est en raison directe de cette puissance d'élever et d'exciter. Mais toute excitation, est, par nécessité psychique, passagère. Le degré d'excitation nécessaire pour donner à un poème le droit de s'appeler ainsi ne peut se maintenir d'un bout à l'autre d'une œuvre de quelque importance. Au bout d'une demi-heure, au grand maximum, elle faiblit, tombe, — une réaction suit — et le poème, en fait et en effet, cesse d'être un poème... [193]

Les grands ouvrages ne sont poétiques que si on peut les considérer comme une série de poèmes détachés (le *Paradis perdu* et même l'*Iliade*). L'épopée moderne n'est qu'une imitation maladroite et aveugle des prétendus modèles épiques de l'antiquité et l'époque de ces méprises artistiques est passée. Ce n'est pas un long effort de l'auteur qui donne à l'œuvre son mérite mais l'impression qu'elle produit sur le lecteur. La persévérance est une chose, le génie en est une autre. Assurément il ne faut pas tomber dans l'excès contraire : un poème peut pécher par excès de brièveté et l'épigramme n'est pas effet de poésie [194]. L'impression, pour être durable, doit se prolonger un instant. Mais, hors des limites raisonnables, un poème n'est qu'une narration sans valeur poétique et se corrompt dans l'hérésie du didactique. Et ici Poe établit le principe, que retiendra Baudelaire, de l'incompatibilité entre la Poésie et l'Utilité pratique et morale. Poe écrit :

Tout poème, dit-on, devrait inculquer une leçon morale ; et c'est d'après cette leçon qu'on doit fixer le mérite poétique de l'œuvre. Nous autres, en Amérique, nous avons spécialement patronné cette heureuse idée, et nous autres, à Boston, tout spécialement nous l'avons développée au maximum. [195]

Baudelaire renchérira :

Je ne sais quelle lourde nuée, venue de Genève, de Boston ou de l'Enfer a intercepté les beaux rayons de soleil de l'esthétique. La fameuse doctrine de l'indissolubilité du Beau, du Vrai et du Bien est une invention de la philosophaillerie moderne. [196]

Depuis longtemps, existe aux Etats-Unis, à Boston surtout, une école de puritanisme qui veut transformer en prêche la littérature, « un mouvement utilitaire qui veut entraîner la poésie comme tout le reste. Il y a là des poètes humanitaires, des poètes du suffrage universel, des poètes abolitionnistes des lois sur les céréales et des poètes qui veulent faire bâtir des work-houses » [197]. A tous ceux-là Poe fera une irréductible opposition :

Nous nous sommes mis en tête qu'écrire un poème simplement pour l'amour de la poésie et reconnaître que telle a été notre intention serait avouer que le vrai sentiment de la dignité et de la force de la poésie nous fait radicalement défaut. Mais la simple vérité, c'est que, si nous nous permettions de regarder dans notre âme, nous y découvririons immédiatement qu'il n'existe pas et qu'il ne *peut* pas exister au monde d'œuvre plus absolument digne — plus suprêmement noble que ce poème même — ce poème en soi — ce poème qui est un poème et rien de plus — ce poème écrit uniquement pour l'amour de la poésie. [198]

Or il y a, entre la vérité et la fiction, incompatibilité absolue. On ne saurait enguirlander de perles et de fleurs un théorème géométrique. La vérité exige de la simplicité, de la précision, du calme. Le savant, pour la découvrir, doit rester impassible. Et c'est là un état d'esprit antipoétique. Edgard Poe est conduit à apporter des affirmations qu'il nous faut reproduire car Baudelaire en tirera, pour ses idées de demain, un parti inépuisable :

Si nous établissons dans le monde de l'Esprit les trois distinctions les plus immédiatement évidentes, nous avons l'Intelligence pure, le Goût et le Sens Moral. Je mets le Goût au milieu, parce que c'est bien la position qu'il occupe dans l'esprit. Il est intimement lié à l'un et l'autre extrême ; mais il est séparé du Sens Moral par une différence si ténue qu'Aristote n'a pas hésité à placer certaines de ses opérations parmi les vertus mêmes ; nous voyons néanmoins que les *fonctions* de chacune de ces trois facultés se distinguent avec une suffisante netteté. De même que l'Intelligence s'attache au Vrai, le Goût nous informe du Beau, tandis que le Sens Moral se préoccupe du Devoir ; pour celui-ci, tandis que la Conscience en enseigne l'obligation et la Raison l'utilité, le Goût se contente d'en révéler les charmes, — luttant contre le Vice uniquement à cause de sa difformité, de ses disproportions, de sa haine pour la convenance, la proportion, l'harmonie, — de sa haine en un mot, pour la Beauté [199].

Cette distinction établit les limites nettes des trois domaines. Baudelaire, la reprenant, fera, à partir de la Préface des *Histoires Extraordinaires* (1856), la part plus restreinte encore à l'utilité dans le domaine artistique. Il séparera la morale de l'art — et il est permis de voir ici, en outre, une influence de la Préface de *Mademoiselle de Maupin*. Mais, sur ce point, les vues de Poe établiront les nuances. Pour Gautier et les tenants de l'art pour l'art, l'amour exclusif du Beau est hérité d'un sens païen de l'art. La forme est un but et la nudité du Beau ne s'embarrasse pas de morale. L'esthétique formulée par E. Poe est, dans une acception plus haute, le culte de la Beauté pure. Tout élément étranger en vicie la spiritualité — et, loin de s'opposer à la morale, dont elle accepte l'existence parallèle, la Beauté conduit vers elle puisqu'elle ne saurait admettre le vice — qui est difformité et discordance, c'est-à-dire laideur. De sorte que, pour Poe, comme pour Emerson, la Beauté est une morale transcendantale. Encore que Poe ait raillé les transcendantalistes, *Eureka* n'est guère que l'essai d'Emerson sur la surâme refait par un poète frotté de cosmographie. Mais Poe ne suit pas Emerson dans ses conclusions : il se détache de toute préoccupation d'éthique et il demeure dans les hauteurs de l'idéal : il donne une analyse du sentiment du Beau qui contient

toute une mystique, toute une métaphysique. Cet immortel instinct
a de profondes racines dans l'esprit de l'homme ; il est la source
du plaisir qu'il trouve dans les formes innombrables, les sons, les
parfums, les sensations : « This it is which administers to his
delight in the manifold forms and sounds and colours, and odours,
and sentiments, amid which he exists » [200]. La simple reproduction,
orale ou écrite, de ces formes est, certes, élément de joie. Mais le
poète n'a pas rempli sa tâche, s'il se borne à chanter, même
avec enthousiasme, ou à reproduire, même avec fidélité, ces formes,
ces sons, ces parfums, ces couleurs, ces sensations — qui lui sont
d'un partage commun avec le reste de l'humanité. Le rôle divin
du Poète — « his divine title » — c'est d'atteindre un domaine
qui dépasse les élans ordinaires :

Il lui reste encore quelque chose à atteindre. Nous sommes dévorés
d'une soif inextinguible et il ne nous a pas montré les sources de cristal
qui l'étancheront. Cette soif fait partie de l'Immortalité de l'Homme. C'est
à la fois une conséquence et une preuve de son existence éternelle. C'est
le désir qui tend le phalène vers l'étoile. Ce n'est pas la simple appréciation de la Beauté qui est sous nos yeux mais un effort exalté pour atteindre la Beauté supérieure. Inspirés par une prescience extatique des
merveilles situées par delà le tombeau, nous luttons par de multiples combinaisons, parmi les choses et les pensées du Temps, pour atteindre une
part de cette splendeur dont les éléments mêmes, peut-être, n'appartiennent
qu'à l'éternité. Ainsi quand, par la poésie, ou par la musique — le plus
exaltant des modes poétiques — nous nous trouvons fondre en larmes,
nous pleurons alors... non d'un excès de jouissance mais par une certaine
douleur impétueuse, impatiente de ne pouvoir étreindre, maintenant, en
entier, sur cette terre même, immédiatement et à jamais, ces joies divines
et enivrantes qu'à travers la poésie, ou à travers la musique, nous ne
faisons qu'entrevoir par échappées rapides et confuses. [201]

Ce passage élève à des cimes mystiques le plan poétique. Baudelaire l'interprète presque littéralement — et se l'appropriera [202],
tant il y trouve la pleine expression de sa pensée. Il convient de
rapprocher les deux textes pour juger à quel point se compénètrent
les idées esthétiques des deux poètes — et découvrir ce que notre
Baudelaire doit à l'impulsion révélatrice du *Poetic principle* :

C'est cet admirable, cet immortel instinct de Beau qui nous fait considérer la Terre et ses spectacles comme un aperçu, comme une *correspondance* du Ciel. La soif insatiable de tout ce qui est au-delà, et que révèle
la vie, est la preuve la plus vivante de notre immortalité. C'est à la fois
par la poésie et *à travers* la poésie, par et *à travers* la musique que l'âme
entrevoit les splendeurs situées derrière le tombeau ; et quand un poème
exquis amène les larmes au bord des yeux, ces larmes ne sont pas la

preuve d'un excès de jouissance, elles sont bien plutôt le témoignage d'une mélancolie irritée, d'une postulation des nerfs, d'une nature exilée dans l'imparfait et qui voudrait s'emparer immédiatement, sur cette terre même, d'un paradis révélé.

Ce mysticisme esthétique semble détonner dans l'Amérique de 1840 — telle que Baudelaire nous l'a décrite, matérialiste et utilitaire. Pourtant, on ne saurait oublier qu'à cette date nombre d'auteurs ont résisté au romantisme passionnel venu d'Europe, aux sensualités de Faust, de Lelia, ou aux désordres des héros byroniens. L'influence de Wordsworth et de Coleridge — si manifeste chez William Cullen Bryant que Poe admirait [203] — opère dans certaines âmes un renouveau de religiosité et d'idéalisme mystique dont le *Poetic principle* est une manifestation. Les doctrines religieuses se mêlent aux recherches esthétiques et l'unitarianisme de William Ennery Channing conduit au transcendantalisme d'Emerson, de Margaret Fuller et de Thoreau. Le plus grand de tous, Emerson, qui, à tant d'égards, s'éloigne de Poe, mais dont Baudelaire a lu avec profit la *Conduct of Life* [204], rejoint en plus d'une page les affirmations de Baudelaire et de Poe. Sans doute ni son goût de l'art subordonné à des fins morales, ni son mysticisme utilitaire, ni son panthéisme qui dissimule mal un secret « humanisme », ni même son culte du héros volontaire et actif (qui séduit pourtant Baudelaire) ne concordent avec l'idéalisme désintéressé et les rêves extatiques de Poe. Mais le beau lui suggère à lui aussi l'incommensurable et le divin et contient à ses yeux l'infini dans la vertu superbe de la forme [205]. Ce beau existe, à son sens, pour que l'âme exilée dans le monde des apparences puisse reconnaître l'ombre de ce qu'elle a été dans un état originel vers lequel elle aspire de nouveau à remonter [206]. Emerson parle, lui aussi, quelque part, de l'exaltation physique (*plus health*) de l'inspiré, de frisson (*thrill*) et de frémissement (*shudder*) et s'écrie :

Je voudrais trouver des mots qui vous fassent broncher et chanceler (*stagger and reel*) comme des hommes ivres [207].

Il croit aux communications mystiques de l'immatériel et trouve, dans le choc des mots révélateurs, un signe de la présence du divin — et, sur ce point, il ira plus loin que Poe jusqu'à la fusion de l'homme avec Dieu [208] ou jusqu'à la croyance aux influences des revenants ou des sorciers [209]. Entre temps, il lui arrive d'écrire des pages que Poe aurait signées, dont Baudelaire aurait pu s'emparer :

Les mots qui vous glacent le sang dans les veines ou qui précipitent le sang aux joues et qui vous font trembler, n'entendez-vous pas la vérité en eux ? [210]

Nous sommes là, à attendre, vides, alors que l'immensité pourrait nous remplir. Nous sommes entourés de symboles puissants qui, pour nous, ne sont pas des symboles mais de la prose, des hochets... Voici que descend la flamme ; elle change les statues en hommes embrasés, elle consume le voile qui enveloppait toutes choses comme d'un linceul. [211]

L'image est changée. Mais la pensée reste celle de Poe. Les choses n'ont de forme et de prix que transformées et transposées par l'inspiration. Flamme qui embrase, soif qui étreint — expressions sensibles de ce mystère qui fait de l'homme au regard limité l'inspiré aux intuitions infinies, — le Poète qui a vu ou deviné, et qui traduit, pour les hommes du commun, ses visions ou ses rêves.

Car le Poète n'est qu'un traducteur. Il est un médiateur frémissant : son rôle est de vibrer au Beau comme une antenne et de transmettre des messages d'un monde inaccessible. Ces traductions sont de formes diverses, car la Beauté s'exprime non dans un art unique mais dans tous les arts :

Le sentiment poétique peut naturellement se développer sous diverses formes, dans la Peinture, la Sculpture, l'Architecture, la Danse, et tout spécialement dans la Musique. [212]

Ainsi Poe conçoit l'élargissement du concept de la Poésie. Le Poète, au sens primitif du mot, est un Créateur, — un Créateur de Beauté — et pour interpréter cette Beauté, tous les arts peuvent lui servir. Un beau parc a sa poésie comme une belle statue. Et si Edgar Poe se limite à envisager la manifestation du sentiment poétique par le langage, il pose nettement le principe de l'équivalence et de la correspondance des arts dans la représentation de la Beauté : idée reprise et développée par Baudelaire au centre de sa doctrine esthétique.

La musique est, au goût de Poe, comme elle le sera au sens des symbolistes français, d'une telle importance en poésie que, sans mesure, rythme et rime, la poésie du langage n'existerait peut-être pas. À cet égard l'*Art Poétique* [213] de Verlaine ne sera que la traduction du *Poetic Principle*. C'est la musique — si riche de possibilités idéales, d'inexprimables suggestions — qui enlève l'âme vers la création de la Beauté supérieure ; c'est par elle qu'elle peut approcher le plus du Parfait :

Il nous arrive souvent de sentir, tout frémissants de volupté, qu'une

harpe terrestre vient de faire vibrer des notes qui ne sauraient avoir été
que familières aux Anges. Ainsi nous pouvons être assurés de trouver,
dans l'union de la Poésie avec la Musique telle qu'on la comprend d'ordinaire le champ le plus vaste pour l'épanouissement poétique. [214]

Et définissant la poésie du langage, Poe revient sur les distinctions déjà établies. La formule est à retenir :

Donc pour nous résumer je définirai en somme la poésie des mots :
une création rythmique de la Beauté. Le goût est son seul arbitre. Avec
l'Intelligence ou la Conscience elle n'a que des rapports collatéraux. Sauf
par accident, elle n'a rien de commun ni avec le Devoir, ni avec le Vrai. [215]

La Vérité — Baudelaire reprendra ce dogme — est satisfaction
de la raison — et la Passion est émotion du cœur. La Beauté
seule peut donner cette élévation enivrante, cet émoi de l'âme
qui est le sentiment poétique — et si les désirs de la passion,
les préceptes du devoir ou les leçons de la vérité peuvent trouver
leur place dans le Poème, ce sera toujours en plan secondaire et
comme en corollaire de la recherche de la Beauté — raison d'être,
« essence » et « atmosphère » du Poème. Car il faut laisser à la
vérité son domaine d'intellectualité pure et son rôle, en poésie,
n'est que de faire éclater une harmonie qui, sans elle, n'existe
pas moins. Et la Passion tend plutôt à dégrader l'âme qu'à l'élever : c'est purifié et vainqueur de la chair par l'esprit que l'amour
devient le plus émouvant des thèmes poétiques. On voit la tendance mystique : les éléments de la Poésie, le Poète les trouve
autour de lui mais ce sont là moyens de produire le véritable effet
poétique, cet enlèvement de l'âme en présence de l'incommunicable
Beauté. Le monde visible — arbres, montagne, ruisseaux et rivi-
res, chants des oiseaux et parfums des fleurs, nobles pensées et
saintes aspirations, grâce des femmes et force pure de l'amour —
n'est qu'une correspondance d'un monde invisible et supérieur,
l'imparfaite image de ce ciel dont le poète doit entreprendre la
conquête ou, du moins, poursuivre la révélation. Métaphysique de
Platon, énigmes de Pythagore, intuitions chrétiennes : il semble
que le Virginien Poe n'ait jamais été atteint par la sécheresse du
puritanisme [216] et son mysticisme garde un élan et une fraîcheur
qu'on n'a pas connus autour de lui. Une note des *Marginalia*
donne à ses théories leur sens spirituel :

Si j'avais à définir très brièvement le mot « art », je l'appellerais la
reproduction de ce que les sens aperçoivent de la nature à travers le
voile de l'âme. L'imitation pure et simple de la nature, si exacte soit-elle,
n'autorise personne à prendre le nom sacré d'artiste... Je viens de parler

du *voile de l'âme*. Quelque chose de pareil me paraît indispensable en art. Nous pouvons toujours doubler la beauté d'un paysage en le regardant, les yeux à demi-clos. Les sens perçoivent quelquefois trop peu ; mais ne peut-on ajouter que, dans une foule de cas, ils perçoivent trop... ? [217]

*
* *

Le *Poetic Principle* a ouvert à Baudelaire les genèses mystérieuses de la Poésie. Il a reconnu cette influence, puisqu'il exalte Poe ; mais elle lui est devenue une seconde nature puisqu'il le cite parfois sans le nommer. Ne voyons pas, dans ces paraphrases, mystification, vol ou plagiat. Baudelaire, reprenant des textes déjà cités et les incorporant dans son œuvre [218], ne songe nullement à cacher un larcin. Son originalité même n'en est pas diminuée : ces idées sont devenues à tel point les siennes que leur expression, traduite de Poe, chante dans sa mémoire comme une obsession. Il ne peut exprimer sa pensée, qui est la même, sous d'autres vocables. Molière est-il moins grand pour avoir écrit la scène de la galère ? Dante s'est laissé guider par Virgile dans les cercles des mondes extra-terrestres et sur les sommets les génies ont une âme fraternelle. Baudelaire et Poe appartiennent à la même famille d'esprits : leurs pensées s'échangent et il arrive que leurs biens soient communs. L'œuvre théorique de Baudelaire, comme son œuvre créatrice, s'inspirera des tendances du *Poetic Principle* — mais nous pourrons noter d'essentielles différences. La même impulsion peut créer des élans qui divergent. Il importe d'assurer le point de départ. L'étude des œuvres dévoile vite les adaptations personnelles.

Baudelaire, conduit par Poe, accepte un système esthétique qui convient à ses goûts de dandy, à sa haute idée de l'art et de l'artiste. Trop aristocrate de goûts pour lier partie avec l'école réaliste il bannira de sa poésie la vérité calquée trop exactement [219]. Ses femmes seront « des types plutôt que des personnes » [220] : elles représentent l'éternel féminin. Il déplore que le sens poétique ne soit guère compatible avec l'esprit français qui préfère le Vrai au Beau [221] et s'éprend passionnément de formules sociales. Ce goût désintéressé et exclusif le pousse spontanément à repousser comme Poe les fins utilitaires de la Poésie. Le génie est un reproche et une insulte à la foule [222] qui n'est à son égard qu'une horloge qui retarde [223]. On ne saurait exiger du poète un rôle social ni une vertu bourgeoise. Les classiques de la monarchie française qui préféraient souvent en esthétique les leçons pratiques

d'Horace aux séductions individualistes, les romantiques qui font
du théâtre une tribune et du roman un discours civique, les réalistes qui s'accrochent au modèle comme un mauvais nageur à une
bouée, méconnaissent le caractère de l'Art et de la Poésie. La
condition génératrice des œuvres d'art c'est l'amour exclusif du
Beau que Baudelaire appelle le Dilettantisme [224]. Les hérésies des
critiques ont amoindri cette force unique, en inventant l'union du
Vrai, du Beau et du Bien [225]. Mais il faut distinguer les domaines,
car le Vrai sert de base et de but aux sciences, le Bien est la base
et le but des recherches morales — et le Beau est l'ambition suprême du goût. Intellect, conscience, goût, trois facultés qui peuvent ne pas s'opposer mais qui doivent se distinguer. La Poésie
n'a pas pour but l'enseignement. C'est une erreur de croire et
d'affirmer qu'elle doit fortifier la conscience, perfectionner les
mœurs, démontrer l'utile. Tout poète qui veut instruire s'amoindrit : « La Poésie n'a pas d'autre but qu'Elle-même, Elle ne peut
en avoir d'autre, et aucun poème ne sera si grand, si noble, si
véritablement digne du nom de poème que celui qui aura été écrit
uniquement pour le plaisir d'écrire un poème » [226]. Il n'est pas
défendu au poète d'ennoblir les mœurs — mais si le poète poursuit
un but moral, son œuvre sera mauvaise — ou tout au moins sa
force poétique sera diminuée. Ces idées lui tiennent à cœur : il
les expose, sous le couvert de Poe en 1857, il les reprend pour
son compte en 1859 :

La poésie ne peut pas sous peine de mort ou de déchéance s'assimiler
à la science ou à la morale ; elle n'a pas la Vérité pour objet, elle n'a
qu'Elle-même. Les modes de démonstration de vérités sont autres et sont
ailleurs. La Vérité n'a rien à faire avec les chansons. Tout ce qui fait le
charme, la grâce, l'irrésistible d'une chanson enlèverait à la vérité son
autorité et son pouvoir... L'Intellect pur vise à la Vérité, le Goût nous
montre la Beauté et le Sens Moral nous enseigne le Devoir. Il est vrai que
le sens du milieu a d'intimes connexions avec les deux extrêmes et il n'est
séparé du Sens Moral que par une si légère différence qu'Aristote n'a pas
hésité à ranger parmi les vertus quelques-unes de ses délicates opérations.
Aussi ce qui exaspère surtout l'homme de goût dans le spectacle du vice,
c'est sa difformité, sa disproportion. Le vice porte atteinte au juste et au
vrai, révolte l'intellect et la conscience ; mais comme outrage à l'harmonie,
comme dissonance, il blessera plus particulièrement de certains esprits
poétiques, et je ne crois pas scandalisant de considérer toute infraction à
la morale, au beau moral, comme une espèce de faute contre le rythme et
la prosodie universels. [227]

Baudelaire paraphrase ainsi le *Poetic Principle*, reprenant même
quelques-unes des formules les plus significatives. Le but de la

poésie étant strictement délimité, Baudelaire ne saurait tenir pour
poètes les trop honnêtes rimeurs de l'Ecole du Bon Sens. En 1851,
dans un article qui parut dans la *Semaine Théâtrale* [228] sous le
titre : les *Drames et les romans honnêtes* [229] et qui semble, d'après
une note inédite de l'auteur, avoir dû s'appeler d'abord : *l'Ecole
vertueuse* [230], Baudelaire avait déjà affirmé sa haine des auteurs
qui mêlent platement l'art à la morale [231]. Il raille cette « grande
fureur d'honnêteté » [232] et éreinte *la Ciguë, Gabrielle,* et leur auteur
Emile Augier. Il fait écho aux sarcasmes de Mürger qui « dans ses
articles de critique dramatique enfouis dans le *Corsaire-Satan* [233]
accablait la tragédie, *l'école du bon sens* et les socialistes » [234], et
il reprend les satires de la *Silhouette* où son ami Banville opérait
des exécutions nécessaires [235]. Il écrit : « Il y a des mots, grands
et terribles, qui traversent incessamment la polémique littéraire :
l'art, le beau, l'utile, la morale. Il se fait une grande mêlée, et
par manque de sagesse philosophique chacun prend pour soi la
moitié du drapeau... » Il ajoute : « Berquin, M. de Montyon,
M. Emile Augier et tant d'autres personnes honorables... assassi-
nent la vertu » [236]. En 1859 la critique est plus nette encore et
plus vigoureuse : « Depuis quelques années une grande fureur
d'honnêteté s'est emparée du théâtre, de la poésie, du roman et
de la critique. Je laisse de côté la question de savoir quels bénéfices l'hypocrisie peut trouver dans cette confusion de fonctions,
quelles consolations en peut tirer l'impuissance littéraire... » Après
Emile Augier, c'est Michelet qui reçoit les traits sarcastiques, qualifié de « vieillard sans majesté, fébrile et féminin, jouant à la
poupée, tournant des madrigaux en l'honneur de la maladie et se
vautrant avec délices dans le linge sale de l'humanité. » [237]

Ainsi Baudelaire circonscrit les rapports de l'art et de la morale : l'art utile est un non-sens, la recherche du beau est désintéressée. De même, une extrême sensibilité de cœur est nuisible au
poète [238] :

Le principe de la poésie est strictement et simplemeut l'aspiration humaine vers une Beauté supérieure et la manifestation de ce principe est
dans un enthousiasme, un enlèvement de l'âme : enthousiasme tout à fait
indépendant de la passion qui est l'ivresse du cœur... Car la passion est
chose *naturelle,* trop naturelle pour ne pas introduire un ton blessant, discordant dans ce domaine de la Beauté pure ; trop familière et trop violente
pour ne pas scandaliser les purs Désirs, les gracieuses Mélancolies et les
nobles Désespoirs qui habitent les régions surnaturelles de la Poésie. [239]

Voilà donc, comme résultante du choc intérieur produit par la

rencontre de Poe, établie sur des bases précises, la position esthétique de Baudelaire. Il n'accepte, comme but à la poésie, ni les
satisfactions d'une raison soucieuse de vertu ou de vérité — et
le classicisme géométrique et moralisateur des gens « trop sages » [240]
de 1660 n'est jamais, selon lui, émoi d'artiste, — ni les ivresses
d'une passion promise au désordre — et certain Romantisme lui
déplaît peut-être davantage : qu'on songe à ses anathèmes contre
la « Femme Sand » [241], contre Alfred de Musset, chef de « l'école
mélancolico-farceuse » et « maître des gandins » [242] ; qu'on évoque sa haine de l'individualisme qui s'étale, de cette « vanité du
malheur » [243] qui ternit la pureté et la noblesse des sentiments
douloureux. La Poésie doit être au-dessus de tout mélange d'intérêt, de passion et de raison. Elle réclame la sérénité en même
temps que la liberté, car elle n'est pas un fait humain, mais un
privilège divin, une révélation d'un monde qui dépasse les calculs
vertueux ou logiques de la Raison et les effusions troubles de la
Passion. C'est la pensée de Poe. C'est la pensée tout entière de
Baudelaire.

Mais si la thèse de Baudelaire rejoint les formules de Poe,
qu'est-ce à dire sinon que le concept de Poésie dévoilé par Poe a
frappé Baudelaire au point qu'il a reconnu sa propre pensée, traduite par un autre lui-même. Que cette pensée n'est pas un emprunt, cette forme un plagiat, l'œuvre de Baudelaire nous le garantit. Des *Fleurs du Mal* aux *Paradis Artificiels*, de l'œuvre critique à l'œuvre d'imagination, toute la réalisation baudelairienne
est guidée par cette recherche inquiète et enthousiaste du Beau
pur — révélé à l'homme par les arts, entrevu par le poète dans
un bref éclair. Comme chez Poe, cette esthétique s'élève à la
mystique. M. Bremond dirait qu'elle rejoint la Prière. Elle témoigne en tout cas de tendances spiritualistes. Par elle nous voyons
se ranimer et s'enrichir les théories antiques de l'inspiration. Le
frémissement du poète c'est, transposés dans la vie moderne, les
transes de la Pythonisse ou le délire du Prêtre apollinien. Les
mots deviennent les formules d'une « magie suggestive » ou d'une
« sorcellerie évocatoire » [244] — et le poète n'est qu'un « traducteur, un déchiffreur », car « tout est hiéroglyphique et nous savons
que les symboles ne sont obscurs que d'une manière relative c'est-
à-dire selon la pureté, la bonne volonté ou la clairvoyance native
des âmes » [245]. Ces métaphores, ces comparaisons, ces épithètes
qui sont la langue naturelle de l'interprète sont puisées dans le
fonds commun de l'analogie universelle — et le Poète est le seul

qui possède la clef des correspondances. Le monde naturel est la reproduction du monde spirituel. Poe affirme et Baudelaire répète : le monde est une correspondance du ciel. Pour établir la liaison entre ces deux mondes, pour lire dans l'énigme de la vie, pour traduire la réalité du monde spirituel exprimée en symboles accessibles au monde naturel, le Poète apporte son génie qui devine, son inspiration, son intuition.

Ces idées, Baudelaire les trouve dans l'œuvre de Poe. Pourtant on ne peut dire que c'est Poe qui les lui révéla le premier. Ces correspondances, d'autres les ont pressenties avant Poe — et d'autres peut-être avant Poe les ont offertes, dans leur mystérieuse séduction, à l'esprit curieux de Baudelaire. On a parlé de Pascal, Malebranche, Spinoza, Hegel, Schelling, Novalis, Saint-Bonaventure, Saint-Jean de la Croix [246]. Bornons-nous, pour qu'on juge en toute vérité la part inspiratrice d'Edgar Poe, à évoquer des noms plus familiers à notre poète. Par delà Fourier qu'il cite [247] et sa *Théorie de l'unité universelle,* Baudelaire semble nous inviter à chercher les sources premières de ses vues sur l'analogie universelle, les rapports du monde physique et du monde céleste, la « ténébreuse et profonde unité », dans l'œuvre de Lavater, de Swedenborg [248] ou de Joseph de Maistre. Nous savons, par ses aveux ou par les témoignages de ses contemporains, quelle curiosité poussait Baudelaire vers les choses de l'Au-Delà ou de l'Absolu. Aurait-il sans cela traduit Poe avec tant d'amour ? En vérité, le Polonais Hoëné Wronski l'enthousiasma quelque temps d'une exclusive passion [249] : le Séhélianisme enchantait sans doute son goût du bizarre et de l'étonnant, mais ses instincts mystiques trouvaient aussi leur compte dans ces promesses d'une réhabilitation de l'humanité [250]. Cependant, l'emprise est plus forte de Lavater qui limitait « au visage de l'homme la démonstration de l'universelle vérité » et qui avait traduit « le sens spirituel du contour, de la forme, de la dimension » [251]. La *physiognomonie* [252] est une forme particulière des grandes idées de l'illuminisme sur l'unité cosmique et le symbolisme universel : l'homme est pour Lavater « un miroir aux mille facettes où Dieu se voit lui-même et par lequel il peut jouir de son œuvre, la nature » [253], et tout l'univers obéit à une loi unique ainsi formulée :

Il est *une seule* loi qui traverse toutes les natures, qui les unit toutes en un tout et cependant les sépare les unes des autres et fait de chacune un tout particulier, un individu autonome. Chaque nature, par suite, cons-

titue l'idée, le miroir, la copie floue ou précise de toutes les autres natures... La nature est le grand texte, la révélation essentielle de Dieu... [254]

« La Nature est un temple », dira Baudelaire. Et les échos qui
traversent ces forêts de symboles manifestent des voix divines. Le
poète doit voir dans les aspects du monde physique le visage
même de Dieu.

Swedenborg retint plus longtemps Baudelaire : sa philosophie
mystique, son symbolisme connaissent une grande vogue, en 1830,
dans les milieux littéraires de Paris, et Balzac, sans lui, n'eût point
écrit *Séraphita* ni *Louis Lambert* [255]. Aussi bien, c'est peut-être à
Balzac que Baudelaire doit la découverte de Swedenborg : nous
avons vu que, dès les premières heures de sa jeunesse, il fut un
admirateur de ces héros qui lui apprenaient la grandeur de la vie
moderne [256]. Il a lu aux dernières pages de *Louis Lambert* les
formules qui trahissent l'inquiétude de l'unité universelle et il a
écouté le discours de Becker, racontant « Swedenborg en entier »
dans l'étrange chapitre : « Séraphîta-Séraphîtüs ». Il a, près de
Wilfrid et de Minna, entendu la révélation de Séraphîta [257] et peut-
être, au temps de *la Fanfarlo,* est-ce sur le roman de Balzac autant
que sur les œuvres du visionnaire suédois que pâlissait, la nuit
venue, Baudelaire-Cramer [258] ? Quoi qu'il en soit, Baudelaire subit,
dans ses tendances esthétiques, les réactions de ce goût pour une
philosophie mystique qui fait de la terre une correspondance du
ciel. Dès sa jeunesse il proclame dans les groupes sa foi nouvelle
et se promène avec un volume de Swedenborg sous le bras [259].
En 1861, dans son article sur Hugo, il reconnaît encore sa dette [260].
Est-il sur ce point sensible aux influences de son milieu : environ
le temps où il s'exalte pour E. Poe, paraît une traduction nouvelle
de Swedenborg. [261] Cette vogue a-t-elle eu prise sur Baudelaire, si
rebelle pourtant aux impulsions des foules ? C'est dans Swedenborg qu'il puise cette idée que tout, « forme, mouvement, nombre,
couleurs, parfums, dans le *spirituel,* comme dans le *naturel,* est
significatif, réciproque, converse, correspondant » [262]. Il le suit
dans ses récits où il peint « le ciel et ses merveilles ». S'il laisse
de côté sa théologie noyée dans un fatras enfantin [263], il est,
comme tant d'autres, séduit par ses vues sur les correspondances,
d'où jaillissent les connaissances intuitives. L'homme cherche à
retrouver le sens perdu et à s'élever des apparences de la matière
aux seules réalités de l'esprit. Jusqu'au moindre objet, tout ici-bas
a son analogue dans un autre monde. La parole biblique a un
« sens spirituel... auquel le sens naturel sert de base ; mais ces

deux sens, le spirituel et le naturel, n'en font qu'un seul par les correspondances » [264].

Mais c'est peut-être — encore et toujours — chez Joseph de Maistre qu'il trouve de plus sûrs appuis à son enthousiasme juvénile pour cette mystique qui ouvre des perspectives nouvelles à sa pensée et à son art. Les vues de J. de Maistre, dépouillées d'éléments hétéroclites, s'ordonnent plus logiquement. Baudelaire entend, dans ses affirmations, l'écho orthodoxe de Saint-Paul : « Ce monde est un système de choses invisibles manifestées visiblement... Nous vivons au milieu d'un système de choses invisibles manifestées visiblement... Il n'y a aucune loi sensible qui n'ait *derrière elle* une loi spirituelle dont la première n'est que l'expression visible » [265]. Il apprend chez lui que l'Univers est un reflet de Dieu, que « le monde physique n'est qu'une image ou une répétition du monde spirituel » et que l'on peut étudier l'un dans l'autre alternativement » [266]. Et il s'éprend de cette métaphysique cosmique qui entraîne, dans sa spiritualité, les idées platoniciennes et les révélations de la Cabale [267], témoignant des efforts tentés par l'Homme pour percer le mystère des choses et établir une harmonie et une unité qui apaisent son inquiétude de l'ordre logique.

Baudelaire est donc pris par le courant mystique qui né vers 1820 anime, au beau temps du romantisme, les littérateurs — en même temps que les politiques ou les philosophes. Senancour, disciple de Novalis, s'était inquiété des mystérieuses combinaisons dont les corps ne sont que les matériaux qu'une idée éternelle organise [268]. Ballanche [269] affirmait que tout est symbole, la poésie et les arts comme la vie. Sainte-Beuve transcrivait cette pensée de Joseph Delorme : « L'artiste, comme s'il était doué d'un sens à part s'occupe paisiblement à sentir sous ce monde apparent l'autre monde tout intérieur qu'ignorent la plupart et dont les philosophes se bornent à constater l'existence ; il assiste au jeu invisible des forces et sympathise avec elles comme avec des âmes ; il a reçu en naissant la clef des symboles et l'intelligence des figures : ce qui semble à d'autres incohérent et contradictoire n'est pour lui qu'un contraste harmonique, un accord à distance sur la lyre universelle » [270]. Et Champfleury étudie dans les *Excentriques* [271] *da Gama Machado,* l'auteur de la théorie des ressemblances. Baudelaire vibre à l'unisson des sentiments qui agitent vers cette époque un Balzac, un Gérard, un Hugo. Dès 1846, il témoigne la prise

qu'ont eue sur lui ces idées courantes. Et bien avant d'ouvrir l'œuvre de Poe, il tourne les yeux vers le mystère des mondes et le
langage des symboles. C'est pourquoi Poe le révèle à lui-même
plus qu'il ne lui révèle des concepts nouveaux — et c'est en toute
vérité qu'il peut écrire de Poe : « La première fois que j'ai ouvert
un livre de lui, j'ai vu avec épouvante et ravissement non seulement des sujets rêvés par moi mais des phrases pensées par
moi... » [272]

Ainsi, dans Poe, Baudelaire trouve exprimées, non seulement ses
propres idées sur les rapports du poète et de la société, mais encore ses vues les plus chères sur l'unité universelle et la correspondance entre le monde des images et le monde des idées. Tout
son symbolisme en sera éclairé. Et sa conception de l'art en sera
enrichie. Car pour traduire les vérités hiéroglyphiques le poète
doit avoir recours aux moyens d'expression que le génie humain
a découverts. Pour éclairer cette traduction s'offrent à Poe comme
à Baudelaire les ressources de tous les arts, qui puisent leurs effets
« dans l'inépuisable fonds de « l'universelle analogie » [273]. Baudelaire le répète après Poe : les mots comme les sons — les mots
écrits comme les harmonies musicales — sont interprètes de Beauté.
La Musique, le Rythme, la Danse, la Peinture, sont les formes et
comme les visages divers de la Poésie unique. Plusieurs chemins
conduisent la sensation esthétique dans l'âme humaine — but
unique où s'élabore le sentiment poétique. Les sens recueillent et
l'être spirituel perçoit. Ainsi tous les arts concourent à la découverte de cette Beauté pure dont la réalité n'offre qu'une imparfaite image dans un miroir terni. Avant que Baudelaire eût rêvé le
Sonnet des *Correspondances,* Poe avait écrit :

Je crois que les odeurs ont un pouvoir tout particulier de provoquer en
nous, par association, des sensations diverses. Ce pouvoir diffère essentiellement de celui que possèdent les objets s'adressant au toucher, au
goût, à la vue et à l'ouïe... Le rayon orange du spectre solaire et le bourdonnement du moustique m'affectent de sensations presque identiques. En
entendant le moustique, je perçois la couleur ; en percevant la couleur, je
crois entendre le moustique. [274]

Assurément c'est ici une curieuse rencontre. Mais ne crions pas
au plagiat. Songeons que, dès 1846, Baudelaire parle de la mélodie de la couleur : « Il y a, dit-il, des tons gais et folâtres,
folâtres et tristes, riches et gais, riches et tristes, de communs
et d'originaux. Ainsi la couleur de Véronèse est calme et gaie.

La couleur de Delacroix est souvent plaintive et la couleur de M. Catlin souvent terrible. J'ai eu longtemps devant ma fenêtre un cabaret mi-parti de vert et de rouge crus qui étaient pour mes yeux une douleur délicieuse ». Et il cite un texte d'Hoffmann, plus expressif encore que ceux de Poe et qui, selon lui, exprime parfaitement son idée :

Ce n'est pas seulement en rêve et dans le léger délire qui précède le sommeil, c'est encore éveillé lorsque j'entends de la musique, que je trouve une analogie et une réunion intime entre les couleurs, les sons et les parfums. Il me semble que toutes ces choses ont été engendrées par un même rayon de lumière et qu'elles doivent se réunir dans un merveilleux concert. L'odeur des soucis bruns et rouges produit surtout un effet magique sur ma personne. Elle me fait tomber dans une profonde rêverie et j'entends alors comme dans le lointain les sons graves et profonds du hautbois. [275]

Rendons à Poe ce qui est à Poe — mais n'accusons pas Baudelaire de le plagier. Lui-même était sensible à cette accusation et il parle de mystérieuses coïncidences, de parallélismes géométriques [276]. Disons plus simplement que sous l'effet de ses lectures, de ses impulsions ou de ses goûts secrets, Baudelaire a été « sensibilisé », de très bonne heure, à la poésie répandue dans tous les arts et s'est vite inquiété de chercher dans la diversité des arts les vibrations correspondantes. Un grand peintre comme Delacroix — et cette opinion est de 1845 et 1846 [277] — est, à son insu, un grand poète : la poésie est l'âme même de sa peinture, comme elle doit être l'âme de toute création artistique. Et c'est vers le même temps que Baudelaire écrit dans la Fanfarlo ces pages curieuses sur la Danse et son rôle poétique :

Tous les grands peuples, d'abord ceux du monde antique, ceux de l'Inde et de l'Arabie l'ont cultivée à l'égal de la poésie. La danse est autant au-dessus de la musique, pour certaines organisations païennes toutefois, que le visible et le créé sont au-dessus de l'invisible et de l'incréé. — Ceux-là seuls peuvent me comprendre à qui la musique donne des idées de peinture. — La danse peut révéler tout ce que la musique recèle de mystérieux et elle a de plus le mérite d'être humaine et palpable. La danse, c'est la poésie avec des bras et des jambes, c'est la matière gracieuse ou terrible, animée, embellie par le mouvement. [278]

Sur ce point encore, l'influence de Poe est plutôt révélatrice que créatrice. Ses idées sur l'équivalence des arts dans la transcription de la Beauté comme ses conceptions d'une harmonie cosmique réalisée par la correspondance du monde naturel et du monde spirituel, Baudelaire les a puisées, avant tout, dans son éducation, ses lectures, ses réflexions, ses fréquentations. Nous l'avons vu, aux jours de jeunesse, s'entretenir de peinture avec Delacroix, de musique avec Champfleury. La lecture de Poe lui permet de prendre conscience de lui-même : le Salon de 1846 contient quelques-unes des théories développées par le *Poetic Principle* [279]. Dès 1846, Baudelaire avait aperçu, au contact de l'œuvre de Delacroix, le parti que l'Art pur pouvait tirer de l'alliance des arts dans la recherche de la Beauté. Et il serait injuste d'affirmer que sans la rencontre de Poe, Baudelaire fût resté impuissant en matière d'esthétique. Que Poe ait précisé les tendances de Baudelaire, on peut le reconnaître sans peine — et il est possible que l'influence de Poe ait mûri ou modifié les principes déjà posés en 1846. Mais la voie était ouverte et le génie d'un Baudelaire ne courait aucun risque de s'y égarer.

Sur un autre point s'établissent de curieux rapprochements. Baudelaire voit confirmées dans Poe ses idées sur la technique poétique et les formes extérieures du Poème. Le *Poetic Principle* contient l'apologie du poème court et la condamnation de la poésie didactique. Nous savons que Baudelaire ne veut pas que la Poésie se répande en enseignements. Il veut qu'elle enferme une idée, contrainte dans une forme ramassée. Il écrit : « Vous savez que l'infini paraît plus profond quand il est plus resserré » [280] ; et il fait l'apologie du sonnet en termes qui précisent les affirmations de Poe :

Parce que la forme est contraignante, l'idée jaillit plus intense. Tout va bien au sonnet : la bouffonnerie, la galanterie, la passion, la rêverie, la méditation philosophique. Il y a, là, la beauté du métal et du minéral bien travaillés. Avez-vous observé qu'un morceau de ciel, aperçu par un soupirail ou entre deux cheminées, deux rochers ou par une arcade, donnait une idée plus profonde de l'infini que le grand panorama vu du haut d'une montagne ?... Quant aux longs poèmes nous savons ce qu'il faut en penser : c'est la ressource de ceux qui sont incapables d'en faire de courts. Tout ce qui dépasse la longueur de l'attention que l'être humain peut prêter à la forme poétique n'est pas un poème. [281]

Certes Baudelaire est capable d'écrire de longs poèmes. Le *Voyage* est une des plus magnifiques pièces des *Fleurs du Mal* et on ne saurait l'accuser de faire par impuissance l'éloge des poèmes courts. Il appuie de ses affirmations les théories de Poe — non par sujétion — mais parce que ses théories concordent avec son goût, souvent affirmé, de la « concentration » [282]. La formule d'Emerson : The hero is he who is immovably central, il l'applique à l'écrivain : « Le héros littéraire, c'est-à-dire le véritable écrivain, est celui qui est immuablement concentré [283] » et il loue Delacroix écrivain de sa « concision » et de l' « espèce d'intensité sans ostentation » de son style [284]. De même Baudelaire est partisan d'un art concerté — et volontaire. La nécessité du plan — dès le 15 avril 1846 — il l'affirmait dans ses *Conseils aux jeunes littérateurs* [285]. Pas de rature — mais de longues réflexions avant d'écrire : « La toile doit être couverte, — en esprit, — au moment où l'écrivain prend la plume pour écrire le titre ». Le procédé de Balzac qui charge sa copie et ses épreuves « d'une manière fantastique et désordonnée » disperse à la fois l'unité de la phrase et l'unité de l'œuvre. L'inspiration est fille de la méditation. De même, dès 1846, il s'attache à démontrer la rigueur technique de l'œuvre de Delacroix « érudit et penseur ». Ses tableaux sont des machines où l'intelligence a tout ordonné, où tout a sa raison d'être, où les fautes mêmes ont leur nécessité, où rien n'est abandonné au hasard, car « il n'y a pas de hasard dans l'art non plus qu'en mécanique ». Ce grand génie au tempérament d'inspiré fait, d'après les maîtres d'autrefois, des études qui sont des chefs-d'œuvre de patience et de labeur [286].

Ce goût du parfait, Baudelaire le retrouve dans Edgar Poe — et c'est pourquoi il traduira avec enthousiasme, heureux de cette nouvelle rencontre, cette curieuse *Philosophy of Composition* qui relate, avec un mélange de rigueur logique et d'humour — mystification ou confidence ? — *la Genèse d'un Poème* [287]. S'il renonce à publier cette Préface des *Fleurs du Mal* dont il rédige, sous forme de projets, trois versions [288], c'est peut-être pour ne pas donner lui-même dans l'hérésie du didactique. Mais l'eût-il écrite en rédaction définitive, nous y aurions trouvé quelques-unes des affirmations de Poe et une minutieuse analyse des moyens d'arriver à une sensation d'art déterminée par les ressources des mots ou de la prosodie [289]. En tout cas, les *Journaux intimes* confirment cette confiance dans le travail et la volonté, comme élément essentiel du chef-d'œuvre [290] et la vie même de Baudelaire n'est qu'un long effort pour se réaliser : les lettres à sa mère en sont un témoignage d'une puissance souvent tragique. Les *Fleurs du Mal* ne paraîtront qu'en 1857 après une gestation de quinze années et l'on sait que les éditeurs et les directeurs de revues avaient à soutenir de vraies luttes, non contre la paresse mais contre les scrupules et les repentirs d'un auteur sans cesse alarmé [291].

On voit combien est délicate à délimiter l'influence de Poe. La compénétration est profonde. Accordons-nous pour reconnaître les surprenantes affinités de ces deux tempéraments. Sans doute les romantiques anglais ou français ont agi sur les deux poètes et les milieux de France ou d'Amérique, vers 1840, ont donné à chacun d'eux des impulsions parallèles vers le goût de la forme ordonnée et de l'art volontaire : l'heure des progrès scientifiques a sonné, dans les deux nations, et, malgré qu'on en ait, on n'appartient pas impunément à un siècle ou à une race aux tendances positives. En 1840, en France, comme en Amérique, s'affirment les poussées littéraires et mystiques du fantastique, du roman noir et de l'illuminisme. Sous l'influence d'Hoffmann, d'Anne Radcliffe ou de Swedenborg, le goût de l'étrange vient aux esprits que le réel a lassés et qui réagissent contre la fantaisie superficielle et démodée du Romantisme. Ainsi peuvent s'expliquer quelques-unes des ressemblances extérieures dans les procédés techniques ou les thèmes d'inspiration.

Connaître les affinités secrètes est d'une recherche plus difficile. Deux tempéraments idéalistes, élevés dans la solitude morale, chargés d'un déséquilibre morbide dû à de troubles hérédités, l'un fils d'époux mal assortis, l'autre fils d'acteurs tuberculeux, — une jeunesse passée hors des lois de la sagesse bourgeoise dans la fantaisie ou les coups de tête, à travers les milieux les plus variés, — une existence de longue misère, en proie au « guignon », se moquant de la foule, moquée d'elle, courant de logis en logis, de ville en ville, en tournées de conférences alimentaires toujours épuisantes, souvent décevantes, jusqu'au jour brutal de la chute dans la rue de Baltimore ou sur les dalles de l'Eglise de Namur — le parallèle est facile à établir, — et de tant de points communs dans la carrière, comment ne pas inférer d'autres vues communes dans la vie de l'esprit ? Mais il faut s'en tenir aux textes et aux faits et borner notre enquête aux expériences contrôlées. Le reste n'est qu'une indication — susceptible de prendre sa valeur, diverse pour chacun de nous, à la seule lumière de l'histoire.

Cette affinité Baudelaire l'affirme à tout coup et d'un accent si sincère qu'on ne saurait suspecter sa bonne foi. On a pu faire après lui de faciles parallèles sur deux existences marquées par « l'ange aveugle de l'expiation » [292]. On a été très loin dans la voie ouverte par Baudelaire : « Tous deux, a-t-on écrit, furent élevés dans le luxe, tous deux sentirent que la littérature seule était leur vocation, tous deux aimèrent passionnément la femme

qu'ils appelaient Mère ; tous deux rejetèrent l'autorité de leur père
adoptif, tous deux furent des amants fidèles, l'un de sa femme,
l'autre de sa maîtresse indigne ; tous deux... » [293]. Mais à quoi
bon prolonger une citation qui montre bien vite que, pour vouloir
trop prouver, on tombe dans la construction géométrique et l'on
s'éloigne de la vérité sinueuse de la vie. Les critiques ne sont pas
absolument coupables : ils ne font qu'entrer dans le jeu à demi-
conscient de Baudelaire, entraîné par le miracle d'une rencontre
imprévue. Baudelaire se regarde en Poe comme en un miroir. Le
premier étonnement passé, il veut expliquer ces ressemblances fra-
ternelles : ses recherches, ses études, ses traductions témoignent
de ce désir curieux et inquiet. Peu à peu se produit un singulier
travail de déformation. Il arrive que Baudelaire retouche le portrait pour accuser les ressemblances. Il étudie la vie de Poe en
songeant trop à la sienne. Le véritable Poe échappe de cette
« cage » où Baudelaire veut l'enfermer et la défense de cet op-
primé prend le ton d'un plaidoyer *pro domo*. Il pousse au noir
cette existence, misérable — en vérité —, pour appuyer sa théorie pessimiste de la vie et trouver pour lui-même une sombre consolation. Nous avons fait les rapprochements qui s'imposaient.
Mais ne suivons pas Baudelaire jusqu'au bout. Trop souvent il
prête à Poe ses propres idées. Il n'y a pas dans les œuvres de Poe
des sarcasmes contre une société que son rêve de doux mystique
ignore. Le Poe sinistre échappé d'un roman d'Eugène Sue, le Poe
romantique, ange déchu et poète saturnien, le Poe macabre ou
alcoolique est décidément un être de légende. Poe est un génie
américain : il reste lucide et maître de soi dans son inspiration ;
il lui arrive de démonter le mécanisme d'un poème avec la minutie
d'un bon horloger [294] et ses contes ont des arabesques tracées avec
désinvolture, des complications embrouillées et débrouillées avec
un discret humour ; son *Canard au Ballon* est peut-être une mystification, s'il n'est une anticipation à la manière d'un Jules Verne
ou d'un Wells — et aussi une preuve que ce fils d'un pays où
règnent l'ingénieur, le prospecteur et le détective, croit au calcul,
à la réclame et au progrès ; son fantastique est réglé par des
théorèmes ou des lois physiques [295] et prend ainsi les allures de
la vraisemblance scientifique [296] ; il crée le roman policier [297], qui
est la géométrie appliquée au mystère, et certains de ses contes
expriment la foi que, par la science et le progrès, les domaines
les plus obscurs seront éclairés demain. Sur bien des points Baudelaire transforme Poe : avouons cependant que Poe donne sou-

vent l'impulsion primitive, si cette impulsion a des effets qu'il n'a pas prévus et si le but est souvent dépassé par Baudelaire qui fait éclater les formules et les développe suivant ses tendances personnelles.

C'est ainsi que la réalité n'est pas toujours exactement transposée. Poe n'est pas le frère siamois de Baudelaire. Leurs vies furent différentes et leurs habitudes et leurs mœurs et même leurs souffrances. Poe a connu l'amour pur d'une enfant confiante et il a vu agoniser tragiquement dans ses bras une femme idéalement aimée. Ce domaine reste fermé à Baudelaire qui ne pourra imaginer la pureté de l'amour que par un effort d'imagination, une réaction cérébrale, après les expériences raffinées d'une étrange alchimie. Poe connut les ivresses de l'ange éveillé, sans se heurter aux dégoûts de la brute assoupie. Baudelaire a-t-il songé à Virginie Clemm en parlant du flambeau vivant, de ces yeux dont il est l'esclave ?

They are my ministers, yet I their slave... ? [298]

Ce Baudelaire pourtant créa, avant de connaître Poe et d'aimer Mme Sabatier, un personnage qui offrait des vers chastes à des filles et des vers sensuels à d'honnêtes femmes [299]. Il aura beau plus tard, tout en dédiant à la mulâtresse des poèmes d'ivresse charnelle, offrir à la Présidente des dithyrambes éthérés, ni la Duval, ni même Mme Sabatier ne sauraient être mises sur le plan de pureté de Virginie — et il nous est quelquefois permis de sourire de la naïveté romanesque — et un peu romantique — de Baudelaire amant cynique et amoureux timide qui pare la correspondante de Gautier [300], la maîtresse de Mosselmann, d'une double auréole d'Ange et de Madone.

Sur la foi de Rufus Griswold, Baudelaire a fait d'E. Poe un alcoolique. Une réaction se dessine aujourd'hui contre cette légende. Sans aller jusqu'à la thèse extrême de Camille Mauclair et d'André Fontainas [301] qui donnent à Poe un trop candide visage, on peut admettre comme prouvé que Poe a été à peine dipsomane. Il était, par prédisposition atavique, terrassé par l'ivresse foudroyante et si son alcoolisme fut médicalement une réalité il ne fut pas une tare morale : Poe n'est pas un ivrogne qui boit par entraînement ou par plaisir et jamais il n'a été chercher ses inspirations dans l'ivresse. Les goûts de cet aristocrate, les élans de ce mystique n'admettraient ni ce calcul ni cette volupté. On a dit qu'il buvait de l'alcool pour calmer son spleen ou ses névralgies, ses tristesses ou sa faim [302] — et c'est là une explication qui lave la mémoire de Poe. Le médecin qui le releva, après sa perte de conscience, diagnostiqua une congestion causée par le froid — non un délire alcoolique. Baudelaire, hanté des *Paradis artificiels* — qui assistait, à l'Hôtel Pimodan, aux séances du club des Hachichins — a trop complaisamment accueilli des propos qui tendaient à rapprocher Poe de lui-même. Il s'est lancé dans des développements où l'on peut voir plutôt une apologie de Baudelaire qu'une défense de Poe [303], où tout au moins transparaît une joie de constater une ressemblance qui, à ses yeux comme aux yeux des autres tend à le distinguer et à le grandir. Il parle, en admirateur d'Hoffmann et de Quincey, de cette « ivrognerie littéraire », « un des phénomènes les plus communs et les plus lamentables de la vie moderne [304] ». Il l'explique et l'absout [305]. Au siècle de Saint-Amant, de Chapelle et de Colletet, la soûlerie était joyeuse et le cabaret était presque un salon où l'on pouvait causer. Au XVIIIᵉ siècle « la tradition continue mais s'altère un peu » : « l'école de Rétif boit », mais c'est une école de parias, un monde souterrain. L'ivrognerie littéraire dans le monde moderne est une revanche du rêve sur la réalité. Les hommes de lettres ne se réunissent plus pour s'épanouir dans une saine et joyeuse beuverie. Ce ne sont plus que haines d'écoles et travaux de force. Le poète s'isole, est incompris et jalousé. Et pour évoquer « les visions calmes ou effrayantes » qui le consolent ou l'inspirent, il boit, mais avec tristesse, dans le silence et la solitude. Et Baudelaire qui a goûté — nous le verrons — à cette ivresse consolatrice, évoque un Poe qui trébuche dans les avenues de New-York et qui traverse Broadway « en battant les maisons ». Il analyse et justifie les raisons qu'il a pu avoir de recourir à l'alcool et trouve secrètement à cette conduite une analogie et une excuse. La solitude de Poe, « l'effrayante contension de son cerveau », l'âpreté de son travail, sa vie de misère depuis le jour où « sa jeunesse précoce » est « jetée dans les hasards de la vie » lui font trouver une volupté d'oubli dans le vin ou dans les liqueurs [306]. On peut apporter à tout cela bien des réserves : Poe n'a pas vécu dans la solitude, il a dirigé plusieurs années un grand journal, il a connu l'amitié d'un Kennedy ; des femmes l'ont aimé d'une tendresse admirative ou fervente ; il parut dans le monde, y brilla, fut heureux d'y briller, y lut ses poèmes et supporta sans déplaisir l'enthousiasme que suscitèrent son œuvre et sa personne ; il goûta l'amour dans sa

pureté la plus enivrante et le dévouement de Mrs Clemm — Baudelaire le reconnaît lui-même [307] — l'entoura de protection maternelle jusqu'au dernier jour. Sa « jeunesse précoce » ne fut pas
jetée tout d'un coup dans les hasards de la vie [308], il connut des
jours dorés dans la maison de Mr Allan — et il n'aurait tenu qu'à
lui de devenir un riche bourgeois ; ce n'est pas un sort brutal mais
sa fantaisie imprévoyante qui fit la misère de sa vie.

Tout en s'apitoyant sur l'imaginaire passion de Poe, Baudelaire se
penche sur sa propre vie, évoquant des fantômes familiers. Ce
n'est plus la solitude de Poe, ni l'âpreté de ses efforts, ni sa jeunesse douloureuse et ballottée — mais la vie inquiète, abandonnée,
laborieuse, de Baudelaire. « Rancunes littéraires, vertiges de
l'infini, douleurs de ménage, insultes de la misère » [309], — termes
émouvants, scénario de drame certes. Mais l'acteur qualifié pour
jouer la vedette, c'est bien moins Edgar Poe que Charles Baudelaire. Ce poète qui fuit la réalité « dans le noir de l'ivresse, comme
dans le noir de la tombe », qui boit non « en gourmand » mais
« en barbare », coup sur coup, jusqu'à ce que ses facultés soient
anéanties, ce n'est pas le géomètre qui construit *Euréka* et *le Corbeau,* mais bien plutôt le rêveur que hantent le vin et le Haschish [310]. Baudelaire note, comme un fait prodigieux, que « ni la
pureté, le fini du style [de Poe], ni la netteté de sa pensée, ni
son ardeur au travail et à des recherches difficiles ne furent altérées par cette terrible habitude ». Il serait plus simple, pour la
vraisemblance, de ne pas créer par pure imagination cette « terrible habitude ». Le sens critique de Baudelaire s'est accommodé
des insinuations de Griswold dans son désir de se retrouver en
Poe comme en un autre lui-même. Et de même qu'il s'était fait
de lui une idée fausse [311] au temps où son imagination avait créé
un Edgar Poe « riche, heureux, un jeune gentleman de génie vaquant quelquefois à la littérature au milieu des mille occupations
d'une vie élégante » — à peu près semblable au dandy de l'Hôtel
Pimodan, de même ce pauvre Eddie, lamentable bohème, ivrogne
titubant, buvant pour se consoler ou peupler ses rêves, n'est pas
le véritable Poe, le cadet de West-Point, fils adoptif du planteur
aisé, qui fut, comme tant d'hommes, l'artisan de son malheur. Son
œuvre — même à défaut des précisions que les derniers travaux
de la critique ont apportés, proteste contre la légende d' « ivrognerie », même « littéraire » : tout y est équilibré, concerté, construit
par une lucide logique et une mathématique certaine. Sa pensée
est d'un architecte, qui réalise un plan arrêté. Les problèmes qu'il

pose sont pourvus d'une solution secrète qui vient à point nommé éclairer les méandres où nous sommes près de nous perdre. Et toute cette œuvre est, jusqu'aux recoins où se glisse l'émotion, enveloppée d'intelligence. Poe a poussé le jeu jusqu'au paradoxe en démontant le mécanisme du *Corbeau,* comme un ingénieur fait une machine, et en prétendant devoir à la réflexion déductive ses chants les plus spontanés, ses plus vibrantes résonances. Quand un auteur titube, son œuvre court le risque de trébucher. L'œuvre de Poe va d'une allure certaine et reste assurée même dans ses évocations les plus hallucinantes. Baudelaire, ici, s'est abandonné aux constructions de son désir. Et c'est un Poe grimé en Baudelaire qu'il présente dans cette apologie inconsciemment intéressée.

Il faut donc user de prudence dans l'étude des rapports de ces deux esprits. Poe doit à Baudelaire d'avoir été révélé à la France et par là au monde intellectuel. Les Américains [312] sont les premiers à reconnaître cette dette. Mais il faut mettre au point les faits et donner à chacun sa part. Baudelaire, après un contact quotidien avec l'œuvre de Poe, a fini par revivre cette œuvre pour son compte et, suivant un effet secondaire, par identifier Poe à lui-même plus peut-être qu'il ne s'identifiait à lui. De là cette inconsciente déformation de sa vie, de son caractère et de quelques-unes de ses tendances. Mais l'influence de Poe, débarrassée de certaines équivoques, reste, malgré tout, essentielle au premier chef.

Les principes esthétiques de Baudelaire doivent à Poe sinon des directions décisives, du moins des vues plus nettes et comme une révélation de forces inconscientes. L'auteur de *la Fanfarlo,* qui ne connaît pas encore Edgar Poe, trouve dans la poésie amoureuse prétexte à développements opposés, matière à thèmes sensuels ou mystiques. Mais Cramer ne voit là qu'un jeu un peu vain selon lui, un peu ridicule suivant son aristocratique partenaire. L'auteur des *Fleurs du Mal* qui a lu Poe et ses poèmes d'amour conçoit une forme d'art qui veut qu'on s'y attache non par jeu mais par foi. Si les vers adressés à Jeanne Duval sont du Baudelaire sensuel, les poèmes composés pour Mme Sabatier doivent quelque chose à la mysticité amoureuse d'Edgar Poe — et nous ne reviendrons pas sur des rapprochements qu'on a faits avec une conscience parfois trop complaisante [313]. Avec Poe, Baudelaire précise la position de l'art en face de la vie sociale : ce révolutionnaire de 1848 qui a joué au libérateur du peuple sent refluer les goûts natifs de l'aristocrate et juge le bourgeois, qu'il louait jadis, incapable de comprendre les émotions de l'artiste. Il estime déconsidéré et diminué tout art qui s'adresse à la foule, qui a pour but une utilité pratique et s'allie pour une démonstration didactique à la vérité ou à la vertu. En conséquence, il proclame l'indépendance de l'Art, — non par adulation matérielle de la Beauté comme les tenants de l'art pour l'art ou de l'École païenne [314] — mais par un souci mystique du Beau qui lui est bien personnel en 1850 et donne à son œuvre une place à part dans l'Esthétique de la génération. C'est à Edgar Poe qu'il doit de s'être séparé de Th. Gautier, de Th. de Banville, de Louis Ménard et de n'avoir pas donné dans les théories un peu décevantes de l'art pour l'art. Déjà il s'est élevé dans ses *Salons* contre les peintres qui habillent à l'antique la vie moderne. Poe l'aide à préciser une esthétique qui incline vers la spiritualité par l'effet d'influences multiples et, l'engageant dans la voie mystique, l'éloigne des doctrines de Gautier, malgré une admiration souvent déclarée et des ressemblances de surface. La recherche du Beau est désormais pour lui une inquiétude de rêve, non pas seulement un élan voluptueux vers des formes sans défaut. Rien de charnel et d'humain ne doit se mêler à cette conquête difficile et désintéressée. Et tout le système esthétique de Baudelaire pose ses fondements sur les suggestions du *Poetic Principle*. C'est là qu'il trouve un but à des recherches mal dirigées. Il a rencontré dans ses lectures la théorie de la Correspondance des mondes mais c'est Poe qui lui apporte les formules décisives de l'Harmonie universelle et de la découverte du Beau perçu dans l'extase poétique et traduit dans la correspondance des arts. C'est Poe qui le confirme dans son intuition que la musique est le plus expressif des arts — et que tout verbe, toute couleur n'ont de résonnance que par la musicalité qui est en eux ou que l'artiste y mêle. Et c'est, guidé par la Musique, à travers la Musique, que le poète peut percevoir le mieux cette révélation suprême de la Beauté dans un monde qui nous échappe et qui vit par delà le tombeau : demain Baudelaire goûtera ces jouissances ineffables en écoutant l'ouverture de *Tannhäuser* ou la marche de *Lohengrin*. Cette mystique transcendantale, Baudelaire doit à Edgar Poe de la voir dépouillée de rêveries un peu fumeuses et clairement définie. Toute son œuvre en sera désormais enveloppée [315].

Mais reconnaître cette dette ne peut nous empêcher de signaler l'originalité de Baudelaire à l'égard de Poe — en dépit de lui-même qui semble ne pas avoir aperçu qu'il n'y a pas deux feuilles semblables dans la nature et que mille nuances le distinguent de ce génie auquel il voulait s'identifier absolument. Il y a entre Poe et Baudelaire une différence de tempéraments qui, malgré leurs vues communes, distingue leurs œuvres. Baudelaire est trop sensuel pour goûter, dans sa pureté, l'émotion un peu froide d'Edgar Poe. Le génie français ne s'accommode pas, au XIXe siècle, d'ivresses glacées — et les techniques les plus concertées, celles d'un Mallarmé ou d'un Valéry, laissent échapper, par éclairs, des trahisons d'une sensibilité ou d'une sensualité toujours en veilleuse. Et, d'autre part, Baudelaire est trop raffiné pour trouver une complète satisfaction aux géométries calculées de Poe. Il suffit de mettre en face les deux hommes et les deux œuvres pour voir ces divergences profondes. La passion qui reste inconnue à Poe est la source qui féconde l'inspiration des *Fleurs du Mal*, des *Poèmes en prose* ou même des *Paradis artificiels*. Baudelaire est un frère de Poe — mais il est aussi le frère de Cramer et Joseph Delorme l'appelle « mon cher enfant » [316]. Baudelaire demeure un sensuel au milieu de ses élans mystiques : les mystiques sont souvent des sensuels qui s'ignorent ou qui se refoulent. Mais la sensualité reste étrangère au mysticisme de Poe. Il épouse une femme-enfant, fleur d'un charme fragile, qu'il appelle « Sis » — diminutif de *Sister* — et qu'il aime en effet en frère et en poète plus qu'en amant ou en mari. Ses amitiés féminines furent d'ordre sentimental : s'il aime Annie avec son cœur, c'est avec son imagination qu'il aime cette Hélène des mille rêves, la dame fantasque de Providence, et si l'on voulait à toute force parler de Poète vierge c'est bien plutôt à Poe qu'à Baudelaire qu'il faudrait songer. Le mysticisme amoureux de Baudelaire n'est que la revanche de son réalisme sensuel. Il s'éleva après avoir fouillé le limon humain — comme ces oiseaux qui vont se purifier près du soleil du contact des pourritures. S'il s'est redressé, c'est moins par un élan spontané, comme l'autre, que par réaction ou dégoût, par souci de contraste, raffinement de dandysme ou désir de nouveau et d'inconnu, par une curiosité inquiète qui s'apparente aux sollicitations de la chair. Et toutes ces nuances restent lointaines au logicien d'Amérique qui construit ses poèmes comme un théorème et ses contes comme un syllogisme : ainsi, bien des moyens lui manqueront pour élargir son art que Baudelaire trouvera dans la richesse plus étendue de son tempérament. Sensible à la musique,

Poe ne s'attarde pas comme Baudelaire à la puissance expressive
de la couleur. L'esthétique baudelairienne ne bondit pas vers les
sommets comme l'extase de Poe ; elle est une montée lente, un
« enlèvement de l'âme » et comme un arrachement : l'essor plus
contenu n'est pas moins beau ; il garde une qualité plus humaine
et provoque plus d'émotion.

Comme il ignore la passion, Edgar Poe ignore la révolte — qui
est l'élan passionné de l'Esprit. Sa vie ne révèle contre la Société
et contre les hommes aucune haine, aucune rancune. Il se sépare
de la foule sans fracas et l'ignore sans la mépriser. Il n'eût pas
écrit cette page, où bout une indignation biblique, inscrite par
Baudelaire dans les *Journaux intimes* « pour dater sa colère » [317].
Ce rêveur ne s'irrite pas et on chercherait en vain dans ses *Poèmes*
ou dans ses *Marginalia* le ton vengeur — ou simplement amer. Ses
premiers poèmes posent des thèmes byroniens, mais son *Tamerlan*
n'est qu'un héros littéraire aux déclamations factices qui chante les
conflits de son orgueil et de son amour. Jamais Poe n'eût songé
à écrire le *Reniement de Saint-Pierre* ou *les Litanies de Satan*.

Enfin l'esthétique de Baudelaire n'est pas, comme celle de Poe,
une doctrine de sérénité. Ce critique qui, dès 1846, place l'art moderne sous le signe de l'inquiétude et goûte en Delacroix, comme
une marque de génie, cette « mélancolie singulière » par quoi il
est le peintre de la « douleur morale », n'a jamais connu la
tranquillité de l'âme [318]. Catholique, il reste hanté par le mystère
du premier péché et l'angoisse du gouffre : le pessimisme de
Pascal vient contrarier la mystique de Poe et Baudelaire s'éloigne
de cette métaphysique où tout devient calme et repos : malgré des
aspirations vers la paix, Baudelaire demeure le poète du tourment
humain et l'on peut se demander si Poe aurait compris les *Fleurs
du Mal*. S'il est Américain et protestant, E. Poe n'est pas un
Yankee : il est Virginien, et les Américains du Sud n'ont pas la
rigidité puritaine de leurs compatriotes du Nord. Il reste soumis,
d'autre part, à la vague de mysticisme transcendantal qui soulè-
vera l'œuvre d'un Emerson ou d'un Hawthorne. S'il écrit les *Aventures d'A. G. Pym*, Hermann Melville, quelques années plus tard
racontera dans *Moby Dick* la plus déconcertante aventure mystique [319]. Ce peuple enfant, de tendances déjà si mêlées, garde toutes
les naïvetés d'âme du premier âge et conserve devant la vie à
peine entrevue une confiance irraisonnée. La société moderne qui
forma Baudelaire, moins jeune et moins naïve, a moins de foi
dans la bonté de la vie. Le mal romantique n'était pas mal d'ima-

gination et de parade. Il a une réalité intérieure — et Baudelaire
en est marqué comme tous ses contemporains : il a cette angoisse
du civilisé supérieur qui cherche un équilibre, qui pose des problèmes et souffre de les trouver sans réponse. C'est pourquoi il
donne dans ses *Journaux intimes* [320] une définition du Beau, de
son Beau, que Poe n'eût point admise :

> J'ai trouvé la définition du Beau, de mon Beau. C'est quelque chose d'ar-
> dent et de triste, quelque chose d'un peu vague, laissant carrière à la
> conjecture...

Certes, la Beauté s'enveloppe de mystère : on ne conçoit pas
le Beau livré sans voiles à la possession du vulgaire. Il habite
un temple qui ne s'ouvre pas aux profanes et dont, seul, le Poète
a la clef. Il s'enferme dans les mots secrets, le jeu des sons et
des lumières — et le poète traduit les visions entrevues en un
langage dont le chiffre semble hermétique et qui prête aux conjectures. La clarté mathématique est incompatible avec les replis
d'ombre où naît la pensée poétique. L'imprécision reste unie à la
révélation du Beau. Voilà pourquoi selon Poe, Baudelaire — et
tous ceux qui viendront : Mallarmé, Verlaine, les symbolistes, Valéry... — la Musique est le plus expressif des arts. L'ouverture de
Lohengrin offre un horizon toujours reculé : que va-t-on découvrir
à l'heure où se dévoileront les perspectives ? Et la reine des
facultés construit les palais du rêve : « Dans la musique comme
dans la peinture et même dans la parole écrite qui est cependant
le plus positif des arts, il y a toujours une lacune complétée par
l'imagination de l'auditeur » [321]. Bienheureuse lacune qui enrichit
l'œuvre des intuitions de l'âme. Mais ce Beau un peu vague reste,
pour Baudelaire, « ardent et triste », ayant la puissance et la
fougue de la Foi, mais aussi la mélancolie de l'expérience. Le
problème n'est plus seulement de découvrir le mystère — mais
d'interpréter la douleur que cache ce mystère. S'appliquant à
un objet sensible, les idées de Baudelaire s'arrêtent-elles par
exemple à un visage de femme ?

> Une tête séduisante et belle — dit-il — une tête de femme, c'est une
> tête qui fait rêver à la fois mais d'une manière confuse de volupté et de
> tristesse ; qui comporte une idée de mélancolie, de lassitude, même de
> satiété, — soit une idée contraire, c'est-à-dire une ardeur, un désir de
> vivre, associés avec une amertume refluante comme venant de privation et
> de désespérance. Le mystère, le regret sont aussi des caractères du Beau.

Ces aveux marquent l'élargissement humain des doctrines de

Poe. Si Baudelaire contemple un navire en mouvement il analyse le charme infini et mystérieux de cette régularité, de cette symétrie — et aussi de la multiplication successive, de « la génération de toutes les courbes et figures imaginaires figurées dans l'espace par les éléments réels de l'objet. » Et certes cette image pourrait satisfaire le goût à la fois géométrique et conjectural d'un Poe : l'esprit qui se plaît à l'harmonie prévue et l'imagination qui s'éprend de figures rêvées ou supposées y sont également satisfaits. Mais que Baudelaire veuille traduire « l'idée poétique qui se dégage de cette opération du mouvement dans les lignes », et il créera « l'hypothèse d'un être vaste, immense, compliqué, mais eurythmique, d'un animal plein de génie, souffrant et soupirant tous les soupirs et toutes les ambitions humaines » [322]. Donc, Baudelaire dépasse les constructions du logicien et les élans du mystique : les formules de la *Philosophy of Composition* et du *Poetic Principle* restaient idéales — sur le plan de l'intelligence ou de l'imagination. Baudelaire confronte ces principes avec la vie. Et il en résulte une dualité — on pourrait presque dire un conflit — qui les charge d'un tragique intérieur. Le sous-titre des *Fleurs du Mal* : *Spleen et Idéal,* correspond parfaitement à cette conception du Beau. L'œuvre dans son unité faite de chocs contraires réalise la doctrine puisqu'elle n'atteint le Beau qu'à travers la volupté et la tristesse. Elle est humaine, parce qu'elle tient compte des poussées contradictoires de toute conscience et qu'elle est faite d'ardents espoirs et d'amertumes découragées. Le Beau qu'on doit saisir et exprimer, qui doit être l'idéale représentation de toutes les tendances de notre être intime devra garder quelques-uns de ces regrets mêlés à ces ardeurs. Baudelaire précise donc ici l'idée du Beau que Poe définit comme une révélation subite, hors des formes matérielles, inaccessible et pure. Il en fait un reflet de l'âme — mais de l'âme moderne. C'est pourquoi, par-dessus tout, subsistera, dans la représentation de la Beauté suivant Baudelaire, ce sens du Malheur qui est le ferment de la mélancolie romantique. La joie peut s'associer à la Beauté — mais « la joie en est un des ornements les plus vulgaires tandis que la mélancolie en est, pour ainsi dire, l'illustre compagne, à ce point que je ne conçois guère (mon cerveau serait-il un miroir ensorcelé ?) un type de Beauté où il n'y ait du Malheur » [323]. Ce mélange s'opère entre les « ambitions ténébreusement refoulées », « une insensibilité vengeresse », « une puissance grondante et sans emploi ». Certes ces confidences sont trop sincères pour qu'on y voie une déclamation littéraire. Le

Beau, selon Baudelaire, garde un visage mystique et les séductions de la volupté. Pourtant, au milieu du mystère qui l'enveloppe
d'hypothèses et de conjectures, il porte la tristesse des âmes modernes. Le goût du malheur, fait d'ardeurs déçues et d'amertume
refluante, donne à l'esthétique de Baudelaire sa marque d'originalité.

Ainsi la rencontre d'Edgar Poe aide Baudelaire à se connaître
— sans qu'il en soit amoindri ou stérilisé. Pour les grands esprits
une influence n'est jamais une sujétion, une impulsion n'est jamais
une tutelle. Poe détermine les opinions de Baudelaire, les précise
et les fixe sur une quantité de sujets [324] : philosophie de la composition, théorie de l'artificiel, instinct aristocratique, mysticité,
goût de l'élégance, attitude sociale. Mais, avant de connaître Poe,
Baudelaire est déjà ce dandy un peu distant, ce mystique un peu
étrange, ce raffiné épris d'exceptionnel et d'étonnant, cet artiste
curieux d'artificiel, cet aristocrate détaché du bourgeois borné et
du peuple sans culture. Plus tard, il reste à ce point incapable de
réaction qu'il prête trop souvent à Edgar Poe les traits de son
propre visage. Il se penche sur son malheur, persuadé — peut-
être de très bonne foi — qu'il pleure sur le malheur d'autrui.
Mais il reste pourtant lui-même. Et il ajoute aux suggestions de
cette découverte les richesses de son tempérament et de son expérience. S'il lui arrive de découvrir, chez son double, ses idées à
lui, et d'en subir, émerveillé, la révélation, il ajoute à cet apport
des nuances et des développements que l'autre n'avait pas trouvés — et peut-être n'aurait pas approuvés. S'il traduit avec tant
d'ardeur cette œuvre hautaine, c'est beaucoup moins pour en
goûter le déroulement logique et le lucide intellectualisme que pour
mêler à ses éléments de mystère sa propre angoisse et ses propres
rêves. Chaque homme interprète dans le sens de son désir : on
mêle un peu de soi-même à ses admirations, on veut se retrouver
en tout et en tous. Ce fut bien souvent, en face de Poe, l'aventure
de Baudelaire. Et c'est pourquoi, malgré tant de ressemblances —
sur lesquelles il n'a pas craint de s'étendre, — malgré tant de
parallèles souvent repris et parfois forcés, il demeure si différent
— unique et souverain — tel qu'en lui-même enfin le change son
goût de la modernité.

EUGÈNE DELACROIX

ou

L'IMAGINATION SURNATURALISTE

Ce Delacroix, vers qui monte la jeune admiration de Baudelaire, est le Phare de sa vie esthétique. Nous avons déjà laissé entrevoir que le *Salon de 1845*, le *Salon de 1846* et, dans la suite, toute la critique d'art de Baudelaire, sont dominés par la prise de ce génie de la couleur. Nous verrons plus tard que les jugements des *Curiosités esthétiques* sont dictés obstinément par de secrètes comparaisons. Et ceci n'implique en Baudelaire aucun sectarisme. Nous le surprendrons séduit par l'habileté d'un Ingres ou la puissance d'un Courbet. Delacroix le fascine et l'emporte. Mais non certes au point de détruire son sens critique : l'admiration de Baudelaire n'est passionnée que secondairement. Une phase intime précède — souvent très rapide — où la raison parle. Et presque toujours, — mis à part les enthousiasmes d'une jeunesse qui tend moins à s'étonner qu'à étonner, — Baudelaire se recherche et se définit dans ses admirations. Et c'est ainsi que nous le rencontrons toujours, dans ses critiques, trouvant dans les œuvres qu'il juge, dans les hommes qu'il exalte, une occasion de se révéler.

*
**

Baudelaire note dans son *Art Romantique*, à deux reprises, la date de sa première rencontre avec Delacroix :

J'ai eu le bonheur d'être lié très jeune (dès 1845 autant que je peux me souvenir) avec l'illustre défunt... La première fois que je vis M. Delacroix, en 1845, je crois (comme les années s'écoulent rapides et voraces !), nous causâmes beaucoup de lieux communs, c'est-à-dire des questions les plus vastes et cependant les plus simples : ainsi, de la nature, par exemple... Grâce à la sincérité de notre admiration, nous pûmes, quoique très-jeune alors, pénétrer dans cet atelier si bien gardé, où régnait, en dépit de notre rigide climat, une température équatoriale, et où l'œil était tout d'abord frappé par une solennité sobre et par l'austérité particulière de la vieille école. Tels, dans notre enfance, nous avions vu les ateliers des anciens rivaux de David, héros touchants depuis longtemps disparus. On sentait bien que cette retraite ne pouvait pas être habitée par un esprit frivole, titillé par mille caprices incohérents. Là, pas de panoplies rouillées, pas de kriss malais, pas de vieilles ferrailles gothiques, pas de bijouterie, pas de friperie, pas de bric-à-brac, rien de ce qui accuse dans le propriétaire le goût de l'amusette et le vagabondage rhapsodique d'une rêverie enfantine. Un merveilleux portrait par Jordaens, qu'il avait déniché je ne sais où, quelques études et quelques copies faites par le maître lui-même, suffisaient à la décoration de ce vaste atelier, dont une lumière adoucie et apaisée éclairait le recueillement [1].

Personne n'a décrit avec un tel sens des atmosphères le cadre où Delacroix vivait dans le silence et presque dans la solitude, jalousement défendu par Jenny des solliciteurs et des fâcheux ; personne n'a mieux compris que Baudelaire cette intimité propice à l'inspiration, qui lui manqua toujours à lui-même et dont il rêva toute sa vie. Baudelaire et Delacroix avaient pu se rencontrer à l'Hôtel Pimodan au temps où l'un et l'autre fréquentaient ce milieu du peintre Boissard évoqué par Théophile Gautier dans la Préface des *Fleurs du Mal* [2]. Là se réunissaient, pour les fameuses séances du club des Haschischins, des artistes, des poètes, des femmes — tandis que Boissard jouait dans l'état d'ivresse du haschisch un morceau de violon [3], organisait des quatuors, déchiffrait Bach, Beethoven, Meyerbeer et Mendelssohn [4]. L'admiration de Baudelaire fut immédiate, comme en témoigne ce portrait dont la puissance de pénétration laisse loin derrière les pages où Gautier parle de son ami Delacroix [5].

Tout était en lui énergie, mais énergie dérivant des nerfs et de la volonté ; car, physiquement, il était frêle et délicat. Le tigre, attentif à sa proie, a moins de lumière dans les yeux et de frémissements impatients dans les muscles que n'en laissait voir notre grand peintre, quand toute son âme était dardée sur une idée ou voulait s'emparer d'un rêve. Le caractère physique même de sa physionomie, son teint de Péruvien ou de Malais, ses yeux grands et noirs, mais rapetissés par les clignotements de l'attention, et qui semblaient déguster la lumière, ses cheveux abondants et lustrés, son front entêté, ses lèvres serrées, auxquelles une tension perpétuelle de volonté communiquait une expression cruelle, toute sa personne enfin suggérait l'idée d'une origine exotique. Il m'est arrivé plus d'une fois, en le regardant, de rêver des anciens souverains du Mexique, de ce Montézuma dont la main habile aux sacrifices pouvait immoler en un seul jour trois mille créatures humaines sur l'autel pyramidal du Soleil, ou bien de quelqu'un de ces princes hindous qui, dans la splendeur des plus glorieuses fêtes, portent au fond de leurs yeux une sorte d'avidité insatisfaite et une nostalgie inexplicable, quelque chose comme le souvenir et le regret de choses non connues [6].

Du premier regard, Baudelaire va plus loin que le corps et ses formules éclairent le secret d'un Delacroix : avidité insatisfaite, nostalgie sans cause, — état d'âme de créateur génial —, les médiocres seuls pouvant goûter la quiétude contente, en face de leurs productions. Là est l'origine de cette mélancolie singulière, qui tourmente l'œuvre entier de Delacroix, que Baudelaire a notée dans le *Salon de 1846* [7] et qui vient de l'impossibilité, pour l'artiste, d'exprimer tout son rêve. Mystique éprise du Parfait qui a ému fraternellement les grands inspirés — un Delacroix, un Edgar Poe, un Wagner, un Baudelaire, dans le « souvenir et le regret de choses non connues ». Ainsi peut s'expliquer cette admiration spontanée qui pousse Baudelaire vers Delacroix, dès le début de sa carrière : dans l'appartement qu'il occupe à l'Hôtel Pimodan, les murs s'ornent de la collection lithographique des *Hamlet* et d'une tête symbolisant la Douleur, œuvres de Delacroix [8], ainsi que d'une copie par Deroy des *Femmes d'Alger* [9]. Delacroix est nommé dans deux pièces des *Fleurs du Mal* [10]. Une autre, *Don Juan aux Enfers,* semble inspirée par une toile du Maître, et cet enthousiasme s'accroîtra jusqu'au dernier jour [11].

Cette admiration que Baudelaire, plus jeune, professait pour Delacroix ne réussit pas — d'après les lettres qui sont demeurées et les témoignages du *Journal* — à faire entrer Baudelaire dans l'intimité du peintre. Le poète parle d'une « liaison d'où le respect de ma part et l'indulgence de la science n'excluaient pas la confiance et la familiarité réciproques ». « Familiarité » est un mot impropre. Delacroix, fils de prince, garda toujours une âme hautaine et fermée. Le *Journal* ne donne que rarement le nom de Baudelaire [12]. Le 5 février 1849, Delacroix note, non sans une légère pointe d'ironie vers la fin :

M. Baudelaire, venu comme je me mettais à reprendre une petite figure de femme à l'orientale, couchée sur un sopha, entreprise pour Thomas, de la rue du Bac. Il m'a parlé des difficultés qu'éprouve Daumier à finir.

Il a sauté à Proudhon qu'il admire et qu'il dit l'idole du peuple [13]. Ses vues me paraissent des plus modernes et tout à fait dans le progrès [14].

En 1856, Baudelaire envoie à Delacroix sa traduction des *Histoires Extraordinaires.* Le *Journal* montre Delacroix séduit par cette lecture qui réveille en lui « ce sens du mystérieux » qui l'a tant préoccupé dans sa peinture : « Baudelaire dit dans sa préface que je rappelle en peinture ce sentiment idéal si singulier et si plaisant dans le terrible. Il a raison ». Mais il n'admet pas

le « décousu » et « l'incompréhensible » des conceptions de Poe,
tout en rêvant longuement devant la métaphysique et les recherches sur l'âme de ce « singulier et très original poète et philosophe [15] ». Les lettres adressées par Delacroix à Baudelaire sont
cordiales, aux meilleurs jours, mais sans abandon. Le ton d'intimité ne s'y glisse jamais. Elles débutent par « Monsieur » ou
« mon cher Monsieur » et s'arrêtent sur des formules assez banales : « Votre sincèrement dévoué..., à vous bien sincèrement...,
mille excuses et amitiés..., je vous serre la main bien cordialement..., mille sincères amitiés et remercîments [16] ». A la demande
de Poulet-Malassis, Baudelaire veut, en 1858, persuader Delacroix
de rassembler en un volume les divers articles [17] qu'il avait publiés dans la *Revue des Deux-Mondes* et dans la *Revue de Paris*.
La réponse de Delacroix a quelque raideur — et Baudelaire en
témoignera quelque part un certain dépit [18] :

> Je vous remercie beaucoup du cas que vous voulez bien faire des articles
> dont vous parlez. Je n'éprouve pas pour eux la même tendresse et d'ail-
> leurs si je devais les publier, il faudrait des remaniements considérables.
> Il faut que vous sachiez que j'ai récemment refusé ce que vous désirez à
> M. Silvestre qui y avait mis beaucoup d'insistance et à qui j'ai toutes
> sortes de raisons de désirer d'être agréable. Il faut donc absolument que
> je vous fasse la même réponse qu'à lui, quoi qu'il m'en coûte de vous
> désobliger... [19]

Certes il arrive que les lettres où Delacroix remercie Baudelaire de ses articles sont chaleureuses et quelques-unes trouvent
de belles formules : « Vous me traitez comme on ne traite que
les *grands morts* [20] ». Il est sensible aux louanges que son admirateur lui prodigue et à la suite du *Salon de 1859,* paru dans la
Revue française, il remercie le directeur Jean Morel de ces articles « dans lesquels M. Baudelaire dont je retrouve encore ici,
dit-il, la constante et amicale partialité parle de mes tableaux
avec des éloges dont je suis confus [21] ». Mais il suffit de parcourir la correspondance de Delacroix pour constater que Th. Thoré,
Pierre Pétroz, Th. Gautier, Léon Peisse, Paul de Saint-Victor,
Alexandre Dumas, et surtout Théophile Silvestre, sont traités
avec autant d'égards et remerciés avec autant de chaleur que
Baudelaire [22]. A la vérité, une certaine gêne semblait subsister
entre les deux artistes : Baudelaire laisse échapper, parlant de
Delacroix, le mot de « grand égoïste [23] ». Eugène Véron pense
que le peintre « ne pouvait, sans un certain sentiment d'infériorité et presque d'humiliation, constater que la critique de Baude-

laire dépassait sa propre perception [24] ». Jules Buisson prétend
que, dans l'intimité, Delacroix se plaignait du critique qui trouvait sa peinture morbide, d'une mélancolie opiniâtre et louait
surtout le plombé de la fièvre, la nitescence anormale et bizarre
de la maladie : « Il m'ennuie à la fin », disait-il [25]. Théophile
Silvestre semble avoir trouvé une note plus juste : ni orgueil hu-
milié, ni rancœur déçue — mais plutôt étonnement inquiet en
face d'un être si étrange : « Charles Baudelaire, dit-il, qui a
écrit sur lui des pages magnifiques l'effarouchait un peu par son
allure originale pourtant très innocente... [26] ». La conclusion est
bien que la « familiarité » et l'intimité n'existèrent jamais dans
les rapports de Delacroix et de Baudelaire. Peu de gens ont pu
se vanter d'être les intimes de Delacroix. Il est certes capable
de tendresse et ce fut une âme de rare sensibilité, mais a-t-il su,
lui qui eut des amis qu'il aimait et qui l'aimaient — Guillemar-
det, Soulier, Pierret, Leblond [27] — goûter dans sa plénitude
joyeuse le charme de l'amitié ? Il a dit un jour : « La grande
amitié est comme le grand génie » et : « Il y a une chose qu'on
regrette toujours quelque part qu'on la laisse : c'est l'amitié » [28].
Mais le grand génie est rare et la vie qui sépare contraint l'amitié à n'être qu'un mélancolique souvenir. Et l'amitié d'un homme
comme Baudelaire était lourde à soutenir : pour les êtres excep-
tionnels l'amitié ne peut exister sans une correspondance parfaite ; autour de lui, Delacroix ne rencontra personne qui pût répondre à ses besoins intellectuels et il demeura seul : « J'ai
deux, trois, quatre amis, eh bien ! je suis contraint d'être un
homme différent avec chacun d'eux, ou plutôt de montrer à chacun la face qu'il comprend. C'est une des plus grandes misères
que de ne pouvoir jamais être connu et senti tout entier par un
même homme... Les choses qu'on éprouve seul avec soi sont bien
plus fortes et vierges. Quel que soit le plaisir de communiquer
son émotion à un ami, il y a trop de nuances à s'expliquer... La
nature a mis une barrière entre mon âme et celle de mon ami le
plus intime [29] ». La sécheresse d'un Delacroix n'est donc qu'une
apparence : la solitude du cœur fut, il l'avoue, « la souveraine
plaie de sa vie [30] ». Et si Baudelaire aurait pu être l'ami qui
comprend, il lui manquait, hélas ! d'être l'ami qui s'abandonne et
avec qui l'on peut s'abandonner : tous deux avaient peut-être
trop d'orgueil pour que ces barrières d'âme pussent s'abaisser.
Et c'est pourquoi l'admiration d'un Baudelaire n'alla jamais jusqu'au cœur d'Eugène Delacroix.

⁎

Il est permis de se demander si Delacroix avait distingué la
valeur des jugements de Baudelaire. « Houspillé, vilipendé » par
des « critiques sérieux ou soi-disant tels [31] » il eut aussi d'ardents défenseurs. Il lui arriva d'englober dans la même rancœur
tous ses adversaires, et dans la même reconnaissance tous ses
partisans. Et quelques-unes des raisons que l'on a données pourraient bien avoir contribué à voiler l'éclat unique des admirations de Baudelaire. Celui-ci pourtant ne se décourage pas. Il
entre en campagne et poursuit la lutte d'une ardeur qui ne se dément pas. Depuis 1845 jusqu'en 1863, des débuts de sa carrière
littéraire à la mort du peintre, il saisit toutes les occasions de
rompre des lances en sa faveur. N'est-ce pas aussi — et Delacroix l'a-t-il compris ? — qu'en définissant Delacroix, il se libé-
rait lui-même et menait, sans se l'avouer, la lutte pour son
compte, comme si Delacroix n'était plus qu'un prétexte à défendre de chères idées ? Tant de points leur sont communs que parfois on ne les distingue plus. Les *Journaux intimes* de Baudelaire,
le *Journal* de Delacroix offrent des pages interchangeables. Tous
deux prônent le travail comme le meilleur aliment du génie.
Est-ce Baudelaire qui écrit : « Cherche la solitude, si ta vie est
réglée, ta santé ne souffrira pas de ta retraite... Se lever bon matin et surtout ne pas faire de somme une fois réveillé : *chose
très importante*... Il me semble que je travaille plus tranquillement qu'autrefois et j'ai le même amour pour mon travail... Cela
devient une bonne chose que l'obligation d'un petit devoir qui
revient journellement... Que penses-tu qu'ait été la vie des hommes qui se sont élevés au-dessus du vulgaire ? Un combat continu. Lutte contre la paresse qui leur est commune avec l'homme
vulgaire... [32] » Est-ce Delacroix qui nous a confié ainsi ses efforts : « Le travail, force progressive et accumulative... Le travail n'est-ce pas le sel qui conserve les âmes momies ?... Il faut
travailler, sinon par goût, au moins par désespoir, puisque travailler est moins ennuyeux que s'amuser... Plus on travaille,
mieux on travaille, et plus on veut travailler. Plus on produit,
plus on devient fécond... Le travail nous fortifie... Faire son devoir tous les jours... Une suite de petites volontés fait un gros
résultat... Il est sans doute bien consolant de penser que par le
travail on acquiert non seulement de l'argent mais aussi un talent incontestable [33] ». Tous deux sentent et expriment avec les

mêmes termes la nécessité, pour le bienfait de leur vie intérieure, de l'effort accompli dans la solitude. Le dandysme d'un Baudelaire, comme le dandysme de Delacroix [34], c'est l'isolement volontaire du grand esprit qui ne se voit pas d'égaux et se retire pour vivre par les puissances spirituelles. Mais tous deux sont des tourmentés : la perfection les obsède et tous deux ont la peur d'être vaincus par cette Nature [35] qui menace d'adultérer le beau et qui se refuse à n'être qu'un dictionnaire où l'artiste puise des vocables : « Qui oserait assigner à l'art la fonction stérile d'imiter la nature ? [36] » écrira un jour Baudelaire, faisant l'éloge du maquillage. Et Delacroix disait que la nature a un tel attrait — une séduction de sirène —, que l'on ne peut résister au charme de la copier au grand dam de l'art, car « vous faites peut-être une série de belles copies, mais vous finissez à coup sûr par produire un détestable tableau [37] ». Aussi le recours suprême est, pour tous deux, hors de cette nature qui brime l'art et décourage l'inspiration. Baudelaire ira vers le Paradis artificiel ; Delacroix louera cette demi-ivresse qui donne une lucidité supérieure [38]. Tous deux seront d'accord pour fuir les vulgarités [39] dans le refuge de l'imagination, consolation de l'âme et inspiratrice de l'art, créatrice d'illusion et reine des facultés [40]. Tous deux goûtent la jouissance artistique dans la correspondance des arts, persuadés que la poésie habite toutes les demeures et que le Beau unique est traduit par le langage de toutes les Muses [41]. Enfin tous deux se refusent à se laisser enrégimenter dans la coterie romantique [42], ou, du moins, conçoivent le Romantisme suivant des vues qui le renouvellent. Et s'il est vrai que leur œuvre, à tous les deux, s'attarde dans la tristesse d'une nature originellement viciée, chantant les brumes du spleen intellectuel ou sentimental, épiant sur le visage ou le corps humain les réflexes des souffrances contenues ou la palpation du désespoir, ce n'est point pour se conformer au jeu d'une rhétorique, mais pour obéir à l'appel de leur génie et révéler l'âme moderne. Affinités qui les rapprochent sur le plan de l'esprit — et qui expliquent aussi l'admiration d'un Baudelaire, attentif à se regarder, s'aimer et se défendre en autrui, comme les réticences d'un Delacroix, jaloux de ne point se laisser découvrir.

*
**

Quand il débuta, au Salon de 1822, avec son *Dante et Virgile*, le jeune Delacroix apportait une audace de dessin, une intrépi-

dité de couleurs qui, elles aussi, agitent l'art d'un frisson nouveau. De 1785 à 1820, l'école davidienne avait prôné un idéal
qui semblait désormais abandonné. Certes, ce serait une erreur
de condamner l'art de cette époque et de le juger, d'une vue,
solennel, froid et ennuyeux. La vie — surtout la vie artistique —
comporte des nuances que négligent parfois des synthèses trop
hâtives ou des formules trop générales [43]. L'école classique eut
sa part de talents. L'austérité s'éclaire parfois de sourires, l'œil
est sensible aux spectacles de la nature et l'âme s'agite aux premiers souffles du romantisme. Un Regnault admire à Rome l'antiquité pompéienne prônée par Winckelmann, et oppose, en l'an
VIII, aux *Sabines* de David la chair dodue de ses *Trois Grâces* [44]. L'antiquité de Prud'hon n'est pas celle du Brutus et des
Léonidas : elle se plaît aux douceurs voluptueuses et sentimentales où l'Amour ailé et charnu joue le premier rôle. David, peintre de l'Empire, se met à l'école de la réalité, et abandonne Pâ-
ris et Hélène à leurs amours. Gros, son élève, après avoir peint
le *Pont d'Arcole*, exécute les *Pestiférés de Jaffa* : la peinture
moderne était née. Le romantisme se montre d'abord sous la forme
troubadour qui met à la mode le gothique. La littérature inspire
les peintres. Atala apparaît à plusieurs Salons et Ossian fournit des sujets de tableaux à Girodet, Gros, Gérard, Ingres. Le
sévère idéal gréco-romain, dont David fut le metteur en scène
officiel, semble condamné par ce temps de batailles éblouissantes : Aboukir, Eylau, la Révolte du Caire, Austerlitz. On avait
rêvé d'un art moralisateur avec Diderot et avec David d'un art
héroïque. On avait négligé la nature, la grâce, la vérité. Un instant ce fut le triomphe de l'allégorie, de la pompe, de la fadeur.
Mais des résistances, organisées de bonne heure ont raison de
cette esthétique de la Beauté au repos. On cesse de prôner la suprématie du dessin, élément stable et intellectuel, sur la couleur
qui est variable et affecte la sensibilité. Le mouvement, condamné
par Winckelmann et, après lui, par Mengs et Quatremère de
Quincy, comme mal propre à figurer la sérénité et la noblesse,
apparaît, vivant et coloré, dans les œuvres de Gérard, Prud'hon,
Gros et Géricault. L'idéalisme académique a fait son temps. Delacroix peut venir.

Mais cette lente préparation de la peinture moderne, — où se
mêle à l'héritage du XVIIIe siècle, féru de sentimentalisme, d'exotisme et d'histoire nationale, un apport du romantisme, épris du
moyen âge et des littératures étrangères, — subit des traverses

qui gêneront le succès de Delacroix. Sans doute, le moment est venu de substituer à la Beauté trop raisonnable, aux lignes géométriques, le sentiment et la couleur. Mais voici que des antagonismes se réveillent chez ceux-là même qui semblaient avoir abdiqué le passé : il y a deux hommes en David et en Gros. Le peintre de la Révolution et de l'Empire se souvient qu'il est chef d'école et l'auteur des *Pestiférés de Jaffa* est membre de l'Institut. Géricault se meurt. Les disciples de David s'épuisent en réminiscences insipides, faute d'avoir suivi l'exemple du Maître, rajeunissant son inspiration au contact des scènes contemporaines. Comment auraient-ils pu agir autrement, quand le peintre du *Sacre* et de la *Distribution des Aigles* exhorte l'auteur d'*Aboukir* et d'*Eylau* à feuilleter son Plutarque et lui conseille — cinq ans après Waterloo — de peindre le départ de Thémistocle, Alexandre sauvant Philippe, Camille et Brennus, Clélie et Porsenna [45] ? Tous deux retournent à l'idéal de leur jeunesse et se repentent de leurs tableaux contemporains, comme de fautes de l'âge mûr. David reprend son *Léonidas* et traite dans son exil *l'Amour et Psyché*, *la Colère d'Achille*, *Mars désarmé par Vénus*. Gros se soumet aux préceptes de son maître et expose à la risée des jeunes *Acis et Galathée*, *Œdipe et Antigone*, et ce *Diomède* qui fut la cause de son suicide. Exemple tragique de la tyrannie de cette discipline qui, soumise aveuglément aux lois des lignes et des proportions, l'arrache par la mort aux séductions de la modernité et de la couleur [46].

Delacroix entre en lice dans le temps où Prud'hon substitue la conception pittoresque à l'objectivisme sculptural de David. Sa dernière œuvre, le *Christ en Croix* (1822), semble appeler un avenir. Delacroix va continuer l'œuvre de libération, à la suite de Géricault, qu'il admire passionnément [47] et qui a porté les premiers coups aux principes davidiens, en adoptant plus de souplesse et plus de chaleur, une couleur moins plate, une exécution plus vivante. Il n'en faut pas plus pour expliquer l'accueil que fait la critique à ce jeune révolutionnaire. Injures et panégyriques, ce sera, dès le premier jour, un rythme alterné. Delacroix sera beaucoup attaqué et ardemment défendu. Il lutte avec la critique, en toute circonstance — et la mort n'arrête pas l'élan des adversaires. Même son triomphe de 1855 ne sera pas sans fausses notes et la haine redoublera en 1859. La tempête se déchaînera au moment de l'ouverture de la Chapelle de Saint-Sulpice et les « folies » de sa vente posthume exciteront un dernier *tolle*. Ce grand artiste attire les grandes âmes : les critiques de classe vont à lui et s'attachent à le défendre, à l'exalter. Lutte épique semblable à ces combats de chevaux ou de lions qu'il a peints d'un mouvement si plein de violence, d'un désordre si contrasté. Mais la fougue d'un Jacob doit s'incliner devant la vertu de l'Ange. Les critiques ont passé et, après le triomphe de 1885, la dernière Exposition de l'œuvre de Delacroix (1930) a vengé le Maître.

*
* *

Fidèles stériles d'un culte mort, les sectateurs de David ne pouvaient attendre aucun secours, pour les guider vers des voies nouvelles, de la critique ignorante et pédante qui dogmatisait sur les noms et sur les œuvres. Mais tous ceux qui apportaient une jeune vitalité se trouvaient attaqués par des gens armés des traditions. Qu'attendre des labeurs estimables mais bornés de Chaussard, de Dandrée, de Boutard, de Miel, de Landon, de Kératry, de Fabien Pillet, de Gault de Saint-Germain [48] ? Nous verrons, par contre, ces comparses s'agiter à l'apparition d'un Delacroix comme si le Temple était menacé où s'assoupissait leur impuissance. Delécluze pousse des cris d'alarme — et rallie ses troupes contre ce faiseur de « tartouillade [49] ». Il faut savoir gré à Thiers, d'avoir signalé en bons termes le premier tableau de Delacroix [50]. Si timide qu'en soit l'éloge, il prend, par la date, son importance. A le relire, après le jugement péremptoire et niais d'un Landon [51], il nous apparaît comme une revanche du bon sens et de la justice. Si l'on parcourt, avant 1845, les critiques d'art qui bataillent autour de Delacroix, on a l'impression d'assister à une mêlée où l'ardeur égale la rage. En 1824, le *Massacre de Scio* est pour Chauvin, critique de la *Gazette de France* [52], une « naïveté barbare d'auteur en délire ». Landon répète ses attaques [53] avec des attendus longuement motivés. Le critique du *Moniteur universel* [54], d'accord avec l'augure du *Journal des Débats* [55], parle « d'imagination fortement ébranlée » et ne loue le « beau talent » de M. Delacroix que pour mieux lui reprocher « ces chairs livides parmi ces corps défaillants ». Stendhal lui-même ne montre aucun enthousiasme et n'approuve ni l'artiste ni l'œuvre [56]. Dans le camp adverse, c'est Ferdinand Flocon et Marie Aycard qui défendent longuement Delacroix [57]. Thiers dans le *Constitutionnel* signale que les promesses de 1822 sont tenues et dépassées [58] et *le Globe* affirme la valeur du *Massacre* [59]. — Le Salon de 1827 exposait *la Mort de Sardanapale,* parmi onze autres envois de Delacroix. Le *Moniteur universel,* qui, le 29 janvier 1828, avait écrasé le portrait de l'*Empereur Justinien composant ses lois,* ne peut s'empêcher de louer les « idées neuves et l'exécution hardie », « la couleur chaude et vivante ». Mais il adjure l'auteur de mettre « un frein à son imagination pittoresque et poétique..., d'acquérir du style » et de consentir « à dessiner [60] ». La *Quotidienne* [61], la *Gazette de France* [62], l'*Observateur des beaux Arts* [63] trouvent l'ouvrage bizarre, mauvais, extravagant. Delécluze prononce de grands mots : « règles de l'art violées », « confusion de lignes et de couleurs », « erreur du peintre [64] ». Comme l'apologie tentée par Louis Vitet dans le *Globe* [65], ou par Auguste Jal dans ses *Esquisses, croquis et pochades* [66] paraît pâle à côté d'un arrêt aussi tranchant ! — En 1831, parmi les onze toiles exposées, par Delacroix, la pièce maîtresse est, sous le n° 511, *le 28 juillet.* Cette année-là, les critiques furent plus cléments. Le *Constitutionnel* [67], le *National* [68], l'*Artiste* [69], même le *Journal des Débats* [70] font l'éloge de la *Liberté guidant le peuple* « peinte avec verve » et « au nombre des productions très remarquables de l'Ecole et des meilleurs tableaux du Salon [71] ». — Même trève en 1833, où le *Charles Quint* est loué par Delécluze [72], Th. Gautier, qui débute dans la critique d'art [73], Charles Lenormant [74], et salué par l'*Artiste* [75], comme ajoutant « un nouvel éclat à la réputation de M. Delacroix ». — Court répit, prélude d'attaques nouvelles : en 1834, Delécluze, sur un ton de régent, conseille à Delacroix de s'astreindre à des études plus sérieuses et déclare spirituellement, à propos des *Femmes d'Alger* que si ce sont là des houris il ne se fera pas Turc de sitôt [76]. Le *Constitutionnel* du 11 avril fait une violente sortie contre « le prétendu régénérateur d'une école qui n'a rien régénéré » et s'indigne que Delacroix soit choisi pour décorer la Chambre des Députés. L'auteur de l'*Examen du Salon de 1834* trouve, dans la *Bataille de Nancy,* les « chevaux estropiés », le « pays plus qu'étrange », le « ciel impossible », la couleur sale, le « dessin incorrect à plaisir » [77]. La réaction semble timide avec le court article de L. Peisse dans le *National* [78] ou du critique anonyme de l'*Artiste* [79] et les réticents éloges de Gustave Planche dans la *Revue des Deux-Mondes* [80]. — En 1835, le *Constitutionnel* [81] qui eut jadis le goût meilleur traite Delacroix par le mépris : Delacroix décourage à la fois ses ad-

versaires et ses amis, on se lasse de s'extasier sur des espérances
à tout coup déçues, devant une immobilité qui se refuse au progrès. Le *Journal spécial des Lettres et des Arts* confirme cette
opinion : « M. Delacroix va toujours *decrescendo* ». Le *Prisonnier
de Chillon* est une « pochade », remplie d' « incorrections », les
Natchez sont « une peinture d'aspect dégoûtant » et témoignent
d'un « étrange fanatisme de laideur » [82]. En face, l'apologie de
Charles Lenormand dans la *Revue des Deux Mondes* [83], de Louis
Peisse dans le *Temps* [84], du critique de *l'Artiste* [85] nous console
un peu de tant d'incompréhension. — En 1836, à propos du
Saint Sébastien, le Constitutionnel [86], reviendra à de meilleures
dispositions : «. M. Delacroix finira par adopter un genre qui lui
sera propre et dans lequel il n'aura pas de rivaux. Respectons la
fantaisie des grands peintres, ayons foi dans leur vocation ». —
La Bataille de Taillebourg, en 1837, excite la mauvaise humeur
de Delécluze qui déclare « impossible de trouver la moindre
louange » [87]. Le critique du *Temps* formule des réserves et parle de
cette œuvre du peintre comme d' « un Rubens manqué » [88]. Mais
Auguste Barbier, dans la *Revue des Deux Mondes,* la juge d'un
« heureux augure pour l'avenir » [89]. Le chroniqueur de *l'Artiste*
dit son enthousiasme pour cette bataille « gagnée par St-Louis
le 21 juin 1242 et par Delacroix le 1er mars 1837 » [90]. Gautier lui
consacre un feuilleton entier dans la *Presse* [91]. Théophile Thoré
apporte son admiration dans la *Loi* [92], et le *Constitutionnel*, après
quelques timides réticences, conclut que cette peinture est « incom-
parablement la meilleure bataille de l'exposition » [93].

Il semble que, dès ce moment, les partisans de Delacroix,
d'abord timides et rares, se groupent et s'enhardissent. La critique
ne désarme pas. Mais son ton est moins assuré et les Salons de
1838, 1839, 1840, 1841 qui précèdent immédiatement le Salon de
1845 où apparaîtra Baudelaire, le nouveau champion du Maître,
semblent unanimes, sinon à louer Delacroix, du moins à condamner les injustes sévérités du jury à l'égard d'un peintre indépendant.[94] Delécluze, dans les *Débats,* est bien près, le 8 mars 1838,
de traiter *Médée* de chef-d'œuvre. Le 7 mars 1839 il critique
les rigueurs du jury et, le 21 mars 1841, il loue — avec les
réserves d'usage — « l'expression vraie » des personnages du
Naufrage et le coloris qui « va bien au sujet ». Certes, le vieux
davidien ne désarme pas, mais il se pique de conscience et de
justice, et, peut-être, il s'efforce de comprendre cet art qui contient
une puissance mystérieuse [95]. D'ailleurs les blâmes et les éloges,

dans cette période, s'opposent encore et si la critique semble faiblir on ne peut dire — et nous savons qu'on ne pourra jamais dire — qu'elle désarme. Le *Constitutionnel* du 5 avril 1838 [96] regrette « les déplorables habitudes de composition » de l'auteur de la *Médée furieuse.* Jules Janin, en 1839, trouve quelque mérite à *Hamlet* mais juge *Cléopâtre* « horrible » [97]. Mérimée, qui fait ses débuts de critique d'art, en 1839, dans la *Revue des Deux-Mondes* [98], critique assez vivement *Cléopâtre* et insinue que M. Delacroix, « talent fort contesté, a pour partisans surtout des littérateurs romantiques ». — Mêmes réticences, mêmes préventions, en 1840, dans la *Revue de Paris,* où Théodose Burette trouve à Delacroix « de grandes, d'admirables qualités de coloriste », mais nie le dessinateur et est prêt à se faire lapider plutôt que de rien « comprendre au dévergondage à froid de la composition ». Le *Journal des Artistes,* « revue artistique consacrée aux artistes et aux gens du monde », sous le couvert de l'anonyme, déclare, en 1841, que dans les trois toiles exposées, — et ce sont : *l'Entrée des Croisées à Constantinople, Un Naufrage* et *Une Noce juive au Maroc,* — « il n'y a pas six pouces carrés à citer » et que Delacroix n'a jamais compris la couleur telle que l'ont comprise Titien, Véronèse, Rubens, Van Dyck, Gros. Et il exalte par contraste *la Fin du Vengeur,* de Félix Leullier, un tableau « national », un des plus beaux « parmi les beaux tableaux modernes » [100].

Cependant Delacroix a désormais de chauds défenseurs : Gautier dans la *Presse* [101], Haussard dans le *Temps* [102], Thoré dans le *Journal du Peuple* [103]. Dans la *Revue des Deux Mondes,* le 1er mai 1838, Frédéric de Mercey fait un long parallèle entre Hugo et Delacroix [104], et ce rapprochement, aujourd'hui banal, avait alors quelque audace : comme Baudelaire, il préférera le peintre au poète. Dans la *Revue de Paris,* en 1838 [105], un article de Théophile Thoré met Delacroix à la première place :

Personne n'a au même degré que M. Delacroix cette fougue d'impression... M. Delacroix saisit une image juste au moment le plus dramatique et le plus passionné. Il la jette sur la toile toute palpitante et sans qu'elle se refroidisse par les lenteurs de l'exécution. Ses compositions ont ainsi toute la vivacité d'une esquisse et toute la puissance d'une œuvre terminée.

Il nomme Delacroix « le seul coloriste de toute l'école française » et il lui attribue « le sentiment de la beauté, non pas de la beauté froide et immobile, mais de la beauté qui a sa source dans les agitations du cœur... ». On ne peut certes apporter plus

d'admiration compréhensive, et la voie est désormais ouverte à
Baudelaire. Delacroix constate avec joie que ses efforts ne sont
pas perdus puisqu'il attire des sympathies aussi ferventes [106]. Des
partisans se groupent qui le comprennent, qui l'expliquent et le
défendent. Voici l'heure où le plus grand de tous va paraître pour
mener la lutte.

*
* *

La revue rapide des *Salons* de 1822 à 1845 nous a permis de
sentir l'âpreté des attaques et d'apercevoir dans quelle atmosphère de combat Delacroix a réalisé son œuvre. Le bruit des
critiques acharnés contre lui n'empêche pas sa gloire de monter.
En 1831, il est le chef de l'Ecole romantique ou plutôt de l'école
moderne : on va le comparer à Hugo que d'ailleurs il n'aime
pas [107] ; ses amis le consolent des injustices du jury et des incompréhensions de la coterie classique. Pourtant, est-il bien compris
de ceux-là même qui mettent tout leur cœur à le défendre ? Et
surtout, par-dessus les dernières protestations d'un passé trop lent
à mourir, se dresse la gloire rivale d'Ingres. Pour mieux mesurer
la portée et la valeur des jugements de Baudelaire, il convient, à
la lueur de tous les textes cités et en examinant les jugements
les plus favorables à Delacroix, de voir comment apparaît son
génie à ceux de ses contemporains qui dépouillent tout parti pris
et qui s'efforcent à comprendre la richesse de son tempérament et
la nouveauté de son art.

C'est dans *l'Artiste*, qui paraît depuis 1831, sympathique à
Delacroix comme à Ingres, et qui se défend d'être le journal d'une
école, d'un homme ou d'une coterie [108], que l'on peut suivre le
mieux les nuances de l'opinion, dans le camp des partisans de
Delacroix, dès le moment où son art domine les rages froides
des davidiens vaincus et remplacés. Dès la première année, ce
sont des pages admiratives dans un long article anonyme sous
le titre : *Portraits et caractères contemporains : Eugène Dela-*
croix [109]. Delacroix est présenté avec son « aptitude unique à concevoir les idées les plus contraires en apparence, une complaisance rare à tout accepter provisoirement jusqu'à ce qu'il ait
épuisé toute la substance du système ou de la série des principes
qu'on lui présente ». Puis c'est un essai d'analyse qui correspond
plutôt, peut-être, à l'apparence qu'à la réalité, Delacroix ayant
toujours cherché le vrai et le beau par les voies les plus laborieuses : « Comme tous les esprits sérieux, il a sa religion et sa

foi, il sait et il sent la vérité ; mais il réalise admirablement le
principe de Bacon : il faut croire pour apprendre... » L'auteur fait
ensuite le point, en passant la revue des œuvres de Delacroix :
l'épisode de la *Divine Comédie* — *Dante et Virgile* — est « d'une
grande simplicité de ligne pour les deux personnages principaux »;
le fond a « quelque chose de vague et d'inarrêté » ; les suppli-
ciés du premier plan sont d' « une couleur grise mais uniforme » ;
« une souffrance profonde, mais vraiment douloureuse, vivement
exprimée, mais trouvée sans peine, sans complication et sans recherche », bref, « une œuvre solennelle et grande, d'un effet puissant, empreinte du caractère épique ». — La *Liberté* témoigne
d'une autre manière : « Etude plus consciencieuse et plus sûre
dans le modelé des chairs, dans les plis et les ombres des
étoffes » ; « finesse et fidélité » dans la reproduction des figures
et des attitudes ; « exécution plus laborieuse et plus savante... ;
composition plus cherchée et plus logique dans les détails, moins
naïve et moins simple dans l'ensemble... » Et par là se trouvent assez
justement définies les deux formes de la pensée d'un Delacroix.
C'est alors l'examen impartial et souvent intelligent des œuvres
« intermédiaires » : le *Massacre de Scio* « ivresse et libertinage »,
mais aussi « amour et puissance ». L'éloge s'abandonne : « Puissance du pinceau, merveille de verve et de couleur ». Le nom de
Rubens est prononcé. Le critique exalte le groupe des Anges dans
le *Christ aux Oliviers*. Le *Justinien* apparaît, « pour la couleur,
ce qu'Eugène Delacroix a fait jamais de plus éclatant et de
plus pur ». Et très justement — ce qui implique une louange du
dessinateur — il parle d' « une main » comme d' « un chef-
d'œuvre ». Il voit donc, en dépit des légendes et des erreurs, ce
qu'on a depuis tant loué, chez Delacroix, la finesse et la distinction du dessin qui donne aux mains des personnages de Delacroix
un charme de race. Seul le *Sardanapale* suscite des restrictions :
« Qualités et défauts, attitudes vraies, énergiques, bien trouvées,
douleur et désespoir, dessin incorrect, exécution inégale, inachevée,
découragée à de certains intervalles, tout se rattache à ce premier
caractère d'improvisation et de soudaineté. La figure principale,
Sardanapale..., admirablement posée et pleine d'une horrible satiété » achève de donner à l'ensemble un caractère « imposant »,
« mais ce qui a manqué au tableau c'est la perspective et la
durée de la volonté pour traduire plus complètement la première
et ardente conception de l'auteur... ». L'auteur de l'article, on le
voit, est dépassé par la puissance d'une toile qui exprime si

complètement Delacroix et qui semble traduire son adieu à la jeunesse, à la vie exaltée de la chair, conclusion d'une période d'ardeur dont l'abandon ne va pas sans regret, holocauste magnifique dans le feu et dans le sang, tragédie de volupté et de mort. Œuvre dont le sens profond et le mystère va plus loin que l'enchantement des yeux, c'est bien ici, avant les tableaux de Saint-Sulpice, le premier « testament de Delacroix ». Il faut avoir vu l'*Esquisse pour Sardanapale*, d'un art matériel déjà si poussé et tous les cartons consacrés aux études pour ce tableau, si l'on veut comprendre comment Delacroix, qui le peignit avec tout son être, y mit aussi toute sa pensée.

Ainsi, même dans cet éloge, — qui s'achève en plaçant l'*Evêque de Liège* entre la *Cène* de Léonard et le *Jugement dernier* de Rubens, — il y a quelques réticences et peut-être quelque incompréhension. Le génie dépasse les vues ordinaires et ses plus belles conceptions, pour être comprises, demandent un esprit de même race. L'admiration des dernières lignes laisse deviner un peu d'inquiétude : « Si l'on veut résumer toute la vie jusqu'à présent accomplie de Delacroix, on verra... qu'il n'invente qu'en cherchant..., qu'il remet sans cesse en question les principes et les données de son art... Il est maintenant en pleine vie et il lui reste encore à produire autant d'œuvres inattendues et distinctes que nous en connaissons ».

C'est précisément cet « inattendu » qui surprend les mieux disposés. Les restrictions qui se font jour même dans les pages enthousiastes sont pareilles à ces rumeurs qui, toutes portes fermées, ne laissent pas de nous parvenir du dehors. Ces critiques sont déconcertés par les bondissements hors des barrières, et se prennent parfois à douter, en présence des rigueurs du jury et des gens en place. Certaines pages de l'*Artiste* trahissent, par intermittences, ces influences mal avouées. Et c'est ainsi qu'on peut lire en 1834 :

L'auteur de *l'Evêque de Liège* et du *Sardanapale*, semble tourmenté d'une abondance d'impressions et d'idées qui a toujours nui à leur expression fidèle et complète. Est-ce qu'un esprit aussi élevé que M. Delacroix, est-ce qu'un peintre si réfléchi et si ardent, doué d'une facilité de main si remarquable, en viendrait par hasard à douter qu'un grand résultat puisse être obtenu aujourd'hui en peinture ? Ses ouvrages portent le caractère de la lassitude et du découragement. Je connais peu de peintres qui cherchent avec une persévérance plus consciencieuse des sujets difficiles, qui aient plus d'audace dans l'inspiration première. Pourquoi donc M. Delacroix nous laisse-t-il de l'indécision sur l'efficacité de ses moyens et la puissance de ses ressources ? [110]

Suivent des critiques trop minutieuses sur *la bataille de Nancy*, « œuvre hasardée », et les *Femmes d'Alger,* où l'on peut voir « l'épaule de gauche de la femme du milieu mal attachée et démesurément longue », — et ces conseils, par trop protecteurs en 1834 : « Que M. E. Delacroix prenne confiance ; nous croyons qu'il est réservé à une belle destinée et à une place bien haute dans notre école. » C'est le temps où Eugène Delacroix écrivait dans son journal : « *Sur l'autorité, les traditions, les exemples des maîtres. Ils ne sont pas moins dangereux qu'ils ne sont utiles ; ils égarent ou intimident les artistes ; ils arment les critiques d'arguments terribles contre toute originalité* » [111]. Car ces reproches d'inconstance, partis d'un camp ami, témoignent qu'on déforme en hésitation découragée cette inquiétude d'un esprit toujours en mouvement et toujours en progrès, toujours mécontent d'une réalisation qui trahit la conception, et se cherchant toujours à travers les tâtonnements géniaux de son œuvre. La légende est déjà formée d'un coloriste dédaigneux ou incapable de dessiner : il faudra pour la réduire que la postérité aille méditer devant les dix mille dessins du maître.

Ce reproche lancé à Delacroix, d'abord par les derniers fidèles de David, puis par les partisans d'Ingres opposa faussement, dans cette lutte de deux conceptions, le dessin et la couleur. Le dessin c'était la méthode, l'ordre, la règle ; la couleur n'était que fougue, liberté, aventure. En 1841, à propos de l'*Entrée des Croisés à Constantinople*, l'*Artiste* [112] reconnaît à l'œuvre la poésie d'un « artiste éminent porté sur le pavois ou traîné, la corde au cou, aux gémonies de l'opinion », un sentiment profond, une entente merveilleuse de la scène, mais note avec regret, « comme toujours, une singulière négligence dans les détails, une déplorable incorrection dans le dessin ». Ici encore, le préjugé l'emporte. Cet état d'esprit des partisans du coloriste, qui se font une idée conventionnelle du dessin et ne comprennent pas ce qu'est le dessin pour un peintre, est traduit, vers ce temps-là, dans un article de Th. Burette à la *Revue de Paris,* qui débute pourtant par des pointes contre Ingres : « Ce qui me stupéfie toujours, avoue le bon critique, c'est que, me trouvant avec M. Delacroix, je l'ai entendu parler constamment de la pureté des lignes, exalter Raphaël, se faire le panégyriste de la forme, du dessin, et tout le monde sait que M. Delacroix est de bonne foi, qu'il parle bien

et qu'il écrit mieux encore. Qu'en conclure ? Que, par un sentiment instinctif de ses défauts on formule des théories opposées à
la pratique et que, par cet éloge des qualités qu'on n'a pas on
croit les joindre à celles qu'on a » [113]. Subtilité de psychologue
dépensée bien mal à propos. On s'obstine, sur la foi des théories
d'Ingres qui osait parler d' « école du mensonge » à propos de
Rubens et de Van Dyck [114], à croire que le dessin n'est que la
précision du contour et la netteté de la ligne, comme si le dessin
n'était qu'une calligraphie et qu'il n'existât ni dessin par l'expression, ni dessin par le relief, ni dessin par le clair-obscur. Il faudra
attendre la venue de Baudelaire pour juger qu'un Delacroix, un
Ingres, un Daumier se valent comme dessinateurs [115].

Même erreur — celle-ci moins excusable — due au préjugé
dans la critique faite au ciel de l'*Entrée des Croisés.*

Ce n'est pas là la lumière qu'on prête traditionnellement à l'Orient. Pourquoi rompre en visière avec les usages reçus ? La mer et la montagne
sont trop bleues ; jamais une teinte aussi crue, aussi monotone, n'a dû
s'étendre sur les ondes du Bosphore ou sur le rivage de la côte d'Asie,
de cet Orient doré par le soleil, où les accidents de la lumière jouent un
si grand rôle [116].

Plaisante remarque en vérité, adressée à un coloriste qui a vu
le Maroc et qui y a médité sur la couleur orientale aux accords
merveilleux, aux tons d'une splendeur mélodieuse. Relisons, au
Salon de 1845, la page que Baudelaire consacre au *Sultan de
Maroc.* La vérité est que l'on a peine à pardonner à Delacroix
de « rompre en visière avec les usages reçus ». Aveu précieux —
et combien humain ! Tous les novateurs luttent contre cette routine
qui règle même les élans les plus spontanés de l'admiration. Ces
préjugés ont longtemps caché le vrai Delacroix : on n'a vu en
lui que réflexes d'impulsif : « intempérances d'imagination, fougue
de main qui motivent ses écarts sans les excuser ». Il est pour
tous l'homme des barricades — et l'on n'a pas remarqué avec
quelle gravité contenue cet homme, au fusil dressé et bien en
main, suit la *Liberté guidant le peuple,* une belle fille un peu
dépoitraillée certes mais qui garde « une sorte de force calme et
quelque chose de raisonnable dans la démarche hardie » [117]. Et
le cri d'alarme se répète : « Que M. Delacroix y prenne garde :
il possède une de ces rares et complètes organisations d'artiste
dont la destinée est de faire époque dans l'art. Qu'il ne gâte pas
à plaisir ses plus belles facultés, qu'il leur imprime une direction
sage ; qu'il renonce à tout jamais à ses tendances originales et

brutales, des succès éclatants et inévitables le dédommageront amplement des luttes violentes et des cruels déboires qu'il a si longtemps essuyés » [118]. On ne saurait inviter avec une supplication plus séductrice un homme à se mutiler. Delacroix qui disciplinait son inspiration dans le travail, qui mettait tous ses soins à « l'habitude du métier [119] », maîtrisait ses richesses intérieures et ne se livrait qu'après une initiation obstinément poursuivie à l'inspiration qui feint d'improviser. Dans sa peinture, le mouvement et la couleur brisent les disciplines rigides. Ce génie ne s'élance qu'après avoir affermi son vol et rendu son triomphe certain par des tâtonnements dans l'ombre et mille essais avortés. L'inviter à la sagesse est une dérision de sots. Et c'est pourquoi Delacroix eut de grandes colères.

On pourrait, feuilletant *l'Artiste,* noter à chaque instant cet état d'esprit d'amis hésitants qui défendent leur dieu d'une foi mal assurée. C'est, en 1839, un éloge tempéré par ce scrupule : « Il a le défaut de ne pas rendre ses figures compréhensibles à toutes les intelligences. Ses images sont lâchées, un peu confuses et manquent de correction. Il s'inquiète peu en outre de la philosophie humaine, quoique... » [120]. C'est un premier article de Jules Janin, la même année, où le froid et le chaud sont soufflés à doses habiles : « grandes qualités » et « défauts incroyables », « bon... mêlé au mauvais », « grand peintre et... mauvais dessinateur », « imagination puissante et bon sens méprisé... », toute une série d'éloges alourdis d'incompréhension : Cléopâtre est une grosse femme qui a bien dîné, et Hamlet doit à Shakespeare d'exister chez Delacroix. Delacroix est adjuré de se mettre au métier trivial mais nécessaire et d'imiter « l'exemple... d'Ari (*sic*) Scheffer » [121] ! C'est encore, en 1840, un article du même Janin où ce bon bourgeois s'effare des écarts éblouissants de cet « homme fougueux et désordonné, méprisant à outrance tout ce qui est le goût, la règle, le bon sens », mais se sent dominé pourtant par « une certaine hardiesse qui est autre chose que le mépris des règles reçues » [122]. Même note d'admiration réticente, en 1841 [123], à propos de la *Noce juive,* de loin, si séduisante, mais, de près, « assemblage incohérent de pâtés plus ou moins éclatants », sans « aucun souci de la ligne, du modelé ni du contour ». Et, sous ces défauts, que « de belles et puissantes qualités : la lumière est douce et cependant brillante, l'ensemble harmonieux, la couleur on ne peut mieux entendue » [124]. A quoi bon multiplier les textes. On saisit, dans tant de pages, d'une raison appliquée, d'un trop étroit bon

sens, combien déconcerte la manière souveraine de Delacroix. Et
l'admiration est faite d'éléments divers : le génie s'impose à ceux
même qu'il dépasse ou qu'il écrase ; la grandeur a un charme
secret qui finit par séduire même les esprits curieux d'explication
et d'analyse. De là tant de restrictions habiles ou inquiètes des
critiques, dépossédés de leur critère habituel. Ils perdent pied et
leur étonnement, d'ailleurs sympathique, se traduit par ce mélange
de reproches, de conseils et de louanges. Faut-il voir aussi, dans
cette attitude mal définie, l'intuition qui révèle, même à ceux qui
s'en défendent, le mystère du génie — et l'appréhension de se
tromper sur un précurseur, au cas d'un triomphe possible dans
les lendemains de l'art ?

La lecture de ces critiques est d'autant plus instructive que
l'*Artiste* est, parmi toutes les revues et tous les journaux, le
champion de la nouvelle école, favorable aux indépendants et aux
novateurs. Nulle part, Delacroix ne fut plus chaudement défendu
et, à chaque compte rendu des Salons, son nom est cité avec
éloges. En 1838, un long article de Charlet et Camille Roqueplan
commence en ces termes :

> Aujourd'hui nous avons d'abord à apprécier un artiste dont le nom était
> déjà glorieux quand, il y a huit ans, notre feuille entreprit la défense des
> intérêts de l'art. M. Eugène Delacroix, par ce privilège qui n'appartient
> qu'aux natures d'élite, s'était placé dès son apparition au premier rang
> de l'école française. Mais un trop petit nombre d'esprits pouvait reconnaître
> sa suprématie. Se manifestant comme un réformateur de l'école, il devait
> avoir contre lui tous les préjugés et tous les intérêts nés du long règne
> des traditions de l'art impérial.

Et c'est l'histoire indignée de toutes les luttes soutenues par
Delacroix : nulle part n'est mise en meilleure lumière cette rude
existence de combats. Chaque nouvelle tentative est combattue par
la jalousie. Indifférence, injustice, coalition de l'Académie, du jury,
des critiques, du public, Delacroix a connu toutes les oppositions
et, s'il semble triomphant, à cette heure, de la passion, de l'envie
et de l'ignorance, c'est au prix d'une héroïque tenacité [125]. En
1835, une lettre signée W. Langsford et « adressée d'un château
d'Irlande » « au directeur de l'*Artiste* », donne, avec un bon sens
digne des Britanniques, la raison des caprices que subit la fortune
de Delacroix :

> Qu'a-t-il donc manqué pour que le nom de Delacroix devînt pour la
> France le nom d'un de ses plus grands peintres ? Une voix écoutée qui
> signalât à l'opinion publique ce talent nouveau, qui réclamât pour lui du

gouvernement les grands travaux auxquels il avait dès lors droit avant tout autre. C'est parce que ces grands travaux qui font seuls les grands peintres ont manqué à Delacroix que la suite de ses ouvrages n'a pas toujours exprimé la progression ascendante que le premier devait logiquement engendrer. M. Delacroix a été honteusement méconnu, c'est une injustice dont bien d'autres ont souffert avant lui... Du moins, Monsieur, avez-vous fait tout ce qui était en vous pour réparer les torts de l'opinion et du gouvernement ; vous n'avez pas perdu une occasion de prendre fait et cause pour un Artiste que vous, du moins, aurez su apprécier comme il le mérite... [126]

L'*Artiste* — il faut le noter — saura défendre Delacroix [127], sans méconnaître pourtant les qualités d'Ingres, son rival [128]. Cette largeur d'esprit, qui maintient la balance égale entre deux grands artistes aux tempéraments si opposés, marque bien que nous sommes ici en terre de bon sens, de mesure, d'équilibre. C'est pourquoi, nous n'aurions pu trouver ailleurs, pour l'étude de la critique sympathique à Delacroix et pour éclairer de futures comparaisons, des textes plus révélateurs de ce que fut le génie de Delacroix pour des partisans qui l'admiraient en hésitant à le juger et qui parfois le jugeaient sans trop le comprendre.

Cette « voix écoutée » capable de placer Delacroix à son rang et de l'imposer par son autorité indiscutable, on cherche en vain à l'entendre dans le camp des littérateurs. Les chefs de l'insurrection romantique se taisent ou n'apportent qu'un appui fragile. Beyle, nous l'avons vu, n'accorde à Delacroix, dans son Salon de 1824 [129], que quelques lignes presque désobligeantes. Le premier article de Gautier dans la *France littéraire* [130], en 1833, était court et presque défavorable. Le 15 avril 1836, A. de Musset, tout en protestant contre le refus *d'Hamlet*, écrit dans la *Revue des Deux Mondes* un article plein de réserves sur le génie du grand peintre. Jamais V. Hugo ni Vigny n'ont dédié une pièce de vers à Delacroix ni inscrit son nom dans une préface ou dans une note. Pour le cénacle de la rue Notre-Dame des Champs, le peintre attitré était ce Louis Boulanger, loué dans les *Feuilles d'Automne* et les *Contemplations* mais que Baudelaire exécutera comme une des « dernières ruines de l'ancien romantisme » [131]. « Deux billets, publiés par Ph. Burty, montrent bien Delacroix, invitant Hugo à « s'immoler pour nos plaisirs, à nous autres barbares », ou dessinant des costumes pour *Amy Robsart*, — mais cette amitié semble avoir pris fin d'assez bonne heure, et le refus de céder *Marino*

Faliero au duc d'Orléans qui voulait l'offrir au poète, dut accentuer le « malentendu » dont a parlé Vacquerie » [132]. Un curieux passage d'un livre de Charles Hugo : *Victor Hugo en Zélande* [133] rapporte une conversation avec Stevens qui se termine par un monologue du poète sur Delacroix à qui il reconnaît « toutes les qualités, moins une : la beauté ». Les femmes sont, à son gré, « irrésistiblement laides » et ensorcellent l'admiration, et l'on sait que Baudelaire s'indignera d'entendre Hugo traiter de « grenouilles » les femmes de Delacroix [134]. Jusqu'en 1845, Delacroix ne pouvait guère compter sur les littérateurs romantiques qui semblaient pourtant lutter pour la même cause : la rénovation de l'art. Les premières sympathies qu'il rencontra il lés dut à des critiques lettrés mais circonspects : Vitet, Jal, Lenormant, puis aux chroniqueurs de la *Revue de Paris* ou de l'*Artiste*, Victor Schœlcher, Louis Peisse, Th. Thoré, Paul Mantz, parfois Gustave Planche. L'occasion lui est donnée, en 1829, d'exposer ses théories personnelles et de batailler pour son drapeau. Nous avons vu que l'essai *sur les critiques en matière d'art* était à la fois une réponse souvent ironique et une déclaration de guerre [135]. Mais ce n'était pas à Delacroix à plaider sa cause. Il manquait véritablement d'un avocat digne de lui. Le correspondant irlandais ou pseudo-irlandais de l'*Artiste* voyait juste. En 1845, personne n'avait encore écrit sur Delacroix les pages attendues : les plus lucides [136] avaient laissé dans l'ombre les plus beaux côtés peut-être de son génie. Il y a autre chose en lui que « fougue d'impression », « sentiment de la couleur », sens « de la beauté idéale » [137]. Ce sont là qualités qui ne manquèrent ni à Gros et à Géricault, ni à Decamps et à Chassériau. Seul, un être de même race pouvait retrouver, au fond de l'art d'un Delacroix, « cette présence intérieure qui nous fait admirer le beau, qui nous réjouit quand nous avons bien fait et nous console de ne pas partager le bonheur du méchant », cette inspiration dictée par l'Esprit qui faisait dire au peintre : « Dieu est en nous » [138].

Quand Baudelaire apparut dans la vie artistique de Delacroix, le moment était bien choisi. *Le Journal des Artistes* venait de publier, au 20 octobre 1844 [139], un article anonyme en trois colonnes d'une violence haineuse et d'un parti pris odieux sur la *Pieta* de l'Eglise de Saint-Denis du Sacrement : « Nous ne voulons pas attaquer un homme, mais nous voulons signaler l'artiste qui ose se placer comme chef d'école, se poser en maître et ré-

pandre autour de lui les pernicieuses doctrines d'un mépris profond pour la vérité, la beauté, le style et la pensée. Nous ne disons pas : *cet homme est un charlatan,* mais nous disons : *cet
homme est l'équivalent d'un charlatan,* par l'importance qu'il se
donne et par l'habileté qu'il déploie... » Il convenait qu'on signa-
lât enfin la véritable originalité de Delacroix et que, pour répondre à ces calomnies, on montrât, dans cet artiste ardent et probe,
le prince du Romantisme, l'interprète de la vie moderne.

*
**

Dès les premières lignes du *Salon de 1845* [140] Baudelaire marque la place de Delacroix dans l'art et sa position en face des
critiques. L'injustice de ses rivaux, la timidité de ses amis, que
nous avons signalées d'après les écrits contemporains, ne lui
échappent point et lui dictent son rôle :

> M. Delacroix est décidément le peintre le plus original des temps an-
> ciens et des temps modernes. Cela est ainsi, qu'y faire ? Aucun des amis
> de M. Delacroix et des plus enthousiastes n'a osé le dire simplement, crû-
> ment, imprudemment comme nous. Grâce à la justice tardive des heures,...
> nous ne sommes plus au temps où le nom de M. Delacroix était un motif
> à signe de croix pour les *arriéristes* et une symbole de ralliement pour
> toutes les oppositions, intelligentes ou non ; ces *beaux temps* sont passés.
> M. Delacroix restera toujours un peu contesté, juste autant qu'il faut pour
> ajouter quelques éclairs à son auréole... [141]

Ainsi, le caractère essentiel du tempérament de Delacroix est
signalé, dès la première page : si Delacroix soulève l'opposition
des « arriéristes », c'est pour cette inquiétude de la découverte,
condition du progrès artistique et signe du génie, qui l'anime
dans la « quête incessante du neuf » [142]. S'en tenir aux voies ouvertes, suivre les chemins tracés est commun aux paresseux et aux
médiocres. Seuls, les êtres conscients de leur force, ne craignent
pas de partir seuls, de quitter l'ornière et, malgré les dangers
obscurs, d'errer un temps et de se déchirer aux broussailles. Ils
finissent par rencontrer un jour la clairière d'où l'on s'envole pour
goûter l'enthousiasme d'un Lucrèce sur la trace des Piérides. Ce
désir d'inconnu « pour avoir du nouveau », qui règle tous les efforts d'un Baudelaire, l'arrête en face du regard curieux de Delacroix.

Ce qui le frappe, d'ailleurs, dans les tableaux de Delacroix,
ce n'est pas cette couleur après quoi hurlent les critiques aux
yeux offusqués, pour n'en avoir compris ni le rôle ni la profon-

deur, c'est l' « harmonie parfaite » des tons, qui met dans une simple tête de *Madeleine dans le désert* tant de « poésie intime mystérieuse et romantique ». Cette qualité d' « harmoniste » — et nous savons ce que Baudelaire entend par harmonie [143] — est la marque de Delacroix — vérité soupçonnée depuis longtemps certes, mais que Baudelaire s'attachera à mettre en lumière, la jugeant essentielle. Le voici, arrêté devant *le Sultan de Maroc entouré de sa garde et de ses officiers* — aujourd'hui la gloire du Musée de Toulouse. Tandis qu'un critique obscur trouve ce tableau « sans convenance et sans charme » et apprend aux Belges que tout y est « vert et jaune », que « les murs ont l'air de pain d'épice et les hommes de moëllon » et qu'on « bâille de grand cœur en regardant ces figures immobiles et sans vie » [144], Baudelaire subit le charme : il parle de « coquetterie musicale », évoque les féeries de Véronèse et personne n'a mieux que lui, après tant d'années, célébré les « capricieuses mélodies », le « prodigieux accord de tons » qui donnent sa valeur spirituelle à ce tableau :

Nous savons, dit-il, que nous serons compris d'un petit nombre, mais cela nous suffit. — Ce tableau est si harmonieux malgré la splendeur des tons qu'il en est gris, — gris comme la nature, gris comme l'atmosphère d'été, quand le soleil s'étend comme un crépuscule de poussière tremblante sur chaque objet [145].

Dès le début, sans s'attarder à des préambules prudents, comme tant d'autres critiques pourtant bien disposés, Baudelaire loue en Delacroix les deux vertus éminentes qui guident son inspiration et distinguent son œuvre : le souci du nouveau, élément de progrès continu et la recherche de l'harmonie, « base de la théorie de la couleur » [146]. C'est le langage du maître qui parle nettement, ayant des idées nettes et va droit à l'essentiel. Le tableau, — aujourd'hui au Musée de Lyon —, qui représente Marc-Aurèle mourant (*les dernières paroles de Marc-Aurèle*), lui permet de présenter l'argumentation, de soutenir la défense :

Nous sommes ici en plein Delacroix, c'est-à-dire que nous avons, devant les yeux, l'un des spécimens les plus complets de ce que peut le génie de la peinture [147].

Certes Baudelaire n'invente rien : Delacroix est un coloriste. Mais quel critique a su, avant 1845, rendre compte comme Baudelaire des secrets de cette merveilleuse palette, des richesses à la fois harmonieuses et mélodieuses de cette couleur, de la science longuement calculée de cet art. La fougue désordonnée, le délire inconscient, le mépris des règles — autant de formules pour critiques étonnés — et préoccupés de cacher leur ignorance ou leur incompréhension sous l'étonnement —, pour adversaires irréductibles — et fiers de trouver dans les lois des considérants irrévocables. D'autres ont admiré par instinct ou par sympathie, sans bien comprendre. Baudelaire, parce qu'il comprend, trouve de nouvelles et plus sûres raisons d'admirer :

> Cette couleur est d'une science incomparable, il n'y a pas une seule faute, — et néanmoins ce ne sont que des tours de force, — tours de force invisibles à l'œil inattentif, car l'harmonie est sourde et profonde ; la couleur, loin de perdre son originalité cruelle, dans cette science nouvelle et plus complète, est toujours sanguinaire et terrible. — Cette pondération du vert et du rouge plaît à notre âme [148].

Science et pondération. Il faut l'audace tranquille du génie pour poser à propos de Delacroix, en 1845, des affirmations capables de heurter à ce point l'opinion admise. Cette défense a le calme d'un exposé, — et dissimule pourtant un frémissement de combat : « Delacroix — écrit Charles Asselineau — dont le génie commençait à s'imposer ralliait autour de lui les braves qui n'attendent pas les décrets du suffrage universel pour reconnaître et défendre ce que leur jugement approuve. La bataille était là : Baudelaire y courut... » [149] Relisons les « quelques mots d'introduction » — et la pointe agressive se découvrira :

> Ce que nous disons, les journaux n'oseraient l'imprimer. Nous serons donc bien cruels et bien insolents ? Non pas, au contraire : impartiaux. Nous n'avons pas d'amis, c'est un grand point, et pas d'ennemis... La critique des journaux, tantôt niaise et tantôt furieuse, jamais indépendante, a, par ses mensonges et ses camaraderies effrontées, dégoûté le bourgeois de ces utiles guide-ânes qu'on nomme compte rendus des Salons... [150]

Assurément le ton de la critique ne soutient pas cet éclat de charge. L'assaut est donné suivant une méthode moins bruyante. Mais l'esprit reste aussi combatif. Ce manifeste, qui réclame l'impartialité comme un droit et comme un devoir, s'apaise dans les pages du *Salon*. Mais que de bouillonnements intérieurs, si naturels à un critique de vingt-quatre ans.

Baudelaire brave en face l'opinion. Paradoxe ? Le paradoxe est la vérité du lendemain. La légende dessert Delacroix : un peintre certes, un peintre-né, mais non pas un dessinateur. Ce procédé simpliste, qui tient du goût naïf des vies parallèles, oppose, à la satisfaction des professeurs-jurés d'esthétique, Ingres et Delacroix, le dessinateur et le coloriste, le sage et le fou, le discipliné et l'inspiré, comme si la vie du génie pouvait épingler ses ailes à des formules. Baudelaire, consciemment, lance « cet énorme paradoxe », ce « blasphème imprudent » : Delacroix est un parfait dessinateur. Se souvenant d'un feuilleton de Gautier paru l'année précédente dans *la Presse* [151], à propos de Thomas Couture, — il met au point la théorie du dessin chez les coloristes et chez les dessinateurs : « Les procédés sont inverses, mais on peut bien dessiner avec une couleur effrénée, comme on peut trouver des masses de couleur harmonieuses tout en restant dessinateur exclusif » [152]. D'ailleurs si Baudelaire paraît généraliser, il ne quitte pas Delacroix du regard. Il pose, en mot brefs, les remarques décisives pour expliquer la qualité si personnelle, non encore nettement entrevue, du dessin de Delacroix. Il connaît les secrets du dessin pour les avoir pénétrés [153]. Le dessin de Delacroix — n'est pas celui de Raphaël ni de M. Ingres : il a « une manière impromptue et spirituelle... qui a quelque analogie avec celui de tous les grands coloristes, de Rubens par exemple », et il « rend parfaitement le mouvement, la physionomie, le caractère insaisissable et tremblant de la nature, que le dessin de Raphaël ne rend jamais » [154]. Il fait ainsi bon marché du préjugé à la mode que la couleur est l'ennemie du dessin et que tout l'art du dessinateur doit donner aux formes et aux figures de la peinture l'air de statues de marbre coloriées d'après nature. Certes il ne dédaigne pas cette précision qui fait le mérite d'Ingres. Et c'est lui qui rapporte cette « hyperbole » profonde de Delacroix : « Si vous n'êtes pas assez habile pour faire le croquis d'un homme qui se jette par la fenêtre pendant le temps qu'il met à tomber du quatrième étage sur le sol, vous ne pourrez jamais produire de grandes machines » [155]. Plus tard, il traitera avec plus d'ampleur cette énorme question. Mais, dès l'entrée en lice, il donne, en brèves formules, tout l'essentiel.

Baudelaire parle avec une autorité intransigeante. Comme Asselineau le remarque [156], dans cette première brochure se trouvent déjà toutes ses qualités. C'est l'horreur des transitions et des ménagements, le goût de l'affirmation impérative. « Delacroix n'est pas discuté, il est affirmé. Nul appel au sentiment, nul appareil de phrases poétiques, ni d'éloquence conciliante » [157]. Il démontre avec rigueur et logique, d'un style ferme, sans souci des objections et du scandale : « Nous ne croyons pas, dit-il, qu'on puisse compromettre le génie en l'expliquant » [158]. Et Asselineau formule justement : « Nul doute que ces apologies raisonnées n'aient conquis parmi les contemporains de vives sympathies à Eugène Delacroix » [159].

La vérité est qu'il dut étonner amis et ennemis, séides et antagonistes. Mais on reconnut une œuvre de qualité. Champfleury fut sollicité par Baudelaire [160] pour un compte-rendu dans le *Corsaire-Satan*. Le 27 mai 1845, un article anonyme y note en effet cette stupéfaction admirative :

Ce petit volume est une curiosité, une excentricité, une vérité... Cette brochure sera attaquée et traitée de folle, de furieuse, de jeune. Tant mieux. Ceci prouvera qu'elle est raisonnable, de sang froid et mûre. Les temps ne sont pas encore venus où l'on puisse dire sa véritable opinion : M. Baudelaire-Dufays a eu ce courage. Bravo !...

Les attaques ne vinrent pas. Dans la *Silhouette* du 20 juillet 1845, Auguste Vitu en donne les raisons après un éloge de la plaquette [161] :

Ce qui frappe le plus dans ces pages si courtes et si pleines pourtant, c'est une grande conscience, en ce sens que l'auteur n'obéit qu'à ses instincts impérieux..., une franchise rude sans être affectée, à ce point que nul des artistes blessés par cette critique n'a eu la pensée d'une récrimination hostile ou amère... A peine une ou deux lettres injurieuses ont-elles averti M. Baudelaire qu'il s'était créé d'irréconciliables inimitiés.

Et Banville résume bien l'impression que causèrent au public ces vues nouvelles, appuyées sur l'œuvre de Delacroix :

Dans le Salon de 1845 qui fut son premier ouvrage public, il stupéfia les amis du coloriage classique en leur montrant que la peinture par sa qualité propre s'adresse directement à l'âme en dehors du drame exprimé et contient d'inestimables trésors de tristesse et de joie [162].

Le Salon de 1846 s'ouvrit au Musée Royal [163] le 16 mars. C'était, depuis l'institution créée par Louis XIV en 1669 sur le conseil de Mansard, la 68e exposition de peinture : 4.753 présentations, 2.341 refus, 2.412 morceaux admis, 1.228 auteurs. La peinture seule prend 1.833 numéros [164]. Delacroix expose quatre tableaux : n° 502, *Rebecca enlevée par les ordres du Templier Boisguilbert au milieu du sac du château de Frondebœuf* (Walter Scott, *Ivanhoë*) ; n° 503, *les Adieux de Roméo et de Juliette* ; n° 504, *Marguerite à l'Eglise* ; n° 1915, *un Lion*, aquarelle.

L'admiration de Baudelaire prend l'accent d'un hymne vengeur et l'apologie se hausse au ton du manifeste. Avant de parler d'Eugène Delacroix, il donne, en des pages que nous avons analysées, le bréviaire du peintre. Mais la théorie n'est faite que suivant le peintre et d'après son œuvre. Le *Salon* tout entier, comme une grande composition, concentre ses arabesques vers la figure centrale. La conclusion du *Salon de 1845* annonçait un nouveau Messie :

Au vent qui soufflera demain, nul ne tend l'oreille, et pourtant l'héroïsme *de la vie moderne* nous entoure et nous presse. — Nos sentiments vrais nous étouffent assez pour que nous les connaissions. — Ce ne sont ni les sujets ni les couleurs qui manquent aux épopées. Celui-là sera le peintre, le vrai peintre qui saura arracher à la vie actuelle son côté épique et nous faire voir et comprendre avec de la couleur et du dessin combien nous sommes grands et poétiques dans nos cravates et sous nos bottes vernies. — Puissent les vrais chercheurs nous donner l'année prochaine cette joie singulière de célébrer l'avènement du neuf [165].

Ce « neuf » souhaité, c'est « le plus digne représentant du romantisme » qui l'apporte, au Salon de 1846, avec les promesses d'un art libéré. Baudelaire distingue les dessinateurs de l'école de Raphaël [166] — et il songe évidemment à Ingres, — et les coloristes qui savent dessiner, mais « dessinent comme la nature », délimitant leurs figures « par la lutte harmonieuse des masses colorées » [167]. Formule d'un grand critique qui suffirait à clore le débat, si les passions des hommes pouvaient s'apaiser devant les conciliations lucides du génie. Les purs dessinateurs sont des philosophes. Les coloristes sont des poètes épiques. La ligne est logique comme une pensée, la masse est mouvante comme la vie.

Delacroix est l'aède de cette épopée de la couleur. Il est apte à « sentir » la vie moderne, à lui arracher son secret pour le livrer superbement dans l'œuvre révélatrice. Il saura, lui, voir dans les âmes et son art s'approfondira pour comprendre, sous les apparences, le tragique du présent. Cravates et bottes vernies, parures de dandys — recouvrant sous l'élégance désinvolte le mystère d'âmes héroïques ou tourmentées. Tout s'enchaîne dans les compositions de Delacroix, comme des membres s'attachent à un corps, les figures et les groupes sont si intimément soudés qu'on ne peut les détailler sans détruire le sens de l'œuvre. Mais l'on peut isoler l'*Angélique* sur son rocher et la joueuse de mandoline du *Bain Turc*. Un Ingres, merveilleux portraitiste, saura-t-il dans ses œuvres parfaites, enfermer l'âme fiévreuse de son temps qui rêve de synthèses et d'universelle unité ? Aussi bien, une âme échappe à la prise des sens. Il faut pour la fixer une impondérable magie. C'est Delacroix qui, au sens de Baudelaire, accomplit ce miracle.

Il opère par l'alliance du métier et du tempérament. La matière de l'art est au dehors non au dedans [168]. Nul ne saurait mesurer la puissance de l'intuition servie par le savoir réfléchi. Delacroix, pourvu de ces qualités, sera le chef de l'Ecole *Moderne*. Et Baudelaire s'exalte. Il est bien le critique épris de son sujet jusqu'à la passion, qui exerce son métier « à un point de vue exclusif, mais au point de vue qui ouvre le plus d'horizons » [169]. Les premières lignes donnent le ton :

En entrant dans cette partie, mon cœur est plein d'une joie sereine, et je choisis à dessein mes plumes les plus neuves, tant je veux être clair et limpide, et tant je me sens aise d'aborder mon sujet le plus cher et le plus sympathique [170].

« La meilleure critique est amusante et poétique. » Baudelaire répudie la critique « froide et algébrique qui, sous prétexte de tout expliquer n'a ni haine ni amour et se dépouille volontairement de toute espèce de tempérament » [171]. Baudelaire parle en effet de Delacroix avec tout son « tempérament ». Il faut aimer pour comprendre. L'apologie de Delacroix est faite par un admirateur qui a compris l'œuvre, en l'aimant, en l'avivant, en la recréant pour lui comme un idéal enfin capté. Et, tout de suite, précisant les affirmations du précédent *Salon*, c'est à la légende qu'il s'attaque :

En général, et pour la plupart des gens, nommer Eugène Delacroix, c'est jeter dans leur esprit je ne sais quelles idées vagues de fougue mal dirigée, de turbulence, d'inspiration aventurière, de désordre même ; et, pour ces messieurs qui font la majorité du public, le hasard, honnête et complaisant serviteur du génie, joue un grand rôle dans ses plus heureuses compositions... [172]

Cette légende a desservi Delacroix, au point d'en faire un incompris. Elle a fait de lui le « Romantique » — au sens périssable du mot, c'est-à-dire le Spontané, l'Inspiré, le Délirant. C'est elle qui, par le jeu facile de l'antithèse, l'a placé en face de Victor Hugo : « On avait le poète romantique, il fallait le peintre. » Mais, à définir le Romantisme suivant les vues baudelairiennes, on ne saurait accorder Hugo et Delacroix, car leur manière n'est semblable qu'en apparence et, dans les profondeurs, s'oppose implacablement.

Hugo, en regard de Delacroix, n'est qu'un « ouvrier adroit » [173].
La comparaison permet à Baudelaire d'élever Delacroix, tout en
précisant sa position dans le Romantisme. Le Romantisme de Hugo
est de surface et de forme. Celui de Delacroix est modernité,
c'est-à-dire vie, mouvement et progrès, intimité et spiritualité.
Hugo certes est un « travailleur... correct » mais il n'est pas un
« créateur ». Il a « un système d'alignements et de contrastes
uniformes ». Il est un grand maître de la forme, — et Baudelaire
juge ce don secondaire : « Il possède à fond et emploie froidement tous les tons de la rime, toutes les ressources de l'antithèse,
toutes les tricheries de l'opposition. C'est un compositeur de décadence ou de transition qui se sert de ses outils avec une dextérité véritablement admirable et curieuse » [174]. Baudelaire, emporté
par son panégyrique, se laisse aller sinon à l'injustice, du moins
au parti pris. Il n'aime pas Hugo et se plaît à accuser les défauts
du poète pour rehausser les qualités du peintre. Le jugement de
Baudelaire a néanmoins sa raison d'être. Nous l'avons vu répudier, dès son éveil littéraire, ce romantisme de fausses fenêtres et
de mensonges. S'il admire, — aujourd'hui comme demain, — la
somptuosité de cette imagination qui fait de Hugo le « roi des
paysagistes » [175], qui le rend « immense comme une création mythique » [176], il est choqué, lui, le dandy raffiné, par son goût de
l'énorme et sa confiance dans une inspiration titubante. Il lui en
veut d'avoir égaré des peintres comme Louis Boulanger [177] et il
ne peut admettre qu'on le mette en parallèle avec Delacroix. La
grande différence entre les deux, c'est que le poète a plus
d'adresse que de tempérament et que le peintre, assuré par un
long effort de sa science technique, laisse le beau rôle au tempérament [178]. La conclusion d'une comparaison minutieuse, c'est
que « M. V. Hugo est devenu un peintre en poésie », car on apprend la peinture comme l'art oratoire —, et « Delacroix toujours
respectueux de son idéal est souvent, à son insu, un poète en
peinture » [179]. L'on sait que les deux hommes ne s'aimaient pas.
Delacroix trouve que « les ouvrages de Hugo ressemblent au
brouillon d'un homme qui a du talent : il dit tout ce qu'il lui
vient » [180] et son style « n'a jamais approché de cent lieues
de la vérité et de la *simplicité* » [181]. Nous avons noté, d'autre
part, les singuliers reproches que Victor Hugo faisait à l'art de
Delacroix, malgré les protestations d'Arthur Stevens [182]. La raison
de cet irréductible malentendu, c'est Baudelaire qui la donnera, le
jour où il écrira pour venger les femmes de Delacroix que V. Hugo

jugeait sans ménagement : « M. V. Hugo est un grand poète sculptural qui a l'œil fermé à la spiritualité » [183].

Une leçon d'esthétique se dégage de cette opposition. Pour Baudelaire, le vrai Romantisme, c'est-à-dire l'art moderne ou l'art idéal, consiste, non dans le sujet ni dans la forme, mais dans le tempérament ou « la manière de sentir », qui est l'âme du génie. Privé de ce don intérieur, l'artiste pourra être un peintre, mais restera un ouvrier, sans espoir d'être jamais un poète. Et ce n'est pas à dire qu'il suffit d'avoir un tempérament. Une fougue mal dirigée n'aboutit qu'à l'incohérence, et l'on sait que le génie d'un Delacroix n'est pas indiscipline et désordre, s'il est ardeur et liberté. Il y a, dans l'inspiration la plus hautaine, des règles strictes que peut suivre sans errer la seule habitude d'un effort toujours en éveil. C'est le secret de la réussite de La Fontaine. C'est le triomphe de Delacroix. Ne parlons plus de hasard : le temps du délire aveugle est passé. La vie moderne demande un interprétation concertée : « Il n'y a pas de hasard dans l'art non plus qu'en mécanique » [184]. L'inspiration n'est qu'un choc lumineux, après de longs tâtonnements conduits suivant une méthode raisonnée. La découverte en art est « la simple conséquence d'un bon raisonnement dont on a quelquefois sauté les déductions intermédiaires », — et de là vient l'illusion de désordre dans les opérations du génie. Et, s'il s'agit de peinture,

un tableau est une machine dont tous les systèmes sont intelligibles pour un œil exercé ; où tout a sa raison d'être, si le tableau est bon ; où une faute occasionnelle de dessin est quelquefois nécessaire pour ne pas sacrifier quelque chose de plus important [185].

Mais le principe vaut pour l'Art tout entier : il n'y a pas de domaines distincts sur les cimes apolliniennes. Delacroix n'est pour Baudelaire qu'un magnifique symbole de l'Artiste qui fonde l'inspiration sur l'effort et la méthode.

Mais cet effort est inopérant sans le souffle qui anime l'argile. Ce souffle n'est pas une grâce mais une conquête. « L'inspiration vient toujours quand l'homme le veut... Il faut vouloir rêver et savoir rêver. Evocation de l'inspiration », écrira Baudelaire [186]. Nous sommes loin du romantisme littéraire de 1830. Delacroix réalise cette union étroite de l'inspiration et du métier. Il existe d'admirables copies par Delacroix de Vélasquez, Raphaël, Véronèse, Rubens. Il a fait des lithographies « d'après des médailles et des pierres gravées » [187]. Le modèle est nécessaire comme un tremplin pour le bond vers les étoiles. Il est indispensable que la palette soit très soigneusement préparée, que la main ne soit gênée par aucun obstacle. Aucun détail n'est négligeable dans la préparation des éléments de l'œuvre et des moyens matériels de l'exécution [188]. L'idéal, au moindre obstacle s'envole. Et si la conception est lente, l'exécution doit être prompte.

Ainsi est résolu, pour Baudelaire, le problème, disons le mystère des rapports de l'art et de l'inspiration. Sous la tutelle de Delacroix, Baudelaire forme son esthétique et attend, dans l'ombre patiente, de se posséder pour s'exprimer. Les *Fleurs du Mal* ne pourront éclore que le jour où Baudelaire se sentira le maître de son art. Il tâtonnera longuement avant d'arriver à ce point de perfection indéfiniment reculé où l'idéal semble forcé de se rendre.

La réalisation même de l'œuvre et la conduite de l'inspiration comportent des règles que Delacroix admet et que n'ont point aperçues ses détracteurs. Le grand artiste doit être un « surnaturaliste » suivant un mot de Heine [189]. La nature n'est qu'un dictionnaire dont l'artiste « consulte les feuilles avec un œil sûr et profond »[190] pour y trouver des types que son âme saura transformer. C'est la pensée même de Delacroix exprimée en mainte page : on emprunte seulement à la nature « les détails caractéristiques que l'imagination la plus privilégiée ou la mémoire la plus fidèle ne pourraient reproduire et qui donnent une sorte de consécration à la partie imaginée »[191]. La mémoire entre ensuite en jeu. Le souvenir opère les sacrifices nécessaires. Le détail s'abolit et l'ensemble s'agrandit, traduisant l'intimité profonde du sujet. Le choix de cette dominante est le plus difficile : il suppose le goût, et les chefs-d'œuvre ne sont que de savants extraits de la nature. Préoccupé du mouvement, de la couleur et de l'atmosphère, Delacroix fera consciemment des fautes contre l'exactitude formelle du dessin [192] : sacrifice dont l'ensemble profite, puisque, aussi bien, le dessin de Delacroix ne viole jamais cette loi naturelle qui est la vérité dans le mouvement. Or les lignes gênent la vérité : pour Delacroix elles n'existent pas, car, pour traduire « les palpitations éternelles de la nature » il faut réduire la ligne à n'être que « la fusion intime de deux couleurs »[193]. Le commentaire baudelairien s'éclaire par les affirmations de Delacroix et jamais procédés artistiques et pensée intime ne furent mieux saisis : « J'admirais, — dit une page du *Journal*[194], parlant de l'idéalisation par le souvenir — ce travail involontaire de l'âme qui écarte et supprime les détails inutiles ou repoussants ou sots ; sa main puissante dispose et établit, ajoute et supprime, et en use ainsi sur des objets qui sont siens ; il se meut dans son domaine et vous y donne une fête à son gré ; dans l'ouvrage d'un artiste médiocre, on sent qu'il n'a été maître de rien ; il n'exerce aucune action sur un entassement de matériaux empruntés ». Et ailleurs Delacroix n'écrit-il pas : « Il y a des lignes qui sont des monstres : la droite, la serpentine régulière, surtout deux parallèles. Quand l'homme les établit les éléments les rongent. Les mousses, les accidents rompent les lignes droites de ses monuments. Une ligne toute seule n'a pas de signification... » [195].

Voici donc, en 1846, le portrait de Delacroix fixé par Baudelaire : un artiste qui ne néglige aucun des moyens matériels dans d'exécution d'une grande œuvre. Il travaille, il réfléchit, il choisit. Il ne s'abandonne pas au désordre, il ne se livre pas au hasard. Il sait éliminer comme agrandir : sacrifier est un grand art, inconnu des novices [196]. Il a l'universalité — caractère du grand génie, — aussi bien dans la science que dans le sentiment : « Il fait des tableaux de genre plein d'intimité, des tableaux d'histoire pleins de grandeur » ; et, dans l'art difficile de la décoration, il trouve « l'unité dans l'aspect », non comme les élèves d'Ingres « par la suppression des effets lumineux et par un vaste système de coloriages mitigés », mais « sans nuire à son métier de coloriste », en dispensant « économiquement » la lumière [197]. Enfin il est un homme de son temps, un *romantique* au sens de Stendhal et de Baudelaire [198], et l'âme moderne « s'exhale de ses œuvres » [199].

Cette âme est toute mélancolie et douleur. Les temps de joie dans la souple lumière sont révolus. Les bergers d'Arcadie ne s'attardent plus à sourire ou à paresser autour des fontaines. Des problèmes intérieurs, des inquiétudes inapaisées étreignent le siècle. Les plaintes de René ne sont pas éteintes et l'homme n'a pas retrouvé l'équilibre d'une conscience silencieuse. Son visage a les plis d'un héros de Dante ou de Shakespeare même si son goût a rejeté l'orgueilleuse parade de Byron. Nous possédons une beauté nouvelle « inhérente à des passions nouvelles ». L'héroïsme n'est plus dans les batailles ou les chevauchées : la vie quotidienne en est enveloppée. « Le merveilleux nous abreuve comme l'atmosphère mais nous ne le sentons pas ». Vautrin, Rastignac, Birotteau, Fontanarès, les héros de l'*Iliade* ne vont qu'à votre cheville. Pour exprimer votre âme il faut éviter l'élégie pleurarde et l'éclat mélodramatique [200]. Mais Delacroix est l'interprète idéal qui saisit le sens de l'épopée moderne. Toute sa peinture est d'un anxieux, qui frémit et se concentre, dans l'horreur de l'ostentation. Le sujet choisi, l'expression des figures, les gestes, la couleur interprètent l'humanité inquiète de ce temps, et, parfois dans les grandes œuvres la douleur semble s'abattre sur un personnage central. *Dante et Virgile,* le *Massacre de Scio, Sardanapale,* le *Christ aux Oliviers,* le *Saint Sébastien,* la *Médée,* les *Naufragés,* l'*Hamlet* et la *Pieta* de Saint-Louis au Marais, comme *Roméo et Juliette,* les *Croisés* eux-mêmes et *les Femmes d'Alger* sont des expressions différentes de ce tourment unique. Angoisse de l'esprit, accablement du malheur, adieux aux voluptés de la jeunesse, sacrifice et renoncement, fureur jalouse, amertume et désespoir, toute la gamme de la souffrance aiguisée par le mal de l'analyse, s'étend sur ces tableaux dans la tonalité farouche des couleurs sanglantes, « à peine tempéré par le vert sombre de l'espérance » [201].

C'est ainsi que, dès ses premiers *Salons,* Baudelaire juge Delacroix. Suivant sa méthode de critique, il ouvre les yeux sur les qualités originales et néglige les taches de détail. Il ne méconnaît pas les défauts, — mais se laisse emporter par l'admiration de l'ensemble. Il raisonne son admiration et l'établit avant de l'affirmer. Maître coloriste, connaissant à fond les vertus des tonalités, après de longues observations en face de la nature, Delacroix proclame la nécessité de l'effort, du travail, de la science. Il ne se livre à l'inspiration, au moment d'exécuter, qu'après avoir étudié, médité, ordonné, prévu. L'exécution n'est si prompte et si géniale que parce que rien n'a été laissé au hasard. Ce critique haineux qui, en 1844, accusait Delacroix d'avoir attendu cinq ans avant de commencer l'exécution de sa *Pieta* et de l'avoir terminée en cinq semaines [202] trahissait, dans son incompréhension, le secret de Delacroix. Le chemin est longuement frayé par des travaux d'approche : il est ensuite la route royale où le génie s'avance sûrement. La science est l'auxiliaire du tempérament. Elle ne se replie dans l'ombre que son œuvre accomplie, quand le chef-d'œuvre peut naître.

Esthétique du classicisme éternel. Condamnation des élans vite brisés du romantisme qui a vécu hors des règles et qui s'obstine à prolonger des effets usés. Baudelaire trouve dans ces premières critiques, l'occasion de manifester son goût personnel et de s'opposer aux écoles qui s'attardent à de vieilles formules. Il s'est approché des plus grands artistes et il a vu que tous, Rubens, Rembrandt, Véronèse, Raphaël, étudiaient avant de se livrer. En défendant Delacroix, il réfute une légende et il défend son idéal. Double joie qui s'accroît encore de placer, dans la lignée des génies qui ont réfléchi sur leur sujet et appris leur métier avant d'ouvrir leurs ailes, ce Delacroix qui fut un des plus grands pour avoir en outre compris, avec son instinct d'harmoniste, la « dominante » de son siècle. Nul mieux que Baudelaire n'a su dire comment cette œuvre tragique exprime, avec mesure, mais avec puissance, l'âme moderne.

⁂

Nul mieux que lui. Combien paraissent mesquines, devant de telles flammes, les grimaces des critiques acharnés à la perte de Delacroix. Combien paraissent pâles les louanges de ses partisans. A feuilleter les *Salons* de 1845 et de 1846 on mesurera mieux l'audace et la maîtrise de ce jeune homme, on comprendra mieux aussi que s'il dépasse tous les critiques par son sens des synthèses, par son intuition, c'est qu'il apporte des facultés qui ne sont pas seulement d'un critique. La révélation du génie échappe aux feuilletonistes. Elle demande, pour être recueillie, une âme capable de la porter.

La haine n'a pas désarmé contre Delacroix : et ce sont les éternelles antiennes dont l'écho se prolonge : *La Renaissance*, revue belge [203], qui loue, en 1845, les compositions démesurées d'Horace Vernet, unit dans le même blâme Chassériau et Delacroix : « Ni dessin, ni perspective, ni coloris... Ni pensée, ni conception... Le coloris de M. Delacroix est rempli de tons sales et bourbeux. Il ne veut pas dessiner, soit, mais au moins qu'il soit coloriste... [204] » Et cela vaut d'être cité, pour la beauté du fait et l'imprévu du reproche. Le même critique, Alfred de Martonne, récidive dans la même revue, en 1846 [205], avec le même vocabulaire : « œuvre mesquine, sans élévation..., laideur,... vulgarité... sujet de regret et de terreur. » Le *Corsaire-Satan* en 1845 sous la signature de Courtois n'est pas plus tendre, ni mieux inspiré : H. Vernet est un artiste universel, les études classiques sont abandonnées et le *Sultan du Maroc* est entouré d'Arabes si laids et si mal habillés que « nos fidèles sujets de l'Algérie présents à Paris en sont indignés... [206] » Le *Journal des Artistes* prend le ton ironique et feint d'admirer Mouley-Abd-er-Rahman — ce qui met quelque variété dans ce clan d'opposants [207]. Le rédacteur en chef de cette

feuille, A.-H. Delaunay, dans le *Catalogue complet du Salon de*
1846 [208], admire le *Lion* mais en tire argument contre le peintre.
« Quand on dessine si bien les animaux, il est impardonnable
de dessiner si mal les hommes... Pauvre Walter Scott, pauvre
Shakespeare ! vous attendiez-vous aux honneurs de la parodie ?
Et quelle parodie ! » Cette *Juliette* que Delaunay juge « indécente » inspire à E.-J. Delécluze un propos de classique puritain : « Le beau, le pur, manquent dans cette composition où les
deux jeunes amants de Ferrare s'embrassent très chaleureusement sans doute, mais avec une énergie sensuelle trop vulgaire » [209]. Enfin la *Revue de Paris* sous la signature d'Edouard
Bergougnioux adjure Delacroix de revenir « aux bonnes traditions » et critique amèrement ses envois, faisant grâce, non sans
réserves au seul Mouley-abd-er-Rhaman. Et il lui reproche, de
peindre avec son imagination : « Et Dieu sait où l'imagination
peut nous conduire » [210].

Les partisans de Delacroix réagissent avec courage mais leur
chaleur souvent intelligente ne souffre pas d'être comparée avec
l'enthousiasme si pénétrant et les formules si décisives de Baudelaire. Lisons l'*Artiste* où Delacroix est aimé et compris. Arsène
Houssaye s'incline avec respect devant le grand peintre qui cherche « la poésie des douleurs humaines », « dont les fautes même
sont souvent glorieuses » mais il ne peut comprendre tout ce
que le peintre a mis d'harmonie et de mystère, comme Baudelaire l'a si bien saisi, dans la *Madeleine au désert*. Cette « tête
renversée » est pour Baudelaire d'une languissante mollesse, avec
ses cheveux épars, et les tons modérés en accentuent la romantique beauté [211]. Pour Houssaye, elle n'est « belle, ni par les lignes, ni par le sentiment », et l'on ne voit pas « si c'est la figure d'une femme qui rêve, d'une femme qui dort ou d'une
femme qui vient de mourir ». Ainsi est jugé par un critique ami
le poète « des douleurs humaines » [212]. L'année suivante l'admiration d'Arsène Houssaye trouvera de belles formules mais ne
s'attardera pas à pénétrer dans l'âme des œuvres. « M. Eugène
Delacroix mourra jeune à cent ans. La véritable exposition de
M. Delacroix c'est la coupole de la Chambre des Pairs. Il faut
de l'espace à son génie... [213] » — Même admiration pour le coloriste dans l'*Artiste*, en 1846 [214] et dans la *Réforme* en 1845 [215].
Ici, Charles Blanc ajoute à l'éloge du peintre, si varié « dans
ses gammes », que, « comme traducteur des émotions de l'âme,
M. Delacroix s'agrandit encore », avec les réserves d'usage sur

la correction du dessin. Là, Paul Mantz place le génie de Delacroix au-dessus de son époque, pour son « inspiration si personnelle », son « allure si spontanée et si libre », sa couleur « si nouvelle ». Il reconnaît son lyrisme, son « exaltation passionnée », sa « fièvre ». Mais ni l'un ni l'autre ne s'élèvent au-dessus des remarques de détail à la recherche de vues d'ensemble que leur enthousiasme, d'ailleurs éclairé, permet d'atteindre, et la conclusion de Paul Mantz, toute admirative qu'elle est, ne pénètre pas, comme fait Baudelaire, jusqu'à l'âme du sujet [216]. — L'article de Gustave Planche dans la *Revue des Deux-Mondes* [217] est plus significatif encore. Des éloges, des fleurs. Une profonde sympathie », de l' « admiration » pour « le talent énergique et varié de M. Eugène Delacroix », — mais des remarques de bourgeois pointilleux incapable de se hausser au-dessus du détail. *Les Adieux de Roméo et de Juliette* ne sont pas dessinés avec précision. Les deux amoureux sont sans beauté. Et Planche ne voit ni l'attitude, ni le mouvement ; il ne songe qu'à mesurer les proportions, les lignes, le dessin. Le cheval de Rébecca, la figure de Rébecca, le corps de Rébecca : l'un est trop petit, l'autre n'a pas d'expression, les formes ne se devinent pas sous le vêtement. Et « la cuisse gauche de Marguerite est d'une longueur démesurée » si le sujet « s'explique bien ». Est-ce par pli professionnel que le dogmatique Planche veut donner des conseils à Delacroix ou si sa courte vue ne peut juger l'ensemble? Ce critique de bonne volonté donne le ton de la critique de son temps, trop raisonneuse pour sentir, trop minutieuse pour dominer [218]. — Dans le *Corsaire-Satan*, le 24 mars 1846, Champfleury, qui admire Delacroix et semble capable de dominer les remarques de détail, reste à mi-chemin et ne donne des vues de synthèse que par éclairs : Delacroix, peintre avant tout, ne prend pas ses brosses en s'écriant : « Je vais faire de la poésie ». La poésie jaillit de ses tableaux sans qu'il y songe. Et ses détracteurs n'ont qu'à méditer devant le tableau de la Bibliothèque de la Chambre des Pairs [219]. L'admiration de Champfleury ne se répand pas, hélas, en longues phrases : « Il est impossible, dit-il, de rendre cet immense chef-d'œuvre par l'analyse ou la critique ». — Malgré leurs brillants effets, les feuilletons de Gautier dans la *Presse* valent plus par l'abondance verbale que par la profondeur réfléchie [220]. En 1845 [221], c'est une longue description de l'*Empereur du Maroc*, faite d'après le livret [222], et agrémentée de commentaires sur le ciel d'Orient, son « intensité bleue », sa « transparence de saphir traversé par le soleil » ; dans les *Dernières paroles de l'Empereur Marc-Aurèle*, il juge que « la position, la tête et la robe de pourpre du jeune César sont d'une beauté de couleur à faire envie aux Flamands et aux Vénitiens ». Et, tandis que la *Madeleine dans le désert* lui inspire cette banale réflexion que « rien n'est usé pour le talent », il ne trouve, pour louange de la *Sibylle*, qu'un amas d'épithètes sur cette « figure de la tournure la plus fière et la plus énergique, du geste le plus noble et le plus puissant ». En 1846 [223], le vocabulaire est aussi éclatant et l'admiration adopte le même lyrisme facile : « D'autres reprocheront à ce petit chef-d'œuvre de sentiment [*Roméo et Juliette*] un laisser-aller de touche, une négligence extrême, tout le dévergondage et l'abandon de la plus libre ébauche... mais un éclair de génie brille à travers tout cela... et ce lambeau de toile qu'on croirait presque sali au hasard est un Delacroix pur et franc aussi bien que le tableau le plus fini ». Nous avons essayé de le montrer ailleurs et nous n'hésitons pas à l'affirmer encore : en présence de Delacroix, la sympathie ne suffit pas au critique, ni l'habileté, ni l'expérience. Et c'est pourquoi le génie d'un Baudelaire a seul trouvé les mots attendus [224].

*
**

Mais si Baudelaire se distingua à ce point des critiques contemporains, s'il a des vues plus larges et plus profondes, des intuitions dominatrices, — c'est parce qu'il exerce son rôle de juge suivant des principes différents. Critique lyrique, disions-nous. Cela veut dire : critique qui se passionne et qui demande plus aux raisons du cœur qu'aux géométries de l'intelligence. Mais cela signifie encore : critique qui se dédouble et se confond avec le sujet, choisi entre tous. Au contact de Delacroix, Baudelaire prend conscience de lui-même, se définit en lui, se défend en lui. L'esprit est un aliment pour l'esprit. Le *Salon de 1846* part de principes esthétiques désormais assurés. L'éloge de Delacroix se développe avec tant de complaisance, parce que Baudelaire lutte pour son propre idéal et mêle sa cause de poète avec la cause du peintre. Se rend-il compte, s'avoue-t-il qu'en face de Delacroix ce n'est pas Hugo qu'il faut placer, mais cet autre qui s'éveille en lui. La destinée de Baudelaire sera de frémir au contact de rencontres révélatrices : aujourd'hui Delacroix et Poe, demain Guys, un jour Wagner. Voilà pourquoi les jugements du critique d'art se réfèrent toujours en suprême analyse à ce modèle idéal dont il a loué la science et le génie. En 1845, son « violent éloge » [225]

de William Haussoullier s'explique par une admiration qui le dépasse : *la Fontaine de Jouvence,* — tableau malheureusement
disparu aujourd'hui, — l'attire par le « sentiment » et par la
« couleur », par une volupté « presque mélancolique » et un coloris très voyant « d'une crudité terrible, impitoyable, téméraire. »
« Peinture absolue, convaincue » qui a la volonté d'être belle,
dessin « d'une grande volonté » : n'entend-on pas l'éloge de ces
qualités dont Baudelaire s'éprend en Delacroix parce qu'il les
désire pour lui-même. Le voilà prêt à en aimer les reflets dans
tous les miroirs : Robert-Fleury, d'un ordre si secondaire, ne doit
son charme qu'à « cette volonté tenace, infatigable et toujours en
haleine » [226], qui est la vertu de Delacroix, et A. Devéria évoque,
idéalisant les femmes vues et désirées un soir [227], ces grandes formes « noyées dans le satin [228] » qui troublent, par Delacroix, le
désir de Baudelaire. Il reproche à Chassériau de s'être essayé à
« détrousser Delacroix » [229], et si Louis de Planet [230] trouve en
Baudelaire, un champion, c'est pour avoir brillé « par quelques-
unes des qualités » de son Maître, sachant faire « ce que font
tous les coloristes de premier ordre, de la couleur avec un petit
nombre de tons, du rouge, du blanc, du brun, » — et donnant à sa
Sainte Thérèse, comme Delacroix à ses héroïnes, avec des « mains
charmantes », un air de brûlante volupté. Si Baudelaire défend
Corot — amant de la nature qui vit loin des controverses d'école
et dont l'on remarque à peine les modestes paysages, malgré ses
envois réguliers depuis 1827, c'est en vérité parce que son intelligence des choses d'art devine un maître du paysage, — mais
aussi parce qu'il se plaît à retrouver en lui ces qualités de « naïveté » et « d'originalité », ces vertus de « coloriste avec une
gamme de tons peu variés », d'harmoniste avec des tons assez
crus et assez vifs » qu'il admire tant ailleurs [231]. En 1846, les mêmes comparaisons inavouées semblent dicter les jugements de
Baudelaire sur les peintres de second plan. Certes Horace Vernet,
cet improvisateur, n'est pas un grand artiste. Mais pourquoi Baudelaire s'acharne-t-il contre lui : « Je hais cet homme parce que
ses tableaux ne sont point de la peinture mais une masturbation
agile et fréquente, une irritation de l'épiderme français » [232] ? Ce
peintre est si loin de la manière d'un Delacroix ! Il est le faiseur
de « chic » et de « poncif » — et les vrais artistes, — un Daumier, un Delacroix, — n'ont « rien à démêler » avec ces procédés
conventionnels qui « leur font horreur ». Il le hait pour cette facilité de « feuilletoniste », de » vaudevilliste », de Français léger,

« à qui Michel-Ange donne le vertige et que Delacroix remplit d'une terreur bestiale comme le tonnerre certains animaux ». Il le hait pour son improvisation facile, qui est la négation du labeur, du métier, — de cette science auxiliaire indispensable du génie. Il le hait aussi pour cette popularité qui est le privilège des médiocres, — comme il hait Béranger, — car le génie est toujours incompris et moqué comme une parure de dandy ou une distinction d'aristocrate. « Il est né coiffé », — « l'art est pour lui chose claire et facile » [233], il ignore les sueurs et les angoisses, la lutte contre le Beau, où l'artiste crie de douleur avant d'être vaincu [234]. Il est l'antithèse de Delacroix : il peint sans réfléchir, et l'improvisation doit être une longue conquête. Il n'a ni la naïveté, ni l'inquiétude — marques du tempérament. Il n'est pas un artiste [235]. — Baudelaire attaque avec autant de violence et plus d'ironie Ary Scheffer [236] et les peintres de sentiment : c'est parce que Ary Scheffer, « après avoir imité Delacroix et singé les coloristes », a cherché la poésie, de parti pris, — ce qui « est le plus sûr moyen de ne pas la trouver. » La poésie « gît dans l'âme du spectateur et le génie consiste à l'y réveiller [237] », tandis que « la peinture n'est intéressante que par la couleur et par la forme ; elle ne ressemble à la poésie qu'autant que celle-ci éveille dans le lecteur des idées de peinture. » Un Ary Scheffer est un artiste ridicule puisqu'il cherche à dissimuler son insuffisance de peintre par des moyens qui échappent à la peinture. Et le choix de ses sujets reste étranger à la peinture : on dirait d' « un danseur exécutant un pas de mathématiques ». Le public de Delacroix, ce sont « les peintres et les poètes ». Horace Vernet a pour lui les « garnisons » et Ary Scheffer « les femmes esthétiques qui se vengent de leurs flueurs blanches en faisant de la musique religieuse ».

Les admirations de Baudelaire reposent sur le même critère. Et aussi ses indulgences. S'il critique certains élèves de Delacroix de ne viser dans leur couleur qu'au pittoresque ou à l'effet et de se passer de la nature, « sans en avoir acquis le droit par les études courageuses du maître », il leur accorde son attention pour s'être appropriés « ce qui peut se prendre de son talent, c'est-à-dire quelques parties de sa méthode » [238]. Le « voisinage terrible » de Delacroix inspire ses jugements qui sont de secrètes comparaisons. Reproche-t-il, à propos « des sujets amoureux », à certains auteurs, de manquer de naïveté et de sincérité ? Tassaert trouvera pourtant grâce à ses yeux pour la « vérité » —

sans délicatesse il est vrai —, d'une lithographie assez risquée, et parce que, dans ses recherches de la couleur, « on dirait que M. Tassaert s'est préoccupé de la manière de Delacroix » [239]. Qu'on lise la page consacrée au peintre-voyageur, Georges Catlin, peintre des Peaux-Rouges et « cornac des Sauvages Sioux », qui passa dix ans chez les Indiens d'Amérique et amena, en avril 1845, douze Ioways à Paris [240]. N'entend-on pas un écho de ce poème, où sur les bords du lac de sang, s'inclinent les sapins toujours verts:

> Quant à la couleur, elle a quelque chose de mystérieux qui me plaît plus que je ne saurais le dire. Le rouge, la couleur du sang, la couleur de la vie, abondait tellement dans le sombre musée que c'était une ivresse ; quant aux paysages, — montagnes boisées, savanes immenses, rivières désertes, — ils étaient monotonement, éternellement verts ; le rouge, cette couleur si obscure, si épaisse, plus difficile à pénétrer que les yeux d'un serpent, — le vert, cette couleur calme et gaie et souriante de la nature, je les retrouve chantant leur antithèse mélodique jusque sur le visage des deux héros... Tous leurs tatouages et coloriages étaient faits selon les gammes naturelles et harmoniques...

Diaz de la Peña est coloriste comme Glaize. Peut-être, en faveur de leurs efforts pour approcher du Maître, leur pardonnera-t-on de n'avoir pas le goût de la dominante ou le sens de l'harmonie. En Decamps — qui eut, en ce temps, son heure de célébrité [241] — Baudelaire ne loue que les qualités mêmes de Delacroix, par quoi il sera sauvé de ses défauts : si parfois « son dessin frisait le chic », c'est le goût minutieux de la nature « étudiée surtout dans ses effets lumineux » qui l'a maintenu dans une région supérieure. Dans son éloge, Baudelaire ne peut se tenir d'évoquer Delacroix.

> La couleur était son beau côté, sa grande et unique affaire. Sans doute M. Delacroix est un grand coloriste, mais non pas enragé. Il a bien d'autres préoccupations et la dimension de ses toiles le veut ; pour M. Decamps la couleur était la grande chose, c'était, pour ainsi dire sa pensée favorite. Sa couleur splendide et rayonnante avait de plus un style très particulier. Elle était, pour me servir de mots empruntés à l'ordre moral, sanguinaire et mordante.

Le jugement semble écrit pour un Delacroix de second plan, tant on sent que Baudelaire est inquiet d'accuser l'air de famille : soleil et lumière, effets de l'atmosphère, jeux de l'ombre et de la lumière, transparence des objets colorés, profondeur des eaux, sommeil des grandes ombres sur le sol ou sur l'onde, — n'est-ce pas la manière du Maître ? Ainsi que lui, Decamps sait s'aventurer, pour des créations magnifiques à travers la poésie et la rêverie qui dépassent les formes matérielles. Et si, devançant le goût moderne qui préfère la *Défaite des Cimbres* à tant de *Singe peintre* et de *Rat retiré du monde,* Baudelaire fait un reproche à Decamps [242], c'est en un point où il s'éloigne de Delacroix :

Là où d'autres comme Delacroix arriveraient par un grand dessin, un choix de modèle original ou une large et facile couleur, M. Decamps arrivait par l'intimité du détail. Le seul reproche, en effet, qu'on lui pouvait faire était de trop s'occuper de l'exécution matérielle des objets [243].

Enfin, lorsque l'enthousiasme de Baudelaire s'élève au niveau de l'admiration absolue, il ne peut faire de plus bel éloge que de le tourner en parallèle. Il faut relire cette page consacrée en 1846, [244] au paysagiste Rousseau — dont il évoquait le talent, à propos de Corot au *Salon de 1845* [245] :

Il est aussi difficile de faire comprendre avec des mots le talent de M. Rousseau que celui de M. Delacroix avec lequel il a, du reste, quelques rapports [246], M. Rousseau est un paysagiste du Nord [247]. Sa peinture respire une grande mélancolie. Il aime les natures bleuâtres, les crépuscules, les couchers de soleil singuliers et trempés d'eau, les gros ombrages où circulent les brises, les grands jeux d'ombre et de lumière. Sa couleur est magnifique mais non pas éclatante. Ses ciels sont incomparables pour leur mollesse floconneuse. Qu'on se rappelle quelques paysages de Rubens et de Rembrandt, qu'on y mêle quelques souvenirs de peinture anglaise et qu'on suppose, dominant et réglant tout cela, un amour profond et sérieux de la nature, on pourra peut-être se faire une idée de la magie de ces tableaux. Il y mêle beaucoup de son âme comme Delacroix : c'est un naturaliste entraîné sans cesse vers l'idéal...

On peut donc expliquer, en fonction de Delacroix, beaucoup de jugements de Baudelaire, critique de la peinture, aux Salons de 1845 et 1846. Nous sera-t-il permis d'expliquer par le même enthousiasme fixé sur une admiration unique le méprisant paragraphe consacré en 1846 à la Sculpture [248] ? La Sculpture se rapproche trop de la nature et rompt avec le mystère singulier et impalpable de la peinture. Brutale et positive, ne prêtant pas au rêve, elle est incapable de porter l'idée de l'artiste, puisque le spectateur qui tourne autour de la figure peut choisir cent points de vue différents, excepté le bon. Elle est un art complémentaire qui doit s'asservir à l'architecture ou à la peinture. Ce jugement bref est motivé peut-être par l'état pitoyable de la sculpture en 1846 [249]. Mais cet enthousiasme n'admet pas plusieurs maisons dans le royaume de l'art. La sculpture, dont il dira, en 1859, le rôle divin, en une page admirable [250], apparaît à ses yeux éblouis par le soleil comme un art de Caraïbes, simple et grossier, impropre à signaler, par le choix du point de vue, le génie de l'artiste. L'admirateur de Delacroix, ce critique pour qui « la peinture est un art de raisonnement profond et dont la jouissance même demande une initiation particulière » ne peut se plaire aux « minuties » et aux « puérilités » du sculpteur — et son ironie a beau jeu contre ces artistes de second plan qui doivent se résigner à pratiquer un art complémentaire.

C'est donc bien guidé par Delacroix, que Baudelaire débute dans la critique d'art. La figure du peintre domine ces premiers *Salons*, glissant ses ombres envahissantes dans tous les coins du tableau. Dès la rencontre de Delacroix, les jugements de Baudelaire s'affermissent, et il est permis de penser que Baudelaire doit dès ce moment à Delacroix d'avoir pris conscience de quelques-unes de ses plus grandes idées. Par ses conversations, à coup sûr par son art, c'est-à-dire par son adresse technique autant que par ses élans créateurs, Delacroix ouvre l'avenir au jeune Baudelaire. Il lui confirme que le Romantisme a failli à son trop beau destin, à ses visées trop pompeuses. C'est un grand corps étendu et voué déjà à la décomposition. En vain on répète ses gestes, on se pare de ses oripeaux : le poncif rend sa mémoire ridicule. Le besoin du nouveau s'impose. Voici, dans ce moderne Enfer, Baudelaire, à qui Delacroix, par delà les sombres nuages, montre l'horizon : la mélancolie du présent, la fièvre de saisir, dans toute minute, ce qui est matière d'éternité. Delacroix, peintre de « la vie moderne » a des moyens de classique : le travail, l'ordre, la méthode, la recherche, l'étude de la nature, puis le bond vers l'idéal, après la préparation qui rend la victoire certaine. Dès ce moment, Baudelaire écrit son œuvre, songe à l'enrichir, l'enrichit tous les jours, la mûrit dans la longue attente. Il rêve d'être ce Romantique qui répudie le passé pour vivre dans le présent. Que sa volonté soit vaincue, au moment des réalisations, ce n'est point l'affaire. Dès 1846, l'avenir littéraire de l'œuvre baudelairienne est engagé par le bienfait de la rencontre avec Delacroix.

Le *Salon de 1846* contribua-t-il à redresser l'opinion en faveur de Delacroix ? Il est curieux de comparer quelques textes : ils parleront assez par eux-mêmes, sans qu'il soit besoin de conclure. Le 31 mai 1846, Marc Fournier, dans l'*Artiste*, rend hommage au « sentiment original et altier » qui fait l'originalité de ce « petit livre ». L'article est fait de citations et ne put manquer de frapper les rédacteurs de la Revue. D'autre part Banville a noté que l'étude de son ami le plaça tout de suite à « un rang très élevé parmi les critiques d'art » [251]. Or, si les ennemis de Delacroix ne désarment pas [252], les yeux des plus sincères partisans semblent s'ouvrir pour admirer sans restriction. Ne parlons pas de l'article chaleureux de Gautier dans la *Presse*, le 1er avril 1847, ni des éloges d'un son nouveau prodigués par un critique anonyme dans la *Mode* [253]. Une comparaison curieuse nous permet de soupçonner, sinon d'affirmer, que le courage de Baudelaire a eu raison de certains scrupules. Dans l'*Artiste* du 12 avril 1846 [254], Paul Mantz, à propos des *Coloristes*, avait apporté certaines restrictions à un éloge de Delacroix. Il avait parlé d' « improvisations rapides » et déploré l'incorrection du dessin et les « défaillances de la ligne ». Le 7 février 1847, l'*Artiste* publiera un long article [255] du même critique sur la *Bibliothèque de la Chambre des Pairs, coupole de M. Eugène Delacroix*. Les critiques ont disparu [256], les restrictions d'hier laissent place à une totale admiration : « L'avenir... parlera de cette coupole comme de la plus belle page de peinture monumentale que l'école française ait encore écrite ». Paul Mantz découvre le sens mystérieux de Delacroix :

Le génie de M. Delacroix est essentiellement complexe : il embrasse tous les horizons où l'âme humaine peut s'égarer. Dans cette longue histoire de l'art où chaque peintre traduit l'émotion de son temps, M. Delacroix représente et personnifie exactement la pensée douloureuse dont notre siècle est travaillé... Le premier, parmi les maîtres violents et dramatiques, [il est] le peintre de toutes les souffrances, de toutes les inquiétudes, un vrai fils de Shakespeare... Ce talent sait aussi se revêtir de tendresse et de poésie, il a, quand il le veut, la séduction et le charme, le je ne sais quoi qui fait qu'on rêve et qu'on oublie... L'homme n'est pas là tout entier ; mais, pour la peinture proprement dite, pour la couleur, pour le sentiment poétique, pour la lumière et la composition, je n'hésite pas à affirmer que M. Delacroix n'a jamais été plus loin.

Sans doute, en 1846, P. Mantz avait, d'un mot rapide, signalé dans sa conclusion le caractère « douloureux » de la peinture du Maître. Mais ici la pensée s'amplifie et s'affermit. Le critique avait-il vu, jusque là, la modernité de cette émotion ? Son affirmation catégorique semble faire écho, sur ce point, au panégyrique baudelairien, de même qu'il rappelle Baudelaire en parlant avec délicatesse de la poésie de ce peintre qui nous enchaîne dans le rêve et l'oubli.

D'autres, dans l'équipe de l'*Artiste*, vont plus loin encore au même moment. A propos de l'*Exposition de la Société des Artistes*, L. Clément de Ris, le 17 janvier 1847 [257], reconnaît enfin à Delacroix des qualités de dessinateur : cette *Cléopâtre* que Jules Janin, en 1839, dans la même revue, jugeait « horrible » [258], peut, selon le critique de 1847, « donner une idée de l'étonnante habileté du dessin » de Delacroix. Et la conclusion est telle que les goûts d'aristocrate d'un Baudelaire ou d'un Delacroix purent se trouver satisfaits : « Les œuvres de Delacroix demandent une étude pour être appréciées et la foule n'y comprendra jamais rien ». Le même critique, le 4 avril 1847 [259], écrira des pages que Baudelaire auraient signées et qui, un an après le *Salon de 1846*, sont d'un assez curieux intérêt :

> Le talent de M. Delacroix est essentiellement moderne et représente on ne peut mieux le côté chercheur et inquiet, mais toujours sérieux et profond de notre époque... [Ce] grand maître de la peinture actuelle,... active et puissante personnalité,... [a] je ne sais quelle grandeur farouche... [et un] caractère... qui ne sera jamais compris par les natures superficielles. Pour comprendre, pour admirer sa peinture, il faut se recueillir comme devant toute chose grande et sérieuse, et si l'on arrive devant elle avec un esprit juste et non prévenu, il est impossible que la vigueur n'en frappe pas au premier examen et que, si l'on y revient, on ne soit pas touché par la vigoureuse originalité qui en fait le principal mérite... [260]

Ainsi, dans le camp des partisans (pour les adversaires, nous savons que rien ne peut les éclairer) les préventions tombent peu à peu. On s'accorde enfin à reconnaître à Delacroix les qualités qu'on lui déniait jadis : déjà, au *Salon de 1848*, on n'ose plus parler d' « incorrection » dans le dessin : « On dit que M. Delacroix ne sait pas dessiner. Je ne suis que trop convaincu que la brosse lui échappe souvent, que la main ou le cerveau l'emporte... mais quand il tombe, il se relève bien vite et bien haut... » [261]. Le 9 février 1851, le critique du *Pays*, Dauger, qui n'est guère favorable, loue dans le *Lever* « le parfait modelé du torse et le dessin irréprochable ». Et L. Clément de Ris se décide enfin à donner du dessin du Maître une théorie qui entre dans les vues de Delacroix et dans la critique de Baudelaire [262] :

> Des personnes impartiales accordent à M. Delacroix les qualités de coloriste, mais lui refusent obstinément la science du dessin. La réponse à ce reproche est bien facile : M. Delacroix ne dessine pas avec cette conviction voisine de la froideur et ses figures n'ont rien de cette sécheresse et de cette rectitude préconisée par l'Académie, mais ses mouvements pour être souvent violents ne sonnent jamais faux. Comme dans les bas-reliefs antiques dont il a fait une étude spéciale, il s'inquiète peu de

faire un membre plus court, pourvu que le mouvement soit juste et que le
sentiment soit vrai ; et, quand il veut s'en donner la peine, il arrive vite
à une pureté, une élévation que l'on retrouve dans ses bas-reliefs mêmes... »

Lord Pilgrim — c'est-à-dire Arsène Houssaye lui-même —
écrira, dans sa revue, le 1er novembre 1857 [263], à propos du
plafond du Louvre : « Je renvoie les personnes qui prétendent
que M. Delacroix ne sait pas dessiner devant cette figure », tandis
qu'à la même page Anatole de Montaiglon exprime son enthousiasme dans un sonnet dithyrambique. Enfin Paul Mantz lui-même,
qui déplorait, en 1846, l'incorrection de Delacroix, nous livre, en
1850, dans un long article sur l'œuvre pictural du Maître [264], après
de vagues réticences auxquelles l'obligeait sans doute son intran-
sigeance antérieure, de subtiles distinctions qui marquent un revirement d'opinion :

> Dire d'un ton absolu que M. Delacroix ne dessine pas c'est s'avancer
> beaucoup et montrer qu'on n'a du dessin qu'une notion imparfaite et mes-
> quine. En dehors de la banale correction d'une figure, il y a l'harmonie
> de l'ensemble considéré dans sa relation avec le sentiment dont cette
> peinture est animée. Il peut se faire qu'un personnage insuffisant par les
> défectuosités du détail soit superbe par la tournure, le mouvement, la
> grandeur de l'attitude. Cette rare qualité un critique qui est devenu minis
> tre la signalait, dès 1822, chez M. Delacroix en l'appelant « l'imagination
> du dessin ». Il est très vrai que l'auteur de la *Médée* est doué sur ce
> point d'une puissance qui impose. Ainsi, sans dessiner dans le sens étroit
> du mot, il est allé très loin dans la grâce, très loin aussi dans la ma-
> jesté, et il laisse derrière lui beaucoup de soi-disant dessinateurs [265].

Miracle du charme de Delacroix. Influence de la critique de
Baudelaire ? Ou plutôt triomphe de la vérité ? Qui pourrait, sur
ce point, conclure avec assurance ? Il suffit de livrer des textes
pour que la comparaison soit plus éloquente que toute hypothèse. Il semble bien pourtant que la rencontre de Delacroix ne
fut pas profitable au seul Baudelaire. Si elle lui permit de se
connaître mieux lui-même, elle lui donna l'occasion d'affirmer
devant le public et les juges le sens, encore voilé ou incompris,
de cette œuvre magistrale. Cette critique contribua — pour une
part mystérieuse — à faire tomber certains préjugés tenaces et
aurait dû consoler Delacroix de tant d'attaques et d'injustices.

Et la campagne de Baudelaire continuera, développant avec
un courage inlassé, les affirmations des *Salons* de jeunesse. Tout
lui est occasion de combattre. Les deux manifestations artisti-

ques que sont l'Exposition universelle des Beaux-Arts en 1855 et le Salon de 1859 sont pour Baudelaire prétexte à exposer la défense de Delacroix et à préciser des méthodes esthétiques qui semblent dictées par le peintre. Quand celui-ci disparaît, le 13 août 1863, l'*Opinion Nationale* publiera une longue étude de Baudelaire et, le 2 mai 1864, cette étude fera la matière d'une conférence offerte au public de Bruxelles.

Au moment où s'ouvrit l'exposition de 1855, où il exposa 36 tableaux [266], Delacroix avait imposé son prestige et s'il est encore contesté, « ce n'est rien à côté des discussions qui accueillirent ses débuts en 1822 » [267]. Sa maîtrise est reconnue et la critique des adversaires s'est faite, depuis quelques années, moins aveugle et moins agressive, celle des partisans plus courageuse et plus enthousiaste [268]. En 1856, paraît l'*Histoire des artistes vivants français et étrangers* qui marque une date dans la critique d'art contemporaine. Théophile Silvestre, le plus grand des critiques d'art et le plus averti des admirateurs de Delacroix, après notre Baudelaire, consacre au grand peintre une étude qui le met au premier rang des modernes [269]. Son article sur Delacroix est placé à la suite d'un jugement très dur sur Ingres : rappelons qu'au *Salon de 1845*, Baudelaire avait su dominer ses préférences, pour louer avec un sens parfait de l'équité, les mérites du portraitiste incomparable [270]. Silvestre estime qu'un peintre si habile n'est pas « de la famille des hommes de flamme » et que sa « manière de composer exclut naturellement la verve, l'imagination, la personnalité ». Ses personnages ont toujours les habits des dimanches, et « lorsque M. Ingres fait un portrait, la chose à laquelle il songe le moins, c'est l'âme » [271]. Théophile Silvestre trace de Delacroix un portrait enthousiaste. Il le montre, dominant tous les artistes contemporains « non seulement par son génie altier et pathétique, mais encore par ses connaissances universelles et par la règle de sa vie privée ». Il est l'homme d'esprit, l'homme du monde, l'homme pratique, — le grand homme. « Il plane, il éclate, il rayonne au-dessus de tous les artistes de l'Europe et du monde à l'*Exposition universelle* ». Cloîtré dans son atelier, vibrant au moindre choc, d'un « caractère violent, sulfureux mais plein d'empire sur lui-même », il unit au travail le plus exigeant l'inspiration la plus haute. Th. Silvestre rapporte un témoignage de G. Sand, affirmant que Delacroix, artiste complet, « eût été très probablement un grand musicien, s'il n'eût pas choisi d'être un grand peintre » [272]. Il juge avec de précises formules les qualités

de son dessin où « chacun de ses coups de crayon devient caractéristique, généralisateur et détermine, avant tout, le volume, la
saillie des corps et la direction de leurs mouvements ». Il souligne
« les dessous fortement bâtis » de ses peintures et donne sur sa
façon de composer une page lumineuse qu'il faut citer :

A l'exemple du Titien, de Paul Véronèse et de Rubens, Delacroix commence par ébaucher son sujet en grisaille, pour arriver simplement et
promptement à établir l'effet général. Il ne s'amuse jamais à peindre un
tableau par places successives, à parfaire une tête, un bras, une main...
Ce qu'il veut, c'est le drame expressif de l'ensemble, ce sont des courants
d'action qui entraînent le spectateur. Si vous prenez isolément chacun des
personnages, vous serez frappé du développement exagéré, parfois monstrueux de ses forces agissantes, développement que l'artiste a jugé nécessaire à l'énergie du mouvement, à l'intensité de l'expression. Si ce désordre ne se produit pas absolument dans la nature, il n'en existe pas moins
dans notre imagination, et c'est à notre imagination surtout que le peintre
veut parler.

Et ici Th. Silvestre rejoint Baudelaire : Delacroix méprise les
stupides distinctions entre le dessin et la couleur et garde une
« tête lucide » pour commander à ses « nerfs irrités » et ouvrir « à
l'imagination exaltée des profondeurs inouïes dans le champ de
ses tableaux ». Comme Baudelaire, Th. Silvestre voit dans l'œuvre de ce grand inquiet l'homme toujours poursuivi par le malheur.
Comme Baudelaire, il le compare à Hugo et c'est pour placer le
peintre au-dessus du poète par sa sincérité, sa violence, sa
concentration passionnée. Et les dernières lignes sont un écho des
affirmations de Baudelaire :

Ce qui fait de Delacroix le plus grand artiste du XIXᵉ siècle et peut-être
le dernier de la grande famille, c'est qu'il réunit toutes les facultés du
peintre, du poète et de l'historien par une puissance innée et un profond
savoir... Il est surtout l'homme de notre temps, plein de maladies morales,
d'espérances trahies, de doutes, de tourments, de sarcasmes, de colères et
de pleurs [273].

Nous ne voulons rien ôter à l'originalité de ce jugement, à la
sincérité de cet enthousiasme. Pourtant, il nous est permis de
signaler que Baudelaire, dès 1845 et 1846, avait signalé, en Delacroix, les mérites éminents qu'analyse Th. Silvestre. Celui-ci d'ailleurs avait trop de loyauté pour méconnaître sa dette et, souli-
gnant l'élégance, l'ardeur, la beauté passionnée des femmes peintes
par Delacroix, il cite avec honneur un long passage de Baudelaire [274]. Sans discuter de la prééminence, accordons aux deux
critiques le même éloge pour avoir, au moment où les résistances

n'étaient pas encore apaisées, soutenu avec courage et lucidité la cause de Delacroix [275].

L'Exposition de 1855 vient donc apporter à Delacroix les revanches de la gloire. Le 16 novembre, dans *la Patrie*, J.-J. Arnoux s'écrie : « Le voilà qui triomphe enfin, l'éternel lutteur, le grand discuté ! Il a fallu que le jury des nations vînt nous dire que, lui aussi, il était de la famille des artistes rois !... Regardez ces œuvres qui étincellent... » A peine quelques dissonances : un article tendancieux de Maxime Du Camp, dans la *Revue de Paris* [276], répétant les griefs éternels ; le procès de l'école moderne rédigé par E.-J. Delécluze [277] ; un jugement incompréhensible et incompréhensif des Goncourt [278], rançon obligée de tant d'éloges. Le comte Horace de Vieil-Castel dans l'*Athenœum français* salue l'entrée en lice de Delacroix « ardent et jeune comme il y a vingt-cinq ans » [279]. Théophile Gautier, dans le *Moniteur Universel* des 19 et 25 juillet [280], s'enorgueillit de considérer ces tableaux qu'il a été longtemps presque seul à défendre [281], et se plaît à l'évocation des peintures murales qui règnent à la Chambre des Députés ou à la Chambre des Pairs, la plus belle part des chefs-d'œuvre de Delacroix [282]. Il montre Delacroix enfin vainqueur, « radieux dans l'éclat d'une gloire sereine désormais incontestable », et salue « le jour de la justice » [283]. Le style est d'un panégyriste ardent et truculent, les analyses descriptives alternent avec les exclamations lyriques. C'est à propos de l'*Evêque de Liège* une verve de haute couleur : « Comme cela fourmille et glapit, comme cela flamboie et pue ! Quel beau rire égueulé et quelle gaîté de tigre voyant entrer un mouton dans son antre... » [284] ; c'est, devant *la Chasse au Lion*, une cohue où bataillent les mots : « le plus effrayant pêle-mêle de lions, d'hommes, de chevaux ; un chaos de griffes, de dents, de coutelas, de lances, de torses, de croupes comme les aimait Rubens ; tout cela d'une couleur rutilante et si pleine de soleil qu'elle vous fait presque baisser les yeux » [285]. A travers tout cet éclat romantique, — Gautier fut toujours l'homme d'*Hernani*, — des vues d'ensemble confirment les jugements déjà lointains de Baudelaire :

Ce qui frappe, c'est l'unité profonde... L'artiste porte en lui-même un microcosme complet... Sa création intérieure ne dépend pour ainsi dire pas de la création extérieure, et il en tire ce qu'il lui faut pour les besoins du sujet qu'il traite, sans rien copier autour de lui, et de là résulte une harmonie admirable dont on ne comprend pas d'abord le secret et que ses imitations cherchent à reproduire [286].

D'un ton plus apaisé est le compte rendu de Ch. Perrier dans l'*Artiste*. Après un parallèle avec Ingres, il loue sagement Delacroix de ses qualités de composition — qui évoquent la manière d'un Michel Ange, et il justifie en quelques mots « l'incorrection apparente du dessin de M. Delacroix ». Le passage vaut d'être cité, comme témoignage du revirement de l'opinion en face de la légende :

Les gens qui croient voir dans la nature des lignes régulières d'une correction absolue, au lieu d'y voir les contours dont la précision est toujours troublée par l'agitation incessante d'une multitude de petits plans, ces gens-là n'y comprendront jamais rien. Ils savent qu'en réalité la ligne pure existe, et ils ne s'avouent pas à eux-mêmes que leur œil puisse la leur révéler d'une autre manière. Pour tout peintre, quoi qu'ils en aient, entre soi-même et la nature, l'intermédiaire obligé, c'est l'œil ; on peint non ce qui est, mais ce qu'on voit, non pas tant la réalité que l'image de la réalité... [287]

La critique de Baudelaire sur *l'Exposition Universelle des Beaux-Arts en 1855* sera étudiée ailleurs. Nous n'en retiendrons ici que les pages consacrées à Delacroix. Baudelaire est déjà à cette époque le poète des *Fleurs du Mal*. Le livre n'a pas paru mais il est écrit, et, le 1er juin, *la Revue des Deux-Mondes* a inséré, avec de prudes réserves, sous ce titre destiné à tant de gloire, les plus belles pièces du recueil. C'est donc ici, non plus l'esthétique d'un jeune homme qui se cherche, mais la doctrine d'un artiste achevé et conscient. L'article écrit sur Delacroix s'opposait dans l'esprit de Baudelaire aux pages écrites sur Ingres. C'est le même éloge que dans les premiers *Salons* appuyé des mêmes considérants. Il semble que, du premier coup d'œil, Baudelaire ait vu, en Delacroix, toute l'originalité, toute la richesse, et que les nouvelles expositions et les nouveaux tableaux soient une occasion de confirmer et de préciser le premier jugement. A un moment où le réalisme mène sa campagne, c'est au « surnaturalisme » d'un Delacroix que Baudelaire rattache son esthétique. Les *Baigneuses* de Courbet ont subi l'ostracisme officiel, et l'entrée de l'*Exposition Universelle* leur a été interdite. Mais le chef du réalisme a ouvert une exposition particulière, lancé un manifeste et déployé audacieusement son drapeau. Aussi la défense de Delacroix se fait plus ardente chez Baudelaire. Lui aussi note le triomphe enfin conquis — et si ses accents n'ont pas la fulgurance méridionale d'un Gautier, ils ont, dans leur netteté, un ton de victoire [288]. C'est parce qu'il se laisse enlever par l'imagination

enrichie de science [289] que Delacroix est admirable dans ses
« petits tableaux pleins d'intimité et de profondeur » comme dans
les « vastes compositions » qui illustrent les murailles des palais
ou remplissent les musées [290]. Qu'il parle de « l'harmonie orageuse
et lugubre » des *Croisés,* des « drapeaux miroitants, ondoyants,
faisant se dérouler et claquer leurs plis lumineux dans l'atmosphère transparente » [291], de l'*Hamlet* « délicat et pâlot aux mains
blanches et féminines..., nature exquise, molle, légèrement indé-
cise, avec un œil presque atone », de la *Madeleine* « au sourire
bizarre et mystérieux et si surnaturellement belle » [292], c'est toujours à l'imagination de Delacroix que Baudelaire rapporte, dans
leurs manières si diverses, ces merveilleuses réussites. C'est pour
n'avoir pas aperçu ce rôle de l'imagination dans la création des
figures de Delacroix que Victor Hugo, « grand poète sculptural
qui a l'œil fermé à la spiritualité » [293], appelle ses femmes des
« grenouilles ». Les femmes de Delacroix ! C'est à les peindre
que son imagination a connu les frémissements inspirés. Ingres
dessine les femmes avec une application sensuelle ; Delacroix les
anime avec le souffle de l'esprit. Les femmes de *Sardanapale* sont
une harmonie puissante et comme un chant suprême de volupté
avant la mort ; la Nymphe couchée et vue de dos, dans le plafond
de la galerie d'Apollon, est belle de transparence ou de richesse ;
« femmes historiques » ou « femmes de caprice », — Cléopâtre
ou Marguerite, — quelques-unes ont aussi un charme d'intimité.
Leur pâleur alerte notre imagination. C'est que l'imagination de
Delacroix a rêvé de mettre, dans leurs yeux, ce secret douloureux,
« impossible à enfouir dans les profondeurs de la dissimulation ».
Et voici pourquoi Baudelaire les admire :

> Qu'elles se distinguent par le charme du crime ou par l'odeur de la
> sainteté, que leurs gestes soient alanguis ou violents, ces femmes malades
> du cœur ou de l'esprit ont dans les yeux le plombé de la fièvre ou la
> nitescence anormale et bizarre de leur mal, dans le regard, l'intensité du
> surnaturalisme [294].

Surnaturalisme : « manifestation héroïque, dans le sens infernal
ou divin » de la femme moderne, — avec cet air de rêverie, cette
« gorge abondante, cette poitrine un peu étroite, le bassin ample,
et des bras et des jambes charmants » ! [295] Modernité, héroïsme,
surnaturalisme, mots entendus déjà. Et comme nous sommes loin
des « Grenouilles », des *Odalisques* et des *Demoiselles de village.*
Surnaturalisme encore, les « mauvais anges » qui hantent ces tableaux évocateurs de rêve [296] ; ce dessin qui est une « protesta-

tion perpétuelle et efficace contre la barbare invention de la ligne droite », jusque dans ses défaillances et dans ses outrances ; cet art de révéler —, sans recourir jamais à la grimace, à la minutie, à la tricherie, — les idées « d'un ordre plus élevé, plus fines et plus profondes que la plupart des peintres modernes » [297]. Voici le dernier mot :

> Edgar Poe dit je ne sais plus où que le résultat de l'opium pour les sens est de revêtir la nature entière d'un intérêt surnaturel qui donne à chaque objet un sens plus profond, plus volontaire, plus despotique. Sans avoir recours à l'opium, qui n'a connu ces admirables heures, véritables fêtes du cerveau où les sens plus attentifs perçoivent des sensations plus retentissantes, où le ciel d'un azur plus transparent s'enfonce comme un abîme plus infini, où les sons tintent musicalement, où les parfums racontent des mondes d'idées ? Eh bien, la peinture de Delacroix me paraît la traduction de ces beaux jours de l'esprit. Elle est revêtue d'intensité et sa splendeur est privilégiée. Comme la nature perçue par des nerfs ultra-sensibles, elle révèle le surnaturalisme [298].

Delacroix qui sut, par son imagination, interpréter la nature, et, sans la trahir ni la déformer, l'élever au-dessus des combinaisons raphaëlesques et des brutalités réalistes, fut un « artiste unique sans générateur, sans précédent, probablement sans successeur » et, tout en restant lui-même indéfinissable, parvint à définir par son œuvre « la partie mélancolique et ardente de son siècle » [299].

Vers 1859, après les campagnes de Courbet et de Champfleury, — surtout après le procès de *Madame Bovary* et le scandale de *Fanny,* le réalisme semble prêt à tout envahir. A la fin de 1860, Charles de Mazade constate dans la *Revue des Deux Mondes* que le réalisme règne ou aspire à régner dans les arts comme dans la littérature [300]. C'est le moment où, dans la *Revue Française* [301], paraît, signé de Baudelaire, le *Salon de 1859* qui contraste avec les critiques d'art publiées dans les journaux ou les revues sous cette rubrique. Ce n'est pas une énumération des œuvres exposées, une sorte de catalogue enrichi de commentaires plus ou moins adroits, plus ou moins dogmatiques. Ce n'est même pas, comme les *Salons* de 1845 et de 1846, une suite de remarques qui, à l'occasion d'un tableau ou d'un auteur, s'élèvent aux grands sommets de l'esthétique. Les œuvres, ici, viennent seulement servir d'exemples à des développements où Baudelaire analyse les qualités du génie. Ce n'est pas le lieu d'étudier ici ces développements. Mais il faut bien signaler que l'esthétique de Delacroix préside à toutes les pages de ce Salon. C'est à Delacroix que le critique songe, en traçant ce portrait de l'artiste idéal, placé au-dessus de la « médiocrité » plus que jamais souveraine, de cette petitesse, de cette incuriosité qui « ont succédé à l'ardeur, à la noblesse et à la turbulente ambition » [302]. S'il entreprend de louer la reine des facultés et de protester contre ceux qui disent, à grand fracas de manifestes [303] : Copiez la nature, ne copiez que la nature [304] ; s'il exerce sa verve ironique aux dépens de la photographie, qui usurpe la place de l'art et qui invite les badauds à pencher leurs yeux avides « sur les trous du stéréoscope comme sur les lucarnes de l'infini » [305], c'est parce qu'il se souvient que le goût exclusif du Vrai étouffe le goût du Beau, et que la nature ne doit être, pour l'artiste, qu'un dictionnaire, fidèle et obscur. Mais ces enseignements, il les a reçus de Delacroix dans une de ces conversations qui sont « un mélange de solidité philosophique, de légèreté spirituelle et d'enthousiasme brûlant » [306]. Pendant que Baudelaire déplorait le discrédit de l'imagination et la pratique exclusive du métier qui poussent l'artiste à « boucher son âme » pour mériter « le suffrage et l'argent du public » [307], Delacroix notait dans ses agendas : « La froide exactitude n'est pas l'art... La prétendue conscience de la plupart des peintres n'est que la perfection apportée laborieusement à l'art d'ennuyer... La vraie exécution est celle qui... ajoute à la pensée » [308]. Et le 18 avril 1859, il écrivait au peintre Pérignon : « Les jeunes gens ne sont entichés que de l'adresse de la main. Il n'y a peut-être pas de plus grand empêchement à toute espèce de véritable progrès que cette manie universelle à laquelle nous devons tout sacrifier... » Tout l'hymne chanté par Baudelaire à l'imagination n'est qu'un corollaire des pensées du *Journal* :

L'imagination est la première qualité de l'artiste... Vous pensez que la peinture est un art matériel parce que vous ne voyez qu'avec les yeux du corps ces lignes, ces figures, ces couleurs. Malheur à celui qui ne voit qu'une idée précise dans un beau tableau, et malheur au tableau qui ne montre rien au delà du fini à un homme doué d'imagination. Le mérite du tableau est l'indéfinissable : c'est justement ce qui échappe à la précision : en un mot c'est ce que l'âme a ajouté aux couleurs et aux lignes pour aller à l'âme. La ligne, la couleur, dans leur sens précis, sont les grossières paroles d'un canevas grossier comme en écrivent les Italiens pour y broder leur musique. La peinture est sans contredit de tous les arts celui dont l'impression est la plus matérielle sous la main d'un vulgaire artiste et je soutiens que c'est celui qu'un grand artiste conduit le plus loin vers ces sources obscures de nos plus sublimes émotions, et dont nous recevons ces

chocs mystérieux que notre âme, dégagée en quelque sorte des liens terrestres et retirée dans ce qu'elle a de plus immatériel, reçoit sans presque
en avoir la conscience [309].

Il semble que la critique du *Salon de 1859* soit un commentaire
par le poète du Journal intime du peintre : tant l'esthétique d'un
Baudelaire trouve son compte à défendre l'esthétique d'un Delacroix.

Mais la critique de Baudelaire c'est aussi la défense du génie
contre la médiocrité, — et Delacroix comprit bien que Baudelaire
faisait cause commune avec lui. Mais lui, renoncera à la lutte :
à partir de 1859, il cesse d'envoyer au Salon où ses œuvres tranchent trop bruyamment sur « tant de platitudes menées à bonne
fin, tant de niaiseries soigneusement léchées, tant de bêtises ou de
faussetés habilement construites » [310]. Jean Rousseau, ce critique
que Baudelaire avait, en 1858, si vertement relevé [311], commence
ainsi, dans le *Figaro* du 10 mai 1859, un article intitulé : *Ce qui
reste de Delacroix* : « Voici un pénible spectacle. Nous sommes
au chevet d'un génie qui s'en va », et il conclut : « Le temps
est proche, — si Delacroix ne guérit, — où il ne s'exercera plus
qu'à accoupler des tons sans s'inquiéter de représenter quelque
chose et à faire des bouquets où l'on ne retrouvera pas même
des fleurs. » Dans la *Revue des Deux Mondes,* le vicomte Henri
Delaborde signale d'une ligne « quelques petites toiles qui ne
sauraient ajouter beaucoup à la réputation du peintre » [312]. L'*Illustration,* sous la signature d'A. J. Du Pays [313], juge que « cela
ne compte point pour l'art ». Le *Correspondant* apporte sa note
sévère dans ce concert de récriminations [314]. Maxime Du Camp ne
perd pas une si belle occasion de montrer sa fielleuse ironie :
« La mort a-t-elle donc aussi frappé M. E. Delacroix ? J'entends
cette mort anticipée qui paralyse la main, clôt les yeux et ôte à
l'esprit la notion du juste et du vrai ? Quelles sont ces peintures
de revenant qu'on expose sous son nom ?... M. Delacroix devrait
retourner aux travaux littéraires qu'il aime et à la musique pour
laquelle il était certainement né » [315]. Ces « peintures de revenant »,
ces « petites toiles », c'étaient *La montée au Calvaire, Le Christ
descendu au tombeau, Saint Sébastien, Ovide en exil chez les
Scythes, Herminie et les bergers, Rebecca enlevée par le Templier,
Hamlet, Les bords du fleuve Sebou...* Le génie de Delacroix s'y
montre-t-il hésitant ou dégénéré ? Le peintre n'accepte pas la
leçon de ces critiques obscurs et haineux. Il se retire. En vain
l'*Artiste* lui reste fidèle [316] ainsi que le *Moniteur universel* [317] ; les

partisans ont la même foi, et le combat est mené avec la même
ardeur par Paul Mantz dans la *Gazette des Beaux-Arts* [318], Charles
Perrier dans la *Revue contemporaine* [319], Emile Perrin dans la
Revue européenne [320], Zacharie Astruc, dans le *Quart d'heure* [321],
Paul de Saint-Victor dans la *Presse* [322]. En vain, A. Dumas écrit
une page d'une sympathie compréhensive :

> Delacroix met relativement moins de temps à exécuter un tableau qu'à
> préparer sa palette. Une fois le pinceau à la main, rien ne l'arrête plus,
> il devait sortir, il sortira demain ; il a faim, il mangera plus tard ; son
> pouls bat cent fois à la minute, tant mieux, sa peinture aura la fièvre ;
> il se tuera à travailler ainsi ; qu'importe, pourvu qu'il laisse un tableau de
> plus [323].

Delacroix est, plus qu'aucun autre, sensible à ces éloges [324],
qui le vengent des mesquineries injustes. Mais le lion blessé se
réfugie dans le silence [325]. Il renonce, presque au seuil de la mort,
à ces expositions de peinture qui lui apportèrent tant de joies
mêlées de tant d'amertumes. D'ailleurs, il se sent dépaysé parmi
ces contemporains penchés sur les réalités sans horizon : « Leur
vérité étroite, écrit-il à Dumas [326], n'est pas celle des maîtres. Ils
la cherchent à terre avec un microscope. Adieu la grande brosse,
adieu les grands effets des passions à la scène ! »

Ce dernier Salon de Delacroix, — et il y a là plus qu'une coïncidence, — fut le dernier *Salon* de Baudelaire, comme si tout
s'éteignait pour lui dans les grandes salles privées de leur rayonnement. Delacroix, pourtant, n'assiste pas indifférent à la lutte
d'un Baudelaire. Comment cette ardeur combative pour sa cause
ne l'aurait-elle pas ému ? Baudelaire montre le Maître infatigable,
supérieur aux plus grands, Raphaël et Véronèse, parce qu'il a lui,
triomphé *malgré* son siècle. Il signale dans les toiles de Delacroix
cette grandeur aristocratique qui met en rage les médiocres :
« C'est la rareté des élus qui fait le paradis » [327]. Il montre partout le peintre poète dont l'imagination, escaladant les cimes difficiles, « ardente comme les chapelles ardentes, brille de toutes
les flammes et de toutes les pourpres. » Il « tourmente son esprit »
pour exprimer la « spécialité » d'Eugène Delacroix, et, plein de
mépris pour les critiques qui, sans être des connaisseurs, jugent
avec d'hypocrites désinvoltures, il conclut :

> Excellent dessinateur, prodigieux coloriste, compositeur ardent et fécond,
> tout cela est évident, tout cela a été dit. Mais d'où vient qu'il produit la
> sensation de nouveauté ? Que nous donne-t-il de plus que le passé ? Aussi
> grand que les grands, aussi habile que les habiles, pourquoi nous plaît-il

davantage ? On pourrait dire que, doué d'une plus riche imagination, il exprime surtout l'intime du cerveau, l'aspect étonnant des choses, tant son ouvrage garde fidèlement la marque et l'humeur de sa conception. C'est l'infini dans le fini, c'est le rêve, et je n'entends pas par ce mot les caphar-naüms de la nuit, mais la vision produite par une intense méditation, ou, dans les cerveaux moins fertiles, par un excitant artificiel. En un mot, E. Delacroix peint surtout *l'âme* dans ses belles heures[328].

Baudelaire a compris la qualité maîtresse de Delacroix. De nos jours on ne saurait contempler cette œuvre hautaine sans être hanté par les formules du poète. Cette puissance de suggérer le rêve, d'émouvoir les parties hautes de l'âme, seuls les maîtres de l'imagination la possèdent. Delacroix, heureux sans doute d'être compris, le remercie de ce plaidoyer, où tant d'ardeur seconde tant d'intelligence, et il semble s'être départi un instant de son habituelle réserve, comme s'il avait deviné qu'un tel interprète était son égal, qu'un tel critique était, lui aussi, un créateur :

Comment vous remercier dignement pour cette nouvelle preuve de votre amitié. Vous venez à mon secours au moment où je suis houspillé et vili-pendé par un assez grand nombre de critiques ou soi-disant tels. Ces messieurs ne veulent que du grand et j'ai tout bonnement envoyé ce que je venais d'achever sans prendre une toise pour vérifier si j'étais dans les longueurs prescrites pour arriver convenablement à la postérité dont je ne doute pas que ces messieurs ne m'eussent facilité l'accès. Ayant eu le bonheur de vous plaire, je me console de leurs réprimandes. Vous me traitez comme on ne traite que les *grands morts*[329] ; vous me faites rougir tout en me plaisant beaucoup...[330]

Delacroix mourut le 13 août 1863. Dans une conférence qu'il fit à Bruxelles le 2 mai 1864[331], Baudelaire traduisait ainsi ses sentiments à la nouvelle de cette mort :

Quand j'appris la mort de M. Delacroix, je restai stupide, et, deux heures après seulement, je me sentis envahi par une désolation que je n'essaierai pas de vous peindre et qui peut se résumer ainsi : *Je ne le verrai plus jamais, jamais, jamais, celui que j'ai tant aimé, celui qui a daigné m'aimer et qui m'a tant appris.* Alors, je courus vers la maison du grand défunt, et je restai deux heures à parler de lui avec la vieille Jenny, une de ces servantes des anciens âges qui se font une noblesse personnelle par leur adoration pour d'illustres maîtres. Pendant deux heures, nous sommes restés causant et pleurant devant cette boîte funèbre éclairée de petites bougies et sur laquelle reposait un misérable crucifix de cuivre. Car je n'ai pas eu le bonheur d'arriver à temps pour contempler, une dernière fois, le visage du grand peintre-poète.

Veillée funèbre baudelairienne, au beau sens du terme. Baude-laire devant le cercueil de Delacroix : seuls pourraient évoquer cette scène, avec les colorations tragiques des dernières flammes et le décor au lourd silence, un Baudelaire — ou un Delacroix. Mais la vie balaie les morts : c'est bientôt la vente de l'atelier d'Eugène Delacroix précédée de deux jours d'Exposition [332] où se rue la foule. On n'y voit les tableaux « que furtivement, en allongeant le cou entre des bras, des reins, des chapeaux et des *hampes* de parapluie. En quatre heures pas une âme n'est sortie : les salles adjacentes et les couloirs latéraux étaient combles... » [333].

Théophile Silvestre, parlant de cette cohue qui fait, à deux heures, le 17 février 1864, une « entrée frénétique » à la salle des enchères, évoque « un troupeau poursuivi par des loups » [334]. Artistes, critiques, marchands de Paris, de la Province, de l'Etranger sont là, « le crayon frais taillé pour marquer le prix de chaque objet à cette vente mémorable ». Et Baudelaire parle du « scandale de cette vente funèbre » [335] où six mille dessins, pastels, aquarelles, tableaux, eaux-fortes furent dispersés pour la somme de 340.000 francs. Silvestre songe que « le zèle aveugle de ces posthumes adorateurs » eût fait « rougir » Delacroix. Il eût vu « avec effroi l'imminente réaction préparée contre lui dans les galeries et les salons par certains morceaux inavouables qu'on s'était arrachés à prix d'or » [336]. Devant ces niaiseries du fanatisme, Baudelaire fait allusion à « beaucoup de choses » qu'il ne pourrait révéler « sans une explosion de haine et de colère ». C'est que le spectacle de ces « bourgeois entichés de la mode », se bousculant sur l'œuvre d'un grand mort, avides d'un profit futur, et mêlant à l'amour de l'art une secrète cupidité de bonnes affaires, indigne le poète aristocrate et le fortifie dans son horreur de la foule. Loin de voir dans ce geste une réparation, il y puise « un nouveau motif de s'obstiner dans son mépris de la nature humaine [337] ». Car cette admiration des « râclures d'une palette » [338] est aussi sotte que les clameurs d'une opposition qui s'entêta pendant quarante ans contre Delacroix.

Bien avant cette consécration, par le snobisme, d'une gloire posthume, Baudelaire avait apporté son dernier hommage à Delacroix dans une étude qui, précédée d'un avant-propos « au rédacteur de l'*Opinion nationale* », parut, dans ce journal, les 2, 14 septembre et 22 novembre 1863. Baudelaire avait demandé [339] à Poulet-Malassis « des réflexions... rapides et substantielles », se réservant de les interpréter et de les intercaler dans les épreuves. C'est la même étude que Baudelaire offrit, sous forme de conférence, l'année suivante, au public bruxellois.

Cette suprême admiration, Baudelaire l'offre au Maître disparu comme un adieu, aux approches de ce vent de mort dont il a déjà senti l'aile, le 23 janvier 1862 [340]. Deux ans auparavant [341], il avait été rêver, comme fit plus tard Barrès, au soir de sa vie, devant les peintures murales de Saint-Sulpice. Il avait frémi devant la grandeur biblique des deux scènes [342] : cette lutte de « l'homme naturel et de l'homme surnaturel..., Jacob incliné en avant comme un bélier et bandant toute sa musculature, l'Ange se prêtant complaisamment au combat, calme, doux, comme un être qui peut vaincre sans effort des muscles, et ne permettant pas à la colère d'altérer la forme divine de ses membres » ; ce châtiment par la vertu divine des anges fouettant « Héliodore avec l'opiniâtre tranquillité qui convient à des êtres investis d'une puissance céleste ». Delacroix lui avait écrit de Champrosay [343] une lettre presque amicale où il se dit heureux d'être compris et loué en de pénétrants commentaires « sur les effets mystérieux de la couleur et de la ligne que ne sentent hélas que peu d'adeptes » et sur « cette partie musicale et arabesque » si peu remarquée de tant de gens « qui regardent un tableau comme les Anglais regardent une contrée quand ils voyagent... » Baudelaire reprend toute cette méditation sur la chapelle des Saints Anges dans l'étude suprême, en une longue citation [344] qui s'ajoute aux citations reprises du *Salon de 1859* sur l'imagination de Delacroix [345], comme pour marquer, par ces redites, que ce dernier article doit renfermer le meilleur de sa pensée, de son immuable pensée, sur l'œuvre et le génie du peintre. C'est pourquoi on peut voir dans cette étude la synthèse définitive qui apporte, à la même date que les articles sur Constantin Guys, non seulement des jugements d'admiration, mais encore les réactions et l'expression d'une esthétique personnelle.

Dans l'avant-propos, Baudelaire écrit :

Je crois que l'important ici est simplement de rechercher la qualité caractéristique du génie de Delacroix et d'essayer de la définir ; de chercher en quoi il diffère de ses plus illustres devanciers tout en les égalant ; de montrer enfin, autant que la parole écrite le permet, l'art magnifique grâce auquel il a pu traduire la *parole* par les images plastiques, plus vives et plus appropriées que celles d'aucun créateur de même profession, — en un mot de quelle *spécialité* la Providence avait chargé Eugène Delacroix dans le développement historique de la Peinture [346].

Programme de synthèse. La mort fige et grandit. En imposant un terme, elle définit, elle conclut. Elle permet ainsi, par les ana-

lyses définitives, de dominer l'ensemble d'une œuvre sinon complète, du moins achevée, et qui échappe désormais aux mobilités
de l'inquiétude, le meilleur ferment du génie. Delacroix avait-il
dit toute sa pensée, lui qui écrivait en 1856 [347] qu'il avait « de la
besogne pour deux existences humaines » ? Il avait accompli un
cercle magnifique. En se penchant sur l'œuvre, la critique sympathique de Baudelaire trouve de grandes leçons dont profitera le
poète des *Fleurs du Mal.*

Rubens, Raphaël, Delacroix : êtres prédestinés, — par des
« qualités et des méthodes si différentes », — à guider l'humanité vers le Beau. « Amour du grand, du national, de l'immense
et de l'universel... », inspirations qui laissent « une trace éternelle
dans la mémoire humaine » [348], — éléments mêlés de divin qui
transforment les êtres humains et les élèvent au-dessus de leurs
frères de chair comme en d'inaccessibles régions. Ce qui place
Delacroix sur ce plan supérieur, c'est précisément cette puissance quasi surnaturelle de traduire le mystérieux, « l'invisible »,
« l'impalpable » — rêve, nerfs, âme — et de dévoiler ces secrets
spirituels en obligeant tous les arts à prêter aux contours et aux
couleurs des « forces nouvelles » pour suggérer le Beau. Peintre,
poète, musicien, Delacroix éveille l'âme : il fait penser parce qu'il
apporte « la passion native de l'homme universel [349] ». Au lieu
de se cantonner dans les limites, pourtant élargies, de son art, il
rêve de déborder sur les moyens qu'ont d'autres arts de traduire
le rêve de l'homme. « On en viendra, prédit Delacroix, à exécuter
des symphonies en même temps qu'on offrira aux yeux de beaux
tableaux pour en compléter l'impression » [350]. Et n'est-ce pas
lui qui cite avec complaisance Liszt parlant quelque part du
« pinceau délicat » de Chopin et de la valeur de ses « dessins »
qui ne voulaient rien devoir « à la brosse du décorateur ? » [351]
Passionné de musique, il émet à maintes reprises le regret de
n'être pas né poète [352]. « Le poète est bien riche » [353], écrit-il.
Et en vérité, il est poète au sens pur du mot : Baudelaire voit
dans cette puissance créatrice, rayonnant par delà les frontières
du contour et de la couleur, la raison qui attire à lui les littérateurs et le rend incompris de tant de peintres. Ingres n'est qu'un
peintre. Delacroix est un poète. Les artistes aux consciences rigides préfèrent Ingres parce qu'il donne à son œuvre la probité
attendue et réalise les promesses de son pinceau. Celui-là n'a pas
l'intelligence qui voit plus loin que son art, s'il a cette sûreté des
artistes qui ne sont qu'artistes et dont le métier infaillible est à

l'abri des faux-pas. Assurément, Delacroix est peintre d'abord. Baudelaire ne l'eût pas admiré autrement, lui qui, dès 1846, affirmait avec une impérative netteté : « La poésie n'est pas le but immédiat du peintre ; quand elle se trouve mêlée à la peinture, l'œuvre n'en vaut que mieux, mais elle ne peut pas en déguiser les faiblesses. Chercher la poésie de parti pris dans la conception du tableau est le plus sûr moyen de ne pas la trouver. Elle doit venir à l'insu de l'artiste. Elle est le résultat de la peinture elle-même ; car elle gît dans l'âme du spectateur et le génie consiste à l'y réveiller. La peinture n'est intéressante que par la couleur et par la forme ; elle ne ressemble à la poésie qu'autant que celle-ci éveille dans le lecteur des idées de peinture » [354]. Et justement Delacroix, né peintre, n'est évocateur de poésie que par les moyens de son art. Mais, parce qu'il a du génie et parce qu'il exprime, par le truchement de la couleur et du dessin, les secrets de son âme, sa peinture est poétique. Les obsèques de Delacroix, dit Baudelaire, comptèrent plus de littérateurs que de peintres [355]. C'est que Delacroix, « littérateur », disons poète, a franchi les bornes de son art. Il a voulu qu'on pût lire derrière les visages. Dans un dessin d'Ingres, amoureux du corps féminin, les formes aux beaux seins, au ventre pur, frémissent et veillent et l'esprit des sens remplace l'âme. Delacroix, à la suite de Dante, a retrouvé cette âme, « l'âme absente, occupée aux Enfers » [356] et l'un de ses mérites fut de la suggérer par les moyens de son art enrichi des puissances de tant d'arts voisins. En correspondant à ces collaborations mystérieuses d'un Chopin ou d'un Shakespeare Delacroix occupe une place, — non, peut-être, plus élevée mais à part. Baudelaire porte le témoignage que tant de peintres furent, de son temps, des ignorants et des indifférents en matière de culture générale : « Hors de leurs ateliers, que savent-ils ? Qu'aiment-ils ? » [357] Delacroix l'eût approuvé : les « écoles » s'enferment dans « l'imitation d'un certain technique régnant ». Il s'agit de « copier l'exécution du Guide ou celle de Raphaël suivant la mode » et de conquérir « le prix de Rome », ou « l'Institut » [358]. Trop de peintres croient, comme Chenavard, à la hiérarchie des arts [359] et ne se soucient que de leur spécialité. Delacroix a cette « éducation générale », sans quoi un artiste sent bien vite ses limites. Il lit Dante, Byron, l'Arioste. Il lit Poe [360]. L'intelligence reste le trait essentiel de son génie, intelligence curieuse et inquiète, sensible à toutes les harmonies, enrichie de tous les frémissements. Ingres, installé, dès ses débuts, dans l'impeccable sûreté de sa technique a-t-il connu ces angoisses et ces ivresses ? Le grief que tant de peintres et de critiques firent si souvent à Delacroix devient pour Baudelaire un motif de le distinguer et de l'exalter. Son esthétique et son enseignement reposent sur cette universalité de culture. Et c'est la grande leçon que retient Baudelaire.

L'esthétique de Delacroix répond à son « tempérament ». « Passionnément amoureux de la passion », il était d'autre part « froidement déterminé à chercher les moyens d'exprimer la passion de la manière la plus visible ». Baudelaire dit de lui qu'il avait « une passion immense douée d'une volonté formidable » [361]. C'est pourquoi on ne saurait raisonnablement lui imposer l'épithète de romantique au sens qu'y attachent ceux pour qui le Romantisme est délire, fantaisie, spontanéité, paresse. Au contraire des inspirés de 1830, loin de s'abandonner, Delacroix s'astreint à une discipline, persuadé plus qu'un autre de la nécessité des règles : rhétorique, prosodie, technique. Il disait, rapporte Baudelaire : « Puisque je considère l'impression transmise à l'artiste par la nature, comme la chose la plus importante à traduire, n'est-il pas nécessaire que celui-ci soit armé à l'avance de tous les moyens de traduction les plus rapides ? » [362] Il soumet son âme et son corps ; il est d'une sobriété d'Arabe et dîne peu pour travailler plus librement, le soir [363] ; il a, comme le héros d'Emerson, le désir de la concentration, l'énergie tenace qui le rendaient semblable au tigre guettant sa proie, quand « son âme était dardée sur une idée ou voulait s'emparer d'un rêve » [364]. Il faut lire le portrait physique que trace Baudelaire de cette ardeur ramassée des nerfs et de la volonté :

Le caractère physique même de sa physionomie, son teint de Péruvien ou de Malais, ses yeux grands et noirs, mais rapetissés par les clignotements de l'attention et qui semblaient déguster la lumière, ses cheveux abondants et lustrés, son front entêté, ses lèvres serrées, auxquelles une tension perpétuelle de la volonté communiquaient une expression cruelle, toute sa personne enfin suggérait l'idée d'une origine exotique. Il m'est arrivé plus d'une fois, en le regardant, de rêver des anciens souverains du Mexique, de ce Montézuma dont la main habile aux sacrifices pouvait immoler en un seul jour trois mille créatures humaines sur l'autel pyramidal du Soleil... [365]

C'est le sacrifice de lui-même que Delacroix offrit en holocauste à l'art. Il se replie comme un « sauvage » pour se vouer « à la peinture de ses rêves » [366]. Il pratique, dit Henry de la Made-

lène [367], « la retenue, la contention, le refrénement constant ». Et
c'est ainsi qu'il peut atteindre à cette « prodigieuse intensité de
sentiment et d'expression », ce « raffinement merveilleux d'observation et de nuances », ce « choix exquis des choses bien trouvées » [368] qui donnent à son œuvre son caractère attirant d'harmonie et de mystère. Dès sa jeunesse, il façonne à son usage
des maximes de morale pratique « saines, fortes, simples et dures,
qui servent de cuirasse et de boucliers à celui que la fatalité de
son génie jette dans une bataille perpétuelle » [369]. Lisons le
Journal :

Produire, produire... Il faut en revenir à la solitude mais vivre sobrement comme Platon... Une seule obligation périodiquement fixe dans une
vie, ordonne tout le reste de la vie : tout vient tourner autour de cela...
Ne réservons rien de ce que je pourrais faire avec plaisir pour un temps
plus opportun... Je me fais des peurs de tout et crois toujours qu'un inconvénient va être éternel. Moi qui parle, je passerai aussi... Il serait bien
utile de se coucher de très bonne heure. Qu'il serait bon d'arriver au jour
à l'atelier... Désirer sans fin mon élargissement, esprit que je suis, logé
dans un mesquin vase d'argile... [370]

Il se réfugie dans le secret de son atelier, — Baudelaire parle
de « tour d'ivoire » [371], — où il se défend des importuns, dont il
a horreur : « Penses-tu que Byron eût fait au milieu du tourbillon
ses scènes énergiques ; que Dante fût environné de distractions,
quand son âme voyageait parmi les ombres ? » [372] Il travaille,
seul, dans le « recueillement d'une lumière adoucie et apaisée » [373].
Et son ami Th. Silvestre confirme la rigueur ascétique de cette
discipline :

Delacroix fut un grand travailleur. Il se levait sur les sept heures du
matin et se mettait vite à l'œuvre jusqu'à trois heures du soir sans prendre la moindre nourriture, afin de garder son esprit plus souple et plus
léger. Il revenait parfois, la faim le poussant, à sa première habitude qui
fut d'avaler une croûte de pain et deux doigts de vin. Nous nous souve-
nons avec attendrissement d'avoir partagé certains jours le mince viatique
de ce pionnier défaillant. De trois à quatre heures et demie, il recevait de
loin en loin quelques visites dans son atelier avec plus de complaisance
que de plaisir. Jenny le Guillou, sa gouvernante et sa garde du corps
devenue par vingt-huit ans de dévouement presque un autre lui-même,
accourait au coup de sonnette ; et il fallait être bien connu pour dépasser
cette terrible sentinelle. On trouvait le Maître rompu de fatigue, le teint
livide, les yeux injectés à force d'attention, les nerfs endoloris et comme
essoufflé après le temps qui fuit. La lumière du jour l'attristait en décli-
nant et il ne déposait la palette que par résignation [374].

Dandy de suprême élégance qu'enveloppaient toutes les séductions, de savante politesse qui « admettait, comme un prisme, toutes les nuances » [375], il se refuse aux succès mondains dont il a pourtant quelque fierté, trouvant des « délices extrêmes dans le sentiment de la liberté » [376], loin de la conversation « ennuyeuse » des « oisifs » [377]. Capable de tendresse [378], il donne à ses œuvres un « caractère molochiste visible », et cette soif de destruction et de massacre est le témoignage de son inquiétude, le symbole d'une âme que rien ne satisfait et qui goûte dans la joie de renverser l'espoir hallucinant de reconstruire. Le peintre de *Sardanapale* qui eut, autant qu'Ingres, l'admiration sensuelle du corps féminin, ayant beaucoup aimé la femme, s'en éloigne comme d'une distraction fatale. « Delacroix, dit Baudelaire [379], avait fait de la Peinture son unique Muse, son unique maîtresse, sa seule et suffisante volupté... Longtemps déjà avant sa fin, il avait exclu la femme de sa vie. Musulman, il ne l'eût peut-être pas chassée de la mosquée, mais il se fût étonné de l'y voir entrer, ne comprenant pas bien quelle sorte de conversation elle peut tenir avec Allah ! » Baudelaire transpose ici sa propre pensée [380]. Mépris, qui leur fut commun, de dandy surnaturaliste pour un être inférieur, naturel, sans intelligence et sans moralité ? Peut-être. Ou bien paradoxes d'amant dépité et impuissant. Les *Journaux intimes* et le *Journal* ont d'étranges correspondances, sur ce point [381], et ces malédictions sont des réactions de défense. La femme pour Delacroix « objet d'art délicieux et propre à exciter l'esprit » n'est qu'un « objet d'art désobéissant et troublant si on lui livre le seuil de son cœur et dévorant gloutonnement le temps et les forces » — comme d'ailleurs l'enfant qui salit la toile de ses mains barbouillées et trouble la méditation par ses caprices bruyants. Elle est une gêne pour l'inspiration et vole à l'artiste ses forces de concentration, disperse son recueillement, le détourne du travail. Peut-être Baudelaire force-t-il la pensée de Delacroix pour la mettre à l'unisson de la sienne ? Pourtant c'est Delacroix qui disait un jour à Baudelaire devant « un visage de femme d'une originale beauté et d'un caractère mélancolique » : « Comment voulez-vous qu'une femme puisse être mélancolique [382] ? » Libération exigée par sa volonté ? Amère rançon d'un sacrifice nécessaire ? — Et c'est ainsi que Baudelaire trace en Delacroix le portrait de l'artiste qui protège par l'énergie la plus obstinée, du passionné qui défend par la rigueur la plus méthodique les droits de l'art et de l'inspiration. Par l'effort physique autant que par l'effort moral, ce laborieux, ce volontaire opposa des barrières aux forces de dispersion. Claustré dans la solitude, domptant la fièvre — ou plutôt l'utilisant pour l'exaltation artistique, il fut l'ouvrier prestigieux de productions sans nombre, méditant sans arrêt, prenant des notes ou des croquis, copiant les grands artistes, tantôt en maître, pour chercher d'autres routes, tantôt en disciple pour assouplir son goût de la liberté ou de la révolte. Il voulait par là assurer à son exécution une technique sans défaillance. Baudelaire admire Delacroix mais avec le regard de ceux qui voient réalisé en autrui leur propre idéal. Non point regard d'envie : il ne saurait être question de jalousie entre esprits de cette qualité. Le rêve de Baudelaire fut de se libérer par le travail et de trouver dans la forme impeccable l'appui de l'inspiration. Déprimé par la maladie la plus dissolvante, atteint dans sa volonté, Baudelaire manqua de l'ardeur épuisante et féconde d'un Delacroix. Ses longs efforts vers l'œuvre parfaite n'aboutirent pas toujours. Lui qui s'efforçait comme Delacroix vers l'exécution fulgurante, tomba vaincu par les trahisons du verbe. S'il a pour Delacroix cette aveugle admiration qui refuse toute restriction, c'est parce que Delacroix exprimait toutes les puissances qu'il portait en lui. Voilà pourquoi il reste si lucide dans l'examen et l'exposé de sa méthode.

Quand Baudelaire écrivit sur Delacroix sa dernière étude il était, lui aussi, aux portes de la mort. Ses œuvres sont écrites, ses idées sont arrêtées. Toute sa vie il s'attache à Delacroix parce que l'art du peintre correspond à ses propres conceptions. Obscurément, en 1845 et en 1846, il devine que cette couleur, dans son emportement et dans son inquiétude hors des lignes droites et du dessin sans tempérament, s'élève à des hauteurs épiques où il rêve lui de le suivre. Cette couleur « plaintive » [383] traduit la mélancolie singulière de la douleur humaine et spécifiquement de la douleur moderne. Don Juan, Dante, Hamlet, quels échos l'orgueil, l'inquiétude, l'angoisse de ces tourmentés soulèveront dans les *Fleurs du Mal !* Cette imagination royale qui s'appuie sur la nature mais pour s'envoler bien vite loin d'elle, c'est la faculté qui dégage Baudelaire du spleen pour l'emporter vers l'idéal. Cette volonté tenace qui incline l'âme au sacrifice et le corps au labeur, Baudelaire la cherche en lui-même et la poursuit avec désespoir. Cette sagesse qui pousse Delacroix à louer dans ses écrits, en Poussin, Prud'hon, Raphaël, les qualités opposées à celles qu'il possède surabondamment n'est que la vertu suprême du grand artiste, conscient de ses limites et soucieux de justice. Ainsi Baudelaire s'éprend de Boileau [384] et n'est-ce pas lui-même, ce poète « d'une nature toujours orageuse et vibrante qu'un vers de Malherbe symétrique et carré de mélodie jette dans de longues extases » [385] ?

Les leçons de Delacroix seront, à chaque contact, mieux écoutées et mieux comprises de Baudelaire. Imagination et modernité, diront les *Salons* de 1855 et de 1859. Mais cette imagination n'est pas fantaisie sans règle, cette modernité n'est pas fermée aux leçons des anciens maîtres. Ces deux pôles de l'esthétique d'un Delacroix, nous les retrouvons dans l'œuvre de Baudelaire, fuyant la vie étroite dans le rêve des Paradis artificiels, s'attachant à être le poète de la vie moderne. Edgar Poe et Hoffmann pour une part, Constantin Guys, Manet et Rops, pour une autre part, mêleront leur influence à celle de Delacroix. Mais n'est-ce pas en face de Delacroix que Baudelaire s'est, pour la première fois, décidé à définir ce nouveau romantisme qui renonce à peindre les caprices de la passion individuelle pour se concentrer dans la recherche et dans l'expression la plus actuelle du Beau ? N'est-ce pas lui qui est le Phare dont l'éclat brille au-dessus des foules montrant le but, illuminant la route ? Lac de sang, sapins verts, mauvais anges, ciel chagrin, fanfares étranges, soupirs de Weber — voilà tout Delacroix avec ses couleurs ardentes, son surnaturalisme d'âme inquiète et comme maudite, les fonds de ses tableaux chargés de toute la mélancolie moderne, la correspondance de son art avec les harmonies de cette musique qu'il a tant aimée. Mais c'est aussi tout Baudelaire secouant l'art d'un frisson nouveau par ses images aux brusques lueurs, empruntant au Malin et aux Déchus leurs tourments orgueilleux, implorant leur pitié dans ses longues misères, ouvrant la Poésie à des richesses nouvelles par les analogies des sons, des couleurs, des parfums. En plaidant pour Delacroix, Baudelaire introduit la défense de sa propre cause.

RICHARD WAGNER

ou

L'HARMONIE DES CORRESPONDANCES

Baudelaire admire Wagner bien longtemps avant d'entrer en relations avec lui ; un passage d'une lettre inédite, en date du 13 juillet 1849, recommande un critique allemand désireux de publier une étude sur *Tannhäuser* : « Vous servirez la cause de celui que l'avenir consacrera comme le plus illustre des maîtres [1] ». La *Revue Musicale* a donné le 1er janvier 1922 la lettre de Baudelaire à Richard Wagner qui noua, semble-t-il, les premières relations des deux artistes : elle paraît être la première adressée par le poète au musicien [2]. Elle est datée du 17 février 1860 et fut envoyée à la suite des trois concerts donnés par Richard Wagner à la salle Ventadour. C'est l'époque où Wagner, repoussé de l'Allemagne, après avoir achevé en Suisse le troisième acte de *Tristan,* vient encore une fois demander l'hospitalité à Paris et y tenter la fortune [3]. C'est l'époque où la ténacité du petit groupe wagnérien lutte pour adapter en France cette musique de l'avenir si mal comprise et si moquée. Baudelaire fut le plus génial militant du groupe et combattit, comme toujours, avec une ardeur désintéressée. Sans être musicien, « il caressait dans Wagner certaines idées générales, abstraction faite de son œuvre lyrique et dramatique qui le laissait indifférent [4] ». Ce sont ces idées générales qu'il défend en artiste, contre le public et les critiques, prompt à s'enthousiasmer pour le « nouveau », heureux de trouver dans le génie de Wagner un écho à ses préoccupations et à ses inquiétudes.

Richard Wagner était arrivé à Paris le 15 septembre 1859 [5]. Il y avait séjourné déjà de septembre 1839 à avril 1842, menant une existence d'expédients et de misère, collaborateur famélique de la *Revue et Gazette musicale,* fabricant d'arrangements de la *Favorite* et de la *Reine de Chypre* pour instruments divers [6] : à cette époque, il n'est que l'auteur inconnu de partitions sans valeur bien originale où se mêlent les influences italiennes et le style de Weber [7]. En 1849 et 1850, puis en Janvier 1858, il avait fait, à Paris, des séjours de courte durée rêvant de conquérir une ville dont il subit, malgré lui, l'étrange fascination [8]. Le 25 novembre 1850 [9], au Concert de Sainte-Cécile, dirigé par le Belge Seghers, avait eu lieu la première exécution en France d'un fragment wagnérien : l'ouverture de *Tannhäuser.* La *Revue et Gazette musicale* du 1er décembre, rendant compte de cet événement, sous la signature de Henri Blanchard, note que c'est là « un ouvrage romantique dans toute la force de cette expression qui nous vient surtout de la Germanie. » Dès 1849 [10], Liszt avait attiré sur cette œuvre l'attention des Parisiens, en louant l'ouverture « qui résume, avec tant de magnificence, tant d'extraordinaires beautés » [11]. Et dans la *Presse* du 2 décembre 1850 Gautier avait écrit, à la fin d'un feuilleton consacré à la *Chanteuse voilée* de Scribe, musique de Massé :

Parlons aussi de l'ouverture romantique de *Tannhäuser,* espèce de *Robert le Diable* germanique du maëstro Richard Wagner, une des grandes célébrités de l'Allemagne moderne. R. Wagner est une espèce de Berlioz, admiré des uns à outrance, contesté par les autres et dont on n'a jamais rien entendu à Paris ; aussi la curiosité était-elle vivement excitée. L'ouverture de Tannhäuser que la société des concerts a parfaitement exécutée est une œuvre pleine de science, d'effets d'instrumentation originaux, d'une profondeur que plusieurs auditions rendraient aisément pénétrable et qui sort de ces faciles banalités que le public français est toujours disposé à bien accueillir, surtout si le rythme bien carré et bien marqué scande un thème de contredanse.

Parmi les intellectuels et les artistes, l'œuvre de Wagner ne passionne pas encore les discussions. Pourtant elle suscite l'intérêt d'un Gérard de Nerval. Le 22 novembre 1850, Seghers écrivait à Francis Wey pour le presser d'amener le poète à son audition : « Ce serait un coup de bonheur pour moi... M. Gérard de Nerval a passé quelque temps à Weimar en intimité avec Liszt. Je crois que mon désir pour le bien de l'œuvre n'est point indifférent à ce critique » [12]. C'est que Gérard est un des premiers partisans français de Wagner. Il avait rendu compte cette année même dans la *Presse,* où il suppléait parfois Gautier, des fêtes du Centenaire de Herder et de Gœthe à Weimar (24, 25 et 28 août 1850) [13]. Le 18 septembre [14], il signalait la création de *Lohengrin* qui avait eu lieu le 28 août, et c'est la première fois, à notre connaissance, qu'il fut parlé de *Lohengrin* dans un journal français : l'article est d'un caractère assez superficiel et l'action est assez mal analysée [15] mais le talent de Wagner y est pressenti :

La musique de cet opéra est très remarquable et sera de plus en plus appréciée aux représentations suivantes ; c'est un talent original et hardi qui se révèle à l'Allemagne et qui n'a dit encore que ses premiers mots. On a reproché à M. Wagner d'avoir donné trop d'importance aux instruments et d'avoir mis le piédestal sur la scène et la statue dans l'orchestre mais cela a tenu sans doute au caractère de son poème qui imprime à l'ouvrage la forme d'un drame lyrique plutôt que celle d'un opéra...

Le 19 septembre, Gérard donne un article consacré pour la plus grande partie à l'analyse de l'œuvre wagnérien. Il montre que Wagner, « âme poétique », « intelligence cultivée », « esprit vif, fin, acéré », a voulu ressusciter la tragédie germanique :

Fortement nourri du suc puissant que renferment les tragédies antiques, les vieux poèmes germaniques et les plus hardies conceptions de Gœthe et de Schiller, il cherchait encore un moule à son propre sentiment et n'avait produit que des ébauches qui ne le satisfaisaient point [16].

Wagner voulut alors que « l'éloquence de sa poésie fût également secondée par les charmes de la musique... Bientôt l'instinct supérieur dont il était doué trouva dans cet art sa naturelle expression et ce qui ne devait être qu'un accessoire devint l'objet principal de ses drames ». Il admire d'abord Gluck [17], suit son exemple, se contentant comme dans *Rienzi* « de lier intimement la déclamation de l'orchestre et des chanteurs aux situations dramatiques de la scène ». Puis à mesure que « sa palette musicale » obéit à son inspiration, il retourne de plus en plus à la poésie, les sujets sont moins subordonnés aux nécessités et aux convenances de la musique :

Après *Rienzi* et avant *Lohengrin,* Wagner avait déjà donné le *Tanhausen* (sic) qui obtint un grand succès à Dresde et ensuite à Weimar. Le dernier opéra a paru un essai moins heureux de cette idée qu'il poursuit de l'alliance intime de la poésie et de la musique. Cependant ces tentatives ont une valeur qui a frappé tous les esprits en Allemagne et dont il serait bon que nos compositeurs se préoccupassent à leur tour...

Gérard semble s'être attaché à mettre en valeur dans l'esthétique wagnérienne ce qui le préoccupait lui-même, cette union de la poésie et de la musique qui forme le bel enchantement de son rêve : « Je me sens fort disposé, écrira-t-il en 1854, de Leipzig [18], en faveur de la musique et mes théories que je n'expose pas

souvent se rapportent assez à celles de Wagner. » Il semble sur
ce point en parfait accord avec Baudelaire auquel sa critique de
Wagner ouvre le chemin.

Mais l'admiration de Gérard est d'un poète. Les musiciens,
cependant, s'organisent pour la résistance. En 1852, le compositeur
Fétis écrit, dans sa *Revue et Gazette musicale de Paris* [19], une
série d'articles où il expose et discute les théories wagnériennes.
L'occasion en était la publication à Leipsick de *Drei Operndichtungen nebst Mittheilungen an seine Freunde als Vorwort* [20] et
d'*Oper und Drama* [21]. Ce dernier ouvrage était l'écrit théorique
le plus considérable de Wagner. Ces professions de foi venaient à
une heure où l'opéra, en France, était aux mains de compositeurs
que de telles conceptions pouvaient déconcerter, et les spectateurs
qui leur faisaient fête étaient mal préparés à les comprendre et à
les goûter. La musique italienne est souveraine en ces temps-là :
de 1852 à 1870 *Herculanum* et *Hamlet* seront les seuls ouvrages
d'auteurs français notoires représentés à l'Opéra [22]. On n'admettra
Faust qu'après dix ans de succès sur une autre scène et les
Troyens de Berlioz connaissent d'obstinés refus [23]. L'admiration
du public a consacré l'œuvre de Rossini, qui s'est retiré du théâtre,
dès 1829, après son *Guillaume Tell,* de Bellini que Paris fêtait en
1833 au Théâtre-Italien, de Donizetti dont la *Favorite,* après un
demi succès en 1839, gagne peu à peu la faveur populaire, de
Verdi qui a connu les feux de l'Opéra, le 26 novembre 1847, avec
sa *Jérusalem* et qui, demain, va s'affirmer avec *Les Vêpres Siciliennes* et triompher avec *Le Trouvère* [24]. Aux premières semaines de
la saison de 1852-1853, Adam connaît au Théâtre Lyrique une
éclatante réussite, avec *Si j'étais roi* [25]. Halévy, l'auteur de *La
Juive,* des *Mousquetaires de la Reine,* du *Val d'Andorre,* de *la Fée
aux Roses* occupe une position de premier plan ; Auber, qui a
soixante-dix ans, dirige le Conservatoire. Mais le roi de la scène
lyrique est le juif berlinois Meyerbeer qui s'inspire à la fois de
Rossini et de Weber, apprend de Scribe l'importance des accessoires et la théorie des petites causes, source des grands effets,
va de succès en succès, avec *Robert le Diable* (1831), *les Huguenots* (1836), *le Prophète* (1849). Il impose une conception, aujour-
d'hui bien démodée, mais que le public adopte d'enthousiasme
comme une suite du romantisme, séduit par les déclamations, les
refrains, les modulations, l'habileté mélodramatique, la figuration
éclatante, les cortèges, les processions, les chœurs, les rondes de

veilleurs de nuits et les bénédictions de poignards, les incendies, le fracas des maisons croulantes et des fusillades [26]. Le genre « grand opéra » sévit et Berlioz, découragé, écrit au lendemain du *Prophète* : « Quelle tâche aujourd'hui que celle de faire réussir un opéra ! Que d'intrigues, que de séductions à opérer, que d'argent à dépenser, que de dîners à donner !... Cela me fait mal au cœur » [27]. C'est que *la Damnation de Faust*, jouée les 6 et 20 décembre 1846 devant la salle peu garnie de l'Opéra-Comique, n'a connu qu'un très médiocre succès [28] et, malgré l'enthousiasme de la presse, la réussite de la *Sapho* de Gounod n'est qu'une insuffisante revanche [29] où Berlioz trouve seulement occasion de caractériser l'époque musicale « platement corrompue et corruptrice » [30].

C'est dans cette atmosphère en vérité peu favorable aux nouveautés révolutionnaires que paraît l'*Oper und Drama* de Wagner. Il est divisé en trois parties [31] et tendait à démontrer que le moyen d'expression, à savoir la musique, a été pris comme seul objet et but, tandis que le vrai but, à savoir le drame, a été subordonné aux formes musicales. La situation respective des deux arts a donc été complètement renversée et l'effort de l'auteur tend à la rétablir. Le mal est venu de la cantate dramatique italienne, embryon de l'opéra, où l'action n'est que prétexte à morceaux chantés et à airs de danses groupés par des récitatifs conventionnels ou placés sans lien l'un après l'autre. Gluck survient qui essaie d'approprier sa musique à l'action dramatique, modifiant la mélodie en suivant les inflexions du langage parlé, mettant un terme à la virtuosité pure, forçant les chanteurs à interpréter l'intention dramatique. Mais la forme de l'opéra demeure inchangée et il faut attendre Méhul, Chérubini, Spontini pour développer l'ensemble musical et dramatique et s'affranchir du monologue ininterrompu formé par les airs de l'ancien opéra. Par la suite, dans les ouvrages de Weber et de Spohr, de Rossini, Bellini, Auber, Meyerbeer, l'histoire de l'opéra n'est pas autre chose que l'histoire de la « mélodie d'opéra ». Dans la seconde partie de son ouvrage, Wagner s'occupe du sujet et de la forme dans le drame parlé. Il indique deux sources de sujets : les récits romanesques du moyen âge et le roman moderne d'une part, de l'autre le drame grec, tel que la *Poétique* d'Aristote l'expose dans sa forme essentielle. Pour lui la plupart des œuvres de Shakespeare sont des histoires dramatisées, tandis que les tragédies de Racine sont construites suivant les théories aristotéliciennes. A propos de Gœthe et de Schiller, Wagner remarque que les sujets histo-

riques offrent de grandes difficultés à qui les veut traiter drama-
tiquement et que le théâtre moderne fait fausse route en poursuivant la représentation de la réalité contingente au lieu de provoquer l'essor des facultés imaginatives. Il rapproche ingénieuse-
ment la tragédie de Racine et l'opéra de Gluck. Racine s'attache
moins à l'action proprement dite qu'aux motifs qui la déterminent
et aux effets qui en résultent. Les instincts de Gluck l'amenèrent
à traduire en *air* la tirade de Racine. Pour Schiller et Gœthe, les
difficultés qui les ont arrêtés au moment de combiner le fond
dramatique et la forme poétique démontrent que les sujets my-
thiques sont les plus favorables au drame idéal et que la musique
est le langage apte par excellence à mettre ces sujets en leur
plus beau jour. C'est pourquoi s'impose la fusion du poème et
de la musique que Wagner réclame en terminant la troisième
partie de son ouvrage. Selon lui, la musique, dont, à notre époque, les progrès sont si déclarés, peut produire ce drame idéal
auquel on n'aurait pu songer avant ce merveilleux développement
de la technique musicale. Et il expose toute sa théorie de l'art
nouveau : relations de la poésie et de la musique, fonction de
l'orchestre.

Cette dernière partie fut la moins comprise en 1852 pour la
raison que Wagner ne pouvait illustrer d'exemples sa théorie ;
la seconde partie excita l'attention des littérateurs mais demeura
non avenue auprès des musiciens. Mais toute la première partie
émut le monde musical scandalisé des attaques qu'il crut y voir
contre les compositeurs en vue et en particulier contre Meyerbeer
dont Wagner, après 1842, répudie la conception avec une fureur
d'autant moins contenue qu'il avait honte de sa servilité première
envers ce maître de sa jeunesse [32].

Le ton que prend le directeur de *La Revue et Gazette musicale*
pour discuter les théories wagnériennes montre que le combat est
engagé entre musiciens. Dans la *Revue* du 27 juin 1852 il incri-
mine l'orgueil de Wagner qui, sans avoir rien produit, est plein
de confiance dans ses facultés intimes [33]. « La musique ne se présente à son esprit que secondairement et seulement comme l'auxiliaire de l'expression » [34]. Son but est « d'assimiler la musique
à un tout dans lequel elle doit se confondre. La poésie, trop ver-
beuse pour que la musique ne soit pas souvent réduite au réci-
tatif, suit à l'égard de celle-ci une marche rétrograde et rentre
dans le système des opéras de Quinault et de Métastase... ». Les
efforts de M. Wagner, insinue Fétis, tendent à transformer l'art

« parce que l'inspiration lui manque, parce qu'il n'a pas d'idées, parce qu'il cherche à la déguiser ». Et c'est justement sur ce *Lohengrin* admiré de Gérard et de Baudelaire que le critique s'appuie pour prouver le néant de Wagner. Ici le compositeur n'a pu donner « à la légende un intérêt dramatique véritable parce que cet intérêt ne peut naître que des affections de l'âme et des passions vraies ». Lohengrin est en dehors des conditions de la vie et son amour pour Elsa n'a rien de naïf ni de passionné. Quel que soit le mérite de la poésie elle ne peut faire disparaître les défauts d'un sujet glacial. D'autre part Wagner cherche « une sorte de signification symbolique » en caractérisant « chaque personnage principal par une phrase musicale qui se représente sous des combinaisons différentes toutes les fois que le personnage ainsi caractérisé rentre dans l'action ou est seulement indiqué ». Cette idée n'a pas même le mérite de l'originalité puisque elle est inspirée par le choral de Marcel dans les *Huguenots* et le chant des Anabaptistes dans le *Prophète*. « Je suppose, déclare Fétis, que mes lecteurs se représentent la monotonie, le pédantisme affadissant et l'ennui qui doivent être la conséquence d'un tel moyen converti en système ». On peut l'admettre dans une occasion exceptionnelle, « mais, appliqué aux personnages mis en action, il anéantit nécessairement l'inspiration spontanée et convertit le travail de l'artiste en une succession non interrompue d'opérations combinées »[35]. Un ouvrage ainsi conçu ne saurait donner l'impression d'une œuvre d'art dans le vrai sens du mot, et Wagner est conduit, suivant les principes d'*Opéra et Drame,* à vouloir que la poésie chantée soit non plus un opéra mais un drame, à faire le procès de tous ceux qui l'ont précédé, des poètes, des musiciens, de leurs œuvres ; à supprimer enfin la mélodie et le rythme : « La nature de son système devait amener Wagner à cette conclusion car il est impossible d'enlever à la musique sa suprématie dans l'expression dramatique ou de faire monter jusqu'à elle l'importance de la poésie sans que ce partage ne prépare un anéantissement au point de vue de l'art moderne et sans ramener l'art musical à la conception grecque. Dès que le principe du réel s'introduit dans l'art celui du beau disparaît. Dès ce moment la tendance incessante consiste à s'approcher autant que possible du vrai, à faire, comme dit Wagner, disparaître les conventions et à substituer le drame à l'opéra, la déclamation à la mélodie ». Et plus loin [36] Fétis protestera avec une véhémence qui indignera Baudelaire [37] : « Que dire de pareilles folies ? Est-il dans la nature du chant de se confondre avec la parole ? Vous voulez, par la synthèse de l'intelligence et de la sensibilité, enlever au chant ce qui le caractérise comme mélodie pure pour le rapprocher du positif, de la parole afin que l'expression ait autant que possible le caractère du vrai... Pourquoi attaquez-vous les formes de la mélodie ? Admettons qu'elles soient vulgaires et dépouillées de sentiment poétique. Dans ce cas il faut rappeler l'art dans une direction plus pure et non pas nier la valeur d'une méthode qui a fait ses preuves ». Et, après d'interminables discussions qui marquent l'attachement de Fétis aux traditions et son inaptitude absolue à comprendre les conceptions wagnériennes, il conclut, dans la *Revue* du 8 août [38], en incriminant à nouveau l'orgueil wagnérien qu'il rattache au positivisme « dont A. Comte est le fondateur en France et qui a pour organes en Allemagne quelques-uns des élèves de Hegel » :

> L'histoire de la musique n'est pour Wagner que celle de l'impuissance ou de l'erreur. Les artistes même auxquels il accorde des éloges s'égarent toujours en se dirigeant vers le but. C'est qu'il fallait bien que ce but eût été manqué pour tout le monde pour que Wagner le découvrit et y parvînt. Tel est le secret de la publication des livres par lesquels il a voulu, d'une part, venir en aide à ses compositions infortunées et, de l'autre, se venger des succès d'autrui...

Ainsi, dans la principale revue musicale française, sous la plume du musicologue le plus abondant de l'époque, l'esthétique de Wagner est abaissée au niveau de menées ambitieuses de jaloux et d'impuissant. Rien n'est compris de l'idéal wagnérien qui réclame avant tout la vérité intérieure dans l'accord du sentiment et de l'expression, qui donne à la musique le rôle de chercher et de toucher ce qui est le fond, la grandeur et la destinée de l'homme, qui veut faire de l'opéra un drame révélant l'ineffable par les intuitions de la poésie. Si nous avons donné de ces trop longs articles de longues citations, c'est pour montrer nettement le point de départ de l'opposition qui va harceler désormais, en France, l'œuvre de Wagner.

En septembre 1857 *Tannhäuser* fut représenté à Wiesbaden devant des journalistes français. Ernest Reyer fit un compte rendu des plus élogieux dans le *Courrier de Paris,* le 30 septembre 1857. Le 29 septembre le *Moniteur Universel* publiait les impressions de Théophile Gautier. L'article est riche de bonnes intentions mais il ne fait guère honneur à la science musicale du critique [39]. On sait que Théophile Gautier avait recours pour suppléer à sa compétence défaillante aux conseils de son ami Ernest Reyer [40]. Et moyennant quelques propos qu'on lui a soufflés sur le 6/8, le 2/4, la strette, la fugue, les canons, le rythme carré, il fait — pour les ignorants — figure de technicien. Il s'était imaginé un « Wagner dénué volontairement de mélodie, de rythme et de carrure, hardi novateur, secouant les vieilles règles, inventant des combinaisons bizarres, essayant des effets inattendus ; un *paroxyste*, poussant tout à l'extrême, outrant la violence, déchaînant, à propos de rien, l'ouragan de l'orchestre et passant comme une trombe musicale sur le parterre abasourdi ; un génie compliqué et furieux, chaotique et fulgurant, mêlé de souffles, de ténèbres et de lueurs, cédant aux caprices d'une inspiration sauvage... » Et voici qu'il reste un peu étonné, presque déçu de ne découvrir qu'un musicien « remontant dans le passé vers les sources de la musique au lieu de renchérir sur Weber et sur Meyerbeer ». Veut-on juger du jargon de Gautier musicographe : « L'orchestre est plein de fugues, de contrepoints fleuris, de canons exécutés avec beaucoup de science, où rien n'est échevelé, ce désordre apparent venant de l'absence du rythme carré que le maître évite de parti pris, de même qu'il s'abstient de moduler ». La fin de l'article exprime pourtant le vœu que *Tannhäuser* soit admis à l'Opéra car « la partition mérite cette épreuve solennelle [41] ».

La Revue et Gazette musicale de Paris [42] avait cru devoir se faire adresser un compte rendu du festival de Wiesbaden où il est noté que M. Richard Wagner est « loin d'être un mélodiste abondant et facile », que « les cantilènes sont rares dans sa partition », que la Romance à l'étoile a du charme et que le duo de Tannhäuser et d'Elisabeth, bien qu'inférieur à celui de Valentine et de Raoul mérite des éloges, que l'ouverture est, de son côté, digne d'estime : « On ne peut nier, conclut-il, que M. Richard Wagner se rapproche de Weber par certains côtés. Il manie l'orchestre avec une grande habileté. Son instrumentation est claire, variée, brillante, richement colorée. Il abuse de la modulation. Il recherche les accords inattendus. Il court après les effets harmoniques. Mais de temps en temps il fait d'heureuses rencontres. M. Richard Wagner a un talent incontestable mais il est lourd, empesé, raide. Isocrate lui aurait certainement conseillé de sacrifier aux grâces. Je ne serais pas étonné que l'absence de grâce fût justement ce qui doit distinguer la musique de l'avenir de celle du passé. S'il en est ainsi, puissé-je être condamné à perpétuité à Weber et à Mozart. » Ce sont là propos de Béotien.

Il est réconfortant, après ces critiques inspirées par l'esprit de parti, de lire, dans l'*Illustration* — qui sous la plume de G. Héquet devait être si malveillante en 1860 et 1861 — un article publié le 27 juin 1857 [43] sur *Tannhäuser*. C'est une page enthousiaste et intelligente écrite sous la signature de Valleyres, pseudonyme de Mme Agénor de Gasparin, et reproduite plus tard dans l'*Album des fêtes de Bayreuth*, à côté des articles de Léon Leroy, Charles Nuitter, Adolphe Jullien, A. de Fourcaud, Judith Gautier [44]. C'est l'expression d'une admiration raisonnée :

Votre charmante revue a plus d'une fois parlé du *Tannhäuser* [45], Monsieur, et avec quelque défiance. Il y a des moments où le plus pauvre témoignage a sa valeur, où le silence n'est pas permis ; ce sont ces moments où le public, mal informé, s'apprête à juger quelque grande cause.

Je crois que le génie a toujours son heure de victoire ; certain, comme la vérité, de régner un jour le succès n'est pour lui qu'affaire de temps. Mais derrière le génie abstrait, il y a d'ordinaire un homme qui souffre de nos hésitations que tuent parfois nos mépris ; ne pas témoigner pour lui lorsqu'on a foi dans son avenir, se taire quand s'instruit son procès, ce serait forfaire à un devoir de loyauté.

Et voici, comme prélude aux études de Baudelaire, une belle évocation de l'ouverture :

D'abord ce chant magistral qui vous dit net à qui vous avez à faire ; et puis cette phrase satanique qui glisse et siffle comme un serpent au travers de l'harmonie ; et puis cette fanfare éclatante, joyeuse, du haut des tours de quelque vieux burg du temps de Barberousse ; et puis, cette sourde bataille des instruments, des effets, des idées, cette mêlée où chaque escadron reste distinct et se reconnaît à ses couleurs, puis ce travail d'enfantement où la puissance déborde, où la sagesse du génie prédomine ; enfin ce couronnement de l'œuvre, ce chant des pèlerins, ce chant qui vient d'autre part que de la terre, proclamé à voix grave, à voix lente, à voix immense, par les cors, tandis que monte et se gonfle et déferle en vagues toujours grossissantes la plainte désespérée d'une âme pour laquelle il n'y a plus de pardon.

A ce moment le cœur se brise ; le cœur de ceux qui en ont, bien entendu ; là, sous les étreintes de ce chant lumineux, si triste dans sa sérénité, géant, immuable, avec ces pleurs qui éclatent sous toutes les notes, à toutes les transitions. Et lorsque le chant, les pleurs, la plainte éternelle, tout sombre par un retour pénétré de tendresse dans la plénitude d'une harmonie calme, irrévocable comme la pleine mer où descend le soleil qui vient d'éclairer un naufrage, on reste, muet, baigné de larmes, éperdu devant cette révélation. Cette révélation désormais vous hantera, c'est un des caractères de la musique de Wagner. On ne rompt ni avec ses mélodies, ni avec ses allures, ni avec sa pensée ; on reste sous une pression qui ressemble à l'étreinte de l'aigle.

L'éloge se poursuit. L'auteur parle d' « étrangeté royale » et continue :

La musique de Wagner est plus puissante que l'océan de Victor Hugo. Les régions de la douleur sont ses royaumes ; elle en sait des accents que nul n'avait trouvés ; elle en sait des profondeurs que nul n'avait sondées ; elle vous tient, immobiles, le cœur pressé sous les mains ; mais vous ne pouvez sentir au delà...

Et la conclusion semble ouvrir les perspectives de l'admiration moderne :

Voilà pourquoi, Monsieur, Wagner n'aura pas un succès de vogue emporté à la pointe de l'archet ; voilà pourquoi un jour, je ne sais lequel, Wagner règnera souverainement sur l'Allemagne et sur la France. Nous ne verrons cette aurore ni vous, ni moi, peut-être ; qu'importe, si de loin nous l'avons saluée !...

Aux premiers jours de février 1858, l'ouverture de *Tannhäuser* fut donnée sous la direction de Musard [46] au concert de Paris, établi à l'Hôtel Osmond. Un compte rendu parut sous la signature de Henri Blanchard, dans la *Gazette musicale* du 7 février. C'est une mauvaise analyse où il y a pourtant moins d'incohérence que dans l'article de G. Chadeuil, publié dans le *Siècle*, le 10 février [47]. Ni Berlioz, ni Reyer ne parlèrent de cette audition. Cette même année, « le *Siècle*, dans un article intitulé : Un Cénacle à Weimar, mit en scène et malmena sans esprit les apôtres de la musique de l'avenir, Wagner et Schumann, ainsi que leurs disciples Liszt et Hans de Bulow [48] ». Et telles furent, en France, les premières réactions des musiciens et des lettrés, lors de la révélation de l'art wagnérien. Il est temps que des voix se fassent entendre pour défendre l'idéal nouveau. Et il semble que l'intervention d'un Baudelaire soit attendue comme un acte d'intelligence et de justice.

Quand il vint, en septembre 1859, se fixer pour deux ans, à Paris, Wagner s'en fut habiter d'abord, 41, avenue Matignon [49] ; il s'installa, au bout de quelques mois dans un joli hôtel, démoli depuis, 16, rue Newton, près de l'Arc de Triomphe, et là il vivait seul avec sa femme, loin « de tout voisinage *pianotant* [50] ». « Dès son arrivée à Paris, écrit Léon Leroy [51], il eut une entrevue avec Carvalho », directeur de l'Opéra-Comique qui désirait monter dignement *Tannhäuser*. Gaspérini nous a laissé un récit de cette entrevue [52] qui fut pour Wagner un premier déboire dans sa longue lutte pour la représentation de *Tannhäuser* sur une grande scène de Paris. Wagner s'était mis au piano. Mauvais accompagnateur, il « se débattait avec le formidable finale du deuxième acte ; il chantait, il criait, il se démenait, il jouait des mains, des poignets, des cordes, il écrasait les pédales, il broyait les touches. Au milieu de ce chaos, M. Carvalho restait impassible comme l'homme d'Horace, attendant avec une patience digne de l'antique que le sabbat fût fini. La partition achevée, M. Carvalho balbutia quelques paroles de politesse tourna les talons et disparut [53] ».

C'est à l'hôtel de la rue Newton, dans un quartier alors presque suburbain que Wagner reçoit ses amis, tous les mercredis : on y rencontrait Emile Ollivier et sa jeune femme Blandine Liszt qu'il avait épousée à Florence, en 1857, charmante et délicate artiste [54] ; le graveur, Frédéric Villot, l'ami de Delacroix, conservateur des musées impériaux à qui fut dédiée la *Lettre sur la musique* ; Edmond Roche, le douanier-poète qui était intervenu, le jour de l'arrivée de Wagner, pour aplanir des formalités administratives [55] ; Hector Berlioz qui avait eu avec Wagner de bonnes relations en Allemagne et à Londres [56] ; Emile Perrin, directeur en disponibilité n'ayant plus l'Opéra-Comique, n'ayant pas encore l'Opéra ; Carvalho, directeur du Théâtre Lyrique, qui faisait profession d'aimer les œuvres d'avant-garde ; Gustave Doré, à l'apogée de sa vogue ; un jeune avocat amené par E. Ollivier, Jules Ferry que Gaspérini appelle « un esprit élevé et délicat » [57], des écrivains : Champfleury, Charles de Lorbac, Léon Leroy, Auguste de Gaspérini, Charles Baudelaire. En 1861, au 3 de la rue d'Aumale, apparaîtra Cosima Liszt, sœur de Blandine, mariée depuis deux ans à Hans de Bulow. On peut voir aussi paraître, au Cénacle, Gounod qui vient de faire jouer *Faust* et qui, directeur de l'Orphéon de la ville de Paris, conseille à Wagner de donner des concerts à Paris et, s'il faut l'en croire, l'aide de tout son pouvoir [58]. Nestor Roqueplan y vient parfois, avant de devenir l'adversaire de Wagner [59]. Dans la suite s'y rencontrent encore Catulle Mendès, demain directeur de l'éphémère *Revue fantaisiste*, Challemel-Lacour, Nuitter, Victor Cochinat, directeur de la *Causerie* et ami de Léon Leroy, Pasdeloup, qui créera, en 1861, les Concerts populaires. Tous ont, pour le Maître, une admiration sans réserve et sont les précurseurs du wagnérisme en France, à une époque « où il y avait quelque mérite à deviner Wagner, alors qu'il était méconnu, quelque courage à se prononcer en sa faveur alors qu'il passait pour un insensé » [60]. Tous lui apportent le dévouement d'une totale amitié et Wagner lui-même en témoignera quand, en 1861, au lendemain de l'échec de *Tannhäuser* il écrira à Baudelaire : « Permettez-moi de vous remercier encore et surtout M. Leroy. Il a accouru après mon arrivée à Paris. C'est ce que j'appelle l'amour et l'amitié [61] ».

Léon Leroy et Auguste de Gaspérini [62] furent, avec Baudelaire et Champfleury, les wagnériens les plus enthousiastes. Leur admiration fut même de la première heure. Gaspérini occupait, en 1859, à l'*Echo de la Presse* et à l'*Europe artiste* une importante situation de critique musical. Dès l'été de 1857, à Bade, il avait subi la grâce wagnérienne dans une soudaine illumination : « Ebloui, subjugué, écrit-il, (par l'audition de la Marche des Fiançailles de *Lohengrin*), je m'abandonnais à un monde nouveau qui m'était soudainement ouvert [63] ». Cet enthousiasme qui le pousse à étudier dès le lendemain « toutes les partitions du maître », il le garde, dans son âme ardente, jusqu'au dernier jour : « La parole manque pour peindre la dernière scène, écrira-t-il en 1865, dans sa *Cinquième lettre sur Tristan*... L'homme est vaincu, atterré, il ne peut que s'incliner devant ces révélations surhumaines [64] ». Son goût pour l'art était la dominante d'une activité intellectuelle qui s'ouvrait à toutes les curiosités : docteur en médecine, ancien chirurgien de la marine, grand lecteur des philosophes allemands, Kant, Fichte, Schopenhauer, passionné de Pascal, infatigable voyageur, il vibrait intensément et sa richesse d'émotion s'exprimait par ces mots souvent répétés : « Cherchez, inquiétez-vous, vivez... [65] ». Il compose des vers, des comédies, des mélodies. Il s'éprend de l'idéal démocratique, collabore, en 1848, à l'*Unitaire*, journal de tendance saint-simonienne et fouriériste, en 1850, à la *Révolution*, nettement anticléricale et antibonapartiste ; il s'attache, en 1851 à la *Revue du peuple*, dans le temps que Baudelaire est « gérant » de la *République du Peuple*. Sous l'Empire, il écrit dans le *Temps*, au *Siècle*, fonde, en 1867, avec Léon Leroy, l'*Esprit Nouveau*, revue wagnérienne, devient feuilletoniste musical à la *Nation*, à la *Presse*, à la *Liberté*, au *Petit Echo de la Presse*, au *Ménestrel*, au *Courrier du Dimanche*, à l'*Etincelle*, à la *France musicale*, à la *Presse musicale* ; il est correspondant du *Journal français de Francfort* et de la *Gazette de Cologne* ; à la veille de sa mort, il entre au *Figaro* où son premier article parut le 11 mars 1868. La tuberculose l'emportait, le 20 avril, à 45 ans. C'est donc une âme éprise d'action qu'il met au service de Wagner, exaltée par le ravissement qui l'a soudain remplie de surprise, d'admiration et de curiosité [66].

Léon Leroy, né en 1832, était le cadet et l'élève de Gaspérini. Lauréat du Conservatoire pour l'harmonie et le piano, il appartenait à une famille de musiciens : son frère Adolphe Leroy fut un instrumentiste célèbre de la fin de l'Empire et R. Wagner l'appelait « Monsieur Clarinette ». Léon Leroy, comme Gaspérini, avait des fenêtres ouvertes sur des horizons divers : grand voyageur, grand liseur, démocrate et libéral (il fut sous-préfet au début de la troisième république), directeur général d'une grande société de charbonnage, il revint toujours à la Musique comme à son désir secret ; il alla à Bayreuth, fut, comme pianiste, avec Luzatto, un des exécutants du Petit Bayreuth qu'organisa Antoine Lascoux, l'impresario enthousiaste et dévoué du wagnérisme en France après 1876 [67] ; après 1870, il donna des articles wagnériens à la *Liberté,* au *Soir,* à *Paris-Journal,* et fut un des principaux chroniqueurs français à l'Album des fêtes de Bayreuth.

Ces deux amis sont les plus fervents propagandistes de la cause de Wagner avant la prodigieuse intervention de Baudelaire. Ils l'aiment et le comprennent, rêvent pour lui tous les succès. Quelques semaines avant l'arrivée de Wagner à Paris, Gaspérini lui avait consacré dans l'*Europe Artiste* [68] un article où l'on peut voir comment un artiste comprend Wagner, parlant avec précision, compétence et pénétration de *Tannhäuser* et de *Lohengrin* dont les partitions lui sont familières [69]. Wagner — malgré ses susceptibilités que ses fidèles lui pardonneront toujours [70] — éprouve un réconfort à tant de dévouement si spontanément offert. Il le dit non sans émotion dans une lettre à Baudelaire :

> Ces jeunes gens qui sont venus me saluer et me consoler, me réconfortent et j'en suis certes absolument heureux... J'ai fait de très belles expériences parmi les jeunes gens de cette ville. Je les aime parce que j'ai de l'amitié pour eux... La jeunesse me comprend... La beauté et l'amitié sont les choses les plus belles... Toute cette jeunesse est une société d'amis sincères à qui la beauté est propre [71].

Gaspérini a évoqué [72] les frémissements d'ardeur juvénile qui entourent le maître de confiance et d'admiration. Celui-ci porte sur son visage une volonté indomptable, malgré les agitations d'une vie tourmentée. Ce Tristan, écrasé d'épreuves, se redresse pour former des projets et ouvrir sur la vie de nouvelles perspectives. Son enthousiasme s'échauffe au contact de la foi joyeuse de ses jeunes partisans.

Car voici le temps des luttes héroïques. 1860 et 1861, c'est le temps de l'intervention de Baudelaire, l'année des Concerts du Théâtre Italien et l'année de *Tannhäuser* ; c'est le plus haut période de la mêlée wagnérienne. Champfleury notait en juin 1860 :

L'arrivée de Richard Wagner fera époque dans l'art et nous aurons l'hiver prochain de curieuses luttes... L'arrivée de Wagner en France fut précédée d'un murmure inquiétant, pareil à celui qui dans la nature annonce un orage redoutable ; il ne faut pas une grande connaissance du terrain parisien pour flairer les dispositions d'un certain groupe qui croit régenter les sentiments de la foule. Une bonne partie des critiques était *contre* Wagner ; également *contre* Wagner, les gens de cinquante ans qui, s'étant battus jadis pour les tentatives romantiques musicales, échappaient fatalement par leur âge et la froideur de leurs aspirations à l'enthousiasme. Ils ne se rendaient pas compte que Wagner apportait ce que M. Berlioz avait peut-être entrevu et cherché. Contre Wagner se faisaient remarquer les faibles, les timides, ceux qui aiment les opinions toutes faites et ceux qui craignent la lutte.

Mais il y avait *pour,* ce terrible groupe indiscipliné, inquiet, impossible à retenir, qu'aucune force ne saurait bâillonner et qui s'élance en avant, cherchant des horizons nouveaux, intrépides comme ces *chacals* de l'armée d'Italie qui la nuit, rampant sur le ventre..., escaladent des murailles, apparaissent tout à coup aux yeux de l'ennemi et terrifient par leur *audace* les postes avancés [73].

Les deux partis sont formés. En attendant qu'un geste du chef déchaîne la bataille, des escarmouches s'engagent dans les journaux et dans les Revues. En 1858, la *Revue Germanique* publie un grand article de Louis Lacombe sur *la Musique et le Mouvement musical en Allemagne* où, après l'éloge de Bach, Haëndel, Haydn, Beethoven, Weber, Mendelssohn, Meyerbeer, est esquissé un jugement mesuré et judicieux sur Richard Wagner. Le critique signale des traces de mélodies weberiennes dans *Tannhäuser* et *Lohengrin* mais reconnaît que Wagner a eu « la force de s'affranchir du joug de ses affections artistiques pour sauvegarder son individualité » et il conclut : « M. Wagner n'en est pas moins un très remarquable compositeur. Ce n'est pas avec ses beaux yeux qu'il a conquis l'admiration de la moitié de l'Allemagne » [74]. L'article s'achève [75] sur une prédiction : Beethoven ne contentera plus le public de l'avenir. Celui qui le satisfera devra unir la supériorité mélodique de Weber au développement du thème, si habilement traité par Beethoven. — En 1859, le *Figaro,* sous la signature de B. Jouvin ne manque pas une occasion de déprécier Wagner. « Plût à Dieu, s'écria-t-il un jour [76] — à propos de Meyerbeer et de sa renommée décroissante en Allemagne, — que l'Allemagne révolutionnée par M. Richard Wagner eût conservé au plus illustre de ses musiciens vivants la respectueuse admiration que lui garde la France reconnaissante ». La pointe paraît plus aiguë pour qui sait l'antipathie qui, depuis 1842, n'a cessé de grandir entre Wagner et Meyerbeer [77]. Dans le *Figaro* du 6 novembre 1859, le même critique avait lancé contre Wagner une attaque qui fit quelque bruit : l'article, tantôt violent, tantôt ironique, contient des formules qui ont depuis fait fortune :

Une nouvelle qui a traversé Paris et ému certaines églises musicales c'est l'arrivée prochaine d'un grand révolutionnaire, Richard Wagner, *le Messie de la Musique de l'Avenir* (c'est le nom modeste qu'il prend et que lui donnent ses amis), l'auteur d'opéras allemands dont je me déclare absolument incapable de prononcer ou d'écrire les titres. Richard Wagner est le Marat de la musique dont Hector Berlioz est le Robespierre. Vous jugez par là si ces deux hommes se détestent cordialement. Le compositeur de *Tanahauser* (sic) (je ne vous réponds pas d'avoir écrit correctement ce mot barbare) va plus loin dans son système de proscriptions que l'auteur de la *Symphonie fantastique*, d'*Harold*, de *Roméo et Juliette*, de *l'Enfance du Christ*. Non seulement il se passe fort bien de la mélodie en écrivant mais il la condamne comme une sirène dangereuse qui fait oublier aux *musiciens de l'avenir* leur mission sociale et les peut retarder dans le chemin glorieux qu'ils parcourent... Richard Wagner au dire de ses critiques proscrit le chant dans un opéra... De l'ouverture à l'accord final de la partition, la phrase du compositeur se déroule comme un macaroni qui *file* et ne se rompt jamais. Il faut avaler cette mélopée gluante sans reprendre haleine et sans étouffer : on n'est *Wagnériste* qu'à ce prix... Charles Gounod, subitement converti au Wagnérisme s'est écrié... : « Cet homme trace son chemin comme un sillon de feu ». M. Charles Gounod me fait l'effet d'un financier gêné qui, vivant dans un pays où le numéraire est rare, saluerait Law comme une Providence et donnerait la préférence au papier-monnaie sur l'or... [78]

Champfleury avait raison : ces murmures annoncent l'orage. Il éclatera au début de 1860 lors des concerts donnés par Wagner, au Théâtre Italien. C'est, après tant de prologues, le premier acte du drame wagnérien, plein de dissonances, de charivari, de fanfares et de clameurs. Par les soins d'un agent théâtral nommé Giacomelli, la salle des Italiens fut louée à Cazaldo moyennant 8.000 francs. D'énormes affiches posées sur les murs de Paris annonçaient la date des concerts [79]. Et les protagonistes accompagnés de la foule des figurants étaient face à face dans la salle Ventadour, le mercredi 25 janvier. L'*Illustration* avait pris position quelques jours avant, en déclarant : « La pluie des concerts va recommencer... Voici M. Richard Wagner, dont la noire silhouette assombrit l'horizon » [80]. Mais la *Revue européenne* avait commenté avec chaleur l'événement : « On entendra pour la première fois, à Paris [81], la musique du jeune maître que l'Allemagne a acclamé depuis longtemps et placé au premier rang de ses compositeurs... Ce concert n'est qu'une première tentative d'acclimatation » [82]. La *Revue nationale* ajoutait : « M. Wagner, s'il parvenait à ressusciter le public, rendrait à l'art un service plus considérable que tous ceux que peut lui rendre sa musique » [83]. Le programme était composé des plus belles pages du Maître : I. Ouverture du *Vaisseau fantôme* ; II. Marche avec chœur du second acte de *Tannhäuser* ; III. Introduction du 3ᵉ acte de *Tannhäuser* ; IV. Chœur des pèlerins et ouverture de *Tannhäuser* ; V. Prélude de *Tristan et Ysolde* ; VI. Prélude de *Lohengrin* ; VII. Le Réveil du Matin : *Lohengrin* ; VIII. Introduction du 3ᵉ acte de *Lohengrin* ; IX. Epithalame de *Lohengrin* [84]. Ce furent trois concerts donnés les 25 janvier, 1ᵉʳ et 8 février. L'*Illustration* [85] publia sur le premier concert un long récit qui retrace assez bien, en dehors des critiques tendancieuses du chroniqueur, la physionomie de la bataille : « Les deux partis avaient de nombreux représentants » dans la salle et l'atmosphère était lourde d'enthousiasme et de haine dissimulés. La scène est disposée en amphithéâtre avec gradins. Des pupitres, derrière lesquels on aperçoit « des musiciens armés de trompettes, de trombones, de flûtes, de clarinettes, de violoncelles ou de violons, ou pendus à des contre-basses ». Le devant était réservé au chef de cette formidable armée, Richard Wagner lui-même :

Les amis de M. Wagner, note sans sympathie G. Héquet, sont bien plus actifs et bien plus bruyants que leurs adversaires. Ces derniers reprochent à l'auteur de Lohengrin de mettre tout dans sa musique excepté du chant et font observer modestement que la mélodie c'est l'idée ; en sorte qu'une œuvre musicale sans mélodie est précisément comme une œuvre littéraire où il n'y a que des mots... Les autres leur répondent qu'ils sont des pédants, que leur théorie a fait son temps et n'est plus qu'un préjugé ; que M. Wagner n'écrit pas pour le passé mais pour l'avenir, que s'il n'a point de mélodie, c'est qu'il n'en veut pas ; qu'il la repousse lorsqu'elle s'offre à lui avec un dédain suprême et la renvoie honteusement à Rossini, à Auber, à tous les croque-notes qui ne voient dans la musique que du son ; que son horizon à lui est bien plus vaste ; qu'il embrasse toute la connaissance humaine, la géométrie, l'algèbre, la chimie, l'astronomie, la géologie, la biologie, l'idéologie, l'archéologie, la théologie et qu'il faut avoir la vue bien courte pour demander du chant à un homme dont les partitions renferment l'expression synthétique des doctrines philosophiques, politiques et sociales dont le progrès du temps doit infailliblement amener le triomphe.

A son apparition, Wagner fut salué d'une triple salve d'applaudissements. « Les classiques protestèrent, continue G. Héquet, par un froid silence et une réserve pleine de dignité contre cette intempérance du zèle romantique. On se serait cru à ces beaux temps, si loin de nous, hélas ! — d'*Hernani* et de *Lucrèce Borgia* ». Suivant le *Ménestrel* du 29 janvier la séance fut orageuse. Et Fiorantino, dans le *Constitutionnel* du 31 janvier, traçait de Wagner un portrait peu flatté : « Il a le front beau, noble, élevé, le bas du visage écrasé et vulgaire. On dirait que deux fées, l'une irritée, l'autre affectueuse et bonne, ont présidé à sa naissance. La fée de l'harmonie a caressé et embelli le front d'où devaient sortir tant de conceptions hardies et de pensées fortes ; la fée de la mélodie, prévoyant le mal que lui ferait cet enfant, s'est assise sur sa figure et lui a aplati le nez » [86].

Ecoutons un autre son : Champfleury, dans la nuit du 27 janvier 1860, écrivait lui aussi un compte rendu [87], mais avec un autre état d'âme :

Dès l'arrivée du maître, écrit-il, je compris à la physionomie de l'orchestre que la cause était gagnée. Les musiciens se dérangèrent avec respect et joie, impatients de commencer et saluant l'arrivée de Richard Wagner par des applaudissements d'archets sur le bois de leurs instruments [88].

Il nous donne ensuite un beau portrait du musicien et retrace la physionomie du concert :

Wagner est pâle avec un beau front dont la partie près de la racine du nez offre des bosses très accentuées. Il porte des lunettes et des cheveux abondants sans exagération. C'est une nature bilieuse, ardente au travail, pleine de conviction, aux lèvres minces, à la bouche légèrement rentrée et le trait le plus caractéristique dans les détails vient de son menton, se rapprochant de la famille des mentons de galoche. Il y a en lui de la timidité, de la naïveté, du contentement des murmures d'une salle qui parait disposée à écouter religieusement. De cette personnalité allemande et modeste jaillit une sorte de charme particulier auquel nous ne sommes plus guère habitués...

Dès les premières mesures de l'ouverture, les critiques chagrins qui trompent le public par esprit de dénigrement hostile et par une jalouse impuissance comprirent qu'ils n'avaient qu'à fuir, car Richard Wagner était applaudi par la foule frémissante qui a le sentiment du Beau et du Juste et qui se sentait remuée jusqu'au plus profond de son être par des ondes musicales qu'un navigateur venait de découvrir [89].

Il est curieux de comparer les comptes rendus des adversaires et du partisan. En faisant la part de la passion, on trouvera la

note juste — et l'on ne manquera pas de reconnaître que ce ne
fut point là un concert banal. L'*Illustration* marque qu'à l'entr'acte
ce furent au foyer épigrammes et hyperboles, discussions passionnées, effervescences qui rendent « la critique difficile à un homme
de sang froid ». Elle doit s'incliner cependant, non sans réticences : « Quelques parties de l'ouverture ont pu être appréciées. La
marche qui a une grande allure et dont la principale phrase est
superbe, a fait éclater des applaudissements unanimes. Les classiques eux-mêmes ont cédé à l'entraînement tout en remarquant que
cette prétendue musique de l'*avenir* ressemblait furieusement à
celle de Weber ». Champfleury écrit de son côté :

Après la première partie du concert, ce fut un bruit dans le foyer, des
conversations haletantes, précipitées, des acclamations spontanées et des
dénigrements sans portée. La bataille était gagnée, mais il y avait (ce qui
ne se voit jamais dans la guerre), des esprits en arrière, embourbés dans
un fossé, loin du danger, qui essayaient de médire du vaillant général. Ils
étaient peu nombreux, on les comptait et ils parlaient avec des grimaces
et la colère de singes devant qui on admirerait une belle étoffe et qui la
déchireraient en morceaux [90].

Ces concerts furent donc accueillis comme les grandes nouveautés du génie. La *Revue anecdotique* se fait, à la fin de janvier 1860, l'écho de ces débuts retentissants de Wagner aux
Concerts parisiens :

Le concert de Richard Wagner a créé des enthousiasmes. Cette musique
est en effet une révolution dans l'art. La mélodie est remplacée par une
harmonie puissante, simple et colorée, qui ne se rattache à aucune forme
connue. Wagner est un homme bilieux, en lunettes, aux lèvres pleines de
volonté qui doit être bon, impérieux, dur ou charmant suivant l'heure. Il
conduit admirablement l'orchestre, sans *farces*, comme un homme convaincu. Le foyer était plein de vives discussions mais la bataille était
gagnée. Wagner apporte dans la musique un élément nouveau : son œuvre
appartient réellement à la *musique de l'avenir* [91].

Le mois suivant c'est encore un écho signifiant que le bruit
n'est pas apaisé :

Richard Wagner a donné sa première soirée dans son petit hôtel de la
rue Newton dont Mme Wagner, jadis une des plus célèbres actrices de
l'Allemagne, a fait les honneurs. On a remarqué beaucoup de personnages
de distinction à cette soirée dans laquelle Hans de Bulow, gendre de Litz
(sic), aussi enthousiaste de l'œuvre de Wagner que son beau-père, a joué
sur son piano divers morceaux de *Tanhauser* (sic). On paraît favoriser en
haut lieu l'entreprise du maître en France et un dernier concert pour préparer l'audition des opéras de Wagner va être donné par ordre.
La *question Wagnérienne* comme on le dit en Allemagne occupe beau-

coup les esprits à Paris. On sait que M. Champfleury a publié sur Wagner une brochure enthousiaste qu'on traduit actuellement en Allemagne. Le poète Charles Baudelaire prépare quelques morceaux de poésie en l'honneur de l'auteur de *Lohengrin* et M. Courbet écrit à ses amis qu'après avoir terminé d'immenses peintures de chasse destinées à la décoration d'un château, il viendra à Paris pour faire en même temps le portrait de Jules Favre et de Wagner [92].

Il suffit de parcourir les journaux et les revues du temps pour voir que le succès de ces concerts fut incontestable. Le *Ménestrel* du 29 janvier montre les partisans et les détracteurs de Wagner discutant chaudement entre les morceaux et s'injuriant avec frénésie. Le *Constitutionnel* du 31 janvier se moque du public germanique venu aux Italiens en des accoutrements inusités et affublé suivant des modes grotesques. Gaspérini note dans le *Courrier du Dimanche* du 29 janvier, que Auber, Berlioz, Gounod, Gevaërt et Reyer applaudissaient aux premiers rangs. Dans l'*Opinion Nationale,* le 31 janvier, Azevedo tourne le programme en ridicule et attaque violemment la manière de Wagner. Fiorantino écrit dans le *Constitutionnel* du 30 janvier que « l'ouverture du *Vaisseau-Fantôme* est une série d'accords stridents, de sifflements aigus, de grincements de cuivres enragés » et il ne s'incline devant les dons extraordinaires de Wagner que pour l'accuser ensuite d'être vague, obscur et insensé [93]. Dans le *Moniteur,* le 30 janvier, A. de Rovray — qui cache la personnalité de Fiorentino — publie un article banal où reviennent les habituelles plaisanteries sur la Musique de l'avenir [94]. Mêmes flèches d'une ironie, en vérité facile, dans le *Figaro* qui se moque de Wagner, « le *Compositeur noir,* sous prétexte que sa musique guérit radicalement des concerts » [95]. Le compte rendu de l'*Illustration* est, nous l'avons vu, nettement antipathique. Gustave Héquet, le chroniqueur chargé de la musique, ancien rédacteur de la *Presse,* critique de la *Gazette musicale* [96], était, dans le sillage de Fétis, un des plus farouches opposants de Wagner. Toutes ses attaques témoignent d'un parti pris irréductible. Le 4 février 1860 [97] il manifeste ainsi sa mauvaise humeur :

Apparemment je ne suis pas un assez grand philosophe pour pénétrer les mystères de cette métaphysique sonore. En vain M. Wagner prend la peine d'expliquer très longuement ce qu'il a voulu dire dans les programmes qu'il a fait distribuer ; je n'aperçois pas les objets qu'il décrit ou qu'il croit décrire. Dès l'ouverture du *Vaisseau-Fantôme,* je distingue bien, au milieu du fracas épouvantable, les gammes chromatiques qui ressemblent aux mugissements de la tempête ; mais quoi ! dix minutes de gammes chromatiques râclées sur les violons et les basses sans une seule mesure mélodique ! Ma conscience m'atteste que je n'ai point commis de crime digne d'un supplice aussi cruel...

Et, partout, c'est le regret du « sens mélodique », des « phrases harmoniques dont la cadence n'arrive jamais » : critique de bourgeois alarmé qui ne s'explique pas « comment un homme de bon sens a pu s'imaginer qu'il peindrait ces choses et tant d'autres avec des violons, des cors et des clarinettes. » Un seul éloge — mais combien perfide : « Le morceau de M. Wagner qu'on a le plus applaudi après la marche, c'est le *Chœur des noces* qui est très chantant, simple jusqu'à la vulgarité et classique à rendre jaloux M. Fétis. » — La *Revue et Gazette musicale* mène, contre Wagner, le chant guerrier en accord parfait majeur avec l'*Illustration*. Le 26 février 1860, à propos de *Philémon et Baucis,* de Gounod, G. Héquet, sous le masque de Léon Durocher, fait l'éloge d'un orage symphonique « qui laisse loin derrière lui toutes les excentricités de M. Richard Wagner ». Le 29 janvier, Paul Smith rendant compte du « premier concert de Richard Wagner » avait longuement critiqué le système de Wagner, pleurant sur la mort de la mélodie et rappelant l'article de l' « illustre collaborateur M. Fétis » où toutes choses « ont été racontées, exposées, discutées » avec science et raison. Un scrupule retient le critique au bord de l'injustice et il constate que « Richard Wagner a été salué à son entrée par des bravos chaleureux qui se sont renouvelés après chaque morceau et à la fin de la soirée ». Il va jusqu'à reconnaître que, « toute opinion réservée sur le système, le compositeur a porté dans sa réalisation une grande énergie de volonté, de patience et même de capacité musicale ». Le 19 février 1860, Adolphe Botte rendant compte d'une audition musicale de Hans de Bulow loue le virtuose mais fait sur les œuvres interprétées de prudentes réserves : « Quant aux ouvrages de Wagner on est généralement d'accord : le talent de M. de Bulow n'y fera rien ; on l'admire sans se croire obligé de goûter tout ce qu'il dit si bien ». Et s'il veut bien accorder quelque valeur à la marche de *Tannhäuser* c'est parce qu'elle « forme un très grand contraste avec les autres ouvrages du même compositeur ; elle est claire, franche, bien rythmée et semble plutôt appartenir à la musique du passé qu'à celle de l'avenir »[98]. — La *Revue contemporaine*[99] n'est guère plus favorable à Wagner : le critique Wilhelm expose le procès de la mélodie par le maître allemand et lui reproche de laisser le poète dominer le musicien « au point de l'absorber » et de rendre l'idée « poétiquement et non musicalement ». Reprenant le jugement du « célèbre Berlioz » contre ceux qui brutalisent l'oreille pour la dompter, il dit le désagrément des dissonances et conclut sévèremenт :

> Voilà où nous conduit cette déplorable confusion qui semble se faire jour entre les arts : la sculpture veut imiter la peinture, la peinture veut se substituer à la littérature et, volant sur ses traces, la musique prétend maintenant envahir le domaine de la poésie écrite et celui de la réalité matérielle.

Ce critique n'est point pour la correspondance des arts. Homme de méthode classique, il loue Wagner de pousser, par contraste, à aimer davantage « les chefs-d'œuvre composés avec le génie et avec le bon sens ».

Mais le chef de chœur, dans ce concert de notes sages, pour la défense de la mélodie et de la saine musique, c'est Scudo, le critique de la *Revue des Deux-Mondes*. La comtesse Dash écrivait de lui qu'il n'était pas sympathique, bien qu'il fût assez joli homme, et qu'il n'avait pas l'air bon, ayant un esprit pointu et ironique [100]. Pourtant, Gaspérini le juge honnête homme et critique consciencieux, bien qu'harmoniste médiocre, parfois étranger au côté technique de l'art [101]. Venu de Venise, « il avait, dit Fétis [102], de l'intelligence, l'instinct italien et beaucoup d'assurance en lui-même ». Auteur de romances niaises, aux harmonies boîteuses, il était l'homme du monde le moins fait pour comprendre la « musique de l'avenir » et s'il faut en croire Fétis, la musique tout court. Cependant, il lit, s'instruit, acquiert des connaissances et prend une place importante à la *Revue des Deux-Mondes*. Il est le Delécluze du monde sonore. Il lui manquait d'être « suffisamment musicien pour entrer dans la vraie critique analytique. Obligé par ce défaut de connaissances techniques de se réfugier dans les généralités et de faire, suivant son expression, ses *réserves,* quand il veut dissimuler son ignorance des choses dont il parle ; empruntant du reste çà et là les choses toutes faites dont il a besoin » [103], il trouve dans l'œuvre de Wagner matière à jugements dogmatiques et occasion de défendre la tradition menacée. Ecoutons-le préluder, dans un article du 1er mars 1860 [104], sur *les Ecrits et la Musique de M. Wagner* :

> Nous nous croyons aujourd'hui parfaitement en mesure de donner aussi notre avis sur les prétentions et les avis du bruyant réformateur.

Scudo est de ceux que toute innovation effraie et qui s'opposent à tous les essors de la nouveauté :

Il y a une limite à cette liberté indéfinie du génie, il y a un point au delà duquel la critique peut dire à l'inspiration individuelle de l'artiste, comme le dieu de la Bible l'a dit à la mer : *Nec plus ultra*... Je vous laisse libre de dire tout ce que vous voudrez, d'écrire, de composer, ou de peindre les plus vastes poèmes, pourvu que vous employiez un langage qui me soit accessible et que vous vous serviez d'une forme qui traduise nettement votre pensée... Quelle que soit votre pensée, la profondeur de votre génie, la vaste conception que vous vouliez manifester, vous ne pouvez arriver à mon âme, l'émouvoir, la pénétrer du souffle de vos inspirations qu'en passant par les sens qui sont les premiers juges de l'art. Vous avez beau inventer de folles théories et dédaigner tout ce qui n'est pas à la hauteur de vos aberrations prétendues spiritualistes : l'homme ne perçoit la vérité que par les sens qui sont les portes par où l'on pénètre dans son for intérieur et les sens n'admettent facilement la vérité que lorsqu'elle est revêtue de beauté et d'une forme qui les flatte... [105]

Cette page donne le ton de la critique. Figé dans son dogmatisme, Scudo refuse de suivre l'artiste hors des voies communes. Il écrit de pompeuses banalités, prend à témoin les divinités menacées, prononce de grands mots. Il veut un art accessible à sa courte science et sa prosaïque philosophie ne saurait se hausser aux conceptions de l'art pur. Il a, comme G. Héquet, de faciles sarcasmes pour « la musique de l'avenir ». Il interprète et juge l'œuvre de Wagner suivant ses normes étroites. Il se moque du livret qui indique le thème et le sens des fragments portés au programme. Il écrit :

On voit que de choses le poète et le musicien réunis dans la personne de M. Wagner ont voulu exprimer dans l'ouverture du *Vaisseau Fantôme* qui est un amas de sons, d'accords dissonants et de sonorités étranges, où il est impossible à l'oreille de se reconnaître, de saisir un plan, un dessein quelconque qui porte à l'esprit l'idée du compositeur. C'est littéralement le chaos peignant le chaos, d'où il ne surgit que quelques bouffées d'accords exhalés par les trompettes dont l'auteur fait grand abus dans toutes ses compositions. Voilà où conduisent en musique le symbolisme et les prétentions d'une fausse profondeur qui veut refuser aux sens la part de jouissance qui leur revient dans les manifestations de l'art [106].

Même parti pris de dénigrement pour les extraits de *Tannhäuser*. Sous l'éloge même se cache la critique :

La marche consiste en une fort belle phrase qui appartient à Weber... Le morceau remarquable que tout le monde a compris immédiatement et sans commentaire prouve que lorsque la musique reste fidèle à ses propres lois le compositeur atteint le but élevé qu'il se propose et alors l'oreille est aussi satisfaite que l'esprit...

Est-il besoin de prolonger les citations pour montrer en quelles mains la *Revue des Deux-Mondes* avait remis le soin de juger les œuvres musicales ? Tout l'article est écrit de la même encre en des formules péremptoires. Voici *Tannhäuser* : l'introduction du 3e acte est une « creuse antithèse », « une confusion de sonorités étranges », « un gaspillage de couleurs sans un dessin qui les supporte et oriente l'oreille éperdue », un « immense effort... qui n'aboutit qu'au néant » ; l'ouverture n'est qu' « une vaste machine de musique symbolique et pittoresque mal bâtie et d'une longueur désespérante » ; la romance à l' Etoile, c'est « une sorte de mélopée... dont la couleur prétentieusement archaïque ne vaut pas la plus simple romance française » [107]. Le prélude de *Tristan et Isolde* est « une gageure contre le sens commun » ; l'introduction de *Lohengrin* n'apporte que « des sonorités étranges [108], des harmonies curieuses qui ne se tiennent pas ensemble et n'aboutissent à aucune idée saisissable » ; la marche des Fiançailles est d'un beau caractère mais l'idée musicale en est de Mendelssohn. La fin de l'article contient en quatre lourdes pages [109] un essai de synthèse sur les idées de Wagner, où l'incompréhension le dispute au parti pris. Wagner est un artiste « doué... de plus d'ambition que de fécondité ». Il est réformateur par impuissance de « prétendant au génie ». Sa réputation, il la doit à quelques femmes exaltées, à Liszt, cet esprit faux, à des coreligionnaires, des littérateurs, des poètes. Ni imagination, ni sentiment, ni variété, ni souplesse. Une profondeur qui n'est que de l'étrangeté. Les acclamations des Concerts étaient poussées par un public aux deux tiers allemand. On a vite jugé que ce compositeur n'est qu'un sophiste, car Paris « ne prend pas facilement d'habiles comédiens pour des grands hommes [110] ».

On voit quel était le ton de l'opposition wagnérienne. Un Scudo critique Wagner parce qu'il ne comprend pas, s'étant fait un code d'admirations où toute originalité, tout effort nouveau ne peut prendre place. Mais les autres opposants jugent par comparaisons. La musique italienne a donné l'habitude de la mélodie [111] et Wagner bouscule le goût établi. Le *Figaro* du 29 janvier 1860 trouve le *Matrimonio Segreto* de Cimarosa un chef-d'œuvre et semble bien ne pas vouloir admettre d'autre idéal. A la fin de 1860, la *Revue Nationale* [112], louant les *Pêcheurs de Catane* de Maillard, s'extasie sur les mélodies développées « avec un goût exquis » et traite l'auteur de « hardi et élégant ciseleur de notes », de « Benvenuto

Cellini musical ». Le critique musical du *Figaro,* B. Jouvin [113], compare la musique italienne, la musique allemande et la musique française, et ses préférences vont à la première qui dit « l'amour avec la possession, avec la sensualité et l'inconstance des peuples du midi », tandis qu'il juge que la musique de l'avenir préconisée par l'idéal allemand est une « musique contre nature ».

Mais Wagner a autant de partisans que d'ennemis et il faut, pour juger du courage à la fois et de l'originalité d'un Baudelaire, passer en revue quelques-unes des critiques amicales ou admiratives, qui saluèrent les premiers concerts de Wagner. Ils furent d'ailleurs assez rares ceux qui eurent l'audace de défendre un musicien attaqué par tant d'autorités de la presse musicale. Le 19 mars 1860, dans *la Patrie* [114], Franck-Marie marque avec bon sens que « tout n'a pas été compris au premier moment et [que] quelques personnes lui ont fait un reproche de ce qui n'était au fond que le résultat de leur peu d'expérience ». Il donne de judicieux conseils qui montrent une sagesse avertie :

> Un musicien savant et justement estimé me dit avoir consacré plus de quinze jours à l'analyse du *Tannhäuser* et n'en avoir compris les beautés qu'au bout de ce temps ; comment un auditeur étranger aux choses d'art pourrait-il surprendre ces beautés au passage et les apprécier ? Il ne faut pas juger avec une précipitation qui est une marque de légèreté. Il nous a fallu plus d'un siècle pour nous initier aux beautés de *Don Juan* ; Weber mourut de l'insuccès d'*Obéron.* La musique est une science qui a ses règles et ses secrets ; et prétendre en sonder les profondeurs sans études préalables est insensé...

La *Revue Européenne* était, dès 1860, favorable à Wagner. Emile Perrin [115] — qui s'effacera, l'année suivante, devant Baudelaire — y rend compte le 15 février [116], dans la Chronique musicale, des concerts qui furent « l'événement de la quinzaine ». Il fait justice des légendes qui courent sur le compte de l'auteur et tout en témoignant quelque inquiétude des « écarts du polémiste et du philosophe » donne son entière admiration au musicien. Il note « l'abstraction » de *Tristan et Isolde,* qui le déconcerte un peu, loue sans réserve le *Vaisseau-Fantôme* et *Tannhäuser,* écrit une jolie page sur *Lohengrin :*

> Qu'elle est heureuse cette phrase mélodique qui semble venir comme un chœur céleste des profondeurs de l'infini, s'approche, grandit, éclate en gerbe lumineuse, puis s'éloigne, s'éteint et se perd, laissant dans l'air l'invisible nuage d'un murmure qu'on écoute encore alors qu'on ne l'entend plus [117].

Enfin il aborde avec décision la question si controversée de la
« mélodie » et juge que l'on ne peut, sans courir le reproche
d'aveuglement, nier l'existence des mélodies wagnériennes. Pour le
vulgaire, dit-il, « la pierre de touche de la mélodie est la facilité
plus ou moins grande avec laquelle la phrase musicale se grave
dans sa mémoire ». Sur ce point, Wagner risque fort de ne les
jamais ramener à de meilleurs sentiments. Pourtant « il est bien
permis de considérer la marche et le chœur des pèlerins de
Tannhäuser, le Saint Graal, la Fête nuptiale et le Chœur de l'Epithalame de *Lohengrin* comme de pures mélodies, mélodies simples,
vraies, pleines de noblesse, qui laissent dans l'âme une vive impression dont le souvenir émeut et charme à la fois ». Le succès
de Wagner a répondu aux détracteurs. Peu importe que sa musique soit ou non conforme aux règles, qu'elle soit entachée de
quelques hérésies harmoniques, que les théories de l'auteur admettent la discussion, Wagner apporte une vie nouvelle à l'art
musical :

Qu'il sorte triomphant ou non de cette épreuve, il faut dès à présent
compter avec Richard Wagner ; on doit le reconnaître comme issu de la
lignée des grands artistes, enfant indocile, révolté parfois, si vous le voulez, mais fils légitime de ces maîtres de l'art dont il n'a jamais, quoi qu'on
en ait dit, prononcé le nom qu'avec respect.

L'admiration semble plus enthousiaste encore dans la *Revue
Germanique* [118] : « Il n'appartient qu'aux hommes d'un talent supérieur d'éveiller de vives sympathies et de faire naître des anti-
pathies profondes ». Telle est la première phrase qui donne le
ton de l'article. Wagner est placé à côté des grands génies victimes de l'égoïsme, de l'incompétence, de la cabale. Wagner veut
obliger la musique à n'être que l'expression des plus fines nuances
du sentiment, subordonnant la mélodie à la situation et au langage
des personnages. Le compte rendu du concert des Italiens n'est
qu'un prétexte à des éloges, d'ailleurs toujours justifiés par l'analyse de l'œuvre. L'auteur note dans certaines pages des affinités
wébériennes, quelques réserves sur l'introduction de *Tristan*. A
propos de *Lohengrin*, il déclare :

La phrase musicale choisie par Wagner est belle mais courte. Ecrite à
quatre parties, elle est exécutée à l'aigu par les violons divisés. A ces
quatre parties viennent s'ajouter d'autres, puis les instruments à vent
entrent un à un et bientôt toutes les voix de l'orchestre ondulent et s'établissent un moment dans le grave...

La conclusion est aussi un bel éloge de Wagner : « Son succès est mérité autant qu'incontestable... On s'est plu à dénigrer les ouvrages de Wagner ; mais nous avons voulu, nous, en signaler surtout les beautés... »

Enfin nous pouvons relever dans *l'Artiste* [119] un jugement de Valéry Vernier, plein de mesure et de goût :

Richard Wagner, l'Allemand pur, le musicien idéaliste, a donné son troisième et dernier concert la semaine passée à la salle Ventadour. Trois fois donc il a affronté ce public parisien si différent du public des opéras de Vienne, de Dresde, de Munich. Trois fois on l'a vu conduire son immense orchestre, le front grave et tranquille... dans une attitude remplie à la fois de modestie, de courage et de conviction forte...

Après avoir loué le courage de Wagner en face de ce public parisien qui « veut être ému ou s'amuser », le chroniqueur déclare que la musique de Wagner n'est ni une « musique pour rire » ni « une musique propre à exciter les passions » :

La musique de Wagner, dit-il, fait penser... Peut-être est-ce à cause de cela qu'on l'a appelée musique de l'avenir. Peut-être entend-on prédire par là que, plus tard, dans un temps plus ou moins éloigné, on ne pourra plus supporter, dans les opéras, les mélodies précises et développées selon certaines règles, les phrases passionnées et bouffonnes, les airs, les duos, les trios dont l'exécution court toujours tant de risques à cause de la difficulté de trouver des chanteurs parfaits. Peut-être finira-t-on par ne plus pouvoir souffrir en fait d'opéra que la symphonie à l'orchestre avec la représentation matérielle sur la scène d'un grand spectacle de la nature ou d'un sinistre ou d'un fait historique accompagnés soit de danses soit de scènes mimées. Le vague et l'indéfini étant les conditions du sublime en musique, on est presque tenté d'aspirer à cette nouvelle ère musicale...

Le compte rendu du concert devance quelques-uns des jugements de Baudelaire, louant la grandeur, l'élévation, la force « émanant des sources musicales les plus naturelles, les plus vraies ». Cette exécution aux extraordinaires sonorités laisse l'esprit dispos :

L'introduction de *Lohengrin,* ce morceau étrange et superbe, brillant, pur et sonore comme une coupe de cristal, écoutez-le religieusement, livret en main : c'est le roman ou l'histoire de l'âme d'un pieux solitaire qui reçoit de la main d'un ange la coupe où le Sauveur avait bu à la dernière Cène. Il n'est pas un mouvement si imperceptible de l'âme du solitaire extatique que la musique ne retrace. Berlioz dit que cette introduction est un chef-d'œuvre [120] et Berlioz s'y connaît... L'ouverture du *Vaisseau fantôme* nous donne tout le drame terrible, immense et mystérieux de la mer. Celle de *Tannhäuser* plus élégante, plus mélodique (oui, mélodique) nous peint la chevalerie allemande, le Moyen Age et ses guerriers pesamment armés, les Cours féodales avec leurs chanteurs, les pèlerins d'amour, dévoués courtisans de beauté, servants de galanterie et de gloire. Ce que demande Richard Wagner, ce que nous demandons avec lui au nom des droits sacrés de l'art et du génie, c'est que le public français daigne se départir en sa faveur de ses habitudes de précision et de trop nette clarté mélodique, c'est qu'il consente à chercher le drame dans la symphonie, à suivre le développement majestueux et profond de l'idée du compositeur. Déjà les hommes intelligents, les âmes consciencieuses et élevées, les artistes l'ont fait. Les artistes ont acclamé Wagner. Les jeunes, les vaillants, les forts, les sincères, les audacieux se sont passionnés. Peintres, poètes, romanciers, l'admirent et le vénèrent déjà à l'égal des plus aimés, des plus vénérés et des plus grands. Que le public français si épris de musique quelconque à l'heure qu'il est se mette en marche pour les temples sereins où les secrets enchantements de la musique de Wagner sont gardés et nous lui garantissons qu'il n'aura pas à se repentir du voyage.

Valéry Vernier note, avec juste raison, que les passionnés de Wagner sont des artistes et des poètes. C'est, en effet, un peu plus tard — avec la création de l'Institution des Patrons de Bayreuth (1876), avec l'apparition de la *Revue wagnérienne* (1885) d'Edouard Dujardin — que l'admiration mystique pour Wagner, passé au rang des dieux, devient un thème plus littéraire que musical, plus philosophique même que littéraire. En 1860, ce sont des musiciens et des hommes de lettres qui vont à Wagner : Gaspérini et Leroy, Gautier, Champfleury, Baudelaire. Notons enfin que Wagner, en dépit des affirmations de Chamberlain [121], garde un fond de tendances démocratiques et croit que l'art a pour mission de former l'âme du peuple : il donne en épigraphe de l'*Œuvre d'art de l'avenir* cette phrase : « Le peuple, force efficiente de l'avenir ». A ce titre, il attire l'admiration enthousiaste de tous ceux qui un moment crurent à la force rédemptrice de l'art, à l'intelligence artistique du peuple [122]. Emile Perrin fut influencé par le courant menaisien de la démocratie catholique ; Jules Ferry, Emile Ollivier, Challemel-Lacour sont des républicains ; Ed. Roche est un démocrate ; Champfleury a collaboré à la *Voix du Peuple* de Proudhon ; Leroy et Gaspérini ont collaboré ou collaboreront, l'un, à l'*Echo du Soir* (1870), à *La Liberté*, l'autre à l'*Unitaire* (1848), de tendance fouriériste, à la *Révolution* (1850), à la *Revue du Peuple* (1851). Seul Baudelaire, qui pourtant eut son heure d'élan démocratique, ne participait pas à la foi démocratique des premiers partisans de Wagner, tout en admirant dans l'auteur du *Tannhäuser* la « peinture du sentiment le plus *populaire* » et reconnaissant dans l'œuvre l' « estampille divine de toutes les fables populaires » [123].

Parmi les juges de Wagner, en 1860, il faut signaler au premier plan trois critiques essentiels : nous voulons parler de Berlioz,
de Champfleury et de Baudelaire.

L'attitude de Berlioz en face de Wagner est, au premier aspect,
surprenante. A l'étude elle est toute humaine et naturelle. Elle fut
d'ailleurs ondoyante et diverse au gré des réactions intérieures
d'une âme ardente et ombrageuse. « Chef de l'extrême gauche de
la France musicale, dit P. Lindau [124], Berlioz était considéré par
avance comme un partisan enthousiaste de Wagner ». En 1855 il
écrivait de Londres à Auguste Morel : « Wagner qui dirige à Londres l'ancienne Société philharmonique (direction que j'ai été
obligé de refuser, étant déjà engagé par l'autre), succombe sous
les attaques de la presse anglaise. Mais il reste calme, dit-on,
assuré qu'il est d'être le maître du monde musical, *dans cinquante
ans* » [125]. La même année [126] il adressait de Paris à R. Wagner
une lettre cordiale, le traitant d'égal à égal, avec une confiance
apparemment confraternelle : « Je voudrais vous envoyer les partitions que vous me faites le plaisir de me demander ; malheureusement mes éditeurs ne m'en donnent plus depuis longtemps.
Mais il y en a deux et même trois : le *Te Deum*, l'*Enfance du
Christ* et *Lelio*..., qui vont paraître dans peu de semaines, et
celles-là, au moins, je pourrai vous les envoyer. J'ai votre *Lohengrin* ; si vous pouviez me faire parvenir le *Tannhäuser* vous me
feriez plaisir... » Le ton est familier. Mais l'éloge de l'œuvre reste
suspendu. On aimerait savoir ce que Berlioz pense de *Lohengrin*.
On attend l'éloge qui ne vient pas et ce silence est plein de
réticences. Pourtant les rapports entre Wagner et Berlioz furent,
dans les débuts, courtois et presque amicaux. Dans une étude
datée du 5 mai 1841, écrite lors de son premier séjour à Paris [127],
Wagner avait donné sur Berlioz un article plein de réserves, où
sous les louanges se trahissent déjà des oppositions de tempérament. Pour Wagner, Berlioz est certes « un musicien génial » et
« nullement un compositeur d'occasion », il fait un vif éloge de la
Symphonie funèbre et triomphale, mais que de lacunes dans son
art :

Il fut Berlioz et écrivit sa *Symphonie fantastique,* œuvre dont Beethoven
eût souri, tout comme en sourit Auber, mais qui était capable de plonger
Paganini dans les plus fiévreuses extases... Une riche, une monstrueuse
imagination, une fantaisie d'une énergie épique vomissent comme d'un cra-
tère un torrent bourbeux de passions; ce qu'on distingue ce sont des fumées
de proportions colossales traversées seulement par des éclairs, zébrées par
des bandes de feu et façonnées en fantômes changeants. Tout est excessif,

audacieux, mais extrêmement désagréable. Là, il ne faut chercher nulle part la beauté de la forme, nulle part le courant majestueusement paisible, à la sûre ondulation duquel on aimerait à confier son espoir. Après la *Symphonie fantastique* le premier morceau de la symphonie en *Ut* mineur de Beethoven eût été pour moi une jouissance bienfaisante et pure [128].

Le jugement n'est guère favorable. Mais Wagner et Berlioz n'étaient pas faits pour s'entendre. Leurs natures, trop altières, ne pouvaient sympathiser. Wagner ne pouvait pardonner à Berlioz de prendre parti pour Meyerbeer [129]. Berlioz, qui veut, dès 1859, faire jouer les *Troyens* à l'Opéra, sent l'hostilité s'accuser tous les jours et supportera difficilement que, par ordre, le *Tannhäuser* de son rival soit préféré à son œuvre [130]. Scudo affirmait, en 1860, que Berlioz avait « toujours répudié toute solidarité avec les doctrines de M. Wagner » [131]. Au début de 1860, les rapports des deux musiciens sauvegardent les apparences : le 21 janvier, Wagner écrit à Berlioz pour lui offrir en amitié le premier exemplaire de son *Tristan* [132] ; Berlioz fréquente aux mercredis de la rue Newton, mais il suffira d'une occasion pour que se manifestent des divergences encore dissimulées. Les concerts du Théâtre Italien furent cette occasion. Le 9 février 1860, Berlioz publiait dans les *Débats* [133] un compte rendu dont les premières lignes marquent la tendance :

Un certain nombre d'auditeurs sans prévention ni préjugés a bien vite reconnu les puissantes qualités de l'artiste et les fâcheuses tendances de son système : un plus grand nombre n'a rien semblé reconnaître en Wagner qu'une volonté violente et dans sa musique qu'un bruit fastidieux et irritant.

Avec une décision d'esprit qui marque un critique d'une autre classe que les Scudo et les Héquet, Berlioz parle de Wagner « sans tenir compte des diverses opinions émises à son sujet » par le public et les critiques, dans l'effervescence du premier concert. Il montre Wagner jetant un défi aux habitudes du public et osant composer un programme « dépourvu des sucreries qui allèchent les enfants de tout âge dans les festins musicaux ». Après un éloge de l'ouverture du *Vaisseau-Fantôme,* « foudroyant éclat d'orchestre qui s'empare impérieusement de l'auditeur », il signale la monotonie du procédé de composition et la tendance de Wagner « à ne pas tenir compte de la *sensation,* à ne voir que l'idée poétique ou dramatique qu'il s'agit d'exprimer sans s'inquiéter si l'expression de cette idée oblige ou non le compositeur à sortir des conditions musicales ». Il loue la grande scène de *Tannhäuser* (marche et chœur) « d'un éclat et d'une pompe superbe », mais note, comme tant d'autres critiques, un rappel du thème célèbre du *Freyschütz*, tout en reconnaissant « là, une page magistrale, instrumentée par une main habile ». C'est ensuite l'analyse par le technicien de l'ouverture de *Tannhäuser* et des fragments de *Lohengrin*. Cette dernière œuvre retient son admiration : « Il n'y a pas de phrase proprement dite, il est vrai, mais les enchaînements harmoniques en sont mélodieux, charmants, et l'intérêt ne languit pas un moment... » Le mot de « chef-d'œuvre » est prononcé. — L'introduction instrumentale de *Tristan* appelle par contre des réserves :

> J'ai lu et relu cette page étrange : je l'ai écoutée avec l'attention la plus profonde et un vif désir d'en découvrir le sens ; eh bien, il faut l'avouer, je n'ai pas encore la moindre idée de ce que l'auteur a voulu faire.

Le compte rendu des concerts qui forme la première partie de l'article s'achève sur un ton de netteté qui traite de pair à pair l'auteur de l'œuvre jugée :

> Ce compte rendu sincère met assez en évidence les grandes qualités musicales de Wagner. On doit en conclure, ce me semble, qu'il possède cette intensité de sentiment, cette ardeur intérieure, cette puissance de volonté, cette foi qui subjuguent, émeuvent et entraînent, mais que ces qualités auraient bien plus d'éclat si elles étaient unies à plus d'invention, à moins de recherche, et à une plus juste appréciation de certains éléments constitutifs de l'art. Voilà pour la pratique.

C'est ensuite l'examen et la discussion des théories de Wagner. Berlioz, allant au cœur du débat aborde la question de « la musique de l'avenir » et prend soin de distinguer ce que nous appellerions le modernisme, nécessité du progrès — Baudelaire dirait : romantisme — et les exagérations des écoles révolutionnaires. Wagner n'est nommé qu'aux dernières lignes, mais il reste visé sous tous les mots. Berlioz admet les besoins nouveaux de l'esprit, du cœur et des sens. Il dit : « Dans son union avec le drame, ou seulement avec la parole chantée, la musique doit toujours être en rapport direct avec le sentiment exprimé par la parole, avec le caractère du personnage qui chante, souvent même avec l'accent et les inflexions vocales que l'on sent devoir être les plus naturelles du langage parlé. » Il réclame que le chanteur se soumette à l'opéra, et non que l'opéra soit soumis au chanteur, que les œuvres ne soient pas écrites pour faire briller le talent du virtuose. Il proteste contre le despotisme des exécutants. Il affirme : « Le son et la sonorité sont au-dessus de l'idée. L'idée est au-dessous du sentiment et de la passion. Il est insensé d'écrire pour un *Kyrie Eleison* des traits qui ressemblent à des vociférations d'ivrognes ». Il conclut en acceptant ces formules comme le Code musical de l'avenir et l'on devine qu'en les énonçant il songeait aussi bien à se définir lui-même qu'à se rattacher à tous ceux — Gluck, Beethoven, Mendelssohn — qui secouèrent les jougs communs pour libérer leur génie. Mais ce qu'il répudie c'est l'outrance et le désordre — et il condamne les dogmes d'une religion qui affirmerait :

Il faut faire le contraire de ce qu'enseignent les règles. On est las des dessins mélodiques ; on est las des airs, des duos, des trios, des morceaux dont le thème se déroule régulièrement ; on est rassasié des harmonies consonnantes, des dissonances préparées et résolues, des modulations naturelles et ménagées avec art.
Il ne faut tenir compte que de l'idée, ne pas faire le moindre cas de la sensation.
Il faut mépriser l'oreille cette guenille, la brutaliser pour la dompter. La musique n'a pas pour objet de lui être agréable. Il faut qu'elle s'accoutume à tout, aux séries de septièmes diminuées, ascendantes ou descendantes... ; aux triples dissonances,... aux parties intermédiaires,... aux modulations atroces... Les sorcières de *Macbeth* ont raison : le beau est horrible, l'horrible est beau.

Berlioz, s'indignant contre une pareille esthétique, déclare net qu'il refuse de goûter les moyens charivariques, comme de boire du vitriol ou manger de l'arsenic [134].

Wagner se sentit, a bon droit, visé. Il témoigne dans ses confidences de sa rancœur : « Un article de Berlioz dans les *Débats*, écrit-il [135], causa un véritable scandale. Il commençait par des phrases entortillées et finalement m'attaquait par de perfides insinuations. Je ne voulus pas laisser impunie la vilaine conduite de cet ancien ami et lui répondis par une lettre que j'eus grand peine à faire traduire en bon français et plus encore à faire paraître dans ce même journal. Cette lettre attira précisément de mon côté tous ceux qu'avait impressionnés ma musique » [136]. Cette « lettre à Hector Berlioz », publiée par le *Journal des Débats* du 22 février 1860 [137], met au point la question, pour Wagner, si obsédante, de la « musique de l'avenir ». Caricatures, pamphlets s'acharnaient contre Wagner ridiculisé sous le titre de « musicien de l'avenir » [138]. Le moment semblait venu de verser au débat, comme défense, les précisions nécessaires :

Vous aussi, plaide Wagner, vous croyez que ce titre abrite une réalité,

une « école » dont je suis le chef ; que je me suis un beau jour avisé
d'établir certains principes, certaines thèses que vous divisez en deux catégories : la première pleinement adoptée par vous et ne renfermant que
des vérités depuis longtemps reconnues de tous ; la seconde qui excite
votre réprobation et ne se composant que d'un tissu d'absurdités ? M'attribuer la sotte vanité de vouloir faire passer pour neufs de vieux axiomes
ou la folle prétention d'imposer comme principes incontestables ce qu'en
toutes langues on nomme stupidités serait à la fois méconnaître mon caractère et faire injure au peu d'intelligence que le ciel a pu me départir.
Vos explications à ce sujet, permettez-moi de vous le dire, m'ont paru un
peu indécises et comme votre bienveillance amicale m'est parfaitement
connue, vous ne demandez pas mieux assurément que je vous tire de
votre doute, sinon de votre erreur.

Il précise d'abord que l'inventeur de la formule incriminée : « la
musique de l'avenir », ce n'est pas lui, mais M. Bischoff, professeur à Cologne [139] : « l'occasion qui donna le jour à cette creuse
expression fut la publication » par Wagner de l'*Œuvre d'art de
l'avenir* ; il donne ensuite les raisons qui l'amenèrent à écrire et
publier ce livre et expose ses théories esthétiques. Ces théories,
qu'il reprendra, en décembre 1860, dans sa fameuse *Lettre sur
la Musique,* contiennent des vues qui concordent avec les intuitions baudelairiennes et affirment la fécondité des correspondances. Voici comme Wagner explique le succès du drame dans
la Grèce antique :

... Si nous cherchons le moyen par lequel on obtenait de pareils résultats, nous trouvons que c'est par l'alliance de *tous* les arts concourant
ensemble au même but, c'est-à-dire à la production de l'œuvre artistique
la plus parfaite et la plus vraie. Ceci me conduisit à étudier les rapports
des diverses branches de l'art entre elles et, après avoir saisi la relation
qui existe entre la *plastique* et la *mimique,* j'examinai celle qui se trouve
entre la musique et la poésie ; de cet examen jaillirent soudain des clartés
qui dissipèrent complètement l'obscurité qui m'avait jusqu'alors inquiété.
Je reconnus en effet que, précisément là où l'un de ces arts atteignait
à des limites infranchissables commençait aussitôt avec la plus rigoureuse
exactitude la sphère d'action de l'autre ; que conséquemment, par l'union
intime de ces deux arts, on exprimerait avec la clarté la plus saisissante
ce que ne pouvait exprimer chacun d'eux isolément ; que, par contre, toute
tentative de rendre avec les moyens de l'un des deux ce qui ne saurait
être rendu que par les deux ensemble devait fatalement conduire à l'obscurité, à la confusion d'abord et ensuite à la dégénérescence et à la corruption de chaque art en particulier.

Cette préoccupation d'unir deux arts voisins et complémentaires
pour épanouir, dans sa perfection, l'émotion esthétique a guidé
Wagner dans ses recherches du drame musical qui devait être,
en effet, dans le domaine de la musique, l'œuvre d'art de l'avenir.

Ainsi, l'intervention de Berlioz, en 1860, dépassant les polémiques de ces critiques de parti, qualifiés par Wagner de « gens légers et superficiels », de « marchands de concetti », de « faiseurs de mots », de « bravi littéraires », permet à Wagner d'affirmer des théories qui attacheront la sympathie et l'admiration de Baudelaire. D'autre part, la critique de Berlioz et la réaction de Wagner sont une phase de l'antagonisme qui opposa, à cette époque, deux musiciens épris de leur art. Le souci de faire revivre au jour le jour, suivant les lois de la chronologie, le rythme des luttes engagées autour de Wagner, nous impose de remettre à plus tard l'étude d'une seconde phase où nous verrons Berlioz témoigner, à face découverte, son opposition.

En attendant, considérons, dans cette bataille, deux grands champions de Wagner qui ont su se dégager de tout parti-pris et juger sans jalousie ni prévention. Dès 1855, Champfleury écrivait à George Sand : « Un musicien allemand hyper-romantique, M. Wagner, dont on ne connaît pas les œuvres à Paris, a été vivement maltraité dans les gazettes musicales par M. Fétis qui accuse le nouveau compositeur d'être entaché de réalisme. » Champfleury, qu'on traitait de réaliste, a-t-il été attaché à Wagner, dès l'abord, par une sorte de fraternité dans le malheur ? « Tous ceux qui apportent quelques aspirations nouvelles, continue-t-il, sont dits réalistes... M. Courbet est un réaliste, je suis un réaliste »[140]. Bien vite ce passionné de musique alla à Wagner avec toute son admiration[141] et, sur ce point encore, Champfleury se donna tout entier, comme il savait le faire. Dans ses notes intimes, aux dates 1859-1861, on trouve des échos de son ardeur prête au combat :

Les détracteurs de Wagner sont nombreux et agressifs, les enthousiastes en minorité ne le cèdent guère en violence... On a beaucoup crié contre Wagner à propos de son orgueil démesuré. Il nie, dit-on, Mozart, Rossini, toute l'école italienne. La vérité est que peu de critiques, et surtout peu de gens du monde, lurent la préface en tête des quatre poèmes de Wagner. L'auteur de *Tannhäuser* regarde la musique comme un art sérieux, et il qualifie de musique *de table* les divertissements mélodiques composés uniquement pour amuser. Les aspirations du maître allemand sont élevées ; au contraire des Italiens, qui écoutent un air de ténor, prennent des sorbets dans leur loge, font la conversation en attendant l'air de la primadonna, Wagner voudrait que son drame (poème et musique) fût entendu avec le recueillement qu'il a apporté dans sa conception. C'est le rêve de tout artiste qui a le respect de son art[142].

Et c'est pourquoi la défense de Wagner contre Berlioz, ce fut peut-être Champfleury qui la présenta avec le plus d'éloquence :

Malgré les moyens mis en œuvre contre Wagner, les trois concerts des Italiens triomphèrent de diverses tactiques employées avec une certaine adresse contre l'auteur de *Tannhaeuser*. Il est bon de noter que M. Berlioz contrairement aux usages du journalisme ne publia son feuilleton qu'*un mois* 143 après le premier concert, craignant avec juste raison d'appeler l'attention sur un adversaire redoutable. Ce feuilleton, rempli de misères et de facéties de vaudevilliste, comme en emploie trop souvent le membre de l'Institut, lui valut une lettre de Wagner, digne, calme et pleine de conviction qui restera comme un modèle de convenance vis-à-vis d'ironies impuissantes.

En une lettre courte et simple, Wagner exposait ses principes, ses recherches et ses aspirations, qui lui ont valu ce sobriquet de musicien de l'avenir qu'il est bon d'expliquer enfin 144.

Et Champfleury de rétablir les faits, unissant, dans une trilogie malfaisante, Bischoff, Fétis et Scudo : « Les créateurs n'ont pas besoin d'enseigne, conclut-il. Wagner est Wagner, sans mettre sur les affiches *Musicien de l'avenir* et Courbet ne signe pas ses tableaux : *Courbet, réaliste*. Merci aux illustres critiques de musique allemands, belges et italiens 145 ; merci aussi à feu Gustave Planche et autres pédants... » 146. Et la publication de sa « brochure » 147 n'a d'autre raison que de « montrer aux esprits faibles que Wagner ne resterait pas sans défense en France » 148.

Cette défense, Champfleury l'engage courageusement :

A la chaleur des discussions du foyer du théâtre Italien, dès le soir du premier concert, je compris que le moment était venu de réaliser ce que j'avais dit au maître : — Si vous triomphez du premier coup, je me tais, vous n'avez pas besoin de moi ; si vous êtes attaqué, je mets ma plume à votre service.

Le bulletin des gazettes fut curieux le lendemain de ce triomphe. La vieille *Revue et gazette musicale* fit un article prudent et sobre ; mais le doux *Ménestrel* pensa en perdre son luth ; son *collant* avait été crevé dans la bataille et ses pauvres souliers à la poulaine, en velours de coton, étaient restés dans un fossé. Le bruit général fut que la Convention avait rouvert ses terribles séances de nuit et qu'un nouveau Marat venait d'apparaître demandant la tête de Rossini, de Meyerbeer et d'Auber 149.

Le compte rendu que Champfleury écrivit dans « la nuit du 27 janvier » n'est pas seulement un procès-verbal du Concert des Italiens. Il est une critique pénétrante et enthousiaste, prenant occasion des œuvres pour expliquer la pensée et justifier la théorie :

Je comprenais, dit Champfleury, la pensée du maître et c'est ce qui motive la présente lettre pour laquelle j'interromps les travaux les plus pressants, ne pouvant échapper à la tyrannie de la pensée qui m'envoie au cerveau des phrases toutes faites sur l'œuvre de Richard Wagner, et qui me commande enfin les lignes qui vont suivre, frémissantes, laissant à peine à ma plume le temps de les tracer... [150]

J'avoue que *l'absence de mélodies* dont les prétendus connaisseurs parlaient depuis longtemps dans les revues et les gazettes me préoccupait vivement, et les tentatives que j'avais entendues en France dans ce même sens n'étaient pas propres à faire de moi un enthousiaste.

Des orchestrations étranges, des accouplements bizarres d'instruments à timbres ennemis, des mélodies singulières rompues tout à coup comme par un méchant gnôme, des armées formidables d'instrumentistes et de choristes, des télégraphes portant le commandement du chef d'orchestre à d'autres sous-chefs dans d'autres salles, à la cave et au grenier, comme nous en avons pu voir dans certains concerts de M. Berlioz, me donnaient un certain effroi de cette *musique de l'avenir* d'outre Rhin dont les gens sérieux ne parlaient qu'avec dédain... Absence de mélodies, disaient les critiques... Mais chaque fragment de chacun des opéras de Wagner n'est qu'une vaste mélodie, semblable au spectacle de la mer... Quel est celui qui, jetant les yeux sur l'Océan troublé ou sur la bleue Méditerranée, s'aviserait de vouloir y bâtir une petite maison blanche à volets verts ? Une fois entré dans ces flots d'harmonie souveraine, dont Wagner a le secret, ne serait-ce pas d'un idiot que de demander un petit air de la *Fanchonette* [151].

Pour Champfleury, la musique de Wagner agrandit l'âme : « l'esprit sort de sa petite boîte de carton ». Elle fait naître le sentiment religieux qui surprend et saisit dans la traversée d'une forêt épaisse. Ce n'est point d'ailleurs musique imitative, qui prétendrait indiquer un coucher de soleil, une lune voilée, un oiseau à long bec — ceci c'est, dans le sens mauvais du mot, le *réalisme* en musique — ; c'est, plutôt que la peinture, l'expression du sentiment, suivant la formule inscrite par Beethoven en regard de la *Symphonie pastorale* [152]. « Il faut laisser aux critiques le soin de parler de dièses, de bémols, de tonalités, de modulations ascendantes, de chromatiques... » [153] Wagner exile de son œuvre « le *bruit* qui a égaré tant de compositeurs à la recherche d'effets nouveaux... Il est grand, éloquent, passionné, imposant, avec peu de moyens : son orchestration est large, pénétrante, remplit la salle. L'attention n'est distraite par aucun istrument ; ils sont harmonieusement fondus en un seul... » [154] Les souffrances de Wagner seront comptées à la cause de l'art, et chacun de ses opéras est « une aspiration à cette musique de l'avenir dont les sots et les gens frivoles ont parlé sans la connaître » [155]. La critique de Champfleury devait être mise à part. Elle est enthousiaste, mais justifie l'enthousiasme par l'analyse de l'œuvre et l'intelligence des intentions. Qu'il parle du fragment de *Lohengrin* — dont le « mysticisme religieux » éclate « dans le frémissement de chanterelle des violons, à la fois doux, clair et transparent comme du cristal »[156] ; qu'il suggère les évocations wagnériennes, déroulant toute une époque : les gestes de Charlemagne, les chevaliers de la Table-Ronde, les douze preux, des personnages vaillants, plus grands que nature, avec des durandal formidables et des casques de géants[157] ; qu'il définisse les mystérieuses puissances de l'orchestre dont « l'apothéose rayonnante... transporte l'auditeur dans des mondes inconnus[158] » ; qu'il passe à l'analyse de l'art wagnérien, qui remue dans ses profondeurs l'âme des foules, par de géniales découvertes[159] et donnent à la mélodie des Italiens, devenue si banale, un sens plus haut et plus vaste[160] ; qu'il distingue de la symphonie, où triomphent « les singes de la musique imitative » — « enjambement monstrueux d'un art sur un art » —, la magie évocatoire d'un orchestration, qui parle « la langue mystique des sons enivrants » et s'adresse à l'âme plus qu'aux sens[161], Champfleury, soutenu par l'admiration, mais guidé par la sagesse, plaide, avec une netteté courageuse, la cause de Wagner. Celui-ci lui garda sa reconnaissance, comme en témoigne une page de ses mémoires :

Je ne saurais oublier de noter le sentiment de profonde satisfaction que m'inspira le romancier Champfleury par une brochure extrêmement aimable qu'il écrivit sur moi et mes concerts. Quelques aphorismes au style léger prouvaient que l'auteur possédait de ma musique et de ma personnalité une compréhension telle que je ne l'avais encore rencontrée que dans les réflexions de Liszt sur *Lohengrin* et *Tannhäuser* et que je n'ai plus retrouvé sous une forme aussi éloquente et aussi caractéristique. Champfleury lui-même était un homme fort simple, naïf même, un homme dont l'espèce rare semble près de s'éteindre dans le peuple français...[162]

Enfin Baudelaire entre en lice. Le 17 février 1860, il écrit une longue lettre à Richard Wagner. Cette lettre, qui faisait partie des collections de M. J. Doucet, a été publiée pour la première fois par André Suarès, dans la *Revue musicale* du 1ᵉʳ novembre 1922, et reproduite dans son livre *Musique et Poésie*[163]. Elle est intéressante au plus haut point puisqu'elle établit, au lendemain des concerts du Théâtre Italien, la position de Baudelaire. Elle éclaire les rapports de Wagner et de Baudelaire, et, surtout, elle contient la substance de la pensée de Baudelaire développée, l'année suivante, dans son grand article sur Wagner. Elle s'ordonne suivant un ton de noblesse, propre à l'admiration d'un critique qui se sent un artiste et un créateur. Baudelaire parle à Wagner le langage d'un égal :

> Je suis d'un âge où on ne s'amuse plus guère à écrire aux hommes célèbres et j'aurais hésité longtemps encore à vous témoigner par lettre mon admiration si tous les jours mes yeux ne tombaient sur des articles indignes, ridicules, où on fait tous les efforts possibles pour diffamer votre génie.

S'il écrit à Wagner, c'est pour affirmer qu'un Français « né dans un pays où l'on ne s'entend guère plus à la poésie et à la peinture qu'à la musique », ayant rougi de ce pays, veut témoigner en faveur d'un grand artiste et lui apporter un « cri de reconnaissance ». Et par delà ce besoin de protester contre l'incompréhension, de défendre le génie contre la sottise, ce secret désir apparaît — si baudelairien ! — de se voir « distingué de tous ces imbéciles ». Sentiments complexes dont se dégage bientôt le sens artistique de Baudelaire. Cette lettre est l'histoire d'une âme — quelle âme ! — conquise par le charme wagnérien. Baudelaire a partagé les préjugés de tous ceux qui se sont méfiés de Wagner — comme de toute nouveauté — pour avoir été souvent pris au piège par tant de « charlatans à grandes prétentions ». Et c'est l'aveu de la séduction soudaine :

> Par vous, j'ai été vaincu tout de suite. Ce que j'ai éprouvé est indescriptible, et si vous daignez ne pas rire j'essaierai de vous le traduire. D'abord, il m'a semblé que je connaissais cette musique et, plus tard, en y réfléchissant, j'ai compris d'où venait ce mirage. Il me semblait que cette musique était *la mienne*, et je la reconnaissais, comme tout homme reconnaît les choses qu'il est destiné à aimer. Pour tout autre que pour un homme d'esprit, cette phrase serait immensément ridicule, surtout écrite par quelqu'un qui, comme moi, *ne sait pas la musique*, et dont toute l'éducation se borne à avoir entendu (avec grand plaisir il est vrai) quelques beaux morceaux de Weber et de Beethoven.

Baudelaire apporte donc une méthode nouvelle : ce ne sera point critique de technicien mais d'artiste. Il parle non en musicien mais en poète. Nous savons comment Baudelaire conçoit la critique : c'est la réaction d'un tempérament en face d'une œuvre. Lui, jugera toujours d'après son âme, d'après son art. La musique de Wagner est *sa* musique : entendons que la polyphonie wagnérienne, comme le tableau de Delacroix ou le poème de Poe, s'accorde avec son goût ou ses rêves par les puissances de mystérieuses sympathies. Il se reconnaît en Wagner, comme en tous ceux qu'il a aimés ou admirés. C'est toujours le jeu de Narcisse. Mais nous savons que cet égoïsme poussera Baudelaire, de façon imprévue, jusqu'à cette abnégation du héros qui ne veut d'autre récompense que la joie de lutter pour son idéal. Baudelaire dépouille tout préjugé et, comme son ami Champfleury, va aux caractères distinctifs. Il rejette dans l'ombre les querelles des mélodistes et des symphonistes. Il ne veut connaître que la *grandeur* de cette esthétique nouvelle :

> Cela représente le grand et cela pousse au grand. J'ai retrouvé partout dans vos ouvrages la solennité des grands bruits, des grands aspects de la Nature et la solennité des grandes passions de l'homme. On se sent tout de suite enlevé et subjugué. L'un des morceaux les plus étranges et qui m'ont apporté une sensation musicale nouvelle est celui qui est destiné à peindre une extase religieuse...

« Je l'ai aimé parce qu'il me ressemblait » disait Baudelaire d'Edgar Poe. La musique de Wagner éveille, de même, des harmoniques dans son âme. Elle le surprend, en 1860, au moment où il s'oriente vers la spiritualité, but de sa vie esthétique, conclusion naturelle de toute vie poétique. C'est l'époque où il songe à réunir ses articles sur Poe qu'il se représente « encadré dans des figures allégoriques représentant ses principales conceptions, à peu près comme la tête de Jésus-Christ au centre des instruments de la Passion » [164]. Le *Moniteur Universel* a récemment publié [165] les *Aventures d'Arthur Gordon Pym* qui sont de tendances mystiques. D'Octobre 1859 à Janvier 1860 paraissent dans la *Revue Internationale* [166] les premières pages de la traduction d'*Euréka*. Dans le *Monde Illustré*, la *Revue Française*, la *Revue fantaisiste, la Presse*, paraissent les nouvelles les plus « spiritualistes » d'Edgar Poe [167]. Les *Paradis Artificiels* sortent des presses de Poulet-Malassis, en Juin 1860. Et c'est environ le temps [168] où, dans ses *Journaux intimes* il étale ses préoccupations d'une âme inquiète de hauts problèmes. La découverte de Wagner se place donc à son heure, dans la vie de Baudelaire : elle apporte un élément de force et comme un accompagnement à ses harmonies intérieures :

> L'effet produit par l'*Introduction des Invités* et par la *Fête Nuptiale* est immense. J'ai senti toute la majesté d'une vie plus large que la nôtre. Autre chose encore : j'ai éprouvé souvent un orgueil d'une nature assez bizarre, c'est l'orgueil et la jouissance de comprendre, de me laisser pénétrer, envahir, volupté vraiment sensuelle et qui ressemble à celle de

monter dans l'air ou de rouler sur la mer. Et la musique en même temps respirait quelquefois l'orgueil de la vie. Généralement ces profondes harmonies me paraissent ressembler à ces excitants qui accélèrent le pouls de l'imagination.

Assurément, nous voici loin des critiques pointilleuses de techniciens. Sans doute, Baudelaire n'écrit pas un article. Il exprime dans une lettre ses émotions, qui sont d'une âme libérée des liens terrestres, enlevée en d'autres régions, « aspirant à monter plus haut ». Il avait écrit un jour :

> La musique souvent me prend comme une mer,
>   Vers ma pâle étoile,
> Sous un plafond de brume ou dans un vaste éther
>   Je mets à la voile... [169]

Mais combien plus pénétrante est cette transcription d'artiste et de poète. Il ne s'agit plus de juger seulement. Baudelaire entre dans les mystères de la création de l'œuvre : il est de plain-pied, dans ce domaine, avec Wagner, et ce n'est donc plus une critique mais une interprétation :

J'ai éprouvé aussi, et je vous supplie de ne pas rire, des sensations qui dérivent probablement de la tournure de mon esprit et de mes préoccupations fréquentes... Je suppose devant mes yeux une vaste étendue d'un rouge sombre. Si ce rouge représente la passion, je le vois arriver graduellement par toutes les transitions de rouge et de rose à l'incandescence de la fournaise. Il semblerait difficile, impossible même d'arriver à quelque chose de plus ardent ; et cependant une dernière fusée vient tracer un sillon plus blanc sur le blanc qui lui sert de fond. Ce sera, si vous le voulez, le cri suprême de l'âme montée à son paroxysme.

Ce langage traduit, par son goût des transpositions, les préoccupations de Baudelaire. Delacroix et Wagner sont deux poètes qui éveillent des émotions violentes par « quelque chose d'excessif et de superlatif » dans la couleur et dans le son. Mais ces moyens s'équivalent, s'équilibrent et se correspondent. La fusée au sillon blanc, l'aigu déchirant du violet traduisent également le cri de l'âme exaltée. La peinture et la musique sont « deux miroirs jumeaux » où la poésie penche « un éclair unique ». Wagner, à la lecture de cette lettre, reconnut la présence du génie. Il consigne dans ses mémoires :

Une connaissance plus intéressante encore fut celle du poète Baudelaire. Il se présenta dans une lettre où il me disait les sensations que lui avait fait éprouver ma musique, à lui qui ne croyait posséder que le sens des couleurs et non celui des sons. Le ton singulièrement fantastique et hardi de ses épanchements me fit deviner en Baudelaire un esprit extraordinaire qui poursuivait avec une fougueuse énergie et jusque dans leurs dernières conséquences les impressions qu'il avait reçues de ma musique. A sa signature, il n'ajouta pas son adresse afin, disait-il, de ne pas m'induire à croire qu'il désirait quelque chose de moi. Bien entendu, je sus le découvrir quand même, et il ne tarda pas à se joindre au cercle de connaissances que je réunissais chez moi, le mercredi soir [170].

Ainsi s'ouvrirent les relations de Baudelaire et de Wagner. L'enthousiasme devint, chez le poète, une obsession, comme il était habituel à cette nature trop vibrante : « Je n'ose plus parler de Wagner, écrit-il presque le même jour [171] à Poulet-Malassis, on s'est trop foutu de moi. Ç'a été, cette musique, une des grandes jouissances de ma vie ; il y a bien quinze ans [172] que je n'ai senti pareil enlèvement ». Quelques jours plus tard [173], ayant sans doute reçu de Wagner une invitation en réponse à sa lettre, il écrit à Champfleury : « J'irai le voir, mais pas tout de suite... Si vous le voyez avant moi, dites-lui que ce sera pour moi un grand honneur de serrer la main d'un homme de génie insulté par toute la populace des esprits frivoles. » La lettre adressée à Wagner n'est donc qu'une « libération », la réaction d'un tempérament en présence d'une œuvre qui le reflète et l'enrichit, comme seront les articles consacrés à la gloire de Poe ou à la défense de Delacroix. Baudelaire avouait : « J'avais commencé à écrire quelques méditations sur les morceaux de *Tannhäuser* et de *Lohengrin* que nous avons entendus ; mais j'ai reconnu l'impossibilité de tout dire ». L'occasion viendra bientôt pour Baudelaire de dire tout haut son admiration et d'écrire, pour le public, ce qu'il avait confié à une lettre adressée au seul Wagner.

Les trois concerts, donnés au Théâtre Italien, n'étaient pour Wagner qu'un moyen d'apprivoiser le public. Il avait des desseins cachés et rêvait de créer à Paris un théâtre allemand [174]. Mais les concerts avaient laissé un déficit de 10.000 francs [175]. En vain le Maréchal Maignan proposa-t-il la salle de l'Opéra pour un quatrième concert. Wagner partit pour Bruxelles où il donna, en mars, au Grand Théâtre, deux concerts dont le profit pécuniaire ne fut pas plus satisfaisant. De retour à Paris il se rend compte que, malgré le zèle de ses partisans et le retentissement de sa première tentative, il lui sera impossible de réunir lui-même une troupe capable d'exécuter ses œuvres. Il s'adresse alors aux directeurs de théâtre. Carvalho, directeur du Théâtre Lyrique, s'est récusé après avoir entendu la partition jouée par Wagner lui-même [176]. Royer, directeur de l'Opéra, est sollicité pour monter les *Troyens* de Ber-

lioz et la *Reine de Saba* de Gounod. C'est alors que Wagner dut
à la protection de la princesse de Metternich de faire accepter
Tannhäuser à l'Opéra [177]. La partition est mise à l'étude et les
répétitions commenceront le 24 septembre 1860. A ce moment,
Wagner crut bon de reprendre et de développer ses théories : il
écrivit, datée du 15 septembre 1860, une *Lettre sur la musique*
adressé au graveur F. Villot [178] qu'il avait rencontré en mars 1860
chez son éditeur Flaxland et avec qui il s'était vite lié d'une
« sérieuse sympathie ». [179] Personne, selon lui, n'était plus digne
de recevoir la dédicace « de l'introduction détaillée, placée en tête
de la traduction française » de *Quatre poèmes d'opéras,* qui parut
avec la Lettre à F. Villot dans les premiers jours de Décembre
1860. Wagner entreprend de résumer ses idées sur l'art : « Une
exposition réfléchie de ma pensée, dit-il, pourrait servir à dissiper
plus d'une erreur, plus d'un préjugé et permettre aux esprits prévenus, au moment où l'on va donner à Paris un de mes opéras,
de juger l'œuvre, sans avoir à se prononcer en même temps sur
une théorie contestable... » [180]. Nous ne suivrons pas l'auteur dans
ses développements sur les origines de l'opéra, dans sa condamnation de l'opéra italien, dans la justification de son idéal. Nous
ne cueillerons dans ce manifeste que certains passages où Wagner
propose une conciliation entre des arts qu'on veut séparer et subordonner, parlant d'avance le langage de Baudelaire. « La poésie
et la musique d'une part, annonce-t-il, la scène lyrique de l'autre,
c'est-à-dire l'institution publique la plus équivoque, la plus discutable de notre temps, le théâtre d'opéra, voilà ce qu'il s'agissait
de concilier » [181]. Si la musique italienne est en décadence, c'est
parce que l'opéra italien, écrit pour des chanteurs sans talent dramatique, reste étranger au drame et à la musique même. Le but
de Wagner, c'est donc de viser à cet « incomparable effet des
combinaisons musicales unies au drame » [182]. Il s'écrie avec un
lyrisme de néophyte et le mysticisme d'un croyant :

L'espoir de rencontrer sans cesse de nouvelles impressions du même
genre qui m'entr'ouvraient, comme les rapides lueurs de l'éclair, un monde
de possibilités inconnues, voilà ce qui continuait à me tenir enchaîné au
théâtre, malgré le dégoût que j'éprouvais, dans l'ornière creusée sans
retour pas nos représentations d'opéra [183].

La foi fera le reste. Wagner s'exalte devant la difficulté et la
beauté de la tâche — et rêve de rassembler « dans le lit du drame
musical le riche torrent de la musique allemande » [184]. Le rêve
d'unir les arts en vue de produire l'émotion esthétique — principe

des correspondances baudelairiennes — ébauché dans la *Lettre à Hector Berlioz,* reparaît ici, plus nettement exprimé :

> Il me sembla voir clairement que chaque art demande, dès qu'il est aux limites de sa puissance, à donner la main à l'art voisin ; et, en vue de mon idéal, je trouvais un vif intérêt à suivre cette tendance dans chaque art particulier : il me parut que je pouvais le démontrer de la manière la plus frappante dans les rapports de la poésie à la musique, en présence surtout de l'importance extraordinaire qu'a prise la musique moderne. Je cherchais ainsi à me représenter l'œuvre qui doit embrasser tous les arts particuliers et les faire coopérer à la réalisation supérieure de son objet ; j'arrivai par cette voie à la conception réfléchie de l'idéal qui s'était obscurément formé en moi, vague image à laquelle l'artiste aspirait... [185]

Le poète et le musicien doivent donc conclure une alliance et coopérer dans la formation de cette œuvre qui sera l'idéal de l'avenir :

> Le poète cherche, dans son langage, à substituer à la valeur abstraite et conventionnelle des mots leur signification sensible et originelle ; l'arrangement rythmique et l'ornement déjà presque musical de la rime lui sont des moyens d'assurer au vers, à la phrase, une puissance qui captive comme un charme et gouverne à son gré le sentiment. Essentielle au poète, cette tendance le conduit jusqu'à la limite de son art, limite qui touche immédiatement la musique ; et par conséquent l'œuvre complète du poète devrait être celle qui, dans son dernier achèvement serait une parfaite musique [186].

La musique est donc le but de la poésie, son complément, son aboutissant. Le sentiment humain, enfermé dans les conventions civilisées, ne trouve plus dans les langues parlées une adéquate traduction. La musique seule lui offre ces moyens de s'exprimer que les langues parlées lui refusent pour s'être développées dans une « direction de plus en plus abstraite » et n'avoir gardé « qu'une signification conventionnelle » [187]. La musique répond aux besoins de l'humanité qui a soif de se livrer et c'est elle qui rompt les limitations des langues — en réalisant le langage universel. La poésie ne peut entrer dans le domaine de l'abstraction. Elle doit donc « se fondre intimement avec la musique et avec cette musique dont la symphonie de Beethoven nous a révélé la puissance infinie » : « sa secrète et profonde aspiration est de se résoudre finalement dans la musique » qui a une « inépuisable puissance d'expression » [188]. L'union idéale de la poésie et de la musique, est-il besoin de le dire, ce sera le drame wagnérien.

Ces remarques — dont nous ne donnons qu'un bref aperçu —

ouvrent la voie. **Wagner** conçoit l'art comme un domaine spirituel et ne saurait y admettre des demeures séparées. Assurément, il place la musique avant toute chose. Mais n'est-ce pas l'avis d'Edgar Poe que l'émotion esthétique pouvait être ressentie surtout « par et à travers la musique ». Si l'on établissait une hiérarchie dans les arts, ne pourrait-on pas dire que c'est dans la musique que la poésie se trouve à l'état le plus pur ? Pour Wagner, la poésie trouve dans la musique un moyen d'expression idéal. L'étude de Baudelaire va être, en bien des points, le commentaire de ces quelques fragments de la *Lettre sur la Musique*.

*
* *

Cependant les répétitions de *Tannhäuser* se poursuivent à l'Opéra. La *Revue anecdotique* [189] donne des détails précis sur la distribution des rôles : Niemann jouera le personnage de Tannhäuser, Mme Tedesco sera la blonde Vénus, Mlle Marie Sax obtiendra, par faveur, le rôle d'Elisabeth. On commande de superbes décors. Aucune dépense n'est épargnée. Wagner a quitté la rue Newton, près de la place de l'Etoile, et est venu habiter, 3, rue d'Aumale, sous le prétexte qu'il est plus près de l'Opéra [190]. Wagner, à la vérité, aurait voulu donner *Tristan* au public parisien, mais ses meilleurs amis jugent l'entreprise impossible [191] ; il s'est rallié à leur opinion et l'on connaît tous les détails de la longue préparation de *Tannhäuser* : la Princesse de Metternich aplanit, par ses interventions répétées, toutes les difficultés renaissantes, Alphonse Royer objecte sans cesse que l'absence d'un ballet nuirait à l'Opéra et Wagner s'avise d'offrir, en guise de ballet, au lever du rideau, la Bacchanale du Venusberg [192] ; Wagner mécontente tout le monde par « son insociabilité et son outrecuidance » [193] ; il veut conduire l'orchestre lui-même, prétendant que Dietsch interprète à contresens sa partition [194] ; engage avec ses librettistes un procès qui fut jugé le 6 mars [195]. Le *Charivari* des 10, 17 et 31 mars, et du 7 avril 1861, fait des gorges chaudes de tous ces différends [196]. Emile Perrin, dans la *Revue européenne* [197], signale que tout « est en désarroi dans le monde de l'harmonie », que les répétitions de *Tannhäuser* traînent en longueur [198], que Berlioz frappe vainement à l'Opéra pour ses *Troyens*. Il fait l'éloge de Wagner et de sa Lettre à F. Villot où le musicien « résume avec beaucoup de mesure et un remarquable talent les écrits théoriques par lui précédemment publiés et ses vues personnelles sur l'art ». Pourtant, sous l'admiration et la sympa-

thie, le critique laisse percer quelque inquiétude : « Pour ne pas
suivre la route battue encore ne faut-il pas se frayer un sentier
où l'on s'égare... Notre public depuis longtemps façonné outre
mesure aux choses frivoles voudra-t-il s'embarquer avec lui dans
ce voyage vers l'infini ? » Et d'autre part n'est-ce pas une impru-
dence de la part d'un artiste pour qui « toute secrète et profonde
inspiration du poëte doit se résoudre finalement dans la musique »
que de publier en prose ses poèmes d'opéra et de soumettre « à
l'épreuve de la lecture ces œuvres, dépouillées non seulement de la
musique mais même du rythme musical » ? Dans le *Figaro* du
13 janvier 1860, Charles Monselet répond à la *Lettre sur la Musique* par une *Lettre à Richard Wagner* que nous ne lisons pas sans
surprise et sans regret.

Notons, pour être juste, que le *Figaro* abdiquera, pour un jour,
son hostilité et publiera, le 21 février 1861, un long feuilleton de
Charles de Lorbac, consacré à la biographie de Wagner [199]. L'œuvre de Wagner est divisée en trois parties : l'époque de *Rienzi*,
l'époque du *Vaisseau-Fantôme*, de *Lohengrin* et de *Tannhäuser*,
l'époque des *Nibelungen* et de *Tristan*. La seconde période est
la plus originale et les lecteurs du *Figaro* purent lire avec étonnement cette appréciation imprévue : « Nous approuvons presque
sans réserve tout ce que le compositeur a écrit pendant cette période... On a dit que cette musique manque de mélodie ; rien n'est
moins exact, s'appliquant au *Vaisseau-Fantôme*, à *Tannhäuser*, à
Lohengrin... » Mais cet article fut une éclaircie dans la tempête.
Le *Figaro* reprend bien vite sa campagne d'insinuations anti-
wagnériennes. Le 7 mars 1861, au *Courrier de Paris*, chronique de
Pigalle, il est parlé de *Tannhäuser*, pièce digne du théâtre de la
Renaissance, de pure curiosité, qui prend « à l'Opéra la place des
Troyens de M. Berlioz ». Ce dernier ne pourra que souffrir de ce
passe-droit : « Ecoutera-t-on les *Troyens* après le *Tannhäuser* ?...
C'est Berlioz qui payera les vitres que va casser M. R. Wagner... »
Le 14 mars, Jean Rousseau, — le même qui avait, un jour, pris à
partie Baudelaire [200], se déclare pour Wagner contre Dietsch et
regrette de n'avoir pas vu Wagner au pupitre : réflexions de bon
sens au milieu de tout le bruit soulevé par cette querelle qui alimente, avec les mille incidents des répétitions, les chroniques des
journaux et des revues [201]. Le 25 février 1861, la *Revue nationale*,
oiseau de mauvais présage, prophétise que Wagner ne sera même
pas discuté : « musique du passé, musique du présent, musique de
l'avenir, le public d'aujourd'hui englobe tout dans la même indiffé-

rence [202] ». Pourtant, à distance, on peut juger que la nouvelle de l'apparition de *Tannhäuser* était loin de passer inaperçue. Les passions s'agitent dès les premiers jours de mars et les partis sont, de nouveau, formés, prêts à la lutte. Berlioz laisse gronder sa colère sourdement : le sort des *Troyens* est incertain [203], et l'entrée de Wagner à l'Opéra, facilitée par la faveur d'une ambassadrice, est mal supportée par son rival [204]. Sa correspondance se fait l'écho de son amertume :

Il se passe en ce moment des choses si étranges dans le monde de l'art ! On ne peut pas sortir à l'Opéra des études du *Tannhäuser* de Wagner ; on vient de donner à l'Opéra-Comique un ouvrage en trois actes d'Offenbach (encore un Allemand) que protège M. de Morny. Lis mon feuilleton qui paraîtra demain sur cette horreur [205]. ... Wagner fait tourner en chèvres les chanteurs et l'orchestre et le chœur de l'Opéra. On ne peut pas sortir de cette musique du *Tannhäuser*. La dernière répétition générale a été, dit-on, atroce et n'a fini qu'à une heure du matin. Il faut pourtant qu'on en vienne à bout. Liszt va arriver pour soutenir l'école du charivari. Je ne ferai pas d'article sur le *Tannhäuser,* j'ai prié d'Ortigue de s'en charger. Cela vaut mieux sous tous les rapports et les désappointera davantage. Jamais je n'eus tant de moulins à vent à combattre que cette année ; je suis entouré de fous de toute espèce. Il y a des moments où la colère me suffoque [206].

Enfin, presque à la veille de la première, il écrit à son fils cette lettre où frémit sa rancœur et, disons le mot, sa jalousie :

On est très ému dans notre monde musical du scandale que va produire la représentation du *Tannhäuser ;* je ne vois que des gens furieux ; le ministre est sorti l'autre jour de la répétition dans un état de colère !... L'empereur n'est pas content ; et pourtant il y a quelques enthousiastes de bonne foi, même parmi les Français. Wagner est évidemment fou. Il mourra comme Jullien est mort l'an dernier d'un transport au cerveau. Liszt n'est pas venu, il ne sera pas à la première représentation ; il semble pressentir une catastrophe. Il y a pour cet opéra 160.000 francs de dépensés à l'heure qu'il est... Je ne ferai pas d'article là-dessus... Je veux protester par mon silence quitte à me prononcer plus tard si l'on m'y pousse... [207].

L'attitude de Berlioz manqua certes de générosité. Champfleury [208] donne une explication qui semble juste : Berlioz voyait en Wagner un adversaire redoutable, et la gloire de ce rival gênait la sienne. Lui qui avait mené la lutte à l'avant-garde semblait relégué dans le passé par cette musique de l'avenir. Monselet explique plus nettement encore le cas de Berlioz :

On avait été intolérant pour lui, dit-il, il le fut pour tout le monde. On l'avait retardé, il retarda les autres. Il rejeta à la face des jeunes toutes les railleries qu'on lui avait jetées à lui dans sa jeunesse. Il avait souffert, il fit souffrir... Ce novateur était l'ennemi des novateurs. Cet audacieux barrait le chemin aux audacieux. Le nom de Wagner le faisait écumer. Et cependant que d'analogies entre ces deux talents... [209]

Enfin, dans cette atmosphère de bataille, *Tannhäuser* paraît sur la scène de l'Opéra, le mercredi 13 mars 1861, en présence de la Cour et devant un public choisi. Les billets pour la première firent prime. Des fauteuils d'orchestre furent vendus cent francs, des loges mille francs. L'administration de l'Opéra avait été assaillie de demandes signées des noms les plus fameux. Ministres, généraux, ambassadeurs voisinaient à l'orchestre. Les compositeurs coudoyaient les directeurs de journaux et les critiques : on pouvait se montrer Auber, Fél. David, V. Massé, Léon Kreutzer, Hector Berlioz, F. Halévy, Ch. Gounod, Offenbach, Jules Cohen, d'une part, Bertin, Dalloz, Buloz, d'autre part ; il y avait Th. Gautier, Mario Uchard, Roqueplan, Aubryet, Ch. Narrey, Eug. Cormon, Ludovic Halévy, l'acteur Got, le ténor Tamburini, Edmond Roche, Gaspérini, Paul de Saint-Victor, Camille Doucet... Catulle Mendès était assis non loin de Baudelaire et nous décrit ainsi son attitude :

A quelques stalles de la mienne était assis Charles Baudelaire. Du regard nous nous disions quelquefois l'un à l'autre tout ce que nous inspirait de colère et aussi de pitié la rage démente de la foule. Mais lui, plus accoutumé que je ne l'étais alors aux injustices artistiques, affectait de ne pas laisser voir l'indignation qui lui gonflait la poitrine, et, silencieux dans le bruit, immobile dans le tohu-bohu, l'œil à peine allumé, il se maintenait dans une irréprochable attitude de dédain [210].

Wagner, qui n'avait pu ni obtenir de diriger l'orchestre, ni proscrire les claqueurs, assista à la représentation dans la loge du Directeur. Il resta calme et presque joyeux, malgré l'inintelligence du chef d'orchestre et la molle exécution des musiciens. En revanche les décors étaient magnifiques et les journalistes furent d'accord pour s'extasier devant la splendeur de la mise en scène [211]. Mais une cabale était montée [212] et peu à peu se leva le vent du désastre : l'ouverture, parfaitement exécutée, provoqua les applaudissements unanimes ; la scène du Venusberg, le chalumeau du pâtre et sa chanson de *Dame Holda,* ainsi que le carillon du troupeau excitent l'hilarité pendant le premier acte : les instruments rudoyés par Wagner aux répétitions se vengent en introduisant dans l'harmonie des dissonances voulues, diésant ou bémolisant leurs parties ; dans la scène du pâtre, le hautbois nasilla des *couacs* intempestifs ; comme, au surplus, Mlle Reboux [213] chantait faux l'on s'explique que les rires aient commencé dès cette scène. Malgré tout, le septuor final du premier acte produisit un tel effet qu'il faillit être bissé. L'entrée de la meute fut accueillie par de nouveaux rires et, après le premier acte, le sort de l'œuvre était indécis. Au second acte, le public resta froid jusqu'à la marche, admirablement enlevée par l'orchestre : la salle applaudit tout entière et se retourne vers la loge d'entre-colonnes à gauche où se trouvait la princesse de Metternich. La scène du concours de chant parut longue : les choristes chantèrent faux dans le finale, le *Steeple-chase* des violons, à la reprise du finale, excita une complète hilarité. La prière d'Elisabeth fut écoutée avec ennui, mais on applaudit, au troisième acte la romance de Wolfram et le chœur des pèlerins. Toute la fin de l'opéra fut sifflée [214]. « Le public de Carpentras voulant faire tomber un troisième ténor n'agit pas autrement, écrivait Jules Ruelle, dans le *Messager des Théâtres* [215]. L'orchestre, car ce sont bien les stalles qui donnaient le branle, nous tenons à le constater, offrait le spectacle d'une cabale organisée ». D'après Giacomelli [216], les meneurs étaient Gustave Héquet, le chroniqueur de l'*Illustration* et Scudo, le critique de la *Revue des Deux-Mondes*. Baudelaire confirme en partie ce témoignage en montrant « un des critiques parisiens accrédités, planté prétentieusement devant le bureau de contrôle... et s'exerçant à rire comme un maniaque » ayant « l'air de dire : voyez comme je ris, moi, le célèbre S. » [217]. Ch. de Lorbac témoigne que les jeunes wagnériens défilèrent devant lui en monôme ironique [218]. La soirée se termina dans le bruit des discussions et des menaces.

La *Revue anecdotique* [219] est remplie des incidents de « la chute » de *Tannhäuser* : « A la première représentation, les auditeurs ont gardé en général une attitude désapprobative... » A la seconde représentation, les murmures, que la présence de l'Empereur avaient d'abord apaisés, ont éclaté avec une nouvelle furie : partout des coups de sifflets aigus, des protestations, des cris germanisés de « à pas la gabale ». Niemann à un moment paraît vouloir abandonner la partie. Des mots circulent : « cela m'embête aux récitatifs et me tanne aux airs ». A la troisième représentation qui s'annonçait moins agitée, l'entrée des abonnés, membres du Jockey-Club changea la face des choses... Les partisans de Wagner en vinrent alors résolument aux mains après les échanges d'injures. Troubat raconte [220] qu'un soir Champfleury l'invita à dîner avec Duranty et Schanne et qu'ils allèrent à la dernière représentation de *Tannhäuser,* où ils firent leur partie de claque contre les « Jockeys ». Des cartes furent échangées et les quatre amis contractèrent un enrouement de quinze jours. « En 1861, écrit C. Mendès [221], Charles Baudelaire et moi fîmes le coup de poing contre les siffleurs ; je me rappelle même avoir reçu certaines bourrades que je rendis avec usure. » Les ennemis de Wagner exultaient : Berlioz écrit, le 14 mars, au lendemain de la première :

Ah ! Dieu du ciel, quelle représentation, quels éclats de rire ! Le Parisien s'est montré hier sous un jour tout nouveau ; il a ri du mauvais style musical, il a ri des polissonneries d'une orchestration bouffonne ; il a ri des naïvetés d'un hautbois ; enfin il comprend donc qu'il y a un style en musique. Quant aux horreurs on les a sifflées splendidement [222].

Le 21 mars, il prend son fils pour confident de sa joie jalouse :

La deuxième représentation de *Tannhäuser* a été pire que la première. On ne riait plus autant, on était furieux, on sifflait à tout rompre malgré la présence de l'Empereur et de l'Impératrice qui étaient dans leur loge. L'Empereur s'amusa. En sortant, sur l'escalier, on traitait tout haut ce malheureux Wagner de gredin, d'insolent, d'idiot. Si l'on continue, un de ces jours, la représentation ne s'achèvera pas et tout sera dit. La presse est unanime pour l'exterminer. Pour moi, je suis cruellement vengé [223].

Des mots durs furent attribués aux compositeurs rivaux : Auber disait : « C'est comme si on lisait, sans reprendre haleine, un livre sans points ni virgules... Comme ce serait mauvais si c'était de la musique » [224]. Rossini, se vengeant d'un passé qui lui fut peu clément, plaçait à l'envers sur son piano la partition de *Tannhäuser,* en affirmant : « Cela va aussi bien de ce côté-là », et il ajoutait : « Puisqu'il s'agit de la musique de l'avenir, je me prononcerai dans une cinquantaine d'années [225]. » Gounod, qui pourtant avait du respect pour Wagner, eut un propos que rapporte le *Figaro* du 21 mars : « Cela m'intéresse beaucoup au point de vue grammatical... » Les petits journaux sont à leur affaire : caricatures et épigrammes se multiplient. C'est, dans le *Charivari,* une avalanche de bons mots écrits et dessinés : images de Cham, légendes de Pierre Véron décrivent les *Tribulations du Tannhäuser,* wagnériade en plusieurs tableaux [226]. Les mêmes spectateurs qui avaient sifflé à l'Opéra allaient rire aux parodies, aujourd'hui bien oubliées, *Panne-aux-Airs,* comédie « en deux actes et six tableaux, poème de M. Clairville, musique de M. Barbier, représentée pour la première fois au théâtre Déjazet, le 30 mars 1861 », — et

Ya-Mein-Herr, « cacophonie de l'Avenir, en trois actes, sans entr'actes, mêlée de chant, de harpes et de chiens savants, par MM. Clairville, Delacroix et Lambert-Thiboust », donnée sur la scène des Variétés, le 6 avril.

Mais l'opposition prend son libre jeu dans les grands journaux et dans les revues. A l'*Opinion nationale* [227], Azevedo condamne l'œuvre de Wagner sans daigner discuter : « le nom que donne lui-même M. Wagner à sa musique : *mélodie de la forêt* restera, car on est volé comme dans un bois. » Au *Moniteur,* sous le pseudonyme de A. de Rovray, Fiorentino est moins hostile : il constate le succès de l'ouverture et de la marche, mais il trouve l'ensemble monotone ou ridicule [228]. Le *Figaro* prend sa revanche des quelques lignes élogieuses de Ch. de Lorbac : le même jour, le *Courrier de Paris*, de Jean Rousseau et la *Chronique des Théâtres,* de B. Jouvin, écrasent l'œuvre et l'auteur [229]. Le premier avait donné, de façon tendancieuse, la physionomie de la bataille et avait insisté sur le ridicule et l'ennui. « La pièce a fait rire, chose terrible..., elle a fait bâiller, malheur irréparable ». Jouvin, en douze colonnes de feuilleton, se répand en dissertations confuses, insistant sur la « puérilité » de *Tannhäuser* accueillie par les rires et les moqueries, sur la monotonie « traînante et vague » de la mélopée qui « flotte sur une mer d'harmonie sans rivages ». C'est pour lui un « système qui semble s'être proposé l'absurde pour fin et la barbarie pour idéal... Le musicien peut oser beaucoup à condition d'être intelligible, il peut varier ses formes à l'infini mais il ne lui est pas permis, ni possible, de troubler, de pervertir l'art dans les conditions essentielles de son existence, et de lui faire demander son progrès au suicide » [230]. Dans *le Pays* [231] Saint-Valry parle d' « ennui incommensurable », de « métaphysique nébuleuse », d' « esthétique abstruse », et s'il admire quelques passages qui procèdent de la première éducation de Wagner, c'est pour y trouver par contraste « la condamnation la plus caractéristique de ses malheureuses innovations ». Paul de Saint-Victor — hélas ! — dans *la Presse* du 18 mars écrit un article que seule son ignorance de l'art musical peut excuser. Pour lui le ténor Niemann a une voix « bien modulée », « la partition n'est qu'un chaos musical », d'une « obscurité compacte et pesante... qui écrase la plus robuste attention », d'un « vacarme discordant qui ne parvient qu'à dissimuler les plus grossiers fracas des tempêtes physiques ». La conclusion est un effet de style : « Gardons-nous de cette invasion de fantômes, rallions-nous, pour les repousser, sous le drapeau classique du génie latin » [232]. Au *Journal des Débats*, le 23 mars, Berlioz cède la place à d'Ortigues, critique de musique sacrée, grave, consciencieux, érudit et un peu solennel [233]. Son article est mesuré et lourd, moins agressif peut-être que ceux de ses confrères. Il combat les théories contenues dans la *Lettre sur la Musique* et, tout en reconnaissant que Wagner fait avec raison le procès d'une foule d'ouvrages italiens, il juge que le « système de mélodie continue substituée à la mélodie intermédiaire... anéantit toute forme, tout rythme, toute syntaxe... et dénature la mélodie elle-même ». Il loue quelques morceaux : le septuor du 1er acte, l'introduction du 2e, le récit d'Elisabeth, la marche des chevaliers, la romance à l'Etoile — mais, dans le reste, il cherche en vain « un seul fragment de quelque étendue qui ait une forme, un cadre, une mélodie, un rythme, une syntaxe saisissables, perceptibles ».

La presse musicale fut presque unanime à critiquer Wagner. Dans un long article du *Ménestrel*, le 24 mars, Paul Bernard approuve quelques fragments mais répudie l'ensemble ; pour sa « monotonie qu'on pourrait attribuer à l'abus de certaines formules ». Le 17 mars, J.-L. Heugel, dans le même journal, reprochait à Wagner d'avoir développé à satiété une formule d'accompagnement qui, « à partir de l'ouverture, se prolonge indéfiniment, à l'instar du câble transatlantique... ». La *Revue et Gazette Musicale*, sous la signature de Paul Smith (Ed. Monnais), reproche, le 17 mars, à Wagner « d'ignorer ce qui peut plaire ou déplaire à un public français » et de préconiser « le culte des sens » — ce qui ne l'empêche pas de jouer, par deux fois, avec une grivoiserie sans grâce, sur le mot Venusberg. Le 24 mars, le même critique, « plus à l'aise » de voir *Tannhäuser* condamné par le public, s'acharne sans grand courage à dire entièrement ce qu'il pense. Et ce qu'il pense ne vaut même pas d'être cité : banalités sur l'art musical, sur la mélodie, sur l'orgueil de Wagner, sur le talent des acteurs et le goût du public. *L'Art Musical* cherche la note spirituelle. O. Comettant y annonce, le 21 mars, la formation de trains de plaisir destinés à « transporter à Paris et au plus juste prix la foule des amateurs prussiens, autrichiens et belges que le *Tannhäuser* empêcherait de dormir ». Nul compte rendu ni du poème ni de la partition. Jugement sommaire du système compris à contresens : « M. Wagner a cru faire une révolution à l'Opéra, il n'a fait qu'une émeute ». La semaine suivante dans un article intitulé : *Les Apôtres de la musique de l'avenir en conseil secret,* c'est, du même auteur, une récidive où Schumann, Liszt et Wagner sont maltraités, tandis que Berlioz est porté aux nues [234]. La *France Musicale* [235] annonce triomphalement le 17 mars que le mercredi 15 *le Trouvère* avait remplacé *Tannhäuser.*

Les grandes revues offrent en général le même spectacle de dénigrement et de parti pris, parfois aussi d'incompétence. Dans l'*Illustration,* Gustave Héquet écrit trois articles sur *Tannhäuser,* menant habilement l'offensive contre Wagner. Le 2 mars [236], il annonce la représentation, présente l'auteur, analyse l'ouvrage sur un ton désinvolte, rend compte du volume des *Quatre poèmes d'opéras* et s'attaque, sans y rien comprendre, à la *Lettre sur la musique.* Prélude tendancieux à des articles sévères. Le 16 mars, c'est par un court entrefilet que l'*Illustration* signale la représentation de *Tannhäuser* [237]. Le 23 mars, deux grandes colonnes [238] exterminent cette œuvre dont il était facile de prévoir « la chute profonde ». Wagner n'est passable que dans ses imitations : « touffe d'herbe dans le désert iduméen ». La partie originale n'est qu'une « Kyrielle interminable, soit de membres de phrases que ne lie entre eux aucun rapport d'analogie..., soit même d'accords plus ou moins régulièrement ajustés mais dont la succession ne présente aucun sens. Mots sans idées, couleurs sans dessin. Vous avez entendu parfois un accompagnateur promener ses doigts distraits sur le clavier, pendant que l'auditoire se place et que le chanteur se mouche ? Voilà bien souvent l'agréable exercice auquel M. Wagner occupe son orchestre... » Pauvres acteurs dont les belles voix « n'ont rien à chanter ». Somptueux décors, figuration splendide : que d'argent perdu ! « Les douze chiens du landgrave sont des bêtes magnifiques... On aurait préféré douze mélodies... » D'ailleurs, la discussion est d'un traditionalisme étroit et péremptoire : « Nous autres, gens positifs... » Et, au lieu d'une discussion serrée, c'est littérature d'éreintement sournois et d'intérêt condescendant. Dans l'*Illustration* du 6 avril, au Courrier de Paris, X. Feyrnet renchérira, au bruit que *Tannhäuser* serait repris : il suggère qu'on démusèle les chiens au bon moment pour « mettre à la raison les admirateurs les plus forcenés » [239].

La *Revue contemporaine* où Wilhelm tient la « revue musicale », consacre deux articles à *Tannhäuser.* Le 15 mars [240] un entrefilet rend compte de cette « soirée solennelle » où « un amas de sonorités confuses et bizarres » provoquèrent « une hilarité bruyante ». « Libretto ridicule », « pièce sans intérêt », « partition sans mélodie » : on ne saurait écrire avec plus de partiale sévérité. Le

31 mars [241], c'est une longue étude sur Wagner, ses théories, ses œuvres :

> Wagner ignore profondément l'art de donner la vie aux êtres sortis de son cerveau,... Ses personnages ne sont que des abstractions qui ne parlent pas un langage humain et qui trop souvent... se perdent en de ridicules subtilités... *Lohengrin* fournirait à peine un sujet de ballet pour un théâtre enfantin. *Tannhäuser* ne vaut pas mieux... Wagner a un système qui repose sur la négation même de la musique en tant qu'elle est le produit de l'art...

La *Revue Nationale* du 25 mars [242], parlant du système de Wagner, écrit : « M. Wagner est un novateur en arrière ». Si ce compositeur passionne l'Allemagne, pays de musiciens, il mérite de retenir l'attention, par simple politesse. Le compte rendu de *Tannhäuser* s'efforce de rester au-dessus des passions, mais le critique ne peut dissimuler son sentiment personnel : « Pas une romance, pas un air, à peine quelques duos écourtés. A cette monotone psalmodie l'oreille se ferme et s'endort pour ne se réveiller qu'à trois ou quatre morceaux d'ensemble. » Wolfram est un poète amphigourique, la « chanson » de Tannhäuser, devant Elisabeth, est inconvenante, les chevaliers-chanteurs sont de terribles gens : « telle est cette légende monotone que les Allemands ont la naïveté de prendre pour un poème d'opéra ». L'inspiration se glisse en « deux ou trois morceaux... mais dans le reste de la partition elle est absente ou peut-être se perd-elle si haut qu'il nous est impossible de l'apercevoir ». La conclusion est pleine d'indulgence : « Ne désespérons pas trop de l'avenir de M. Wagner : de concessions en concessions, il pourrait bien finir par devenir un compositeur comme tous les autres. » Le 25 mai [243], Paul de Musset, qui avait dans de précédentes livraisons [244] écrit une étude sur *Mozart*, n'est guère plus tendre que son confrère Paul Brenier : « Il y a un mois, écrit-il dans la « Revue des théâtres », le monde musical échappait à un cataclysme. Du fond de l'Allemagne un prophète nouveau était accouru et la France éveillée par le bruit des trompettes avait entendu résonner dans les airs des paroles terribles... Un livre, dont la plus belle qualité n'était pas la modestie, avait été lancé pour initier le spectateur aux doctrines nouvelles ». Wagner vaticine, dans un bruit d'Apocalypse, mettant « à la retraite » Gluck et Mozart, destituant Rossini, excommuniant l'école italienne. Le *Tannhäuser* se déchaîne mais un « ouragan vengeur » venu du parterre l'emporte comme une « chimère évanouie », et « la gloire des vieux maîtres a reparu à travers les nuages, plus brillante que jamais » [245].

Enfin, dans la *Revue des Deux-Mondes* [246], en onze pages de petits caractères, Scudo savoure longuement la joie d'éreinter Wagner comme librettiste, comme théoricien et comme compositeur. *Tannhäuser*, l'événement musical « le plus curieux de l'année », n'offre aucun caractère, aucune passion : les personnages sont des symboles métaphysiques, la langue a une obscurité équivoque d'oracle, l'intrigue est d'un « conte bleu mal disposé pour la scène, sans action, sans caractères et sans intérêt ». Quant à l'auteur « c'est un quasi-poète enté sur un critique, un musicien issu d'une théorie qu'il a fabriquée lui-même pour venir en aide à sa propre cause », manquant de cette « spontanéité de l'imagination » et de cette « sincérité de sentiment » qui sont « les premières qualités du génie », visant « au compliqué, au grandiose quelquefois et plus souvent au monstrueux », ignorant les vertus sublimes et divines de « la simplicité ». La *Gazette de Cologne* a déjà réfuté les « fausses doctrines de Wagner » : la *Revue des Deux-Mondes* se doit de renchérir : « Berlioz, Berlioz, pends-toi, tu es dépassé et jamais tu n'en as dit autant dans tes feuilletons les plus drôlatiques. Vivent l'avenir et la grande mélodie de la forêt vierge. » Quant à l'œuvre musicale Scudo la juge de mauvaise foi. Compositeur lui-même, si médiocre qu'il fût, il était versé dans les secrets de la technique, mais prisonnier d'un idéal étroit, — la polyphonie wagnérienne est d'une autre farine que ses pauvres romances —, il classe *Tannhäuser* au rang des œuvres manquées. Tout est condamnable : l'ouverture « est un grand corps mal bâti où l'on remarque une interminable phrase dessinée par les violons, qui dure plus de cent mesures » ; la première scène est « chaos » ou « néant » ; le premier acte a justement « excité dans le public de l'Opéra... les éclats d'un rire rabelaisien » ; si la marche est belle, c'est qu'elle est « peu originale » et propre à servir de preuve que les théories de Wagner sont des sophismes ; les vers qui supportent le récit du landgrave sont pompeux ; les chants de Wolfram, de Biterolf, de Tannhäuser sont d'une « interminable psalmodie » et d'un « galimatias mystique » ; la prière d'Elisabeth est un « chant vague et inarticulé », d'une « déclamation sèche ». Si, par endroits, quelques ensembles sont d'un bel effet, c'est que le compositeur échappe au théoricien. Court répit, suivi de revanches redoutables où « l'on voit, tour à tour, l'instinct de l'homme de talent avoir raison du sophiste, et le réformateur malheureux triompher du poète et du musicien ». Après de telles affirmations, on s'étonne un peu d'entendre Scudo parler de sa modération qui sut « affronter la laideur avec calme et résolution » : attitude qui dissimule à peine la satisfaction que lui cause la chute « irrévocable » de « ce mauvais ouvrage » :

> Nous croyons avoir le droit de nous réjouir d'un résultat que nous avions prévu et ardemment désiré. Il y a dix ans que nous combattons ici les doctrines funestes de M. Wagner [247] et de ses partisans qui sont pour la plupart des écrivains médiocres, des peintres, des sculpteurs sans talent, des quasi poètes, des avocats, des démocrates, des républicains suspects, des esprits faux, des femmes sans goût, rêvasseuses de néant qui jugent les beautés d'un art de sentiment, qui doit plaire à l'oreille avant de toucher le cœur, à travers un symbolisme creux et inintelligible...

Ce frémissement de frénétique atteint au lyrisme : lyrisme de cuistre qui se grise de formules vides, de rancœurs haineuses, de joies sans grandeur. Faut-il sourire en lisant la conclusion ?

> Quant à nous, humbles adorateurs de belles choses, qu'il nous soit permis encore une fois de nous réjouir d'un événement qui confirme la vérité des doctrines que nous professons ici depuis une quinzaine d'années...

Tel était, en 1861, au lendemain de la chute de *Tannhäuser*, le ton de la critique antiwagnérienne. Il était nécessaire de faire revivre ces témoignages d'opposition inintelligente et haineuse, pour qu'on pût mesurer le courage et le goût des partisans de Wagner, de Baudelaire en particulier. Car parmi les défenseurs, Baudelaire se distingue par les qualités de son intuition poétique : il va plus loin que tous les amis du Maître, pénétrant jusqu'à l'âme de l'œuvre, en dégageant tout le génie. Il nous reste à montrer comment il prend la première place dans le petit groupe des partisans fidèles.

Les journaux musicaux, nous l'avons vu, étaient résolument hostiles. Seul, l'*Univers musical*, sous la signature de Stephen de la Madelaine, publia une étude sérieuse et bienveillante [248]. L'auteur, ancien professeur de chant, tout en réprouvant les tendances de Wagner, loue son œuvre et souhaite que « le public s'habitue à de nouvelles formes de mélodies et de combinaisons musicales comme il l'a fait pour Weber et pour Beethoven » :

> Les amis de M. Wagner lui-même ne demandent pas autre chose. Il y

aurait injustice à leur refuser cette grâce et, pour ma part, je leur promets une attention soutenue et je n'éprouverais nulle mauvaise honte à revenir des préventions que je m'efforce d'expliquer aujourd'hui sans les atténuer, sans les exagérer.

Le musicien Léon Kreutzer, chargé du compte rendu des concerts à l'*Union*, dut laisser la plume à son confrère, Sylvain Saint-Etienne. Mais, le 16 janvier, il avait présenté Wagner avec sympathie aux lecteurs du journal :

M. Wagner est poète-musicien, ou musicien-poète, à votre goût. Admirateur de la poésie, il ne veut pas sacrifier à la musique ; admirateur de la musique il ne veut pas sacrifier à la poésie... Plus de ces *courons, partons, fuyons, volons*, qui ont des boulets de trente-deux à chacune de leurs syllabes. Plus de fastidieux points d'orgue ; plus de caprices sautillants du gosier. Du mouvement, du mouvement, le poème va son train,

Le *chanteur* monte en croupe et galope avec lui.

Le 17 mars, dans la *Presse théâtrale et musicale*, Giacomelli, ami de Wagner, se pique au jeu de citer avec enthousiasme les scènes que le public accueillit le plus mal : « Rien de plus saisissant que la Bacchanale. L'oreille n'avait pas encore été frappée de pareilles harmonies : ce sont des soupirs, de rauques accents ; le souffle de la luxure plane au-dessus de l'orchestre et en fait jaillir des étincelles magiques ». A la *Causerie*, le journal hebdomadaire de V. Cochinat, la critique est très favorable à Wagner [249]. C'est Léon Leroy qui, à la place du chroniqueur musical, Léon Perroud, rend compte de *Tannhäuser*. Quelques réserves sur certaines longueurs et sur le style déclamatoire de quelques passages, mais c'est l'éloge de l'ensemble [250]. Leroy relève les bévues de la presse, dénonce l'hostilité systématique du *Figaro*, remercie la princesse de Metternich de son appui et traite Berlioz de Ponce Pilate [251]. L'attitude du public de la troisième représentation [252] souleva les protestations d'Ulbach au *Courrier du Dimanche* du 31 mars, de Jean Dolent au *Gaulois* hebdomadaire du 24 mars et même de Xavier Feyrnet dans l'*Illustration* du 23 mars et d'A. Pougin dans la *Jeune France* du 31 mars [253]. Dans la *Patrie* du 24 mars, Franck-Marie prend courageusement la défense de Wagner et déplore l'animosité témoignée à un « grand musicien », émule de Beethoven et de J.-S. Bach. Le *Temps* qui fait son apparition au mois d'avril 1861, publia en juillet un long article de Johannes Weber favorable à Wagner : article plein de mesure, de goût et d'intelligence [254].

Dans les Revues, quelques critiques mènent la lutte en tirailleurs. Catulle Mendès vient de fonder la *Revue fantaisiste* et a inscrit sur la couverture Richard Wagner au nombre des collaborateurs. Le 1er avril, dans une note signée C. M., la rédaction protestait en quelques lignes seulement — à cause de l'abondance des matières — contre la chute de *Tannhäuser* : « On a sifflé l'œuvre de Wagner, mais on ne l'a pas jugée ; on ne veut plus l'entendre, mais on ne l'a pas écoutée ». On annonce ensuite que « M. A. de Gaspérini publiera prochainement dans la *Revue fantaisiste* une série d'études sur R. Wagner, poète et musicien » [255]. Le 15 mars Gaspérini avait annoncé la première de *Tannhäuser* avec un enthousiasme inquiet [256] : « Il nous tarde de savoir comment le public français, en face d'une œuvre sérieuse qu'il faudra suivre d'une attention soutenue, va accueillir la hardiesse de l'innovateur ». Mais Asselineau prend, après cette date, la chronique musicale et il faut regretter que la *Revue fantaisiste* n'ait pas tenu sa promesse de donner les articles promis sur l'auteur de *Tannhäuser*.

Deux grandes revues manifestent courageusement leur sympathie à Wagner : la *Revue Germanique* et la *Revue Européenne*. La *Revue Germanique* rend compte le 31 mars [257], sous la signature de son directeur, Charles Dolfus, des « représentations de *Tannhäuser* à l'Opéra » ; c'est un dialogue au foyer pendant l'entr'acte entre « l'adepte » et « le profane ». Le profane se fait l'avocat des opposants mais l'adepte lui réplique en vert langage : le public, selon lui, est « composé de moutons de Panurge... ; Wagner est un maître, le plus grand de l'époque, il domptera ces imbéciles ; ... d'ailleurs il est impossible de juger, à une première audition ... surtout, un opéra qui enlève l'oreille à ses traditions italiennes, à cette musique de danse, banale, creuse et pleine de fioritures... C'est un honneur pour Wagner d'avoir été sifflé... Wagner est un demi-dieu crucifié par des crétins... » — La *Revue européenne* avait donné le 15 mars [258], dans une courte note d'E. Perrin la mesure de sa sympathie : on parlait de la représentation de *Tannhäuser* comme d'une « des plus intéressantes et aussi des plus agitées » auxquelles on ait pu assister depuis longtemps : « Les amis formaient dans cette nombreuse assemblée une manifeste minorité. Mais d'incontestables beautés ont vaincu ces dispositions peu favorables et fait éclater plus d'une fois d'unanimes applaudissements... L'Opéra a bien fait d'accueillir le *Tannhäuser*. L'art trouve son compte dans toutes les hardiesses et les agitations vont mieux à la vie d'un grand théâtre que le calme plat. » Mais cette note était insuffisante [259]. Le 1er avril 1861, parut une longue étude consacrée à Richard Wagner par Charles Baudelaire.

*
**

Wagner a raconté toutes les péripéties des représentations de *Tannhäuser* [260]. On y sent en plus d'une page le découragement ou la lassitude. Plus d'une fois il semble prêt « à renoncer à l'aventure » [261]. Tous les ennuis, les contretemps, toutes les démarches, les difficultés y sont narrés dans le détail. Une *Lettre à un ami d'Allemagne*, datée du 27 mars [262], relate les mêmes faits ; mais Wagner s'y montre encore plein d'ardeur et garde des illusions. Ne va-t-il pas jusqu'à dire de la première de *Tannhäuser* : « Je ne m'étais pas trompé en considérant le succès de cette soirée comme une victoire complète ». La vérité c'est que certains échecs valent mieux que des triomphes faciles : le succès de *Tannhäuser* eût ouvert à Wagner les grands théâtres lyriques, et Wagner n'aurait peut-être jamais fini la *Tétralogie*, ni créé Bayreuth, ni écrit *Parsifal*. Cette chute aida au revirement qui se produisit en Allemagne en faveur de Wagner et lui servit à élever son génie à un niveau inaccessible au vulgaire. D'autre part, elle lui permit de compter ses vrais amis [263] et le signala à l'attention des organisateurs de concerts et des virtuoses en représentation à Paris ou en province [264]. Les parodies de *Tannhäuser* sont un hommage à l'œuvre originale. Musard, pour attirer du monde à ses concerts, imagine d'inscrire en lettres gigantesques sur son programme quotidien l'ouverture de *Tannhäuser*. Pasdeloup « dans une intention démonstrative » ne se lasse pas de faire exécuter du Wagner. Dans une grande matinée chez la femme de l'attaché militaire d'Autriche, Mme de Lowenthal, on entendit, dans différentes parties de *Tannhäuser*, Mme Viardot qui reçut pour sa peine un cachet de cinq cents francs. On imagine de réunir dans un banquet Richard Wagner et Auguste Vaquerie dont le drame les *Funérailles de l'Honneur* avait échoué avec fracas. On appelle Wagner au piano et Vaquerie passe au second plan. La popularité de Wagner s'accroît et certains audacieux rêvent de ressusciter l'œuvre tombée. D'après lui, Carvalho « se donne mille peines pour dénicher un ténor capable de chanter *Tannhäuser* » au Théâtre Lyrique. Beaumont, à la veille de faire faillite, aurait bien accueilli Wagner à l'Opéra-Comique et lui fit des offres pressantes. Voici que le 17 septembre, le ténor Roger, dans une représentation à son bénéfice, obtiendra un gros succès en chantant avec le baryton Troy la scène du troisième acte. Et, lorsque Perrin remplacera Royer à l'Opéra, en 1862, son premier geste sera de congédier le pauvre Dietsch, le malencontreux chef d'orchestre qui officiait à *Tannhäuser* [265].

Mais la plus belle revanche de Wagner ce fut l'étude de Charles Baudelaire.

Elle parut d'abord dans la *Revue Européenne*. Le 4 mai 1861, le *Journal de la Librairie* annonçait une plaquette, reproduisant l'article de la *Revue*, accru d'une post-face (*Encore quelques mots*), le tout sous le titre de *Richard Wagner et Tannhäuser à Paris*. Le volume in-12° de 70 pages, fut édité chez E. Dentu, libraire de la Société des Gens de Lettres, Palais-Royal, 13 et 17, galerie d'Orléans. Une bonne partie de l'article avait été reproduite, entre temps, par la *Presse théâtrale et musicale* [266]. Cette étude fut conçue dans l'indignation de l'accueil fait aux Concerts de 1860 par « toute la populace des esprits frivoles » [267] : la chute de *Tannhäuser* en 1861 ne sera qu'un prétexte de traduire, à l'occasion de Wagner et de sa musique, une admiration qui libère les vibrations intérieures de Baudelaire. C'est le moment où se précisent en lui les plus hautes lignes de son esthétique. Comme les critiques de Delacroix et les introductions aux œuvres de Poe, l'étude sur Wagner témoigne de la puissance des réactions qui fermentaient en Baudelaire au contact de créations rêvées par lui, réalisées par d'autres. Cette âme vouée au malheur se révèle en face du malheur. Des accords s'établissent entre sa vie et son œuvre d'un côté, et, de l'autre, la vie et l'œuvre de ceux qui l'attirent par de mystérieuses affinités. Il trouve auprès d'eux une force qui l'exalte et lui donne soudain conscience de lui-même. L'étude sur Wagner, comme tant d'autres critiques de Baudelaire, rêvée et écrite par un poète, doit à des facultés lyriques d'intuition et à des puissances de sympathie sa valeur unique d'œuvre qui révèle l'homme dans l'auteur, le créateur dans le juge. C'est dans ce sens qu'on doit interpréter le témoignage d'A. Vitu [268], suivant lequel Baudelaire ne caressait dans Wagner que « de certaines idées générales, abstraction faite de son œuvre lyrique et dramatique qui le laissait indifférent ». Non que Baudelaire ne goûtât en Wagner le musicien : on sait le rôle que la musique joue dans la vie intérieure de Baudelaire : aux heures dernières, dans la maison du Docteur Duval, il écoute avec émotion ce *Tannhäuser* qui chante au fond de lui-même comme une voix familière [269]. Mais c'est, par-dessus tout, son idéal de poète qu'il aime dans l'œuvre wagnérien — et c'est pourquoi, il s'en fait le champion avec toute son âme.

Dès février 1860, Baudelaire est pris par cette cause nouvelle : c'est la date de la Lettre à Wagner et c'est le moment où la *Revue anecdotique* [270] annonce qu'il prépare, « en l'honneur de l'auteur de *Lohengrin* », quelques « morceaux de poésie » [271]. La correspondance de Baudelaire nous montre tout l'intérêt qu'il attache, durant de longs mois, à l'étude de cette musique révolutionnaire. Le 17 février, il écrit à Wagner : « J'avais commencé à écrire quelques méditations sur les morceaux de *Tannhäuser* et de *Lohengrin*... ». Le 16 février, il avoue à Poulet-Malassis qu'il a goûté dans « cette musique, une des grandes jouissances » de sa vie [272]. Le 28 février, il demande à Champfleury de dire à Wagner insulté toute son admiration [273]. Il se prend d'un zèle généreux de réhabilitation. En mai, il écrit à Poulet-Malassis [274] : « Le *Wagner* s'augmente tant que je serai obligé de le détacher du volume des *Contemporains* ». Le 12 juillet [275] il lui dit son intention de travailler au Wagner, à Honfleur, chez sa mère. Le 5 décembre, il lui signale que Wagner lui ayant envoyé son livre [276], il va être contraint « de rentrer tout de suite en relations avec Grandguillot ». Baudelaire propose, en effet, l'étude au *Constitutionnel*, où Grandguillot fait quelques difficultés pour accepter l'article [277]. C'est alors qu'il le porte à la *Revue Européenne* où il collabore après sa brouille avec Alphonse de Calonne, directeur de la *Revue Contemporaine* [278]. Le 25 mars 1861, il écrit à Poulet-Malassis [279] qu'il a passé « trois jours, de 10 heures du matin jusqu'à 10 heures du soir » à l'imprimerie « pour en finir avec le Wagner qui va enfin paraître à l'*Européenne* ». Il annonce à sa mère, le 29 mars, qu'un « gros travail » de lui « sur Richard Wagner va paraître le 31 », et il lui confirme que, depuis deux ans, il s'est souvent occupé de musique. » Quelques jours après [280], il avoue que « l'idée fixe a disparu, chassée par une occupation violente et inévitable, l'article Wagner, improvisé en trois jours dans une imprimerie ». Faut-il croire, comme il l'affirme que, « sans l'obsession de l'imprimerie », il n'aurait « jamais eu la force » de faire cet article ? Il est possible que, durant ces « trois jours », il ait écrit, sur le marbre, la rédaction définitive de l'article, et il est possible aussi que Baudelaire mette une coquetterie à signaler que, malgré sa paresse si décriée, il peut, quand il veut, « improviser » rapidement une œuvre importante. La réalité est que la gestation fut longue [281] et que cette improvisation, si ce terme est juste, fut le résultat d'une laborieuse conquête.

La preuve, Baudelaire l'apporte dans les premiers mots : « Remontons, s'il vous plaît, treize mois en arrière » [282]. Dès les concerts de 1860, dès la Lettre du 17 février à R. Wagner, Baudelaire rêve d'écrire une justification, de plaider la cause de l'art. Cette justification n'a d'autre but que de traduire ingénument des impressions personnelles et aussi d'être l'écho « de quelques partisans inconnus ». Baudelaire présente d'un mot Richard Wagner. Il le situe dans ce Paris où il a essayé de conquérir la gloire et qui méconnaît un compositeur, depuis quinze ans célèbre en Allemagne, se bornant à soupçonner vaguement que sous son nom et autour de Liszt s'agite « la question d'une réforme dans le drame lyrique » [283]. Le « dilettantiste » belge, Fétis, lance contre lui le réquisitoire de la *Revue et Gazette musicale*. Wagner essuie bien des injures. Et, pour appuyer l'affirmation de Baudelaire, il nous suffit de songer à la violence des polémiques que nous avons essayé de retracer. Seul l'article de Gautier [284] s'efforçait, après la représentation de *Tannhäuser* à Wiesbaden, en 1857, d'apporter un peu de justice dans tant de préventions. Baudelaire joint son témoignage d'admiration à celui de Gautier mais en jugeant plus profondément. Il retrace l'atmosphère de lutte qui enveloppait les concerts du Théâtre Italien. Combat et violence, mais acclamations d'un public charmé par ces « irrésistibles morceaux » :

> Beaucoup de choses restaient obscures sans doute mais les esprits impartiaux se disaient : « Puisque ces compositions sont faites pour la scène, il faut attendre ; les choses non suffisamment définies seront expliquées par la plastique. » En attendant, il restait avéré que, comme symphoniste, comme artiste traduisant par les mille combinaisons du son les tumultes de l'âme humaine, Richard Wagner était à la hauteur de ce qu'il y a de plus élevé, aussi grand, certes, que les plus grands [285].

Baudelaire est de ces « esprits impartiaux » : il ne juge pas de parti pris. Il s'éclaire, sinon par l'étude de la technique — ce qui n'est point son affaire, puisqu'il juge non en musicien mais en artiste —, du moins par la lecture des textes essentiels : critiques du pamphlétaire Fétis [286], interprétation compréhensive de Liszt [287], œuvres théoriques de Wagner [288]. C'est surtout dans la *Lettre sur la Musique*, préface de la traduction française des *Quatre poèmes d'opéras*, que Baudelaire trouve la clef de l'art wagnérien. C'est là qu'il découvre la formule d'un art idéal où coopèrent tous les arts, la promesse merveilleuse — dont il rêve lui-même — de l' « œuvre d'art de l'avenir ».

Les mêmes causes ont les mêmes effets. Les réactions de Baudelaire, devant les découvertes de son enthousiasme, suivent un rythme toujours identique. Après Poe, après Delacroix, voici Wagner. Et c'est la même « volupté » de possession devant la révélation d'une œuvre conforme à ses hantises. Wagner est l'artiste qui a écrit : « L'homme qui n'a pas été dès son berceau doté par une fée de l'esprit de mécontentement de tout ce qui existe, n'arrivera jamais à la découverte du nouveau » [289]. N'est-ce pas Baudelaire lui-même qui parle ? N'est-ce pas son inquiétude qu'il définit, sa recherche toujours agitée, son goût du parfait, son besoin d'inconnu et de nouveau ? Et le même élan qui le poussait à traduire Poe « parce qu'il lui ressemblait », l'emporte vers ce musicien, hanté d'espace et de profondeur, habile à « traduire, par des gradations subtiles tout ce qu'il y a d'excessif, d'immense, d'ambitieux dans l'homme spirituel et naturel ». C'est presque dans les mêmes termes qu'il dit son émerveillement :

A partir... du premier concert, je fus possédé du désir d'entrer plus avant dans l'intelligence de ces œuvres singulières. J'avais subi... une opération spirituelle, une révélation. Ma volupté avait été si forte et si terrible que je ne pouvais m'empêcher d'y vouloir retourner sans cesse... Pendant plusieurs jours, je me dis : « Où pourrai-je bien entendre ce soir de la musique de Wagner ? » [290]

Voilà pourquoi les obscurités d'une exécution de morceaux d'opéra par un orchestre de concert n'arrêtent pas l'admiration de Baudelaire. Il fait confiance au créateur du drame musical sur la foi du symphoniste capable d'enfermer dans le langage sonore « les tumultes de l'âme humaine ». *Rienzi* fut un opéra réalisé suivant la formule classique, sous l'empire de jeunes impressions, au souvenir des œuvres héroïques de Spontini et du « genre brillant de l'Opéra de Paris » où régnaient Auber, Meyerbeer et Halévy [291]. Mais, dès le *Vaisseau-Fantôme,* Wagner refuse de se prêter à l'anecdote mélodique. Avec *Tannhäuser,* il affirme sa volonté de chercher des tableaux universellement intelligibles « dans le cœur universel de l'homme et dans l'histoire de ce cœur » [292]. Il n'y a de lyrisme pour lui que dans l'expression de sentiments assez forts pour enchaîner le plus grand nombre :

Le seul tableau de la vie humaine qui soit appelé poétique est celui où les motifs qui n'ont de sens que pour l'intelligence abstraite font place aux mobiles purement humains qui gouvernent le cœur [293].

Où trouver ailleurs que dans la musique ce langage qui « captive comme par un charme et gouverne à son gré le sentiment » ? La poésie qui recourt à « l'arrangement rythmique » et à « l'ornement presque musical de la rime » ne rend-elle pas les armes à la musique, art souverain qui la prolonge par delà ses propres limites ? [294] Écoutons le commentaire baudelairien :

> J'ai souvent entendu dire que la musique ne pouvait pas se vanter de traduire quoi que ce soit avec certitude comme fait la parole ou la peinture. Cela est vrai dans une certaine proportion mais ce n'est pas tout à fait vrai. Elle traduit à sa manière et par les moyens qui lui sont propres. Dans la musique, comme dans la peinture et même dans la parole écrite qui est cependant le plus positif des arts, il y a toujours une lacune complétée par l'imagination [295].

Pour Baudelaire, comme pour Wagner, parler au sentiment c'est éveiller le rêve, admettre l'auditeur à collaborer à la création artistique. L'art suggère le beau plutôt qu'il ne l'exprime. Or, aucun art n'a plus de puissance suggestive que la musique. Poe l'affirmait dans son *Principe poétique*. Baudelaire l'admet avec Poe. Comment ne verrait-il pas dans la musique wagnérienne, le moyen d'exciter l'âme à goûter la poésie dans sa plénitude, élargie et comme confondue dans la polyphonie berceuse de rêve, créatrice d'idéal ? Ne parlons pas d'obscurités : écartons le secours de la plastique, du décor, des comédiens ; écartons le prestige de la parole chantée :

> Il reste encore incontestable que, plus la musique est éloquente, plus la suggestion est rapide et juste, et plus il y a de chances pour que les hommes sensibles conçoivent des idées en rapport avec celles qui inspiraient l'artiste [296].

Sans doute, Wagner rêve d'unir la musique et le poème dans cet art dramatique que l'avenir seul réalisera puisque le présent semble interdire cette collaboration — coïncidence et synthèse des arts [297] en vue de suggérer le beau. Mais, hors des correspondances du poème, la musique de Wagner garde sa puissance poétique de suggestion. Avec l'intuition de l'inspiré, Baudelaire retrouve dans la révélation wagnérienne le chant d'une âme universelle, les frémissements d'un sens poétique, et tandis que les techniciens discutent des thèmes et des dissonances, il pénètre, comme Berlioz et comme Liszt, ces « vertigineuses conceptions » d'une musique « ardente et despotique » [298], par quoi la compréhension de cette œuvre par un Champfleury, un Gautier, un Banville, un Villiers de l'Isle-Adam, rejoindra, en une correspondance subtile, la compréhension d'un Gaspérini, d'un Joncières, d'un Franck-Marie, d'un Gounod, d'un Pasdeloup, d'un Leroy. Chamberlain signale « la compréhension surtout musicale » ou « théâtrale » [299] des premiers wagnériens. Peut-être les poètes ont-ils, entre tous, le mieux compris ou deviné Wagner [300]. Mais Baudelaire nous donne ce spectacle d'une critique peu soucieuse des règles du jeu. Il ne veut pas juger en technicien, et procède par vue brusque, non par minutie ordonnée, en esprit fin plus qu'en géomètre. Là est son orginalité et peut-être sa supériorité. En face de Wagner, Baudelaire réagit, non en wagnérien, mais en baudelairien, et écoute en lui-même les résonances d'une révélation. Qu'on observe sa méthode singulière : c'est la confession d'une âme, appliquée à l'œuvre, d'un contact étroit, discernant ses forces intérieures de suggestion par quoi elle remue, dans des cœurs différents, des sentiments analogues. Par contre-coup, et presque à son insu, sa critique signale les raisons de tant de résistances, quand Wagner apporta, dans la routine italienne, ses vues surprenantes comme un choc dans une mare. L'intuition d'un Baudelaire n'est pas effusion de sentiment dont il a — en classique — la méfiance et la haine : « Je plains les poètes que guide le seul instinct, dira-t-il » [301]. L'instinct est de l'ordre des sens ; l'intuition est de l'ordre de l'âme : le cœur y a sa part de divination mystérieuse, mais l'intelligence y participe aussi par la lucidité de l'interprétation. Voilà pourquoi nous sommes, devant cette critique, étonnés et ravis : dangereuse à qui l'entreprend sans la grâce du génie, cette route est sans embûches pour l'assurance royale d'un Baudelaire.

Il s'agit pour Baudelaire beaucoup moins de juger Wagner que de se réfléchir lui-même en Wagner. Une assimilation se produit — sur quoi les psychiatres peuvent épiloguer, — mais qui reste naturelle pour un Baudelaire jugeant Delacroix, Poe ou Wagner. Baudelaire, sensible à la musique comme à la peinture, ne s'aventure pas dans le domaine des sons et des couleurs pour discuter une technique ou s'éblouir de virtuosités. Il enrichit ses rêves et découvre des correspondances multipliées en d'intimes réfractions. Il ne s'inquiète pas, comme Gautier, d'une érudition empruntée. Il n'a point, en musique, de connaissances précises et il en fait l'aveu dans sa lettre à Wagner. Mais son goût le sauve de l'erreur et le garde des grandiloquences ignorantes d'un Paul de Saint-Victor parlant de voix « bien modulée », de « musique mathématique », de « chaos musical », de « fracas et d'algèbre » [302]. Sans doute, pour un critique strictement musical, les jugements de Baudelaire ont des confusions et des naïvetés. Il arrive qu'on ne voie pas toujours à quels fragments de *Tannhäuser* ou de *Lohengrin* Baudelaire fait allusion, mais si le musicien est parfois en défaut, l'artiste ne dévie jamais. Il distingue, dès l'abord, ce qui est, dans la musique de Wagner, d'essence purement wagnérienne, et ses formules s'accordent sans peine avec celles de Liszt. Comparons les trois commentaires, que son article détaille, de l'ouverture de *Lohengrin* : le commentaire inscrit par Wagner sur le programme distribué aux concerts de 1860 ; le commentaire de Liszt, extrait de son livre sur *Lohengrin et Tannhäuser* [303], enfin le commentaire baudelairien.

Wagner exprime ses intentions et traduit en langue parlée l'*idée* qu'expriment les sons : on songe aux admirables descriptions que fait Delacroix de ses tableaux pour les expositions :

Dès les premières mesures, l'âme du pieux solitaire qui attend le vase sacré *plonge dans les espaces infinis.* Il voit se former peu à peu une apparition étrange qui prend un corps, une figure. Cette apparition se précise davantage et *la troupe miraculeuse des anges,* portant au milieu d'eux la coupe sacrée, passe devant lui. Le saint cortège approche ; le cœur de l'élu de Dieu s'exalte peu à peu ; il s'élargit, il se dilate ; d'ineffables aspirations s'éveillent en lui ; *il cède à une béatitude croissante,* en se trouvant toujours rapproché de *la lumineuse apparition,* et quand enfin le Saint Graal lui-même apparaît au milieu du cortège sacré, il *s'abîme dans une adoration extatique,* comme *si le monde entier eût soudain disparu.*

Cependant le Saint Graal répand ses bénédictions sur le saint en prière et le consacre son chevalier. Puis *les flammes brûlantes adoucissent progressivement leur éclat ;* dans sa sainte allégresse, la troupe des anges, souriant à la terre qu'elle abandonne, regagne les célestes hauteurs. Elle a laissé le Saint Graal à la garde des hommes purs, dans le cœur desquels la divine liqueur s'est répandue, et l'auguste troupe s'évanouit *dans les profondeurs de l'espace,* de la même manière qu'elle en était sortie [304].

Voilà des images, des tableaux, une transposition en formes visuelles des effets sonores. Apparences où s'incarne l'idéal esthétique, les couleurs et les sons se répondent. Couleurs et sons gardent pour Wagner une valeur mythique. Relisons la *Lettre sur la Musique* [305], où le *mythe* est désigné comme matière idéale du poète :

Dans le mythe, les relations humaines dépouillent presque complètement leur forme conventionnelle et intelligible seulement à la raison abstraite ;

elles montrent ce que la vie a vraiment d'humain, d'éternellement compréhensible et le montrent sous cette forme concrète, exclusive de toute imitation, laquelle donne à tous les vrais mythes leur caractère individuel...

Wagner porte ici sur le plan mystique la méditation du solitaire et atteint, hors de l'abstrait, l'âme humaine par des images, correspondances des sons. Poème primitif et anonyme du peuple, le mythe agit directement sur la sensibilité. Le poète, par qui le mythe prend vie et touche les cœurs, poursuit, à travers les formes de l'art, langage aux mille voix, les significations sensibles et originelles. Ces visions d'espaces infinis, d'anges miraculeux, d'ineffables aspirations, de béatitudes croissantes, ces lumières d'extases, ces flammes d'allégresse, cette joie légère de la pureté portent l'être vers le divin non point en frappant sa raison mais par l'illumination du cœur. Après avoir directement fait appel à la musique pour enchaîner toute la partie sensible de l'homme, Wagner transpose et concentre ces effets du langage orchestral, en évocations qui parlent aux yeux. Equivalences bien faites pour séduire Baudelaire, qui ne peut s'empêcher de s'écrier :

Le lecteur sait quelles idées nous poursuivons : démontrer que la véritable musique suggère des idées analogues dans des cerveaux différents... Ce qui serait vraiment surprenant, c'est que le son *ne pût pas* suggérer la couleur, que les couleurs *ne pussent pas* donner l'idée d'une mélodie,... les choses s'étant toujours exprimées par une analogie réciproque [306].

N'est-ce pas aussi l'avis de Liszt lui-même, pianiste, artiste, philosophe ? Cet « élément mystique », révélé par l'introduction de *Lohengrin,* il l'admet dans son âme, doucement préoccupé par les évocations de formes, de couleurs, d'étendues, d'espaces et de profondeurs. Le sanctuaire où se révèle le « Dieu qui venge les opprimés et ne demande qu'amour et foi à ses fidèles », la musique le dresse avec ses portes d'or, ses solives d'asbeste, ses colonnes d'opale, ses parois de cymophane, — et même ses « murs odorants ». Qui a, mieux que lui, traduit la fusion des Correspondances :

C'est... une large nappe dormante de mélodie, un éther vaporeux qui s'étend pour que le tableau sacré s'y dessine à nos yeux profanes ; effet exclusivement confié aux violons... Le motif est ensuite repris par les instruments à vent les plus doux ; les cors et les bassons, en s'y joignant, préparent l'entrée des trompettes et des trombones qui répètent la mélodie pour la quatrième fois avec un éclat éblouissant de coloris, comme si, dans cet instant unique, l'édifice saint avait brillé devant nos regards aveuglés, dans toute sa magnificence lumineuse et radiante. Mais le vif étincellement, amené par degrés à cette intensité de rayonnement solaire, s'éteint avec rapidité, comme une lueur céleste... [307].

Baudelaire souligne, dans cette langue du musicien poète, les effets spontanés de transposition : la *mysticité idéale* rendue sensible par le *pianissimo* toujours conservé de l'orchestre, les *cuivres* qui, un court moment, font *resplendir* les lignes du motif unique. Nous voici dans le domaine baudelairien. Baudelaire y introduit Wagner et Liszt, initiés déjà au mystère de son esthétique — et il reconnaît avec allégresse dans leur langage le langage qu'il parle lui-même.

Aussi évoque-t-il le sonnet des correspondances qui célèbre « la ténébreuse et profonde unité » où se répondent et se confondent, dans le mystère du divin, les parfums, les couleurs et les sons, langage confus, révélation mystérieuse de la Beauté. Nous touchons peut-être à la cause profonde qui rapproche Baudelaire de Richard Wagner. Pour traduire l'idée poétique, l'art apporte ses analyses de sensations, et si, selon Wagner, les arts s'enchaînent et se complètent pour former une ligne continue [308], selon Baudelaire, ils s'équivalent, concourant tous au même but, qui est de rendre sensible la Beauté. Musique, peinture, poème, tous les arts s'apparentent, visage unique reflété en des miroirs jumeaux. Baudelaire écoute *Lohengrin* et il est « délivré des *liens de la pesanteur* », retrouvant par le souvenir la « *volupté* qui circule dans *les lieux hauts* ». Mystique de l'âme allégée, montant vers les régions pures de la Poésie, en un domaine où s'établit l'unité des Arts, dans la révélation de la Beauté, émanation du divin. La Symphonie évoque le paysage. Baudelaire *voit* une solitude absolue, « *avec un immense horizon* et une *large lumière diffuse* » : l'Immensité sans autre décor qu'elle-même. Puis c'est « la sensation d'une *clarté* plus vive, d'une *intensité de lumière*, croissant avec une telle rapidité que les nuances fournies par le dictionnaire ne suffiraient pas à exprimer *ce surcroît toujours renaissant d'ardeur et de blancheur* ». Ainsi s'opère, sans qu'on y songe, par les jeux de l'imagination qui se plaît à ces transpositions, le passage de la sensation auditive à la sensation visuelle. Les sonorités intensifient les clartés en déchaînant leurs timbres ou leurs rythmes. Toutes les sensations tendent à se fondre dans cette joie mystique où l'être se partage, dépouillé du corps : « Alors, dit Baudelaire, je conçus pleinement l'idée d'une âme se mouvant dans un milieu lumineux, d'une extase *faite de volupté et de connaissance*, et planant au-dessus et bien loin du monde naturel » [309].

Volupté et connaissance, deux termes révélateurs de la vie baude-lairienne, où, comme chez Wagner, le sensuel et l'intellectuel al-ternent, et finissent par mêler le spleen et l'idéal. Car c'est l'origi-nalité de Baudelaire, après tant d'effusions romantiques et au milieu même des réactions réalistes, d'avoir échappé à la fois aux épanchements passionnés et si souvent ridicules et aux stériles soucis d'un art trop concerté. Cette union de l'extase qui enlève l'âme et de la connaissance qui l'illumine, cette joie des sens épurée par l'allégresse de l'esprit, cet essor mystique, hors du monde naturel, dans l'élan des facultés créatrices — n'est-ce pas tout le miracle baudelairien ?

Dès les premières pages de cet hymne à Wagner, Baudelaire s'attache à définir son génie par l'admiration, en autrui, de ses propres vertus. Sa joie est de constater qu'il entre sans effort dans la pensée de Wagner, ayant, comme Wagner lui-même et comme Liszt, ses pairs, isolé de l'ouverture de *Lohengrin* « la sensation de la *béatitude spirituelle et physique ;* de *l'isolement ;* de la con-templation de *quelque chose infiniment grand et infiniment beau ;* d'une *lumière intense* qui réjouit *les yeux et l'âme jusqu'à la pâmoison ;* et enfin la sensation de *l'espace étendu jusqu'aux der-nières limites concevables* » [310]. N'est-ce pas signifier son ravisse-ment d'avoir, par des sensations parallèles, juxtaposées ou entre-croisées, atteint, comme les deux Maîtres, à l'idée pure, inspiratrice des thèmes wagnériens ? Nous sommes ici sur le bord de cet intel-lectualisme poétique, source et but de toute révélation artistique dont, après Baudelaire, Mallarmé et Valéry tireront leur esthétique. La grâce wagnérienne a touché Baudelaire : il subit l'emprise de cette musique ardente et despotique. Mais on voit de quelle ma-nière il est possédé : nulle part, il n'éprouve le besoin d'analyser les procédés de métier et nulle part il ne rougit de son incom-pétence technique. Cette ignorance ne saurait peser à un être qui goûte, dans les évolutions d'un oiseau, la souplesse ou la puis-sance du vol, sans s'inquiéter des problèmes de pesanteur ou d'équilibre...

C'est ainsi que Baudelaire s'abandonne au charme. Il parle de la possession enveloppante de cette musique : « volupté terrible » qui, après cette première étreinte, lui impose le désir « d'y re-tourner sans cesse » ; volupté de l'initiation à l'inconnu et au nouveau qu'il ne réussit pas à définir, frappé d'une impuissance qui lui cause « une colère et une curiosité mêlées d'un bizarre délice ». Et c'est avec sa fougue de néophyte qu'après ce contact

heureux avec *Lohengrin*, Baudelaire, imprégné du mystère wagnérien, entre dans le sanctuaire. A l'entrée du temple, Baudelaire se
sent observé par des regards familiers. Ce Wagner dont il prend
la défense, comme il a souffert ! Il veut exprimer la partie indéfinie du sentiment et s'adresser au cœur par l'imprécision suggestive de la musique. Et il est incompris : on l'accuse de faire de
la musique « imitative » [311]. Il porte, à travers la vie, l'inquiétude
du parfait. Il dépense sa faculté de souffrir et, dans son amertume
de voir le Beau et le Juste menacés, il établit « une complicité
idéale entre la mauvaise musique et le mauvais gouvernement. »
Il devient révolutionnaire, espérant que « des révolutions dans
l'ordre politique favoriseraient la cause de la révolution dans
l'art. » Il subit la pauvreté et s'occupe à de « misérables besognes », livré aux diatribes de Fétis ou aux injures de la malignité
publique. Il est abreuvé des « plaisanteries » de ce « journalisme
vulgaire » qui le poursuit de ses « gamineries professionnelles ».
La malveillance et l'ignorance, égarant « à l'avance l'opinion du
public », le criblent de quolibets et il est moqué et caricaturé sous
les traits ridicules du musicien de l'avenir [312]. Comment Baudelaire
ne reconnaîtrait-il pas ses propres traits dans ce visage de
malheur ? Ne lui semble-t-il pas que c'est lui-même qu'il va défendre contre la routine et la sottise ? Lui aussi, il peut évoquer
dans sa vie de pareilles cruautés des hommes et du sort. Il s'est
révolté, un instant, en 1848, contre l'ordre social. Il a connu la
gêne des mois trop longs, les injustices de la presse, les rigueurs
du pouvoir. Et, dans l'admiration pour l'artiste, épris de thèmes
qu'il avouerait pour siens, se glisse la sympathie pour l'homme
qui a, comme lui, vécu des jours de misère.

Aussi s'applique-t-il à comprendre avant de juger. Wagner, il le
sait, a réfléchi sur son art et n'est arrivé qu'après bien « des
essais poétiques et musicaux d'une nature variée... à se faire un
idéal de dramé lyrique » [313]. La *Lettre à Berlioz* et la *Lettre sur
la musique* donnent la pensée du théoricien, et Baudelaire, en feuilletant ces textes, sent revivre dans son esprit les pages où Diderot
affirme « que la vraie musique dramatique ne peut pas être autre
chose que le cri ou le soupir de la passion noté et rythmé » [314].
Il est frappé de l'analyse que Wagner donne dans la Lettre à Fr.
Villot de ses ouvrages théoriques : *l'Art et la Révolution*, *l'Œuvre
d'Art de l'Avenir*, *Opéra et Drame*. Dans les deux lettres, ce
« dramaturge musicien » a recours à l'antiquité grecque pour
légitimer par le drame ancien les réformes dont il rêve et qui assu-

reront, selon lui, « les conditions nouvelles du drame lyrique » [315].
Le succès des tragédies d'Eschyle n'est-il pas dû à « l'alliance de
tous les arts concourant ensemble au même but, c'est-à-dire à la
production de l'œuvre artistique la plus parfaite et la seule
vraie » [316] ? La Grèce, unissant dans le drame idéal, la musique des
chœurs à la poésie des dialogues, le chant et la danse, la plastique
et la mimique, fait jaillir des clartés soudaines devant les recherches inquiètes de Wagner. Tout son génie s'alimente à cette découverte qui lui offre « le modèle et le type de relations idéales
du théâtre et de la vie publique » [317]. Et il s'aperçoit vite que la
décadence du grand art grec coïncide avec « la séparation, l'isolement des différentes branches de l'art réunies autrefois dans le
drame complet » [318]. L'art, dès lors, n'inspire plus la vie publique,
il devient le passe-temps agréable de l'amateur. La foule court aux
jeux, les délicats s'isolent, s'occupant de lettres ou de peinture.
Ainsi l'art s'étiole — et les divers arts, « séparés, cultivés à
part », restent impuissants à « remplacer d'une façon quelconque
cet art d'une portée sans limites qui résultait précisément de leur
réunion » [319]. La destinée de Wagner est dans « ce goût absolu,
despotique d'un idéal dramatique » où tout, depuis la déclamation
notée jusqu'à la mise en scène, concourt à une « totalité d'effet ».
Depuis qu'il s'est dégagé des contraintes routinières du livret et
qu'il a renié la formule italienne, — cette « musique de table » [320] — toute sa vie s'ordonne vers cet « impérieux idéal ».
Voilà pourquoi Baudelaire, d'accord avec Wagner pour écarter
Rienzi comme une œuvre — ou une erreur — de jeunesse, reconnaît, dans *Tannhäuser,* le *Vaisseau-Fantôme, Lohengrin,* « une
méthode de construction excellente, un esprit d'ordre et de division, qui rappelle l'architecture des tragédies antiques... » [321].
Certes les temps ont changé apportant des différences. Aphrodite
n'habite plus l'Olympe, ni les rives d'un archipel parfumé. Elle
s'est ensevelie sous terre et unie à l'Archidémon, prince de la chair
et seigneur du péché. Le moyen âge a mis sa marque sur les
théogonies antiques. Les poèmes de Wagner participent de la
majesté de Sophocle et d'Eschyle, mais le romantisme leur a
donné tout l'appareil légendaire des vieux *Mystères.* Ainsi Wagner
est conduit à choisir ses sujets, de façon à leur donner un caractère d'universalité, « dans le cœur universel de l'homme et dans
l'histoire de ce cœur ». La forme moderne idéale sera ce *mythe,*
qualifié par Wagner de « poème primitif et anonyme du peuple » [322] et dont Baudelaire comprend à merveille, lui qui passe

à travers des forêts de symboles, « le caractère sacré et divin » [323].

Comment n'accueillerait-il pas avec enthousiasme chez Wagner ce désir de chercher dans la légende la substance humaine, dans le symbole le mystère de la vie universelle et, « sous une forme originale très saillante », de rendre cette quintessence « intelligible au premier coup d'œil »? Baudelaire, critique et poète comme Wagner, juge le moment propice pour défendre le théoricien et le créateur : aux regards de l'envie, « un homme qui raisonne tant de son art ne peut produire de belles œuvres », et les opéras de Wagner sont des œuvres produites « pour vérifier *a posteriori* la valeur de ses propres théories » [324]. Ces objections atteignent Baudelaire à travers Wagner et c'est ici que la cause du musicien est la cause du poète. Wagner a tenté des essais poétiques et musicaux avant de se faire un idéal du drame lyrique [325]. Assurément, il est impossible qu'un critique se fasse poète : toutes les lois psychiques s'opposent à cette monstruosité. Tous les poètes, au contraire, deviennent naturellement, fatalement critiques. Baudelaire qui écoute, dans la nature aux vivants piliers, le langage de l'homme et de Dieu, comme celui des fleurs et des choses muettes, puise dans ce sens du mystère poétique le goût de raisonner son art, d'en découvrir les lois obscures, d'en tirer des préceptes qui éclairent et règlent la production poétique :

> Il serait prodigieux qu'un critique devînt poète, et il est impossible qu'un poète ne contienne pas un critique. Le lecteur ne sera donc pas étonné que je considère le poète comme le meilleur de tous les critiques [326].

Et sans doute Baudelaire, de bonne foi, défend Wagner contre ceux qui l'accusent de vouloir illustrer ses théories par sa musique, citant de grands exemples : Vinci, Hogarth, Reynolds, Delacroix, Diderot, Gœthe, Shakespeare, « autant de producteurs, autant d'admirables critiques » [327]. Mais peut-on lui interdire de songer qu'il est, lui qui s'égale aux plus grands avec l'orgueil lucide du génie, à la fois le poète des *Fleurs du Mal* et le critique des *Salons*, avant d'être le juge enthousiaste de Wagner ? Il rêve d'écrire son *Principe poétique* : ne l'a-t-il pas écrit en se faisant le témoin actif de la gestation poétique d'un Delacroix, d'un Poe, d'un Wagner ? Ne s'est-il pas libéré de cette crise qui le rend inquiet des lois obscures de l'art, par l'étude des génies en qui il retrouve ses aspirations et ses idées ? C'est en fin de compte un Baudelaire plus affirmé qui apparaît dans ce poète devenu critique non par occasion, mais par vocation, non par jeu, mais avec fièvre, en croyant. N'allons pas dire surtout que l'œuvre du poète vient illustrer les théories du critique. Ceux qui accusent un Wagner de se faire musicien pour appliquer ses vues de penseur ou d'esthéticien méconnaissent à la fois la vérité historique et la vérité psychologique. C'est en 1849 que Wagner commence à émettre ses idées sur l'art, après de longues expériences créatrices, pour éclairer ses œuvres et soutenir la contradiction [328]. Et, de même, quand Baudelaire écrit sur les Salons de peinture ou sur le génie d'Edgar Poe, il a déjà conçu et, en partie, réalisé son œuvre de poète. Et c'est l'auteur des *Fleurs du Mal* bien plus que l'amateur de musique qui plaide la cause de Wagner. Le critique ne saurait devenir poète, car il faut plus que du métier et de l'esprit pour être l'interprète des voix divines. Si Baudelaire croit aux vertus secrètes de l'inspiration ce n'est pas en romantique grisé de mots, d'images ou d'émotions, mais en mystique en quête du Graal — comme ces chevaliers qui, après les luttes, les recherches, après le découragement des heures stériles, après la tentation et la chute, ont vu la lumière et ont senti s'allumer pour eux la flamme. Mais qu'un poète devienne critique et les lois de l'art, par lui mieux comprises, éclairées dans leur mystère par les retours de l'expérience, dévoilent la genèse de l'inspiration. Car un Wagner, un Baudelaire ne se réfugient pas dans la critique après un échec de leurs tentatives créatrices. Il n'ont pas connu cette amertume d'un Sainte-Beuve, ensevelissant dans les *Causeries du Lundi* les déceptions de Joseph Delorme [329]. La critique n'est point pour eux œuvre de seconde zone, commentaire de professeur-juré, refuge de paresse ou d'impuissance ; elle est défense, explication, prolongement, révélation. L'inspiré raconte mieux pour avoir vu et vécu ce qu'il raconte : « La poésie a existé, s'est affirmée la première, et elle a engendré l'étude des règles » [330]. Si lucide qu'il soit, un critique, qui n'est qu'un critique, pareil à ce géomètre qui n'est que géomètre, reste en deçà du domaine de la finesse où se dressent les magnificences de l'art. Ainsi peut se justifier, quand c'est un Wagner, un Delacroix ou un Baudelaire qui la manie, cette méthode de critique définie par Baudelaire au seuil du *Salon de 1846*.

Le point essentiel de l'article de Baudelaire est l'étude de *Tannhäuser*. N'attendons pas un compte rendu technique. Ce soin, dans la *Revue Européenne*, est dévolu à Emile Perrin [331], et Baudelaire se cantonne en « des vues générales », aimant mieux juger du paysage « en se plaçant sur une hauteur, qu'en parcourant successivement tous les sentiers qui le sillonnent ». Baudelaire choisit son terrain : il se refuse aux détails et aux querelles de métier. Et d'ailleurs sa critique nous attache moins que la façon dont, à travers sa critique, il se révèle et se confesse.

Il juge les tendances philosophiques de *Tannhäuser* : « *Tannhäuser* représente la lutte des deux principes qui ont choisi le cœur humain pour principal champ de bataille, c'est-à-dire de la chair avec l'esprit, de l'enfer avec le ciel, de Satan avec Dieu ». Ce but mystique est dans la ligne baudelairienne. Les *Fleurs du Mal* sont tout entières soulevées de cette lutte qui fait osciller le poète du spleen à l'idéal, du péché à la bénédiction. Baudelaire n'envisage pas l'ouverture, comme les Scudo, les Fétis et les Héquet, avec une minutie hostile. Il écoute, dans le double chant de prière et de volupté, l'alternance des deux thèmes essentiels et il voit tout le drame expliqué dans ce double rythme. Il sent, avec une lucidité que n'ont pas eue les critiques wagnériens, la portée véritable de cette tragédie mystique : « Les appétitions... vers le Dieu incommunicable » qui s'expriment dans l'ouverture du *Lohengrin* seront de même ordre que cette mysticité d'une profondeur poignante, chant furieux de la chair, attirance de l'infini céleste. Baudelaire voit dans la lutte de *Tannhäuser* un drame cornélien : il en est ému de toute la sympathie d'une âme qui connaît les appels troublés de Vénus et aspire à la « béatitude de la rédemption ». Il détaille et explique la parfaite harmonie établie par Wagner entre l'idée et l'exécution, le mythe humain et les thèmes musicaux. Peut-être se plaît-il à retrouver, dans ce mysticisme, un écho de sa vie intérieure :

C'est l'amour effréné, immense, chaotique, élevé à la hauteur d'une contre religion, d'une religion satanique... Où donc le maître a-t-il puisé ce chant furieux de la chair, cette connaissance absolue de la partie diabolique de l'homme ?... Tout cerveau bien conformé porte en lui deux infinis, le ciel et l'enfer, et dans toute image de l'un de ces infinis il reconnaît subitement la moitié de lui-même [332].

L'intimité baudelairienne reflue ici à la surface. Est-ce de Wagner qu'il est question ou bien des remous tumultueux d'où s'échappent *le Reniement de Saint-Pierre* et *les Litanies de Satan* ? Présentant son *Tannhäuser* dans la *Lettre sur la musique* [333], Wagner ne l'interprète pas avec cette netteté perspicace : « C'est le propre des œuvres vraiment artistiques, prend soin de dire Baudelaire [334], d'être une source inépuisable de suggestions ».

C'est donc une série de suggestions que nous livre de son âme ouverte ce poète qui est devenu critique.

Autant que par le spectacle de ce duel intérieur — dont il connaît le tragique bouleversement dans son âme divisée — il est attiré par la qualité inentendue de ces sons qui l'enlèvent hors des mélodies communes. L'aristocratisme et l'idéalisme de Baudelaire trouvent leur satisfaction à ce symbolisme hautain qui reste incompris des foules et subit leur sarcasme. Baudelaire écrit :

Dans la représentation plastique de l'idée, il s'est dégagé heureusement de la fastidieuse foule des victimes, des Elvires innombrables. L'idée pure, incarnée dans l'unique Vénus parle bien plus haut et avec bien plus d'éloquence. Nous ne voyons pas ici un libertin ordinaire *voltigeant de belle en belle* mais l'homme général, universel, vivant morganatiquement avec l'idéal absolu de la volupté, avec la Reine de toutes les diablesses, de toutes les jeunesses, de toutes les satyresses, reléguées sous terre, depuis la mort du grand Pan, c'est-à-dire avec l'indestructible et irrésistible Vénus [335].

Cette analyse qui interprète si justement le dessein essentiel de Wagner — atteindre l'Eternel Humain pur de tout élément conventionnel, — correspond aux tendances baudelairiennes. Le poète-critique, dans l'œuvre du poète-musicien, retrouve des évocations d'images, de tableaux, de sentiments qui sont naturellement familières à ses besoins d'art et d'âme et prolongent ses goûts ou ses inquiétudes. Non que Baudelaire songe à s'emparer de Wagner, à l'absorber dans un but personnel de défense ou de justification : ne nous laissons pas abuser par des mystifications destinées au bourgeois qu'il méprise ou à des amis qu'il veut étonner. La mystification se muerait ici en un calcul égoïste dont Baudelaire ne semble pas capable. Nous voici sur le plan supérieur, — dirons-nous divin ? — de l'art où Baudelaire se donne lui-même, l'âme mise à nu. Mais lui est-il défendu, après avoir été attiré par la puissance des « suggestions » wagnériennes, de retrouver dans ces suggestions mêmes l'obscur élément qui l'enchaîna subtilement par des ressemblances ou des affinités ? *Le Chant des Pèlerins* s'inspire du même motif que le finale de *Bénédiction* : « J'embrasse avec ardeur la fatigue, les souffrances... Je vais racheter humblement mes péchés... ». Le récit de *Tannhäuser* c'est toute la tragédie baudelairienne ; « la tristesse, l'accablement du pécheur pendant son rude voyage », ses espoirs et ses désirs de pardon qu'il cherche, non dans un geste du pontife mais dans la purification de la souffrance ou dans l'idéalisation de l'amour ; et c'est

aussi, hélas, en face de « l'irrémédiable » effondrement, « le sentiment presque ineffable, tant il est terrible, de la joie dans la
condamnation », puis l'attirance toujours vivace de l'ancienne volupté par quoi l' « on excuse l'infortuné chevalier de chercher
encore le sentier mystérieux qui conduit à la grotte pour retrouver
au moins les grâces de l'enfer auprès de sa diabolique épouse » [336].

Baudelaire est à ce point saisi par ces inspirations familières
qu'il continue à les rechercher, hors de *Tannhäuser*, dans *Lohengrin* ou le *Hollandais volant*. G. Héquet, dans l'*Illustration* du
1er juin 1861 [337], parlant, non sans ironie, d'une représentation de
Lohengrin à Vienne, constatait que « *Tannhäuser* n'était qu'un
timide essai, un premier pas hasardé avec circonspection dans les
régions nouvelles de l'art », mais que « *Lohengrin* est à l'autre
bout de la route ». Il concluait : « Qui ne connaît pas *Lohengrin*
ignore M. Wagner ». C'est ainsi que l'entend Baudelaire, dans
un tout autre esprit, certes, que le tendancieux critique de l'*Illustration*. Pour lui, *Lohengrin* porte ce « caractère sacré, mystérieux
et pourtant universellement intelligible » qui donne à la légende
toute sa poésie humaine. La curiosité d'Elsa, fatale à son repos
et à son bonheur, la pousse à renouveler les gestes éternels : le
mythe de Psyché, l'aventure d'Eve apportent, dans leur renouvellement, « le signe d'une origine unique, la preuve d'une parenté
irréfragable » qui font triompher « l'analogie morale », comme
« l'estampille divine de toutes les fables populaires » [338]. La hantise de « l'universelle unité », Baudelaire la place dans la vie
morale, comme il l'a poursuivie dans la vie poétique, et la légende
de *Lohengrin* lui ouvre les portes d'une digression sur le « mythe »,
« arbre qui croît partout, en tout climat, sous tout soleil, spontanément et sans boutures ». « Rien de plus cosmopolite que l'Eternel, affirme-t-il » : plus que *Tannhäuser* peut-être, *Lohengrin* lui
révèle le sens du wagnérisme en proposant une légende où son
âme, éprise d'unité et d'analogie, découvre le lien éternel des êtres
et des choses [339]. Et c'est là peut-être l'épanouissement et le terme
d'un rêve qui s'est cherché à travers les divagations de Swedenborg, les hallucinations d'Hoffmann ou l'idéalisme de Poe. Et
d'autre part, c'est de *Lohengrin* que Baudelaire dit : « Sans
poésie, la musique de Wagner serait encore une œuvre poétique »,
car la poésie doit son charme d'évocation à un mécanisme intérieur qui adapte et conjoint toutes choses. L'art de Wagner y
blasonne d'une mélodie spéciale chaque caractère et chaque rôle
comme un psychologue signale une âme par des mots qui la con-

tiennent et la révèlent. Liszt appuie de son autorité les remarques de Baudelaire et celui-ci s'efface derrière le grand musicien qui, dans son *Lohengrin et Tannhäuser,* montre sous les mélodies wagnériennes des personnifications d'idées et le retour des sentiments qu'elles ont une fois annoncées et qu'elles accompagnent inlassablement [340]. Ainsi Wagner, en fondant l'idée et la représentation sonore de l'idée, précède Baudelaire dans sa préoccupation de « concaténer » ses symboles et ses rythmes par la sorcellerie évocatoire des formules.

C'est encore le souci mystique qui retient Baudelaire devant la légende terrible du *Vaisseau-Fantôme* où revit l'inspiration d'un Maturin ou d'un Lewis. Cet amour ingénu du malheureux, aimé pour son malheur même, s'enveloppe d'un décor de rêve où la mer et la tempête, les malédictions de Satan et la pure fidélité d'une âme passionnée suscitent des correspondances baudelairiennes. Baudelaire dira : « L'ouverture est lugubre et profonde comme l'océan, le vent et les ténèbres... » Ici encore l'éternel humain est saisi dans ce mythe du Hollandais volant qui erre éternellement à travers les mers, porté sur un vaisseau fantôme avec son équipage de spectres : image poétique de ce désir de repos qui saisit l'âme dans les orages de la vie, « de cette aspiration vers la paix qui s'est exprimée pendant l'antiquité grecque par le mythe d'Odysseus, puis, sous l'influence des idées chrétiennes par la légende du Juif Errant » [341]. L'intérêt du drame wagnérien, Baudelaire le voit, comme Wagner lui-même [342], dans le développement du motif légendaire, les éléments lyriques des péripéties qui « touchent à tous les mystères de l'âme » et se répandent hors du cœur d'une Senta, d'une Elisabeth, d'une Elsa pour atteindre, dans sa pureté, l'éternel humain. Et ce sont là précisément les fondements de cette esthétique nouvelle qui se dégage des fièvres passionnelles du Romantisme pour chercher en des symboles universels à mettre à nu et à interpréter le mystère du cœur, sa vie et son rythme humains.

Ainsi s'organise peu à peu le portrait synthétique de Wagner vu par Baudelaire. Des deux hommes qu'il découvre en Wagner, il ne retient que l'homme passionné, — l'homme d'ordre exerçant son activité hors de l'œuvre poétique. Sa personnalité tient dans une qualité maîtresse, non certes dans une qualité dominatrice et tyrannique, sans souplesse et sans nuances : la force, disons même la violence de Wagner s'accommode de tempéraments orgiaques et voluptueux, comme dans l'ouverture de *Tannhäuser* aussi bien que de raffinements mystiques comme dans le prélude de *Lohengrin*. « Suave » ou « stridente », cette musique est d'une tonalité d' « énergie » qui lui donne un sens « moderne ». Le mot est lâché : la modernité de Wagner comme celle de Delacroix — et comme celle de Baudelaire — donne à l'artiste une place souveraine au-dessus de tous ceux qui suivent les voies tracées et hésitent à ouvrir des routes nouvelles. C'est par cette énergie audacieuse qui regarde vers l'avenir, en dépit de l'envie et de la critique, que Wagner découvre et exprime « ce qu'il y a de plus caché dans le cœur de l'homme ». C'est elle qui lui impose cette « solennité d'accent superlative qui ajoute à chaque chose je ne sais quoi de surhumain..., tout ce qu'impliquent les mots : *volonté, désir, concentration, intensité nerveuse, explosion* ». C'est elle qui marque son outrance même de la signature du génie, à qui la modération est fatale et la vigueur indispensable, puisqu'il vit de « ces excès de santé, ces débordements de volonté qui s'inscrivent dans les œuvres comme le bitume enflammé dans le sol d'un volcan et qui, dans la vie ordinaire, marquent souvent la phase, pleine de délices, succédant à une grande crise morale ou physique » [343]. Baudelaire s'exalte : cette énergie qu'il loue en Wagner, cette force de santé et de volonté qui donne à cette œuvre sa vertu singulière, il en a le désir nostalgique. Wagner, sur ce point, lui apparaît comme le maître d'éléments qu'il voudrait, lui aussi, dompter. N'est-ce pas avec une noble envie qu'il le signale ? « Par cette passion, il ajoute à chaque chose je ne sais quoi de surhumain ; par cette passion il comprend et fait tout comprendre... » [344].

Qu'importe dès lors le présent ! Les réussites du moment n'ont aucun poids dans la vie des chefs-d'œuvre. Ce Baudelaire qui rêvait de n'écrire que pour des morts [345] compte pour rien les oppositions de la foule. Les drames de Hugo, les peintures de Delacroix ont étonné, se sont heurtés à des résistances. L'article est daté du 18 mars : la bataille est engagée, mais « le succès ou l'insuccès de *Tannhäuser* ne peut absolument rien prouver ni même déterminer une quantité quelconque de chances favorables ou défavorables dans l'avenir » [346] : la destinée de l'art est de s'imposer malgré vents et tempêtes, et l'homme doit avoir la confiance tranquille des vieux pilotes. L'auteur des *Fleurs du Mal* évoque-t-il son aventure ? Ce livre où il a mis ses colères et ses mélancolies, qui souleva tant d'oppositions et tant de haines, il affirmait, hier encore, qu'il se vendrait toujours, comme il avait, dès son apparition, parlé de sa « beauté sinistre et froide » et déclaré : « Je me moque de tous les imbéciles et je sais que ce volume, avec ses qualités et ses défauts, fera son chemin dans la mémoire du public lettré à côté des meilleures poésies de Victor Hugo, de Théophile Gautier et même de Byron... » [347]. Il conclut, fort de cette expérience et de cet espoir :

Je me crois autorisé, par l'étude du passé, c'est-à-dire de l'éternel, à préjuger... qu'un échec complet ne détruit en aucune façon la possibilité de tentatives nouvelles dans le même sens et que, dans un avenir très rapproché, on pourrait bien voir, non pas seulement des auteurs nouveaux, mais même des hommes anciennement accrédités profiter, dans une mesure quelconque, des idées émises par Wagner et passer heureusement à travers la brèche ouverte par lui...[348]

Pourtant, malgré cette foi, il éprouve quelque déconvenue ou tout au moins quelque amertume à voir la joie des siffleurs et des cabaleurs après la première de *Tannhäuser* [349]. Il ajoute à son article « encore quelques mots » qu'il date du 8 avril 1861 et qui gonfleront dans la plaquette [350] le plaidoyer paru dans la *Revue Européenne*. S'il paraît dans l'arène, c'est parce qu'il s'agit de combattre : Baudelaire a le goût de la lutte en face du nombre hostile, comme il a le goût du sarcasme en face de la sottise triomphante. Il fait, avec indignation, le récit de cette première représentation de *Tannhäuser* dont nous avons reconstitué les péripéties. Seuls Morelli et Mlle Sax trouvent grâce devant sa verve irritée. Niemann lui-même est maltraité pour « ses faiblesses », « ses pâmoisons » et « ses mauvaises humeurs » d'enfant sans pitié. Léon Leroy confirme ce jugement en disant de cet acteur que sa « voix est usée dans le registre supérieur » et qu'il « profite de cet inconvénient pour pousser de temps en temps des sons inhumains » [351]. C'est aussi l'avis d'un témoin, Charles de Lorbac, qui jugea l'exécution « médiocre tant de la part des chanteurs que du côté de l'orchestre » [352]. Mais tout cela a peu d'importance. Dans le tumulte la trouée s'est faite, et l'avenir dira le dernier mot.

L'article de Baudelaire, la publication de sa plaquette n'eurent pas un grand retentissement, du moins si l'on veut en juger par les rares échos de la presse contemporaine. La *Revue fantaisiste* du 1er mai 1861 [353], sous la signature de Catulle Mendès, signale que « M. Charles Baudelaire a écrit une défense vigoureuse et

convaincue de Richard Wagner et de *Tannhäuser* ». Le 15 mai,
le *Bulletin bibliographique* de Ch. Revert, annonçant la plaquette
parue chez Dentu, rend hommage à cette « remarquable étude »
et se plaît à louer cette œuvre où « la philosophie, le côté esthétique de l'œuvre de Richard Wagner sont rendus avec une netteté
et une précision merveilleuses dans la langue ferme et colorée dont
M. Baudelaire possède si bien le secret ». D'autre part, Charles
Valette proteste, dans la *Causerie*, contre les blâmes déversés par
Baudelaire sur la presse, affirmant qu'en dehors du *Figaro* « cet
éternel railleur des opprimés, tous les petits journaux ont protesté
contre la cabale et contre le mauvais vouloir du public » [354]. Les
jugements que nous avons rapportés d'autre part nous permettent
d'excuser Baudelaire. Un autre journal dut émettre des commentaires malveillants, ainsi qu'en témoigne une lettre de Baudelaire,
datée du 11 juillet 1861 et publiée dans le *Mercure de France*
par M. Emery, le 1er août 1917. Le ton de cette réponse est bien
dans la manière hautaine d'un prince des lettres :

> Quand je lis dans des feuilles, périodiques quand elles peuvent, obscures
> toujours, que je vends mes manuscrits aux journaux allemands, il est de
> ma dignité de ne point m'en défendre... Les arts sont en général un champ
> de dispute, mais il serait étrangement paradoxal que la musique devînt
> un champ de bataille.
> Et c'est tout, Monsieur...

Cinq ans après la publication, le 14 avril 1866, la *Petite Revue*
annonçait le solde de la plaquette à 0 fr. 50 au lieu de 1 franc.
Ceci est normal : Baudelaire n'eut jamais l'habitude des profits
pécuniaires et ses élans généreux furent toujours désintéressés.
Mais Wagner fut content : « Un jour, M. R. Wagner m'a sauté au
cou, écrit Baudelaire à Swinburne, pour me remercier d'une brochure que j'avais faite sur *Tannhäuser* et m'a dit : « Je n'aurais
jamais cru qu'un littérateur français pût comprendre facilement
tant de choses ». N'étant pas exclusivement patriote, j'ai pris de
son compliment tout ce qu'il avait de gracieux ». Une lettre de
Richard Wagner à Baudelaire, datée du 15 avril 1861, dit l' « immense satisfaction » que procura au musicien l'article du poète.
Il se juge honoré et encouragé plus que « par tout ce qu'on a
jamais dit » sur son « pauvre talent » et réclame une occasion
de lui exprimer combien il s'est « senti enivré en lisant ces belles
pages qui racontaient — comme fait le meilleur poème — les
impressions » qu'il doit « se vanter d'avoir produites sur une
organisation si supérieure » [355].

Aujourd'hui la défense de Wagner par Baudelaire garde son autorité. Elle reste toujours actuelle parce que Baudelaire a compris ce qui donne à Wagner son sens durable. Nous avons pu voir dans quel esprit les théories et l'œuvre créatrice de Wagner étaient jugées par les critiques de 1860 et 1861, en France, autour de Baudelaire. Ces rapprochements nous permettent de placer, dans sa pleine lumière, l'originalité de ce poète, devenu critique et gardant, dans sa critique, les vues intuitives du poète. Quand le vieux Fétis entreprend, en 1852, d'exposer la pensée de Wagner, c'est avec un désir évident de dénigrement et d'incompréhension. Trop de distance sépare de l'art de l'avenir son goût traditionaliste, figé dans le présent, ennemi du progrès et rebelle au nouveau. Après lui, Berlioz s'enferme dans une jalousie hautaine et enrage secrètement. Scudo et Héquet se cantonnent dans leur étroit horizon, mêlant le sarcasme à l'ironie. Les revues musicales sont délibérément hostiles. Wagner est jugé avant d'être lu, condamné avant d'être compris. En vain ses amis mènent la lutte pour le défendre et l'exalter : ni Gaspérini, ni Leroy, ni Champfleury, dont la sympathie est pourtant si intelligente et si avertie, n'apportent sur l'œuvre théorique ou sur le drame musical les jugements décisifs et les vues souveraines de Baudelaire. D'autres pourront entrer plus habilement, avec plus de science, dans l'étude des moyens techniques, des réalisations précises. Personne ne dégagera avec plus de sûreté les conceptions géniales de l'art wagnérien. Pour s'en rendre compte, il suffit de rapprocher les textes. Baudelaire apparaît, en 1860, comme l'égal de Wagner, capable de saisir d'une vue les inquiétudes, les intuitions, les efforts du Maître dont il est le Pair.

C'est que, par les sommets, l'esthétique du poète rejoint l'esthétique du musicien. Leur idéal peut, sur quelques points, diverger. Baudelaire n'eût pas écrit que « le peuple est une force efficiente de l'œuvre d'art » [356], ni admis cette idée chère à Wagner que l'art a un rôle éducateur et que son existence est liée à l'existence même de la société [357]. Mais ce sont là des détails qui n'ont qu'un lointain rapport avec l'essence même de l'art. Quand Wagner définit le drame, œuvre d'art suprême et universelle où s'opère la synthèse de tous les arts, dans la recherche et l'expression de l'élément purement humain ; quand il dit de la Danse, de la Musique et de la Poésie : « Voilà les trois sœurs éternelles qui ne peuvent être séparées sans détruire le cercle de l'art... » [358] ; quand il signifie

à la musique et à la poésie de s'unir pour réaliser cette forme
d'art supérieure par quoi est atteint l'universel et l'illimité ; quand
il donne à la musique le pouvoir de projeter l'être hors de l'accidentel et de l'individuel, dans l'éternel et l'absolu, d'agir sur
l'homme « à la façon d'une force naturelle que l'on subit sans
pouvoir se l'expliquer » [359], d'être pour l'auditeur une mer où il
plonge « pour revenir beau et rafraîchi à la lumière du jour »,
tandis que son cœur reste « merveilleusement dilaté à contempler
ces profondeurs insondables, grosses de toutes les possibilités et
qui l'emplissent d'étonnement et du pressentiment de l'infini » [360] ;
quand il affirme, après Gœthe, que « la dignité de l'art n'apparaît
nulle part aussi éminemment que dans la musique » [361] et, après
Hoffmann, que « la musique ouvre à l'homme un monde inconnu
qui n'a rien de commun avec le monde des sens » [362] ; quand, lui,
le musicien-poète, il fait de la musique un art d'extase éperdue,
qui exprime l'inexprimable et révèle le Beau, — comment un Baudelaire, admirateur de Poe, épris de correspondances, de sorcelle-
ries évocatoires, de mythes et de symboles atteignant l'humain par
l'universel, aurait-il hésité à entrer dans ce jeu sublime, si conforme à ses goûts secrets ? Cherchons la faculté maîtresse de
Wagner : « Est-il un poète, écrit M. Lichtenberger [363], qui, désespérant de réaliser pleinement ses intentions par les seuls moyens
littéraires, s'est adressé à la musique et à la pantomime pour
atteindre, chez ses auditeurs, non seulement l'intelligence mais l'être
sensible tout entier ? Est-il un musicien génial qui, dans son
effort pour communiquer clairement sa pensée aux profanes de la
musique, aurait fini par franchir les limites de son art particulier
et fait irruption dans le domaine des autres arts ? Ou bien faut-il
reconnaître en lui, comme le voulait Nietzsche, un *acteur* d'un
génie prodigieux qui, désespérant de se satisfaire par les moyens
ordinaires, aurait appelé à son aide tous les arts ? » N'est-il pas
plutôt « un artiste vraiment libre qui ne peut pas faire autrement
que de penser simultanément dans toutes les branches particulières
de l'art » ? Et n'a-t-il pas rêvé de faire de la musique ce que
Baudelaire veut faire de la poésie : un instrument d'émotion humaine capable d'atteindre l'absolu au moyen d'évocations parallèles
et de correspondances infinies ? Plus tard, en 1879, dans *la Poésie
et la Composition*, Wagner distinguera trois degrés chez le
Ποιητής : le Voyant, le Poëte et l'Artiste. Le Voyant perçoit l'essence des choses ; d'instinct, il devine autour de lui de mystérieuses présences. Il invente sans le savoir et sans le vouloir

tandis que le Poète est un créateur conscient, qui a la volonté de communiquer à autrui les révélations du Voyant. Il devient par là un Artiste, c'est-à-dire l'être chargé d'exprimer et de reproduire, avec l'appareil des règles et de la technique, les formes du rêve et les voix intérieures. L'œuvre d'art suprême, loin de fragmenter l'impression en s'adressant isolément à tel ou tel de nos sens, reprendra l'intention primitive de toute poésie et, usant de tous les moyens d'expression que lui fournissent tous les arts, se proposera comme but magique de rétablir complètement et directement la vision idéale du Voyant [364].

Cette analyse de la vie artistique répond aux vues baudelairiennes. Dès longtemps, Baudelaire a distingué avec Poe les nuances de la conception, de la création et de la réalisation poétiques. Dès longtemps, il a parlé de cette extase perceptible aux seuls initiés et dont le poète et l'artiste doivent par les arts communiquer la révélation aux mortels. Comme Wagner et comme Poe, il reconnaît que c'est surtout par la musique et à travers la musique qu'on est transporté dans le monde idéal où règne la Beauté pure et que d'autre part la musique est la langue qui interprète le moins imparfaitement les extases ou les visions de l'inspiré. Si Baudelaire, sans être musicien, vibre intensément aux suggestions de la musique wagnérienne, c'est parce qu'il se sent par elle « enlevé de terre » [365] et que ses rêveries se prolongent enrichies de correspondances, mêlant aux sons les images et les couleurs. Baudelaire et Wagner ont cause liée, puisque tous deux admettent le concours de tous les arts dans la production poétique, qui atteint le fond humain par la poésie et la musique, la mimique, la plastique, la peinture et l'architecture. Le symbolisme baudelairien y gagne cette ténébreuse et profonde unité où se mêlent « tous les sens fondus en un » [366]. Le drame wagnérien, disciplinant les arts divers, les harmonise en vue d'élargir l'émotion esthétique : se complétant sous mille formes, les arts sont bornés chacun à leur but spécial ; « en se heurtant à ses limites chacun se sent esclave si, parvenu à son point extrême, il ne tend pas la main à l'autre genre d'art correspondant, avec un amour absolument reconnaissant » [367] ; l'œuvre d'art n'est accomplie que si chacun des arts « s'absorbe dans l'amour des autres..., si chacun disparaît en tant qu'art isolé » [368] ; le drame est le centre où tout converge, où les longs échos de loin se répondent. Baudelaire et Wagner défendent l'Art contre la spécialisation des arts. Et c'est ainsi que, guidé par le grand musicien, le grand poète voit s'ouvrir un monde sans limites. Lui qui rêve d'une harmonie renouvelée et de frissons inconnus trouve soudain, dans ce prolongement de la poésie par la musique, le moyen d'agrandir le domaine du verbe, d'étendre le destin des mots en leur offrant, par leur seule sonorité, par le charme de leur forme et de leur timbre, un pouvoir d'évocation et de magie, hors du sens dont ils sont revêtus. Baudelaire se donne à Wagner, avec toute son âme, sans discuter ni disserter : il discerne en lui un génie de sa race et, n'écoutant que la sympathie de son intuition, il traduit les réactions de sa sensibilité de poète sous le coup de la révélation wagnérienne. Son commentaire rencontre les analyses de Liszt et de Wagner lui-même. Il définit avec une lucide simplicité le caractère spirituel de *Lohengrin*, le conflit intérieur de *Tannhäuser*. Il analyse les raisons qui expliquent l'échec de l'opéra wagnérien à Paris. Nul mieux que lui, redressant les erreurs d'une époque, n'a parlé d'avance le langage de la postérité.

C'est pourquoi le nom de Wagner appelle invinciblement celui de Baudelaire. On a dit, avec raison que seul, en son temps, Baudelaire fut capable de pénétrer d'une vue le fond du génie wagnérien, qu'il est le premier poète français né sous l'étoile de la musique et qu'il a sauvé le renom du goût national, dans une aventure où étaient engagées nos traditions de courtoisie [369]. Mais ce qu'on n'a pas assez dit c'est la raison profonde qui fait de Baudelaire l'allié de Wagner. Par une intuition, qui est de l'ordre mystérieux de l'inspiration, le poète devine, dans la pensée et dans l'œuvre du musicien, une inquiétude du parfait qui le fait participer à la vie supérieure. Les théories de Wagner, rattachant le drame aux tentatives des anciens et l'enrichissant de tous les élans de la nature moderne, l'enchantent comme la synthèse idéale dont ce grand classique rêve en grand romantique. Il aime en lui cette énergie, cette violence, qui n'hésitent pas à pénétrer jusque dans le surhumain pour trouver des contacts plus enivrants, car ce poète du paroxysme sait fort bien que c'est dans l'outrance seule — dans l'orage zébré d'éclairs — que se manifeste le génie. Il est, par-dessus tout, séduit par le mysticisme de ce Titan tourmenté, lui qui fut, en dépit de tant de basses amours, de lamentables misères, le plus grand mystique du siècle. Il se retrouve en Tannhäuser, prisonnier des mirages voluptueux, cherchant le chemin du pardon, confessant ses trop chères fautes et revenant, frappé d'anathème, vers les charmes reniés, en appelant les joies désespérées de l'enfer. Et, s'il commente avec tant de juste éloquence, d'émotion pénétrante, le double thème de l'ouverture, n'est-ce pas pour avoir entendu bien des fois, en lui-même, l'alternance tragique de la volupté satanique et de l'ardeur paradisiaque ? Comme Wagner, il veut atteindre le cœur universel de l'homme et captiver l'être entier dans un enlèvement vers les plus pures régions de la Beauté. Comme lui, il est persuadé que l'œuvre du poète se parachève dans la musique et que les arts doivent s'unir pour rendre possible cette émotion sublime de l'âme devant la révélation de l'harmonie divine. Baudelaire, fréquentant, sur les cimes, les princes de l'esprit, a vu cet enchaînement des correspondances qui tendent à se fondre dans l'unité universelle. Il a compris que se répondaient les mystères de l'harmonie verbale et de l'harmonie musicale. En écoutant Wagner, il a construit des visions, conçu des tableaux, rêvé d'espace et de profondeur, comme il a écouté, en face de Delacroix, les symphonies de la couleur. De plus en plus, il s'est convaincu que le privilège redoutable de l'artiste est d'atteindre au mystère de la beauté, que son rôle est de révéler l'infini — et que les arts doivent s'unir pour permettre au Voyant de soutenir son extase, au Poète d'exprimer son rêve. L'âme moderne, enrichie d'expériences, aspire à des mondes inconnus, s'inquiète d'émotions nouvelles. La révélation wagnérienne confirme les vues de Baudelaire. Elle l'isole sur les sommets. Elle l'enveloppe de forces bienfaisantes qu'il réclamera, un jour prochain, pour endormir ses angoisses au seuil de la mort.

III

LE CONFITEOR DE L'ARTISTE

LA CRITIQUE D'UN POÈTE

C'est en 1846, aux premières pages de son œuvre, que Baudelaire expose sa méthode de critique : « Pour être juste, c'est-à-dire
pour avoir sa raison d'être, la critique doit être partiale, passionnée... » [1]. C'est en 1861, dans son article sur Richard Wagner, que
se dévoile la pensée de Baudelaire sur l'éminente dignité du poète
devenu critique : « Ce serait un événement tout nouveau dans
l'histoire des arts qu'un critique se faisant poète, un renversement
de toutes les lois psychiques, une monstruosité ; au contraire, tous
les grands poètes deviennent naturellement, fatalement, critiques » [2].
C'est aux deux extrémités de sa vie littéraire la même pensée :
la meilleure critique est celle qui est poétique, avait-il dit un jour.
Et quinze ans après, il confirme : « Je considère le poète comme
le meilleur de tous les critiques » [3]. Avant d'étudier les jugements
de Baudelaire, en face des œuvres littéraires ou artistiques, il
convient de l'interroger sur les principes qui vont diriger sa critique de poète.

Baudelaire se pose en adversaire du dogmatisme. Le « monsieur
grave, sec, roide et cravaté de blanc », qui tient à la main son
dernier feuilleton et s'écrie : « Si l'art est noble, la critique est
sainte... La critique est au-dessus de l'art », il est prêt à le railler
comme faisait Gavarni [4], et il affirme que son rôle devant un
ouvrage n'est point d'enseigner des moyens et des procédés que
l'artiste apprend à l'atelier et dont le public ne se soucie guère.
Loin de se dépouiller de toute espèce de tempérament sous prétexte
d'expliquer et de généraliser, le critique doit se passionner pour
l'individuel et commander à l'artiste de s'exprimer non d'après des
lois rigides mais suivant la sincérité et la richesse de sa personnalité. Il doit juger, non pas avec cette froideur algébrique qui
abdique toute haine et tout amour, mais avec son goût, son intel-

ligence, sa sensibilité. Et c'est dans ce sens que Baudelaire emploie
ces termes qui surprennent un peu nos exigences d'historiens littéraires : critique politique, critique partiale, critique passionnée [5].
Une telle méthode offre certes des dangers : elle a, selon Baudelaire, cet avantage d'élever celui qui juge au même plan que celui
qui est jugé. Le critique n'est plus l'esclave du tableau ou du
poème ; il est l'égal de l'artiste : créateur comme lui, il retrouve,
sur les hauteurs nouvelles où le soulève son tempérament, les
frissons qui ont inspiré l'œuvre et il parle plus en poète qu'en
critique, plus en homme qu'en auteur.

Lorsque, le 15 mai 1855, s'ouvrit au Nouveau-Palais des Arts,
avenue Montaigne, l'Exposition Universelle, Baudelaire, chargé par
Dutacq de tenir au *Pays* le feuilleton des Beaux-Arts, reprend
dans son premier article, le 26 mai, les idées ébauchées, aux jours
de jeunesse, dans le *Salon de 1846*. C'est à propos du spectacle
varié qu'offrent des œuvres venues de tous les coins du monde que
Baudelaire précise ses vues sur la nécessité, pour le critique, de
s'évader des formules d'école et de s'adapter à des milieux divers,
à des concepts différents. La nation regorge de modernes Winckelmann : les paresseux trouvent plus facile de juger suivant des
recettes, plus prudent de s'appuyer sur des dogmes. Et voilà notre
Baudelaire parti en guerre contre les professeurs-jurés d'esthétique, les voiles scolaires, les paradoxes universitaires, les utopies
pédagogiques [6]. Ne préfère-t-il pas à ces pédagogues qui dissertent
les contemplateurs touchés de la « grâce divine du cosmopolitisme » ? Et il donne la palme à « ces voyageurs solitaires qui
ont vécu pendant des années au fond des bois, au milieu des
vertigineuses prairies, sans autre compagnon que leur fusil, dis-
séquant, écrivant... » La critique, il le répète, doit être intelligente
et sympathique. Il en est des juges des arts et des lettres, comme
de ces êtres intelligents transportés dans une contrée lointaine :
l'accoutumance, plus ou moins lente, mais tôt ou tard fatale,
crée, par la sympathie, un monde nouveau d'idées, — et ce monde,
désormais inséparable d'eux-mêmes, les enveloppe et les accompagne « sous forme de souvenirs, jusqu'à la mort. » On ne juge bien
que ce que l'on comprend, ce que l'on sent. La critique est la faculté de vibrer devant une œuvre d'art, de la mêler à sa vie, de
l'ajouter au rythme de sa propre vitalité. Le critique doit se dépouiller des préjugés de caste ou de milieu pour ouvrir son âme
aux harmonies nouvelles, pour quitter les forteresses aveuglantes
et s'abandonner aux « spirales infinies de la vie ». Ecoutons l'ana-

thème que Baudelaire jette aux fanatiques qui défendent de jouir, de rêver ou de penser par des procédés autres que les leurs :

Science barbouillée d'encre, goût bâtard, plus barbare que les barbares, qui a oublié la couleur du ciel, la forme du végétal, le mouvement et l'odeur de l'animalité, et dont les doigts crispés, paralysés par la plume, ne peuvent plus courir avec agilité sur l'immense clavier des *correspondances !* [7]

Y a-t-il un bon et un mauvais goût ? Y a-t-il surtout une loi unique qui impose des règles inéluctables de jugement ? Le critique brise les contraintes et se rit des manuels : il admet, dans le royaume de l'art, les formes les plus opposées et après avoir admiré les aspects familiers des créations artistiques, il peut s'émouvoir devant « un produit chinois..., étrange, bizarre, contourné dans sa forme, intense par sa couleur et quelquefois délicat jusqu'à l'évanouissement » [8]. C'est que, pour Baudelaire, le rôle du critique est de rechercher, dans tant d'œuvres où les individus les plus variés expriment leur vitalité, le lien qui les unit dans l'universel. Sa sympathie doit se piquer de tout comprendre et de tout expliquer : comment n'irait-elle pas à ces formes de bâtiment qui font la gloire des contrées lointaines et qui sont, à leur manière, d'un authentique académisme [9] ? Végétaux qui surprennent l'homme trop attaché à ses souvenirs natals, hommes et femmes dont les muscles ne vibrent pas suivant l'allure classique d'un pays pris comme norme, odeurs si différentes des odeurs perçues dans le boudoir maternel, fleurs mystérieuses, fruits aux saveurs inconnues, tout ce monde de sensations nouvelles doit unir sa « vitalité inconnue » à la « vitalité propre » du critique. Baudelaire songe au voyage et à tout l'enrichissement de son être devant ces observations qui l'arrachaient à lui-même, à tant de préoccupations et tant d'habitudes. Car le critique doit s'oublier pour se fondre dans l'œuvre qu'il juge ; il devient un collaborateur de l'artiste : « Pour taper sur le ventre d'un colosse, il faut pouvoir s'y hausser » [10]. Il ne doit pas distribuer des prix, comme M. Villemain [11], ni diviser le monde spirituel et les talents spirituels en catégories arbitraires [12], ni tout ramener à ses préoccupations personnelles [13]. Il doit, suivant l'éloge que Flaubert adressa un jour à Baudelaire [14], entrer « dans les arcanes d'une œuvre », comme si sa « cervelle » était celle de l'auteur. Le fanatisme — qu'il soit grec, italien ou parisien — est un mauvais guide. Il faut exercer son intelligence sur une œuvre avant d'édicter le jugement et, sans une sympathie éclairée, la science du critique n'est qu'un fatras de doctrinaire, qui blasphème la vie et la nature [15]. Les systèmes sont le pire danger : ils sont démentis par les faits et mènent à l'erreur ou à l'injustice. Tout en eux est utopie ou mensonge : « Un système est une espèce de damnation qui nous pousse à une abjuration perpétuelle ; il en faut toujours inventer un autre et cette fatigue est un cruel châtiment » [16]. Un système est une construction harmonieuse où abondent les fausses fenêtres. L'homme est trop ondoyant pour s'y enfermer. Et toujours « un produit spontané, inattendu de la vitalité universelle » vient donner un démenti à cette « science enfantine et vieillotte » [17]. Il faut que le critique se résigne à la modestie, car on a besoin, pour voir clair, de quelque naïveté. Trop de gens se font valoir au détriment des artistes [18]. Et les esprits trop avertis ne savent que dénigrer, ce qui est la pire forme de l'injustice : le « propre des sots », c'est précisément « d'être incapables d'admiration » [19] et de se priver d'un plaisir de choix; car — Baudelaire l'a toujours pensé — « rien n'est plus doux que d'admirer, rien n'est plus désagréable que de critiquer » [20]. L'artiste voit plus haut que les hommes du commun. Le critique doit s'élever jusqu'à lui, au lieu de condamner ce qui le dépasse. Ainsi son esprit s'ouvrira à tous les aspects de la beauté [21] et s'élargira dans l'intelligence du « cosmopolitisme » et de « l'universel ».

Cette méfiance des systèmes, ce goût de la naïveté qui inspire à Baudelaire l'horreur du « poncif » et du « chic » [22] explique sa définition du Beau — que les critiques doivent par métier poursuivre dans l'analyse des œuvres. Le Beau est composé de nouveau et de bizarre. S'il n'est pas bizarre, il est monotone, s'il n'est pas nouveau, il est banal. La variété est une condition de la vie et l'étonnement est la plus grande jouissance de l'art. Pour Baudelaire, « cette dose de bizarrerie » joue dans l'art le même rôle que l'assaisonnement dans les mets : ce goût de l'étrange est, pour une part, dans son admiration des grandes œuvres d'un Delacroix ou d'un Poe, peut-être aussi d'un Wagner. Cette âme, toujours prête à vibrer, ne veut s'émouvoir que d'extraordinaire et se plaît aux domaines du mystérieux, qui est à la fois le nouveau et le bizarre. Nous voici dans un royaume qui se place quelque part, hors du monde : « La peinture est une évocation », la poésie « une opération magique ». Pourquoi un critique oserait-il discuter les « formules évocatoires du sorcier » ? L'œuvre d'art ne doit être jugée que « par la somme d'idées ou de rêveries » qu'elle apportera dans notre esprit [23].

Enfin, Baudelaire se défend de poser comme critérium de l'œu-vre d'art l'idée de progrès : on ne saurait allier aux choses spiri-tuelles de l'art des notions aussi matérielles. Le progrès, c'est pour lui, « la vapeur, l'électricité et l'éclairage au gaz » et l'auteur des *Notes sur E. Poe* a l'horreur de cette fatuité ridicule qui détruit dans le domaine esthétique tout élément de spontanéité et d'origi-nalité. Le progrès n'est pas, dans la vie matérielle, une garantie infaillible : il y pourrait, d'ailleurs, devenir la plus ingénieuse et la plus cruelle des tortures pour une humanité toujours insatisfaite du présent et plus exigeante pour l'avenir. Mais, en art, il se dresse « avec une absurdité gigantesque, une grotesquerie qui monte jusqu'à l'épouvantable ». L'artiste ne relève que de lui-même ; il n'offre aucune promesse d'avenir et les révélations n'ont que rarement des précurseurs : « Toute floraison est spontanée, individuelle. » Ainsi le rôle de l'artiste ne se borne pas à la pra-tique de procédés prévus et communs. Les nations qui cultivent aujourd'hui « les arts de l'imagination avec joie et succès » ne peuvent se flatter de voir dans la prospérité du présent un gage de réussite pour demain. Il leur arrive, comme aux individus, de s'endormir sur les richesses acquises. Les principes les plus fé-conds, les découvertes du génie sont rongés par la routine qui peut créer un progrès mécanique mais qui tue la vitalité artistique. Cette vitalité échappe aux lois : elle se déplace, elle s'interrompt. Et « les nouveaux venus » n'héritent pas intégralement « des an-ciens » [24]. Ces remarques, calquées sur la vie de l'art, dictent au critique sa conduite. Baudelaire ne saurait admettre une méthode qui s'attache à l'étude d'une œuvre d'art avec la rigueur froide de l'objectivité. Pour ce poète, la critique n'est pas une science ; elle est une collaboration artistique. Elle doit se plier aux souples-ses de la création, obéir aux incertitudes et aux tâtonnements du génie. Elle ne jugera pas suivant des règles ou des principes les productions qui se jouent des règles ou des principes. En 1855, les théories de Baudelaire se sont affirmées. La critique est à la fois compréhension et création. Elle fuit les systèmes et se plie à l'œuvre avec cette sympathie qui est la meilleure auxiliaire de l'intelligence. Elle s'éclaire non de lois mais de sentiments, non de géométries mais d'intuitions. Le critique obéit à l'artiste : il pénètre sa vie secrète, il devine ses intentions. Il ne s'indigne pas si l'œuvre le surprend — car l'étonnement est un effet certain de l'originalité et le Beau doit toujours étonner.

Cette conception explique l'aversion de Baudelaire pour les cri-

tiques officiels. Qu'on lise les notes consacrées à Villemain et on
sera édifié, par le ton, sur les sentiments que Baudelaire nourrit
à l'égard de ceux qu'il a nommés, après Heine, les « professeurs-
jurés d'esthétique » [25] : « J'aspire à la douleur. J'ai voulu lire
Villemain... Villemain représente l'inutilité affairée et hargneuse...
Il ignore l'art d'écrire... La vile habitude d'écouter aux portes...
Véritables habitudes d'un maître de pension... Encore les tiroirs,
les armoires, les cartons, les distributions de prix, l'herbier, les
collections d'un écolier qui ramasse des coquilles d'huître pour
faire le naturaliste. Rien, absolument rien pour la poésie lyrique
anonyme, et cela dans un Essai sur la poésie lyrique ! Il a pensé
à Longfellow mais il a omis Byron, Barbier et Tennyson, sans
doute parce qu'un professeur lui inspire toujours plus de tendresse
qu'un poète... Banal *compendium* digne d'un professeur de rhétorique... le professeur servile, au lieu de rendre justice philosophique à Joseph de Maistre fait sa cour à l'insipide jeunesse du
quartier latin ». Baudelaire, dans ces termes sans tendresse, prend
position : sa critique n'est pas d'un professeur, elle est d'un poète.
Et c'est pourquoi il parle de Villemain comme d'un traître ; c'est
pourquoi il projetait d'écrire dans le *Hibou philosophe* des articles
sur Gustave Planche et Jules Janin qui eussent été, suivant ses
propres termes, « éreintement radical » et « éreintage absolu » [26].
Il refuse de plier sa sensibilité à des barèmes de critiques professionnels. Il veut une critique constructive : au lieu de suivre
l'œuvre en esclave et comme en parasite, il vit à côté d'elle, d'une
vie propre, parfois sur une voie parallèle d'où il observe et juge
suivant un rythme indépendant. L'art que la vie inspira et qui
n'est qu'un reflet de la nature emprisonnée dans une âme d'artiste,
c'est, d'après lui, le critique qui doit le révéler, dans une sorte
d'émulation loyale et passionnée. Fermé au bruit du dehors, posé
au centre de l'œuvre, vibrant d'elle, inspiré par elle, le critique
est un tempérament qui sent et qui réagit. Juger c'est sympathiser
ou haïr. Et, de préférence, le critique ira vers des œuvres qui
l'enthousiasment parce qu'il se reconnaît en elles et qu'il peut,
grâce à elles, élargir ses vues ou dresser ses synthèses. Est-ce
l'union, dont rêvait Pascal, de l'esprit de géométrie et de l'esprit
de finesse, l'alliance de la force lucide et de la souplesse intuitive ?
Baudelaire parle de cette passion qui « rapproche les tempéraments analogues et soulève la raison à des hauteurs nouvelles » [27].
Certes un critique qui est d'abord un poète, ayant à juger dans
le domaine du cœur, peut juger avec plus de vérité et de pro-

fondeur des créations dont il connaît la mystérieuse floraison ; son expérience le guide dans la recherche des causes et son instinct d'inspiré lui donne de deviner, par delà les apparences, ce qui échappera toujours au contrôle de l'analyse. Mais c'est là un rôle difficile à tenir : on songe à ces funambules trop habiles exécutant des parades sans balancier. Quand le tour est réussi, l'on ne peut s'empêcher d'applaudir. Mais combien de ces audacieux sont sujets à des chutes retentissantes. Il est des poètes qui seraient de lamentables critiques. La *Préface de Cromwell* est confuse et la *Défense et Illustration* est bien mal composée. Un critique pur jugera peut-être avec plus de sûreté que d'éclat et sans risque grossier d'erreur. Les poètes ne seront des critiques supérieurs que s'ils ont le goût qui dirige la sensibilité et règle les élans suivant des vues qui doivent beaucoup à la logique et à la raison. Et parce qu'il possède à merveille ces raffinements du goût, cette sûreté pénétrante qui relèvent autant de la culture que de l'inspiration, Baudelaire, qui est un si grand poète, est aussi un très grand critique, auprès de qui un Banville, et même un Gautier apparaissent comme des bateleurs plus brillants que profonds.

Baudelaire a écrit dans ses notes, en un rapprochement révélateur : « Portrait du vrai critique. — Métaphysique. — Imagination » [28]. Ailleurs il avait dit : « La critique touche à chaque instant à la métaphysique » [29]. Ces formules le montrent préoccupé de tracer à la critique un rôle éminent. S'il se défend d'avoir un système, il est soucieux de montrer que le critique comme l'artiste doit se soumettre aux lois de l'ordre universel. Les arts vivant dans une correspondance indissoluble, on ne saurait parler de l'un d'eux sans les connaître tous : le critique littéraire donne la main au critique d'art et tous deux doivent pénétrer ces analogies qui tendent à s'unir pour atteindre le Beau. La critique alors rejoint en effet la métaphysique, portée vers les sommets par l'imagination, reine des facultés. Elle recompose dans l'absolu les éléments purs de l'idéal traduit diversement par la variété des tempéraments et des arts. Elle décèle, dans toute œuvre, d'une prise sûre, l'étincelle de beauté qui s'y peut cacher.

Tel est, suivant Baudelaire, le rôle du critique. On peut juger combien son idéal s'éloigne des tendances de son temps. Ce critique, qui réclame à l'imagination du poète le sens de vues supérieures et au tempérament de l'artiste la sympathie devant les créations de l'âme, refuse de se soumettre à un système et s'élève jusqu'à des hauteurs où se confondent les arts dans l'unité universelle du Beau, c'est-à-dire du divin. Il tient à rester créateur, tout en devenant critique. Et ceci établit la différence entre lui et tous les critiques de son temps. La critique dogmatique, qui survit à tant de naufrages des anciennes idoles, s'oppose trop à son idéal pour qu'il ne s'indigne pas devant ces soucis de juger les œuvres d'après les règles. Un Nisard, un Saint-Marc Girardin exercent un sacerdoce qu'un Baudelaire a pris, dès ses débuts, en horreur. Qu'on lise les projets de Baudelaire concernant Jules Janin et Villemain [30] : deux conceptions se heurtent dans ces notes curieuses où les réactions vigoureuses de Baudelaire éclairent nettement sa position comme critique. Les professeurs — qui jugent d'après des principes — sont pour lui les plus éminents représentants de la « cuistrerie » [31]. Il s'indigne en termes rudes : « Vous n'aimez pas la vérité, vous n'aimez pas les proportions, vous n'aimez pas la justice, vous n'aimez pas les combinaisons, vous n'aimez pas le rythme, ni le mètre, ni la rime ; tout cela exige qu'on prenne trop de soin pour l'obtenir. Il est si doux de s'endormir sur l'oreiller de l'*opinion toute faite* ! » [32] Heine est attaqué par Janin. Baudelaire part en une guerre vengeresse. Les poètes, dit-il, ont « une diabolique personnalité » [33]. Et il le fait bien voir :

Ciel mélancolique de la poésie moderne. Etoiles de première grandeur. Pourquoi les choses ont-elles changé ? Grave question que je n'ai pas le temps de vous expliquer ici. Mais vous n'avez même pas songé à vous la poser. Elles ont changé parce qu'elles devaient changer. Votre ami, le sieur Villemain, vous chuchote à l'oreille le mot : Décadence. C'est un mot bien commode à l'usage des pédagogues ignorants, mot vague derrière lequel s'abritent notre paresse et votre incuriosité de la loi... [34]

N'est-ce pas l'illustration d'une théorie ? Ces critiques qui ne sont que critiques ne comprennent pas les nuances changeantes de la vie poétique : « Méconnaissance de la poésie de Heine et de la poésie en général » [35], objectera Baudelaire à Janin. Celui-ci, insolemment heureux, juge d'après sa joie de vivre et ne comprend pas, faute d'avoir approfondi les tempéraments et vibré d'émotions communes, « ces sublimes défauts qui font le grand poète : la mélancolie, toujours inséparable du sentiment du beau et une personnalité ardente, un esprit salamandrin » [36]. N'y a-t-il pas un frémissement amer dans cette ironie baudelairienne :

Vous êtes un homme heureux. Voilà qui suffit à vous consoler de toutes erreurs. Vous n'entendez rien à l'architecture des mots, à la plastique de la langue, à la peinture, à la musique ni à la poésie. Consolez-vous, Balzac et Chateaubriand n'ont jamais pu faire des vers passables. Il est vrai qu'ils savaient reconnaître les bons [37].

Interprétons : Baudelaire ne veut-il pas signifier par cette condamnation qu'un critique doit pénétrer en poète dans le domaine réservé où seuls les initiés connaissent la langue magique, possèdent la clef révélatrice et ne peuvent juger sans avoir eu leur part des mystères ? Une telle conception explique bien des polémiques et bien des colères. Plaçons Baudelaire en face de Villemain. Les réactions indignées du poète précisent, s'il en est besoin, son point de vue, en même temps qu'elles l'isolent dans un canton détourné, en marge des critiques de son temps. Pour ce passionné qui juge par impression, les soucis minutieux, les curiosités de Villemain lui semblent d'une puérilité souvent malhonnête. Il n'admet pas ces études d'influences que l'érudition doit connaître, que l'analyse doit démêler, que l'intelligence doit expliquer. Il ne reconnaît pas chez Villemain cet effort pour appuyer la critique sur l'étude des institutions sociales et les échanges d'influences littéraires qui lui dictaient certains points de vue nouveaux et féconds [38]. N'est-ce pas, à propos de certaines idées de Villemain, qu'on a pu prononcer le mot de cosmopolitisme ? Pour Baudelaire ce ne sont là que de beaux thèmes philosophiques qui excitent la curiosité : mais « la boutique ne répond pas à l'enseigne » [39]. Sa documentation est faite de « ragots », de « cancans » et trahit « la vile habitude d'écouter aux portes » [40]. C'est « un maître de pension », un « citateur automate qui a appris pour le plaisir de citer mais ne comprend pas ce qu'il récite » [41]. Il a, devant Chateaubriand, « la jugeote d'un pédagogue incapable d'apprécier le grand gentilhomme des décadences qui veut retourner à la vie sauvage ». Ce critique se refuse à l'admiration — ce qui est le propre des sots [42] et s'il reproche au grand magicien son manque de sensibilité, c'est qu'en effet Chateaubriand n'a pas la sensibilité d'un Secrétaire perpétuel. Le ton de Baudelaire se nuance de sarcasme et d'éloquence et passe sans effort de l'ironie à la grandeur : « Le sédentaire maître d'école trouve singulier que le voyageur se soit habillé en sauvage et en coureur des bois... Critique digne d'un pied-plat qui ne cherche dans les lettres que le moyen de parvenir... Les *Mémoires d'Outre-Tombe* et *La Tribune française* lus et compulsés page à page forment une harmonie à la fois grandiose et drôlatique. Sous la voix de Chateaubriand, pareille à la voix des grandes eaux, on entend l'éternel grognement en sourdine du cuistre envieux et impuissant » [43]. Laissons de côté les sévères jugements de Baudelaire sur le style de M. Villemain [44]. Nous saisissons sur le vif un conflit de méthodes. Cette mauvaise humeur de Baudelaire contre un critique, sans génie peut-être mais non pas sans conscience et sans valeur, c'est la révolte de l'artiste contre le juge qui discute sans savoir et parfois sans comprendre. C'est le même sentiment qui dicte à un Delacroix ses propos indignés contre les « critiques en matière d'art » [45]. Le peintre et le poète — pour en avoir tous deux souffert — ont pris en horreur « l'arsenal des autorités » qui fixent « les rangs d'une impitoyable manière » et tracent « des limites où ils vous tiennent sans pitié ». Ce danger des systèmes que Baudelaire signale, Delacroix le redoute dans ces critiques qui « se prévalent d'un certain type enfant de leur cerveau, courent à la défense des principes avoués par des gens de goût » et tiennent « fort à l'étroit les téméraires et les novateurs ». Ce sont les critiques de la race de Villemain, des dogmatiques, des moralistes, qui ont écrit contre les *Fleurs du Mal* : un Bourdin, un Habans, un Duranty, un Goudall, un Rousseau [46]. Villemain représente pour Baudelaire le pédagogue aux règles infaillibles qui juge de l'art sans participer à l'émotion artistique, qui joue de sa raison faute de pouvoir s'abandonner à son tempérament et qui regarde le spectacle de l'extérieur. Pour Baudelaire, le critique doit pénétrer dans l'intimité, participer à la vie, créer, collaborer et la critique doit se confondre avec l'œuvre jugée. Conception de lyrique qui a ses éclairs et ses dangers, comme tous les élans inspirés.

Et n'est-ce pas, en fin de compte, pour apporter dans la critique ces vues de poète que Baudelaire, malgré certaines apparences, avait quelque mal à s'entendre avec Sainte-Beuve ? Dans l'étude si documentée et si intelligente qu'il a consacrée aux rapports de ces deux esprits, F. Vandérem [47] analyse subtilement les raisons qui expliquent, sans la justifier, l'étrange conduite du critique à l'égard du poète, ses jalouses réticences, ses silences concertés, ses mesquineries d'impuissant ou d'envieux. Il omet de dire que Baudelaire a peut-être réalisé merveilleusement ce dont rêvait Sainte-Beuve en d'obscures déceptions : cette élégie moderne aux demi-teintes d'intimité chantant le bonheur nostalgique dans un décor de recueillement. Peut-être aurait-il pu ajouter que cet ancien romantique passé au réalisme et soucieux de réduire dans son art la part du sentiment personnel, malgré son horreur de tout système et son goût pour le simple et le vrai, ne pouvait s'entendre avec ce passionné, ce lyrique, cet intuitif avide de vibrer de la même émotion créatrice que l'artiste dont il étudie l'œuvre. Sainte-Beuve a-t-il, mesurant la distance qui sépare leurs conceptions, éprouvé quelque gêne, lui, le critique professionnel, envers ce critique d'occasion qui s'obstine à mêler les intuitions du poète et les analyses du juge ? Il est permis en tout cas de signaler cette cause de divergence si naturelle entre deux tempéraments si opposés.

Ce n'est pas ici le lieu de discuter sur la prééminence du critique et du créateur ni de vider des questions de méthodes à propos de l'idéal que Baudelaire se propose, dans ses essais de critique littéraire ou de critique d'art. Il suffit d'indiquer sa position au milieu de ceux qui l'entourent. Nous avons rencontré déjà, dans les batailles qu'il a généreusement livrées autour de Delacroix ou de Wagner, maint critique enveloppé dans des bandelettes ou aveuglé par des bandeaux. Un Delécluze, dernier rempart des traditions classiques, un Scudo et même un Fétis obstinés à défendre la routine rossinienne, un Gustave Planche, fier de garder son esprit froid et serein au milieu des œuvres les plus brûlantes, tous ces « professeurs-jurés » aux systèmes arrêtés, aux vues trop nettes, aux tranquilles partis pris, forment avec Baudelaire un contraste absolu. Ne cherchons pas à savoir qui a tort ou raison. Constatons pourtant qu'un Baudelaire est trop grand poète pour ne pas admirer tous les créateurs qui ont, comme lui, la hantise du Beau et qui ont enfermé, dans leurs œuvres, un reflet de l'étincelle divine. Sa manière est de juger non en examinant les moyens mais en considérant le but. Les règles lui importent peu, et il lui est indifférent si les principes sont violés ou saufs, pourvu que l'œuvre provoque, par la rencontre et la révélation du Beau, l'émotion esthétique. C'est pourquoi, sa critique nous intéresse moins, peut-être, par les jugements qu'elle nous apporte que par le tempérament qu'elle traduit, et le double jeu, où elle se plaît, d'actions ou de réactions en face des œuvres et des hommes. Comme la sensibilité, l'imagination est pour lui souveraine, puisque « grâce à sa nature suppléante elle contient l'esprit critique » [48]. Pourquoi un Dumas trouve-t-il grâce devant Baudelaire qui se méfie pourtant de sa « nature de farceur » et le juge comme un auteur de « boniments » [49], — sinon parce que, ayant à parler du Salon de 1859 [50], il trouve dans son imagination le pouvoir de louer spirituellement Delacroix, de relever la sottise de ses adversaires, d'atteindre à la grâce et à la soudaineté dans l'expression du vrai [51] ? Mais suivrons-nous Baudelaire jusqu'au bout ? Et admettrons-nous qu'il ait pu, comme il l'a écrit à Nadar [52], parler du Salon de 1859, d'après un catalogue, sans l'avoir visité ? Voyons dans cette affirmation un paradoxe. La boutade est contredite par l'examen de l'œuvre critique de Baudelaire où règnent également la conscience et le goût. Mais, d'autre part, elle établit bien sa position en dehors des écoles et des systèmes : Baudelaire se pique de critiquer, non pour instruire ou dogmatiser, mais pour son plaisir de poète, pour se définir dans l'œuvre jugée ou défendre des frères de misère et de génie, pour prendre une richesse d'enthousiasme dans des créations qui traduisent et prolongent ses désirs secrets. Il recherche partout la parcelle de Beauté que le créateur vient d'arracher, de haute lutte, à la nature rebelle. « L'étude du Beau, écrit-il, est un duel où l'artiste crie de frayeur avant d'être vaincu » [53]. Sa critique est plutôt qu'une analyse minutieuse ou qu'un docte compte rendu le récit de cet effort de l'homme qui souffre devant la profondeur ou la limpidité du ciel, de ce drame qui exalte les grandes âmes et décourage leurs tentatives : « Ah ! faut-il éternellement souffrir, ou fuir éternellement le beau ? » [54].

Baudelaire négligera les œuvres médiocres ou vaines et ne s'en irritera que s'il voit dans leur triomphe scandaleux un déni de justice. Il ne trouve pas dans la critique une satisfaction de juge ; il n'y veut découvrir qu'une volupté d'esthète, car ce n'est pas de vérité ni de morale qu'il s'inquiète, mais uniquement de Beauté. Ceci le sépare définitivement de tous ceux qui conçoivent ou concevront la tâche du critique comme une étude scientifique : il s'abandonnera à ses sympathies avec passion et partialité. Il restera fermé à certains concepts ; il sera même injuste. Mais il procédera par intuitions souvent plus profondes que les jugements lentement conduits, plus exactes que les théorèmes les mieux posés. Etudions la critique de ce poète qui reste poète dans sa critique — gardant, pour juger, toute la fraîcheur et toute la spontanéité de l'inspiration, ne s'embarrassant d'aucun préjugé ni même d'aucun principe, parlant de ses pairs avec l'assurance passionnée du génie.

II

BAUDELAIRE CRITIQUE D'ART

Baudelaire n'a pas vingt-cinq ans quand il fait ses débuts dans la critique d'art, et une lettre de Mme Paul Meurice [1] témoigne qu'en 1865, habitant Bruxelles, il suivait toutes les Expositions parisiennes, lisant tous les feuilletons qui en rendaient compte. Il n'obéit point, comme tant d'autres, aux caprices de l'occasion ou aux nécessités du journalisme. Il visite les Salons, poussé par ce goût passionné qui l'emportait toujours vers toutes les manifestations du Beau [2]. Et il parle des artistes avec le désir de dominer les querelles d'école ou les mesquineries d'atelier, jugeant d'ailleurs que rendre compte d'un Salon n'est pas recopier un livret ou dresser un catalogue, et que la tâche d'un critique ne se borne pas à distribuer l'éloge et le blâme suivant quelques préjugés ou des conventions. Sa manière, nous l'avons vu, se distingue des procédés de feuilletoniste comme des partis pris de partisan. Peut-être manque-t-il d'assurance à ses débuts : le *Salon de 1845* traduit une pétulance juvénile qui n'harmonise pas encore les forces contraires. Il souffrira plus tard [3] de certains rapports d'idées avec Heine ou Stendhal, et il détruisit tous les exemplaires qu'il put retrouver : le *Salon de 1845* ne serait pas entré dans ses *Curiosités esthétiques* [4], et il ne figure pas sur la liste des morceaux que Baudelaire mentionne dans ses *Lettres* [5] comme devant composer le premier volume (*Beaux Arts*) de ses *Réflexions sur quelques-uns de mes contemporains.*

Ne soyons pas trop sévères cependant pour cette œuvre de jeunesse car nous n'avons pas lieu de partager les scrupules de l'auteur. Assurément le *Salon de 1845* offre parfois des énumérations monotones, et il nous arrive d'y lire des noms qui n'éveillent en nous aucun souvenir : il contient peut-être encore des descriptions d'ouvrages et garde trop cette allure de catalogue commenté, familière à tant de « Salonniers » et que Baudelaire répudiera très vite. Mais son plaisir était de voir comparer ce *Salon* à ceux de Diderot dont on a trop méconnu les qualités de critique

d'art, et il fait part de ce désir à Champfleury, en lui demandant
un article dans le *Corsaire-Satan* [6]. Néanmoins, il n'est besoin que
de lire quelques pages de ce *Salon* pour sentir que Baudelaire
ne s'arrêtera pas à la manière descriptive et à la sensiblerie
discoureuse de Diderot, exigées par son siècle et, d'ailleurs, souvent rehaussées d'échappées éblouissantes et de considérations
techniques. Asselineau, après Auguste Vitu [7], a mis en relief la
valeur véritable de ce premier essai : il y trouve déjà cette horreur des transactions et des ménagements, ce ton autoritaire qui
est le signe de la critique baudelairienne. Il parle de la « démonstration rigoureuse », de la « logique allant droit au but sans
souci des objections ni des tempéraments ». Il signale par là que
ce petit livre n'est pas une œuvre négligeable même auprès de
tant d'autres études sérieuses et profondes [8].

Le *Salon de 1845* [9] indique en effet mieux que des tendances :
le goût de Baudelaire est formé et ce jeune poète est un critique
qui sait déjà ce qu'il veut. On peut noter dans son vocabulaire
quelques traces — d'ailleurs assez rares — de la phraséologie
contemporaine [10]. Mais, à l'ordinaire, les termes sont nets et pro-
bes. Des formules se dessinent qui font prévoir le maître : « Il
ne suffit pas d'être coloriste pour avoir du goût... [11] » dit-il, à
propos de gros amours de Muller, et, à propos du *Martyre de
Saint Sébastien* de Lépaulle, il condamne l'œuvre en lui reprochant
son « faux air d'ex-voto de village » [12]. Et surtout sa critique
s'ordonne suivant une vue personnelle et des réactions de véritable artiste. Il a les indignations généreuses et naïves des natures
sincères : le coloriage d'un Glaize, — et même d'un Chassériau,
l'indisposent comme une trahison [13]. Il a horreur des « tableaux
trop bien faits », des « désespérantes perfections », de la « prétention au style » : « Tout le monde aujourd'hui peint trop bien »,
dit-il avec une désolation fougueuse [14]. Ce n'est pas qu'il s'accommode d'une œuvre improvisée : qu'on lise, dès cette date, les
pages si dures consacrées à Horace Vernet [15]. Il est bien d'avis
au contraire que « d'une œuvre laborieusement faite il reste
toujours quelque chose » [16]. Mais ce qu'il reproche à tous ceux
qui, en mal de couleur, ne peuvent aboutir qu'au coloriage, à tous
les faiseurs de toiles parfaites, à tous les artistes aux froideurs
savantes, c'est de se complaire dans « les motifs convenus de la
peinture actuelle et les poncifs qui traînent dans tous les jeunes
ateliers [17] ». Les envois de Louis Boulanger « médiocres » ou
« détestables » lui donnent l'occasion d'écrire des phrases très

dures pour « les ruines de l'ancien romantisme » [18] : il méprise les artistes qui s'obstinent à croire que l'inspiration suffit et remplace tout le reste. Il prend le mode ironique devant l'un d'eux [19] : « jeune école de dix-huit cent vingt », écrit-il simplement. Il rit d'un Gleyre qui, habile à voler « le cœur du public sentimental », se méconnaît au point de vouloir peindre des apôtres et n'arrive pas à triompher de sa propre peinture [20]. Il se plaint qu'un dessinateur comme Joseph Fay se perde dans l'érudition au lieu de s'abandonner à son talent [21]. Il exalte le rôle éminent de la personnalité et du tempérament : « Nous regrettons toujours et nous réclamons à grands cris l'originalité » [22]. Il condamne les plagiaires et tous ceux qui vivent d'emprunts : l'un « fabrique du Delaroche vingtième qualité » [23] ; l'autre sait « composer et arranger », mais c'est « tantôt Decamps et tantôt Salvator » [24]. Pour les *Oies du frère Philippe* du peintre Baron, il a des formules expressives : « C'est le rococo du romantisme, écrit-il ; il y a là-dedans du Couture, un peu du faire de Célestin Nanteuil, beaucoup de tons de Roqueplan et de C. Boulanger ». Et il conclut par une phrase qui dépasse la portée d'un compte rendu et trahit sa pensée intime : « Réfléchir devant ce tableau combien une peinture excessivement savante et brillante de couleur peut rester froide quand elle manque d'un tempérament particulier [25] ». Et c'est pourquoi il se refuse aux « concessions », persuadé que « l'on gagne icibas en art, en littérature, en politique, à être radical et absolu... [26] » De telles vues dominent et inspirent ses jugements : il loue, en Boissard, des qualités « naïves » qui lui permettent de surnager « au-dessus des eaux troubles de la mauvaise époque [27] » ; il s'enthousiasme pour ce William Haussoullier — qui ne méritait pas, peut-être, cet excès d'honneur — parce que sa « couleur est d'une crudité terrible, impitoyable, téméraire » et que sa « peinture a la foi », étant « absolue, convaincue », criant : « Je veux, je veux être belle et belle comme je l'entends [28] ». Et déjà, à travers ses jugements, percent des admirations que l'avenir précisera et enrichira.

Le premier nom qu'il impose aux lecteurs est celui de Delacroix, et la première phrase est péremptoire comme un manifeste : « M. Delacroix est décidément le peintre le plus original des temps anciens et des temps modernes » [29]. Dans son dernier adieu au grand Maître, près de vingt ans plus tard, Baudelaire n'aura pas de phrases plus décisives. Il est, dès ses débuts, fixé dans son idéal et, ici comme ailleurs, la grande figure de Delacroix

domine toutes les pages consacrées par Baudelaire à la critique
picturale. Dès 1845, c'est l'esthétique de Delacroix, nous l'avons dit,
qui règle ses admirations comme ses indignations : « Un pseudo-
Delacroix » s'écrie-t-il devant la *Bataille d'Hastings* de Debon,
dont il admire d'ailleurs le talent, l'énergie, la belle couleur, la
sincérité et la composition [30]. S'il est sévère pour les tableaux de
Glaize, c'est peut-être pour avoir vu l'un d'eux « imprudemment
placé auprès du *Marc-Aurèle* de Delacroix ». Il rend justice à la
volonté et au bon goût de Robert-Fleury, « très bon et très curieux
peintre », mais... « son *Marino Faliero* rappelle imprudemment un
magnifique tableau qui fait partie de nos plus chers souvenirs. —
Nous voulons parler du *Marino Faliero* de M. Delacroix. — La
composition était analogue, mais combien plus de liberté, de franchise et d'abondance ! » [31] Chassériau lui-même, qui expose en
1845 [32], — non loin du *Sultan de Maroc entouré de sa garde,* —
le Kalife de Constantine suivi de son escorte, a beau forcer l'admiration de Baudelaire par son talent, son expérience précoce,
ses goûts distingués et son esprit actif, qualités qui le désignent
pour devenir « un peintre et un peintre éminent » : il excite chez
le critique un mouvement d'humeur pour sa « préoccupation d'imiter Delacroix », sensible déjà dans ses illustrations d'*Othello* et
trop évidente dans le tableau de 1845 ; peut-être Baudelaire
n'est-il pas tout à fait injuste quand il accuse le futur peintre
des *Chefs de tribus arabes se défiant en combat singulier* et du
Tepidarium de vouloir, par un procédé « équivoque pour tout le
monde et embarrassant pour lui-même », se créer une position
« entre Ingres dont il est l'élève et Delacroix qu'il cherche à
détrousser ». Il reste pourtant que Baudelaire a vu l'emprise
qu'exercent sur Chassériau, à peine sorti de l'ombre de son premier
maître, les tendances d'un Delacroix, ébloui par l'Orient et séduit
par Shakespeare. Ici le poète a nui peut-être au critique, qui n'a
pas saisi, même dans des sujets identiques ou voisins, l'originalité
de ce précoce génie. Cette ambition, plus louable certes que blâ-
mable, de fondre dans son œuvre la couleur de Delacroix et le
dessin d'Ingres, donne son originalité à cette œuvre si brève ;
l'orientalisme de Chassériau n'est pas une réplique de « détrous-
seur » : l'avenir ici démentira Baudelaire et quiconque a pu voir,
dans la collection de M. Arthur Chassériau, la *Femme Maure allai-
tant, les Juives de Constantine berçant un enfant* et cet *Intérieur
de harem,* interrompu par la mort, peut affirmer que Chassériau
a marqué d'un signe propre l'orientalisme, en lui conférant une

couleur raffinée, une poésie à la fois naïve et pénétrante [33], comme il sut, peignant en 1855 deux tableaux inspirés de Shakespeare : *Macbeth rencontrant les sorcières* et le *Spectre de Banquo*, conserver à son interprétation un équilibre statique qui ne ressemble guère à la frénésie grandiose de Delacroix [34]. Voyons donc là simplement des affinités de tempérament et même une attirance de Delacroix à laquelle un Chassériau pouvait difficilement se soustraire. Mais ne parlons ni de plagiat ni de rapine. Et expliquons néanmoins par un amour exclusif et jaloux pour Delacroix les sévérités — d'ailleurs réticentes — d'un Baudelaire.

Le même amour l'incline à l'admiration pour des œuvres qu'il fut peut-être le seul à remarquer, et qui méritaient en effet qu'on les remarquât. « Riesener, dit-il, est un des hommes qui font honneur à Delacroix », et le portrait qu'il expose est « d'une franche couleur et d'une franche facture » [35]. C'est surtout à propos de Louis de Planet — qui fut longtemps un des élèves préférés du Maître et laissa de son enseignement des souvenirs précieux [36] — qu'il déploie sa sympathie : il a vu dans ce tableau qui représente l'*Extase de sainte Thérèse* un mélange de volupté humaine et d'ardeur spirituelle, une originalité de composition, une simplicité habile de couleur, qui sont des qualités dignes de Delacroix [37]. Et Baudelaire hausse le ton admiratif, au souvenir des huées et des moqueries qui illustrent ce « tableau original » : il va d'instinct aux œuvres incomprises de la foule, et il avait défendu, dans une page précédente [38], une allégorie de Victor Robert — peut-être surtout parce qu'elle avait eu « du guignon » et qu'elle avait été « *blaguée* par les savants du feuilleton ». « Nous croyons, écrit-il, qu'il est temps de redresser les torts ». Et c'est pourquoi de Planet, « bafoué » comme son Maître [39], attire invinciblement son regard et retient son intérêt. Mais il est aussi tout heureux de retrouver dans l'œuvre du disciple des inspirations qu'il admire tant ailleurs.

Ne croyons pas cependant que cette vue soit exclusive et que la grande ombre de Delacroix emplisse tout l'horizon. Baudelaire, parlant de portraits exposés par Diaz de la Peña, note fort justement, et sans se laisser aveugler par les dons incontestables du coloriste : « Un portrait est fait non seulement de couleurs mais de lignes et de modelé [40] ». Et, à propos d'un portrait de Louis-Philippe, peint par Henri Scheffer avec une probité minutieuse et monotone, il salue de cet éloge indirect le rival de Delacroix : « Nous regrettons qu'il n'y ait pas en France un seul

portrait du Roi. — Un seul homme est digne de cette œuvre :
c'est M. Ingres ». S'il aime la spontanéité, qui révèle la richesse
d'une sensibilité, et s'il pardonne à Hippolyte Flandrin quelques
erreurs ou quelques échecs de portraitiste en faveur de morceaux
qui paraissent faits « tout d'une haleine et du premier coup » [41],
il est attiré par la conscience d'un Haffner [42], par la science d'un
Decamps [43] — qualités qui sont aussi bien la marque d'Ingres
que celle d'un Delacroix. Pourtant, il va de préférence vers ceux
qui tendent à mettre leur âme dans leur art. Ce poète démêle
dans les œuvres qu'il juge l'écho des vibrations intérieures : en
fin de compte, c'est lui, nous l'avons vu, qu'il recherche et qu'il
aime en Delacroix ; et c'est toujours lui-même qu'il s'obstine à
retrouver dans les autres artistes. Ne nous étonnons pas si ce
sont les mêmes tendances qu'il loue. Peut-être, plus encore que
la ressemblance avec Delacroix, est-ce la ressemblance avec lui-
même qu'il guette et qu'il accueille dans tous ceux qu'il admire.
Decamps « aime prendre la nature sur le fait par son côté fantastique
et réel à la fois, dans son aspect le plus subtil et le plus inattendu »[44].
Devéria qui fit tant de dessins « pleins de charme, distingués, respirant je ne sais quelle rêverie amène », idéalisant en
ses « femmes coquettes et doucement sensuelles » toutes celles
qu'on avait vues et désirées, le soir, dans les concerts, aux Bouffes, à l'Opéra, ou dans les grands salons ; ce lithographe des
anciennes modes élégantes et parfumées de la Restauration, cette
« vieille gloire romantique » qui fit la joie des contemporains de
la blonde duchesse de Berry apparaît aux « âmes routinières et
antipoétiques » d'aujourd'hui comme un faiseur d'ouvrages
« naïfs et dépaysés »[45]; Corot, qui, « du fond de sa modestie »,
agit « sur une foule d'esprits », est en proie à des « demi-sa-
vants » qui lui reprochent de pécher par l'exécution, de rester
gauche et de ne pas savoir [46]. Baudelaire ne peut s'empêcher de
placer très haut l'œuvre de ces trois artistes pourtant si différents : n'est-ce pas une occasion pour lui de défendre ses propres goûts ? Decamps répond à son désir du nouveau ; il a des
intentions qui ménagent de « belles surprises » et son souci de
l'étrange correspond aux désirs familiers du poète. Devéria est
un exemple de l'égoïsme de la populace qui se refuse au naïf
pour admirer la « niaiserie vertueuse » ou « le paradoxe pé-
dant » : « noble et vrai artiste » devenu la victime des critiques
et des journalistes. Corot enfin fournit à Baudelaire une occasion de louer la simplicité qui cache l'audace et la spontanéité

qui a « le mérite de l'inattendu », tout en condamnant les « morceaux luisants, propres et industrieusement *astiqués* », qui font l'admiration du public moutonnier.

C'est ainsi qu'en 1845 Baudelaire fait ses débuts dans la critique d'art. Cette œuvre de jeunesse que ses scrupules renieront plus tard le classe pourtant déjà dans la foule des critiques à une place à part. Nous avons vu, en des pages qui précèdent, comment autour de Baudelaire les « salonniers » concevaient leur rôle. Peut-être ne sera-t-il pas tout à fait inutile, pour mesurer l'originalité de Baudelaire ou tout au moins distinguer sa manière, de cueillir quelques commentaires donnés, sur le Salon de 1845, dans l'*Artiste,* la revue d'art la plus qualifiée, par Arsène Houssaye, Paul Mantz et O. Calemard de Lafayette. Nous trouvons là des idées générales, émises par des gens de goût certes, soucieux de justice, nourris de large culture, dégagés de partis pris, mais écrivains faciles de lieux communs. L'introduction d'Arsène Houssaye [47] apporte des variations sur l'Art où s'harmonisent la pensée, le sentiment et l'exécution, des réflexions sur les maîtres d'autrefois, Raphaël, Poussin et Véronèse, des tendances à l'éclectisme le plus libéral :

Il faut reconnaître la puissance et l'éclat de toutes les écoles depuis celle qui idéalise encore la beauté humaine comme pour rappeler son origine céleste jusqu'à celle qui saisit la nature dans toute sa brutalité. Il y a de mauvais peintres... [48]

C'est ensuite une paraphrase du mot de Diderot : « Pour devenir un grand peintre, il faut *avoir le diable* », qui s'achève par cette objurgation de rapin romantique : « Va, cours le monde, et reviens à l'atelier quand ton cœur aura battu » [49]. En nul endroit, il n'est fait allusion au Salon. Ceci est une préface qui s'adapterait en tous temps et en tous lieux à toute étude sur l'art. Exercice de rhétorique, semble-t-il, bien plus que prélude à des jugements sur la peinture en 1845. Un peu plus loin [50], Paul Mantz proteste — suivant un rythme devenu traditionnel à l'*Artiste* — contre l'organisation du jury et l'indifférence de l'Académie des Beaux Arts qui permet « à quelques hommes d'une valeur douteuse de juger souverainement et de condamner sans appel les ardents lutteurs qui essaient de faire couler une sève nouvelle dans les veines de l'art rajeuni ». Généreuse ardeur qui s'indigne de voir « impitoyablement exclu » tout ce qui se rattache « à l'éclatante école de M. Delacroix » et qui déplore l'ostracisme dont souffre « tout ce qui est jeune, vigoureux, exubérant,

imprévu... » Un article non signé, d'Arsène Houssaye [51], donne
un aperçu rapide du Salon : catalogue où sont passés en revue
quelques-uns des 2332 ouvrages admis cette année-là ; d'un mot,
l'absence d'Ingres est signalée ainsi que celle de Delaroche et
de Couture et le jury est jugé sans ménagements pour ses rigueurs envers Delacroix et Chassériau. D'autres articles paraissent ensuite sur *les Batailles* [52], où sont émis d'honnêtes jugements qui hésitent à louer et à condamner tout à fait « la toile
infinie de M. H. Vernet..., amusante suite d'épisodes », sans âme
et sans couleur, mais pleine d'exactitude minutieuse et formant
« un à peu près que le public a bien voulu regarder comme suffisant » ; sur *les Peintures religieuses* [53], où préludent des lieux
communs célébrant la peinture religieuse en France, au XVIIe siècle, et l'art de Lesueur et de Poussin ; sur *Eugène Delacroix,*
étudié à part [54], avec une sympathie respectueuse envers ce
« grand peintre qui a dérobé le feu du ciel pour illuminer ses
œuvres ». Le 20 avril 1845, dans un article sur *la Critique et le
Salon de 1845* [55], Calemard de Lafayette essaie de s'élever au-
dessus des questions de détail, et note, en dépit du « peu d'unité
dans les diverses appréciations des juges plus ou moins compé-
tents du Salon », l'apaisement des partis qui, dans une trève propice, admettent la liberté pour tous. Effort de critique intelligent qui essaie de dominer pour mieux juger et trouve parfois
d'heureuses formules [56]. Mais tous ces jugements dégagés de
préoccupations sectaires, soucieux d' « analyse patiente, équita-
ble », d'indépendance et de franchise manquent de cette décision dans l'éloge comme dans le blâme que le jeune Baudelaire
apporte, non sans audace, dans son coup d'essai. Et pourtant
l'*Artiste* offre la critique la plus éclairée de ce Salon de 1845 :
si l'on en doutait, qu'on lise d'autres critiques [57] et la personnalité de Baudelaire éclatera plus rayonnante encore d'originalité
et de perspicacité. Une grande revue d'art, *la Renaissance,* imprimée en Belgique, rend compte à Bruxelles des Salons de Paris [58] ; c'est une « promenade » d'amateur, remplie de considérations banales et d'exclamations élogieuses, entremêlant l'énumération de catalogue et le lyrisme ampoulé [59]. D'un style qui eût
fait horreur à Baudelaire, amoureux de sobre simplicité, les œuvres sont classées et jugées avec une légèreté incompétente : en
arrêt devant la *Smahla* d'H. Vernet, « le morceau capital et l'œuvre à effet du Salon », témoignage de puissance et de fécondité,
l'auteur écrase Delacroix « homme éminent engagé dans une

fausse voie » [60] et parle des paysagistes sans nommer Corot. Les jugements de Baudelaire, pourtant à ses débuts, paraissent d'une magistrale assurance à côté de ces pauvretés.

***

Dirons-nous donc que ce coup d'essai fut un coup de maître ? Ce serait aller peut-être contre le goût de Baudelaire lui-même qui, plus tard, condamna ce Salon, jugeant par là qu'il pouvait mieux faire et qu'il avait mieux fait depuis. Mais même si nous ne voyons ici qu'un point de départ, il nous plaît, par la brève comparaison que nous avons tentée ici et que nous avons élargie ailleurs, de marquer la place éminente que prend Baudelaire, dès la première heure, au milieu des critiques d'art : forme simple et sobre, jugements ardents et nets, d'une décision presque toujours lumineuse, goût d'artiste autant que de juge, où jouent leur rôle l'intuition et la culture, emportements d'une âme passionnée, dangereux à tout autre mais contenus chez lui par des admirations qui le préservent de l'erreur, tout concourt, chez ce poète qui reste artiste en se muant en critique, à le distinguer des feuilletonistes, faiseurs de salons. Il a, parmi tant d'autres, étroits ou désinvoltes, cette originalité de ne s'asservir à aucun principe tout en se passionnant pour l'idéal artistique et en réclamant, non sans rudesse, l'âme et le goût, le tempérament et la conscience. Un tel début était une promesse magnifique.

Le *Salon de 1846*, nous l'avons vu, fut un épanouissement : au seuil de sa vie littéraire et artistique, il fut la révélation de Baudelaire. Il y apporte les formules d'un nouveau romantisme, il définit l'art moderne, il donne un catéchisme pictural, il trace de Delacroix un portrait décisif et situe le Maître au centre de cette œuvre nouvelle, comme si désormais toute sa critique d'art était placée sous le regard de ce peintre de l'âme moderne. Peut-être convient-il maintenant, après avoir signalé en leur temps toutes ces nouveautés, que nous montrions, par une synthèse rapide, l'originalité de Baudelaire critique d'art, dans cette œuvre capitale.

Car, c'est bien le *Salon de 1846* qui impose la maîtrise de Baudelaire, critique d'art. Il est, à cette heure, en possession d'une doctrine. Trop de chroniqueurs avant lui, comme après lui, se contentent de distribuer compliments ou semonces, ou de couper de remarques banales une fastidieuse énumération. La conception de Baudelaire apporte une nouveauté : les Salons sont

pour lui une occasion d'affirmer ses idées esthétiques ou même
de les préciser. Qu'il disserte sur le Salon de 1846, sur l'Exposition de 1855, sur le Salon de 1859, qu'il exalte plus tard Constantin Guys ou Eugène Delacroix, c'est, en toute occurence, pour
prendre texte, à l'occasion de tableaux, et donner son avis sur de
plus hauts sujets. D'année en année, avec une sûreté toujours
plus puissante, Baudelaire affirme sa vie artistique et ses critiques sont les témoins qui jalonnent les étapes de ce progrès.

Le *Salon de 1846* offre le type de la critique baudelairienne :
ce sont des commentaires esthétiques qui trouvent une occasion
ou une illustration dans les œuvres exposées. La pensée de Baudelaire se dégage de toute sujétion, elle prend sa liberté et n'est
ramenée aux réalités que pour appuyer une théorie ou suggérer
des aperçus. Et pourtant on ne peut parler de lieux communs,
tant sont personnelles les vues de Baudelaire, tant ses thèmes
sont nouveaux. Ici encore Delacroix règne, et c'est à lui que
pense Baudelaire en définissant le romantisme, en chantant la
couleur. Nous avons signalé que c'est à Delacroix que Baudelaire songe quand il veut prendre position sur des questions artistiques. Dirons-nous que ses jugements sont, ici comme ailleurs, suspendus à des rapprochements et des comparaisons où
la manière d'un Delacroix sert de commune mesure ? Si Baudelaire, à propos des sujets amoureux, en vient à parler du poème
immense de l'amour crayonné par la main des grands maîtres, il
assigne une place à part « à ces mornes beautés de Delacroix,
grandes femmes pâles, noyées dans le satin », dont les silhouettes désenchantées projettent leur ombre sur tant de pages des
Fleurs du Mal et qui, on le sent, gardent ses prédilections, à
côté des « folâtres et élégantes princesses de Watteau », « des
Vénus sérieuses et reposées de M. Ingres » et « des splendides
blancheurs de Rubens et de Jordaens » [61]. De même, louerait-il
autant le « grand mérite » de M. Tassaert, s'il ne devinait « la
manière de Delacroix » dans « la couleur » de son tableau [62],
« extrêmement remarquable par la finesse et la transparence de
tons [63] »? Ce sont là rapprochements invincibles qui confirment
néanmoins notre impression que Baudelaire, critique d'art, rapporte ses jugements à un idéal intérieur dont Delacroix s'est révélé le merveilleux interprète.

Mais ce parti pris, — qui, loin de tendre au sectarisme étroit,
confère aux *Salons* de Baudelaire une nouveauté si personnelle,
— est bien conforme à cette passion intelligente et sensible dont

se réclame ce poète, au moment même qu'il devient critique. Aussi bien, si nous lisons, en 1846, les sages feuilletons de journalistes sans « tempérament », nous placerons très haut les vues décisives et les synthèses ardentes d'un Baudelaire. Combien de fois nous faudra-t-il subir l'éloge d'un Horace Vernet que la *Semaine* place au pinacle avant de couvrir de mépris les envois d'un Delacroix [64] et dont l'*Illustration* reproduit, comme une œuvre de choix, sur deux grandes pages, la *Bataille d'Isly* [65], avec un long commentaire enthousiaste sur « le dernier grand peintre de bataille » [66] ! Comme nous avons hâte de fuir ces admirations qui se copient, de gens étrangers à la peinture et à l'art [67]. Nous sommes las de la molle complaisance de chroniqueurs pourtant consciencieux : Arsène Houssaye dans l'*Artiste* [68] hésite à condamner cet improvisateur si fécond et Gustave Planche dans la *Revue des Deux-Mondes* [69] fait d'habiles réserves après s'être incliné devant le talent et le savoir du peintre-narrateur. On aspire à des jugements plus fermes et il est tout de même bienfaisant, au sortir de ces éloges de critiques sans âme, d'entendre une voix rude, disant l'âpre vérité, au prix de quelques violences de langage : « M. Horace Vernet est un militaire qui fait de la peinture. Je hais cet art improvisé au roulement du tambour, ces toiles badigeonnées au galop, cette peinture fabriquée à coup de pistolet... Je hais cet homme... Je le hais parce qu'il est né *coiffé* et que l'art est pour lui chose claire et facile... Il est l'antithèse absolue de l'artiste ; il substitue le *chic* au dessin, le charivari à la couleur et les épisodes à l'unité » [70]. Haine vigoureuse qui n'est point inimitié personnelle mais réaction d'artiste : c'est au nom de l'art que Baudelaire prend ce ton impitoyable. Parce que son goût du simple et du personnel lui a inspiré l'horreur du « chic » et du « poncif » et parce que Horace Vernet n'a ni passion ni mémoire artistique.

Baudelaire s'indigne et part en guerre. Mais, en toute occasion, on le voit, c'est l'amour désintéressé de l'art qui l'anime. C'est aussi, pour avoir réfléchi sur l'art, qu'il peut donner des jugements si assurés et prononcer des condamnations au nom d'une esthétique, longuement méditée et appuyée sur l'intuition d'un goût sévère et l'expérience d'une technique rigoureuse.

Tout le long du *Salon de 1846* on est conduit à faire les mêmes comparaisons et les mêmes remarques. Les vues de Baudelaire s'élèvent à des synthèses qui donnent un air de misère aux comptes rendus des autres salonniers. Le *Salon* de G. Planche,

dans la *Revue des Deux-Mondes* [71], apporte souvent des conclusions qui concordent avec celles de Baudelaire : les peintures d'un
Ary Scheffer suggèrent à Planche cette formule : « Il fait tout
ce qu'il peut mais il est très loin de pouvoir ce qu'il veut ». Il
reconnaît son incapacité à dessiner, son manque de personnalité
et il n'est pas de ceux qui ont béatement admiré *saint Augustin
et sainte Monique,* de trop célèbre mémoire [72]. Mais combien le
jugement de Baudelaire est à la fois plus large et plus profond.
Ary Scheffer et ses envois sont pour Baudelaire « un exemple
désastreux de cette méthode » qui consiste à cultiver le doute
et l'éclectisme. Le peintre qu'il juge est pour le critique, — dirons-nous le clinicien ? — un malade dont les tares révélées offrent d'utiles aperçus à ceux qui fréquentent cet « hôpital de la
peinture » [73]. La critique d'un tableau d'A. Scheffer ne s'arrête
pas à la surface : ce n'est plus de dessin incorrect ni d'aspirations avortées qu'il est question chez Baudelaire [74]. Lisons le titre : « *De M. Ary Scheffer et des singes du sentiment* ». La formule a cette âpreté qui ne pardonne rien à la médiocrité. Et,
tout de suite, les perspectives s'ouvrent. Ary Scheffer, imitateur
de Delacroix, singe des coloristes, des dessinateurs français et
de l'école néo-chrétienne, recourant à la poésie pour voiler son
indigence picturale, n'est plus qu'une pâle personnalité, vite abo-
lie, en regard des généralisations où s'emporte Baudelaire pour
traduire ses vues et son âme : « La poésie n'est pas le but immédiat du peintre ; quand elle se trouve mêlée à la peinture, l'œuvre n'en vaut que mieux, mais elle ne peut pas en déguiser les
faiblesses. Chercher la poésie de parti pris dans la conception
d'un tableau est le plus sûr moyen de ne pas la trouver. Elle
doit venir à l'insu de l'artiste. Elle est le résultat de la peinture
elle-même ; car elle gît dans l'âme du spectateur et le génie consiste à l'y réveiller » [75]. On voit à plein ici la méthode de Baudelaire. Dans l'œuvre jugée, le critique trouve prétexte à s'exprimer : il réagit d'une activité toujours en alerte. Distribuer
l'éloge ou le blâme, énumérer des noms d'exposants, allonger
des listes d'œuvres est, à son gré, besogne vulgaire. Il est prince,
et prince des nuées. Il n'oublie pas dans le particulier le souci
du général. Et les plus petits détails lui servent d'occasion à déployer de grandes idées.

Ces quelques rapprochements — que nous pourrions prolonger
sans grand profit — montrent l'originalité de Baudelaire, sa méthode si personnelle de critique, sa décision de jugement, son

souci de dominer et de généraliser. Baudelaire se classe à part. Le *Salon de 1846* a, en outre, ce précieux avantage de permettre aux Baudelairiens de fixer une étape de la vie esthétique de Baudelaire, en dégageant les vues générales des commentaires particuliers.

Car l'intérêt et la nouveauté de ce *Salon de 1846,* c'est précisément de considérer les œuvres et les hommes comme des unités d'un vaste ensemble et de trahir partout la préoccupation d'un esprit inquiet de synthèse. Ailleurs, nous avons lu des généralisations bâties sur des lieux communs, en manière d'introductions superficielles ou pédantes [76]. Chez Baudelaire, la manière est différente : ses critiques du détail servent ses vues d'esthéticien et l'aident à bâtir ou à confirmer ses théories. Les tableaux de Catlin lui sont un prétexte pour louer les accords mystérieux de la couleur et « l'antithèse mélodique » du vert et du rouge [77] ; ceux de Decamps, une occasion d'établir une correspondance d'essence baudelairienne entre l'étrangeté du coloriste splendide et rayonnant et les âpres cuisines de mets savamment assaisonnés [78], de souligner l'effort d'un peintre qui atteint à la poésie et au rêve sans y prétendre, non, comme Delacroix, par la largeur des ensembles mais par l'intimité du détail [79]. Les envois de Diaz de la Peña, — élève de Couture, — lui sont un motif de combattre le principe qu'une palette est un tableau et qu'on rencontre l'harmonie générale sans réflexion préétablie, d'affirmer par contre que « la grande peinture n'est point faite pour tout le monde » et qu'un bon dîner ne se compose pas uniquement de desserts [80]. Il parlera d'Ingres et de son école, — et c'est ici le premier jugement porté sur un tempérament si différent du sien, sur un art si opposé à ses goûts, — art et tempérament auxquels Baudelaire attachera, jusqu'à la fin, son analyse, dans un effort d'impartialité qui mérite une étude spéciale. Mais ici, à propos d'Ingres, il atteint aux questions essentielles de l'idéal et du modèle, et s'élève à des considérations esthétiques sur la nécessité de redresser ou de reconstruire les formes individuelles pour rejoindre, à l'aide du pinceau ou du ciseau, « l'éclatante vérité de l'harmonie native ». L'étude du modèle, sincère et profonde jusqu'à l'intuition du caractère ; la généralisation prudente, qui n'admet l'exagération de quelques détails que « pour augmenter la physionomie et rendre son expression plus claire » ; la définition du dessin : une lutte entre la nature et l'artiste, destinée à révéler les intentions de la nature, et non point à copier, mais à

interpréter le modèle dans une langue plus simple et plus lumineuse ; le rappel de ce jugement de Stendhal qui met un rapport
entre l'action et le genre de beauté, distingue l'Apollon du Bel-
védère du vainqueur du serpent Python et du séducteur de
Daphné, exige « dans les scènes touchantes produites par les
passions » qu'on donne à chaque personnage « *la beauté idéale
tirée du tempérament* fait pour sentir le plus vivement l'effet de
cette passion ; »[81] — tous ces thèmes, tous ces motifs, chargés
de sens et riches d'intentions, montrent à chaque détour de
phrase, le souci d'un esprit qui cherche l'idée dans les faits et
se satisfait malaisément des premières rencontres.

D'ailleurs, dans cette œuvre singulière, apparaît déjà le goût
baudelairien en ses réactions les plus significatives. Ce sont, à
l'ordinaire, des indignations intransigeantes — non point telles
qu'en témoignent inconsidérément des jeunes gens fougueux, mais
assurées par une précoce expérience et fondées sur des principes d'une esthétique déjà consciente. C'est l'horreur du chic et
du poncif[82] — du chic triomphant par l'abus d'une mémoire ma-
nuelle, qui reste étrangère à cette mémoire des caractères et des
formes par quoi un Delacroix ou un Daumier enrichissent leurs
inspirations, — du poncif, qui n'est que le banal, le conventionnel, le traditionnel et dont les attitudes cent fois reprises écœu-
rent l'artiste épris de nouveau et d'original. C'est l'horreur de
l'improvisation qui apparaît à ce scrupuleux comme une faute de
l'esprit, un crime contre la conscience de l'artiste et le destin de
l'art[83]. C'est l'horreur du doute qui tue l'inspiration et de l'éclectisme qui dissimule mal l'absence de tempérament[84] : Un
« homme sans amour » qui vit « sans parti pris », sans « étoile
ni boussole » peut-il être un artiste ? Un artiste qui manque de
foi en son art et implore le secours de tous les autres arts, comment pourrait-il conserver cette ardeur nécessaire à la réalisation du chef-d'œuvre ? Il faut s'arrêter sur la distinction que fait
Baudelaire entre le peintre qui capte la poésie dans son œuvre
sans y tâcher, par la puissance intérieure de son inspiration, et
le malheureux douteur, « singe du sentiment » qui mêle mala-
droitement la poésie à la peinture sans réussir à déguiser les faiblesses de son œuvre : les noms des exposants ne sont que des
illustrations de ses formules décisives, et les confirment par le
jeu d'une ironie souvent cruelle[85]. Sur le rôle de la poésie dans
la peinture, Baudelaire a dit tout net son sentiment dans la comparaison qu'il fait, dans ce même Salon, entre Delacroix et

Hugo : « Delacroix, toujours respectueux de son idéal, est souvent, à son insu, un poète en peinture ». A son insu : et ceci marque la distance qui sépare un grand artiste, emporté par l'inspiration du · génie, des ouvriers trop habiles qui veulent suppléer par des tricheries ou de fausses fenêtres aux insuffisances de leur tempérament.

Nous n'épuiserions pas en quelques pages toute la richesse de la matière : le *Salon de 1846* révèle Baudelaire, critique d'art et esthéticien. Réservons pour un moment plus opportun quelques pages fort aiguës sur le paysage ou sur la sculpture. Il suffit, pour l'instant, d'avoir feuilleté les passages essentiels pour apercevoir la méthode et connaître l'artisan.

En cette même année, Baudelaire avait eu l'occasion de montrer son éclectisme et son goût de la justice : le 11 janvier 1846, s'ouvrait aux galeries du Bazar Bonne Nouvelle, près de la Porte Saint-Denis, une exposition de peinture, au profit de la caisse de secours et pensions de la Société des Artistes. On pouvait y voir, réunies « quelques-unes des œuvres les plus remarquables des grands peintres français modernes », qui « malgré d'inévitables lacunes », formaient « une série instructive pour l'étude de l'école française depuis 1765 » [86]. Elle y était représentée par les noms de Greuze, de David, de Girodet, de Gérard, de Gros, de Prudhon, d'Hersent, de Géricault, de Léopold Robert, de Léon Cogniet, de Paul Delaroche, d'Horace Vernet, d'Ary Scheffer, de Bouchot, de Sigalon. Mais ce qui donnait à cette exposition une valeur singulière c'était la réunion de onze tableaux de M. Ingres dont les premiers remontaient à 1808 et dont le dernier avait été terminé l'année précédente. L'*Illustration* souligne cette occasion unique donnée au public « d'étudier, dans la variété de son talent, le grand artiste dont le nom a acquis tant de célébrité depuis quelques années, autour duquel s'est agité tant d'enthousiasme d'une part, tant de polémique de l'autre ; le chef-d'œuvre d'école enfin dont la discipline a formé des élèves si distingués et brillant ...aux premiers rangs par la sévérité et l'élévation de leurs compositions » [87]. Cette exposition que Baudelaire qualifie de « musée classique » n'avait rien admis de Delacroix. Baudelaire ne peut manquer de souligner cette lacune avec indignation, mais peut-être est-il plus à l'aise, loin de ce voisinage obsédant, pour parler d'œuvres qui, dans l'art, sont d'un autre ordre.

L'article, signé : Baudelaire-Dufays, avait paru le 21 janvier 1846 dans le *Corsaire-Satan*. Il témoigne d'une maîtrise sans cesse croissante, et, par ses formules décisives et ses dons de synthèse, d'une critique désormais assurée. Il s'agissait, à propos d'une exposition rétrospective, de juger l'art davidien et de commenter les œuvres des précurseurs ou des adversaires de ce Delacroix qu'il proclame, ici comme ailleurs, « le chef de l'école actuelle ». L'étude est brève [88], mais d'une ferme concision. Et ce qu'il faut souligner, dans ces quelques pages, c'est l'intelligence artistique qui dicte à l'admirateur de Delacroix une impartiale analyse des qualités et du talent de David et d'Ingres.

Je ne sais si l'on pourrait trouver dans le pieux hommage rendu par E.-J. Delécluze à *David, son école et son temps* des vues plus judicieuses sur l'œuvre du grand classique. Baudelaire rabaisse devant les sévères leçons de ces dix tableaux les moqueries présomptueuses de tous les rapins de la couleur « qui représentent assez bien dans l'art les adeptes de la fausse école romantique en poésie ». Et, s'il ne nomme personne, nous savons assez lire dans sa pensée pour deviner qu'il vise les Louis Boulanger, les Muller, les Ary Scheffer, tous ceux qui croient que l'habileté peut remplacer le tempérament et que la recherche d'une certaine distinction poétique est une marque de génie. Tout en signalant le « côté commun » de la *Mort de Socrate,* il s'arrête avec admiration devant le *Bonaparte au mont Saint-Bernard,* et il goûte le charme de *Télémaque et Eucharis* où le vieux conventionnel exilé, fidèle à ses premières inspirations, exprimait la grâce délicate de l'idéal antique. Mais c'est surtout le *Marat assassiné* qui lui dicte les mots les plus saisissants. Dominant le danger qui menaçait le goût de l'artiste, évitant le détail « trivial » et « ignoble » que pouvait offrir cette tragique aventure, David traite son sujet, « par un tour de force étrange », avec une puissance de spiritualité : « Cruel comme la nature, ce tableau a tout le parfum de l'idéal... Il y a dans cette œuvre quelque chose de tendre et de poignant à la fois ; dans l'air froid de cette chambre, sur ces murs froids, autour de cette froide et funèbre baignoire, une âme voltige... »

Devant les disciples, ceux qui se soumettent et ceux qui s'évadent, devant les précurseurs directs du romantisme, devant l'alexandrinisme prudhonien [89], il passe rapidement mais non sans juger

d'un coup d'œil lucide. Il note chez Guérin des « qualités dramatiques et quasi-fantasmagoriques », chez Girodet une « superbe
ordonnance », un fini excellent » et des « détails spirituels », un
« pinceau toujours trempé aux sources les plus littéraires ». Le
baron Gérard s'est perdu par cet « éclectisme courtisanesque »
qui, dans les arts comme dans son salon, l'inclinait « à plaire à
tout le monde ». Mais il a annoncé la venue d'Eugène Delacroix
et il a dit : « Un peintre nous est né ! C'est un homme qui court
sur les toits ». De Gros et de Géricault qui n'eurent pas « la
finesse, la délicatesse, la raison souveraine ou l'âpreté sévère de
leurs devanciers », mais furent « de généreux tempéraments »,
Baudelaire passe à l'aimable Prud'hon, poète et peintre, légitime
sujet d'étonnement qui, « devant les David, rêvait la couleur »
et qui eut « l'âme assez bien trempée pour attaquer les jouissances
amères de David et de Girodet », pour donner par de « déli-
cieuses flatteries », une « préparation » aux vues modernes, pour
mêler enfin à une vision exacte de l'antique le goût de son temps
et un sens des émotions éternellement humaines [90]. Dédaigneux
des talents moyens ou médiocres, Baudelaire écrase de remarques
rapides les H. Vernet, les Delaroche, les Ary Scheffer, les Cogniet — qui tenaient pourtant quelque place à cette exposition [91].

Et le voici devant les toiles d'Ingres qui étaient les œuvres de
choix de l'Exposition. Dans le *Salon de 1845,* il avait rendu justice au grand dessinateur, encore que toute son admiration allât
au grand coloriste. Il sait dans quelle estime Delacroix a toujours
tenu celui qu'on s'est obstiné à lui donner comme rival. Et il
convient qu'il n'y a que trois dessinateurs à Paris : Delacroix,
Daumier, Ingres : « M. Ingres, si amoureux du détail, dessine
peut-être mieux que tous les deux, si l'on préfère les finesses laborieuses à l'harmonie de l'ensemble et le caractère du morceau
au caractère de la composition » [92]. Et ceci n'est peut-être pas
dans son esprit à l'éloge de « l'adorateur rusé de Raphaël ».
Mais n'a-t-il pas l'élégance de conclure : « Aimons-les tous les
trois » ? Et sans doute il est « partial », mais il a le souci de
n'être pas injuste. Dans le même *Salon,* devant le portrait du Roi
par Henri Scheffer, il avouait sans détours : « Un seul homme
est digne de cette œuvre, c'est M. Ingres [93] ». Voilà pourquoi il ne
saurait refuser son admiration aux onze tableaux, fièrement étalés
dans un salon spécial de l'Exposition du Bazar Bonne-Nouvelle. Il
approuve l'artiste de ne plus exposer aux Salons où « son admirable talent est toujours plus ou moins culbuté au milieu de ces

cohues, où le public, étourdi et fatigué, subit la loi de celui qui crie le plus haut » [94]. Il rend justice à l'art d'Ingres, en des termes qu'on n'attendrait guère d'un admirateur de Delacroix, si l'on ne savait que Baudelaire est sensible aux manifestations les plus variées et même les plus opposées du Beau :

La place nous manque, et peut-être la langue, pour louer dignement la *Stratonice* qui eût étonné Poussin, la *Grande Odalisque*, cette délicieuse et bizarre fantaisie qui n'a point de précédents dans l'art ancien et les portraits de M. Bertin, de M. Molé et de Mme d'Haussonville [95].

C'est aux portraits d'Ingres que Baudelaire attache ses préférences. Il les caractérise suivant un goût qu'il définira, — à propos de réflexions générales sur le portrait, — au *Salon de 1846*. Mais, dès ce moment, il estime que leur mérite éminent, c'est « la reconstruction idéale des individus ». Ne va-t-il pas plus loin : à ceux qui prétendent que la peinture de M. Ingres est grise, il affirme que jamais on ne vit « peinture plus éclatante et plus voyante, et même une plus grande recherche de tons ». Et enfin il écrit sur Ingres, peintre de la femme, quelques lignes que relisent encore avec une joie précieuse tous ceux qui admirent, non seulement le peintre des *Odalisques*, mais aussi le portraitiste de *Mme Gonse* et de *Mme de Senonnes* :

Une des choses, selon nous, qui distingue surtout le talent de M. Ingres, est l'amour de la femme. Son libertinage est sérieux et plein de conviction. M. Ingres n'est jamais si heureux ni si puissant que lorsque son génie se trouve aux prises avec les appas d'une jeune beauté. Les muscles, les plis de la chair, les ombres des fossettes, les ondulations montueuses de la peau, rien n'y manque. Si l'île de Cythère commandait un tableau à M. Ingres, à coup sûr il ne serait pas folâtre et riant comme celui de Watteau, mais robuste et nourrissant comme l'amour antique.

Et, en note, le poète de la Vénus Noire et de la Belle Dorothée souligne que la négresse de l'*Odalisque* sert à accuser plus vigoureusement « certains développements et certaines sveltesses ».

L'Exposition du Musée Bonne-Nouvelle est une occasion pour Baudelaire de montrer la largeur de son goût : ce critique est trop intelligent pour être exclusif. Dès le *Salon de 1846*, il précisera ses jugements sur Ingres et les affirmera plus nettement encore par la suite. Il écrira : « Il y a deux manières de comprendre le portrait : l'histoire et le roman [96] ». Et il placera Ingres, comme David, dans cette école historique qui rend « fidèlement, sévèrement, minutieusement, le contour et le modelé du modèle,

ce qui n'exclut pas l'idéalisation qui consistera pour les naturalistes éclairés à choisir l'attitude la plus caractéristique, celle qui
exprime le mieux les habitudes de l'esprit ». Il saisit et traduit
en termes définitifs ce talent inimitable « de savoir donner à chaque détail important une exagération raisonnable, de mettre en
lumière tout ce qui est naturellement saillant, accentué et principal, et de négliger ou de fondre dans l'ensemble tout ce qui est
insignifiant ou qui est l'effet d'une dégradation accidentelle » [97]. Il
distingue cette manière dite historique propre à Ingres, de la manière particulière aux coloristes qui « est de faire du portrait un
tableau, un poème avec ses accessoires, plein d'espace et de rêverie » [98]. Manière plus difficile peut-être, en tout cas plus ambitieuse, qui est celle d'un Rembrandt, d'un Reynolds, d'un Lawrence,
et, sur un autre plan, de Gérard, portraitiste de Mme Visconti, de
Gros, portraitiste du colonel baron Fournier-Sarlovèze et de Chris-
tine Boyer, première femme de Lucien Bonaparte. Mais, — il faut
le souligner, — par cette distinction même, Baudelaire reconnaît
à Ingres son amour pour la réalité, que le peintre admirait par
tempérament, sinon par principes, mais qui n'exclut point, en
présence du modèle, le sentiment et l'intelligence du choix où
le réel échappe au banal et au vulgaire. C'est faire preuve d'un
sens critique à la fois personnel et impartial, après les jugements
de G. Planche, déclarant, à propos du portrait de M. Bertin,
qu'après Vélasquez et Van Dyck il n'était pas permis de faire
ainsi bon marché de la coloration du modèle [99], et des critiques
naturalistes affirmant que, si Ingres avait pris dans Raphaël et
dans les maîtres de la Renaissance quelque chose de leur élégance, il avait négligé leur pureté et leur savante précision [100].

Pourtant Baudelaire aurait eu beau jeu pour attaquer Ingres qui,
depuis le *Salon de 1834,* où il avait exposé ce *Martyre de Saint-
Symphorien,* si attaqué, et que *l'Artiste* lui-même, après trois ans
passés, appelle son « erreur » [101], s'était longtemps retiré sous la
tente avec un mépris royal des critiques. *L'Artiste* avait, en bien
des occasions, rendu justice au talent de ce maître du dessin et
du contour. Il avait loué, en 1833, le portrait de M. Bertin l'aîné
qui est peut-être l'œuvre la plus vivante d'Ingres, et les termes
avaient été jusqu'à l'hyperbole : « C'est du Titien, c'est tout ce
que l'on voudra de mieux » [102]. Il avait pris parti pour Ingres,
directeur de l'Ecole de Rome, contre de mesquines brimades de
l'Académie des Beaux-Arts [103]. Jules Janin, en 1840, avait hautement loué l'art d'Ingres portraitiste [104]. La même année c'est une

enthousiaste admiration pour *la Stratonice* et *la nouvelle Odalis-que* [105] ; en 1841, de longs éloges de Ch. Lenormant [106] et de Jules Varnier [107]. Mais, à partir de cette date, quelques réserves se glissent dans ce beau concert : à propos d'un « banquet offert à M. Ingres », à son retour de Rome, un certain U. Ladet trouve déplacée cette manifestation des admirateurs trop zélés de M. Ingres [108]. En 1844, Arsène Houssaye déplore au Salon l'absence de M. Ingres, en des termes un peu vifs : « La critique qui tient fidèlement à sa magistrature devrait infliger le silence à M. Ingres. Pourquoi dédaigner ainsi le champ d'où il est sorti vainqueur et glorieux ? » [109]. L'année suivante, *l'Artiste* reprend la même antienne : « M. Ingres ne compte plus depuis longtemps aux fêtes du Louvre : la critique qui ne veut pas juger dans les ateliers n'a plus rien à débattre avec M. Ingres » [110].

C'est Paul Mantz, qui, le 25 janvier 1846, porte les plus rudes coups, dans *l'Artiste*, à *M. Ingres et son école.* Dans un long article, à propos de cette Exposition du Bazar Bonne-Nouvelle qui donnait à Baudelaire l'occasion de justes éloges, il examine avec rigueur l'œuvre du Maître. La juge-t-il « sans parti pris », comme il l'affirme aux premières lignes ? On en pourrait aisément douter à lire sa dure critique. C'est le reproche de ne s'attacher qu'au dessin et de négliger l'harmonie, « même l'harmonie négative des tons gris ». D'ailleurs, les deux *Odalisques* sont-elles bien dessinées ? La tête de l'une n'est pas modelée et l'œil droit s'enchâsse mal dans le visage ; il n'y a pas trace d'études sérieuses ; le bras gauche, la jambe, le talon sont sans vie : « Sont-ce des chairs ? les lignes tournent-elles ? Quant à la cuisse gauche qui s'égare imprudemment dans le vague des seconds plans, heureux qui pourrait dire comment elle va se rattacher au tronc ? » Pour l'*Odalisque* de 1839, elle n'est acceptable que jusqu'au nombril : à partir de là, « notre belle fille se disloque... Si vous aimez les fautes, cherchez et vous trouverez... ». Paul Mantz n'est pas moins sévère — dirons-nous : injuste ? — pour les portraits. Le menton de M. Bertin « présente du côté gauche un développement que la régularité du côté droit rend impossible ». Les traits de M. Molé ou de Mme d'Haussonville n'ont pas l'élégance et la noblesse des originaux : il n'y a de distingué dans ces portraits que les accessoires. Et c'est le même grief contre la *Stratonice* qui apparaît au critique le plus caractéristique de tous les tableaux d'Ingres :

Ce qu'on voit d'abord dans la *Stratonice*, c'est une colonne, puis les draperies, puis des murailles peintes, puis un lit. Ce n'est qu'après de longues recherches qu'on aperçoit, dans le lit, la figure du jeune Antiochus, et, d'un autre côté, une femme immobile, Stratonice, et ensuite un médecin, et enfin des serviteurs, égarés dans la chambre, agenouillés, accroupis, allant et venant comme des ombres. Ils sont moins importants que les petits personnages des tableaux de la muraille. Ils ont moins de valeur que les meubles et les étoffes. C'est en effet des meubles et des étoffes que M. Ingres paraît surtout s'être préoccupé ; ainsi il se peut faire que la *Stratonice* soit de l'archéologie, mais, à coup sûr, ce n'est pas de la peinture vivante et émue.

Paul Mantz n'accorde guère qu'une qualité à l'artiste : la patience. Mais pour fonder une école, il faut une théorie nettement formulée, des principes solides, des notions précises, une méthode, — et M. Ingres s'avance sans drapeau. « Son système est l'hésitation, le hasard, il ignore le parti pris, et son indécision permanente n'enfante que des œuvres indécises » [111].

Baudelaire aurait pu partager cette mauvaise humeur : l'admiration pour un Delacroix ne rétrécit pas son goût et ne l'incline pas à l'injustice. Il sait, dès 1846, rendre à César ce qui est à César et, sans renoncer à son idéal, admettre, chez un grand artiste rival, un idéal opposé à ses préférences. Cet éclectisme, dans la critique d'art de Baudelaire, vaut d'être souligné. D'autre part, en parcourant ses chroniques de 1846, de 1855, de 1859, nous trouverons, à la louange d'Ingres, qu'il n'aimait pas et ne pouvait pas aimer, des pages dignes de figurer parmi les plus belles et les plus intelligentes de toutes celles qui ont été consacrées à ce peintre.

Dans le *Salon de 1846*, il loue cette audace du dessin qui approche de la perfection : « M. Ingres dessine mieux que Raphaël, le roi populaire des dessinateurs... Et il dessine vite. Dans ses croquis il fait naturellement de l'idéal ; son dessin, souvent peu chargé, ne contient pas beaucoup de traits ; mais chacun rend un contour important » [112]. Il regrette pourtant que ce maître du dessin soit au pourchas de la couleur et qu'il l'adore comme une marchande de modes, « éternelle histoire de ceux qui vendraient la réputation qu'ils méritent pour celle qu'ils ne peuvent obtenir » [113]. Pourtant, il remarque avec une pénétrante justesse — et non sans fierté de signaler un « fait inobservé » — que le talent d'Ingres « s'applique plus volontiers aux femmes », car « il les aime trop pour les vouloir changer » et « suit les plus légères ondulations de leur ligne avec une servilité d'amoureux [114] ». S'il est privé de ce que Thiers appelait « l'imagination du dessin [115] »,

si son pinceau ne connaît pas le pouvoir « du dessin de création »,
privilège du génie, il reste, au regard de Baudelaire, le maître du
dessin physionomique », et c'est une affirmation qui sera reprise,
en 1855, au cours d'une étude consacrée à l'Exposition universelle des Beaux-Arts.

Dans cet article qui parut au *Portefeuille* [116], le 12 août 1855,
— et qui lui avait donné « un mal de chien » [117], Baudelaire
s'essaie, en face de l'œuvre d'Ingres, à une synthèse qu'il veut
impartiale. L'entretilet qui précédait l'article le présentait comme
une des « manifestations les plus élevées de l'intelligence et de la
critique » et comme « une appréciation ingénieuse et modérée des
œuvres de M. Ingres ». Et la vérité est bien, en effet, que Baudelaire, pour être partial, ne laisse pas, tout de même, d'être juste.
Il est curieux d'observer cet effort du critique, admirateur de
Delacroix, pour saisir avec une compréhensive sympathie, le talent
d'Ingres, au jeu « rusé » et volontaire. Il n'y a là rien qui nous
étonne. Nous avons vu Baudelaire, en 1846, défendre l'esthétique
davidienne contre le fou rire des jeunes artistes, incapables de
« suivre en arrière l'austère filiation du romantisme. » [118]. Pourtant
il ne pouvait guère aimer « David, cet astre froid, ni Guérin et
Girodet, ses satellites historiques, espèces d'abstracteurs de quintessence dans leur genre » [119]. En 1855, il rendra néanmoins au
maître d'Ingres la même justice : il démêle avec équité, malgré
d'inévitables réticences, le mérite de cette école trop célébrée jadis,
trop méprisée aujourd'hui, qui, en dépit de « procédés et de systèmes bizarres », se préoccupa « de ramener le caractère français
vers le goût de l'héroïsme » [120]. Peut-être n'est-il pas fâché, lui
qui rêve d'un art qui traduise la vie moderne, de découvrir « quelques légers grains corrupteurs..., quelques symptômes du futur
Romantisme » chez Guérin, peintre de *Didon*, créole aux nerfs
détendus, héroïne de Chateaubriand plus que de Virgile, chez Girodet, peintre d'*Atala*, drame supérieur à tant de « fadaises...
innommables » [121]. C'est pourquoi l'œuvre d'Ingres, qui participe
à cet « hétéroclitisme » des maîtres de l'école républicaine et
impériale, exerce son pouvoir de séduction — fait de malaise,
d'ennui et de peur, « mystérieux et complexe » — sur la sensibilité de Baudelaire. Delécluze disait, en 1854, de M. Ingres, que
cet homme — qui n'avait changé ni de physionomie, ni de manière
depuis 1797, — avait été mis au monde « comme on coule une
statue en bronze ». Il le dépeignait « studieux » et grave, étudiant
« avec plus de suite et de persévérance que la plupart de ses

condisciples » [122]. C'est peut-être cette rigueur un peu rigide qui donne à Baudelaire une impression « de laboratoire », où le travail et la volonté s'isolent loin des fougues de l'imagination. Pourtant, il fait effort pour analyser sans parti pris l'œuvre et l'homme. Autour de lui, l'admiration, comme toujours, s'exprime en vues banales. Dans *l'Artiste* du 27 mai 1855, le chroniqueur des Beaux-Arts, Charles Perrier, fait un éloge d'Ingres tempéré de quelques critiques :

> Pour lui, l'art est une religion dont les sacrificateurs ne doivent approcher l'autel qu'avec un cœur et des mains pures... Sa vie tout entière a été calme et austère... Un reproche que la critique peut faire avec fondement à la peinture de M. Ingres c'est que, dans toute son œuvre, ce peintre a toujours été trop exclusivement fidèle au culte de la ligne. Certes, c'est une fort belle chose que la fidélité au culte que l'on embrasse, mais, en matière d'art, l'absolu est presque toujours un vice... Qu'il peigne une Madone ou une Odalisque, c'est toujours le même trait pur, correct, harmonieux, sévère presque à l'égal de son maître David [123].

C'est là critique d'homme prudent. Pourquoi cette fidélité presque servile à la ligne ? Cette correction est-elle toujours si stricte ? Que manque-t-il donc à M. Ingres pour que cette absolue rigidité soit inattaquable ? Ch. Perrier s'excuse plus loin [124] d'avoir apporté trop de critiques et restreint l'éloge, — ce qui n'est pas exact, la conclusion étant un dithyrambe et l'analyse du portrait de Bertin, un beau morceau de critique admirative. Mais il faut voir, dans ces réticences et cette gêne, un scrupule de salonnier qui craint de se tromper et d'être ridicule — ou d'être injuste, pour n'avoir pas très bien compris. Baudelaire, en allant au fond de l'œuvre, donne des raisons qui le dispensent de louvoyer et sa critique prend la netteté de la parfaite intelligence. Ce goût de l'antique, ce respect de l'école, ce culte du trait et du style qu'Ingres pousse jusqu'au « vice », inquiète Charles Perrier. Baudelaire constate et explique : il voit, dans tous ces penchants, une carence de tempérament, de naïveté, d'ardeur et de mouvement [125]. Ingres n'a pas d'imagination, « cette imagination qui soutenait les grands maîtres dévoyés dans leur gymnastique académique » [126] et qui donnait aux toiles de David cet air d'héroïsme « hétéroclite », imposant le respect et « une espèce de terreur religieuse » aux plus prévenus. Ingres se résigne-t-il par impuissance ou immole-t-il héroïquement « la reine des facultés » sur l'autel de facultés qu'il juge, lui, plus éminentes ? N'est-ce pas système arrêté, son but n'étant pas de traduire des sentiments ou des passions, mais bien d'apporter un idéal « fait moitié de santé, moitié de calme, moitié d'indifférence, quelque chose d'analogue à l'idéal antique auquel il a ajouté les curiosités et les minuties de l'art moderne » [127] ? Là réside le « charme bizarre » de cette œuvre et aussi ses limites. Pour arriver à harmoniser cet « adultère » un peu « agaçant » de « la solidité calme de Raphaël avec les recherches de la petite-maîtresse », il doit choisir — dans les portraits, par exemple, — les modèles les plus propres à faire valoir son genre de talent. Au lieu de se soumettre d'abord à la nature, puis de l'interpréter en y mêlant son âme, il fait en elle un choix calculé, et la plie à cette préméditation d'homme qui abdique au profit d'un système son tempérament. Ainsi peut s'expliquer, par voie de conséquence, la qualité de son dessin. D'autres traduisent la nature dans son ensemble et avec toute sa logique, ou la regardent pour alimenter leur inspiration et se libérer du modèle en l'idéalisant. Ingres corrige et amende la nature ; il est, certes, un « amateur éloquent de beauté », mais il est persuadé que « la tricherie heureuse, agréable, faite en vue du plaisir des yeux, est non seulement un droit mais un devoir ». Et c'est pourquoi son œuvre n'est pas toujours fidèle à la réalité, mais admet « souvent dol, ruse, violence, quelquefois tricherie et croc-en-jambe ». Et Baudelaire prouve par des textes :

Voici une armée de doigts trop uniformément allongés en fuseaux et dont les extrémités étroites oppriment les ongles, que Lavater, à l'inspection de cette poitrine large, de cet avant-bras musculeux, de cet ensemble un peu viril, aurait jugés devoir être carrés, symptôme d'un esprit porté aux préoccupations masculines, à la symétrie et aux ordonnances de l'art. Voici des figures délicates et des épaules simplement élégantes associées à des bras trop robustes, trop pleins d'une succulence raphaélique. Mais Raphaël aimait les gros bras, il fallait avant tout obéir et plaire au maître. Ici nous trouvons un nombril qui s'égare vers les côtés, là un sein qui pointe trop vers l'aisselle ; ici, nous sommes tout à fait déconcertés par une jambe sans nom, toute maigre, sans muscles, sans formes et sans pli au jarret... » [128]

Peut-être ce souci d'analyse n'est-il pas sans quelque exagération. On surprend Baudelaire, « devant des morceaux charmants, irréprochablement vivants », l'esprit traversé de « cette méchante pensée... que ce n'est pas M. Ingres qui a cherché la nature mais la nature qui a violé le peintre et que cette haute et puissante dame l'a dompté par son ascendant irrésistible » [129]. Il s'est incliné devant l'incomparable peintre de portraits, mais il ne s'arrête pas devant la puissante interprétation que donne Ingres de M. Bertin [130], — peut-être parce que cette page magnifique lui inspire quelqu'une de ces malicieuses pensées dont il s'accuse et dont il a peine à se défendre. Il reconnaît dans l'artiste des dons éloquents et de « hautes qualités », mais il cherche vainement dans l'œuvre cette « fatalité du génie » qui accuse les tempéraments. D'autres ont fait des portraits avant Ingres — et celui-ci erre d'archaïsme en archaïsme, de Titien aux émailleurs de la Renaissance, de Poussin et Carrache à Raphaël et aux primitifs allemands — et il n'est pas jusqu'aux « curiosités » et au « bariolage persan et chinois » qui, autour de la *Petite Odalisque,* ne « se disputent ses préférences » [131]. Cet éclectisme peut-il s'accommoder avec une personnalité ? Baudelaire cherchait-il, en Ingres, cette énergie intérieure qui, chez un Delacroix, se résoud en inspiration ? Il ne prononce pas le mot de génie et s'il lui reconnaît, comme faculté maîtresse, la volonté, c'est en regrettant qu'il en ait fait « un immense abus », au détriment des puissances du sentiment et du surnaturalisme [132].

Baudelaire reconnaît que sa critique apporte à M. Ingres peu de sympathie. Il ajoute pourtant : « au gré des fanatiques ». C'est que, dans son jugement, il a essayé d'être impartial et a réussi, dans l'ensemble, à être juste. Son goût ne pouvait s'accommoder de la raison trop habile d'Ingres. Tout en le critiquant, il révèle son propre tempérament et l'on peut mesurer les distances. Delacroix n'est point nommé : mais c'est bien à lui que pense Baudelaire en donnant les limites du talent de son rival. C'est à Delacroix qu'il songe quand il accuse Ingres de « tricher » avec la nature, de la plier à ses systèmes, de ruser avec les contours et les lignes pour le plaisir des yeux, de cacher, sous un calme mêlé de minutie et de recherche, son impuissance à frémir. Après tant d'éloges de Delacroix, Baudelaire était-il gêné pour juger un art si différent ? Si Ingres se fût opposé violemment à Delacroix, Baudelaire aurait peut-être été forcé de se rendre devant cette violence même. Mais cette habileté réfléchie le rebrousse — et l'on comprend la prudence de Dutacq renvoyant à Baudelaire sa copie, de crainte qu'après l'éloge de Delacroix l'article sur Ingres n'eût l'air, dans son journal, d'un éreintement [133]. Et cependant ceci n'est point un éreintement. L'entrefilet de Ponroy louait la modération et l'ingéniosité de cette critique. Ingénieuse, elle l'est, en vérité, par son adresse à saisir d'une vue synthétique la personnalité d'Ingres et à définir son talent suivant une explication intérieure : Ingres est dans la logique de ses théories, en se refusant aux élans de l'imagination, en cherchant dans le culte de la volonté sa puissance dominatrice. Enfermé dans des limites, il organise son domaine et l'exploite avec une science qui est la sagesse même. Et, louant cette sagesse d'un artiste qui s'accommode de ses qualités et accommode ses défauts, Baudelaire ne dépasse pas les bornes d'une critique courtoise. Cette courtoisie l'incline à comprendre le mérite d'Ingres et à reconnaître son incomparable maîtrise dans l'art du portrait.

On a vu, en face des rigueurs de Paul Mantz, la position originale de Baudelaire, juge de M. Ingres, en 1846. Comparons maintenant à cette critique de 1855, les appréciations des salonniers les plus qualifiés. Dans *l'Athenaeum français*, H. de Vieil-Castel fait un éloge d'Ingres en phrases arrondies et souvent banales :

> Les lauriers de M. Delacroix n'empêchent pas plus M. Ingres de dormir que ceux de M. Ingres ne nuisent au succès de M. Delacroix ; tous deux comptent parmi les maîtres de notre époque ; ils comprennent l'art et la nature d'une manière différente, leur point de vue n'est pas le même. Le critique ne doit pas en conséquence, procéder envers leurs œuvres de la même façon ; il ne doit pas leur demander aussi longtemps qu'ils se tiennent dans les limites du domaine de l'art : pourquoi avez-vous fait ceci plutôt que cela ?... Le tableau d'*Homère déifié* est sans aucun doute le monument le plus complet de l'art du XIXᵉ siècle et le portrait de M. Bertin sera placé quelque jour dans notre Musée à côté des plus beaux portraits dus aux pinceaux de nos plus grands maîtres... M. Ingres comprend et indique avec une ravissante chasteté le sentiment voluptueux qui est en quelque sorte le souffle de la matière ; ce n'est pas l'expression de la volupté, c'est le sentiment de la volupté, son tressaillement intérieur qui par sa suavité donne l'harmonie aux formes les plus exquises que M. Ingres imprime mieux que personne depuis Prud'hon aux figures créées par son pinceau [134].

Dans la *Revue des Deux-Mondes* [135], Gustave Planche, parlant de l'Ecole française, signale comme les maîtres incontestés Ingres, Delacroix et Decamps, « trois noms qui dominent tous les autres et qui montrent les tendances diverses de notre génie dans le domaine de la peinture ». Ingres est pour lui le représentant le plus pur des traditions de la Renaissance, l'admirateur de Raphaël. Il passe en revue les œuvres, louant l'*Apothéose d'Homère* et sa majesté olympienne, le *Martyre de Saint-Symphorien* et l'énergie de ses figures, la *Vénus Anadyomène* aux contours purs et aux mouvements voluptueux et le *Portrait de M. Bertin* :

> Le portrait de M. Bertin, écrit-il, exposé pour la première fois en même

temps que le *Martyre,* se recommande par les mêmes qualités. Popularisé par le burin d'Henriquel Dupont, qui en a merveilleusement rendu le caractère, il jouit depuis vingt ans d'une renommée européenne.

Parlerons-nous de l'article passionné — et en vérité injuste, que Th. Silvestre consacre à Ingres aux premières pages de son *Histoire des Artistes vivants* et dont la conclusion est une condamnation sans appel : « M. Ingres n'a rien de commun avec nous : c'est un peintre chinois égaré, au XIXᵉ siècle, dans les ruines d'Athènes » [136] ?

Baudelaire, lui, est plus sobre dans l'éloge et plus lucide dans le blâme. Il semble vouloir aller au fond du débat. De même que, dès 1845, il loue courageusement le génie de Delacroix dessinateur, devançant sur ce point, comme sur bien d'autres, le jugement de la postérité, de même, au milieu de l'admiration universelle du dessin fidèle et parfait d'Ingres, il signale, sinon des fautes, du moins des « ruses » et des « tricheries ». Il les signale avec quelque rudesse. Selon lui, en face du modèle, Ingres organise, retouche, refait, corrige — et ment. Loin du modèle, après de consciencieuses études, Delacroix ordonne, compose, rêve, transforme, imagine — et crée. Ingres est préoccupé de plaire par son « érudition » et « son goût intolérant et presque libertin de la beauté » [137]. Delacroix peint pour se libérer : il lui importe peu de déplaire et, dans la lutte et l'incompréhension, il va jusqu'à trouver un aliment à son génie. Il se cherche avec inquiétude, et c'est pourquoi, toujours insatisfait, il est toujours en progrès. Par contre, Ingres s'est, dès le premier jour, trouvé. Etranger aux angoisses d'un Delacroix, il opère dans le calme, d'après des leçons apprises, selon des moyens habiles, avec un agrément qui lui garantit les succès, offrant aux gens du monde « un emphatique amour de l'antiquité et de la tradition » et, « aux excentriques, aux blasés », une « bizarrerie » qui supprime le modelé au profit du contour, cherche les curiosités de l'archaïsme et ajoute au calme indifférent de l'idéal davidien « les curiosités et les minuties de l'art moderne » [138]. C'est pourquoi « comme cet artiste n'a pas progressé, il ne vieillira pas », et ses admirateurs l'aimeront jusqu'à l'aveuglement. Mais la foule de ses imitateurs, privée de son pouvoir de séduction, montre, par de déplorables applications, les dangers de sa méthode.

« C'est ce que j'aurai plus d'une fois l'occasion de démontrer », ajoute Baudelaire, qui n'approuve guère chez les élè-

ves les procédés abâtardis du Maître. Et, en vérité, sa critique
s'exerce sans indulgence sur les disciples de M. Ingres, qui n'auront de grandeur que lorsqu'ils violeront les règles de l'école.
Ingres avait quarante toiles à l'Exposition universelle de 1855,
et, si la nouvelle génération d'artistes et de critiques, autour de
Baudelaire, regardait avec un intérêt respectueux, ces manifestations d'un très vif amour de l'art, ces témoignages de fermes et
profondes convictions, elle dut être plus étonnée que touchée de
voir tant d'efforts dépensés à la poursuite d'un idéal épuisé, car
elle ne pouvait comprendre un tel dédain du mouvement et de la
vie, sinon de la réalité. Mais que pouvaient devenir les élèves
d'un tel Maître, privés de son génie et de son expérience ?
Amaury-Duval, qui ne sut pas, comme parfois Chassériau et Lehmann, s'évader vers des inspirations modernes, n'a guère fait que
des travaux de peinture monumentale, des portails et des études
sans âme. Hippolyte Flandrin, le plus docile et le plus timoré
de tous, strictement attaché au dogme, a vécu, moins encore que
son maître, dans le courant des idées de son époque et a montré
que l'on ne pouvait, sans danger, s'attacher à des idées étroites
ou à des rêves morts [139]. Dès le Salon de 1845, Baudelaire signale d'Hyppolyte Flandrin, un portrait « lourd et terne » de
M. Chaix-d'Est-Ange [140] et prend plaisir à un portrait de femme
mieux venu, mais d'un « aspect un peu trop doux », et qui
« n'appelle pas les yeux ». « Comme ce morceau est petit,
ajoute-t-il, M. Flandrin l'a parfaitement réussi » [141]. L'éloge ne
cache-t-il pas une critique ? Peut-être suffit-il, pour être éclairé
sur ses intentions, de lire, au *Salon de 1846*, le jugement que
Baudelaire porte sur le groupe des élèves d'Ingres, « dont les
plus connus sont MM. Flandrin, Lehmann et Amaury-Duval ». Il
loue le Maître. Mais n'est-ce pas une politesse qui libère ses
scrupules ?

Ces messieurs ont traduit en système, froidement, de parti pris, pédan-
tesquement, la partie déplaisante et impopulaire de son génie, car ce qui
les distingue avant tout, c'est la pédanterie. Ce qu'ils ont vu et étudié
dans le maître c'est la curiosité et l'érudition. De là ces recherches de
maigreur et de pâleur et toutes ces conventions ridicules adoptées sans
examen et sans bonne foi.

Et voici Baudelaire déchaîné. Des formules péremptoires se
succèdent ; c'est une exécution en règle : puérilité servile, déplorables erreurs, afféteries ridicules, tels sont les reproches les plus
mesurés. Voici pour M. Lehmann : « Depuis le portrait de la

princesse Belgiojoso, M. Lehmann ne fait plus que des yeux trop grands, où la prunelle nage comme une huître dans une soupière... Les *Océanides* sont une espèce de Flaxman, dont l'aspect est si laid, qu'il ôte l'envie d'examiner le dessin ...Cette malheureuse imitation de la couleur m'attriste et me désole comme un Véronèse ou un Rubens copiés par un habitant de la lune... » Voici pour M. Janmot qui expose un *Christ portant sa croix* : « On devine trop en regardant ce tableau cru et luisant que M. Janmot est de Lyon. En effet, c'est bien là la peinture qui convient à cette ville de comptoirs, ville bigote et méticuleuse, où tout jusqu'à la religion doit avoir la netteté calligraphique d'un registre » [142]. Voici pour M. Vidal, qui a « quelques-uns des travers et des ridicules de MM. les Ingristes, c'est-à-dire le fanatisme du petit et du joli et l'enthousiasme du beau papier et des toiles fines » : « Ce n'est point là l'ordre qui règne et circule autour d'un esprit fort et vigoureux, ni la propreté suffisante d'un homme de bon sens : c'est la folie de la propreté ». Et Baudelaire de partir en guerre contre Gautier qui, dans *la Presse* du 7 avril 1846, faisait à M. Vidal un grand éloge de savoir rendre la beauté moderne. Le bon Théo dut sourire de cette fureur d'iconoclaste et de s'entendre traiter « d'homme bienfaisant » pour avoir « loué tout le monde » jusqu'au plus vil « barbouilleur » [143]. L'ironie de Baudelaire s'exaspère en mauvaise humeur qui éclabousse jusqu'aux amis. Quant à M. Vidal, il subit la leçon d'un maître critique :

Regardez la nature, monsieur ; ce n'est point avec de l'esprit et des crayons minutieusement apointés qu'on fait de la peinture... Vous avez beau appeler vos femmes Fatinitza, Stella, Vanessa, Saison des roses, — un tas de noms de pommades ! — tout cela ne fait pas des femmes poétiques.

Baudelaire termine sur ces mots : « Vous n'avez été que puéril et obscur », et il compare toutes ces afféteries à des « onguents rancis » dont un rayon de soleil développe la « puanteur » [144].

L'antienne reprend aussi ardente, à propos des portraits dont les ingristes ont tapissé le Salon de 1846. Baudelaire a horreur de l' « afféterie prétentieuse et maladroite », du « goût immodéré pour la distinction » des Flandrin, des Amaury-Duval et des Lehmann. Il s'amuse de toutes ces femmes « ingristes ou ingrisées », et il affirme que « Dulcinée de Toboso elle-même, en passant par l'atelier de ces messieurs, en sortirait diaphane et

bégueule comme une élégie, et amaigrie par le thé et le beurre
esthétique » [145]. C'est assurément une note déjà entendue : en
1845, dans l'*Artiste,* Paul Mantz écrivait à propos d'une Vierge
de Flandrin : « Si la peinture a pour but de représenter la réalité et la vie, certes ce n'est pas là de la peinture. Uniquement
préoccupé de la ligne, comme M. Amaury-Duval et les autres
disciples de M. Ingres, M. Flandrin, qui est d'ailleurs un homme
de talent, en viendra, s'il continue, à un mysticisme complet. Sa
« Mater dolorosa » n'a jamais marché, jamais elle n'a respiré ».
Et il concluait non sans inquiétude : « Lorsque M. Ingres a peint,
dans le « Ciel d'Homère » la figure de l'Odyssée, il était loin de
prévoir quelles destinées ses élèves devaient faire à son école [146] ».
En 1846, un critique à la fois expert et impartial, Théophile
Thoré, louait, à propos d'un portrait de femme, la conscience, la
patience de Flandrin mais ne pouvait se tenir d'ajouter : « C'est
le commun pris au sérieux et analysé avec une obstination digne
d'un meilleur sort. C'est l'ennui en peinture. Dieu a créé le soleil et la couleur pour réjouir les hommes, et pour varier incessamment les aspects de la nature... MM. Lehmann, Amaury-Duval, Hippolyte Flandrin représentent au Salon l'école de M. Ingres. Tous trois se sont formés à Rome d'après les austères enseignements du Maître. Le système s'est inoculé dans le sang
et figé sur leur palette. Il y ont gagné des qualités sérieuses avec
des défauts peut-être inguérissables... » [147] Voilà certes de quoi
corroborer les jugements de Baudelaire. Mais qui ne sent la différence de ton : un Baudelaire s'émeut et s'indigne, et défend
ses vues d'artiste avec une ardeur de champion qui brandit, pour
ces joutes de l'esprit, l'arme terrible du sarcasme et de l'ironie.

Comme il l'annonçait en 1855, Baudelaire trouve « plus d'une
fois l'occasion » de dénoncer, chez les disciples, les exagérations
dangereuses des tendances du Maître. Au *Salon de 1859,* il affirme et appuie ses critiques. Ce n'est plus ici la fougue du jeune
débutant qui jette son feu dans les intempérances du langage.
C'est la critique raisonnée d'un théoricien qui a beaucoup vu et
qui sait juger, ayant une doctrine, désormais établie sur une
expérience éclairée. Relisons cette page méditée, où l'expression,
pour être maîtrisée, n'a pas moins de force ni moins de sévérité :

Tous les élèves n'ont pas strictement et humblement suivi les préceptes
du maître. Tandis que M. Amaury-Duval outrait courageusement l'ascétisme de l'école, M. Lehmann essayait quelquefois de faire pardonner la
genèse de ses tableaux par quelques mixtures adultères. En somme on

peut dire que l'enseignement a été despotique et qu'il a laissé dans la peinture française une trace douloureuse. Un homme plein d'entêtement, doué de quelques facultés précieuses mais décidé à nier l'utilité de celles qu'il ne possède pas, s'est attribué cette gloire extraordinaire, exceptionnelle, d'éteindre le soleil. Quant à quelques tisons fumeux, encore égarés dans l'espace, les disciples de l'homme se sont chargés de piétiner dessus [148].

Est-ce là un parti pris de cette critique partiale et passionnée qui, selon Baudelaire, participe au tempérament du poète devenant critique ? La réponse est dans le texte même auquel nous faisons allusion : Baudelaire reconnaît aux œuvres des « ingristes » des qualités admirables de modelé, une expression vigoureuse, soigneuse, pénétrante. « Mais je demande, ajoute-t-il, s'il y a loyauté à abréger les difficultés d'un art par la suppression de quelques-unes de ses parties » [149]. Chenavard — celui qu'on appelait Décourageateur Ier —, plus courageux et plus franc, a répudié la couleur pour se consacrer, sans tricherie ni paresse possibles, à l'expression directe de l'idée. Les élèves d'Ingres, conservant « un semblant de couleur croient ou feignent de croire qu'ils font de la peinture ». Mais chacun d'eux, « en se mettant à l'ouvrage se prépare toujours, selon son goût dominant, à *déformer* le modèle ». La faute en est à leur docilité sans génie, mais aussi aux leçons qu'ils ont reçues. Leur maître ne se contente pas, selon Baudelaire, de la beauté ou de la grandeur que lui offre un modèle : il veut ajouter « quelque chose » qu'il juge « indispensable » : le style. Si Baudelaire réclame dans l'art « l'application de l'imagination, l'introduction de la poésie », il répudie surtout dans le portrait, cette « altération consciencieuse du modèle », si contraire à l'esthétique d'un Holbein peignant Erasme et le créant de nouveau, l'évoquant « visible, immortel, superlatif », pour l'avoir « si bien connu et si bien étudié ». Le « style », pour un Ingres, « ce n'est pas la qualité naturellement poétique du sujet qu'il faut en extraire pour la rendre plus visible ; c'est une poésie étrangère, empruntée généralement au passé ». Pour Baudelaire, c'est là un procédé qui trahit l'impuissance : ajouter, c'est avouer qu'on ne peut faire à la fois grand et vrai. Ingres est, sous l'influence de Raphaël, « victime d'une obsession qui le contraint sans cesse à déplacer, à transposer, à altérer le beau » [150]. Baudelaire, qui fait la critique d'Ingres, directement ou à travers ses élèves, ne peut accepter cette esthétique qui trahit la nature et n'admet qu'une poésie figée dans la tradition. Peut-être va-t-il trop loin dans ses réserves

en face d'un art qui s'oppose si radicalement à ses secrètes inspirations. Et la vérité est qu'on ne pouvait guère s'attendre à
une apologie. Pourtant, s'il est dur pour les élèves, il essaie, nous
l'avons vu, d'être juste envers le Maître et s'efforce de le juger,
comme il se l'est promis, sans système. Et c'est cela même qui
est la sympathie, ou du moins l'intelligence, dans la critique.
Nulle part on ne sent la condamnation préconçue au nom d'une
esthétique sans perspectives. Ce sont divergences de goût et
constatations presque matérielles. A tout, Baudelaire cherche une
explication, et il faut lui savoir gré d'avoir, sur bien des points,
découvert l'explication raisonnable et rationnelle.

Le grief principal de Baudelaire contre les ingristes, c'est que
leur faire se prive des richesses de l'imagination. C'est en 1859
qu'il fait ouvertement l'apologie de « la reine des facultés ».
Mais, dès le principe, il est persuadé que, sans elle, il n'est pas
de salut pour l'artiste. Elle réchauffe, élargit, distingue. N'est-ce
pas au *Salon de 1846* qu'il écrit, sur *l'idéal et le modèle,* des pages où il montre, dans l'art, le rôle de cette imagination qui redresse l'individu par l'individu pour le reconstruire et le rendre
« par le pinceau et par le ciseau à l'éclatante vérité de son harmonie native » [151] ? Au moment où il débutait dans la critique
d'art, il proclamait que « le dessin est une lutte entre la nature
et l'artiste » et qu' « il ne s'agit pas pour lui de copier mais d'interpréter dans une langue plus simple et plus lumineuse » [152] ?
Mais voici qu'au *Salon de 1859* les affirmations sont plus décisives. Baudelaire a conquis, par l'observation et l'étude, l'expérience qui autorise un langage d'autorité. Il a médité en face de
Delacroix. Il a réagi devant les œuvres et il a pris position à la
fois contre ceux qui font, comme Ingres, le sacrifice héroïque
du tempérament sur l'autel « de la tradition et de l'idée du beau
raphaëlesque », et contre ceux qui l'accomplissent, comme Courbet, « au profit de la nature extérieure, positive, immédiate » :
« Dans leur guerre à l'imagination, déclare-t-il, ils obéissent à
des mobiles différents ; et deux fanatismes inverses les conduisent à la même immolation » [153]. En 1859, il peut donc donner
sa « théorie » sur la « reine des facultés ». C'est dans ces pages
que Baudelaire prend position. Nous y trouverons les raisons qui
expliquent ses jugements sur l'école d'Ingres, et les lignes générales d'une esthétique consciente, suivant laquelle nous pourrons
éclairer désormais ses critiques.

*
**

Le *Salon de 1859* « fut peu remarqué, dit Asselineau [154] à cause du peu de publicité du recueil d'ailleurs très estimable où il parut ». Il vit le jour sous la forme d'une *lettre à M. le Directeur de la Revue française sur le Salon de 1859* [155]. Asselineau juge ainsi cette œuvre capitale :

Ce travail plus développé que les œuvres du même genre publiées par Baudelaire (il a soixante pages de Revue d'un texte compacte) est écrit avec une maturité, une sérénité parfaites. C'est comme le dernier mot, l'expression suprême des idées d'un poète et d'un littérateur sur l'art contemporain ; c'est le bilan des enthousiasmes, des illusions et aussi des déceptions que nous ont causés à tous les artistes dont nous sommes tour à tour épris et détachés. L'auteur a mêlé à ses jugements des biographies, des anecdotes, des rêveries poétiques et philosophiques qui font l'office et l'effet des intermèdes de musique dans une comédie. Au ton dont il parle de ses justiciables, sculpteurs, peintres, graveurs, dessinateurs, on sent qu'il les a aimés et qu'il s'est associé à leur destinée et à leurs efforts... Il est pris de repentir à l'endroit de tels peintres qu'il avait fort malmenés dans sa jeunesse ; et, en même temps, il réclame contre l'ingratitude du public envers des artistes bruyamment applaudis il y a trente ans, et depuis lors mis en oubli. C'est une histoire, et c'est une confession. Je ne crois pas que nulle part ailleurs on ait parlé plus complètement, avec une éloquence plus ingénieuse et plus de sympathie des campagnes de l'art contemporain [156].

Histoire et confession, en effet. Nulle part, peut-être, Baudelaire n'a été plus net. C'est ici l'œuvre de la maturité : un artiste exprime une pensée longuement méditée, à un âge où les fougues inconsidérées ont fait long feu et à un moment où se heurtent, dans le champ artistique, des partisans également acharnés ! Le Directeur de la *Revue française,* Jean Morel, lui a demandé d'être bref et de ne pas détailler un catalogue mais bien de tracer un aperçu général et comme le récit d'une promenade philosophique à travers la peinture [157]. Et c'est bien ainsi que Baudelaire entend la critique d'art. Il va se retrouver lui-même dans les œuvres qu'il rencontrera.

Dès les premières pages, il aborde la lutte et affirme sa pensée. S'il regrette, au Salon, l'absence des Anglais qu'il avait admirés à l'Exposition de 1855, et dont il s'était réservé de parler dans la suite [158], c'est pour établir un contraste et aborder sa critique :

Représentants enthousiastes de l'imagination et des facultés les plus précieuses de l'âme, fûtes-vous donc si mal reçus la première fois et nous jugez-vous indignes de vous comprendre ? [159]

N'est-ce pas pour Baudelaire un moyen d'entrer dans son sujet et de faire entendre son sentiment ? Si le Salon de 1859 est « plat », « médiocre », « maussade » — malgré la présence d'œuvres signées de Penguilly, Delacroix, Fromentin, c'est parce que la petitesse, l'incuriosité puérile, le calme plat de la fatuité ont succédé à l'ardeur et aux turbulentes ambitions. Ce qu'il faut louer chez les peintres du passé — Lebrun et David, par exemple, — c'est l'amour du grand, l'érudition, et aussi, pour Lebrun du moins, l'imagination. Le présent ne donne que des « enfants gâtés », — et voilà les raisons principales de l' « abaissement » de l'art : discrédit de l'imagination, mépris du grand, pratique exclusive du métier [160]. Il est nécessaire de réagir contre ces dangers qui menacent l'avenir artistique. Baudelaire n'a pas de terme assez fort pour vouer à l'anathème ces meneurs de la « bêtise contemporaine » qui se fait prier pour acheter un tableau de Delacroix, mais qui paie dix ou vingt fois plus cher les figures imperceptibles de Meissonier. Ceci est pour Baudelaire motif à thèmes familiers. Mais le voici désormais affirmatif : il quitte la férule de la critique pour préciser ses vues personnelles. Il a parlé d' « imagination » : le moment lui semble venu de formuler le rôle et d'établir la souveraineté de cette « reine des facultés ». L'imagination est battue en brèche : certes il ne méprise pas les rudes conquêtes du métier et il proclame que « plus on possède d'imagination, mieux il faut posséder le métier pour accompagner celle-ci dans ses aventures et surmonter les difficultés qu'elle recherche avidement » ; mais il n'admet pas qu'on se prévale du métier pour prétendre éclipser par des règles apprises ou des procédés scolaires l'éclat spontané de l'imagination. Si l'imagination trouve son profit dans les ressources de l'habileté, « celui qui ne possède que l'habileté est une bête ». Que fait l'enfant gâté de la peinture moderne, Troyon par exemple ? Il considère l'imagination comme un danger et une fatigue et « il bouche son âme », peignant de toutes ses forces, à perdre haleine, pour ressembler à l'artiste à la mode et mériter par sa bêtise et son habileté, le suffrage et l'argent du public [161]. Or l'imagination répudie les petits moyens de succès. Elle découvre au-dessus des banalités et des platitudes de la réalité, les éléments spirituels qui expriment l'âme à travers la forme matérielle. Baudelaire dès les premières pages prend position en face du réalisme envahissant. Bientôt sa condamnation sera plus nette.

C'est que, vers 1859, après les campagnes de Courbet et de Champfleury, — surtout après le procès de *Madame Bovary* et le scandale de *Fanny*, le réalisme semble décidé à tout envahir [162]. Le 1er septembre 1860, dans la *Revue des Deux-Mondes*, Charles de Mazade [163] constate que le réalisme règne ou aspire à régner dans la littérature. Sainte-Beuve évolue nettement vers le réalisme, écrit des articles bienveillants sur Taine, Flaubert, Feydeau [164]. Dès 1857, il se déclare « pour la vérité à tous risques, fût-elle même la réalité » [165]. Dès 1855, Taine s'est révélé comme le théoricien du réalisme et en dégage des applications à la critique, à l'histoire, à la philosophie, au roman. C'est un conflit qui s'amplifie opposant le réalisme au romantisme, le positivisme au spiritualisme. En 1860, les Goncourt entreront en scène.

Baudelaire a senti dès l'apparition de *Madame Bovary* et la condamnation, à propos de l'œuvre, du principe réaliste, que l'art, tel qu'il le conçoit ne peut que perdre à la diffusion et au succès de cette doctrine. Il avait, dès 1848 [166], à propos de *Chien Caillou*, loué Champfleury d'avoir osé « pour ses débuts se contenter de la nature et avoir en elle une confiance illimitée ». Mais, de plus en plus, il se méfiera des artistes qui n'auront confiance que dans la nature. Et désormais il ne manquera pas une occasion d'affirmer ces réticences en plaçant son idéal de l'art au-dessus et en dehors de l'imitation de la chose vue. Le *Salon de 1859* apporte sur les rapports de la nature et de l'imagination des jugements qu'on doit relever et qui, sur ce point, précisent la doctrine de Baudelaire.

Aussi bien, Baudelaire se doit de répondre à des attaques qui le visent, lui, en même temps que ses idées les plus chères. Après la campagne de Champfleury qui soutenait, en 1855, qu'on doit représenter ce qu'on a vu, même si l'écrivain est accusé de se borner au daguerréotype et à la sténographie [167], après ses propos audacieux qui ont un écho dans l'affirmation que les Goncourt lui prêtent sous le nom de Pommageot dans *Charles Demailly* : « Je pense que le vrai tout cru et tout nu est l'art » [168], — voici que Duranty, Assézat, Thulié publient la Revue : *Réalisme* [169], où tout ce qui touche à la poésie et à l'imagination est violemment attaqué [170]. Pour ces jeunes réformateurs, Baudelaire est trop exclusivement préoccupé du laid et il est englobé dans leur mépris universel pour les poètes et la poésie [171]. Il faut désormais non plus « chanter ni mettre en musique », mais pein-

dre, « c'est-à-dire reproduire le réel et le réel contemporain, parce
que c'est le seul qu'on puisse reconnaître avec exactitude » [172].
Il n'y a plus de sujets *laids* ni de sujets *beaux* : il n'y a que des
sujets *vrais*. C'est le fond du manifeste de 1855 où Courbet, par
la plume de Champfleury, réclamait des sujets modernes et vulgaires [173]. Duranty ajoute des précisions qui appelleront les représailles de Baudelaire : il faut créer une œuvre populaire qui
envisagera le côté social de l'homme et qui instruira le public, car
l'art a un but pratique [174].

D'ailleurs cet enseignement n'est pas sans danger pour ceux
qui le prêchent : le réalisme qui ne distingue pas entre le « bas »
et le « noble » et qui méprise les « conventions », va s'attirer
des ripostes. La réaction viendra du pouvoir établi qui régle-
mente la publication des romans-feuilletons de manière prohibi-
tive et punit d'emprisonnement et d'amende les outrages à la morale [175]. Courbet est considéré comme un « factieux » [176] et les
refus du jury le contraignent, en 1855, à ouvrir une exposition
privée pour hospitaliser ses œuvres à scandale [177]. Une campagne s'organise dans les revues. Sainte-Beuve, qui depuis..., publie dans la *Revue des Deux-Mondes,* dès le 1er septembre 1839, un
véritable manifeste contre la « littérature industrielle » et contre « la démocratie littéraire » [178]. La *Revue des Deux-Mondes* mène la lutte pendant vingt ans sous l'impulsion de Buloz
qui en veut personnellement à Balzac [179] : « L'un après l'autre
tous ses rédacteurs C. de Mazade, G. Planche, Ch. de Rémusat,
Saint-René Taillandier, A. de Pontmartin, E. Montégut dévelop-
pèrent le lieu commun sur « la littérature mercantile », sur les
« tendances tristement réalistes », sur l'absence de tout idéal,
sur la disparition de l'instinct du beau... » [180]. Même note dans
la *Revue Contemporaine* et dans le *Correspondant* [181]. En 1856,
l'Académie des Sciences morales et politiques met au concours
l'influence du roman contemporain sur les mœurs, en attirant
l'attention des concurrents sur les erreurs morales et les fausses
doctrines. Et dans la critique universitaire, ce sont pareilles protestations de la part de H. Rigault, Cuvillier-Fleury, G. Merlet,
G. Vapereau [182].

La position de Baudelaire sera entre les deux camps : et c'est
pourquoi il sera, tour à tour, attaqué par les deux partis. Le
temps n'est plus où, à la Brasserie, tandis que Decamps, Corot,
Courbet et Champfleury entamaient, sous l'impartiale direction du
vieux Planche, de solennelles parties de billards, Baudelaire enga-

geait avec Chenavard des discussions esthétiques, dans une atmosphère de joyeuses disputes [183]. Aux réalistes, il oppose maintenant
le concept du Beau, indifférent au Vrai, — comme aux critiques
académiques, il a opposé le concept du Beau, indifférent à la
morale. Et c'est pourquoi il reste au-dessus de la mêlée, dans un
canton détourné où il est seul et chez lui. Défendant les droits
menacés de l'Imagination, il objectera au « peintre naturel » que
« le goût exclusif du Vrai... opprime et étouffe... le goût du Beau »
et que « ce qui est positivement et universellement exact n'est jamais admirable » [184]. Dans le *Salon de 1859,* les articles touchant
le Public moderne et la Photographie et *la Reine des Facultés*
apportent des points de vue qui, rattachés à la peinture, peuvent
néanmoins se formuler en principes d'esthétique générale.

Le public qui hante les Salons ne cherche que le Vrai et ne
se soucie guère de s'exalter en face du Beau. Le public n'est pas
artiste et le temps est lointain où Baudelaire croyait, — ou feignait
de croire, — aux vertus artistiques du bourgeois. Tout à l'heure,
il frémira de colère : « Brute hyperboréenne des anciens jours,
éternel Esquimau porte-lunettes ou plutôt porte-écailles... » [185]. Et
l'invention de Daguerre ne sera jamais un art sinon pour ces
médiocres enfoncés dans l'admiration du progrès, c'est-à-dire
dans un émerveillement dangereux, devant les conquêtes envahissantes de la matière, — et qui confondent, avec les triomphes de
l'imagination, l'habileté commune acquise par la patience. « Le
peintre naturel », aux yeux de Baudelaire, est un « monstre ».
Et ce public, qui veut être étonné, mais ne consent pas au seul
étonnement légitime que crée la révélation du Beau, demeure
étranger à l'art puisqu'il n'est touché que de stratagèmes indignes. La photographie le séduit, qui l'étonne en lui donnant un
résultat identique à la nature. Voici son Credo : « L'art est et
ne peut être que la reproduction exacte de la nature (une secte
timide et dissidente veut que les objets de nature répugnante soient
écartés, ainsi un pot de chambre et un squelette) [186] ». Et puisque
la photographie lui donne toute garantie d'exactitude, l'art c'est
la photographie.

Avec un ironique dédain, Baudelaire décrit la vogue de cette
mode nouvelle. Il montre les yeux penchés sur les trous du stéréoscope « comme sur les lucarnes de l'infini ». Et il en veut à la
photographie, non de son rôle utile qui enrichit l'album d'un
voyageur ou sauve de l'oubli « les ruines pendantes », mais d'asservir, pour trop de gens, la poésie au progrès. Il n'y a pas de

sectarisme en Baudelaire et, de nos jours, il serait sans doute le premier à reconnaître la poésie de ces images mouvantes qui prolongent nos rêves par la vision de lointains pays ou l'évocation d'une âme dans un geste. Mais ce qu'il blâme en 1859, — et ce qu'il blâmerait peut-être encore aujourd'hui, — c'est la confusion de « l'art avec l'industrie » : « la poésie et le progrès sont deux ambitieux qui se haïssent d'une haine instinctive, et, quand ils se rencontrent sur le même chemin, il faut que l'un d'eux serve l'autre ». La photographie, qui enrichit les archives de la mémoire, est une conquête précieuse, « mais s'il lui est permis d'empiéter sur le domaine de l'impalpable et de l'imaginaire, sur tout ce qui ne vaut que par ce que l'homme y ajoute de son âme, alors malheur à nous ! » [187].

Il est facile de lire, à travers les lignes, la condamnation de ce réalisme qui affirmait vers ce temps-là son utilité et prétendait conduire la foule à mieux observer et mieux voir pour mieux peindre, donnant, comme but à l'art, le but même de la photographie, la reproduction de l'exact. Baudelaire signale le danger en termes qui ne laissent aucun doute sur ses intentions : « De jour en jour, l'art diminue le respect de lui-même, se prosterne devant la réalité extérieure et le peintre devient de plus en plus enclin à peindre non pas ce qu'il rêve mais ce qu'il voit ». Cette imagination surnaturaliste qu'il salue dans l'œuvre de Delacroix, comme la faculté maîtresse de l'artiste en quête du Beau, est seule capable de créer le rêve qui exalte les âmes. Et si l'artiste s'abaisse à sacrifier à l'admiration d'une science matérielle son goût pour le beau désintéressé, c'est qu'il consent à diminuer en lui « la faculté de juger et de sentir ce qu'il y a de plus éthéré et de plus immatériel » [188].

Une telle diatribe appelle une contre-partie. Baudelaire n'est pas de ceux qui s'arrêtent à la critique destructive. Il sait ce qu'il veut en face de ce qu'il attaque. Voici l'hymne à la « reine des facultés », voici, affirmés une fois de plus et en une langue frémissante, les rapports de la nature et de l'imagination dans la création et l'exécution d'une œuvre d'art. Théorie idéaliste de Baudelaire et de Delacroix qui ne voient dans la nature qu'un dictionnaire et qui n'admettent le modèle que pour les jours d'ébauche et d'étude, l'écartant aux jours inspirés des réalisations [189] :

Dans les derniers temps, nous avons entendu dire de mille manières différentes : « Copiez la nature, ne copiez que la nature. Il n'y a pas de

plus grande jouissance ni de plus beau triomphe qu'une copie excellente
de la nature ». Et cette doctrine, ennemie de l'art, prétendait être appliquée non seulement à la peinture, mais à tous les arts, même au roman,
même à la poésie... [190]

Et Baudelaire d'argumenter contre les réalistes : sont-ils certains de l'existence de la nature extérieure ? Et sont-ils sûrs de
connaître toute la nature ou toutes les apparences de la nature ?
Et voilà les objections philosophiques. — La réponse de l'artiste,
conscient de sa dignité, sera celle d'un « imaginatif » qui s'établit en face du « positif » et qui trouve inutile et fastidieux de
représenter ce qui est, si rien de ce qui est ne le satisfait. La
laideur de la nature peut répugner à l'imagination et les créations de la fantaisie, idéalisant serpents et monstres, sont préfé-
rables à la réalité triviale. Comment admettre les « singulières et'
avilissantes divagations » de ces théories de « pédants » qui flattent également « l'impuissance et la paresse » et qui, n'ayant pas
d'imagination, décrètent simplement que personne n'en aura [191]. Et
telle est, selon Baudelaire, la position du véritable artiste. D'ailleurs Baudelaire admet du réalisme une interprétation qui le ferait
accepter des ennemis mêmes de ces partisans de la vulgarité positive. Il consent que l'artiste, « le vrai artiste, le vrai poète »,
fidèle à sa propre nature, ne peigne que « selon ce qu'il voit et
qu'il sent », évitant, comme un mensonge, d'emprunter les yeux
et les sentiments d'un autre homme : et c'est ainsi que, lors de
l'exposition de 1855, il reconnaissait à Courbet une manière puissante, « une sauvage et patiente volonté » [192] et que, en 1862,
parlant de « peintres et aquafortistes » et déplorant la pauvreté
de la « peinture proprette » et des « prétentieuses rapinades » il
expliquera le succès de Courbet comme une réaction nécessaire et
rendra au chef du réalisme cette justice « qu'il n'a pas peu contribué à rétablir le goût de la simplicité et de la franchise et
l'amour désintéressé, absolu, de la peinture » [193].

Mais, en face des doctrines fanatiques, Baudelaire se pose en
champion du surnaturalisme. Poète, il chante un hymne à l'imagination, reine des facultés. Nulle part, il n'affirme avec une
allégresse aussi assurée le pouvoir de l'imagination créatrice et
organisatrice. Faculté souveraine qui domine les autres, les dirige,
les excite, se confond avec elles sans perdre son autonomie, elle
anime l'art, étant l'analyse et la synthèse, et jouant un rôle essentiel dans le jeu de la sensibilité et dans l'application de la morale.
Mieux encore, elle crée, entre les choses et les êtres, les corres-

pondances — par la vertu de l'analogie et de la métaphore. Elle
fait naître le monde et le gouverne : dans toute carrière, l'homme
éminent est sans elle incomplet. Et c'est par elle que le réel est
illuminé : « L'imagination est la reine du vrai et le *possible* est
une province du vrai. Elle est positivement apparentée avec l'infini » [194]. Jamais Baudelaire n'a été aussi ardent, aussi combatif,
que dans ces pages vibrantes de foi. Cet éloge sonne comme un
chant de guerre et aussi comme un chant de triomphe : tant
Baudelaire est convaincu que l'imagination est la faculté divine
de l'artiste, comme elle est la faculté souveraine dans la vie de
l'intelligence et de la conscience. C'est que l'étude du réel l'indigne comme une mutilation. L'imitation de la nature est œuvre
servile, à la portée de tout artisan : là où le génie n'est que
patience et application, l'œuvre réalisée sera souvent bonne : elle
ne sera jamais sublime. L'esthétique de Boileau, — pour qui, au
dire de Champfleury [195], Baudelaire eut toujours la plus vive
sympathie, — ne demande pas qu'on copie la nature mais qu'on
la transforme après l'avoir observée. L'horrible et l'odieux peut
« plaire aux yeux », mais imité, c'est-à-dire transformé, par
l'art. Le naturalisme classique n'a pas de relation avec le réalisme
moderne. L'élément intellectuel y domine et le mot : nature a des
acceptions diverses suivant les siècles et les écoles. Baudelaire
n'a que faire du vrai intellectuel des classiques et du vrai sentimental des Romantiques. Comme Boileau cependant il croit que
l'art peut trouver dans la réalité ses inspirations. Mais l'œuvre ne
s'élève vraiment au plan de l'art que si, interprétant le Beau, elle
donne à la réalité une figure choisie. Sans doute, l'artiste est un
homme pour qui le monde extérieur existe, mais représenter strictement ces choses extérieures, tendre, en art, à des explorations
scientifiques, est une sorte de trahison. Gérard de Nerval disait :
« L'arbre de science n'est pas l'arbre de vie ». Or l'art doit
traduire les puissances de vie enfermées dans l'âme des grands
maîtres. Ces puissances soulèvent l'artiste, hors des limites de
ce qu'il voit, vers les horizons de ce qu'il sent : « Il doit éviter
comme la mort d'emprunter les yeux et les sentiments d'un autre
homme si grand qu'il soit », car cela encore c'est copier. C'est
l'imagination qui, brisant les règles de Boileau, échappant aux
déformations sentimentales des romantiques, planant au-dessus des
représentations figées du réalisme, dominant les froides recherches
des partisans de l'art pour l'art, épouse la fantaisie des grands
inspirés et les enrichit de visions révélatrices. C'est elle qui dé-

couvre l'inconnu, l'explore et le traduit pour émouvoir de « frissons nouveaux » le cœur des hommes.

Certes, il n'est point négligeable d'observer. Ce qu' « il y a de plus fort dans les batailles avec l'idéal c'est une belle imagination disposant d'un immense magasin d'observations » [196]. Mais la nature n'est qu'un dictionnaire. Formule-type d'un Delacroix dont un Baudelaire s'empare pour préciser le rôle de servante de cette nature rétive : « Je me suis toujours plu, dira-t-il ailleurs, a chercher dans la nature extérieure et visible des exemples et des métaphores qui me servissent à caractériser les jouissances et les impressions d'un ordre spirituel » [197]. Et c'est précisément le rôle de l'artiste et la marque de son génie que cette transmutation des mots du dictionnaire en formules magiques — dont le sortilège est évocation de Beauté. Le métier ne devient dès lors qu'un tremplin éprouvé pour les bondissements vers l'infini. L'image de Banville prend ici son vrai sens : « Le génie doit, comme le saltimbanque apprenti, risquer de se rompre mille fois les os en secret, avant de danser devant le public » [198]. Le grand artiste s'incline devant les disciplines nécessaires, mais il en use comme d'esclaves au lieu de s'asservir à elles : « Les rhétoriques et les prosodies ne sont pas des tyrannies inventées arbitrairement mais une collection de règles demandées par l'organisation même de l'être sipirituel. Et jamais les prosodies et les rhétoriques n'ont empêché l'originalité de se produire distinctement. Le contraire, à savoir qu'elles ont aidé à l'éclosion de l'originalité, serait infiniment plus vrai » [199]. Tout l'élément extérieur et matériel de l'art doit être possédé par l'artiste comme une arme parfaite. Mais cette arme ne sera jamais qu'un instrument aux mains habiles de l'artiste :

> Si une exécution très nette est nécessaire, c'est pour que le langage du rêve soit très nettement traduit ; qu'elle soit très rapide, c'est pour que rien ne se perde de l'impression extraordinaire qui accompagnait la conception ; que l'attention de l'artiste se porte même sur la propreté matérielle des outils, cela se conçoit sans peine, toutes les précautions devant être prises pour rendre l'exécution agile et décisive [200].

On sait que Baudelaire ne peut détacher sa pensée de l'esthétique de Delacroix et on reconnaît ici des théories que nous avons signalées ailleurs. C'est ainsi qu'il est amené à juger et à condamner dans un tableau — comme dans toute œuvre d'art — la perfection formelle qui, chez un Horace Vernet ou un Paul Delaroche, par exemple, procède par morceaux définis et se préoccupe, non pas d'ébaucher l'ensemble, suivant les vues de l'imagination qui crée et construit, mais de diviser les détails en espaces de toile qu'il faut couvrir en un temps déterminé. On ne fait pas un tableau comme on avance sur une route, étape par étape, oubliant l'espace parcouru et se délivrant, par fragments, d'une œuvre sans âme. La méthode de Baudelaire assigne à l'imagination le rôle d'utiliser et de discipliner ces procédés manuels. Tout, — personnages, paysage, fond, vêtements, couleurs même, — doit illuminer l'idée génératrice, où le détail ne vit que subordonné à l'ensemble, et ne saurait exister hors de cet ensemble : reproche secrètement dirigé peut-être contre les compositions d'Ingres, dont les figures conservent une vie trop particulière. L'art du coloriste réclame aussi cette imagination qui ne se satisfait pas de fondre matériellement les touches, mais qui, associant les couleurs par une loi sympathique, apparentée aux lois des mathématiques ou de la musique, veut les unir naturellement « à une distance voulue par cette loi qui les a associées ». Pour être fidèle au rêve, le tableau doit être le résultat de plusieurs créations : harmoniquement conduit, il consistera « en une série de tableaux superposés, chaque nouvelle couche donnant au rêve plus de réalité et le faisant monter d'un degré vers la perfection » [201]. Chaque tempérament agit, ici, suivant sa nature, mais cette méthode seule assure l'élan des « imaginations riches », puisqu'elle tient compte à la fois des secours matériels que donnent l'observation et la pratique du métier, — et des impondérables d'une inspiration qui s'exprime, par vagues successives, en se cherchant, non pas dans le scrupule du détail, mais dans la projection de l'ensemble.

Et Baudelaire apporte, en matière de conclusion, « le formulaire de la véritable esthétique » :

Tout l'univers visible n'est qu'un magasin d'images et de signes auxquels l'imagination donnera une place et une valeur relative ; c'est une espèce de pâture que l'imagination doit digérer et transformer. Toutes les facultés de l'âme humaine doivent être subordonnées à l'imagination qui les met en réquisition toutes à la fois. De même que bien connaître le dictionnaire n'implique pas nécessairement la connaissance de l'art de la composition et que l'art de la composition lui-même n'implique pas la composition universelle, ainsi un bon peintre peut n'être pas un grand peintre. Mais un grand peintre est forcément un bon peintre, parce que l'imagination universelle renferme l'intelligence de tous les moyens et le désir de les acquérir [202].

En dehors des timides, esclaves du poncif par impuissance d'originalité, les artistes sont donc divisés en deux camps distincts :

les réalistes, — que Baudelaire appelle « positivistes », et dont
la formule pourrait être : l'univers sans l'homme ; ceux-là représentent ou veulent représenter les choses telles qu'elles sont ou
telles qu'elles seraient même si l'homme n'existait pas. Dans l'autre camp, sont les imaginatifs qui veulent, de leur esprit, « illuminer les choses », et « en projeter le reflet sur les autres
esprits ». Il est facile, d'après tout ce qui précède, de voir la
direction que prennent les sympathies de Baudelaire.

C'est toujours le rapport entre l'imagination et la nature qui
règle l'attitude de Baudelaire en face des écoles et des genres.
S'il critique l'école des pédants, — ou *pointus*, comme il dit, après
Nadar [203], — c'est parce que, chez eux, « l'érudition », qui implique une certaine étude du réel dans le passé, « a pour but de
déguiser l'absence d'imagination ». Reproduire les épisodes vulgaires de la vie dans le dépaysement d'un cadre antique comme
Hamon, Etex, Denéchau, dont Baudelaire cite les toiles sans
nommer les auteurs [204], est un procédé médiocre que notre critique
est prêt à condamner doublement au titre d'ennemi du réalisme et
d'adversaire de l'Ecole païenne. Apporter des fadaises sentimentales sous le couvert de sujets antiques, toucher à la fois « dans
un perpétuel agacement..., au proverbe, au rébus et au vieux
neuf » [205], substituer, comme Gérôme, aux jouissances de la pure
peinture l'amusement curieux d'une page érudite, est jeu d'amateur, mais non travail d'artiste. Ce retour au passé compliqué de
procédés modernes est un de ces mélanges adultérés dont Baudelaire avait horreur, car il contrevient directement à son amour du
spontané et du naïf dans l'expression, à sa recherche passionnée
du tempérament dans la création. C'est le même principe esthétique qui lui dicte ses formules sévères contre les peintures militaires, ce genre qui « exige la fausseté ou la nullité » et où
triomphent les vastes improvisations d'Horace Vernet [206]. Si un
peintre comme Pils [207] apporte des œuvres acceptables, c'est
parce qu'il sait, comme autrefois Raffet et Charlet [208], se limiter
à de simples épisodes et si Tabas mérite tant d'éloges, c'est parce
que, dans sa scène des *Fourrageurs*, fidèle aux principes des harmonies colorées, il ordonne une symphonie de vert et de rouge,
mêlant un vaste océan de verdure aux uniformes coquelicot. C'est
donc encore à l'imagination qu'il faut parler par le choix des

épisodes qui suggèrent la pensée ou le rêve, comme dans la disposition des couleurs qui donne la vie artistique aux sujets.

Imagination. Mais non point fantaisie. Il y a des dangers à la fantaisie, qui est liberté absolue et se donne à tous comme une « prostituée ». La fantaisie ne vaut que par la qualité de celui qui l'emploie et n'a de valeur que par ce que l'âme de l'artiste jette « de lumière magique et surnaturelle sur l'obscurité naturelle des choses ». Sans cette valeur spirituelle, qui transforme les libres écarts de la fantaisie en ferveurs disciplinées de l'imagination, il n'y a qu' « inutilité horrible ». La fantaisie « facile et ouverte » est « la première venue souillée par le premier venu ». En elle « plus d'analogie sinon de hasard, mais au contraire trouble et contraste, un champ bariolé par l'absence d'une culture régulière » [209].

L'imagination peut certes trouver sa place dans le joli, le précieux, le délicieux d'E. Lami, de Wattier ou de Chaplin. Célestin Nanteuil, un des plus nobles, peint et compose toujours avec énergie et imagination, et Baron emploie de riches facultés dans de capricieux et modestes ouvrages. Mais c'est toujours vers les grandes œuvres que Baudelaire se tourne et qu'il trouve à se satisfaire, persuadé que « la dimension n'est pas une considération sans importance aux yeux de la Muse » [210]. C'est que l'imagination peut se déployer sans contrainte dans les « choses grandes », et qu'elle s'exprime dans le beau mieux que dans le joli.

N'est-ce pas aussi pour avoir manqué d'imagination dans la conception et la réalisation du grand, que se sont enlisés, en des succès sans lendemain, des peintres estimables comme Hébert dont « la distinction se limite trop volontiers aux charmes de la morbidesse et aux langueurs monotones de l'album et du keepsake », et qui cherche à capter l'imagination par des soucis de « littératisant » étrangers à son art. Ici, comme ailleurs, Baudelaire critique un défaut, qu'il a signalé non sans rudesse chez un Boulanger, un Ary Scheffer : le mélange inconsidéré des arts qui crée cette monstruosité, la peinture littéraire [211]. Ce recours à l'appui d'un art voisin est le signe que la faculté royale manque à l'artiste. Il insistera d'ailleurs bientôt sur ce sujet en revenant sur les « fadaises de la mélancolie apprise », dont témoigne Ary Scheffer : « Il n'est permis de traduire les poètes que quand on sent en soi une énergie égale à la leur » [212]. Tout le monde n'est pas capable d'interpréter en langage de peintre le tourment d'Hamlet ou le rêve de Faust. Et l'on devine à qui songe Baudelaire.

Le gouvernement de cette imagination exige du tact et de la science. Il faut mesurer ses forces et posséder son métier. Baudelaire, au milieu de l'engouement qui salue, en son temps, les tableaux de figures et les paysages de Diaz de la Peña [213], juge avec pénétration la valeur exacte de ce peintre à la fortune facile, et signale une couleur scintillante plus que riche, la faiblesse secrète du contour et du modelé. Fait pour les petits tableaux, il eut l'ambition de rivaliser avec Corrège et Prud'hon, — et il fut en effet placé à côté de Decamps et de Rousseau dont il imite la manière. Mais il n'avait pas cette solidité de méthode qui s'acquiert par le labeur obstiné et, grisé de succès, avait eu le tort de « renvoyer toujours au lendemain les études indispensables ». Se fier à l'instinct heureux un trop long temps et tarder à corriger une éducation de hasard est la ruine de l'art. Delacroix a travaillé avant de se livrer à l'inspiration, et les repentirs tardifs sont stériles : « Le cerveau a pris des habitudes incorrigibles et la main réfractaire et troublée ne sait pas plus exprimer ce qu'elle exprimait si bien autrefois que les nouveautés dont elle a maintenant la charge ». Qu'on regarde les toiles [214] du toulousain Bida, — fidèle aux leçons de son Maître, — et l'on mesurera la différence d'un art trop ambitieux qui a négligé d'acquérir des principes essentiels et d'un art qui a répudié « stoïquement... la couleur et toutes ses pompes pour donner plus de valeur et de lumière aux caractères que le crayon se charge d'exprimer... » De même, c'est la sagesse qui règle le tempérament d'un Fromentin en qui Baudelaire salue une jeune célébrité solidement établie. En une page de fine analyse, le critique démêle le caractère de grâce et de force de cet orientaliste, qui n'a plus rien de romantique, ayant dépouillé toute rhétorique ampoulée et conquis par le travail « cette savante et naturelle intelligence de la couleur si rare chez nous » [215]. Certes, il a une « large et souple fantaisie », mais son âme reste « une des plus poétiques et des plus précieuses », parce que chez lui, l'imagination sait se discipliner dans les contemplations les plus enrichies de lumière et de chaleur, fuyant le fanatisme dans l'extase et s'apaisant dans une douceur reposée. L'éloge apparaît dans une comparaison qui s'imposerait même à tout autre que Baudelaire : « Sa peinture proprement dite, sage, puissante, bien gouvernée, procède évidemment d'Eugène Delacroix... ». Le voyage que Delacroix avait fait au Maroc, quatorze ans avant que le jeune Fromentin mît pour la première fois le pied sur le sol d'Algérie, avait ouvert les voies au prestige méditerranéen. Fromentin, qui, avant d'écrire ses impressions de voyage, les fixe sur la toile, avait le goût du paysage, et ses *Lettres de Jeunesse* le montrent attentif aux spectacles de la nature, aux lignes, aux couleurs, au parfum qui traduit l'âme d'un lieu ; il vibre en poète, en musicien, et Baudelaire a fort bien interprété cette aptitude à saisir le beau « partout où il a pu se glisser à travers les trivialités de la nature déchue ». Triomphe de l'imagination, certes, mais d'une imagination au service d'une volonté. Et cette volonté sait maintenir dans l'atelier du peintre ce littérateur qui porte en lui l'intime tragédie de *Dominique*, et faire profiter de la technique de l'artiste — vision affinée, vocabulaire enrichi — l'auteur d'*Un Eté dans le Sahara* et d'*Une année dans le Sahel*, et, demain, le critique des *Maîtres d'autrefois*.

C'est encore l'imagination que Baudelaire loue dans la *Petite Danse Macabre* de Penguilly. L'imagination ici n'est pas « positivement grande », mais elle est « singulièrement active, impressionnable et curieuse ». Ce peintre a le mérite de faire revivre « ces magnifiques allégories du moyen âge, trop négligées par les artistes modernes, et où l'immortel grotesque s'enlaçait en folâtrant, comme il le fait encore, à l'immortel horrible » [216]. Et Baudelaire prend la défense de « l'imagination pittoresque et variée » de cet aimable artiste contre un obscur rédacteur du *Siècle,* monument de la niaiserie, apôtre du progrès et du bonheur [217]. Et il veut bien marquer par là que c'est l'imagination qui reste, à ses yeux, la faculté souveraine, commune mesure du talent. Non qu'il juge de parti pris. Mais il est convaincu que c'est l'imagination qui crée le tempérament et le soulève hors du banal : sans cette force magique, l'artiste est un oiseau privé d'ailes.

L'imagination joue un rôle de premier plan dans le portrait [218] comme dans le tableau de genre. Si modeste et si détourné qu'il soit, ce canton de la peinture « nécessite une immense intelligence », et cette forme de l'imagination qui s'appelle la « divination ». Le bourgeois dira : « En vérité les poètes sont de singuliers fous de prétendre que l'imagination soit nécessaire dans toutes les fonctions de l'art. Qu'est-il besoin d'imagination par exemple pour faire un portrait ? Pour peindre mon âme, mon âme si visible, si claire, si notoire ? Je pose et en réalité c'est

moi le modèle qui consens à faire le gros de la besogne. Je suis
le véritable fournisseur de l'artiste. Je suis à moi seul toute la
matière ». Baudelaire, répudiant ses enthousiasmes des premiers
salons, répond avec un sarcasme qui atteint l'éloquence à ces
prétentions de « porte-lunettes » ou plutôt de « porte-écailles » :

Plus la matière est, en apparence positive et solide, et plus la besogne
de l'imagination est subtile et laborieuse. Un portrait ! Quoi de plus simple et de plus compliqué, de plus évident et de plus profond. Si La
Bruyère eût été privé d'imagination, aurait-il pu composer ses caractères
dont cependant la matière, si évidente, s'offrait si complaisamment à lui ?
Et si restreint qu'on suppose un sujet historique quelconque, quel historien peut se flatter de le peindre et de l'*illuminer* sans imagination [219] ?

A cette date, Baudelaire comprend en grand artiste l'art du
portrait. Qu'on ne l'accuse pas de vouloir « une altération consciencieuse du modèle ». Mais qu'on ne limite pas le rôle de l'artiste à l'obéissance : il faut deviner ce qui se cache après avoir
vu ce qui se voit. A travers la ressemblance du modèle, il faut
évoquer le caractère par le geste, la grimace, le vêtement, le décor
même, il faut recréer le personnage et l'évoquer « visible, immortel, superlatif » [220]. Cette sobriété riche d'intensité est la marque
d'un David, peignant le bonheur et la fortune de *Mme Pecoul*,
heureuse de ses perles et de ses dentelles et souriant à l'avenir de
son gendre. Gérard et Reynolds ajoutent l'élément romanesque,
procédé dangereux, mais non condamnable, qui exige du génie,
car l'imagination doit être gouvernée. A-t-on mieux défini que
Baudelaire les qualités du bon portrait : « Un bon portrait m'apparaît toujours comme une biographie dramatisée ou plutôt comme
le drame naturel inhérent à tout homme » [221]. Ainsi procèdent les
maîtres, ceux que nous avons cités, et Vélasquez et Lawrence. Et
c'est ici l'éternelle querelle avec M. Ingres et son école, « victimes
d'une obsession qui *les* contraint sans cesse à déplacer, à transposer et à altérer le beau » [222]. Selon Baudelaire, cet « homme
plein d'entêtement, doué de quelques facultés précieuses, mais
décidé à nier l'utilité de celles qu'il ne possède pas, s'est attribué
cette gloire extraordinaire, exceptionnelle, d'éteindre le soleil » [223].
Qu'est-ce à dire, sinon que celui qu'on a regardé comme le
maître du portrait, au XIXe siècle, a restreint les moyens « par
impuissance de les pouvoir employer tous » autant que « dans
l'espérance d'obtenir une plus grande intensité d'expression » ?
Baudelaire, plus indulgent autrefois, se laisserait-il maintenant
gagner par une excessive sévérité ? Cet ascétisme de l'école,

qu'outreront des disciples comme Amaury-Duval, conduit à éteindre l'imagination. Et c'est surtout aux disciples que s'attaque ce critique que le Maître risquerait de séduire, car le style préconçu qu'Ingres ajoute au modèle, son école l'impose comme une déformation. La beauté et la grandeur en sont amoindries : Baudelaire a peut-être raison contre Amaury-Duval, H. Flandrin ou Lehmann — mais quand on lit ces lignes sévères qu'il consacre à des portraits de parisiennes alourdies selon lui par la bonhomie romaine et le suc matronal, on ne peut se défendre d'évoquer, contre cette rigueur passionnée, l'harmonieuse maturité de *Madame Rivière* et le calme pur de *Madame Gonse*. Mais Baudelaire ne pouvait impunément songer à l'imagination d'un Delacroix. Et il préfère s'arrêter devant les portraits de vieille dame ou de jeune fille de ce Ricard — qui fit la *Femme au chien* — et qui peint avec intelligence « l'âme qui pose devant lui » [224]. Il nous est permis de voir là un effet de cette critique partiale qu'adopte Baudelaire : ne donnerions-nous pas aujourd'hui bien des œuvres, d'ailleurs plus qu'estimables, d'un Ricard, pour un portrait de M. Ingres ?

Les paysagistes, en 1859, font, selon Baudelaire, de la bonne peinture mais non de la belle peinture parce qu'ils n'ont que « des talents sages ou petits avec une très grande paresse d'imagination » [225]. Et pourtant le développement du paysage est bien un des faits les plus importants de la peinture française au XIXe siècle. Mais Baudelaire, guidé par son goût pour l'imagination, imprégné des conceptions surnaturalistes de Delacroix, réagit, comme il faut bien s'y attendre, devant les œuvres des paysagistes de son temps. Les jeunes hommes de la génération née aux environs de 1810, Rousseau, Dupré, Paul Huet, Decamps, Flers, Cabat, Diaz, Troyon, Chintreuil, Daubigny avaient lutté, avec des talents inégaux et des tendances diverses contre l'Institut, contre le paysage historique, contre les conventions, en champions de la sincérité de l'artiste et de la vérité de l'art. Millet lui-même, ami de Rousseau et son compagnon de vie rustique à Barbizon, voulait instaurer ce culte de la nature et du vrai sur les ruines de l'académisme, n'admettant dans le paysage fidèle que l'homme qui le complète avec ses attitudes du travail des champs et ses habits de paysan. Le succès récompensa d'ailleurs ces efforts et les critiques, Thoré, Burty, Sensier, Silvestre crurent au triomphe de cet art nouveau sur le paysage historique. On fonda sur cette victoire une esthétique réaliste qui jetait le discrédit sur toute recherche intel-

lectuelle de composition et se complaisait à la représentation
d'études de sous-bois, de bords de rivière et de chemins de
village [226]. Les paysagistes de la jeune école ne songèrent d'abord
qu'à la nature et comme ils vivaient au milieu de paysages pittoresques ils ne pensaient pas qu'il leur fût profitable de sortir de
France et d'aller chercher des visions nouvelles dans les pays
méridionaux. L'Italie leur était suspecte, car les paysages historiques, chers à l'Académie, pour eux si ennuyeux et si ridicules, y
avaient trouvé leurs modèles. Mais ce fut une méfiance passagère.
On finit par viser au style et on crut que pour « composer » un
paysage il convenait d'aller, au delà des Alpes, étudier de plus
nobles modèles. Beaucoup y perdirent la spontanéité et, parlant,
en 1846, des envois de Cabat, Thoré, pourtant indulgent à l'auteur, avouait que l'Italie avait été « funeste à [son] talent sincère
et naïf » et que si celui-ci avait « gagné du côté de la composition et du style » il avait « bien perdu du côté de la lumière,
de la richesse et de la variété » [227]. Ce fut là cependant un épisode sans portée. La tendance générale attirait le paysagiste vers
l'étude et la représentation de la nature. Dès 1842, les paysagistes
commencent à « déchirer le voile qui jusque-là nous avait caché
les grâces et les naïvetés de la nature, le voile dans lequel l'avaient
drapée d'abord les génies majestueux de Poussin et de Claude,
et dans lequel l'avait ensuite étouffée les faux classiques » [228].
Parmi les plus hardis à écarter le voile, Troyon manifestait son
habileté. En 1844 il avait exposé « une mare ou, pour mieux dire,
un fossé, dont la vase était recouverte d'une verdure abondante.
Ce fossé était vu au travers d'une vieille charpente détraquée
qui enjambait le fossé en formant cadre, et sous lequel le peintre
avait représenté un de ces fouillis de végétation humide où l'on
entend coasser les grenouilles » [229]. Depuis, fidèle à sa manière,
Troyon peignit des chemins et des prairies, des champs et des
vallées, où paissent et s'ébattent bœufs, vaches, moutons, chevaux.
Il reprend après Brascassat, dont la manière académique avait
apporté tant de convention et de froideur, la tradition des anima-
liers hollandais, et il traduit la réalité matérielle et pittoresque,
peignant avec franchise les actes rituels des animaux dans leur
cadre familier [230], mais se libérant du dessein d'interpréter et se
refusant à entrevoir même « la nécessité d'imprimer à ses compositions le cachet de sa pensée, de sa volonté » [231]. De son côté,
Daubigny s'efforce d'engager l'art du paysagiste dans l'imitation
de plus en plus directe de la nature, rendant avec une joie facile

le glissement de l'eau entre les berges et l'ondulation des blés
dans la plaine. Pour lui, un tableau devait être fait tout entier
d'après nature et l'œuvre n'est qu'une étude portée à son plus
haut degré d'achèvement. Certes Daubigny ne s'est jamais piqué
d'interpréter et de philosopher devant un paysage. Il peint avec
une grâce et une fraîcheur qui traduisent simplement le plaisir de
l'artiste. Ses œuvres — comme la *Moisson* de 1851 ou le *Printemps* de 1857 — sont de larges morceaux de campagne, des
échappées de nature vue par delà une fenêtre ouverte. L'œuvre
ne vise pas à la profondeur, elle traduit l'amour des choses. Mais
ceux-là ne satisfont pas Baudelaire. Non qu'il soit insensible au
charmes des œuvres d'un Daubigny et à la poésie qui les inspire
et qu'elles dégagent. Mais celui-là même est trop aisément satisfait et sa peinture charmante et spirituelle manque de solidité ;
gracieuse, elle accuse « la mollesse et l'inconsistance d'une improvisation ». Pour d'autres, la sévérité de Baudelaire est plus affirmée : en vérité, il ne peut admettre qu'on confonde l'étude et
le tableau : « M. Français nous montre un arbre, un arbre antique
énorme, il est vrai, et il nous dit : voilà un paysage » [232]. Il
n'admet pas qu'on prenne le dictionnaire de l'art pour l'art lui-
même — et nous avons reconnu l'origine de cette vue esthétique.
Un Delacroix, qui fut en vérité un grand paysagiste, a défini dans
son *Journal* le point de vue auquel Baudelaire entend rattacher
sa critique : en 1853, à propos d'esquisses de la *Sainte Anne*
faites par lui à Nohant, il compare un premier croquis, fidèle
reproduction de la nature, qui lui est, dit-il, insupportable, à une
seconde esquisse où ses intentions sont mieux marquées et qui
pour cette raison commence à lui plaire [233]. Il insiste sur le rôle
de l'imagination dans l'interprétation du paysage. De son voyage
au Maroc, qui lui a permis de mieux connaître la couleur et de la
fixer dans ses souvenirs avant d'en illuminer ses œuvres, il a rapporté des albums où il puisera des notes et des projets, des touches et des attitudes, dans le silence inspiré de l'atelier : « Je
n'ai commencé à faire quelque chose de passable, dans mon
voyage en Afrique, écrit-il en 1853, qu'au moment où j'avais assez
oublié les petits détails pour ne me rappeler dans mes tableaux
que le côté frappant et poétique ; jusque-là, j'étais poursuivi par
l'amour de l'exactitude que le plus grand nombre prend pour la
vérité » [234]. Baudelaire, comme Delacroix ou, si l'on veut, selon
Delacroix, admet certes qu'on en appelle à la nature pour l'exécution de *l'étude*. Mais l'imagination doit collaborer au tableau :

« Les artistes qui veulent exprimer la nature, moins les sentiments qu'elle inspire, se soumettent à une opération bizarre qui consiste à tuer en eux l'homme pensant et sentant... Dans ce culte niais de la nature, non épurée, non expliquée par l'imagination, je vois un signe évident d'abaissement général... Presque tous oublient qu'un site naturel n'a de valeur que le sentiment actuel que l'artiste y sait mettre » [235].

On ne s'étonnera pas qu'il condamne avec rigueur le « style » dans Millet, comme il le condamnait dans les élèves d'Ingres. Les paysans du *Repos des Faneurs,* des *Botteleurs,* des *Moissonneurs* ou des *Glaneuses* lui apparaissent comme des pédants qui « étalent une manière d'abrutissement sombre et fatal » [236]. Jugement un peu bref, certes, et qui ne rend compte, à notre sens, ni des simplifications savamment calculées, ni de la recherche du geste essentiel, ni d'une sincérité de sentiment et de pensée qui, chez J.-F. Millet, tendaient à une exécution sobre et simple. Mais, outre la condamnation de ce réalisme, au nom du surnaturalisme, voyons dans cette critique le naturel éloignement de Baudelaire pour tout ce qui paraît faire pénétrer dans l'art la revendication sociale et l'hérésie de l'enseignement. Paul de Saint-Victor prétendait que les trois *Glaneuses* faisaient figure de Parques du paupérisme [237]. Un autre critique, sympathique à Millet, note aussi dans ces *Glaneuses* de 1857, malgré la simplicité de l'œuvre, sans prétentions ni « arrangements factices », que « la moralité du sujet ressort du sujet lui-même. » [238] Et le *Journal* de Delacroix porte un jugement qui s'accorde avec l'opinion de Baudelaire : « Il parle de Michel-Ange et de la Bible, qui est, dit-il, le seul livre qu'il lise ou à peu près. Cela explique la tournure un peu ambitieuse de ses paysans. Au reste, il est paysan lui-même et s'en vante. Il est bien de la pléiade ou de l'escouade des artistes à barbe qui ont fait la révolution de 1848, ou qui y ont applaudi, croyant apparemment qu'il y aurait l'égalité des talents comme celle des fortunes. Millet me paraît cependant au-dessus de ce niveau comme homme, et, dans le petit nombre de ses ouvrages peu variés entre eux, que j'ai pu voir, on trouve un sentiment profond, mais prétentieux, qui se débat dans une exécution ou sèche, ou confuse » [239]. Il n'en faut pas davantage, certes, pour exciter l'irritation d'un Baudelaire devant ces parias philosophiques, mélancoliques et raphaëlesques. Pourtant il aurait quelque indulgence pour les « belles qualités » de Millet. Mais sa rigueur est totale pour Troyon [240]. Celui-là n'a aucune imagination. C'est l'habileté sans âme. Et il est populaire, car le public est lui aussi sans âme. Il fabrique avec aplomb et rondeur, et c'est pour Baudelaire une occasion nouvelle de condamner cet art qui se réjouit dans « les jeux et les voltiges » du pinceau — mais qui croit n'avoir rien à demander à l'imagination, qui donne la vie à l'œuvre [241].

Devant Rousseau et Corot, Baudelaire est « plein de réserve et de respect ». Mais peut-être trouverons-nous réticent son éloge de Rousseau : « M. Rousseau m'a toujours ébloui, écrit-il, mais il m'a quelquefois fatigué ». Ce n'est pas le lieu de défendre ici Rousseau contre les restrictions de Baudelaire : n'oublions pas que, dans les Salons de 1845 et de 1846, il avait loué la naïveté, l'originalité, le charme et la sûreté d'exécution du grand paysagiste ; il avait rapproché son talent de celui de Delacroix et l'avait défini « un naturaliste sans cesse entraîné vers l'idéal » [242]. En 1859, l'esthétique de Baudelaire est plus arrêtée ; la méditation de l'œuvre de Delacroix, ses réactions contre les théories réalistes, sans gêner sa sympathie pour un Champfleury ou un Courbet, le rendent plus attentif à certains détails, plus sévère pour certaines tendances. C'est pourquoi, en 1859, il reproche à Théodore Rousseau de « tomber dans le fameux défaut moderne qui naît d'un amour aveugle de la nature, de rien que la nature » et de prendre « une simple étude pour une composition ». Il juge son « travail compliqué, plein de ruses et de repentirs », et, devant ces « bouts de nature », devenus « à ses yeux amoureux un tableau suffisant et parfait », ne peut se tenir de conclure : « Tout le charme qu'il sait mettre dans ce lambeau arraché à la planète ne suffit pas toujours pour faire oublier l'absence de construction » [243]. Et certes il ne reproche pas à l'artiste de manquer de tempérament, puisqu'il le représente « inquiet et palpitant », et « tourmenté de plusieurs diables ». Mais il le regarde comme « incomplet » : entendons que, à son gré, cet art ne franchit pas l'étape décisive, et s'arrête à reproduire le réel, au lieu de prendre dans le réel des éléments susceptibles d'aider le jeu sublime de l'imagination qui transforme la nature [244].

D'autres paysagistes répondent mieux au goût de Baudelaire : il reprend ici [245] l'éloge de Corot qu'il avait esquissé déjà en 1845 et en 1846 [246]. Sa naïveté sans éclat, son originalité modeste, la « touche spirituelle » qu'il pose sur un tableau, curieux du « fait » plus que du « fini », visant à faire une « œuvre d'âme » plutôt qu'une œuvre d'art, ses dons de peintre qui sait être coloriste avec une gamme peu variée et demeurer harmoniste même avec des tons vifs et crus, son faire sans recherche et sans pédanterie ont, avec les années, opéré leur charme sur Baudelaire — enchanté peu à peu par cette science qui fuit le « papillotage » et n'admet qu'une « infaillible rigueur d'harmonie ». Certes Corot, depuis 1846, s'est toujours rapproché de la nature, mais cette nature est « choisie et interprétée d'une façon poétique..., naïvement et finement observée » [247]. En 1848, dans le *National*, Haussard loue « l'expression ineffable, les naïves mélodies de ces scènes champêtres [qui] laissent loin derrière elles la grandeur et le style » autrefois cherchés « dans le style d'Italie » [248]. L'originalité de Corot fut d'être un classique romantique. A l'heure où Courbet proférait, au nom du réalisme, des anathèmes contre les créatures sorties de l'imagination des poètes, et bannissait les anges et les amours du domaine pictural, ces fictions trouvent un refuge dans l'œuvre de ce classique, qui ne renonce ni aux nymphes ni aux bergers nus et tente de concilier le rêve et la réalité [249]. Il comprend que, depuis l'invention de la photographie, le paysagiste — comme le portraitiste — ne peut s'en tenir à la partie documentaire et que, pour échapper à la concurrence de l'industrie, l'art doit interpréter la matière inanimée et s'attaquer à la subtilité des caprices atmosphériques : à l'image doit s'ajouter « l'impression » — et l'on sait la fortune de cette vue esthétique, dont Corot et son ami Daubigny peuvent être regardés comme les initiateurs. Ainsi l'avenir se rattache au passé et ces tendances éminentes d'un Corot, en apparence contradictoires, Baudelaire semble les saisir et les goûter. Il l'aime pour son harmonie qui garde « un profond sentiment de la construction » et « qui observe la valeur proportionnelle de chaque détail dans l'ensemble » : il se rend compte que cette science doit à la tradition ce sens mesuré et exact des formes et des valeurs. Et c'est là un goût qui correspond au goût même de Baudelaire : « Je regrette encore, écrira-t-il plus loin [250], le paysage romantique et même le paysage romanesque qui existait déjà au dix-huitième siècle. Nos paysagistes sont des animaux beaucoup trop herbivores. Ils ne se nourrissent pas volontiers des ruines... » Les paysages où dansent les nymphes de Corot n'ont pas le seul mérite de cette harmonie parfaite qui rappelle l'art du passé ; ils apportent cette manière de dessiner « abréviativement et largement » qui recueille « avec célérité une grande quantité de matériaux précieux », mais répudie « l'amour impertinent et fastidieux du détail ». Et Baudelaire précise la marque propre de Corot, cette étude des jeux atmosphériques que l'impressionnisme approfondira subtilement : « On dirait que pour lui toute la lumière qui inonde le monde est partout baissée d'un ou de plusieurs tons. Son regard fin et judicieux comprend plutôt tout ce qui confirme l'harmonie que ce qui accuse le contraste ». Que d'autres reprochent « à cet éminent artiste sa couleur un peu trop douce et sa lumière presque crépusculaire ». Baudelaire ne souscrit pas à ce point de vue, même si le reproche est fondé : les expositions de peinture ne sont pas propices à l'effet des bons tableaux, et, en 1859, « les Véronèse les plus lumineux paraîtraient souvent gris et pâles s'ils étaient entourés de certaines peintures modernes plus criardes que des foulards de village » [251]. Ce maître semble vivre « hors des entraînements de l'époque » et son enseignement solide, lumineux, méthodique, forme des élèves de qualité. Baudelaire salue, parmi ces derniers, Lavieille, qu'il avait déjà remarqué au Salon de 1845 [252] : son paysage d'hiver n'est pas seulement l'œuvre d'un peintre habile à opposer à la blancheur de la neige, « l'incendie du soir qui s'éteint lentement derrière les innombrables mâtures de la forêt sans feuilles » ; il doit aussi beaucoup à la grâce évocatoire d'une imagination qui met une « volupté élégiaque » sur « la livrée obscurément blanche et rose des beaux jours d'hiver à leur déclin. »

Pourtant Baudelaire n'est pas pleinement satisfait. Ceux-là même qui se refusent aux tyrannies réalistes lui laissent, dirait-on, le regret « de voir la part de l'imagination dans le paysage de plus en plus réduite ». C'est pourquoi, il ne mesure pas l'éloge à ceux qui hasardent la protestation d'un « talent libre et grand qui n'est plus dans le goût du siècle ». Paul Huet, qui fut, dès 1822, l'ami de Delacroix, était demeuré le plus romantique de nos paysagistes. En 1855, il avait exposé l'Inondation de Saint-Cloud, aujourd'hui au Louvre, qu'il peignit de verve [253], et qui fut louée par Delacroix et Gautier [254]. « Votre Inondation, lui avait écrit Delacroix, est un chef-d'œuvre : elle pulvérise la recherche des petits effets à la mode. » [255]. En 1859, à propos de ses huit peintures maritimes ou rustiques qui devaient servir à la décoration d'un salon, Baudelaire fait écho à l'éloge du maître : « Ce qui me paraît en lui de plus louable et de plus remarquable, c'est que, pendant que le goût de la minutie va gagnant tous les esprits de proche en proche, lui, constant dans son caractère et sa méthode, il donne à toutes ses compositions un caractère amoureusement poétique » [256]. Huet, et avec lui Jadin, l'animalier qui s'est haussé magnifiquement au paysage [257], et le sculpteur Clésinger, qui escalade toutes les hauteurs pour y inscrire son nom [258], apportent seuls « un peu de consolation » à l'inquiétude de Baudelaire. Aussi quitte-t-il le cadre étroit du Salon pour louer à son aise la manière qui l'enchante en des artistes dont l'esthétique correspond à son idéal. Copier la nature est le défaut du temps. La copie immédiate qui soulage la mémoire est, plutôt qu'un auxiliaire, un danger puisqu'elle favorise la paresse de l'esprit. L'imagination fuit le paysage : un esprit qui s'applique à prendre des notes ne peut s'abandonner aux prodigieuses rêveries que la nature suggère à l'imagination libre de souci ou d'étude. Mais pourquoi l'imagination fuit-elle cet atelier du peintre où Delacroix, par exemple, a senti frémir, au gré des souvenirs ou devant ses croquis, l'inspiration qui ordonne, qui corrige, qui transforme. Un Boudin [259] garde, chez lui, des centaines de pastels improvisés en face de la mer et du ciel, mais il sait qu'une différence sépare une étude d'un tableau et que l'étude devient tableau « par le moyen de l'impression poétique rappelée à volonté ». Baudelaire dévoile ainsi ses vues sur l'art du paysagiste : d'abord un travail de préparation devant la nature, des notes prises au vol, des formes rapidement croquées, des couleurs indiquées d'une touche brève, — et c'est bien la méthode de Delacroix préparant, dans son *Album du Maroc,* les éléments d'œuvres futures. De ces notes le tableau sortira plus tard, composé et équilibré dans l'atelier, où l'imagination et le souvenir enrichiront durablement ces notations d'une heure.

Et Baudelaire prolonge ses rêves familiers — les rêves de ses *Tableaux parisiens* — devant les eaux-fortes de Méryon dont « le talent mystérieux et pathétique allait à [son] âme » [260] : ce ne sont pas les sujets qui manquent, mais bien l'imagination — puisque ces estampes dégagent la poésie du paysage des villes immenses — « majestés de la pierre accumulée, ... clochers montrant du doigt le ciel, obélisques de l'industrie vomissant contre le firmament leurs coalitions de fumée..., prodigieux échafaudages des monuments en réparation..., ciel tumultueux chargé de colère et de rancune..., profondeur des perspectives augmentée par la pensée des drames qui y sont contenus » [261]. Et il regrette ces paysages qu'aima sa jeunesse et qui devaient plaire à François Baudelaire, « peintre », chargé, en pleine fureur du goût troubadour, de commander à des artistes de son choix les tableaux pour l'ornement du palais du Luxembourg [262]. « Je regrette ces grands lacs qui représentent l'immobilité dans le désespoir, les immenses montagnes, escaliers de la planète vers le ciel, d'où tout ce qui paraissait grand paraît petit, les châteaux forts (oui, mon cynisme ira jusque-là) les abbayes crénelées qui se mirent dans les mornes étangs, les ponts gigantesques, les constructions ninivites, habitées par le vertige ». Les paysagistes de 1859 ont « des talents, sages ou petits, avec une très grande paresse d'imagination ». Où est le charme naturel des prairies et des savanes, si simplement exprimé par Catlin, le peintre des Ioways — et surtout où est « la beauté surnaturelle des paysages de Delacroix » ? C'est à Delacroix que revient toujours Baudelaire, et c'est avec le désir d'imposer ce nom comme celui d'un maître inégalable. Dans le paysage, comme dans le portrait, Baudelaire recherche non la vérité du modèle, mais l'âme de l'artiste interprétant et parant le réel. L'homme ou la nature sont des moyens qui émeuvent l'imagination de l'artiste et lui donnent l'élan. Le mensonge des dioramas impose une « utile illusion », et les décors de théâtre qui expriment et concentrent les rêves du spectateur, parce qu'ils sont faux, sont plus près du vrai. La vérité du rêve qui est, pour Baudelaire, seule matière d'art, n'a rien de commun avec la vérité de la nature.

C'est encore le triomphe de l'imagination que Baudelaire sollicite de la sculpture [263]. On se souvient qu'en 1845 et en 1846 sa critique avait été d'une nette sévérité. En 1845, il avait parlé des « sculpteurs » avec quelque mépris. En 1846, il avait avoué sans fard que la sculpture est ennuyeuse et n'est qu'un art complémentaire. Art de primitifs et de paysans, « art de Caraïbes » pour reprendre sa formule, les peuples l'abordent directement en taillant des fétiches ou en ouvrant la pierre — tandis que la peinture appelle le raisonnement et s'enveloppe de mystère. La raison de la défiance de Baudelaire se rattache à ses vues générales : la sculpture est brutale et positive ; on peut la toucher « avec les doigts ». Et d'autre part, montrant trop de faces à la fois, elle échappe à l'artiste puisque c'est le spectateur qui, tournant autour de la figure, choisira son point de vue. Enfin elle n'a pas de vie originale et, dans son plus magnifique développement n'est que l'humble servante de la peinture ou de l'architecture. En 1859, Baudelaire chante la palinodie et loue le rôle divin de la sculpture qui nous commande « de penser aux choses qui ne sont pas de la terre ». Dans le demi-jour d'une bibliothèque antique, Harpocrate un doigt posé sur la bouche commande avec autorité le silence ; au détour d'un bosquet, la Mélancolie sourit tristement au rêveur qui passe, alangui par une peine secrète ; au fond de la chapelle, la figure du Deuil enseigne la vanité des orgueils humains ; dans les boudoirs de verdure, Hébé et Vénus invitent à goûter les joies badines de la vie ; aux angles des carrefours, des personnages immobiles racontent les légendes de la gloire et de la guerre, de la science et du martyre, — et voilà Baudelaire réconcilié avec la sculpture. Pourtant ne croyons pas à une contradiction : Baudelaire ne louera que la sculpture qui remplit son rôle, en acceptant comme collaboratrices les puissances de l'imagination. Et c'est l'art le plus difficile, car « la perfection [lui] est d'autant plus nécessaire que le moyen plus complet en apparence, mais plus barbare et plus enfantin, donne toujours, même aux plus médiocres œuvres, un semblant de fini et de perfection ». La vraie sculpture ennoblit tout et impose quelque chose d'éternel à tout ce qui est humain — mais, pour comprendre « combien de perfections il faut réunir pour obtenir cet austère enchantement », il n'est que de parcourir « les galeries des sculptures modernes, où le but divin est presque toujours méconnu, et le joli, le minutieux, complaisamment substitués au grand ». Et ainsi Baudelaire, pour avoir réfléchi sur l'art et approfondi ses premières impressions, mêle de · nuances les sévérités peut-être excessives de son premier jugement.

La vérité c'est que la sculpture n'est ennuyeuse que lorsque l'imagination ne l'habite. pas. Baudelaire sait louer l'art mystérieux et sacerdotal de l'Egypte et de Ninive, l'art charmant et raisonnable de la Grèce, l'art habile du dix-huitième siècle qui est « la fougue dans la vérité ». Et il s'arrête devant l'art d'un Michel-Ange, « précis comme une science, prodigieux comme le rêve ». Il se rend compte que ce retour vers le passé le console de la médiocrité présente, car, en 1859, « la grande faculté, la principale ne brille que par son absence ». Que d'autres blâment le sculpteur Franceschi d'avoir emprunté au passé l'inspiration de son *Andromède* : Baudelaire voit là un motif d'éloge plutôt que de critique, car « il n'est pas donné à tout le monde d'imiter ce qui est grand ». Et les rares œuvres du Salon qu'il loue sont précisément celles d'artistes qui, comme Carrier, Oliva et Prouha, « ont une visible sympathie pour la sculpture vivante du dix-huitième et du dix-septième siècle » [264]. Ne nous étonnons pas non plus qu'il soit attiré par cette allégorie : *Jamais et Toujours*, exposée par Hébert et représentant un squelette embrassant et entraînant dans la tombe le corps d'une jeune fille. « Sujet ro-

mantique arriéré de trente ans » disait avec dédain le critique
de l'*Illustration* [265]. L'auteur de *la Danse Macabre* est au contraire attiré par la valeur artistique du « squelette ». Le Moyen
Age l'étale avec une grâce cynique, le XVIII* siècle le voit fleurir
avec bonheur et l'ami de Champfleury, Rodolphe Bresdin, dit
Chien-Caillou, en tire, pour ses eaux-fortes, de saisissants effets.
Pour un sculpteur, « cette maigre carcasse » comporte une
beauté mystérieuse et abstraite — qui laisse au rêve une part
illimitée. Et c'est pourquoi Baudelaire est séduit par la réalisation de Hébert. N'a-t-il pas à deux reprises [266] traduit en vers les
inspirations du sculpteur Christophe son ami : l'une de ces deux
œuvres représentait un squelette féminin prêt à partir pour une
fête. Ce sujet comportait pour Baudelaire un moyen d'enrichir
l'œuvre sculpturale par l'apport du mystère et du rêve.

Ne dissimulons pas cependant que les éloges de Baudelaire
sont très mesurés. Il y a de dures critiques contre une *Gaule*
dont il dédaigne de nommer l'auteur, J.-B. Baujault, lequel a
copié sans discernement un modèle sans beauté, contre la *Tour
de Babel* et le *Déluge* de Butté, qu'il compare à des productions
de pâtissiers et de marchands de joujoux, contre le *Cheval de
saltimbanque* de Frémiet, même contre Clésinger qui, malgré un
tempérament toujours en éveil, n'obtient jamais l'élégance complète [267]. Et il ne dit rien de la *Sapho* de Loison, de l'*Hélène*
d'Etex, de la *Résignation* de Chartrousse, de la *Frileuse* de Moreau, du *Moissonneur* de Gumery, de *la Jeune mère* de Chevalier, du *Tronchet* de Ferrat que l'*Illustration* jugea dignes d'être
reproduits dans ses pages [268]. Baudelaire aime mieux parler des
peintres que des sculpteurs : il n'a jamais réalisé son projet
d'écrire une *Histoire de la Sculpture* [269], car il n'écrivit jamais que
de ce qu'il aima. Il juge la sculpture contemporaine en décadence
et que « les talents les plus ingénieux et les plus patients ne sauraient suppléer le goût du grand et la sainte fureur de l'imagination ». David d'Angers a disparu, qui avait su parer la vérité de
tant de noblesse et d'élévation et qui, sans donner le premier rôle
à l'imagination, savait saisir avec sagacité le sens d'une physionomie et faire apparaître, sous les traits d'un visage, une individualité intellectuelle et morale [270]. « La sculpture n'est point un art
de notre temps, remarquait, en 1859, le critique d'art de l'*Illustration* A. J. Du Pays [271]. Dans notre société fiévreuse d'industrialisme
et de spéculations, insouciante et sceptique, toute tournée vers les
mesquineries et le menu détail du luxe, elle est un accident isolé,...

elle débite des produits, mais elle travaille dans le vide, sans foi et sans amour... Elle veut... flatter le faux goût moderne, substituer le joli au beau, les grâces coquettes et mondaines à la chaste pureté du style. Ce sont là de vrais signes de décadence... » Dans les œuvres nouvelles, Baudelaire ne retrouve pas le plaisir immatériel que lui donnaient les rêves tumultueux, même incomplets d'Auguste Préault, qui, par son charme, par « ce goût instinctif qui le jetait sur le beau comme l'animal chasseur sur sa proie naturelle » [272], avait réussi à fléchir les défenseurs des saines doctrines et les rigueurs obstinées du jury [273]. L'hostilité d'E.-J. Delécluze s'était adoucie devant son *Christ en Croix,* exposé en 1851 [274]. En 1856, dans son *Histoire des Artistes vivants,* Théophile Silvestre avait consacré à Préault un bel article [275], où il louait dans l'artiste « la fièvre de la poésie, l'hallucination du beau, la haine du vulgaire et la rage de la gloire ». Il constatait ses lacunes : « Ce qui lui manque, ce n'est ni la force, ni l'abondance, ni la noblesse des instincts ; c'est le savoir et le sang-froid pratiques ». Mais il parlait des éclairs de son intelligence, des foudres et des coups de vent de son imagination, de la vie de son exécution. Elans qui plaisent à un Baudelaire. Les confidences du sculpteur n'étaient-elles pas l'expression même de la pensée du critique : « L'artiste est celui qui voit plus grand, plus haut et plus clair que les autres hommes. Voyez-vous cette étoile ? dit-il au vulgaire — Non ! — Eh bien ! moi, je la vois !... Rien n'est si bête et si plat que le naturel absolu... Je hais l'inertie, l'ineptie, les platitudes consacrées, j'adore le feu, le mouvement, la liberté et je cherche à m'élever de la boue aux étoiles... » [276]

En 1859, la sculpture ne répondait guère à cet idéal et ne pouvait satisfaire un poète épris de surnaturalisme, selon qui il n'est point de salut pour l'art hors de l'imagination. S'il est des sculpteurs qui se soient éloignés des voies traditionnelles, ils l'ont fait, en général, avec moins de franchise que les peintres. La plupart sont restés fidèles aux théories et aux pratiques classiques, traitant avec persévérance des sujets empruntés à la mythologie ou à l'antiquité. Si les commandes officielles les amènent aux sujets contemporains, ils essaient vainement d' « accorder des inventions d'un certain genre et d'un certain caractère avec un mode d'exécution qui y répugne... Leur conception absolue de la beauté plastique les a empêchés de se créer un style d'une originalité vraiment moderne » [277]. Qu'on lise les jugements pourtant modérés du vicomte Henri Delaborde dans la *Revue des Deux-*

Mondes : « Ce qui apparaît [dans la sculpture] c'est... une sorte de convention tacite de répudier toute originalité personnelle pour rechercher des moyens de succès dans l'imitation d'autrui... Les artistes... rééditent avec une imperturbable banalité de goût des types déjà tirés à des milliers d'exemplaires... C'est un fâcheux éparpillement de forces et de doctrines... L'école [de la sculpture] tend à faire prévaloir l'agréable sur le beau, l'adresse de la pratique sur l'habileté savante » [278]. Et ce triomphe du procédé chassant le rêve de l'art n'apportait que déceptions aux exigences d'un Baudelaire.

Tel est ce *Salon de 1859* qui célèbre l'imagination surnaturaliste avec « un mépris vigoureux des jugements vulgaires » [279]. Un de ses correspondants écrivait à Baudelaire, après avoir lu les articles de la *Revue française* : « Ce qui me plaît dans votre talent, c'est qu'il vous appartient, que vous n'achetez ni vos idées ni vos épithètes chez le revendeur, et que vous plaidez une cause juste, et que vous la plaidez bien » [280]. L'originalité de Baudelaire est d'avoir ordonné ses remarques suivant une idée d'esthéticien et d'avoir cherché « l'imagination à travers le Salon ». S'il l'a rarement trouvée à qui la faute ? Le moment semble mal choisi pour les fêtes de la fantaisie. La bataille réaliste se développe, et l'émotion causée en 1855 par l'exposition de Courbet n'est pas calmée. Ce n'est pas que Baudelaire ne reconnaisse certains bienfaits dans les tendances du maître d'Ornans. Si, en 1859, il ne prononce pas son nom, il avait, à propos de l'exposition de 1855, loué le « puissant ouvrier » et sa « sauvage et patiente volonté » [281], en face d'Ingres, le « grand maître de la tradition raphaëlesque ». En 1862, dans un article, publié le 2 avril, dans la *Revue anecdotique* et le 14 septembre, dans le *Boulevard,* sur les *Peintres et Aquafortistes,* il jugeait que Courbet « n'a pas peu contribué à rétablir le goût de la simplicité et de la franchise, et l'amour désintéressé, absolu, de la peinture » [282]. C'est que, comme lui, il condamne ce goût factice qui cherche des inspirations dans le passé et réduit l'art à traduire des rêves minutieux d'archéologue ; comme lui, il réclame qu'on cherche dans l'histoire contemporaine nos caractères, nos mœurs et nos actions, et qu'on arrive par là, suivant la distinction judicieuse de Théophile Silvestre, à éviter d'un côté « la théorie futile de l'art pour l'art d'après laquelle les ouvrages actuels n'ont plus de signification», et à se préserver d'autre part « du fanatisme de la tradition » qui répète de vieilles formules et stérilise la personnalité [283]. Mais il n'admettra jamais, dans l'école de Courbet, cette exactitude sans force de l'expression, cette sujétion au modèle, cet invincible effroi des désordres poétiques qui, selon lui, rivent le maître lui-même aux plus étroits calculs. Il ne peut accepter que l'art, s'enfermant dans la stricte vérité, renonce à rendre le côté vaste et mystérieux de la nature, et s'attache à des partis pris de métier avec une incurable petitesse. Le critique de la *Revue des Deux-Mondes* signale des symptômes de décadence, et met les artistes en garde contre le danger de « circonscrire leur foi dans les limites de l'habileté technique et de la simple imitation matérielle » [284]. Baudelaire prend position dans la lutte et s'il parle de l'imagination avec tant d'insistance, c'est bien pour faire entendre sa répulsion d'un art qui se place en face de la nature et du modèle et qui se borne à copier au lieu d'interpréter et de rêver [285]. Fidèle à l'esthétique de Delacroix, qui domine son étude, ayant « à défaut de connaissances étendues, l'amour de la Peinture jusque dans les nerfs », Baudelaire a voulu donner, dans cette critique, des vues générales et apporter, par-dessus des jugements d'individus, une synthèse esthétique. Ces considérations ne ressemblent guère aux remarques souvent prétentieuses et presque toujours banales qui ouvrent la plupart des *Salons*. Elles sont faites dans l'action même et au cours de la revue des œuvres. Elles obéissent à une idée longuement méditée, s'ordonnent naturellement sous elle. Tous les artistes ne sont pas nommés [286], car ceci n'est point un catalogue. Baudelaire n'a retenu que les œuvres qui pouvaient servir de thème à sa critique. Il a parlé avec sincérité et avec foi, plaçant l'amour de l'art au-dessus de la mêlée, et proclamant qu'il ne suffit pas d'être habile, si l'on n'a pas d'âme.

*
**

La critique d'art de Baudelaire déborde le cadre des *Salons*. Il lui est arrivé de traiter des problèmes généraux d'esthétique, suggérés à son esprit sans cesse en éveil par les œuvres des artistes. Longtemps il porta en lui une étude sur le rire et la caricature : sur le deuxième plat de la couverture du *Salon de 1845*, il annonce, comme devant « paraître prochainement », un ouvrage intitulé : *De la caricature*. Le 30 août 1851, il parle de son travail comme prêt à l'impression [287], en mai 1852 il fait état, dans une lettre à Watripon [288], d'un article sur la *Physiologie du Rire*, promis à la *Revue de Paris* ; le titre devient : *les Caricaturistes*, en 1853 [289]. L'article parut : le Vicomte de Lovenjoul, dans les *Lundis d'un chercheur* [290], écrit qu'aux termes d'une note de M. de La Fizelière l'article aurait été publié dès 1853. La Fizelière et Decaux, qui indiquent comme source *le Présent* du 1er septembre 1857, prétendent que le texte aurait été imprimé antérieurement dans un journal qu'ils n'ont pas retrouvé sous le titre de l'*Essence du rire*. Le premier texte en a été découvert par J. Crépet dans *le Portefeuille* du 8 juillet 1855. Une page des *Œuvres posthumes* indique que les trois essais, réunis dans les *Curiosités esthétiques* sous le titre : *De l'essence du rire, les caricaturistes français, les caricaturistes étrangers,* devaient être les parties d'un « article monstre » promis à la *Revue des Deux-Mondes* [291]. L'ouvrage ne fut jamais achevé, mais la manière dont Baudelaire en parle montre quelle place il tenait dans ses préoccupations et les fragments réalisés nous permettent de juger les idées de Baudelaire sur cette essentielle question d'esthétique.

Le premier article : *De l'essence du Rire et généralement du comique dans les arts plastiques* [292], contient des réflexions « de philosophe et d'artiste » qui dressent une théorie du rire et distinguent avec finesse les nuances diverses du comique. Baudelaire veut négliger, dans le sujet, les éléments passagers de la mode pour rechercher « l'élément mystérieux, durable, éternel ». Réflexions piquantes qui signalent d'une part que les éléments du Beau s'insinuent jusque dans les œuvres « destinées à représenter à l'homme sa propre laideur morale et physique », et d'autre part que ce spectacle, horrible ou lamentable, déchaîne toujours « une hilarité immortelle et irrésistible ». L'origine du rire, Baudelaire la voit dans la nature corrompue de l'homme : le dogme du péché originel et les théories de Joseph de Maistre semblent avoir hanté Baudelaire durant qu'il cherchait les causes de ce qu'on appelle : le propre de l'homme. Pour Baudelaire l'homme seul rit, l'homme être ignorant, faible et orgueilleux. Le rire humain est intimement lié à l'accident d'une chute ancienne, à une dégradation physique et morale. Le sage ne rit qu'en tremblant et s'arrête au bord du rire comme au bord de la tentation. Il y a dans le rire un élément damnable et satanique : Virginie, naïve et pure, ignore le rire et si, par hasard, ayant quitté son île pour Paris, elle se trouve devant une caricature, elle ne comprend pas ; au lieu de rire, elle éprouve un malaise qui ressemble à la peur. Et cette crainte douloureuse « de l'ange immaculé devant la caricature » est un signe de l'origine diabolique du rire.

Car, selon Baudelaire, l'homme ne rit que parce qu'un élément satanique se mêle à sa nature corrompue. L'homme, être d'orgueil, rit devant la faiblesse par sentiment de sa propre supériorité. Et, certes, c'est là une vue de ceux que Baudelaire appelle, au sens que ce mot comporte en son temps, « les Physiologistes du rire ». Selon un stoïcien comme Marc-Aurèle il n'y a pour le sage, qui abdique tout orgueil et s'élève au-dessus de la faiblesse, ni rire ni larmes. Reprenant la théorie morale de la dégradation esquissée par Aristote, Hobbes attribuait le rire « au sentiment soudain de triomphe qui naît de la conception subite de quelque supériorité en nous, par comparaison avec l'infériorité d'autrui ou avec notre infériorité antérieure » [293]. Baudelaire développe cette théorie, mais en y ajoutant une part personnelle qu'il faut rattacher à ses idées générales sur le péché originel et la corruption de la nature humaine. Un homme tombe sur le pavé. Nous rions, estimant que c'est là une maladresse dont nous sommes exempts. Mais à notre orgueil d'être qui se juge supérieur se mêle l'aberration de notre nature déchue. Le sage ne rit pas, car il échappe aux lois ordinaires de la faiblesse et de l'ignorance humaine, et la sagesse n'est pas orgueilleuse. Dieu ne rit pas, car « aux yeux de Celui qui sait tout et qui peut tout » le comique n'est pas. Seul rit l'être imparfait et impur que Satan a marqué de sa griffe. Baudelaire, hanté par le souvenir de Maturin, trouve en Melmoth l'exemple le plus significatif de cette humanité vouée au rire par la déchéance : Melmoth rit, se comparant aux chenilles humaines — et ce rire amer est la résultante de sa nature contradictoire, supérieure à l'homme ordinaire qu'il domine de sa puissance orgueilleuse, inférieure à l'Etre pur, au Sage, au Vrai et au Juste absolus.

Le rire est pour Baudelaire, satanique, — donc humain, car il est à base d'orgueil, vice diabolique, et porte le signe de notre grandeur infinie relativement aux animaux, et de notre misère infinie relativement à l'Etre absolu. Le rire est le propre de l'homme qui s'avance peu à peu « vers les pics nébuleux de l'intelligence », ou se penche « sur les fournaises ténébreuses de la métaphysique ». Par contre, la sagesse arrivée à la contemplation, l'enfance ignorante, les nations primitives, comme les nations ultra-civilisées qui, hors des limites de l'orgueil mondain, atteignent les régions de la poésie pure, restent étrangères au rire. Dans l'humanité moyenne le progrès moral, élément angélique, a toujours sa rançon dans une force proportionnelle de l'intelligence du mal, et l'interprétation chrétienne de la vie en nous révélant la puissance occulte du diable permet aux puissances du rire de se déployer.

Baudelaire apporte du rire une théorie mystique et théologique : l'homme rit de la faiblesse de l'homme ; son orgueil déclenche ce rire ; l'orgueil est un vice satanique entré dans notre âme par le péché originel ; le rire a une source diabolique. Seuls ne sont pas sensibles au comique l'être pur, — l'enfant ou le primitif, — que l'orgueil mondain et la science du mal n'a pas effleuré, le sage qui, dans sa contemplation, a retrouvé l'équilibre primitif et la pureté de l'enfant, et abdiqué tout orgueil comme un bagage inutile, Dieu enfin qui sait tout et qui peut tout, qui est inaccessible aux faiblesses et aux corruptions.

Très justement, Baudelaire distingue le rire de la joie. Le rire qui se réjouit d'une faiblesse et veut signifier une supériorité est l'expression d'un sentiment double et contradictoire, de cette dualité intérieure qui s'accuse avec le progrès et qui oppose à l'élément angélique l'élément diabolique. La joie est une, étant la manifestation de la bonne humeur, sans rançon ni référence. Le rire n'éclate qu'à la suite d'une comparaison interne entre notre propre supériorité et la faiblesse d'autrui. La joie fait naître le sourire, tandis que le rire est réservé plutôt aux manifestations des sentiments troubles provoqués par la comédie ou la caricature. La joie de Virginie ou de l'enfant n'a rien de commun avec le rire de Melmoth.

Le comique provoque le rire. Baudelaire est ainsi conduit à étudier le problème du comique, après avoir analysé l'essence du rire, — non point d'après les faits, comme on l'a vu, mais d'après une esthétique préconçue, fidèle à la théorie de la critique poétique. Le problème est complexe. Baudelaire le résout, sans perdre de vue l'idée directrice qui l'a guidé dans l'analyse du rire. Il distingue le comique du grotesque, le rire du comique et le rire du grotesque. Le comique est obtenu, au point de vue artistique, par une imitation : la caricature nous fait rire par l'imitation des défauts d'un visage, exagérés pour la satisfaction de notre orgueil, — et la source du comique est ici dans l'idée de supériorité du moqueur sur le moqué. Le grotesque est une création : il n'est pas question ici de reproduire par l'art des objets qui sont, aux yeux du rieur, un signe de faiblesse ou de malheur pour ses semblables ; les manifestations du grotesque échappent au code du sens commun, mais l'orgueil humain y devient aussi cause naturelle du rire. Le grotesque, étant une création « mêlée d'une certaine faculté imitatrice d'éléments préexistants dans la nature », nous rions, non plus de notre supériorité sur l'homme, mais de notre supériorité sur la nature. Ainsi le grotesque, tout en gardant dans ses effets sur le rire un élément impur d'orgueil satanique, est au-dessus du comique : le rire qu'il déclenche, spontané et irrésistible, se rapproche beaucoup plus de la joie absolue que le rire causé par le comique. Le comique est un art de transposer, par l'imitation des mœurs, dans le langage artistique, l'infériorité de l'objet et la supériorité du sujet. Le grotesque est une création, sans référence avec les mœurs qu'il ne saurait imiter, puisqu'il crée, en transformant la nature : il se présente donc sous une espèce *une* et est saisi par l'intuition. Pour Baudelaire le comique ordinaire est un comique significatif ; le grotesque est, relativement à l'humanité déchue, le comique absolu.

Ce comique absolu est l'apanage des artistes supérieurs : c'est un comique qui n'est pas préoccupé de rabaisser et qui se rapproche de la joie. Qu'on ne s'étonne pas de voir ici Baudelaire louer le grotesque d'Hoffmann à qui il doit l'idée des correspondances [294] et qui fut préoccupé comme lui « du problème de l'hérédité et des problèmes du péché et du libre arbitre, de la lutte du bon et du mauvais ange » [295] — de l'élément angélique et de l'élément diabolique. La puissance de dédoublement que Baudelaire admire dans la *Princesse Brambilla* et que nous retrouvons dans le *Chat Murr,* ce départ pour un monde enchanté où le grotesque s'affirme, s'ignorant lui-même et presque sans intention comique, cette fuite, quelque part hors du monde — n'est-ce pas ce que Baudelaire cherchait à travers les promesses des Paradis artificiels ? La création du grotesque par Hoffmann est d'un artiste qui sait toutes les ressources du comique mais qui prend plaisir à paraître ignorer les puissances qu'il met en jeu : « l'essence du comique absolu est de paraître s'ignorer lui-même et de développer chez le spectateur, ou plutôt chez le lecteur, la joie de sa propre supériorité et de la supériorité de l'homme sur la nature ».

Baudelaire, comme prélude à l'étude de la caricature chez les artistes français et chez les artistes étrangers, prend soin de distinguer la conception du comique, non plus d'après une loi philosophique pure, ni d'après la loi artistique de création, mais suivant les climats et les diverses aptitudes nationales. Et ses remarques sont d'ingénieux aperçus de psychologue à la fois et d'esthéticien. La France, pays de clarté, de modération et d'art

utile, n'admet guère que le comique significatif, dont le langage
est clair, facile à comprendre et à analyser, ayant un double
élément : l'art et la vie morale. Molière et Rabelais gardent,
même quand ils abordent le grotesque, quelque chose d'utile et
de raisonnable qui l'empêche de s'élever à l'absolu. Nous retrouverons dans la caricature française cet esprit dominant. Les figures
carnavalesques de Callot sont un épisode isolé, et c'est le comique
des *Contes* de Voltaire qui donne le ton des tendances du génie
français. L'Allemagne, par contre, nous offre des exemples du
comique absolu : « Là tout est grave, profond, excessif ». En
Angleterre, le comique est féroce — et c'est là le comique significatif poussé aux dernières limites. L'Italie abonde en comique
innocent, qui est une forme tendant au comique absolu : c'est en
Italie, au milieu du turbulent Corso, que Th. Hoffmann a placé
le drame excentrique de *la Princesse Brambilla*. Les Espagnols
enfin sont merveilleusement doués pour le comique, leurs fantaisies arrivent bien vite au cruel, et « contiennent souvent quelque
chose de sombre ». Et ce sont là constatations de synthèse :
l'étude que Baudelaire se proposait de faire et dont nous allons
examiner les fragments réalisés viendront illustrer d'exemples et
de noms ces classifications.

Une page des *Œuvres posthumes* [296] indique que Baudelaire
avait recopié, recommencé, remanié cet article : « Il y a des passages nouveaux, est-il écrit, sur Léonard de Vinci, Romeyn de
Hooge, Jean Steen, Breughel le drôle, Cruiskank le père, Thomas
Hood, Callot, Watteau, Fragonard, Cazotte, Boilly, Debucourt,
Langlois, du Pont de l'Arche, Raffet, Kaulbach, Alfred Réthel,
Toeppfer, Bertall, Cham et Nadar. L'article qui concerne Charlet
est très adouci. J'ai ajouté une conclusion philosophique conforme au début ». Dans les articles que nous possédons, beaucoup
de ces noms manquent à l'appel. Faut-il croire que l'article
complet a été perdu ou sera un jour retrouvé ? Ou n'est-il
pas plus sage de penser qu'il s'agit là d'un projet que Baudelaire
a laissé, comme tant d'autres, irréalisé ?

Des deux études qui éclairent la théorie philosophique et mystique du rire selon Baudelaire, l'une traite des *Caricaturistes
français* [297]. Elle parut d'abord dans le *Présent, revue universelle*,
le 1er octobre 1857, sous une ligne de points, comme s'il s'agissait d'un extrait. *L'Artiste* la reproduisit, les 24 et 31 octobre 1858,

avec une division en deux chapitres pour les convenances de la publication. A l'époque de sa publication, cet article fut jugé assez favorablement par Henry Audiguier dans la *Patrie* du 20 octobre 1857 et par Prosper Samson dans le *Rabelais* du 24 octobre 1857 [298]. Les « quelques caricaturistes français » dont Baudelaire a choisi d'étudier l'œuvre ou la manière sont énumérés, sous le titre, dans l'ordre suivant : Carle Vernet, Pigal, Charlet, Daumier, Monnier, Grandville, Gavarni, Trimolet, Traviès, Jacque.

Baudelaire, qui n'est pas tendre pour le dernier des « trois Vernet », est charmé par la petite *Comédie humaine* qui revit dans l'œuvre lithographié de Carle Vernet. Ce peintre paresseux qui a produit peu de tableaux a laissé neuf volumes de lithographies [299]. Il utilisa ainsi les qualités primesautières de son esprit et improvisa en se jouant des scènes charmantes, où Baudelaire retrouve « le miroir le plus fidèle de la vie ». Ses caricatures ont un prix historique, car elles gardent l'empreinte sculpturale et la prétention au style de son époque et ses personnages ont « l'air d'une académie qui aurait passé chez le fripier ». Mais elles ont une valeur artistique : et Baudelaire songe, devant l'accent véridique des poses et des gestes d'une planche, qui paraît être le *Trente et un* ou *La Maison de prêt sur nantissement,* aux gens qu'il a rencontrés dans son enfance et dont quelques-uns fréquentaient « le salon paternel ».

En parlant, avec sympathie, de Pigal, Baudelaire semble apporter un exemple de ce comique significatif, raisonnable et modéré, dont s'accommode le caractère français. Quelques années plus tard, dans son *Histoire de la caricature moderne* où Baudelaire est souvent cité, Champfleury signalait avec mélancolie que ce doyen des caricaturistes était bien oublié. Et pourtant, ajoutait-il, il « représente un des côtés de l'ancien esprit français : la joie » [300]. Cette joie — qui n'est pas la joie pure du sage, de l'enfant ou de Dieu que Baudelaire a placée à part — est amusement et douceur et sert de transition entre la caricature de Vernet, compassée, sérieuse et un peu sèche, et celle de Charlet qui a réjoui et attendri sa génération. Son dessin est plus « bonhomme » que celui de Carle Vernet. Il est aussi plus varié que celui de Charlet [301]. Et s'il n'a pas une originalité très vive, ni un comique très poussé, il a des procédés simples et modestes qui sont d'un jeu loyal. Dans ses dessins revivent en effet les modes de 1828, mises en honneur par le succès de la *Dame blanche,* et il y a du charme dans ses figures de femmes. Ses compositions sont « sans fiel » et il n'a pas donné de gages à la caricature politique de 1830 : il prend parti « pour l'amour jeune contre la débauche vieille à l'affût de tout cotillon qui trotte » [302]. Qu'on regarde le *Portier qui bat sa femme* : un portier ivre veut rentrer dans sa loge, la portière fait de la commode une barricade et appuie sur la porte sa grosse personne en forme de cerceau tandis que le bras du mari passe, à travers la porte qui fléchit, et qu'un balai menace l'épouse ; qu'on songe au *Retour de la campagne,* qu'on voyait après 1830 dans toutes les salles à manger de province, et la conclusion de Baudelaire sur celui que Champfleury appellera le Paul de Kock de la caricature paraît la justesse même : « Presque tout le mérite de Pigal se résume dans une habitude d'observation sûre, une bonne mémoire, et une certitude suffisante d'exécution ; peu ou pas d'imagination, mais du bon sens. Ce n'est ni l'emportement carnavalesque de la gaîté italienne, ni l'âpreté forcenée des Anglais... » [303] Pigal a peint ce qu'il a vu : « il a regardé, il a écouté, puis il a raconté ». Est-ce là chose si facile ? Dans son *Salon de 1844,* Gautier écrivait : « Etre de son temps, rien ne paraît plus simple et rien n'est plus malaisé. Ne porter aucunes lunettes, ni bleues ni vertes, se trouver dans la foule et en sentir l'aspect,... voilà qui exige un génie tout spécial [304] ». Ce fut la manière de Pigal, qui force, non certes l'enthousiasme, mais la sympathie de Baudelaire.

Baudelaire porte ensuite sur Charlet un jugement sévère qui peut surprendre après cette indulgence pour des artistes qui, après tout, ne le valent pas [305]. Mais ici le débat est d'ordre plus haut.

Charlet était mort depuis le 30 octobre 1845, laissant une œuvre lithographique considérable. En 1856, le colonel de La Combe, qui apparaîtra, pour une courte polémique, dans l'existence de Baudelaire, avait publié une vie de Charlet, suivie d'une description raisonnée de ses mille quatre-vingt-neuf pièces lithographiques [306]. En 1862, dans la *Revue des Deux-Mondes* [307], à propos de ce livre, Delacroix consacrait un fort élogieux article à « celui que Géricault appelait *le Lafontaine* de la peinture » [308]. Examinons le jugement de Baudelaire et essayons de comprendre les raisons de cette sévérité.

« Je suis embarrassé, dit-il, pour exprimer d'une manière convenable mon opinion sur Charlet. C'est une réputation essentiellement française, une des gloires de la France... » Et, tout de suite, il a le courage de le classer : artiste de circonstance et patriote

exclusif, Charlet se diminue par cet esprit de parti et cet oppor-
tunisme qui lui donnent la popularité mais sont « des empêche-
ments au génie ». Secrètement, Baudelaire le compare à Béranger — en attendant de le rapprocher d'Horace Vernet. Il chante
« l'aristocratie du soldat » et insulte « les calotins » : il est
inintelligible hors de France, car c'est un petit esprit. Et c'est,
avant l'art, cet esprit que Baudelaire condamne. Ecoutez-le :
« Charlet a toujours fait sa cour au peuple. Ce n'est pas un
homme libre, c'est un esclave... Un dessin de Charlet est rarement une vérité ; c'est presque toujours une câlinerie adressée à
la caste préférée... » Flatter le peuple, célébrer le soldat, plier
l'art à l'intérêt, voilà de grands crimes pour Baudelaire, dandy,
beau-fils d'un général abhorré, poète. Et « manger du jésuite »,
par surcroît, déplaît à cet aristocrate qui admirera cependant les
satires antimonastiques de Goya, — purifiées par l'art. Mais
l'art de Charlet, selon Baudelaire, ne vaut pas mieux que l'esprit.
Ses gamins : « jeunes amateurs », « bonnes petites filles »,
« petits garnements » [309], ne sont pas des enfants terribles : ils
aiment les vieux militaires et « jouent à la guerre avec des sabres
de bois » [310]. Il peut avoir de bonnes idées : un brigand, assis
dans une forêt en compagnie d'une vieille femme et d'un camarade, montre du doigt un homme pendu à une branche : « *Voilà
peut-être,* leur dit-il, *comme nous serons dimanche !* » [311]. Mais
hélas ! le dessin rend mal l'intention et cela « ne vaut pas les
vers de Villon, soupant avec ses camarades sous le gibet, dans
la plaine ténébreuse » ! Si dans sa jeunesse il a fait une assez
bonne chose — ces suites de dessins imprimées chez Lasteyrie, en
1817 et 1818, et chez Delpech, en 1817, 1818 et 1819 [312] — c'est
qu'il n'était pas grisé par la popularité et qu'il dessinait encore !
Bref, Baudelaire dénie à Charlet le don du comique et il n'en parle
que pour éviter qu'on l'accuse d'oublis graves.

Cette exécution valut a Baudelaire, le 12 octobre 1857, une
lettre du colonel de La Combe [313], d'une indignation toute militaire, écrite d'un style qui sonne la charge. Certes les affirmations de Baudelaire et ses moqueries sur le tourlourou et le gre-
nadier [314] pouvaient choquer les sentiments de « J. F. de La
Combe, ancien colonel d'artillerie ». Pourtant, il y a dans cette
lettre véhémente une passage qui retient notre attention : « M. Eugène Delacroix m'écrivait il y a quelques mois : « Je regarde
Charlet comme un des plus grands artistes de tous les temps et
presque tous ses dessins sont des chefs-d'œuvre. J'aurais voulu

moi-même écrire une notice sur lui pour dire à tous ce que je vous dis ici. J'en ai été empêché, ne connaissant pas toute son œuvre et ayant eu peu de relations avec sa personne. Votre livre, Monsieur, contribuera à lui donner le rang qui lui est assigné dans la postérité ». Nous savons que Delacroix n'était pas coutumier de jugements de complaisance et ce n'est pas l'amitié qui pouvait l'aveugler, ici, puisqu'il a peu connu lui-même Charlet. En 1862, il écrira, grâce aux « précieux renseignements » du colonel de La Combe, un article d' « admiration » qui se hausse jusqu'à l'enthousiasme, et il réalisera ce projet qu'il juge un acte de justice. Il loue, dans l'artiste, l'esprit, la verve, la naïveté, les « dessins admirables » et les « charmantes idées », la création de types d'une « variété infinie », le « don d'imaginer et de créer ». Il montre, dans l'ouvrier, le travail acharné qui n'a de l'improvisation que l'apparence et qui cherche, avec inquiétude, la perfection [315]. Si l'on croyait à une parade de littérateur, — dont un Delacroix est d'ailleurs incapable, — il suffirait d'ouvrir le *Journal* pour contrôler la sincérité de cet enthousiasme : « L'article sur Charlet. Il y a des talents qui viennent au monde tout prêts et armés de toutes pièces... Il a dû avoir dès le commencement cette espèce de plaisir que les hommes les plus expérimentés trouvent dans le travail, à savoir une sorte de maîtrise, d'assurance de la main, concordant avec la netteté de la conception » [316]. Baudelaire avoue quelque part avoir été « tancé de façon véhémente » par Delacroix, à propos de cet article irrespectueux : « En vain essayai-je de lui expliquer que ce n'était pas le Charlet des premiers temps que je blâmais mais le Charlet de la décadence ; non pas le noble historien des Grognards mais le bel esprit de l'estaminet. Je n'ai jamais pu me faire pardonner... » [317]. En 1863, dans son article sur Guys, Baudelaire semble venir à des sentiments moins sévères : il parle de Charlet qui fut toujours à la recherche d'un certain genre de beauté « et qui l'a souvent trouvé » [318]. Enfin, dans la note des *Œuvres posthumes* où il est question du grand article projeté sur la caricature, nous lisons : « L'article qui concerne Charlet est très adouci [319]. » Ces repentirs montrent bien que ce n'est pas, en fin de compte, l'artiste que Baudelaire critique en Charlet. C'est la tendance ou, comme il le dit lui-même, « l'esprit » tendancieux de son œuvre. L'article de Delacroix sur Charlet, nous aide ici encore à comprendre : ne parle-t-il pas de « sa nature plébeienne dont il était si fier, dont il exagérait avec complaisance les saillies », de son « éducation »

qui « avait été fort négligée », de cette « popularité » qu'il doit
à « certain côté littéraire » [320]. En voilà assez pour motiver la
défiance d'un Baudelaire. Faut-il chercher plus loin ? Baudelaire
a peut-être tort, comme le lui reproche le colonel de La Combe,
d'avoir placé Charlet parmi les caricaturistes. En condamnant non
peut-être son talent, mais son œuvre, il reste dans la ligne de sa
doctrine esthétique. L'artiste ne doit pas chercher le beau dans
les sentiers populaires, et le « suffrage universel » est mauvais
juge en matière d'art. Ce Charlet n'appartient pas à « la classe
des hommes éternels et des génies cosmopolites » ; il est incapable
de cette généralisation qui atteint la beauté dans l'harmonie
d'unité « d'après ces instigations de l'immense analogie universelle », si fortement analysée aux premières pages de la critique
de l'*Exposition de 1855* [321]. Un artiste qui prend ses sentiments
« tout faits dans les vaudevilles », qui décalque « l'opinion », qui
« découpe son intelligence sur la mode » ; un courtisan du peuple
que le guignon n'a pas marqué de sa griffe, — malgré des qualités que Baudelaire reconnaîtra après la mort du vibrant colonel
et de l'indulgent Delacroix [322], — s'oppose trop formellement avec
des vues esthétiques, déjà bien arrêtées en 1857, — pour trouver
grâce aux yeux de notre critique.

La grande figure de Daumier [323] occupe le centre de l'étude de
Baudelaire comme un personnage de premier plan dans un tableau bien composé. Les autres noms, cités avant, cités après,
semblent accompagner et faire valoir, par prolongements ou par
contrastes, ces pages qu'on a, depuis, jugées essentielles. Ce petit
Marseillais, que l'ambition littéraire d'un père vitrier et poète,
avait arraché, vers 1814, au soleil provençal et transplanté à Paris,
se dérobait aux surveillances paternelles, dès son enfance, pour
dessiner, hors du sombre logement de la rue de l'Hirondelle, les
silhouettes des passants, ou pour aller rêver au Louvre et copier
des nez et des oreilles dans l'atelier de Lenoir [324]. La rue pourtant
l'attire avec son grouillant spectacle, le goût de la charge et de
la satire naît en lui, — et, le 30 août 1832, la *Caricature* signalera
qu'on vient d'arrêter M. Daumier « condamné à six mois de prison pour la caricature d'un *Gargantua*. » Il avait débuté « dans
un petit journal créé par William Duckett », [325] — *la Silhouette*,
— et ses premiers croquis : alphabets, casés tant bien que mal
chez des libraires, illustrations de romances *troubadour*, dessins
militaires inspirés de Charlet, sont de pauvres essais où sa personnalité ne se décèle pas encore. Achille Ricourt, — à la veille de

devenir le directeur de l'*Artiste,* — encore éditeur d'estampes, rue
du Coq, regarde avec sympathie les essais de l'apprenti-lithogra-
phe et déclare : « Vous avez le geste, vous ». C'était l'époque
où, à la faveur de la révolution de 1830, se déchaîne, suivant le
mot de Baudelaire, « une fièvre caricaturale ». Isabey, Boilly,
Carle Vernet, Bosio n'étaient que des humoristes et n'avaient
effleuré que les ridicules superficiels. « La liberté, dit Champfleury [326], donna l'essor à une bande de caricaturistes, au milieu
desquels se dresse un homme dont il est bon de parler, car son
œuvre ne parlerait pas pour lui ». Cet homme c'est Charles Philipon qui fonde, le 4 novembre 1830, *la Caricature* et qui fut le
plus violent adversaire du roi Louis-Philippe : « Il ne dessinait
plus, ayant reconnu que ce n'était pas là sa gloire, mais il dirigeait
les crayons d'un groupe nombreux, appelait à lui les jeunes gens,
leur insufflait sa flamme », tentant d'enlever quelques peintres
à la palette, comme Decamps, Raffet, Bouquet, poussant en avant
des natures incomplètes, telles que Traviès, donnant l'essor à
Gavarni [327]. Ce fut lui qui, en Daumier, devina le maître sous le
dessinateur qui cherchait sa voie et publiait quelques feuillets
timides chez les marchands d'estampes. Il lui confie « le soin de
reproduire les traits de quelques-uns des pairs de France contre
lesquels la lutte allait commencer ». Daumier assiste aux séances
de la Chambre des pairs « un morceau de glaise en main, mode-
lant sur nature de petits bustes sur lesquels il lithographiait ses
planches » [328]. Et toutes les honorabilités politiques y passent,
« tous les amis et familiers du château », ministres, députés,
procureurs généraux, présidents de chambre, ceux qui votent les
dotations, les fonds secrets, les budgets, ceux qui veulent arrêter
l'insurrection dans la rue, ceux qui craignent pour la vie du roi,
ceux qui soufflent « sur la flamme démocratique des journaux,
pour l'éteindre », les « centriers » les « gras », les « membres
de la chambre prostituée », noyés tous dans la graisse, avec de
gros ventres et des articulations engorgées [329]. Et la *Caricature*
devenait, suivant l'expression de Baudelaire, de « grandes archives
comiques », où grouillent « un tohu-bohu, un capharnaüm, une
prodigieuse comédie satanique ». Dans les sombres bureaux de
rédaction du passage Véro-Dodat, l'infatigable directeur toujours
sur la brèche, toujours sarcastique, la légende satirique aux lèvres animait l'imagination de Daumier et l'incitait à créer [330]. Tous
ces jeunes gens Decamps, Grandville, Charlet, Raffet, Gavarni,
Monnier, Traviès, Forest entourent Philipon, galvanisés par lui.

Les dernières étincelles de la Révolution brûlent en eux. Le génie
de Daumier s'affirme, de 1831 à 1834, dans la *Caricature, le
Charivari* et l'*Association mensuelle lithographique*. Il a connu
Balzac qui escarmouche du crayon dans *la Caricature* contre la
cour citoyenne, et signe Alexandre de B... : « Si vous voulez avoir
du génie, avait dit l'écrivain à l'artiste, faites des dettes ». C'est
l'époque où Philipon invente la fameuse poire si souvent reproduite
dans la *Caricature* puis dans le *Charivari* et à laquelle Daumier
donne la vie. Philipon se défend devant le tribunal, le crayon à la
main [331], et déchaîne le rire, même parmi les juges. De 1832 à
1835, Daumier met en scène les personnages politiques, dans de
petites vignettes en tête du *Charivari* qui semble ainsi patronné
par le président Dubois, Viennet, Prunelle, Vatout, Barthe, Jacques
Lefèvre, Benjamin Delessert [332]. *La Caricature* publie, sous le titre
des *Masques de 1831* [333] une grande planche que Daumier signe
Rogelin, essais de portraits qu'il reprend ensuite en buste dans
le *Charivari* de 1833 : ce ne sont pas à proprement parler des
caricatures, mais ces hommes sont étudiés de près, et Daumier les
reprendra bientôt en pied « dans leur allure habituelle, allant,
venant, les mains dans les poches, avec de gros ventres... Portraits plus réels que ceux des tableaux officiels de Versailles [334] ».
Croquis et études qui devaient aboutir au chef-d'œuvre du *Ventre
législatif* et dont Baudelaire, avant Champfleury, avait marqué la
merveilleuse intelligence : « Ces morceaux peuvent servir de
modèle à tous les portraitistes. Toutes les pauvretés de l'esprit,
tous les ridicules, toutes les manies de l'intelligence, tous les
vices du cœur se lisent et se font voir clairement sur ces visages
animalisés ». Mais ce qui frappe, dans ces œuvres, c'est cette
qualité de dessin dont Baudelaire avait parlé avec tant de chaleur au *Salon de 1845* [335], nommant Daumier au premier rang des
dessinateurs, aux côtés d'Ingres et de Delacroix. Et, en 1857, il
précise : « Tout est dessiné et accentué largement. Daumier fut
à la fois souple comme un artiste et exact comme Lavater... »

Après avoir retracé les débuts de Daumier en une synthèse dont
nous avons essayé d'éclairer les allusions par quelques dates et
quelques œuvres, Baudelaire décrit quelques-unes des planches
les plus frappantes ; cette *Liberté de la Presse* [336] et sa légende :
« Ne vous y frottez pas », où se carre un ouvrier typographe, le
bonnet de papier en bataille, manches retroussées, poings fermés,
figure résolue ; ce *Massacre de la rue Transnonain*, du 15 avril
1834, qui fait songer aux *Scènes d'invasion* de Goya, avec ce lit

fouillé par les baïonnettes, le sinistre traversin pendant hors du lit et, à terre, morts, une femme, un enfant, un vieillard, un ouvrier à la chemise ensanglantée ; *le Dernier Bain,* paru au *Charivari* le 7 juin 1840, caricature sérieuse et lamentable, où l'on voit un pauvre diable se jeter à l'eau, tandis que dans le fond « un bourgeois contemplatif, au ventre rondelet, se livre aux délices innocentes de la pêche... » Les descriptions de Baudelaire mettent sous les yeux mêmes la création de Daumier. Elles en donnent l'atmosphère et en dégagent le sens. Quand nous regardons cet intérieur dévasté après le soulèvement du 13 avril, l'évocation de Baudelaire nous hante invinciblement : « ... Sous le poids de son cadavre, le père écrase entre son dos et le carreau le cadavre de son petit enfant. Dans cette mansarde froide, il n'y a rien que le silence et la mort... » En feuilletant l'œuvre, Baudelaire précise les traits essentiels du talent de Daumier, d'une critique sûre et compréhensive. C'est que son goût est satisfait par la peinture de cette « réalité fantastique et saisissante », où s'agitent les « vivantes monstruosités » d'une grande ville. A la *Caricature,* depuis le premier jour jusqu'au 27 août 1835 où la censure la supprima, au *Charivari* où il consacre tous ses efforts depuis sa fondation en 1832, à la *Némésis médicale,* à l'*Association mensuelle lithographique,* d'une production incessante et régulière — qui rendit impossible à Baudelaire l'établissement d'un catalogue complet [337] et que la patiente érudition de Loys Delteil a reconstituée naguère en dix magnifiques volumes, reproduisant 3.800 numéros, — il peint la comédie humaine, comme un Balzac [338], s'attachant à railler ce bourgeois, dernier vestige du moyen âge et ruine gothique. Baudelaire voit sa pensée même exprimée magistralement — avec une bonhomie dont il n'eût pas sans doute été capable — dans cette histoire naturelle qui présente les traits vulgaires, les émotions affairées, la vanité satisfaite des « Bons bourgeois ». Le petit rentier, le vieux bourgeois en bonne fortune, victime de l'inconstance des femmes, offrent leurs vies mises à nu, leur intimité sans horizon où tout jusqu'à la tendresse prend une teinte banale. *La Journée d'un célibataire,* les *Canotiers parisiens,* les *Mœurs conjugales,* les *Papas,* les *Pastorales,* les *Charmes de la Chasse et de la Campagne,* tant d'autres pages merveilleuses, offrent à Baudelaire une occasion de rire — et de rire diaboliquement — en face de cet être inférieur, le Bourgeois. La verve du caricaturiste se répand avec une fécondité inépuisable, allant du navrant au terrible, du pamphlet à la comédie, sans rancune ni fiel, toujours respectuese de la conscience humaine. Elle garde cette clarté du comique significatif qui la rend immédiatement perceptible et qui lui donne sa place dans les pures productions de l'esprit français.

Baudelaire s'arrête avec complaisance devant les *Robert Macaire* et l'*Histoire Ancienne,* où Daumier offre deux aspects divers de son talent. C'est que ces deux œuvres sont, chacune à leur manière, dans le goût baudelairien. Le type de Robert Macaire, auquel Frédérick Lemaître avait donné la vie truculente d'un personnage balzacien, fait entrer la caricature dans le domaine du roman. De 1836 à 1838, avec une flamme débordante qui l'apparente au grand acteur, le caricaturiste traduit des observations, des traits, des scènes qui sont une « véritable histoire des mœurs et des fièvres d'agiotage de l'époque » [339]. A cette époque en ébullition, Paris est devenu une immense rue Quincampoix, et Robert Macaire symbolise l'inventeur sans inventions, le bailleur de fond sans caisse, le fameux médecin sans malades, l'illustre avocat sans causes, le négociateur de mariages sans dots [340]. Les colères révolutionnaires sont apaisées, la caricature devient la satire générale des citoyens. Macaire et Bertrand sont « les dieux lares du temple de la Bourse » ; ils personnifient les sociétés industrielles de cette époque aux conceptions hardies et hasardeuses [341]. Dans les cent une incarnations du personnage, le débraillé succède au distingué, l'élégance aux guenilles et sous la cravate en ficelles, les habits rapiécés, les bottes éculées, les chapeaux effondrés survit une tournure héroïque qui évoque Cervantès et Goya. Champfleury parlera de « drame crayonné » [342]. Baudelaire prononce le mot d' « épopée ». Cette œuvre apporte une grandeur dans le sarcasme, une naïveté dans le cynisme qui inaugure la caricature de mœurs : Baudelaire, admirateur de Balzac, est sensible à cette « manière flambante ».

Le critique de l'*Ecole païenne,* de Gérôme et de l'Ecole des pointus, qui réclame qu'on libère l'art des Grecs et des Romains, a goûté particulièrement les railleries de l'*Histoire ancienne* où la fausse antiquité est moquée avec d'amusants et utiles blasphèmes. Le fils de J.-B. Daumier, le vitrier-poète, avait admiré peut-être les vers emphatiques des tragédies paternelles, mais cette noblesse pompeuse lui parut bien pauvre, quand il écouta, dans les ateliers, les nouveautés exubérantes de l'école nouvelle. Les coups portés à Campistron atteignaient le divin Racine, et l'école de David était vouée à l'exécration. Bien que Daumier n'appartînt que par sa liberté de crayon au courant romantique, il travestit en charges la vénérable antiquité. Banville s'en indigne, — et il a ses raisons pour cela. Baudelaire, qui n'a pas un grand respect pour l'Olympe, goûte la hardiesse qui arrache les oripeaux d'opérette à ces faux dieux et à ces faux héros, Télémaque, ahuri devant les sages, Mentor, Minerve, la belle Hélène qui perdit Troie, la prudente Pénélope. Bellâtres et stupides, grimaçants, gibbeux, obtus, efflanqués ou obèses, ils étalent des formes bouffonnes. Le nez roupieux, les pieds ornés de cors fantastiques, ils rappellent à Baudelaire « ces vieilles carcasses d'acteurs tragiques prenant une prise de tabac dans les coulisses » et, vingt ans après, *Orphée aux Enfers* et la *Belle Hélène* ne seront, après tout, que de pâles reminiscences de Daumier.

Les tendances de ce caricaturiste sont conformes au goût de Baudelaire : mais il a d'autres raisons de l'admirer. Autant que sa critique des mœurs, couvrant de ridicule le bourgeois et la fausse antiquité et dressant l'épopée sarcastique de l'aventurier véreux, il admire son talent qui fait de la caricature un art sérieux. Daumier, il l'a dit dès 1845, dessine comme les grands maîtres, avec certitude, s'élevant au-dessus du modèle grâce aux puissances « quasi-divines » de la mémoire et de l'imagination. Cette vérité des figures et du mouvement il la doit à son observation mais aussi à sa réflexion. Le témoignage de Geoffroy-Dechaume confirme le jugement de Baudelaire [343] : Daumier avait un œil perçant qui savait voir — mais il ne travaillait jamais sur la nature ; il réfléchissait d'après la nature, ajoutant aux réalités observées les créations cristallisées autour des souvenirs. Et cette esthétique est bien dans la ligne « surnaturaliste » d'un Baudelaire. Enfin Baudelaire signale avec une juste admiration le caractère éminent du dessin de Daumier qui le rattache à la famille des maîtres : ses lithographies et ses gravures sur bois éveillent des idées de couleur. Cet art difficile de colorer le dessin par les seules oppositions du noir et du blanc qu'un Rembrandt possédait génialement et que Baudelaire loue dans un Méryon est le signe d'une sûreté d'exécution et d'un sens des valeurs qui classent Daumier. Au moral, son comique a quelques rapports avec celui de Molière : il est direct et dégage l'idée. Les légendes de Philipon deviennent inutiles : on regarde, on a compris. Et surtout, comme Baudelaire le dira dans les vers que Champfleury lui avait demandés pour son *Histoire de la Caricature moderne* :

Son rire n'est pas la grimace
De Melmoth ou de Méphisto
Sous la torche d'une Alecto
Qui les brûle mais qui nous glace,

Leur rire hélas ! de la gaîté
N'est que la monstrueuse charge ;
Le sien rayonne, franc et large,
Comme un signe de sa bonté... [344]

Ce satirique, par la grâce de cette bonté, échappe à l'attirance du jeu démoniaque dissimulé dans le comique. Dans une lettre du 25 mai 1865 — qui est sans doute la réponse de Baudelaire accompagnant l'envoi de ses vers — le poète apportait lui-même cette précision : « J'ai voulu dire que le génie satirique de Daumier n'avait rien de commun avec le génie satanique » [345]. S'il ne s'élève pas jusqu'au comique absolu, en raison de son amour passionné de la nature, son comique significatif ne gagne jamais la région du comique féroce et son rire ne ricane jamais.

L'éloge de Baudelaire marque la distance entre un Charlet et un Daumier. Lui donnera-t-on raison contre Delacroix qui ne parle guère qu'incidemment de Daumier dans son *Journal* [346] et, qui, nous l'avons vu, estimait Charlet peut-être au-dessus de sa valeur ? Quoi qu'il en soit le génie d'un Daumier devait séduire le goût d'un Baudelaire par ses vertus de conscience et d'inspiration, d'observation et d'imagination, de mesure souriante et d'équilibre. L'examen des caricaturistes comme Henry Monnier, Grandville, Trimolet, Traviès, Jacque, Gavarni lui-même n'est-il pas conçu, en face de l'éloge de Daumier, comme un jeu d'ombres autour d'un centre éclairé ? Baudelaire conçoit un Henri Monnier [347] comme la « contre-partie » d'un Daumier. Il reconnaît la minutie consciencieuse de son talent qui procède par « un lent et successif examen des détails » et qui, avant de le réaliser, a étudié pendant un très long temps le Prudhomme vivant et réel. Sur ce point, il est prêt à s'accorder avec Champfleury, qui a consacré de longues pages à Henry Monnier [348], et avec Balzac qui, sous le pseudonyme du comte Alex. de B..., disait de lui dans la *Caricature* du 31 mai 1832 : « Nul dessinateur ne sait mieux que lui saisir un ridicule et l'exprimer ». Mais il n'admettait pas les conclusions du grand romancier qui, « en défendant l'artiste se défendait lui-même, selon Champfleury [349], des nombreuses accusations qu'il sentait amoncelées sur sa tête ». Balzac, en effet, avait rapproché sa manière de « l'ironie anglaise, bien calculée,

froide mais perçante comme l'acier du poignard ». Il avait écrit :
« Il sait mettre toute une vie politique dans une perruque, touté
une satire digne de Juvénal dans un gros homme vu par le dos...
Son observation est toujours amère et son dessin tout voltairien
a quelque chose de diabolique... Il s'adresse donc à tous les
hommes assez forts et assez pénétrants pour voir plus loin que
ne voient les autres, pour mépriser les autres, pour n'être jamais
bourgeois, enfin à tous ceux qui trouvent en eux quelque chose
après le désenchantement, car il désenchante... » Et Champfleury
reprend pour son compte ce jugement en le citant en épigraphe de son livre sur *Henry Monnier*. Ne comptons que pour mémoire, d'autre part, l'admiration d'un Dumas et d'un Janin [350].
Mais Gautier lui-même, qui admirait l'écrivain et le comédien, fut
un des premiers à signaler au public la valeur des *Scènes popu-*
laires de Monnier : « Il y revint, à plusieurs reprises, ayant, en
sa qualité de poète, le même mépris pour le *bourgeois* que le
caricaturiste... » [351] Baudelaire, lui, se refuse d'admirer dans l'artiste d'autres qualités que l'observation et la patience : pour lui
M. Prudhomme est non point traduit mais « décalqué » et « Monnier ne sait rien créer, rien idéaliser, rien arranger ». Reproche
terrible : « C'est un miroir qui ne pense pas et qui se contente
de réfléchir les passants ». Libre à Champfleury, champion du
réalisme, de se complaire en cet art sans grandeur. L'imagination
de Baudelaire demande à être excitée, et ce comédien sans flamme,
cet écrivain vétilleux, cet artiste qui fait du chic d'après nature
n'a qu' « un talent essentiellement bourgeois ». Et sans doute il
faut identifier Baudelaire avec ce « poète un peu taquin » que
met en scène Champfleury [352] et qui faisait compliment, à l'inventeur de *Monsieur Prudhomme* interloqué, de ses « excellents », de
ses « utiles dictionnaires » : « Avec une habileté académique
qu'eût enviée M. Villemain lui-même, le poète expliqua que les
Scènes populaires n'étaient pas de l'art. Il manquait à la plupart
de ces sténographies un reflet de la personnalité du créateur ;
tout était traité sans idéalisation par menus détails, jamais par
masses et par-là les types restaient à l'état de croquis d'après
nature... Les *Scènes populaires* étant seulement un dictionnaire,
les créateurs et les poètes s'empareraient de ce fond pour y
puiser des mots ». Ces propos confirment le jugement que Baudelaire donne ici et précisent les raisons de sa sévérité.

Baudelaire ne peut accepter que, par impuissance ou paresse,
un artiste réduise ou annihile le rôle de l'imagination. Bien qu'il

prélude à son jugement sur Grandville [353] en disant de lui que
« c'est tout autre chose », c'est aussi le respect des lois de
l'imagination qui dicte sa critique de l'auteur des *Métamorphoses
du jour* et d'*Un autre monde* [354]. Grandville est, pour lui, un
esprit « maladivement littéraire, toujours en quête de moyens
bâtards pour faire entrer sa pensée dans le domaine des arts plastiques..., artiste par métier et homme de lettres par la tête », ne
sachant pas tirer parti des grandes idées auxquelles il s'attaquait, ni traduire en langage artistique les analogies qu'il per-
cevait. Or, si Baudelaire admet entre les arts ces correspondances
qui aboutissent par des voies parallèles à produire dans les âmes
en quête du beau des émotions esthétiques de même ordre [355], il
déteste l'empiètement d'un art sur l'autre [356] et a plus d'une fois
condamné avec rigueur les « littératisants » comme Hébert,
Millet [357], autant que les poètes qui veulent empiéter sur la « peinture, la musique, la statuaire, l'art arabesque » [358]. S'il aime
Chenavard qui sait lire et raisonner, il considère les artistes
philosophes comme des hérétiques [359]. Or, Grandville relève du
philosophe et du médecin : il a passé sa vie à chercher des idées,
mais il n'a jamais su les exprimer ; il a voulu refaire la création
et a transformé la nature en apocalypse. Celui-là avait donc trop
d'imagination, ou plutôt un dévergondage d'imagination qui l'empêchait de tirer des conséquences justes et le faisait cahoter
« comme une locomotive déraillée ». Son désordre effraye Baudelaire ; il est, selon Champfleury [360], une « double fatigue pour
l'œil et la pensée ». Grandville composait avec une lenteur pénible, organisant « à la queue-leu-leu des silhouettes pointues et
baroques, des personnalités haineuses et cruelles, des ombres chi-
noises sanglantes et compliquées » [361]. Champfleury et Baudelaire, en désaccord sur les mérites de Henry Monnier, se rencontrent pour juger Grandville : il manquait de souplesse, il n'a
jamais su dessiner une femme [362]. Selon Champfleury cette lacune
est due à sa nature ironique. Selon Baudelaire elle provient de
ses habitudes têtues et minutieuses. Mais hélas ! il avait le tort
de vouloir moraliser les masses et de s'efforcer vers la caricature
à idées. L'art s'accommode mal de ces antithèses vulgaires : le
Bon Riche et le *Mauvais Riche*, le *Carnaval du Riche* et le *Carnaval du Pauvre*, — et Baudelaire ne pouvait souscrire à une telle
esthétique. Mais ce moraliste du crayon se persuadait que la
fantaisie s'apprend et s'inculque par la volonté et il *voulait* être
un artiste *fantastique* ; c'est alors qu'il aboutit au symbolisme de

Crime et expiation. Le réaliste Champfleury préfère les œuvres de jeunesse à ces cauchemars de la maturité [363]. Baudelaire, lui, trouve que « c'est par le côté fou de son talent que Grandville est important » et c'est assurément vers la *Danse des morts* qu'il est attiré, encore que le crayon patient et ingénieux de Grandville fût impropre à lutter avec le burin génial d'un Holbein. Pourtant Baudelaire eût voulu que cette folie fût soumise à des règles. Pour avoir goûté la géométrique application de la *Philosophie de la Composition* dans l'œuvre de Poe, il n'apprécie que la mesure, même dans les tendances excessives. Ce fils de romantique se méfie d'un artiste qui met « le monde sens dessus dessous » et quand il « entre dans l'œuvre de Grandville » il « éprouve un certain malaise ». Certes, cet admirateur de Boileau réclame l'élan de l'imagination : un Monnier lui semble médiocre parce qu'il ne peut imaginer. Mais l'art est pour lui dans l'équilibre : l'exalté lui répugne comme l'étriqué [364].

D'autres artistes gagneront l'indulgence de Baudelaire parce qu'ils se gardent de ces excès. Il goûte le charme de Gavarni [365], et ne s'étonne pas que beaucoup de gens le préfèrent à Daumier. Dans les premières années du règne de Louis-Philippe, la caricature avait déclaré la guerre à la royauté. L'originalité de Gavarni fut de résister au courant et de porter ses regards vers la ville quand les yeux des satiriques étaient fixés sur la Cour. Gavarni traduisit avec une indulgente raillerie les folies de la jeunesse. Et c'est pourquoi, sans doute, la critique modérée, effrayée de l'art robuste de Daumier, fut complaisante aux élégances de bal masqué de Gavarni. Baudelaire distingue fort justement les deux talents : Daumier est direct, son dessin se suffit à lui-même ; Gavarni est moins artiste et le poète ne peut trouver

> parmi ses pâles roses
> Une fleur qui ressemble à son rouge idéal.

Il n'est pas essentiellement satirique et son dessin flatte au lieu de mordre. Les folles nuits de l'Opéra, les galanteries du quartier Notre-Dame de Lorette étaient le partage exclusif de Gavarni tandis que femmes du monde et dandys imitaient les poses et les gestes de ses héros. Daumier sondait les couches plus basses : gens sans le sou, chevaliers d'industrie, — et son crayon écrasé sur la pierre par une main virile rend sans cesse des traits grotesques et grimaçants [366]. Baudelaire trouve Gavarni « légèrement teinté de corruption », ses « coquins sont si jolis

que la jeunesse a fatalement envie de les imiter ». Et c'est bien
la marque de cet artiste qui, à la différence de Grandville, sut,
lui, mettre en scène la grâce coquette et fourbe des femmes,
conservant une élégance rouée même aux chiffonnières de la place
Maubert. La Lorette est une personne libre qui ne se vend pas,
mais qui se donne et qui est heureuse de se donner. En crayonnant les *Fourberies de femme en matière de sentiment* (1837 et
1840) et le *Carnaval de Paris* (1842), Gavarni amasse des documents qu'il faudra feuilleter pour comprendre l'histoire des dernières années de la monarchie. Sous ces costumes joyeux, ces
masques et ces faux-nez, il livre des observations d'âmes et de
caractère qui auront valeur de témoignage. Sa mission, comme
celle de Daumier, a été de compléter Balzac en apportant à la
fois l'amour de la vérité qui repose sur l'étude la nature, et la
poésie qui idéalise les sujets et leur donne un sens universel [367].
Cette universalité, Gavarni l'alliait très adroitement à un sentiment de la vie courante que Gautier a saisi fort bien, quand il
disait de lui : « L'antiquité et la tradition n'ont rien à revendiquer dans son talent ; il est exclusivement moderne » [368]. Le
26 novembre 1866, dans le *Moniteur universel,* il parlera de Gavarni en des termes qu'eût approuvés Baudelaire et qui, en dépit
de Champfleury [369], justifient et précisent le rapprochement du
caricaturiste des *Etudiants* et des *Lorettes* et du romancier de la
Comédie humaine : « Personne mieux que Gavarni n'a su poser
un habit noir sur un corps moderne, et ce n'est pas là chose
facile... Sous cet habit, l'artiste, en trois coups de crayon, savait
mettre une armature humaine... Bien souvent, Delacroix regardait
d'un œil rêveur ces dessins si frivoles en apparence, d'une science
si profonde cependant... » Par sa finesse d'observation que Baudelaire apparente aux dons d'un Marivaux, Gavarni est un « artiste
plus qu'intéressant » qui sait « la puissance de la réticence »,
qui « effleure et fait deviner » et met en branle, chez l'artiste
comme dans le public, un effort d'imagination.

Baudelaire caractérise brièvement l'art de Trimolet, de Traviès
et de Jacque qui sont, à des degrés très divers, des caricaturistes.
Jacque [370], connu surtout pour ses eaux-fortes et ses peintures
de moutons et de poules [371], a composé « de forts bons dessins
grotesques » où se montre le comique significatif. Son *Histoire
de La Ramée, ex-fusilier de l'Armée française,* ses *Militairiana*
publiés chez Aubert, dans le *Musée Philipon,* ses 26 planches,
suite de Caricatures sur les *Malades et les Médecins,* parues en

1843 dans le *Charivari* [372] ont « le mordant et la soudaineté du poète observateur ». Un tel éloge, tout bref qu'il est, a sa valeur sous la plume d'un Baudelaire.

La destinée mélancolique de Trimolet et de Traviès [373], plus que leur art peut-être, attire la sympathie de Baudelaire. Il pardonne à l'un « un peu de fouillis », à l'autre « un manque de certitude », parce que tous deux ont souffert comme lui et qu'ils sont, comme lui, « princes du guignon ». Trimolet [374], qui mourut phtisique à trente ans, orphelin à neuf ans, bonnetier, coiffeur, prélevant sur de maigres salaires de quoi payer ses cours à l'atelier de David d'Angers, a su réagir contre la misère de sa pauvre vie pour donner des croquis où règne la plus folle et la plus innocente gaîté : les vingt-quatre eaux-fortes du *Comic Almanach*, les caricatures du *Musée Philipon* et du *Charivari*, ses *Physiologies de l'Employé*, de *l'Homme de loi*, du *Garde national*, ses illustrations dans les *Français peints par eux-mêmes* [375]. Un jour, il fit un tableau qu'il exposa au Salon de 1841 sous le titre : *le Bon Pauvre*. Ce vieil homme en guenilles étendu au pied d'un mur décrépi lève des yeux reconnaissants vers le ciel sans étoiles et remercie Dieu de lui avoir donné ce précaire abri. « Il y a des génies qui ont passé de ces nuits-là, dit Baudelaire » — et il s'apitoie sur le sort du malheureux artiste que la mort a pris au moment « où l'aurore éclaircissait son horizon ». Il loue son talent d'avoir su créer « une bouffonnerie gracieuse et enfantine » au milieu d'une existence alourdie « de graves douleurs et de chagrins cuisants ».

Le destin de C.-J. Traviès, nature souffreteuse et mélancolique, qui devait mourir misérablement en 1859 [376] après une vie traversée de déboires artistiques, de misères matérielles et d'embarras de famille, attire la sympathie de Baudelaire. Il note ses insuffisances, — mais est indulgent à ses efforts qui le portent à se corriger sans cesse, à se tourner et se retourner pour suivre « un idéal intangible ». Champfleury l'a dépeint comme « une sorte de grand échassier, avec un nez de perroquet qui éveillait la curiosité par son apparence mélancolique, sa longue taille voûtée, ses pommettes saillantes et de petits yeux où était tapie une sorte d'indulgence affectueuse » [377]. Il eut un profond sentiment des joies et des douleurs du peuple, et il aima avec charité cette canaille qu'il connait si bien. Il lui arriva de rencontrer l'homme parmi les gens du peuple, et son portrait de Liard, dit le *chiffonnier philosophe*, figure familière vers 1830 aux habitués de la barrière

du Maine, est d'une allure vivante, avec son œil narquois, sa
bouche railleuse et son insouciance déguenillée : « Traviès, dit
Ph. Burty [378] allait étudier ses types de chiffonniers et de buveurs
à Montparnasse », au bal de *la Girafe,* « rendez-vous des croque-
morts en goguette », et au cabaret des *Deux-Eléphants.* C'est là
qu'il puise les sujets de ses *Scènes bachiques* qui peignent les
indigènes d'un pays qu'aux environs de 1840 bornaient la grande
chaumière d'un côté et de l'autre la mère Saguet, population
d'ivrognes, de rôdeurs de barrière et de gens sans aveu. « Sa
muse, dit Baudelaire, est une nymphe de faubourg, pâlotte et mélancolique ». Mais ce n'est pas d'un crayon indifférent qu'il
dessine tous ces déshérités : son œuvre apporte « une plainte, une
souffrance, une révolte, qu'il représente un pauvre grelottant de
froid, une femme abandonnant son enfant au coin d'un carrefour,
un malade isolé dans sa chambre, un misérable caché derrière un
pan de mur... ou des personnages politiques abusant de leur pouvoir » [379]. Cette manière, d'un dessin grêle, en accord avec les
sujets, crayonnant des silhouettes de famine et de misère, paraît
un peu terne auprès des croquis élégants ou robustes de Gavarni
ou de Daumier qui publiaient dans les mêmes feuilles satiriques.
Mais les caricatures politiques de Traviès ont une amertume qui
atteint à la grandeur. Baudelaire y faisait allusion — sans nommer l'auteur [380] — dans son article sur Daumier. Enfin la notoriété de Traviès lui vint de sa création du type de Mayeux, ce
bossu cynique, vantard et paillard, qui prend sa place, — une
petite place, — entre *M. Prudhomme* et *Robert Macaire.* Traviès
donne à ce personnage un corps et un esprit, un corps difforme
et un esprit gaillard, qui font de sa personnalité « une figure
acquise à la postérité » [381]. Pendant vingt ans — de 1831 à 1851 —
Mayeux « parla, créa, pérora, gesticula » [382] : du 12 juillet 1831
au 30 mai 1832, c'est la publication d'un journal hebdomadaire
au titre retentissant : *Du nouveau... Attention, nom de D...!*
Mayeux ; en 1832 paraissent les *Œuvres de feu M. Mayeux de*
son vivant chasseur de la Garde nationale, membre de sept aca-
démies, aspirant à l'ordre royal de la Légion d'honneur et l'un
des braves des trois journées. Episode de l'histoire de France ;
en 1833, c'est *Mayeux à la Société des Droits de l'homme* ; puis
la France, M. Mayeux et le Choléra ; *le Mayeux, journal politique,*
paraît, — en six numéros, — du 17 juin au 10 juillet 1848 ; la
même année Mayeux feint d'être désillusionné par un voyage en
Icarie et une brochure est publiée, relatant ses *Aventures curieuses*

dans le Pays de M. Cabet ; en 1851, c'est la dernière incarnation du personnage, à propos de « l'événement du deux décembre ». Puis c'est le silence. Traviès disparaît de la scène, et Baudelaire dit ses regrets : « C'est un malheur réel car il est très observateur, et, malgré ses hésitations et ses défaillances, son talent a quelque chose de sérieux et de tendre qui le rend singulièrement attachant ».

C'est ainsi que Baudelaire juge les caricaturistes français. On pourrait épiloguer sur les noms que notre critique a choisis. Nous savons qu'il avait rêvé d'élargir son étude et de parler de Raffet, de Cham, de Nadar, de Boilly, après Callot, Watteau et Fragonard. Le choix qu'il présente des caricaturistes du XIXᵉ siècle éclaire sa théorie du comique significatif et précise, par des exemples heureux, ses vues sur les caractères de la caricature française. A vrai dire, sa théorie mystique disparaît parfois dans les commentaires qu'il donne d'un Daumier, si peu satanique, d'un Gavarni, qui ne songeait guère à flatter l'orgueil humain. Il reste que, dans sa critique, Baudelaire affirme les droits de l'imagination et juge toujours en surnaturaliste. C'est la raison de sa sévérité pour Charlet et Monnier. Et son admiration pour Daumier qu'il met hors de page, si justement, repose sur la conception d'un art qui n'observe la nature que pour mettre en mouvement la faculté souveraine qui crée l'œuvre artistique.

C'est une entreprise hardie que de prétendre fixer en quelques pages les tendances nationales d'un art. Dans sa brève étude consacrée à *Quelques caricaturistes étrangers,* parue dans le *Présent* du 15 octobre 1857, et reproduite dans l'*Artiste* du 26 septembre 1858, Baudelaire éclaire d'exemples typiques les définitions qu'il a proposées, dans sa théorie de l'*Essence du Rire*, sur le comique anglais, espagnol, italien et flamand. Quelques noms, quelques appréciations. Et comme, dans l'étude sur les caricaturistes français, il concentrait tout son effort et toute la lumière de sa critique sur l'œuvre d'un Daumier, il s'efforce ici de mettre en plein relief la figure étrange de ce Goya qui, selon Champfleury, aurait tant de secrètes analogies avec Daumier lui-même [383], et qui, par la valeur éminente qu'il donne à l'imagination, nous fait parfois songer à Delacroix dont on l'a récemment rapproché [384]. Les autres visages, groupés autour du maître espagnol, semblent s'ordonner, dans son ombre, et s'effacer devant sa gloire.

Le comique anglais, qui a produit le rire de Melmoth, tend vers le féroce, et le signe distinctif de ce genre est la violence. C'est bien en effet « la violence et l'amour de l'excessif » que Baudelaire signale chez Seymour, à la « manière simple, archibrutale et directe » [385]. Ses *humourous sketches* peignent l'épopée des maniaques. Dans une extase imbécile le gros Londonien murmure : *Oh ! the deep, deep sea* [386], tandis que hors de l'eau pointent les deux grosses jambes de sa chère épouse. Le flegme de cet humour justifie l'admiration de Baudelaire : « En matière de caricature, les Anglais sont des ultra ». — Un George Cruikshank [387] est dans cette ligne, non seulement par sa finesse d'expression et son intelligence du fantastique, mais surtout par sa verve inépuisable dans le grotesque. Ici encore le comique est dans « la violence extravagante du geste et du mouvement et l'explosion dans l'expression ». En face de ces vignettes et de ces albums comiques, Baudelaire évoque la turbulence des pantomimes anglaises [388], et confirme devant l'image sa théorie du comique. Qu'importe si ce monde minuscule brouille ses membres dans un désordre surprenant : la verve emporte tout et bien des caricaturistes français essaieront sans y parvenir d'imiter ces naïves ou grotesques images où George Cruikshank, à la suite de son père Isaac, de Rowlandson et de Gillray, enfermait les conceptions grotesques de l'humour, suivant une exécution souvent brutale, toujours puissante.

Mais c'est Hogarth [389] qui retient Baudelaire, avant tous, devant le comique d'outre-Manche. Celui-là fut en vérité le précurseur et le maître du comique anglais au XVIIIe siècle, et son art illustre la théorie baudelairienne. Baudelaire trouve à ce talent « quelque chose de froid, d'astringent et de funèbre » qui « serre le cœur » : voyons là, tout simplement, de sa part, une attitude de défense contre les tendances moralisatrices de cette œuvre. Hogarth, à la différence d'un Teniers ou d'un Brauwer qui n'ont d'autre souci que de relever, dans l'observation, des traits amusants, se donne pour but de ramener à la vertu par le spectacle dégradant du vice, comme dans ses vues très libres d'esthéticien il cherche à corriger le goût par le ridicule [390]. Cet Anglais, au sens pratique, saisit, d'une observation attentive, le trait original de caractère ou d'habitude : s'il néglige, dans ses investigations, les existences réglées, le bonheur sans histoire, il ne décrit les laideurs et les

excès que pour inspirer la crainte et le dégoût du vice. A ce
but tendent en fin de compte ces suites, — où, malgré qu'il en
ait, l'indécence s'insinue, — par quoi il s'est rendu célèbre,
dépeignant le *Mariage à la mode,* la *Carrière d'une courtisane* ou
la *Destinée d'un roué.* Et Baudelaire juge que ces détails allégoriques et allusionnels dont il charge ses compositions « retardent
l'intelligence » du spectateur et « l'embrouillent ».

Baudelaire sait merveilleusement analyser le caractère distinctif
de cette œuvre si diverse. Il note la variété de la manière : et
c'est bien là un caractère de Hogarth qui, non seulement fut peintre, graveur, portraitiste, ordonnant les groupes les plus agités
et se contraignant à la sobriété en face d'un modèle unique, —
mais qui, dans la seule expression du comique, donne à la satire
les formes les plus diverses : peinture de mœurs comme dans
A Harlot's progress, A Rake's progress, scènes familières comme
la Diligence, scènes de crapulerie comme *A Midnight Modern
Conversation,* gravures de propagande morale comme *Beer Street*
et *Gin Lane,* estampes de circonstance comme cette grouillante
Marche des Gardes vers Finchley, comédies mélancoliques comme
le Poète en détresse [391]. Surtout, devant *The Reward of Cruelty,*
dont il trace, à vrai dire, une description un peu inexacte, Baudelaire retrouve avec raison « ce je ne sais quoi de sinistre, de
violent et de résolu qui respire dans presque toutes les œuvres
du pays du spleen ». La mort violente et la folie furieuse, telles
que les présentent les 7e et 8e planches de la *Destinée d'un Roué,*
donnent à ce grotesque un étrange humour dont notre esprit
français apprécie mal le comique. Satire qui dépasse cette mesure
et cette clarté où se limite avec sagesse notre comique significatif.
Cependant chez Hogarth, — et chez les Anglais en général, —
le réalisme qui s'attache aux détails précis et vécus n'enlève pas
son rôle aux facultés d'inventer et Baudelaire leur en saura gré.

Mais c'est en Goya qu'il goûtera surtout ces dons de l'imagination. Et nous voici brusquement, en pleine Espagne, devant de
nouveaux horizons offerts à l'art comique [392]. Deux lettres à
Nadar [393] montrent le prix que Baudelaire attache aux œuvres
de Goya, et, à la fin de sa vie, selon J. Troubat [394], il y trouve
ses suprêmes joies. Il laisse à d'autres d'interpréter l'œuvre entier :
c'est ici le caricaturiste qui l'intéresse. Il se contente de définir
l'élément fantastique que l'auteur des *Caprices* a introduit dans le
comique. Chez lui, le génie brise les formules : ni comique ab-

solu, ni comique significatif, mais comique éternel. Il élève la caricature hors du fugitif et l'arrache aux événements. Il crée, avec
l'aide de la nature, mais en marge de la nature, « le monstrueux
vraisemblable ». A la différence des bonshommes de G. Cruikshank,
« ses monstres sont nés viables, harmoniques », et nul n'a osé, —
et réussi, — plus que lui « dans le sens de l'absurde possible ».
Pour Baudelaire, Goya est un esprit moderne, épris d'insaisissable,
« des contrastes violents, des épouvantements de la nature et des
physionomies humaines étrangement animalisées par les circonstances ». A ce titre, il entre dans la ligne baudelairienne. Car,
s'il se réclame de la nature [395], il l'interprète et l'enrichit par les
puissances d'une imagination que hante le « cauchemar plein de
choses inconnues ». Ses moines, — bâillants ou goinfrants, — ont
une envergure qui n'emprunte rien à cet anticléricalisme, mangeur
de jésuite, si critiqué dans Charlet. L'art emporte tout hors du
naturalisme dans la fièvre créatrice : « Têtes carrées d'assassins
se préparant à matines, têtes rusées, hypocrites, fines et méchantes comme des profils d'oiseaux de proie » et, tout près, trognes
de sorcières prêtes au sabbat ou « enfants toutes nues », « blanches et sveltes espagnoles que de vieilles sempiternelles lavent
et préparent pour la prostitution du soir » ; paysages fantastiques
où luttent des sorcières suspendues au milieu des airs [396] ; tombes
entrebâillées d'où s'efforcent en vain de sortir des malheureux
emprisonnés par des gnomes démoniaques [397] ; rébus où se contorsionnent des groupes d'enfants, de vieillards, de roués, de bandits,
de proxénètes, de harpies et de filles [398] ; toutes ces hantises
d'observateur visionnaire qui s'agitent dans l'horrible du vague,
ces « débauches du rêve », ces « hyperboles de l'hallucination »
sont œuvre d'imagination, d'inspiration, de génie.

Cette manière est-elle étrangère à Delacroix ? Delacroix et Goya
eurent bien des traits communs [399], — et l'admiration de Baudelaire pour Delacroix expliquerait assez bien son admiration pour
Goya. Ne parlons pas des caractères : tous deux, touchés du
dandysme, se plurent chez les grands, l'un brûlant les pavés de
Madrid dans sa « briska » londonienne pour se rendre au
palais Livia chez les Albe, à l'Almeda chez les Osuna, à Arenas
chez l'infant don Luis ; l'autre, notant dans son *Journal,* avec
quelque fierté, ses visites au duc d'Orléans, au duc de Nemours,
flatté de dîner chez Perrin, avec Morny, ou chez la princesse
Marcellini Czartoryska [400]. Tous deux violentent une santé rebelle
et réussissent à la dompter. Songeons à l'admirable composition,

Goya et son médecin : fiévreux, ictérique, secoué de malaria dès
sa jeunesse, en attendant d'être muré dans la surdité, l'Espagnol
se redresse, se libère de lui-même dans ses créations fantastiques,
et va, pour s'étourdir, estoquer les toros. Le Français, bilieux au
teint olivâtre, aux joues creusées, aux yeux trop ardents, fut jusqu'au bout une âme maîtresse, jusqu'à l'héroïsme, de ce corps
qu'elle animait. Regardons surtout la manière et l'œuvre : tous
deux, indociles à se soumettre aux ruses d'un calcul, se laissent
emporter par l'inspiration en d'impétueuses saillies, et, méprisant
l'anecdote, cherchent par le pinceau et le burin une interprétation du Beau, digne de leurs songes. Goya fait ses débuts à
l'atelier de Luzan et y copie des plâtres, en un stade d'académisme, comme un poète apprend, dans l'alphabet, les lettres
mortes auxquelles son génie donnera le souffle ; il est soumis
ensuite aux « obras encargadas », aux commandes de portraits
ou de paysages ; puis il s'évade, et ce sont les œuvres de libération, images de ses rêveries ou de ses cauchemars, scènes tau-
romachiques où descendent dans l'arène des personnages aux
capes d'ombre, tandis que le taureau cloue sa corne dans le
ventre ou les fesses du matador [401]. Et ces droits de l'imagination
il les revendique en souverain. Dans la fameuse lettre à don
Bernardo de Yriarte, du 4 janvier 1794, il dit ne pouvoir trouver
un remède aux maux qui torturent son imagination que dans
l'imagination même, se consacrant enfin à ces tableaux de cabinet
où « le caprice et l'invention peuvent se donner libre cours ». Et
il dit ailleurs : « L'auteur n'a cherché à imiter l'œuvre d'aucun
autre, ni même à copier la nature. L'imitation de la nature est
aussi difficile qu'elle est admirable — quand elle est exécutée avec
succès. Qu'on nous permette donc d'admirer une méthode qui
laisse la Nature hors de question et qui révèle à nos yeux des
formes et des mouvements existant seulement dans l'imagination » [402]. Nous lirons de pareilles déclarations dans le *Journal*
de Delacroix [403]. Et s'est le surnaturalisme de Goya qui donne
leur charme hallucinatoire aux visions des sorcières en sabbat,
qui fait grouiller les ébats carnavalesques de l'*Enterrement de la
Sardine* et grimacer l'appétit dévorant du *Saturne* de la « Quinta
del Sordo » [404], qui groupe enfin sur les marches du trône, ou sur
le trône lui-même, des êtres si étrangement humains qu'un Baudelaire ne s'inquiète pas de savoir s'ils sont Godoï, le roi Charles,
la reine Marie-Louise ou l'infante Maria-Josepha [405]. Baudelaire
a-t-il rapproché de cette esthétique d'imagination l'idéal d'un De-

lacroix, qu'il a fait sien dès la première heure ? On pourrait expliquer par là la prise d'un Goya sur son goût d'artiste. Disons simplement que cette œuvre, pénétrée d'humanité, mais si chargée de mystère et de rêve, l'enchante au même titre que l'œuvre d'un Delacroix, que les mêmes principes guident, si différents que soient, en apparence, les chemins suivis. A-t-on mieux saisi et mieux loué que lui ce mystère de Goya qui laisse à l'imagination le domaine de la rêverie et parsème de zones d'ombre les limites de l'art et de la nature, qui rend impalpable « le point de jonction entre le réel et le fantastique », et confond dans une frontière vague l'art transcendant et l'art naturel [406] ?

L'étude de Baudelaire s'achève par l'examen de la caricature italienne [407] et flamande [408]. Ces dernières pages, moins précises, appellent d'importantes remarques, d'une portée générale.

Le comique italien, qui, on s'en souvient, s'oubliait, pour Baudelaire, en bruit et en joie, est bien distinct du comique espagnol dont les grotesques fantaisies gardent toujours un aspect sombre et profond. Les caricatures d'un Léonard de Vinci expriment le pédantisme et sont une exception dans la fermentation du comique italien : œuvres hideuses et froides, de savant, de géomètre, de professeur d'histoire naturelle, elles sont des copies cruelles parfois, mais non comiques, conçues comme une tâche, non comme un jeu. En général la plaisanterie italienne s'éloigne de cette conception, et toute basse qu'elle est, reste franche, regorgeant de saucissons, de jambons et de macaroni, explosant dans les libertés du Corso, se répandant, plus bouffonne que comique, avec la franche ivresse de la gaieté nationale. Un seul artiste retient l'attention de notre critique, ce Pinelli, que Delacroix admirait [409], mais que Baudelaire n'aime guère, pour « sa préoccupation constante de la ligne et des compositions antiques », et son « aspiration systématique au style ». Aussi bien, n'est-ce plus bientôt de comique qu'il s'agit, cet artiste, qui grava des batailles de l'histoire romaine et des rixes populaires [410], ayant visé plus à croquer des scènes pittoresques qu'à s'amuser en des caricatures. Le classique Pinelli devient un prétexte à flétrir des attitudes et des habitudes. Baudelaire, qui est mal disposé pour le classicisme de l'artiste, juge avec autant de rigueur son existence de bohème désordonné et violent. Il fut « un des types les plus complets de l'artiste tels que se le figurent les bons bourgeois », un débraillé, un charlatan et, ainsi, il fut de ceux qui contribuent à faire vivre la légende de l'inspiration, fille de l'inconduite et des habitudes violentes. Cet homme qui se promène avec deux énormes chiens, un gros bâton noueux à la main, les « cheveux en cadenette » coulant le long des joues, qui détruit « fastueusement les œuvres dont on ne lui offre pas un prix satisfaisant », qui soigne sa réputation comme on caresse une vieille maîtresse riche, c'est l'image soudain ressuscitée d'un passé que Baudelaire veut renier : excentricités de l'hôtel Pimodan, parades du dandysme outrancier, orgueils blêmes de l'affamé qui joue au repu, romantisme d'une Bohème indiscrète, excès auxquels répugne le souci de la mesure, l'instinct du vrai, le goût de l'héroïsme intérieur. Car Baudelaire, au milieu de son existence agitée, reste un homme d'ordre, épris de travail régulier et d'habitudes calmes : ce hors la loi rêve d'être un héros et un saint. Dans la vie des artistes, les apparences sont trompeuses. L'imagination de Delacroix semble se complaire dans l'évocation voluptueuse de la femme : le peintre de *Sardanapale* renonce de bonne heure aux traverses de l'amour — et Goya, l'homme des *Caprichos,* vécut au milieu d'une grouillante famille. Contrastes si naturels qu'expliquerait un psychologue ou un psychiâtre : « Rien ne ressemble plus au parfait bourgeois, dit Baudelaire, que l'artiste de génie concentré ». Baudelaire en veut à Pinelli de trahir l'art en le transposant dans la réalité. Et il trouve odieux, d'autre part, le calcul de ce faux bohème, essayant de tirer parti de la réalité pour soutenir son inspiration, métamorphosant en dessin les drames de son ménage ; car il déteste cette race « d'artistes qui se promènent à travers la nature matérielle pour qu'elle vienne en aide à la paresse de leur esprit, toujours prêts à *saisir leurs pinceaux* », trouvant ou prétendant « trouver dans la nature, et seulement dans la nature, de ces sujets tout faits qui pour des artistes plus imaginatifs n'ont qu'une valeur de notes ». La nature, disait Delacroix, ne saurait être qu'un dictionnaire. Et certes, nous voici loin de l'essence du rire et de la caricature, mais combien près de la pensée baudelairienne.

Ne peut-on, à propos de Breughel le Drôle [411] et de ses anciennes et singulières productions, où toute la puissance de l'hallucination semble se déchaîner, imposer des limites à cette imagination qui donne le vertige et se déchaîne en cocasseries ? Ici encore Baudelaire apporte la loi de la mesure. La fantaisie n'est pas le baroque. La folie est la forme maladive de l'imagination. Il y a dans cet art spécial une gageure inquiétante. Pourtant, Baudelaire ne peut nier que ce Breughel, avec ses allégories fantastiques et ses caprices de visionnaire, n'atteigne à d'étranges hauteurs. Tout en répugnant aux excès qu'il blâmait chez Grand-ville, aux associations hétéroclites de formes ou d'idées, il reste attiré par le mystère, le « noir » mystère qui préside aux constructions vertigineuses du Flamand. Il trouve à cet art une explication dans « une espèce de grâce spéciale et satanique », et n'est-ce pas rétablir par là cet art du rire sur le plan mystique où, dès les premières pages, Baudelaire l'avait placé ?

Tels sont les jugements de Baudelaire sur la caricature et les caricaturistes. L'homme, marqué de la griffe satanique (« c'est le diable qui tient les fils qui nous remuent ») est un être orgueilleux : rire est la marque de son orgueil et la preuve de sa déchéance. L'homme peut, cependant, s'élever par l'art au-dessus de lui-même et purifier ces troubles éléments du comique en tendant à la forme absolue, dépouillée des calculs de supériorité ou des rictus du mauvais ange. L'imagination joue ici son rôle souverain. Par elle les grands maîtres de la caricature, un Daumier, un Goya, échappent aux limites du rire humain, en cherchant hors des réalités une matière qui participe de l'éternel. S'ils font rire, c'est pour avertir l'homme qu'il se trompe et lui montrer son illogisme ou son ridicule. Et leur comique, puisé dans la nature mais la dépassant, est une création qui doit à l'imagination plus qu'à l'observation. Baudelaire, étudiant les caricaturistes, oublie en bien des endroits les théories mystiques des premières pages. Mais c'est pour rattacher ses observations aux principes du surnaturalisme.

*
**

Tous ces principes finissent par s'accorder en Baudelaire dans une synthèse qu'il exprime d'un mot : la modernité. Cette modernité, il prend soin de la définir lui-même, et il la goûte dans l'œuvre de ces artistes qui lui donnèrent l'enchantement suprême, au soir de sa vie, Constantin Guys, Edouard Manet, Félicien Rops. En replaçant le critique en face de ces frères de son goût et de son inquiétude nous toucherons à l'épanouissement de l'esthétique baudelairienne.

C'est dans une étude parue dans le *Figaro* les 26, 28 novembre et 3 décembre 1863 que Baudelaire, juge de Constantin Guys, définit la vie moderne : il attachait à ce travail une grande importance [412] et ce n'était pas là œuvre improvisée. Depuis plus de trois ans, l'article est composé : le 15 novembre 1859, il en est question comme d'un projet dans une lettre à **Poulet-Malas-sis** [413] et, le 4 février 1860, Baudelaire annonce au même corres-pondant qu'il a livré à la *Presse* son étude sur *Monsieur Guys, peintre de mœurs* [414]. Dès février 1859 [415], Baudelaire collectionne les gravures de modes et rêve, comme toujours, d'un « énorme travail sur les *Peintres de mœurs* (crayon, aquarelle, lithographie, peinture) » [416]. Il réfléchira longtemps au titre le plus significatif et, dans ses dernières notes [417], il rêve d'appeler son étude : *le Prince de la Modernité.* C'est que ce travail est pour Baude-laire, à propos de réflexions sur une œuvre qu'il aime, un prétexte ou une occasion d'élargir le débat et d'exprimer ses vues person-nelles. Ici, comme ailleurs, nous découvrirons la révélation — plus précisée à chaque touche — des sentiments de Baudelaire.

Voici l'époque où Baudelaire touche à « l'automne des idées ». C'est l'heure où sa pensée semble formulée tout entière. Son étude sur Delacroix est de 1863 ; les traductions de Poe se pour-suivent dans le *Monde Illustré* ou se réimpriment dans la *Vie parisienne* [418], et la mise en vente des *Histoires grotesques et sérieuses* aura lieu en mars 1865. L'échec de Wagner en 1861, comme la mort de Delacroix en 1863, lui donnent l'occasion de s'exprimer. Au moment de l'apparition de la seconde édition des *Fleurs,* il avait, le 1er janvier 1861, écrit à sa mère : « Pour la première fois de ma vie je suis presque content ». Et il sort peu à peu de l'ombre équivoque où l'envelissaient la pruderie des bourgeois et la jalousie des critiques. Jules Janin trouve dans ses poèmes un étrange son de vérité [419]. Le 20 janvier 1862, Sainte-Beuve se décide à publier, dans le *Constitutionnel,* la page vite célèbre, où il assigne à l'inspiration des *Fleurs du Mal* une place à part à « la pointe extrême du Kamtschaka romantique ». Dans l'*Anthologie* [420] de Crépet, Gautier écrit une étude sur son ami, dont celui-ci se déclarera satisfait [421]. Barbey d'Aurevilly, Soulary, le jeune Swinburne, Villiers de l'Isle-Adam saluent en Baudelaire « le premier poète de l'époque » [422]. L'activité de Baudelaire semble décuplée comme si, aux premières atteintes du mal, il comprenait que le temps lui est mesuré pour réaliser ses projets. Il secoue « le poids de sa léthargie », « cautérise » sa douleur « par un travail furibond, sans répit ni fatigue », se reproche sa paresse, effrayé de son « impuissance littéraire », a des rebon-dissements d'espoir, songe à écrire ses Confessions, à partir pour la Belgique, à vendre ses livres et en faire de l'argent [423]. C'est l'ivresse fiévreuse de la dernière lutte dans un désir « de célébrité,

de vengeance et de fortune » [424]. Que de projets, de rêves, d'espérances [425] ! En 1859, en 1860, surtout en 1861, Baudelaire signe
de nombreux articles, à la *Revue française,* à la *Revue contemporaine,* à *l'Artiste,* la *Revue fantaisiste* [425]. C'est la période féconde où Baudelaire réalise des projets longuement mûris. Et il
arrive au sommet de la dure étape. Le voici donc apportant une
esthétique qui semble descendre des sommets de l'art jusqu'aux
réalités de la vie, s'enrichissant par elles de vues plus profondes
et plus émouvantes.

Cette modernité dont il fait, dès 1846, le corollaire du romantisme, il la précise de façon personnelle, dégageant l'art des vieilles
querelles d'anciens et modernes, pour rapprocher dans l'idéal
artistique la part immuable du classicisme éternel et la part du
transitoire et de l'actuel. Aux éléments traditionnels qui donnent
aux artistes le sens du Beau, le poète-critique rêvait depuis
longtemps d'ajouter cet « élément nouveau qui est la Beauté
moderne ». Les héros de Balzac avaient surgi, appelés par le
lyrisme de Baudelaire. Et voici qu'à la fin de sa vie trop brève,
méditant devant les dessins de C. Guys, Baudelaire s'essaie à
traduire les vibrations à la fois riches et épuisantes que doit
capter l'art moderne.

Baudelaire établit, comme point de départ, une enquête sur « le
beau, la mode et le bonheur » [426]. Que de gens se plantent, au
musée du Louvre, devant un Titien ou un Raphaël, négligent des
tableaux « très intéressants, quoique de second ordre », et s'ima-
ginent connaître leur musée, pareils à ceux-là qui, pour avoir
« lu jadis Bossuet et Racine, croient posséder l'histoire de la
littérature » ! De tels esprits ont de l'art une conception étriquée,
et il faut que, de temps en temps, paraissent des amateurs et
des curieux pour affirmer que, si l'on doit aimer « la beauté
générale des grandes œuvres classiques », on n'a pas le droit
de négliger « la beauté particulière, la beauté de circonstance et
le trait de mœurs ». Le passé et la peinture du passé sont de
l'art figé et donc choses mortes au regard de l'artiste toujours
en éveil qui s'inquiète d'une œuvre vivante. L'artiste doit être
témoin avant d'être créateur : « C'est à la peinture des mœurs
du présent que je veux m'attaquer aujourd'hui » affirme Baudelaire. C'est le temps — nous l'avons vu — où il s'enchante devant
les croquis de mœurs et les gravures de modes, y trouvant ce
double charme d'un élément d'éternité qui est artistique et d'un
élément de modernité qui est historique. L'auteur qui les fixa par

le crayon ou le burin para la Beauté de cet élément variable par
quoi elle s'humanise, et Baudelaire est heureux de retrouver ainsi
« la morale et l'esthétique » d'une époque, de ce passé, aujour-
d'hui classique, mais qui fut, à son heure, par la grâce de la
mode, vivant et moderne. Il s'ensuit que l'artiste, devant ces
leçons de ses aînés, doit choisir de regarder la vie de son époque pour l'interpréter en vue du plaisir esthétique, mais aussi
comme un témoignage qui lui survivra pour le plaisir de la
postérité : « Vous me ravissez avec les modes de l'An VII »,
écrit Baudelaire à Poulet-Malassis, le 13 février 1859. Et, trois
jours après, il lui parle encore de l'utilité inspiratrice qu'il
trouve à ces images en attendant de demander, le 20 février, à
son ami Asselineau de « carotter à Arsène Houssaye » des vues
de Paris de Méryon : « Pour parer notre chambre, comme dit
Dorine » [427]. C'est que ces images, ces croquis, ces gravures
apportent à l'élément éternel de beauté cette matière vivante qui
« rend ondoyant ce qui nous semble encore trop rigide ». Par là
s'affirment les rapports étroits du Beau et de la Mode, et se développe, selon les vues baudelairiennes, la « théorie rationnelle et
historique du Beau en opposition avec la théorie du Beau unique
et absolu ». L'élément éternel et invariable du Beau, « dont la
quantité est excessivement difficile à déterminer » doit se nuancer
et se vivifier d' « un élément relatif, circonstanciel, qui sera, si
l'on veut, tour à tour ou tout ensemble, l'époque, la mode, la
morale, la passion ». Baudelaire ne nie pas la difficulté qu'on
peut rencontrer à discerner les éléments variables du beau dans
l'unité d'impression qui produit la vue d'une œuvre belle. Mais
il s'en tient à la nécessité de la variété dans cette « composition
double » du Beau, et cette dualité dans l'art lui apparaît comme
une conséquence de la dualité de l'homme. La part éternelle est
l'âme de l'art, la part variable en est le corps. Ce second élément
« relatif et circonstancié » est « l'enveloppe titillante, apéritive
du divin gâteau », et rend digestible et appréciable l'élément éternel qui échapperait peut-être à la nature humaine : « Je défie
qu'on découvre un échantillon quelconque de beauté qui ne con-
tienne pas ces deux éléments », assure Baudelaire : l'art hiérati-
que est l'expression d'une beauté éternelle, soumise à la religion,
élément accidentel ; l'art civilisé voit sa part éternelle traduite ou
voilée par la mode ou le tempérament de l'auteur. Et c'est ainsi
que Stendhal définissait le Beau : « la promesse du Bonheur »,
pliant le Beau, idéal des académiciens, à la notion variable, trop

variable, du bonheur que chacun cherche et imagine à sa mesure :
le beau, comme Baudelaire l'écrivait en 1851 [428], ne sera dès lors
que « la forme qui garantit le plus de bonté, de fidélité au serment, de loyauté dans l'exécution du contrat, de finesse dans
l'intelligence des rapports... »

Qu'est-ce à dire sinon qu'en 1851 Baudelaire, désabusé et
convenant que, pour l'homme vieillissant, « la beauté perd bien
de son importance », se résigne à abandonner l'espoir d'atteindre
le beau éternel et juge sage de l'envelopper de formes humaines ?
Formes de vie morale à ce moment. Plus tard, dans l'étude qui
nous occupe, formes de vie esthétique, puisque cet élément de
variabilité par quoi l'art rend le Beau accessible à nos sens limités
réside dans les aspects de la mode, comme dans les traverses des
passions et l'individualité de l'auteur [429].

Tout cet exposé pourrait appeler d'infinis commentaires. Notre
rôle n'est pas de discuter, mais d'expliquer, — et il s'agit bien
moins ici de confirmer ou de prolonger une doctrine que de
l'éclairer. L'article tout entier prend lumière à cet exposé théorique
et la doctrine baudelairienne du Beau nous apparaît humanisée
par l'élément contingent de la Vie. Devant Delacroix et Poe, Baudelaire admettait des visions d'extase et concevait l'artiste comme
le révélateur mystique d'un monde transcendantal. Le voici maintenant hors du plan idéal, mêlé à la vie. Le Beau qui ravissait
en extase, en des visions incommunicables, l'auteur du *Principe
poétique* devient accessible aussi bien au profane qu'à l'artiste par
l'adjonction de cet élément variable et circonstanciel. Le profane
y trouve intérêt. L'artiste y voit le moyen de saisir, dans ce qui
passe, ce qui demeure, en vivifiant l'élément durable par l'élément
passager. Ainsi l'artiste entre dans la mêlée, sortant des nuages
de la théorie. Il s'approchera des hommes et prendra sa joie à les
voir se heurter, aimer, souffrir et cet élément quotidien de Beauté,
par lui saisi, compris et traduit, sera la richesse de son âme et de
son art. Il devient à la fois « le peintre de la circonstance et de
tout ce qu'elle suggère d'éternel » [430]. Est-il besoin d'en dire davantage pour comprendre ce qui attachait Baudelaire à Balzac
comme à Daumier et Gavarni ? Et ne nous étonnons pas qu'il
ajoute à ces noms fameux ceux de Devéria, Maurin, Numa, « historiens des grâces interlopes de la Restauration », Wattier, Tassaert, et cet Eugène Lami, minutieux annaliste des élégances
aristocratiques du second Empire, « et même Trimolet et Traviès
ces chroniqueurs de la pauvreté et de la petite vie ».

Et telle est bien la modernité [431] : « C'est le transitoire, le fugitif, le contingent, la moitié de l'art dont l'autre moitié est l'éternel et l'immuable ». L'imagination de l'artiste transforme en beauté les données de la mode en dégageant « ce qu'elle peut contenir de poétique dans l'historique », en tirant « l'éternel du transitoire ». Quelle aberration, dans les expositions de tableaux modernes, d'habiller tous les sujets de costumes anciens, de se servir de meubles de la Renaissance, comme David faisait de meubles romains. David pourtant suivait les règles du jeu puisque, à des sujets particulièrement grecs ou romains, convenaient des vêtements antiques. Mais c'est un signe de paresse que d'affubler de costumes du Moyen âge, de la Renaissance ou de l'Orient des personnages qui n'appartiennent pas spécialement à ces époques : il est évidemment « plus commode de déclarer que tout est absolument laid dans l'habit d'une époque, que de s'appliquer à en extraire la beauté mystérieuse qui y peut être contenue, si minime ou si légère qu'elle soit ». Or, on n'a pas le droit de mépriser et de supprimer cet élément transitoire, fugitif, aux métamorphoses fréquentes et qui donne « la modernité » à tant d'œuvres anciennes où, dans le costume, la coiffure, le port, le geste, le regard, le sourire, revit toute l'âme d'une époque. Le supprimer c'est tomber « dans le vide d'une beauté abstraite ». Une substitution est un contresens, sauf s'il s'agit d'une mascarade voulue par la mode. Et toute l'étude des maîtres anciens devient superflue quand il s'agit d'interpréter le caractère de la beauté présente. L'art est un renouvellement perpétuel : la modernité fixe un moment de cette vie sans cesse renaissante et elle n'est digne de devenir antiquité que si « la beauté mystérieuse que la vie humaine y met involontairement en a été extraite ». L'étude de l'art antique ne vaut donc que pour l'intelligence de l'art pur, de la logique, de la méthode générale. L'artiste qui s'y plonge sans retenue perd la mémoire du présent, « abdique la valeur et les privilèges fournis par les circonstances ». Que dire de la minutieuse patience de ce peintre à l'imagination médiocre qui, ayant à peindre une lorette ou une biche, s'inspirerait d'une courtisane de Titien ou de Raphaël ? L'originalité du peintre — et du poète — de la vie moderne « vient de l'estampille que le *temps* imprime à nos sensations ». Pour donner à l'œuvre la « modernité », l'artiste contemplera la vie et ne songera que plus tard à apprendre les moyens d'exprimer la vie : et ainsi ayant étudié le « matériel » ou l' « effluve du spirituel », il atteindra sans peine « le spirituel d'où il dérive », ou, en d'autre termes, après avoir compris et traduit l'élément variable et passager, il donnera à son œuvre l'élément vital et du transitoire s'élèvera à l'éternel.

Est-ce à dire que Baudelaire ait abdiqué le surnaturalisme et, se penchant vers le réel, sacrifie l'imagination sur l'autel de la modernité. Il n'en est rien et la doctrine esthétique de Baudelaire, en s'inclinant vers la vie, garde toute sa cohérence. En mêlant au classicisme immuable une part variable d'actuel, en invitant l'artiste à se pencher sur le miracle perpétuellement renouvelé de la mode, Baudelaire n'enlève pas à l'art sa part de fantaisie et de rêve : cette modernité, qui n'est en somme que le caractère imprimé par chaque époque à l'œuvre d'art, emprunte son charme émouvant à la beauté mystérieuse de la vie humaine, à la grâce des gestes ou des formes, à la poésie des parures qui enveloppent le corps féminin, la plus malléable des matières plastiques. La modernité n'est pas l'actualité ; elle exige de l'artiste, non la recherche de l'anecdote, mais la profondeur et l'acuité de l'observation. L'élément transitoire qui distingue une silhouette ou un costume demande d'être saisi par des yeux qui savent voir par delà les apparences. Et si l'on veut savoir le rôle que Baudelaire réserve à l'imagination dans l'expression de la modernité, il suffit de regarder le portrait qu'il trace du peintre de la vie moderne.

L'artiste est « homme du monde, homme des foules et enfant » [432]. Homme du monde, au sens le plus étendu de ce mot, il parcourt, comme Constantin Guys, la terre entière, allant de Londres en Crimée et de Paris à Constantinople, car les voyages forment les artistes. Homme des foules, tel le héros d'Edgar Poe [433], il contemple avec l'avidité d'un convalescent le grouillement intense de la rue et « aspire avec délices tous les germes et tous les effluves de la vie ». Enfant, il s'intéresse aux choses les plus triviales qui prennent un aspect de nouveauté : l'enfant est toujours *ivre* et absorbe avec joie la forme et la couleur. Le génie n'est que « l'enfance retrouvée » et l'artiste peut ajouter aux dons naïfs de l'enfance des nerfs virils et cet « esprit analytique qui lui permet d'ordonner la somme de matériaux involontairement amassés ». Il a cette curiosité de l'enfant qui l'emporte sans cesse au fond de l'inconnu pour trouver du nouveau. Et, doué de cette sensibilité de voyageur, de convalescent et d'ingénu, il vit dans la foule, goûtant cette jouissance « d'élire domicile dans le nombre, dans l'ondoyant, dans le mouvement, dans le fugitif et l'infini ». Dès le soleil levé, il part « et il regarde le

fleuve de la vitalité, si majestueux et si brillant... » Mais, le soir
venu, à l'heure où les autres dorment, voici l'artiste incliné sur
sa feuille, s'escrimant avec le crayon, le pinceau ou la plume :
« Et les choses renaissent sur le papier, naturelles et plus que
naturelles, belles et plus que belles, singulières et douées d'une
vie enthousiaste comme l'âme de l'auteur ». C'est maintenant
qu'apparaît le triomphe de la reine des facultés. Delacroix composait dans son atelier d'après ses souvenirs, Daumier réfléchissait
devant la nature et la recréait dans le silence de son logis, Guys
est « penché sur sa table » : ce sont artistes de la même famille
spirituelle ». Ils recomposent de mémoire la vie observée et leur
mémoire s'enrichit des fantaisies de l'imagination [434]. « Tous les
bons dessinateurs, dit Baudelaire, dessinent d'après l'image, écrite
dans leur cerveau et non d'après la nature ». Quand un véritable artiste en est venu à l'exécution définitive de son œuvre le
modèle lui serait plutôt un *embarras* qu'un secours » : un Daumier
et un Guys sont paralysés devant le modèle, un duel s'établit
entre la volonté de tout voir, de tout rendre, et leur imagination
et leur mémoire incapable de maîtriser l'émeute des détails « qui
tous demandent justice avec la furie d'une foule amoureuse
d'égalité absolue ». Et c'est la réponse à ceux qui pourraient
croire que Baudelaire accepte la doctrine réaliste et renie de chers
principes. L'observation, pour le peintre de la vie moderne, n'est
que le premier acte : le drame se joue ensuite dans la solitude
où il se retire pour se souvenir, composer, imaginer, pour extraire
la fantasmagorie de la nature. Là « tous les matériaux dont la
mémoire s'est encombrée se classent, s'arrangent, s'harmonisent et
subissent cette idéalisation forcée qui est le résultat d'une perception *enfantine,* c'est-à-dire d'une perception aiguë, magique à
force d'ingénuité » [435]. Ce sont là des idées proprement baudelairiennes qui ont quelque nouveauté en 1863. Avant lui et autour
de lui, la peinture de la vie moderne n'est comprise que sous la
forme de l'anecdote : pour un Stevens que de Tassaert, pour un
Daumier que de Marcelin, de Hadol, de Morin, de Crafty. Gautier
tient pour la beauté antique, et Baudelaire fait ici, comme ailleurs, figure d'isolé. C'est ainsi qu'il va vers ceux qui ont,
comme lui, ce sens de la modernité entrevue non dans ses détails
sans signification, mais dans ses points culminants et lumineux,
de ce regard synthétique qui prend dans la mode d'un jour le
trait éminent qui la distingue, lui donne sa vie actuelle et, demain,
lui imposera un caractère éternel.

C'est pourquoi Baudelaire admire Constantin Guys [436], peintre de la vie moderne, prince de la modernité. Cet « homme singulier » lui ressemble à vrai dire par plus d'un trait. Soucieux de l'anonymat, se complaisant dans le mystère, amoureux du voyage par goût des spectacles changeants, parcourant l'Espagne, l'Angleterre, la Grèce, la Turquie, s'engageant aux dragons par passion des chevaux, admis, par l'amitié de Thackeray, dans les grands périodiques londoniens, ayant sa part dans la fondation de l'*Illustrated London News* et du *Punch,* correspondant de guerre en Crimée, il mène une vie de rêve et d'action, se mêle aux foules, hanté par les masses et le mouvement. Il est un dandy qui se veut impassible mais qui garde, sous le masque, « une âme éclatante » qui trahit sa manière. Il va, sous les balles, faire pour les illustrés anglais des croquis qu'il ne signe pas, mais qui portent son paraphe dans les lignes nerveuses et précises, endiablées et patientes [437]. Il aime le luxe, les femmes, de la lionne à la pierreuse, comme l'autre aimait la Présidente et la Mulâtresse. Il connaît quelques beaux jours et beaucoup d'heures rudes, errant dans la rue, son domaine, regardant passer les duchesses, flânant aux allées du Bois et suivant de l'œil et du désir les beaux équipages aux chevaux de pur sang, victorias ou tilburys où, dans les crinolines rebelles, règnent les jolies élégantes. Son œil regarde et son désir retient les spectacles mouvants. Et de là naissent tant de croquis que Nadar a recueillis dans sa collection [438], dessins à la mine de plomb, gouaches, crayons, dessins à l'encre de Chine, sobres et simples, sans détails appuyés, enfermant, d'un trait, dans la circonstance, tout ce qu'elle suggère de durable. Il est le maître du croquis de mœurs, — tel que le définit Baudelaire, au seuil de son étude, — agissant avec cette « vélocité d'exécution nécessaire pour fixer ce qui passe si vite dans la métamorphose journalière des choses extérieures ». Il est l'historiographe de son époque lui qui peignit la guerre de Crimée et les fastes du Second Empire, les rues d'Egypte où rôdent les gitanes et les pierreuses du Bal Musard en attente sur le trottoir.

Aussi quel enchantement le jour où Baudelaire le découvre ! Il semble bien que les rapports du poète et de l'artiste datent seulement de 1859 ; les quelques billets qui constituent leur correspondance datent de cette époque [439]. Mais leurs amitiés commu-

nes les ont rapprochés bien vite : Delacroix, Paul de Saint-Victor,
Nadar, Gautier, Manet, Charles Bataille. Guys est un habitué du
Café de Paris et tient ses assises au divan Lepelletier [440] aux temps
de sa jeunesse, avant des débuts assez tardifs, vers 1845. Baudelaire a vite partagé l'admiration de ceux qui ont approché
Guys [441] : « C'est un homme charmant, plein d'esprit et il n'est
pas ignorant comme tous les littérateurs » écrit-il, le 8 janvier
1860, à Poulet-Malassis. Et il est prêt à prendre son parti contre
des amis de vieille date, — comme en témoignent ces lignes du
16 février 1860 :

Voilà Guys qui est un personnage fantastique, qui s'avise de vouloir
faire un travail sur la *Vénus de Milo* et qui m'écrit de Londres de lui
envoyer une notice de tous les travaux et hypothèses faits sur la statue.
J'ai présenté à Guys Champfleury et Duranty, mais ils ont déclaré que
c'était un vieillard insupportable. Décidément les *réalistes* ne sont pas
des *observateurs*. Ils ne savent pas s'amuser. Ils n'ont pas la patience
philosophique nécessaire. [442]

Il le rencontre souvent vers cette époque, dîne avec lui le 23 décembre 1859 [443], lui dédie son *Rêve parisien* [444], et en 1860 il
envoie à sa mère pour ses étrennes [445] le « seul morceau oriental »
qu'il ait pu arracher à cet homme bizarre sur qui il va « écrire
un grand article ». Ce sont ensuite des rendez-vous au Casino de
la rue Cadet et en d'autres lieux aussi mal famés, où l'un et
l'autre vont étudier les bas-fonds de la vie moderne. Baudelaire
effrayait les filles par sa mine sinistre et Guys note dans sa mémoire des silhouettes qu'il crayonnera, de retour chez lui [446].
Baudelaire possédait un grand nombre de dessins, conçus dans
ces endroits joyeux, et il s'essaiera, lui aussi, à évoquer la manière de Guys en des esquisses de pierreuse ou de femme au
manchon [447].

C'est que Guys choisit dans cette foule les types que Baudelaire a retenus lui-même comme les plus significatifs de son
époque. Et pour le critique l'art du peintre devient inséparable
de la vie moderne. Cet « homme des foules », curieux comme un
convalescent, ingénu comme un enfant, obéit à l'ordre qui l'appelle vers le mouvement humain ; il s'efface dans l'ombre et veut
rester ignoré pour que son observation ne soit pas gênée et pour
qu'elle ne perde rien des spectacles rapides de la rue. Voici le
dandy auquel il donne son caractère historique et légendaire,
« cette légèreté d'allures, cette certitude de manières, cette simplicité dans l'air de domination, cette façon de porter un habit,

et de diriger un cheval », cette « inébranlable résolution de n'être pas ému » [448]. Qu'on lise les pages que Baudelaire écrit en marge de C. Guys et qui ne sont que des « considérations et des rêveries morales », à propos des dessins de l'artiste. Qu'on regarde ensuite le gandin de Guys, l'homme-cheval qui va cueillir les potins dans les allées du Bois, ce Centaure habillé à la Brummell avec sa jaquette sanglée, sa taille de guêpe, son chapeau haut de forme à bords étroits, son monocle à large ruban et ses favoris à l'autrichienne [449]. Une correspondance s'établit entre le texte du peintre et celui du poète. L'analyse de Baudelaire éclaire l'âme de ces désœuvrés qui ont le beau projet de fonder une aristocratie nouvelle, par besoin « de combattre ou de détruire la trivialité ». Elle éclaire d'un commentaire précieux ces élégances hautaines, en révélant que cette attitude de froideur provocante garde des reflets de soleil couchant et que « le dandysme est un éclat d'héroïsme dans les décadences » [450]. Le dessin de Guys ne peut plus désormais se passer de l'exégèse baudelairienne.

La modernité, au temps du Second Empire, vit dans les « pompes » et les « solennités » et Constantin Guys a dit non seulement « les annales de la guerre », mais encore « le faste des scènes officielles ». Il a le sens exact des images de féerie, des bals de cour, où de belles femmes, magnifiquement harnachées, règnent sous de légers burnous de soie, dans l'ampleur des crinolines. Après la guerre de Crimée, regagnant lentement le Nord, Guys avait flâné dans les bazars de Stamboul ou aux alentours d'Yldiz-Kioz. Il avait crayonné les fêtes de la Sublime Porte, cérémonies à la fois militaires et religieuses, au cours desquelles apparaît l'image brune, au fond d'un landau, du successeur du Prophète [451]. Mais c'est surtout le temps des parades militaires, aux heures éblouissantes des Tuileries et de Compiègne, qu'il fait revivre dans ses dessins à la mine de plomb ou ses vignettes à la plume : c'est là surtout qu'il est le témoin inégalé de l'époque moderne. L'empereur préside, l'air absent, aux défilés, aux galas, aux réceptions, l'Impératrice, belle et calomniée, apparaît et rayonne, en voiture ou au bord de sa loge. C'est le temps des soldats heureux — et « le militaire » [452], autant que le dandy attire l'œil de l'ancien dragon qui eut toute sa vie des goûts, des passions et des rêves de soldat. Aucun type ne manque [453] : c'est « le vieil officier d'infanterie, sérieux et triste, affligeant son cheval de son obésité », « le joli officier d'état-major » élégant et dameret, qui, vu de dos, a l'air d'un insecte élégant ; le zouave, le tirailleur, le cavalier ; c'est aussi le mouvement des campements et des champs de bataille, les ambulances et les hôpitaux [454], les portraits des généraux en plein héroïsme, Canrobert à Inker-mann, Baraguay-D'Hilliers ou Achmet Pacha; c'est la charge de Balaklava, les marais de la Dobroutcha. Toute la vie du soldat — dont rêva Guys, officier manqué, — telle que la connurent les militaires de l'Empire, dans les salons de la cour ou sur les chemins de la gloire. Et partout ce sens baudelairien de la modernité qui mêle aux scènes d'une heure et d'une époque le goût éternel de l'ambition, de l'héroïsme et de la mort.

Cette modernité, Guys l'exprime intensément dans les portraits de femmes qui sont l'essentiel de son œuvre. C'est ici que la mode joue son rôle expressif : toutes les castes de femmes se bousculent pour entrer dans le rayon d'observation de ce maître du geste ou de l'attitude, de ce portraitiste au trait corrosif. Femmes de tous les mondes, depuis les élégances racées jus-qu'aux prostituées du trottoir, — galeries du *high life* et du *low life* — Baudelaire les a vues et observées comme Guys, — et comme lui s'est penché, avec préférence, vers les pauvres filles qui offrent à l'observateur une variété plus riche et peut-être une humanité plus émouvante. Dans « une loge » [455], sous les lumières, resplendissent des gorges et des épaules audacieuses, à peine voilées sous de flottantes écharpes, et paradent des créatures « théâtrales et solennelles comme le drame ou l'opéra qu'elles font semblant d'écouter ». Sur une chaise [456], à demi-renversée, une lionne du boulevard à la crinière lourde, à la belle poitrine, aux doigts effilés, regarde les passants et s'offre à l'admiration. Guys, qui aima tant les chevaux et les femmes, pauvre et piéton, les peint, ces femmes, avec la mélancolie ardente d'un Ruy Blas, d'un cœur qui bat plus vite, malgré la cinquantaine dépassée. Il les suit, dressées, en petit chapeau, sur les hauts sièges, ou étalant leur nonchalance sur les coussins, dans les araignées, les calèches, les phaétons, les tilburys ou les victorias. Leurs fards, — qu'il trouve à son goût, — rehaussent le mirage de leur luxe. L'artiste s'enchante de leurs châles [457] et de leurs cachemires, des satins ou des mousselines, des chantillys mousseuses, des rubans fous, des crinolines rebelles. A l'ombre de ces parades, Guys vit dans un « paradis artificiel » et trompe, en dessinant, sa faim d'argent, de jeunesse et d'amour. Mais il redescend vite vers des créatures plus accessibles et de la femme de cour ou de la courtisane achalandée, il passe à la pierreuse et à la fille

de maison. Les filles forment le centre de l'œuvre de C. Guys :
c'est le temps des bals où fréquentent les « cythères parisiennes »
dont à cette date Alfred Delvau conte l'histoire, illustrée par
Félicien Rops [458]. A Mabille, au bal Musard, au Château des
Fleurs, à la Closerie des Lilas, au Casino Cadet, Guys les suit,
l'œil en éveil, tandis que, dans l'ombre, médite Charles Baudelaire [459]. Mais, derrière les parures ou les maquillages, c'est la
femme que tous deux cherchent et trouvent, — la « femina sim-
plex » du satirique latin [460], l'éternel féminin, idole qui se dore
afin d'être adorée, empruntant à « tous les arts les moyens de
s'élever au-dessus de la nature pour mieux subjuguer les cœurs
et frapper les esprits », habile à corriger par « la haute spiritualité de la toilette » et les calculs du maquillage les formes
fragiles de la beauté. Dans ces dessins osés où rôdent la coquetterie aguichante, le cynisme ou le vice, ce n'est pas le scandale
qu'il faut chercher, mais, derrière « le regard du démon embus-
qué dans les ténèbres ou l'épaule de Messaline miroitant sous le
gaz », l'art pur c'est-à-dire la beauté particulière du mal, le
beau dans l'horrible. Demain, ces images appartiendront au passé.
Un Lautrec viendra qui, dans les mêmes atmosphères, trouvera les
signes distinctifs d'une génération différente. Mais tous deux, en
évoquant des aspects d'un moment, fixeront pour toujours l'élément impondérable qui stylise l'éphémère.

C'est ainsi que l'œuvre de Guys illustre la notion baudelairienne de modernité. Le mérite de cet artiste est d'apporter, avec
des maladresses et des nonchalances, les archives de la vie de
son temps. Il dépasse ceux qui l'entourent parce qu'il unit aux
nuances d'un Gavarni la fantaisie d'un Goya. Comme on parle
de la modernité des dessins, jetés à tous les vents, par C. Guys,
génie prodigue, on pourrait parler de la modernité des *Caprices*,
œuvre d'art et d'histoire, où la vérité éternelle se dissimule sous
les grimaces d'une époque. Comment ne pas s'arrêter, pour
conclure, devant la dernière phrase de l'étude de Baudelaire :
« [Guys] a cherché partout la beauté passagère, fugace, de
la vie présente, le caractère de ce que le lecteur nous a permis
d'appeler la *modernité*. Souvent bizarre, violent, excessif, mais
toujours poétique, il a su concentrer dans ses dessins la saveur
amère ou capiteuse du vin de la vie ». Dans l'œuvre de Baudelaire repasseront les silhouettes entrevues dans les croquis du
dessinateur. Ce ne sont pas des beautés de vignettes mais les
femmes de plaisir aux paupières livides, fleurs insolentes qui res-

semblent à son « rouge idéal ». La rue étourdissante hurle, traversée de passantes aux yeux nostalgiques. La prostitution s'al-
lume dans « le crépuscule du soir ». Des Dorothées du trottoir
vont « balayant l'air de leur jupe large ». Dans des maisons
closes, trafiquent de leur honneur ou de leur beauté des êtres de
cauchemar, visages sans lèvres, lèvres sans couleur, mâchoires
sans dents [461]. Et après l'incantation de ce *Rêve parisien*, dédié
à C. Guys, c'est la pointe des soucis maudits qui entre dans le
cœur du poète au souvenir de spectacles de vice et de difformité,
dans les brumes de ce spleen où se débattent les âmes modernes.

***
***

C'est désormais ce goût de la modernité qui dicte à Baudelaire ses jugements et ses attitudes en face de l'art contemporain
de ses derniers jours. Il va d'instinct vers ceux qui s'inspirent de
la vie pour donner à l'œuvre sa flamme et son sens. Ne croyons
pas qu'il incline au réalisme. La peinture de la vie réelle ne
vaut pour lui que transformée par le tempérament de l'artiste,
animée par son imagination. La modernité s'enrichit toujours pour
lui des synthèses ou des cristallisation que les souvenirs ou la
sensibilité personnelle de l'artiste y rattachent à l'heure de la
création. Et c'est ainsi qu'il comprend, aux premières heures, alors
qu'ils sont inconnus ou attaqués, le peintre Edouard Manet et
le graveur Félicien Rops.

Edouard Manet l'enchante dès la première rencontre [462]. Baudelaire lui écrira un jour, évoquant le jugement d'un Belge, séduit
par le « charme irrésistible » d'*Olympia* : « Je sais tout cela ; je
suis un des premiers qui l'ont compris » [463]. En effet, dès 1860,
à un moment où il n'était encore qu'un inconnu, élève indiscipliné
de Couture, Baudelaire était le seul à le fréquenter dans son
atelier, à le comprendre, à l'approuver. Son regard que toutes les
audaces attiraient « avait découvert en Manet l'homme hardi
capable d'innover » [464]. Monselet nous l'affirme : quelque surprenante que parût cette manière, pleine de décision et d'autorité,
hors des conventions académiques, « Baudelaire s'y était fait tout
de suite, peu accoutumé qu'il était aux halte-là de la peinture
moderne. Un des premiers il avait admiré sans réserve *Manola*
et *l'Enfant à l'Epée* » [465]. Le 14 septembre 1862, dans un article
publié par le *Boulevard* sur les « Peintres et aquafortistes »,
Baudelaire définissait d'une vue juste et nette le talent de Manet
à propos du *Guitarrero* exposé au Salon de 1861 : « On verra au

prochain Salon plusieurs tableaux de lui empreints de la saveur
espagnole la plus forte et qui donnent à croire que le génie espagnol s'est réfugié en France. M. Manet unit à un goût décidé
pour la réalité, pour la réalité moderne — ce qui est déjà un bon
symptôme — cette imagination vive et ample, sensible, audacieuse,
sans laquelle, il faut bien le dire, toutes les meilleures facultés ne
sont que des serviteurs sans maître, des agents sans gouvernement ». C'est le temps où *le Moniteur des Arts* [466] parle avec
dédain du « rude *Espagnol jouant de la guitare* de M. Manet, un
peintre excentrique qui a étudié Murillo ». Dès le premier contact,
Baudelaire a donné la formule de l'art de Manet. Il a signalé
cette influence de l'art espagnol — qui ne prendra fin, chose
curieuse, qu'en 1865 après le premier voyage en Espagne du
peintre, et qui dans les premières œuvres se manifeste si clairement : Lola de Valence, Don Mariano Comprabi, le Ballet espagnol qu'applaudirent en 1861 et 1862, avec Manet, ses amis
Gautier et Baudelaire, révélèrent au peintre, semble-t-il, des motifs d'inspiration qu'il avait entrevus au cours du voyage à
Rio-de-Janeiro, comme novice du paquebot *la Guadeloupe*. L'œuvre
de Vélasquez et de Goya l'a dès sa jeunesse marqué d'une empreinte : il a pu contempler jusqu'en 1848, au Louvre, la collection espagnole du roi Louis-Philippe et, en 1867, il fera figurer à
l'exposition du Pont de l'Alma une de ses premières œuvres, une
copie des *Petits Cavaliers,* attribués à Vélasquez [467]. Baudelaire
signale d'autre part le goût pour la réalité qui donne à Manet
tant d'originalité dans le milieu où il apprend son métier de
peintre. Le faux idéalisme conservait encore, malgré les campagnes de Courbet, tout son ancien prestige. Manet scandalise son
maître, le peintre de l'*Orgie romaine,* en raillant le pathétisme
déclamatoire du modèle, en réclamant la pose naturelle. Mais ce
naturel ne ressemble pas au réalisme minutieux : il s'éclaire
d'une âme vivante et Baudelaire se devait de signaler cette nuance
par quoi un Manet se sépare résolument d'un Courbet. Mais le
jugement de Baudelaire ne fait pas loi, hélas ! en 1862. L'indépendance de Manet, à ses débuts, scandalise des critiques pourtant ouverts aux conceptions modernes mais qui ont de la peine
à comprendre cette vision neuve des choses, cette facture simplifiée, ce coloris net et clair. On sait qu'il avait présenté au Salon
de 1863 [468], sous le titre : *le Bain,* le tableau que nous connaissons sous le nom de *Déjeuner sur l'herbe.* Le paysage commencé
en plein air avait été achevé dans l'atelier ; l'œuvre était compo-

sée avec conscience et s'efforçait d'établir entre les figures et le décor des liens de nécessité. C'était bien là, mieux que dans la toile de Courbet, une « allégorie réelle », donnant, en pleine nature, une vue de la vie moderne traduite par des yeux aigus et dominateurs et rappelant non sans bonheur l'agencement du *Concert champêtre* de Giorgione.

Mais la lutte commence à peine : le jury de 1863, hostile aux jeunes, ferma l'entrée du Salon à Manet qui, avec ses compagnons d'infortune : Bracquemond, Cals, Cazin, Chintreuil, Fantin-Latour, Harpignies, Legros, Pissaro, Whistler, Jean-Paul Laurens, trouva un refuge au « Salon des Refusés », ouvert, par permission spéciale de l'empereur, au Palais de l'Industrie [469]. C'est de cette époque que date le début de la campagne de presse entreprise par la critique contre Manet. « La désapprobation fut contre lui plus violente que contre Courbet. Courbet avait choqué par la laideur affectée de ses modèles et le charlatanisme bruyant de sa faconde ; mais les plus hostiles ne manquaient pas d'admirer son métier magnifique. On objectait donc à Courbet : Il y a de tels hommes et de telles choses, mais pourquoi les mettre en peinture ? A Manet, on disait : Non, les choses ne sont pas ainsi, vous vous moquez de nous » [470]. Parmi ces opposants, nous trouvons des salonniers dont le jugement, en d'autres moments, nous a paru plus lucide. Paul Mantz, si attentif et si raisonnable, écrivait, à propos de la *Chanteuse des Rues,* exposée, cette année-là, au Boulevard des Italiens : « M. Manet, qui est un Espagnol de Paris et qu'une parenté mystérieuse rattache à la tradition de Goya, avait exposé au Salon de 1861 un *Joueur de guitare* qui, il faut le dire, nous avait beaucoup frappé. C'était brutal, mais c'était franc et il y avait dans cette violente ébauche la promesse d'un talent viril. Deux années se sont écoulées depuis lors et M. Manet est entré avec sa vaillance instinctive dans le domaine de l'impossible. Nous refusons absolument de l'y suivre. Toute forme se perd dans ses grands portraits de femmes, et, notamment, dans celui de *la Chanteuse* où, par une particularité qui nous trouble profondément, les sourcils renoncent à leur position horizontale, pour venir se placer verticalement le long du nez comme deux virgules d'ombre ; il n'y a plus là que la lutte criarde des tons plâtreux avec les tons noirs. L'effet est blafard, dur, sinistre... En définitive, cet art-là peut être fort et loyal, mais il n'est pas sain et nous ne nous chargeons nullement de plaider la cause de M. Manet devant le jury de l'Exposition » [471].

Après l'exposition du *Bain* au Salon des Refusés, ce fut la bruyante condamnation des critiques, confirmant les rigueurs du jury. Nous ne nous inquiéterions pas des jugements de Louis Etienne et de Castagnary [472] : le premier s'indigne de voir « une Bréda quelconque, aussi nue que possible, entre deux gandins habillés et cravatés le plus possible aussi,... écoliers en vacances commettant une énormité pour faire les hommes », et traite l'œuvre de « logogriphe peu séant » et de « farce de jeune homme », l'autre trouve hors de propos qu'on fasse si « grand bruit autour de ce jeune homme » : « Soyons sérieux, disait-il, *le Bain, le Majo, l'Espada* sont de bonnes ébauches, j'en conviens... Mais après ? Est-ce là dessiner ? Est-ce là peindre ? M. Manet croit être ferme et puissant, il n'est que dur ». Le jugement de Thoré nous émeut davantage. Ce critique, qui avait si bien compris et si ardemment défendu un Delacroix, qui appelait depuis si longtemps de ses vœux la naissance d'un art moderne est déconcerté par les audaces de Manet. Certes il trouve que ces jeunes peintres puisent leurs sujets hors des conventions officielles et que la technique s'arrache aux « pratiques consacrées par la longue domination de l'art italien ». Il reconnaît que « au lieu de chercher les contours — ce que l'Académie appelle le dessin, — au lieu de s'acharner au détail, — ce que les amateurs classiques appellent le fini, on aspire à rendre l'effet dans son unité frappante, sans souci de la correction des lignes ni de la minutie des accessoires ». Eloge peut-être. En tout cas désir de comprendre et d'être juste. C'est ainsi que devant la toile de Manet il écrit : « Il y a là des qualités de couleur et de lumière dans le paysage et même des morceaux très réels de modelé dans le torse de la femme ». Mais il n'est pas loin de trouver des excuses au public qui répugnait aux couleurs trop éclatantes de l'œuvre et parlait de « composition absurde ». Et son jugement s'affirme sévère pour Manet et son entourage, tout en maintenant son espoir dans un avenir meilleur ; « Le malheur est qu'ils n'ont guère d'esprit et qu'ils méprisent le charme. Ces précurseurs... ne sont jusqu'ici pour la plupart qu'impuissants ou même grotesques. Aussi bien provoquent-ils le fou rire des messieurs bien élevés dans les sains principes. Mais viennent quelques artistes de génie ayant l'amour de la beauté et de la distinction dans les mêmes sujets et avec les mêmes procédés, et la révolution serait prompte [473] ».

Et l'opposition aveugle n'est pas près de désarmer. Après le Salon de 1864 où Manet apportait moins de hardiesse dans le sujet, mais une technique aussi hardie [474], la critique est aussi défavorable. Dans *la Gazette des Beaux-Arts*, Léon Lagrange se refuse à examiner de telles « ébauches », de telles « sottises » [475]. Hector de Callias raillait, dans *l'Artiste*, le *Combat de taureaux*, et n'y voyait qu'une malheureuse négligence de perspective, trouvant les toreros trop grands et le taureau trop petit [476]. « Un torero en bois tué par un rat cornu », insistait Edmond About [477]. Et ce fut le scandale de 1865, cette *Olympia*, d'un contour si décidé, d'une si franche couleur, d'un métier si net et si sain, fille ingénuement sereine dans sa nudité, que les gardiens durent protéger des iconoclastes aux cannes et aux poings tendus. Félix Jahyer crie à l'indécence : « Il me semble, dit-il, qu'on aurait pu loger *Olympia* à la hauteur inaccessible à l'œil où sont plongées quelques modestes études de travailleurs consciencieux... Je ne puis prendre au sérieux les intentions de ce peintre. Il s'était fait jusqu'ici l'apôtre du laid et du repoussant. J'espérais que les risées des gens sérieux le dégoûteraient de cette voie si contraire à l'art... [478] ». Gonzague Privat relève l'artiste du péché d'ignorance : « La preuve que seule la science manque à M. Manet, c'est que, quand il peint une nature morte, il exécute une fort belle peinture, attendu qu'il est moins difficile de faire une casserole ou un homard qu'une femme nue [479] ». Paul Mantz, qui s'attarde aux lauréats du Salon, dont beaucoup sont demeurés des inconnus, sacre, d'un mot, E. Manet, « prince des chimériques », et exerce son ironie aux dépens de Fantin qui, dans son *Hommage à la Vérité* plaçait « l'auteur d'*Olympia* » parmi les réalistes. *La Gazette des Beaux-Arts*, cette année-là, en dehors de ces dédaigneuses allusions, enveloppe de silence l'œuvre et l'artiste [480]. Et cette réserve vaut mieux, peut-être, que les verbeuses critiques d'Ernest Fillonneau, dans *le Moniteur des Arts* : selon lui, une « épidémie de fou rire règne... devant les toiles de M. Manet ». C'est un « sujet de surprise générale que le jury ait admis ces ouvrages... Olympia est une femme nue, couchée, et à laquelle une sorte de négresse présente un bouquet copieusement enveloppée de papier. Au pied du lit se dresse un chat noir horripilé, qui, probablement, n'aime pas les fleurs, puisqu'il fait une si triste figure. Du reste, l'héroïne aussi paraît peu sensible à l'hommage de la négresse. Olympia attend-elle son bain ou sa blanchisseuse [481] ? »

Manet trouva pourtant des défenseurs. Zacharie Astruc avait, dès 1863, déclaré que Manet « un des plus grands caractères de

ce temps..., en *était* l'éclat, l'inspiration, la saveur puissante,
l'étonnement ». A propos du *Déjeuner sur l'herbe,* P. Desnoyers
l'avait défendu contre l'accusation de pasticher les Espagnols. Il
avait marqué l'originalité et la maîtrise de l'artiste : « Le public
lui-même ne laisse pas d'être étonné de cette peinture qui irrite
les amateurs et rend goguenard les critiques d'art. On peut la
trouver mauvaise mais non médiocre [482] ». On sait l'intervention
chaleureuse de Zola dans l'*Evénement,* après le Salon de 1866 :
« Nous rions de Manet, et ce seront nos fils qui s'extasieront en
face de ses toiles [483] ». Mais dès 1864, Baudelaire écrit à Thoré [484]
pour se faire le garant et le champion du talent et de la personnalité de son ami :

M. Manet que l'on croit fou et enragé est simplement un homme très
loyal, très simple, faisant tout ce qu'il peut pour être raisonnable, mais
malheureusement marqué de romantisme dès sa naissance.

Le mot *pastiche* n'est pas juste. M. Manet n'a jamais vu de *Goya.*
M. Manet n'a jamais vu de *Gréco,* M. Manet n'a jamais vu la galerie
Pourtalier. Cela vous paraît incroyable mais cela est vrai.

Moi-même j'ai admiré avec stupéfaction ces mystérieuses coïncidences.

M. Manet, à l'époque où nous jouissons de ce merveilleux Musée Espagnol que la stupide république française, dans son respect *abusif* de la
propriété, a rendu aux princes d'Orléans, M. Manet était un enfant et ser-
vait à bord d'un navire. On lui a tant parlé de ses pastiches de Goya que
maintenant il cherche à voir Goya... Il est vrai qu'il a vu des Vélasquez,
je ne sais où...

On pourrait discuter ces affirmations. Manet, né en 1832, avait
dès son jeune âge, avant de s'embarquer pour les Amériques,
manifesté sa vocation d'artiste et il avait eu le temps, avant 1848,
d'admirer les œuvres du Musée espagnol de Louis-Philippe [485].
Remarquons de préférence la légère réticence de Baudelaire sur
« le romantisme » de Manet. Il est bien vrai qu'à ses débuts
Manet procédait avec une violence dont il n'était pas toujours le
maître. Témoin « cette pauvre *Angélina* du Luxembourg dont la
craie et la suie se partagent, sans se mélanger, la triste figure » [486].
A-t-il dans ses meilleures œuvres de cette époque réussi à se
libérer tout à fait d'exagération dans les oppositions un peu dures
d'un corps d'ivoire et des verts sombres, des vêtements noirs et
des tons acides de l'herbe qui, dans le *Déjeuner sur l'herbe,* ne
rappellent que de loin les reflets atténués d'un sous-bois par un
bel après midi d'été ? Mais Baudelaire a raison d'affirmer l'originalité de son ami : une influence ne détruit pas une personnalité,
et si l'on évoque Vélasquez, Goya, ou encore le Titien, à propos

de Manet, on n'entend pas le diminuer pour cela. Et son plaidoyer, cette « défense de son ami », est, dès 1864, une mise au point très juste, où sa généreuse franchise affirme, en face de la défiance des critiques, la loyauté et la simplicité de Manet, réclamant « un peu justice » à Thoré et le remerciant par avance des « services » que sa critique pourra rendre au peintre. Lorsque le découragement habite l'âme de cet ami, lui qui connut de pareilles misères lui écrit : « Il faut que je vous parle encore de vous. Il faut que je m'applique à vous démontrer ce que vous valez. C'est vraiment bête ce que vous exigez. *On se moque de vous ; les plaisanteries vous agacent ; on ne sait pas vous rendre justice, etc., etc...* Croyez-vous que vous soyez le premier homme placé dans ce cas ? Avez-vous plus de génie que Chateaubriand et que Wagner ? On s'est bien moqué d'eux cependant. Ils n'en sont pas morts. Et, pour ne pas vous inspirer trop d'orgueil, je vous dirai que ces hommes sont des modèles, chacun dans son genre, et dans un monde très riche ; et que vous, *vous n'êtes que le premier dans la décrépitude de votre art...* [487] » En 1863, Delacroix est mort, et il semble que Baudelaire ne puisse plus retrouver devant les œuvres de ceux qui viennent après lui ces joies et ces émotions qui ont donné une âme à toutes ses études d'art. Manet seul le console de la médiocrité d'artistes qui semblent oublier les leçons du Maître. En lui il retrouve cette imagination qui anime le réel, et ce réel, nous l'avons vu, il l'approuve parce qu'il est « moderne » [488]. Manet retient, en même temps que son amitié, son admiration pour son inquiétude hésitante et jamais satisfaite, cet effort incessant pour trouver du *nouveau* et pour saisir les formes de la vie moderne. Au milieu des incompréhensions où se débattent les débuts de ce précurseur et qui l'envelopperont jusqu'à ses dernières œuvres, il l'encourage rudement à la lutte, devinant que, dans sa hardiesse, malgré son métier incertain [489], il place des images neuves sous les yeux du public, le dirige vers une beauté nouvelle et le prépare à changer sa manière de voir. Mais hélas ! il ne peut soutenir la lutte comme autrefois : les forces l'abandonnent, et le temps n'est pas loin où il devra à son tour abdiquer. Pourtant il veille avec tendresse sur ce génie qu'il sent si fraternel par la flamme intérieure et par la destinée. Relisons pour avoir son jugement intime ces lignes écrites à une amie commune :

Quand vous verrez Manet, dites-lui ce que je vous dis, que la petite ou la grande fournaise, que la raillerie, que l'insulte, que l'injustice sont des choses excellentes, et qu'il serait ingrat, s'il ne remerciait l'injustice. Je sais bien qu'il aura quelque peine à comprendre ma théorie ; les peintres veulent toujours des succès immédiats ; mais vraiment, Manet a des facultés si brillantes et si légères qu'il serait malheureux qu'il se décourageât. Jamais il ne comblera absolument les lacunes de son tempérament. Mais il a un *tempérament,* c'est l'important, et il n'a pas l'air de se douter que, plus l'injustice augmente, plus la situation s'améliore, — à condition qu'il ne perde pas la tête ; (vous saurez dire tout cela gaîment et sans le blesser)... [490]

***

Installé à Bruxelles en avril 1864, Baudelaire y connaît Félicien Rops et s'impose à lui par sa spiritualité hautaine, tandis que l'indépendance de l'artiste, son dédain des écoles, son goût de la modernité éveillent la curiosité, l'intérêt et bien vite l'admiration du poète. Il écrit à Manet, le 11 mai 1865 : « Rops a compris ce que vaut votre intelligence et m'a même confié certaines observations faites par lui sur les gens que vous haïssez... Rops est *le seul véritable artiste* (dans le sens où j'entends, moi, et moi tout seul peut-être, le mot *artiste*) que j'aie trouvé en Belgique... »

On sait l'horreur de Baudelaire pour le peuple belge : le volume où sont réunies les *Œuvres posthumes* a révélé ses *Notes sur la Belgique* où l'on peut lire des jugements irrités. Le Dossier 652, conservé au fonds Spœlberch de Lovenjoul, à la Bibliothèque de Chantilly, contient quelques documents encore inédits, où est dénoncée la bêtise de ce peuple « déplorable » qui, pour Baudelaire, pratique « la haine générale de la Beauté » : « Les Belges, écrit-il, sont des Ruminants qui ne digèrent rien... Tous les Belges sans exception ont le crâne vide ». Il découpe, comme « échantillons de la délicatesse de la critique belge », un article paru dans le *Sancho* du 25 septembre 1864 où l'on feint de croire que les tableaux de MM. Corot, Delacroix et Diaz, arrivés pour une Exposition à Bruxelles, « étaient destinés à quelque exposition de la Nouvelle-Galles du Sud ou de Tombouctou ». Et il s'emporte, en malade dominé par ses colères, hors des mesures de la justice, traitant « Van Dick (*sic*) » de « coiffeur pour dames » et parlant « de la fatuité de Rubens », avec ce commentaire qui explique — et excuse peut-être la boutade : « Les gens fastueusement heureux me sont insupportables (fadeur du bonheur et du rose continus) ». Pour lui, dans ce pays tout est « laideur et saleté ». Les enfants sont « pouilleux, crasseux, morveux, igno-

bles... Même propres, ils seraient encore hideux ». « La vieille
femme elle-même, l'être sans sexe, qui a ce grand mérite partout
ailleurs d'attendrir l'esprit sans émouvoir les sens, garde ici sur
son visage toute la laideur et toute la sottise dont la jeune a été
marquée dans le ventre maternel. Elle n'inspire donc ni politesse,
ni respect, ni tendresse ». Rancœurs d'intellectuel déçu, de con-
férencier mal accueilli ? Ou plutôt haine de la vie bourgeoise, de
l'idéal facile, de la « conformité ».

Il a pour l'art belge des critiques bien dures, mais Rops, — et
aussi Leys et Alfred Stevens, — l'arrachent à cette esthétique
« à la Courbet », à « ce goût national de l'ignoble », à « cette
peinture minutieuse de ce qui n'est pas la vie » [491]. C'est que
un Rops est bien fait pour comprendre un Baudelaire, car son
âme vibre du même idéal. Qu'on lise la lettre suivante écrite par
ce jeune artiste de vingt-huit ans [492] : « Je tâche tout bêtement
et tout simplement de rendre ce que je sens avec mes nerfs et ce
que je vois avec mes yeux. Je n'ai pas encore de talent, j'en
aurai à force de volonté et de patience. J'ai encore un autre
entêtement, c'est celui de vouloir peindre des scènes et des types
du XIXᵉ siècle que je trouve très curieux et très intéressants : les
femmes y sont aussi belles qu'à n'importe quelle époque et les
hommes sont toujours les mêmes. De plus, l'amour des jouissances brutales, les préoccupations d'argent, les intérêts mesquins,
ont collé sur la plupart des faces de nos contemporains un masque sinistre, où « l'instinct de la perversité, dont parle Edgar
Poe, se lit en lettres majuscules ». Et ailleurs [493] : « Il ne s'agit
que de frapper juste toute pierre, si salie qu'elle soit dans les
ornières de la vie, pour en faire jaillir le feu sacré... » Que de
traits baudelairiens dans l'homme et dans l'œuvre ! Ce n'est pas
le lieu de les étudier — mais, pour comprendre la sympathie d'un
Baudelaire, il suffit de se pencher sur les lithographies de Rops
qui s'espacent entre 1855 et 1861 et qu'il donne au *Crocodile,* en
1855, puis pendant trois ans, à partir du 3 février 1856, à
l'*Uylenspiegel,* enfin au *Charivari belge.* Il suffit de considérer ces
Bourgeois [494] buvant de la bière autour d'une table de cabaret,
ces lorettes en belle humeur au seuil d'une église [495], ce mari
submergé sous la crinoline énorme de sa femme [496] — ou encore
ces compositions hallucinantes : *l'Ordre règne à Varsovie* et *la
Peine de Mort,* pour retrouver des thèmes chers à Baudelaire
ou des inspirations qu'il admirait chez Daumier. Moderne jusqu'à
la nervosité raffinée, attiré par la femme qu'il peint dans l'ensor-

cellement satanique de sa luxure, *femme au boléro, buveuse d'absinthe, femme au cochon* [497], illustrateur en 1864 des *Cythères parisiennes*, du *Grand* et du *Petit trottoir* d'A. Delvau, parant des nus osés de grands bas ou de longs gants noirs, il est un Guys, plus audacieux et surtout plus inquiet, tourmenté du « surnaturel de la perversité et de l'au-delà du Mal » [498]. Et, à ce titre, il est moderne et baudelairien [499].

C'est ainsi qu'au soir de sa vie, Baudelaire découvre les artistes qui s'accordent avec son goût esthétique et vont le prolonger. Rops exécute l'eau-forte qui, en 1866, ornera la première édition des *Epaves*, avec le pommier fatal dont le tronc squelette rappelle les déchéances de la race humaine, avec le serpent qui rampe vers les fleurs du mal, la chimère noire enlevant le médaillon du poète, l'autruche en camée qui avale un fer à cheval, « emblème de la vertu se faisant un devoir de se nourrir des aliments les plus révoltants » [500]. Après la mort de Baudelaire, marqué de son empreinte, grandi par les influences modernes, Rops dira la noire poésie de la femme et de la luxure, évoquant la Vénus stérile dans ces terribles créatures, créées, pour la destruction de l'humanité, par les vices de la civilisation. En 1868 il envoie aux Goncourt le dessin de la *Fille aux gants noirs* et leur parle de « l'aveuglement des peintres à ce qui est devant leurs yeux et qui ne voient absolument que les choses qu'on les a habitués à voir : une opposition de couleur par exemple, mais rien du moral de la chair moderne » [501]. Et c'est ainsi qu'il continue Baudelaire, peignant « les ravages produits par le mal jusqu'au fond de nous », poussant « jusqu'à l'horreur l'expression des tortures que subit le cerveau, l'organe de la pensée, dans la chute bestiale » [502].

Et dans des voies parallèles Manet et Guys poursuivaient aussi la peinture de la vie moderne. Le peintre d'*Olympia*, inquiet et volontaire, refusant de se figer, étudiant les jeux de la lumière, préoccupé de marquer d'art son milieu, peint avec vérité la femme de son temps, nos occupations, nos songeries. Son observation se fait de jour en jour plus perspicace, et il manifeste sa personnalité dans l'union intime de l'œuvre et du milieu, traduisant en homme d'esprit un peu railleur cette existence parisienne qu'il aima et qu'il jugea : « La figure de la femme, dans le tableau de la *Serre*, droite, fine, sérieuse, avec juste ce qu'il faut de parure pour marquer une mode est une réalisation étonnante et rare du style moderne... Les paysages qu'il peint, ses bancs dans les jardins, ses barques sur les eaux invitent au repos contemplatif après le travail. Ses femmes sont amicales à l'esprit, telle *la Parisienne à l'ombrelle*. Telles autres portent en elles des ardeurs de passion. D'autres encore fausses et plâtrées, disent que Manet ne se trompait pas sur la nature du plaisir » [503].

Quant à Guys, il continua sa vie de rêveur errant, à travers les bouges et les brasseries de femmes, où se buvait la « verdoyante », dans les maisons closes des faubourgs ou sur les boulevards extérieurs. Verlaine du crayon, il disperse son œuvre avec une prodigalité d'indifférent. Des feuilles, non signées, couvertes de traits et de taches enguirlandent à de certains jours les boutiques des marchands ou les étalages, sur les quais : croquis alertes, dessins cernés, larges lavis, évoquant les spectacles de la rue, des scènes d'élégance, des lieux de plaisir. Et tout cela s'achetait pour deux francs, un franc, cinquante centimes. Mais, reprenant le jugement de Baudelaire, la postérité a vengé celui-là qui fut peut-être le moins gâté de la fortune, mais à qui furent redevables à des degrés divers tous ceux qui après lui se penchèrent vers l'observation de la vie moderne : Marcelin et Edmond Morin dessinateurs de la *Vie Parisienne*, et d'autres plus grands, comme Manet lui-même qui fit de Guys un beau portrait de vieillard, comme Rops, Degas, Forain et Toulouse-Lautrec...

*
* *

Et c'est peut-être, pour Baudelaire critique d'art, le meilleur titre de gloire que d'avoir entrevu les destinées de l'art moderne et d'avoir, devant des œuvres méprisées, ignorées ou combattues, prévenu les jugements de la postérité. Lutter pour un Delacroix, encourager un Manet, découvrir un Guys, comprendre un Méryon, inspirer un Rops, saisir l'aspect éminent d'un Daumier ou d'un Goya, être le premier à deviner les uns, le plus ardent à défendre les autres, — ce sont là quelques-unes des réussites merveilleuses de cette critique d'art. Et quel feuilletoniste ou quel salonnier peut invoquer de pareils titres ? Ce qu'il faut admirer encore, c'est la sûreté de goût qui, ayant arrêté Baudelaire devant les plus grands, répudie les médiocres que les contemporains admirent et que le temps classera à leur rang. Les hésitations d'un Ary Scheffer, les improvisations d'un Horace Vernet, l'habileté sans âme d'un Troyon, le faux antique d'un Gérôme, le coloriage des ingristes, tout ce qui n'est pas l'art loyal et sain, révélant un tempérament et apportant des nouveautés est par lui dénoncé comme une trahison, — et l'avenir, sur presque tous les points, ratifiera ses jugements. Il a des principes certes, mais qui ne l'aveuglent point, et, malgré son opposition au réalisme, il reconnaît la puissance d'un Courbet, comme il s'incline, malgré son culte pour Delacroix, devant le génie de M. Ingres. Mais il sait ce qu'il veut et rien ne le détourne de l'idéal qu'il poursuit pour lui-même et qu'il recherche dans les œuvres qu'il juge. Devant les tableaux qu'il admire, ceux qu'il condamne, ceux qui le charment malgré lui ou qu'il loue par souci de justice, la manière de ce critique s'affirme comme un moyen non comme un but. Et ses jugements ne sont qu'une occasion, à propos d'écoles ou d'œuvres, de s'exprimer et de se découvrir. Delacroix l'attire parce qu'il apporte, dans son art, des correspondances accordées avec ses désirs. Son esthétique s'inquiète surtout de tempérament. La nature n'est qu'un dictionnaire. Le génie doit créer et transformer. L'observation ne vaut que si l'imagination opère une métamorphose magique des données réelles en créations surnaturalistes. Ces vues ont, avec l'esthétique de Delacroix, d'étonnantes rencontres. Quelle joie eût éprouvée Baudelaire à connaître ce *Journal* où sont à chaque page confirmés ses jugements de critique ou ses intuitions d'esthéticien! Et c'est pourquoi, au terme d'une étude sur la critique d'art de Baudelaire, il convient de rappeler le nom du Maître qui lui donne ses règles et son unité.

BAUDELAIRE CRITIQUE LITTÉRAIRE

Dès son entrée dans la vie littéraire, Baudelaire s'est exercé dans la critique : le *Corsaire-Satan* et le *Corsaire,* nous l'avons vu, publièrent ses premières chroniques, de 1845 à 1848, sur des œuvres de Ph. de Chennevières, L. Ménard et Champfleury. La plus grande partie des critiques littéraires de Baudelaire, en dehors de ses travaux sur Edgar Poe, se trouve réunie dans l'*Art romantique,* articles sur Théophile Gautier, sur Pierre Dupont, sur *les drames et les romans honnêtes, l'Ecole païenne, Réflexions sur quelques-uns de mes contemporains,* études parues dans la *Revue fantaisiste* ou préparées pour l'*Anthologie des Poètes français* d'Eugène Crépet, jugements sur *les Misérables* ou *Madame Bovary,* sur des romans d'Asselineau ou de Léon Cladel. Ecrits sur les poètes les plus notoires ou les plus divers — Hugo et Gautier, Barbier et Mme Desbordes-Valmore, Leconte de Lisle et Pierre Dupont, Hégésippe Moreau et Banville, Pétrus Borel et Le Vavasseur, ces articles nous révèlent la pensée littéraire de Baudelaire et nous permettent de préciser son attitude en face de tant d'écoles, dans la bataille réaliste, parmi les réactions bourgeoise, humanitaire, utilitaire, devant les soucis du romantisme plastique et les formules du Parnasse. Certes, il y a bien souvent, dans ces pages, des boutades qu'il ne faut pas trop prendre au sérieux. Dans l'admiration comme dans la haine, on s'y heurte souvent à des contradictions. Banville, ce tendre ami de jeunesse, est malmené durement et lyriquement exalté. Hugo est apprécié diversement. Plus d'un problème délicat se pose. On peut tout résoudre facilement, si l'on connaît les goûts de Baudelaire. Bien qu'il se soit toujours défendu de juger suivant un système, il ne serait pas homme s'il ne tenait à certaines idées qui dictent souvent ses jugements. Il a le goût du Beau — et aussi le désir d'étonner. Et il y aura lieu parfois de confronter les jugements presque offi-

ciels de certains articles destinés à l'*Anthologie* de Crépet [1] avec
les aveux sans fard de la Correspondance.

Mais quel singulier et mouvant critique ! Ami du paradoxe, tour
à tour indigné ou ironique, il achève souvent une parade par une
pirouette. Ses jugements qui parfois pénètrent dans les profondeurs ont aussi d'étranges limites : « Ceux qui écrivent par
humeur, dit La Bruyère,... se refroidissent bientôt... » [2]. Une critique de poète ne saurait inspirer une confiance assurée. Ces bondissements inquiètent parfois, par crainte de la chute. Et d'autre
part, les intuitions de la sensibilité sont trop délicates pour n'être
pas souvent déréglées et devenir sujettes à des erreurs d'appréciation causées par des surprises du cœur et des élans de l'imagination. Le poète se cherche trop dans les œuvres qu'il essaie de
pénétrer, pour ne pas les interpréter quelquefois dans le sens de
ses possibilités personnelles. Dès lors que d'intentions risquent
de lui échapper ! Ce qu'il comprend est, peut-être, parfaitement
saisi d'une vue, en des nuances inappréciables aux géomètres.
Mais saurait-il tout comprendre ? Et même peut-il comprendre
grand'chose aux œuvres qui débordent le cercle forcément limité
de ses tendances, de ses goûts, de son génie ? Enfin, si c'est
l'amour ou la haine qui le guident, ne sommes-nous pas saisis
de l'inquiétude de le surprendre un jour en flagrant délit d'injustice.

Cette inquiétude s'accroît, en face de Baudelaire, car ce lyrique
est aussi un mystificateur. Cet artiste racé dédiait, en 1846, son
Salon au Bourgeois qu'il avait loué dans l'introduction du Salon
de 1845. Les termes qui approchent de l'hyperbole nous donnent quelque malaise. Soudain un revirement se produit et ce bourgeois tant vanté, trop vanté, devient une « brute hyperboréenne
des anciens jours » [3]. Revirement qu'expliquera peut-être une mauvaise humeur du critique littéraire. Mais nous restons aussi calmes
devant cette apostrophe vengeresse à l'âme prosaïque du Bourgeois que nous demeurions sceptiques devant cet enthousiasme trop
étalé. La vérité, ici comme ailleurs, est peut-être dans cet entre-
deux dont Pascal avait fait le lieu des conciliations psychologiques. Mais pouvons-nous suivre sans méfiance un critique qui se
pique au jeu de nous déconcerter, par un plaisir supérieur, — le
plaisir d'un Dieu qui rêvait de l'insensé et du naïf ? On n'est
jamais en sécurité avec ce spectateur désabusé, cet ironiste obsé-
quieux, cet ami de l'outrance qui dissimule des pétards sous les
fleurs. Et c'est, en vérité, un fâcheux état d'âme pour aborder les

études critiques de Charles Baudelaire. Mais cette défiance nécessaire est profitable à l'auteur puisqu'elle nous aide à mettre au
point sa véritable pensée et à le découvrir sous les apparences...

*
* *

Il y a, dans les œuvres critiques de Baudelaire, une partie théorique, comme dans le premier chapitre de La Bruyère. Ces réflexions consacrées aux ouvriers de l'esprit sous le titre : *Conseils
aux jeunes littérateurs* [4] sont, au dire de Baudelaire, « le fruit de
l'expérience », une expérience qui « implique une certaine somme
de bévues » [5]. C'est un métier de faire un livre : il faut un appren-
tissage pour devenir écrivain. Ce sont, à vrai dire, des pages de
fantaisie qui parurent en feuilleton dans l'*Esprit public*, le 15 avril
1846, sous la signature Baudelaire-Dufays [6]. Ceci est donc une
œuvre de jeunesse. Il paraît intéressant de l'étudier comme une
préface à la critique littéraire de Baudelaire. Commenter ces pages
c'est, tout naturellement, tendre à la psychologie d'un Baudelaire
en face de la création littéraire. Peut-être seront par là éclairées
bien des attitudes contradictoires du critique de Hugo, Banville ou
Gautier.

Baudelaire promet aux jeunes littérateurs toute sa tendresse.
Veut-il les encourager s'il affirme : « Il n'y a pas de guignon. Si
vous avez du guignon c'est qu'il vous manque quelque chose : ce
quelque chose connaissez-le » [7] ? Sans doute, nous reconnaissons
là ce Baudelaire, dont l'âme s'est mise à nu plus tard dans les
Journaux intimes, hanté d'effort et de travail, persuadé, comme
Delacroix, que rien ne résiste au labeur continu, obsédé d'énergie
comme un aveugle de lumière. Mais faut-il renoncer à entendre
l'écho de cette pièce des *Fleurs du Mal* qui porte comme signe
d'angoisse baudelairienne ce titre fatidique : *Le Guignon* [8] ? D'autres poèmes gardent aussi cette préoccupation, comme un reflux
d'inconscient : *les plaintes d'un Icare, Sépulture d'un Poète maudit*. Et de même, la notice placée en tête des *Histoires Extraordinaires*, reprenant, avec quelques variantes de forme, les constatations indignées qu'exprimait l'étude sur Edgar Poe, parue en
mars et avril 1852 dans la *Revue de Paris*, semble aller contre
l'affirmation de 1846. Pourtant, ce n'est pas ici flagrante contradiction ni peut-être boutade ironique. Baudelaire, au début de
sa carrière, étudie le jeu des succès littéraires. Les popularités
soudaines, et que rien n'explique, ne sont qu'en apparence « des
logographes en action ». Elles reposent sur un talent réel, quoique,

parfois, d'un ordre discutable. Talent qui adapte des moyens en
vue d'un effet poursuivi et qui témoigne d'une force. Pour réussir,
il n'est besoin que d'acquérir une force supérieure car « rien n'est
vrai que la force qui est la justice suprême ». Ceci ressemble à
un sarcasme. Mais est-il bien sûr que Baudelaire se moque ou
s'indigne ? De l'humour peut-être. Mais aussi cette constatation
que l'écrivain entre désormais dans la vie moderne et doit lutter,
à sa place, pour sa place. Si, plus tard, il lui arrive de célébrer
avec tant d'insistance la vertu de l'effort et du travail, c'est que
Baudelaire sent bien que la lutte contre le guignon est de tous
les instants, sans rémission ni repos. Et quand il s'abandonnera
comme un Sisyphe sous un poids trop lourd, comme un être tatoué
du signe fatal [9] ce n'est certes pas sans avoir essayé de dompter
par le labeur un sort rebelle.

C'est d'ailleurs là une idée essentielle de Baudelaire. Parmi
ces préceptes, retenons, par-dessus tout, les pages [10] placées sous
le titre : *Du travail journalier et de l'inspiration*. Ici, l'on voit bien
que Baudelaire n'a pas varié. Ici encore, on se rend compte que
tant de paradoxes s'arrêtent devant les convictions de sa conscience
d'artiste. Protestations contre le romantisme lyrique de sa jeunesse,
l'éloge des inspirations spontanées, des effusions et des délires ?
Souvenir des grandes leçons d'un Delacroix, travailleur obstiné
pour qui l'improvisation ne fut jamais qu'une longue conquête ?
En 1846, les fougues romantiques sont apaisées et le temps n'est
pas loin où Leconte de Lisle condamnera, au seuil des *Poèmes Antiques,* les déchaînements lyriques. Baudelaire, avant lui, proclame
les vertus de l'ordre, du travail régulier, de la réflexion [11]. Lisons :
« L'orgie n'est plus la sœur de l'inspiration : nous avons cassé
cette parenté adultère. L'énervation rapide et la faiblesse de quelques belles natures témoignent assez contre cet odieux préjugé. »
Peut-on indiquer plus nettement des préférences ? Dès 1846, le
choix de Baudelaire est fait. Le Romantisme intempérant lui apparaît comme dangereux et stérile et il prend parti avec la netteté
qu'il a toujours su mettre à formuler ses pensées essentielles. Ainsi
sera expliquée son hostilité en face d'un aspect du génie de V.
Hugo. Et voici l'affirmation d'une esthétique, nouvelle en 1846 :

L'inspiration est décidément la sœur du travail journalier. Ces deux
contraires ne s'excluent pas plus que tous les contraires qui constituent la
nature. L'inspiration obéit comme la faim, comme la digestion, comme le
sommeil. Il y a sans doute, dans l'esprit, une espèce de mécanique céleste
dont il ne faut pas être honteux, mais tirer le parti le plus glorieux, comme

les médecins, de la mécanique du corps. Si l'on veut vivre dans une contemplation opiniâtre de l'œuvre de demain, le travail journalier servira l'inspiration — comme une écriture lisible sert à éclairer la pensée et comme la pensée calme et puissante sert à écrire lisiblement ; car le temps des mauvaises écritures est passé [12].

Programme de tout un avenir. Les poètes, demain, suivront la voie royale aux calmes avenues que Baudelaire leur a tracée. Lui pourtant reste fidèle — et il a ses raisons, comme E. Poe, comme Delacroix, comme Wagner — à cette « mécanique céleste » qui organise le jeu obscur des impulsions du génie — mais ces impulsions même doivent être contrôlées pour être fécondes. La règle du travail quotidien imposera sa tenace discipline, et voici qu'à la suite de Gautier s'organisent, sous les calligraphies parnassiennes, des poèmes qu'on dirait écrits pour le marbre. Ce programme, nous le verrons appliqué dans l'œuvre tout entier de Baudelaire. Les *Fleurs du Mal* sont le fruit d'un labeur prolongé. Regardons les manuscrits et les épreuves de Baudelaire [13]. Etudions les leçons des différentes éditions. Ecoutons les confidences de ses lettres à sa mère ou à Poulet-Malassis. Les ratures, les repentirs, les variantes, les soucis du moindre détail attestent, à chaque ligne, à chaque vers, le scrupule du laborieux autant que le goût de l'artiste. Personne ne fut plus que lui l'adversaire du travail facile. Impuissance, pourrait-on dire. Bien plutôt conception hautaine de l'art, respect de l'inspiration, religion du génie. L'improvisation est une longue patience et les œuvres trop vite mûries sont comme des fruits trop précoces à qui manquent les lentes collaborations du temps et du soleil. Ici encore apparaît l'ombre de Delacroix et c'est Baudelaire lui-même qui l'évoque :

Pour écrire vite, il faut avoir beaucoup pensé, — avoir trimballé son sujet avec soi, à la promenade, au bain, au restaurant et presque chez sa maîtresse. E. Delacroix me disait un jour : « L'art est une chose si idéale et si fugitive que les outils ne sont jamais assez propres ni les moyens assez expéditifs [14].

Et il n'y a pas contradiction pour Baudelaire à affirmer ensuite qu'il n'est pas « partisan de la rature ». L'œuvre doit lentement s'organiser dans l'esprit par de lentes réflexions et par d'intimes retouches. Charger le papier, puis reprendre, élaguer, refaire est d'une mauvaise méthode de composition : « La toile doit être couverte — en esprit — au moment où l'écrivain prend la plume pour écrire le titre ». Mais c'est là un idéal et faut-il s'étonner que Baudelaire n'en approche pas ? Du moins il est, pour cette

création qui éclot, soudaine et souveraine, après la longue méditation, pour le mouvement d'un Delacroix contre la minutie d'un
Ingres : « Couvrir une toile, dit-il, n'est pas la charger de couleurs,
c'est ébaucher en frottis, c'est disposer des masses en tons légers
et transparents ». Et voici Baudelaire amené, pour préciser sa
pensée, à prendre un exemple et à sortir du domaine théorique :

On me dit que Balzac charge sa copie et ses épreuves d'une manière
fantastique et désordonnée. Un roman passe dès lors par une série de
genèses où se disperse non seulement l'unité de la phrase, mais aussi de
l'œuvre. C'est sans doute cette mauvaise méthode qui donne souvent au
style ce je ne sais quoi de diffus, de bousculé et de brouillon, — le seul
défaut de ce grand écrivain [15].

En vérité, Baudelaire constate : « Il faut produire beaucoup ; il
faut donc aller vite » [16]. Et s'il n'est pas, lui, fidèle à cette
« méthode de composition », bien des raisons l'excusent qu'il faut
chercher dans sa vie tourmentée et douloureuse. Pourtant si l'on
regarde les manuscrits de Baudelaire et, en particulier, les notes
qui préparaient des ouvrages inachevés, si l'on se penche sur
l' « argument du livre sur la Belgique » conservé à la Bibliothèque
de Chantilly [17], on voit, en effet, d'une écriture nette, des pensées
déjà revêtues de leur forme incisive, de leur force pittoresque.
Ici, les réflexions sont écrites sans rature [18], formules spontanées,
notations rapides, pages définitives. C'est la pensée rendue lisible
par l'écriture claire, ordonnée, fixée — et ici Baudelaire est fidèle
à l'idéal qu'il définit au cours du texte cité plus haut et qui traite
des rapports de l'écriture et de la pensée.

Une longue méditation précédant une exécution qu'il voudrait
nette et rapide, telle est, pour Baudelaire, la formule du travail
littéraire. Ne voit-on pas déjà orientées les préférences du critique
de demain ? Bien des jugements littéraires de Baudelaire ont leur
explication dans cette fidélité à ce programme de jeunesse. Ses
admirations comme ses impulsives sévérités y trouvent leur raison première, qui explique, sinon justifie, bien des contradictions
et aussi bien des outrances.

De là coule d'ailleurs sa préférence, entre les formes littéraires,
pour la poésie [19]. Est-ce par goût du paradoxe ou par intuition
d'un avenir qu'il écrit : « La poésie est un des arts qui rapportent
le plus ; mais c'est une espèce de placement dont on ne touche
que tard les intérêts — en revanche très gros. » Cette confiance
dans le succès, même matériel — tôt ou tard réservé aux « bons
vers », — il semble bien que l'histoire même des *Fleurs du Mal*

suffise à la confirmer. Et voici, tout de suite, une impérieuse affirmation, commandée par le sujet et dictée par une foi vibrante :
« Tout homme bien portant peut se passer de manger pendant
deux jours, de poésie jamais » [20]. C'est avoir des hommes une
haute opinion. Baudelaire croit-il encore que le bourgeois peut
subir la prise des arts élevés ? Il juge que « le public le plus
bourgeois » ne saurait échapper à cette influence despotique. Ne
nous méprenons pas : cette formule implique déjà quelque défiance, sinon quelque mépris. Les jours sont proches où, après
la griserie passagère de 1848, Baudelaire se renfermera dans un
aristocratisme qui donnera au poète et à la poésie un champ
d'action plus limité. « L'homme bien portant « sera, à ce moment,
l'homme dégagé de tout « américanisme » [21], celui qui cherche
au loin « les nuages, les merveilleux nuages, » [22] et qui s'est dépouillé de toute attache vulgaire. Le respect de Baudelaire pour
la poésie en sera d'autant plus accru et désormais l'élite seule
sera admise au seuil du Temple.

Qu'importent maintenant les fantaisies — mêlées de soudaines
et cruelles vérités, sur les salaires, l'éreintage, les créanciers et
les maîtresses. Ici le jeu est complexe : « N'ayez jamais de
créanciers, faites, si vous voulez, semblant d'en avoir, c'est tout
ce que je puis vous passer... [23] L'homme raisonnable est celui
qui dit : « Je crois que cela vaut tant, parce que j'ai du génie ;
mais s'il faut faire quelques concessions, je les ferai pour avoir
l'honneur d'être des vôtres... [24] Si vous êtes fort, c'est vous perdre
que de vous attaquer à un homme fort... Un éreintage manqué
est un accident déplorable... [25] C'est parce que tous les vrais
littérateurs ont horreur de la littérature à de certains moments
que je n'admets pour eux, — âmes libres et fières, esprits fati-
gués qui ont toujours besoin de se reposer leur septième jour, —
que deux classes de femmes possibles : les filles ou les femmes
bêtes... [26] » Cependant, confidences ou paradoxes, ces formules
ne doivent nous arrêter qu'à la manière de jets mobiles de lumière. Elles éclairent, mais de lueurs brèves. L'essentiel est dit
ailleurs, — et Baudelaire a eu soin, par horreur pudique du pédantisme ou de l'étalage, de l'encadrer de fusées soudaines. Il
n'en est que plus éclairé et les baudelairiens peuvent voir, dès
la jeunesse, se former un critique aux tendances déjà définies.

⁎⁎⁎

« Le Romantisme, écrit Baudelaire en 1859 [27], est une grâce,

céleste ou infernale, à qui nous devons des stigmates éternels. »
On ne saurait mieux reconnaître la prise du Romantisme sur les
âmes du XIXᵉ siècle. Ce ne sont pas les œuvres des seuls grands
romantiques qui sont appelées ici en témoignage. Ce sont tous
les écrivains et tous les artistes, et tous ceux qui ont réalisé leur
pensée sous des formes durables, et tous ceux qui ont vécu, pour
eux-mêmes, leur rêve. Il existe une sensibilité romantique. Baudelaire ne compte pas échapper plus que les autres à cette domination; il s'y soumet d'avance et, nous l'avons vu, s'efforce, pour
purifier ce romantisme dont il mesure les effets, de l'élargir hors
des limites d'une génération ou même d'une époque, en lui donnant un sens éternel. Mais, depuis 1820, le Romantisme d'école
a subi des transformations. Les élans de jeunesse se sont amortis.
A partir de 1840, nous l'avons déjà signalé, le lyrisme des effusions, après la sentimentalité des romances, semble avoir fait
son temps. Baudelaire se défendra un jour de renier ses maîtres
et de mettre son drapeau dans sa poche en crachant dessus [28].
Mais il ne peut qu'être amené à faire très vite une distinction
entre les diverses manifestations du Romantisme. Il y a un Romantisme d'esprit, qui commence au point précis où la sensibilité
et l'imagination dominent la raison et la mettent en tutelle, où le
caprice secoue la règle, où l'impulsion est souveraine et l'inspiration désordonnée. Vieux comme la révolte contre la loi, il a
des périodes de déchaînement. S'il n'est pas très conscient encore de sa force révolutionnaire, le romantisme des *Méditations*
est pourtant, dès 1820, le prélude d'un ordre nouveau. Le Romantisme de 1830 s'affublera du bonnet rouge et les tempêtes
secoueront « le fond de l'encrier ». Ce Romantisme-là, Baudelaire
le condamnera comme porteur de germes mortels et trop soumis
aux variations des modes et des mœurs. Et depuis le temps
d'*Hernani*, depuis même le temps des *Feuilles d'Automne*, des
Chants du Crépuscule, des *Voix intérieures*, des *Rayons et des
Ombres* le vent a tourné : « Nous sommes une génération savante » proclame Leconte de Lisle en 1852 [29]. L'ère des inspirations, des délires, des inconsciences est désormais close. Que de
mal a fait cette « poésie du cœur » [30] depuis le jour où elle était
la formule d'une « époque d'ardente effusion » jusqu'en ces temps
d'horreur où une sensiblerie bourgeoise empiète sur le « domaine
de la raison » et réduit l'alexandrin à chanter de prosaïques enthousiasmes [31]. Certes, Baudelaire ne songe pas à nier que le
Romantisme — et quelques poètes du Romantisme — n'aient donné

à la sensibilité de l'imagination des thèmes magnifiques d'inspiration : « Chateaubriand a chanté la gloire douloureuse et la
mélancolie et l'ennui. Victor Hugo... représente les forces de la
nature et leur lutte harmonieuse, Balzac... figure le monstre d'une
civilisation et toutes ses luttes, ses ambitions et ses fureurs... » [32]
Pourtant, Baudelaire reproche au Romantisme d'avoir égaré ses
inspirations dans les ivresses du cœur [33] et lui dénie un rôle
actif et sûr dans la recherche et la découverte du Beau perçu à
travers la Poésie. Bien vite d'ailleurs il a signalé cet élément
caduc et accusé ses réactions. Dès 1846, il écrit : « Les singes
du sentiment sont en général de mauvais artistes » [34]. De là sa
haine de George Sand et de Musset. Baudelaire aura toujours —
les *Fleurs du Mal* en témoignent — l'horreur de se raconter. Ses
confidences apportent plutôt des sensations humaines que des
émois personnels. A l'inverse des romantiques — et selon le
procédé des classiques — auxquels il ajoute cependant le « frisson » baudelairien, il rejoint le général à travers le particulier,
sans donner de valeur à cette expérience tout intime du particulier. C'est un être qui tend vers l'Etre, un individu sublimisé
qui, après un effort de concentration ou d'arrachement, cesse
d'être un souffrant pour devenir le souffrant, et ne cherche en
lui, dès les premiers jours, que les marques de l'humaine douleur. Sainte-Beuve lui reprochera un jour [35] d'avoir cultivé le
« bizarre par delà les confins du monde romantique connu ». Il
parlera de son amour de l'impossible et placera le goût baudelairien sur « la pointe extrême du Kamschatka romantique ».
Sainte-Beuve juge en s'arrêtant aux apparences. Il méconnaît les
dissentiments qui, dans l'âme même de Baudelaire, séparent le
romantique et le classique — et ne voit pas le frémissement d'un
lyrisme qui ne se satisfait pas de s'étendre à la surface des
thèmes mais veut atteindre en profondeur, hors des fantaisies et
des conventions, le vrai visage de la vie. C'est pourquoi entre
les Romantiques et Baudelaire se creusera un fossé chaque jour
plus profond. Cette différence, qui deviendra peu à peu une opposition dans la manière de sentir et de juger, explique à la fois les
contradictions et les violences d'une critique qui brûle aujour-
d'hui ce que peut-être, hier, elle adorait.

Pourtant, ce n'est pas tout le Romantisme que Baudelaire condamne. Le Romantisme déformé et corrompu, à son sens, par des
théories de désordre et des étalages sans pudeur, il le juge sans
appel et lui en veut d'avoir égaré des tempéraments, faussé des

consciences, dans le domaine de la littérature et de l'art. En 1845, il disait : « C'est M. Victor Hugo qui a perdu M. Boulanger, après en avoir perdu tant d'autres » [36]. Mais le Romantisme n'est pas tout entier dans ce dévergondage lyrique. Il garde des soucis légitimes ; il fut et reste une réaction féconde. Il a su, avec une impatience un peu bruyante, mais légitime, secouer les chaînes du passé ; il a créé le sens de la modernité. Et cette vue esthétique d'un Romantisme renouvelé, mesuré, indéfiniment changeant et perfectible, Baudelaire la fait sienne, d'enthousiasme. Le Romantisme, ainsi compris, devient synonyme de progrès, de curiosité, et c'est tout l'être spirituel qu'il épanouit. Stendhal avait ouvert la voie à cette interprétation, dès les premières heures, avant même que le Romantisme s'orientât vers des chemins dangereux. Baudelaire reprend la formule stendhalienne et la fait éclater, développant la richesse de son contenu. Pour lui, le passé a donné son fruit et les sèves sont épuisées. La vie évolue. L'âme des hommes a des bonds incessants et sa curiosité se développe vers l'inconnu, vers le nouveau. Il est vain de cultiver les plantes mortes. Le devoir de l'écrivain — critique ou poète — est de créer, non de rajeunir ou de rajuster. La formule olympienne de V. Hugo est plus profonde qu'on ne croit, qu'il ne croyait lui-même. En donnant au Romantisme ce « frisson nouveau », Baudelaire lui a offert un renouvellement indéfini.

Voici maintenant Baudelaire en face de Victor Hugo. Les Lettres de Baudelaire à ses amis, à sa mère, les notes des *Journaux intimes*, les révélations des *Œuvres posthumes*, autant — plus, peut-être, — que les articles écrits sur Hugo [37] ou à propos de son œuvre [38], et les allusions aux idées et à l'art du chef romantique éparses dans les *Curiosités esthétiques* [39], nous offrent le curieux spectacle d'une complexe psychologie qui, de Baudelaire, ne saurait nous étonner et dont les apparentes contradictions se dénoueront à la lumière des faits, par l'analyse des influences. Ce sont tantôt d'ostentatoires éloges et tantôt de secrets « éreintages ». Et ce sont aussi des admirations sincères, arrachées par la maîtrise du génie à un artiste hostile mais loyal. On risquerait, si l'on ne cherchait un fil conducteur, de s'égarer dans ce labyrinthe. Trop de distance sépare Baudelaire de V. Hugo pour que cette antinomie de caractère, d'esthétique, d'existence n'apparaissent pas très vite et ne les opposent pas comme deux étrangers,

sinon comme deux ennemis. Baudelaire fut un sincère. Tout dans
son œuvre intime le prouve, et son goût même de la mystification
n'est que réaction de défense et réflexe de pudeur. Il a, jusqu'à
la nausée, horreur du mensonge lyrique et de ce que Verlaine,
après lui, appellera « littérature » : il suffit de lire sa correspondance ou d'ouvrir ses *Journaux intimes* pour sentir ce besoin de
vérité totale et brutale que le lyrisme d'un V. Hugo n'admit jamais
parce que des élans trop sincères se seraient mal accommodés
avec cette imagination qui grossissait et déformait le réel, peut-
être aussi parce que sa gloire qu'il soignait jalousement n'y aurait
pas trouvé son compte. Admettons même qu'il y eût chez Baudelaire une inconsciente — et bien naturelle — jalousie d'auteur méconnu contre un auteur caressé par le succès. Enfin le ton protec-
teur de V. Hugo, ses éloges de commande pour tous les poètes
dont il ne lisait pas les œuvres, mais à qui il adressait des encouragements emphatiques, ses « Jungamus dextras » et ses « Courage, jeune homme », ne pouvaient que produire un effet de fausse
note aux oreilles aiguës de Baudelaire.

Des raisons littéraires plus profondes contribuent d'ailleurs à
expliquer les apparentes contradictions de la critique baudelairienne. Nous les préciserons par l'étude des textes, par des faits
et des dates. Indiquons-les brièvement, en signalant tout de suite
qu'elles sont rattachées étroitement aux impulsions psychologiques
que nous venons de définir. L'œuvre de V. Hugo est immense et
ses goûts sont mêlés et souvent contradictoires. De 1830 à 1840 le
poète lyrique se plaît à l'étalage de son moi, à la révélation parfois indiscrète de ses sentiments : c'est un côté du romantisme
dont Baudelaire a horreur. Il est, en revanche, moins sévère pour
les *Contemplations* qui apportent des tendances nouvelles et qui,
à des traces de l'ancien lyrisme, — par quoi s'expliquent les réserves de Baudelaire, — mêlent les préoccupations d'une pensée
inquiète, propres à séduire l'auteur des *Fleurs du Mal*. Et d'autre
part, si le côté humanitaire des *Misérables* déplaît à cet aristocrate, éloigné des rêves philanthropiques du romantisme de Michelet, de Quinet ou de George Sand que Hugo résume fidèlement
après 1850, il est plus sympathique aux pages de *la Légende des
Siècles* qui trahissent un souci de renouvellement et des recherches ou des préoccupations plus purement poétiques. Mais écoutons plutôt ce qu'il dit lui-même [40].

M. Barthou, dans un article sur les rapports de Victor Hugo
et de Baudelaire [41], retrace les phases diverses de cette inimitié

admirative et apporte les dates [42] et les faits essentiels. Il reprend le témoignage de Prarond, selon qui Baudelaire connut Hugo en 1843, place Royale [43]. C'est l'époque où Hugo exerce « une vraie dictature dans les choses littéraires » et où Baudelaire le rencontre en compagnie d'Edouard Ourliac par qui il connut « aussi Pétrus Borel et Gérard de Nerval » [44]. « Il m'apparut, écrit-il, comme un homme très doux, très puissant, toujours maître de lui-même et appuyé sur une sagesse abrégée » [45]. La première flèche baudelairienne date de 1845. A propos de Louis Boulanger, le peintre ami de V. Hugo, on lit dans le *Salon* de cette année-là une attaque contre le poète qui n'est, après tout, à propos de V. Hugo et de L. Boulanger, qu'une condamnation des « dernières ruines de l'ancien romantisme » et de ce « temps où il est reçu de croire que l'inspiration suffit et remplace le reste ». Condamnation qui s'accorde avec les théôries affirmées par Baudelaire, l'année suivante, dans ses *Conseils aux jeunes littérateurs.* Baudelaire est, dès cette date, — qu'on relise *la Fanfarlo* — l'adversaire de ce lyrisme périmé, et cette allusion au peintre et au poète sert de prétexte à de plus larges critiques :

> Voilà l'abîme où mène la course désordonnée de Mazeppa. C'est M. Victor Hugo qui a perdu M. Louis Boulanger — après en avoir perdu tant d'autres — c'est le poète qui a fait tomber le peintre dans la fosse. Et pourtant M. Boulanger peint convenablement... ; mais où diable a-t-il pris son brevet de peintre d'histoire et d'artiste inspiré ? Est-ce dans les préfaces et les odes de son illustre ami ? [46]

Quelques lignes plus loin, parlant du peintre Boissard, cet ami de Delacroix qu'il rencontre avec Gautier au club des haschischins [47], il souligne :

> M. Boissard a toujours surnagé hors des eaux troubles de la mauvaise époque dont nous parlions à propos de M. Louis Boulanger, et s'est sauvé du danger, grâce aux qualités sérieuses et pour ainsi dire naïves de sa peinture...

A ce moment déjà, ce sont, non plus seulement deux tempéraments qui s'opposent, mais deux esthétiques : Hugo est, aux yeux de Baudelaire, l'auteur des Odes et des Préfaces et aussi des recueils où s'étale le Romantisme lyrique ; son art est emporté par le délire inspiré — le cheval de Mazeppa, — lié et paralysé par ce délire même. Facilité trompeuse, inspiration de surface qui vont au désordre et à l'erreur. Ce n'est pas ainsi que parle la nature et ce Misanthrope volontiers paradoxal réclame déjà plus de médi-

tation et de gravité, une plus digne concentration, une recherche
de sérieux dans le naïf — par quoi la sincérité se sauvera de
l'artifice, de la déclamation et de la banalité.

L'antinomie entre les deux poètes ne fait que croître à ce moment précis de l'évolution intérieure de Baudelaire. Moment de
crise où les réactions sont violentes. C'est le temps — Baudelaire
a vingt-cinq ans — des haines vigoureuses et des prompts enthousiasmes. Le *Salon de 1846* développe les discrètes critiques de
1845. L'attaque est plus directe, le reproche plus net, le jugement
plus sévère. Le prétexte est la comparaison qu'on tend à établir
entre Delacroix et Hugo. Il y a là, au goût de Baudelaire, une
fausse fenêtre. Baudelaire ne peut accepter ces symétries de rhétoriques périmées :

> On avait le poète romantique, il fallait le peintre. Cette nécessité de
> trouver à tous prix des pendants et des analogues dans les différents arts
> amène souvent d'étranges bévues... A coup sûr, la comparaison dut pa-
> raître pénible à E. Delacroix, peut-être à tous les deux, car si ma défi-
> nition du Romantisme (intimité, spiritualité, etc.) place Delacroix à la tête
> du romantisme, elle en exclut naturellement M. Victor Hugo. Le parallèle
> est resté dans le domaine banal des idées convenues, et ces deux préjugés
> encombrent encore beaucoup de têtes faibles [48].

Le Romantisme de V. Hugo est, selon Baudelaire, dans les
procédés, les recherches, les effusions — mais non dans cette
« manière de sentir » qui l'enrichit et le renouvelle. Et c'est pourquoi, il apporte, lui, sa comparaison — aussi tranchante dans ses
rigueurs juvéniles qu'étaient subtiles et sinueuses les constructions
des vies parallèles. Il reconnaît à Hugo l'adresse d'un bon ouvrier
mais lui refuse les dons d'inventeur. Delacroix, malgré ses maladresses, est un créateur, et tout n'est pas injustifié dans ce jugement sévère :

> M. Victor Hugo laisse voir dans tous ses tableaux, lyriques et drama-
> tiques, un système d'alignement et de contrastes uniformes. L'excentricité
> elle-même prend chez lui des formes symétriques. Il possède à fond et
> emploie froidement tous les tons de la rime, toutes les ressources de
> l'antithèse, toutes les tricheries de l'apposition.

Peut-être un mot nous heurte-t-il : peut-on reprocher à Hugo
d'user *froidement* des ressources de l'art ? Baudelaire semble voir
en lui un merveilleux ouvrier né pour l'Académie et se servant
« de ses outils avec une dextérité véritablement admirable et curieuse » [49]. Mais, s'il y a quelque injustice à réduire à ces limites
le génie de V. Hugo, le point de vue baudelairien subsiste dans sa

rigueur : ce poète, qui a écrit des *Orientales* avec les dons d'une imagination qui abuse de couleurs voyantes [50], ne satisfait pas davantage un Baudelaire avec ces grands recueils lyriques où, de 1830 à 1840, il répand son moi sans mesure, en des effusions factices, en artifices prestigieux, en antithèses concertées. Et c'est là ce que Baudelaire veut entendre par sa formule qui surprend. Mais n'est-ce pas — rapprochement curieux — le reproche que Stendhal faisait dès 1823 au même Hugo : « Ce M. Hugo a un talent dans le genre de Young... ; il est exagéré à froid... L'on ne peut nier... qu'il ne sache fort bien faire des vers français ; malheureusement il est somnifère » [51]. Et il est vrai que cela fut écrit contre le V. Hugo des *Odes* qui n'avait certes pas donné, à vingt ans, sa mesure. Mais voici que, en 1840, Henri Heine ne pense pas autrement : « Ce que nous regrettons surtout de ne pas trouver en lui, c'est ce que nous, Allemands, appelons le naturel. V. Hugo est forcé et faux... Il est essentiellement froid... froid et glacial même dans ses effusions les plus passionnées ; son enthousiasme n'est que fantasmagorie, un calcul sans amour... » [52]. Et plus loin il parle de cette « passion à froid qui nous est servie en des phrases si flamboyantes qu'on songe à ces glaces frites que servent les Chinois » [53]. Si, d'ailleurs, nous voulons forcer la pensée secrète de Baudelaire, il nous suffit de lire l'éloge de Delacroix qui s'oppose à la critique d'Hugo. Delacroix conserve la naïveté qui s'appuie certes sur la science du métier mais laisse « le beau rôle au tempérament ». Tandis que V. Hugo se refuse, tant il est adroit, à rien laisser deviner, n'omettant ni « un brin d'herbe, ni un reflet de réverbère », Delacroix « ouvre de profondes avenues à l'imagination la plus voyageuse ». Les calculs de V. Hugo gênent la spontanéité tandis que Delacroix, dans sa passion tenace de bilieux, s'oublie et s'emporte :

L'un commence par le détail, l'autre par l'intelligence intime du sujet ; d'où il arrive que celui-ci n'en prend que la peau et que l'autre en arrache les entrailles. Trop matériel, trop attentif aux superficies de la nature, M. V. Hugo est devenu un peintre en poésie ; Delacroix, toujours respectueux de son idéal est souvent, à son insu, un poète en peinture... [54]

Sans doute, Baudelaire se laisse emporter par son admiration et sa critique passionnée est prête à dépasser la juste mesure. Mais, dans l'expression même de son enthousiasme, on peut définir les préoccupations esthétiques qui guident, à cette date, ses jugements sur Hugo et le Romantisme lyrique. Son tempérament, sincère jusqu'à l'outrance, personnel jusqu'au paradoxe répudie l'indiscrétion de confidences intéressées, qui rapetisse aux proportions d'un individu les inspirations les plus sacrées et qui mêle un apprêt délibéré à la naïveté du tempérament.

L'œuvre de Baudelaire reste muette sur V. Hugo pendant une période qui s'étend de 1846 à 1853. Période troublée où le mirage de la vie politique entraîne les hommes de 1830 vers des orientations nouvelles. En 1848, Hugo est élu député à l'Assemblée Constituante et, pour un moment, il s'abandonne à l'action. Il entre à l'Assemblée législative en 1849, s'oppose aux ambitions du futur Napoléon III, essaie de faire obstacle au coup d'Etat du 2 décembre, harangue, à ces heures troublées, les soldats et le peuple et, vaincu par la force, s'enfuit en exil à Bruxelles. En 1843, sa fille avait péri tragiquement : dans sa désolation, le poète goûtait le prix du silence. Et le voici qui s'engage dans la littérature sociale, dont, à vrai dire il rêve, depuis sa jeunesse : le 17 novembre 1845, il commence d'écrire le roman qui sera un jour *les Misérables*. Il est déjà hanté des problèmes qui serviront de thèmes aux plus fameuses pièces des *Contemplations* [55]. De son côté, Baudelaire est quelque temps absorbé par l'utopie politique. Il fonde avec Toubin et Champfleury un journal démocrate : *le Salut Public* qui vit l'espace de deux matins [56]. Vers Septembre-Octobre 1848, il va à Châteauroux pour fonder le *Représentant de l'Indre*, journal conservateur [57] et épouvante les abonnés, dès son premier article, par d'étranges propos sur la douceur de Marat et l'intégrité de Robespierre. D'ailleurs la politique ne le préoccupe que l'instant d'une révolution : son enthousiasme fait long feu. Cet aristocrate ne pouvait s'accommoder d'une mêlée où les mouvements déplacent les lignes dans le tumulte, parmi de répugnants contacts. Et c'est encore un point où il s'éloigne de V. Hugo, une attitude qui aboutira au brutal aveu de la lettre à Manet [58]. Dès 1853, recommence le conflit, longtemps voilé sous la déférence, mais grandissant sourdement jusqu'à l'éclat final. Dans le *Hibou Philosophe* [59] un « grand article » devait paraître, réunissant les cinq collaborateurs et traitant des écoles littéraires. Le nom de V. Hugo est écrit apposé auprès d'un projet d'étude sur « l'Ecole Olympienne ». Et peut-être cet article qui ne fut pas rédigé n'aurait-il pas marqué à l'égard du dieu Hugo de très bienveillantes intentions. Quoi qu'il en soit, à partir de cette date, la chaîne est renouée. Des rapports sont établis entre Hugo et Baudelaire et l'étude chronologique est ici pleine d'enseignements.

A vrai dire, ces rapports ne sont pas sans nous déconcerter

quelquefois. Il serait trop simple de dire : éloges officiels, haine
intime. La réalité ne contient pas en des formules arrêtées. Il y a
des fluctuations — dues à la diversité même de l'œuvre jugée —
dans cette critique d'un poète qui conçoit la poésie tout autrement
que V. Hugo [60]. Baudelaire, pourtant, ne peut rester insensible
au jaillissement de V. Hugo. Lui aussi est pris et comme entraîné
par le torrent ; certains aspects de cette inspiration le charment,
malgré lui, et il n'échappe à la magie qu'en tournant la tête sur
les points discutables et peut-être à force de secrète rancune. Au
choc de deux esthétiques s'ajoutent, dans le fond de l'âme, des
motifs de désaccord qui ne sont peut-être pas tous littéraires. Ce
sont ces divers mobiles que nous voudrions éclairer par les textes,
en montrant seulement les pièces du procès.

Le 14 janvier 1854 [61], dans une lettre à Champfleury, Baudelaire
parlant avec mépris du « baragouin romantique » assène cette
apostrophe à son ami :

> Trouvez-vous réellement qu'à votre âge et avec votre force actuelle, il
> soit bien utile d'exhumer les compliments de V. Hugo qui en a inondé
> les êtres les plus vulgaires...

Ces compliments, Baudelaire en éprouvera lui-même la banalité
pompeuse. Le 30 août 1857, au lendemain du procès des *Fleurs
du Mal*, le poète de Hauteville-House envoyait à Baudelaire un
satisfecit où il parle de son œuvre en termes vagues mais où il
saisit l'occasion de jeter un nouvel anathème au régime :

> J'ai reçu, Monsieur, votre lettre et votre beau livre. L'art est comme
> l'azur ; c'est le champ infini : vous venez de le prouver. Vos *Fleurs du
> Mal* rayonnent et éblouissent comme des étoiles. Continuez. Je crie
> « bravo » de toutes mes forces à votre vigoureux esprit. Permettez-moi
> de finir ces quelques lignes par une félicitation. Une des rares décorations
> que le régime actuel peut accorder, vous venez de la recevoir. Ce qu'il
> appelle sa justice vous a condamné au nom de ce qu'il appelle sa morale ;
> c'est là une couronne de plus. Je vous serre la main, poète [62].

Baudelaire fut peut-être flatté. Mais ces métaphores, à ses yeux
blasés, n'eurent ni le rayonnement ni l'éblouissement des étoiles. Il
sait ce qu'en vaut l'aune. C'est l'époque où, dans ses *Journaux
intimes* [63], il exécute Hugo en termes sévères : « Cet homme est
si peu élégiaque, si peu éthéré qu'il ferait horreur même à un
notaire. Hugo, sacerdoce, a toujours le front penché, trop penché
pour rien voir excepté son nombril ». Et lorsque, le 6 juin 1858,
le *Figaro* publiera le fameux article de Jean Rousseau où est
rapporté un propos de Baudelaire désobligeant pour Hugo [64], Bau-

delaire a beau protester [65], cette boutade nous semble bien lui avoir échappé comme un cri du cœur, et nous n'aurions aucune peine à admettre la véracité du propos. L'attitude olympienne de V. Hugo comme son lyrisme déplaisent nettement à Baudelaire. Ses protestations sont clauses de style et nous sentons que son cœur n'est pas là.

Baudelaire croit-il devoir une réparation à Hugo ? L'article sur Gautier, qui paraît le 13 mars 1859 dans *l'Artiste,* enferme, à plus d'un endroit, d'élogieuses allusions à Hugo qui, avec Sainte-Beuve et Vigny, a « ressuscité la poésie française morte depuis Corneille » [66], qui a, dans son œuvre, des parties « mystérieuses, ombreuses, charmantes » [67], qui, parmi les auteurs du Romantisme, fait « positivement exception par le nombre et l'ampleur de ses facultés » [68], qui, « grand, terrible, immense comme une création mythique, cyclopéen, pour ainsi dire, représente les forces de la nature et leur lutte harmonieuse » [69]. En Juin-Juillet 1859, dans le Salon publié dans la *Revue française,* Baudelaire parle des dessins de Victor Hugo avec une admiration sans ambages, unissant les noms de Méryon, de Catlin et de Delacroix à celui de V. Hugo : « Je parle de ses dessins à l'encre de Chine, concluait-il, car il est trop évident qu'en poésie notre poète est le roi des paysagistes » [70]. Et le 29 avril 1860, Victor Hugo le remerciera pompeusement, lui serrant la main sur cette phrase : « Vous expliquez comme vous peignez, *granditer* » [71].

Faut-il voir dans ce revirement un motif intéressé ? Nous savons, en effet, que Baudelaire, avant de faire paraître en plaquette son article, avait fait demander à Victor Hugo une lettre-préface [72]. Une première lettre écrite par Hugo à Baudelaire s'étant égarée aux bureaux de *l'Artiste* [73], Baudelaire sollicite directement, et Hugo lui adresse de Hauteville-House, le 6 octobre 1859, la fameuse lettre : « Vous créez un frisson nouveau... » [74].

La lettre de Baudelaire n'est pas moins curieuse que la réponse de V. Hugo. Publiée par M. G. Simon, dans la *Revue de France* du 1er octobre 1923, elle est un document précieux pour l'étude des rapports de Baudelaire et de V. Hugo. Elle est datée du 27 septembre 1859 — et ceci nous permet de supposer à l'admiration de Baudelaire des mobiles dignes de lui. La *Légende des Siècles* a paru la veille, et tout de suite Baudelaire est pris par la grandeur de l'œuvre. Le 1er octobre, il écrit à Poulet-Malassis : « La *Légende des Siècles* a décidément un meilleur air que les *Contemplations* sauf encore quelques petites folies modernes » [75].

A la même époque, il écrit à sa mère : « Je suis très étonné de ce que tu me dis de la *Légende des Siècles*. Il est possible que le vers souvent haché, brisé, aussi souvent épique que lyrique, te fatigue. Mais jamais Hugo n'a été si pittoresque ni si étonnant que dans le commencement de *Rathbert* (le Concile d'Ancône), *Zim-Zizimi, le Mariage de Roland, la Rose de l'Infante* ; il y a là des facultés éblouissantes que lui seul possède » [76]. Ces textes semblent en tout cas prouver qu'en 1859 les relations de Baudelaire et de V. Hugo sont les meilleures possibles. La lettre qui nous occupe confirme cette opinion et peut édifier à la fois l'historien et le psychologue. Le ton de Baudelaire contraste avec la désinvolture de lettres que nous avons lues ou que nous lirons plus tard. Nous sommes ici à un moment essentiel. Baudelaire parle non seulemnt en quémandeur mais en disciple. Il regrette que la lettre de V. Hugo se soit égarée : « Une lettre de vous... est une chose si agréable et si précieuse ». Il s'étend sur de délicates explications, essayant de concilier ses théories les moins conciliables avec les dogmes hugoliens. Il avoue avoir « dépassé la théorie généralement exposée » par Hugo « sur l'alliance de la morale et de la poésie ». Et l'euphémisme est joli pour qui se souvient d'avoir lu dans les *Notes nouvelles sur Edgar Poe*, en 1857, des formules moins indulgentes [77]. La défaite est d'ailleurs amusante. Baudelaire s'excuse en signalant que « dans un temps où le monde s'éloigne de l'art avec une telle horreur il n'y a pas grand mal à exagérer un peu dans le sens contraire ». Son scrupule a beau insinuer : « J'ai peut-être réclamé trop : c'était pour obtenir assez ». Il faut certes quelque naïveté — mais Hugo dûment loué avait cette naïveté désirable — pour admettre une pareille palinodie. D'ailleurs, Hugo pouvait-il redouter un rival dans l'auteur d'un recueil unique qui devait son succès au scandale ? La vérité est pourtant qu'entre les Préfaces de V. Hugo que Baudelaire déclare savoir par cœur — et les théories esthétiques qu'il affirmera avec une netteté croissante, il y a une irréductible antinomie. Ce sera là, entre les deux poètes, le point névralgique. Bientôt les *Misérables* vont paraître [78] qui créeront le fossé. Mais Baudelaire, ici, est prêt aux concessions : il faut réparer le scandale du *Figaro* et sans doute aussi obtenir une lettre-préface. Après ce passage difficile — qu'il fallait aborder et franchir — Baudelaire opère un redressement. Et la pirouette ne manque pas de grâces puisqu'elle se termine en flatterie d'expert courtisan : « J'ai voulu surtout ramener l'esprit du lecteur vers cette merveilleuse époque littéraire dont vous fûtes le véritable roi et qui vit dans mon esprit comme un délicieux souvenir d'enfance. »

On est un peu gêné en songeant que cet enthousiasme de jeunesse ne fut pas aussi total que Baudelaire veut l'affirmer. La royauté littéraire de V. Hugo fut incontestable — mais Baudelaire l'a-t-il reconnue sans réticence au temps même de « cette merveilleuse époque » ? On reste plus gêné encore devant les étranges raisons qui le poussent à « avouer *confidentiellement* » les « lacunes de cet étonnant esprit » qu'est Théophile Gautier. A quoi tendent ces explications embarrassées : « Bien des fois, pensant à lui, j'ai été affligé de voir que Dieu ne voulait pas être absolument généreux. Je n'ai pas menti, j'ai esquivé, j'ai dissimulé... Mais, vis-à-vis de vous, il me semble absolument inutile de mentir ». Nous verrons ailleurs que Baudelaire juge Gautier à sa mesure et trouve que son inquiétude est trop facilement consolée par ses jeux de « magicien ». Mais pourquoi ces confidences qui ont un air de trahison ? Baudelaire semble vouloir nous répondre lui-même : « J'ai besoin de vous, dit-il à Hugo. J'ai besoin d'une voix plus haute que la mienne et que celle de Théophile Gautier, de votre voix dictatoriale. Je veux être protégé. J'imprimerai humblement ce que vous daignerez m'écrire. Une critique de vous, n'est-ce pas encore une caresse, puisque c'est un honneur ?... » Baudelaire a-t-il besoin de se faire pardonner l'éloge de Gautier ou comprend-il que l'orgueil de V. Hugo ne pouvait supporter qu'on louât un autre que lui ? La vérité est qu'il veut obtenir, à tout prix, le patronage éclatant du Maître. Aussi joint-il à sa lettre des vers imités de V. Hugo [79] et qu'il a l'intention de lui dédier publiquement...

Tout cela prouve bien qu'en 1859 Baudelaire et Hugo étaient officiellement en bons termes. Pourtant la lettre de V. Hugo — à travers des louanges un peu emphatiques — souligne des divergences que Baudelaire essaie vainement de concilier et qui s'accentueront chaque jour davantage, comme s'accentuera leur conception de l'essence de la poésie et du rôle du poète :

Vous ne vous trompez pas en prévoyant quelque dissidence entre vous et moi. Je comprends toute votre philosophie (car, comme tout poète, vous contenez un philosophe) ; je fais plus que la comprendre, je l'admets ; mais je garde la mienne. Je n'ai jamais dit : l'Art pour l'Art : j'ai toujours dit : l'Art pour le Progrès.

Au fond, c'est la même chose, et votre esprit est trop pénétrant pour ne pas le sentir. En avant ! C'est le mot du Progrès. C'est aussi le cri de l'Art. Tout le verbe de la Poésie est là. Ite [80].

La même chose ? C'est là politesse et réponse d'augure à augure. En réalité, Hugo et Baudelaire ne parlent pas la même langue. En vain Hugo argumente avec sa prodigieuse poésie verbale. En vain il dit à Baudelaire que sa poésie est un progrès, c'est-à-dire une marche en avant ou un frisson nouveau. En vain il écrit :

L'Art n'est pas perfectible, je l'ai dit, je crois, un des premiers, donc je le sais ; personne ne dépassera Eschyle, personne ne dépassera Phidias ; mais on peut les égaler, et, pour les égaler, il faut déplacer l'horizon de l'Art, monter plus haut, aller plus loin, marcher... Les pas de l'Humanité sont donc les pas même de l'Art. Donc gloire au Progrès...

Tout ceci est mensonge de mots. Le fond du débat est d'une autre envergure. Il ne s'agit pas de déplacer l'inspiration et de confondre le Progrès dans l'Art avec l'Art pour le Progrès. La conclusion est hâtive et insoutenable. Elle est excusable par le désir d'un accord apparent et officiel, mais elle ne saurait concilier des oppositions profondes. Hugo ajoute : « C'est pour le Progrès que je souffre en ce moment et que je suis prêt à mourir ». Et nul ne peut admettre que l'exilé du 2 décembre ait été chassé pour avoir voulu donner à l'Art un horizon « déplacé ». Ce Progrès dont il est la victime n'a qu'un lointain rapport avec la marche en avant de l'Art, les variations de l'esthétique, puisqu'il ne se sépare pas des préoccupations morales ou politiques. Et c'est une voie où Baudelaire ne saurait suivre Hugo. Ne nous méprenons pas. Baudelaire lui-même va se charger de marquer les nuances. À partir de 1860, les rapports des deux poètes deviendront plus tendus. Hugo, lointain et olympien, absorbé dans sa gloire, ne prêtera peut-être qu'une attention distraite à cette opposition. Plus tard, Baudelaire disparu, il écrira au fidèle Asselineau une lettre d'une sympathie qu'on dirait banale sans la dernière formule au son plus sincère. Hugo y paraît s'être vaguement rendu compte de ces antinomies qui furent pour Baudelaire d'une souffrance aiguë :

J'ai rencontré, plus que connu Baudelaire... Il m'a souvent choqué et j'ai dû le heurter souvent ; j'en voudrais causer avec vous. Je pense tous vos éloges avec quelques réserves. Le jour où je le vis pour la dernière fois, en octobre 1865, il m'apporta un article écrit par lui sur la *Légende des Siècles*, imprimé en 1859 [81]... où il semble adhérer profondément à l'idéal qui est une conscience littéraire comme le progrès est une conscience politique. Il me dit en me remettant ces pages : *Vous reconnaîtrez que je suis avec vous.* Je partais. Nous nous sommes quittés, je ne l'ai pas revu. C'est un des hommes que je regrette [82].

Mais si Hugo n'a pas senti douloureusement ce heurt de conceptions esthétiques, Baudelaire ne manque pas, après 1860, une
occasion de le signaler avec une violence de langage qui va jusqu'à la révolte et qui irait, pour un peu, jusqu'à l'injure. Indignation de malade et peut-être de vaincu. Mais surtout colère intellectuelle d'artiste qui croit avec une ferveur mystique et qui est
heurté dans sa foi. A mesure que Baudelaire entrera dans la voie
montrée par Poe et qu'il s'ouvrira aux conceptions de l'école moderne, il sentira le vide des formules sociales et séparera l'art de
la morale. Il enfermera le Poète dans les régions secrètes de
la vie intérieure et l'isolera dans l'attitude hautaine de l'artiste à
qui rien n'agrée de ce qui plaît au jugement du rude populaire.
La correspondance et l'œuvre de Baudelaire apportent sur ce point
les plus concluants des témoignages.

C'est d'abord, de 1860 à 1864, une période d'opposition sourde.
Baudelaire reste hostile à Hugo dans l'intimité de sa correspondance tout en sauvant la face par des articles courtois et des
attitudes de commande. Le 4 mars 1860, il écrit à Madame Sabatier [83] : « Je serais moins troublé pour dire à Hugo : *vous êtes
bête* que pour dire à Feydeau : *vous n'êtes pas toujours sublime...* » Boutades, escarmouches — qui n'empêchent pas Baudelaire
d'envoyer à Hugo sa seconde édition des *Fleurs du Mal,* parue le
9 février 1861. Hugo répond, de Bruxelles, le 10 avril : « Votre
poésie est un dictame. C'est elle qui a commencé ma guérison.
Les vers calment et charment... » [84]. Et c'est le 15 juin, dans la
Revue fantaisiste, consacré à Hugo, le premier article de la série :
Réflexions sur quelques-uns de mes contemporains.

Cet article, Baudelaire semble l'avoir écrit sans grand enthousiasme. Un billet adressé par Baudelaire à un directeur de revue
en témoigne : « Je tâcherai de dire en dix pages maximum ce
que je pense de raisonnable sur Hugo. — J'esquiverai la question
politique » [85]. Le ton de l'article nous dispense, d'ailleurs, de longs
commentaires. Il veut être élogieux certes — mais quand il parle
de ceux qu'il aime, — qu'on se rappelle les panégyriques d'E.
Delacroix, — Baudelaire s'exprime avec une chaleur plus vibrante.
Voici Hugo, travailleur et rêveur, portant en lui tous les contrastes
qui se heurtent dans son œuvre, « existence bien réglée », « forte
constitution spirituelle », absorbant la nature comme un aimant.
Peut-on qualifier d'enthousiaste cette évocation de l' « homme très
doux, très puissant, toujours maître de lui-même et appuyé sur
une sagesse abrégée faite de quelques axiomes irréfutables » [86] ?

N'y a-t-il pas au contraire quelque ironie dans cette allusion à l'amour des formules péremptoires et sommaires ? Baudelaire n'est-il pas déjà (comme il le sera bientôt) indisposé par cette attitude du maître de Hauteville-House ? Les *Journaux intimes* dont nous avons cité les phrases cruelles, écrites vers 1857, commentent et dévoilent peut-être ce qui se cache sous la tranquille phrase de cet éloge. Le temps n'est pas loin où Baudelaire parlera avec sarcasme de la « Sagesse » de V. Hugo. Et s'il lui envie, à cette heure, quelque privilège c'est, avec son amour pour le décor de la vie ancienne, pour les monuments du passé, les meubles, les gravures et les porcelaines, le moyen qu'il a de le satisfaire pour la joie de ses yeux et l'amusement de son imagination. Pourtant, sur un point, Baudelaire quitte ce ton d'éloge officiel. Un long développement [87] jaillit et se développe comme une montée lyrique : la « royauté » de V. Hugo apparaît « acclamée par la reconnaissance, confirmée par l'impuissance de la rébellion ». En rajeunissant la poésie française, Hugo a haussé le goût vers des jouissances de prix. « Il ne coûtera à personne d'avouer tout cela, souligne le critique, excepté à ceux pour qui la justice n'est pas une volupté ». Mais il apparaît bien vite que ce n'est pas tout Hugo que Baudelaire ici tente de définir ; il exalte en lui, non seulement les aspects qui plaisent à son goût personnel, mais ceux qui rappellent les tendances les plus intimes de son art à lui, le but de ses efforts les plus secrets. Hugo, au même titre que les grands artistes et les grands chefs, est un être providentiel, élu pour exprimer par la poésie le mystère de la vie. Dans l'universalité de V. Hugo, Baudelaire loue la merveilleuse aptitude à saisir les révélations les plus diverses de la nature, « forme, attitude et mouvement, lumière et couleur, son et harmonie ». Musicien, sculpteur, peintre, ne trouve-t-il pas la transposition idéale qui fait pénétrer, comme en vue directe, les harmonies variées de la nature, « dans le cerveau du lecteur » ? Il exprime, dans ce qui est extérieur à l'homme, dans ce qui est obscur et confusément révélé, le langage mystérieux qui atteint l'âme par un caractère indéfini où se mêle l'humain, le divin, le sacré ou le diabolique. N'est-ce pas là une analyse du génie de V. Hugo, où, dans des profondeurs malaisément accessibles, pénètre le jugement de Baudelaire ?

Faut-il le regretter ? Si nous jugions Baudelaire comme un critique pur et, si ce n'était pas d'un créateur qu'il fût question, nous serions en droit de condamner la manière en incriminant la

33

méthode. Mais nous poursuivons Baudelaire à travers les autres
comme à travers lui-même, et nous devons saisir, dans ces aveux
indirects, dès leur apparition tous les matériaux qui concourent à
former l'édifice. En 1861, Baudelaire est maître de lui-même. Ce
« mystère de la vie » dont il voit en Hugo l'interprète élu, nul
ne le cherche avec plus d'inquiétude que lui. Il sent en lui ces
forces de « vaporisation » dont il se plaint aux premiers vers des
Fleurs du Mal. Il se voudrait concentré comme le héros émersonien
et il s'effraie des puissances dissolvantes qui le poussent à ce jeu
risqué de la division et du divertissement. Il rêve d'unité : l'art
lui apporte cette unité par une fusion dans l'universel où se coor-
donnent tous les désordres et s'unifient toutes les forces. Ce contact avec la vie de tous les êtres, l'œuvre de V. Hugo le lui fait
goûter — et certes, au XIXᵉ siècle, c'est bien dans Hugo qu'on
trouve à la fois « les plaisirs les plus directs » et « les sensations
les plus fugitives » puisées dans la nature tout entière, animée et
inanimée, morale et animale. Mais « ce qu'il y a de divin, de
sacré ou de diabolique » dans l'être humain, n'est-ce pas Baudelaire qui a le mieux tendu à le révéler : ce frisson nouveau c'est
précisément le déchirement de ces « deux postulations simultanées » de l'âme baudelairienne, l'une vers Dieu, l'autre vers
Satan. [88]

Ici nous quittons le plan littéraire. Nous voici sur le terrain
mouvant de la mystique : « Ceux qui ne sont pas poètes ne comprennent pas ces choses » s'écrie Baudelaire. Et il nous amène
dans un domaine qu'il connaît bien et où tout le XIXᵉ siècle a
cherché des inspirations. Le rêve de Lavater et de Svedenborg,
comme celui de Fourier, a séduit tous les inquiets d'unité universelle, tous les chercheurs d'analogies et de correspondances.
Tous les romantiques ont subi cette emprise du mystère ; tous,
Vigny, Nodier, Hugo, Balzac, Sand, Musset, Gautier, Nerval, Barbey d'Aurevilly — après Milton, Byron, Gœthe, Hoffmann ont été
séduits par le mystère du gouffre et ont connu ce désir d'évasion
que le classicisme à force d'équilibre rationnel et de discipline
morale avait dominé. La nature offre à l'homme des avenues de
mystère où il se perd. Tout est hiéroglyphique et le poète n'est
qu'un traducteur, un déchiffreur qui comprend « le langage des
fleurs et des choses muettes ». Certes, Hugo est « un magnifique
répertoire d'analogies humaines et divines », mais n'est-ce pas le
goût personnel de Baudelaire qui le conduit à chercher dans son
œuvre pour les louer de préférence « ces turbulences, ces accu-

mulations, ces écroulements de vers, ces masses d'images orageu-
ses, emportées avec la vitesse d'un chaos qui fuit, ... ces répétitions fréquentes de mots, tous destinés à exprimer les ténèbres
captivantes ou l'énigmatique physionomie du mystère » ? Et ne
définit-il pas, dans cette étude du sens spirituel de la nature, le
symbolisme même du sonnet des *Correspondances* ?

Ce qui attire Baudelaire vers Hugo, c'est moins la grandeur
que cette universalité qui se met en contact avec toutes les formes
de la nature et de la vie pour les traduire diversement avec
netteté parfois et parfois avec « l'obscurité indispensable ». Baudelaire admire en Hugo ce qu'il recherche chez d'autres, ce qu'il
se propose comme idéal à lui-même. Le parfait artiste s'obstine
dans la fuite de la spécialité et « conçoit immédiatement la nécessité de la perfection dans tous les genres » [89]. Ecoutons Baudelaire murmurer, en sourdine, les noms de Rubens, Véronèse, Vélasquez... et Delacroix. Cette assimilation du génie du poète au
génie du peintre montre bien la préoccupation, constante désormais
chez Baudelaire, d'unifier les arts et de renverser toute barrière.
Préoccupation de surface chez Hugo qui, poète, s'amuse, comme
d'un jeu d'imagination, à peindre suivant cette manière dont
Pascal signalait la vanité, parant d'éclatantes images une pensée
parfois sans profondeur. Effort laborieux pour Delacroix, qui,
peintre, s'élève par la puissance d'un génie toujours inquiet aux
vues synthétiques de la Poésie, créatrice d'unité et source d'analogies. Et voici que pour louer Hugo, Baudelaire trouve les éloges
dont il qualifiait la manière de Delacroix, au Salon de 1846 [90]. Il
montre dans le poète un « génie sans frontières », « paysagiste
consommé », mettant en tout « la palpitation de la vie », également
à l'aise dans les sentiments et les émotions humaines qui
forment « le domaine du peintre de genre et du peintre d'histoire » [91]. Est-ce l'admiration qui l'emporte ou si c'est son âme
qu'il retrouve dans l'œuvre qu'il regarde ? Baudelaire semble ici
interpréter Hugo avec un enthousiasme unique. Admiration de
commande, surprise d'un élan sincère, rhétorique et trahison de
mots, impondérable ironie ou victoire de cette force olympienne
qui s'impose, un jour ou l'autre, aux plus rebelles ? Avec Baudelaire on hésite à conclure. Cette âme reste toujours secrète. La
critique ici doit se refuser à affirmer, sous peine de tomber dans la
fantaisie — et probablement dans l'erreur. On ne peut que confronter des textes pour montrer les contradictions, et se résigner

à douter. Seules les tendances toujours confirmées nous permettent parfois d'envisager une solution plus nette.

Quoi qu'il en soit, Baudelaire, devant la *Légende des Siècles,* est forcé de se rendre et ne résiste plus à la puissance de cette poésie, à ce renouvellement d'inspiration. Et ici nous savons que cette admiration correspond à une réalité intime. Le charme agit et les dernières pages sont écrites sous cette victorieuse séduction. Les mots de Baudelaire sont révélateurs : monstruosité, prodigieux, énorme. Ce lyrisme l'élève à des hauteurs où son goût de la métaphysique trouve son compte. L'unité se métamorphose « en une population innombrable de nombres ». La totalité infinie des nombres « se concentre de nouveau dans l'unité originelle » [92]. Mystère où Baudelaire se complaît. La coupole du ciel domine l'œuvre. Une sorte de mysticisme lyrique s'exprime dont Hugo semble n'être que l'occasion. Comme le Satyre, Baudelaire, autant que V. Hugo, s'enivre dans le grand Tout de forces sans nombre et sans mesure. Baudelaire trahit, dans son enthousiasme, ses préoccupations. Il sait gré à Hugo d'avoir abandonné le lyrisme des anciennes effusions et de s'élever au-dessus des mêlées humaines : mais il s'émerveille aussi devant cet univers formidable de germinations, d'éclosions, de floraisons, « d'éruptions successives ou simultanées, lentes ou soudaines, progressives ou complètes, d'astres, d'étoiles, de soleils, de constellations », en des « conjectures » si magistralement dominées qu'elles échappent à cette « forme didactique » où, à l'instar de Poe, Baudelaire voit « la plus grande ennemie de la véritable poésie ». Ce domaine éblouissant, n'est-ce pas celui dont il rêve au milieu de la Nature, temple aux vivants piliers, où le Poète interprète les symboles et démêle le sens des confuses paroles et des correspondances qui s'harmonisent dans une ténébreuse et profonde unité ?

Un dernier texte viendra forcer notre conviction, Baudelaire écrit :

Raconter en vers les lois connues, selon lesquelles se meut un monde moral ou sidéral, c'est décrire ce qui est découvert et ce qui tombe tout entier sous le télescope ou le compas de la science, c'est se réduire aux devoirs de la science et empiéter sur ses fonctions, et c'est embarrasser son langage traditionnel de l'ornement superflu, et dangereux ici, de la rime ; mais s'abandonner à toutes les rêveries suggérées par le spectacle infini de la vie sur la terre et dans les cieux, est le droit légitime du premier venu, conséquemment du poète, à qui il est accordé alors de traduire, dans un langage magnifique, autre que la prose et la musique, les conjectures éternelles de la curieuse humanité. En décrivant ce qui est, le poète se dégrade et descend au rang de professeur ; en racontant le possible, il reste fidèle à sa fonction : il est une âme collective qui interroge, qui pleure, qui espère, et qui devine quelquefois... [93]

C'est bien ici cette critique lyrique que Baudelaire a définie dès les premiers jours. En poète, Baudelaire juge suivant les préférences de sa sensibilité et s'attarde à louer ce qu'il aime, son propre idéal et sa propre manière. D'ailleurs, ces vues d'esprit fin, qui ne peut consentir à être par surcroît géomètre, s'appliquent à définir la qualité originale de la *Légende des Siècles*. Autour de lui comprend-on la nouveauté géniale de l'œuvre ? Dans un long article de la *Revue des Deux-Mondes*, le 15 octobre 1859, Emile Montégut s'extasie devant la splendeur des sujets, la variété de l'imagination et fait une consciencieuse analyse de l'art « magicien » du poète. Mais Baudelaire, lui, a senti, dès l'apparition de la première *Légende des Siècles*, que cette œuvre renouvelait la poésie épique en l'adaptant aux exigences d'une époque. Quinet, après tant d'autres, s'est mépris en voulant « mettre le vers au service d'une thèse poétique », sans faire le départ entre l'histoire et la légende [94]. Hugo « a créé le seul poème épique qui pût être créé par un homme de son temps pour un lecteur de son temps ». Et il s'est rendu compte que le long poème est désormais insupportable, que la brièveté est, en poésie, génératrice de puissance. Quel plaisir un Baudelaire, disciple de Poe, prenait à constater qu'un Hugo se conformait inconsciemment aux lois du *Poetic Principle* ! Il reste que Baudelaire a fait de la *Légende des Siècles* une pénétrante et personnelle analyse. Il a bien vu que le caractère éminent de cette œuvre, c'est l'appel à tout ce que la légende peut ajouter d'embellissements aux faits de l'histoire, en leur imposant la parure du mythe ou de la fable, « réservoirs profonds où dorment le sang et les larmes des peuples » ; c'est encore et surtout la « magie évocatoire » de l'humanité ressuscitée, siècle après siècle », par ce « prestidigitateur » ou ce thaumaturge. Art admirable de magicien en parfait accord avec le milieu légendaire qui facilite « les évocations du spectacle » [95].

Critique « partial et passionné », Baudelaire nous apporte dans cette étude le témoignage d'une admiration qui ne va pas sans réticence. Il ne faut pas tout prendre à la lettre de ces éloges que contredisent tant de textes écrits pour l'intimité. Sans doute, Baudelaire veut être juste et s'oblige à comprendre et à s'incliner. Mais il y a, dans cette critique, des silences qui pourraient étonner si l'on n'en connaissait les secrètes raisons. Baudelaire, dans un article destiné à la *Revue fantaisiste* et à l'*Anthologie* d'E. Crépet, est contraint à l'admiration par la loi du genre. Aussi néglige-t-il dans cette œuvre tout ce que son goût condamne et choisit-il, pour l'exalter, ce qui flatte son désir et épouse son idéal. Ce mystère de la vie, cette évocation du gouffre, cette hantise du divin, cette recherche de l'universelle unité, n'est-ce pas tout le Romantisme moderne défini par Baudelaire, dès 1846, et traduit par lui, dans son œuvre poétique, les *Fleurs du Mal* d'hier comme les *Poèmes en prose* de demain ?

Le temps n'est pas loin d'ailleurs où, aux éloges sans flamme, succèderont les jugements sans fard. Voici que, du 2 avril au 30 juin, s'échelonne, à Bruxelles et à Paris, la publication, en dix volumes, des *Misérables*. Le 20 avril 1862, Baudelaire donne, sur la première partie de cette œuvre, un article de cinq colonnes en tête du *Boulevard*. Le 13 avril, une note de la rédaction avait annoncé l'étude : « L'auteur des *Fleurs du Mal* est, parmi les rares écrivains continuant le mouvement de la grande école romantique, un des mieux faits pour glorifier le maître. Celui qui a si bien expliqué Victor Hugo poète expliquera Victor Hugo romancier ». C'est là style d'éditorial. On ne saurait dire que Baudelaire ait « expliqué » V. Hugo poète. Il n'expliquera guère V. Hugo romancier. M. Barthou [96] dit de cet article qu'il « ressemble à un *pensum* où l'opinion personnelle et intime du critique ne se livre pas ». Cette opinion intime ne pouvait guère se livrer : le sujet des *Misérables* répugnait *a priori* aux instincts de ce prince des nuées. Il avait eu beau, dans son article sur le poète, louer la bonté d'âme de V. Hugo et ses « accents d'amour pour les femmes tombées, pour les pauvres gens broyés dans les engrenages de la société, pour les animaux martyrs de notre gloutonnerie et de notre despotisme » [97]. Peut-être songeait-il alors à ses misères, à ses luttes et aussi à cette Jeanne Duval, pour qui il accomplit jusqu'au bout, sans éclats, des devoirs « de justice et de charité ». Mais, dès 1846, il avait condamné, avec mauvaise humeur, cette « littérature *Marion Delorme* qui consiste à prêcher la vertu des assassins et des filles publiques » [98], marquant qu'il voulait distinguer d'une juste bonté les sensibleries déclamatoires. Nous pouvons noter d'ailleurs qu'il évite de parler de la partie théâtrale de l'œuvre de V. Hugo, et, s'il en parle, c'est par énumération rapide, sans prendre parti [99]. D'ailleurs, les dispositions de Baudelaire, chargé d'écrire la critique des *Misérables*, nous sont confirmées par lui-même : le 11 août 1862, il écrira à sa mère : « Ce livre est immonde et inepte. J'ai montré à son sujet que je possédais l'art de mentir. Il m'a écrit pour me remercier une lettre absolument ridicule. Cela prouve qu'un grand homme peut être un sot » [100].

Voyons donc le « mensonge » de Baudelaire.

D'abord c'est une longue citation de l'article récemment écrit sur V. Hugo « poète ». C'est un procédé que Baudelaire utilise souvent [101]. Mais la citation n'a pas pour raison, ici, comme ailleurs, le bonheur de pensée ou d'expression de la rédaction primitive. Baudelaire veut apporter comme point de départ un travail déjà fait sur ce sujet, presque un lieu commun : l'heureuse opposition de la bonté et de la force chez Hugo. L'article n'est ensuite qu'un exposé de la thèse de V. Hugo et une étude sur le symbolisme des personnages. N'y a-t-il pas là un biais habile de Baudelaire : d'une part, il se sauve par un compte rendu objectif du danger de prendre parti et d'autre part il se place sur un terrain où, à la rigueur, il peut suivre Hugo sans se renier. S'il note les préoccupations constantes de V. Hugo pour « l'idée de justice », son souci « des faibles, des proscrits et des maudits », il se refuse à analyser le thème social qui est pourtant le fond même du roman : « Ce n'est pas ici le lieu », dit-il [102]. Entendons : je n'ai aucun goût pour ce genre de philosophie. Il rend par contre « justice » au merveilleux talent de ce poète qui courbe « l'attention publique... vers les gouffres prodigieux de la misère sociale » [103]. « Livre de charité », répète-t-il [104]. Il dit, trahissant son embarras d'écolier pliant sous la tâche obligée : « Est-il bien nécessaire de faire l'analyse matérielle des *Misérables*... Il n'est pas nécessaire, je présume, de raconter et d'expliquer... [105] ». Il note, sans commentaire, les préoccupations sociales de V. Hugo, cite des œuvres « qui témoignent de cette tendance déjà ancienne » et — il lâche le mot — « de cette obsession » [106].

Baudelaire se dérobe en qualifiant l'œuvre de « poème plutôt que roman ». Et il développe dans le sens hugolien, en une sorte de paraphrase, la portée lyrique, épique, hyperbolique de l'œuvre : Monseigneur Bienvenu, c'est « la confiance absolue dans la Charité prise comme le plus parfait moyen d'enseignement » ; Valjean, « c'est la brute naïve, innocente ; c'est le prolétaire ignorant, coupable d'une faute que nous absoudrons tous sans aucun doute... mais qui, punie légalement, le jette dans l'Ecole du Mal, c'est-à-dire au Bagne » ; Javert, « c'est le gendarme, le garde-chiourme, la justice stricte, inexorable,... l'intelligence sauvage,... la Lettre sans l'Esprit » [107]. Il semble que, pour parler de V. Hugo, Baudelaire parodie le vocabulaire hugolien. Qui démêlera l'ironie savamment dissimulée par ce mystificateur ? La vérité pourtant c'est que, en dehors d'un symbolisme d'ailleurs assez grossier, ces personnages n'ont rien de séduisant pour le goût baudelairien. Le prolétaire ignorant, la Charité prêcheuse, entités bien éloignées de ses préférences sociales ou morales. Peut-être serait-il plus indulgent pour Javert, qui éveille le mot terrible de ce Joseph de Maistre dont Baudelaire suit les grandes leçons : il prend figure de « monstre », devient cette incarnation satanique de « l'Ennemi Absolu » [108]. Nous voilà peut-être plus près de Baudelaire que de V. Hugo. Enfin, si Baudelaire reconnaît l'utilité de ce livre, c'est pour y voir moins un plaidoyer pour les misérables qu'un « étourdissant rappel à l'ordre d'une société trop amoureuse d'elle-même » [109]. Cette leçon Baudelaire est secrètement heureux qu'on l'inflige à l'égoïsme social, et n'est-ce pas donner un sens détourné au but d'humanitarisme poursuivi par Hugo ? Car Hugo songeait-il en écrivant les *Misérables* à « l'immémoriale » réalité du « Péché originel » que Baudelaire évoque à la dernière phrase de son étude ? [110]

Hugo fut pompeusement sensible aux tièdes éloges de Baudelaire. Il lui écrivit : « ... Les choses élevées et fortes sortent de votre esprit comme les étincelles jaillissent du foyer, et les *Misérables* ont été pour vous l'occasion d'une étude profonde et haute. Je vous remercie... J'espère que vous continuerez ce beau travail sur ce livre... Nous nous dévouons, vous et moi, au progrès par la Vérité [111] ». Baudelaire, qui ne croyait guère au progrès et qui n'admettait pas que la vérité fût le but de l'art, ne répondra pas à l'invite de V. Hugo. A sa mère, il dira sa vraie pensée ; le 24 mai 1862 il lui écrit : « Quant aux nouveaux *Misérables*, je crains fort de n'avoir pas le courage de les demander. La famille Hugo et les disciples me font horreur » [112]. Désormais, il ne se sent plus la force de feindre. Après sa confession à sa mère [113], voici qu'il se félicite dans une lettre à Champfleury, le 6 mars 1863 [114], des réserves que Lamartine apportait dans ses *Entretiens* [115] : « Vous aimez le comique. Lisez le dernier entretien de Lamartine (à propos des *Misérables*). C'est une lecture amusante que je vous suggère ». Enfin, des véritables sentiments de Baudelaire sur les *Miséra-*

bles c'est peut-être Asselineau qui nous apporte le plus net témoignage [116] :

La meilleure critique des *Misérables* a été faite par Baudelaire : « Ah ! disait-il en colère, qu'est-ce que c'est que ces criminels sentimentals qui ont des remords pour des pièces de quarante sous, qui discutent avec leur conscience pendant des heures et fondent des prix de vertu ? Est-ce que ces gens-là raisonnent comme les autres hommes ? J'en ferai, moi, un roman, où je mettrai en scène un scélérat, mais un vrai scélérat, assassin, voleur, incendiaire et corsaire, et qui finira par cette phrase : « Et sous les ombrages que j'ai plantés, entouré d'une famille qui me vénère, d'enfants qui me chérissent et d'une femme qui m'adore — *je jouis en paix du fruit de tous mes crimes !*

Et ceci marque mieux encore l'exaspération de Baudelaire :

Au fond, le livre, avec ses énormités morales, ses paradoxes de plomb, l'agaçait profondément. Il avait horreur de la fausse sensibilité, des criminels vertueux et des filles publiques angéliques. Il l'a assez dit. Quand il tombait sur un raisonnement de cette sorte, il l'effondrait par une crudité brutale.

N'ayons donc aucun étonnement devant le silence désormais définitif du critique sur l'œuvre de V. Hugo. En 1863, pourtant, une dernière fusée : dans un long extrait d'un article écrit en 1861 sur *les Peintures murales d'E. Delacroix à Saint-Sulpice* [117], il reprend le rapprochement traditionnel entre Hugo et Delacroix : « Les grands maîtres, poètes ou peintres, Hugo ou Delacroix, sont toujours en avance de plusieurs années sur leurs timides admirateurs... »

Le temps n'est pas loin où Baudelaire, gravement atteint et sans doute plus irritable, ne pourra plus se contenir. Il se libère en un document d'un intérêt capital. A propos du 300e anniversaire de la naissance de Shakespeare un banquet fut organisé masquant une manifestation politique sous un prétexte littéraire et dissimulant aussi « le premier acte d'une comédie destinée à lancer le dernier livre de V. Hugo » [118]. Baudelaire adresse une lettre ouverte au directeur du *Figaro* : l'article parut le 14 avril 1864, et la signature fut remplacée par trois étoiles [119]. Le ton a cette violence que Baudelaire affiche aux jours de brutale franchise. Le début marque d'un coup de griffe « le sans-gêne de rapin qui forme une partie du talent » des collaborateurs du *Figaro*. Singulière façon certes de demander l'hospitalité d'un journal. Mais Baudelaire garde la mémoire des attaques dont il fut la victime au *Figaro* [120]. Après avoir critiqué, d'une ironie mordante, la composition du comité et dénoncé, avec des couleurs d'une haute richesse, la comédie organisée pour ce tri-centenaire, Baudelaire aborde le point essentiel. Il dévoile le but politique de cette manifestation :

En 1848, il se fit une alliance adultère entre l'école littéraire de 1830 et la démocratie, une alliance monstrueuse et bizarre. Olympio renia la fameuse doctrine de *l'art pour l'art,* et, depuis lors, sa famille et ses disciples n'ont cessé de prêcher le peuple et de se montrer en toutes occasions les amis et les patrons assidus du peuple... Dès lors, tout ce qu'ils peuvent aimer en littérature a pris la couleur révolutionnaire et philanthropique. Shakespeare est socialiste. Il ne s'en est jamais douté mais qu'importe !

On comprend aisément que Baudelaire, pour qui l'art et la politique ne doivent pas avoir de point commun, ait répugné à cette manifestation tapageuse — où, d'ailleurs, on avait omis de l'inviter. Aussi prend-il nettement position, trahissant, pour la première fois, dans un texte public, ses sentiments intimes envers Hugo :

La petite coterie caudataire de ce poète (en qui Dieu par un esprit de mystification impénétrable a amalgamé la sottise avec le génie) a jugé que le moment était opportun pour utiliser cette indomptable manie au profit des buts suivants auxquels la naissance de Shakespeare ne servira que de prétexte :
1° Préparer et chauffer le succès du livre de V. Hugo sur Shakespeare, livre qui, comme tous ses livres, plein de beautés et de bêtises va peut-être encore désoler ses admirateurs.
2° Porter un toast au Danemark... Ensuite, et selon les occasions et le *crescendo* particulier de la bêtise chez les foules rassemblées dans un seul lieu, porter des toats à Jean Valjean, à l'abolition de la peine de mort, à l'abolition de la misère, à la *Fraternité universelle,* à la diffusion des lumières, au *vrai* Jésus-Christ, *législateur des chrétiens,* comme on disait jadis, à M. Renan, à M. Havin, etc... enfin à toutes les stupidités propres à ce dix-neuvième siècle où nous avons le fatigant bonheur de vivre...

Le coup est direct. Voilà la véritable critique des *Misérables.* Il semble qu'après l'article du *Boulevard,* Baudelaire n'a pas su contenir des sentiments qui, par bulles, montaient crever la surface. Ici la vérité éclate avec cette brutalité qui, chez Baudelaire, s'enveloppe volontiers de sarcasme. Et désormais les lettres de Baudelaire appuient d'affirmations plus nettes encore cette attitude. Le 27 mai 1864, de Bruxelles, il se plaint à Ancelle [121] des bruits infâmes que fait courir sur lui « quelqu'un de la bande d'Hugo ». Il affirme quelques jours plus tard : « Le bruit répandu contre moi par la bande de Victor Hugo est une infamie dont je me vengerai... » [122] Et dans une lettre à sa mère [123] il rattache, en précisant, l'effet à la cause : « Tout à coup le bruit s'est répandu que j'appartenais à la *police française* !!! Ce bruit infâme vient de Paris, il a été lancé par quelqu'un de la bande de V. Hugo connaissant très bien la bêtise et la crédulité belges. C'est une vengeance à propos d'une lettre que j'ai publiée à Paris, et où je me moquais du fameux banquet shakespearien ». En 1865, on trouve dans une lettre à Ancelle [124] des réflexions assez dures sur la sottise de V. Hugo : « ... J'ai encore plus d'orgueil que Victor Hugo, et je sens, je sais que je ne serai jamais si bête que lui... Proudhon n'avait jamais lu Victor Hugo... On lui prêta les *Misérables* (le déshonneur de Hugo) ; il annota les deux premiers volumes ligne à ligne. Ce devait être une merveille de drôlerie : la logique corrigeant l'absence de logique... » La même année, Baudelaire fréquente pourtant chez Victor Hugo à Bruxelles. Et, reçu dans la maison, il en rapporte des observations nullement indulgentes : Mme Hugo le « contraint » à dîner [125] et le voilà sermonné par les deux fils du poète, subissant de la maîtresse de maison « un plan majestueux d'éducation internationale » auquel il répond de manière à passer pour fou. A Mme Paul Meurice il parle avec quelque retenue de ce fameux repas ; à sa mère il fait une narration féroce: Mme Hugo est « une ancienne belle femme » d'un ridicule achevé ; les enfants sont des « petits messieurs aussi bêtes que leur mère, et tous les trois, mère et fils, aussi bêtes, aussi sots que le père » : « Si j'étais affligé d'un fils qui singeât mes défauts, conclut-il, je le tuerais par horreur de moi-même » [126]. Et quelques mois après, il lui confie, avec abandon, tout son dégoût de l'homme, de ses idées, de ses œuvres :

Victor Hugo... m'a bien ennuyé, bien fatigué. Je n'accepterais ni sa gloire, ni sa fortune, s'il me fallait en même temps posséder son énorme ridicule. Mme Hugo est à moitié idiote et ses deux fils sont de grands sots. — Si tu avais envie de lire son dernier volume (*Chansons des Rues et des Bois*) je te l'enverrai tout de suite. Comme d'habitude, énorme succès *comme vente* ; désappointement de tous les gens d'esprit après qu'ils l'ont lu. — Il a voulu cette fois être joyeux et léger, et amoureux et se refaire jeune. C'est horriblement lourd. Je ne vois dans ces choses-là, comme en beaucoup d'autres, qu'une nouvelle occasion de remercier Dieu qui ne m'a pas donné tant de bêtise. Je fais sans cesse la prière du pharisien [127].

La colère gronde dans cette âme désabusée. Le séjour de Bruxelles l'a remplie de déceptions : échecs des conférences [128], déboires dans des pourparlers avec les éditeurs [129], soucis d'argent [130], santé toujours plus menacée [131]. Le temps est proche des accidents graves. Et tout cela explique — comme un décor s'harmonise avec une œuvre — la soudaine fureur de cette lettre à Manet où se marquent, en conclusion, la lassitude et le dégoût devant l'œuvre et l'attitude de Victor Hugo :

> Et Victor Hugo. Il ne peut plus se passer de moi, dites-vous. Il m'a un peu fait la cour. Mais il fait la cour à tout le monde et *traite de poète* le dernier ou le premier venu. Hugo avait écrit sur le volume [132] : à Charles Baudelaire, *jungamus dextras*. — Cela, je crois, ne veut pas dire seulement : donnons-nous une mutuelle poignée de mains. Je connais les sous-entendus du latin de V. Hugo. Cela veut dire aussi : *unissons nos mains* POUR SAUVER LE GENRE HUMAIN. Mais je me fous du genre humain et il ne s'en est pas aperçu. [133]

Ainsi, entre ces deux hommes, dont chacun fut grand par tant de côtés, ce furent dès la première heure d'étranges désaccords. Tous deux étaient orgueilleux, l'un avec une naïveté de dieu trop encensé, l'autre avec une susceptibilité aiguë d'écorché. Si la vanité de Hugo lui enlève parfois le contrôle de ses attitudes, l'amour-propre de Baudelaire, irrité par des nuances, sensible à toute démesure, lui dicte un désir de distinction et de hautain effacement. Et il garde, cet ironiste, le sens du ridicule qui, en Hugo, semble à peu près oblitéré par le gonflement ostentatoire. Des deux, ce fut évidemment Baudelaire qui souffrit le plus de ces divergences de caractères et de goûts. Quand Hugo lui écrit : « Donnez-moi la main » et lui souhaite : « Courage » [134], Baudelaire n'est attentif qu'à la fausse note de ces propos olympiens [135]. Dandy heurté par la démesure, il sent déjà dans ce choc des caractères une opposition d'esthétiques.

L'emphase est pour Baudelaire mensonge du style : il abhorre les phrases creuses et les formules retentissantes. Les oripeaux du romantisme lui ont déplu, dès ses débuts littéraires, comme une faute de goût dans une parure. A son gré, le lyrisme de V. Hugo, qu'il se complaise à des effusions ou qu'il émeuve les frissons populaires, qu'il frémisse aux misères sociales ou se gonfle d'un large humanitarisme, lui apparaît comme une trahison envers les destinées supérieures de l'art. A la suite de Poe, Baudelaire n'admet comme but que la recherche du Beau. Hugo, le mage, aspire à diriger l'humanité quand il sent passé de mode le temps des tristesses d'Olympio. Lamartine et Vigny seront, eux aussi, séduits par ce rôle de conducteurs des peuples. Baudelaire n'a jamais admis cette forme d'idéalisme même quand, sur la barricade, il vociférait sa haine contre le général Aupick. Bien vite, il s'enveloppe de dédain pour la foule [136] et juge sans indulgence tous ceux qui veulent abaisser l'art jusqu'au peuple. Pour lui, l'artiste se diminue à vouloir se rendre accessible ou bienfaisant. Son rôle n'est pas de convertir, de soulager, d'instruire, car il cesse d'appartenir à l'éternel, s'il veut se limiter aux horizons des hommes. De même, et par voie de conséquence, la Morale et l'Art restent séparés dans leurs voies parallèles, sans s'opposer peut-être, mais s'ignorant, même s'ils tendent parfois à des buts identiques. L'Art pour le Progrès, l'Art pour la Morale, formules abhorrées de Baudelaire. Baudelaire n'a jamais admis que V. Hugo mêlât à l'Art la Morale et c'est pourquoi il est toujours resté hostile à ce romantisme qui amoindrit les spiritualités esthétiques par « l'hérésie de l'enseignement ». Un poète qui moralise diminue sa force poétique [137]. Cette querelle qui ne saurait accepter de conciliation dépasse la personnalité des deux poètes puisqu'elle met en question le rôle de l'art dans la vie de l'homme, résolu par Hugo et par Baudelaire en des termes contradictoires.

A défaut d'autres confidences, l'attitude de Baudelaire en face de l'Ecole du Bon Sens nous permettrait de comprendre les raisons de sa colère contre l'intrusion dans l'art des tendances moralisatrices. Hugo, par son génie, put éviter les compromissions médiocres, et Baudelaire fait tout de même la différence entre cette morale inspirée et la « morale prêcheuse qui, par son air de pédanterie, par son ton didactique peut gâter les plus beaux morceaux de poésie » [138]. La poésie, au vrai sens du mot, avait tout à perdre, en effet, à cette réaction bourgeoise et utilitaire qui s'acharna, après 1840, contre le Romantisme et que Baudelaire combattra, dès 1845.

C'est, en effet, dans les bureaux du *Corsaire-Satan*, au témoignage de Baudelaire lui-même [139] que naquit « l'appellation : *Ecole du Bon Sens* », à la suite d'une boutade d'un rédacteur saisi d'indignation littéraire : « A partir de ce moment, le *Corsaire-Satan* et bientôt d'autres journaux se servirent de ce terme comme d'une injure, et les jeunes gens de ladite école le ramassèrent comme un drapeau ». Les tenants de cette école nous sont présentés dans *la Silhouette* du 7 décembre 1845, journal où collabore Banville, ami de Baudelaire et où les fanatiques du « bon sens »

sont souvent maltraités : le chef est M. François Ponsard ; les
apôtres, MM. Emile Augier, Latour (de Saint-Ybars) ; les disciples,
MM. Octave Feuillet, Félix Ducuing, Gustave Héquet, Adrien
Decourcelle ; les initiateurs et les critiques sont MM. Hippolyte
Rolle, Old Nick et Albert Aubert. « Pour plus de commodités,
ils ont divisé l'esprit en trois spécialités : l'esprit sérieux, M. Old
Nick ; l'esprit délicat, M. Albert Aubert ; l'esprit badin, M. Hippolyte Rolle. Ils ont une poétique particulière qui se résume par
ces mots-ci : délicatesse, pureté, style choisi, sel attique, raffinement, bel esprit, sobriété. C'est en littérature quelque chose comme
une société de tempérance » [140]. On conçoit que Baudelaire, malgré
les affirmations de cette préface au Bourgeois écrite peut-être
avec une secrète ironie, ou, tout au moins, par réflexe d'impatience
en face d'un certain romantisme, ait été bien vite hostile à cette
réaction si prosaïquement raisonnable. Il écrira un jour [141] : « En
1843, 44 et 45, une immense, interminable nuée qui ne venait pas
d'Egypte s'abattit sur Paris. Cette nuée vomit les néo-classiques
qui certes valaient bien plusieurs légions de sauterelles. Le public
était tellement las de Victor Hugo, de ses infatigables facultés, de
ses indestructibles beautés, tellement irrité de l'entendre appeler
le Juste qu'il avait depuis quelque temps décidé, dans son âme
collective, d'accepter pour idole le premier soliveau qui lui tom-
berait sur la tête... » Le mouvement est d'une plus lointaine origine : la bourgeoisie, qui avait triomphé avec la révolution de
1830, voulut avoir un art à sa mesure, « vulgaire, prudent, soucieux de la morale et des principes, sachant à l'occasion faire
verser de douces larmes et dispensateur d'une saine gaîté, —
un art surtout qui n'eût pas de prétentions extravagantes et qui
restât dans son rôle naturel, distraire l'honnête citoyen et le reposer de plus graves soucis » [142]. La malveillance des critiques, nous
l'avons vu, s'est exercée contre Hugo et l'excentricité de ses fidèles.
Les préoccupations de littérature bourgeoise se trahissent dans les
romans de mœurs moyennes qu'écrivent Léon Gozlan [143] ou H.
Fortoul [144]. Le théâtre devient moralisateur et développe des thèmes propices aux larmes paisibles ou à la douce gaîté [145]. Casimir
Delavigne, après une patiente retraite, renaît au succès et grise de
beaux espoirs les esprits modérés, cueillant de nouveaux lauriers
avec *Louis XI* (1832), *les Enfants d'Edouard* (1833), *Don Juan
d'Autriche* (1835), *une Famille au temps de Luther* (1836) [146].
Scribe, « homme rangé, établi, bon époux, excellent père de famille » [147], citoyen calme et heureux, verse aux parterres pacifiés

les illusions de ses vaudevilles : *Bertrand et Raton* leur offre des conspirations et des révolutions « mais sans pénible souvenir et avec la même gaîté que [leur] procurerait une intrigue de salon » [148] ; *le Verre d'Eau,* sept ans après, leur apporte une sagesse qui cache la banalité médiocre sous des prétentions philosophiques [149]. Et soudain, le 12 juin 1838, c'est le succès étourdissant de Rachel qui bouleverse la Comédie-française et marque la fin des triomphes romantiques. Quand, le 7 mars 1843, Hugo fait représenter les *Burgraves* au Théâtre français, l'accueil est respectueux et froid [150]. Où sont les orages de jadis, les batailles et les assauts ? Un mois plus tard, le 22 avril, à l'Odéon, la *Lucrèce* de Ponsard déchaîne une explosion d'enthousiasme et rend illustre le nom d'un petit avocat provincial [151]. Les néo-classiques triomphent bruyamment et, réunis au café Tabourey [152], célèbrent leur revanche sur les dieux du romantisme. Et pourtant, il y a loin de cette adaptation bourgeoise de la tragédie [153] à une renaissance classique. Le 5 avril 1845, la *Virginie* de Latour de Saint-Ybars obtient au Théâtre français un succès éclatant, mais sans lendemain [154]. Et voici qu'après tant de bruit, on éprouve le besoin d'un art modeste, se mesurant sur la vie commune. En mars 1847, dans la Préface d'*Agnès de Méranie,* Ponsard proteste contre les dures critiques des descendants des romantiques qui « sont allés jusqu'aux injures » et « ont parlé de coterie ». Il édicte les règles de l'esthétique bourgeoise : « Pour ma part, je n'admets que la souveraineté du bon sens ; je tiens que toute doctrine ancienne ou moderne doit être continuellement soumise à l'examen de ce juge suprême ». Il se refuse à admettre que ce soit « être pauvre et impuissant que d'aimer ce qui est simple et naturel, et de chercher à faire parler les personnages comme ils auraient dû parler » [155]. Aux côtés de Ponsard, Augier combat pour établir sur la scène une tradition de vertus pratiques, qui soumette à l'intérêt social l'intérêt personnel, défende l'esprit de famille contre le goût des aventures, rende au mari sa place usurpée par le séducteur. Il traduit les revendications utilitaires de la bourgeoisie dans *la Ciguë* (1844). Dans *Gabrielle* (1849), il voudrait opposer aux faux éclats de l'adultère lyrique la poésie sereine de la vie régulière :

O père de famille, o poète, je t'aime...

Et la pièce bâtie comme un théorème s'essaie à démontrer qu'une femme est toujours mieux aimée de son mari que de son amant. Ainsi, cette réaction contre l'intoxication romantique est moins un retour aux dogmes du dix-septième siècle et à ses principes de souveraine raison, qu'une réalisation, dans une société bourgeoise, de ce théâtre bourgeois que le dix-huitième siècle avait entrevu. Ces prétentions à la poésie justifient la critique d'un Baudelaire : rien chez eux de cet idéal plastique qui attire les néo-romantiques vers les rêves de l'antiquité et Leconte de Lisle dut frémir en lisant cet article de G. Planche [156] où son nom était allié à celui de Ponsard, dans l'œuvre de résurrection des anciens et surtout des Grecs. Plus justement, le même critique avait remarqué que, si la passion était condamnée par Emile Augier, ce n'était pas au nom du devoir mais au nom de l'intérêt bien entendu [157]. Et, à bien juger, la thèse n'est peut-être pas plus morale que ne sont les apothéoses romantiques ; du moins, les apparences sont sauves et les convenances respectées.

L'article que Baudelaire écrivit sur les *Drames et les Romans honnêtes* parut dans *la Semaine théâtrale* [158] que Baudelaire avait fondée avec ses amis Champfleury et Baschet et qui n'eut que neuf numéros [159]. Aux termes d'une note inédite de l'auteur, il devait s'appeler d'abord : *l'Ecole vertueuse* [160]. Cette critique est une réaction d'artiste : les « drames et les romans honnêtes » lui déplaisent plus encore que « les débordements puérils de l'Ecole dite romantique » auxquels ils veulent opposer la sagesse morale de leurs intentions. Baudelaire garde à l'Ecole du bon sens une haine qui date des jours du *Corsaire-Satan*. Cette haine subira une éclipse à l'heure où Baudelaire s'enthousiasme pour la révolution de 1848, et, sous l'influence de Thoré, de Proudhon, d'H. Castille, se laisse gagner à la contagion des idées humanitaires. C'est l'époque où il fonde le *Salut public* et où il figure parmi les collaborateurs de la *République du peuple* [161]. Plus tard, fleurissant de sarcasmes les « exilés volontaires », il affirmera : « Quand je consens à être républicain, *je fais le mal le sachant...* Mais, moi, je ne suis pas dupe » [162]. Est-il bien sûr de n'être jamais dupe ? Dans la préface aux *Chansons* de Pierre Dupont, écrite en 1851 [163], n'admet-il pas, contre l'école utopique de l'art pour l'art, le rôle utile de la poésie et l'union de la morale et de l'art [163] ? Mais c'est là une opinion qu'il reniera plus tard [164] et Baudelaire est coutumier de contradictions. La *Revue de Paris* (mars 1852) publie ses articles sur Edgar Poe. Et le 20 mars, il écrit à Poulet-Malassis : « Je suis décidé à rester désormais étranger à toute la polémique humaine » [165]. Entendons par là qu'il veut désormais placer l'art au-dessus des aspirations humaines. Car, depuis ce moment, l'école utilitaire et les doctrines bourgeoises rencontrent de sa part une hostilité que rien ne démentira plus : en 1853 une note pour *le Hibou philosophe* [166] témoigne qu'il veut encore attaquer ; en 1859, dans son article sur Th. Gautier [167], en 1861, dans son second article sur P. Dupont, il dit avec énergie son sentiment. Et l'on comprend les raisons qui expliquent cette irréductible opposition.

Car si, pour Baudelaire, « la vertu est une grande chose », il ne reconnaît pas à l'art le but de conduire à la vertu. Aussi a-t-il beau jeu pour demander si ces auteurs « s'y prennent bien pour faire aimer la vertu ». Le ton s'élève vite à cette indignation sarcastique si proprement baudelairienne. Emile Augier est « un des chevaliers du bon sens », et l'analyse de *la Ciguë* est faite avec d'ironiques raccourcis : « Je crois qu'il a voulu prouver qu'à la fin, il faut toujours *se ranger* et que la vertu est bien heureuse d'accepter les restes de la débauche » [168]. Mais c'est surtout *Gabrielle* qui soulève la verve railleuse du critique. Ces mesquineries de bourgeois qui haussent ou abaissent la morale à des calculs de comptabilité (« Nous pourrons nous donner le luxe d'un garçon ») poussent Baudelaire à douter de la vertu de cette école vertueuse et à écrire les noms de Tibère, du divin Marquis, de Malthus et des Chinois économes. Et il s'amuse au jeu piquant de prendre en défaut cette morale : « M. Augier s'est trompé et son erreur contient sa punition. Il a parlé le langage du comptoir, le langage des gens du monde, croyant parler celui de la vertu » [169]. N'y a-t-il pas là, chez Baudelaire, une réaction instinctive contre la sottise de cette masse qui admire béatement l'utilitarisme des premières comédies d'Augier. En 1851, il peut passer encore pour démocrate, figurant à cette date comme gérant de la *République démocratique*. Mais quel démocrate hautain, et quel mépris il professe pour cette sotte hypocrisie qui, par une « réaction bête et furieuse », cherche à se venger de « l'éclatante préface de *Mademoiselle de Maupin* » et des « violences romantiques » ! Et surtout, en lui, le poète, qui isole l'art hors des atteintes vulgaires, est violemment choqué devant les prétentions à la poésie de ces héros platement bourgeois. Gabrielle roucoule sur l'épaule de son notaire, et ses élans sont peut-être de la bonne prose, mais comment se hausseraient-ils au langage de la vraie poésie ? C'est surtout peut-être parce qu'ils ont commis cette hérésie de rabaisser la poésie à ce niveau commun de la vie que les partisans de l'Ecole du Bon Sens inspirent à Baudelaire

une haine si vigoureuse : et c'est la question de l'utilité de l'art
qui est, une fois de plus, posée. On sait que Baudelaire est d'avis
qu'une œuvre bien faite n'a jamais porté atteinte à la morale et
que, si l'on étudie les plaies « comme un médecin qui fait son
service dans un hôpital, l'école du bon sens ne trouvera plus où
mordre » [170]. Mais ni les comédies utilitaires, ni les comédies en
vers de cette école prosaïque, avec leur recherche directe de la
morale et leurs ridicules efforts de lyrisme, ne sauraient réduire
sa répugnance. Et de même, la comédie de mœurs d'Emile Augier,
à partir du *Gendre de M. Poirier,* la conception de Dumas fils
proclamant, en 1858, dans la Préface du *Fils Naturel* les vertus
de l'art utile [171], seront aux antipodes de son esthétique. N'é-
crira-t-il pas en 1861 [172], à propos du discours de réception à
l'Académie de Ponsard qui traitait avec désinvolture « ce vieux,
ce bonhomme de Shakespeare » [173], que les Anglais jugeaient « la
France abêtie » et ne connaissant que « deux auteurs, Ponsard
et Alexandre Dumas fils ». L'Académie avait accordé, en 1843,
un prix de 10.000 francs à Ponsard pour sa *Lucrèce* ; elle dé-
cerne le prix Montyon à Emile Augier pour sa *Gabrielle.* Le
12 octobre 1861, un décret de Léon Faucher, ministre de l'intérieur, institue des primes pour récompenser les pièces de théâtre
jouées avec succès, ayant un but moral et « de nature à servir
à l'enseignement des classes laborieuses par la propagation d'idées
saines et le spectacle de bons exemples ». Comment Baudelaire
verrait-il sans indignation « toutes ces inventions du diable » qui
« encouragent l'hypocrisie et glacent les élans spontanés d'un
cœur libre » ? [174]

Ainsi Baudelaire, hostile au romantisme lyrique et à ses effusions oratoires, n'admet pas davantage cette réaction bourgeoise,
qui avait pourtant de louables intentions et qui n'était dépourvue
ni de raison ni de finesse. Mais faire servir l'art à des buts utiles
ou moraux révolte cet esprit qui, vers le même temps, découvre
dans l'œuvre de Poe, les formules de l'esthétique mystique et surnaturaliste.

Dans la Préface des *Poèmes antiques,* — environ le temps où
Baudelaire s'insurge contre l'Ecole Vertueuse, — Leconte de
Lisle parle, non sans dédain, de cette « école récente..., restaura-
trice un peu niaise du bon sens public » [175] qui n'est guère qu'une
adaptation embourgeoisée du romantisme. Aux truculences anciennes qui gardaient tout de même quelque allure jusque dans la
déclamation et dans l'outrance, les successeurs d'Augier et de

Ponsard, les Feuillet, les Mürger, les Dumas fils, les Cherbuliez substitueront vite des fadeurs sentimentales et un romanesque de seconde zone. Jeunes premiers, bohèmes sensibles, amis des femmes, leurs héros sont des romantiques désaffectés qui se consolent de leur déchéance en prêchant la judicieuse administration des patrimoines ou l'établissement avantageux des enfants — le tout enrobé dans une dose raisonnable d'idéalisme et de sentiment. C'est contre cette édulcoration de la Beauté que protesteront les grands défenseurs de l'art, Flaubert, Gautier, Leconte de Lisle, Banville, — Baudelaire.

C'est aux mêmes tendances de Baudelaire qu'il faut rattacher sa méfiance à l'égard de la réaction réaliste. Nous avons vu ailleurs qu'en face de l'art d'un Courbet, un admirateur de Delacroix, devait fatalement protester. Baudelaire s'indigne en 1859 contre « le public moderne et la photographie » [176] affirmant que « le peintre naturel comme le poète naturel est presque un monstre » et que « le goût exclusif du vrai... opprime et étouffe le goût du Beau ». L'attitude de Baudelaire, critique littéraire, en face du réalisme est assez complexe cependant pour mériter une analyse minutieuse.

Baudelaire se détourne d'un certain romantisme parce qu'il a failli à sa mission : le XVIIIe siècle avait introduit le goût du spontané et l'horreur du conventionnel. Le romantisme, à force de prêcher la spontanéité, a fini par en faire élément de littérature, c'est-à-dire par y introduire un éclat emprunté. C'est contre cette tendance que Baudelaire réagit et il est prêt à admettre dans l'art l'étude du réel. Les *Poésies de Joseph Delorme* lui ont appris à chercher l'inspiration dans les faits de la vie quotidienne. Les *Rayons jaunes* [177] auront leur reflet dans les *Fleurs du Mal*. Mais Baudelaire aura toujours le souci de dépasser le réel ; il ne voit dans la nature qu'un dictionnaire et ne l'admet à jouer un rôle dans son esthétique qu'aussi longtemps qu'elle reste une source d'art et de beauté. On connaît la lettre à Fernand Desnoyers où il déclare que son âme est incapable de s'attendrir sur des végétaux et qu'elle est « rebelle à cette singulière religion nouvelle qui aura toujours pour tout être *spirituel* je ne sais quoi de *shocking...* » [178]. Il disait un jour : « L'homme soumis à la nature m'a toujours semblé avoir refait un pas vers la sauvagerie originelle » [179].

Pourtant il admire Balzac — que Taine, en 1858, donnera
pour ancêtre au réalisme [180] et Flaubert, l'auteur de cette *Madame
Bovary* en qui les juges, indulgents à l'œuvre, avaient pourtant
condamné le réalisme. Mais ceci demande d'être examiné. Baudelaire eut toujours pour Balzac [181] l'admiration la plus respectueuse.
Qu'on n'objecte point cette étrange diatribe parue un jour dans
l'*Echo des Théâtres* [182] et où Baudelaire raille, lui qui eut toujours
le respect de son art, cette ambition de faire fortune qui poussait
Balzac à produire sans retenue. C'est là fantaisie isolée. Partout
ailleurs, Baudelaire s'incline, avec son jugement très sûr, devant
le génie du grand romancier et s'indigne avec sarcasme contre
ceux qui l'attaquent sans le comprendre [183]. Dès sa jeunesse, il
est séduit par l'héroïsme balzacien : « Les héros de l'Iliade ne
vont qu'à votre cheville, ô Vautrin, ô Rastignac, ô Birotteau, et
vous, ô Fontanarès... » [184]. Sans doute, il avoue que son style est
lourd parfois et diffus [185], mais il voit en lui un maître qui domine
la réalité et lui donne une vie poétique, l'enrichissant de sa personnalité prodigieuse. Il loue son goût comme « d'un connaisseur
des plus fins et des plus difficiles » [186] et il le montre en face d'un
tableau, l'âme inquiète de conjectures et de rêveries [187]. N'est-ce
pas l'arracher déjà aux contingences d'une théorie ou d'une école,
pour le placer à part dans la situation privilégiée du génie ? Le
roman de mœurs, s'il n'est pas « relevé par le haut goût naturel de
l'auteur », est plat et inutile : « Si Balzac a fait de ce genre rotu-
rier une chose admirable, toujours curieuse et souvent sublime,
c'est parce qu'il y a jeté tout son être ». Et voici pourquoi Baudelaire admire Balzac, en dépit du réalisme : « J'ai maintes fois été
étonné que la grande gloire de Balzac fût de passer pour un
observateur ; il m'avait toujours semblé que son principal mérite
était d'être visionnaire et visionnaire passionné ». En effet, tous ses
personnages participent de sa vitalité et échappent par là à la
« comédie du vrai monde ». Chez Balzac, « chacun, même les
portières, a du génie ; toutes les âmes sont des armes chargées de
volonté jusqu'à la gueule ». La réalité est transformée par cette
puissance qui noircit les ombres et illumine les lumières. Et son
goût prodigieux du détail l'amène à une sorte de surnaturalisme,
puisque, né d'une ambition immodérée « de tout voir, de tout
faire voir, de tout deviner », il l'oblige « à marquer avec plus de
force les lignes principales pour sauver la perspective de l'ensemble » [188]. Baudelaire précise : ce sont là, pour d'autres, les
défauts de Balzac ; « pour mieux parler, c'est justement là ses

qualités » [189]. Balzac revêt « de lumière et de pourpre la pure trivialité ». Et cela explique comment Baudelaire comprend Balzac et pourquoi, tout en reniant le réalisme, il peut, sans réserve, l'admirer.

Il en va de même pour Flaubert [190]. Quand *Madame Bovary* parut, en 1857, ce premier livre publié par un débutant qui travaillait depuis plus de vingt ans dans une demi-obscurité s'imposa au milieu de la médiocrité contemporaine. Baudelaire note que « depuis la disparition de Balzac... toute curiosité relativement au roman s'était apaisée et endormie » [191]. G. Planche apporte, dans la *Revue des Deux-Mondes,* un avis concordant, et tous deux ont de la peine à réunir une dizaine de noms parvenus à une notoriété sans éclat : Feuillet, About, Mürger, Achard, de Custine, Barbey d'Aurevilly, Champfleury, Barbara, Paul Féval [192]. Et soudain, la voix unanime salua Flaubert comme le chef du Réalisme : les juges qui poursuivirent *Madame Bovary* condamnèrent en elle la peinture de la triviale et laide réalité et le principe même de cette réaction antiromantique. Sainte-Beuve signale à propos de *Madame Bovary* qu' « une vérité sévère et impitoyable est entrée jusque dans l'art comme dernier mot de l'expérience » [193] et que, depuis l'apparition de ce livre, « la question du réalisme [revenant] perpétuellement sur le tapis, on se demandait entre critiques si la vérité était tout, s'il ne fallait pas choisir » [194].

Le problème est plus complexe. Et Baudelaire l'a tout de suite démêlé. Il est constant dans *Madame Bovary* : on s'est piqué au jeu de retrouver les personnages et les faits du roman dans la réalité contemporaine [195]. Mais il y a lieu, comme on l'a remarqué très justement [196], de distinguer dans cette œuvre la part de *réalité* et la part de *vérité,* la part des faits matériels solidement établis et la part de vraisemblance — ou de science, dans la construction de l'œuvre : « Ce qui distingue les grands génies, écrivait Flaubert en 1852, c'est la généralisation et la création ; ils résument en un type des personnalités éparses et apportent à la conscience du genre humain des personnages nouveaux ». Il se défend, non sans violence de langage d'appartenir au réalisme, il méprisait Champfleury et considère comme une « ordure méchante » d'être appelé son disciple. Au moment où paraît *Madame Bovary,* il assure qu'il « exècre » le réel et que « c'est en haine du réalisme qu'il a écrit ce roman » et l'on se rend compte, à voir cette insistance, que ce ne sont là ni boutades ni caprices. Son véritable point de vue il l'a indiqué un jour : « Tout ce qu'on invente est vrai, sois-en sûre, la poésie est une chose aussi précise que la géométrie, l'induction vaut la déduction, et puis, arrivé à un certain endroit, on ne se trompe plus quant à tout ce qui est dans l'âme ; ma pauvre *Bovary* sans doute souffre et pleure dans vingt villages de France, à la fois, à cette heure même... » [197]

C'est le point de vue même de Baudelaire. Dans l'article qu'il publia dans *l'Artiste,* le 18 octobre 1857, il voit plus juste que les contemporains, plus loin même que bien des critiques de notre temps. Reconstituant la genèse de l'œuvre dans l'esprit de l'auteur, il la montre construite, en apparence, suivant les goûts de la société « abrutie et goulue, n'ayant horreur que de la fiction et d'amour que pour la possession », — mais organisée avec un art caché et savant :

Comme nos oreilles ont été harassées dans ces derniers temps par des bavardages d'école puérils, comme nous avons entendu parler d'un certain procédé littéraire appelé *réalisme,* — injure dégoûtante jetée à la face de tous les analystes, mot vague et élastique qui signifie pour le vulgaire non pas une méthode nouvelle de création, mais une description minutieuse des accessoires — nous profiterons de la confusion des esprits et de l'ignorance universelle. Nous étendrons un style nerveux, pittoresque, subtil, exact, sur un canevas banal. Nous enfermerons les sentiments les plus chauds et les plus bouillants dans l'aventure la plus triviale...

Pour Baudelaire *Madame Bovary* est « une gageure, une vraie gageure, un pari comme toutes les œuvres d'art ». Le sujet est vulgaire, l'aventure est banale, la donnée est usée ; milieu et acteurs ne dépassent pas la médiocrité la plus plate. Et cependant, parce que l'auteur y mêle son tempérament, son rêve, son art, l'œuvre est transfigurée. L'héroïne participe « à ce double caractère de calcul et de rêverie qui constitue l'être parfait ». Est-elle ridicule vraiment dans sa soif d'idéalisme, poursuivant son idéal à travers les bastringues et les estaminets de la préfecture : « Qu'importe, disons-le, avouons-le, c'est un César à Carpentras ; elle poursuit l'Idéal ! » Et cet adultère même, — qui est « la donnée la plus prostituée, l'orgue de Barbarie le plus éreinté », grâce à la magie de l'artiste, s'illumine de beauté — puisque l'auteur « a daigné, avec une chasteté de rhéteur, jeter un voile de gloire sur des aventures de tables de nuit toujours répugnantes et grotesques quand la poésie ne les caresse pas de sa clarté de veilleuse opaline » [198].

Ainsi Baudelaire pénètre le vrai sens de l'œuvre de Flaubert :

malgré la légende du réalisme, il s'en approche et en dégage la profonde poésie, le sens largement humain. Flaubert le remercia en ces termes : « Vous êtes entré dans les arcanes de l'œuvre, comme si ma cervelle était la vôtre. Cela est compris et senti à fond » [199]. Quelques années plus tard, le 15 octobre 1861, parlant dans la *Revue fantaisiste* des *Martyrs ridicules* de Léon Cladel, Baudelaire précise son attitude en face de la jeunesse littéraire qui se pique de réalisme. Il ne nomme pas Champfleury, car Champfleury est un ami des plus anciens jours, mais il donne son sentiment sans ambages sur l'art « réalistique ». Il en ressort que Baudelaire ne peut s'accommoder de ces formules triviales et qu'il reste fidèle aux principes de Delacroix selon qui la nature ne saurait être qu'un dictionnaire. Parlant de l'œuvre de Cladel, qui est un peu son œuvre, s'il faut en croire la tradition [200], il montre que, là, comme dans *Madame Bovary*, l'auteur est parti de l'observation de petites castes vulgaires pour s'élever, par l'énergie de sa peinture et la verve de son comique, au-dessus du réel. Il lui reproche seulement de n'avoir pas su, comme Flaubert, refouler sa sensibilité et garder dans l'indignation un masque glacial. C'est que, dans l'art, Baudelaire veut conserver, en face de la foule, une attitude d'aristocrate et réserver toujours un refuge à l'artiste. Mais il demeure que, pour lui, l'art véritable doit exprimer, à côté des objets visibles, ces réalités invisibles créées « par la sorcellerie de la Muse », grâce à la vertu souveraine de la reine des Facultés. [201]

*
**

C'est au nom du culte désintéressé de la Beauté que Baudelaire condamne la réaction bourgeoise ; c'est parce que le réalisme nie la Beauté que Baudelaire se sépare nettement de tous ceux qui décrivent le réel sans le hausser dans les régions de l'art par la vertu de l'imagination ou de la poésie. Depuis 1830, se développait, d'autre part, parallèlement au romantisme expansif un romantisme épris de forme et de couleur. Dans un troisième cénacle se grouperont, auprès de Victor Hugo, des artistes comme Louis Boulanger, Achille et Eugène Devéria, David d'Angers, puis les frères Johannot, Jehan Duseigneur, Gigoux, Célestin Nanteuil, Camille Rogier. Voici qu'un « Petit Cénacle » s'est formé dans l'atelier de Jehan Duseigneur où, jeunes, ardents, des rapins et des poètes — Pétrus Borel, A. Maquet, Gérard de Nerval,

J. Vabre, Philothée O'Neddy, Bouchardy, Célestin Nanteuil, Napoléon Tom — préludent aux futures théories de l'art pour l'art. Théophile Gautier y déchaîne sa truculence de jeune dieu [202]. Un souci apparaît peu à peu, la tendance à subordonner l'idée à la forme expressive, qui a sa source dans le romantisme des *Orientales* et qui éclate dans des œuvres aux coloris violents, aux brutales sonorités, comme les *Rhapsodies* de Pétrus Borel et *Feu et flamme* de Philothée O'Neddy. C'est dans ce milieu que Gautier fortifie son goût de l'art pur et désintéressé. Plus tard, après 1840, quand les grands romantiques ont incliné vers d'autres soucis, l'influence de Gautier grandit d'année en année. Les débutants lui apportent leur admiration. Un romantisme nouveau apparaît alors, romantisme plastique dont Hugo reste le dieu mais n'est plus le chef, et qui, succédant au lyrisme des maîtres, nous conduit à l'impassibilité du Parnasse. L'*Artiste,* dont Arsène Houssaye prend la direction en 1844, devient le journal de l'école issue de la Bohème galante et qui jadis s'émancipait à l'Impasse du Doyenné. Vers cette époque, Baudelaire y débute : une amitié solide l'unit à Banville et, par lui, à Gautier. Mais il ne se laissera jamais imposer une admiration. Et quand Banville donnera dans les utopies de l'école païenne, quand Gautier s'arrêtera à une froide perfection, il se séparera d'eux, comme il fait toujours, avec une netteté un peu brutale, et les critiques qu'il leur consacrera montreront toute sa pensée.

L'Art romantique contient deux études consacrées à Gautier : un long article, qui parut d'abord dans *l'Artiste,* le 13 mars 1859, puis en plaquette, au mois de novembre, avec une lettre-préface de V. Hugo ; une brève notice, écrite pour les *Poètes français* d'E. Crépet et publiée par la *Revue fantaisiste* du 15 juillet 1861. Elles affirment, toutes deux, les qualités de l'écrivain épris de beauté dans la vie et dans l'art, et, à travers certaines conclusions, montrent un Baudelaire préoccupé de traduire les réactions de son tempérament et l'évolution de ses idées personnelles.

Dès les premières lignes de la grande étude, notons un aveu de méthode. Baudelaire ne conçoit pas sa tâche comme une compilation de faits matériels mais comme l'histoire d'une immensité spirituelle. Il insiste sur la qualité de son travail qui doit éclairer des aventures dont le jeu silencieux se déroule « sous la coupole » du cerveau. Critique de poète qui dédaigne, non sans désinvolture toutes les petitesses » des renseignements érudits : enfance, collège, jeunesse et tout le « fatras de lycéen ». Expliquons ce dédain par un désir de discrétion, conforme d'ailleurs au goût de Gautier, et aussi peut-être par le dégoût des étalages où se complut le romantisme et qui sont peu propices à « l'édification des âmes amoureuses du Beau ». Nous savons en tout cas que Baudelaire ne parlera pas de Gautier comme fait un historien littéraire : il veut écrire le compte rendu d'une « idée fixe » et se place sur le plan de la synthèse lyrique.

Théophile Gautier, homme admirable, homme inconnu — tel est le thème initial. Très justement, la *Revue anecdotique* [203] note à propos de la plaquette : « Son livre [de Baudelaire] n'est pas une biographie, c'est ce que les Allemands appellent une caractéristique ; elle brûle de tout l'attrait d'une éloquente sincérité ». La caractéristique de Gautier c'est de traduire la Beauté et de n'avoir ni d'autre goût ni d'autre curiosité. N'avait-il pas lui-même défini son idéal, en 1833, dans la préface d'*Albertus* où il se peint « jeune homme frileux et maladif » usant sa vie en famille avec ses amis et ses chats, n'ayant aucun contact avec les agitations de la rue, les désirs des bourgeois et les médiocrités pratiques : « Le premier vers rime avec le second quand la rime n'est pas mauvaise et ainsi de suite. — A quoi cela sert-il ? Cela sert à être beau. N'est-ce pas assez ?... » Cette nette opposition aux tendances du premier romantisme, qui voit la poésie non dans la forme mais dans les idées elles-mêmes, et aux préoccupations de la littérature utilitaire était dans le goût baudelairien et justifie l'admiration du critique. Baudelaire est gagné à l'esthétique de Gautier parce qu'elle concorde avec la sienne sur le point de donner, comme but souverain au poète, la recherche et l'expression de la Beauté. Que Gautier soit impopulaire et qu'il se retranche de cette foule impropre « aux jeux de la muse » et « aux plaisirs de l'esprit », n'est-ce pas, pour Baudelaire, un signe de fraternité d'âme ? Rompre avec le vulgaire, c'est se promettre « des jouissances très énergiques et très subtiles » [204]. Le privilège aristocratique de l'artiste est d'ignorer les « philistins » et de les mépriser dans le silence : « L'aristocratie nous isole », dit Baudelaire, et ce portrait de Gautier ne semble qu'un prétexte à traduire des goûts concordants.

Théophile Gautier, c'est, en effet, pour Baudelaire l'apparition du Dilettantisme après le coucher du soleil romantique : le romantisme de 1830 ne savait pas rire et le grotesque de V. Hugo manquait de cette grâce qui est le raffinement du comique. Cette grâce, les Jeunes-France l'apportent avec l'audace charmante de la jeunesse. Et c'est le rire de la Préface de *Mademoiselle de Maupin,* le rire proprement des poètes « qui s'attarde, s'amuse lui-même, se pénètre d'humaine faiblesse, revêt les grâces de l'art et les prestiges de l'imagination » [205]. Et cette légèreté dépouillée, libre de toute préoccupation de morale ou d'utilité, qualité « exquise » et « superlative », n'est-ce pas ce « Dilettantisme » où Baudelaire fait tenir l'originalité de Gautier, amour exclusif du Beau, générateur de toute poésie [206] ? Le Romantisme, si mêlé d'influences et de tendances, si contradictoire, semble, au gré de Baudelaire, avoir trahi sa mission d'art. Il a introduit, dans le Temple, cette « ivresse » sentimentale, cette « passion » trop naturelle, éléments discordants, trop familiers et trop violents pour entrer sans trouble « dans les régions surnaturelles de la Poésie » [207]. Baudelaire dira ailleurs son horreur des effusions de la « femme Sand » et du gandin Musset [208]. Ici c'est Michelet qui est répudié par Baudelaire pour se vautrer « avec délices dans le linge sale de l'humanité » [209]. Et cette indignation contre un « vieillard sans majesté, fébrile et féminin », par « un chemin de traverse », rejoint la critique générale que Baudelaire, nous le savons, fait au romantisme de s'être compromis dans les effusions indiscrètes.

Ce Dilettantisme s'oppose surtout, et Baudelaire ici reprend des idées qui lui sont chères [210], à ces « hérésies étranges » qui se « sont glissées dans la critique littéraire » et lui ont donné comme critères les dogmes du Beau, du Vrai, du Bien, indissolublement unis par la « philosophaillerie moderne ». Gautier a essayé de purifier l'art de tout ce qui l'encombre et l'obscurcit. Son amour de la Beauté pure répugne aux compromissions, à « l'hérésie de l'enseignement », à ses corollaires, « les hérésies de la passion, de la vérité et de la morale ». Invectives contre l'Ecole du Bon Sens, et la poésie bourgeoise du cœur pour bonne épouse et bon père de famille, qui s'abaisse au rang de l'amour « domestique et garde-malade » [211].

C'est contre ces tendances lyriques ou bourgeoises que Baudelaire se plaît à louer en Gautier un champion de la Beauté pure. La religion de l'art, dont tous deux ont le culte, exige que ses fidèles oublient leurs émotions personnelles et leurs inquiétudes individuelles. Elle méprise les approbations de la multitude, la bêtise du « Suffrage universel » [212] : l'éloquence et le théâtre sont, pour Gautier, ainsi que le journalisme [213], des genres inférieurs. Libre de contrainte, l'œuvre d'art, préoccupée d'elle seule, doit atteindre à la pure Beauté. Baudelaire juge Gautier indemne de cette sensibilité du cœur qui déforme le sens poétique, mais il lui reconnaît cette sensibilité de l'imagination qui sait « choisir, juger, comparer, fuir ceci, rechercher cela, rapidement, spontanément ». Cette faculté, qui n'est autre que le goût, éclaire Gautier et lui impose son « idée fixe », autant dire son but, qui est, après avoir perçu le Beau, de l'exprimer dans le langage le mieux approprié. Le culte de la forme est un corollaire du culte de la Beauté : il faut à l'idéal artistique une parure digne de lui. N'est-ce pas Gautier qui, parlant de Baudelaire, évoquera les luttes incessantes avec « la langue, la prosodie, le rythme et la rime, luttes dont il faut sortir vainqueur et qui sont comme le contrepoint de la poésie » [214] ? Baudelaire se plaît, de son côté, à montrer dans Gautier l'artiste soucieux de la perfection du détail. Quand, à la première entrevue, le jeune Baudelaire présente à son aîné ce volume de poésie — qui était sans doute le recueil éclos dans la collaboration de l'Ecole Normande [215] — il lui fait remarquer « que les poètes en question se permettaient trop souvent des sonnets *libertins* c'est-à-dire non orthodoxes et s'affranchissaient volontiers de la règle de la quadruple rime » [216]. Il lui demande s'il aime lire les dictionnaires, affirmant que l'écrivain doit savoir tout dire et qu'aucune idée ne saurait le surprendre « au dépourvu et sans matériel pour lui donner corps ». Ainsi Delacroix prenait soin de ses palettes et les préparait avec scrupule. Voilà pourquoi Baudelaire parlera plus loin [217] avec respect de cet outil qui sert si bien la passion de Gautier pour le Beau, de ce style, « de cette connaissance de la langue qui n'est jamais en défaut, de ce magnifique dictionnaire dont les feuillets, remués par un souffle divin, s'ouvrent tout juste pour laisser passer le mot propre, le mot unique ». « Manier savamment une langue, ajoute-t-il, c'est pratiquer une espèce de sorcellerie évocatoire » et certes, c'est définir bien plus la magie du verbe baudelairien que le pouvoir de représentation plastique des images de Gautier. Mais c'est aussi reconnaître et admirer, dans l'art de Gautier, cette habileté à poser la touche juste, à n'admettre, dans l'expression du rêve, que de « magnifiques décors sans erreur que construit la nature dans ses heures de génie ».

Quand Baudelaire admire en Gautier cette maîtrise souveraine de la forme qui lui permet de s'asseoir à une table banale et d'improviser sans effort avec éclat et justesse, ne fait-il pas un retour sur lui-même, si prompt à concevoir, si lent à exécuter [218], si hésitant sur la formule, si soucieux de la perfection qui le fuit — et n'envie-t-il pas un peu ces qualités de souplesse heureuse ? Ne songe-t-il pas aussi à ses propres ambitions quand il parle du renom que Gautier s'est créé dans le roman et la nouvelle ? Evoque-t-il toutes ces œuvres qu'il voudrait réaliser et qui demeureront dans les limbes de son imagination, n'existant pour nous que par les titres qu'il leur a imposés [219] : « A partir du jour de l'an, écrivait-il à sa mère, le 4 décembre 1847, je commence un nouveau métier — c'est-à-dire la création d'œuvres d'imagination pure — le Roman. Il est inutile que je vous démontre la gravité, la Beauté et le côté infini de cet art-là... » Certes, Baudelaire, critique lyrique, songe à son propre idéal en définissant l'idéal de Gautier et s'il loue par exemple, — lui qui a écrit dans sa jeunesse deux nouvelles, — les avantages de ce genre qui « plus resserré, plus condensé, jouit des bénéfices éternels de la contrainte », ne songe-t-il pas à cette théorie directement héritée de Poe sur l'intensité d'impression de l'œuvre courte ? Mais c'est précisément, pour nous, un avantage de cette méthode de critique que de saisir les intentions et les tendances de Baudelaire à travers ses jugements.

D'ailleurs, dans cette analyse, Baudelaire, guidé par une sympathie lucide, suit dans les œuvres de Gautier la ligne de cette « idée fixe » qui est l'amour exclusif du Beau. Dans le roman ou la nouvelle, Gautier plie le genre sous sa loi et ce n'est pas à la peinture de mœurs que condescend sa muse : il ne s'inquiète pas de cette humanité moyenne que Balzac a fait si puissamment grimacer. Il s'élève dans un monde où paysages et personnages sont débarrassés « du tracas ordinaire des réalités présentes » : il évite l'invraisemblance et sait être à la fois poétique et vrai. A conter l'aventure du *Roi Candaule*, il se joue des difficultés scabreuses du sujet et donne de la pudeur féminine une analyse renouvelée, y mêle une interprétation mystique qui modernise la fable platonicienne et la porte sur un plan idéal.

Depuis 1832, Gautier devenu feuilletoniste, en dépit de ses préventions contre le journalisme, a répandu, avec une intarissable fécondité, ses critiques sur les arts et ses aperçus sur les salons dans les journaux et les revues de son temps passant du *Cabinet de lecture* à l'*Artiste*, de la *France littéraire* à la *France industrielle*, de l'éphémère *Ariel* de Lassailly à *la Presse* et au *Figaro*, de la *Charte de 1830* à la *Revue des Deux-Mondes* et au *Moniteur universel* [220]. Baudelaire, critique des Salons de 1845 et 1846 et de l'Exposition universelle de 1855, a beaucoup d'admirations communes avec Gautier, et s'attarde à louer, dans le Salon que Gautier a consacré à l'Exposition de 1855 [221], la recherche du Beau idéal qui, par ses manifestations critiques, éduque le goût du public français, trop préoccupé de chercher le vrai là où il devrait s'abandonner à la contemplation du Beau, enthousiaste, hélas ! devant les anecdotes coloriées de Vernet et figé ou hostile devant le surnaturalisme de Delacroix.

Cette communauté de goûts : recherche exclusive du Beau, mépris de l'utilité, séparation de l'Art et de la Morale, répudiation des effusions sentimentales, enchaîne Baudelaire à Gautier : « J'ai essayé, dit-il [222], d'exprimer l'admiration que m'inspirent les œuvres de Gautier et de déduire les raisons qui légitiment cette admiration. Admiration de poète qui, par ses intuitions, devance le jugement de la postérité : « Devant le public, il n'est aujourd'hui qu'un ravissant esprit, devant la postérité, il sera un des maîtres écrivains, non seulement de la France mais encore de l'Europe. » Les études les plus récentes ont confirmé cette prescience d'une sympathie clairvoyante [223]. En 1859, Baudelaire avait quelque mérite dans la mêlée confuse des tendances à signaler en Gautier, « l'égal des plus grands dans le passé, un modèle pour ceux qui viendront, un diamant de plus en plus rare dans une époque ivre d'ignorance et de matière... » Les formules de Baudelaire visent à détruire, avec une étrange lucidité, cette légende de facilité brillante qui, dès les premiers succès, entoura Gautier, lui survécut et gagna, le desservant, la période moderne. Baudelaire proteste contre tout ce qu'on a taxé, dans cette froideur concertée, de « manque d'humanité ». On lui a refusé le sentiment — et Baudelaire parlera, ailleurs, avec mépris des badauds de la critique qui ont lancé cette légende [224] : il se rencontre ainsi avec un historien récent de Gautier qui a écrit sur son âme aimante une page où se confirment les protestations de Baudelaire [225].

. Cette sensibilité, Baudelaire l'entrevoit dans l'œuvre comme il l'a goûtée dans la vie de son héros. Il note dans les dernières pages de son étude deux traits, selon nous essentiels, qui donnent à la fois la mesure et les limites du talent de Gautier : « Gautier a continué d'un côté la grande école de la mélancolie créée par Chateaubriand... D'un autre côté, il a introduit dans la poésie un élément nouveau que j'appellerai la consolation par les arts, par tous les objets pittoresques qui réjouissent les yeux et amusent l'esprit ». Cette mélancolie moderne plus charnelle que la mélancolie romantique reste néanmoins positive dans son expression et n'a pas les prolongements infinis de la mélancolie baudelairienne. « Ce vertige et cette horreur du néant » sont-ils, au sens de Baudelaire, bien profonds, puisque les arts leur apportent une trop facile consolation ? C'est ici peut-être que se marque la différence entre l'esthétique d'un Gautier et celle d'un Baudelaire. Il semble que les *Fleurs du Mal* reprenant certains thèmes de la *Comédie de la Mort* ou d'*Albertus* leur donnent un sens plus profond et cette angoisse sans remède à quoi l'art et la vie opposent en vain leur apaisement. En dépit de sa mélancolie qui confine plus à la tristesse antique qu'à l'inquiétude moderne, Gautier n'a pas connu, comme Baudelaire, les bouleversements de la conscience, les déchirements du scrupule, la vie mille fois plus amère que la mort. Et c'est pourquoi on ne peut s'empêcher de lire, à travers ce jugement de Baudelaire, une façon délicate de marquer des différences.

Cette opinion est confirmée par la conclusion de Baudelaire qui présente Gautier comme un parfait homme de lettres et par sa dédicace au parfait magicien. Baudelaire a vu la grandeur de Gautier et a mesuré ses limites. Il a signalé sa sensibilité et sa mélancolie — mais il a donné leur valeur exacte à l'une et à l'autre. Et tout de même, il sentait bien qu'il y avait quelque différence entre la transposition d'art et les correspondances.

N'exagérons pas cependant et n'épiloguons pas sur des nuances. Gardons-nous de voir, dans cet article un hommage dépourvu de sincérité [226]. Si Baudelaire mit quelque lenteur à écrire son étude et si le directeur de l'*Artiste,* Edouard Houssaye, dut le presser d'une manière un peu sèche [227], ne voyons là qu'une nonchalance de réalisation, habituelle à Baudelaire. L'exemplaire d'envoi des *Fleurs du Mal* portait « Mon bien cher Théophile, la dédicace imprimée à la première page n'est qu'une ombre très faible de l'amitié et de l'admiration véritable que j'ai toujours éprouvée pour toi, tu le sais ». Faut-il voir là des « salamalecs » suivant l'expression de J. Levallois [228] qui nous rapporte le fameux propos de Baudelaire sur Gautier, « banal enfileur de mots sans idées »? Ce propos fût-il exact, il ne serait qu'une boutade dont il faudrait examiner les intentions et la portée. Fera-t-on état du premier texte des *Conseils aux jeunes littérateurs* où il est parlé des « feuilletons souvent médiocres de Th. Gautier » ? [229] Ce sont là petits détails.

La vérité est qu'un article officiel impose des attitudes convenues. L'histoire des rapports de Baudelaire et de V. Hugo nous a suffisamment éclairés sur ce point. Mais, justement, la correspondance de Baudelaire est ici favorable à la thèse du bon accord : « Théophile Gautier, écrit-il à sa mère, le seul dont l'élection réhabiliterait l'Académie... [230] Théophile Gautier seul peut me comprendre, quand je parle peinture... [231] ». En 1852, Baudelaire lui avait envoyé un « paquet » de poèmes et la lettre qui l'accompagne est d'un ton confiant : « J'espère que tu trouveras de quoi choisir... Je désire vivement que ton goût s'accorde avec le mien... Protège-moi ferme. Si on ne grogne pas trop contre cette poésie, j'en donnerai de plus voyante encore... » Le 4 août 1862, il le remercie de son article dans la collection Crépet : « C'est la première fois que je suis loué comme je désirerais l'être » [232]. D'autre part, Baudelaire regretta que Gautier, retenu en Russie, ne pût voir son article [233]. Il craint que la nouvelle direction de l'*Artiste* ne suscite des embarras, s'imaginant « qu'Arsène n'a pas une très forte amitié pour Gautier ni pour lui » [234]. Et s'il avoue, en simplicité, qu'il désire voir paraître son article pour la satisfaction de sa vanité, il affirme aussi qu'il tient à être agréable à Théo [235]. C'est lui qui s'emploiera à faire paraître la seconde édition d'*Emaux et Camées* chez Poulet-Malassis. Et, en 1859, il insiste auprès de Calonne pour qu'il lui consacre dans sa revue une note bibliographique [236]. S'il avait écrit cet article par contrainte, serait-il si pressé de le voir paraître, lui pour qui la vanité d'auteur et les exigences matérielles comptaient bien moins que les soucis scrupuleux de l'artiste ?

Cet article, pas plus que la brève notice de 1862, n'est une œuvre d'hypocrite jalousie. Baudelaire sait ce qu'il doit à Gautier. Il l'approuve de s'être détaché du romantisme lyrique et d'avoir apporté dans ses premières œuvres, parmi des thèmes usés, un effort vers l'expression d'une mélancolie plus sincère. Il l'admire d'avoir opposé aux morales et aux passions, aux préoccupations utilitaires ou aux soucis philosophiques le culte consolateur de la Beauté. Peut-être est-il déçu qu'après les promesses d'*España* il se résigne trop facilement à n'être qu'un sculpteur de formes, à faire des « Emaux et Camées », à s'arrêter aux jeux des rythmes, à borner tout l'art aux résultats « qu'on peut obtenir par la fusion du double élément, peinture et musique, par la carrure de la mélodie et par la pourpre régulière et symétrique d'une rime plus qu'exacte » [237]. Ce calme artificiel, cette indifférence qui n'est peut-être que la résignation du désespoir, enlèvent Gautier aux angoisses et lui font trouver dans la contemplation de « la Muse immaculée » une trop facile consolation.

L'attitude de Baudelaire en face de l'œuvre de Banville est, dans ses contradictions, féconde en enseignements. Baudelaire est pris entre deux sentiments : l'un, tout de sympathie où des raisons personnelles ont leur part, mais où joue aussi une communauté de goût dans la recherche du Beau et l'opposition au romantisme expansif ; l'autre, de défiance et d'hostilité, sans nuances à l'égard d'un art fabriqué, où la vie profonde et moderne manque et qui n'atteint qu'un Beau fardé, dans un Temple en toc, faute de cultiver la sincérité toute nue et d'obéir aux élans profonds.

Le 22 janvier 1852, paraît, en tête de la *Semaine théâtrale,* l'article de Baudelaire contre *l'Ecole païenne.* On a discuté sur les intentions secrètes de cet article [238]. Personne n'est nommé. Et on a cité bien des noms : Louis Ménard, dont Baudelaire avait jugé sans indulgence en 1846, le *Prométhée délivré* [239] ; Leconte de Lisle, qui dans *la Phalange,* dès 1845-47, proclamait la survivance du rêve hellénique et qui écrira tout à l'heure dans la préface des *Poèmes Antiques* que « depuis Homère, Eschyle, Sophocle... la décadence et la barbarie ont envahi l'esprit humain » [240] ; Gautier, qui amortit toute vie intérieure dans la contemplation d'une froide Beauté ; de Laprade, qui avait « élevé un petit temple de marbre blanc » aux anciens dieux et chez qui les contemporains notent plus encore le décor panthéistique que le spiritualisme chrétien [241]. Il ne semble pas douteux pourtant que ce soit Banville qui soit ici directement visé [242], bien que d'autres puissent être atteints par ricochet. La note pour le *Hibou philosophe* qui porte le nom de Banville après la mention : *Ecole païenne* est une preuve décisive [243]. Il est possible que des circonstances aient séparé à une certaine époque les deux poètes [244]. N'envisageons ici que les motifs littéraires.

En 1851, dans son étude sur les *Drames et les Romans honnêtes,* Baudelaire avait laissé paraître sa mauvaise humeur contre la « cohue de poètes abrutis par la volupté païenne, et qui emploient sans cesse les mots de *saint, sainte, extase, prière, etc.,* pour qualifier des choses et des êtres qui n'ont rien de saint ni d'extatique, bien au contraire, poussant ainsi l'adoration de la femme jusqu'à l'impiété la plus dégoûtante. » [245]. Sur ce point,

certes, Baudelaire aura la mémoire courte. Le temps n'est pas loin
où il écrira à « Madame Marie » des déclarations d'amour mystique et où il instaurera, dans un coin secret de son cœur, un
culte à la Muse et à la Madone. Mais ce sont là contradictions
humaines et ce mysticisme de l'amour baudelairien relèvera d'un
désir de pureté ou de purification, qui peut à la rigueur s'accommoder d'un vocabulaire religieux. Les invectives contre l'Ecole
païenne lui sont au contraire arrachées par son goût du sincère
et son horreur du convenu.

Le retour à l'antiquité succède, dans la faveur des jeunes littérateurs de 1840, au goût de leurs aînés pour les inspirations
moyenâgeuses. Dans un article sur l'état de la Poésie en 1853,
G. Planche constate que cette évolution est un fait accompli [246].
L'apparition de Rachel, en 1838, la réaction classique de 1843,
tournent naturellement les esprits vers l'Antiquité. Ponsard, rentré
dans son Dauphiné après le succès de sa *Lucrèce*, cherche dans le
moyen âge ou l'époque révolutionnaire [247] des sujets qui sont accueillis sans faveur. Et il doit revenir aux anciens [248]. Mais c'est
là une antiquité vue au travers du « bon sens », qui demeure,
comme au XVIIᵉ siècle, une école de raison, formant le bon goût
par d'immuables principes. Ce sont d'autres raisons qui poussent
les néo-romantiques vers ce renouveau. Baudelaire lui-même pouvait battre sa coulpe, puisqu'en 1846 il compose pour l'esprit public une Histoire tirée d'un palimpseste de Pompéia, *le Jeune
Enchanteur*. Flaubert, Bouilhet, Maxime Du Camp, à la même
époque, traduisent Aristophane et Plaute [249] et sont hantés de
rêves antiques. Louis Ménard et Leconte de Lisle se tournent vers
l'idéal grec. Gautier chante l'antiquité dans *Mademoiselle de Maupin* et Banville, l'un des premiers, rapporte, de son pèlerinage
vers l'antiquité, une inspiration empruntée au culte des anciens
dieux.

Ces tendances d'ailleurs n'étaient point pour choquer Baudelaire. Il partage, avec tous ces écrivains que l'exotisme dépayse
si voluptueusement vers le passé, le goût pour l'idéal désintéressé,
le culte de la Beauté, rêve de pierre, la hantise de ces « époques
nues » et de ces « natives grandeurs », le dédain aristocratique
de ce monde bourgeois où l'utile emmaillotte le rêve. Mais voici
que cette admiration indiscrète aboutit chez d'imprudents poètes
à des bariolages sans mesure. En 1842, Banville donne ses *Cariatides*, en 1846, ses *Stalactites*, et, çà et là, dans le *Corsaire*, le
Dix Décembre, le *Pouvoir* [250] des feuilletons et des articles où

il confirme que « le devoir du poète est d'enseigner aux hommes
que tous leurs instincts sont nobles et que chacun de nous a droit
sur cette terre à toutes les félicités » [251]. Imprudemment, dans
une pièce des *Stalactites* il proclame, s'adressant à Baudelaire :

O Poète, il le faut, honorons la matière ! [252]

Il ne songe guère que l'antiquité grecque exigeait la mesure,
l'harmonie, l'ordre et qu'elle contenait, dans ses mythes, des leçons profondes : il ne voit guère en elle que le triomphe de la
joie facile — Chantons *Io Paean* ! [253], — des bacchanales « sous
les pins noirs » et des amours lesbiennes « dans les bois
épars » [254]. D'ailleurs, Banville a pratiqué Ovide plus qu'Homère
et ses rythmes légers se rapprochent bien plus de l'érotisme du
dix-huitième siècle que des grands mystères des Théogonies. Son
Olympe est reluisant comme un décor neuf, aux dorures trop
vives, aux pourpres criardes. Ou encore cette mythologie rappelle
« ces fêtes galantes » où l'on s'embarque pour Cythère en échan-
geant, sous la poudre et le fard, des gentillesses mignardes [255]. Il
faut concilier le christianisme avec le culte de la matière et de la
vie. La beauté est une image de Dieu et « l'aspiration à l'Idéal
peut s'unir au sentiment le plus profond et le plus enthousiaste
de la beauté classique » [256].

Et c'est pourquoi l'on peut, sans hésitation, affirmer que l'article sur *l'Ecole païenne* est écrit contre Théodore de Banville,
par une réaction toute naturelle de la part d'un poète qui vise —
en dépit de tant de faiblesses — à la spiritualité, à l'idéal, d'un
côté, et de l'autre, à l'harmonie, à la discrétion, charmes suprêmes
du dandy [257]. Sa mauvaise humeur est bien explicable : « Depuis
quelque temps j'ai tout l'Olympe à mes trousses et j'en souffre
beaucoup ; je reçois des dieux sur la tête comme on reçoit des
cheminées. Il me semble que je fais un mauvais rêve, que je
roule à travers le vide et qu'une foule d'idoles de bois, de fer,
d'or et d'argent, tombent sur moi, me poursuivent dans ma chute,
me cognent et me brisent la tête et les reins ». Et le voilà parti
en guerre contre ce fanatisme qui veut faire renaître « ces Grecs
et ces Romains » dont Daumier a fait si spirituellement — et si
férocement — justice. Le temps n'est pas loin [258] où Baudelaire,
se transportant sur le terrain de l'art, attaquera avec autant d'ironie et plus de raison peut-être cette école des Pompéistes, qu'il
appelle sans respect l'école des pointus, et dont Gérôme fut le
metteur en scène. « Pastiche inutile et dégoûtant » ! Vocabulaire

à l'éclat emprunté : « Buvez-vous des bouillons d'ambroisie ? Mangez-vous des côtelettes de Paros ? Combien prête-t-on sur une lyre au Mont-de-Piété [259] ? »

Matérialisme dangereux que Baudelaire condamnait secrètement chez Gautier et dont il apporte ici une nette répudiation : « Le goût immodéré de la forme pousse à des désordres monstrueux et inconnus... La passion frénétique de l'art est un chancre qui dévore le reste... Je comprends les fureurs des iconoclastes et des musulmans contre les images. J'admets tous les remords de saint Augustin sur le trop grand plaisir des yeux » [260]. Est-ce le vieux fond de catholicisme de Baudelaire qui proteste ici ? On pourrait le croire : « Renier les efforts de la société précédente, chrétienne et philosophique, écrit-il plus haut [261], c'est se suicider, c'est refuser la force et les moyens de perfectionnement... » Mais sa protestation vient de sa doctrine esthétique qui n'a pas varié depuis le jour où il écrivait : « S'appeler romantique et regarder systématiquement vers le passé, c'est se contredire » [262]. La vie moderne est là qui appelle le poète : il se doit de la traduire avec ses frémissements, ses inquiétudes, ses angoisses. On ne fige pas une esthétique : elle participe aux variations qu'apporte la vie, un jour après l'autre. Protestation qui aura, dix ans après, un écho navrant dans une lettre à Mme Aupick [263] : « Je me suis épris uniquement du plaisir d'une excitation perpétuelle ; les voyages, les beaux meubles, les tableaux, les filles, etc... J'en porte cruellement la peine aujourd'hui ». Que valent les artistes qui crient : Plastique, plastique, et qui, congédiant la passion et la raison se retirent du rythme universel ? « Comédie dangereuse », car, vraiment, qu'est-elle, cette Beauté qui répudie tout élément spirituel et sensible ?

Vers la même époque [264], Baudelaire écrivait sur un album une définition du Beau qui semble déjà condamner l'idéal de l'Ecole païenne comme une trahison à la noblesse de la mission poétique :

A mesure que l'homme avance dans la vie et qu'il voit les choses de plus haut, ce que le monde est convenu d'appeler la Beauté perd bien de son importance et aussi la volupté et bien d'autres balivernes. Aux yeux désabusés et désormais clairvoyants toutes les saisons ont leur valeur et l'hiver n'est pas la plus mauvaise ni la moins féérique. Dès lors la beauté ne sera plus que la *promesse du bonheur*, c'est Stendhal, je crois, qui a dit cela. La beauté sera la forme qui garantit le plus de bonté, de fidélité au serment, de loyauté dans l'exécution du contrat, de finesse dans l'intelligence des rapports. La laideur sera cruauté, avarice, sottise, mensonge. La plupart des jeunes gens ignorent ces choses et ils ne les apprennent qu'à leurs dépens...

C'est là une vue de sage. Mais ne rejoint-elle pas les dernières formules de l'article sur l'Ecole païenne ? « Il faut que la littérature aille retremper ses forces dans une atmosphère meilleure... Qui refuse les jouissances pures de l'activité honnête ne peut sentir que les jouissances terribles du vice... » [265]. Il faut mettre dans le Beau un élément d'émotion et lui donner un sens spirituel. Quand le monde n'apparaît que sous sa forme matérielle, « les ressorts qui le font se mouvoir » restent cachés [266].

Ainsi Baudelaire réagit contre l'Ecole païenne. Il attaque d'un ton vif certes, mais il n'a pas la méchanceté de Prarond qui, la même année, jugera Banville sans indulgence [267]. Et d'ailleurs n'est-il pas l'ami de sa jeunesse, prêt à lui pardonner, après un accès de mauvaise humeur, en faveur de tant de beaux souvenirs communs et de son charme poétique qui « représente les heures heureuses » [268]. Depuis vingt ans, trop d'affection les lie l'un à l'autre pour qu'un malentendu puisse subsister entre eux long-temps et le cœur de Banville est trop généreux pour s'offusquer d'une boutade, même un peu vive. Une lettre de Banville témoi-gne qu'il ne douta jamais, en dépit des « circonstances », de l'affection et de la sympathie de Baudelaire : « Quelle que soit la vie, nous resterons du moins unis dans cette région supérieure des pensées où, grâce au ciel, il n'y a pas d'événements et où l'on peut s'aimer avec franchise » [269].

L'hommage qu'il déposa plus tard sur la tombe de l'auteur des *Fleurs du Mal* [270], le portrait qu'il trace dans ses *Souvenirs* [271] garantiraient, s'il en était besoin, la sincérité de ce retour [272]. L'étude de 1861 montre d'autre part que la mauvaise humeur de Baudelaire est apaisée. C'est l'époque, pour lui, d'une trêve : selon Asselineau, Baudelaire, qui est, à cette date, en pleine pos-session de la renommée, goûte, « souriant, frais, jeune encore sous ses longs cheveux blanchissants..., l'action salutaire et cal-mante du temps et de la faveur conquise... Il était devenu plus qu'indulgent, débonnaire, patient à la sottise et à la contradiction. Chacun trouvait en lui un causeur charmant, commode, suggestif, bon vivant, inoffensif pour tous, paternel et de bon conseil pour les jeunes... » [273] Ce sont bien là des sentiments qui, à défaut de l'amitié qui l'unit très profondément à Banville, expliqueraient le ton mesuré et bienveillant de sa nouvelle critique. Et si on lui reprochait ses contradictions, ne pourrait-il pas répondre qu'il avait un jour révendiqué lui-même « le droit de se contredire » [274] ?

Baudelaire analyse l'œuvre de Banville depuis l'apparition des *Cariatides* [275] : Banville, à ce moment, n'avait pas atteint la vingtième année et son originalité encore mal définie se laisse dominer par « le charme fascinateur » des grands contemporains. C'est un reproche auquel, en 1842, Banville fut sensible ; la préface de la première édition témoigne qu'il ne reçut pas sans mauvaise humeur cette critique pourtant bien fondée des « donneurs de conseil » [276]. Hugo, Vigny, Musset ont leur part dans l'œuvre de ce tout jeune homme. Et il n'y a là rien que de naturel. Mais Baudelaire lui avait, dès l'apparition du recueil, dit son admiration pour « cet air de maîtrise et ce beau nonchaloir » qui fait pressentir une géniale maturité. Avec une discrétion lucide, il signale, en 1861, le point faible de l'œuvre, mais il souligne aussi cette abondance et cet éclat qui s'épanouiront dans les poèmes de demain. Les *Stalactites* sont d'une manière plus sobre et plus arrêtée. Le poète réagit contre « sa primitive faculté d'expansion trop prodigue, trop indisciplinée ». Et surtout, — l'admirateur d'Edgar Poe le souligne avec complaisance, — « plusieurs des meilleurs morceaux qui composent ce volume sont très courts et affectent les élégances contenues de la poterie antique » [277]. L'éloge est d'ailleurs assez vague, et Baudelaire, dans un jugement un peu rapide, ne tient pas compte des intentions de l'auteur des *Stalactites* définies dans la Préface, de ce désir d'apporter, « dans son style primitivement taillé à angles trop droits..., une certaine mollesse qui en adoucit la rude correction ». Et la vérité c'est qu'on peut, en effet, à propos des *Cariatides* parler de nonchaloir — mais de nonchaloir savant. Les *Odelettes* et les *Odes* ne sont pas nommées, mais c'est à ces œuvres de virtuosité que Baudelaire fait allusion quand il parle de ces « mille difficultés », de ces « mille gymnastiques que les vrais amoureux de la Muse peuvent seuls apprécier à leur juste valeur ». On sent la hâte qu'a Baudelaire de définir chez Banville, après une vue rapide, trop rapide, peut-être, cet « accord parfait » où se réunissent « l'exubérance de sa nature primitive et l'expérience de sa maturité ». Nous voici au *Sang de la Coupe* qui fut, en 1857, mal accueilli du public et de la critique, et dont Baudelaire est le premier à signaler l'habileté et le charme, et les bondissements surhumains· d'orgueil et de joie. Peut-être, doit-on faire des réserves sur la perfection de la *Malédiction de Cypris*, trop longue pièce, mêlée de déclamation et de fautes de goût, évoquant Blanche

Colbert et Alice Ozy aux côtés de Fontange et de La Vallière. Mais comment ne pas approuver sans réserves l'admiration d'un Baudelaire pour ce chant d'enthousiasme et de confiance qui salue, dans l'allégresse, la jeunesse de l'avenir ? Plus hardi qu'un Leconte de Lisle qui n'envisageait que « dans un siècle ou deux » la renaissance de la poésie, traductrice du « verbe inspiré et immédiat de l'âme humaine » [278], Banville croit, — il le dira dans la Préface de 1874, — que, dès le moment où il compose la *Malédiction de Cypris*, le poète appartient « à la fois au présent par le fait même de son existence ; au passé d'où vient directement sa vie morale, par la tradition et le souvenir ; et à l'avenir par ses aspirations et par ses intuitions... » [279] Et c'est peut-être cette confiance qui suscite les ferveurs joyeuses de son lyrisme.

Le lyrisme de Banville, Baudelaire s'attache à le définir, puisqu'il reconnaît avec justesse que son œuvre est « essentiellement, décidément et volontairement lyrique ». Ce lyrisme est l'expression d'une vitalité supérieure : il s'exprime dans l'hyperbole et l'apostrophe, il est fait d'impressions « si riches que l'âme en est comme illuminée, si vives qu'elle en est comme soulevée ». Tout détail lui apparaît vulgaire et il laisse le roman s'en régaler pour le plaisir des critiques et des demoiselles, des épiciers et des notaires. Il a des bonds de gazelle et fait « des enjambées vastes comme des synthèses ». Et c'est pourquoi l'âme lyrique prend dans les mythologies et les allégories, des sens généraux et universels, transformant le paysage en décor et transposant les êtres dans un monde supérieur. Tout poète lyrique, amoureux du surhumain, « opère fatalement un retour vers l'Eden perdu » — et le chant de la *lyre* donne « la gloire et la lumière » de *l'apothéose* aux gestes les plus prosaïques, aux aventures les plus banales :

> Mais moi, vêtu de pourpre en d'éternelles fêtes
>   Dont je prendrai ma part
> Je boirai le nectar au séjour des poètes
>   A côté de Ronsard... [280]

Ce lyrisme n'est donc pas un recueillement puisqu'il se plaît aux fougues et aux « batailles » [281]. Nuance que Baudelaire se pique au jeu de signaler et de louer, bien que cette manière de magnifier la vie et la mort ne soit pas toujours conforme à ses tendances. Le poète n'est pas, pour Banville, prince des nuées — mais prince de la lumière : « Théodore de Banville n'est pas précisément matérialiste : il est lumineux » [282].

Est-ce à dire que Baudelaire soit pleinement satisfait ? Il aime dans ce lyrisme la fantaisie qui le dérobe aux laideurs de l'idée réaliste, l'enlèvement vers un monde surhumain, le rappel de l'Eden perdu. Mais il trouve un peu vide cette virtuosité trop vite satisfaite qui se joue avec les mots et qui n'approfondit ni le sentiment ni l'idée. S'il est séduit par des audaces qui reposent néanmoins sur une parfaite connaissance du métier et des recherches qui témoignent d'un souci du nouveau, il ne saurait oublier tout à fait ce qu'il a dit, dans son article de 1852, sur la vanité dangereuse du culte exclusif de la forme. En 1851 [283] il écrivait : « La puérile utopie de l'école de *l'art pour l'art,* en excluant la morale et souvent même la passion, était nécessairement stérile. » Négligeons le mot « morale », et entendons par « passion » cette « communication permanente avec les hommes de son temps » [284] que le poète doit entretenir par l'interprétation de la vie profonde. En 1862 [285], il écrira : « Le poète dans son exubérante jeunesse peut prendre surtout plaisir à chanter les pompes de la vie ; car tout ce que la vie contient de splendide et de riche attire particulièrement le regard de la jeunesse. L'âge mûr au contraire se tourne avec inquiétude et curiosité vers les problèmes et les mystères... » Il approuve Banville de quitter parfois les régions éthéréennes, de « sentir le courant de la vie ambiante » et de frayer avec les vivants. Cypris peut descendre de son char dans les bosquets du Luxembourg pour maudire la ville impie qui vénère l'or et méprise l'art et la volupté : les « oripeaux modernes » ajoutent une grâce exquise à sa beauté de déesse. Le lyrisme de Banville en est enrichi. Mais la satire même se décharge de toute sa haine « dans une explosion de gaîté, innocente à force d'être carnavalesque ». L'éloge est-il ici sans arrière pensée ? N'est-il pas permis de voir à la dernière page une discrète réticence de Baudelaire : Banville a-t-il vraiment, dans son lyrisme, fait entrer « l'horrible vie de contention et de lutte dans laquelle nous sommes plongés » ? Théodore de Banville « refuse de se pencher sur ces marécages de sang, sur ces abîmes de boue ». On n'entend pas dans son œuvre l'écho des plaintes de Beethoven, de Byron, de Poe, cette incurable mélancolie, ce désespoir « amassés comme des nuages dans le ciel intérieur de l'homme », et tout le rythme démoniaque de l'art moderne qui installe Lucifer dans le cœur humain. Tout chez lui prend un air de fête, d'insouciance, d'harmonie, et les malédictions de Vénus n'ont pas l'âpreté noire des Litanies de Satan. Art de lumière,

« heures heureuses » ! Ce lyrisme a l'audace de chanter la bonté
des dieux. Et pourquoi n'entend-on pas dans ce lyrisme, beau et
facile comme l'art antique, « les dissonances des musiques du
sabbat » et « les glapissements de l'ironie, cette vengeance de
vaincu » ! Baudelaire ne marque-t-il pas ici, sans y songer — ou
sans avoir l'air d'y songer, — toute la différence qui sépare l'art de
Banville de sa propre esthétique ? Certes, on peut signaler bien des
traits communs entre les *Poésies* de Banville et les *Fleurs du
Mal* [286]. Et, après la mort de Baudelaire, l'œuvre même de Banville affirmera l'empreinte de cet ami qui fut un maître. Mais le
lyrisme d'un Baudelaire est tout de même nourri d'un autre suc,
tourmenté d'autres hantises, troublé d'autres problèmes. Il atteint
à des profondeurs d'âme où Banville, même aux heures — si
brèves — de pessimisme n'a pas pénétré. Il admet des révoltes
et des échecs qui ne laissent guère de place aux joies de la vie.
Et d'autre part, il s'exalte pour des buts spirituels où les bonds
du clown — du clown même qui roule jusqu'aux étoiles —
n'aborderont jamais. En caractérisant l'art et le lyrisme de Banville, Baudelaire lui donne sa part, en toute justice. Il définit le
talent de Banville dans toute son étendue. Il montre sa force
d'optimisme, sa grâce de lumière, sa souplesse de forme — et ce
pouvoir de sentir le courant de la vie pour tirer de la laideur et
de la sottise un nouveau genre d'enchantements. Il fait par avance
justice de la prétendue frivolité de Banville et l'aime pour cette
fantaisie et cet idéalisme qui l'opposent à la médiocrité bourgeoise
et maintiennent dans sa pureté, la poésie où s'insinuent hélas !
« tant de symptômes de dépravation ». Mais lui, Baudelaire, dans
son âme repliée, rêve d'autre chose...

Le 15 février 1861, avait paru le premier numéro d'une revue
— qui devait en compter dix-neuf — « fraîche, téméraire, jolie
et pimpante [287] » sous le frontispice de Rodolphe Brasdin, le
Chien-Caillou de Champfleury. Les Buloz de cette revue étaient
de tous jeunes gens, de « cet âge invraisemblable où Chérubin se
borne encore à embrasser l'écorce des arbres ». Le chef de chœur
n'avait pas vingt ans. C'était un grand garçon robuste et beau [288],
au profil apollinien, aux yeux verdâtres, rayonnant sous

l'alliance mystique
De son prénom latin à son nom romantique.

La *Revue fantaisiste* de Catulle Mendès apportait un beau programme de rêve, d'indépendance et « le souci passionné de l'art » [289]. Elle se piquait d'ardentes et folles audaces, narguait les pédantismes et les sottises, « pouffait de rire au nez des conventions » et n'admettait que la Poésie et la Joie [290]. Et surtout, encore qu'elle comptât parmi ses collaborateurs des écrivains comme Champfleury, elle opposait à la réalité sans grâce la fantaisie sans règle : « La *Revue fantaisiste,* écrivait C. Mendès, aux premières pages de la seconde livraison, n'est qu'un pied à terre où se logera sa marraine, la blonde et folle déesse *Fantaisie,* pendant ses courses à travers la réalité ». Et il définissait ainsi son programme : « Un mélange d'idéal et de vrai mais où il entrerait beaucoup plus d'idéal que de vrai... On pourrait dire aussi : la fantaisie, c'est la vérité, seulement au lieu de se noyer dans un puits, pour être transportée ensuite, cadavre verdi, à la morgue du réalisme, elle se grise au fond d'une bouteille de vin d'Espagne... » [291]. Ces jeunes gens s'inclinaient devant le Maître suprême, alors exilé, mais ils avaient le culte du beau vers et faisaient l'émeute contre « cette reine, la Faute-de-français ». Et c'est pourquoi leur revue « eut la gloire d'être patronnée par ces hauts et purs esprits, Théophile Gautier, Charles Baudelaire, Théodore de Banville... [292] » Elle attira tous les poètes, les vrais poètes, ceux qui, demain, s'organiseront en groupe sur le « Parnasse », avec d'autres esprits fraternels épris du même idéal. Du 15 février au 15 novembre, elle apporte des contes ou des vers de Catulle Mendès, de Charles Monselet, de Villiers de l'Isle Adam, d'Albert Glatigny, d'Alphonse Daudet, de Philoxène Boyer, de Georges Marcy, de Léon Cladel, d'Aurélien Scholl — et, aux grands jours, de Théophile Gautier, de Théodore de Banville, de Charles Baudelaire.

La *Revue fantaisiste* tenait ses bureaux passage Mirès, depuis Passage des Princes, en un décor imprévu : tentures de perse verte et rose, armoires et tables d'acajou, chaise-longue et fauteuil de cuir, cartonniers pleins de manuscrits ; « presque un salon qui aurait voulu être un boudoir ». Tous les jours, l'après-midi, vers les trois heures, Banville apportait « les éblouissements de sa verve lyrique et parisienne » ; Charles Asselineau souriait avec une tendre ironie sous ses cheveux longs, déjà gris; Léon Gozlan « daignait prêter l'appui de sa renommée » ; Charles Monselet, Jules Noriac, Philoxène Boyer, Albert Glatigny venaient dire ou écouter des vers. Et là fréquentait aussi Charles Baude-

laire, « svelte, élégant, un peu furtif, presque effrayant à cause
de son attitude vaguement effrayée, hautain d'ailleurs mais avec
grâce, ayant le charme attirant du joli dans l'épouvante, l'air d'un
très délicat évêque, un peu damné, qui aurait mis pour un voyage
d'exquis habits de laïque, — Son Eminence Mgr Brummell ! » [293]
Celui-là aimait cette jeunesse aux ferveurs désintéressées et ne
leur refusa pas sa collaboration. A ce moment, s'il faut l'en croire,
Buloz l'invitait « fortement à entrer chez lui définitivement et à
n'en plus sortir ». Sans renoncer à aller à la *Revue des Deux
Mondes* avec des romans, il apporte quatre manuscrits à la
Revue fantaisiste, où il a, malgré de belles promesses, quelque
peine à se faire payer [294]. Dès le 1er mai, à sa sixième livraison,
la *Revue* annonce la publication de *Poèmes en prose* et d'une
poésie : *Madrigal triste.* Le 1er juin, elle annonce les *Réflexions
sur quelques-uns de mes contemporains,* le 15 août, un poème :
l'Avertisseur et, à partir du 1er septembre, un article sur : *Dandys,
dilettantes et virtuoses.* Le poème : *l'Avertisseur* ne parut pas [295],
non plus que l'étude sur les *Dandys.* Mais, en dehors des *Réflexions,* de *Madrigal triste* et de *Poèmes en prose,* publiés du
15 juin au 15 août, le 15 mai et le 1er novembre, parurent, le
15 septembre, un article sur les *Peintures murales de Delacroix* à
Saint-Sulpice, le 15 octobre, une critique fort élogieuse des *Martyrs ridicules* de Léon Cladel et, le 15 novembre, — au dernier
numéro — la traduction d'*Eléonora* d'E. Poe. Peut-on dire que
ce fut l'intérêt qui poussa Baudelaire à accepter cette collaboration ? Dès le 1er septembre, il se plaint à sa mère que la situation
assez gênée de la *Revue* rend les paiements difficiles, et il continue néanmoins à apporter des manuscrits. La vérité est que la
sympathie de ce milieu où il fait — enfin — figure de maître,
qui l'entoure de déférence, où il se sent compris et prolongé [296],
apparaît à ses désillusions comme une revanche attendue. Et si,
dans la plupart de ses « réflexions » sur ses contemporains, il
témoigne d'une bienveillance si apaisée, n'est-ce point parce qu'il
sent bien que dans ce royaume de la fantaisie, dans cette joie de
poésie et de jeunesse, il n'y a guère place pour la mauvaise humeur ? Aussi revient-il, non sans complaisance, vers des impressions d'autrefois, se prenant au jeu des évocations attendries.
Pierre Dupont, Gustave Le Vavasseur, Pétrus Borel, compagnons
des premières heures ont cette gloire de figurer dans ses préoccupations littéraires, aux côtés de célébrités consacrées, Th. Gautier,
Th. de Banville, V. Hugo. Et peut-être Baudelaire, rappelant des

souvenirs d'amitié, ne veut-il plus écouter parler que son cœur.

Les années de l'Ecole Normande et de la Pension Bailly ne sont pas mortes dans la pensée de Baudelaire : et c'est avec une visible sympathie qu'il parle de ce G. Le Vavasseur [297] qui, avec Prarond, Chennevières, Dozon, Du Boulet, fut le témoin de ses premiers élans, écouta ses premiers vers et à qui, lors du départ vers les Iles, il avait confié ses manuscrits. Dans son livre *De quelques écrivains nouveaux* [298], Prarond consacrait à son ami un long article, louant ses études sur Corneille et la fraîcheur de ses premiers vers. Baudelaire, aussi bienveillant, voit plus juste en signalant dans ce Normand à l'esprit souple et au grand cœur, l'amour subtil du contourné, de la pointe. Et peut-être n'y a-t-il pas de jugement plus complet sur l'art charmant mais un peu frêle de G. Le Vavasseur que ces lignes écrites à propos de triolets reproduits dans l'Anthologie d'E. Crépet : « *Vire et les Virois* sont un petit chef-d'œuvre et le plus parfait échantillon de cet esprit précieux, rappelant les ruses compliquées de l'escrime, mais n'excluant pas, comme d'aucuns pourraient le croire, la rêverie et le balancement de la mélodie ».

C'est la même pensée qui le ramène à Pierre Dupont, après dix années [299] : leur amitié fut étroite entre 1842 et 1843, en 1848 et en 1850 [300] et, en 1861, Baudelaire, dont les idées ont changé et qui a perdu la foi démocratique, ne songe pas à renier l'amitié d'autrefois. Le temps est passé mais non oublié de ces « heureuses flâneries » que Baudelaire évoque lui-même [301], où chez Joissans, le cabaretier cher aux gens de lettres noctambules, Pierre Dupont chantait ses premières chansons, et où Baudelaire disait « de sa belle voix charmeresse les poèmes inédits des *Fleurs du Mal* » [302]. Et Achille Ricourt, le fondateur de *l'Artiste*, racontait des anecdotes sur Talma ou Mademoiselle Mars et récitait le *Napoléon* II de V. Hugo — ce qui ne l'empêchait pas d'admirer Ponsard et sa *Lucrèce* [303]. En ce temps-là, Baudelaire est ému par « le magnifique *Chant des Ouvriers* ». Et c'est peut-être cette émotion lointaine qu'il prend plaisir à ressusciter, en parlant de Pierre Dupont. Car il ne méconnaît pas que ses ouvrages « ne sont pas d'un goût fini et parfait » et qu'ils choquent parfois ses exigences de « rhéteur ». Il fait des réserves sur « son penchant trop vif vers les catégories et les divisions didactiques », sur les « nombreuses négligences » de son langage et le « lâché » inconcevable de la forme [304]. Mais si Dupont n'a pas le sentiment raisonné de la beauté parfaite, il a l'instinct de la

grâce et la bonté pour les souffrants. Après dix ans, Baudelaire
le juge avec moins d'enthousiasme [305]. Mais il est l'auteur du
Jet d'eau et des *Petites vieilles* et les vers qu'il cite de Pierre
Dupont ont un « accent délicat et voluptueux » qui peut plaire
aux plus difficiles [306]. Et il loue dans ce poète souvent maladroit,
— mais si supérieur à Béranger, — cette aristocratie des esprits
qui trouvent leur chant dans la spontanéité de leur âme.

Plus que Pierre Dupont, Pétrus Borel avait sa place marquée
dans les admirations de la *Revue fantaisiste*. Car personne n'eut
plus en horreur la banalité bourgeoise que ce chevalier du Bizarre,
cette victime du guignon, ce Lycanthrope. Et il fut mêlé, nous
l'avons vu, de si près à la jeunesse de Baudelaire que l'on eût été
surpris de ne pas voir apparaître son visage sombre et sa barbe
de Jeune-France dans cette galerie d'évocations. Victor Hugo
traitait avec lui comme avec un homme qui disposait de trois
cents mains et on l'appelait « maître » chez Devéria, Boulanger
et Nanteuil [307]. Sans lui, il y aurait une lacune dans le romantisme : ses malheurs n'abattent pas sa fierté et sa destinée
manquée n'est pas sans grandeur. Il avait conquis, vers 1832,
une gloire bruyante au Petit Cénacle par ses aventures de Caraïbe
sous la tente du Camp des Tartares, ses orgies de la rue d'Enfer,
son républicanisme de basiléophage, sa fureur jacobine d'Homme-
Loup, sa phobie du bourgeois : « Il faut qu'un enfant jette sa
bave avant de parler franc, il faut que le poète jette la sienne ;
j'ai jeté la mienne, la voici » [308]. Il crie : « Mort à l'Institut !
Mort au Professorat » [309]. Et il ne lui a peut-être manqué qu'un
gilet écarlate, le jour de la bataille d'*Hernani*, pour entrer dans
l'histoire. Sa fierté ne va pas sans emphase, mais cette emphase
même a du panache. Les *Rhapsodies, Champavert*, le prologue de
Madame Putiphar évoquent déjà les thèmes baudelairiens de la
révolte, des luttes sombres et des « champs clos » intérieurs, des
folles exaltations, de l'amour exotique, du spleen, des jours
« pluvieux, lourds et bas », des vengeances raffinées, des amours
impossibles... [310] Après bien des années écoulées, à l'heure où les
flammes de jeunesse ne sont plus que des souvenirs, Baudelaire,
dans ce Lycanthrope, reconnaît son visage de dandy et trouve
les mots justes pour caractériser le romantisme bousingo qui rompt
avec les mélancolies du passé et prend un accent « plus décidé,
plus terrestre » — plus moderne. Pétrus Borel fut, comme tant
d'autres qu'aima Baudelaire, comme Poe, comme lui-même, marqué de ce signe fatal qu'il appelle guignon. Après une jeunesse

aux folles lueurs, passé la trentaine, il connaît l'insuccès immérité avec *Madame Putiphar,* qui lui rapporte deux cents francs et l'honneur d'une exécution par J. Janin dans les *Débats,* le 3 juin 1839. Ce sont les sombres jours de misère et de faim dans une cabane champenoise à Lycanthropolis, le départ pour l'Algérie, où la Muse de ce fonctionnaire négligent, blâmé, puis révoqué, s'endort dans les lourds travaux de la colonisation. L'*Artiste,* en novembre 1848, publie, de lui, une étude sur *Alger et son avenir littéraire.* Un jour, — le 27 juillet 1859, — Pétrus Borel d'Hauterive meurt, terrassé par une insolation. Et c'est l'oubli. Baudelaire accomplit, deux ans après, un pieux devoir en se penchant vers lui. Il l'aime pour ses excès d'opinion et ses outrances de langage, son horreur des médiocrités bourgeoises, son républicanisme qui a, dans sa haine des rois, une violence aristocratique, sa sympathie tendue vers un art vivant — « intense, pessimiste, byronien », son souci de la modernité. Baudelaire n'a jamais renié ses dettes. Il parle de Borel avec le sens de la vraie justice. En s'inclinant devant ce « génie manqué », il y aperçoit une ébauche de ce qu'il a su, lui, merveilleusement réaliser et la destinée de cet homme, de cet artiste qui aimait fermement les lettres, lui dicte des paroles de réhabilitation.

Enfin, comment expliquer que Baudelaire subisse le charme de Marceline Desbordes-Valmore [312] sinon parce que l'emprise d'un charme est une magie secrète ? Il s'attend bien qu'on lui dise : « Voilà qui est singulier ! car cela est en complet désaccord avec toutes vos autres passions, et avec votre doctrine ». Mais il est prêt à répondre : « C'est possible, mais c'est ainsi : j'aime cela ; je l'aime probablement à cause même de la violente contradiction qu'y trouve tout mon être. » La vie de misère, d'amour et de douleur de « celle qui chantait » [313] venait de s'éteindre le 23 juillet 1859. Ses *Poésies* avaient été réunies, en 1860, en un volume, chez l'éditeur Charpentier. Et Sainte-Beuve, que la mère avait charmé et qui gardait le tendre souvenir de la fille trop tôt disparue, lui avait une fois de plus consacré des pages d'admiration [314]. Banville la chantera dans les *Exilés.* Et tous les grands romantiques avaient subi sa séduction : Hugo, Lamartine, Michelet, Vigny... Baudelaire, certes, n'aime pas les bas-bleus si dangereuses aux gens de lettres [315]. Mais lui qui en veut à « la femme Sand » d'être « une de ces vieilles ingénues qui ne veulent jamais quitter les planches » [316], lui qui déteste toute effusion littéraire, ce faux blasé qui ne méprise la femme que parce qu'il s'en est fait une

idéale image, goûte l'exquise féminité et la spontanéité humaine
de cette poésie, « soupir naturel d'une âme d'élite », « charme...
original et natif », miracle du « sublime qui s'ignore ». Jeune
fille, amante aux tourments d'Ariane, mère aux tendresses amoureuses, Marceline inspire l'attendrissement et le respect. La rigueur d'artiste se trouve fléchie en Baudelaire par cette inégalable beauté qui enlève d'un mouvement inattendu et irrésistible
« au fond du ciel poétique »... Il semble que l'esprit critique de
Baudelaire si aigu, si impitoyable ait abdiqué devant cette âme
romantique et romanesque. N'est-ce pas plutôt que nous connaissons mal Baudelaire et que cet « homme réfléchi et toujours res-
ponsable » n'est sévère que pour la paresse que rien ne rachète.
Il reste, en dépit des apparences, fidèle à sa pensée en louant
Marceline, l'intuitive, l'inspirée, qui a souffert et qui a chanté,
mais qui n'a pas étalé de fausses souffrances et qui a suppléé à
des faiblesses passagères du métier par la richesse ingénue du
tempérament et le sens du mystère sentimental. Paysage romantique « aux étangs limpides et immobiles », aux massifs de fleurs, au
mausolée inconnu, aux ruines cachées dans un lieu agreste. « Cette
poésie, dit-il, m'apparaît comme un jardin anglais ». Et dans
cette nature abandonnée, il trouve des correspondances secrètes
qui l'enchantent : la résignation parsemée de souvenirs, les sentiments aux riches nuances, la pensée de l'éternité, la révélation,
au bout d'une allée sinueuse, d'horizons subits, les ciels traversés
d'orages, les explosions lyriques suivies de larmes qui ravivent
les fleurs vaincues et rafraîchissent la nature d'une jeunesse nouvelle. N'est-ce pas là une forme de cet imprévu et de ce nouveau,
qu'il cherche lui-même, sur d'autres voies, et qu'il rencontre chez
cette femme qui ne veut être qu'une femme ?...

Mais voici que la *Revue fantaisiste* connaît les mauvais jours.
Les poètes de vingt ans n'entendent rien aux affaires et la fantaisie n'est pas une monnaie d'échange. Le 29 mai, la septième livraison de la *Revue,* où avait paru une comédie en vers de C.
Mendès : *Le Roman d'une nuit,* est saisie par autorité de justice.
C'était le temps où la morale bourgeoise s'alarmait vite devant
des romans et des vers. La comédie de Mendès avait une frivolité inoffensive, mais trente-six passages furent incriminés. Le
prétoire vit apparaître Méry, Gozlan, Banville — et ces deux dé-
linquants d'hier, Gustave Flaubert et Charles Baudelaire. La 9e
Chambre avait, ce jour-là, un auditoire d'élite. Mais la générosité
spirituelle de Me Lachaud n'empêcha pas le désastre : Catulle

Mendès fut condamné à un mois de prison, à cinq cents francs d'amende et aux dépens [317]. Et trois mois et demi après, la *Revue fantaisiste* cessait de paraître.

Baudelaire fut affecté par la « dégringolade » de cette Revue sur laquelle il s'appuyait et qui disparaît en même temps que la *Revue européenne,* où il collaborait aussi [318]. Demain, il retrouvera ses jeunes émules groupés autour de Leconte de Lisle dans le *Parnasse contemporain.*

Mais il connaît Leconte de Lisle dès longtemps et une des dernières livraisons de la *Revue fantaisiste* contient son étude sur celui qui fut, en dépit de C. Mendès et de X. de Ricard [319], le vrai chef du mouvement parnassien. A vrai dire, ces deux orgueils devaient se heurter et se heurtèrent en effet. Mais la conception de l'art ne fut pas, en ce qui concerne Baudelaire, étrangère à ce désaccord secret. Les deux poètes se connaissent depuis longtemps : c'est chez Ménard en 1852 qu'ils se sont rencontrés pour la première fois [320]. Dès la première entrevue, Baudelaire a essayé sur le jeune créole son pouvoir de mystification. Mais il a trouvé la lame froide d'un adversaire à sa mesure [321]. Leconte de Lisle est sévère pour ce poète bizarre qui « se baratte la cervelle pour trouver du nouveau [322] ». Mais peu à peu, ces deux poètes découvrent des affinités entre leur idéal artistique et les relations reprennent. Un jour, le 23 février 1860, Baudelaire écrit à Soulary [323] que Leconte de Lisle, comme lui-même, n'est pas assez bête pour mériter le suffrage universel et que leur sort commun sera d'éprouver « des jouissances très énergiques et très subtiles qui resteront inconnues à la foule. »

Le 21 janvier 1862, il nomme Leconte de Lisle à Flaubert parmi les représentants de la « littérature pure ». Plus tard, il dira son horreur de la racaille moderne : mais il excepte de l'anathème Leconte de Lisle — et le place en bonne compagnie : Chateaubriand, Balzac, Stendhal, Mérimée, de Vigny, Flaubert, Banville, Gautier... [325]. Il s'appuie sur l'autorité du grand Parnassien pour justifier son dégoût du lyrisme d'effusion : « A propos du *sentiment,* du *cœur,* et autres saloperies féminines, souvenez-vous du mot profond de Leconte de Lisle : *Tous les élégiaques sont des canailles* [326] ». La vérité, c'est qu'il y a entre l'esthétique parnassienne et l'esthétique de Baudelaire des goûts — ou plutôt des dégoûts communs. Bien avant que Leconte de Lisle écrivît *les Montreurs,* Baudelaire avait dit les amères prostitutions de la

Muse vénale. Tous deux ont horreur d'étaler « les choses de famille » [327] et veulent fonder une inspiration qui ne doive rien aux procédés de Musset ou de V. Hugo [328]. Leconte de Lisle aurait pu écrire cette condamnation baudelairienne de l'hérésie de l'enseignement : « Une foule de gens se figurent que le but de la poésie est un enseignement quelconque... La poésie, pour peu qu'on veuille descendre en soi-même, interroger son âme, rappeler ses souvenirs d'enthousiasme n'a pas d'autre but qu'elle-même. Aucun poème ne sera si grand, si noble, si véritablement digne du nom de poème que celui qui aura été écrit uniquement pour le plaisir d'écrire un poème » [329]. Baudelaire aurait pu signer bien des passages de la Préface des *Poèmes Antiques* reprochant aux romantisme son impuissance à « exprimer autre chose que [sa] propre inanité » [330] : « La vie instinctive, spontanée, aveuglément féconde de la jeunesse s'est retirée de nous... La Poésie, réalisée dans l'art, n'enfantera plus d'actions héroïques, elle n'inspira plus de vertus sociales... Il y a dans l'aveu public des angoisses du cœur et de ses voluptés non moins amères, une vanité et une profanation gratuites » [331]. Le 4 avril 1861, Leconte de Lisle écrit à Baudelaire pour lui confirmer son intention « de parler des *Fleurs du Mal* dans la *Revue européenne* » : « Je suis très heureux, dit-il, de l'occasion qui m'est offerte de dire tout ce que je pense de vous, et j'insisterai particulièrement, bien entendu, sur certains points que vos critiques, ou plutôt vos insulteurs, ont négligés par ineptie naturelle... » [332]. L'article promis parut seulement le 1er décembre 1861 à la *Revue Européenne*. Baudelaire s'était-il piqué au jeu ? La treizième livraison de la *Revue fantaisiste* publia, le 15 août 1861, un article sur *Leconte de Lisle*, le neuvième des *Réflexions sur quelques-uns de mes contemporains* [333], qui fut, en 1862, reproduit dans l'anthologie d'E. Crépet. A cette date Leconte de Lisle a publié les *Poèmes antiques* (1852), les *Poèmes et Poésies* (1854), le *Chemin de la Croix* (1859) et des traductions de Théocrite et des odes anacréontiques. Dans quelques mois paraîtront les *Poèmes barbares* dont bien des pièces sont déjà connues. Leconte de Lisle, qui est né dans cette île heureuse dont Baudelaire garde la nostalgie, a échappé à la mollesse créole, et son œuvre est « étonnante et vigoureuse ». C'est dans les mêmes termes que Baudelaire avait, quelques mois, auparavant parlé de Leconte de Lisle à Wagner [334]. L'éloge est ici fort curieux : il porte sur les affinités qui rapprochent les deux poètes. Baudelaire est en arrêt devant cette « bouche souriante, animée

d'une incessante ironie », cette conversation « assaisonnée par
cette raillerie qui confirme la force ». Ironie, raillerie : traits pro-
prements baudelairiens. Erudition, amour des hautes méditations,
aristocratique goût de l'impopularité, curiosité des formes artistiques, haine du facile et du commun, ce sont bien là, d'autre
part, des caractères qui s'appliquent aussi bien aux œuvres de
Leconte de Lisle qu'à celles de Gautier ou de Baudelaire. Et en
esquissant lui-même ce rapprochement avec Gautier — goût du
voyage, de l'Orient, du désert, du repos, indifférence aux piperies
humaines, — Baudelaire marque bien qu'il aime en Leconte de
Lisle ce qui l'attire en Gautier : la passion unique de l'Art et le
culte de la Beauté. Il signale certes son « impartiale curiosité des
religions » et son amour « pour les différentes formes dont
l'homme a, suivant les âges et les climats, revêtu la beauté et
la vérité », — par quoi il l'apparente à Ernest Renan [335] : et
Baudelaire avoue être plus sensible, par goût personnel, aux
évocations de Rome qu'à celles de la beauté grecque. Il suit le
pèlerin du passé dans ses voyages vers les religions asiatiques
qui disent le néant des choses transitoires, vers les « divinités
boréales, culbutées et dissipées comme des brumes par le rayonnant enfant de la Judée ». Mais ce n'est pas cet aspect du talent
de Leconte de Lisle qui retient Baudelaire : est-ce parce que cette
préoccupation de faire revivre et défiler « les formes successives
de la pensée humaine » lui paraît enlever à l'œuvre son but poétique et l'incliner vers la philosophie ou le didactisme ? Baudelaire
préfère les poèmes qui décrivent la seule beauté, enclose dans les
forces de la nature, la grâce de la femme exotique, la sérénité du
désert ou la redoutable magnificence de l'Océan... Et il cite des
pièces comme les *Hurleurs,* les *Eléphants,* le *Sommeil du Condor,*
le *Manchy* qui ont des correspondances dans certaines pièces des
Fleurs du Mal : l'*Albatros,* les *Bohémiens,* l'*Invitation au Voyage,*
Bénédiction. Se souvient-il que dans son article contre l'*Ecole
païenne* il visait ce retour vers l'antique et ces élans vers le rêve
grec dont Ménard et Leconte de Lisle donnaient la formule trop
éclatante ? Il se borne à préférer « au gouvernement des idées »
la langue « noble, décidée, forte, sans notes criardes, sans fausses
pudeurs », le vocabulaire, les accouplements de mots, le rythme dont
Leconte de Lisle joue « avec ampleur et certitude », les rimes
exactes — l'art de la forme. Et il admire ce tranquille mépris pour
la foule incapable de comprendre l'art et le rêve des poètes, son
amour de l'impopularité qui l'isole dans le silence. C'est bien

qu'il se plaît à louer en Leconte de Lisle des soucis ou des attitudes qui sont proprement de Baudelaire.

Leconte de Lisle fut-il satisfait de cet article ? Son étude de la *Revue européenne* semble moins chaleureuse que sa lettre à Baudelaire. Il loue « le choix et l'agencement des mots, le mouvement général et le style » qui laissent « dans l'esprit la vision de choses effrayantes et mystérieuses, dans l'oreille exercée comme une vibration multiple et savamment combinée de métaux sonores et précieux, et dans les yeux de splendides couleurs... » N'a-t-il pas l'air de louer surtout le virtuose ? Pourtant, il se plaît, lui aussi, à signaler que « l'art n'a pas mission de changer en or fin le plomb vil des âmes inférieures » et qu'il « est l'unique révélateur du beau... » ; il s'emporte contre l' « ardeur indécente et ridicule du prosélytisme moral ». Et ainsi il souligne lui-même l'accord qui les unit tous deux dans la conception de l'idéal artistique et de son rôle social. Il s'efforce de comprendre l'originalité de cette œuvre qui s'éloigne « de la banalité universelle ». Il note « les plaintes, les chants extatiques, les blasphèmes, les cris d'angoisse et de douleur » dont le son « ne rappelle en aucune façon les romances à la mode » [336]. Mais est-il bien sûr que cette admiration n'admette pas d'essentielles réserves ? Qu'on se rappelle la note révélée plus tard, inscrite par lui sous le nom de Baudelaire : « Très intelligent et original, mais d'une imagination restreinte, manquant de souffle. D'un art trop souvent maladroit » [337].

Il y avait à la vérité d'infranchissables distances entre ces deux esthétiques. L'impassibilité parnassienne ne pouvait convenir à une âme de passion et de colère. Quand, au début de 1866, renseigné par Sainte-Beuve et Troubat [338], Baudelaire s'abouche avec Lemerre, l'éditeur du *Parnasse contemporain,* on l'accepte comme collaborateur, mais sur sa demande [339]. La cinquième livraison du *Parnasse* est tout entière consacrée aux *Nouvelles Fleurs du Mal* et publie seize pièces dont aucune n'est inédite. Ce fut un épisode unique : la mort était proche certes, et Baudelaire n'écrivait plus de vers. Mais il détonnait au milieu des hôtes du Passage Choiseul, et le mot de Flaubert prenait tout son sens : « Vous ne ressemblez à personne » [340]. Leconte de Lisle se plaît à ressusciter les dieux de cet Olympe dont Baudelaire s'est tant moqué autrefois. L'un traduit Homère, le poète du passé, tandis que l'autre révèle Poe, le poète de l'avenir. La Beauté pour les Parnassiens est déesse de marbre et se fige dans l'immobilité. Elle n'a pas ce charme

triste du Beau précisé un jour par Baudelaire [341] et son visage aux
traits magnifiques et définis n'admet pas ce rêve exalté de l'inconnu, cherché dans le mystère « d'au-delà de la tombe ». Baudelaire d'ailleurs sait fort bien dans son orgueil conscient qu'il
reste un isolé. C'est le temps où, Verlaine [342] lui ayant consacré
trois articles enthousiastes, il constate chez les jeunes « des imitations et des tendances » dont il est alarmé. Il confie à sa mère
« Je ne connais rien de plus compromettant que les imitateurs et
je n'aime rien tant que d'être seul. Mais ce n'est pas possible et
il paraît que l'*Ecole Baudelaire* existe » [343]. Mais ce n'est pas chez
les Impassibles que cette école recrutera les disciples. Car la poésie
qu'elle enseigne « profonde, mais compliquée, amère, froidement
diabolique (en apparence) » est par-dessus tout poésie fantaisiste
— car « qu'est-ce que c'est que celle-là qui n'est pas basée sur
la fantaisie de l'artiste, du poète, c'est-à-dire sur sa manière de
sentir ?... » [344] Et si les jeunes poètes groupés dans le salon de
perse verte et rose du passage Mirés avaient adopté pour marraine la fée Fantaisie, on était devenu trop grave pour l'admettre,
parmi les dieux parnassiens, dans la boutique du passage Choiseul. D'autres viendront pourtant qui s'éprendront de ce Beau
« ardent et triste..., un peu vague et laissant carrière à la conjecture ». Ceux-là admettront la musique avant toute chose, les
jeux des sons et des lumières, la « sorcellerie évocatoire » des
mots secrets, les correspondances. Mais Baudelaire ne sera plus
là...

*
* *

La critique littéraire de Baudelaire est pleine d'enseignements.
Elle nous permet d'étudier, en les replaçant dans les milieux, les
réactions de sa doctrine esthétique. Dans cette mêlée de théories
artistiques et d'idées sociales qui suivirent 1830, Baudelaire essaie
vainement de chercher autour de lui une chapelle où se réfugier.
Il a des amitiés dans tous les partis et fraternise un instant avec
ceux-là même qu'il maudira plus tard. Avant d'écrire sur A.
Barbier cet article [345] qu'Eugène Crépet ne pourra admettre dans
son *Anthologie,* avant d'écraser de violentes invectives le romantisme démocratique d'Hégésippe Moreau [346], il a loué l'union de
l'Art et de la Morale et il a connu, aux côtés de Castille, de
Champfleury, de Dupont et de Nadar, les ivresses de 1848. Mais
ce sont là des contradictions qu'explique un enthousiasme d'un
moment et qui ne sauraient déranger les lignes générales de sa
doctrine artistique.

Dès son entrée dans la vie littéraire, Baudelaire affirme sa position en face du romantisme ; et il conservera jusqu'au dernier jour son horreur des sentimentalités, par quoi est compromise l'aspiration vers une Beauté supérieure. La nature, qui s'exprime sans contrainte dans ce chant des « ivresses du cœur », ne saurait embellir la beauté : « Analysez tout ce qui est naturel..., vous ne trouverez rien que d'affreux » [347]. Et poussant la thèse jusqu'au paradoxe, il fera l'éloge du maquillage [348]. Il ne comprend le Romantisme que libéré des indiscrétions et des confidences, se tournant vers l'avenir, interprétant la vie moderne. En le définissant, ce n'est pas à Hugo qu'il songe mais à Delacroix, non au poète satisfait de se chanter mais au peintre inquiet de trahir sa mission. Ses jugements littéraires se ressentent de ce parti pris : le romantisme expansif et oratoire des premiers recueils de V. Hugo, qui aboutit aux *Contemplations*, l'humanitarisme des *Misérables*, la foi dans le progrès, heurtent son goût du recueillement, sa pudeur de la vie intérieure, sa réserve hautaine. La phrase de V. Hugo lui apparaît pompeuse, son verbalisme sans profondeur, son lyrisme sans sincérité. Lamartine est « un peu catin, un peu prostitué » [349] et c'est « un vieux mauvais sujet » [350]. Musset est un maître de gandins, incapable de « comprendre le travail par lequel une rêverie devient un objet d'art » [351]. Sand est une vieille ingénue [352] et Michelet un vieillard lubrique [353]. Quelques œuvres, quelques noms échappent à cette haine dont la violence poursuit la doctrine à travers les individus. *La Légende des Siècles* apporte une formule nouvelle, arrachée au moi rongeur, mûrie pour de grandes idées. Vigny dédaigne les succès faciles et se veut distant et secret [354].

C'est le même souci de fuir la foule, la même pudeur de l'homme et le même raffinement de l'artiste qui, après quelques moments de passagère exaltation, éloignent Baudelaire de cette réaction bourgeoise platement utilitaire qui se dresse contre le Romantisme démodé. Malgré sa préface aux Bourgeois, inspirée peut-être par dépit du Romantisme, mangeur affiché de Philistins, il ne peut qu'affirmer son hostilité contre un mouvement qui rêve d'unir le Beau et l'Utile, l'Art et la Morale, et de faire du poète un chantre ou un gardien des vertus civiques. Il ne sépare pas dans ses répugnances le mouvement néo-classique qui n'apporte que du vieux neuf, la comédie en vers qui prétend extraire la poésie de la banalité quotidienne, la comédie de mœurs à prétentions sociales, et il confond dans le même anathème Augier,

Ponsard et Dumas fils [355]. Si, par mépris de ces ennemis de la vérité et de l'art, il a des sympathies pour ceux qui cherchent la sincérité et si l'influence d'un Joseph Delorme l'incline à prendre son inspiration dans les heures grises de l'existence, il condamnera vite le réalisme parce qu'il a pour principe la négation du Beau idéal. Le surnaturalisme qu'il hérite d'un Delacroix dresse une infranchissable barrière. Comment, d'autre part, le traducteur d'Edgar Poe, l'adepte du Principe poétique, l'amoureux de la Beauté pure, le fervent de l'Esthétique mystique, pourrait-il admettre que le réel seul soit matière artistique, que l'art ne soit plus un choix et que le modèle ne soit pas transfiguré par le souvenir et par l'imagination ?

Le romantisme plastique, qui s'est constitué depuis 1830 d'abord parallèlement puis en opposition au romantisme lyrique, attire par contre les sympathies de Baudelaire. Il sait gré à Gautier et à Banville d'être, avec courage, de ces amants passionnés du beau style qui s'exposent à la haine des multitudes et de se refuser à parler le patois incomparable du siècle, bref de poursuivre le but qu'il s'est assigné à lui-même [356]. Il aime dans le Gautier des premières heures une mélancolie traversée d'inquiétudes secrètes et le souci plastique de jour en jour plus affirmé par cet art objectif qui veut, en apparence, échapper aux troubles de la vie. Mais il juge vite cette attitude un peu superficielle : cette consolation par les arts qu'appelle Gautier lui est trop facilement accordée pour correspondre à une angoisse sincère et profonde. Baudelaire poursuivra, sans l'atteindre, avec passion et douleur, cet apaisement promis à l'artiste vainqueur et son art l'éloignera de l'attitude immobile du poète des transpositions d'art. En esthétique, la doctrine de Baudelaire a pour point de départ le lieu où s'arrête la doctrine de Gautier. Et de même, séduit par Banville, l'ami tendre et charmant, amoureux de vie lyrique et chantre des heures heureuses, il est néanmoins choqué par cet art factice qui décore de faux ors un Olympe de carton-pâte. Fidèle à l'art qui s'oppose aux réalités et qui tend au parfait, il sourit, dans l'indulgence de sa maturité, à la jeunesse des fantaisistes et accueillerait volontiers certains soucis des Parnassiens. Mais, à la réflexion, il est choqué par les « folies » et l' « infatuation » de cette génération nouvelle [357] et il restera, en somme, incompris et peut-être jalousé des Impassibles, qui poursuivent la représentation du Beau dans la forme glacée et non dans la vie profonde, qui limitent l'art à de précises perfections au lieu de

l'ouvrir au symbolisme des Correspondances et au frémissement de
la vie universelle. Qu'on relise maintenant les affirmations qu'il
émet dans les projets de Préface aux *Fleurs du Mal* [358]. Toutes les
tendances de son esthétique s'y résument et expliquent ses jugements littéraires. Ce critique ne se plaît nulle part, parce qu'il
ne se sent chez lui nulle part : ne parlons pas de fatuité, ni de
dédain, ni peut-être d'orgueil. S'il reproche aux autres de ne pas
penser comme lui, — car c'est au fond à cela que se ramène sa
critique, — c'est parce que sa conception de l'art est une foi
lentement conquise qui le possède tout entier et à quoi il est prêt
à tout sacrifier. Par là s'expliquent des violences qui n'épargnent
même pas ceux qu'il aime, des contradictions qui sont le garant
même de la sincérité. Il dit son horreur de la multitude et du progrès [359], plaçant l'art au-dessus du jugement de la foule et de
l'abêtissement de l'américanisme [360]. Il veut composer un livre
« essentiellement inutile » qui ne se préoccupe ni du bien ni du
mal qu'il peut faire [361]. Et surtout on lit à travers les outrances et
les ironies de ses affirmations son culte pour une poésie qui n'accepte son succès ni des plaintes élégiaques [362], ni de l'enseignement
de la vertu. Il veut que son art, à travers le rythme et la rime,
réponde aux besoins humains de monotonie, de symétrie et de
surprise, participant à la fois de la musique, qui plonge dans le
mystère des âmes, et des mathématiques qui ordonnent les mouvements dans les lignes, car il est persuadé, comme Edgar Poe, le
géomètre poète, que « la régularité et la symétrie sont un des
besoins primordiaux de l'esprit humain, au même degré que la
complication et l'harmonie » [363]. Il révèle ainsi que son art repose
sur un patient travail d'orfèvrerie [364], mais que le poète doit animer
la construction parfaite de son œuvre de cette harmonie et de
ces rayonnements qui lui donnent « un charme infini et mystérieux » et qui l'enrichissent de « tous les soupirs » et de « toutes
les ambitions humaines » [365].

Dans un sujet où, même si l'on croyait avoir tout dit, on trouverait encore à glaner, comment apporter une conclusion ? Qu'il nous soit seulement permis de préciser les points établis, de montrer que nos observations peuvent ouvrir le champ à des explorations nouvelles.

Notre effort s'est préoccupé d'étudier une doctrine esthétique dans cette œuvre « agie » et « vécue » — comme parlait Asselineau — qui précéda ou soutint les créations des *Fleurs du Mal*, des *Poèmes en prose*, des *Paradis artificiels*. La formation de cette doctrine, née de la vie même, lentement enrichie d'expériences, s'est faite au sein des mêlées intellectuelles, dans les discussions littéraires ou les conflits artistiques, lors de rencontres qui ne furent pas l'effet d'aveugles hasards mais la conséquence d'un choix ou d'une intuition. Baudelaire gagne, à chaque contact avec les hommes ou les œuvres, de voir plus clair en lui-même, tout en luttant pour affirmer la suprématie de ceux qu'il aime comme lui-même, s'aimant en eux, bien souvent, à son insu. En étudiant la genèse de ces idées bouillonnantes et si neuves, nous avons vu que la lucidité remplace bien vite les primitives impulsions dans une âme qui se cherche avant de se révéler. Nous avons essayé, suivant, autant que cela nous fut possible, les étapes de la biographie, de montrer un Baudelaire prenant conscience de ses desseins, allant vers la Beauté de toute son âme, négligeant l'accessoire et le mesquin, s'élevant à des hauteurs mystiques, affirmant la nécessité d'une correspondance des arts, regardant la nature avec une curiosité d'explorateur bien plus qu'avec la passivité d'un spectateur, écoutant le langage des choses muettes, prêchant sa foi dans la vertu du surnaturalisme et de l'imagination. Tandis que s'achève l'ère des effusions lyriques, que les partisans d'un art impassible et parfait se figent dans un amour stérile de la forme et de la couleur, il proclame que la Poésie n'est point immobilité ni indifférence mais qu'elle doit répudier les troubles d'une passion individuelle pour découvrir dans les secrets d'une vie, le rythme de la vie universelle. Aux uns il reproche leur égoïsme, aux autres leur orgueil. Il prétend qu'on doit éliminer, dans l'expression de l'œuvre de beauté, tout ce qui rattache l'être humain à une personnalité encombrante. Les rêveurs à nacelles et les donneurs de sérénades, les profiteurs de la souffrance lui semblent des cabotins sans âme et il prise si haut la dignité de l'art qu'il s'emporte violemment contre ceux qui la compromettent par des « imprudences d'enfant gâté ». S'il consent à écouter des confidences, c'est, en demi-teintes, chuchotées « au confessionnal du cœur », discrètes et déchirantes, et comme spiritualisées ou universalisées par une sincérité qui dépasse le particulier pour traduire l'humain. Toute son œuvre créatrice tendra à une émotion concentrée. S'il dit ses amours et ses angoisses, ce n'est point sur ce ton littéraire qui finit par nous lasser et nous mettre en défiance en face des désespoirs romantiques, mais en homme qui parle à d'autres hommes, dans la candeur pathétique d'un cœur mis à nu. Aussi, cette souffrance retentira en nous, directement et profondément, sans être amortie par le poncif ou l'attitude, soucieuse qu'elle est de mesure autant que de sincérité. Il veut substituer aux manifestations d'un passé récent et périmé l'expression de la vie, écoutée dans un cœur, mais multipliée dans l'humanité tout entière. Et ainsi romantisme et classicisme — formules trop opposées — se fondent pour cet être hanté d'unité.

Hors des chapelles et des écoles, il fait figure de solitaire, de révolté et d'incompris. Dans ce XIXᵉ siècle, si mêlé d'enthousiasmes et d'embourgeoisements, où l'Art pour l'Art côtoie le Bon Sens, où un Banville et un Gautier s'étonnent de coudoyer un Augier ou un Scribe, ce courage jamais lassé, hautain dans l'insuccès, confiant devant la haine, a quelque chose d'unique et d'émouvant. Tandis que les ambitions se bousculent, il refuse de livrer avant l'heure ses *Fleurs du Mal*, ne pouvant et ne voulant donner son œuvre que mûrie par la réflexion, purifiée par la sagesse. Il médite avant de s'abandonner, et il est beau de voir une force qui résiste aux poussées du moment, qui s'obstine dans l'isolement, sans désir d'applaudissements, de succès et de gloire. Et surtout, parmi ces contradictions où s'opposent confusément la foule des écoles et des auteurs, c'est un étonnement de constater que Baudelaire a su dominer ce chaos, proposant, d'une vue claire, un enseignement qui prendra sa force dans la suite des jours. Qui se rattache aujourd'hui à des formules usées ? L'imagination de Hugo, la musique de Lamartine, le charme de Musset, la noblesse de Vigny les sauvent pour toujours du naufrage, mais combien vont disparaître de ceux-là qui fondèrent leur espoir de survie dans l'appel aux sentimentalités des foules, étalant leurs misères ou tirant des profits de leur « Muse vénale ». Les prestiges de l'art pour l'art ne sont plus qu'un brillant souvenir, pareils à ces palais de fête foraine qui, lumières éteinte, sombrent dans la nuit misérable. Les clowns, hors des projecteurs du cirque, perdent le mirage de leurs costumes pailletés, les Olympes de stuc s'effritent peu à peu, et les symphonies en blanc majeur ont peine à forcer l'attention d'auditeurs distraits. L'école parnassienne s'est dispersée, et l'on s'incline devant les beaux poèmes du maître comme devant le marbre où dorment les dieux morts. Seule reste vivante cette conception plus aiguë et plus humaine de l'art qui a rêvé d'unir sur les sommets tous les inspirés et qui substitue aux enchaînements de la logique et de la raison les correspondances captées par les intuitions du cœur. Les sons, les parfums et les couleurs, les perceptions de tous les sens fondus en un, parlent à l'âme un langage unique, révèlent le Beau entrevu par l'inspiré et communiquent les merveilles apparues dans la transe poétique. Le mot n'a plus les formes nettes où l'enfermait la splendeur immobile des Parnassiens ; il devient une figure au pouvoir étrange, une richesse en mouvement, possédant de magiques incantations. De confuses paroles s'échappent du Temple, que le poète écoute et traduit. Une chaîne mystérieuse relie les apparences, et on ne peut toucher un maillon de cette chaîne sans qu'elle soit tout entière ébranlée. Verlaine et Mallarmé et Valéry viendront et devront reconnaître que Baudelaire est leur Maître à tous. Cette œuvre est désormais le bréviaire poétique du siècle, et l'on y trouve une doctrine à l'heure où tant de formules, nées dans le bruit des manifestes, s'anémient et se vident.

Quelles sources fécondes Baudelaire a ouvertes, quelle place il occupe, pour de longues années, dans l'histoire de l'âme française ! Négligeons les outrances. Ne voyons en lui ni un être à paradoxes, ni un poète de mauvais lieu. Il n'a scandalisé que les prudes ou les jaloux. Son œuvre s'est purifiée dans l'épreuve, et le temps lui a donné sa puissance. Aujourd'hui seulement on peut juger avec équité et donner sa véritable place à Baudelaire. Et ce fait peut paraître singulier : l'auteur des *Fleurs du Mal* possède une doctrine spiritualiste. Le bon Nadar avait raison de définir Baudelaire un poète vierge. Entendons que ce sensuel, enlisé dans la chair, n'a jamais aspiré qu'au triomphe de l'esprit. Et si cette affirmation eût surpris, en 1857, les juges du tribunal correctionnel, personne aujourd'hui ne s'étonne, car le temps qui passe ordonne et classe les valeurs. Lors du procès, Baudelaire s'indignait qu'on le traitât de réaliste. Indignation justifiée, si l'on songe que ce dandy avait l'horreur du naturel vicié et corrompu, et qu'il eût volontiers vécu, comme ces mystiques du christianisme primitif, sur une colonne, face au ciel. Cette horreur du vulgaire se double d'une hantise de la pureté originelle, et s'il déteste la femme, instrument de plaisir, c'est parce qu'il juge ce plaisir inférieur, et qu'il voit dans les voluptés du mal une défaite de l'esprit. Et par là s'explique encore sa haine du bourgeois, de l'art populaire, de la littérature moralisatrice, des dogmatismes étroits, des démocraties égalitaires. Il est un aristocrate pour qui toute dignité consiste dans la pensée. Il se rend compte que rien ne peut satisfaire ici-bas le désir d'idéal, par quoi son spleen est si triste. Il veut s'évader. Il rêve de lever l'ancre vers l'inconnu. Il aspire, avec Poe, aux mystères de l'au-delà. Il se plonge avec Wagner dans les extases du Saint-Graal. Il veut fuir quelque part hors du monde dans le silence de la Chambre Double ou dans l'oubli du Paradis artificiel. Et tous ces élans sont dictés par le besoin impérieux, qui l'emporte, de vivre hors de la matière et de goûter, un instant, l'orgueil d'être un Dieu. De là tant de dégoûts et de déceptions, tant de haines et de colères expliqués par son culte pour la perfection intérieure et sa nostalgie surprenante de l'héroïsme et de la sainteté.

Ce mysticisme, dont M. Jean Pommier a discerné les causes et les sources avec une intelligente minutie et dont M. Ernest Seillière a donné récemment une pénétrante analyse, le conduit à exalter l'imagination, qui est, par excellence, la faculté spirituelle. Il savait bien qu'en elle il trouverait toute consolation et tout apaisement. Mais il savait aussi que, pour juger le passé et mettre en garde l'avenir, il devait définir les lois de cette inspiratrice souveraine. L'imagination dont il parle n'est pas cette folle qui emportait les lyriques ou troublait les bourgeoises romanesques. C'est la faculté lucide et ardente à la fois qui cherche dans la nature ses inspirations et guide Delacroix, dans son voyage au Maroc ou ses promenades à Champrosay, vers les scènes ou les couleurs de choix, mais qui ne peut se plier à l'imitation étroite du modèle, qui enfièvre le tempérament de l'artiste de rêves « surnaturalistes », et qui crée les fantasmagories de *Sardanapale* ou le mouvement coloré du *Massacre de Scio*. C'est la magicienne qui exalte la pureté de

Lohengrin dans les fiertés sauvages de Montsalvat ou qui déchire, devant Edgar Poe, les voiles du Mystère poétique. L'imagination, selon Baudelaire, donne à l'artiste à la fois l'inspiration et la mesure. Elle ne risque pas de s'égarer puisqu'elle s'appuie sur le réel qu'elle observe et qu'elle étudie. Elle ne saurait remplacer l'étude, l'effort, la méthode, mais elle donne au « tempérament » de l'artiste la puissance qui interprète et qui transforme. Elle colore la vie moderne et rend poétiques la cravate, les bottes vernies et le frac du dandy. Elle garde aux amours décomposées leur forme et leur essence divines. Elle console de tous les spleens du corps et du cœur. Elle assure le triomphe de l'esprit.

Et ce triomphe reste un triomphe humain. Spiritualiste, Baudelaire n'échappe pas à la vie. S'il a traduit ce qu'il y a de plus haut et de plus pur dans nos aspirations, ce poète de l'idéal n'a rien ignoré des appels qui nous attirent vers le sol et son œuvre frémit des heurts de l'antique duel. Ce cri désespéré de l'âme qui ne veut pas sombrer est une des plaintes les plus émouvantes qu'on ait poussées depuis Pascal. Et c'est pourquoi cette doctrine qui exalte les facultés souveraines, sans jamais rompre avec les misères obscures, est, parmi tant de doctrines qui eurent leur vogue ou leur charme, toujours vivante et toujours renouvelée. L'œuvre de Baudelaire prolonge, complète, explique sa doctrine. Elle lui donne son rayonnement et elle la justifie. Rouvrons maintenant *les Fleurs du Mal, les Paradis Artificiels, les Petits Poèmes en prose*. Et peut-être comprendrons-nous mieux pourquoi Baudelaire mérite d'occuper une place à part, dans l'histoire de la poésie, pourquoi ses contemporains ne pouvaient le comprendre, pourquoi sa gloire posthume qui semble une réussite miraculeuse n'est que la revanche de la justice.

NOTES ET ECLAIRCISSEMENTS

NOTES ET ECLAIRCISSEMENTS

Nous avons adopté, dans ces notes, les abréviations suivantes :

A. R., pour *L'Art Romantique* (Ed. J. Crépet, Paris, Conard, in-8, 1925).

C. E., pour *Curiosités Esthétiques* (Ed. J. Crépet, Paris, Conard, in-8, 1923)

D. L. M., pour Charles Baudelaire, *Dernières lettres inédites à sa mère* (Ed. J. Crépet, Paris, Editions Excelsior, gr. in-4, 1926).

F. M., pour *Fleurs du Mal, les Epaves* (Ed. J. Crépet, Paris, Conard, in-8, 1922).

H. E., pour *Histoires Extraordinaires*, par E. Poe, trad. de Ch. Baudelaire (Ed. définitive, Paris, Calmann-Lévy, in-12, 1870).

J. I., pour *Journaux Intimes* (Paris, Crès, in-12, 1920).

L., pour Charles Baudelaire, *Lettres 1841-1866* (Société du Mercure de France, 4ᵉ édit., 1915).

L. M., pour Charles Baudelaire, *Lettres inédites à sa mère* (Ed. J. Crépet, Paris, Conard, in-8, 1918).

N. H. E., pour *Nouvelles Histoires Extraordinaires* par E. Poe, trad. de Ch. Baudelaire (Ed. définitive, Paris, Calmann-Lévy, in-12, 1870).

O. P., pour *Œuvres Posthumes* (Paris, Société du Mercure de France, in-8, 1908).

P. A., pour *Les Paradis Artificiels, La Fanfarlo* (Ed. J. Crépet, Paris, Conard, in-8, 1928).

P. P., pour *Petits Poèmes en Prose* (Ed. J. Crépet, Paris, Conard, in-8, 1926).

Asselineau, pour *Charles Baudelaire, sa vie et son œuvre,* par Charles Asselineau (Paris, Lemerre, in-12, 1869).

E. J. Crépet, pour *Ch. Baudelaire,* Etude biographique d'Eugène Crépet, revue et complétée par Jacques Crépet, suivie des *Baudelairiana* d'Asselineau et de nombreuses lettres adressées à Ch. Baudelaire (Paris, A. Messein, in-12, 1919).

I

L'INVITATION AU VOYAGE

Ch. I. — ATMOSPHÈRES

(1) *J. I.*, pp. 14-15.
(2) E.-J. Crépet, p. 23.
(3) *Ibid.*
(4) Ch. Asselineau, pp. 1-2.
(5) *Ibid.*, p. 2.
(6) *A. R.*, p. 18.
(7) *J. I.*, p. 28.
(8) E.-J. Crépet, pp. 2-3.

(9) Cf. l'intéressante note de Crépet, dans E.-J. Crépet, p. 5, note 2, et p. 6. Hypothèse, qui a son intérêt, sur les Dufays, dont le nom remonte — identique ou analogue — jusqu'au temps de Guillaume le Conquérant. Nos recherches, aussi infructueuses sur ce point, n'ont pu confirmer cette hypothèse.

(10) François Baudelaire meurt cinq ans après ce mariage d'une affection cérébrale. Cf. Dr Cabanès : *Le mal mystérieux de Baudelaire*, *Pro Medico*, 1927, n° 5. — Cf. encore Dr Photis Scouras : *Essai médico-psychologique sur Charles Baudelaire*, Lyon, Bosc et Riou, 1929, pp. 23-28 : « Alphonse Baudelaire (frère du poète) est mort d'hémiplégie, Mme Aupick de paraplégie, Baudelaire lui-même est mort d'hémiplégie droite avec aphasie. »

(11) Cf. *J. I.*, p. 78 et *F. M.* la fin du *Voyage à Cythère*.

(12) Asselineau, pp. 2-3.

(13) *L. M.*, p. 156, 11 janv. 1858.

(14) *J. I.*, p. 53.

(15) *Note autobiographique* citée par La Fizelière et Decaux, reproduite dans *O. P.*, p. 73.

(16) Sur ce double point et sur tout ce qui suit cf. la lettre de Mme Aupick à Asselineau du 24 mars 1868, dans E.-J. Crépet, p. 259 sqq. « M. Baudelaire dont j'ai conservé un très doux souvenir... »

(17) « Il y a quelques mois, j'ai découvert chez un marchand du passage des Panoramas un tableau de mon père (une figure nue, une femme couchée voyant deux figures nues en rêve)... Mon père était un détestable artiste mais toutes ces vieilleries là ont une valeur morale » (*L. M.*, 30 déc. 1857, p. 153).

(18) Eglise Saint-Sulpice, 7 juin 1821. Cf. E.-J. Crépet, p. 7, n. 3.

(19) Cf. A. Terson : *Une lettre de Cabanis à Baudelaire père*, Paris, 1911, in-8°, 7 pages.

(20) Cf. Lettre de Mme Aupick à Asselineau citée plus haut. Cette lettre contient d'ailleurs quelques erreurs rectifiées par E. Crépet (E.-J. Crépet, p. 4) d'après des renseignements puisés aux archives du Sénat.

(21) *Almanach national* de l'an X (1802), p. 72 (sous l'orthographe F. Beaudelaire). Son nom ne figure pas dans les Almanachs de 1803 et 1804. En 1805 il est mentionné dans la rubrique : *préture*, comme *chef des bureaux au palais du Sénat* (*Almanach national*, 1805, p. 76). Jusqu'en 1813 il est inscrit sous le même titre.

(22) E.-J. Crépet, *ibid.*

(23) E.-J. Crépet, p. 8.

(24) Cf. pour plus de détails : G. de Nouvion : *La famille de Ch. Baudelaire* (*Bulletin de la Société historique du VIe arrondissement*, 1902, pp. 151-153).

(25) *J. I.*, p. 90.

(26) Cf. *Morale du Joujou* dans *A. R.*, 132.

(27) Sa mère aussi dessinait à la plume pour lui — ce qui confirme le goût du jeune Charles pour les images. Cf. *L. M.*, 6 mai 1861, p. 227.

(28) Propriété de M. F. Vanderem.

(29) Sur Naigeon et F. Baudelaire consulter la curieuse note de E. Crépet dans E.-J. Crépet, p. 7, n. 3. Naigeon était conservateur du Musée royal du Luxembourg. Il signa comme témoin sur l'acte de naissance de Charles. — Il s'agit non pas de « l'athée Naigeon» (E.-J. Crépet, p. 7), l'encyclopédiste, qui était mort en 1810, mais de son fils Jean Naigeon, peintre, conservateur du Luxembourg (Cf. E.-J. Crépet, p. 9).

(30) Cf. Baudelaire. Lettre du 10 juillet 1861 : « Je voulais que la restauration des deux Greuze de mon père... fût faite presque sous mes yeux. »

(31) Cf. G. de Nouvion, *art. cit.*, p. 152.

(32) Cf. dans *L.M.*, *pass.* les colères de Baudelaire contre le directeur de sa mère.

(33) « Dès mon enfance, tendance à la mysticité. Mes conversations avec Dieu. » *J. I.*, 98.

(34) Cf. pour appuyer ce contraste intérieur la lettre de Mme Aupick à Asselineau (8 novembre 1867), citée dans E.-J. Crépet, p. 13 en note.

(35) *J. I.*, 27.

(36) Cité par E. Crépet, p. 11.

(37) Notice en tête des *F. du M.* Ed. Cal. Lévy, p. 11.

(38) Lettre de Mme Aupick à Ancelle, 8 avril 1868, *M. de Fr.*, 1ᵉʳ fév. 1905, p. 343.

(39) Cf. l'article de L. Lemonnier dans *La Grande Revue*, septembre 1921 : *B. au Lycée Louis-le-Grand* et *Journal des Débats*, 10 octobre 1921.

(40) 1ᵉʳ trimestre 1838.

(41) Cf. *Midi hivernal*, 17 et 24 mars 1892 — et *Revue du Lyonnais*, juin 1892, 5ᵉ série, t. 13, p. 418 sqq.

(42) *Journal des Débats*, 15 octobre 1864.

(43) Louis Ménard : notice consacrée à B. dans *le Tombeau de Charles Baudelaire*, édit. de *La Plume*, 1896, cité dans *Figaro*, 14 juin 1930.

(44) Charles C[ousin]. *Voyage dans un grenier*, p. 10. Cf. E.-J. Crépet, p. 16, n. 2 et p. 17. Philippe Berthelot (*Revue de Paris*, 1ᵉʳ juin 1901, *Louis Ménard*) affirme, sur la foi de Louis Ménard, que « cette petite note perfide ne répond à rien de réel. »

(45) Cf. Nadar : *Ch. Baudelaire intime. Le Poète vierge*, pp. 54-60 : Songeon mourut président du Conseil municipal de Paris et sénateur.

(46) Cf. Lemonnier, *art. cité.*

(47) PP. 49-61.

(48) Pièce à H. Hignard (*Revue du Lyonnais*, juin 1892, p. 421).

(49) A E. Deschanel : « Il aimait à la voir avec sa jupe blanche... » *O. P.*, p. 49.

(50) *Incompatibilité* (la pièce pyrénéenne). *O. P.*, p. 49.

(51) « *Quant à moi, si j'avais un beau parc planté d'ifs* », *O. P.* p. 59

(52) *Ibid.*, p. 60.

(53) Pièce adressée à H. Hignard, publiée par lui dans le *Midi hivernal* (24 mars 1892) et recueillie dans les *O. P.*, p. 59.

(54) En dépit de ses affirmations (Cf. note autobiographique citée p. 5), Baudelaire eut des amis aux Lycées de Lyon et Louis-le-Grand. — Cf. en outre la lettre à sa mère du 16 juillet 1839 (Ed. Conard, 1918, p. 5) où il parle de son « ami de cœur » se plaignant de ne pas l'avoir comme confident de ses émotions.

(55) *O. P.*, p. 412.

(56) *Notice autobiogr.*, *O. P.*, p. 73.

(57) Cf. cette lettre à sa mère du 6 mai 1861, d'un accent d'émouvante passion (*L. M.*, pp. 226-227) : « Il y a eu dans mon enfance une époque d'amour passionné pour toi... Je me souviens d'une promenade en fiacre ; tu sortais d'une maison de santé où tu avais été reléguée et tu me montras, pour me prouver que tu avais pensé à ton fils, des dessins à la plume que tu avais faits pour moi. Crois-tu que j'aie une mémoire terrible ? Plus tard, la place Saint-André-des-Arts et Neuilly. De longues promenades, des tendresses perpétuelles ! Je me souviens des quais qui étaient si tristes le soir. Ah ! ç'a été pour moi le bon temps des tendresses maternelles. Je te demande pardon d'appeler *bon temps* celui qui a été sans doute mauvais pour toi. Mais j'étais toujours vivant en toi ; tu étais uniquement à moi. Tu étais à la fois une idole et un camarade... » Et il parle plus haut de son âme que sa mère n'a « jamais appréciée et connue ». Le 11 octobre 1860 (p. 206) il lui avait écrit : « Je t'aime de tout mon cœur ; tu ne l'as jamais su. Il y a entre toi et moi cette différence que je te sais par cœur et que tu n'as jamais pu deviner mon misérable caractère. »

(58) *F. M. Bénédiction.*

(59) Cf. le testament de Mme de Choiseul-Praslin dans G. de Nouvion, *art. cit.*, p. 152.

(60) *L. M.*, 1ᵉʳ mai 1861, p. 228.

(61) *Ibid.*

(62) *Ibid.*

(63) *L. M.*, 16 juillet 1839, p. 5. — Cf., pour la citation qui suit, *ibid.*, 6 mai 1861, p. 227.

(64) *L. M.*, pp. 7-9, [12] août 1839.

(65) Max. Du Camp : *Souvenirs littéraires*, II, 59. Ce récit est d'ailleurs rempli d'inexactitudes. Max. Du Camp — qui donne l'âge de B. à ce moment (dix-sept ans) — raconte qu'après avoir levé la main sur son beau-père et l'avoir menacé de l'étrangler,

il fut enfermé quinze jours et conduit à Bordeaux pour être embarqué. Or, c'est en
1841 — à vingt et un ans — que B. part pour les Indes — où en dépit de l'affirmation de Max. Du Camp (p. 59), il ne parviendra jamais. — Cf. à propos de l'altercation E.-J. Crépet, 28, note.

(66) *L. M.*, p. 10.

(67) *F. M.*, 136. *L'Héautontimorouménos.*

(68) « Utile », c'est-à-dire « hideux » (*J. I.*, p. 51).

(69) *L. M.*, samedi 4 déc. 1847, p. 30.

(70) *Ibid.*, p. 10.

(71) *O. P.*, p. 73.

(72) Etude lue par le Comte Gérard de Contades sur Le Vavasseur dans : *Inauguration du buste de Le Vavasseur à Argentan* (Alençon, Renaut-de Broise, 1899, in-8, 111 p.).

(73) Henry de Chennevières : *l'Ecole Normande* dans *l'Artiste*, octobre 1893, p. 275.

(74) G. de Contades, *loc. cit.*, p. 25.

(75) E.-J. Crépet, p. 20, n. 1.

(76) 1839-1841.

(77) H. de Chennevières, *loc. cit.*, p. 275.

(78) *Id.*, *ibid.*

(79) Cf. sur les rapports de Baudelaire et Trapadoux, Schanne, *Souvenirs de Schaunard*, p. 105 sqq.

(80) Chennevières, *loc. cit.*

(81) Note de Prarond dans G. Contades, *loc. cit.*, p. 25, note 2. — Cf. H. de Chennevières, *loc. cit.*, p. 275.

(82) H. de Chennevières, *loc. cit.*, p. 276.

(83) Contades, *loc. cit.*, p. 25.

(84) H. de Chennevières, *loc. cit.*, p. 276.

(85) Contades, *loc. cit.*, p. 25.

(86) Allocution de M. Jules Buisson, ancien député de l'Aude à l'Assemblée nationale, dans *Inauguration du buste de G. Le Vavasseur, op. cit.*, p. 90.

(87) « Vous avez un nom qui fait du bruit dans le monde », lui dit un jour l'acteur Odry (*id.*, *ibid.*, p. 90).

(88) H. Carnoy dans la préface à *Myrrhine* par Ernest Prarond, Paris, Emile Lechevalier, 1893, in-18°, p. 24.

(89) Contades, *loc. cit.*, pp. 25-26.

(90) H. de Chennevières, *loc. cit.*, p. 277.

(91) Nous avons retrouvé ces triolets dans les papiers de Jules Buisson. M. André Buisson, son petit-fils, nous a très aimablement autorisé à les reproduire.

(92) Cf. J. Buisson, *loc. cit.*, p. 90.

(93) Contades, *loc. cit.*, p. 28.

(94) Cf. E.-J. Crépet, p. 20.

(95) *Id.*, *ibid.*, p. 20.

(96) *Les Poètes français*, t. IV, pp. 561-563 ; cette notice avait paru d'abord dans la *Revue fantaisiste*, 12e livraison, 1er août 1861.

(97) *A. R.*, pp. 377-379.

(98) Contades, *op. cit.*, p. 26.

(99) *A. R.*, 377.

(100) Note d'Anatole du Boulet dans Contades, *op. cit.*, note 2 de la page 27.

(101) Contades, p. 27 et note 3 d'E. Prarond.

(102) Odéon, 19 mars 1842.

(103) Contades, p. 27, note 4 de E. Prarond.

(104) *Ibid.*, note 5 de E. Prarond.

(105) *A. R.*, 378.

(106) *Ibid.*

(107) Cité par E. Crépet, p. 21.

(108) La note de Le Vavasseur citée par E. Crépet (p. 22) affirme que la chanson « fut insérée tout au long (sans signature) dans un numéro de novembre ou de décembre

1838 du *Corsaire*. Je l'y ai vainement recherchée. Le *Corsaire* publia en 1840 le poème de G. Le V. : *Napoléon*, sous le pseudonyme transparent de *Gustave Delorne*. M. E. Raynaud qui a lu par erreur Gustave Delorme conjecture qu'à la pension Bailly les poésies de Sainte-Beuve devaient être passionnément goûtées (Ernest Raynaud, *Charles B.*, p. 94). Hypothèse que nos recherches n'ont pu réussir à confirmer. — Cf. *Napoléon*, par Gustave Delorne, Paris, impr. Bailly, 1840, in-8, 14 p. — Cf. G. de Contades, *loc. cit.*, p. 31.

(109) Gustave Le Vavasseur : *Ernest Prarond*, extrait de la *Revue de la Poésie*, juillet-août 1892, p. 8.

(110) Banville, le *Corsaire*, 17 août 1847, sur les débuts littéraires d'E. Prarond à propos de son recueil de *Fables*.

(111) *Ernest Prarond* dans les *Poètes français* d'Eugène Crépet, 1862, t. IV, pp. 621-624.

(112) Ernest Prarond : *A la chute du jour*, p. 265. La pièce est datée du 20 octobre 1841. Ph. de Chennevières ne cite que les quatre premiers vers. Nous avons cru devoir reproduire la pièce entière, intitulée : *Un regret*.

(113) Ernest Prarond : *Du Louvre au Panthéon*, Printemps romantiques : Prologue, p. 89 (Lemerre, 1881).

(114) Gustave Le Vavasseur : *Un chapitre d'Art Poétique : la Rime*, dédié « à mon ami Ernest Prarond », vers 668 sqq.

(115) Nadar : *Ch. B. intime*, pp. 65-66. Cf. *A la chute du jour*, p. 274.

(116) Th. de Banville : *National*, 28 juin 1869, à propos du recueil : *De Montréal à Jérusalem*, Paris, Michel Lévy frères, in-12°, 1869.

(117) *A la chute du jour*, pp. 265-266. Titre : *Rocaille*. Date : 6 août 1841.

(118) G. Le Vavasseur, *Ernest Prarond*, p. 5 (*Revue de la Poésie*, juillet-août 1892).

(119) E. Prarond : *Du Louvre au Panthéon*, pp. 91-99. Nous ne citons que l'essentiel de cette longue pièce qui fait revivre curieusement les physionomies de Th. Gautier, Privat d'Anglemont, Murger, Nadar, la Madelène, Ph. de Chennevières, G. Le Vavasseur, de Laprade, Ménard, Monselet, Champfleury. On y peut lire sur Baudelaire les vers suivants (pp. 96-97) :

> Passionné pour Michel-Ange
> Et Titien et Delacroix,
> Chercheur ayant sur lui la croix,
> Baudelaire allait voir le Gange,
>
> Et nous rapportait l'albatros,
> L'oiseau boîteux battant les planches,
> Mais qu'emportent ses ailes blanches
> Au Zénith craint du fils de Tros.

(120) Id., *ibid.*, p. 156.

(121) G. Le Vavasseur : *E. Prarond, art. cit.*, p. 6. Cette pièce est reproduite en tête du premier volume de vers de G. Le Vavasseur (*Poésies fugitives*) qui parut chez Dentu en 1846, « quatre ans après [leurs] premiers débuts ».

(122) Le Vavasseur, *ibid*, p. 9.

(123) G. Le Vavasseur, pp. 12 et 13.

(124) Nous nous bornons pour E. Prarond, comme pour G. Le Vavasseur, à la présentation de la période de jeunesse qui fut mêlée à l'existence de Baudelaire. On pourra en outre consulter sur E. Prarond : Philippe de Chennevières, les *Poètes français*, J. Crépet, t. IV, 1862 (*op. cit.*) ; Antonin Rondelet, *Journal général de l'Instruction publique*, 30 mai 1863 ; Em. des Essarts, *le Midi*, 26 juillet 1876. — Ce que nous avons dit de la jeunesse, de l'œuvre et du caractère de Prarond semble infirmer *a priori* — et même si on n'avait d'autres preuves — la bruyante hypothèse de M. Mouquet, selon laquelle Prarond aurait accepté de publier sous son nom des vers de jeunesse de Baudelaire.

(125) Exactement du Houlme (H. Turnoüer, dans *Centenaire de G. Le Vavasseur à Argentan*, p. 25).

(126) Alphonse du Bosc : *Revue normande et percheronne*, 1893, p. 193.

(127) Lettre du 30 juillet 1896 citée par H. Tournoüer, *loc. cit.*, pp. 26-27.

(128) H. Tournoüer, *loc. cit.*, p. 26. M. Tournoüer qui présidait, en 1920, la Société historique et archéologique de l'Orne connut Gustave Le Vavasseur et eut la bonne fortune d'être le voisin et l'ami de Philippe de Chennevières. L'étude qu'il a consacrée aux rapports des deux amis Normands sous le titre : *Monsieur de Lalande et Monsieur de Saint-Santin* (nom de deux propriétés, l'une de G. Le Vavasseur, l'autre de Ph. de Chennevières) est remplie de renseignements précieux. *Op. cit.*, pp. 24-39.

(129) Le pseudonyme de la Boussardière fut emprunté à une terre de famille située sur la commune d'Igi.

(130) *Journal*, I, 130-131.

(131) Ph. de Chennevières : *Souvenirs d'un directeur des Beaux-Arts*, 5ᵉ partie, p. 95 (1889). Cf. *ibid.*, pp. 94-98.

(132) *De quelques écrivains nouveaux*, p. 68 et p. 70.

(133) *Ibid.*, p. 74.

(134) Cité par Prarond, *ibid.*, pp. 74-75.

(135) Ph. de Chennevières, *op. cit.*, V, p. 98.

(136) *Inauguration du buste de G. Le V.*, *op. cit.*, *Allocution de M. Jules Buisson*, ancien député de l'Aude à l'Assemblée nationale, p. 90.

(137) Cf. la pièce dédiée par E. Prarond à Jules Buisson dans *Airs de flûte sur des motifs graves*, p. 109. — Nous avons retrouvé dans les papiers de J. Buisson de très curieuses notes sur Goya, pour qui il partageait l'admiration de Baudelaire.

(138) G. Le Vavasseur : *Ernest Prarond*, p. 7.

(139) Lettres adressées à G. Le Vavasseur, signées Phil. de Chennevières, réunion d'articles publiés dans le *Journal d'Argentan*, que G. Le Vavasseur dirigea de 1850 à 1852. — Cf. Prarond : *De quelques écrivains nouveaux*, p. 62.

(140) Cité dans Prarond, *op. cit.*, p. 62.

(141) Ph. de Chennevières, *op. cit.*, V, p. 98.

(142) Jules Buisson dans *Inaug. du buste de Le Vavasseur*, p. 90.

(143) Ph. de Chennevières, *op. cit.*, V, p. 98.

(144) E. Prarond : *Escarmouches*. Préface, p. IV.

(145) Cf. *Vers*, 1843.

(146) Dans *Etudes d'après nature*, au chapitre : *les Animaux*. Les premiers vers rappellent le début du sonnet célèbre de Baudelaire : « Le jeune philosophe et la vieille portière Aiment le chat câlin, pudibond et méchant... » (Le Vavasseur, *Poésies complètes*, 1888, t. II, p. 166.)

(147) *Op. cit.*, V, p. 98.

(148) J. Buisson, *loc. cit.*, p. 90.

(149) P. 7. « Il est par-dessus tous un poète qui a eu cette rare fortune, en récitant parfois pour lui seul ou quelques amis de la grande poésie, d'obtenir presque une renommée sans publier un seul vers ; ce poète qui a écrit à l'occasion d'une exposition du Louvre tout un catéchisme de la peinture moderne est M. Charles Baudelaire... »

(150) G. Le Vavasseur : *Ernest Prarond*, p. 11.

(151) *Ludus secularis*, Ambianis, Typis Delattre-Lenoel, 1835.

(152) *Valerandi Varanii de gestis Johannae Virginis*, poème de 1516, remis en lumière, analysé et annoté par E. Prarond, Paris, Picard, 1889.

(153) PP. 158-161.

(154) Contades, dans *Inaug. du buste de G. Le Vavasseur*, p. 30.

(155) Charles C[ousin] : *Voyage dans un grenier*, p. 10, note. — Cf. pour des détails précis sur ce « Grenier », la thèse de H. Peyre, *Louis Ménard*, New Haven, 1932, pp. 23-25.

(156) Charles C[ousin], bibliotaphe. *Op. cit.*, pp. 10-11.

(157) Selon Prarond (Cf. E.-J. Crépet, p. 34), ce ne serait que vers juin 1842 au retour de son voyage que Baudelaire se serait installé au quai de Béthune. Charles Cousin, qui rappelle des souvenirs de 1840 et évoque « Baudelaire à vingt ans » dit qu'à cette date « Baudelaire habitait déjà l'Ile Saint-Louis » (*Op. cit*, p. 11).

(158) *Ibid.*, pp. 11 et suiv.

(159) C'est sous ce pseudonyme que Louis Ménard fit paraître en 1843 : *Prométhée délivré.*

(160) « Nous n'étions pas cent à connaître Baudelaire et pas dis à l'admirer » écrit Louis Ménard avec son orthographe simplifiée dans la notice consacrée à son ami dans *le Tombeau de Charles B.,* 1896, édit. de *la Plume.* — Cf. Philippe Berthelot, *Revue de Paris,* 1er juin 1901 : *Louis Ménard* — et Jacques Patin, *Charles Baudelaire et Louis Ménard, Figaro,* 14 juin 1930. — Selon Charles Cousin (*op. cit.,* p. 15), Louis Ménard avait écrit, dans la manière de Baudelaire, un poème-charge, intitulé *Incompatibilité* et « faillit l'adresser, sous le pseudonyme de Courbet, à la *Revue des Deux-Mondes,* lors de l'accueil fait par la respectable douairière aux *Fleurs du Mal...* »

(161) Ch. Asselineau : *Vie de Ch. B.,* p. 5.

(162) Sa première crise de folie est de 1841.

(163) Toubin qui fut un ami intime de Baudelaire note dans ses *Souvenirs d'un Septuagénaire* que c'est à Baudelaire qu'il doit d'avoir connu Gérard de Nerval. Cité par E. Crépet, p. 48, note. — D'autre part, Baudelaire prétend que c'est par Edouard Ourliac qu'il connut Gérard (*A. R.,* p. 300).

(164) Cité par E.-J. Crépet, p. 22.

(165) *C. E.,* p. 201. Cf. à propos de Fontanarès, cité par Baudelaire, *M. de France,* 1, IV, 31, pp. 216-225, art. de G. Batault.

(166) Cité par E. Crépet, p. 66, note.

(167) *A. R.,* p. 300.

(168) *Ibid.,* p. 274.

(169) *Ibid.,* p. 336.

(170) Ch. Monselet : *Portraits après décès,* p. 170.

(171) *Id., ibid.,* pp. 170-171. Cf. tout l'article, pp. 153-201.

(172) Il était né à Carcassonne le 31 juillet 1813. C'est chez Ourliac que Baudelaire rencontrait Veuillot. « Louis Veuillot, au coin de la cheminée, prêchait Ourliac et sa femme. Tout à coup, Baudelaire jusque-là silencieux dit à l'apôtre : « Je ne crois pas à Dieu, monsieur. — Voilà qui va lui être bien désagréable, dit Ourliac. » Veuillot demanda à Baudelaire : « Croyez-vous à vous-même ? — Oui, Monsieur. — Je vous en fais mon compliment, car, pour moi, je ne crois pas à moi-même et je crois en Dieu. » A. Houssaye, *Confessions,* II, p. 251.

(173) Monselet, *op. cit.,* pp. 153-201, passim.

(174) Th. Gautier : *l'Illustration,* 9 mars 1867.

(175) Arsène Houssaye : *Confessions,* I, p. 369. — Cf. *ibid.,* pp. 370 et 371.

(176) *Revue anecdotique,* 1re quinz. d'octobre 1860, p. 161.

(177) Cf. Jules Buisson, *loc. cit.,* p. 90.

(178) Cité par Crépet, p. 23.

(179) Cf. ce billet de B[audelaire]-D[ufays] à Nadar (dans Nadar, *op. cit.,* p. 44). « A propos, Léguillon [étudiant créole du groupe] était-il de ton charivari dont j'ai eu connaissance par la démantibulation du marteau de ma porte et la clameur publique ? »

(180) Prarond, cité par E. Crépet, 25, note 1.

(181) *La Jeune France,* janvier-février 1884. Cf. *O. P.,* pp. 52-54.

(182) Dans *Vers,* 2e partie, XXVIII, pièce datée du 5 octobre 1842, et dédiée « à mon ami C. B. »

(183) Contades, *loc. cit.,* p. 30.

(184) Et non *Saur,* comme l'ont écrit beaucoup de biographes récents de Baudelaire, sur la foi d'une erreur typographique du livre d'Eugène Crépet.

(185) Cf. Jules Buisson, cité par Crépet, p. 31.

(186) Max. Du Camp, II, 65 ; Gautier, notice des *F. du M.,* C. Lévy, p. 13.

(187) Cf. E. Crépet, pp. 31-32.

(188) *La Plume,* 1-15 août 1893.

(189) *La Grande Revue,* mai 1930. — Cf. encore *Le Peuple, organe quotidien de l'île de la Réunion,* samedi 23 et dimanche 24 mars 1929.

(190) *Le Mauritien,* vendredi 3 septembre 1841.

(191) Baudelaire. *L.,* pp. 7-8.

(192) Sœur de lait de Mme A. de B. — Cf. *Revue de France,* 15 décembre 1921, l'article de Mme Solange Rosenmark, née Autard de Bragard.

(193) Cf. *F. du Mal : Bien loin d'ici, A une Malabaraise, Parfum exotique* — et *Poèmes en prose, La Belle Dorothée.*

(194) Départ annoncé par le journal anglais *Cerneen,* samedi 25 septembre 1841 : « Passengers MM. Delaruelle, Mellon and Baudelaine (sic). »

(195) Lettre du capitaine Saliz au général Aupick, Bourbon, 14 octobre 1841, publiée par Féli Gautier. *Mercure de France,* 15 janvier 1905.

(196) Cf. Petrus Borel. *Champavert,* la nouvelle *Jaquez Barraou,* aux pages 93-94 de l'édition de *la Force Française,* Paris, in-8°, 1922.

(197) Cf. Troubat : *Souvenirs...,* p. 208.

(198) *C. E.* [Salon de 1859], p. 318. — Cf. *ibid.,* 97, 127, 319, 345, 348.

(199) *Ibid.,* 319.

(200) Cf. dans les *Poèmes en prose* : le Port.

(201) Jules Buisson, cité dans Crépet, p. 34, note 2 et p. 35.

(202) Jules Buisson : *Inaug. du buste de G. Le Vavasseur...,* pp. 90-91.

(203) Id., *ibid.,* p. 91.

(204) Id., *ibid.,* p. 89.

(205) G. Le V. : *Ernest Prarond,* p. 4.

(206) Dans des vers adressés à G. Le Vavasseur (*Dix mois de Révolution,* par **Ernest** Prarond et Gustave Le Vavasseur, Paris, Michel Lévy frères, 1849. Cf. éd. de 1863, pp. 27, 28, 29) Ernest Prarond évoque en rimes abondantes et faciles ce passé de jeunesse et les figures sympathiques des héros de l'Ecole normande.

(207) Cf. Jules Buisson, *loc. cit.,* p. 90 ; Ph. de Chennevières : *Souvenirs d'un directeur des Beaux-Arts,* V, 98 et G. le Vavasseur : La Rime, op. cit. (à Prarond) :

« Nous nous mîmes à quatre à hanter la maison
Vous et moi, mon ami Baudelaire et Dozon. »

(208) Contades : *Inaug. du buste de G. Le Vavasseur...,* p. 32.

(209) Renseignements fournis par Ernest Prarond à G. de Contades (p. 32, n. 2). Nous apprenons en outre que Dozon entra dans la carrière consulaire et fut envoyé, selon ses goûts, dans les provinces turques. Il résida en Herzégovine, en Albanie, à Chypre, en Roumélie. Il épousa, déjà mûr, « une jeune grecque très agréable mais dont le grand attrait était peut-être qu'elle parlait grec. » En 1887, il enseignait le russe à l'Ecole des Langues orientales. Il mourut à Paris le 31 décembre 1890. — J'ai retrouvé son nom au bas d'une étude très documentée, enrichie de traductions colorées, consacrée au grand poète magyar : *Alexandre Petöfi,* dans la *Revue germanique* de 1861 (t. XIV, 2ᵉ livraison, pp. 190-207). En 1869 il publie des Poésies populaires serbes « qui sont des traductions véritables et non des inventions de fantaisie comme la *Gulza* de Mérimée » (Deslignères : *L'œuvre littéraire de M. Ernest Prarond,* Amiens, Jeunet, in-8°, 1876, p. 16). J'ai trouvé également un article de lui sur *la Légende de Twardowski* dans *l'Athœneum français* du 5 août 1854.

(210) Cf. E.-J. Crépet, p. 39.

(211) *Id., ibid.* — Le recueil parut sous le titre de *Vers,* par G. Le Vavasseur, E. Prarond et A. Argonne, Paris, Herman frères, 1843.

(212) G. Le V. : *Ernest Prarond, op. cit.,* p. 4.

(213) Cf. Notes de Buisson (E.-J. Crépet, pp. 78-79) et de Le Vavasseur (*Ibid.,* p. 82). Chennevières apparaît dans le récit de Le Vavasseur. — Ph. de Chennevières (*Souvenirs d'un Directeur des Beaux-Arts,* III, ch. VI, Le Louvre en 1848, p. 53) raconte l'équipée du groupe, autour du Louvre, le 23 et le 24 février et évoque les silhouettes de J. Buisson, de Champfleury pérorant contre la Régence, de Baudelaire « se promenant dans les bandes avec une carabine sur l'épaule ».

(214) *Paris,* 11 nov. 1852, *art. cit.* dans *l'Œuvre littéraire de M. E. Prarond* par Emile Delignières (Amiens, Jeunet, 1876, in-4 de 54 p., p. 27). — Cf. Goncourt, *Journal,* V, pp. 113.

(215) Le Vavasseur à E. Prarond dans Prarond : *De quelques écrivains nouveaux,* p. 255. — Cf. Comte G. de Contades ; *Bibl. des Œuvres de Le Vavasseur,* Alençon,

1898, Renaut de Broise, in-8° et dans *Nouvelle bibliographie normande*, par Mme M.-N. Oursel, 2 vol., in-8°, Paris, Picard, 1886.

(216) Cité dans Crépet. *Les Poètes français*, IV, p. 563.

(217) *Lettres sur l'Art français*, cité par Prarond. *De quelques écrivains nouveaux*, p. 62.

(218) Déjà, en 1854, dans la préface qu'il écrivit aux *Pensées d'Albert* d'E. Prarond, il avait pris à partie les théories d'art de Baudelaire : « Que les derniers poètes soient d'honnêtes hommes... qu'ils soient les derniers moralisateurs... »

(219) *L. M.*, 11 septembre 1856, p. 123 :
« Ma liaison, liaison de 14 ans avec Jeanne, est rompue. »
Ce texte semble infirmer la date que Nadar — dont les souvenirs n'ont pas toujours une précision fidèle (ils furent publiés en 1911 et Nadar a été longtemps photographe à Marseille) — donne dans son *Ch. B. intime* : 1839-1840 (pp. 2-8).

(220) A. Schanne : *Souvenirs de Schaunard*, p. 202. — Cf. ibid., pp. 133, 139, 140, 141, 144, 201 à 204.

(221) Schanne, *loc. cit.*, pp. 133-204, *passim*. — Champfleury : *Souvenirs et portraits de jeunesse*, pp. 119-122.

(222) En 1844. Cf. A. Houssaye : *Confessions, VI*, 161.

(223) Cf. l'article d'Aurélien Scholl dans le *Figaro* du 31 mai 1857, pp. 2-3-4. — Les premières lignes fixent la date de l'apparition du « divan » dans la renommée littéraire qui « remonte à 15 ou 16 ans ». Scholl nomme Baudelaire parmi les familiers.

(224) Cf. *Curiosités esthétiques, Salon de* 1859, p. 259.

(225) Arsène Houssaye : *Confessions*, V, p. 346.

(226) « Quand vous apercevez, le soir, une lueur rouge qui s'avance, vous pressentez un omnibus et vous faites place... C'est le nez de Guichardet. » (A. Scholl, *Figaro, loc. cit.*)

(227) Banville : *Odes funambulesques*, 2ᵉ éd., 1859, Lévy, pp. 228-229.

(228) J. Levallois : *Mémoires d'un critique*, pp. 89-90.

(229) Delvau : *Les Lions du jour*, p. 219 sqq. — Cf. *Temps*, 27 novembre 1930, chronique d'Edmond Jaloux.

(230) 25 novembre 1856.

(231) Nadar, *op. cit.*, p. 66.

(232) E. Prarond : *De quelques écrivains nouveaux*, p. 121.

(233) Cf. *La Lorgnette littéraire*, parue en 1857.

(234) A. Duchesne : *Figaro*, 11 juin 1859, p. 6 dans *Echos de Paris*.

(235) Cf. Sainte-Beuve, *Corresp.*, II, 8 et 9, n. 2.

(236) B. : *L.*, 1855, p. 72.

(237) Maxime Du Camp, II, pp. 68-74. — Cf. aussi Schanne, p. 322 et Nadar, pp. 66-67.

(238) Schanne, *op. cit.*, pp. 105-108. — Cf. Levallois, *op. cit.*, pp. 109-110.

(239) Marié, père de deux enfants, il voit sa femme, un enfant, sa belle-mère happés par le choléra en 1865 ; gravement malade, il se précipite d'une fenêtre sur le pavé de la cour de l'hôpital Dubois où il était soigné (Schanne, p. 195).

(240) Champfleury : *Souvenirs et portraits de jeunesse*, p. 195. — Cf. ibid., pp. 193-201.

(241) Nadar, *op. cit.*, p. 67.

(242) Champfleury, *op. cit.*, p. 199. — Barbara est le Carolus Barbemuche de Mürger. — Cf. Schanne, p. 192 sqq. — Cf. encore M. Du Camp, II, 74-77.

(243) Cité par J. Crépet dans *F. du M.* (Conard), p. 430.

(244) Nadar, *op. cit.*, pp. 67-68. — Sur Privat d'Anglemont, cf. l'étude d'Alfred Delvau, dans *Paris inconnu* de A. Privat d'Anglemont, Paris, Delahays, 1875, in-8°, pp. 3-16 — et ibid., pp. 17-22, les fragments d'un article publié par Victor Conchinat dans *la Causerie*, du 24 juillet 1859. — Cf. encore *Figaro*, 14 mai 1857, p. 3 (sur ses mystifications) et *Revue anecdotique* : 2ᵉ quinzaine de juillet 1859, p. 26 sqq. (à propos de sa mort) ; 2ᵉ quinzaine de mars 1860, pp. 129-130 (sur sa prétendue collaboration à la *Revue des Deux-Mondes*) ; 2ᵉ quinzaine d'octobre 1859, pp. 178-188

(Privatiana) ; 1re quinzaine de juin 1861, pp. 252-254 (mystification montée froidement et durant de longues années contre un M. Manuel, bibliothécaire de Normandie), etc.

(245) Conchinat, *op. cit.*, dans *Paris inconnu*, p. 18.

(246) *Revue anecdotique*, 2e quinzaine de juillet 1859, p. 26.

(247) *Ibid.*, pp. 26-27.

(248) Schanne, *op. cit.*, p. 94.

(249) *Revue anecdotique*, 2e quinzaine de juillet 1859, p. 27.

(250) Nadar, p. 68.

(251) Témoignage d'A. Houssaye. *Confessions*, II, 250. — Cf. *Gaulois*, 5 octobre 1892. Une fois pour toutes, notons que les témoignages d'A. Houssaye sont parfois sujets à caution. Nous n'avons eu recours qu'avec prudence à ses *Confessions* si vivantes, certes, et si pleines de curieux détails, mais parfois contradictoires et mêlées. Il arrive à Houssaye de brouiller des dates et de se confier à son imagination.

(252) P. 220.

(253) J. Levallois : *Mémoires d'un critique*, p. 108. — Cf. ibid., p. 106 sqq. sur Privat d'Anglemont. — Dans *l'Intermédiaire des chercheurs et curieux* (20-30 mai 1929, pp. 422-423) je trouve citée une opinion de Levallois qui tendrait à détruire ses affirmations des *Mémoires d'un critique*.

(254) *La Closerie des Lilas* dans *Paris inconnu*, op. cit., pp. 304-305 et p. 309. Le sonnet : J'aime ses grands yeux bleus... (304-305), La chanson : Combien dureront nos amours... (309). Cette chanson est attribuée à Baudelaire par La Fizelière dans *Essai de bibliographie contemporaine : Baudelaire*, p. 3.

(255) Banville : *Mes Souvenirs*, pp. 76-77.

(256) Champfleury : *Souvenirs d'enfance et de jeunesse*, p. 132.

(257) Nadar, *op. cit.*, p. 69.

(258) *Revue anecdotique*, 2e quinzaine de mars 1860, pp. 129-131.

(259) Cf. *Baudelairiana* d'Asselineau dans E.-J. Crépet, pp. 282-285.

(260) Champfleury, *op. cit.*, pp. 131-146. — Asselineau, *op. cit.*, pp. 7-8. — Philibert Audebrand : *Les derniers jours de la Bohème*, p. 146. — Banville, *op. cit.*, pp. 76-80.

(261) Champfleury, *op. cit.*, p. 132. — Cf. une page d'E. Prarond dans *De quelques écrivains nouveaux*, pp. 15-17, retraçant le milieu du Café Tabourey où les amis de Ponsard célèbrent le succès de la *Lucrèce*.

(262) Champfleury, *ibid.*

(263) Banville, *op. cit.*, p. 77.

(264) En réalité Emile. — Cf. Banville, *op. cit.*, p. 77.

(265) Pierre Dupont.

(266) *La Silhouette*, 2 sept. 1849, p. 3. — A la page 3, col. 2, l'auteur donne cette précision qui fixe la scène en 1844 : « Il y a cinq ans de cela ».

(267) Asselineau, *op. cit.*, p. 5.

(268) Banville, *op. cit.*, p. 79.

(269) Couverture du *Salon de 1846*.

(270) En tête des annonces de *l'Echo des Marchands de vin*, n° 2, novembre 1848.

(271) Champfleury, *op. cit.*, p. 137.

(272) Nadar, pp. 41-42.

(273) Banville, *op. cit.*, p. 79.

(274) Cf. Banville, *op. cit.*, p. 84.

(275) Raconté par Banville, *op. cit.*, pp. 84-85.

(276) *Id.*, *ibid.*, p. 79.

(277) Cf. Léon Séché : *La jeunesse dorée sous Louis-Philippe*, p. 56 — et *Mercure de France*, 16 novembre 1910.

(278) Banville, *op. cit.*, p. 79. — Cf. Nadar, *op. cit.*, p. 39.

(279) Cf. Banville, *op. cit.*, pp. 79-80-81 et Asselineau, p. 8.

(280) Salon de 1846. *C. E.*, p. 97.

(281) Asselineau, *op. cit.*, p. 8.

(282) Banville, *op. cit.*, pp. 94-95.

(283) Cf. Asselineau, *op. cit.*, pp. 8-10.

(284) Banville, *op. cit.*, p. 94.

(285) Asselineau, p. 10.

(286) *Baudelairiana* d'Asselineau, dans E.-J. Crépet, pp. 281-282.

(287) Th. Gautier. Préf. des *F. du Mal.*, *loc. cit.*, p. 58.

(288) *Revue des Deux-Mondes*, 1er février 1846, pp. 520-535. — Cf. Préf. des *F. du Mal*, pp. 59-62.

(289) Expression de Mme de Girardin. Sainte-Beuve : *Lundis*, XI, p. 520. — Cf. Houssaye : *Confessions*, I, pp. 284-285.

(290) 1832.

(291) 1er septembre 1844 [4e série, t. 2], p. 12.

(292) C'est le titre de la pièce [datée de mars 1845], pp. 96 et 97 de *Colombes et Couleuvres*.

(293) Nadar, *op. cit.*, p. 42.

(294) Asselineau, *op. cit.*, pp. 10-11.

(295) Cités par E. et J. Crépet, p. 36 et note.

(296) *L. M.*, 21 juillet 1854 ; *L. à Ancelle*, 2 sept. 64.

(297) E.-J. Crépet, p. 36-37.

(298) Cette créance fut réduite de moitié après la mort de Baudelaire par arrêt du tribunal de la Seine. — Cf. Lettre d'Ancelle à Mme Aupick et E. et J. Crépet, p. 36, note.

(299) Cf. témoignages de Buisson, Le Vavasseur et Prarond dans E. et J. Crépet, p. 37.

(300) *Ibid.*, p. 38. Sur la gaîté de Baudelaire à cette époque voir, à cet endroit, les témoignages concordants de Buisson, Prarond et Le Vavasseur.

(301) Cf. une évocation de *la Tour d'Argent* dans un sonnet de G. de Contades (*Sonnets en l'honneur de G. Le Vavasseur*, Alençon, Renaut de Broise, 1889).

(302) E. et J. Crépet, p. 38.

(303) J. Levallois : *Mémoires d'un critique*, p. 93.

(304) Ecrite, selon Prarond, avant 1844. — Cf. *F. du M.*, p. 421.

(305) J. Levallois, *op. cit.*, pp. 93-94.

(306) Asselineau, *op. cit.*, p. 12.

(307) Cf. Alfred Delvau : *Les Lions du jour*, p. 147 ; *Les Cythères Parisiennes*, p. 74 et suiv.

(308) 8 déc. 1846. — Cf. *Les Cythères Parisiennes*, p. 76.

(309) Asselineau, p. 12.

(310) Cf. Asselineau, *op. cit.*, p. 12.

(311) *Op. cit.*, p. 87.

(312) G. Le Vavasseur : *Un chapitre d'art poétique : la Rime*, vers 674 sqq.

Ch. II. — Au seuil de la vie esthétique :

Le dandy intérieur

(1) *J. I.*, pp. 27, 48, 49, 56, 59, 60.

(2) Barbey : *Du Dandysme et de George Brummell*, édition Lemerre, in-18°, Paris, s. d., préface de 1861, p. 9.

(3) Cf. Captain Jesse : *The life of George Brummel esq., commonly called Beau Brummell* ; rev. and annoted éd. (London, John C. Nimmo, 1886, 2 vol. in-8°). La première édition avait paru en 1844 et John Lemoinne en a donné un compte rendu abondant dans la *Revue des Deux Mondes* du 1er août 1844 (pp. 467-484). Lire dans ce compte rendu p. 471 la façon dont Brummell composait sa cravate. — Le comte

Gérard de Contades a tiré de l'ouvrage du captain Jesse les éléments d'un *Discours lu à la Société des antiquaires de Normandie le 9 décembre 1897*, intitulé : *La fin d'un Dandy, Georges Brummell à Caen* (Caen, Delesques, 1898, in-8°, 39 p.). Barbey d'Aurevilly utilisa les renseignements du captain Jesse que celui-ci lui avait communiqués avant la publication de ses ouvrages (Cf. Barbey, *op. cit.*, p. 34, note).

(4) J. Boulenger : *Sous Louis-Philippe : Les Dandys*, p. 10.

(5) Cf. Forgues : *Originaux et beaux esprits de l'Angleterre contemporaine*, I, pp. 65, 66, 69, cité par Boulenger, pp. 10-11.

(6) Barbey d'Aurevilly, *op. cit.*, p. 29.

(7) *Ibid.*, p. 55.

(8) Article non signé dans *la Mode* 1830, 2e année, tome I, pp. 135, 136, 137. — Barbey reprend ces formules, *op. cit.*, pp. 24, 25 et note.

(9) Il était le fils d'un secrétaire de lord North et petit-fils d'un confiseur loueur de meublés.

(10) Barbey d'Aurevilly, *op. cit.*, pp. 59, 62 et p. 79.

(11) *Ibid.*, pp. 47, 48, 49 et suiv., 19-21.

(12) *Ibid.*, pp. 52-53.

(13) *Ibid.*, p. 56.

(14) A quelqu'un qui lui demandait de l'argent, il répondait qu'il avait payé. « Payé ? quand ? » avait répondu le prêteur surpris. — « Mais, quand je me tenais à la fenêtre de White, et que je vous ai dit, à vous qui passiez : *Jemmy, comment vous portez-vous ?* » (Dans Barbey d'Aurevilly, *op cit.*, p. 79.)

(15) Cf. dans Contades, *op. cit.*, p. 37, un portrait de Brummell, sombré dans le gâtisme et oignant sa perruque de graisse.

(16) Cf. Boulenger, *op. cit.*, p. 44.

(17) Barbey, *op. cit.*, p. 87. — Brummell meurt dans un asile à Caen le 30 mars 1840.

(18) Cf. *la Mode*, 4 juillet 1840, p. 1.

(19) *Paris en 1829 et en 1830*, p. 95, cité par Boulenger, p. 114, n. 3. *La Mode* (1835, 2e trimestre, avril à juillet, p. 132.) se plaint de ces accès répétés d'anglomanie. — Cf. encore *la Mode*, 1829, t. I, octobre-décembre, pp. 29, 56, 104, 183 sq. (sur les chevaux et les courses).

(20) Cf. Boulenger, pp. 197-198-199.

(21) Vicomte de Launay : *Lettres parisiennes*, 19 janvier 1839, I. 276, citées par Boulanger, p. 198.

(22) 1801-1852. Cf. Comte de Contades : *Le Comte d'Orsay, physiologie d'un roi à la mode*, Paris, maison Quantin, in-12°, 1890. — J. Boulenger, *op. cit.*, pp. 47-95.

(23) Cf. Barbey, *op. cit.*, p. 69, note sur « le sang rouge de France » du comte d'Orsay.

(24) Cf. *la Mode*, 1829, t. I oct.-déc., p. 348 : « M. le duc de Guiche et M. le comte d'Orsay se promenaient hier en traîneaux sur les boulevards ; les grélots (*sic*) de leurs chevaux avertissaient les passants ; ils n'avaient pas besoin d'être nommés pour que tout le monde les reconnut (*sic*). »

(25) Boulenger, *op. cit.*, p. 66, n. 2.

(26) Cf. *la Mode*, 1829, tome I, octobre-décembre, p. 183 sq. « Les idées sont de plus en plus entraînées vers ce plaisir à la mode mais elles sont encore loin du fanatisme britannique » ajoute l'auteur de l'article, Auguste Audibert (p. 187). Mais il conclut : « Encore quelques amateurs de courses aussi passionnés et les Anglais pourront compter parmi nous des rivaux » (p. 188).

(27) *La Mode*, 1829, p. 187.

(28) Barbey, *op. cit.*, p. 69.

(29) Moore : *Mémoires de Byron*, t. V, pp. 247-248, cités par Boulanger, p. 59. — D'Orsay rencontre Byron à Gênes en 1823.

(30) Il prit pour maîtresse la femme de son ami et hôte, lord Blessington, épousa la fille, sans quitter la mère, pour hériter la fortune du père. Plus tard, lady Blessington écrit pour lui procurer l'argent nécessaire à ses élégances.

(31) Il expose au Salon de 1845 une petite *statue équestre de Napoléon* que Thoré loue pour sa convenance et sa simplicité (*Salon de 1845*, Paris, Alliance des Arts,

in-12, 1845, pp. 158-159). — Une place de directeur aux beaux-arts (juin 1852) lui assure des obsèques décentes, le 4 août 1852.

(32) Par Eugène Ronteix, Paris, 1829, p. 10 (cité par Boulenger, p. 115).

(33) Barbey, op. cit., p. 58.

(34) Ibid., p. 28.

(35) La Mode, 1830, 2e année, t. I, p. 134. Dans son Traité de la vie élégante, Balzac reprendra ces aphorismes sur les dandys parus sans signature dans la Mode, revue des modes, galerie des mœurs, album des Salons en 1830 (2e année, t. I, livraisons 1, 2, 3, 4, 6. La suite annoncée dans la 6e livraison ne parut jamais).

(36) Cité par Balzac, Traité de la vie élégante, édit. Bibliopolis, Paris, s. d. (1911), in-12, p. 54.

(37) Les Jeunes-France, pp. 215-216.

(38) A. Houssaye : Confessions, I, VI, p. 309.

(39) Th. Gautier : Histoire du Romantisme, la Légende du gilet rouge, pp. 90-98.

(40) Cf. Champfleury : Vignettes romantiques, ch. XVII, pp. 146-155.

(41) « Il passait, vêtu de son costume de bousingo : le gilet à la Robespierre, sur la tête le chapeau pointu et à large boucle des conventionnels, les cheveux ras à la Titus, la barbe entière et longue au moment où personne ne la portait ainsi, l'œil superbe, les dents magnifiques, éblouissantes, un peu écartées... » (Jules Claretie : Pétrus Borel, p. 16.)

(42) Cf. Gautier : Histoire du romantisme, p. 219. — A. Houssaye : Confessions, I, VI, p. 299, note.

(43) Daniel Stern (Comtesse d'Agoult) : Mes Souvenirs, pp. 354-355.

(44) Cf. son Traité de la vie élégante, §§ II et III, dans la Mode (1830, 2e année, t. I, pp. 10-11).

(45) Ibid., p. 11.

(46) Cité par Balzac, ibid., p. 11.

(47) Barbey d'Aurevilly, op. cit., p. 14.

(48) Ibid., pp. 53-54.

(49) Gustave Claudin : Mes Souvenirs, les Boulevards de 1840 à 1870, Paris, 1884, p. 24, cité par Boulanger, p. 152.

(50) La Mode, 1838, 1er trimestre, pp. 43-45.

(51) Max Du Camp, I, 189.

(52) Cf. Deuxième memorandum (1838, p. 77 et passim), Premier memorandum, pp. 264, 274).

(53) 1er juillet 1837, p. 5, cité par J. Boulenger, p. 125.

(54) Cf. Roger de Beauvoir : Les Soupeurs de mon temps. Lire p. 105 le menu du dîner servi au comte Horace de Vieil-Castel qui avait parié de se défaire, à lui tout seul, au café de Paris, d'un souper de 500 francs.

(55) Cf. Claudin : Mes Souvenirs, p. 22 sq. — A. Houssaye : Confessions, V, 97. — Alton-Shée : Mémoires, pp. 65-68 et Boulenger, pp. 125 sqq.

(56) Cf. R. de Beauvoir : Les Soupeurs de mon temps, pp. 49-98.

(57) E. Marsan, Revue hebdomadaire, 28 juillet 1923, p. 498 suiv.

(58) M. Michel Smeyers prépare, sur ce sujet, une étude qui promet d'avoir un vif intérêt.

(59) Barbey : Du dandysme et de G. Brummell, pp. 25-26, note.

(60) Op. cit., p. 25.

(61) Op. cit., p. 17.

(62) Cf. à la suite de l'étude sur Brummell, dans l'édition Lemerre, pp. 103-130.

(63) Un dandy d'avant les dandys, p. 104.

(64) Cf. Premier memorandum, p. 278 (1836) ; p. 73 : « Je ne mangeai pas par respect pour les femmes et les baleines de mon gilet » ; p. 273 (sur le choix de chaussures).

(65) Cf. rapportée par Eugène Grelé (Jules Barbey d'Aurevilly, sa vie et son œuvre : la vie, p. 150), l'anecdote où il est représenté dévorant à belles dents du gigot cru sans autre but que d'ahurir les belles dames, surprises « de voir un séraphin, à la taille féminine, engouffrer de tels morceaux de chair saignante ».

(66) Cf. Lettre à Trebutien, 25 août 1853. Ed. Blaizot, II, p. 54.

(67) Son premier article (30 avril 1863) est un éreintement de « Monsieur Buloz » — qui lui vaut une condamnation à 2.000 francs de dommages et intérêts.

(68) Cf. Boulenger, op. cit., p. 378, note 1.

(69) Cf. les Diaboliques (éd. Dentu, p. 8) : « Si le sentiment de la Garde qui meurt et ne se rend pas est héroïque à Waterloo, il ne l'est pas moins en face de la vieillesse qui n'a pas, elle, la poésie des baïonnettes pour nous frapper. »

(70) Cf. la caricature de la Mode, 22 juin 1839, p. 364 représentant « le badaud parisien qui va prendre ses ébats le dimanche à Saint-Cloud ».

(71) Cf. Lady Morgan, I, 334-335, citée par J. Boulenger, p. 120.

(72) Ph. Audebrand : Un café de journalistes sous Napoléon III, p. 297.

(73) A propos du Dandysme de Baudelaire, mentionnons l'étude d'Ernest Raynaud, Baudelaire et la Religion du Dandysme, où, parmi bien des développements hors de propos, se trouvent quelques remarques intéressantes (Paris, Mercure de France, 1918, in-18°).

(74) Boulenger, op. cit., pp. 93-94.

(75) Barbey, op. cit., p. 28.

(76) Charles C[ousin] dans Souvenirs... (Pincebourde, 1872), pp. 7 et 8 et Voyage dans un grenier, p. 12.

(77) Souvenirs..., p. 5.

(78) Cf. E. J. Crépet, p. 23 (Prarond) et p. 44 (Hignard).

(79) Cf. les souvenirs de J. Buisson, cités ibid., p. 45, note 1 et p. 46.

(80) Témoignage de G. Le Vavasseur cité par E.-J. Crépet, p. 44. — Cf. Champfleury : Souvenirs et portraits de jeunesse, p. 134 : « Le costume jouait alors (1846) un grand rôle dans la vie de Baudelaire qui fatiguait son tailleur pour en obtenir des habits pleins de plis. » Cf. ibid., pp. 326-327 l'anecdote sur Baudelaire commandant, après maints essayages et mille retouches, douze habits bleus pour étonner son tailleur.

(81) Cf. Baudelaire. C. E., pp. 359-360.

(82) L'acteur.

(83) Cf. Baudelaire. P. A., p. 15 sqq.

(84) Nadar, op. cit., pp. 36-39.

(85) Cf. Lettre de sa mère à Ancelle, février 1842, publiée par F. Gautier. M. de France, 15 janvier 1905, pp. 194-195.

(86) Ibid.

(87) Cf. Morale du joujou. A. R., pp. 131-132. — Le fait est confirmé par une lettre de Mme Panckoucke au général Aupick (E.-J. Crépet, p. 12, n. 1 et J. Crépet, A. R., notes, p. 477).

(88) J. I., p. 56.

(89) Cf. Nadar, op. cit., pp. 137-139.

(90) J. I., p. 56.

(91) Cf. Barbey, op. cit., pp. 37-38.

(92) Champfleury : Souvenirs et portraits de jeunesse, p. 134.

(93) Cf. passim dans sa Correspondance à sa mère et particulièrement : dans L. M., 15 décembre 1859, p. 185 ; 28 décembre 1859, p. 189 ; et dans D. L. M., 1er janvier 1860, p. 121 ; 31 mai 1862, p. 169, etc....

(94) Cf. le témoignage de C. Lemonnier sur les mises de Baudelaire en Belgique dans E.-J. Crépet, op. cit., p. 252. — La saleté des enfants Belges lui fera horreur : Cf. Fonds Spoelberch de Lovenjoul D. 652, f° 34, ces notes inédites [sur Bruxelles : Traits généraux] : « Affreuse laideur des enfants pouilleux, crasseux, morveux, ignobles. Laideur et saleté. » — Cf. ibid., f° 33, ce jugement de goût de l'ancien dandy : « Vu de près, le luxe est non seulement monotone mais camelotte (sic). »

(95) Préface des Rhapsodies (1833, 2e éd., p. I).

(96) Cf. Nadar, op. cit., pp. 137-139.

(97) A. R., p. 88.

(98) Ibid., p. 89.

(99) Cf. ibid.

(100) A. R., p. 61.

(101) Champfleury : *op. cit.*, p. 135.

(102) *A. R.*, p. 89.

(103) *C. E.*, p. 408.

(104) *Ibid.*, pp. 4-5.

(105) *Ibid.*, pp. 81-85.

(106) Qu'on relise cette apostrophe sonnant comme un dithyrambe, cette évocation d'un temps « où les savants seront propriétaires, où les propriétaires seront savants ». Les phrases sonores, les termes emphatiques, le jeu des antithèses n'est pas dans la manière toujours si pleine et si sobre de Baudelaire. On songe à une farce de rapin et comme à une parodie de préface de Hugo.

(107) Pseudonyme de Louis Ménard.

(108) *A. R.*, p. 296. — Cf. ce qu'il dit des « poëtes abrutis par la volupté païenne » et de « la folie de l'art » dans son article sur l'*Ecole païenne* (*Ibid.*, p. 282 et 296, article publié dans la *Semaine théâtrale* du 22 janvier 1852.

(109) Dans *O. P.*, p. 376 : « Moi-même, malgré les plus louables efforts, je n'ai pu résister au désir de plaire à mes contemporains, comme l'attestent en quelques endroits, apposées comme un fard, certaines basses flatteries adressées à la démocratie et même quelques ordures destinées à me faire pardonner la tristesse de mon sujet... »

(110) *A. R.*, pp. 281-282.

(111) *C. E.*, p. 415.

(112) *J. I.*, p. 99.

(113) *A. R.*, p. 146.

(114) *C. E.*, p. 324.

(115) *A. R.*, p. 286.

(116) *Ibid.*, p. 89.

(117) *J. I.*, p. 48.

(118) Champfleury, *op. cit.*, p. 136.

(119) *Ibid.*, p. 137.

(120) Ph. Audebrand : *Un café de journalistes*, pp. 295-299.

(121) *L.*, p. 324 (1862).

(122) *Ibid.*, p. 376 (13 octobre 1864).

(123) Cf. *O. P.*, pp. 89-125 ; *L.*, p. 523 (Lettre à Ancelle, 18 février 1866) et *L. M.*, p. 220 (1er avril 1861).

(124) Champfleury, *op. cit.*, p. 144.

(125) *L.*, 3 janvier 1865, p. 398.

(126) *L. M.*, 25 juillet 1861, p. 241.

(127) *J. I.*, p. 49. — Cf. *ibid.*, p. 48. — Cf. *L. M.*, 22 août 1858, p. 174 ; 11 octobre 1860, pp. 205-206.

(128) Champfleury, *op. cit.*, p. 145.

(129) *Ibid.*, p. 145.

(130) *J. I.*, p. 48.

(131) *Ibid.*, p. 27.

(132) *La Mode* (*Traité de la vie élégante*), 2e livraison de 1830, p. 93.

(133) Barbey : « Il fut le Dandysme même... » (*Op. cit.*, p. 23.)

(134) *J. I.*, p. 49.

(135) *Ibid.*, p. 56.

(136) *J. I.*, p. 102 sqq.

(137) Cf. le jeu de ses « mains patriciennes » décrit par C. Lemonnier dans son récit des conférences de Baudelaire à Bruxelles (paru dans la *Vie Belge* et cité par E. Crépet, *op. cit.*, p. 252).

(138) Cf. *J. I.*, p. 78, LXXIV. — *Ibid.*, p. 72, LXIV.

(139) Rapprocher ce que Baudelaire écrit dans son éloge de C. Guys, *A. R.*, pp. 50-53.

(140) Cf. *A. R.*, pp. 89 et 92.

(141) *A. R.*, p. 91.

(142) *C. E.*, p. 318.

(143) *A. R.*, pp. 18 et 28.

(144) Le « plus-man »d'Emerson, c'est déjà le « übermensch » de Nietzsche.

(145) *A. R.*, p. 18.

(146) Cf. Asselineau, pp. 45-46 et note, — sur le travail de Baudelaire dandy. La pensée de Baudelaire y est traduite excellemment : « Le Dandysme en littérature serait donc tout ce qui est l'opposé de la cuistrerie, du pédantisme et de la besogne. » Asselineau signale le projet que Baudelaire avait (Cf. *L.* à Poulet Malassis, 4 février 1860, *L. M.*, 29 mars 1865, p. 332) d'écrire une étude sur *Les dandys littéraires*.

(147) Dédicace des *Paradis artificiels*.

(148) *A. R.*, p. 180, Th. Gautier.

(149) *J. I.*, pp. 4, 9.

(150) Cf. *O. P.*, p. 111 : « Dandysme... Etre riche et aimer le travail. »

(151) *C. E.*, p. 78.

(152) Cf. Eloge du maquillage. *A. R.*, pp. 95-100.

(153) Un Delacroix renonce à peindre en face de la nature ou du modèle. Il met entre les choses et l'œuvre le voile du souvenir, modifiant le réel par son génie (Cf. *Journal*, éd. Joubin, 12 octobre 1853, II, pp. 84 et 86).

(154) « La vertu... est *artificielle*, surnaturelle... La négation du péché originel ne fut pas peu de chose dans l'aveuglement général de cette époque [le XVIII° siècle] ». — *A. R.*, p. 96.

(155) *A. R.*, p. 89.

(156) *Ibid.*, p. 90.

(157) Précisons les dates : les *Journaux* datent des dernières années (*les Fusées* sont de 1857, *Mon cœur mis à nu*, de 1865. — Cf. *O. P.*, p. 74, note). *L'Eloge du maquillage* et la présentation du *Dandy* (étude sur Guys) publiés dans le *Figaro* (novembre et décembre) en 1863, furent écrits à la fin de 1859 (Cf. J. Crépet, *A. R.*, p. 453).

(158) Cf. *J. I.*, p. 60, XLIII et p. 75, LXX.

(159) *Ibid.*, p. 99.

(160) *Ibid.*, p. 98.

(161) Barbey, *op. cit.*, p. 100.

Ch. III. — Au seuil de la vie littéraire :
Un nouveau romantisme

(1) Cf. E.-J. Crépet, p. 42.

(2) Banville : *Mes Souvenirs*, p. 83. — Cf. aussi Ch. C[ousin] : *Souvenirs...* (Pincebourde, 1872), p. 8.

(3) Cf. *L. M.*, 30 déc. 1857, p. 150 et 25 déc. 1857, p. 148.

(4) *L. M.*, 5 mars 1866, p. 390. '

(5) E. Prarond, *Ad Sodales*, préface d'*A la chute du jour*, Paris, Lemerre, 1876, p. III.

(6) 1er mars.

(7) Cf. l'article de Musset, dans la *Revue des Deux Mondes* (1er nov. 1838) sur *La Tragédie, à propos des débuts de Mlle Rachel*.

(8) Cf. dans *l'Artiste* (2e série, t. II, 1839, p. 213), une protestation de Jules Janin contre les rigueurs du jury et un plaidoyer spirituel pour Delacroix.

(9) Cf. *l'Artiste* (3e série,, t. I, 1842, pp. 106 sqq.), un article enthousiaste de P. Meurice sur *le Rhin* où l'œuvre de V. Hugo est représentée comme « la grande rue qui traverse les idées, les intérêts et les passions de notre âge... »

(10) 2e série, t. V., pp. 49-52 (1840). Titre de l'article : *Etat présent de la littérature* : 1840.

(11) Cf. Hippolyte Lucas : *Portraits et souvenirs littéraires*, pp. 79-93. Le destin de Chaudesaigues est de mourir jeune, en 1847. Il avait, nous l'avons vu, été « clément

et doux » aux essais de l'Ecole Normande. — Cf. Le Vavasseur : *Ernest Prarond* (*Revue de la Poésie,* juillet-août 1892, p. 4).

(12) Paris, Gosselin, 1841. — *L'Artiste* (2e série, t. VII, p. 403, 1841) apprécie ce livre avec faveur comme d'un « jeune et rude jouteur que nulle réputation ne séduit, que nulle faveur populaire ne fait dévier d'une ligne » — Voir, d'autre part, le jugement que, dans son livre, Chaudesaigues émet sur *les Rayons et les ombres* : « M. Victor Hugo est en grand progrès... Mais nous ne saurions trop engager M. Victor Hugo, dans l'intérêt de ses succès futurs, à chercher une nouvelle forme pour l'idée nouvelle qui l'inspire maintenant. Qu'il brise dès aujourd'hui le moule étroit et mesquin dont s'est trop longtemps servi la moderne école poétique ; qu'il en finisse une bonne fois avec ce procédé fragmentaire... » (p. 247). Cette page est datée de mai 1840.

(13) *Ibid.,* p. 247.

(14) *L'Artiste, loc. cit.,* p. 49, col. 2.

(15) *Ibid.,* p. 50.

(16) « A deux ou trois exceptions près, les romans de nos écrivains modernes méritent le discrédit qui les atteint... »

(17) *Ibid.,* pp. 50-51.

(18) P. 52.

(19) Max. Du Camp, I, pp. 116-117.

(20) 1er mars 1840, pp. 689-702.

(21) Ce ne sont pas non plus des critiques nouvelles. Dès 1833, *l'Artiste,* rendant compte du *Trialph* de Lassailly, écrivait (1re série, t. V, p. 239) : « *Trialph* est la personnification de cette époque au sein de laquelle règnent la plus vaste confusion, une promiscuité dégoûtante... M. Lassailly a voulu forcer et mettre en relief tous les travers de notre littérature courante, la manie de l'adultère, de l'horrible, de l'orgie, de l'assassinat ; il en est résulté une œuvre volontairement immorale, bizarre, atroce et décousue. Cette intention de M. Lassailly prouve qu'il comprend tous les ridicules et les défauts d'une telle littérature. »

(22) Cf. le mot de François de Neufchâteau en 1829 sur V. Hugo, cité par Sainte-Beuve (*Portr. cont.,* Lévy, 1869, I, p. 398) : « Quel dommage, il se perd ! Jamais il n'avait si bien fait qu'au début. » Dès 1823 Stendhal traite Hugo de « somnifère » et le juge durement (*Corr. inéd.,* Lévy, 1855, I, 222). Guizot aurait dit de lui en 1839 : « C'est la fécondité dans l'avortement. » — Cf. Tristan Legay : *Hugo et son siècle* (*passim* et particulièrement p. 550).

(23) Cf. dans le *Bulletin littéraire et scientifique : Revue critique des livres nouveaux* (Paris-Genève, 1841) les comptes rendus de certains livres de vers médiocres et oubliés : sur le *Début poétique* de T. E. Dumaine (Charpentier, 1 vol., in-18°), le critique écrit : « L'auteur a en horreur les extravagances de notre littérature moderne. La poésie romantique lui crispe les nerfs ; ses émotions fortes lui remuent la bile, ses tournures barbares le mettent hors de lui. C'est une organisation classique maîtrisée par l'indignation. » (p. 114). Plus loin (p. 115), c'est l'éloge d'une satire du même auteur intitulée *Romantisme* et qui « stigmatise les excès de la littérature contemporaine ». — Cf. *ibid.,* juin 1841, pp. 226-227, l'éloge de *Contes et poésies posthumes* de Maxime Drudesnel (Charpentier, in-18°) : « On n'y rencontre ni méditations, ni rêveries sentimentales, ni feuilles d'automne ou de printemps. » La parodie s'en mêle : qu'on lise dans la *Physiologie du Parapluie* (Paris, chez Desloges, in-32°, 1841) par deux cochers de fiacre cette imitation de style « élégiaco-latartinien » :

> Oh ! le premier baiser, la première caresse,
> Oh ! cet enivrement d'aimer et d'être aimé,
> Oh ! ce tressaillement d'une main que l'on presse,
> Oh ! cet amour plus doux qu'un doux soleil de mai,
> Oh ! ce bonheur qu'on sent à vivre, cette joie
> De presser dans ses bras une ange aux blonds cheveux,
> Tout cela, je le dois à ton dôme de soie...

(Cité *ibid.,* 1841, pp. 403-404.)

Dans la même Revue, en novembre 1839, pp. 340-341, on peut lire une dure critique de Hugo « ce Napoléon de la littérature » à propos d'une pièce : *Le 7 août* 1829, insérée dans *Babel*, t. I., publiée par la Société des Gens de Lettres. Voici quelques lignes, extraites de jugements où l'ironie assez lourde se mêle à l'éreintement sans nuances : « Je m'arrête car on dirait que je parodie, tandis que je ne fais que copier. Mais pour quiconque a étudié avec conscience les productions de M. V. H. et suivi avec attention la marche de sa décadence, ces vers n'auront rien d'étrange. Les défauts y sont les mêmes que ceux qu'on pouvait apercevoir dans ses premières poésies. »

(24) 17 voix contre 15 à Ancelot.

(25) *L'Artiste*, 1841, 2ᵉ série, t. VII, p. 37 : *M. Hugo et l'Académie française*, par U. Ladet.

(26) *L'Artiste*, 1841, 2ᵉ série, t. VII (Janvier-Juin 41), pp. 399-402.

(27) Cf. Champfleury : *Souvenir des funambules*, p. 297 : « A cette époque, on pressentait déjà ce que nous deviendrions un jour ; on voulait nous classer ; mais le réalisme n'était pas inventé... Nous fûmes déclarés bohèmes... »

(28) Cf. Banville : *Mes Souvenirs*, p. 87.

(29) *Ibid.*, p. 86.

(30) Cf. E.-J. Crépet, p. 72.

(31) Cf. *F. du M.*, *p.* XVI (Etude biographique de J. Crépet) ; Champfleury : *Souvenirs et portraits de jeunesse*, p. 134 ; *L. M.*, pp. 53, 143, 182.

(32) Cf. *L.*, pp. 176 et 362.

(33) Le rapprochement est fait par H. de la Madelène. Au surplus, une note renvoie le lecteur de *la Fanfarlo* à Balzac, « l'auteur de *la Fille aux yeux d'or* », « notre plus grand romancier moderne ». *La Fanfarlo*, Edit. Conard, p. 275 et note.

(34) Asselineau, pp. 10-11.

(35) Cf. Banville : *Souvenirs*, p. 73 et pp. 94-95. — Cf. dans *Contes pour les femmes* (Charpentier 1881) le conte : *Note romantique* (pp. 219-224) où il est question d'un Pierre Suzor qui s'éprend d'une belle cantatrice et écrit une ode sur une « femme poignardée » au milieu d'un « décor raffiné et superbe ». Ce poète c'est l'auteur d'*Une Martyre* et le portrait que Banville en trace (p. 220) est celui de Cramer autant que celui de Baudelaire.

(36) *La Fanfarlo*, p. 238.

(37) *Ibid.*, pp. 239-240.

(38) Cf. 247-248.

(39) PP. 246-247.

(40) Cf. *L'Artiste*, article cité ci-dessus à la note 21.

(41) *Le Constitutionnel*, 3 janvier 1833.

(42) *Les Jeune-France : Daniel Jorand* (Charpentier, 1875, p. 80).

(43) Cf. J. Marsan : *Bohème romantique*, pp. 107-118. Pour la scène citée, voir *l'Ecolier de Cluny ou le Sophisme*, Fournier jeune, in-18, 1832, II, p. 45.

(44) Cf. Champavert : *Contes immoraux : Andréa Vesalius*, p. 115, sqq. ; *Dinah la Belle Juive*, pp. 181-254 (Edit. de la *Force française*, Paris, 1922).

(45) *Ibid.*, pp. 357-358.

(46) 1838, 2 vol. in-8°.

(47) Cf. Lettre à Bouilhet, 14 novembre 1850, *Corr.*, 2ᵉ série (Charpentier, 1889), p. 11.

(48) *Corr.*, I (C. Lévy, 1883), p. 175.

(49) *La Lescombat*, 2 vol., in-8°, 1841 ; *Les deux Anges*, 2 vol., 1832.

(50) Cf. *Bulletin littéraire et scientifique : Revue critique des livres nouveaux* ; octobre 1841, pp. 325-326 ; novembre 1839, p. 344 ; novembre 1838, p. 342. — Cf. en outre *ibid.*, avril 1838, pp. 125-126, le compte rendu des *Trois pirates* de Corbière ; avril 1837, le compte rendu de *De près et de loin*, roman conjugal de P.-L. Jacob ; octobre 1841, pp. 326-327, le compte rendu du *Comte d'Antraigues*, roman de Saint-Maurice..., etc.

(51) *Le Romantisme et les mœurs*, Paris, Champion, 1910, in-8°, p. 184.

(52) Raoul H..., 1847. Cité par L. Maigron, p. 184.

(53) *Ibid.*, pp. 184-185.

(54) Cf. dans Louis Maigron : *Le Romantisme et les mœurs* tout le chapitre consacré à *l'Aube du Baudelairisme*, pp. 162-193.

(55) Cf. sur l'opposition entre les mœurs du théâtre et les mœurs réelles. *Correspondant*, 10 septembre 1902 : Ch. M. Des Granges : *La comédie et les mœurs sous la Restauration et la Monarchie de juillet*, p. 890 sqq. D'autre part, Gautier confirme ce désaccord dans le *Moniteur* (5 février 1844) : « Ce goût dépravé ne prouve pas du tout que les mœurs soient devenues plus mauvaises ; c'est peut-être le contraire. Cette tendance à se peindre sous des couleurs défavorables est particulière aux Français qui se donnent tous les vices possibles et semblent ne tenir qu'à leur réputation d'esprit et de légèreté... Ils vous avouent qu'ils sont d'infâmes gredins, très corrompus, très dépravés, très infâmes, capables de tuer papa et maman, d'enlever la femme de leur prochain... »

(56) *Dans la brute assoupie un ange se réveille.*

(57) Cité par Maigron, *op. cit.*, p. 183 (daté de 1847).

(58) *Ibid.*, p. 87, n. 2.

(59) Cf. *Ibid.*, p. 176.

(60) *Armance,* Champion, 1925, in-8°, p. 72. — Cf. tout le chapitre V, p. 69 sqq.

(61) Cf. A. Viatte : *Les sources occultes du Romantisme* (2 vol., in-8°, Paris, Champion, 1928). — Cf. en particulier t. I, ch III (*Les Swedenborgiens*), ch. V (*Lavater*), I, pp. 242-243 et II, pp. 269-271.

(62) Cf. Maximilien Rudwin : *Romantisme et Satanisme (Grande Revue,* juin 1927). — Cf. du même auteur : *Satan et le Satanisme dans l'œuvre de V. Hugo,* Paris, les Belles Lettres.

(63) La traduction de Pichot paraît en 1814-1820 et est complétée en 1824.

(64) Les lithographies de *Faust* sont de 1828. — On peut voir dans : Eckermann : *Conversations* avec Gœthe (mercredi 29 novembre 1826. Edit Philippe Reclam, Universal Bibliothek, vol. I, p. 158), Gœthe montrant à Eckermann les lithographies que Coudray vient de lui rapporter de Paris : « Nous eûmes un bien grand plaisir à regarder cette composition géniale. « Il faut avouer, dit Gœthe, qu'en imagination on ne s'était jamais représenté la scène d'une manière si parfaite »... Plus nous considérions cet admirable tableau (la taverne d'Auerbach), plus nous estimions l'intelligence du peintre qui n'a pas tracé une figure qui ressemblât à une autre et dans chaque personnage marqua un des degrés de l'action. « M. Delacroix, dit Gœthe, est un bien grand talent. Il a trouvé dans le *Faust* une nourriture qui lui convient. Les Français lui reprochent ce qu'il a d'effréné : cette fureur l'a, en cette affaire, très bien servi... on voit à ses œuvres qu'il sait ce que c'est que la vie... Il me faut reconnaître que M. Delacroix s'est représenté ces scènes bien mieux que moi, qui en suis pourtant l'auteur... »

(65) Cf. Alice Killen : *Le Roman terrifiant ou roman noir, de Walpole à Anne Radcliffe, et son influence sur la littérature française jusqu'en 1840,* Paris, Champion, 1924, in-8°.

(66) En 1841, *l'Artiste* publie un long article de J. Chaudesaigues sur Th. Hoffmann (2ᵉ série, t. VIII, pp. 70-72, 91-94, 103-104). Dans le même volume (pp. 347-350) on peut lire un « conte inédit d'Ann Radcliff » : *La Trépassée ou le Château de Nebelslein,* revu et corrigé par A. Houssaye (Cf. table, p. 430).

(67) Cf. *L. M.*, 1ᵉʳ nov. 1859, p. 182. — *C. E.*, pp. 230-357, 378. — *O. P.*, Travaux sur Poe, pp. 224, 249.

(68) *O. P.*, p. 224. — Cf. pour rapprochements de forme entre l'œuvre de Baudelaire et celle de Maturin dans Robert Vivier : *L'originalité de Baudelaire*, pp. 233, 249, 271 (*Bertram*), pp. 204, 205, 241, 242, 265, 266, 269, 270, 272, 289 (*Melmoth*).

(69) Cf. *C. E.*, p. 501 et *L. M.*, 15 fév. 1865, pp. 331-32 où il dit sa déconvenue que Lacroix et Verbœckhoven aient confié à un autre la traduction de *Melmoth*.

(70) *Souv. et portr. de jeunesse*, p. 133.

(71) 4 vol., in-12°, 1798. — Cf. A. Killen, *op. cit.*, p. 105 et Ph. Audebrand. *Romanciers et viveurs du* XIX° *siècle*, p. 6.

(72) Cf. A. Killen, *op. cit.*, pp. 109-110 et note, et A. Pitou, *Revue d'H. Litt.*, 1911, pp 280, 281 (*Les origines du mélodrame français à la fin du* XVIII° *siècle*) et surtout F Gaiffe, *Etude sur le drame en France au* XVIII° *siècle*, 1910, in-8.

(73) Cf. Le Breton : *Balzac* (A. Colin, 1905), p. 62.

(74) C'est par exemple : *l'Héritière de Birague* (1822) ; *Jean-Louis ou la Fille trouvée* (1822) ; *Clotilde de Lusignan ou le Beau Juif* (1822) ; *le Vicaire des Ardennes* (1822), qui est inspiré du *Moine* de Lewis ; *Annette et le Criminel* (1824) ; *Jane la Pâle* (1825). Après 1825 il sera hanté par les mêmes inspirations. — Cf. la *Grande Bretèche, l'Embuscade, Une ténébreuse affaire...*

(75) 1823, pp. 98-99.

(76) Cf. Gaspard de Pons : *Essais dramatiques*, 1861, t. I, pp. 98 et 202.

(77) Cf. *la Nonne sanglante*, épisode du *Moine* qui eut, à part, sa renommée.

(78) « Si j'ai étendu la main et si j'ai mangé du fruit de l'arbre défendu, ne suis-je pas à jamais privé de la présence de Dieu et de la jouissance du Paradis ? Ne dois-je pas errer à jamais au sein de la désolation et de l'anathème ? On a dit de moi que j'avais obtenu de l'ennemi des âmes une existence prolongée bien au delà du temps ordinaire... Personne n'a jamais voulu changer son sort contre celui de Melmoth, l'Homme errant ; j'ai traversé le monde de mes recherches et je n'ai trouvé personne qui, pour gagner ce monde, ait voulu perdre son âme. » [*Melmoth*, VI, pp. 312-313, trad. Cohen, 1821].

(79) 1837-1838.

(80) *Inès de las Sierras* fut écrite en 1837.

(81) Cf. Alice M. Killen, *op. cit.*, pp. 184-185.

(82) 1837.

(83) 1844.

(84) Loëve-Veimars : *Œuvres d'Hoffmann*, Paris, 20 vol., 1830-1833 ; puis Toussenel, 10 vol., Paris, 1830, 2 vol., Paris, 1838 ; Egmont : *Contes fantastiques*, 4 vol., Paris, 1836 ; Champfleury : *Contes posthumes d'Hoffmann*, Paris, 1856.

(85) Cette curieuse page a été publiée pour la première fois par le Vte Spoelberch de Lovenjoul dans l'*Histoire des Œuvres de Théophile Gautier* (2 vol., in-8°, Paris, Charpentier, 1887), t. I, pp. 11-15. — Sur Gautier et l'occultisme, consulter, d'autre part, Jasinski : *Les Années romantiques de Th. Gautier*, p. 102.

(86) Cf. Spoelberch de Lovenjoul, *op. cit.*, p. 13.

(87) Nodier publie en 1822 sous un demi anonymat *Infernalia* qui a pour sous-titre : « Anecdotes, petits romans, nouvelles et contes sur les revenants, les spectres, les démons et les vampires ». — Sur l'influence d'Hoffmann sur Musset, cf. Jean Giraud : *Revue d'Hist. Littér. de la France*, 1911, pp. 297-334. — Pour G. Sand, cf. *Consuelo*, I, XXXVII. — Pour Gérard, Mérimée, Barbey et Villiers, il suffit de renvoyer aux *Filles du Feu*, à la *Vénus d'Ille*, aux *Diaboliques* et aux *Contes cruels*.

(88) Cf. *C. E.* : *Salon de* 1846, pp. 97-98. Le passage d'Hoffmann que Baudelaire cite ici se trouve au tome XIX, pp. 45-46 de la traduction publiée par A. Loëve-Veimars de 1830 à 1833. — Cf. *C. E.* : *De l'essence du rire*, pp. 338, 393-395. — Consulter Jean Giraud : *Ch. Baudelaire et Hoffmann le Fantastique*, *Revue d'Histoire littéraire de la France*, 1919, pp. 412-416.

(89) Cf. de curieux textes dans Maigron, *op. cit.*, pp. 187-189.

(90) 27 mars 1865. *Corresp.*, I, p. 219. C. Lévy, 1877.

(91) *La Fanfarlo*, p. 239.

(92) Cf. *O. P.*, p. 294.

(93) Paris, 1833, librairie de Dondey-Dupré, in-8°. — Cf. à propos de ce recueil de romantique bousingot, un curieux article de *la Revue anecdotique*, 2° quinz. d'octobre 1862, p. 173 sqq., où il est fait allusion à Baudelaire et à ses opinions sur le romantisme.

(94) Paris, Le Vavasseur, au Palais-Royal, in-16° carré, 1832.

(95) 2° édit., 1833, Bousquet, in-18°, p. I.

(96) 1833, *Champavert, contes immoraux* par Pétrus Borel, le Lycanthrope, in-8°, Eugène Renduel (Nos références renvoient pour *Champavert* à l'*Edition de la Force Française*, in-8°, 1922, Paris).

(97) Cf. *F. M. : Duellum.*

(98) *Champavert, éd. cit.,* pp. 357-358.

(99) Paris, Ollivier, 2 vol. in-8°, 1839, t. I, pp. 9-20.

(100) *Ibid.,* pp. 15, 18, 19.

(101) *Champavert, éd. cit.,* p. 93. — Cf. *ibid.,* pp. 93-94, l'évocation d'Amada dont l'allure et la grâce nous font songer à Agathe, à la Malabaraise, à Jeanne Duval...

(102) Cf. *ibid.,* pp. 290-296, une baudelairienne analyse du spleen.

(103) *F. M., Tableaux Parisiens.*

(104) *Champavert, éd. cit.,* p. 303.

(105) *Baudelairiana* dans E.-J. Crépet, p. 283.

(106) L'analyse en est donnée par Charles C[ousin] dans *Souvenirs, Correspondance... op. cit.,* pp. 10-12, et dans le *Voyage au grenier,* pp. 12-14.

(107) *Champavert, éd. cit.,* pp. 319-331.

(108) *O. P.,* p. 153 sqq. La parenté des deux thèmes est indéniable. Bien des détails sont répétés dans Baudelaire.

(109) *Champavert,* p. 202.

(110) *Ibid.,* p. 305.

(111) Cf. sur ce point : Ch. Asselineau : *Mélanges divers d'une petite bibliothèque romantique,* Paris, Pincebourde, in-8°, 1866, pp. 25-31 et particulièrement pp. 28-29-30.

(112) *A. R.,* p. 336.

(113) 15 juillet 1861.

(114) Cf. Arsène Houssaye : *Confessions,* I, 375.

(115) *A. R.,* p. 337.

(116) Cf. la dédicace des *F. du M.* et dans *O. P.,* pp. 294-295. — Cf. E. Meyer, *Théophile Gautier et Baudelaire* (Revue des Cours et Conférences, 15 avril 1926).

(117) Ed. Charpentier, I, 72. *Le Jardin des Plantes.*

(118) Ct. la dédicace primitive des *Fleurs du Mal* que Gautier fit supprimer parce qu'une préface ne doit pas être une profession de foi (Spoelberch de Lovenjoul, *op. cit.,* II, 242).

(119) Cf. Vivier, *op. cit.,* p. 199, n. 2 et E. Raynaud : *Baudelaire et Théophile Gautier,* Mercure de France, 16 octobre 1917. — Baudelaire avait écrit le 23 août 1846, dans *l'Echo des Théâtres* un article où, sans le nommer, mais avec de transparentes allusions, il dépeint Th. Gautier comme un personnage « gros, paresseux et lymphatique », n'ayant « pas d'idées » et ne sachant « qu'enfiler et perler des mots en manière de colliers d'Osages ». — Cf. *O. P.,* p. 293.

(120) Spoelberch de Lovenjoul, dédicace primitive des *Fleurs du Mal, loc. cit.*

(121) R. Vivier, *op. cit.,* pp. 200-204.

(122) Cf. d'autres rapprochements dans R. Vivier, *op. cit.,* p. 279.

(123) *Albertus,* I, pp. 126-129. — Cf. Jasinski, *op. cit.,* pp. 102-103.

(124) Cf. *Fortunio,* Paris, Desessard, 1838, in-8°, pp. 269-271 et 307-315.

(125) I. pp. 52-54. « Je veux voir des sites nouveaux. »

(126) *Albertus,* XIII, CVI.

(127) Cf. *L.,* p. 32.

(128) *L.,* p. 341.

(129) Cf. *L.* (1844), p. 8 et *O. P.,* pp. 54-56.

(130) Cf. *Vie, poésies et pensées de Joseph Delorme,* 2e édition, Paris, Delangle, 1830, p. 5 sqq., p. 17 sqq.

(131) Cf. *L.* à Sainte-Beuve : 15 janvier 1866, pp. 493-495.

(132) *J. Delorme, éd. cit.,* p. 138.

(133) *Ibid. : le Dernier vœu,* p. 79.

(134) *Ibid.,* Sonnet, p. 269.

(135) Cf. *Consolations :* vers tirés de *Volupté,* pp. 100-102 (dans *Poésies complètes,* M. Lévy, 1863).

(136) Cf. dans *J. Delorme, éd. cit.*, pp. 273 et 275, des sonnets imités de Wordsworth et dans une lettre de Sainte-Beuve à l'abbé C. Roussel (26 mars 1861, *Corr.*, I, p. 273). « Les Anglais ont une littérature poétique bien supérieure à la nôtre et surtout plus saine, plus pleine... Je n'ai été, poète, qu'un ruisselet de ces beaux lacs poétiques, mélancoliques et doux. »

(137) *J. Delorme : Pensées*, pp. 338-339. « L'artiste... s'occupe... à sentir sous ce monde apparent l'autre monde tout intérieur... ; il a reçu en naissant la clef des symboles et l'intelligence des figures ; ce qui semble à d'autres incohérent n'est pour lui qu'un contraste harmonique, un accord à distance sur la lyre universelle... »

(138) Cf. L. Maigron : *op. cit.*, pp. 263-271. — Cf. *J. Delorme : Ma Muse*, p. 169, sqq.

(139) Cf. la pièce, datée d'octobre 1829, à Antony Deschamps, dans *Consolations* (*Poésies complètes*, éd. Lévy, 1863, pp. 60-66).

(140) Cf. Baudelaire : Lettre à Sainte-Beuve du 15 mars 1865, p. 421.

(141) Une étude de M. F. Vanderem apporte, sur les relations de Baudelaire et Sainte-Beuve toutes les précisions et tous les textes (Paris, Leclerc, 1917, in-12°). M. Vanderem ne ménage pas Sainte-Beuve. Et, peut-être, a-t-il raison contre M. Souday en expliquant l'attitude de Sainte-Beuve par l'envie ; mais tort en plaidant aussi l'incompétence.

(142) Alcide Dusolier : *Nos gens de lettres, leur caractère et leurs œuvres*, Paris, in-12°, Achille Faure, 1864 : *M. Baudelaire*, pp. 102-119 et p. 117.

(143) *Le Boulevard*, n° du 1er décembre 1861, p. 5. — Cf. Une description de cette lithographie dans la *Petite Revue*, 1re quinz. de déc., 1861, pp. 250-251.

(144) Cf. Par exemple, les articles haineux du *Figaro* (L. Goudall, 4 novembre 1855, E. Durenty, 13 novembre 1856, G. Bourdin, 7 juillet 1857, Jean Rousseau, 17 mai 1857). Voir encore un article que je n'ai vu signalé nulle part, d'Arthur Arnould (*Revue de l'Instruction Publique*, 25 octobre 1860), sur les *Paradis artificiels*, qui dénonce l'immense orgueil de Baudelaire et le blâme de séparer l'art de la morale. Le 11 juin 1859, dans les *Echos de Paris*, du *Figaro* (p. 6), Alphonse Duchesne, à propos de la *Chevelure* qui vient de paraître dans la *Revue française*, déclare que Baudelaire a « l'étoffe d'un grand parfumeur ». Par contre, on pourra lire dans la *Petite Revue*, du 9 septembre 1865, un plaidoyer bien émouvant d'Emile Deschamps, alors âgé de 66 ans. Le vieux romantique donne en vers une chaude défense des *Fleurs du Mal*.

(145) *La Fanfarlo*, pp. 247-248.

(146) *Ibid.*, p. 251.

(147) *Coucher du Soleil romantique, F. M.*, p. 247.

(148) *C. E.*, p. 90.

(149) Cf. *La Genèse d'un Poème*, éd. Calmann Lévy, VII, p. 489, sqq.

(150) Champfleury, *Souvenirs...*, p. 133 et note : les Souvenirs de Champfleury sur Baudelaire (*Rencontre de Baudelaire*) se rapportent à cette période de sa vie. (Cf. *op. cit.*, p. 134).

(151) *Ibid.*

(152) *O. P.*, p. 178.

(153) Champfleury, *op. cit.*, p. 134. — Cf. pour la suite, *ibid.*, pp. 133-134.

(154) Lire dans la *Revue des Cours et Conférences* (1930), une série de conférences de Jean Pommier sur *Baudelaire et les Lettres françaises*. On y trouvera une étude minutieuse et une précise mise au point des lectures de Baudelaire. — *L.* : à Sainte-Beuve, 15 janv. 1866, p. 493.

(155) Cf sur Lucain, *L.* à Sainte-Beuve, 15 janvier 1866, et sur Lucain ainsi que sur Pétrone et Juvénal, ses jugements (1865) dans son projet de lettre à Jules Janin, *O. P.*, p. 316. — Cf en outre, J. Crépet, *F. M.*, étude biographique, p. XVI.

(156) Cf. lettre de Vigny à Baudelaire du 27 janvier 1862 dans : Ch. Asselineau *Amateur d'Autographes*, 1870, n° 202, p. 143 et *L.* 28 janviers 1862, à A de Vigny, p. 331 : « Songez, Monsieur, à ce que peuvent être pour nous autres littérateurs de quarante ans ceux qui ont instruit, amusé, charmé notre jeunesse, nos maîtres enfin... »

(157) Cf. Daniel Mornet : *Nouvelles Littéraires*, 9 et 16 avril 1927 : « Si l'on se

demande ce que V. Hugo a apporté d'original au Romantisme on peut répondre : en un certain sens, à peu près rien ». (*Ibid.*, 9 avril 1927).

(158) *Variété*, II, p .150.

(159) *L.*, à Armand Fraisse, 1857, p. 140.

(160) Sur Musset, l'opinion sévère de Baudelaire n'a jamais varié. — Cf. *A. R.*, pp. 153-345-419 et *O. P.*, p. 403 « de l'*Ecole mélancolico-farceuse* (Alfred de Musset) » (vers 1853).

(161) Cf. F. Vanderem, *op. cit.*, *passim*.

(162) *L.*, 15 janvier 1866, p. 493.

(163) *Causeries du Lundi*, t. XIV, pp. 77-78 (12 octobre 1857, article sur Banville).

(164) En 1852, Préface des *Poèmes antiques* (publiée dans les *Derniers poèmes*, Edit. Lemerre), p. 212.

(165) *L. :* à Champfleury, 14 janvier 1854, p. 54.

(166) *L. :* à Sainte-Beuve, 21 janvier 1859, p. 184.

(167) Article de Jean Rousseau, *Figaro*, 6 juin 1858. — Cf. *O. P.*, pp. 294-399.

(168) *L. : loc. cit.*, p. 184.

(169) *Salon de 1846*, dans *C. E.*, p. 104.

(170) *C. E.*, *Salon de 1845*, pp. 77-78.

(171) Cf. ce qu'il dit en 1846 (*Salon*, p. 97) du passage où Hoffmann établit ces analogies — et « exprime parfaitement (son) idée ».

(172) Cf. E. J. Crépet, p. 70.

(173) Cf. Lemer, *Le Livre*, 10 mai 1888.

(174) Cf. Prarond, cité par E. J. Crépet, pp. 70-71 — et Champfleury, *Souv. et portr...*, p. 133. — Cf. *ibid*, p. 134· : « B. était en 1846, une sorte de dandy vivant avec un peintre (Deroy) qui ne le quittait pas...»

(175) *C. E.*, *Salon 45*, p. 14. — Cf. *ibid.*, pp. 14-18.

(176) Voir l'article très documenté de J. Crépet dans le *Figaro*, du 15 novembre 1924 : *A propos d'une toile célébrée par Baudelaire*. Le *Figaro* donne un premier projet du tableau retrouvé dans les cartons du peintre, sous forme de dessin à la plume teinté d'aquarelle. — M. Julien Damazy, peintre, beau-fils de W Haussoutier, *croit* la toile en Angleterre.

(177) *Confessions*, I, 162, 154, 375.

(178) Janvier 1844 : 3ᵉ série, tome V et dernier.

179) C'est sans doute à *l'Artiste* que Baudelaire connut cet étrange Esquiros, bien fait pour l'attirer et dont il cite le nom parmi ses « secondes liaisons littéraires » (*O. P.*, p. 74), après son « retour à Paris ». Houssaye (Cf. *Confessions*, VI, 92-94, 126, 162, 316) le représente comme un « Saint-Just du XIXᵉ siècle, romantique doux et naïf comme un enfant, fier et indomptable comme un lion ». En 1845, il aborde la politique dans la *Revue des Deux-Mondes* (*Etudes sur Paris*). Il apporte à *l'Artiste* « son insouciance de philosophe antique et le calme rayonnement de l'Apôtre montagnard » (162). En 1848, son enthousiasme intempestif le fait condamner à mort. Mais Houssaye lᵒ sauva.

(180) *L. M.*, pp. 13.

(181) Cf. A. Houssaye, *op cit.*, VI, 161-162.

(182) *Ibid.*, I, 154.

(183) *Ibid.*, 154-155.

(184) 1ᵉʳ avril 1861, p. 227.

(185) Cf. le numéro du 17 janvier 1846.

(186) Ch. Asselineau, p. 26.

(187) A cette date, il redevient le *Corsaire* jusqu'au 30 septembre 1852. Le *Corsaire* connut en 1858 un essai, vite avorté, de résurrection.

(188) Cf. Ph. Audebrand : *Les Derniers jours de la Bohème*, p. 251 — et le *Figaro*, 19 juin 1856, pp. 7 et 8.

(189) *Le Corsaire-Satan*, 16 janvier 1845, p. 3.

(190) *Ibid.*, 28 janviers 1845, p. 3.

(191) *Ibid.*, 9 février 1845, p. 3.

(192) *Ibid.*, 15 juin 1845, p. 3.

(193) *Ibid.*, 8 mai 1845, p. 3.

(194) *Ibid.*, 12 avril 1845, p. 3.

(195) *Ibid.*, 20 avril 1845, p. 3.

(196) *Ibid.*

(197) Asselineau, *op. cit.*, p. 25.

(198) Ph. Audebrand, *op. cit.*, pp. 251-252.

(199) Prarond dans E. J. Crépet, p. 73, note ; Ph. Audebrand : *Mémoires d'un passant* (Paris, C. Lévy, 1893, in-12°), page 330.

(200) Asselineau, p. 26.

(201) *Id., ibid.*

(202) Voir sur ces collaborations : P. Dufay, *Mercure de France*, 1er février 1924, pp. 856-858 : une collaboration de Charles Baudelaire et d'A. Vitu. — *Les Causeries du Tintamarre*, recueillies aux éditions du *Sagittaire* (Kra, 1920), sous le titre abrégé de *Causeries*, datent de septembre 1846-mars 1847 et étaient dues, suivant une note de Vitu lui-même, à la collaboration de MM. Vitu, Baudelaire et Banville (*art. cit.*).

(203) Cf. Champfleury, *Souv. et portr...*, pp. 119-122.

(204) Cf. Audebrand : *Les Derniers jours de la Bohème*, pp. 252-253 et Asselineau, p. 25.

(205) Asselineau, p. 26.

(206) *Corsaire-Satan*, 18 janvier 1848.

(207) Cf. E.-J. Crépet, p. 72 note : Champfleury fut un des premiers admirateurs de Wagner. — Cf. *infra* II, III.

(208) Mirecourt, *Champfleury*, Havard, 1855, in-18°, p. 69.

(209) Cf. J. Troubat : *Souvenirs du dernier secrétaire de Sainte-Beuve*, pp. 149-150 et Mirecourt *op. cit.*, p. 60.

(210) Jules Troubat, *op. cit.*, 204-205.

(211) Cf. Champfleury : *Souvenirs des funambules*, p. 299. — Cf. pp. 298-299.

(212) Champfleury : *Souvenirs des funambules*, p. 299. — Cf. p. 300, la condamnation de la bohème composée d'individus étranges, littérateurs, vantards et menteurs, qu'on voit partout, mais qui n'écrivent pas cent lignes par an... — Cf. sur Champfleury : M. Clouard, l'*Œuvre de Champfleury*, Paris, 1891, in-8°. Emile Bouvier : *La Bataille réaliste*, Paris, Fontemoing in-8°, 1913.

(213) Cf. lettre de Baudelaire à Champfleury. L. 6 mars 1863, pp. 349-350.

(214) Cf. dans l'*Esprit public* (15 avril 1846), un article paru sous le titre de *Conseils aux jeunes littérateurs*, et, dans l'*Echo des Théâtres* (23 août 1846), un article intitulé : *Comment on paie ses dettes quand on a du génie.*

(215) *Corsaire-Satan*, 4 nov. 1845, sans signature. — Cf. *O. P.*, pp. 163-164.

(216) *Op. cit.*, p. 299.

(217) Dans : *De quelques écrivains nouveaux*, pp. 68-80.

(218) Cf. causerie du 4 octobre 1846 : « Le pouls du jeune Vakri continue à battre le lundi dix-huit colonnes du journal *L'Epoque*. La santé du jeune tartineur de *L'Epoque* donne de grandes inquiétudes aux amateurs au style imagé de ce jeune poupon de lettres pour qui le centaure Hugo Olympio fut une autre Amalthée. » (*Causeries, éd. cit.*, p. 31).

(219) *Prométhée délivré*, par L. de Senneville (Louis Ménard), *Corsaire-Satan*, 3 février 1845, sous la signature de Baudelaire-Dufays. — Cf. *O. P.*, pp. 164-165.

(220) *C. E.*, pp. 206-207.

(221) *Corsaire*, 18 janvier 1848, signé Charles Baudelaire. — Cf. *O. P.*, pp. 169-172.

(222) *Corsaire-Satan*, 3 mars 1846 (Baudelaire-Dufays). — Cf. *O. P.*, p. 353 sqq.

(223) *O. P.*, p .361.

(224) Sous la signature Baudelaire-Dufays. Cet article est reproduit dans l'*Art Romantique*, en 1868, avec quelques omissions ou suppressions. — (Cf. édit., Conard, pp.267-278). Nous ne tenons compte évidemment que du texte de 1845.

(225) Le conseil judiciaire fonctionne depuis septembre 1844, et Ancelle est ménager des restes de la fortune que Baudelaire a héritée de son père. — Cf. sur les

embarras d'argent de Baudelaire à cette époque : *D. L. M.*, p. 25 (1845) ; pp. 27 et 28 (février 1846) : « Tu ignores sans doute qu'il paraît maintenant, une nouvelle de moi à *l'Esprit public*. [Il s'agit du *Jeune Enchanteur*, 20-22 février 1846] : j'ai traité à 3 sols la ligne » ; pp. 28-29 (mars-avril 1846)...

(226) Dans les *Journaux intimes, passim.* — Cf. surtout : pp. 24, 29, 31, 57, 68, 102, 103, 104, 105 à 110.

(227) « De générations miraculeuses et spontanées, jamais ».

(228) E.-J. Crépet, p. 74, note 2.

(229) La dédicace « aux Bourgeois » est datée du 1er mai. Le Salon est annoncé le 23 mai, dans la *Bibliographie de la France*, sous le n° 2436.

(230) J. Crépet : *C. E.*, éd. Conard, p. 474.

(231) Etude parue à la *Galerie contemporaine, littéraire et artistique*. 1re série, n° 105. — Cf. *C. E.*, notes de J. Crépet, pp. 474-475.

(232) Asselineau, *op. cit.*, pp. 19, 21, 23-24.

(233) E. Prarond : *De quelques écrivains nouveaux*, p. 7.

(234) *C. E.*, pp. 89-92.

(235) *C. E. : Salon de* 1859, p. 311.

(236) *C. E.*, pp. 89-90.

(237) *Racine et Shakespeare*, éd. M. Lévy, 1854, pp. 32-33.

(238) *Ibid.*, p. 252.

Ch. IV. — AU SEUIL DE LA CRITIQUE D'ART :
UN CATÉCHISME DE LA PEINTURE

(1) « Il est par-dessus tous un poète qui a eu cette rare fortune, en récitant parfois pour lui seul ou quelques amis de la grande poésie, d'obtenir presque une renommée sans publier un seul vers ; ce poète, qui a écrit à l'occasion d'une exposition du Louvre tout un catéchisme de la peinture moderne, est M. Charles Baudelaire... » (E. Prarond, *De quelques écrivains nouveaux*, p. 7).

(2) *C. E., Salon de* 1846, p. 87.

(3) *Ibid.*, p. 88.

(4) Cf. la conclusion du *Salon de* 1845, *C. E.*, p. 77.

(5) Cf. *C. E., Salon de* 1846, p. 88.

(6) *Ibid.*, p. 91.

(7) C'est l'idée que reprend, en 1856, Th. Silvestre, à propos de Préault (Cf. *Histoire des Artistes vivants*, p. 283).

(8) *C. E.*, pp. 91-92.

(9) *Journal*, III, 15 janvier 1857, éd. Joubin, p. 8.

(10) Mai 1829, tome II, p. 68 sqq.

(11) Cf. R. Schneider : *Quatremère de Quincy et son intervention dans les arts* (Hachette, 1910, in-8°), p. 257.

(12) Cf. R. Bouyer : *Le Romantisme aux Salons de la Restauration, Figaro artistique*, 7 juillet 1927, p. 610 sqq.

(13) *Annuaire de l'Ecole française de peinture ou Lettres sur le Salon de* 1819, par M. Kératry, Paris, Maradan, 1820, in-12, lettre III, pp. 25-29 : « Il me presse d'être débarrassé de ce grand tableau qui m'offusque lorsque j'entre au Salon. » (p. 25).

(14) « L'opinion que j'exprime ici est celle d'un des grands maîtres de l'école », écrivait Thiers. Selon une remarque de Théophile Silvestre (*Galerie Bruyas*, p. 408), « tout cet article de M. Thiers, réputé remarquable et répété à satiété comme prophétique, n'est qu'une paraphrase prudhommesque de l'opinion du baron Gérard ». Dans la même page Thiers louait Drolling, Dubufe, Destouches et Delacroix. On a dit

que le jugement favorable de Thiers était inspiré par Talleyrand, dont Delacroix serait le fils. — Le jugement de Thiers se trouve aux pp. 56-58 du *Salon de* 1822, Maradan, 1822, in-8°, 155 pp.

(15) *Moniteur universel,* samedi 18 mai 1822, 4e article : « La force conduit à l'étude. M. Delacroix l'indique par son tableau de Dante et de Virgile ; ce tableau n'en est pas un : c'est comme on le dit en style d'atelier une vraie tartouillade. Cependant au milieu des objets bizarres que le peintre a voulu rendre il a été forcé de faire des figures dont les contours et la couleur sont pleins d'énergie ; il y a du talent dans les corps des damnés qui s'efforcent d'entrer dans la barque où naviguent les poètes. Nous observerons seulement à ce peintre qu'il faut absolument qu'il fasse un bon ouvrage pour le premier Salon car on ne passe pas deux essais de ce genre. »

(16) *Annales du Musée de l'Ecole moderne des Beaux-Arts, Salon de* 1822, Impr. royale, in-8°, tome I, p. 87, pl. 55. Le Dante et Virgile, planche au trait.

(17) Chauvin : *Gazette de France,* 1er septembre 1824 (1er article) et *Salon de* 1824. Pillet, fils aîné, impr., 1824, in-8°. VI, 315 p., cité par M. Tourneux, *Delacroix devant ses contemporains,* Rouam, 1886, in-8°, p. 44.

(18) E. Delacroix, *art. cité.*

(19) 8 septembre 1824, 2e article, signé D.

(20) 5 octobre 1824, 9e article, signé E.-J. Delécluze.

(21) *Annales du Musée et de l'Ecole Moderne des Beaux-Arts, Salon de* 1824, par C.-P. Landon. Paris, C. Ballard, in-8°, tome I, pp. 53-55.

(22) *Journal de Paris et des départements,* 9 octobre 1824, 7e article (les trois premiers sont anonymes ; les autres sont signés A.). Salon réimprimé dans *Mélanges d'art et de littérature* (Michel Lévy, 1867, in-18°, 349 p.), p. 179.

(23) Pour être juste, notons d'une part une longue et sympathique appréciation du *Massacre* dans Ferdinand Flocon et Marie Aycard, *Salon de* 1824, A. Leroux, 2 livr., in-8° de 32 pages chacune, ch. II, pp. 11-18, — et d'autre part, deux articles favorables d'A. Thiers dans *Le Constitutionnel,* 25 et 30 août 1824 (articles anonymes) et un article signé Y. (attribué à Thiers) dans *le Globe* du mardi 26 septembre 1824 (Cf. Tourneux, *op. cit.,* p. 46).

(24) Ch[Chauvin ?]. *Moniteur universel,* 27 février 1828, 7e article.

(25) Delécluze : *Journal des Débats,* 21 mars 1828, 12e article. — Cf. encore, au 14 janvier 1828, le reproche d'ignorer la perspective, à propos du *Justinien.*

(26) *Observateur des Beaux-Arts, Journal des Arts, des théâtres, de la littérature,* etc..., in-4°, revue bi-hebdomadaire (n° IX, 8 mai 1828, signé D.). Chaque numéro a des notules ironiques contre Delacroix.

(27) 24 avril 1828, signé P.

(28) Article anonyme du 22 mars 1828.

(29) Cf. Delécluze : *Louis David, son école et son temps,* nouv. édit., 1863, p. 387 sqq. et 398 sqq.

(30) Cf. *Moniteur univ.,* 18 mai 1822, *art. cité. Journal des Débats,* 14 janvier 1828 : il loue « l'éclat du coloris » ; 26 avril 1833, il trouve *Ch. Quint au couvent de Saint-Just* une « belle idée » ; 11 mars 1836 : « Dans la crainte de commettre une injustice involontaire en parlant nous-même d'un ouvrage..... » ; 8 mars 1838 : peu s'en faut qu'il ne trouve *Médée* un chef-d'œuvre. — Cf. encore *ibid.,* 21 mars 1841, 31 mars 46.

(31) Il exposa au Salon de 1808.

(32) *Débats,* 31 mars 1839.

(33) « Trompez-vous le moins que vous pourrez, mais ne mentez jamais ». *L'Artiste,* 1839, 2e série, tome I, p. 7 : *De la critique en matière d'art.*

(34) *Ibid.,* pp. 7-10.

(35) *Journal des Débats,* 8 mars 1834, 3e art.

(36) Cf. *l'Artiste,* 4e série, t. 3, 23 mars 1845, p. 195 : *Sagesse.*

(37) 28 février 1847, p. 257. *Généralités sur l'art.*

(38) *L'Artiste,* 1842, IIIe série, t. I, p. 177 sqq. (article anonyme).

(39) Cf. la même note dans un autre article de *l'Artiste* (1842, 3e série, tome I, p. 145 : *le Salon — Avant le Jury,* article anonyme) : « La beauté plastique n'est pas

du ressort du premier venu, l'à peu près ne suffit pas en fait d'art, l'instinct ne supplée pas au savoir... Le bourgeois, le passant est aussi impropre à juger souverainement une toile de M. Ingres... que l'utilité d'une turbine... »

(40) *L'Art en Province*, 1843, tome VI, pp. 122-123, sous la signature d'Anatole Dauvergne (peintre qui a exposé aux Salons). P.-A. Desroziers, éditeur, Moulins, Allier (Revue fondée en 1835).

(41) A l'appui des affirmations, en vérité bien sévères mais justes au fond, d'Anatole Dauvergne, voici une liste des principaux critiques en place au moment où *l'Art en Province* émet ses récriminations, au moment où Baudelaire va entrer en scène. En 1843, Delécluze est aux *Débats*, Haussard au *National*, L. Peisse à la *Revue des Deux-Mondes*, A. Houssaye à la *Revue de Paris*, F. Pillet au *Moniteur*, D. Stern (Marie de Flavigny, comtesse d'Agoult) à *la Presse*. A Karr écrit un article dans *les Guêpes*, E. Pelletan rédige le salon de *la Sylphide*, *Le Bulletin de l'Ami des Arts*, *l'Artiste*, *les Beaux-Arts*, *l'Illustration* sont rédigés par des chroniqueurs anonymes. En 1844, Th. Gautier apparaît à *la Presse*, Ch. Blanc à *l'Almanach du Mois*, D. Laverdant à la *Démocratie pacifique*, F. de La Faloise (Frédéric de Mercey) à la *Revue de Paris*, Et. Huard au *Journal des Artistes*, et Théophile Thoré au *Constitutionnel*. Pour les critiques de 1845, consulter notre introduction à l'édition critique du *Salon de 1845* de Ch. Baudelaire. — Cf. M. Tourneux, *Salons et expositions d'art à Paris* (1801-1870), Paris, Schemit, 1919, in-8°, pp. 108-123.

(42) *Etudes sur l'Ecole française*, 1855, I, 244 (Salon de 1834).

(43) *Ibid.*, I, 242.

(44) *Art en Province*, 1843, p. 124.

(45) Courtois : *Corsaire-Satan*, 21 mars 1845.

(46) A. de Martonne. *La Renaissance, chronique des Beaux-Arts, de la Littérature et revue archéologique de la Belgique*, 8e année, 1846-1847. Salon de Paris, 1846, p. 13.

(47) G. Planche : *Etudes sur l'Ecole française*, I, p. 170.

(48) *Ibid.*, I, p. 43 ; I, pp. 28, 31, 51 ; I, 39, 54.

(49) *Corsaire Satan*, 21 mars 1845, p. 3.

(50) *Ibid.*, 17 mars 1845, p. 2.

(51) *Ibid.*, p. 3.

(52) *La Renaissance*, revue citée (Delécluze y collabore (Salon de 1847) ainsi qu'Arsène Houssaye).

(53) *Ibid.*, tome VII, 7e année, 1845-1846, p. 29.

(54) *Ibid.*, Salon de 1845, p. 30.

(55) *Ibid.*, 8e année, 1846-1847. Salon de Paris, 1846, p. 12.

(56) *Catalogue complet du Salon de 1846*, annoté par A.-H. Delaunay, in-18°, 180 p., cité par M. Tourneux, *Delacroix devant ses contemporains*, p. 81.

(57) *Revue des Deux Mondes*, 1er avril 1839, t. II, p. 83. Note de la Direction. — Cf. sur *Mérimée critique d'art*, l'étude d'Albert Pauphilet, dans les *Annales romantiques*, IV, 1907, pp. 49-64, 81-106, 161-184; — et surtout l'article de M. Tourneux, *Mérimée critique d'art*, *l'Art*, 1er et 22 février 1880.

(58) *Revue des Deux Mondes*, art. cité, p. 89. — Cf. *ibid.*, 15 avril, pp. 247-248 : « la tristesse particulière empreinte à tous les lieux d'où l'homme s'est retiré », p. 249. « Il y a dans ce tableau un sentiment de grandeur qu'on ne peut méconnaître... »

(59) *Ibid.*, 1er avril, p. 91 (il s'agit du *Roi de Thulé*).

(60) *Revue des Deux Mondes*, 15 avril 1846, p. 285.

(61) *Ibid.*, p. 288.

(62) *Ibid.*, p. 289.

(63) *Ibid.*, pp. 296 et 299.

(64) *Ibid.*, p. 299. — Planche prend plaisir à répéter certaines formules : p. ex. : « Il fait tout ce qu'il peut mais il est loin de pouvoir ce qu'il veut » (p. 284 à propos de Scheffer. Cf. la même formule renversée, p. 288, à propos de Decamps).

(65) 1819, t. I, II, III.

(66) Cf. son *Louis David et son temps*.

(67) R. Schneider. *Quatremère de Quincy et son intervention dans les Arts* (1788-1830). Hachette, 1910, in-4°, p. 267.

(68) Cf., dans *Le Livre du Centenaire du Journal des Débats* l'article d'André Michel : *La critique d'art, Boutard, Delécluze, C. Clément*, Plon, 1889, gr. in-4°, pp. 466-467. — Cf. dans l'introduction à notre édition critique du *Salon de 1845* de Charles Baudelaire, notre étude sur E.-J. Delécluze, juge du Salon de 1845.

(69) *Moniteur universel*, 18 mai 1822.

(70) *Journal des Débats*, 21 mars 1841.

(71) E. Delacroix. *Journal*, éd. Joubin, 1er avril 1853, II, p. 13.

(72) E.-J. Delécluze. *Les Beaux-Arts dans les deux mondes* en 1855, Charpentier, 1856, in-18, ch. XXV.

(73) *Journal des Débats*, 18 mars 1845.

(74) *Lettres de Eugène Delacroix* (1815-1863) recueillies et publiées par Ph. Burty, Paris, A. Quantin, 1878, in-8°, p. 158 (1842).

(75) *Ibid.*, au baron Rivet, p. 252 (1855).

(76) 8 juillet 1849.

(77) *Lettres de E. Delacroix, op. cit.*, 15 juillet 1849, p. 202-203. — Cf. *ibid.*, p. 251, 22 nov. 1854, à P. Pétroz : « Je n'ose vous faire compliment sur vos connaissances spéciales et assez rares chez les critiques.. ».

(78) 2e série, t. II, pp. 52-58.

(79) *Lettres de E. Delacroix., op. cit.*, 2 mars 1837, à Thoré, p. 139.

(80) *L'Artiste*, 4e série, t. III, 1845, 30 mars, p. 194.

(81) *L'Artiste*, 4e série, t. III, 16 mars 1845, *Salon de 1845*, II. *Le Jury*, par Paul Mantz, p. 163.

(82) *Ibid.*, 23 mars, p. 177 : IV. *Les batailles*, par Paul Mantz.

(83) *Revue des Deux Mondes*, 15 avril 46, p. 283.

(84) *Le Corsaire-Satan*. Feuilleton du mardi 24 mars 1846, p. 1, signé de Champfleury. — Cf. Baudelaire. *C. E., Salon de 1846*, pp. 161-165.

(85) Champfleury pour la copier, Baudelaire pour la dépasser. L'un ira vers le réalisme, l'autre vers le « surnaturalisme » (Cf. *C. E.*, p. 108).

(86) *Corsaire-Satan, loc. cit.* — Baudelaire, *C. E., Salon de 1846*, p. 168 sqq.

(87) *Corsaire-Satan, loc. cit.* — Cf. Baudelaire, *C. E., Salon de 1846*, p. 107. « Delacroix est, souvent à son insu, un poète en peinture ». — Notons que l'on trouve la même année (29 août 1846) au *Corsaire-Satan*, un éreintement de Delacroix à propos de ses peintures pour la Bibliothèque de la Chambre.

(88) « La critique, ajoute-t-il, dont le devoir est de découvrir les talents naissants l'a oublié ». — Cf. les critiques d'art de Champfleury dans *le Pamphlet* (1848) et les citations qu'il en donne dans ses *Souvenirs et portraits de jeunesse*, pp. 177 sqq.

(89) Salon de 1833. *La France littéraire* (revue de M. Ch. Malo), VI, 159. L'article est court et presque défavorable à Delacroix.

(90) *La Presse*, 26 août 1837.

(91) *Almanach du mois, revue de toutes choses par des députés et des journalistes*, t. III (1845), p. 160.

(92) Cf. son jugement sur H. Flandrin dans *la Presse* du 20 mars 1845.

(93) Cf. *la Presse*, 15 avril 1845.

(94) Cf. *la Presse*, 16, 17 avril.

(95) Cf. dans *la Presse*, 1845, 18 mars, 11 et 18 mars, 18, 21 mars et 19 avril, ses éloges de Decamps, Chassériau, Delacroix.

(96) Cf. « Maintenant sortons des limbes peuplées de pâles fantômes et montons vers les chauds rayons de la vie et de la lumière, c'est-à-dire, pour parler sans métaphore, dans le grand salon carré ». *Salon de 1841, Revue de Paris*, 3e série, t. XXVIII, p. 159.

(97) Il lui arrive de « refaire » les tableaux. Cf. dans *la Presse* du 18 mars 1845, sa description d'une *Prise de la Smala*, traitée à la manière de Delacroix.

(98) *Almanach du Mois, loc. cit.*, p. 161. — Cf. sur *Th. Gautier critique d'art*, l'article d'Ad. Boschot dans la *Revue de Paris* du 1er janvier 1932.

(99) Cf. *L.*, 12 février 1865, p. 409.

(100) *Bulletin de l'Alliance des Arts,* 10 mai 1845, p. 337.

(101) *Almanach du Mois, loc. cit.,* p. 161-162.

(102) *Ibid.,* p. 162.

(103) Pour plus de détails sur la manière de tous ces critiques d'art, nous nous permettons de renvoyer à l'introduction de notre Edition critique du *Salon de* 1845 de Ch. Baudelaire.

(104) *Journal,* éd. Joubin, II, p. 341, 17 juin 1855.

(105) *L'Artiste,* 6 avril 1845, 4ᵉ série, t. III, p. 209.

(106) *L'Artiste,* 22 mars 1846, p. 38.

(107) *Ibid.,* pp. 37-38.

(108) *C. E.,* p. 279.

(109) Cf. E.-J. Crépet, p. 263. Dans la lettre de Mme Aupick à Asselineau.

(110) Cf. E.-J. Crépet, p. 69.

(110) Asselineau, *op. cit.,* pp. 9-10.

(112) *Ibid.,* p. 9. Qu'on songe au portrait de Baudelaire par Deroy (Musée de Versailles) où le fond clair, les draperies d'un rouge sombre, le noir de l'habit, le blanc des manchettes, les gants clairs témoignent d'un goût de coloriste.

(113) *Ibid.*

(114) C'est par Deroy que Asselineau connaît Baudelaire, au Salon de 1845. (Asselineau, p. 10).

(115) *Ibid.*

(116) E.-J. Crépet, p. 70.

(117) Cf. *F. du Mal,* éd. Conard, p. 391. Notes de J. Crépet. — *Lettres à sa mère,* pp. 330, 332 note, 332, 354, 349, 350, 354, etc. — E.-J. Crépet, Appendice p. 385 note.

(118) *Le Livre,* 10 mai 1888. — Cf. E.-J. Crépet, p. 70, n. 2.

(119) *Souv. et portr. de jeunesse,* p. 133.

(120) Cité par E.-J. Crépet, pp. 70-71. — Cf. note, p. 70.

(121) Dans ses *Conseils aux jeunes littérateurs,* œuvre et passages cités.

(122) Cf. *J. I.,* pp. 24, 29, 31, 57, 68, 102, etc...

(123) *C. E.,* p. 91.

(124) Cf. *C. E. : Le Musée Bonne Nouvelle,* p. 213. — Feuilleton du *Corsaire-Satan,* 21 janvier 1846.

(125) En 1855, les Goncourt jugeront Delacroix « un coloriste puissant mais à qui a été refusée la qualité suprême des coloristes : l'harmonie » (*La peinture à l'Exposition de 1855,* E. Dentu, 1855, in-16, 52 p., p. 38. — Cf. *Ibid.,* 38-44. Ailleurs (*Gavarni, l'Homme et l'Œuvre,* pp. 362-363) ils transmettent le jugement de Gavarni parlant du « barbouillage » de Delacroix et de « pataugement de la couleur ».

(126) *Salon de* 1845, pp. 92 sqq.

(127) *L'Artiste,* 1842, 3ᵉ série, t. I, pp. 148 sqq (Dʳ E. V.).

(128) *Ibid.,* p. 163.

(129) *C. E., Salon de* 1846, p. 92.

(130) Delacroix soutenait que les grands coloristes ne font pas le ton local (Cf. Charles Blanc : *Les Artistes de mon temps,* Paris, Didot, 1876, in-8º, pp. 23-24). Il disait montrant le ton gris et sale d'un pavé : « Si l'on demandait à Paul Véronèse : peignez-moi une belle femme blonde dont la chair soit de ce ton-là, il la peindrait et la femme serait une belle blonde dans son tableau. » (*Ibid.,* p. 24).

(131) *De la loi du contraste simultané des couleurs* (1839).

(132) Cf. *C. E.,* p. 96. — Le « vrai coloriste » dont Baudelaire parle, c'est évidemment Delacroix.

(133) Cf. Ch. Blanc : *Grammaire des arts du dessin.* Renouard, 1876, 3ᵉ éd., in-4º.

(134) *C. E., Salon de* 1845, p. 96.

(135) Cité par Escholier. *Delacroix,* Floury, in-4º, t. III, p. 7. — Les notes de l'Auscitain Lassale-Bordes — qui se brouilla en 1851 avec Delacroix, après avoir été son auxiliaire — sont en général de fielleuses et rancunières calomnies de rapin vaniteux. **Elles ont été adressées à Ph. Burty, en avril 1879, et sont restées inédites.** — Cf.

E. Bernard : *Les palettes d'Eug. Delacroix et sa recherche de l'absolu du coloris (Mercure de France,* février 1910).

(136) *C. E., Salon de* 1846, p. 96.

(137) *L'Artiste,* 1842, 3ᵉ série, t. I, p. 164, *art. cit.*

(138) *Ibid.,* p. 165.

(139) *C. E., Salon de* 1846, p. 96.

(140) « Les mensonges sont continuellement nécessaires, même pour arriver au trompe-l'œil. » *Ibid.,* p. 96.

(141) E. Delacroix : *Œuvres littéraires,* Crès, t. I, p. 59.

(142) *Cf. C. E., Salon de* 1846, p. 108. — Delacroix, *op. cit.,* I, pp. 57-58. — Cf. Baron Rivet, *art. inédit,* cité par Escholier (*op. cit.*), II, 246.

(143) D'ailleurs, il y a un danger dans l'excès de la « science » : le « sentiment » peut en souffrir si l'artiste trop libre se laisse entraîner à la « manière ». Là est le danger des Ecoles — impuissantes à former l'artiste. C'est l'opinion de Delacroix (Cf. *Journal,* 30 sept. 1855, éd. Joubin, II, pp. 393-394). Mais il est bien entendu, pour Baudelaire comme pour Delacroix, que le métier reste le serviteur de la reine des facultés — l'imagination —, du tempérament et de l'inspiration.

(144) Cf. la citation qu'il donne de Stendhal. *C. E.,* p. 145. — Mme Paul Maurice lui écrira en 1865 : « Vous avez vu notre exposition par des yeux meilleurs que les miens. Vous lisez tous les feuilletons qui en parlent (Cité dans E.-J. Crépet, p. 406). Jusqu'aux derniers jours il lira les comptes rendus artistiques.

(145) Delacroix : *Œuvres litt.,* I, 73.

(146) *Ibid.*

(147) *C. E., Salon de* 1846, p. 97.

(148) *Op. cit.,* pp. 72-73. — Cf., pour la recherche de la « mélodie » par Delacroix, les curieuses pages du *Journal,* 15 janvier 1853, éd. Joubin, t. II, pp. 2-8. « Pour le *tableau espagnol* dont j'ai fait une esquisse... »

(149) Cf. *Journal,* II, p. 27, 28 avril 1853.

(150) *C.E.,* p. 96.

(151) Delacroix : *Journal,* 21 avril 1853, t. II, p. 24.

(152) *C. E., Salon de* 1846, p. 97.

(153) Cf. Baudelaire : « La bonne manière de savoir si un tableau est mélodieux est de le regarder d'assez loin pour n'en comprendre ni le sujet ni les lignes. S'il est mélodieux, il a déjà un sens et il a déjà pris sa place dans le répertoire des Souvenirs. » (*C. E., Salon de* 1846, p. 97).

(154) Ceci implique évidemment que, pour Delacroix, l'effet est dû, *principalement* et en *règle générale,* à la *couleur.*

(155) E. Delacroix : *Œuvres litt.,* I, pp. 63-64. C'est la pensée — et l'expression même de Baudelaire : « Le style et le sentiment de la couleur viennent du choix et le choix vient du tempérament. » Baudelaire a pu lire plus tard ces notes qui furent publiées pour la première fois en 1865, par Piron, ami de Delacroix (*Eugène Delacroix, Sa vie et ses œuvres.* Imp. Jules Claye, 1865, un vol. in-8º, 300 ex.).

(156) *Ibid.,* I, p. 91.

(157) *C. E., Salon de* 1846, p. 144.

(158) *Ibid.,* pp. 143-144.

(159) Cité par Escholier, *op. cit.,* II, p. 246.

(160) *C. E., Salon de* 1846, p. 108. — Cette remarque est extraite du *Salon de* 1831 (*De la France, Salon de* 1831, nouv. éd., Michel Lévy, 1867, in-12, p. 349).

(161) Cf. E. Delacroix : *Journal,* II, p. 18, 15 avril 1853 ; Baudelaire : *Exposition de* 1855, *C. E.,* p. 235.

(162) *Journal,* II, p. 86, 12 octobre 1853.

(163) *Ibid.,* pp. 85 et 87-88.

(164) Delacroix : *Œuvres littéraires,* I, 59, 58.

(165) *C. E., Salon de* 1846, p. 142.

(166) Delacroix : *Journal,* II, p. 88, 12 octobre 1843.

(167) *Ibid.*

(168) *C. E., Salon de* 1846, p. 145.

(169) *Ibid.,* p. 148.

(170) *Ibid.,* pp. 148-149.

(171) Delacroix : *Œuv. litt.,* I, 59.

(172) *Œuv. litt.,* I, 58.

(173) *C. E., Salon de* 1845, pp. 8-10.

(174) Cf. *A. R.,* pp. 2, 8, 9, 28.

(175) Ils échangèrent de rares lettres — et les termes en furent toujours d'une courtoisie un peu cérémonieuse (Cf. E.-J. Crépet, appendice, pp. 348-352).

(176) Cf. *Journal,* II, pp. 154-155, 26 mars 1854.

(177) Cf. la note du baron Rivet (citée par Escholier, *op. cit.,* II, p. 246) : « S'il avait réussi à parler à l'âme,... il croyait avoir parlé la même langue que les poètes, que les grands musiciens... »

(178) *C. E., Salon de* 1846, p. 132.

(179) Delacroix : *Œuv. litt.,* I, 63.

II

LES PHARES

Ch. I. — Edgar Poe ou le principe poétique

(1) Cf. Champfleury :*Souv. et portr.*, p. 132.

(2) Sur la vogue de Wronski dans la période romantique : cf. Viatte : *Les sources occultes du Romantisme*, II, pp. 253-260. — Cf. Baudelaire, *L.*, p. 49.

(3) Champfleury, *op. cit.*, pp. 133-134. — Cf. encore la note de Champfleury dans E.-J. Crépet, p. 82, n° 2.

(4) Cf. Le Vavasseur, cité par E.-J. Crépet, p. 82 et notes.

(5) *L.*, p. 176.

(6) Asselineau, pp. 39-40.

(7) Isabella-Mary Hack, née à Brighton en 1822, avait épousé, à vingt ans, le fouriériste Victor Meunier. — Cf. Léon Lemonnier : *Les traducteurs d'Egard Poe, en France, de 1845 à 1875 : Charles Baudelaire*, chapitre III, p. 41 et sqq.

(8) 27 janvier 1847 : *Le Chat Noir* ; — 31 janvier : *l'Assassinat de la Rue Morgue* ; — 3 juillet : *Le Colloque d'Eros et de Charmion* ; — 24 et 25 septembre : *Une descente au Maëlstrom* ; — Voir aussi les 23, 25 et 27 mai 1848 : *Le Scarabée d'or*.

(9) *La Révélation magnétique*.

(10) La thèse de M. Lemonnier comporte sur ce point une double inexactitude — qui provient de fautes d'impression : p. 57 : septembre 1845 et p. 191 (1re ligne de la *Bibliographie*) : novembre 1854.

(11) Cf. Lemonnier *op. cit*, pp. 56 sqq.

(12) « Les Contes de M. E. Poe, Américain, dont nous avons voulu donner une idée aux lecteurs de la *Revue Britannique*, ont été imprimés en un volume après avoir paru successivement dans un *Magazine* des Etats-Unis ». — Cf. sur la *Revue Britannique*, Léon Lemonnier, *op. cit.*, pp. 12 et 13 et Louis Seylaz : *Edgar Poe et les premiers symbolistes français*, p. 39, note 1. — M. Seylaz (*ibid.*, p. 38, n° 3) signale et rectifie toutes les erreurs, commises par les critiques et les biographes de Poe (J. Ingram, E. Hennequin, E. Lauvrière, A. Fontainas), à propos des premières traductions de Poe en France.

(13) Cf. sur *La Quotidienne* et sur la personnalité de ce G. B., L. Lemonnier, *op. cit.*, pp. 14-15.

(14) *La Presse*, mercredi 14 octobre 1846.

(15) Cf. *Gazette des tribunaux*, 10 décembre 1846. — Sur la polémique et le procès Forgues-Girardin : cf. Seylaz, *op. cit.*, pp. 40-42 et Lemonnier, pp. 35-40. — Cf. *la Presse*, 14 octobre 1846, *le National* et *le Commerce*, 16 octobre, *la Presse*, 16 octobre, *le National*, 12 décembre, *la Quotidienne*, 13 décembre, *le Charivari*, 14 décembre. — Cf. encore sur Forgues : Lemonnier, *op. cit.*, pp. 22-40.

(16) Titre : *Les Contes d'Edgar Poe*.

(17) Cf. pour toute la suite, Asselineau, pp. 40-41.

(18) *Ibid.*, p. 41.

(19) Cf. sur Griswold : *Revue de l'Enseignement des langues vivantes*, décembre 1928, pp. 441 sqq. : Vincent O'Sullivan, *Edgar Allan Poe et ses compatriotes*. L'auteur — un Américain — prétend que, si l'œuvre de Poe a été négligée en Amérique, la biographie de Griswold n'y est pour rien, que la malveillance de cet ouvrage

a été très exagérée et que Griswold, clergyman, ne pouvait qu'être désagréablement impressionné par le caractère de Poe. Il collectionna et publia les œuvres de Poe et abandonna les droits d'auteur à Mrs Clemm, (pp. 441-443). Dans cette notice, — écrite d'abord par Griswold, après. la mort de Poe, sous forme d'article pour la *New-York Tribune* et republiée comme introduction aux œuvres de Poe —, l'auteur est malveillant pour la *personne* de Poe, allant jusqu'à déformer sciemment certains faits, afin de présenter l'homme sous un jour plus défavorable. Il mentionne l'expression géniale de son regard et l'éloquence de sa parole lorsqu'il s'animait dans la conversation ; mais il n'entreprend pas de juger l'œuvre. Cependant, les imputations calomnieuses qu'il porte contre le caractère et la conduite de Poe ont pu nuire *indirectement* à son œuvre.

(20) Asselineau l'appelle Mrs Cleems (p. 41).

(21) Asselineau, p. 43.

(22) Cf. Léon Lemonnier, *La Grande Revue*, septembre 1921 : *Baudelaire au lycée Louis le Grand.*

(23) Cf. J. Levallois : *Milieu de ce siècle*, p. 95.

(24) Cf. *Mercure de France*, 16 septembre 1912 : Lettres de Mme Aupick à Asselineau : 15 décembre 1868 — Baudelaire envoie à sa mère (lettre du 8 mars 1854 — *L. M.*, p. 80) les poèmes de Poe, *dans l'original.*

(25) Cf. lettre du 27 mars 1852, à sa mère, p. 52 : « J'avais beaucoup oublié l'anglais, ce qui rendait la besogne encore plus difficile. Mais *maintenant je le sais très bien* ».

(26) Asselineau, p. 48.

(27) Cf. Asselineau, dans E.-J. Crépet, p. 291.

(28) Banville : *Mes Souvenirs*, p. 83.

(29) Asselineau, pp. 42-43.

(30) *Ibid.*, p. 48. — Cf. *L.*, 18 mars 1857, à Poulet Malassis, p. 108 : « les manœuvres de navire dont j'ai la tête cassée. » (C'est le moment où il traduit les *Aventures d'A. G. Pym*).

(31) Banville, *op. cit.*, p. 81.

(32) Il s'agit de l'article de Swinburne, qui parut (sans signature) dans le *Spectator*, du 6 septembre 1862 (pp. 998-1000). — Cf. lettre de Baudelaire à sa mère (*L. M.*, p. 281), du 3 juin 1863.

(33) Asselineau, p. 44. — Cf. Swinburne, *loc. cit.*, p. 999... « Baudelaire probably better known in England by his admirable translations and the criticisms on American and English writers appended to these... »

(34) Cf. A. Lods : *Intermédiaire des chercheurs et curieux*, 10 février 1929, pp. 122-124 : *Les premières éditions des traductions d'Edgar Poe*, et Lemonnier, *op. cit.*, pp. 137-163 et bibliogr., pp. 191 sqq. — M. Lemonnier signale deux traductions de Baudelaire omises par La Fizelière et par Spoelberch de Lovenjoul, parues dans l'*Illustration*, le 17 avril et le 11 décembre 1852 (*Bérénice* et *Une aventure dans les montagnes rocheuses*). — Le 5e et dernier volume des traductions (*Histoires grotesques et sérieuses*) est annoncé, le 25 mars 1865, dans la *Bibliographie de la France.*

(35) Cf. sur les tribulations de Baudelaire au *Pays*, *Figaro Littéraire*, 2 juin 1906.

(36) E.-J. Crépet, p. 97.

(37) Asselineau, pp. 49-50.

(38) *Ibid.*, p. 50.

(39) Cf. *ibid.*, pp. 51-52.

(40) Cf. *ibid.* et *L. M.*, 5 avril 1855, p. 100.

(41) *L. M.*, 26 mars 1853, p. 62.

(42) Cf. *L. M.*, note de J. Crépet, p. 70 n. 1.

(43) *Ibid.*, pp. 62-63.

(44) Lévy.

(45) *L. M.*, 9 janvier 1856, p. 110.

(46) *Ibid.*, 28 juillet 1854, p. 90.

(47) Il s'agit des imprimeurs du *Pays.*

(48) C'est du 25 juillet au 5 août 1854 que paraissent en feuilleton au *Pays*, les contes de Poe traduits par Baudelaire (Cf. *Bibliographie* de L. Lemonnier, p. 192. Je relève une erreur d'impression : il faut lire (ligne 19) 24 et 25 *juillet* 1854 et non 24 et 25 *janvier*). Du 5 août au 12 septembre se produit une interruption : il fallait céder la place aux *Drames inconnus* de F. Soulié (Cf. *L. M.*, 22 août 1854, p. 94). La publication est reprise le 13 septembre et s'espace jusqu'au 25 janvier 1855, où elle devient quotidienne durant tout le premier trimestre.

(49) *Lettre citée*, p. 90. Cf. p. 90 et note p. 91 au sujet des fautes matérielles qui justifient l'indignation de Baudelaire.

(50) *L. M.*, 12 avril 1856, p. 116.

(51) Il s'agit des épreuves du 3e volume : *Aventures d'A. G. Pym.* — Cf. *L. M.*, 25 décembre 1857, p. 149.

(52) *L. M.*, 31 juillet 1864, p. 310.

(53) Cf. *L.*, à Julien Lemer, 15 février 1865, p. 411.

(54) Cf. *L.*, à Ancelle, 8 février 1865, p. 406.

(55) Cf. *ibid.* et *L. M.*, 11 février 1865, p. 326.

(56) *Ibid.*

(57) Cf. *L. M.*, 25 novembre 1863, p. 289, et 1er janvier 1866, p. 366.

(58) Cf. Lemonnier, *op. cit.* : Ch. V, pp. 164-189 et particulièrement p. 175 sqq. (Cf. aussi : Emile Henriot, *Baudelaire traducteur d'Edgar Poe, le Temps*, 15 mai 1928 ; Y. G. Le Dantec, *Le Correspondant*, 25 décembre 1931 et 10 janvier 1932, *Baudelaire traducteur; Œuvres complètes de Charles Baudelaire, Traduction d'E. Poe*, documents, variantes, bibliographie par Y. G. Le Dantec, Paris, édit. de *la Nouvelle Revue française*, in-4, 1931).

(59) Cf. *Revue Contemporaine*, 15 juillet 1857, p. 503, note 1 : la traduction de B. a « le grand mérite de se lire comme un ouvrage original ». (Louis Etienne, *Les Conteurs américains : Edgar Poe*, pp. 492-525). — Voir encore les Goncourt, *Journal* I, 137, 16 juillet 1856 ; Max. Du Camp, II, pp. 64-65.

(60) *Liberté de penser*, 15 juillet 1848, p. 251. — Cf. *O. P.*, p. 251.

(61) *Nineteenth Century*, XXIV, July 1893, p. 66 dans : *Charles Baudelaire and Edgar Poe : a literary affinity*, by Esme Stuard, pp. 65-80.

(62) Cf. E.-J. Crépet, p. 342-343, Lettre du Chevalier de Chatelain à Baudelaire du 26 mars 1863. — Voir aussi *La Petite Revue*, 10 décembre 1862, p. 78.

(63) pp. 4, 5, 6.

(64) *Assemblée nationale*, 12 avril 1856.

(65) *Revue contemporaine*, t. 32, art. cité, 15 juillet 1857, p. 503, n. I.

(66) *Revue des Deux Mondes*, 15 avril 1852.

(67) *Figaro*, 10 avril 1856, p. 6, col. 2 et 3. Le même numéro publie, en feuilleton, (pp. 2, 3, 4, 5) *la vérité sur le cas de M. Valdemàr* « extrait des *contes extraordinaires d'Edgar Poe*, traduction de Ch. Baudelaire... »

(68) 1er avril 1856. *Bibliogr.* (anonyme) avant-dernière page de la couverture.

(69) Même date. *Bibliogr.* p. 155. Notice importante.

(70) Mars 1856. *Revue des Lettres et des Arts*, tome IV, p. 460.

(71) 12 août 1856, 7 avril 1857.

(72) 23 juillet 1857.

(73) 20 avril et 12 novembre 1856.

(74) Cf. dans Léon Lemonnier, *op. et loc. cit.* (note 58) et du même auteur, *Edgar Poe et la Critique française de 1845 à 1875*, passim et bibliogr., pp. 317 sqq.

(75) Cf. p. ex. : Walon (E. J. Crepet, p. 454) ; Poulet Malassis (*Journal d'Alençon*, 9 janvier 1853) ; Ch. Monselet (*Lorgnette littéraire*, 1857, Poulet Malassis, in-16, p. 21) ; Asselineau (*op. cit.*, pp. 39-53) ; Banville (*Mes souvenirs*, p. 83) ; Gautier (Préf. des *F. du Mal*, éd. C. Lévy, p. 48). — Cf. Taine. Lettre du 30 mars 1865 dans E. J. Crepet, p. 433 et *Interm. des Ch. et Cur.*, 10 février 1929, p. 122-123. — Sainte-Beuve. Lettres du 24 mars 1856 (*Corresp.*, Calmann Lévy, I, 210) et du 11 mars 1857, (*ibid.*, I, 222-223). — Delacroix, *Journal*, éd. Joubin, II, pp. 437 et 450.

(76) Barbey d'Aurevilly. Les Œuvres et les Hommes : *Litt. étr.*, p. 261.

(77) Gautier. Notice des *F. du Mal*, p. 48.

(78) *Liberté de Penser*, 15 juillet 1848, citée par Asselineau, p. 48-49, note, et dans *O. P.*, pp. 249-251.

(79) Il s'agit des articles parus en mars et en avril 1852 dans la *Revue de Paris*.

(80) *L. M.*, p. 52.

(81) *Ibid.*, p. 67.

(82) *Ibid.*, pp. 80-81.

(83) *L.*, 1864, p. 362.

(84) Cf. *O. P.*, pp. 405-407.

(85) *O. P.*, p. 189.

(86) *Ibid.*, p. 191.

(87) Cf. *O. P.*, pp. 191-192.

(88) Les Pilgrim Fathers sont venus en Amérique avec une Bible, un fusil et du whisky.

(89) Cf. Cestre et Gagnot. *Anthologie de la Littérature américaine*, pp. 1-12.

(90) *O. P.*, p. 192.

(91) *A Compendium of American littérature* ...with biographical sketches of the authors, by Charles D. Cleveland. Philadelphia, E. C. and J. Biddle, 1858, p. 313. — On pourrait citer d'autres textes : qu'il nous suffise de renvoyer aux dernières pages du livre d'E. Lauvrière : *La vie d'E. A. Poe* (pp. 302-303), où sont cités les jugements de l'*Edinburgh Review* (avril 1858), de l'*Eclectic Magazine* (février 1854), du *Living Age* (avril 1854, p. 166). — Cf. aussi, A. Fontainas : *Un témoignage sur E. Poe* (*Figaro*, 21 juin 1930) et l'entrefilet de *Figaro* du samedi 7 février 1931 (*Ce qu'ont pensé de Poe ses contemporains*).

(92) *O. P.*, p. 193.

(93) Il y a, en effet, dans la vie de Poe, toute une période sur laquelle nous ne possédons aucun renseignement. Mrs Mary Newton Stanard a publié en 1925, à la Lippincott Company une collection de trente et une lettre inédites de Poe qui jettent quelque lumière sur la carrière et le caractère de Poe. La plupart de ces lettres sont adressées à John Allan. Mais Mme Stanard est obligée de reconnaître qu'on est réduit aux conjectures sur la période qui suivit la rupture définitive entre Poe et son père adoptif. Elle émet l'hypothèse que Poe aurait été, à ce moment enfermé dans une prison pour dettes. La supposition paraît assez vraisemblable, d'une part parce que les lettres de Poe sont remplies de demandes d'argent et, d'autre part, parce que, dans une lettre à John Allan Mrs Clemm signale qu'elle met tout en œuvre « for his relief » — ce qui peut vouloir dire : pour le libérer — et qu'elle fait des économies pour le tirer d'affaire. (Letters till now unpublished in the Valentine Museum, Richmond, Va. *Introductory Essay and commentary* by Mary Newton Stanard, Philadelphia, Lippincott, 1925).

(94) Cf. *Israfel. The life and Times of Edgar Allan Poe*, by Hervey Allen, in 2 vols, 932 pp. New York, the George H. Doran Company, 1926. — *Edgar Allan Poe, the Man*, by Mary E. Phillips, with a foreword by James H. Whitty, in 2 vols, 1685 pp. Philadelphia, The John C. Winston Company, 1926. — Un compte rendu très copieux de ces ouvrages importants a été donné par Herbert S. Gorman dans *The New York Times Book Review*, Sunday, december 5, 1926, pp. 1, 14, 18, 26. — Voir encore la biographie de Poe par Woodberry (*American Men of Letters series*, Boston, 1885). — Consulter enfin A. Fontainas. *Figaro*, 21 juin 1930 (Un témoignage sur E. Poe). — Anon. *Figaro*, 7 février 1931 : *Ce qu'ont pensé de Poe ses contemporains*.

(95) *O. P.*, p .194.

(96) *Ibid.*, p. 200.

(97) *Ibid.*, p. 200.

(98) Cf. *ibid.*, p. 135.

(99) *Ibid.*, pp. 215-216.

(100) *Un Café de journalistes sous Napoléon*, ch. III, pp. 296-297.

(101) On admet aujourd'hui (Cf. les ouvrages cités à la note 94) que Poe était incapable de résister, en raison de son excitabilité nerveuse et de sa faiblesse maladive,

à de minimes doses de liqueurs fortes. Au début, l'habitude des gens du Sud d'accueillir le visiteur en lui offrant une boisson alcoolisée lui joua de mauvais tours. Plus tard, il eut recours à la boisson d'une façon intermittente, et généralement en luttant contre lui-même, pour remédier à ses terribles crises d'asthénie et de neurasthénie. De petites doses de boisson le désemparaient pour plusieurs jours, allant jusqu'à lui donner des accès de fièvre. — C'est la thèse que soutient, contre certaines opinions d'E. Lauvrière, le livre brillant et un peu tendancieux, par endroits, de Camille Mauclair : *Le génie d'Edgar Poe*, Albin Michel, Paris, 1925.

(102) Sur les tares d'alcoolisme, par exemple.

(103) Cf. *O. P.*, p. 202.

(104) Après les articles de mars et avril 1852, dans la *Revue de Paris*, paraissent les *Notices* en tête des traductions de Poe : le 12 mars 1856 (*Edgar Poe, sa vie et ses ouvrages* en tête des *Histoires extraordinaires*) et le 7 mars 1857 (*Notes nouvelles sur Edgar Poe*, en tête des *Nouvelles Histoires extraordinaires*).

(105) *Revue des Deux-Mondes* : 15 juillet 1835, Philarète Chasles : *De la littérature dans l'Amérique du Nord*, pp. 169-202. — Cf. surtout pp. 195, 196, 198, 202; — 15 avril 1841, Ph. Chasles : *Scènes de la vie privée dans l'Amérique du Nord*, pp. 306-325. — Cf. surtout p. 325 ; — 15 septembre 1841, P. Dillon : *De la littérature et des hommes de lettres aux Etats-Unis*, pp. 953-968. — Cf. surtout pp. 954, 955, 964, 966, 967; — 15 mai 1857, Cucheval-Clarigny : *la Presse en Amérique depuis l'indépendance, jusqu'à nos jours*, pp. 271-320 ; — 1er février 1843, Philarète Chasles : *Les Américains en Europe et les Européens en Amérique*, pp. 446-476. — Cf., surtout, p. 449. — Cf., en outre, Léon Lemonnier. — *Quelques vieux jugements français sur la littérature américaine. Revue Européenne*, août 1927.

(106) Barbey d'Aurevilly : *Les œuvres et les hommes : Littérature étrangère*, Paris, Lemerre, 1890, p. 365. (Ceci fut écrit vers 1853. Cf. *ibid.*, p. 345, note 1).

(107) M. L. Lemonnier croit que c'est Baudelaire qui est l'auteur de cet article. — Cf. L. Lemonnier : *Baudelaire, Edgar Poe et le Romantisme, Mercure de France*, 1er août 1923.

(108) *Revue contemporaine*, tome 32, 15 juillet 1857, p. 504.

(109) *O. P.*, p. 191.

(110) *Revue contemporaine, loc. cit.*, p. 498.

(111) *Le Mousquetaire*, 11 novembre 1856, p. 4, n° 1.

(112) *Revue contemporaine, loc. cit.*, p. 501. — Cf. *ibid.*, p. 498. — Cf. *ibid.*, p. 503 : « Le peuple souverain d'Amérique a ses fous qui l'amusent et le flattent ; Edgar Poe... amusait son souverain tout en se vengeant de lui ».

(113) Préface des *Hist. Extr.*, p. 16.

(114) En 1845. — Cf. Lemonnier,, *E. Poe et la critique française*, p. 18. Il y a lieu de distinguer le spiritisme américain et le surnaturalisme bostonien des curiosités de Poe qui portent surtout sur le magnétisme (*ibid.*, pp. 19-20).

(115) Cf. Prarond dans E. J. Crépet, p. 42; Champfleury, *Souv. et port. de jeun.*, p. 137; Asselineau, p. 5; Banville, *Mes Souvenirs*, p. 74.

(116) Ph. de Chennevières. *Souvenirs d'un directeur des Beaux-Arts*, Paris, aux bureaux de l'*Artiste*, in-4°, 1889, tome 5, p. 98.

(117) Cf. Charles C[ousin] dans *Souvenirs, Correspondance*. Pincebourde, p. 9 et *Voyage au Grenier*, pp. 13-14.

(118) Cf. Banville, *op. cit.*, p. 77.

(119) 6 sept. 1846, 25 mai 1845, 13 déc. 1846.

(120) Asselineau, p. 5.

(121) Cf. le témoignage de Le Vavasseur, dans E. J. Crépet, p. 39.

(122) L. Lemonnier, *Revue de France*, 15 oct. 1929; A. Ferran, *Revue d'Hist. littér. de la France*, septembre 1929.

(123) *La Fanfarlo*, éd. Conard, p. 275.

(124) Cf., sur ce point, Patterson, *L'influence d'E. Poe sur Baudelaire*, Grenoble, 1903, R. Vivier, *op. cit.*, pp. 207, 208, 233, 269 et surtout Louis Seylaz, *op. cit.*, pp. 59-73, avec toutefois, les importantes réserves que j'indique plus loin.

(125) Champfleury, *Souv. et port.*, p. 137.

(126) *L. M.*, 8 mars 1854, p. 81.

(127) *O. P.*, p. 203.

(128) La date exacte de la publication du recueil est 1827. Il fut réédité en 1829.

(129) Cités plus haut. — Louis Seylaz (*op. cit.*, p. 72-73) après une comparaison précise et pénétrante des textes poétiques de Poe et de Baudelaire semble apporter en conclusion, la note juste, sur ce point délicat : « Transpositions, imitations, coïncidences, paraphrases conscientes ou inconscientes, vagues ressouvenances qui chantent dans la mémoire, sollicitent l'inspiration et s'ordonnent d'elles-mêmes dans la discipline du vers, on peut donner le nom qu'on voudra à ces rapprochements... [Baudelaire] loin de subir passivement les impressions et les émotions que l'œuvre américaine provoquait en lui, allait, si l'on peut dire, à leur rencontre : il a revécu et recréé cette œuvre... Aussi convient-il de ne pas exagérer l'importance de ces analogies fortuites ou voulues... »

(130) Louis Etienne : *Revue contemporaine*, t. 32, 15 juillet 1857, p. 493.

(131) E. Lauvrière, *Vie d'E. Poe*, p. 40.

(132) A propos de l'influence de Byron sur Poe, cf. l'article de K. Campbell, dans *The Nation*, vol. 88, nº 2280, p. 248, 11 mars 1909. — Comme cet article est difficilement accessible aux lecteurs français, nous croyons utile de le résumer ici. L'auteur signale d'abord que les éditeurs et biographes de Poe s'accordent à dire que Poe a subi très fortement l'influence de Byron et il renvoie au Professeur G.-E. Woodberry qui dans sa *Vie de Poe* s'étend sur l'influence byronienne sur *Tamerlan*, à E. C. Stedman qui rapproche *Tamerlan* du *Giaour*, à R. E. Stoddard qui note les ressemblances d'*Al Aaraaf* et du *Déformé transformé*. Ce que ces auteurs n'ont pas montré, ajoute-t-il, ce sont des ressemblances de *détail* dans presque toute l'œuvre d'E. Poe : dans les volumes de 1827 à 1829 et dans celui de 1831, ce sont des affinités dans l'atmosphère et le ton (*Byronic mood*), dans la méthode et le style, dans les thèmes et la langue. C'est ainsi que *Tamerlan* ressemble non seulement au *Giaour* mais aussi à *Manfred* (Cf. les motifs, le héros, la situation, certaines phrases. — *Manfred*, III, 1, vers 66-78 et *Tamerlan*, 1-12). L'étude de deux poèmes de jeunesse de Poe : *Spirits of the Dead* et *The city in the Sea* offrent de nombreux points de comparaison avec les œuvres de Byron (*Manfred* et *Darkness*). On peut aussi rapprocher la fin du poème *Al Aaraaf* et le 6e vers dans le *Darkness* de Byron ; *Irène* et l'incantation de *Manfred* ou les vers 945-948 du *Giaour*... M. K. Campbell conclut : « Ces exemples de l'influence de Byron sur Poe sont suffisants pour confirmer la dette de Poe envers Byron. Cette influence s'est surtout exercée pendant les six années qui précèdent 1830, et ce n'est que vers l'année 1837 que Poe se dégagea entièrement de cette influence. Quant à l'étendue de cette influence, on peut dire qu'elle porte sur les deux tiers des poèmes imprimés avant 1840 et, après 1840, sur la moitié de tous les poèmes que Poe écrivit. Dans certains cas, cette influence est, comme il en est toujours de celle de Coleridge, vague et impalpable, mais en d'autres cas elle est substantielle et facilement reconnaissable. Les œuvres de Byron auxquelles Poe doit le plus semblent être *Manfred, Childe Harold, le Giaour*. » Dans *the Poetic principle*, E. Poe cite avec éloges les *Stances à Augusta de lord Byron* : « Among the minor poems of Lord Byron, is one which has never received from the critics the praise which it undoubtedly deserves... » (*The Poetic principle*, in *Poems* by E. A. Poe, London G. Routledge and Sons, 1887, pp. 205-207. — L'influence de Gray et de Young semble indéniable sur des poèmes comme *Ulalume, Le ver vainqueur, Les Esprit des morts, l'Etoile du soir*. — Pour Coleridge, il est nommé dans *le Principe poétique* (*Poems*, London, Routledge, 1887, p. 198) et dans *Letter to Mr...*, datée de West-Point, 1831 (*ibid.*, p. 222). Poe parle de lui, avec cette rigoureuse sévérité qu'il affecte si souvent dans la critique, mais il ne peut se défendre d'un sentiment de respect devant l'œuvre (« Of Coleridge, I cannot speak but with reverence. His towering intellect ! his gigantic power ! » p. 226-227). — Il juge Wordsworth, dans la même lettre (pp. 222-223), avec beaucoup de rigueur mais lui reconnaît les sentiments d'un vrai poète et des échappées d'une extrême délicatesse.

(133) Cf. L. Etienne. *Rev. contemp.*, t. 32, *loc. cit.*, p. 495. — Dans les *Marginalia* E. Poe parle longuement de Shelley : « Si jamais homme imposa à la parole l'impression de ses pensées, ce fut Shelley. Si jamais poète chanta, comme chante un oiseau, par une impulsion naturelle, avec ardeur, avec un entier abandon — pour lui seul, et pour la pure joie de son propre chant, — c'est bien le poète de la Sensitive... L'étrangeté de Shelley provient de la perception intuitive de cette vérité que Bacon a seul exprimé en termes précis quand il a dit : « Il n'y a point de beauté à laquelle ne s'allie quelque étrangeté ». Mais que Shelley fût obscur, original ou étrange, ce qui est certain, c'est qu'il était toujours sincère : ce poète ne connaissait pas l'affectation ». (*Marginalia*, dans E. A. Poe, trad. Orban, Louis Michaud, éd. (Bibl. des poètes français et étrangers), pp. 128-129).

(134) *Le Vase d'or* fut traduit par Carlyle en 1827 dans *German Romances, Specimens of its chief authors*. — *L'Elixir du Diable* est donné en 1824 : *The Devil's Elixir*, From the German of T. A. Hoffmann, Edinburgh, 1824. — *Le Majorat, Mademoiselle de Scudéry...* dans *German stories from the works of Hoffmann and others*, Edinburgh and London, 1826, by Rob. Pierce Gillies. — *Maîtresse puce*, dans *Specimens of German Romance*, selected and translated from various authors, London, 1826, by G. Soane. — Sur ce point, on consultera avec fruit la thèse américaine de Palmer Cobb : *The Influence of E. T. A. Hoffmann on the Tales of Edgar Allan Poe*. Chapel Hill (N. C.) 1908. — Je n'ai pu trouver ce livre en France, mais M. C. Cestre, qui l'a lu en Amérique, a bien voulu m'écrire que l'influence d'Hoffmann sur E. Poe y était solidement établie. — Cf. du même auteur, un article : *Poe and Hoffmann* dans *The South Atlantic Quarterly*, January, 1909.

Ce travail était en cours d'impression quand j'ai reçu de mon collègue et ami A.-G. Fite, professeur à l'Université de Californie à Los Angeles le résultat de recherches qu'il avait bien voulu faire pour moi dans les bibliothèques américaines. Il a pu se procurer la thèse, citée plus haut, de Palmer Cobb, professeur d'allemand à l'Université de la Caroline du Nord (vol. III des *Etudes de Philologie* publiées sous la direction du Club de philologie de l'Université de la Caroline du Nord, Chapel Hill, The University Press, 1908). Je lui dois de pouvoir donner ici un aperçu des neuf importants chapitres de cet ouvrage. — I. Diverses opinions sur la dette de Poe envers Hoffmann : tous les critiques et biographes en font mention. Voir Stedman, Woodberry (Introduction à leur édition de Poe), Prof. Gruener (Publications de l'Association des langues modernes d'Amérique : *Notes sur l'influence de E. T. A. Hoffmann sur E. A. Poe*, mars 1904), Prof. Belden (*Anglia*, vol. 23, p. 376), Barine (*Nevrosés*, Paris, 1893, p. 209), etc... — II. La littérature allemande en Amérique et en Angleterre de 1830 à 1845 : Bien qu'à cette époque l'Amérique fût plutôt isolée du reste du monde, il était possible d'avoir accès à l'œuvre d'Hoffmann dans des traductions et aussi dans des articles de journaux et de revues. Poe s'intéressait aussi, à ce moment, à la littérature française qui, à la même époque, s'occupait de la littérature romantique allemande et d'Hoffmann en particulier. — III. Ce que Poe savait de la langue et de la littérature allemande : Hypothèses. Poe, directeur de revue, devait suivre le courant d'opinions et probablement devait savoir lire l'allemand. — IV. *L'Elixir du Diable* d'Hoffmann et *William Wilson* d'E. Poe : thèmes semblables. — V. *Le Magnétiseur* d'Hoffmann et *Tale of the Ragged Mountains* de Poe : les doctrines de Messmer et les théories de l'hypnotisme. — VI. *Die Jesuiterkirche in G...* d'Hoffmann et *le Portrait ovale* de Poe : même sujet identiquement traité. — VII. *Doge und Dogaressa* d'Hoffmann et *l'Assignation* de Poe : même thème différemment traité. — VIII. Procédés de style. Ici la dette de Poe semble moins nette. — IX. Conclusion.

(135) E. Lauvrière, *Vie d'E. Poe*, p. 39.

(136) *Revue contemp.*, t. 32, *loc. cit.*, p. 496.

(137) Cf., par ex., le Symbolisme d'*Al Aaraaf* et certaines préoccupations idéalistes de Vigny ; les poèmes *à Hélène*, à Annabel Lee, ont un son lamartinien ; et un poème comme *Les Cloches* a la puissance et la sonorité d'une évocation de Hugo.

(138) Cf. *Supra*, I, III, et aussi *L.*, à Sainte-Beuve, janvier 1862, p. 326 ; 15 janv. 1866, pp. 492-493.

(139) Malgré l'affirmation de L. Seylaz, *op. cit.*, p. 73-74. — Les idées de Baudelaire sur l'exclusion de la passion et de l'hérésie didactique en art, sur la valeur de l'inspiration, sur l'importance de la technique, sur le choix des mots, des rythmes et des rimes lui sont, au surplus, communes avec Gautier et Vigny.

(140) *O. P.*, 19. — Cf., p. 16, dans le projet de la seconde préface des *Fleurs du Mal* : « Je dénonce moi-même les imitations... »

(141) *L.*, à Th. Thoré, mai 1864, p. 362.

(142) Cf. la liste de Prarond donnée dans E. J. Crépet, p. 42. — Cf. *F. M.*, note de J. Crépet sous *le Mauvais Moine*, p. 414.

(143) Cf., sur tout ce point, S. A. Rhodes. *The cult of Beauty in Ch. Baudelaire,* 2 vol., in-8, Institute of French studies, Columbia University, New-York, 1929, tome II, ch. VII.

(144) John Charpentier : *La poésie britannique et Baudelaire, Mercure de France,* 1er mai 1921, pp. 658-659.

(145) *O. P.*, pp. 306-307. Lettre au rédacteur du *Figaro,* 14 avril 1864 (*Figaro*).

(146) Préfaces des *Salons* de 1845 *et* 1846, *C. E.*, pp. 3-6; 81-85.

(147) Cf. *A. R* .,p. 503.

(148) Cf. *C. E.*, p. 403 et note.

(149) Cf. *A. R.*, p. 185, l'article de 1851 sur P. Dupont et pp. 318-324, la notice sur Barbier, qui parut dans la *Revue fantaisiste* du 15 juillet 1861. Baudelaire, en 1851, est pour l'art utile et, en 1861, reproche à Barbier d'avoir nourri le souci d'exprimer des pensées honnêtes et utiles...

(150) E. J. Crépet, p. 78.

(151) *Ibid.*, p. 82.

(152) *Ibid.*, p. 77, note 2.

(153) Les articles étaient anonymes. Jean Wallon dans la *Revue critique des journaux de* 1848 attribue cet article à Baudelaire (cf. E. J. Crépet, p. 80). — Cf. *O. P.*, pp. 381-401.

(154) Cf. sur la Révolution. de février et Baudelaire, Asselineau, pp. 30-37.

(155) *O. P.*, pp.102-103.

(156) Cf. sur le séjour de Baudelaire à Châteauroux, l'article très judicieux de René Johannet. — *Les Lettres,* janvier 1927 : *Baudelaire est-il allé à Châteauroux ?* où se trouve une interprétation fort plausible d'un passage de la lettre de Baudelaire à sa mère en date du 8 décembre 1848 (lire *Indre* au lieu de *Inde*).

(157) Cf. dans E. J. Crépet, p. 85, une relation de cet épisode de la vie de Baudelaire et dans le *Figaro* du 19 janvier 1887, l'article de Simon Brugal (pseud. de Firmin Boissin) qui connut Baudelaire.

(158) *La République du Peuple, almanach démocratique,* Paris, chez Prost, 1850. — Cf. E. J. Crépet, p. 83.

(159) Cf. *O. P.*, pp. 363-372.

(160) Cf. L. Lemonnier : *Edgar Poe et le Bon sens français, Grande Revue,* mai 1928.

(161) *O. P.*, pp. 390-391.

(162) « Il criait beaucoup et toujours son refrain : « Il faut aller fusiller le général Aupick ! » (J. Buisson, cité par E. J. Crépet, p. 79).

(163) Cf. E. J. Crépet, p. 85.

(164) *J. int.*, Ed. Crès, p. 51.

(165) *Ibid.*, p. 52.

(166) *Ibid.*, p. 16.

(167) *O. P.*, p. 287.

(168) Sans doute les *Chansons des Rues et des Bois.*

(169) *L.* à E. Manet, 28 octobre 1865, p. 471.

(170) *Ibid.*, p. 472.

(171) Cf. sur les théories politiques de J. de Maistre susceptibles d'avoir influencé la pensée de Ch. Baudelaire. G. Breton, *Du Pape* de J. de Maistre, étude critique, 1931, p. 257 sqq : *Du Gouvernement démocratique.*

(172) *J. I.*, p. 104.

(173) Par exemple l'*Heautontimoroumenos,* dont le titre, selon J. Crépet (*F. M.*, p. 449), semble emprunté plus encore à J. de Maistre qu'à Térence ; *l'Irrémédiable* (Cf. les rapprochements de J. Crépet, *F. M.*, p. 449), le Crépuscule du soir (*Ibid.*, pp. 457-458). On peut voir, d'autre part, dans le poème *Réversibilité* (*F. M.*, p. 72) une transposition sentimentale et sensuelle de la doctrine exposée dans le *Neuvième entretien des Soirées de Saint-Pétersbourg* (Ed. Roger et Chernóvitz, II, p. 88). Les beaux vers de *Bénédiction* (Soyez béni, Seigneur...) sont dans la ligne de l'inspiration catholique qui dirige la doctrine de J. de Maistre (Cf. *Soirées,* II, pp. 95-98 : « Le remède du désordre sera la douleur ».) Le dernier vers de *l'Irrémédiable* (*F. M.*, p. 138 : « La conscience dans le mal ») évoque ce passage du *Neuvième entretien* (II, p. 144) où J. de Maistre assure que « plus l'intelligence connaît et plus elle est coupable ».

(174) Cf. *J. I.*, pp. 58-59.

(175) Cf. *C. E.*, pp. 371-372 ; *O. P.*, p. 214 ; *L.* à Toussenel, 21 janvier 1856, p. 84.

(176) *Soirées,* II, p. 9.

(177) *Ibid,* II, p. 62 « Je crois, en mon âme et conscience, que si l'homme pouvait vivre dans ce monde, exempt de toute espèce de malheurs, il finirait par s'abrutir au point d'oublier complètement toutes les choses célestes et Dieu même ».

(178) *Ibid.,* II, pp. 88, 67.

(179) *Ibid.,* II, p. 92 et 61.

(180) Préface des *Hist. Extr.,* p. 6.

(181) *C. E., Salon de* 1845, p. 11.

(182) Cf. E. Lauvrière : *Vie d'E. Poe,* pp. 76-80. — Poe fait aussitôt venir Mrs Clemm et Virginie de Baltimore, et épouse Virginie, qui avait 14 ans (cf. E. Lauvrière, *op. cit.,* pp. 83 sqq).

(183) *O. P.,* p. 221.

(184) Cf. *O. P.,* p. 207.

(185) *N. H. E.,* p .5.

(186) Une erreur de Baudelaire place à Richmond les lectures publiques de Poe. — Cf. *O. P.,* p. 206.

(187) Cf. E. Lauvrière : *Vie d'E. Poe,* pp. 186-188.

(188) *O. P.,* p. 209.

(189) *Ibid.,* pp. 208-209.

(190) Cf. Préf. *N. H. E.,* pp. 13 sqq.

(191) *A. R.,* pp. 157-160.

(192) *A R.,* p. 165.

(193) I hold that a long poem does not exist. I maintain that the phrase « a long poem » is simply a flat contradiction in terms. I need scarcely observe that a poem deserves its title only inasmuch as it excites, by elevating the soul. The ratio of this poem is the ratio of this elevating excitement. But, all excitements are, through a psychal necessity, transient. That degree of excitement which would entitle a poem to be so called at all, cannot be sustained throughout a composition of any great length. After the lapse of half an hour, at the very utmost, it flags — fails — a revulsion ensues — and the poem is, in effect and in fact, no longer such... *Poems by Edgar Poe.* London, Routledge and sons, in-18, 1887, pp. 173-174.

(194) Le haï-kaï japonais va jusqu'aux extrêmes limites de la brièveté puisqu'il condense le poème en dix-sept syllabes. Mais la langue japonaise possède une magie d'évocation que les langues d'Europe ont perdue. Les essais de transposition en français de l'haï-kaï ne paraissent pas pouvoir rivaliser avec les petits poèmes du Japon.

(195) Every poem, it is said, should inculcate a moral ; and by this moral is the work to be adjuged. We Americans especially have patronised this happy idea ; and we, Bostonians, very especially, have developed it in full (E. A. Poe, *op. cit.,* p. 181).

(196) *A. R.,* p. 155.

(197) *O. P.,* p. 207. — Baudelaire aurait pu parler aussi du mouvement anti-

esclavagiste, parti de Boston, qui eut son poète en la personne de John Greenleaf Whittier (1807-1892). James Russell Lowell (1819-1891) fut aussi un ardent abolitionniste.

(198) We have taken it into our heads that to write a poem simply for the poem's sake and to acknowledge such to have been our design, would be to confess ourselves radically wanting in the true Poetic dignity and force : but the simple fact is, that would we but permit ourselves to look into our own souls, we should immediately there discover that under sun there neither exists nor *can* exist any work more thoroughly dignified — more supremely noble than this very poem — this poem *per se* — this poem which is a poem and nothing more — this poem written solely for the poem's sake. (E. A. Poe, *op. cit.*, pp. 181-182.

(199) Dividing the world of Mind into the three most immediately obvious distinctions, we have the Pure Intellect, Taste and the Moral Sense. I place Taste in the middle, because it is just the position which, in the mind, it occupies. It holds intimate relations with either extreme; but from the Moral Sense is separated by so faint a difference that Aristotle has not hesitated to place some of its operations among the virtues themselves ; nevertheless, we find the *offices* of the trio marked with a sufficient distinction. Just as the Intellect concerns itself with Truth, so Taste informs us of the Beautiful, while the Moral Sense is regardful of Duty; of this latter while the Conscience teaches the obligation and Reason the expediency, Taste contents herself with displaying the charms ; — waging war upon Vice solely on the ground of her deformity — her disproportion her animosity to tl.e fitting, to the appropriate, to the harmonious — in a word, to Beauty. (E. A. Poe, *op. cit.*, pp. 183-184).

(200) E. A. Poe, *op. cit.*, p. 184.

(201) We have still a thirst unquenchable, to allay which he has not shown us the crystal springs. This thirst belongs to the immortality of Man. It is at once a consequence and an indication of his perennial existence. It is the desire of the moth for the star. It is no mere appreciation of the beauty before us, but a wild effort to reach the beauty above. Inspired by an ecstatic prescience of the glories beyond the grave, we struggle, by multiform combinations among the thing and thoughts of time to attain a portion of that loveliness whose very elements, perhaps, appertain to eternity alone. And thus when by Poetry — or when by music, the most entrancing of the Poetic moods, we find ourselves melted into tears — we weep then... through excess of pleasure but through a certain petulant, impatient sorrow at our inability to grasp now, wholly, here on earth, at once and for ever, those divine and rapturous joys, of which through the poem, or through the music, we attain to but brief and indeterminate glimpses. (E. A. Poe, *op. cit.*, pp. 184-185.)

(202) Préf. des *N. H. E.*, p. 20 et *A. R.*, p. 159.

(203) Il cite son poème *June* et l'analyse de la tristesse voilée de ce poème est dans le ton idéaliste et mystique qu'il a signalé lui-même. Cf. *op. cit.*, pp. 191-193.

« The intense melancholy which seems to well up, perforce, to the surface of all the poet's cheerful sayings about his grave, we find thrilling us to the soul — while there is the truest poetic elevation in the thrill. » — L'intense mélancolie qui perce, malgré tout, à la surface des gracieuses pensées du poète chantant joyeusement sur son tombeau, nous fait tressaillir jusqu'au fond de l'âme — et dans ce tressaillement se retrouve la plus véritable élévation poétique. (*Op. cit.*, p. 193.)

(204) Cf. Baudelaire. *A. R.*, pp. 18 et 28 et Emerson. *La conduite de la vie*, trad. Dugard, p. 248 (*Remarques en passant*) et p. 66 (*la Force*).

(205) Cf. C. Cestre, *Revue Anglo-Américaine*, octobre 1829, pp. 1-18, et décembre 1929, pp. 113-131 : *Le Romantisme d'Emerson ;* Régis Michaud : *Autour d'Emerson,* Bossard, 1924 ; *L'Esthétique d'Emerson*, Alcan, 1927, in-8.

(206) Cf. *Journal* V, 494. — Cf. *ibid*, II. *Love*. — C'est l'idée de Wordsworth dans l'Ode *on Intimations of immortality*.

(207) *Journal* II, 1831, cité par Cestre, p. 10.

(208) Cf. *Journal* IV, 1837 (cité par C. Cestre, p. 9) : « Une lumière flottante inonde mon esprit. Je perçois le rayonnement de la cause des causes. Elle transcend toute

preuve. C'est la raison d'être de l'être, la vie de la vie. Je prends conscience que j'existe par Dieu, que je suis, à vrai dire, son organe. Une aspiration immense me soulève, et, au plus profond de ma conscience je sens que je suis Dieu ».

(29) Cf. *Journal* VI, 1842, cité par Cestre, p. 13 : « Comme nous sommes lents à comprendre que la sorcellerie, la croyance aux revenants, la lecture des lignes de la main, la magie et autres soi-disant superstitions que nous écartons dédaigneusement comme des billevesées, ne sont nullement des billevesées mais des influences subtiles et valables qui renaissent sans cesse, murmurent à nos oreilles et projettent leur ombre sur notre chemin ». — Si l'auteur du *Principe poétique* ne suit pas Emerson sur ce point, il n'en va pas de même de l'auteur des *Contes*.

(210) *Journal* II, 1831, cité par Cestre, p. 10.

(211) *Circles*, p. 246, cité par Cestre, pp. 11-12.

(212) « The Poetic Sentimental, of course, may develop itself in various modes, in Painting, in Sculpture, in Architecture, in the Dance, very especially in Music... » (E. A. Poe, *op. cit.*, p. 186.)

(213) Cf. Seylaz, *op. cit.*, p. 145-175.

(214) We are often made to feel with a shivering delight, that from an earthly harp are stricken notes which cannot have been unfamiliar to the Angels. And thus there can be little doubt that in the union of Poetry with Music in its popular sense, we shall find the widest field for the Poetic development (E. A. Poe, *op. cit.*, pp. 186-187).

(215) To recapitulate, then : I would define in brief the Poetry of words as *The Rhythmical* Creation of Beauty. Its sole arbiter is Taste. With the Intellect or with the 'Conscience, it has only collateral relations. Unless incidentally, it has no concern whatever either with Duty or with Truth. (E. A. Poe, *op. cit.*, p. 187).

(216) Faisons, à propos d'Emerson entre autres, une réserve nécessaire. Les puritains d'Amérique ont été arrachés à leurs origines et transformés par le *romantisme*. C'est par le romantisme — allemand et anglais — d'un Schelling et d'un Coleridge que le mysticisme philosophique et esthétique pénètre en Amérique.

(217) Trad. Orban, *op. cit.*, p. 123.

(218) Baudelaire cite dans la Préface des *N. H. E.* (p. 20) un texte de Poe — qu'il reprend sans indiquer l'auteur, dans son article sur Gautier (*A. R.*, p. 159).

(219) Gautier. Préf. des *F. du M.* Edit. C. Levy, p. 21.

(220) *Ibid.*, p. 52.

(221) *A. R.*, pp. 175, 176, 178.

(222) *Ibid.*, pp. 341-342.

(223) *Ibid.*, p. 14.

(224) *Ibid.*, p. 155.

(225) *Ibid.*

(226) *Ibid.*, p. 157.

(227) Cf. Notes nouvelles sur Edgar Poe (Préf. *N. H. E.*), pp. 19-20 et *l'Artiste*, 13 mars 1859,. *A. R.*, p. 158 sqq.

(228) 27 novembre.

(229) *A. R.*, pp. 279 sqq.

(230) Cf. J. Crépet. *A. R.*, p. 529.

(231) Sur ce point Baudelaire ne varie pas. Cf. *A. R.*, p. 161 (art. sur Gautier, 1859), p. 361; (deux art. sur P. Dupont, 1861). Cf. Notes pour *le Hibou Philosophe*, *O. P.*, p. 403. Il change sa signature de Du Fays pour n'être pas confondu avec « un drôle » Dufaï qui s'était fait le champion de l'Ecole du Bon Sens. (Cf. Lettre à Julien Lemer, citée dans J. Crépet, *A. R.*, p. 530).

(232) *A. R.*, p. 279.

(233) Cf. la note de Baudelaire, *A. R.*, p. 283.

(234) Champfleury. *Souvenirs et portraits de jeunesse*, p. 101.

(235) Cf. Fuchs. *Théodore de Banville*, pp. 133-136.

(236) *A. R.*, pp. 283-286.

(237) *A. R.*, p. 160 et 162.

(238) Cf. *ibid.*, p. 162.

(239) *Ibid.*, pp. 159-160.

(240) Cf. Champfleury. *Souvenirs et portraits de Jeunesse*, p. 133.

(241) *J. I.*, pp. 63, 64, 65.

(242) *L.* : 1857, p. 140, à Fraisse ; *O. P.*, p. 403.

(243) *A. R.*, p. 343, à propos d'H. Moreau.

(244) *A. R.*, pp. 120-121 et 165.

(245) *Ibid.*, p. 305.

(246) Cf. René Fernandat. *La Muse Française*, 10 décembre 1929, pp. 617-628. — Cf. aussi le livre très documenté de J. Pommier, *la Mystique de Baudelaire*, pp. 28 et suiv.

(247) *A. R.*, p. 304.

(248) Cf. *A. R.*, pp. 304-305. — On peut rapprocher de cette théorie celle de l'universalité des génies dont Baudelaire parle, dès 1846, (*C. E.*, p. 111) et qu'il développera à propos de Hugo (*A. R.*, p. 307). — L'influence de Swedenborg sur Baudelaire date de ses premiers débuts. Nous avons sur ce point le témoignage de Champfleury (*Souv. et portr. de jeun.*, pp. 132-133) et nous pouvons lire dans *la Fanfarlo* (p. 241) que c'était un auteur favori de S. Cramer. (Cf. encore *P. A.*, pp. 51-57). — D'autre part, Baudelaire parle de Lavater comme d'un auteur qu'il connaît bien, dès 1846 (*C. E.*, p. 143) — et il le nomme souvent dans ses œuvres (Cf. *C. E.*, pp. 237, 412 ; *P. A.*, p. 200 ; *A. R.*, p. 305 ; *O. P.*, p. 354).

(249) Cf. Champfleury, *op. cit.*, p. 132. — Sur Wronski, voir A. Viatte : *Les sources occultes du Romantisme*, tome II, p. 253-260

(250) Cf. Wronski. *Messianisme* I, p. 56, cité par Viatte II, p. 254-256. (*Le Messianisme* parut en 1831-1839 (2 vol.) et 1847-1848 (3 vol.) [Paris]).

(251) *A. R.*, p. 305.

(252) *Essais sur la physiognomonie*, La Haye, 1781-1803, 4 vol. — Cf. J. Pommier : *La Mystique de Baudelaire*, pp. 42 sqq.

(253) Lavater, *Handbibliothek für Freunde* (1790 à 1793, 24 vol.), 1790, t. IV, p. 205 (dans Viatte I, 159).

(254) Lavater à Burckhard, de Londres, 30 août 1779 (dans Viatte I, 159). — Cf. Viatte, *Revue de Littér. comparée*, 1924, pp. 653 sqq.

(255) Cf. *O. P.*, p. 250. — Voir, sur ce point, F. Baldensperger, *Orientations étrangères chez H. de Balzac*, H. Champion, 1927, p. 170.

(256) Cf. *C. E.* (*Salon de* 1846), p. 201.

(257) Cf. *Louis Lambert*, dans *Comédie humaine*, 16e volume, p. 205 (*Œuvres complètes* de Balzac, Paris, Furne, Dubochet, J. Hetzel, 1846) — et *Séraphita, ibid.*, pp. 243 sqq., pp. 283 sqq.

(258) Cf. *La Fanfarlo* dans *P. A.*, p. 241

(259) Champfleury, *op. cit.*, p. 132.

(260) *A. R.*, p. 305.

(261) *De la Nouvelle Jérusalem et de sa Doctrine Céleste d'après ce qui a été entendu du Ciel*. Avec quelques préliminaires sur le nouveau ciel et sur la nouvelle terre, par Emmanuel Swedenborg, traduit du latin par J. F. E. Le Bois des Guays, Saint-Amand, Paris, Londres, 1854.

(262) *A. R.*, p. 305.

(263) Cf. Viatte, *op. cit.*, I, 72 suiv.

(264) Cité par Viatte, p. 78. — Cf. à propos de l'influence de Swedenborg sur Baudelaire, les judicieux rapprochements de J. Pommier, *op. cit.*, p. 28 sqq.

(265) J. de Maistre. *Soirées de St-P.* X. dans *Œuvres* (Lyon, Vitte, 1884, 14 vol.), V, pp. 178-179.

(266) J. de Maistre. A. Bonald, 1er décembre 1814. *Œuvres*, XII, p. 466.

(267) Cf. *Zohar*. Trad. fr. de Jean de Pauly, publiée par M. Lafuma (Leroux, Paris, 1906-1911), vol. II, p. 214 :

« Tout ce qui est sur la terre est formé d'après le modèle du monde d'en haut ; et il n'y a pas le moindre objet en ce bas monde qui n'ait son équivalent dans le monde d'en haut qui le régit. En mettant en mouvement les objets d'ici-bas, on fait agir les forces d'en haut qui le régissent. Ainsi tout objet en ce bas monde est l'image d'une force céleste qu'on met en mouvement en remuant l'objet d'ici-bas. »

(268) Cf. en particulier la 1re *Rêverie* où il oppose « la permanence universelle à la mobilité individuelle », — dans E. de Senancour, *Rêveries sur la nature primitive de l'homme*, éd. critique par J. Merlant, t. I, E. Cornély, 1910, pp. 20-21, 23, 25-27 et p. 238.

(269) Baudelaire parle ainsi de lui dans une note : « Ballanche (pour la fumée)» (cité dans J. Crépet : *A. R.*, p. 472).

(270) *J. Delorme*, N. Delangle, 1830, pp. 338-339.

(271) Champfleury, *les Excentriques*, M. Lévy, in-12, 1856, pp. 30-38. — Cf. *ibid.*, pp. 13-41, une théorie des ressemblances (L'édition originale est de 1852).

(272) *L.* : à Thoré, 1864, p. 362.

(273) *A. R.*, p. 305.

(274) I believe that odors have an altogether peculiar force, in affecting us through association ; a force differing *essentially* from that of objets addressing the touch, the taste, the sight or the hearing... The orange ray of the spectrum and the buzz of the gnat affect me with nearly similar sensations. In hearing the gnat, I perceive the color. In perceiving the color, I seem to hear the gnat. E. Poe, *Marginalia*, XVI, pp. 31 et 18 (dans *E. A. Poe's Works*, Harrison, 17 vol., New-York, 1902) cité par Seylaz, *op. cit.*, p. 64.

(275) *C. E.*, *Salon de 1846*, pp. 97-98. Ce texte se trouve dans le tome XIX des *Œuvres complètes* d'E. T. A. Hoffmann, publiées en 1832 chez E. Renduel, pp. 45-46. (Cf. J. Pommier, *la mystique de Baudelaire*, p. 164).

(276) Cf. *L.* : à Thoré, 1864, p. 362.

(277) *C. E. Salon de 1846*, p. 107.

(278) *La Fanfarlo*, dans *P. A.*, p. 268-269.

(279) Cf. *C. E.*, pp. 97 sqq.

(280) *C. E.*, *Salon de 1859*, p. 323.

(281) *L.* : à A. Fraisse (19 fév. 1860) p. 238-239.

(282) *J. I.*, pp. 4, 9.

(283) *A. R.*, p. 18.

(284) *Ibid.*, pp. 18-19.

(285) Feuilleton de *l'Esprit public*, dans *A. R.*, p. 274.

(286) *C. E.*, p. 107.

(287) *L'Artiste*, 1er mars 1853.

(288) Cf. *O. P.*, pp. 11-19.

(289) Cf. en particulier, *ibid.*, pp. 12-13 : « Que le rythme et la rime répondent dans l'homme aux immortels besoins de monotonie, de symétrie et de surprise ; de l'adaptation du style au sujet... » p. 18 « la possibilité d'exprimer toute sensation de suavité ou d'amertume, de béatitude ou d'horreur, par l'accouplement de tel substantif avec tel adjectif, analogue ou contraire ».

(290) Cf. *J. I.*, pp. 12, 24, 29, 31, 57, 68, 102, 103, 104, 105 à 110.

(291) Cf. sur ce point, la note de J. Crépet dans *A. R.*, p. 480.

(292) *H. E.*, p. 3.

(293) Esme Stuart. *Baudelaire and Edgar Poe : a literary affinity*, Nineteenth Century, XXXIV, July, 1893, pp. 65-80 :
« Both were brought up luxuriously ; both felt that literature could alone be their vocation ; both loved passionately the woman they called Mother ; both threw off the authority of their adopted father, both were faithful as lovers — one to his wife, the other to his unworthy mistress ; both fell hopelessly foul of the Public that judge they would neither of them acknowledge or bow down to ; both sought by deleterious means to drown sordid reality and to invoke dreams of unattainable beauty ; both sought diligently for the choice word, the rare feeling, the rare sensation, both looked upon the commonplace as a mortal enemy ; both strove, when they found themselves

plunged into an abyss of misery, to retrieve their mistake and both succumbed to the fatal wish to soar into regions too elevated for poor humanity... » (p. 67.).

(294) *Philosophy of Composition*, traduit par Baudelaire sous le titre : *la Genèse d'un Poème* (C. Levy, t. VII, p. 489).

(295) Cf. *Une descente dans le Maelström* (C. Levy, t. V, pp. 332 et note).

(296) Cf. *Petite discussion avec une momie* (VI, p. 289).

(297) *Le mystère de Marie Roget, la Lettre volée, le Scarabée d'or, le Double assassinat de la rue Morgue...* (t. V.).

(298) *To Helen, Poems* by E. A. Poe, éd. cit., p. 31.

(299) *La Fanfarlo*, pp. 246-247.

(300) Qu'on lise la Lettre à la Présidente adressée d'Italie à Mme Sabatier par Théophile Gautier (*Lettre à la Présidente*, Voyage en Italie, 1850. De l'imprimerie du Musée Secret du roi de Naples, 1890, imprimé à cent exemplaires. — Cf. l'avis au lecteur, pp. V-VII. Il est difficile d'en citer même une phrase) et qu'on songe aux naïves tendresses de Virginie Clemm...

(301) C. Mauclair. *Le Génie d'E. Poe*; A. Fontainas, *la Vie d'E. Poe*.

(302) Cf. Regis Michaud. *Le mystère d'E. Poe*, in *Nouvelles Littéraires* (9 oct. 1926).

(303) Cf. Préface des *H. E.*, pp. 15-17 et *O. P.*, p. 219.

(304) *O. P.*, p. 219.

(305) *Ibid.*, pp. 219-220.

(306) *Ibid.*, pp. 218-219.

(307) *O. P.*, pp. 242-243-244.

(308) *Ibid.*, p. 218.

(309) *Ibid.*, p. 219

(310) L'article paraît dans le *Messager de l'Assemblée*, les 7, 8, 11, 12 mars 1851.

(311) *O. P.*, p. 243, dedicace des *N. H. E.*

(312) Cf. Patterson, Rhodes, *op. cit.*

(313) Cf Patterson, *op. cit. passim ;* R. Vivier, op. cit., pp. 14, 16, 84, 154, 177, 205, 207, 208, 269, 313, etc...

(314) Cf. *A. R.*, p. 532 sqq. — Cf l'article de Baudelaire sur *l'Ecole païenne* dans la *Semaine théâtrale*, du 22 janvier 1852.

(315) Cf. Léon Lemonnier :*L'influence d'Edgar Poe sur Baudelaire, Revue de France,* 15 octobre 1929.

(316) Cf. Sainte-Beuve, *Corr*, I, pp. 283, 359 ; II, p. 23.

(317) *J. I.*, pp. 36-42.

(318) *C. E.*, pp. 119-120.

(319) *Les Aventures d'A. Pym* sont de 1838 ; *Moby Dick* ou *The White Whale* est de 1851. — Cf. sur Melville, R. Galland, *Revue anglo-américaine*, octobre 1927.

(320) *J. I.*, p. 18. — écrit vers 1857. — (Cf note des *O. P.*, p. 75).

(321) *A. R.*, p. 203.

(322) *O. P.*, p. 92.

(323) *J. I.*, p. 20.

(324) Cf. P. Valéry : *Situation de Baudelaire*, dans *Variété II*, p. 158 sqq.

Ch. II. — EUGÈNE DELACROIX

OU L'IMAGINATION SURNATURALISTE

(1) *A. R.*, pp. 2, 9, 28-29.

(2) *F. M.*, Edit. C. Lévy, pp. 6-7.

(3) Delacroix : *Journal*, éd. Joubin, t. III, p. 446, 22 mai 1846.

(4) Gautier. *loc. cit.*

(5) Cf. *Histoire du Romantisme,* Paris, Charpentier, 1874, pp. 202-203.

(6) *A. R.,* pp. 25-26.

(7) *C. E.,* p. 120.

(8) Banville : *Mes Souvenirs,* p. 80.

(9) Asselineau, p. 9.

(10) *Sur le Tasse en Prison, les Phares.*

(11) Cf. *L.,* p. 537, à J. Troubat, 5 mars 1866.

(12) Il est juste de faire remarquer que nous manquent, en totalité ou en partie, ou ne nous sont connus que par des copies de Robaut, les agendas de 1845, 1846, 1848, 1851, 1852, 1853, 1854 — années où Baudelaire et Delacroix eurent des relations artistiques plus suivies. Cf., la précieuse et savante introduction d'André Joubin à la nouvelle édition du *Journal de Eugène Delacroix,* Paris, Plon, 1932, 3 vol. in-8° (en particulier pp. XI et XII). Théophile Silvestre prétend (*E. Delacroix : documents nouveaux,* Paris, Michel Lévy, 1864, in-12, p. 62) que, peu de jours avant sa mort, Delacroix lui avait fait brûler, tisonnant le feu lui-même, seize ou dix-huit agendas.

(13) Proudhon fut, vers 1848, fort admiré de Baudelaire : il défendait alors les idées socialistes dans son journal le *Peuple.*

(14) *Journal,* 5 février 1849, t. I, p. 258.

(15) *Journal,* t. II, pp. 450-451, 30 mai 1826. Cf. *ibid.,* 6 avril, pp. 437-438.

(16) Cf. E. J. Crépet, 348-352.

(17) Il s'agit des articles écrits sur *Raphaël* (*Revue de Paris,* t. XI, 138); *Michel-Ange* (*ibid.,* XV, 41, XVI, 165) ; sur *le jugement dernier de Michel-Ange* (*Revue des Deux Mondes,* 1er août 1837), *Prudhon* (*ibid.,* 1er nov. 1846) ; *Gros* (*ibid.,* 1er sept. 1848), *Questions sur le Beau* (*ibid.,* 15 juillet 1854), *Des variations du Beau* (*ibid.,* 15 juin 1857)...

(18) *L.* à Poulet-Malassis, 19 février 1858, pp. 151-152.

(19) 17 février 1858, dans E. J. Crépet, p. 349.

(20) Lettre du 27 juin 1859 (dans Burty, p. 313). Cf. *Lettres,* 10 juin 1855 (Burty, p. 254) 8 octobre 1861 (E. J. Crépet, pp. 351-352).

(21) *Lettres,* Burty, p. 312.

(22) Cf. par ex., dans Burty, pp. 139,158, 251, 255, 260, 262, 266, 309, 261, 295, etc.

(23) *L.* à J. Troubat, 5 mars 1866, p. 537.

(24) E. Véron : *E. Delacroix,* cité par J. Crépet. A. R., p. 444.

(25) Note de Jules Buisson dans E. J. Crépet, p. 353 note.

(26) Th. Silvestre, *op. cit.,* p. 55.

(27) Cf. Lettres, dans Burty, pp. 11, 13-16, 17-18-19, 56, 115, 215.

(28) *Ibid.,* pp. 14 et 11.

(29) *Journal,* 9 juin 1823, t. I, pp. 33-34 ; 31 mars 1824, t. I, p. 65 ; 26 avril 1824, t. I, p. 86.

(30) *Ibid.,* t. I, p. 34.

(31) Lettre à Baudelaire, Burty, p. 313, 27 juin 1859.

(32) Delacroix, *Journal,* I. 42 (4 janvier 1824), 46 (18 janvier 1824), 53 (27 février), 70 (7 avril), 110 (6 juin). — Cf. encore *ibid.,* p. 493 (12 octobre 1852) : « Quelle consolation que celle qui vient du travail », et tout le passage, pp. 492-493.

(33) Baudelaire : *J. I.,* pp. 24, 31, 57, 102, 103, 107, 109, *L. M.,* 30 août 1851 (pp. 45-46).

(34) Cf. sur le dandysme de Delacroix ce que dit Baudelaire, *A. R.,* pp. 24-25.

(35) Cf. Baudelaire : *Confiteor de l'Artiste, Poèmes en prose,* p. 8.

(36) *C. E.,* p. 100.

(37) Villot : *Catalogue de tableaux, aquarelles par E. Delacroix.* (Introduction), cité par Escholier, *E. Delacroix,* Floury, in-4°, II, 198.

(38) *Journal,* III, 445, supplément, 22 mai 1846.

(39) Pour Baudelaire et son horreur du vulgaire, cf. *supra* I, II, (*Le dandy intérieur*). — Pour Delacroix, cf. *Journal,* 4 janvier 1854, II, 145 ; 1er janvier, *ibid.,* pp. 142-145.

(40) Delacroix : *Journal,* I. 87, 27 avril 1824 ; — Baudelaire, *C. E.,* pp. 272-285.

(41) Cf. Delacroix : *Œuvres Litt.*, I. 61 : « Qui dit art dit poésie. Il n'y a pas d'art sans but poétique. Devant la nature même c'est notre imagination qui fait le tableau... »

(42) Cf. E. de Mirecourt : *E. Delacroix* (Paris, Havard, 1856, in-18) p. 68.

(43) Cf. sur ce point, et pour preuves de nos affirmations : R. Schneider, *Quatremère de Quincy et son intervention dans les arts*, Paris, 1910, in-8°. — L. Rosenthal, *la Peinture romantique*, Paris, in-4°, 3, 5. — Fr. Benoit : *l'Art sous la Révolution et l'Empire*, Paris, 1897, in-4°. — R. Schneider, *L'art français au XIXe s., du classicisme davidien au romantisme*, H. Laurens, Paris, in-8°, 1929.

(44) En l'an VIII, au Louvre, les *Sabines* de David étaient exposées dans l'aile Nord et *les Trois Grâces* dans l'aile Sud.

(45) J. B. Delestre : *Gros, sa vie et ses ouvrages*, 2e éd., p. 225.

(46) Cf. Louis Hautecœur : *La Peinture au Musée du Louvre*, XIXe s. (Ecole française) 1re partie, in-4°, *l'Illustration*, Paris, pp. III-IX et M. Tourneux : *Eugène Delacroix devant ses contemporains*, Paris, Rouam., 1886, in-4°, 180 pages, p. VII-XXVIII.

(47) Cf. Jules Claye : *E. Delacroix, sa vie et ses œuvres*, 1865, p. 61, note extraite du cahier *manuscrit* de Delacroix. Le nom de Géricault est très souvent cité dans le *Journal* et Delacroix ne cache pas son admiration. — Cf. *passim* et principalement I, 114-116, 175, 189, 408-409.

(48) Tourneux, *op. cit.*, p. X. Nous tenons à signaler toute la dette que nous avons envers l'excellent répertoire de Maurice Tourneux, qui nous a été un guide précieux pour nos recherches sur les positions des critiques d'art en présence de Delacroix.

(49) *Moniteur universel*, 18 mai 1822.

(50) *Constitutionnel*, 11 mai 1822.

(51) *Annales du Musée de l'Ecole Moderne des Beaux-Arts. Salon de* 1822 (in-8°, Imp. royale), t. I, p. 87.

(52) *Gazette de France*, 1er sept. 1824, article reproduit avec développement dans *Salon de 1824*, Pillet, 1825, in-8°, VI, 315 p. (Cf. Tourneux, *op. cit.*, p. 44).

(53) *Annales du Musée... Salon de* 1824 (C. Ballard, in-8°, 1824), t. I. pp. 53-55.

(54) D. dans le n° du 8 septembre 1824

(55) Delécluze, dans le n° du 5 octobre 1824.

(56) *Journal de Paris et des départements*, 9 octobre 1824. Salon signé A. (réimprimé dans *Mélanges d'art et de littérature*, Michel Lévy, 1867, in-18. Cf. *ibid.*, p. 179).

(57) *Salon de 1824*, A. Leroux, 2 liv. in-8° de 32 p. Ch. II, pp. 11-18.

(58) *Le Constitutionnel*, 25 août et 1er décembre 1824 (art. anonymes). Le 1er article parle des « expressions déchirantes » de l'œuvre, le 2e est entièrement consacré à Delacroix et à Sigalon.

(59) D'après M. de Montaiglon, Thiers aurait signé V. un Salon dans le *Globe* où se trouve, le 26 septembre 1824, un article très sympathique au *Massacre*. — Cf. Tourneux, *op. cit.*, p. 46.

(60) *Moniteur universel*, 27 février 1828, signé Ch. (Chauvin). — Cf. *ibid.*, 29 janvier 1828.

(61) 24 avril 1828, signé P.

(62) 22 mars 1828, art. anonyme.

(63) N° IX, 8 mai 1828, signé D. Cf. *ibid*, n° V, 24 avril (bi-hebd.) *L'Observateur des Beaux-Arts*, fondé par Guyot de Fère et Gault de Saint-Germain, malmène Delacroix et publie contre lui dans chaque numéro des notules rosses (Cf. Tourneux, *op. cit.*, p. 51).

(64) *J. des Débats*, 21 mars 1828.

(65) 8 mars 1828.

(66) A. Jal, Salon de 1827, *Esquisses, croquis et pochades ou tout ce qu'on voudra*, A. Dupont, 1830, in-8°. — Cf. surtout pp. 110, 310, 443-445.

(67) 4 juin 1831, art. anonyme.

(68) 30 mai 1831, Louis Peisse.

(69) 1831, tome I, p. 226. Victor Schœlcher.

(70) 7 mai 1831, Delécluze.

(71) *Débats* et *Constitutionnel*.

(72) *Débats*, 26 avril 1833.

(73) *France littéraire*, VI, 159. Notons-le pourtant, l'article de Gautier n'est pas enthousiaste.

(74) Ch. L. : *Le Temps*, 23 avril 1833, réimprimé dans *Artistes contemporains*, II, 173.

(75) 1re Série, t. V, p. 181.

(76) *Débats*, 8 mars 1834.

(77) A. D. Vergnaud : *Examen du Salon de* 1834, Delaunay et Roret, 1834, in-8º, 64 p., p. 15.

(78) 11 mars 1834.

(79) 1re Série, t. VII, p. 86.

(80) 1er avril 1834. Cf. *Etudes sur l'Ecole française*, I, pp. 215-248.

(81) 26 avril 1835, signé A.

(82) *Journal spécial des Lettres et des Arts*, 2e année, 1er vol. p. 204, G. de F. (Guyot de Fère). — Près de trente ans plus tard, au moment de la vente Delacroix, *la Petite Revue* s'indignera, en citant un article écrit dans le même style « par une société d'artistes et d'hommes de lettres » dans une *Critique du Salon de* 1835 (Cf. *la Petite Revue*, 5 mars 1864, p. 49).

(83) 1er avril 1835, 4e série, II, 197.

(84) 30 août 1835.

(85) 1re Série, t. IX, pp. 88-90.

(86) 1er mai 1836, sous la signature XXXX.

(87) *Débats*, 8 avril 1837.

(88) L. P(eiss)e : *Le Temps*, 31 mars 1837.

(89) *Revue des Deux-Mondes*, 15 avril 1837, 4e série, t. X, p. 148.

(90) *L'Artiste*, 1re série, t. XIII, p. 81. L'auteur de l'article serait Louis Batissier (Cf. M. Tourneux, *op. cit.*, p. 65).

(91) *La Presse*, 9 mars 1837

(92) *La Loi*, 20-21 mars 1837.

(93) Y. Y., 12 mars 1837.

(94) Cf. Eugène Bareste : *Revue du XIXe s.*, 1839, II, p. 162. — Jules Janin : *Une nuit au Louvre*, dans *l'Artiste* (1839), 2e série, t. II, p. 213. — Haussard : *Le Temps*, 13 mars 1840. — Dans la *Gazette de France* du 13 mars 1839, il est question de Delacroix à propos des sévérités du jury (signé J.).

(95) Cf. dans notre introduction au *Salon de* 1845 de Ch. Baudelaire, notre étude sur la critique d'E. J. Delécluze.

(96) Article signé C.

(97) *L'Artiste*, 2e série, t. II, pp. 230-231.

(98) 1er avril 1839, p. 97.

(99) 3e Série, tome XVI, p. 131.

(100) *Journal des Artistes*, 15e année, 1er vol., p. 179.

(101) 22 mars 1838 ; 4 avril 1839 ; 13 mars 1840.

(102) 13 mars 1840. — Cf. *ibid.*, 23 avril 1833 (Lenormant), 30 août 1834 et 31 mars 1837 (L. Peisse).

(103) 1er avril 1838, signé T.

(104) pp. 378-380.

(105) *Revue de Paris*, 2e série, t. II, pp. 52-58.

(106) *Lettre à Thoré*, 2 mars 1837, dans Burty, p. 139.

(107) Cf. *Journal*, I, 282 (5 avril 1849) ; 290 (23 avril 1849).

(108) Cf. 1841, IIe série, t. VII, p. 440, sous la signature du directeur A. H. Delaunay. — Cf. le programme de *l'Artiste*, en 1842, en tête de la 3e série (t. I, pp. 177 sqq) : « Au milieu de ce tourbillonnement des renommées les plus diverses, nous avons soin de nous tenir à l'écart des coteries et des intrigues : nous ne nous sommes laissé influencer par les prétentions exclusives d'aucun maître, d'aucune école. » (art. anon.).

(109) *L'Artiste*, 1re série, t. II, pp. 178-181.

(110) *L'Artiste*, 1re série, t. VII, 1834, p. 85.

(111) III, p. 426 (s. date). L'édition P. Flat donne à ce texte la date de 1834 (Cf. I, p. 294).

(112) 1841, 2ᵉ série, t. VII, p. 209.

(113) *Revue de Paris,* 3ᵉ série, t. XVI (1840), pp. 130-131.

(114) *La Peinture au Musée du Louvre,* XIXᵉ s., 2ᵉ partie, *Introduction* par Paul Jamot, p. VI.

(115) C. E., *Salon de* 1845, p. 11.

(116) *L'Artiste, loc. cit.,* 1841, 2ᵉ série, t. VII, p. 209.

(117) Paul Jamot, *art. cit.,* p. V.

(118) *L'Artiste, loc. cit.*

(119) Cf. « L'habitude du métier est si nécessaire dans tous les arts et cette culture incessante de l'esprit dirigé vers un but doit si bien accompagner le génie qui crée, que sans elle les lueurs les plus heureuses s'évanouissent ... Qu'est-ce que composer ? C'est associer avec puissance ». Delacroix : *Œuvres litt.,* I, pp. 91 et 76.

(120) *L'Artiste,* 1839, 2ᵉ série, t. I, p. 390.

(121) *Ibid.,* 2ᵉ série, t. II, p. 230 sqq. — Cf. encore *l'Artiste,* 2ᵉ série, t. VII, p. 192, où il est parlé des « fantaisies excentriques » et de la « turbulence » du pinceau de Delacroix.

(122) *Ibid.,* 2ᵉ série, t. V, p. 182. — Cf. *ibid,* p. 165.

(123) *Ibid.,* 2ᵉ série, t. VII, p. 263 sqq.

(124) *Ibid.,* p. 265.

(125) *L'Artiste,* 1838, 1ʳᵉ série, t. XV, pp. 69 sqq.

(126) *Ibid,* 1835, 1ʳᵉ série, t. X, p. 76. — Nous n'avons retrouvé nulle part ailleurs le nom du signataire. On peut supposer que cet article cache un collaborateur de *l'Artiste* qui s'exprime ainsi plus librement : Cf. Arsène Houssaye se dérobant sous le pseudonyme de Lord Pilgrim et Mérimée, écrivant sous la personnalité d'un peintre anglais, le Salon de 1839, à la *Revue des Deux-Mondes.*

(127) On trouve ailleurs dans *l'Artiste* d'autres pages d'apologie pour Delacroix. L'article liminaire du Salon de 1838 est un chant de triomphe (1ʳᵉ série, tome XV, p. 54). Cf. encore, en 1836, 1ʳᵉ série, t. XI, p. 77, l'éloge de la profondeur de Delacroix ; et l'éloge de sa fécondité, en 1839, 2ᵉ série, t. II, p. 62... A chaque instant, *l'Artiste* proteste contre les injustices du jury brimant Delacroix. Cf. p. ex. 1ʳᵉ série, t. XIII, pp. 49-52.

(128) Cf. de 1833 à 1842 : 1ʳᵉ série, t. V, pp. 57-58 ; sur le portrait de M. Bertin, *ibid.,* p. 129 — grand éloge du portraitiste; 1ʳᵉ série, t. VII, pp. 13-14 : « l'histoire de M. Ingres est simple comme l'antique, elle a toute la poésie du talent... » : *ibid,* p. 100 ; 2ᵉ série, t. VI, p. 152, éloge de la *Stratonice* ; 2ᵉ série, t. VIII, article sur M. Ingres, très élogieux ; 3ᵉ série, t. I, p. 315... etc.

(129) *Journal de Paris,* 9 octobre 1824.

(130) VI, 159.

(131) C. E., *Salon de* 1845, pp. 25-26.

(132) M. Tourneux, *op. cit.,* p. XI.

(133) Paris, Michel Lévy, 1868, in-18, pp. 209-220 : « Le nom de Delacroix fut prononcé. Arthur Stevens, son fanatique admirateur lui reconnaissait toutes les qualités. — Il les a toutes moins une, dit V. Hugo ; il lui manque une des plus grandes, il lui manque ce qu'ont toujours cherché et trouvé les artistes suprêmes, peintres ou poètes, — la beauté. Il n'y a pas, dans tout l'œuvre de Delacroix, en exceptant *l'Apparition des Anges au Christ dans le Jardin des Oliviers,* qui est à l'Eglise Saint-Paul à Paris, et la tête de la femme du *Massacre de Scio,* qui est au Luxembourg, une seule femme vraiment belle. Il a l'expression mais il n'a pas l'idéal. Les *Femmes d'Alger,* par exemple, cette orientale étincelante de lumière et de couleur sont le type de cette laideur exquise propre aux créations féminines de Delacroix... On peut dire à ses odalisques, on peut dire à son Ophélie, on peut dire à sa Marguerite, on peut dire à sa Médée, on peut dire à sa *Mater Dolorosa,* on peut dire à sa Madeleine : « Vous n'êtes pas belles, vous êtes pires. La ligne divine de la beauté apparaît lumineuse, mais brisée, sur vos visages ; vous êtes l'éclair, c'est-à-dire l'éblouis-

sante grimace du rayon. Ceux qui vous aiment ainsi vous aiment malgré vous et malgré eux, et vous aiment éperdument, parce que le secret de votre charme est précisément dans ce qui pourrait les détacher de vous. Soyez fières, vous êtes irrésistiblement laides. La *Nuit* de Michel-Ange et les prodigieux Séraphins du *Jugement dernier*, l'Ange absolument superbe du *Tobie* de Rembrandt et la petite fille exquise de la *Ronde de Nuit*, puis, au-dessous de ces deux maîtres inaccessibles, la *Joconde* de Léonard de Vinci, l'*Antiope* du Corrège, la maîtresse du Titien, les Vierges de Murillo, puis, au-dessous encore, la Madeleine de la *Descente de Croix* de Rubens, les nudités splendides de la *Fécondité* de Jordaens, les *Anges exterminateurs* de Frank Floris, l'*Hérodiade* de Quentin Metzis, les Vierges de Van Eyck ; puis, sous un autre ciel d'art, les femmes de Watteau et les patriciennes de Paul Véronèse réalisent, dans les régions suprêmes de l'idéal, le type éternel de la beauté et, du consentement unanime de tous les yeux, sont tranquillement sublimes. Vous, monstres de je ne sais quel sabbat de l'art, vous ensorcelez l'admiration. »

(134) *C. E.*, p. 247.

(135) *Revue de Paris*, II, mai 1929, cf. *in fine* « Que les critiques se rassurent... »

(136) Cf. l'article de Th. Thoré dans la *Revue de Paris*, 1838, 2ᵉ série, t. II, pp. 52 sqq.

(137) Id., *ibid*.

(138) *Journal*, 12 octobre 1862, t. III, p. 329.

(139) 20 oct. 1844, 2ᵉ série, t. I, pp. 349-352.

(140) Le *Salon de* 1845 (Baudelaire-Dufays, *Salon de* 1845, Paris, Jules Labitte, 3, quai Voltaire, 72 pages, in-12) annoncé dans la *Bibliographie de la France* (nᵒ 2523), le 24 mai 1845, dut être mis en vente plus tôt. Baudelaire mentionne dans une lettre à sa mère qu'il paraîtra le 9 avril, jour de sa naissance. (Cf. J. Crépet : *C. E.*, p. 465). — Cf. l'introduction à notre édition critique du *Salon de* 1845 de Ch. Baudelaire.

(141) *C. E.*, *Salon de* 1845, p. 7.

(142) P. 8.

(143) Cf. *C. E.*, *Salon de* 1846, pp. 95-96.

(144) *La Renaissance*, Bruxelles, t. 7, 7ᵉ année 1845-46, p. 30, article d'Alfred de Martonne.

(145) *C. E.*, *Salon de* 1845, pp. 12-13.

(146) Cf. *ibid*, p. 96.

(147) *C. E.*, *Salon de* 1845, p. 9.

(148) *C. E.*, *Salon de* 1845, pp. 9-10.

(149) Asselineau, p. 15.

(150) *C. E.*, *Salon de* 1845, pp. 3-4.

(151) 28 mars 1844. — Cf. *C. E.*, *Salon de* 1845, p. 10.

(152) *Ibid.*, p. 11.

(153) Daumier, que Baudelaire rapproche ici, comme dessinateur, d'Ingres et de Delacroix, parlait des dessins de Baudelaire avec admiration, comme en témoigne un article paru dans le *Petit Figaro* du 24 juillet 1868, sous le titre : *les Croquis de Charles Baudelaire* : « Les dessins de Baudelaire sont célèbres parmi ses amis et parmi les artistes. Daumier, qui en conserve quelques-uns, — particulièrement un portrait de l'auteur par lui-même qu'il compare pour la netteté et l'esprit aux portraits français du XVIᵉ siècle de la collection du Louvre, — a dit plus d'une fois que si Baudelaire eût appliqué à la peinture les facultés qu'il a consacrées à la poésie, il eût été aussi grand peintre qu'il a été poète distingué et original. »

(154) *C. E.*, p. 11.

(155) *A. R.*, p. 32.

(156) P. 16.

(157) *Ibid*.

(158) *C. E.*, *Salon de* 1845, p. 13.

(159) Asselineau, *loc. cit.*

(160) Voir le billet de Baudelaire, publié dans *Comœdia*, 16 décembre 1911, par Henry Falk (Cf. J. Crépet, *C. E.*, p. 466).

(161) Nous ne donnons ici que l'essentiel de cet article. On le trouvera reproduit tout au long dans les dernières pages de notre Introduction au *Salon de 1845* de Ch. Baudelaire.

(162) *Galerie contemporaine, littéraire et artistique*, 1re série, n° 105.

(163) Le Louvre.

(164) Cf. *L'Artiste*, 16 mars 1845, pp. 164-165 et *la Semaine*, 22 mars 1846, p. 631. *L'Artiste* donne les dates des expositions, et, depuis 1831, le nombre d'ouvrages admis. *La Semaine* donne les détails et le chiffre des ouvrages admis par catégorie.

(165) C. E., *Salon de 1845*, p. 77.

(166) Cf. C. E., *Salon de 1845*, p. 11 et *Salon de 1846*, pp. 91, 102, 120, 145, 147.

(167) C. E., *Salon de 1846*, p. 99.

(168) *Ibid.*, p. 90.

(169) C. E., *Salon de 1846*, p. 86.

(170) *Ibid.*, pp. 99-100.

(171) *Ibid.*, p. 86.

(172) *Ibid.*, p. 104.

(173) C. E., *Salon de 1846*, p. 105.

(174) *Ibid.*, pp. 105-106.

(175) C. E., p. 343.

(176) A. R., p. 163.

(177) C. E., *Salon de 1845*, p. 26.

(178) C. E., *Salon de 1846*, p. 106 note.

(179) *Ibid.*, pp. 105-107.

(180) *Journal*, III, p. 435.

(181) *Ibid.*, I, 282, 5 avril 1849.

(182) Cf. Supra, p. 234 et note 133.

(183) C. E., *Exp. de 1855*, p. 247.

(184) C. E., *Salon de 1846*, p. 107.

(185) *Ibid.*, p. 107.

(186) J. I., pp. 22, 109.

(187) C. E., p. 108. Ces lithographies ont été reproduites dans le *Peintre graveur*, t. III, de Loys Delteil.

(188) Cf. C. E., pp. 108-109.

(189) C. E., p. 108. — Cf. Heine : *Salon de 1831*, (De *la France*, nouvelle édit., M. Lévy, 1867, p. 349).

(190) C E., p. 109.

(191) Delacroix : *Œuv. litt.*, I, 58. — Cf. *Journal*, III, pp. 44, 48...

(192) Cf. *Journal*, III, pp. 177-178, sur « la jambe imparfaite de la *Médée* ».

(193) C. E., *Salon de 1846*, pp. 110-111.

(194) *Journal*, 28 avril 1854, II, p. 174.

(195) *Ibid.*, sans date, III, p. 428.

(196) *Journal*, III, p. 22 (13 janvier 1857) : *Sacrifices*.

(197) C. E., *Salon de 1846*, p. 111 et p. 114.

(198) Cf. *Journal*, III, p. 23 (13 janvier 1857) : « Racine était un romantique pour les gens de son temps ». — Cf. *ibid.*, III, pp. 77-78 (16 mars 1857).

(199) C. E., *Salon de 1846*, p. 119.

(200) C. E., pp. 199 201.

(201) C. E., pp. 112, 119, 113.

(202) *Journal des Artistes*, 20 octobre 1844, 2e série, I, pp. 349-352.

(203) Bruxelles, Imprimerie de la Société des Beaux-Arts, in-4°.

(204) *La Renaissance*, t. 7, 7e année, 1845-1846, p. 30.

(205) *Ibid.*, 8e année, 1846-1847, p. 21.

(206) *Corsaire-Satan*, 17 mars 1845. — Cf. encore *ibid*, 29 août 1845, une dure critique des peintures de la Bibliothèque de la Chambre.

(207) *Journal des Artistes et Bulletin de l'Ami des Arts*, in-4°, II, 22 mars 1845, p. 111.

(208) In-18, 180 p., cité par Tourneux, *op. cit.*, p. 81.

(209) *Débats*, 31 mars 1846.

(210) *Revue de Paris*, nouvelle série, tome III, janvier-avril, p. 480 (1er avril 1845).

(211) C. E., *Salon de 1845*, p. 8.

(212) *L'Artiste, Salon de 1845*, 4e série, t. III, p. 209.

(213) *L'Artiste*, 22 mars 1846, p. 38.

(214) *Ibid.*, 4e série, t. VI (12 avril), p. 88 (Paul Mantz).

(215) 16 mars 1845 (article de Charles Blanc sur la *Pieta*), 26 mars (art. du même sur *l'Empereur du Maroc*).

(216) « Quelles que soient les qualités dont M. Delacroix semble privé, il n'en reste pas moins, parmi les artistes français, pour la couleur, pour le sentiment, pour la réalité émouvante, pour le sens historique des civilisations passées et pour trop d'autres choses encore, le peintre le plus vrai, le plus profond, le plus douloureux et, quand il le veut, le plus tendre et le plus charmant ». *L'Artiste, loc. cit.*, p. 89.

(217) 15 avril 1846, pp. 288 sqq.

(218) Voir la conclusion, p. 299 : « Nous avons la ferme confiance que la plupart de nos jugements seront acceptés et ratifiés par les esprits sérieux ».

(219) Il est curieux de constater que, le 29 août 1846, le *Corsaire-Satan* publie un éreintement haineux de ces mêmes peintures.

(220) Voir, sur ce point, notre introduction au *Salon de 1845* de Baudelaire.

(221) *La Presse*, 18 mars 1845.

(222) *Livret*, pp. 57-58.

(223) *La Presse*, 1er avril 1846.

(224) Pour plus de détails sur les critiques sympathiques à Delacroix vers 1845, voir notre introduction au *Salon de 1845*.

(225) C. E., p. 14. — Cf. *ibid*, pp. 14-17. Voir sur le tableau de W. Haussoullier, *Figaro*, 15 nov. 1924 (art. de J. Crépet).

(226) C. E., p. 21.

(227) *Ibid.*, pp. 24-25.

(228) *Ibid.*, p. 124.

(229) *Ibid.*, p. 27.

(230) *Ibid.*, pp. 32-33.

(231) *Ibid.*, p. 55.

(232) *Ibid.*, p. 162.

(233) *Ibid.*, pp. 161-163 et note.

(234) *Poèmes en prose : Le Confiteor de l'Artiste*.

(235) Il y a dans *l'Artiste*, 1839, 2e série, t. II (pp. 227-229) sous la signature de J. Janin, en face d'un éloge gêné de Delacroix, un panégyrique bien curieux d'H. Vernet, — loué pour cette improvisation si pleine de verve et comparé, pour son bonheur, à Béranger et à Scribe...

(236) C. E., pp. 169-171.

(237) Cf. ce que Baudelaire dit ailleurs de la poésie de Delacroix (*ibid.*, pp. 105 sqq).

(238) C. E., pp. 121-122.

(239) *Ibid*, pp. 125-127. Il s'agit du groupe de lithographies : *les amants et les époux*.

(240) Cf. C. E., pp. 97 et 318 — et A. Delvau : *Les Lions du jour* (1867). — Voir aussi les curieux extraits du livre de Georges Catlin sur *les Peaux Rouges*, parus dans l'*Illustration* en 1845 (V. pp. 202-205, 231-234, 262-266. — Cf. *ibid.*, au « Courrier de Paris », p. 265, un touchant article sur la mort, à Paris, d'une jeune Ioway amenée par G. Catlin), et agrémentés de bois pittoresques.

(241) Cf. l'enthousiasme de J. Janin dans *l'Artiste*, 1839, 2e série, t. II, p. 231. « Voilà un peintre, voilà un maître... »

(242) Cf. l'aveu de Decamps, dans les notes autobiographiques adressées au Dr Véron : « J'ai la conviction que la nécessité où je me suis trouvé de ne produire que des tableaux de chevalet m'a totalement détourné de ma voie naturelle » (cité par P. Jamot, *La peinture au Musée du Louvre*, XIXe s., 2e p., *op. cit.*, p. 55).

(243) Cf. *C. E.*, pp. 132-134

(244) *Ibid*, p. 194 : Baudelaire proteste contre l'ostracisme dont Rousseau est victime, depuis 1838, de la part du jury.

(245) *Ibid*, p. 55.

(246) Delacroix avait dès ses débuts apprécié le talent de Rousseau. Il trouvait *l'Allée des Chataigniers* « une œuvre excellente dans beaucoup de parties » (*Journal*, I, 219, 31 avril 1847). Quant à Rousseau, il préférait à Ingres Delacroix « avec ses exagérations, ses fautes, ses chutes visibles *parce qu'il ne tient à rien qu'à lui*, parce qu'il représente l'esprit, le temps, le verbe de son temps. L'art d'un Delacroix est puissant comme une voix de l'Enfer de Dante ». Tout le jugement extrait d'une curieuse lettre du paysagiste est d'une vue profonde (lettre publiée par Ph. Burty, dans *Maîtres et petits maîtres*, p. 157).

(247) Donc un coloriste (Cf., *C. E.*, p. 91).

(248) *C. E.*, pp. 187 sqq.

(249) Cf., *l'Artiste*, 4e série, t. VI, p. 188 : *La Sculpture en* 1846, par P. Malitourne.

(250) *C. E.*, pp. 347-348.

(251) *Galerie contemporaine littéraire et artistique*, 1re série, n° 105.

(252) Cf. *Le Commerce*, 30 mars et 30 avril 1847. La Baronne Decazes sous le pseud. d'Elisa de Mirbel, écrit le 30 avril : « Dans l'état actuel des choses M. Delacroix a besoin d'études » n'ayant « que l'inspiration, fantaisie sublime qui trop aisément tourne au ridicule ».

(253) *La Mode*, 5 octobre 1847, pp. 16-26. L'article est d'une belle compréhension. Il faut en citer quelques formules : « Avant lui et plus que lui, Raphaël et Michel-Ange avaient eu le sublime du geste et du mouvement, et Rubens l'énergie. Il cherche, ou du moins il cherchera plus que ces grands peintres la fièvre du mouvement qui n'a qu'une seconde et qui échappe au regard (p. 22). » Suit un long éloge de la poésie de Delacroix qui rapproche la peinture de la musique : « Ses toiles deviennent des symphonies » (p. 23), « Delacroix a reculé les limites de la peinture » (p. 24) etc... Notons enfin (p. 25) l'éloge du *dessin* de Delacroix : « Il a voulu retrouver celui qui était propre à la peinture et qui résulte autant de la perspective aérienne que de la ligne ». Baudelaire eût avoué tout ce jugement. Je signale que, le 6 mai 1845 (p. 212), *La Mode* critiquait durement le *Sultan du Maroc* qu'elle traitait d' « impuissante difformité » — accusant Delacroix de voir de trop haut et de ne pas faire des êtres viables. En 1846, la rigueur semble adoucie, s'il faut en croire cette allusion à Delacroix, parue dans un article sur le *Faust* de Berlioz : « Les amis de M. Berlioz lui assignent, dans la musique, la place qu'occupent V. Hugo dans la poésie et E. Delacroix dans la peinture » (la *Mode*, 16 décembre 1846, p. 366).

(254) 4e série, t. VI, pp. 88-91.

(255) PP. 218-221.

(256) A peine un mot vague (p. 221) sur « certaines faiblesses de détail », dernier scrupule.

(257) P. 173 : Ce sont les débuts de Clément de Ris à *l'Artiste* (Cf. sur Clément de Ris, Phil. de Chennevières *Souv. d'un Directeur des Beaux-Arts*, bureaux de *l'Artiste*, 1883, gr. in-8°, t. I, pp. 34-37).

(258) *L'Artiste* (1839), 2e série, t. II, pp. 230-231.

(259) *Ibid*, 4e série, t. IX, pp. 74 sqq.

(260) *Loc. cit.*, p. 75.

(261) *L'Artiste*, 5e série, t. I, 12 avril 1848, pp. 58 sqq (L. Clément de Ris).

(262) *L'Artiste*, 5e série, t. VI, p. 4 (1er février 1851).

(263) *L'Artiste*, 5e série, t. VII, p. 107. Lire : novembre *1851*.

(264) *L'Artiste*, 5e série, t. IV, 15 janvier 1850, pp. 81 sqq. *Artistes contemporains* : *Eugène Delacroix*.

(265) *Ibid*, p. 84.

(266) 35 n°s. Le n° 41 comprend 2 tableaux sous le même numéro. — Cf. l'énumération et le numérotage dans Tourneux, *op. cit.*, p. 94.

(267) *L'Artiste*, 5e série, t. IV, p. 81.

(268) Cf. contre Delacroix : *en* 1847 : Elisa de Mirbel (baronne Decazes) : *Le Commerce,* 30 avril. — *En* 1850-51 : A. Galimard : *Le Daguerréotype théâtral,* journal artistique et littéraire, 23 janvier 1851, n° 41 « Le crépuscule de M. Delacroix commence... » — Elisa de Mirbel : *La Révolution littéraire,* I, 19. — *En* 1853 : Vicomte H. Delaborde : *Revue des Deux-Mondes,* 15 juin (appréciation sévère). — C. Vignon : *Salon de* 1853, in-18, Dentu, 1853, pp. 78-80 (vive sortie contre les « tartouillades » de Delacroix). — Les articles élogieux ou enthousiastes sont de plus en plus nombreux; citons entre autres : *en* 1847 : L. Clément de Ris, dans *l'Artiste,* 4 et 18 avril. — Gautier : *La Presse,* 1er avril. — Haussard : *Le National,* 8 avril. — Thoré : *Salon de* 1847, Paris, *Alliance des Arts,* in-12. — Veines (M. de) : *Revue nouvelle,* 15 avril, p. 251. — En 1848, Gautier : *La Presse,* 26 avril. — Haussard : *Le National,* 23 mars. — Paul de Saint-Victor : *La Semaine,* 26 mars, n° 21, pp. 665-666. — Thoré, *le Constitutionnel,* 27 mars (enthousiaste). — *En* 1849, J.-J. Arnoux : *l'Ordre,* 31 juillet (« chefs-d'œuvre »). — Gautier : *La Presse,* 1er août. — Haussard : *Le National,* 7 août. — L. Peisse : *le Constitutionnel,* 8 juillet. — E. Thierry : *L'Assemblée Nationale,* 29 août (des réserves, la fin très élogieuse). — *En* 1851 : J.-J. Arnoux : *La Patrie,* 22 février (avec des réserves). — Th. de Banville : *Le Pouvoir,* 10 janvier (lyrique). — P. de Chennevières : *Lettres sur l'Art français,* en 1850, Argentan, Barbier, in-16, 80 p. (pp. 34-35, Éloge de Delacroix). — Clément de Ris : *l'Artiste,* 5e série, t. VI, p. 4. — Gautier : *la Presse,* 8 mars 1851. — L. Peisse : *le Constitutionnel,* 15 janvier 1851. — Sabatier-Ungher, salon de 1851, extr. de la *Démocratie pacifique,* Libr. Phalanst, mars 1851, in-8°, pp. 64-65 (éloge très vif). — *En* 1853, Delécluze (qui a fait, en 1851, une critique modérée de Delacroix dans *Exposition des Artistes vivants,* Comon, in-8°, 1851, ch. VI, p. 118) loue « les brillantes esquisses » de Delacroix (*Débats,* 3 juin). — Clément de Ris (*l'Artiste,* 5e série, t. X, p. 179). — Louis Peisse : *le Constitutionnel,* 31 mai. — H. de la Madeleine : *Le Salon de* 1853, in-16, pp. 29-31... etc...

(269) PP. 41-84.

(270) Cf. *C. E.,* p. 44 (à propos du portrait du Roi, par Henri Scheffer).

(271) Th. Silvestre : *Histoire des Artistes vivants,* 1re série, Blanchard, 1856, grand in-8°, pp. 29, 30, 31.

(272) Ce jugement est extrait de la lettre à Théophile Silvestre sur la personne de Delacroix et sur les œuvres du maître que possédait George Sand (Nohant, 5 janvier 1853, *Correspondance,* t. III, pp. 358-361).

(273) Th. Silvestre, *op. cit.,* pp. 41, 42, 43, 45, 48, 50, 51, 52, 53, 59, 58, 74 et 75.

(274) *Ibid,* p. 46.

(275) Dans un autre ouvrage (Eugène Delacroix : *Documents nouveaux,* Paris, Lévy, in-12, 1864). Th. Silvestre écrit des pages définitives (pp. 35-42) sur le dessin de Delacroix. — Delacroix fut très sensible aux éloges de Silvestre ainsi qu'en témoignent de nombreuse lettres qu'il adressa au critique.

(276) 1855, tome XXVI, juin, pp. 345-346. — Cf. aussi du même auteur : *Les Beaux-Arts à l'Exposition Universelle de* 1855, Libr. nouvelle, 1855, in-8°, pp. 87-118, une dure critique de Delacroix.

(277) *Les Beaux Arts dans les Deux Mondes en* 1855, Charpentier, 1856, in-18, ch. XXV.

(278) *La Peinture à l'Exposition de* 1855, Dentu, in-16, 52 p., pp. 38-44 [Thomas Couture y est préféré, comme coloriste, à Delacroix].

(279) *L'Athenaeum français,* 19 mai 1855, p. 420. — Cf. encore *ibid,* 2 juin, p. 464.

(280) Ces articles furent réimprimés dans *les Beaux-Arts en Europe,* M. Lévy, 1855, 1re série, pp. 166-192.

(281) *Ibid.,* p. 168.

(282) *Ibid.,* p. 192.

(283) *Ibid.,* pp. 167, 166.

(284) *Ibid.,* p. 177.

(285) *Ibid.,* p. 192.

(286) *Ibid.,* p. 171. Delacroix remercia Gautier de son article dans une lettre où il

constate non sans fierté que le temps des oppositions aveugles est passé : « Oui, vous devez éprouver de la satisfaction en voyant que toutes ces folies dont, autrefois, vous preniez le parti à peu près seul, paraissent aujourd'hui toutes naturelles... » (22 septembre 1855, dans *Lettres*, éd. Burty, *op. cit.*, p. 260).

(287) *L'Artiste*, 10 juin 1855, 5e série, t. XV, p. 74.

(288) C. E., pp. 243-244.

(289) P. 244.

(290) *Ibid*.

(291) P. 245.

(292) P. 246.

(293) P. 247.

(294) PP. 247-248.

(295) P. 248.

(296) P. 249.

(297) P. 250.

(298) *Ibid*.

(299) PP. 251-252.

(300) 1er septembre 1860, p. 245.

(301) 10-20 juin, 10-20 juillet 1859.

(302) C. E., *Salon de* 1859, pp. 258-259.

(303) Cf. le manifeste de Courbet, sans doute rédigé par Champfleury, dans le catalogue prospectus de son exposition de 1855, cité par P. Martino : *Le roman réaliste sous le second empire*, Paris, Hachette, 1913, in-12, pp. 76-77.

(304) C. E., pp. 272 sqq.

(305) *Ibid*, p. 269.

(306) *Ibid*, p. 260.

(307) *Ibid.*, pp. 261-262.

(308) *Journal*, 25 janvier 1857, III, pp. 39 ,44.

(309) Burty, *op. cit.*, p. 308. — *Journal*, III, p. 44 (25 janvier 1857) et p. 402 (sans date).

(310) C. E., p. 258.

(311) Cf. O. P., pp. 294-295.

(312) *Revue des Deux-Mondes*, 15 mai 1859, p 498.

(313) 21 mai, p. 339.

(314) *Correspondant*, 25 mai 1859, pp. 157-159.

(315) Le *Salon de* 1859, Librairie nouvelle, 1859, in-12, pp. 32-34.

(316) A. de Belloy : *l'Artiste*, 1er mai 1859, nouvelle série, t. VII, p. 3.

(317) Article de Gautier, 21 mai 1859.

(318) 1er mai 1859, t. II, pp. 135-139.

(319) *Revue contemporaine*, 31 mai 1859, 2e série, t .IX. pp. 292-296.

(320) *Revue européenne*, 15 juin 1859, pp. 408-410.

(321) Zacharie Astruc : *Le Quart d'heure*, *Gazette des gens à demi-sérieux*, articles réunis dans *les Quatorze stations du Salon*, 1859, Poulet-Malassis et de Broise, 1859, in-18, pp. 255-275.

(322) *La Presse*, 23 avril 1859.

(323) *L'Art et les Artistes contemporains au Salon de* 1859, Libr. nouv. 1859, in-18, 188 p., pp. 9-13. La substance en avait paru en articles dans l'*Indépendance belge*.

(324) Il remercie chaleureusement Dumas et Astruc. — Cf. Lettres du 28 avril et du 27 juin 1859, dans Burty, pp. 309 et 311.

(325) Ce silence n'est pas découragement ni épuisement. — Cf. Lettre à Th. Silvestre, 1856, Burty, pp. 263-264 : « Quant aux projets... j'en ai pour 400 ans... »

(326) 28 avril 1859, Burty, p. 309.

(327) C. E., p. 293.

(328) C. E., pp. 290, 297, 292, 298.

(329) C'est la phrase-formule de Delacroix pour remercier les critiques. — Cf. Lettres à Th. Silvestre, 3 déc. 1855 (Burty, p. 261) à A. Dumas, 28 avril 1859 (p. 309).

(330) Lettre du 27 juin 1859 (Burty, p. 313). Cette lettre fut adressée, pour être remise à Baudelaire, au directeur de la *Revue française,* avec un mot fort élogieux pour Baudelaire.

(331) La conférence de Baudelaire reproduisait l'étude parue dans *l'Opinion natio-nale ;* il y avait ajouté une introduction, d'où est tiré ce texte (publié par M. Adolphe Piat dans *l'Art,* en juillet 1902).

(332) 15 et 16 février 1864.

(333) Théophile Silvestre : *Eugène Delacroix, Documents nouveaux,* p. 8.

(334) *Ibid.,* p. 9.

(335) Vente d'ailleurs voulue par Delacroix. — Cf. Son testament dans Burty, *op. cit.* p. VIII. — Cf. Baudelaire, introduction à la conférence, dans *l'Art, loc. cit.*

(336) Th. Silvestre, *op. cit.,* pp. 12-13. On alla « jusqu'à mettre en vente à CINQ FRANCS des tatouages encadrés » (id. *ibid.,* p. 13).

(337) Baudelaire, dans *l'Art, loc. cit.*

(338) Th. Silvestre, *op. cit.,* p. 13.

(339) Par une lettre non datée que J. Crépet place en août 1863 (*A. R.,* p. 440).

(340) *J. I.,* p. 102.

(341) Cf. *Revue fantaisiste,* 15 septembre 1861.

(342) *A. R.,* pp. 45-47.

(343) Lettre du 8 octobre 1861, citée dans E.-J. Crépet, pp. 351-352.

(344) *A. R.,* pp. 14-16.

(345) *Ibid.,* pp. 9-14 (Cf. *C. E.,* pp. 280-285, 290-291).

(346) *A. R.,* p. 3.

(347) Lettre à Th. Silvestre (Burty, pp. 263-264).

(348) *A. R.,* pp. 4, 5.

(349) *A. R.,* p. 6.

(350) *Journal,* II, p. 439, 9 avril 1856. — Il suffit de feuilleter le journal pour voir de quelle ardeur Delacroix aimait la musique. Il était l'ami de Chopin et George Sand écrivait à Th. Silvestre : « Il eût été très probablement un grand musicien s'il n'eût pas choisi d'être un grand peintre » (Th. Silvestre, *Hist. des Art. viv.,* p. 48).

(351) *Ibid.,* I, p. 426 (28 février 1851).

(352) Cf. *ibid.,* I, p. 85 (25 avril 1824), p. 86 (26 avril 1824), p. 99 (11 mai 1824).

(353) *Ibid,* I, p. 99 (11 mai 1824).

(354) *C. E.,* p. 169.

(355) *A. R.,* p. 6.

(356) Valéry : La *Dormeuse.*

(357) *A. R.,* pp. 7, 35.

(358) *Journal,* III, pp. 20 (13 janvier 1857), 414 (25 novembre 1855).

(359) *Journal,* II, p. 56 (20 mai 1853) et III, p. 38 (25 janvier 1857).

(360) *Journal,* II, p. 437 (6 avril 1856).

(361) *A. R.,* p. 8.

(362) *Ibid.*

(363) Cf. *Journal,* I, p. 65, 31 mars 1824.

(364) *A. R.,* p. 25.

(365) *Ibid.,* pp. 25-26.

(366) *Ibid.,* p. 23.

(367) *Le Nain jaune,* 19 août 1863.

(368) *Ibid.*

(369) *A. R.,* p. 23.

(370) *Journal,* I, pp. 64, 65, 70, 77, 82, 88, 108 (27, 31 mars, 7, 13, 20, 28 avril, 4 juin 1824).

(371) *A. R.,* p. 27.

(372) *Journal,* I, p. 104 (18 mai 1824).

(373) *A. R.,* p. 29.

(374) Th. Silvestre, *op. cit.,* p. 44.

(375) *A. R.,* p. 24.

(376) *Journal*, I, p. 113 (14 juin 1824).

(377) *Ibid.*, II, p. 83 (10 octobre 1853).

(378) Cf. Th. Silvestre, *op. cit.*, p. 48.

(379) *A. R.*, p. 36. — Cf. Th. Silvestre, *op. cit.*, p. 47 : « Ce peintre a beaucoup aimé la femme, mais il lui a toujours défendu de prendre sa vie intellectuelle. »

(380) *J. I.*, p. 76, et aussi p. 48.

(381) Cf. Baudelaire, *J. I.*, pp. 8, 10, 22, 27, 34, 48, 66, 68, 77, 90 et Delacroix, *Journal*, I, p. 12 (13 septembre 1822) : « Quelque idée que j'aie de leur avachissement... » ; I, p. 81 (20 avril 1824) ; I, pp. 112-113 (14 juin 1824)...

(382) *A. R.*, p. 36.

(383) *C. E.*, p. 97.

(384) Cf. Champfleury, *Souv. et portr. de jeunesse*, p. 133.

(385) *A. R.*, p. 17.

Ch. III. — RICHARD WAGNER

OU L'HARMONIE DES CORRESPONDANCES

(1) Cité par J. Crépet, *A. R.*, p. 509.

(2) M. Siegfried Wagner, un an avant sa mort, sur une demande que nous lui avions adressée, avait bien voulu nous faire répondre qu'il ne possédait aucun document sur les relations de Richard Wagner et de Charles Baudelaire.

(3) Georges Servières. *Les visées de Wagner sur Paris, Revue musicale*, 1er oct. 1923, (numéro spécial consacré à : *Wagner et la France*), p. 102/198.

(4) *Charles Baudelaire. Souvenirs...*, Pincebourde, 1872, Notice rectificative, p. 119 (A. Vitu).

(5) Ad. Jullien, *R. Wagner, sa vie et ses œuvres*, Paris, Roam, gr. in-4°, 1886, p. 116. — Cf. Lettre de Gaspérini à Léon Leroy, du 21 septembre 1859 dans *Revue musicale*, 1er octobre 1923, p. 21/117.

(6) Georges Servières, *Rev. mus.*, n° cit., p. 93/189. — Cf. Mlle Pereyra, revue *S. I. M.*, mai 1913 (nomenclature des travaux alimentaires de Wagner).

(7) Cf. le catalogue des Œuvres de Wagner dressé par H. Lichtenberger : *Wagner*, Alcan, 1909, pp. 237-238.

(8) Cf. le témoignage de Praeger, cité par G. Servières (*Rev. mus.*, n° cit., p. 99/195).

(9) La date précise a été fixée par Léon Leroy (Cf. *Revue mus.* n° cit., p. 34/130, note 2).

(10) *Journal des Débats*, 10 mai 1849.

(11) Cf. sur l'appréciation par les journaux du temps de l'ouverture de *Tannhäuser* : Georges Servières, *R. Wagner jugé en France*, Paris, 1887.

(12) Billet retrouvé et cité par Georges Servières, *Rev. music.*, art. cit., p. 96/192.

(13) Cf. Maurice Kufferath : *La légende de Lohengrin et le drame de R. Wagner*. (Paris, Fischbacher ; Bruxelles, Schott ; Leipzig, Otto June, 1891, in-12, pp. 95-97).

(14) P. 2, col. 5 et 6. — Les feuilletons recueillis dans *Souvenirs de Thuringe* ont paru dans *Lorely*, 1 vol., in-12, Paris, 1850, avec une gravure de Veyrassat.

(15) Maurice Kufferath, *op. cit.*, p. 98 note, est fort dur pour « l'incompétence musicale » et « l'inconcevable légèreté » de G. de Nerval qui, selon lui, n'a rien compris au sujet, ni à la psychologie, ni à l'action de *Lohengrin*.

(16) *La Presse*, 19 septembre 1850, p. 1, col. 2.

(17) Gérard écrit « Giuch ».

(18) Au Dr Blanche, 30 juin 1854, *Correspondance de G. de Nerval*, publiée par Jules Marsan, Paris, 1911, *Mercure de France*, p. 242.

(19) 1852 n^{os} des 6 juin, pp. 185 sq ; 13 juin, p. 195 sq ; 20 juin, pp. 201-203 ; 27 juin, p. 209-211 ; 11 juillet, p. 225-227 ; 25 juillet, p.242-245 ; 8 août, p. 257-259.

(20) Leipsick, Breitkopf et Haertel, 1852, petit in-8°.

(21) Leipsick, T. T. Weber, 1852, 3 petits vol. in-16.

(22) Julien Tiersot, *Un demi-siècle de musique française* (Alcan, in-12, 1918, p. 6).

(23) *Ibid.*

(24) *Les Vêpres siciliennes* sont jouées à l'Opéra le 13 juin 1855 et *Le Trouvère*, le 12 janvier 1857. Le 25 janvier 1863, on fêtera à l'Opéra la centième représentation du *Trouvère*. (Cf. A. Peugin, *Verdi*, C. Levy, 1886, p. 155).

(25) Le 14 septembre 1852. Cf. A. Soubiès, *L'Histoire du Théâtre Lyrique*, Paris, Fischbacher, 1899, p. 6.

(26) Cf. G. Chouquet, *Histoire de la musique dramatique en France*, F. Didot, 1873, pp. 266 sqq ; L. Dauriac, *Meyerbeer*, Alcan, 1913.

(27) Lettre inédite (1849) citée par A. Boschot dans *Chez les Musiciens*, Plon, 1922, 4e éd., pp. 68-69.

(28) Cf. Ad. Jullien. *Hector Berlioz, sa vie et son œuvre*, Paris, à la Librairie de l'Art, gr. in-4°, 1888, pp. 186-187.

(29) *Sapho* fut louée, non sans réserves, dans la *Presse* du 23 avril 1851, par Th. Gautier, inspiré par E. Reyer son collaborateur anonyme. Maurice Bourges, dans la *Revue et Gazette musicale* du 20 avril 1851 (pp. 122-123) saluait un compositeur d'avenir. Mais Gounod écrit dans *Mémoires d'un Artiste* (2e éd., 1896, Calmann-Lévy, p. 184) : « Ce ne fut pas un succès et cependant ce début me plaça dans une bonne situation ».

(30) *Journal des Débats*, 21-22 avril 1851.

(31) 1° *L'opéra et l'essence de la musique;* 2° *Le théâtre et l'essence de la poésie dramatique;* 3° *La Poésie et la musique dans le drame de l'avenir...*

(32) Cf. sur les rapports de Wagner et de Meyerbeer, dans G. Servières, *loc. cit.*, pp. 90-93/186-189.

(33) *Rev. et Gaz. mus.*, 27 juin 1852, p. 209.

(34) P. 210.

(35) P. 211.

(36) *Ibid.*, 11 juillet 1852, p. 227.

(37) *A. R.*, p. 200.

(38) P. 259.

(39) On lit dans Bergerat : *Entretiens, Souvenirs et Correspondance* (Paris, Fasquelle, 1911) cette affirmation de Théophile Gautier : « Dans quarante ans d'ici, Richard Wagner, que tu admires et que j'ai le premier signalé en France, sera accusé d'être dépassé en hardiesse... » (*Huitième entretien*, p. 156). Gautier voulait assurément parler de son article sur l'ouverture de *Tannhäuser* paru dans *la Presse* du 2 décembre 1850.

(40) Cf. G. Servières, *Les relations d'Ernest Reyer et de Théophile Gautier* (*Revue d'Histoire littéraire*, janvier-mars 1917, pp. 65-79).

(41) *Le Moniteur Universel*, 29 septembre 1857.

(42) Cf. citée par Ad. Jullien, *R. Wagner*, pp. 117-118.

(43) p. 415, col. 1 et 2.

(44) 1884.

(45) Nos recherches dans *l'Illustration* ne nous ont pas permis de retrouver les articles auxquels il est fait ici allusion. Nous n'avons découvert qu'une allusion au Concert de la Société Sainte-Cécile du 24 novembre 1850 (Concert Seghers) : « L'ouverture de Tannhäuser, de M. Wagner, ... si l'on veut à tout prix qu'elle soit un chef-d'œuvre, ne peut être qu'un chef-d'œuvre d'excentricité. » (*Illustr.*, 30 nov. 1850, t. XV, p. 343).

(46) Cf. Max. Leroy. *Revue Musicale*, 1er oct. 1923, p. 34/130, n. 1.

(47) Cf. G. Servières, *Richard Wagner jugé en France*, pp. 35-36.

(48) *Ibid.*, p. 36.

(49) Cf. *Rev. Mus.* 1er oct. 1923 (pp. 166-174/262-270). *Les maisons de Wagner à Paris*, par J.-G. Prod'homme.

(50) Lettre de Léon Leroy à Gaspérini, citée dans *Revue musicale*, 1er oct. 1823, pp. 22-23/118-119.

(51) *Ibid.*

(52) Elle eut lieu avenue Matignon.

(53) *La nouvelle Allemagne musicale : R. Wagner*, par A. de Gaspérini, in-8°, Hengel 1866, cité par Servières dans *Tannhäuser à l'Opéra en 1861*, Paris, Fishbacher, 1895, p. 12.

(54) Elle devait mourir en 1862.

(55) L'anecdote racontée par Charles de Lorbac dans son *R. Wagner* (in-32, Paris, G. Havard, 1861) est citée dans G. Servières, *op. cit.*, pp. 7-8 et A. Jullien, *op. cit.*, pp. 118-119. Wagner l'a consignée dans *Ma vie*, t. III, pp. 266-267.

(56) Cf. J.-G. Prod'homme, *H. Berlioz, sa vie et ses œuvres*, Delagrave, 1905, pp. 345-348.

(57) Cité par G. Servières, *op. cit.*, p. 13.

(58) Cf. Maxime Leroy : *Les Premiers amis de Wagner, Revue musicale*, 1er oct. 1923, p. 20/116, n. 4.

(59) Cf. sur ce point, un article de A. de Gaspérini, *Nation*, 4 octobre 1864.

(60) *Liberté*, 13 novembre 1882, art. de Victorin Joncières, wagnérien de 1860.

(61) Cf., dans *le Gaulois du Dimanche*, 9-10 novembre 1907, cette lettre reproduite par les soins de M. Gustave Herwig.

(62) Cf. Maxime Leroy, *art. cité* (*Revue music.*, 1er oct. 1923), pp. 21-26/117-122.

(63) Gaspérini, *op. cit.*, p. 50.

(64) *Le Méhestrel*, 2 juillet 1865

(65) *Figaro*, 11 mars 1868.

(66) Lire A. de Gaspérini : *R. Wagner*, *op. cit.*, *passim.*

(67) Cf. sur le Petit Bayreuth, *Revue wagnérienne*, juin 1886.

(68) Cité par M. Leroy, *art. cit.* p. 26/122.

(69) Il n'est pas le seul à savoir par cœur les partitions de Wagner. Le ténor Roger savait par cœur Tannhäuser (Cf. Lettre de L. Leroy à Gaspérini, *Rev. music.*, 1er oct. 1923, p. 23/118.) De même Edmond Roche connaissait les œuvres wagnériennes.

(70) Cf. Les lettres et les témoignages de Gaspérini cités dans Max. Leroy, *art. cit.*, p. 29/125.

(71) *Gaulois du Dimanche*, 9-10 novembre 1907.

(72) *R. Wagner*, *op. cit.*, (Cf. M. Leroy, *loc. cit.*, 29/125).

(73) Champfleury : *Grandes figures d'hier et d'aujourd'hui*. Poulet-Malassis et de Broise, Paris, 1861, in-12. Préface p. V, VI. (L'article sur *R. Wagner* avait paru en plaquette in-8° chez Baudillat, en 1860).

(74) *Revue Germanique*, t. III, 1858, 9e livraison, p. 486-487.

(75) P. 489.

(76) 17 novembre 1859, p. 4.

(77) Cf. Georges Servières, *Revue musicale* (1er oct. 1923, pp. 92-93/188-189).

(78) Voir aussi un article tendancieux contre Wagner dans la Chronique littéraire de la *Revue Contemporaine*, 15 février 1860, pp. 555-563, signé du baron Ernouf (*L'Œuvre de M. Richard Wagner*) : analyse de l'œuvre, quelques éloges au compositeur, condamnation du système musical : « Le meilleur Wagner est chez Palestrina, Bach, Weber... et Berlioz... Il est peut-être le plus grand musicien d'une époque de décadence ».

(79) Cf. G. Servières. *Le Guide Musical*, 2-9 juin 1887.

(80) *Illustration* du 21 janvier 1860, p. 43, col. 3 (Gustave Héquet).

(81) Ceci, nous l'avons vu, n'est pas tout à fait exact.

(82) *Revue européenne*, 1er février 1860, p. 634-635, Chronique musicale d'Emile Perrin.

(83) *Revue nationale*, février 1860, p. 622.

(84) Au deuxième concert on ajouta la romance de l'Etoile de *Tannhäuser*, chantée par Jules Lefort (Cf. Ad. Jullien, *op. cit.*, p. 122 et note).

(85) 4 février 1860, p. 75 (G. Héquet).

(86) Cf. G. Servières. *Richard Wagner jugé en France*, p. 44.

(87) Champfleury. *Richard Wagner*, Paris, Librairie Nouvelle, A. Bourdilliat, éd., 1860. — [Ce texte est reproduit dans *Grandes figures d'hier et d'aujourd'hui*].

(88) *Ibid.*, p. 5.

(89) *Ibid.*, p. 5-7.

(90) *Ibid.*, p. 10-11.

(91) *Revue anecdotique*, 2e quinzaine de janvier 1860, p. 42.

(92) *Ibid.*, 2e quinz. de février 1860, pp. 95-96.

(93) Cf. G. Servières, *op. cit.*, pp. 44-50.

(94) Après un compte rendu du *Matrimonio Segreto* de Cimarosa, l'auteur écrit : « Passons maintenant du soleil, je ne dis pas aux ténèbres, mais à un soleil opaque... »

(95) *Figaro*, 19 février 1860, p. 5.

(96) Sous le pseudonyme de Léon Durocher. Cf. *La Petite Revue*, 4 novembre 1865 (p. 184) et 2 juin 1866 (p. 23).

(97) *Illustration*, t. XXXV, p. 75.

(98) Cf. *ibid.*, 20 mai 1860, l'opinion de Fétis sur les concerts de Wagner à Bruxelles : « Cette musique s'adresse à un *avenir* qu'on ne serait pas fâché de transformer en *présent*. Je laisse à l'avenir à s'expliquer. »

(99) 15 février 1860, pp. 549-553 (*Revue musicale* de Wilhelm).

(100) Comtesse Dash, *Mémoires* IV, ch. XVI, p. 172.

(101) *La Nation*, 26 octobre 1864.

(102) F.-J. Fétis, *Biographie des Musiciens*, VII, pp. 546-548. F. Didot, in-8o, 1883.

(103) Fétis, *op. cit.*, VII, p. 547.

(104) *Revue des Deux Mondes*, 1er mars 1860, p. 228-238.

(105) pp. 229 et 231.

(106) p. 231.

(107) Ceci est assez mal venu de la part d'un compositeur de romances lamentables dont Fétis (*Biogr. des music.*, t. VII, p. 547) a montré le néant : « Les romances, je les connais : cela s'appelait l'Aurore, les Bluets, la Captive, Chant vénitien, Fleur de l'âme... Je ne m'étonne pas que dans tout cela, il n'y ait pas une idée, pas une phrase qui mérite d'être citée..., etc. »

(108) On peut remarquer la répétition des mêmes formules.

(109) pp. 234-238.

(110) La conclusion oppose curieusement Wagner et Berlioz que Scudo confond dans le même anathème. Les œuvres de « ces deux émules d'insubordination au sens de la beauté mériteraient d'être cousues dans un sac, et jetées à la mer pour apaiser la colère des Dieux ».

(111) Cf. *Revue européenne*, 15 février 1860, p. 837 : « La querelle des mélodistes s'agitait au foyer l'autre jour dans un cercle animé et bruyant ».

(112) 25 décembre 1860, t. I, p. 647, article de Paul Brenier.

(113) 24 mars.

(114) Cité par Troubat, *op. cit.*, p. 197-198.

(115) Il était, nous l'avons vu, un des habitués des mercredis.

(116) p. 834-839.

(117) p. 836.

(118) 1860, t. IX, 2e livraison, pp. 433-448.

(119) Nouvelle série, t. IX, 15 février 1860, pp. 67-68.

(120) Allusion à l'article du *Journal des Débats*, 9 février 1860. — Cf. A. Berlioz, *A travers chants*, Calman-Lévy, in-12o, 1886, p. 309.

(121) A.-S. Chamberlain, *R. Wagner*, pp. 130 sqq. (tr. fr. 3e éd., 1908). Précisons cependant que les tendances démocratiques de Wagner se sont manifestées surtout en 1849, lors des émeutes de Dresde. Elles disparaissent peu à peu ensuite, pour faire place à des conceptions où le principe d'autorité monarchique jouera un rôle important. Il

semble que, de cette crise, il reste encore à l'artiste une foi dans la mission éducative de l'art. Sur ce point, il s'éloigne de la conception baudelairienne.

(122) Cf. M. Leroy, art. cit. dans *Rev. mus.*, 1er octobre 1923, p. 26/122.

(123) Pour éviter toute équivoque, précisons que les wagnériens de 1860 n'ont connu que le *Vaisseau Fantôme, Tannhäuser, Lohengrin,* c'est-à-dire l'œuvre d'un Wagner qui se cherche encore. De *Tristan* ils n'ont entendu que le prélude : l'ont-ils compris ? Il représente, en effet, des procédés de composition tout nouveaux. Ils ont ignoré le *Ring.* Les jugements portés, à cette époque, sur Wagner concernent donc des œuvres de jeunesse et laissent dans l'ombre une partie des productions les plus originales qui existent déjà, cependant.

(124) *R. Wagner,* op. cit., p. 7.

(125) Berlioz. *Correspondance inédite,* C. Lévy, 2e éd., 1879, 2 juin 1855, p. 229. — Cf. sur les relations de Wagner et de Berlioz à Londres, en 1855, J.-G. Prod'homme, *H. Berlioz, sa vie et ses œuvres.* Ch. Delagrave, (s. d.) (1905), p. 345.

(126) *Corr. ind.,* op. cit., 10 septembre 1855, p. 225.

(127) L'étude parut dans l'*Abendzeitung,* de Dresde. — Cf. J.-G. Prod'homme, *op. cit.,* p. 207, n. 1.

(128) R. Wagner. *Musiciens, poètes et philosophes,* trad. par C. Benoit Charpentier, in-12°, 1887 (pp. 185-200). pp. 191-192.

(129) Cf. G. Servières, *Rev. mus.,* n° cit., p. 95-96/191-192.

(130) H. Berlioz, *Corr. ind.* : Lettres à L. Berlioz, 5 mai 1858, p. 262; 14 février 1861, pp. 274-275.

(131) *Revue des Deux Mondes,* 1er mars 1860, p. 237.

(132) Cf. Prod'homme, *op. cit.,* p. 349.

(133) Article reproduit dans *Œuvres en prose de R. Wagner,* t. VIII, appendice, pp. 239 sqq., trad. Prod'homme et Van Vassenhove, Paris, Delagrave, et dans Berlioz : *A travers chants,* pp. 304-317.

(134) P. Lindau, *op. cit.,* p. 7, caractérise Berlioz, critique de Wagner dans cet article : « un exécuteur des hautes-œuvres en toilette de bal ».

(135) *Ma vie,* trad. Valentin, 3 vol. in-8°, Paris, Plon, 1912, III, pp. 251-252.

(136) Sur les réactions de Wagner contre le silence ou les attaques de Berlioz. Cf. Prod'homme, *op. cit.,* pp. 345-352.

(137) Elle est reproduite dans les *Œuvres en prose de Wagner,* éd. cit., t. VII, pp. 1-7.

(138) Cf. la caricature de Cham dans *le Charivari* du 27 février 1860. — Le 10 février 1860, on représentera aux Bouffes-Parisiennes le *Carnaval des Revues,* pièce en deux actes et neuf tableaux par Eugène Grangé et Ph. Gille, musique d'Offenbach. Au sixième tableau, on voyait l'entrée du compositeur de l'avenir aux Champs-Elysées, où il tombait, en s'annonçant à grand fracas, dans un groupe de musiciens du passé, Gluck et Grétry, Mozart et Weber. — Cf. à propos des concerts du Théâtre Italien, les croquis de Cham dans le *Charivari,* 4 mars et 8 avril 1860. — Cf. John Grand-Carteret, *Richard Wagner en caricatures,* Paris, Larousse, s. d. (1891) *passim* et en particulier pp. 200-201, 221-227.

(139) Cf. la *Communication à mes amis d'Allemagne, Œuvres en prose,* t. VI et dans t. VII, p. 174 (*L'ouverture d'Iphigénie en Aulide*).

(140) Champfleury : *Le Réalisme.* Paris, Michel Levy, 1857, in-12 (Lettre à Mme Sand sur M. Courbet), p. 272.

(141) Cf. la dédicace au « romancier Barbara » de son *R. Wagner, op. cit.,* pp. 2-3 : « Elles ne sont donc pas perdues les longues soirées qu'il y a dix ans nous passions à étudier les œuvres d'Haydn, de Mozart, de Beethoven... Mercredi... à l'audition du premier fragment de R. Wagner, je sentis pousser sur le riche fumier que nous avions amassé lentement pendant quelques années les fleurs charmantes de l'Initiation musicale ».

(142) *Souvenirs et portraits de jeunesse,* pp. 247, 252-253.

(143) Champfleury exagère. Le premier concert eut lieu le 25 janvier. Le feuilleton de Berlioz parut le 9 février. — Notons que, dans les *Débats* du 20 mars 1860, Berlioz,

à propos de la reprise de *Pierre de Médicis,* fait d'assez agressives allusions à Wagner.

(144) Champfleury, *Grandes figures d'hier et d'aujourd'hui* (Après la bataille), p. 128.

(145) Bischoff, Fétis, Scudo.

(146) *op. cit.,* p. 130.

(147) *R. Wagner, op. cit.*

(148) *Grandes figures,* p. 127.

(149) *Ibid.,* p. 127.

(150) *R. Wagner, op. cit.,* p. 3 (au romancier Barbara).

(151) *Ibid.,* pp. 7-8.

(152) *Ibid.,* p. 9.

(153) *Ibid.,* p. 12.

(154) *Ibid.,* p. 13.

(155) P. 15.

(156) P. 12.

(157) P. 9.

(158) P. 12.

(159) P. 7.

(160) *Ibid.*

(161) P. 9.

(162) *Ma vie, op. cit.,* III, pp. 252-253.

(163) Ed. Cl. Aveline, Paris, in-12, 1928, pp. 46-50.

(164) Lettre à F. Nadar, 16 mai 1859. *L.,* p. 208.

(165) 25 février 1857 et jours suivants.

(166) Revue publiée en Suisse. La traduction d'*Eurêka* parut incomplète, du n° 2 au n° 5. — Cf. *Dernières Lettres à sa mère,* 13 janvier 1860, p. 124.

(167) *Le Monde Illustré,* 12, 19, 26 juillet et 2 août 1862 : *le Joueur d'Echecs de Maelzel; la Revue française,* 10 mars 1859 : *Eleonora;* 20 mars 1859 : *Un événement à Jérusalem; la Revue fantaisiste,* 15 novembre 1861 : *Eleonora; la Presse,* 17 février 1860 : *l'Ange du Bizarre.*

(168) Cf. *O. P.,* note de la page 75.

(169) *La Musique, F. M.,* p. 108.

(170) *Ma vie,* III, p. 253.

(171) A. Poulet-Malassis, 16 février 1860, cité par J. Crépet, *A. R.,* p. 512.

(172) Baudelaire fait allusion sans doute au moment de sa découverte de Poe.

(173) 28 février 1860. Cf. *Intermédiaire des Chercheurs,* 10 février 1891, lettre citée par J. Crépet, *A. R.,* p. 512.

(174) Cf. G. Servières. *Revue musicale, cit.,* p. 102/198 et note 2. — Cf. Champfleury : *R. Wagner, op. cit.,* p. 15.

(175) Mme Kalergis le combla généreusement. Cf. Wagner, *Ma vie,* III, p. 271, G. Servières, *art. cit.,* p. 103/199.

(176) Cf. Gaspérini, cité par G. Servières dans *Tannhäuser à l'Opéra* en 1861, 1 broch. in-18, Fieschbacher, 1895, p. 12.

(177) Cf. Servières, *op. cit.,* pp. 21-24.

(178) Frédéric Villot, membre de la Société des Antiquaires de France, entré au Louvre depuis 1843, était alors conservateur du Musée de peinture et devait être secrétaire général jusqu'en 1873.

(179) Cf. *Ma vie,* III, p. 264.

(180) Références dans la réédition publiée en 1893 par Ch. Nuitter, Paris, Durand-Calmann-Levy, in-12, 1893. *Quatre poèmes d'opéras précédés d'une lettre sur la musique,* p. V.

(181) *Ibid.,* p. VIII.

(182) P. XIX.

(183) PP. XIX-XX.

(184) P. XXI.

(185) P. XXVI.

(186) PP. XXXI, XXXII.

(187) P. XLII.

(188) P. XLIII, XLIV.

(189) Première quinzaine de juillet 1860, p. 7.

(190) La vérité est peut-être qu'il avait eu un procès avec le propriétaire de l'hôtel de la rue Newton. Cf. sur ce point G. Servières, *Tannhäuser à l'Opéra*, p. 15 et note.

(191) Cf. *Revue mus.*, 1er octobre 1923, p. 103/199 : Les jugements de Mme Kalergis, Bulow, Charles de Lortac, cités par G. Servières.

(192) Cf. dans Servières, *T. à l'op.*, pp. 28-29, l'opinion de Gaspérini et de Lindau sur les audaces de ce ballet.

(193) P. Lindau, cité par Servières, p. 32. Cf. *ibid.* les jugements de Cormon et Petipa — et de Gaspérini et de Lorbac.

(194) Cf. G. Servières, pp. 39-40. Le comte Walewski refuse cette faveur à Wagner (8 mars).

(195) *Ibid.*, pp. 41-46.

(196) Caricatures de Cham, légendes de Pierre Véron. — Cf. John Grand-Carteret, *op. cit.*, pp. 201-202, 222-228.

(197) 15 décembre 1860, pp. 855-860.

(198) D'après les chiffres tirés des archives de l'Opéra, par M. Nuitter et publiés en 1884 dans les *Bayreuther Festspielblaetter,* il y eut 164 répétitions et 14 répétitions générales (Cf. Servières, *op. cit.*, p. 34, note 3).

(199) Villemessant aurait voulu mystifier son gendre Jouvin, critique musical du *Figaro* et ennemi déclaré de Wagner. (Cf. G. Servières, p. 37, n. 1.).

(200) *Figaro,* 6 juin 1858.

(201) Cf. *Revue nationale,* 10 mars 1861, pp. 138-139.

(202) Art. de Paul Brenier, p. 621.

(203) Ils ne seront admis à l'Opéra que le 2 juin 1861. — Cf. *Corresp. inédite, op. cit.*, p. 282, à L. Berlioz.

(204) Lettre 14 février 1861, *op. cit.*, p. 274-275.

(205) Lettre à Louis Berlioz, 2 janvier 1861, *ibid.*, p. 272.

(206) 21 février 1861, p. 277.

(207) 5 mars 1861, *op. cit.*, pp. 277-278.

(208) *Grandes figures...*, *op. cit.*, p. 128.

(209) Ch. Monselet. *Petits mémoires littéraires,* p. 349.

(210) Cf. sur tous les détails de la première, G. Servières, *Tannhäuser à l'Opéra,* pp. 47-59 — et de Paul Lindau le compte rendu envoyé en Allemagne en 1861 dont la traduction, donnée dans le supplément du *Figaro* du 25 mars 1882, a paru dans Paul Lindau, *Richard Wagner,* trad. par J. Weber, 2e éd., Paris, Hinrichsen, 1885, pp. 3-34. — Cf. aussi Catulle Mendès : *Richard Wagner,* Paris, Charpentier-Fasquelle, 1905 (4e mille), pp. 89 sqq. Le passage relatif à Baudelaire se trouve pp. 91-92.

(211) Cf. *La Presse* (18 mars 1861. Paul de Saint-Victor) ; *Figaro-Programme* (19 février, Théodore Grasset) ; *L'Illustration* du 16 mars 1861, p. 165 donne le décor du 1er acte, scène 2; le 23 mars (p. 186) G. Héquet note, avec regret, la beauté des décors.

(212) La cabale fut dénoncée par certains critiques comme Gaspérini dans la *Gazette de Francfort,* Giacometti dans la *Presse théâtrale* (17 mars), Victor Cochinat et Léon Leroy dans la *Causerie* (17 mars et 31 mars). — Cf. G. Servières, *op. cit.*, p. 61.

(213) Rôle du Pâtre.

(214) Ces détails sont donnés d'après le récit de Paul Lindau, *op. cit.*, et le témoignage de Ch. de Lorbac rapporté par G. Servières, *op. cit.*, p. 57-60. — Cf. aussi Souvenirs de la Princesse Metternich, *Journal des Débats,* 20 avril 1895, *Revue anecdotique,* 2e quinzaine de mars 1861, p. 128-130, Delvau, *les Lions du jour* (Paris, in-12, Dentu, 1867), pp. 197-201...

(215) Cité par G. Servières, p. 61. — Cf. *Tannhäuser à Paris ou la troisième guerre musicale,* par Edouard Schelle, broch. in-32, Leipzig, 1861.

(216) G. Servières, *op. cit.*, p. 62.

(217) *A. R.,* p. 202.

(218) Rapporté par G. Servières, pp. 62-63.

(219) 2ᵉ quinzaine de mars 1861, pp. 128-130.

(220) *Souvenirs...,* p. 197.

(221) *Echo de Paris,* 6 mai 1893.

(222) A Madame Massart, *op. cit.,* pp. 278-279.

(223) *Ibid.,* pp. 279-280. — Cf. le témoignage de Judith Gauthier (dans *Wagner et son œuvre poétique depuis Rienzi jusqu'à Parsifal,* 1 vol. in-16, Charavay, 1882) cité par G. Servières, *op. cit.,* pp. 66-67.

(224) *Figaro,* 21 mars 1861.

(225) Cf. G. Servières, *op. cit.,* pp. 65-66.

(226) *Charivari,* 29 avril 1860, 10 mars, 17 mars, 31 mars, 7 avril 1861. — Cf. John Grand-Carteret, *op. cit.,* pp. 201-202, 222-228.

(227) 19 mars 1861.

(228) A. de Rovray, *Moniteur Universel,* 18 mars 1861.

(229) 21 mars. L'article de Jouvin est annoncé le 17 mars (p. 4). — Le 7 février le *Figaro* fait un grand éloge de la *Circassienne* d'Auber « le plus français de nos compositeurs ».

(230) Jouvin écrit cette phrase malheureuse : « La musique brutale et banale est celle qui ébranle seulement le nerf *olfactif* ». Voilà une « correspondance » que Wagner n'avait pas prévue.

(231) Mars 1861, cité par G. Servières, *op. cit.,* pp. 83-84.

(232) P. Lindau, *op. cit.,* pp. 33-34, citant Paul de Saint-Victor, remarque que ce critique trouve « ennuyeux et pitoyable le chœur des Pèlerins alors qu'il attribue au finale du troisième acte un caractère grandiose et imposant. » Et il ajoute : « Ce finale « au caractère grandiose et imposant » n'est précisément pas autre chose que ce même chœur des Pèlerins jugé si « ennuyeux et pitoyable ».

(233) Cf. *Histoire du Journal des Débats,* livre du centenaire, p. 440 note.

(234) *L'Art musical,* 28 mars. Les deux articles forment un chapitre de *Musique et Musiciens* d'O. Comettant, Paris, in-18, 1862, Pagnerre.

(235) Journal d'Escudier, l'éditeur de Verdi.

(236) PP. 138-139.

(237) P. 164.

(238) PP. 183 et 186.

(239) Cf. encore *ibid.,* 18 mai, p. 315, 1ᵉʳ juin, pp. 341-342 des flèches de G. Héquet oontre Wagner.

(240) P. 159.

(241) PP. 345-350.

(242) PP. 296-300, revue de la quinzaine par Paul Brenier.

(243) *Revue Nationale,* t. 4, p. 302-303.

(244) 25 mars et 10 avril 1861.

(245) Pour être juste envers la *Revue Nationale,* notons, après tant de dures critiques, un éloge de Wagner paru le 25 janvier 1862 sous la signature de Théophile Gautier fils, à la fin d'un article sur *la Musique russe* (pp. 297 et 298).

(246) 1ᵉʳ avril 1861, pp. 759-770.

(247) Jactance d'Italien. Dans la *Revue des Deux Mondes,* de 1850 à 1860, Scudo n'a pas écrit dix lignes sérieuses sur Wagner. Des allusions blessantes mais jamais une vraie critique.

(248) Cf. G. Servières, *op. cit.,* pp. 73-74.

(249) Le 17 mars, V. Cochinat y proteste contre la cabale. Wagner lui écrivit une lettre de remerciement (29 mars 1861) (citée par G. Servières, *op. cit.,* p. 99).

(250) Leroy fut le seul avec Gaspérini, dit M. Servières, à louer la scène du Venusberg (*op. cit.,* pp. 86-87).

(251) *La Causerie,* 31 mars.

(252) Cf. Obin, *Journal des Débats,* 23 avril 1895.

(253) Cf. G. Servières, *op. cit.,* p. 99.

LES PHARES : RICHARD WAGNER 639

(254) Cf. Servières, pp. 88-90. — Cf. dans le Temps, 2 mai 1887, un article du même critique, J. Weber, sur la troisième représentation de Tannhäuser.

(255) Livraison du 1er avril, note à la fin de la page 255. — Les articles de Gaspérini ne parurent pas. A peine quelques lignes d'Asselineau — sympathiques à Wagner — dans la Revue du 15 mai (p. 63).

(256) P. 189.

(257) PP. 320-323.

(258) Tome XIV, p. 387.

(259) M. J. Crépet (A. R., p. 518) à propos de cette note trouve « stupéfiante » la déclaration de Perrin : « Nous n'avons ni le temps, ni le dessein d'entrer ici dans l'examen, ni dans la critique de l'œuvre de M. Richard Wagner ». N'est-ce pas tout simplement que E. Perrin entendait laisser le champ libre à Baudelaire ?

(260) Ma vie, III, pp. 231-326.

(261) Ibid., p. 269.

(262) Elle parut le 7 avril dans la Deutsche Allgemeine Zeitung et le 12 dans la Neue Zeitschrift für Musik. — Cf. Prod'homme et Van Vassenhove. Œuvres en prose de R. Wagner, t. VIII, p. 8 et suiv. (Delagrave).

(263) Cf. Ma vie, III, p. 305 — et pour la suite, pp. 305, 306 et 307.

(264) Cf. G. Servières, op. cit., pp. 110-111.

(265) Tous ces détails sont empruntés à R. Wagner (Ma vie, III, pp. 305-306). — Cf. en outre, G. Servières, in Revue musicale, 1er octobre 1923, (pp. 104-105/200-201.).

(266) 14, 21 avril, 5 mai 1861.

(267) Lettre à Champfleury du 28 février 1860, L. p. 242.

(268) Ch. Baudelaire, Souvenirs, correspondance (Pincebourde), p. 119.

(269) Cf. Lettre de Champfleury à Poulet Malassis du 15 août 1866 (E.-J. Crépet, op. cit., p. 202).

(270) 2e quinzaine de février 1860.

(271) M. E. Raynaud prétend que les pièces Elevation et Correspondances (Cf. édit. des Fleurs du Mal, Garnier, éditeur) sont inspirées par l'ouverture de Lohengrin. Notons que ces deux pièces se trouvent dans le recueil de 1857.

(272) L., p. 237.

(273) Ibid., p. 242.

(274) Ibid., p. 266.

(275) Ibid., p. 272.

(276) Ibid., p. 300. Il s'agit de la traduction par Challemel-Lacour des Quatre poèmes d'opéras précédés de la Lettre sur la Musique.

(277) J. Crépet, A. R., p. 514.

(278) L. M., 29 mars 1861, p. 216.

(279) L., p. 315.

(280) 1er avril, L. M., pp. 218-219.

(281) De janvier 1860, date des concerts aux Italiens, à la fin de mars 1861.

(282) A. R., p. 199.

(283) A. R., p. 200.

(284) Moniteur du 29 septembre 1857.

(285) A. R., p. 203.

(286) Revue et Gazette musicale, 6, 13, 20, 27 juin, 11, 25 juillet, 8 août 1852.

(287) Lohengrin et Tannhäuser, 1851.

(288) Opéra et Drame qu'il lit dans la traduction anglaise. Cf. A. R., p. 209.

(289) A. R., p. 211. Cette phrase, extraite du Die Operndichtungen nebst Mitteilungen an seine Freunde als Vorwort, 1852, Leipsick, J. J. Weber, 3 vol. in-16, avait été reprise dans l'article de Fétis du 6 juin 1852, à la Revue et Gazette musicale.

(290) P. 208.

(291) Cf. Lettre sur la musique, LVI.

(292) A. R., p. 217.

(293) Lettre sur la musique, XXXI.

(294) Ibid.

(295) *A. R.,* p. 203.

(296) *Ibid.*

(297) *Ibid.*

(298) *A. R.,* p. 208.

(299) *R. Wagner, op. cit.,* pp. 71 et 151.

(300) Wagner avoue lui-même (*R. Wagner, esquisse autobiographique* dans *Œuvres en prose,* trad. Prod'homme, I, p. 38) : « Je ne fréquentais presque pas de musiciens : lettrés, peintres, etc... formaient ma société ».

(301) *A. R.,* p. 219.

(302) *La Presse,* 18 mars 1861.

(303) PP. 48-50. — Wagner signale dans l'*Histoire de ma vie* (III, p. 317) qu'à cette époque Baudelaire suivait Liszt qui l'emmenait partout où se pouvait rencontrer quelque chance de fortune. — Le commentaire de Liszt est cité par Baudelaire, *A. R.,* p. 204.

(304) *A. R.,* p. 204. — Les passages en italique ont été soulignés par Baudelaire.

(305) P. XXXII.

(306) *A. R.,* p. 206.

(307) *Ibid.,* p. 205. — Sur Liszt, comme sur Baudelaire, il est juste de noter, à ce propos, l'influence d'Hoffmann.

(308) *Lettre sur la musique,* XXV et XXVI.

(309) *A. R.,* p. 307.

(310) *A. R.,* p. 208.

(311) Cf. *A. R.,* p. 211.

(312) *Ibid.,* pp. 211, 200, 210.

(313) *A. R.,* p. 219.

(314) *Ibid.,* p. 212.

(315) *A. R.,* p. 213.

(316) *Lettre à Berlioz,* citée par Baudelaire, *A. R.,* p. 214.

(317) *Lettre sur la musique,* XXII. Cette idée était le point de départ de *Art et Révolution,* écrit en 1849.

(318) *Ibid.,* XXV.

(319) *Ibid.*

(320) Cf. *ibid.,* LXVII.

(321) *A. R.,* p. 215.

(322) *Lettre sur la musique,* XXXII, cité par Baudelaire, p. 217.

(323) *A. R.,* p. 218.

(324) *A. R.,* pp. 218-219. — C'est, nous l'avons vu, l'opinion formulée par Fétis en 1852 et qui a fait le tour de la presse musicale.

(325) Cf. H. Lichtenberger. *Wagner,* Alcan, 1909, pp. 86-87 et suiv.

(326) *A. R.,* p. 219.

(327) *A. R.,* p. 220.

(328) Quelques dates : *Rienzi* est joué en 1842, le *Vaisseau-fantôme* au début de 1843. *Tannhäuser* est en chantier de 1841 à 1845, *Lohengrin* de 1841 à 1847, la Tétralogie est ébauchée dès 1848. — *Art et Révolution* paraît en 1849 ainsi que l'*Œuvre d'Art de l'Avenir;* en 1850, c'est *Art et Climat* et *Les Juifs dans la Musique,* en 1851, *Opéra et Drame* et *Une communication à mes amis;* en 1860, la *Lettre sur la musique* et, en 1861, la *Lettre à ses amis d'Allemagne.* — Cf. A. S. Chamberlain : *Richard Wagner,* éd. cit., p. 193 et suiv. et les affirmations de Wagner lui-même dans *La Lettre sur la Musique,* pp. LIII, LIV.

(329) Cf. *Revue des Deux Mondes,* 1er mars 1840, p. 698 : Sainte-Beuve parlant de la critique dit : « Hélas ! c'est le radeau après le navire... »

(330) *A. R.,* p. 220.

(331) *A. R.,* p. 224 et note de Baudelaire, même page. — D'ailleurs, la *Revue européenne* ne publiera, après l'étude de Baudelaire, aucune critique *technique* de *Tannhäuser.*

(332) *A. R.,* pp. 223-222.

(333) P. LXXXII et suiv.

(334) *A. R.*, p 220.

(335) *A. R.*, p. 224.

(336) *Ibid.*, p. 226.

(337) PP. 331-342.

(338) *A. R.*, p. 229.

(339) P. 230.

(340) *A. R.*, pp. 231-233.

(341) H. Lichtenberger, R. W., p. 101.

(342) Cf. dans la *Lettre sur la Musique*, pp. LX, LXI, l'analyse que Wagner donne de ses desseins dans *Le Vaisseau fantôme*, *Tannhäuser* et *Lohengrin*.

(343) *A. R.*, pp. 238-239.

(344) *Ibid.*, p. 239.

(345) Cf. *P. A.*, VI.

(346) *A. R.*, pp. 240-241.

(347) Cf. *L. M.*, 24 déc. 1857, p. 149; 30 déc. 1857, p. 150 ; 11 oct. 1860, p. 205 ; 9 juillet 1857, p. 143.

(348) *A. R.*, p. 241.

(349) P. Lindau (*op. cit.*, p. 13) affirme qu'il n'y eut pas de cabale. Trop de textes permettent d'affirmer le contraire : Gaspérini dans la *Gazette de Francfort* (cité par G. Servières, *Tannhäuser à l'Opéra*, p. 61), Giacomelli dans la *Presse Théâtrale* (17 mars 1861), V. Cochinat et Léon Leroy dans *la Causerie* (17 mars et 31 mars) sont d'accord pour dénoncer l'existence de la cabale. G. Servières (*op. cit.*, pp.61-62) cite aussi les souvenirs des contemporains comme Nuitter, Ch. de Lorbac, Obin, Petipa, la princesse de Metternich...

(350) Ele est annoncée le 4 mai 1861 dans le *Journal de la Librairie* et paraîtra chez E. Dentu.

(351) Cité par G. Servières, *op. cit.*, p. 57.

(352) Témoignage rapporté par G. Servières, *ibid.*, p. 57.

(353) P. 173.

(354) Cité par J. Crépet, *A. R.*, p. 514.

(355) Lettres citées par J. Crépet, *A. R.*, p. 515 et par E.-J. Crépet, *op. cit.*, pp. 451-452.

(356) *L'Œuvre d'Art de l'Avenir*, IV (titre) dans *Œuvres en prose* de R. Wagner, trad. Prod'homme, t. III, p. 72.

(357) *L'Art et la Révolution*, *ibid.*, t. III, p. 15 : « En même temps que la dissolution de l'état athénien se produit la décadence de la tragédie ».

(358) *L'Œuvre d'Art de l'Avenir*, *loc. cit.*, p. 97.

(359) Cf. A. S. Chamberlain, *op. cit.*, p. 225.

(360) *L'Œuvre d'Art de l'Avenir*, *loc. cit.*, p. 121.

(361) Cf. A. S. Chamberlain, *op. cit.*, p. 225. — Cf. Gœthe, *Maximes en prose* n° 659 : « La dignité de l'art n'apparaît peut-être nulle part de façon aussi éminente que dans la musique, parce qu'elle n'a pas de matière indépendante Elle est à la fois forme et contenu ; elle rehausse et ennoblit tout ce qu'elle exprime. ». — Cf. encore *Convers. avec Eckermann*, 8 mars 1831 : « Dans la poésie il y a un élément démoniaque... Cet élément se retrouve dans la musique, mais au degré le plus élevé. Elle se tient à une telle altitude, qu'il n'est pas d'intelligence capable de l'atteindre, et son action est si impérieuse que personne n'est à même de s'en rendre compte. C'est pourquoi la religion ne peut s'en passer. C'est un des moyens les plus éminents pour agir sur les hommes par la voie du mystère. » — Cf. enfin, *au Professeur de musique J. Pleyer*, 6 août 1822 : « Qui n'aime pas la musique, ne mérite pas le nom d'homme. Celui qui ne fait que l'aimer est une moitié d'homme ; qui la pratique est un homme complet ».

(362) Cf. A. S. Chamberlain, *op. cit.*, p. 225.

(363) H. Lichtenberger, *op. cit.*, pp. 85-86.

(364) Cf. *De l'art poétique et de la composition musicale*, dans *Œuvres en prose*, trad. par J.-G. Prod'homme, t. XII, pp. 211 sqq.

(365) *A. R.*, p. 206.

(366) *F. M.*, XLI, *Tout entière*, p. 68.

(367) *L'Œuvre d'Art de l'Avenir*, trad. cit., III, p. 101.

(368) *Ibid.*, p. 177.

(369) Cf. A. Suarès, *op. cit.*, p. 59.

III

LE CONFITEOR DE L'ARTISTE

Ch. I. — LA CRITIQUE D'UN POÈTE

(1) *C. E.*, *Salon de* 1846, p. 87.

(2) *A. R.*, p. 219.

(3) *C. E.* et *A. R.*, *loc. cit.*

(4) Cf. *C. E.*, p. 86. — La planche de Gavarni à laquelle Baudelaire fait allusion se trouve dans le *Charivari* du 27 novembre 1839 (*Leçons et Conseils*, n° 4). Nous rétablissons le texte complet de la légende.

(5) Cf. *C. E.*, pp. 87-88.

(6) *Ibid.*, pp. 220-221-222. — Cf. *J. I.* (vers la même époque), p. 77, LXXIII : « De la cuistrerie. Des professeurs... »

(7) *C. E.*, p. 222.

(8) *Ibid.*, p. 220.

(9) Cf. *Ibid.*, p. 221 : « Tout peuple est académique en jugeant les autres, tout peuple est barbare quand il est jugé... »

(10) *O. P.*, p. 327 : *sur le style et l'esprit de M. Villemain.* (L'article a été publié par J. Crépet, le 1er mars 1907 dans le *Mercure de France* d'après la copie communiquée par Maurice Tourneux.)

(11) *Ibid.*, p. 329.

(12) *Ibid.*

(13) *Ibid.*, p. 322.

(14) Après son étude sur *Mme Bovary* parue dans l'*Artiste* du 18 octobre 1857. Cf. lettre de Flaubert à Baudelaire, citée dans E.-J. Crépet, p. 363.

(15) Cf. *C. E.*, p. 222.

(16) *Ibid.*, p. 223.

(17) *Ibid.*

(18) *Ibid.*, p. 225.

(19) *O. P.*, *loc. cit.*, p. 327.

(20) *C. E.* (*Salon* 1859), p. 350. Cf. aussi *C. E.*, pp. 99, 312, 402 ; et *P. A.*, p. 158 : « l'esprit envieux et quinteux du critique moral ».

(21) Cf. *C. E.* (*Salon* 1859), p. 287.

(22) Cf. *C. E. Salon de* 1846, p. 160 et *Salon de* 1859, p. 285.

(23) *C. E.*, pp. 224-226.

(24) *Ibid.*, p. 228-230.

(25) *O. P.*, pp. 321 sqq.

(26) Cf. *O. P.*, pp. 401-402.

(27) *C. E.*, p. 88.

(28) *O. P.*, p. 321.

(29) *C. E.* (*Salon de* 1846), p. 88.

(30) *O. P.*, pp. 309-320 (projets de lettre à Jules Janin en réponse à un article de ce dernier sur Henri Heine, paru dans l'*Indépendance belge* du 11 février 1865) — et pp. 321-352 (*L'esprit et le style de M. Villemain*).

(31) *J. I.*, LXXIII, p. 77.

(32) *O. P.*, p. 311.

(33) *Ibid.*, à propos de Byron dont Janin a parlé « trop légèrement ».

(34) *O. P.*, p. 317.

(35) *Ibid.*, p. 318.

(36) *Ibid.*, p. 319.

(37) *Ibid.*, p. 320.

(38) Cf. *XVIIIᵉ S.* 14ᵉ leçon : « Un point de vue qu'il ne faut pas oublier, c'est le caractère mélangé, complexe de notre littérature et les emprunts qu'elle fait au passé et à l'étranger. Par là, elle n'est pas seulement l'expression de la société comme on l'a dit : elle est souvent le reflet du monde entier. » (*Tableau du XVIIIᵉ s.*, t. I, p. 330, Nouvelle édit., in-12, Didier, 1847).

(39) *O. P.*, p. 349.

(40) *Ibid.*, p. 322.

(41) *Ibid.*, p. 323.

(42) *Ibid.*, pp. 327 et 328.

(43) *Ibid.*, pp. 326-327.

(44) Cf. *ibid.*, pp. 331 sqq.

(45) Cf. *Revue de Paris*, mai 1829, t. II, p. 68 sqq.

(46) Cf. *Figaro* 5 juillet, 12 juillet 1857, 13 novembre 1856, 4 novembre 1855, 17 mai 1857.

(47) F. Vanderem : *Baudelaire et Sainte-Beuve*, in-8º, Paris, Leclerc, 1917.

(48) *C. E.* (*Salon de* 1859), p. 278.

(49) Cf. notes pour le *Hibou philosophe*, dans *O. P.*, p. 402.

(50) Artices parus dans l'*Indépendance belge* et réunis dans son livre : *L'art et les artistes contemporains au Salon de* 1859. Librairie Nouvelle, 1859, in-18, 188 p. (Cf., pp. 9-13, éloge de Delacroix).

(51) *C. E.*, p. 277.

(52) *L.*, 14 mai 1859, p. 206. Cf. 16 mai, au même, cette phrase (p. 209) : « Je t'ai un peu menti, mais si peu ! J'ai fait une visite, une seule... »

(53) *Poèmes en prose* : III. *Le « Confiteor » de l'Artiste*, Ed. Conard, p. 8.

(54) *Ibid.*

Ch. II. — Baudelaire critique d'art

(1) Cf. E. et J. Crépet : *Appendice*, p. 406.

(2) Cf. Champfleury : *Souv. et portr.*, p. 133.

(3) *Ibid.*, p. 137.

(4) Cf. J. Crépet : *C. E.*, p. 466.

(5) Cf. Lettre du 23 février 1865 à J. Lemer, *L.*, p. 419. — Cf. aussi J. Crépet : *C. E.*, p. 466.

(6) Cf. *Comœdia*, 16 décembre 1911, billet de B. à Champfleury publié par H. Falk. — Cf., dans le *Corsaire-Satan* du 27 mai 1845, une note anonyme où Baudelaire est comparé à « Diderot, moins le paradoxe... » et, dans la *Silhouette* du 20 juillet 1845, quelques lignes sympathiques d'Auguste Vitu, où il est dit de Baudelaire qu' « il possède les allures franches, naïves, la bonhomie cruelle de Diderot, dont il a certainement étudié l'œuvre critique... »

(7) *La Silhouette*, 20 juillet 1845.

(8) Asselineau, *op. cit.*, p. 16.

(9) Nous ne donnons ici, à propos du *Salon de* 1845, qu'un rapide aperçu des procédés et du ton de la critique de Baudelaire. Nous renvoyons le lecteur, curieux de détails plus appuyés, à notre *Introduction* (ch. IV) *au Salon de* 1845 de Ch. Baudelaire.

(10) Par exemple il parle (p. 48) de « sentiment fort distingué » à propos de Mme Céleste Pensotti. Et il s'agit ici d'une œuvre de femme.

(11) *C. E.*, p. 49 (Muller).

(12) *Ibid.*, p. 30.

(13) PP. 30, 27.

(14) Cf. pp. 49, 52 (Leleux frères, Lepoitevin, Papety...) et pp. 60-61-62 (Joyant, Saint-Jean).

(15) PP. 13-14. — Cf. aussi le jugement porté sur Vernet portraitiste, p. 43.

(16) P. 37.

(17) P. 35.

(18) P. 26.

(19) Rémond, p. 53.

(20) PP. 33-34.

(21) PP. 35-36.

(22) P. 36.

(23) Jacquand, p. 53.

(24) Adrien Guignet, p. 52.

(25) P. 46.

(26) P. 37.

(27) P. 26.

(28) P. 17. — Cf. sur le tableau de W. Haussoullier et le jugement de Baudelaire, dans *Figaro*, 15 novembre 1924, un article documenté et pénétrant de Jacques Crépet.

(29) P. 7.

(30) P. 28.

(31) PP. 21 et 22.

(32) PP. 27-28.

(33) Cf. Paul Jamot : *Revue de l'Art ancien et moderne*, 1920, t. I, p. 72.

(34) Cf. *id., ibid.*, p. 75.

(35) *C. E.*, p. 41.

(36) Cf. Louis de Planet, *Souvenirs de travaux de peinture avec Delacroix*, publiés par A. Joubin (A. Colin, in-8°, 1929), et Th. Silvestre, *E. Delacroix, Documents nouveaux* (Paris, M. Lévy, in-12, 1864). — Cf. *C. E.*, pp. 32-33.

(37) *C. E.*, pp. 32 et 33.

(38) PP. 28-29.

(39) Paul Mantz dans *l'Artiste* (30 mars 1845, p. 196) est surtout frappé des « airs par trop galants » de la *Sainte Thérèse* : « Léda frémissant sous les baisers du cygne n'entr'ouvrirait pas autrement sa lèvre amoureuse. »

(40) P. 45.

(41) P. 43.

(42) P. 42. — En 1846, il aura une autre opinion fort dure (*C. E.*, p. 140).

(43) P. 20.

(44) P. 20.

(45) PP. 24-25.

(46) PP. 55-57.

(47) *L'Artiste*, 4e série, t. III, 16 mars 1845, p. 161.

(48) *Ibid.*, p. 162.

(49) *Ibid.*, p. 163.

(50) *Ibid.*, pp. 163-164.

(51) *Ibid.*, p. 164.

(52) Paul Mantz, Salon de 1845, *l'Artiste*, 23 mars 1845, pp. 177-179.

(53) *Id., ibid.*, 30 mars 1845, pp. 193-196.

(54) A. H[oussaye] : *L'Artiste*, 6 avril 1845, pp. 209-211, 6e article.

(55) *L'Artiste*, 20 avril 1845, pp. 241-243, 8e article.

(56) « L'art romantique n'existe pas, mais du moins l'art académique n'existe plus. » (p. 241).

(57) Cf. notre introduction au *Salon de 1845* de Ch. Baudelaire, ch. III : *Les critiques du Salon de 1845*.

(58) Cf. *La Renaissance, Chronique des Arts et de la Littérature*, 7e année, t. VII,

Bruxelles, Imprimerie de la Société des Beaux-Arts, 1845-1846 : deux articles d'A. de Martonne, pp. 4-6 et pp. 29-31.

(59) Cf. la fin du 1er article (p. 6) : « Maintenant pars, ma chronique, chargée de blâmes et d'éloges, sévère et douce, impartiale et indépendante ! Pars pour Bruxelles, heureuse chronique ! »

(60) 2e article, p. 29.

(61) C. E., Salon de 1846, p. 124.

(62) Le Marchand d'Esclaves.

(63) C. E., pp. 126-127.

(64) La Semaine. Salon de 1846, p. 631.

(65) L'Illustration, 4 avril 1846, pp. 72-73.

(66) Ibid., p. 74.

(67) Cf. l'Eloge de H. Vernet dans la Renaissance, t. VIII, 8e année, p. 13 (A. de Martonne) : « Tout ce qu'il fait a un coin de distinction incontestable ».

(68) 22 mars 1846, p. 38.

(69) 15 avril 1846, pp. 283-284.

(70) C. E., pp. 162-163.

(71) 15 avril (pp. 283-300) et 15 mai (pp. 671-684) 1846.

(72) Ibid., pp. 284-285. — Cf. l'article admiratif de l'Illustration, 25 avril 1846, t. VII, p. 119, dont la première phrase donne le ton : « Le fait le plus considérable de ce Salon est la réapparition de M. Ary Scheffer. » — Cf. sur le tableau de saint Augustin et sainte Monique : « Jamais l'extase religieuse n'avait illuminé une page plus douce et plus attachante... L'âme va à l'âme... La tête de sainte Monique est sublime, etc... »

(73) C. E., p. 166. — Cf. Ibid., pp. 166-171.

(74) Cf. G. Planche, Revue des Deux-Mondes, 15 avril 1846, pp. 284-285.

(75) C. E., p. 169.

(76) Cf. les critiques de l'Artiste que nous avons citées plus haut (notes 47-55).

(77) C. E., p. 128. — Cf. sur Catlin et ses Ioways : Delvau, Les Lions du jour, Paris, Dentu, 1867, pp. 155-161 — et les curieux articles de l'Illustration, 1845, t. V, pp. 202, 231, 263.

(78) C. E., p. 132.

(79) C. E., p. 134.

(80) C. E., p. 139.

(81) C. E., pp. 144-145.

(82) C. E., pp. 160-161.

(83) C. E., p. 162.

(84) C. E., pp. 166-168.

(85) Cf., par exemple, p. 172, les jugements portés sur « des tableaux de sentiment » ; p. 174, à propos de Glaize : « les commis étalagistes et les habilleurs de théâtre ont aussi le goût des tons riches... » ; p. 175 : « M. Bard, l'homme aux folies froides... » ; p. 176, tout le jugement sur Biard...

Faut-il retrouver la trace de cette ironie de Baudelaire dans le Salon caricatural, critique en vers et contre tous, illustrée de soixante caricatures dessinées sur bois, Paris, Charpentier, libraire, 1846, in-8° de 2 feuilles avec vignettes dans le texte ? Ce Salon est reproduit, sous le nom de Charles Baudelaire, dans le Manuscrit autographe (juillet-août 1930, pp. 1 à 14). M. J. Mouquet, dans sa « glose » (pp. 38 à 44), nous paraît attribuer un peu hâtivement ce Salon à Baudelaire. Voici les éléments de la question. Poulet-Malassis écrivait, en 1864, dans une lettre à Philippe Burty : « Il y a un « Salon » en vers avec caricatures, dont la pièce initiale a été faite par Baudelaire, Banville et Vitu. Daurelle (?) a dit qu'il n'y aurait des drôleries à y prendre » (citée par M. Mouquet, p. 38). Ceci prouve-t-il que le Salon caricatural retrouvé par M. J. Mouquet et reproduit dans le Manuscrit autographe soit bien le Salon auquel fait allusion Poulet-Malassis ? Et, dans l'affirmative, Poulet-Malassis n'authentiquant que « la pièce initiale », il semble imprudent 1° d'attribuer aux trois amis le Salon entier; 2° de rechercher, par des rapprochements arbitraires, la part de Baudelaire dans cette œuvre apocryphe ; 3° d'affirmer que Baudelaire a collaboré activement à ce salon ; 4° enfin, de mettre au sommaire le *seul* nom de Baudelaire devant *le Salon caricatural*. — On ne s'étonnera pas que, dans ces conditions, nous n'ayons pu faire état de ces textes qui ont, en soi, d'ailleurs, leur intérêt. Notons seulement que ces caricatures ne sont pas toujours d'un goût très sûr. En outre, à la page 7, il y a une caricature violemment satirique de *Roméo et Juliette* de Delacroix qu'un Baudelaire eût difficilement admise.

(86) *L'Illustration*, 14 février 1846, p. 376.

(87) *Ibid.*, *l'Illustration* donne une curieuse gravure (VI, p. 376) représentant « la travée où sont exposés les tableaux de M. Ingres ».

(88) *C. E.*, pp. 205-215.

(89) Cf. R. Schneider : *L'art français au XIXe siècle, op. cit.*, 1re partie, ch. I, II, III.

(90) Guérin était représenté par deux esquisses ; Girodet, par le fameux tableau de 1792, qui eut tant de succès à l'exposition de 1797 : *Hippocrate refusant les présents d'Artaxerxès*, prêté par l'Ecole de Médecine ; Gérard, par une répétition en petit du *Bélisaire*, un *Portrait de Ducis*, un *Portrait de Mademoiselle Mars*, une petite ébauche : *Marius rentrant dans Rome*. De Gros on voyait deux portraits et quelques esquisses ; de Géricault, deux dessins à la plume, dont l'un fut reproduit par *l'Illustration* (VI, 14 février 1846, p. 376). Prud'hon était représenté par trois tableaux et cinq dessins. Les tableaux étaient : *l'Innocence entraînée par l'Amour et suivie par le Repentir, Vénus et Adonis, Phrosine et Mélidor* (Cf. *l'Illustration*, loc. cit., p. 378).

(91) H. Vernet : *Judas et Thamar, Rebecca à la fontaine, Une chasse dans les marais Pontins, Porte de Constantine, La Brèche de Constantine*. — Delaroche : *l'Assassinat du duc de Guise, Richelieu, Mazarin*. — Ary Scheffer : *le Roi de Thulé, Francesca de Rimini*. — Léon Cogniet : *Episodes du massacre des Innocents, le Tintoret et sa fille, l'Enlèvement de Rebecca* (Cf. *Illustration*, loc. cit., p. 378).

(92) *C. E.*, pp. 11 et 12.

(93) *C. E.*, p. 44.

(94) *C. E.*, p. 211.

(95) *Ibid.*, p. 212.

(96) *C. E.*, Salon de 1846, p. 154.

(97) *Ibid.*, p. 154.

(98) *Ibid.*, p. 155.

(99) *Etudes sur l'Ecole française*, I, p. 210 : « Après Vélasquez et Van Dyck, était-il permis de ne tenir aucun compte du ton chaud et vigoureux de la tête originale ? Je réponds hardiment, non. »

(100) Cf. P. Pétroz : *L'Art et la critique en France depuis 1822*, Paris, Germer Baillière, in-12, 1875, p. 102.

(101) *L'Artiste*, 1837, 1re série, t. XIII, p. 49.

(102) *Ibid.*, 1833, 1re série, t. V, p. 57. — Cf. aussi pp. 129-130.

(103) *Ibid.*, 1839, 2e série, t. IV, pp. 145-149.

(104) *Ibid.*, 1840, 2e série, t. V, p. 235 (Noter une erreur de J. Janin, qui place au Salon de 1834 le portrait de Bertin).

(105) *Ibid.*, 1840, 2e série, t. VI, pp. 133-135 et 151-153 (J. Varnier), puis 343-345.

(106) *Ibid.*, 1841, 2e série, t. VIII, pp. 194-198.

(107) *Ibid.*, pp. 305-308.

(108) *Ibid.*, 1841, 2e série, t. VII, pp. 413-414 (l'article est anonyme, mais il est attribué dans les tables à U. Ladet).

(109) *Ibid.*, 1844, 3e série, t. V, p. 146.

(110) *Ibid.*, 1845, 4e série, t. III, 16 mars 1845, p. 164 (Cet article et l'article précédent sont anonymes mais ils sont attribués dans les tables à A. Houssaye). — Cf. la même note dans le *Journal des Débats*, au 5 mars 1840. — Le 21 mars 1841, E.-J. Delécluze se plaint que M. Ingres soit au nombre « de ceux que leur talent et la position qu'ils se sont faite, ont rendus indépendants, disposés à n'user que très sobrement des Expositions ». — Le 15 mars 1842, il donne une note plus sèche : « M. Ingres a décidément la résolution de montrer ses ouvrages dans son atelier. »

(111) *L'Artiste*, 25 janvier 1846, pp. 198-201 : *Une exposition hors du Louvre. M. Ingres et son école.*

(112) *C. E.*, p. 147.

(113) *Ibid.*, p. 146.

(114) *Ibid.*, p. 148.

(115) Cf. *ibid.*, p. 111, note.

(116) Cet article parut sous le titre : *Beaux-Arts*, précédé d'un entrefilet élogieux d'A. P., Arthur Ponroy, ami de Baudelaire depuis les jours du *Corsaire-Satan*. — Cf. J. Crépet, *C. E.*, pp. 482 et 483.

(117) *L.*, 9 juin 1855, p. 73. — Cf. *ibid.*, p. 75.

(118) *Exposition du musée Bonne-Nouvelle*, pp. 206-207.

(119) *C. E.*, *Exposition de* 1855, p. 231.

120) *Ibid.*, p. 233.

(121) *Ibid.*, pp. 232-233.

(122) E.-J. Delécluze : *Louis David et son temps*, Paris, Didier, nouv. édit., 1863, in-12, p. 84.

(123) *L'Artiste*, 5e série, t. XV, p. 43.

(124) *Ibid.*, p. 60.

(125) *C. E.*, p. 234.

(126) *Ibid.*, p. 234.

(127) P. 236.

(128) *C. E.*, pp. 237-238. — En 1855, Ingres avait exposé quarante peintures, dans une travée spéciale. *L'Illustration* cite et commente la plupart de ces œuvres (30 juin 1855, pp. 419 et 422) : *Portrait de son père, Portrait de l'artiste, Bonaparte, premier consul, Œdipe expliquant l'énigme du Sphinx, Portrait de Mme Devançay, Etude de Baigneuse, Baigneuse, Jésus-Christ donnant les clefs du Paradis à saint Pierre, le Vœu de Louis XIII, la Vierge à l'Hostie, Jeanne d'Arc, Martyre de saint Symphorien, Homère déifié, Odalisque* (1814), *Roger délivrant Angélique, Naissance de Vénus Anadyomène, Odalisque au Harem* (1839), *Portraits de M. Molé, de M. Bertin*, etc...

(129) *C. E.*, p. 238.

(130) Cf. *Salon de* 1845, un mot sur « le magnifique portrait de M. Bertin »... (p. 69).

(131) *C. E.*, p. 239.

(132) *Ibid.*, p. 240.

(133) L'article sur Delacroix avait paru au *Pays* le 3 juin 1855. — Cf. *C. E.*, pp. 482-483.

(134) *L'Athenaeum français*, 1855, article sur *l'Ecole française*, 6 octobre, n° 48, pp. 860-861.

(135) *Revue des Deux-Mondes*, 15 sept. 1855, pp. 1139-1144.

(136) *Histoire des artistes vivants français et étrangers*, E. Blanchard, s. d. (1856), gr. in-8°, pp. 1-33.

(137) *C. E.*, p. 240.

(138) *Ibid.*, pp. 241, 238, 236.

(139) Cf. Pierre Pétroz, *op. cit.*, pp. 127-128.

(140) Dans *l'Artiste*, 1845, 4e série, t. III, p. 258, Paul Mantz trouve ce portrait « d'une composition qui vous fatigue par les lignes droites ».

(141) *C. E.*, p. 43.

(142) *C. E.*, pp. 149-151.

(143) Cette année-là, Gautier avait tressé des couronnes à Ary Scheffer (*La Presse*, 31 mars 1846).

(144) *C. E.*, pp. 153-154.

(145) *Ibid.*, pp. 156-157.

(146) *L'Artiste*, 1845, 4e série, t. III, p. 195.

(147) Th. Thoré : *Constitutionnel*, Salon de 1846, cité par P. Pétroz, *op. cit.*, pp. 123-124.

(148) *C. E.*, *Salon de* 1859, p. 327.

(149) *Ibid.*

(150) *Ibid.*, pp. 328-329.

(151) *C. E., Salon* 1846, pp. 143-144.

(152) *Ibid.*

(153) *C. E., Exposition de* 1855, p. 235.

(154) Ch. Asselineau, *op. cit.*, p. 81.

(155) *Revue française*, 10, 20 juin, 10, 20 juillet 1859.

(156) Asselineau, *op. cit.*, pp. 81-82.

(157) Cf. *C. E.*, p. 255.

(158) Cf. *C. E.*, p. 230.

(159) *Ibid.*, p. 258.

(160) *Ibid.*, pp. 258-259.

(161) *Ibid.*, p. 262.

(162) Cf. Martino : *Le Roman réaliste sous le second empire*, Paris, Hachette, 1913, p. 211.

(163) P. 245.

(164) Cf. pour Taine, *Lundis* (5ᵉ édit., Garnier), XIII, 9 mars 1857, pp. 249-266 ; 16 mars 1857, pp. 268-283 ; XV, 29 octobre 1860, pp. 54 et 66 (à propos d'E. Schérer); pour Flaubert, *Lundis*, XIII, 4 mai 1857, pp. 348-363 ; pour Feydeau, *Lundis*, XIV, 14 juin 1858, pp. 163-178 ; XV, 20 février 1860, pp. 348-355.

(165) *Lundis*, XIV, p. 77.

(166) Cf. *Corsaire*, 18 janvier 1848 et *O. P.*, p. 169.

(167) Cf. Martino, *op. cit.*, p. 83, et, outre les références données *ibid.*, p. 294, Champfleury, *Souv. et portr. de jeunesse*, pp. 185-192, *le Réalisme* (Michel Lévy, 1857), pp. 3, 4, 5, 9 et pp. 270 sqq. (*Sur M. Courbet, Lettre à Madame Sand*).

(168) Cf. Martino, *op. cit.*, p. 85 et notes p. 294.

(169) Novembre 1856 à mars 1857.

(170) Cf. 15 déc. 1856 : *à quoi sert donc Charenton ?*

(171) Cf. dans le *Figaro*, 13 nov. 1856, un éreintement des poètes en renom par Duranty sous le titre : *Les Jeunes*, où Baudelaire n'est pas ménagé.

(172) Cf. Martino, *op. cit.*, pp. 90-91 et *Réalisme*, 15 déc. 1856.

(173) Cf., dans Martino, *op. cit.*, pp. 76-77, le texte de ce manifeste et le commentaire qui l'explique.

(174) Cf. *Réalisme*, 15 déc. 1856 : *Pour ceux qui ne comprennent pas.*

(175) Loi du 16 juillet 1850. — Cf. Martino, *op cit.*, pp. 99 et 101.

(176) Cf. Champfleury : *Le Réalisme*, p. 274.

(177) En particulier ses fameuses « Baigneuses » défendues par Proudhon. — Cf. Champfleury, *ibid.*, p. 278.

(178) *Rev. des Deux-Mondes*, 1ᵉʳ sept. 1839 : *De la littérature industrielle* (pp. 675-691). — Cf. *ibid.*, p. 681.

(179) Cf. Monselet : *Petits mémoires littéraires*, p. 12.

(180) Martino, *op. cit.*, p. 97. — Voir aussi *Revue des Deux-Mondes* : *1855*, 1ᵉʳ février, pp. 541-543 (A. de Pontmartin : *Poètes et romanciers modernes de France*, pp. 535-556) ; 1ᵉʳ mars, pp. 999-1019 (E. Montégut : *Perspectives sur le temps présent : De la toute-puissance de l'industrie*) ; 1ᵉʳ mai, pp. 560-561 (G. Planche : *La Littérature française de 1830 à 1848*, pp. 538-565) ; *1856*, 1ᵉʳ février, p. 595 (Ch. de Rémusat : *Du Romanesque et de l'esprit littéraire*, pp. 587-595) ; *1857*, 15 mars, p. 433 (G. Planche : *Le Roman français en 1857*, pp. 410-433) ; 15 mai, p. 377 (Ch. de Mazade : *G. Sand, ses mémoires et son théâtre*, pp. 351-377) ; 15 juillet, pp. 405-406 (Saint-René-Taillandier : *La Littérature et la vie militaire*, pp. 404-421) ; *1858*, 1ᵉʳ novembre, p. 201 (Ereintement de *Fanny* dans *le Roman intime de la littérature réaliste* par Emile Montégut, pp. 196-213) ; *1859*, 15 juin, pp. 873-875 (E. Montégut : *Le Roman réaliste en Angleterre*, pp. 867-897) ; 1ᵉʳ octobre, p. 726 (Ch. de Mazade, *Pages d'un rêveur inconnu*, pp. 720-738).

(181) Cf. *Revue contemporaine*, I, 1852 (A. de Pontmartin y est très sévère (p. 159) pour *les Excentriques* de Champfleury où il trouve le « plus effréné réalisme ») ; III,

1852, p. 173 (« génération prosaïque et positive », écrit de ses contemporains .. même critique) ; IV, 1852, p. 651 (A. de Pontmartin, contre le « réalisme d'arrière-boutique » de Reybaud et le « réalisme d'atelier » de Champfleury) ; XII, 1854, pp. 617-620 (Lerminier : *Lettres sur la littérature contemporaine*). — *Correspondant*, 25 décembre 1855 (H. Mercier de Lacombe : *De quelques tendances de la littérature française de 1830 à 1848*) ; 25 juin 1857 (A. de Pontmartin : *Le Roman bourgeois et le Roman démocrate*) ; 25 avril 1858 (A. de Pontmartin : *De l'esprit littéraire en 1858*) ; 25 décembre 1858 (C. de Mouy : *Le Roman au théâtre*).

(182) Cf. Martino, *op. cit.*, p. 97.

(183) Champfleury : *Souv. et portr. de jeun.*, p. 188.

(184) *C. E., Salon de* 1859, pp. 267 et 289.

(185) *Ibid.*, p. 325.

(186) Cf. *ibid.*, pp. 268 et 269.

(187) *C. E.*, pp. 269-271.

(188) *C. E.*, p. 272.

(189) Cf. Delacroix : *Journal*, 12 octobre 1853, II, pp. 85-88.

(190) *C. E., Salon de* 1859, pp. 272-273.

(191) *Ibid.*, pp. 273-274.

(192) *Ibid.*, p. 235.

(193) *Revue anecdotique* du 2 avril 1862 et *Boulevard* du 14 septembre 1862 (A. R., pp. 111-112).

(194) *C. E.*, p. 275.

(195) *Souv. et portr. de jeunesse*, p. 133, note.

(196) *C. E.*, p. 276.

(197) *A. R.*, p. 329 (Sur Desbordes-Valmore).

(198) *Ibid.*, p. 419.

(199) *C. E.*, p. 283.

(200) *Ibid.*, p. 281.

(201) *Ibid.*, p. 282.

(202) *Ibid.*, pp. 283-284.

(203) Cf. J. Crépet, *C. E.*, p. 493.

(204) *C. E.*, pp. 299-300. — Cf. pp. 493-494, et les discussions sur la toile de Hamon dans le *Figaro* du 5 juillet 1859.

(205) *C. E.*, p. 302.

(206) *Ibid.*, p. 306.

(207) Il avait exposé cette année-là le *Défilé des Zouaves de la tranchée* et l'*Ecole à feu de Vincennes*.

(208) Baudelaire avait, en 1857, traité Charlet moins favorablement. — Cf. *C. E.*, p. 406 et E.-J. Crépet, p. 345. — Cf. sur Charlet : De la Combe : *Charlet, sa vie, ses lettres*, Paris, Paulin et Le Chevalier, 1856 (ouvrage loué par Delacroix). Delacroix faisait grand cas de Charlet. Il parle de lui avec éloges à maintes reprises dans son *Journal* et il lui consacrera un grand article, le 1er juillet 1862, dans la *Revue des Deux-Mondes*. C'est sur ses instances que Baudelaire atténue sa rigueur.

(209) *C. E.*, p. 310.

(210) *Ibid.*, p. 313, à propos de l'*Eve* de Clésinger.

(211) Cf. *Ibid.*, pp. 26 et 168.

(212) *Ibid.*, p. 317.

(213) *Ibid.*, p. 315. — Cf. Ph. Burty : *Maîtres et Petits maîtres*, Paris, Charpentier, 1877, pp. 358 sqq.

(214) 1859 : *Prédication maronite dans le Liban, Corps de garde d'Arnautes au Caire*. — *C. E.*, p. 316.

(215) *Ibid.*, p. 317. — Cf. Paul Jamot, *Revue Universelle*, décembre 1927, *Pourquoi Fromentin a-t-il voulu être peintre* ?

(216) *C. E.*, pp. 321-323.

(217) Louis Jordan, dans le *Siècle* du 7 juin 1859, avait parlé de la « monotonie fatigante » de Penguilly.

(218) *C. E.*, pp. 324 sqq.

(219) *Ibid.*, pp. 324-325.

(220) *Ibid.*, p. 328.

(221) *Ibid.*, p. 326.

(222) *Ibid.*, p. 329.

(223) *Ibid.*, p. 327.

(224) *Ibid.*, p. 331.

(225) *Ibid.*, p. 345.

(226) Cf. P. Jamot : *La peinture au Musée du Louvre*, XIXᵉ s., II, p. XI.

(227) Cité par P. Pétroz (d'après le *Constitutionnel*), *op. cit.*, p. 207.

(228) Ch. Blanc : *Les Artistes de mon temps*, Didot, 1876, art. sur Troyon, p. 316.

(229) *Ibid.*, p. 317. — Cf. art. sur Troyon, pp. 313-323.

(230) *Bœufs se rendant au Labour*, 1855.

(231) G. Planche, *Revue des Deux-Mondes*, *Salon de 1846* (*Etudes sur l'Ecole française*, II, p. 214).

(232) *C. E.*, p. 334.

(233) *Journal*, II, p. 87 (12 oct. 1853). — Cf. *ibid.*, pp. 87-88.

(234) *Ibid.*, II, p. 92 (17 oct. 1853).

(235) *C. E.*, p. 333.

(236) *Ibid.*, p. 335. — En 1859 Millet avait exposé une *Femme faisant paître une vache* pour laquelle *l'Illustration* (21 mai 1859, pp. 341-342) est sévère (art. de A.-J. Du Pays). « A force de poursuivre l'idée abstraite, il laisse échapper la vie » (p. 341). Le 25 juin, le même critique revient sur l'envoi de Millet, avec un ton adouci (p. 459).

(237) Cité par P. Jamot : XIXᵉ *Siècle*, 2ᵉ partie, *op. cit.*, p. 44.

(238) P. Pétroz, *op. cit.*, p. 234.

(239) *Journal*, II, pp. 19-20 (16 avril 1853).

(240) *C. E.*, pp. 335-336. — Troyon avait envoyé un *Départ pour le marché* (nᵒ 2902). Cf. *l'Illustration*, 23 avril 1859, pp. 268 et 270 (gravure).

(241) *C. E.*, p. 181. — Cf. *ibid.*, pp. 58, 158, 181, 262, 277.

(242) *C. E.*, pp. 55, 184.

(243) *C. E.*, p. 336.

(244) Théodore Rousseau avait exposé cinq tableaux : *Gorges d'Apremont*, *Lisière de bois*, *Plaine de Barbizon*, *Bornage de Barbizon*, *Forêt de Fontainebleau*, *Bords de la Sèvres* (Vendée), *Ferme dans les Landes* (Cf. *Illustration*, 21 mai 1859, p. 340).

(245) *C. E.*, pp. 336-338.

(246) Cf. *C. E.*, pp. 55-57 et 180.

(247) P. Pétroz, *op. cit.*, p. 208.

(248) Cité par Pétroz, pp. 208-209.

(249) Cf. Moreau-Nélaton, *Corot*, Laurens, s.d., pp. 102 sqq.

(250) *C. E.*, p. 343.

(251) Suivant *l'Illustration* (21 mai 1859, pp. 339-340), Corot exposa sept tableaux au Salon de 1859 : *Dante et Virgile* (épisode du 1ᵉʳ ch. de *l'Enfer*) ; *Idylle* (scène de style antique) ; *Paysages avec figures* (arbres et femme nue, jeux de lumière transparente, « avec des tons gris sales ») ; et quatre petites toiles, études de nature (*l'Illustration* cite : *Souvenir du Limousin, Tyrol italien, Etude à Ville d'Avray*) (Cf. le *Paysage avec figures*, gravé p. 341).

(252) *C. E.*, p. 62. — Il avait exposé, en 1859, outre le *Hameau de Buchez* (Aisne), vu, le soir par un effet de neige, un tableau des *Etangs de Fourcy* (Aisne) (*Illustr.*, 23 juillet 1859, p. 78, col. 2).

(253) Cf. René Paul Huet : *Paul Huet*, Laurens, 1911, pp. 195 sqq.

(254) Cf. Jamot, *op. cit.*, p. 53.

(255) 24 avril 1855, *Lettres* (Burty), p. 253.

(256) *C. E.*, pp. 338-339.

(257) *Vue de Rome prise de l'Arco di Parma*.

(258) Deux paysages : *Isola Farnese* et *Castel Fusana* « d'un aspect âpre, vif et saisissant » (*Illustration*, 4 juin 1859, p. 389). Il avait envoyé aussi une grande toile :

Eve dans le Paradis terrestre tentée pendant son sommeil, aux formes colossales, aux couleurs franchement attaquées (Cf. *ibid.*).

(259) Le Salon de 1859 avait vu un tableau de lui : *Le Pardon de sainte Anne Palud.*

(260) Asselineau, p. 81.

(261) *C. E.,* p. 342.

(262) Cf. Lettre de Mme Aupick à Asselineau, dans E.-J. Crépet, p. 263.

(263) *C. E.,* pp. 354-362.

(264) Prouha : *La Muse de l'Inspiration ;* Carrier de Belleuse : *La Mort de Desaix,* groupe (cf. *Illustration,* 6 août 1859, p. 117). Oliva : *Le Général Bizot, M. de Mercey, M. Baube* (*ibid.,* p. 118).

(265) *Illustration,* 6 août 1859, p. 118 (A.-J. Du Pays).

(266) La *Danse Macabre* et le *Masque.*

(267) *Sapho terminant son dernier chant, Zingara, Taureau romain.*

(268) *N° cité,* pp. 116-117.

(269) *L. M.,* 4 décembre 1847, p. 34.

(270) Cf. la série de ses médaillons.

(271) 6 août 1859, pp. 116-117.

(272) *C. E.,* p. 260.

(273) Les portes du Salon lui furent fermées de 1836 à 1849 (Cf. G. Planche : *Etudes sur l'Ecole française,* I, p. 290).

(274) Cf. P. Pétroz, *op. cit.,* p. 269.

(275) *Histoire des Artistes vivants,* 1re série, Blanchard, 1856, in-4°, pp. 281-301.

(276) *Ibid.,* pp. 281, 300-301 ; 285-286.

(277) P. Pétroz, *op. cit.,* p. 286.

(278) *Revue des Deux-Mondes,* 1er juin 1859, pp. 523-524.

(279) Cf. E.-J. Crépet, p. 356.

(280) *Ibid.,* p. 357.

(281) *C. E.,* p. 235.

(282) Cf. *A. R.,* p. 112.

(283) Cf. Th. Silvestre, *op. cit.* (art. Courbet), p. 266 — et pp. 269, 271, 272.

(284) *Revue des Deux-Mondes* (H. Delaborde), 1er juin 1859, p. 531.

(285) Théophile Silvestre à la fin de son article sur Courbet (*op. cit.,* p. 277) faisant le procès du *réalisme* entendu au sens strict oppose à cette doctrine un éloge de l'Imagination qui aurait pu être signé de Baudelaire. Il est piquant de noter cette rencontre de deux admirateurs d'Eugène Delacroix.

(286) Notons, à titre de curiosité, qu'en 1859 Baudelaire ne parle pas du peintre Haussoullier — auquel, en 1845, il avait consacré des pages si élogieuses. Celui-ci avait envoyé des paysages (*Vallée du Mont-Saint-Jean près d'Honfleur, Chemin dans la forêt*). Le silence de Baudelaire s'explique-t-il par « le parti-pris de véracité sans merci » qui, selon la *Revue des Deux-Mondes* (1er juin 1859, p. 519), marqué la manière du peintre, célébré autrefois avec tant d'enthousiasme ?

(287) *L. M.,* p. 44.

(288) *L.,* p. 34.

(289) *L. M.,* p. 63, 26 mars 1853.

(290) Spœlberch de Lovenjoul, *Les Lundis d'un chercheur,* C. Lévy, 1894, in-12, p. 275.

(291) Cf. *C. E.,* p. 499 et *O. P.,* pp. 253-254.

(292) *C. E.,* pp. 369-396.

(293) Hobbes : *De la Nature humaine, Œuvres philos.* Neuchatel, 1877, IX, 13.

(294) Cf. *C. E., Salon de 1845,* pp. 97-98.

(295) Cf. J. Nadler : *Berliner Romantik,* Berlin 1921, pp. 60 sqq. — Cf. T. Hoffmann : *Les Elixirs du Diable,* trad. Hella et Bournac (Paris, 1926).

(296) *O. P.,* pp. 253-254.

(297) *C. E.,* pp. 399-428.

(298) Cf. *C. E.,* p. 503.

(299) Cabinet des Estampes D. C. 29-34. — Cf. A. Durande : *Joseph, Carle et Horace Vernet, Correspondance et biographies,* Paris, Hetzel, s.d. (1863), in-12, p. 325.

(300) *Histoire de la caricature moderne,* Paris, Dentu, s.d. (1865), p. 282.

(301) *Ibid.,* p. 283.

(302) *Ibid.,* p. 285.

(303) *C. E.,* p. 402.

(304) Cité par J. Crépet, *C. E.,* p. 503.

(305) *C. E.,* pp. 402-406.

(306) De La Combe : *Charlet, sa vie, ses lettres suivi d'une description raisonnée de son œuvre lithographique,* Paris, Paulin et Le Chevalier, 1856, in-8°, VI-400 pp.

(307) 1er juillet 1862 : Nous citons cet article d'après le texte reproduit dans E. Delacroix, *Œuvres littéraires,* t. II, Crès, bibl. dionysienne, Paris, sans date, pp. 201-213.

(308) *Ibid.,* p. 202.

(309) Cf. De La Combe, *op. cit.,* p. 286, description du *Recueil de croquis à l'usage des petits enfants* (1822).

(310) *Ibid.,* p. 287, n° 509 : *La Petite armée française.*

(311) *Album lithographique* (1832). — Cf. description dans De La Combe, p. 328, n° 786 (la description que donne Baudelaire (p. 405) est légèrement inexacte).

(312) Cf. la description dans De La Combe, pp. 227 sqq. Delacroix trouve, comme Baudelaire, cette suite « admirable » (Cf. *art. cit.,* p. 211).

(313) E.-J. Crépet, pp. 345-348.

(314) Cf. *Vie civile, politique et militaire du caporal Valentin* (De La Combe, pp. 349 sqq.).

(315) Delacroix : *Œuvres littéraires,* II, pp. 204, 205, 206, 207.

(316) *Journal,* II, p. 483 (31 déc. 1856). — Cf. aussi III, 1860, 26 janvier, pp. 254-255).

(317) *A. R.,* p. 33 (art. E. *Delacroix*).

(318) *A. R.,* p. 87.

(319) *O. P.,* p. 254.

(320) Delacroix : *Œuvres litt.,* II, pp. 202-203.

(321) *C. E.,* p. 220.

(322) Cf. *A. R.,* p. 33. Baudelaire attribue la sympathie de Delacroix pour Charlet à « une indulgence du génie qui dérive peut-être d'une sorte particulière de naïveté ou de facilité de jouissance ».

(323) *C. E.,* pp. 406-419. — Cf. Champfleury, *op. cit.,* pp. 3-192. — Escholier : *Daumier* (Floury, 1923). — Arsène Alexandre : *Daumier, sa vie et son œuvre* (Laurens). — *Figaro,* 9 février 1929 : *Le Centenaire d'H. Daumier* (Gaston Picard)...

(324) Escholier, *op. cit.,* p. 13.

(325) *Ibid.,* p. 16.

(326) Champfleury, *op. cit.,* p. 25.

(327) *Ibid.,* p. 26. — Cf. sur Philipon, l'étude de Champfleury, dans le même ouvrage, pp. 271-281.

(328) *Ibid.,* pp. 33 et 34. Cette affirmation de Champfleury a été contredite par Burty et Geoffroy-Dechaume, qui apportent le témoignage même de Daumier. Celui-ci aurait assisté aux séances et, rentré chez lui, reproduit ensuite de mémoire dans la glaise les silhouettes sénatoriales (Cf. Escholier, p. 124).

(329) *Ibid.,* p. 37.

(330) Cf. *Les Maîtres de la caricature française au* XIXe *siècle,* illustré de vignettes originales, notice d'Armand Dayot, Paris, Maison Quantin, s. d. (1888), in-4°, p. III.

(331) Cf. le numéro du *Charivari* du 17 janvier 1834 — auquel Baudelaire fait allusion.

(332) Cf. nos du 17 nov., 8 déc., 26 déc. 33.

(333) Cf. *La Caricature : les Masques de* 1831 (8 mars 1832).

(334) Cf. Champfleury, *op. cit.,* p. 49.

(335) *C. E.,* p. 11.

(336) Collection de l'*Association mensuelle Lithographique,* (pl. 24, juill. 34). — Cf

Loys Delteil : *Daumier*, vol. I, 135. — Le catalogue établi par Loys Delteil comprend 10 vol. (tomes XX à XXIX) du *Peintre graveur illustré* et la description de 3.800 numéros (Paris, gr. in-4°, 1926).

(337) Cf. note de Baudelaire dans *C. E.*, p. 416.

(338) Le rapprochement est de Baudelaire, *C. E.*, p. 424. Et l'on sait quelle admiration Baudelaire avait pour Balzac.

(339) Champfleury, *op. cit.*, p. 127.

(340) *Ibid.*, p. 123.

(341) *Ibid.*, p. 132.

(342) *Ibid.*, p. 133.

(343) Escholier, *op. cit.*, p. 122.

(344) Cf. Lettre inédite de Champfleury du 24 mai 1865, citée dans E.-J. Crépet, p. 487. — Cf. Champfleury, *op. cit.*, pp. 64-65.

(345) *L.*, p. 440.

(346) Cf. *Journal*, I, p. 258 (5 février 1849 : à propos d'une visite de Baudelaire qui lui avait « parlé des difficultés qu'éprouve Daumier à finir »). — Le nom de Daumier est cité, *ibid.*, p. 331.

(347) *C. E.*, pp. 319-320.

(348) Cf. Champfleury, *op. cit.*, pp. 235-271, et *Henri Monnier, sa vie, son œuvre avec un catalogue complet de l'œuvre*, Paris, Dentu, in-8°, 1879 (100 grav. fac-similé).

(349) *Hist. de la Car. mod.*, p. 259.

(350) Champfleury : *Henry Monnier*, pp. 74-79.

(351) *Ibid.*, p. 79 et *Hist. de la Caricature moderne*, pp. 267 note, et 268.

(352) *Hist. de la Caric. mod.*, pp. 243-244. Champfleury, qui écrit son livre en 1864, date « d'il y a quinze ans » les propos de ce poète.

(353) *C. E.*, pp. 420-422.

(354) Baudelaire écrit : *Le Monde à l'envers* (*C. E.*, p. 421).

(355) Cf. *A. R.*, p. 5.

(356) *A. R.*, p. 129 : « Tout art doit se suffire à lui-même ». — Cf. *ibid*, p. 372.

(357) *C. E.*, pp. 314, 335.

(358) *A. R.*, p. 358.

(359) Cf. *A. R.*, pp. 125, 129.

(360) *Hist. de la Caric. mod.*, p. 289. — Cf. Charles Blanc (*Grandville*, 1 vol., in-32, Paris, 1855, cité par Champfleury, *op. cit.*, p. 287) qui parle de la forme « aride » de Grandville.

(361) Champfleury, *loc. cit.*, p. 289.

(362) Cf. Baudelaire, *C. E.*, p. 421 et Champfleury, *op. cit.*, p. 290.

(363) *Op. cit.*, pp. 292-293.

(364) Baudelaire est peut-être un peu sévère pour Grandville qui a laissé au moins une très vivante illustration, celle des *Voyages de Gulliver*.

(365) *C. E.*, pp. 422-424. — Cf. Champfleury, *op. cit.*, pp. 299-313. — P. A. Lemoine, *Gavarni*, P. Floury, 1924, in-4°.

(366) Cf. Champfleury, *op. cit.*, pp. 302-303.

(367) Cf. P. A. Lemoine, *op. cit.*, p. 160.

(368) Th. Gautier, Introduction aux *Œuvres choisies* de Gavarni, Paris, Hetzel, 1857, p. 1.

(369) *Op. cit.*, p. 309.

(370) *C. E.*, p. 428.

(371) Cf. J.-J. Guiffrey : *L'œuvre de Charles Jacque*, Mlle Lemaire, 1866, in-8°.

(372) Cf. Guiffrey, p. 5 et Loys Delteil : *Manuel de l'amateur d'Estampes du* XIX* *et* XX* *siècles*, Dorbon aîné, Paris, s. d., tome I, p. 207.

(373) *C. E.*, pp. 424-428.

(374) Cf. Henri Béraldi : *Les Graveurs du* XIX* *s.*, t. XII, pp. 155-161. — Trimolet fut le metteur ne train de l'illustration des *Chants et Chansons populaires de l'ancienne France*, Paris, Delloye, 1843, 3 vol. gd in-8°.

(375) Cf. dans *les Français peints par eux-mêmes*, t. II ; *l'Institutrice* de L. Colet,

p. 73 ; *le Gamin de Paris* de J. Janin, p. 161 ; *le Rhétoricien* d'E. de Valbizan, p. 241 ; *l'Agent de la Rue de Jérusalem* d'A. Durantin, etc.

(376) Cf. le récit de sa mort raconté par Edouard Fournier (article du 27 août 1859) et cité par Champfleury, *op. cit.*, p. 231, note. — Cf. l'étude de Champfleury, pp. 193-232.

(377) *Op. cit.*, p. 213.

(378) Cité par Champfleury, *op. cit.*, p. 219.

(379) Champfleury, *ibid.*, p. 220.

(380) *C. E.*, pp. 409-410. L'attribution de ces planches à Traviès ressort d'un passage de Champfleury (*Op. cit.*, p. 227).

(381) *Op. cit.*, p. 203.

(382) Baudelaire, *C. E.*, p. 427.

(383) Cf. *op. cit.*, pp. 59-61.

(384) Cf. J. d'Eelbée : *Dialogues entre le Sourd et le Muet*, Paris, Plon, 1931 et *Rev. hebd.*, 19 juil. 1930.

(385) *C. E.*, pp. 433-434.

(386) Dernière planche des *Humourous sketches*.

(387) *C. E.*, pp. 434-435.

(388) Cf. *C. E.*, p. 388 et suiv.

(389) *C. E.*, pp. 431-433. — Cf. Th. Gautier : *Guide de l'amateur au Musée du Louvre*, pp. 315-344 ; F. Benoît : *Hogarth* (H. Laurens) ; *Les Grands graveurs : Hogarth*, Hachette 1913) ; Lewie Hind : *Hogarth*, London, Jack ; New-York, F. A. Stockes ; André Blum : *Hogarth*, Alcan, 1922, in-4°. — M. G. Jean-Aubry s'étonne (*Caricature anglaise*, dans *Caricatures*, n° 31 d'*Arts et métiers graphiques*, 15 septembre 1932, p. 22) que Baudelaire « qui avait le goût si sûr et qui parlé avec tant de justesse de Hogarth et de Cruikshank, et qui a même mentionné Seymour, n'ait pas rendu à Rowlandson l'hommage incomparable qui nous manque ».

(390) Cf. Benoît, *op. cit.*, pp. 75 et 76. Hogarth parlait des « pratiques risibles » de Raphaël et de la « manière ridicule » de Rembrandt.

(391) Baudelaire dit : *Le Poète dans son ménage*.

(392) *C. E.*, pp. 436-440.

(393) *L.*, 14 et 16 juin 1859 (pp. 205 et 207).

(394) Cf. E.-J. Crépet, p. 204.

(395) Cf. A. Michel : *Histoire de l'Art*, t. VII, 2e partie, p. 754.

(396) Cf. *Caprichos*, pl. 62 : *Quien le creyera*.

(397) *Ibid.*, pl. 59, *Yaun*.

(398) Cf. G. Geoffroy : *La Vie Artistique*, 5e série, Floury, 1900, pp. 63-72.

Voir aussi dans *Goya, Cuadros y Dibujos, Biographia, Epistolario*, Calleja, Madrid, in-4°, 1924, les planches 349 à 416 (*Caprichos*) et les planches 314 à 327 (*Brujas y seres fantasticos*).

(399) Cf. sur ce point le livre cité de J. d'Elbée : *Dialogues du Sourd et du Muet*.

(400) Cf. *Journal*, I, p. 192 (24 février 1847), I, pp. 448-449 (3 février 52), I, p. 331 (12 janvier 1850), II, pp. 22 et 27 (20 et 27 avril 1853)...

(401) Cf. *Pepe-Hillo*. — Cf. pour la planche décrite par Baudelaire (p. 439) : *Los Toros de Burdeos* (*Dibersion de España*). — Voir aussi dans *Goya, Cuadros y Dibujos, op. cit.*, les planches 417 à 449 : *La Tauromaquia* (1815), *serie integra de estos grabados*.

(402) « Para ocupar la imaginacion mortificada en la consideration de mis males, y para resarcir en parte los grandes dispendios que me an ocasionado ; me dedique in pintar un piego de quadros de gabinete, en que he logrado hacer observaciones a que regularmente no dan lugar las obras encargadas, y en que el capricho y la invención no tienen esanches » (*Coleccion de cuatrocientas cuarenta y nueve reproducciones de cuadros, dibujos y aguafortes de Don Francisco de Goya, precedidos de un epistolario...* ; Madrid, 1924, gr. in-8°, p. 53). — Cf. J. d'Elbée, *art. cit.*, *Revue hebdom.*, 19 juillet 1930, pp. 330-332.

(403) Cf. par ex., III, pp. 266 sqq. (22 février 1860).

(404) C'est ainsi qu'on appelait la maison où l'artiste s'isolait au bord de Manzanares (Cf. A. Michel, *op. cit.*, p. 759).

(405) Cf. G. Grappe : *Figaro artistique*, 12 avril 1928, p. 405.

(406) Cf. Angel Vegue y Goldoni, dans *Temas de Arte y de Literatura* (Madrid, 1928), les pp. 175-181 : *Goya visto por Carlos Baudelaire*.

(407) *C. E.*, pp. 440-444.

(408) *Ibid.*, pp. 444-446.

(409) Cf. *Journal*, I, p. 94 : « J'ai vu chez Comairas des Pinelli superbes. Quel effet me feront donc les originaux. Le *Combattimento est fameux*. »

(410) Cf. les piquantes caricatures historiques sous le titre de *Meo-Petacca*.

(411) Baudelaire orthographie Brueghel.

(412) Cf. *L. M.*, 25 nov. 1863, p. 290. Cette étude fut annoncée, en 2ᵉ page du *Figaro* du 26 ncv. 1863.

(413) *L.*, p. 221.

(414) *L.*, p. 233. Cet article fut promis à *l'Illustration*, livré au *Constitutionnel* (Cf. *L.*, 281, 12 août 1860), oublié dans les cartons du *Pays* (Cf. Lettre de B., 2 déc. 1863 dans *Figaro*, 2 juin 1905 et *Revue d'Hist. Littér.*, octobre-décembre 1925, p. 635).

(415) Cf. J. Crépet, *A. R.*, p. 456.

(416) *L.*, p. 338.

(417) Cf. *L.*, p. 419 (23 févr. 1865).

(418) *Monde Illustré*, 7, 14, 21, 28 janvier 1865 ; *Vie Parisienne*, 24 juin 1865.

(419) Cité par J. Crépet, *F. M.*, p. 386.

(420) T. IV. Gide puis Hachette, 1861-62.

(421) Cf. J. Crépet, *F. M.*, p. 374 (Note de Baudelaire à M. Lévy).

(422) Lettre de Soulary à Baudelaire (22 févr. 1860), dans E.-J. Crépet, p. 428). — Cf. Swinburne : *Spectator*, 6 sept. 1862. Pour Villiers, cf. E.-J. Crépet, p. 445 ; pour Barbey d'Aurevilly, cf. J. Crépet, *F. M.*, p. 388.

(423) Cf. *L. M.*, 3 juin 1863, pp. 282-283 ; 5 juin 1863, p. 284 ; 10 août 1863, p. 285 ; p. 289, 25 nov. 1863 ; *ibid.*, pp. 290, 292. — Voir aussi les Lettres inédites tirées des *Archives Nationales* (F.ᴵᵀ 3.115, dossier Baudelaire) et que nous avons publiées dans *l'Archer* (Toulouse, novembre et décembre 1931).

(424) *L. M.*, p. 292.

(425) Cf. dans *O. P.*, p. 161, la liste des pièces de théâtre projetées ; *ibid*, p. 137 les scénarios de deux drames ; *L.*, 12 mai 1860, p. 262 ; *L. M.*, 10 octobre 1859, p. 176 ; 8 décembre 1859, p. 184. — *Rev. Cont.*, 15 mars, 15 septembre, 30 novembre 1859 ; 15 et 31 janvier, 15 février, 15 mai 1860 ; *Rev. Franç.*, 20 janvier 1859, 10 avril, 20 mai, 10, 20 juin 28 juillet 1859 ; *Artiste*, 1ᵉʳ décembre 1859 ; 19 mars 1859 ; 15 janvier, 10 février 1861 ; *R. Fant.*, 15 mai, 15 juillet, 1ᵉʳ août, 15 août 15 septembre. 15 octobre 1861, etc...

(426) *A. R.*, pp. 49-53.

(427) *L.*, pp. 177, 179, 182.

(428) Le 26 août 1851, sur un album. — Cf. *Figaro*, 7 février 1925, art. cité de P. Fuchs.

(429) Cf. *C. E.*, pp. 197, 437.

(430) *A. R.*, p. 55.

(431) *A. R.*, pp. 65-70.

(432) *A. R.*, pp. 55-65.

(433) Cf. *H. E.*, pp. 87 sqq. — Cf., d'autre part, le poème en Prose : *les Foules*, qui paraît le 1ᵉʳ nov. 1861 dans la *Revue fantaisiste* : « Le promeneur solitaire et pensif tire une singulière ivresse de cette universelle communion. »

(434) *A. R.*, pp. 70-74. V. *L'art mnémonique*.

(435) *A. R.*, p. 65.

(436) Cf. G. Grappe : *C. Guys*. Librairie Artistique Internationale, gr. in-4°, s. d. — G. Geoffroy : *La Vie Artistique*, 6ᵉ série, pp. 126-133, petit in-12, 1900. — J. P. Dubray : *C. Guys (Maîtres de l'Art moderne)*, les Editions Rieder, Paris, 1930, in-8°. — Jean-Paul Dubray, *Constantin Guys*, avec 6 reproductions (*Manuscrit autographe*,

septembre-octobre 1930, pp. 56-63, Blaizot éd., in-4°. — *Charles Baudelaire : Le Peintre de la vie moderne, Constantin Guys, reproduction intégrale des aquarelles de Constantin Guys*, éditions René Kieffer, relieur d'art, 18, rue Séguier, Paris, 1923, gr. in-4°.

(437) Cf. *Ill. Lond. News*, 9 juin 1855 : *Consécration d'un terrain funèbre à Scutari ;* 4 mars 1854 : *Chez Omer Pacha ;* 17 novembre 1855 : même sujet ; 24 juin 1854 : *les Kurdes à Scutari.* — Cf. aussi 18, 25 novembre, 23 décembre 1854 (*la Bataille de Balaklava...*).

(438) Cf. G. Grappe, pp. 7-58 et J. P. Dubray, pp. 63 sqq.

(439) Cf. E.-J. Crépet, pp. 371-372 et Baudelaire : *L.*, 23 décembre 1859, 8 janvier, 4 et 16 février 1860.

(440) Cf. J.-P. Dubray, *op. cit.*, p. 24.

(441) Cf. le portrait qu'en ont laissé les Goncourt (I, 235, 23 avril 1858).

(442) *L.*, à Poulet-Malassis, p. 236.

(443) Cf. *L.*, p. 224.

(444) *Ibid.*, p. 251 (Lettre du 13 mars 1860).

(445) *L. M.*, pp. 187-188 (28 déc. 1859).

(446) Cf. J. Troubat, lettre à E. Crépet, citée par J. Crépet, dans *A. R.*, p. 455.

(447) Cf. J. Crépet, *A. R.*, p. 455. — Cf. dans le *Manuscrit autographe* (n° spécial consacré à Baudelaire, 1927, Blaizot, in-4°) aux pages 15 et 75 des dessins de Baudelaire, et, à la page 1, un article de P. Valéry sur *Baudelaire dessinateur*.

(448) *A. R.*, p. 92.

(449) Cf. G. Grappe, *op. cit.* : gravures reproduites p. 54.

(450) *A. R.*, pp. 87-92.

(451) G. Grappe, p. 17.

(452) *A. R.*, pp. 84-86.

(453) 17 n°s dans la collection présentée à l'exposition du 17 avril-1er mai 1895 aux Galeries G. Petit. — Cf. les aquarelles conservées au Musée Carnavalet.

(454) Cf. « My humble Self ».

(455) Cf. G. Grappe, p. 7.

(456) *Ibid.*, p. 13 une élégante.

(457) Cf. *ibid.*, p. 12.

(458) A. Delvau : *les Cythères Parisiennes*, Paris, Dentu, 1864.

(459) Cf. J. Troubat, *Souv. du dernier secrét. de Sainte-Beuve*, Paris, 1890, n. 205 — et en général, pp. 204-210.

(460) Cf. *A. R.*, pp. 93-106.

(461) Cf. *F. M.*, pp. 179, 34, 161, 164, 33, 166-167.

(462) Cf. Th. Duret : *Histoire d'Edouard Manet* (Floury, 1902). — Moreau-Nélaton : *E. Manet* (Laurens, 1926, 2 vol.). — *L'Art de notre temps : Manet* (Introd. de L. Hourticq, notices de Jean Laran et G. Le Bas, librairie centrale des Beaux-Arts, s. d. in-4°).

(463) *L.*, à Manet, 11 mai 1865, p. 436.

(464) Th. Duret : *op. cit.* (cité par J. Crépet, *F. du M.*, p. 489).

(465) Monselet : *De A à Z*, p. 206.

(466) Art. de Ch. de Saint-René, 12 mars 1862.

(467) Paul Jamot : *La Peinture au Musée du Louvre*, XIXe s., 3e partie, p. 26.

(468) Cf. P. Jamot : *Gazette des Beaux-Arts*, I, 1927, p. 38.

(469) Cf. *Moniteur des Arts*, 23 mai 1863 ; *Le Salon des Refusés et le Jury*, réflexions de Courcy-Mennith, Paris, J. Gay, 1863, in-8°, 15 p. (*N. V.* 24676) ; *Salon des Refusés : la Peinture en 1863*, par Fernand Desnoyers, Paris, Azur Dutil, 1863, in-8°, 2 ff. et 139 p. (*N. V.* 24682) ; *le Charivari* (Louis Leroy), 20 mai 1863 ; *L'Artiste* (Castagnary), 1er septembre 1863...

(470) L. Hourticq, *op. cit.*, p. 6.

(471) Cité par Jean Laran et G. Le Bas, *op. cit.*, p. 30.

(472) *Le Jury et les exposants. Salon des Refusés*, par Louis Etienne, Paris, Dentu, 1863, 73 p., in-8° ; Castagnary, *l'Artiste*, 1er septembre 1863.

(473) Th. Thoré, cité par J. Laran, *op. cit.*, pp. 32, 33, 34, *passim.*

(474) Manet avait exposé un *Combat de taureaux.*

(475) Cf. *Gazette des Beaux-Arts*, 1er juin 1864, p. 506 : à propos de *l'Œdipe et le Sphinx* de G. Moreau, Léon Lagrange écrit : « Goya devient le bouc émissaire des sottises de M. Manet ». Il ajoute quelques lignes plus bas : « Nous discuterons cependant, non pas les ébauches de M. Manet, qui voudra bien nous pardonner de le fourvoyer en si bonne compagnie, mais la tentative sérieuse de M. Moreau ». Et, cette année-là, c'est tout ce que dit de Manet *la Gazette des Beaux-Arts.*

(476) *L'Artiste*, 1864, I, p. 242.

(477) E. About : *Salon de 1864*, Hachette, 1864, 303 p., in-18, p. 157.

(478) Félix Jahyer : *Etude sur les Beaux-Arts, Salon de 1865*, Dentu, 1865, in-16, pp. 25-26 et 23.

(479) Gonzague Privat : *Place aux jeunes, Causeries critiques sur le Salon de 1865,* Paris, F. Cournol, 1865, in-18, p. 137.

(480) Paul Mantz : *Le Salon de 1865, Gazette des Beaux-Arts,* 1er juillet 1865, pp. 6-7. — En 1866 les articles de Charles Blanc (1er juin et 1er juillet) ne citent même pas le nom de Manet.

(481) Ernest Fillonneau, *Moniteur des Arts,* 5 mai 1865. A part l'allusion que nous avons relevée au numéro du 12 mars 1862, le *Moniteur des Arts* est muet sur Manet : rien en 1863, rien en 1864.

(482) Cf. J. Laran, *op. cit.*, pp. 34 et 32.

(483) E. Zola : *Mon Salon,* Paris, Librairie centrale, 1866, p. 37. — Les articles d'E. Zola avaient paru dans *l'Evénement* (16, 25 mai et 15 juin 1866) sous le pseudonyme de Claude. Sur les protestations des abonnés, Th. Pelloquet acheva le compte rendu du Salon. Les articles réunis dans *Mon Salon* (98 p., in-12) témoignent d'une grande admiration pour E. Manet. Voici quelques extraits de ces jugements : « Si je n'avais pour le louer sans réserve que la grande admiration que fait naître en moi son talent, j'aurais encore la position qu'on lui a créée de paria, de peintre impopulaire et grotesque... (p. 39). Il paraît que je suis le premier à louer sans restriction M. Manet. C'est que je me soucie peu de toutes ces peintures du boudoir... J'ai déjà déclaré que le tempérament seul m'intéressait... (p. 40). Je suis tellement certain que M. Manet sera un des maîtres de demain que je croirais conduire une bonne affaire, si j'avais de la fortune, en achetant aujourd'hui toutes ses toiles... (p. 42). Le talent de M. Manet est fait de simplicité et de justesse (p. 44). Vous savez quel effet produisent les toiles de M. Manet au Salon. Elles crèvent le mur tout simplement ! Tout autour d'elles s'étalent les douceurs des confiseurs artistiques à la mode, les arbres en sucre candi et les maisons en croûte de pâté... (p. 46). La place de M. Manet est marquée au Louvre (p. 47). Il est impossible que M. Manet n'ait pas son jour de triomphe, et qu'il n'écrase pas les médiocrités timides qui l'entourent (p. 48) ».

(484) L. pp. 361-362.

(485) Cf. P. Jamot, *La peinture au Musée du Louvre,* XIXe s., III, p. 26. — Notons que, sur ce point, Baudelaire n'est pas toujours aussi affirmatif (Cf. son article de 1862 sur les *Peintres et aquafortistes,* cité plus haut, pp. 480-481). Il est, ici, entraîné par les besoins de la cause.

(486) Louis Hourticq, *op. cit.*, p. 8.

(487) L., pp. 435-436, 11 mai 1865.

(488) Cf. C. E., pp. 112-113.

(489) Cf. L., 11 mai 1865, p. 436 (à E. Manet) : « Ce qu'il [le Belge Chorner] m'a dit s'accorde avec ce que je sais de vous, et ce que quelques gens d'esprit disent de vous : *Il y a des défauts, des défaillances, un manque d'aplomb, mais il y a un charme irrésistible.* Je sais tout cela ; je suis un des premiers qui l'ont compris. »

(490) L. à Mme P. Meurice, 24 mai 1865, pp. 438-439.

(491) Fonds Spoelberch de Lovenjoul, D. 652 (2.335), fol. 39 (sur les « déplorables » Belges), 86 (les Belges « ruminants »), 34 (« crâne vide »), 163 (extrait du *Sancho*), 274 (Van Dyck et Rubens. — Au fol. 275, Baudelaire écrit : « Rubens décadence, Rubens anti-religieux, Rubens fade, Rubens fantaisie de banalité »), 34 (saleté des en-

fants), 124 (la vieille femme). — Pour l'esthétique « à la Courbet », cf. *O. P.*, pp. 275-277. — Sur le séjour de Baudelaire à Bruxelles, à cette époque, citons ce curieux témoignage de Poulet-Malassis (Lettre inédite à Asselineau, du 9 juin 1864, collection Jules Marsan) : « J'ai revu Baudelaire comme vous aviez bien pu penser non sans plaisir... Il persiste à rester à Bruxelles, non pas à cause de l'éditeur Lacroix, éditeur littérairement chimérique, mais, à ce que je crois, par l'étonnement où le jette une population où il ne rencontre jamais, si ce n'est moi, visage de créancier. Il veut aller voir Gand, Bruges, Namur, passer un dimanche éternel sans messieurs Dimanche ».

(492) Lettre citée dans *Rops naturien et féministe* (*Rops et son œuvre*, Bruxelles, Deman, 1897, 366 ex., pp. 35-36).

(493) *Ibid.* (1863), p. 135.

(494) *Uylenspiegel*, 27 avril 1856. Cf. *ibid.*, 1er juin 1856. — Cf. Lettre de Rops à Louis Defré sur le Bourgeois (1861), (Ramiro, *op. cit.*, pp. XIII-XIV).

(495) *La traite des Blanches, Uylenspiegel*, 19 avril 1857.

(496) *Eclipse partielle*, *ibid.*, 19 octobre 1856. — Cf. encore 9 novembre et 16 novembre 1856 : *Crinolinographies.*

(497) Cf. Ramiro : *L'œuvre gravé* de F. Rops, pp. 3-6.

(498) J.-K. Huysmans dans *F. Rops et son œuvre*, p. 24.

(499) Cf. *Interm. cherch. et curieux : Baudelaire et Rops :* 10 décembre 1929 (pp. 940-945 et surtout p. 942, un rapprochement de C. Lemonnier).

(500) Cf. *Int. ch. et cur.*, 20-30 avril 1929 : *Baudelaire et Rops*, pp. 367-369. — Cf. *L.*, 10 mai 1859, à Nadar.

(501) Cf. Geoffroy : *La Vie Artistique*, 6e série, *op. cit.*, pp. 155 sqq. et *Journal des Goncourt*, t. III, p. 195 (Bibl. Charpentier, in-12, 1894).

(502) *Journal de Bruxelles* (organe catholique), 22 juin 1890.

(503) G. Geoffroy, *op. cit.*, 6e série, pp. 124-125 (Art. sur Manet, pp. 119-125).

Ch. III. — Baudelaire critique littéraire

(1) Sur Hugo par exemple.

(2) *Caractères*, I, 17.

(3) *C. E.* (Salon de 1859), p. 325.

(4) *A. R.*, pp. 267-278.

(5) *Ibid.*, p. 267.

(6) Le texte de 1868 ne se distinguera de l'original que par le numérotage des chapitres et quelques variantes dont, entre autres, une suppression significative concernant l'œuvre de Th. Gautier (1868 : les feuilletons de Th. Gautier ; 1846 : les feuilletons souvent médiocres de Th. Gautier. — Cf. *Art. rom.*, éd. J. Crépet, p. 450 (note sous la page 34).

(7) *A. R.*, p. 269.

(8) Pièce écrite avant 1852. (Cf. le manuscrit autographe reproduit en fac-similé dans *Douze poèmes de Ch. Baudelaire*, G. Crès et Cie, 1917. — Cf. les curieuses variantes de Crépet, *F. M.*, p. 415).

(9) Cf. dans *O. P.*, p. 189, le début de l'Etude de 1852 sur E. Poe.

(10) *A. R.*, [VI], pp. 274-275.

(11) Cf. Préface des *Poèmes Antiques* (1852), [dans *Derniers poèmes*, éd. Lemerre, in-12, 1929, p. 216 et pp. 218-219].

(12) *A. R.*, p. 275.

(13) Cf. le n° spécial du *Manuscrit autographe*, consacré à Baudelaire en 1927 (Blai-

zot, in-4°). Voir surtout pages 28 et 29. — Cf. encore : Emile Henriot, *Les épreuves des Fleurs du Mal,, Courrier littéraire*, 1922 (la Renaissance du Livre), pp. 150-153. Voir aussi *le Manuscrit autographe*, janvier à mars 1933 : 18 poèmes de Baudelaire imprimés, avec corrections manuscrites.

(14) *A. R.*, p. 273.

(15) *Ibid.*, p. 274.

(16) *Ibid.*, p. 273.

(17) Fonds Spoelberch de Lovenjoul, D 652 (2335).

(18) Une rature p. ex. au fol. 17, ligne 3, surcharge effacée d'un trait. Les autres fol. sont vierges de ratures et offrent une belle écriture nette et précise.

(19) *A. R.*, p. 275.

(20) *Ibid.*, p. 276.

(21) *J. I.* dans *O. P.*, p. 95.

(22) *Poèmes en prose, l'Etranger.*

(23) P. 277.

(24) P. 271.

(25) PP. 272-273.

(26) P. 278.

(27) *C. E.*, p. 311.

(28) Cf. *Figaro*, 13 juin 1858, Lettre de Baudelaire en réponse à un article de Jean Rousseau.

(29) Préface des *Poèmes Antiques, éd. cit.*, p. 212.

(30) *A. R.*, p. 160.

(31) *Ibid.*, pp. 160-161.

(32) *Ibid.*, p. 163.

(33) *Ibid.*, pp. 160-162.

(34) *C. E. (Salon de 1846)*, p. 171.

(35) Sainte-Beuve, *Corresp.* I, 219-222, Calmann-Lévy, 1877, in-12 ; *Nouveaux Lundis*, t. I, p. 398, Paris, Michel Lévy, 1863, in-12.

(36) *C. E. (Salon de 1845)*, p. 26.

(37) *Réflexions sur quelques-uns de mes contemporains*, art. sur V. Hugo, paru dans la *Revue fantaisiste*, le 15 juin 1861.

(38) Article sur *les Misérables, le Boulevard*, 20 avril 1862.

(39) Cf., entre autres jugements, la comparaison avec Delacroix, pp. 105-107.

(40) Cf. *A. R.*, pp. 381 sqq.

(41) *Autour de Baudelaire*, Paris, Maison du Livre, 1917, pp. 33-59.

(42) Avec quelques légères inexactitudes que nous avons rectifiées.

(43) P. 33. Cf. E.-J. Crépet, p. 50, note 2.

(44) *A. R.*, p. 300

(45) *Ibid.*

(46) *C. E. (Salon de* 1845), p. 26.

(47) Cf. Gautier. Préface des *Fleurs du Mal*, éd. C. Levy, pp. 6-7 et Delacroix : Journal, Edition Joubin, t. I et II, *passim* et principalement t. I, pp. 190, note 3 et 231-232.

(48) *C. E. (Salon de* 1846), p. 105.

(49) *Ibid.*, p. 106.

(50) « Le philhellénisme engendra un livre éclatant comme un mouchoir ou un châle de l'Inde ». (*A. R.*, p. 184).

(51) Stendhal, *Corr. inéd.*, Levy, fr., 1855, I, p. 222.

(52) Henri Heine. *Lutèce*, Levy, 3ᵉ éd., pp. 53 sqq. — Cf. G. Kahn. *V. Hugo et la critique. Revue blanche*, 1ᵉʳ mars 1902.

(53) *Op. cit.*, p. 304.

(54) *C. E.*, (*Salon de* 1846), pp. 106-107.

(55) *Les Malheureux, Ibo, les Mages.*

(56) 27 et 28 février 1848. — Cf. *O. P.*, pp. 381-400.

(57) Cf. sur cette curieuse équipée : *Figaro*, 19 janvier 1887, art. de Simon Brugal ;

E.-J. Crépet, p. 84 note et p. 85 et note ; et René Johannet : *Baudelaire est-il allé à Châteauroux ?* (*Les Lettres,* janvier 1927).

(58) 1865, 28 octobre, *L.,* p. 471 : « Je me fous du genre humain ».

(59) Ce journal ne parut jamais mais exista dans le rêve de Baudelaire qui en caressa le projet, vers 1853, avec Baschet, Champfleury, Monselet et André Thomas. Baudelaire a laissé des notes sur les articles projetés. (Cf. *O. P.,* pp. 401-403).

(60) Cf. *J. I.,* p. 35.

(61) *L.,* p. 54.

(62) *F. M.,* (Ed. Crépet), p. 361.

(63) *O. P.,* p. 94. Pour la date, Cf. *O. P.,* p. 75, note.

(64) « Hugo, qui ça Hugo ? Est-ce que l'on connaît ça, Hugo ? »

(65) *Figaro,* 13 juin 1858. « Un propos qui dans la bouche du premier venu serait une stupidité, serait une monstruosité impossible dans la mienne. »

(66) *A. R.,* p. 153.

(67) *Ibid.,* p. 147.

(68) *Ibid.,* p. 154.

(69) *Ibid.,* p. 163. Cf. aussi *ibid.,* pp. 149-176.

(70) *C. E.,* p. 343-345

(71) *Ibid.,* p. 497.

(72) Sans doute par l'entremise de Paul Meurice. (Cf. J. Crépet, *A. R.,* p. 484).

(73) Cf. Billet à Poulet-Malassis du 7 août 1859 dans Crépet, *A. R.,* p. 485.

(74) Crépet, *op. cit.,* p. 488.

(75) *L.,* p. 219.

(76) *N. L. M.,* octobre 1859, p. 115.

(77) « V. Hugo serait moins admiré s'il était parfait et... il n'a su se faire pardonner tout son génie lyrique qu'en introduisant de force et brutalement dans sa poésie ce qu'Edgar Poe considérait comme l'hérésie moderne capitale : l'enseignement. » — Préface des *Nouvelles H. Extr.,* éd. C. Lévy, p. 24.

(78) 2 avril-30 juin 1862.

(79) En épreuves (cf. le P. S. de la Lettre). Il s'agit de *Fantômes parisiens* que venait de donner la *Revue contemporaine* (*Les Sept vieillards* et *les Petites vieilles*). Baudelaire écrivait le 1er octobre 1859 (*L.,* p. 218), à Poulet-Malassis : « La vérité est que dans le deuxième morceau j'ai essayé d'imiter sa manière ». — Il semble aussi, d'après une lettre de V. Hugo à Baudelaire (*Revue d'H. Litt.,* juillet-sept. 1926), que V. Hugo dut lire en manuscrit le *Cygne* qui lui fut dédié avec *Fantômes parisiens* et qu'il fut sensible à cette imitation. (Lettre de Hauteville House du 18 décembre 1859). Il semble bien, d'après la lettre de V. Hugo, que Baudelaire envoya *le Cygne* (qui parut dans la *Causerie* le 22 janvier 1860) à V. Hugo en même temps que la plaquette sur Gautier qui parut en novembre 1859. (Cf. *Journal de la Librairie,* 26 novembre 1859, sous le n° 10.482).

(80) Lettre du 6 octobre 1859, dans J. Crépet, p. 488. *A. R.*

(81) Il s'agit de l'étude sur V. Hugo qui parut dans la *Revue fantaisiste,* 9e livraison, 15 juin 1861 sous le titre général : *Réflexions sur quelques-uns de mes contemporains,* I, — puis au t. IV des *Poètes français* de Crépet en 1862.

(82) Lettre inédite de V. Hugo à Asselineau, de mars 1869 (citée par J. Crépet dans *A. R.,* p. 539), pour le remercier de l'envoi de son *Ch. Baudelaire.*

(83) *L.,* pp. 246-247.

(84) E.-J. Crépet, *op. cit.,* appendice p. 379.

(85) Billet publié par L. Thomas dans *Curiosités sur Baudelaire,* Messein, 1912. M. Thomas donne comme date 1862. M. J. Crépet, qui cite ce billet (*A. R.,* pp. 538-539), écrit : « L'article qui est ici mentionné, formant dans l'Anthologie [d'E. Crépet] tout juste un peu plus de dix pages et ayant paru à la *Revue fantaisiste* en 1861, il semble certain qu'il faille en rectifier la date ».

(86) *A. R.,* p. 300.

(87) *A. R.,* p. 302-307.

(88) *J. I.,* p. 57.

(89) *A. R.*, p. 307.
(90) *C. E.*, p. 111.
(91) *A. R.*, pp. 308-310.
(92) *Ibid.*, pp. 311-312.
(93) *A. R.*, p. 314.
(94) *A. R.*, p. 315 : Allusion au *Napoléon* de Quinet (1836).
(95) *Ibid.*, pp. 316-317.
(96) *Op. cit.*, p. 47.
(97) *A. R.*, p. 310.
(98) *C. E.*, p. 173.
(99) *A. R.*, p. 384.
(100) *L. M.*, p. 274.
(101) Cf. article sur Delacroix (1863). *A. R.*, pp. 9-16. — Cf. *Notes nouvelles sur E. Poe*, dans *N. H. E.*, Ed. C. Lévy, pp. 20-21 et étude sur Gautier, *A. R.*, pp. 157-160.
(102) Cf. *A. R.*, p. 385 : « Il me paraît plus important d'observer la méthode dont l'auteur s'est servi pour mettre en lumière les vérités dont il s'est fait le serviteur ».
(103) *A. R.*, p. 383.
(104) *Ibid.*, p. 385.
(105) *Ibid.*, pp. 385-390.
(106) *Ibid.*, p. 384.
(107) P. 386-389.
(108) P. 389.
(109) PP. 390-391.
(110) P. 392.
(111) Lettre du 24 avril 1862, Hauteville-House. (Crépet : *A. R.*, p. 560).
(112) *L. M.*, p. 270, p. s.
(113) Cf. la lettre du 11 août 1862, plus haut citée.
(114) *L.*, p. 350.
(115) Ch. LXXXIII-LXXXVII : *Considérations sur un chef d'œuvre ou Le Danger d'un Génie*.
(116) E.-J. Crépet, *op. cit.*, p. 300-301.
(117) *A. R.*, p. 14. L'article avait paru le 15 septembre 1861, dans la *Revue fantaisiste*.
(118) E.-J. Crépet, *op. cit.*, p. 380, note.
(119) « Conservez ma signature, avait écrit Baudelaire, si bon vous semble ; supprimez-la, si vous jugez qu'elle n'a pas assez de valeur ». — Cf. cette lettre reproduite dans *O. P.*, pp. 302-308.
(120) 4 nov. 1855, article de Louis Goudall ; 5 juil. 1857, article de Gustave Bourdin ; 6 juin 1858, article de Jean Rousseau.
(121) *L.*, p. 364.
(122) *Ibid.*, pp. 365-366.
(123) 11 juin 1864, *L. M.*, p. 301.
(124) *L.*, 12 février 1865, pp. 409-410. — Cf. enfin les confidences recueillies par Maurice Kunel, *Quatre jours avec Baudelaire*, (les *Œuvres libres*, juin 1932, p. 230) : « Le génie et la fécondité de l'écrivain l'éblouissent. Il estime infiniment moins le caractère de l'homme politique, du révolutionnaire tombé dans la démagogie inter... Ici, Baudelaire s'arrête, se tait, me regarde en souriant et continue... — J'allais dire interlope. Mettons internationale. »
(125) *L.*, p. 439 (à Mme Paul Meurice, 24 mai 1865).
(126) *L. M.*, p. 343 (8 mai 1865).
(127) *Ibid.* (3 nov. 1865), p. 355.
(128) Cf. art. de C. Lemonnier : *La vie belge*, Fasquelle., édit., 1905 (reproduit dans E.-J. Crépet, *op. cit.*, p. 250-253, appendice V). — Cf. Asselineau : *Ch. Baudelaire*, pp. 85-86.
(129) Cf. Cf. *Ibid.* — et *Lettres à sa mère*, p. 331, 15 février 1865.

(130) Cf. toute la correspondance avec Ancelle à cette date.

(131) *L.*, à Ancelle, 26 octobre 1865, p. 469.

(132) Sans doute les *Chansons des Rues et des Bois.*

(133) *L.*, 28 oct. 1865, p. 471. Signalons, pour être complet, une note découverte dans les papiers de Baudelaire sur les *Travailleurs de la mer* (1866). (Collection Crépet, *O. P.*, p. 187) et qui se termine ainsi : « Le dénouement fait de la peine (critique flatteuse) ».

(134) *A. R.*, (Crépet, p. 489).

(135) Cf. *L. M.*, 11 août 1862, p. 274.

(136) « Je n'aime ni les puces, ni le populo », disait-il. (M. Kunel, *op. cit.*, p. 224).

(137) Cf. *A. R.*, pp. 323, 155, 156.

(138) *A. R.*, p. 382.

(139) *Ibid.*, p. 283, note 1.

(140) Cité par Fuchs : *Th. de Banville,* Paris, Cornely, 1912, in-8⁰.

(141) 15 août 1861, *Revue fantaisiste : Pierre Dupont.* — *A. R.*, p. 361.

(142) Jules Marsan : *La Bataille romantique,* 2ᵉ série, Hachette, p. 58. — Cf. *Ibid :* *La Réaction bourgeoise,* pp. 57-123.

(143) *Les Influences,* 1ʳᵉ série : *Le notaire de Chantilly* (Paris, Dumont, 1836), *Le Médecin du Pecq* (Paris, Werdet, 1839).

(144) *Grandeur de la vie privée : Simiane ou Poésie de la vie privée; Steven ou l'héroïsme de la vie privée.* (Paris, Gosselin, 1838).

(145) Cf. Léon Gozlan : *Revue de Paris,* t. XIX, p. 119, 1835 : « Quel autre drame celui qui... éclairera doucement la rampe, qui vous annoncera au salon, qui vous fera asseoir près de la maîtresse de maison, qui causera, rira un peu, nous mettra face à face avec nous-mêmes... »

(146) Cf. l'éloge de C. Delavigne au *Journal des Débats* (15 février 1832) et dans la *Revue de Paris* (t. XLI, p. 184, Amédée Pichot).

(147) *Revue de Paris* 1835, t. XVII, p. 195. (Paul Vermond).

(148) *Revue de Paris,* t. LVI, p. 202 (A. Pichot).

(149) Cf. I, 4 : « Vous croyez peut-être comme tout le monde que les catastrophes politiques, les révolutions, les chutes d'empires viennent de causes graves, profondes, importantes... Erreur... »

(150) Cf. Sainte-Beuve : *Chroniques parisiennes,* p. 12. — Cf. *Illustration,* 11 mars 1843, p. 26, col. 2 : « Personne, pas même les amis les plus décidés du poète, personne n'a amnistié l'œuvre au point de vue de l'art dramatique. Par son attitude réservée le public a paru convenir d'une voix unanime que, pour l'invention, elle appartenait à la poétique du mélodrame à laquelle elle emprunte ses moyens peu scrupuleux et ses ruses banales... »

(151) Cf. *Illustration,* 29 avril 1843, p. 134 : « *Lucrèce* s'est montrée, et nous le disons avec joie, l'épreuve a tourné à sa gloire... Elle a fait honneur à toutes les espérances, à toutes les promesses... »

(152) Cf. E. Prarond : *De quelques écrivains nouveaux,* pp. 15-16.

(153) Cf. J. Marsan, *op. cit.*, pp. 112-118.

(154) Cf. *Illustration,* 12 avril 1845, p. 98 : « Hâtons-nous d'annoncer un succès décisif et brillant... A tout prendre, il y a là un vrai triomphe, un triomphe durable pour la tragédie, pour le poète et pour les acteurs ».

(155) Ponsard : *Œuvres complètes.* C. Levy, 1877, in-8⁰, t. III, pp. 351, 352, 354.

(156) *Revue des Deux Mondes,* 1853, t. III, p. 1200.

(157) *Revue des Deux Mondes,* 1851, t. I, pp. 67-71.

(158) Numéro du 27 novembre 1851.

(159) Cf. E.-J. Crépet, p. 90, *L. M.*, p. 59, note, et *L.* à Poulet-Malassis, 20 mars 1852, p. 34.

(160) J. Crépet : *A. R.*, p. 529.

(161) 1848 et 1851. — Cf. E.-J. Crépet, pp. 76-86.

(162) Cf. *O. P.*, p. 287.

(163) *A. R.*, p. 184-185.

(164) Cf. A propos de Barbier, les deux points de vue opposés soutenus en 1851 (*A. R.*, p. 184) et en 1861 (*Ibid.*, pp. 318-324).

(165) *L.*, p. 33.

(166) *O. P.*, p. 403.

(167) *A. R.*, p. 161.

(168) *A. R.*, p. 280.

(169) *A. R.*, p. 281.

(170) *Ibid.*, p. 284.

(171) « Toute littérature qui n'a pas en vue la perfectibilité, la moralisation, l'idéal, l'utile en un mot, est une littérature rachitique et malsaine ».

(172) *Richard Wagner*, A. R., p. 251.

(173) Discours de réception de Ponsard, à l'Académie Française, 4 décembre 1858, cité par J. Crépet : *A. R.*, p. 521.

(174) *A. R.*, p. 286.

(175) Préface des *Poèmes Antiques*, op. cit., p. 216.

(176) *C. E.*, pp. 264-272.

(177) *Vie, poésie et pensées de Joseph Delorme*, 2e édit., 1830, pp. 133-138.

(178) *L.*, 1855, p. 72.

(179) Schanne : *Souvenirs de Schaunard*, p. 232.

(180) Cf. P. Martino : *Le roman réaliste*, p. 221.

(181) On peut lire dans le *Charles Baudelaire* d'E. Raynaud (pp. 122 sqq.) un récit de la rencontre de Balzac et de Baudelaire, où, malheureusement, la fantaisie de l'auteur semble tenir une trop large place.

(182) 23 août 1846 : *Comment on paie ses dettes quand on a du génie*. O. P., pp. 289-293.

(183) *C. E.*, p. 178 et *L. M.*, 30 août 1851, p. 47.

(184) *Ibid.*, p. 201 (*Salon de 1846*) — Sur Fontanarès. Cf. : G. Batault : *Mercure de France*, 1er avril 1931, pp. 216-225.

(185) *A. R.*, pp. 155-274.

(186) *Ibid.*, p. 155.

(187) *C. E.*, pp. 225-226.

(188) *A. R.*, pp. 167-168, écrit en 1859 (article sur Th. Gautier).

(189) *Ibid.*, p. 169.

(190) Cf. P. Martino, *op. cit.*, pp. 153-179. — E. Bovet : *Le réalisme de Flaubert*. Revue d'Histoire Littéraire, 1911, pp. 1-36 ; E.-L. Ferrère : *l'Esthétique de Flaubert*, Conard, 1913, pp. 160, 161-169, 171-172 et *passim*.

(191) *A. R.*, p. 395-396.

(192) Cf. G. Planche : *Revue des Deux Mondes*, 15 mars 1857 : *Le roman en* 1857, pp. 410-433 : « La génération nouvelle s'applique avec trop de persévérance aux parties épisodiques de la vie humaine et néglige les conceptions qui relèvent d'une idée-mère largement développée ».

(193) Saint-Beuve : *C. du L.*, t. XIII, p. 348 (3e éd., Garnier), 4 mai 1857 (*Madame Bovary*).

(194) *Id.*, *N. L.*, IV, 8 déc. 1862. (*Salammbo*), p. 33.

(195) Cf. E. Bovet : *art. cit.*, et P. Martino, *op. cit.*, pp. 163-164.

(196) Descharmes : *Flaubert, sa vie, sa correspondance et ses idées avant* 1857, pp. 533 sqq.

(197) *Corr.* Edit. Conard, II, p. 162, III, p. 212, II, pp. 216-284 (Cf. Martino, *op. cit.*, pp. 172-173, 177), II, p. 327.

(198) *A. R.*, p. 399 ; *ibid.*, p. 405 ; *ibid.*, p. 400 et pp. 405-406.

(199) Cité par J. Crépet, *A. R.*, p. 563.

(200) Cf. Léon Cladel : *Chez feu mon maître*, dans E.-J. Crépet, p. 235-249 — et la note. — Cf. Octave Uzanne : *L'Amour romantique*, Rouveyre et Blond, 1882, cité par Crépet, *A. R.*, p. 569. — Cf. *Ibid.*, Lettre de Poulet-Malassis à La Fizelière. — Cf. Judith Cladel : *Vie de Léon Cladel*, et *Figaro*, 21 mai 1927 : *Léon Cladel raconté par sa fille*. — Sur la collaboration de Baudelaire aux *Amours éternelles* :

Cf. *Figaro*, 31 juillet 1926 : *Une lettre non recueillie de Baudelaire à Léon Cladel*.

(201) Cf. *A. R.*, pp. 422-423 et p. 399 ; *ibid.*, p. 170.

(202) Cf. J. Marsan : *La Bataille romantique*, 2ᵉ s., pp. 192-193 et R. Jasinski : *Les années romantiques de Théophile Gautier*, pp. 64 sqq.

(203) 1859 nᵒ 9, t. IX, 1ʳᵉ quinz. de novembre, p. 215.

(204) *L.*, (à Soulary, 23 février 1860), pp. 240-241.

(205) R. Jasinski : *op. cit.*, p. 217.

(206) Cf. *L.*, (à A. Fraisse, 1857), p. 140 : « Vous sentez la poésie en véritable *dilettantiste*. C'est comme cela qu'il faut sentir. »

(207) *A. R.*, p. 160.

(208) Cf. *J.I.*, *Mon cœur mis à nu*, p. 63. — *L.* (à A. Fraisse, 1857), p. 140.

(209) Michelet avait écrit (*De l'amour*, 1858, introd.) : « Pour un tailleur qui sent, modèle et rectifie la nature, je donnerais trois sculpteurs classiques ». — Le 11 déc. 1858, Baudelaire écrivait à sa mère à propos de ce livre : « Je ne l'ai pas lu et je crois pouvoir deviner que c'est un livre répugnant ». Les allusions qu'il fait ici témoignent qu'il dut le lire depuis.

(210) Cf. *Notes nouvelles sur E. Poe*, IV et III (1857).

(211) *A. R.*, pp. 160-161.

(212) *L.*, p. 240 (23 février 1860).

(213) Cf. Préf. de *Mademoiselle de Maupin*, et R. Jasinski : *Op. cit.*, ch. VI.

(214) Article de 1862 dans l'*Anthologie* de Crépet. (*Fusains et Eaux-fortes*, p. 303).

(215) Cf. Note de Crépet, *A. R.*, p. 493.

(216) *Ibid.*, p. 150.

(217) *Ibid.*, p. 165.

(218) Cf. le Samuel de *la Fanfarlo*.

(219) Cf. *O. P.*, p. 405.

(220) Cf. Spoelberch de Lovenjoul : *Histoire des œuvres de Th. Gautier*, t. I, pp. 29 sqq.

(221) Cf. *Moniteur Universel*, 25 mai, 31 mai, 2, 8, 14, 15, 21, 28, 30 juin 1855. — Cf. *Beaux-Arts en Europe*, t. I.

(222) *A. R.*, p. 178.

(223) Cf. R. Jasinski, *op. cit.*, pp. 327-328.

(224) *A. R.*, p. 332. — Cf. J. Marsan : *Op. cit.*, p. 215 et notes. — Cf. Cette note inédite de Sainte-Beuve (*Ibid.*, p. 216) où il est dit que « Gautier a le gilet, la cravate, etc., du poète, mais non l'âme ».

(225) Cf. R. Jasinski, *op. cit.*, p. 327.

(226) Cf. E. Raynaud : *Mercure de France*, 16 oct. 1917, pp. 578-606.

(227) Cf. E.-J. Crépet, p. 375.

(228) J. Levallois : *Mémoires d'un critique*, p. 97.

(229) Texte de 1846 dans l'*Esprit public*. Le texte de 1868 porte : « les feuilletons de Théophile Gautier ».

(230) *L. M.*, p. 253, 25 déc. 1861.

(231) *Ibid.*, p. 274, 11 août 1862.

(232) *L.*, pp. 32, 341.

(233) Cf. Lettre de Ch. Asselineau à Baudelaire, dans E.-J. Crépet, p. 309 ; *L.* (à Th. Gautier fils), 27 février 1859, p. 190.

(234) *L.*, p. 190.

(235) Cf. en outre la lettre d'E. Houssaye à Baudelaire dans E.-J. Crépet, p. 376.

(236) D'après des *Lettres inédites* que possède M. Crépet.

(237) *A. R.*, pp. 177-178.

(238) Cf. F. Vandérem, le *Figaro*, 10 mars, 4, 13, 20, 27 oct. 1923 ; P. Souday, le *Temps*, 15, 22, 29 oct. 1923.

(239) *Corsaire Satan* du 3 février ; L. Ménard se venge de cette critique au moment du procès des *F. du M.* (Cf. E. Crépet, *A. R.*, pp. 362-363) ce qui ne l'empêcha pas de se vanter plus tard de son admiration pour Baudelaire (Cf. *Figaro*, 14 juin 1930).

(240) Préface des *Poèmes antiques*, éd. cit., p. 214.

(241) Cf. .J Crépet : *A. R.*; p. 533. — La citation est de Gautier : *Progrès de la Poésie française* (1867).

(242) Cf. J. Pommier, *Banville et Baudelaire : Revue d'Histoire Littéraire*, oct.-déc. 1930, p. 525.

(243) *O. P.*, p. 403.

(244) Selon M. Crépet, Marie Daubrun fut cette circonstance (Cf. E.-J. Crépet, pp. 313-314, note). — Cf. *L.* (1852), à Madame Marie, p. 41. — Cf. *Figaro*, 16 juin 1928 : *Une Muse de Baudelaire et de Banville* (J. Patin).

(245) *A. R.*, p. 282.

(246) *Revue des Deux Mondes*, 1853, t. III.

(247) *Agnès de Méranie*, 1846 ; *Charlotte Corday*, 1850.

(248) *Horace et Lydie*, 1850 ; *Ulysse*, 1852.

(249) Cf. A. Cassagne : *Op. cit.*, pp. 387-388.

(250) Cf. Max. Fuchs, *Th. de Banville*, Cornély, 1912, pp. 148-150.

(251) Préface des *Stalactites*.

(252) Mars 1845, *Stalactites, Ed. Charpentier* (1879). p. 232.

(253) *Chanson à boire, ibid.*, p. 222.

(254) *Ibid.*, p. 230, *La chanson du vin*.

(255) Cf. J. Marsan, *op. cit.*, p. 230.

(256) *Corsaire*, 27 juillet 1848, cité par Fuchs, p. 149.

(257) Cf., à propos de l'allusion à Heine qui aiderait à l'identification, Fuchs, *op. cit.*, pp. 84-85. — D'autre part, vers 1853, dans une clef qu'il fit du roman de Champfleury : *Les aventures de Mlle Mariette,* Baudelaire écrivait : « De Villars, Théodore de Banville. Le seul écrivain vraiment maltraité dans le présent volume et, quoi qu'en dise l'auteur, le poète le plus habile de la jeune école nouvelle à ce point qu'il réduit l'art de la poésie à de purs procédés mécaniques et qu'il peut enseigner à devenir poète en vingt-cinq leçons. — Inventeur du style de marbre. » (Cité par J. Crépet, *A. R.*, p. 552).

(258) Cf. *C. E.* (Salon de 1859), pp. 299-302 et 302-303.

(259) *A. R.*, p. 294.

(260) *A. R.*, p. 296.

(261) *Ibid.*, p. 293.

(262) *C. E.*, p. 89 (1846).

(263) 6 mai 1861, p. 228.

(264) 26 août 1851. — Texte inédit, cité par M. P. Fuchs.

(265) *A. R.*, pp. 297, 296.

(266) *A. R.*, p. 295.

(267) *De quelques écrivains nouveaux* (1852), pp. 92-95.

(268) *Fusées, J. I.*, p. 17.

(269) Lettre du 9 janvier (1858), citée dans E.-J. Crépet, pp. 313-314.

(270) Cf. *Baudelaire : Souvenirs...*, Pincebourde, pp. 129-138.

(271) pp. 39 sqq.

(272) Notons aussi que Banville signa avec Champfleury, Leconte de Lisle et Asselineau, une pétition en faveur de Baudelaire malade, apostillée de lettres de Sainte-Beuve, Mérimée et Jules Sandeau. Nous avons retrouvé cette pétition aux Archives nationales (f. 17 3.115 doss. Baudelaire). — Cf. *l'Archer*, septembre-octobre 1933.

(273) Asselineau, *op. cit.*, pp. 79-80.

(274) Cf. *O. P.*, p. 412.

(275) Il écrit 1841, au lieu de 1842.

(276) Cf. Max. Fuchs, *op. cit.*, p. 63 et sqq.

(277) A propos de cette image, M. Pommier (*art. cit.*) note très justement, dans l'article de Baudelaire des réminiscences du *Lundi* (*C. du L.* XIV), de Sainte-Beuve, consacré à Banville, le 12 octobre 1857.

(278) Préf. des *Poèmes Antiques*, éd. cit., p. 217.

(279) Ed. Charpentier I, p. 280.

(280) *Ibid.*, p. 341.

(281) *Ibid.*, « Nous nous raconterons nos batailles lyriques ».

(282) *Fusées, J. I.*, p. 17.

(283) Premier article sur *P. Dupont, A. R.*, p. 184 (introd. à l'édition illustrée des *Chansons* de P. D. Paris, Houssiaux 1852, parue en 1851, chez Martinon, sous forme d'une livraison. — Cf. J. Crépet *A. R.* 502).

(284) *Ibid.*, p. 185. Il est à noter qu'en 1851, Baudelaire est encore sous l'influence de l'utopie révolutionnaire et que les mots *morale* et *utilité* sont liés chez lui. — Cf. *ibid.*, p. 185.

(285) Article sur les *Misérables, A. R.* pp. 383-384.

(286) Cf. J. Pommier, *art. cit.*

(287) C. Mendès : *La Légende du Parnasse contemporain*, Bruxelles, A. Brancart. 1884, in-12, p. 90.

(288) Cf. Banville : *Camées parisiens.*

(289) C. Mendès, *op. cit.*, p. 95.

(290) *Ibid.*, p. 90.

(291 *Revue fantaisiste*, 1er mars 1861, p. 68.

(292) C. Mendès, *op. cit.*, p. 91.

(293) C. Mendès, *op. cit.*, pp. 92-93.

(294) *L. M.*, 25 juillet 1861, pp. 243-244 et 1er sept. 1861, p. 245.

(295) Il parut dans la *Revue européenne* le 15 septembre 1861 et dans *Le Boulevard*, le 12 janvier 1862.

(296) Cf. au numéro du 1er juin les vers de Glatigny : *Nostalgies galantes*, imprégnés de baudelairisme — et, au début de la 13e livraison (15 août), la dédicace de la nouvelle de Léon Cladel : *Aux amours éternelles* : « A Charles Baudelaire, cher monsieur, la lecture de vos ouvrages a suscité en moi des rêves nombreux. L'un de ces rêves ayant pris corps s'appelle : *Aux amours éternelles*. Toute créature appartient au créateur. Je sais que vous ferez bon accueil à cet essai dans le genre *noir* où vous excellez. L. C. » B. trouve aussi à la *Revue* l'admiration de Villiers de l'Isle Adam. (Cf. E.-J. Crépet, pp. 444-446).

(297) *Revue fantaisiste*, 1er août 1861. — *Anthologie des Poètes français* d'E. Crépet, 1862. — Préface des *Œuvres Choisies* de G. Le Vavasseur, in-8°. A Lemerre, 1897. — *A R.*, pp. 377-379.

(298) PP. 15-49.

(299) La notice destinée à servir d'introduction à l'édition illustrée des *Chansons* de P. Dupont (Houssiaux, 1852) avait paru en 1851. — L'étude de 1861 se trouve dans la *Revue fantaisiste* du 15 août.

(300) Cf. Crépet : *A. R.*, p. 503 et G. Le Vavasseur cité par E.-J. Crépet, p. 82.

(301) *A. R.*, p. 363.

(302) Banville : *Mes souvenirs*, p. 273.

(303) *Ibid.*

(304) *A. R.*, pp. 364, 369.

(305) Cf. *A. R.*, p. 191 et p. 366.

(306) Cf. *Revue Universelle*, 15 juillet 1923. Dans un article : *Devant les Poètes*, Ch. Maurras rapproche le *Jet d'Eau* de Baudelaire de la *Promenade sur l'eau* de Dupont. Le rapprochement a de l'intérêt.

(307) J. Claretie : *P. Borel*, pp. 27 sqq.

(308) Préf. des *Rhapsodies.*

(309) Préface du premier numéro de *La Liberté, Journal des Arts*, septembre 1832. (Collection S. de Lovenjoul).

(311) Cf. la Préface des *Rhapsodies.* — Cf. le Prologue de *Madame Putiphar*, 1839, Paris, Ollivier (2 vol. in-8°), t. I, p. 9, 13, 15, 18, 19, 20. — Cf. *Champavert*, édit. de la *Force Française*, 1922, in-8°, p. 93-94, 290-292, 319, 202.

(312) *A. R.*, pp. 324-330.

(313) C'est ainsi que Banville l'appelle dans les *Exilés*. (Ed. Charpentier, II, 123).

(314) 1860, *L.*, t. XIV. [Cf. Articles 1833, 1839, 1842. *N. L.* XII, *P. C.*, II].

(315) Cf. *Conseil aux jeunes littérateurs*, au chapitre des *Maîtresses* (A. R., p. 277).

(316) J. I. (Mon cœur mis à nu), p. 65. — Cf. ibid., pp. 63-64.

(317) Cf. C. Mendès, op. cit., pp. 148-153 et Revue fantaisiste, 12e livr., 1er août.
(Le Procès de la « Revue fantaisiste »).

(318) Cf. la lettre inédite du 30 décembre 1861 que nous avons publiée dans
l'Archer (décembre 1931, p. 452).

(319) Cf. C. Mendès, op. cit., passim et 233 sqq. et X. de Ricard, le Petit Temps,
17 nov. 1898. — Souriau : Histoire du Parnasse, éd. Spes, 1929, pp. 222 sqq.

(320) E. Crépet : Ch. B., Œuvres Posthumes et Correspondance inédite, Quantin,
1887, p. 72.

(321) Cf. P. Berthelot : L. Ménard et son œuvre, Juven, 1902, p. 13.

(322) Cf. F. Calmettes : Leconte de Lisle et ses amis, Motteroz, s. d., p. 77.

(323) L., pp. 240-241.

(324) L., p. 334.

(325) L., à Ancelle, 18 février 1866, p. 523.

(326) Ibid., p. 522. — Cf. aussi, O. P., p. 17.

(327) L. M., p. 156, 11 janvier 1858.

(328) Cf. Leconte de Lisle : Préface des Poèmes Antiques, éd. cit., pp. 215-216, et
Th. Gautier : Histoire du Romantisme : Rapport sur les progrès de la poésie depuis
1830, pp. 299-364.

(329) A. R., p. 157 (article sur Th. Gautier).

(330) Cf. Leconte de Lisle, op. cit., p. 214. — Cf. Ibid., pp. 215-218.

(331) Ibid, pp. 212, 211.

(332) E.-J. Crépet, p. 381. — Cf. Revue européenne, Bibliographie, 1er décembre
1861, pp. 595-597.

(333) Cf. A. R., pp. 371-376.

(334) R. Wagner : Lettre à Léon Leroy du 10 mars 1861 (citée par J. Crépet, A. R.,
p. 557).

(335) Leconte de Lisle, en 1862, dédiera La Vigne de Naboth à Renan.

(336) Revue européenne, 1er décembre 1861, p. 597.

(337) Jean Dornis : Revue des Deux Mondes, 15 mai 1895, p. 332, note 1.

(338) Cf. L., pp. 507 (5 février), 529, 531, 532, 536.

(339) Cf.Souriau, op. cit., pp. 37-38.

(340) Cf. Lettre de G. Faubert, citée dans E.-J. Crépet, p. 359.

(341) J. I., pp. 18-20.

(342) Dans l'Art, 16 et 20 novembre et 23 décembre 1865.

(343) L. M., 5 mars 1866, p. 390.

(344) L., 18 février 1866, p. 52 (à Ancelle).

(345) Revue fant., 15 juillet 1861 et A. R., pp. 317-324.

(346) A. R., pp. 341-349. Cette notice écrite pour E. Crépet fut remplacée dans
l'Anthologie par une notice de Banville. Cf. O. P., pp. 310-311 (Projet de Lettre à
J. Janin) : « Hég. Moreau, un ignoble pion, enflammé de sale luxure et de prêtrophoble
belge » (1865).

(347) C. E., p. 96.

(348) Ibid., pp. 95-100.

(349) L. M., p. 257, 25 décembre 1861.

(350) L., 29 avril 1859, p. 198.

(351) Ibid., 1857, p. 140. — Cf. O. P., p. 310.

(352) J. I., p. 65.

(353) A R., p. 162.

(354) L. M., pp. 251, 252, 256 et Charavay, op. cit., pp. 84, 85. Lettres, 1861,
pp. 322-324.

(355) A. R., pp. 280, 251.

(356) Projet de préface des F. M. dans O. P., p. 11.

(357) L. M., 5 mars 1866, p. 390.

(358) O. P., pp. 11 sqq.

(359) O. P., p. 11 et pp. 12, 13, 14.

(360) Cf. *J. I.*, p. 37.
(361) *O. P.*, pp. 12, 16.
(362) « Les élégiaques sont des canailles » (*O. P.*, p. 17).
(363) *J. I.*, p. 32. — Cf. *O. P.*, pp. 17-18.
(364) Cf. *O. P.*, pp. 14-15.
(365) *J. I.*, p. 32.

TABLE ANALYTIQUE DES MATIÈRES

INTRODUCTION

But de ce travail : étudier la formation d'une doctrine esthétique, dans les milieux où fréquente le jeune Baudelaire, préciser les grandes lignes de cette doctrine en démêlant les influences subies et les réactions d'une personnalité très vite affirmée, enfin suivre, en face des œuvres littéraires et des productions artistiques, les jugements critiques d'une doctrine attachée à défendre les droits de l'esprit et les puissances de l'imagination (VII-X).

I. — L'INVITATION AU VOYAGE

I. — ATMOSPHÈRES

On ne peut comprendre Baudelaire que si on le replace dans « les milieux » où se déroule sa vie « parlée » « agie ». Les témoignages des contemporains appuient les confidences de l'auteur (3-4). — L'hérédité de Baudelaire. Les tares et les discordances physiologiques de ses ascendants directs vouent Baudelaire au déséquilibre dès sa naissance. La « maladie » de la vingtième année domine sa vie littéraire. Peu de détails sur la première enfance. L'éducation donnée par François Baudelaire, peintre et esthète, disciple du XVIIIᵉ siècle orientent Charles vers les visions artistiques et l'indépendance intellectuelle. L'amour d'une mère : la jalousie hamlétienne (4-7). — Premières solitudes. Lyon, la pension Delorme, le Collège-Royal. L'interne de Louis-le-Grand. Les succès scolaires, les premières amitiés, les premiers vers. L'éveil de la sensualité, le thème de la douleur et de la reversibilité de la souffrance (7-10). — Une jeune âme, déjà hautaine, éprise de grands desseins, amie de l'isolement, sensible aux images, meurtrie et repliée. Ame complexe où se heurtent impulsions, révoltes, orgueils, affirmations brutales. Baudelaire entre au Quartier Latin (10-12). — Août-septembre 1839-juin 1841. « Vie libre à Paris. Premières liaisons littéraires. » La pension Bailly pour fils de famille. Les hôtes de la pension et la vie joyeuse de cette jeunesse. Le culte des Muses et l'horreur du Code. Quelques visages : A. du Boulet, E. Prarond, L. de la Gennevraye, les frères de Nettancourt, Saussine, J. Buisson, Ph.

de Chennevières, G. Le Vavasseur. Intérieurs. Silhouettes. Goûts et distractions. Les meneurs du jeu : Le Normand Le Vavasseur, amoureux
des rimes subtiles et du contourné, équilibriste en chambre et collaborateur du *Corsaire ;* le Picard Prarond, solide et lettré, poète de tableaux
parisiens, évocateur des printemps de Montsouris et de Meudon ; Charles-
Philippe de Chennevières-Pointel, dit Jean de Falaise, sensibilité alertée
devant le beau, esprit réfléchi et capricieux ; J. Buisson, de Labastide-
d'Anjou, dessinateur, graveur et poète, « fainéant plein d'ardeur ». Baudelaire lit à ses amis, sur le divan de la rue de Beaune, ses premières
Fleurs du Mal. Goûts communs, critique d'art et vers latins (12-23). —
Baudelaire au « grenier » de L. Ménard. Rencontres : O. Feuillet, Leconte
de Lisle, P. Dupont, Bocage. Baudelaire à l'Ile Saint-Louis : ses excentricités versifiées et ses poèmes perdus. L'amitié de L. Ménard, l'admiration
pour Gérard et Balzac ; Latouche, Edmond Ourliac (23-27). — Du *Lapin
Blanc* au *Café des Aveugles.* Contrastes : le dandy et l'amant de Sarah
La Louchette (27-29). — Le conseil de famille. Le Beau Voyage : Maurice
et Bourbon. Les scrupules du capitaine Saliz. Baudelaire vit ses *Orientales :* ivresses et enrichissements. Le retour : février 1842 (29-32). — La
majorité de Baudelaire. L'Ecole Normande. Une collaboration imprévue :
le recueil de Prarond, Le Vavasseur, Dozon. Le charme est rompu : la
dispersion (32-35). — L'émancipation : rencontre de Jeanne Duval, les
cafés du Quartier Latin, les habitués du café Momus, le divan Le Pelletier.
Critiques, artistes, comparses et vedettes : Murger, Champfleury, Monselet, J. Journet, Dupont, Fauchery, Chenavard, R. de Beauvoir, Nerval,
Lerminier, Banville (35-38). — Baudelaire et la Bohème littéraire : Tournachon dit Nadar, F. Desnoyers, Ph. Boyer, Trapadoux, Barbara, Privat
d'Anglemont. La grande amitié de Banville (38-43). — Baudelaire à
l'Hôtel Pimodan. Apollonie Sabatier. Les draperies et les tapisseries, symphonies en rouge et vert. Le goût de Baudelaire et l'influence d'E. Deroy.
Le Club des Haschichins. Gautier et Balzac. Les regrets de R. de
Beauvoir (43-46). — Baudelaire vers 1844 : le dandy peint par Deroy.
Son amour des vieux tableaux. Comment il comprend la nature. Le premier cénacle baudelairien : Baudelaire lit la *Charogne* (46-48). — Le
premier Baudelaire : formation de l'expérience et du goût, méditation
sous le masque (48-49).

II. — AU SEUIL DE LA VIE ESTHÉTIQUE : LE DANDY INTÉRIEUR

Baudelaire transforme, agrandit et purifie le dandysme. Il faut, pour
juger, comparer. Les rivaux de Baudelaire. Le Dandy Brummell. Sa vie
et ses gestes. Le paradoxe désinvolte, l'élégance cynique, la vanité conduite au seuil de l'art. Grandeur, décadence et légende de Brummell. L'Anglomanie (50-52). — Le Comte d'Orsay ou le dandysme humanisé à la
française. Par son charme et son amour du Beau, d'Orsay ouvre la voie
à Baudelaire : de la grâce avant toute chose (52-54). — Les excès du
dandysme dont Baudelaire saura se garder : ceux qui se costument.

III. — AU SEUIL DE LA VIE LITTÉRAIRE : UN NOUVEAU ROMANTISME discipline la contagion et s'efforce de s'affranchir (84-91). — Pourtant il n'échappe pas à certaines emprises. Il s'attache à Pétrus Borel. L'influence de Gautier est plus profonde — et aussi celle de Sainte-Beuve (91-97). — Le milieu où Baudelaire se forme est donc plein de ferments « baude-lairiens », et Baudelaire tâche, dès 1846, de transformer ces atavismes, condamnant le mal romantique. Condamnation qui n'est pas sans mélange de regrets. Le goût de la mesure, de la vérité et de l'unité l'emportent. En face du Romantisme, il discerne défauts et poncifs. Il rêve de trans-former ces doctrines hors des vues banales et du « rococo » (97-100). — Premier bilan, aux environs de 1846 : les goûts littéraires et esthétiques de Baudelaire s'affirment. Ses lectures, sa culture, ses admirations, ses haines, ses inquiétudes. Il ouvre son âme à la vie moderne. Milieux de peintres et de sculpteurs (101-104). — Baudelaire à *l'Artiste* : l'équipe d'A. Houssaye. Les premiers vers de Baudelaire. L'enthousiasme du groupe. Baudelaire au *Corsaire-Satan*. Un journal étrange, un étrange di-recteur. Les amis et les compagnons de Baudelaire. Conversations avec Champfleury : peinture, musique, poésie. On quitte Le Poitevin Saint-Alme (104-110). — Les premiers articles de Baudelaire : désir de sincé-rité. Les *Causeries du Tintamarre* et les tendances classiques du goût bau-delairien. Horreur du « littérarisme ». Baudelaire prêche le travail et condamne l'inspiration-délire. Il signale, dès ces débuts, les parties ca-duques de l'esthétique romantique (110-114). — Dans *le Salon de 1846*, définissant le Romantisme, il donne les formules essentielles. Il ne faut pas détruire le Romantisme mais l'utiliser et le discipliner dans « une manière moderne de sentir ». Le Romantisme toujours vivant, expression de la vie présente, transposée en sensations ou en sentiments et trans-formée en matière d'art. Baudelaire reprend et dépasse les vues de Mme de Staël et de Stendhal (114-118).

IV. — AU SEUIL DE LA CRITIQUE D'ART : UN CATÉCHISME

DE LA PEINTURE

Le *Salon de 1846* précise l'esthétique de Baudelaire : recherche de l'unité dans l'art. La critique de Baudelaire veut comprendre par sympathie (119-120). — La modernité de Baudelaire préoccupé, en critique d'art, de technique. Son étude de la couleur. Sa conscience professionnelle est plus exigeante que celle des critiques ses contemporains et suit les principes énoncés par Delacroix en 1829 : le critique doit s'incliner devant l'artiste. L'expérience amère d'un Delacroix (120-124). — Critiques académiques et artistes à tempéraments : la conscience d'un Delécluze s'appuie sur un dogmatisme dangereux (124-126). — La fuite sincère des partis pris est une vertu rare chez les critiques entre 1840 et 1845. Les incertitudes et les lacunes de la critique d'art à cette époque. Les critiques en place : feuilletonistes éclairés dans les grands journaux, plumitifs amateurs ou bavards dans les petites feuilles. Le style du critique d'art ou le manuel du parfait « salonnier ». L'art du cliché. Désinvolture et inexpérience. Un

II. — LES PHARES

1. — EDGAR POE OU LE PRINCIPE POÉTIQUE

Baudelaire découvre Poe vers 1846 : la renommée de Poe, en France, à cette époque (157-159). — Baudelaire et les Américains : son mépris du Yankee. Baudelaire et l'œuvre de Poe : ses soucis de traducteur. Baudelaire s'éprend de Poe parce qu'il lui ressemble (159-165). — La Vie de Poe racontée par Baudelaire. Le guignon. L'américanisme. L'Amérique de 1840 et E. Poe. Pourquoi Poe n'est pas compris de son temps. Les écrivains de New-York et l'éclipse momentanée de Boston. Irving, Bryant, Cooper. Le génie de Poe s'oppose à l'esprit yankee. Son romantisme contraste avec l'optimisme de ce monde nouveau. Son œuvre échappe au public et aux gens de lettres. On le juge génial mais point assez positif. Jugements sur Poe en Amérique vers 1858. Il faut apporter quelques nuances aux indignations de Baudelaire (165-171). — L'Amérique et la critique française en 1835-1850. On admet les progrès matériels, on juge l'intellectualité médiocre. Opinions de Ph. Chasles, L. Etienne, Barbey d'Aurevilly. Baudelaire est d'accord avec ces critiques (171-173). — Ce que Baudelaire doit à Poe : il est formé avant la rencontre et ses poèmes ne doivent rien à ceux de Poe, malgré les affirmations de certains critiques. L'affinité des tempéraments ne saurait cependant tout expliquer. Ressemblances expliquées par les mêmes sources d'inspiration. Chez tous deux, empreinte romantique. Influence de Gray et de Young, de Coleridge et de Wordsworth, de Shelley et d'Hoffmann sur E. Poe. Le romantisme français et E. Poe. Avant de rencontrer Poe, Baudelaire a subi le contact romantique. Il a écrit ses poèmes les plus personnels. Et malgré tout les œuvres des deux poètes sont différentes (173-177). — L'œuvre de Poe fut une impulsion pour Baudelaire. Influence plus directe sur sa pensée que sur son art. E. Poe et les idées sociales de Baudelaire : Baudelaire et la démocratie, enthousiasme et désillusion. A l'influence antidémocratique de Poe s'ajoute celle de J. de Maistre qui a appris à Baudelaire « à raisonner ». Les *Fleurs du Mal* et les *Soirées de Saint-Pétersbourg*. Mais de Maistre place sur le plan moral le mysticisme de Baudelaire. Poe le place sur le plan esthétique (177-181). — Cette haine commune de la démocratie et du progrès matériel rend Poe plus attachant à Baudelaire. Curieux procédés : Baudelaire romance la vie de Poe, exagère ses souffrances pour les égaler aux siennes. Baudelaire construit une existence et imagine des rancœurs qui lui sont une raison de divorcer d'avec le peuple (181-182). — L'influence de Poe sur l'esthétique de Baudelaire. *Le Principe poétique*. Le Poète interprète du Beau. L'évocation enthousiaste d'une révélation mystique. Une conception du Poème : significatif et court, hors des buts pratiques, rompant avec l'Utile. Séparation du Vrai, du Bien et du Beau. Le mysticisme esthétique de Poe et le rôle divin du poète : atteindre l'ineffable, considérer la terre comme une correspon-

II. — EUGÈNE DELACROIX OU L'IMAGINATION SURNATURALISTE

l'opposition est moins absolue. Les défenseurs de Delacroix après 1838, Gautier, Haussard, Thoré, ouvrent la voie à Baudelaire (219-226). — Delacroix est-il compris même de ses partisans ? Pour juger de l'originalité de Baudelaire, il faut lire les plaidoyers de ses fidèles. Les articles de *l'Artiste*. Vues intelligentes mais incomplètes. La légende du dessin opposé à la couleur. Préjugés. On réclame une « voix écoutée » pour imposer Delacroix en l'expliquant. A la recherche de cette « voix écoutée ». Les littérateurs romantiques se taisent ou n'apportent qu'un appui fragile. La critique de Baudelaire apparaît à un moment décisif (226-235). — Le *Salon de 1845* de Ch. Baudelaire. Delacroix y est loué pour son inquiétude du nouveau, son sens parfait de l'harmonie. Baudelaire rend compte des secrets du coloriste : science et pondération. Il affirme le génie du dessinateur. Delacroix n'est pas discuté, il est affirmé. Les critiques et *le Salon de 1845* (235-239). — Le *Salon de 1846*. L'apologie de Baudelaire se hausse au ton du manifeste. Les distinctions de Baudelaire sur l'art des dessinateurs. Delacroix et la vie moderne. L'infériorité d'Ingres. Delacroix saisit l'âme ; il opère par l'alliance du métier et du tempérament, de l'intuition et du savoir réfléchi. Delacroix n'est pas le Victor Hugo de la peinture. Il est le vrai romantique, c'est-à-dire le poète de la modernité, du mouvement, de l'intimité, de la spiritualité. Pour Baudelaire et pour Delacroix, il n'y a pas en art de hasard ni d'inspiration aveugle. Devant Delacroix Baudelaire résoud le mystère des rapports de l'art et de l'inspiration. Ce qu'est le surnaturalisme de Delacroix. La nature n'est qu'un dictionnaire. Le rôle de la mémoire et de l'imagination. Delacroix, en 1846, vu par Baudelaire. Delacroix peintre de l'anxiété moderne. L'idéal de Baudelaire défendu dans l'idéal de Delacroix (239-247). — La critique autour de Baudelaire en 1845 et en 1846. L'audacieuse maîtrise de Baudelaire est mieux jugée par comparaison. La haine n'a pas désarmé. Quelques exemples d'incompréhension. Revues et journaux. Réactions des partisans. Baudelaire domine les Houssaye, les Blanc, les Planche, les Champfleury, les Gautier, les Thoré, les Haussard. Lui seul a trouvé les mots attendus. La raison de ces vues intelligentes. Baudelaire se dédouble et se confond avec Delacroix. Il critique les œuvres et les artistes « en fonction de » Delacroix. Et les qualités de Delacroix sont celles de Baudelaire. Les indulgences de Baudelaire ont la même explication ainsi que sa sévérité pour la sculpture en 1846 (247-255). — C'est donc guidé par Delacroix que Baudelaire débute dans la critique d'art. Par lui il prend conscience de ses grandes idées, sur le Romantisme, l'inquiétude du nouveau, la modernité, le travail nécessaire. L'avenir de l'œuvre baudelairienne est, dès 1846, engagé par la rencontre de Delacroix. L'influence de la critique de Baudelaire. Le succès du *Salon de 1846*. De nouvelles vues des critiques. L'éloge du dessin de Delacroix. Quelle part revient à Baudelaire ? (255-258). — La campagne de Baudelaire se développe en 1855, en 1859 et en 1863. *L'Exposition universelle de 1855*. Delacroix y occupe la place qu'il mérite. La critique de Th. Silvestre : comment elle rejoint la critique de Baudelaire Les critiques et Delacroix en 1855. Les jugements de Baudelaire. Au moment où le Réalisme ouvre sa campagne Baudelaire s'attache à défendre le surnaturalisme de Delacroix, auquel il rattache son esthétique. Eloge de l'imagination de Delacroix ; défense, contre Hugo, des femmes de Delacroix ; enthousiasme pour le surnatura-

III. — RICHARD WAGNER OU L'HARMONIE DES CORRESPONDANCES

puis réticences, puis hostilité. Un cas psychologique de jalousie inconsciente. L'article du 9 février 1860 dans *les Débats*. La réponse de Wagner
(*Débats,* 22 février). Mise au point de la question, la musique de l'avenir,
la musique et le poème. L'intervention de Berlioz permet à Wagner d'affirmer des théories qui attacheront Baudelaire (302-311). — La défense
de Champfleury : le courage du critique. Pénétration et enthousiasme.
Selon Champfleury, la musique de Wagner agrandit l'âme. Il justifie son
admiration par l'analyse de l'œuvre et l'intelligence des intentions (311-
314). — Baudelaire entre en lice. La lettre à R. Wagner (17 février 1860)
établit, dès le lendemain des concerts, la position de Baudelaire : défense du génie contre la sottise. Histoire d'une âme conquise par le
charme wagnérien, aveu de séduction soudaine. La méthode critique de
Baudelaire juge de Wagner : réflexions d'artiste, non de technicien. La
musique de Wagner est *sa* musique. Toujours le jeu de Narcisse. Mais
désintéressement absolu. La musique de Wagner surprend Baudelaire en
1860 au moment où il s'oriente vers la spiritualité, but de sa vie esthétique. La physionomie spirituelle de Baudelaire en 1860. Baudelaire et la
musique. Préoccupations de correspondances entre les arts. La peinture
et la musique, miroirs jumeaux où la poésie penche un éclair unique. La
réaction de Wagner devant la lettre de Baudelaire (314-318). — Après
les concerts de 1860. Wagner fait accepter *Tannhäuser* à l'Opéra. Les
répétitions. Wagner juge le moment propice pour affirmer ses théories.
La *Lettre sur la Musique, l'Introduction de Quatre poèmes d'opéra*. Manifeste de Wagner qui propose une conciliation entre les arts du poète
et du musicien qu'on veut subordonner. Wagner est d'accord avec Baudelaire. L'étude de Baudelaire en 1861 sera le commentaire de la *Lettre sur
la musique* (318-321). — *Tannhäuser* à l'Opéra en 1861. Répétitions, difficultés. Les critiques de l'avant-première. Le *Figaro*. La *Revue Nationale*.
Colères sourdes de Berlioz, expliquées par Champfleury et Monselet. La
première de *Tannhäuser,* le 13 mars. Le public, la représentation, la cabale. Héquet et Scudo. Incidents. Baudelaire et Mendès font le coup de
poing. Quelques lettres de Berlioz. Les « mots » des compositeurs rivaux. Epigrammes, caricatures, parodies (321-327). — L'opposition dans
les grands journaux, dans la presse musicale, dans les grandes revues.
Ces témoignages de haine inintelligente donnent la mesure du courage et
du goût des défenseurs de Wagner, de Baudelaire en particulier (327-332).
— Quelques notes élogieuses, quelques protestations en faveur de Wagner :
Revue fantaisiste, Revue germanique. L'article de Baudelaire à la *Revue
européenne* (332-335). — Wagner, d'abord découragé, se redresse : la
Lettre à un ami d'Allemagne. Les bienfaits de la chute de *Tannhäuser* :
Wagner au concert Pasdeloup. L'article de Baudelaire est la plus belle
revanche de Wagner. La date — mai 1861 — dans la vie de Baudelaire.
Etude longuement méditée. Son but : traduire des impressions personnelles et se faire l'écho de partisans inconnus. Baudelaire retrace les
luttes de Wagner, réfute les critiques de Fétis, prolonge les interprétations
de Liszt. Il analyse l'œuvre théorique de Wagner. Baudelaire devant la
« révélation » wagnérienne. Il distingue les étapes du génie wagnérien :
Rienzi, le Vaisseau Fantôme, Tannhäuser. Vues intuitives de Baudelaire
qui réagit moins en wagnérien qu'en baudelairien et qui, malgré quelques
confusions, distingue la véritable « essence » wagnérienne. Commen-

III. — LE « CONFITEOR » DE L'ARTISTE

I. — LA CRITIQUE D'UN POÈTE

En 1846, Baudelaire expose sa méthode de critique « partiale », « passionnée ». Son idéal de critique. Une critique lyrique. Adversaire du dogmatisme, Baudelaire veut juger avec son intelligence et sa sensibilité. Le critique est, pour lui, l'égal du créateur. La guerre aux « professeurs-jurés ». La sympathie, élément essentiel de la critique. Méfiance des systèmes, goût de la naïveté, recherche du « tempérament ». La critique n'est pas une science, mais une collaboration artistique. Aversion de Baudelaire pour les critiques officiels. Sa haine de M. Villemain, de G. Planche, de J. Janin. Pourquoi cette méthode de critique est dangereuse : l'habileté, le tact, l'intelligence sont qualités indispensables. La critique est une « métaphysique » (365-372). — L'originalité de Baudelaire critique. Il se fait une place à part. Poète, Baudelaire se sent plus apte à juger des mystères de la poésie. Il néglige les soucis minutieux. Il est parfois injuste pour les critiques consciencieux. Conflit de méthodes. Même réaction chez un Delacroix contre les critiques d'art. Les créateurs ne peuvent supporter règles et limites. Une raison de la mésentente de Baudelaire et de Sainte-Beuve (372-375). — Ne cherchons pas à savoir qui a tort ou raison. La critique de Baudelaire nous livre bien des secrets de Baudelaire. En jugeant les autres il se définit lui-même. Ses rigueurs, même injustes, sont instructives. Il cherche partout la parcelle de Beauté que le créateur arrache à la nature rebelle (375-376).

II. — BAUDELAIRE CRITIQUE D'ART

Baudelaire débute à vingt-quatre ans dans la critique d'art. Le *Salon de 1845* : coup d'essai qui montre un goût déjà formé et une personnalité. Le nom de Delacroix. Son esthétique dicte les jugements de Baudelaire. Mais ces jugements ne sont pas exclusifs. L'originalité du *Salon de 1845*. Comparaisons : journaux et revues. Les critiques de *l'Artiste* (377-385). — Le *Salon de 1846* est un épanouissement. Il est le prototype de la critique baudelairienne. Baudelaire a toute sa personnalité et ses partis pris sont sans étroitesse, ses haines sont sans sectarisme. Guerre au « poncif » et au « chic ». Synthèses et éclectisme. Partout la préoccupation du général et de l'universel. Exemples et textes. Comment on peut, d'après le *Salon de 1846*, définir le goût de Baudelaire (385-391). — *L'Exposition du Bazar Bonne-Nouvelle.* Baudelaire en face des classiques. Baudelaire juge de David. Baudelaire et Ingres (391-394). — L'attitude de Baudelaire en face du génie d'Ingres est pleine d'enseignements. Jugements de 1845, de 1846. Position de Baudelaire. Comparaisons. Dès 1846, Baudelaire voit avec intelligence et juge avec justice. Les éloges de Baudelaire. L'article de 1855 dans *le Portefeuille*. Comparaisons : les critiques de *l'Artiste*. La défense de Baudelaire. Son effort d'impartialité. Baudelaire et les salonniers de 1855. Ingres et Delacroix. Baudelaire et les disciples d'Ingres. Il loue le maître, il blâme l'école. Les *Salons* de Baudelaire étudiés à ce point de vue. Explication de la critique baudelairienne : les « ingristes » n'ont pas d'imagination (394-409). — Le *Salon de 1859* et l'éloge de l'imagination. Baudelaire, à cette date, a pris position contre les réalistes. La campagne réaliste. Baudelaire et Champfleury. Le réalisme jugé par les grandes revues. La position de Baudelaire est entre les deux camps. Il précise, à cette occasion, sa doctrine esthétique et définit son surnaturalisme. Anathème à la photographie. Hymne à l'imagination. Influence de l'esthétique de Delacroix (409-419). — Ce surnaturalisme règle l'attitude de Baudelaire en face des écoles et des genres. Les *pointus*. Les *littératisants*. Le gouvernement de l'imagination. L'imagination dans le portrait, dans le paysage. Le paysage en 1859. Luttes et tendances. Opinion de Baudelaire : nécessité de l'étude, rôle de l'imagination dans l'interprétation du paysage. Condamnation de Millet. Rousseau et Corot : leur imagination. Baudelaire va vers les paysagistes d'imagination. Baudelaire condamne ceux qui *copient* la nature (419-433). — En face de la sculpture, Baudelaire défend aussi les droits de l'imagination. Les sévérités de 1845 et de 1846 sont apaisées. En 1859, Baudelaire chante la palinodie. Le rôle divin de la sculpture. Son pouvoir de suggestion. La sculpture n'est ennuyeuse que sans l'imagination. Contradiction expliquée. La sculpture en 1859. Jugements en marge de Baudelaire (433-437). — La critique d'art de Baudelaire déborde le cadre des *Salons*. Baudelaire et la caricature. Une théorie mystique du rire. Souvenirs de Joseph de Maistre. L'homme rit par orgueil satanique, par sentiment de sa supériorité. Le rire est démoniaque. Melmoth. Le sage ne rit pas, ni Dieu. Le rire et la joie. Le comique et le grotesque. Comique significatif et comique absolu (437-442). — Baudelaire et les caricaturistes français : Vernet, Pigal, Charlet. Les sévérités de Baudelaire. Daumier, centre de son étude. Comment Baudelaire comprend Daumier. Les jugements de Baudelaire et Champfleury. Baudelaire et Daumier, communauté de tendances et de goûts. Les ridicules du bourgeois, la fausse antiquité. Daumier dessinateur. Son esthétique : observation, réflexion, imagination. Sa bonté : comment il échappe au jeu démoniaque. Conscience et inspiration. Autour de Daumier. Les raisons des réactions de Baudelaire en face des autres caricaturistes : Monnier est un antithèse de Daumier, Granville a une imagination déformante. Indulgence pour Gavarni. Tendresse pour Trimolet et Traviès, victimes du guignon. Baudelaire devine le talent de Jacque (442-460). — Baudelaire et les caricaturistes étrangers. Exemples typiques choisis par Baudelaire. Le comique anglais est féroce. Hogarth : variété de sa manière ; satire ondoyante ; réalisme à la fois et création (460-462). — L'admiration de Baudelaire pour Goya. Goya esprit moderne. Rapprochement avec Delacroix. Ce parallèle peut expliquer l'admiration de Baudelaire pour Goya : tous trois, Delacroix, Goya et Baudelaire estiment que la nature est un dictionnaire et que l'imagination est la reine des facultés (462-465). — Caricature italienne et flamande. Baudelaire en veut à Pinelli de trahir l'art en le transposant dans la réalité et de soutenir faussement son inspiration par une réalité truquée. Baudelaire objecte à Breughel la loi de la mesure. Il l'admire pourtant malgré ses excès. Le rôle de l'imagination dans la caricature. Elle permet aux grands artistes d'échapper aux limites du rire humain (465-467). — Tous ces principes tendent à une synthèse de *la modernité*. Guys, Manet, Rops. Définition de la modernité. La mode élément passager du Beau éternel, élément essentiel pourtant qui lui donne vie. La doctrine baudelairienne du beau humanisé par la vie. Doctrine émouvante et profonde. L'artiste, selon Baudelaire (467-475). — Constantin Guys. Sa vie, son œuvre, son esthétique. L'observation et l'imagination. Le rôle de la mémoire. Guys peintre de la modernité (475-480). — Edouard Manet. L'opposition à la manière de Manet et la défense lumineuse de Baudelaire. Ce qu'il voit en Manet et pourquoi il voit plus juste que les autres critiques de 1863, 1864 et 1865 (480-487). — Félicien Rops, Baudelaire et la Belgique. Jugements inédits. Pourquoi Baudelaire excepte Rops dans son mépris du Belge. Rops prolonge Baudelaire. Son œuvre est un écho des *Fleurs du Mal* (487-488). — L'originalité de Baudelaire critique d'art (488-490).

III. — BAUDELAIRE CRITIQUE LITTÉRAIRE

Les travaux de Baudelaire critique littéraire sont importants et complexes ; ils nous révèlent la doctrine littéraire de Baudelaire. Boutades et contradictions. Jugements souvent déconcertants, souvent profonds, parfois injustes ou étroits. C'est le bénéfice et la rançon de cette critique poétique et de certaines habitudes de mystification. La défiance est nécessaire (492-494). — La partie théorique de la critique littéraire de Baudelaire : les *Conseils aux jeunes littérateurs*. La nécessité du travail et de la lutte. L'écrivain dans la vie moderne. L'inspiration des romantiques est condamnée. L'inspiration, selon Baudelaire, est la sœur du travail quotidien. Les manuscrits et les épreuves de Baudelaire. L'improvisation est une longue patience. Rapprochements avec la méthode de Delacroix : longue méditation précédant une exécution rapide. Respect pour la poésie, art difficile (494-498). — Baudelaire juge du Romantisme. Il distingue vite entre les diverses manifestations du Romantisme. Eloges et critiques. Ce que Baudelaire condamne dans le Romantisme (498-501). — Baudelaire et Victor Hugo. Sentiments complexes. Oppositions de tempérament et d'esthétique. Les rapports des deux poètes. Baudelaire voit en Hugo un ouvrier habile, non un inventeur. L'éloge de Delacroix et la critique de Hugo. L' « éreintage » de Hugo par Baudelaire. Palinodies officielles. Antinomies secrètes. La question du progrès et l' « hérésie de l'enseignement ». L'article de Baudelaire sur Hugo, en 1861, est écrit sans enthousiasme. Baudelaire se dérobe et définit son esthétique. Et il n'admire chez Hugo que les tendances conformes à son idéal : goût de l'universel, désir

CONCLUSION

Difficulté de conclure dans un si vaste sujet. Il convient du moins de préciser les points établis. La doctrine esthétique de Baudelaire d'après son œuvre « agie » et « vécue » précède et soutient les créations de l'écrivain. Cette doctrine est née de la vie, des circonstances, des milieux. La biographie est mêlée aux idées et à la doctrine de Baudelaire. Cette doctrine s'élabore dans les conflits artistiques du moment. Position de Baudelaire en face des écoles et des chapelles. Son originalité. Son romantisme. Son lyrisme : émotion concentrée et recherche de l'universel. Fusion du classicisme et du romantisme chez cet être hanté d'unité. Pourquoi Baudelaire fait figure de solitaire, de révolté et d'incompris. Il conquiert une place à part, n'étant satisfait par aucune des esthétiques de son temps. Il ouvre des sources fécondes. La doctrine spiritualiste de l'auteur des *Fleurs du Mal*. Cet aristocrate tend au triomphe de l'esprit. Baudelaire mystique de l'imagination. Les raisons de son admiration pour Delacroix, Poe, Wagner. Une conception de la vie moderne. Baudelaire n'échappe pas à la vie. Son spiritualisme reste humain, pathétiquement humain (567-571).

BIBLIOGRAPHIE

Ceci n'est point une bibliographie baudelairienne. Nous nous bornons à indiquer les ouvrages que nous avons consultés pour appuyer notre travail. La bibliographie baudelairienne la plus complète, à notre connaissance, se trouve à la fin du 2ᵉ vol. de l'ouvrage de S. A. Rhodes, *The cult of Beauty in Ch. Baudelaire*, Institute of French Studies, Columbia University, New-York, 1929, 2 vol., in-8°. Cette bibliographie s'arrête à 1929. Elle pourra être utilement complétée par les indications parues depuis cette date dans la *Revue d'Histoire Littéraire de la France*.

1° INEDITS CONSULTES ET UTILISES

BAUDELAIRE (Charles). — *Lettres inédites*, Archives nationales F¹⁷ 3.115, dossier Baudelaire. [Nous avons publié ces lettres dans *l'Archer*, Toulouse, novembre et décembre 1931].

FONDS SPŒLBERCH DE LOVENJOUL. — D. 652 (2335) ; D. 653 (2336) ; D. 654 (2337) ; D. 655 (2338).

POULET-MALASSIS. — *Lettres inédites à Ch. Asselineau*, 1863-1871 (collection Marsan).

BUISSON (Jules). — *Vers et souvenirs inédits sur l'Ecole Normande* (communiqués par la famille de J. Buisson).

2° ŒUVRES DE CH. BAUDELAIRE

Œuvres complètes, 7 vol., Paris, Michel Lévy, 1868-1870, in-12.

L'Art Romantique, notice, notes et éclaircissements de Jacques Crépet, Paris, Conard, 1925, in-8.

Causeries, Editions du *Sagittaire*, Kra, 1920, in-4.

Correspondance, I, 1841-1863, publiée par Y.-G. Le Dantec, Paris, Editions de la N. R. F., 1933, in-4.

Curiosités Esthétiques, notice, notes et éclaircissements de Jacques Crépet, Paris, Conard, 1923, in-8.

Dernières lettres inédites à sa mère, avertissement et notes de Jacques Crépet, Paris, éditions Excelsior, 1926, gr. in-4.

Les Fleurs du Mal, notice, notes et éclaircissements de Jacques Crépet, Paris, Conard, 1922, in-8.

Journaux intimes, édit. Van Bever, Paris, Crès, 1920, in-12.

Lettres, Paris, *Mercure de France*, 1905, in-12.

Lettres inédites à sa mère, préface et notes de Jacques Crépet, Paris, Conard, 1918, in-8.

Œuvres posthumes, Paris, *Société du Mercure de France*, 1908, in-8.

Les Paradis artificiels, la Fanfarlo, notice, notes et éclaircissements de Jacques Crépet, Paris, Conard, 1928, in-8.

Le Peintre de la Vie Moderne, Constantin Guys, reproduction intégrale des aquarelles de Constantin Guys, Editions René Kieffer, Paris, 1923, in-4.

Petits Poèmes en Prose (Le Spleen de Paris), le Jeune Enchanteur, notice, notes et éclaircissements de Jacques Crépet, Paris, Conard, 1926, in-8.

Souvenirs, correspondance, bibliographie, suivie de pièces inédites, Paris, Pincebourde, 1872, in-8.

Traductions d'Edgar Allan Poe, documents, variantes, bibliographie, par Y.-G. Le Dantec, Paris, Editions de la N. R. F., 1931, in-4 (tome XIII des Œuvres complètes de Charles Baudelaire).

3° ETUDES CRITIQUES

ABOUT (Edmond). — *Salon de 1864*, Paris, Hachette, 1864, in-18, 303 p.

ALEXANDRE (Arsène). — *Daumier, l'homme et l'œuvre*, Paris, Renouard, Laurens, successeur, 1888, in-8.

ALLEN (Hervey). — *Israfel, the life and times of Edgar Allan Poe*, 2 vol., 932 pp., New-York, 1926, George H. Doran Company.

ALTON-SHEE (Comte d'). — *Mes Mémoires*, Paris, librairie internationale A. Lacroix, Bruxelles, Verboekhoven, 1869, 2 vol., in-8.

ANONYME. — *Les grands graveurs : William Hogarth*, gravures et eaux-fortes, Hachette, 1913, in-4.

ARMELHAUT (J.) et BOCHER (E.). — *L'Œuvre de Gavarni*, Paris, Librairie des Bibliophiles, 1873, in-8.

ASSELINEAU (Charles). — *Baudelaire, sa vie et son œuvre*, Lemerre, 1869, in-12.

— *Mélanges tirés d'une petite bibliothèque romantique*, Paris, Pincebourde, 1866, in-8.

ASTRUC (Zacharie). — *Les Quatorze Stations du Salon* — 1859 — *suivies d'un récit douloureux*, Paris, Poulet-Malassis et de Broise, 1859, IV-408 pp., in-12.

AUBRY (G.-Jean). — *Baudelaire et Swinburne* (Mercure de France, 16 novembre 1917, pp. 265-281).

AUDEBRAND (Philibert). — *Un café de journalistes sous Napoléon III*, Paris, E. Dentu, 1888, in-12.

— *Mémoires d'un passant*, Paris, Calmann-Lévy, 1893, in-12.

— *Romanciers et Viveurs du XIX° siècle*, Paris, Calmann-Lévy, 1904, in-12.

— *Les Derniers jours de la Bohème*, Paris, Calmann-Lévy, 1905, in-12.

AUGIER (Emile). — *Théâtre complet*, Paris, Calmann-Lévy, 1886, 6 vol., in-12.

BALDENSPERGER (Fernand). — *Orientations étrangères chez H. de Balzac*, Paris, Champion, 1927, in-8.

BALZAC (Honoré de). — *Œuvres complètes*, Paris, Furne, Dubochet, Hetzel, in-8, 1846, tome XVI.

— *Traité de la Vie élégante*, Paris, Librairie Nouvelle, 1853.

— *Traité de la Vie élégante, Physiologie du rentier de Paris, Physiologie de l'Employé, les Boulevards de Paris*, avec une préface et des notes par L. Lumet, illustrations de Daumier, Gavarni, Trimolet, Bertall. Bibliopolis, 83, rue Denfert-Rochereau, Paris, 1912, in-8.

BANVILLE (Théodore de). — *Lettres chimériques*, Paris, Charpentier, 1855, in-12, pp. 278-284.

— *Odes funambulesques*, 2° éd., M. Lévy, 1859, in-12.

— *Les Camées parisiens*, Pincebourde, 1866-1867, 3 vol., in-24.

— *Ernest Prarond, De Montréal à Jérusalem* (Le National, 28 juin 1869).

— *Album de la Galerie contemporaine*, Baschet, 1877, in-4.

— *Les Stalactites*, Charpentier, 1879, in-12.

— *Contes pour les femmes*, Paris, Charpentier, 1881, in-12.

— *Mes Souvenirs*, Paris, Charpentier, 1883, in-12.

— *Les Exilés*, Paris, Charpentier, 1912, in-12.

BARBARA (Charles). — *L'Assassinat du Pont-Rouge*, Victor Lecou, E. Blanchard, M. Levy frères, 1855, in-32.

BARBEY D'AUREVILLY (Jules). — *Du dandysme et de George Brummell*, 1re édit., 1845, 2e édit., Poulet-Malassis, 1861. Edit. Lemerre, Paris, s. d.

— *Les Diaboliques*, Paris, Dentu, 1874, in-12.

— *Les Œuvres et les Hommes. Littérature étrangère*, Lemerre, 1890, in-4°.

— *Premier Memorandum*, Paris, Lemerre, 1900, in-12.

— *Deuxième Memorandum*, Paris, Stock, 1906, in-12.

— *Lettres à Trebutien*, Paris, Blaizot, 2 vol., 1908, in-8.

BARRÈS (Maurice). — *Le Mystère en pleine lumière* (pp. 93-116 : *Le Testament de Delacroix*), Paris, Plon, 1926, in-12.

BARTHÈRE (Louis). — *Wagner et Judith Gautier* (Revue de Paris, 1er août-15 août 1932).

BARTHOU (Louis). — *Autour de Baudelaire*, Paris, Maison du Livre, 1917, in-4.

BATAULT (Georges). — *A propos de Baudelaire et de Balzac* (Mercure de France, 1er avril 1931, pp. 216-225).

BEAUVOIR (Roger de). — *L'Ecolier de Cluny ou le Sophisme*, Fournier jeune, 1832, 2 vol., in-18.

— *Colombes et couleuvres*, poésies nouvelles, Paris, Librairie Nouvelle, 1854, in-12.

— *Les Soupeurs de mon temps*, Paris, Achille Faure, 1862, in-12.

— *Les Disparus*, 2e éd., Paris, Denţu, 1877, in-12.

BELLEVIER DE LA CHAVIGNERIE et AUVRAY (Louis). — *Dictionnaire général des Artistes de l'Ecole française*, Paris, Renouard, 1882, 2 vol., in-4.

BENOIT (François). — *L'Art sous la Révolution et ·l'Empire*, Paris, 1897, in-4.

— *Hogarth*, Paris, H. Laurens, s. d. (1904), in-4, 128 pp.

BÉRALDI (Henri). — *Les graveurs du XIXe siècle, guide de l'amateur d'estampes modernes*, Paris, Conquet, 1885-1892, 12 vol., in-8.

BERGERAT (Emile). — *Entretiens, Souvenirs et Correspondance*, Paris, Bibl. Charpentier, Fasquelle, 1911, in-12.

BERLIOZ (Hector). — *Correspondance inédite (1819-1868)* avec une notice biographique par Daniel Bernard, 2e éd. considérablement augmentée, Paris, Calmann-Lévy, 1879, in-12.

— *A travers chants, Etudes musicales*, Paris, Calmann-Lévy, 4e édit., 1886, in-12.

BERNARD (Emile). — *Les palettes d'Eugène Delacroix et sa recherche de l'absolu du coloris* (*Mercure de France*, février 1910).

BERTHELOT (Philippe). — *Louis Ménard* (*Revue de Paris*, 1er juin 1901).

— *L. Ménard et son œuvre*, Paris, Juven 1902, in-12.

BIRÉ (Edmond). — *Biographies Contemporaines* (G. Le Vavasseur), Lyon, Vitte, 1905, in-12.

BLANC (Charles). — *Grandville*, Paris, Havard, 1856, in-18.

— *Histoire des peintres de toutes les écoles*. Ecole française, Paris, Vve Renouard, 1865, 3 vol., in-fol., t. III.

— *Les Artistes de mon temps*, Paris, Didot, 1876, in-8, VI-556 pp.

— *Grammaire des Arts du Dessin*, Paris, Renouard, 1876, 3e édit·, in-4.

BLUM (André). — *Hogarth*, Paris, Alcan, 1922, in-4, 152 p.

BOREL (Pétrus). — *Champavert, Contes immoraux*, E. Renduel, 1832, in-8.

— *Les Rhapsodies*, Paris, Le Vavasseur, au Palais Royal, 1832, in-16 carré.

— *Madame Putiphar*, Paris, Ollivier, 1839, 2 vol., in-8.

— *Champavert, Contes immoraux*, Edit. de la Force française, Paris, 1922, in-8.

BOSCHOT (Adolphe). — *Chez les Musiciens*, Plon, 1922, in-12.

— *Th. Gautier critique d'art* (*Revue de Paris*, 1er janvier 1932).

BOULENGER (Jacques). — *Les Dandys*, Paris, Ollendorf, 1907, in-4.

BOUVIER (Emile). — *La Bataille réaliste*, Paris, Fontemoing, 1913, in-8.

BRETON (Germain). — « *Du Pape* » *de J. de Maistre*, étude critique, Bauchesne, 1932, in-8.

BRUYAS (Alfred). — *La Galerie Bruyas*, par Alfred Bruyas, avec le concours des écrivains et artistes contemporains... Imp. de J. Claye, A. Quantin, successeur, 1876, in-8, 571 p. [Les pages 270 à 415 sont consacrées à E. Delacroix.]

BUISSON (Jules). — Voir : *Inauguration du buste de G. Le Vavasseur à Argentan.*

BURTY (Philippe). — *Maîtres et petits maîtres*, Paris, Charpentier, 1877, in-12.

CALMETTES (F.). — *Leconte de Lisle et ses amis*, Paris, Motteroz, s. d., in-12.

CAMPBELL (K.). — *Poe and Byron* (*The Nation*, N.-Y., v. 88, no 2280, 11 mars 1909, p. 248).

CARNOY (H.). — Préface à *Myrrhine* d'Ernest Prarond. Emile Lechevalier, Paris, 1893, in-18.

Centenaire de Gustave Le Vavasseur à Argentan (*Introduction* par l'abbé Germain Beaupré ; *Toast* de l'abbé Sornin ; *Discours* de l'archiprêtre d'Argentan, de M. Guillochin, maire d'Argentan ; *Réponse* de M. Tournoüer ; *M. de La Lande et M. de Saint-Santin* par M. Tournoüer ; *G. Le Vavasseur, prosateur*, par M. Angot des Rotours ; *Sonnets* par Paul Harel ; *Les Sources normandes de l'œuvre de G. Le Vavasseur* par M. de Monley; *Vers* de Louis Peccatte), Alençon, imprimerie Alençonnaise, 1920, in-8, 70 p.

CESTRE et GAGNOT. — *Anthologie de la Littérature américaine*, Paris, Delagrave, 1926, in-18.

44

CESTRE (Charles). — Le Romantisme d'Emerson (Revue Anglo-Américaine, octobre à décembre 1929).

CHAMBERLAIN (Austin S.). — Richard Wagner, sa vie et ses œuvres, Paris, 3e éd., Perrin, 1908, in-12.

CHAMPFLEURY (Jules). — Les Excentriques, nouvelle édition, M. Levy, 1856, in-12.

— Le réalisme, Paris, Michel Lévy, 1857, in-12.

— Souvenirs des funambules, Paris, M. Lévy, 1859, in-12.

— Richard Wagner, 1 plaquette, in-8, Paris, Bourdillat, 1860.

— Grandes figures d'hier et d'aujourd'hui, Paris, Poulet-Malassis et de Broise, 1861, in-12.

— Histoire de la Caricature moderne, Paris, Dentu, s. d. (1865), in-12.

— La Caricature moderne : H. Daumier, extrait de la Nouvelle Revue de Paris, 1865, in-8.

— Souvenirs et portraits de jeunesse, Paris, Dentu, 1872, in-12.

— Henry Monnier, sa vie, son œuvre, avec un catalogue complet de l'œuvre, Dentu, 1879, in-8, avec 100 gravures en fac-similé, 399 pp.

— Vignettes romantiques, Paris, Dentu, 1883, grand in-4.

CHARAVAY (Etienne). — Charles Baudelaire et Alfred de Vigny, candidats à l'Académie, Paris, Charavay frères, 1879, in-8.

CHASLES (Philarète). — Mémoires, Paris, Charpentier, 1876-1877, 2 vol., in-12.

— Encore sur les contemporains, Paris, Amyot, 1869, in-12 (pp. 51-84, 85-103 articles sur la caricature en Europe et en France).

CHAUDESAIGUES (Jacques). — Les Ecrivains Modernes de la France, Paris, Gosselin, 1841, in-12.

CHAUVIN (M.). — Salon de mil huit cent vingt-quatre, Pillet, 1825, VI, 315 pp., in-8.

CHENNEVIÈRES (Henry de). — L'Ecole Normande (L'Artiste, octobre 1893, pp. 273-290).

CHENNEVIÈRES (Philippe de). — Les vers de François-Marc de la Boussardière, Caen, Hardel, 1842, 16 p., in-8.

— Histoires baguenaudières par un Normand, Aix, Aubin, 1845, in-8.

— Lettres sur l'Art français en 1850, Argentan, Barbier, 1851, in-18, 80 p. [N. V. 34.587.]

— Souvenirs d'un directeur des Beaux-Arts (extrait de l'Artiste), Paris, aux Bureaux de l'Artiste, 1889, 5 vol., in-4.

CHOUQUET (G.). — Histoire de la Musique dramatique en France, Paris, F. Didot, 1873, in-8.

CLADEL (Léon). — Les Martyrs ridicules, Paris, Poulet-Malassis, 1862, in-12.

CLAIRVILLE et BARBIER. — Panne-aux-Airs, parodie musicale en deux actes et six tableaux, représentée au Théâtre Dejazet, le 30 mars 1861, Paris, Beck, 1861, in-8.

CLAPTON (G.-T.). — Baudelaire et de Quincey, Paris, les Belles Lettres, 1931, in-12.

CLARETIE (Jules). — Pétrus Borel le Lycanthrope, sa vie, son esprit, sa correspondance, poèmes et documents inédits, Paris, Pincebourde, 1865, in-16.

CLAUDIN (Georges). — Mes Souvenirs : les Boulevards de 1840 à 1870, Paris, C. Lévy, 1884, in-12.

CLEVELAND (Charles D.). — A Compendium of American literature, Philadelphia, E. C. and J. Biddle, 1858, in-4.

CLOUARD (Maurice). — L'Œuvre de Champfleury, Paris, L. Sapin, 1891, in-8.

COBB (Palmer). — The influence of E. T. A. Hoffmann on the Tales of Edgar Allan Poe, Chapel Hill (N. C.), The University Press, 1908, in-8.

Coleccion de cuatrocientas cuarenta y nueve reproducciones de cuadros, dibujos y aguafuertes de don Francisco de Goya, precedidos de un epistolario del gran pintor y de las noticias biographicas publicadas por don Francisco Zapater y Gòmez en 1860, Madrid, Editorial Saturnino Calleja, gr. in-8, 1924, 481 pp.

CONCHINAT (Victor). — Privat d'Anglemont (La Causerie, 24 juillet 1859).

CONTADES (Comte Gérard de). — Le Comte d'Orsay, physiologie d'un roi à la mode, Paris, Quantin, 1890, in-12.

— Bibliographie des œuvres de Le Vavasseur, Alençon, Renaud de Broise, 1898, in-8.

— Discours lu à la Société des Antiquaires de Normandie : La fin d'un dandy ; *G. Brummell à Caen*, Caen, Delesque, 1898, 39 p., in-8.

— *Etude lue par le comte G. de Contades* (dans *l'Inauguration du buste de Le Vavasseur* à Argentan..., Alençon, Renaut de Broise, 1899, in-8, pp. 24-38).

COURCY-MENNITH. — *Le Salon des Refusés et le Jury*, Paris, J. Gay, 1863, in-8, 15 pp. (*N. V.* 24.676).

COUSIN (Charles). — *Voyage dans un grenier*, Morgand et Fatou, 1878, in-8.

CRÉPET (Eugène). — *Les Poètes français*, Paris, Gide, puis Hachette, 1861-1862, 4 vol., in-8.

— *Ch. Baudelaire, œuvres posthumes et correspondance inédite*, Paris, Quantin, 1887, in-12.

CRÉPET (Eugène et Jacques). — *Ch. Baudelaire*. Etude biographique d'E. Crépet, revue et complétée par J. Crépet, suivie des *Baudelairiana* d'Asselineau, Paris, Albert Messein, 1919, in-12.

CRÉPET (Jacques). — [Voir : *Œuvres de Charles Baudelaire*].

— *A propos d'une toile admirée par Baudelaire, la Fontaine de Jouvence de W. Haussoullier*, *Figaro*, 15 novembre 1924.

DASH (Comtesse). — *Mémoire des autres*, Paris, Librairie Illustrée, s. d., 6 vol., in-12.

DAUDET (Léon). — *Ecrivains et Artistes*, t. II, Paris, édit. du Capitole, s. d. (1928), in-12.

— *Les Pèlerins d'Emmaüs*, Paris, Grasset, 1928, in-4.

DAURIAC (L.). — *Meyerbeer*, Paris, Alcan, 1913, in-12.

DAYOT (Armand). — *Les Maîtres de la caricature française au XIX* siècle*, Paris, Maison Quantin, s. d. (1888), in-4, 115 fac-similé en noir, 5 fac-similé en couleur, XVII-110 pp.

DELACROIX (Eugène). — *Lettres* (1815-1863), publiées par Ph. Burty, Paris, A. Quantin, in-8.

— *Œuvres littéraires*, Crès, Bibl. dionysienne, Paris, s. d., 2 vol., in-12.

— *Journal*, Ed. Joubin, Paris, Plon, 1932, 3 vol., in-8.

DELATTRE (Floris). — *Ch. Baudelaire et le jeune A. C. Swinburne* (1861-1867), Mélanges Baldensperger, t. I, 199-214, Paris, Champion, 1930, in-4.

DELÉCLUZE (Etienne-Jean). — *Exposition des artistes vivants*, Paris, Comon, 1851, in-8.

— *Les Beaux-Arts dans les Deux Mondes en* 1855, Paris, Charpentier, 1856, in-12.

— *Souvenir de Soixante années*, Paris, Michel Lévy, 1862, in-12.

— *Louis David et son temps*, Paris, Didier, nouv. édit., 1863, in-12.

DELESTRE (J.-B.). — *Gros et ses ouvrages ou mémoires historiques sur la vie et les travaux de ce célèbre artiste*, Paris, J. Labitte, 1845, in-8.

DELIGNIÈRES (Emile). — *L'œuvre littéraire de M. Ernest Prarond*, étude critique et bibliographique, Amiens, Imprimerie de T. Jeunet, 1876, in-8.

DELORNE (Gustave) [Gustave Le Vavasseur]. — *Napoléon*, Paris, Imprimerie Bailly, 1840, in-8, 14 p.

DELTEIL (Loys). — *Le Peintre graveur illustré*, tomes XX à XXIX (*Daumier*, avec la description de 3.800 numéros), Paris, chez l'auteur, 1926, 10 vol., gr. in-4.

— *Manuel de l'amateur d'Estampes des XIX* et XX* siècles*, Paris, Dorbon aîné, s. d., in-8.

DELVAU (Alfred). — *Paris inconnu*, Paris, Delahays, 1861, in-4 (pp. 3-16, *Privat d'Anglemont*).

— *Les Cythères parisiennes*, Paris, Dentu, 1864, in-12.

— *Les Lions du jour*, Paris, Dentu, 1867, in-12.

DEMOLDER (Eugène). — *Trois contemporains : Henri de Brakeleer, Constantin Meunier, Félicien Rops*, Bruxelles, Deman, 1901, in-4.

DESCHARMES (René). — *Flaubert, sa vie, son caractère et ses idées avant* 1857, Paris, 1909, in-8.

DESNOYERS (Fernand). — *Salon des Refusés : la Peinture en* 1863, Paris, Azur Dutil, 1863, in-8, 2 ff. et 139 pp. (*N. V.* 24.682).

DESPLACES (Auguste). — *Galerie des Poètes vivants*, Paris, Didier, 1847, in-12.

DOZON (Auguste). — *La légende de Twardowski* (*Athaeneum français*, 5 août 1854).

— *Alexandre Petöfi* (*Revue germanique*, 1861, XIV, 2* livr., pp. 190-207).

DUBRAY (Jean-Paul). — *Félicien Rops*, Paris, Marcel Seheur, 1928, in-4.

— *Constantin Guys* (*Maîtres de l'Art moderne*), Paris, Les Editions Rieder, 1930, in-8.

— *Constantin Guys* (*Manuscrit autographe*, septembre-octobre 1930).

Du Bosc (A.). — *Ph. de Chennevières* (*Revue normande et percheronne*, 1893).

Du Camp (Maxime). — *Les Beaux-Arts à l'Exposition Universelle de 1855*, Librairie Nouvelle, 1855, in-8, 448 pp.

— *Le Salon de 1859*, Librairie Nouvelle, 1859, in-12, 210 pp.

— *Souvenirs littéraires*, Paris, Hachette, 1892, 2 vol., in-12.

Dumas (Alexandre). — *L'Art et les artistes contemporains au Salon de 1859*, Paris, Librairie Nouvelle, A. Bourdilliat et Cie, 1859, in-12, 188 pp.

Dumas fils (Alexandre). — *Théâtre complet*, Paris, Calmann-Lévy, 1868-1880, 6 v., in-18.

Dupont (Pierre). — *Chants et Chansons* (*Poésie et musique*), ornés de gravures en acier d'après T. Johannot, Andrieux, C. Nanteuil, Paris, rue de l'Ecole de Médecine, 1851, in-12.

— *Chants et Poésies*, Paris, Garnier frères, 7e éd., 1862, in-12.

Durande (Amédée). — *Joseph, Carle et Horace Vernet, Correspondance et biographies*, Paris, Hetzel, s. d. (1863), in-12, 360 pp.

Duret (Th.). — *Histoire d'Edouard Manet*, Floury 1902, in-4.

Dusolier (Alcide). — *Nos gens de lettres, leur caractère et leurs œuvres*, Paris, A. Faure, 1864, in-12.

Eckermann. — *Conversations avec Gœthe*, Ed. Philippe Réclam, Universal Bibliothek, s. d., in-16.

Elbée (Jean d'). — *Dialogues entre le Sourd et le Muet*, Paris, Plon, 1931, in-12.

Emerson. — *La conduite de la vie*, trad. Dugard, 6e éd., Paris, Colin, 1920, in-12.

Ernouf (Baron). — *L'Œuvre de M. Richard Wagner* (*Revue contemporaine*, 15 février 1860, pp. 555-563).

Escholier (Raymond). — *Honoré Daumier*, Paris, Floury 1930, in-4.

— *Eugène Delacroix*, Paris, Floury, 1926, 1927, 1929, 3 vol., in-4.

Etienne (Louis). — *Le Jury et les exposants. Salon des Refusés*, Paris, Dentu, 1863, in-8, 73 pp.

Ferran (André). — *Baudelaire critique de Baudelaire* (*Revue d'Histoire littéraire de la France*, juillet-septembre 1929).

— *A propos des Vers retrouvés de Charles Baudelaire* (*L'Archer*, Toulouse, janvier 1930).

— *Autour de Baudelaire* (*Bulletin de l'Université de Toulouse*, 15 mars 1930).

— *L'Alchimie amoureuse de Baudelaire* (*L'Archer*, Toulouse, mars 1930).

— *Charles Baudelaire : Autour du voyage en Belgique* (avec des lettres inédites de Baudelaire) (*L'Archer*, Toulouse, novembre 1931).

— *Sept lettres inédites de Baudelaire* (avec notes et commentaires) (*L'Archer*, Toulouse, décembre 1931).

— *Note baudelairienne* (*Revue d'Histoire Littéraire de la France*, janvier-mars 1933).

— *Autour de Baudelaire mourant* (documents inédits) (*L'Archer*, Toulouse, septembre-octobre 1933).

Ferrère (E.-L.). — *L'Esthétique de Flaubert*, Paris, Conard, 1913, in-8.

Fétis (F.-J.). — *Biographie des musiciens*, Paris, F. Didot, 1883, 10 vol., in-8.

La Fizelière (Albert de) et Decaux (Georges). — *Essais de Biographie contemporaine*, Paris, Librairie de l'Académie des Bibliophiles, 1868, in-18.

Flaubert (Gustave). — *Correspondance*, Paris, Charpentier, 1889, 4 vol., in-12.

— *Correspondance*, Paris, Conard, 1910-1911, 5 vol., in-18 jésus.

Flocon (Ferdinand) et Aycard (Marie). — *Salon de 1824*, A. Leroux, 1824, 2 livr., in-8 de 32 pp. chacune avec deux lithogr. au trait d'après A. et H. Scheffer.

Flottes (Pierre). — *Baudelaire, l'Homme et le Poète*, Paris, Perrin, 1922, in-12.

Fontainas (André). — *Histoire de la peinture française au XIXe siècle* (1801-1900), Paris, Société du Mercure de France, 1906, in-12.

— *Vie d'Edgar Poe*, Paris, Mercure de France, 1919, in-12.

— *Rops,* Paris, Alcan, 1925, in-4.

FORGUES. — *Originaux et beaux esprits de l'Angleterre contemporaine,* Paris, Charpentier, 1860, 2 vol., in-16.

FOUCQUE (Hippolyte). — *Baudelaire aux Iles (Grande Revue,* mai 1930).

Français peints par eux-mêmes (Les), Paris, Curmer, 1840-1842, 9 vol., in-8.

FRANTZ (Henry) and UZANNE (Octave). — *Daumier and Gavarni (Studio,* numéro d'Automne, 1904, London, Paris, New-York, 1904).

FRÉDÉRIX (Pierre). — *Goya,* l'Artisan du Livre, Paris, 1928, in-12.

FUCHS (Max.). — *Théodore de Banville,* Paris, Cornély, 1912, in-8.

GAIFFE (Félix). — *Etude sur le drame en France au XVIII* siècle,* Paris, A. Colin, 1910, in-8.

GASPÉRINI (Auguste de). — *La Nouvelle Allemagne musicale, Richard Wagner,* Paris, Heugel, 1866, in-8.

GAUTIER (Judith). — *Wagner et son œuvre poétique depuis Rienzi jusqu'à Parsifal,* Paris, Charavay, 1882, in-16.

GAUTIER (Théophile). — *Eldorado* (1re forme de *Fortunio*), publication du *Figaro,* 1837, in-8.

— *Fortunio,* 1re édit., Desessart, 1838, in-8.

— *Le Club des Haschichins (Revue des Deux-Mondes,* 1er février 1846, pp. 520-535).

— *Emaux et Camées,* Paris, Charpentier, 1852, in-12.

— *Les Beaux-Arts en Europe en 1855,* M. Lévy, 1855, 2 vol., in-12.

— Introduction aux *Œuvres choisies* de Gavarni, Paris, Hetzel, 1857.

— Préface des *Fleurs du Mal,* Ed. Calmann-Lévy, 1868.

— *Histoire du Romantisme,* Paris, Charpentier, 1874, in-12.

— *Les Jeunes-France,* Paris, Charpentier, 1875, in-12.

— *Fusains et eaux-fortes,* Paris, Charpentier, 1880, in-12.

— *Guide de l'amateur au Musée du Louvre,* Paris, Charpentier, 1882, in-12.

— *Poésies complètes,* Paris, Charpentier, 1889, 2 vol., in-12.

— *Lettre à la Présidente, Voyage en Italie 1850,* de l'imprimerie du Musée secret du Roi de Naples, 1890, tiré à 100 exemplaires, in-4, 48 pp.

GEOFFROY (Gustave). — *La Vie artistique,* Paris, Floury, 1900, 6e série.

— *Constantin ›Guys,* Paris, Edit. G. Crès, 1920, in-4.

GONCOURT (Edmond et Jules de). — *La Peinture à l'Exposition de 1855,* Paris, Dentu, 1855, in-16, 52 pp.

GONCOURT (Edmond et Jules de). — *Gavarni, l'Homme et l'Œuvre,* Paris, H. Plon, 1873, in-8.

GONCOURT (*Journal des*). — *Mémoires de la vie littéraire,* Paris, Bibl. Charpentier, 1895-1896, 9 vol., in-12.

GOUNOD (Charles). — *Mémoires d'un artiste,* Paris, Calmann-Lévy, 1896, 2 éd., in-12.

GOYA. — *Cuadros y Dibujos, Biographia, Epistolario,* Calleja, Madrid, 1924, in-4.

GOZLAN (Léon). — *Le Notaire de Chantilly,* Paris, Dumont, 1835.

— *Le Médecin du Pecq,* Paris, Werdet, 1839.

GRAND-CARTERET (John). — *Richard Wagner en caricatures,* Paris, Larousse, s. d. (1891), in-8.

GRANGÉ (Eugène) et GILLE (Philippe). — *Le Carnaval des Revues,* pièce en deux actes et cinq tableaux, représentée le 10 février 1860 aux Bouffes Parisiens, Paris, Beck, 1860, in-8.

GRAPPE (Georges). — *Constantin Guys (Mercure de France,* 1er juillet 1909, pp. 69-84).

— *Constantin Guys,* Librairie artistique internationale, gr. in-4, s. d.

GRELÉ (Eugène). — *Jules Barbey d'Aurevilly, sa vie et son œuvre, d'après sa correspondance inédite et autres documents nouveaux : la vie,* Caen, Jouan, Lanier, 1902, in-8.

— *J. Barbey d'Aurevilly... : l'œuvre,* H. Champion, Paris, L. Jouan, Caen, 1904, in-8.

GUIFFREY (J.-J.). — *L'œuvre de Charles Jacque,* Paris, Mlle Lemaire, 1866, in-8.

GUYS (Constantin), *le Peintre de la vie moderne,* reproduction intégrale des aquarelles de C. Guys, texte de Ch. Baudelaire, édit. Kieffer, Paris, 1923, in-4.

HAREL (Paul). — *Gustave Le Vavasseur,* Paris, Lemerre, 1888, in-12.

HARRISSON (J.-A.). — *Biography of E. Poe*, (Poe's Works, vol. I, New-York, 1902).

HAUTECŒUR (Louis). — *La Peinture au Musée du Louvre*, XIXᵉ s., (Ecole française, 1ʳᵉ partie), *l'Illustration*, Paris, 1923, in-4.

HEINE (Henri). — *Œuvres : De la France* (Salon de 1831), Michel Lévy, 1867, in-12.

HENRIOT (Emile). — *Courrier littéraire*, Paris, la Renaissance du livre, 1922, in-12 (pp. 150-160).

HIGNARD (Henri). — *Ch. Baudelaire, sa vie, ses œuvres, souvenirs personnels* (Midi hivernal, 17, 24 mars 1892 ; Revue du Lyonnais, juin 1892).

HOBBES (W). — *De la nature humaine*, Œuvres philosophiques, Neuchâtel, 1877.

HOFFMANN (T.). — *Les Elixirs du Diable*, trad. Hella et Bournac, Paris, 1926.

HOURTICQ (Louis). — *L'art de notre temps : E. Manet* (intr. de L. Hourticq, notice de J. Laran et G. Le Bas), Librairie Centrale des Beaux-Arts, s. d., in-4.

HOUSSAYE (Arsène). — *Confessions, souvenirs d'un demi-siècle* (1830-1880), Paris, E. Dentu, 1885-1891, 6 vol, in-8.
— *Souvenirs de Jeunesse*, I, 1830-1850, II, 1850-1870, Paris, Flammarion, 1896, 2 vol., in-12.

HUET (René-Paul). — *Paul Huet*, Laurens, 1911, in-4.

HUGO (Charles). — *V. Hugo en Zélande*, M. Lévy, 1868, in-18 (pp. 209-220).

Inauguration du buste de G. Le Vavasseur (Etudes, discours et poésies lus à Argentan, les 19 et 20 octobre 1898 : Baron J. Angot des Rotours, *Une Gloire normande G. Le Vavasseur* ; Comte G. de Contades, *Débuts littéraires* ; Louis Duval, *G. Le Vavasseur, conseiller général de l'Orne* ; E. Prarond, *Sonnets* ; *Discours* de M. le Duc d'Audiffret-Pasquier, membre de l'Académie Française, de M. le Comte de Contades, de M. Buschet, de S. G. Mgr Bardel, de M. Albert Christophe, de M. Jules Buisson ; *Vers* de M. Paul Harel ; *Discours* de M. le comte de Monley, *Allocution* de M. le Comte G. de Contades), Alençon, E. Renaut de Broise, 1899, in-8.

JAHYER (Félix). — *Etude sur les Beaux-Arts, Salon de 1865*, Paris, Dentu, 1865, in-16.

JAL (Auguste). — *Esquisses, croquis, pochades ou tout ce qu'on voudra*, Ambr. Dupont et Cie, 1830, in-8, VIII, 550 p

JALOUX (Edmond). — *Le Centenaire de la Photographie* (Nadar), *Le Temps*, 27 novembre 1930.

JAMOT (Paul). — *Th. Chassériau* (Revue de l'Art ancien et moderne, 1920, t. I).
— *Manet* (Revue de Paris, 1ᵉʳ juin 1932).
— *La Peinture au Musée du Louvre* XIXᵉ s. (Ecole française 2ᵉ et 3ᵉ parties), *l'Illustration*, Paris, 1924, in-4.
— *Pourquoi Fromentin a-t-il voulu être peintre*, (Revue Universelle, décembre 1927).

JANIN (Jules). — *Critiques, portraits et caractères contemporains*, Paris, Hetzel, 1859, in-12.

JASINSKI (René). — *Les années romantiques de Théophile Gautier*, Paris, Vuibert, 1929, in-8.

JESSE (Captain). — *The life of George Brummel esq., commonly called Beau Brummel*, London, 2ᵉ édit., John C. Nimmo, 1886, 2 vol. in-8.

JOHANNET (René). — *Baudelaire est-il allé à Châteauroux* (les Lettres, janvier 1927).

JULLIEN (Adolphe). — *Hector Berlioz, sa vie et son œuvre*, Paris, à la Librairie de l'Art, 1888, gr. in-4.
— *Richard Wagner, sa vie et ses œuvres*, Librairie de l'Art, Paris, Rouam, Londres, Gilbert Wood, 1886, gr. in-4.

KARR (Alphonse). — *Le livre de bord*, Paris, C. Lévy, 1879-1880, in-12.

KERATRY (Auguste-Hilarion de). — *Annuaire de l'Ecole française de peinture, ou Lettres sur le Salon de 1819*, Paris, Maradan, XX, 276 pp., 1820, in-12.

KILLEN (Alice). — *Le Roman terrifiant ou roman noir, de Walpole à Anne Radcliffe et son influence sur la littérature française jusqu'en 1840*, Paris, Champion, 1924, in-8.

KUFFERATH (Maurice). — *La légende de « Lohengrin » et le drame de R. Wagner*, Paris, Fischbacher, Bruxelles, Schott ; Leipsig, Otto June, 1891, in-12.

KUNEL (Maurice). — *Quatre jours avec Baudelaire*. — *Les Œuvres libres*, juin 1932, Arth. Fayard, in-12 (pp. 193-244).

LA COMBE (J.-F. de, ancien colonel d'artillerie). — *Charlet, sa vie, ses lettres, suivi d'une description raisonnée de son œuvre lithographique*, Paris, Paulin et Le Chevalier, 1856, in-8, VI, 400 pp.

LACOMBE (Louis). — *La musique et le mouvement musical en Allemagne* (*Revue germanique*, t. III, 1858, 9ᵉ livraison).

LAFOND (Paul). — *Goya, Nouveaux caprices*. Suite de 38 dessins inédits publiés avec une introduction de Paul Lafond, Paris, Société de propagation des Livres d'Art, 1907, in-4.

LAHONDÈS-LAFIGÈRE (H. de). — *Eloge de Jules Buisson* (*Recueil de l'Académie des Jeux Floraux*, Toulouse, Douladoure, 1911, in-4).

LANDON (C.-P.). — *Annales du Musée de l'Ecole moderne des Beaux-Arts, Salon de 1822*, impr. royale, 1822, 2 vol. in-8.

— *Annales du Musée de l'Ecole moderne des Beaux-Arts, Salon de 1824*, Paris, Ballard, 1824, in-8.

LARDANCHET (Henri). — *Les enfants perdus du romantisme*, Paris, Perrin, 1905, in-12.

LAUVRIÈRE (Emile). — *La vie d'Edgar A. Poe*, Paris, Alcan, 1904, in-8.

— *L'œuvre d'Edgar A. Poe*, Paris, Alcan, 1904, in-8.

LAVATER. — *Essais sur la physiognomonie*, La Haye, 1781-1803, 4 vol., in-4.

LE BRETON (André). — *Balzac*, A. Colin, in-12, 1905.

LECONTE DE LISLE. — *Préface des Poèmes Antiques*, 1852 (dans *Derniers poèmes*, éd. Lemerre, 1929, in-12).

LE DANTEC (Yves-Gérard). — *Baudelaire traducteur* (*le Correspondant*, 25 décembre 1931, 10 janvier 1932).

LEGAY (Tristan). — *Hugo et son siècle*, Ed. de la Plume, 1902, in-12.

LEMAN HARE (T.). — *Masterpieces in colour : Hogarth*, London, T. C. and E. C. Jack, New-York, Frederic A. Stockes, Cᵒ, in-4, 80 p., s. d.

LEMOINE (P.-André). — *Gavarni*, P. Floury, 1924, in-4.

— *Eugène Lami* (1800-1890), Paris, Le Goupy, 1912, gr. in-4.

LEMONNIER (Léon). — *Baudelaire, Edgar Poe et le Romantisme français* (*Mercure de France*, 1ᵉʳ août 1923).

— *Edgar Poe et la critique française de 1845 à 1875*, Paris, les Presses Universitaires, 1928, in-8.

— *Les traducteurs d'Edgar Poe en France de 1845 à 1875 : Charles Baudelaire*, Paris, les Presses Universitaires, 1928, in-8.

LEROY (Robert). — *G. Le Vavasseur*, Le Havre, Micaux, 1898, in-4.

LEVALLOIS (Jules). — *Milieu du siècle, Mémoires d'un critique*, Paris, Librairie Illustrée, s. d., in-12.

LE VAVASSEUR (Gustave), PRAROND (Ernest), et ARGONNE (A.). — *Vers*, Paris, Herman frères, 1843, in-12.

LE VAVASSEUR (Gustave). — *Poésies fugitives*, eaux-fortes par Jules B(uisson), Paris, Dentu, 1846, in-12.

LE VAVASSEUR et PRAROND (Ernest). — *Dix mois de Révolution*, Paris, Michel Lévy frères, 1849, in-12.

LE VAVASSEUR (Gustave). — *Etudes d'après nature*, Paris, Michel Lévy, 1864.

— *Un chapitre d'art poétique : la Rime*, Paris, Lemerre, 1875, in-12.

— *Poésies complètes*, Paris, Lemerre, 1888-1896, 5 vol. in-8.

— *Ernest Prarond* (Extrait de la *Revue de la Poésie*, juillet-août 1892), Masson, imprimeur, in-8, p. 8.

— *Œuvres choisies*, A. Lemerre, 1897, in-8.

LICHTENBERGER (Henri). — *Wagner*, Alcan, 1909, in-12.

LIMAYRAC (Paulin). — *Coups de plume sincères : Littérature et politique*, Paris, Victor Lecou, 1853, in-12.

LINDAU (Paul). — *Richard Wagner*, trad. par J. Weber, 2ᵉ éd., Paris, Hinrichsen, 1885, in-12.

LODS (A.). — *Les premières éditions des traductions d'Edgar Poe* (*Intermédiaire des chercheurs et curieux*, 10 février 1929, pp. 122-124).

LOÈVE-VEIMARS. — *Œuvres d'Hoffmman*, 20 vol., Paris, 1830-1833.

LORBAC (Charles de). — *R. Wagner*, Paris, Librairie nouvelle, 1861, broch, in-12.

LOVENJOUL (Vicomte Spoelberch de). — *Les Lundis d'un chercheur*, Paris, C. Lévy, 1894, in-12.

— *Histoire des œuvres de Théophile Gautier*, Paris, Charpentier, 1887, 2 vol. in-8.

LUCAS (Hippolyte). — *Portraits et souvenirs*

littéraires, Paris, Plon, s. d. (1890), in-12.

MAIGRON (Louis). — *Le Romantisme et les Mœurs*, Paris, Champion, 1910, in-4.

— *Le Romantisme et la Mode*, Paris, Champion, 1911, in-4.

MAISTRE (Joseph de). — *Œuvres*, Lyon, Vitte, 1884, 14 vol. in-8.

— *Les Soirées de Saint Petersbourg*, Paris, Roger et Chernowitz, s. d., 2 vol. in-8.

MARTINO (Pierre). — *Le Roman réaliste sous le second Empire*, Paris, Hachette, 1913, in-12.

MARSAN (Eugène). — *Dandysme littéraire*, *Revue hebdomadaire*, 28 juillet 1923, p. 498, sqq.

MARSAN (Jules). — *Correspondance de G. de Nerval*, Paris, *Mercure de France*, 1911, in-12.

— *La Bataille romantique*, 1re série, Hachette, 1912, in-12 ; 2e série, Hachette, s. d., in-4.

— *Bohème romantique*, Paris, éd. des *Cahiers Libres*, 1929, in-4.

MAUCLAIR (Camille). — *Le Génie d'Edgar Poe*, Albin Michel, 1925, in-12.

— *Ch. Baudelaire, sa vie, son art, sa légende*, Paris, *Maison du Livre*, 1927, in-4.

MENARD (Louis). — *Le Tombeau de Charles Baudelaire*, édit. de *La Plume*, 1896.

MENDÈS (Catulle). — *La Légende du Parnasse contemporain*, Bruxelles, A. Brancart, 1884, in-12.

— *Richard Wagner*, Paris, Bibl. Charpentier, Fasquelle, 1905 (4e mille), in-12.

MICHAUD (Régis). — *Autour d'Emerson*, Bossard, 1924, in-12.

— *L'Esthétique d'Emerson*, Alcan, 1927, in-8.

MICHEL (André). — *La critique d'art, Boutard, Delécluze, C. Clément*, le Livre du Centenaire du *Journal des Débats*, Plon, Paris, 1889, gr. in-4.

— *Histoire de l'art*, t. VII, A. Colin, in-fol.

MIRECOURT (Eugène de). — *Champfleury*, Paris, Havard, 1855, in-18.

— *Eugène Delacroix*, Paris, Havard, 1856, in-18.

— *Gustave Planche*, Paris, Havard, 1856, in-18.

MONSELET (Charles). — *Statues et statuettes contemporaines*, Paris, Giraud et Dagneau, 1852, in-12.

— *La Lorgnette littéraire*, dictionnaire des grands et des petits auteurs de mon temps, Paris, Poulet Malassis, 1857, in-16.

— *Portraits après décès*, Paris, A. Faure, 1866, in-12.

— *Petits mémoires littéraires*, Paris, Charpentier (2e mille), 1885, in-12.

— *De A à Z, Portraits contemporains*, Paris, Charpentier, 1888, in-12.

MONTIFAUD (Marc de). — *Les Romantiques*, Paris, Reiff, 1878, in-12.

MOREAU (Hégésippe). — *Œuvres complètes*, Paris, Michel Lévy, 1873, in-12.

MOREAU-NÉLATON (Etienne). — *E. Delacroix*, Paris, Laurens, 1916, 2 vol. in-4.

— *E. Manet*, Paris, Laurens, 1926, 2 vol. in-4.

— *Corot*, Paris, Laurens, s. d., in-4.

MOUQUET (Jules). — *Vers retrouvés de Ch. Baudelaire*, Paris, Emile Paul, 1929, in-12.

— *Gloses sur le Salon caricatural de 1846* (Manuscrit autographe, juillet-août 1930).

NADAR. — *Ch. Baudelaire intime. Le Poète vierge*, Paris, Blaizot, 1911, in-8.

NADLER (J.). — *Berliner Romantik*, Berlin, 1921.

NERVAL (Gérard de). — *Lorely*, Paris, Giraud et Dagneau, 1852, in-12.

— *Correspondance* publiée par Jules Marsan, Paris, 1911, *Mercure de France*, in-12.

NICOLSON (Harold). — *Swinburne and Baudelaire, the Zaharoff Lecture*, Oxford at the Clarendon Press, 1930.

NOUVION (Georges de). — *La famille de Charles Baudelaire* (Bulletin de la Société historique du VIe arrondissement, 1902, pp. 151-153).

O'SULLIVAN (Vincent). — *Edgar Poe et ses compatriotes* (Revue de l'Enseignement des Langues vivantes, décembre 1928, pp. 441, sqq.).

OURSEL (Mme M. N.). — *Nouvelle bibliographie normande*, Paris, Picard, 2 vol. in-8 (article Le Vavasseur).

PATTERSON. — *L'influence d'E. Poe sur Baudelaire*, Grenoble, 1903, in-4.

PETROZ (Pierre). — *L'art et la critique en France depuis 1822*, Paris, Germer Baillière, 1875, in-12, VI, 341 pp.

PEYRE (Henry). — *Louis Ménard (1822-1901)*, New Haven, Yale University Press, 1932, in-8.

PHILLIPS (Mary E.). — *Edgar Allan Poe, the Man* in 2 vol., 1685 pp., Philadelphia, 1926, The John C. Winston Company.

PIRON. — *Eugène Delacroix, sa vie et ses œuvres*, impr. Jules Claye, 1865, in-8, 300 ex.

PLANCHE (Gustave). — *Etudes sur l'Ecole française, peinture et sculpture*, Paris, Michel Lévy, 1855, 2 vol in-12.

PLANET (Louis de). — *Souvenirs de travaux de peinture avec M. Eugène Delacroix*, publiés avec une introduction et des notes par André Joubin, Colin, 1929, in-8, 110 pp.

POE (Edgar Allan). — *Poems*, London, Routledge and Sons, 1887, in-12.

— Trad. inédite de V. Orban, notice d'A. Séché (*Poèmes, le Politian, le Principe poétique, Marginalia*), Paris, L. Michaud, s. d., in-16.

— *Works*, Harrisson, 17 vol. New-York, 1902, vol. XVI, *Marginalia*.

— *Letters till now unpublished in the Valentine Museum, Richmond, Va.* Introductory Essay and Commentary by Mary Newton Stanard, Philadelphia, Lippincott, 1925.

POMMIER (Jean). — *Banville et Baudelaire* (*Revue d'Histoire littéraire*, octobre-décembre 1930).

— *La mystique de Baudelaire*, Paris, Les Belles Lettres, 1932, in-4.

PONSARD. — *Œuvres complètes*, Paris, Calmann-Lévy, 1877, 3 vol., in-8.

POUGIN (A.). — *Verdi*, Calmann-Lévy, 1886, in-12.

PRAROND (Ernest). — *Ludus Secularis.* Ambianis, Typis Delattre-Lenvel, 1835.

— *Fables*, Paris, Victor Magen, 1847, 1 vol. in-12, 226 pp. avec eaux-fortes par Jules B[uisson].

— *De quelques écrivains nouveaux*, Paris, M. Lévy, 1852, in-12.

— *Dix mois de révolution Sylves politiques et une Révolution chez les Macaques*, Bruxelles, J. Nys, 1863 (rééd. de *1849*).

— *Airs de flûte sur des motifs graves*, Paris, Quartier des Quatre-Nations, 1866, in-12.

— *De Montréal à Jérusalem*, Paris, Michel Lévy frères, 1869, in-12.

— *A la Chute du jour. Vers anciens et nouveaux*, 1847-1876, Paris, Lemerre, 1876, in-12.

— *Valerandi Varanii de Gestis Johannae Virginis*, poème de 1616, remis en lumière, analysé et annoté, Paris, Picard, 1889, in-4.

— *Myrrhine*, Paris, Lechevalier, 1893, in-18.

PRIVAT (Gonzague). — *Place aux jeunes, Causeries critiques sur le Salon de 1865*, Paris, F. Cournol, 1865, in-18.

PRIVAT D'ANGLEMONT (Alexandre). — *Paris inconnu*, Paris, Delahays, 1875, in-8.

PROD'HOMME (J.-G.). — *Hector Berlioz, sa vie et ses œuvres*, Ch. Delagrave, (s. d.) [1905], in-12.

RANC (Arthur). — *Baudelaire, critique d'art* (*Revue internationale de l'Art*, 1869, vol. I, janvier-juin, pp. 190-201).

RAMIRO (Erasthène). — *Catalogue descriptif et analytique de l'œuvre gravé de F. Rops*, 2e édit., Bruxelles, Deman, 1891, in-4.

— *L'œuvre lithographié de Félicien Rops*, Paris, Conquet, 1891, in-4.

— *Supplément au catalogue de l'œuvre gravé de F. Rops*, Paris, Floury, 1895, in-4.

RAYNAUD (Ernest). — *Baudelaire et la Religion du Dandysme*, Paris, Société du Mercure de France, 1918, in-18.

— *Charles Baudelaire*, Garnier, 1922, in-8.

RHODES (S. A.). — *The cult of Beauty in Ch. Baudelaire*, Institute of French Studies, Columbia University, New-York, 1929, 2 vol. in-8.

ROCHE (E.). — *Poésies*, Michel Lévy, 1863, in-12. (Préf. de V. Sardou).

ROPS (Félicien) *et son œuvre* par Arsène Alexandre, E. Bailly, F. Champsaur, Ed. Haraucourt, J.-M. de Hérédia, F. K. Huysmans, C. Lemonnier, Léon Maillard, Octave Mirbeau, J. Péladan, Vittorio Pico, E. Rodriguès, Octave Uzanne, Emile Verhaeren, etc., Bruxelles, Deman, 1897, in-4.

ROSENTHAL (Léon). — *La peinture romantique*, Paris, 1901, in-4.

— *L'Art et les Artistes romantiques*, Paris, Le Goupy, 1928, in-8.

RUDWIN (Maximilien). — *Satan et le Satanisme dans l'œuvre de Victor Hugo*, Paris, *les Belles Lettres*, s. d.

SAINTE-BEUVE (Charles-Augustin). — *Vie, poésies et pensées de Joseph Delorme*, 2ᵉ éd., Paris, Delangle, 1830, in-8.

— *Poésies complètes*, Michel Lévy, 1863, 2 vol. in-4.

— *Nouveaux Lundis*, t. I, pp. 392, 397, 398, Paris, Michel Lévy, 1863, in-12.

— *Portraits contemporains*, Paris, Michel Lévy, 1870, 2 vol. in-12.

— *Causeries du Lundi*, t. IX, XIII, XIV, XV, Paris, Garnier, 1872, in-12.

— *Correspondance*, Paris, Calmann-Lévy, 1877, 2 vol. in-12.

— *Nouvelle Correspondance*, Paris, Calmann-Lévy, 1880, in-12.

Salon caricatural, critique en vers et contre tous, illustrée de soixante caricatures dessinées sur bois, Paris, Charpentier, 1846, in-8 de 2 ff.

SAND (George). — *Correspondance*, Paris, Calmann-Lévy, 1883, in-12.

SCHANNE (Alexandre). — *Souvenirs de Schaunard*, Charpentier et Fasquelle, 1892, in-12.

SCHELLE (Edouard). — *Tannhäuser à Paris ou la troisième guerre musicale*, Leipzig, 1861, broch. in-32.

SCHNEIDER (René). — *Quatremère de Quincy et son intervention dans les Arts (1788-1830)*, Hachette, 1910, in-8.

— *L'Esthétique classique de Quatremère de Quincy*, Paris, Hachette, 1910, in-8.

— *L'Art français, XIXᵉ siècle, du classicisme davidien au romantisme*, Paris, H. Laurens, 1929, in-4.

SCHOLL (Aurélien). — *Le divan Le Pelletier* (Figaro, 31 mai 1857).

SCHURÉ (E.). — *Le Drame musical, R. Wagner, son œuvre et son idée*, Perrin, 1908, in-12.

SCOURAS (Docteur Photis). — *Essai médico-psychologique sur Charles Baudelaire*, Lyon, Bosc et Riou, 1929, in-4.

SCUDO (P.). — *Critique et littérature musicale*, Paris, Victor Lecou, 1852, in-12.

SÉCHÉ (Léon). — *La jeunesse dorée sous Louis-Philippe*, Paris, Mercure de France, 1910, in-8.

SEILLIÈRE (Baron Ernest). — *Baudelaire*, Paris, A. Colin, 1931, in-4.

SENANCOUR (E. de). — *Rêveries sur la nature primitive de l'homme*, éd. crit. par J. Merlant, t. I, Cornély, 1910, in-16.

SERVIÈRES (Georges). — *R. Wagner jugé en France*, Paris, 1887, in-18.

— *Tannhäuser à l'Opéra en 1861*, Paris, Fischbacher, 1895, 1 br., in-18.

— *Les visées de R. Wagner sur Paris* in *Revue musicale*, 1ᵉʳ octobre 1923.

SEYLAZ (Louis). — *Edgar Poe et les premiers symbolistes français*, Lausanne, imprimerie de la Concorde, 1923, in-8.

SILVESTRE (Théophile). — *Histoire des Artistes vivants français et étrangers*, 1ʳᵉ série, Blanchard 1856, grand in-8.

— *Eugène Delacroix : documents nouveaux*, Paris, Michel Lévy, 1864, in-12.

Sonnets en l'honneur de G. Le Vavasseur, Alençon, Renaut de Broise, 1889, in-8.

SOUBIÈS (A.). — *L'Histoire du Théâtre lyrique 1851-1870*, Paris, Fischbacher, 1899, in-4.

SOURIAU (Maurice). — *Histoire du Parnasse*, Edit. Spes, 1929, in-8.

STANARD (Mary-N.). — *Poe's Letters till now unpublisched in the Valentine Museum*, Richmond, Va, introductory Essay and Commentary, Philadelphia, Lippincott, 1925.

STENDHAL. — *Racine et Shakespeare*, Michel Lévy, 1854, in-12.

— *Correspondance inédite*, Lévy frères, 1855, in-12.

— *Mélanges d'art et de littérature*, Michel Lévy, 1867, in-18.

— *Armance*, Champion, 1925, in-8.

STUART (Esme). — *Charles Baudelaire and Edgar Poe, a literary affinity*, Nineteenth century, XXXIV, July 1893, pp. 65-80.

SUARÈS (André). — *Musique et poésie*, Ed. Cl. Aveline, Paris, 1928, in-12.

SWEDENBORG (Emmanuel). — *De la nouvelle Jérusalem et de sa doctrine céleste*, trad. Le Bois des Guays, St-Amand, Paris, Londres, 1854.

TERSON (A.). — *Une lettre de Cabanis à*

Baudelaire père, Paris, 1911, in-8, 7 pp.

TEXIER (E.). — *Tableau de Paris,* Paulin et le Chevalier, 2 vol., in-fol., 1852.

THIERS (Adolphe). — *Salon de 1852,* Paris, Maradan, 1922, 155 pp. in-8.

THOMAS (Louis). — *Curiosités sur Baudelaire,* Paris, Messein, 1912, in-12.

THORÉ (Théophile). — *Le Salon de 1845,* précédé d'une lettre à Béranger, Paris, Alliance des Arts, in-12.

— *Le Salon de 1846,* précédé d'une lettre à G. Sand, Paris, Alliance des Arts, 1846, in-12.

— *Le Salon de 1847,* précédé d'une lettre à F. Barrion, Paris, Alliance des Arts, 1847, in-12.

TIERSOT (Julien). — *Un demi-siècle de musique française,* Paris, Alcan, 1918. in-12.

TOURNEUX (Maurice). — *Mérimée critique d'art* (l'Art, 1er et 22 février 1880).

— *Eugène Delacroix devant ses contemporains,* Paris, Rouam, 1886, in-8.

— *Auguste Poulet-Malassis, notes et souvenirs intimes,* Paris, aux bureaux de l'Artiste, 1893, in-8.

— *Salons et expositions d'art à Paris* (1801-1870), Paris, J. Schemit, 1919, in-8.

TROUBAT (Jules). — *Souvenirs du dernier Secrétaire de Sainte-Beuve,* C. Lévy, 1890, in-12.

TURNOÜER (H.). — Voir *Centenaire de Gustave Le Vavasseur à Argentan.*

VALÉRY (Paul). — *Variété,* II, Paris, Gallimard, 1930, in-12.

— *Baudelaire dessinateur (Le Manuscrit autographe,* 1927, n° spécial consacré à Baudelaire, p. 1, Paris, Blaizot, in-4).

VANDEREM (Fernand). — *Baudelaire et Sainte-Beuve,* Paris, Leclerc, 1917, in-8.

VEGUE Y GOLDONI (Angel). — *Temas de Arte y de Literatura* (pp. 175-181 : *Goya visto por Carlos Baudelaire*), Madrid, Imprenta « Iris », 1928, in-18, 188 p.

VERGNAUD (A.-D.). — *Examen du Salon de 1834,* Delaunay et Roret, 1834, in-8, 64 pp.

VIATTE (A.). — *Les Sources occultes du Romantisme,* Paris, Champion, 1928, 2 vol., in-8.

VIGNON (Claude). — *Salon de 1853,* Paris, Dentu, 1853, in-12, 122 p.

VILLEMAIN (François). — *Tableau du XVIIIe siècle,* nouvelle édit., Paris, Didier, 1847, 4 vol., in-12.

VILLEMESSANT (Auguste de). — *Mémoires d'un journaliste,* Paris, Dentu, 1872-1873, 3 vol., in-12.

VIVIER (Robert). — *L'Originalité de Baudelaire,* Paris, la Renaissance du Livre, s. d., in-8.

WAGNER (Richard). — *Drei Operndichtungen nebst Mittheilungen and seine Freunde als Vorwort,* Leipsick, Breitkopf und Haertel, 1852, in-4.

— *Oper und Drama,* Leipsick, T. T. Weber, 1852, 3 vol., in-16.

— *Musiciens, poètes et philosophes,* trad. C. Benoit, Charpentier, 1887, in-12.

— *Quatre poèmes d'opéras,* précédés d'une lettre sur la musique, réédités par Ch. Nuitter, Paris, Durand-Calmann-Lévy, 1893, in-12.

— *Ma vie,* trad. Valentin, Paris, Plon, 1912, 3 vol., in-8.

— *Œuvres en prose,* trad. Prod'homme et Van Vassenhove, Paris, Delagrave, s. d., 13 vol., in-12.

WOODBERRY. — *Biography of Edgar Allan Poe (American Men of Letters Series),* Boston, 1885.

Zohar, trad. française de Jean de Pauly, publiée par M. Lafuma, Leroux, Paris, 1906-1911.

ZOLA (Emile). — *Mon Salon,* Paris, Librairie Centrale, 1866, in-12, 98 pp.

4° REVUES ET JOURNAUX

Almanach national de l'an X (1802).

Almanach national (1803 à 1813).

Almanach du Mois, revue de toutes choses par des députés et des journalistes (1845, t. III, pp. 207-213, 270-276, articles d'E[ugène] de G[uépoulain] ; pp. 158-165, article de Charles Blanc).

L'Amateur d'Autographes (1870, n° 202, p. 143, art. d'Asselineau).

Annales romantiques (IV, 1907, pp. 49-64, 81-106, 161-184, articles d'Albert Pauphilet : *Mérimée critique d'art*).

L'Archer (Toulouse : janvier 1930, mars 1930, novembre 1931, décembre 1931, septembre-octobre 1933, articles d'André Ferran).

L'Art (1er et 22 février 1880, articles de M. Tourneux sur *Mérimée critique d'art* ; juillet 1902 (Introduction à la Conférence de Baudelaire sur Delacroix, publiée par Adolphe Piat).

L'Art en Province (1843, t. VI, pp. 122 et suiv., art. d'A. Dauvergne).

L'Artiste (1831, 1re série, t. I, p. 226, art. de V. Schoelcher ; t. II, pp. 178-181 (*E. Delacroix*) ; 1833, 1re série, t. V, pp. 57 (*Ouvert. du Salon*), 129-130 (*Ingres*), 181 (*E. Delacroix*), 239 ; 1834, 1re série, t. VII, pp. 13-14 (*Ingres*), 86 (*Delacroix*), 100 (sur Ingres) ; 1835, 1re série, t. IX, pp. 88-90 (sur Delacroix), t. X, p. 76 ; 1836, 1re série, t. XI, p. 77 (sur Delacroix) ; 1837, 1re série, t. XIII, pp. 1, 49 (contre le Jury), 81 (pour Delacroix) ; 1838, 1re série, t. XV, pp. 54, 69 et suiv. ; 1839, 2e série, t. I, p. 7 (E.-J. Delécluze : *De la critique en matière d'art* ; t. II, pp. 62, 213 (art. de J. Janin), 230-231 (sur Delacroix), 390 ; t. IV, pp. 145-149 ; 1840, 2e série, t. V, pp. 49-52 (art. de Chaudesaigues), 165, 182, 235 ; t. VI, pp. 133-135, 151-153, 343-345 (sur V. Hugo) ; 1841, t. VII, pp. 37 (sur V. Hugo), 192, 209, 263, 265, 403, 413-414, 440; t. VIII, pp. 70-72, 91-94, 103-104 (sur Hoffmann), 194-198, 305-308, 413-414, 347-350 (conte d'Anne Radcliffe) ; 1842, 3e série, t. I, p. 106 (P. Meurice : *le Rhin de V. Hugo*), p. 145 (*Le Salon — Avant le Jury*, art. anon.), p. 177, p. 315 (Ingres), t. II, p. 213, J. Janin (*le Jury*) ; 1844, 3e série, t. V, p. 146, 4e série, t. II, p. 12 (vers de R. de Beauvoir sur *l'Hôtel Pimodan*) ; 1845, 4e série, t. III, (*Le Salon de 1845*), pp. 161-165 (art. d'A. Houssaye, P. Mantz, art an.), pp. 177-179 (P. Mantz : *les Batailles*), pp. 180-183, n. 196 (lettres anon. sur le Salon), p. 195 (P. Mantz), pp. 209-210 (A.-H. : *Eugène Delacroix*), pp. 225-228, pp. 241-246 (C. de Lafayette, H. Vermot), pp. 257-260 ; 1846, 4e série, t. V, 25 janvier, pp. 198-201 (sur Ingres), t. VI (*Le Salon de 1846*), pp. 37-43 (A. Houssaye), 61-63 (J. Macé), 71-74 et 88-91 (P. Mantz), 125-128 (E. de Lerne), 141-143 (A. de Faniez), 171 (L. de Ronchaud), 172 (Lord Pilgrim, A. Houssaye), 185-188 (P. Malitourne) ; 1847,

17 janvier, p. 173 (art. de Ris), 7 février, pp. 218-221 (art. de P. Mantz), 4 avril, 18 avril ; 1848, 5e série, t. I, pp. 58 et suiv. ; 1850, 5e série, t. IV, pp. 81 sqq. ; 1851, 5e série, t. VI, 1er février, p. 4, t. VII, 1er novembre, p. 107 ; 1855, 5e série, t. XV, pp. 15-17, 29-31, 43-46, 57-60, 71-75, 85-89, 99-104, 113-117, 130-134, 141-144, 155-158, 169-172, 186-191, 200-204, 213-216, 225-229, et t. XVI, pp. 15-19, 29-32, 43-46, 117-119, 127-130, articles de Ch. Perrier, sur *l'Exposition Universelle des Beaux-Arts* ; 1859, 1er mai, nouvelle série, t. VII, p. 3 ; 1860, 15 février, nouvelle série, t. IX, pp. 67-68 (V. Varnier, pour Wagner) ; 1863, 1er, 15 août et 1er septembre (Castagnary : *le Salon des Refusés*) ; 1864, t. I, pp. 241-243 (art. d'H. de Callias) ; 1893, octobre, pp. 273-290 (Henry de Chennevières : *l'Ecole Normande*).

L'Art Musical (21 et 28 mars 1861, articles d'O. Comettant contre Wagner).

Arts et Métiers graphiques (no 31, 15 septembre 1932. *Caricatures françaises et étrangères d'autrefois et d'aujourd'hui* : Allemagne par P. Mac Orlan, Angleterre par G. Jean-Aubry, Espagne par A. Bréal, France par C. Roger Marx, Italie par B. Crémieux, Russie par L. R. Varchavski, Flandres et Hollande par X. Raam, Suisse par F. Fosca).

L'Athenaeum français (5 août 1854, art. d'Auguste Dozon : *La Légende de Twardowski* ; 1855, pp. 418-420, 463-464, 507-508, 572-575, 682-685, 850-862, articles d'Horace de Vieilcastel sur *l'Exposition universelle. Beaux-Arts*).

Le Boulevard (1er décembre 1861, p. 5, lithographies de Durandeau : *les Nuits de M. Baudelaire* ; 14 septembre 1862, Ch. Baudelaire : *Peintres et aquafortistes*).

Bulletin de l'Alliance des Arts (10 et 25 mai 1845, art. de P[aul] L[acroix] sur *La Valeur vénale des objets exposés au Louvre*).

Bulletin du Bibliophile (1er février, 1er mars, 1er avril 1925, pp. 74-84, 153-160, 198-206, *Lettres* de Ch. Asselineau à Poulet-Malassis, sur *les derniers jours de Baudelaire*, publiées par Jacques Crépet).

Bulletin littéraire et scientifique : *Revue des livres nouveaux* par Joël Cherbuliez (années 1835 à 1842), Paris, Genève, Ab. Cherbuliez, in-8.

Bulletin de la Société historique du 6ᵉ Arrondissement (Paris, 1901, pp. 151 et suiv. : Georges de Nouvion : *la Famille de Charles Baudelaire*).

Bulletin de la Société historique et archéologique de l'Orne (*Le Centenaire de Gustave Le Vavassseur à Argentan*, Alençon, t. XXXIX, janvier 1920, in-8).

Bulletin de l'Université et de l'Académie de Toulouse (15 mars 1930, André Ferran : *Autour de Baudelaire*).

La Caricature (8 mars 1832, *Les masques de 1831*, par H. Daumier).

La Causerie (24 juillet 1859, Victor Conchinat, *Privat d'Anglemont ;* 17 mars et 31 mars, sur *Tannhäuser*).

Cerneen, journal anglais de l'Ile Maurice (25 septembre 1841 : liste des passagers du *Paquebot des mers du Sud*).

Le Charivari (17 novembre, 8 décembre, 26 décembre 1833, 17 janvier 1834, 29 novembre 1839, caricatures d'H. Daumier ; 27 février, 4 mars, 8, 29 avril 1860, 10, 17, 31 mars, 7 avril 1861, caricatures de Wagner par Cham, légendes de P. Véron ; 20 mai 1863, art. de Léon Leroy sur *les Refusés* du Salon).

Le Commerce (30 mars et 30 avril 1847, E. de Mirbel (baronne Decazes), critique de Delacroix).

Comœdia (16 décembre 1911, Billet de Baudelaire à Champfleury, publié par H. Falk).

Le Constitutionnel (11 mai 1822, art. d'A. Thiers sur Delacroix ; 25 et 30 août 1824, art. an. (A. Thiers) sur *le Salon ;* 4 juin 1831, éloge an. de Delacroix ; 11 avril 1834, contre Delacroix ; 26 avril 1835, critique de Delacroix par A. ; 1ᵉʳ mai 1836, éloge de Delacroix par XXX ; 5 avril 1838, critique de Delacroix par C. ; 30 et 31 janvier 1860, les Concerts Wagner).

Le Correspondant (1845, t. IX, pp. 906-911, Ch. Lenormant, *Un mot sur l'ouverture du Salon ;* 25 décembre 1855, Mercier de Lacombe, *De quelques tendances de la littérature française de 1830 à 1848 ;* 25 juin 1857, A. de Pontmartin, *Le Roman bourgeois et le Roman démocrate ;* 25 avril 1858, A. de Pontmartin, *De l'esprit littéraire en 1858 ;* 25 décembre 1858, C. de Mouy, *Le Roman au théâtre ;* 25 mai 1859, pp. 157-159 ; 1898, t. CXCIII, pp. 366-376, Baron Angot des Rotours, *Gustave Le Vavasseur ;* 10 septembre 1902, Ch. M. Desgranges, *La Comédie et les Mœurs sous la Restauration et la Monarchie de juillet ;* 25 décembre 1931, 10 janvier 1932, Yves-Gérard Le Dantec, *Baudelaire traducteur*).

Le Corsaire (17 août 1847, Th. de Banville, *Fables* par E. Prarond ; 18 janvier 1848, Baudelaire, *les Contes de Champfleury*).

Le Corsaire-Satan (17 et 21 mars 1845 (A. Courtois) ; 27 mai 1845 (sur *le Salon* de Baudelaire) ; 29 août 1845 (contre Delacroix) ; 25 septembre 1845 (fragments de *Sapho* attribués à A. Houssaye) ; l'esprit du *Corsaire-Satan* d'après les numéros des 16, 28 janvier, 9 février, 8 mai, 12, 20 avril, 15 juin 1845 ; 21 janvier 1846, Baudelaire, *le Musée classique du Bazar Bonne-Nouvelle ;* 3 février 1846, Baudelaire, critique du *Prométhée délivré ;* 3 mars 1846, Baudelaire, *Choix de maximes consolantes sur l'amour ;* 16 mars et 3 avril 1846, A. Courtois, *Salon de 1846 ;* 24 mars, 7, 16, 29 avril, 17, 23 mai 1846, Champfleury, *Salon de 1846 ;* 29 août 1846 (contre Delacroix).

Courrier du Dimanche (29 janvier 1860, art. de Gaspérini).

Courrier de Paris (30 sept. 1857, éloge de *Tannhäuser* par E. Reyer).

L'Echo de Paris (6 mai 1893, Catulle Mendès, *Tannhäuser en 1861*).

L'Esprit public (15 avril 1846, Baudelaire-Dufays, *Conseils aux jeunes littérateurs*).

L'Etendard (14 septembre 1867, discours d'Asselineau et de Banville aux obsèques de Ch. Baudelaire).

L'Evénement (16 et 25 mai, 15 juin 1866, art. sur *le Salon* par Claude, pseudonyme d'Emile Zola).

Figaro (4 novembre 1855, 13 novembre 1856, 17 mai 1857, 5 juillet 1857, art. de L. Goudall, E. Duranty, J. Rousseau, G. Bourdin contre Baudelaire ; 10 avril 1856 (Baudelaire et ses traductions) ; 14 mai 1857 (sur Privat d'Anglemont, p. 3) ; 17 mai (J. Rousseau); 31 mai 1857 (A. Scholl, *le Divan le Pelletier*) ; 6 juin 1858 (J. Rousseau contre Baudelaire) ; 13 juin 1858 (réponse de Baudelaire); 11 juin 1859 (p. 6, art de F. Desnoyers) ; 5 juillet 1859 (discussion sur une toile de Hamon) ; 6 et 17 novembre 1859 (B. Jouvin contre Wagner) ; 13 janvier 1860 (Ch. Mouselet, *Lettre à R. Wagner*) ; 29 janvier 1860 (*Chron. musicale*), 19 février 1860 (*id.*) ; 13 février 1860, p. 5, contre Wagner ; 24 mars 1860 (B. Jouvin) ; 7 février 1861 (éloge d'Auber, *chr. mus.*) ; 21 février 1861 (Ch. de Lorbac, *Eloge de Wagner*) ; 7 mars 1861 (Pigalle, contre Wagner, *Courrier de Paris*) ; 14 mars 1861 (J. Rousseau contre Wagner) ; 21 mars 1861 (opinion d'Auber sur *Tannhäuser*, article de Rousseau et de Jouvin contre *Tannhäuser*) ; 14 avril 1864 (Lettre de Baudelaire au directeur du *Figaro*) ; 11 mars 1868 (art. de Gaspérini) ; 25 mars 1882 (P. Lindau, *R. Wagner*) ; 19 janvier 1887 (Simon Brugal, *Baudelaire à Châteauroux*) ; 4, 13, 20, 27 octobre, 3 novembre 1923 (art. de F. Vanderem sur *l'Ecole païenne*) ; 15 novembre 1924 (J. Crépet, *A propos d'une toile admirée par Baudelaire*) ; 21 mai 1927, *Léon Cladel raconté par sa fille* ; 16 juin 1928 (J. Patin, *Une muse de Baudelaire et de Banville*) ; 9 février 1929 (G. Picard, *le Centenaire d'H. Daumier*) ; 14 juin 1930 (J. Patin, Ch. *Baudelaire et Louis Ménard*) ; 21 juin 1930 (A. Fontainas, *Un témoignage sur Edgar A. Poe*) ; 7 février 1931 (*Ce qu'ont pensé de Poe ses contemporains*).

Figaro artistique (7 juillet 1927, G. Rouyer, *Le Romantisme aux Salons de la Restauration* ; 12 avril 1928, G. Grappe, *C. Guys*).

La France Littéraire (Salon de 1833, t. VI, p. 159, appréciation défavorable de Th. Gautier sur Delacroix).

La France musicale (17 mars 1861, contre *Tannhäuser*).

Le Gaulois (5 octobre 1892, A. Houssaye, *Baudelaire et Privat d'Anglemont* ; 9-10 novembre 1907, lettre de Wagner à Baudelaire, G. Herwig).

Gazette des Beaux-Arts (1er mai 1859, *Salon de 1859* par Paul Mantz ; 15 mai 1859, Ph. Burty, *la Photographie au Palais des Beaux-Arts* ; 1er juin 1864, *Salon de 1864* par Léon Lagrange ; 1er juillet 1865, *Salon de 1865* par Paul Mantz ; 1er juin, 1er juillet 1866, *Salon de 1866* par Charles Blanc ; 1927, t. I, p. 38, article de Paul Jamot).

La Gazette de France (1er septembre 1824, art. de Chauvin sur *le Salon* ; 22 mars 1828, art. an. contre Delacroix ; 13 mars 1839, O., sur le jury).

Le Globe (26 sept. 1824, art. signé A. (Thiers ?) sur *le Salon* ; 10 novembre 1827 et 8 mars 1828, L. Vitet, sur Delacroix).

La Grande Revue (Septembre 1921, Léon Lemonnier, *Baudelaire au Lycée Louis-le-Grand* ; juin 1927, M. Rudwin, *Romantisme et Satanisme* ; mai 1928, Léon Lemonnier, *Edgar Poe et le bon sens français* ; mai 1930, H. Foucque, *Baudelaire aux Iles* ; octobre 1931, Daniel-Rops, *Baudelaire, poète en prose*).

La Grande Ville, t. I, 1842 (par Paul de Kock) ; t. II, 1843 (par F. Soulié, H. de Balzac, A. Dumas...). Au bureau central des publications nouvelles.

Le Guide Musical (2-9 juin 1887, art. de G. Servières).

Illustrated London News (4 mars, 24 juin, 18, 25 novembre, 25 décembre 1854, 9 juin, 17 novembre 1855, croquis et dessins (non signés) de C. Guys).

L'Illustration (1843, t. I, page 26 (sur les *Burgraves*), p. 134 (sur *Lucrèce*), pp. 44, 56, 68, 88, 120, 183 (*Salon de 1843*, art. anon.) ; 1845, t. V, pp. 26, 39, 56, 71, 88, 120, 135, 152, 170, 183, 199 et 214 (*Salon de 1845*, art. anon.) ; p. 98 (sur la *Virginie* de Latour Saint-Ybars) ; pp. 202, 231, 263, 265 (art. sur les Ioways de Catlin) ; 1846, t. VII, pp. 35, 72, 87, 119, 137, 151, 167, 183, 200, 203, 219, 246 (*Salon de 1846*, art. anon.) ; 1850, t. XVI, 30 novembre, p. 343 (allusion à Wagner, art. de G. Bousquet) ; 1852, 17 avril et 11 décembre [nouvelles de Poe, traduites par Baudelaire (?)] ; 1855, t. XXV, 30 juin, pp. 419-422 (A.-J. Du Pays, M. *Ingres*) ; 1857, t. XXIX, 27 juin p. 415 (Valleyres, *R. Wagner*) ; 1859, t. XXXIII, pp. 267, 275, 299, 339, 387, 413, 459 (A.-J. Du Pays, *Salon de 1859*) ; 1860, t. XXXV, 21 janvier et 4 février, *Chronique musicale* de G. Héquet (contre Wagner) ; 1861, t. XXXVII, 2 mars, 16 mars, 18 mai, 1er juin, *Chronique musicale* de G. Héquet (contre Wagner) ; 1867, 9 mars (art. de Th. Gautier).

Intermédiaire des chercheurs et curieux (10 février 1891, lettre de Baudelaire à Champfleury sur Wagner ; 10 février 1929, pp. 122-124, *les Premières éditions des traductions d'E. Poe* ; 20-30 mai 1929, pp. 422-423, sur Baudelaire et Privat d'Anglemont ; 10 décembre 1929, pp. 367-369, *Baudelaire et Félicien Rops*).

La Jeune France (Janvier-février 1884, poème de Ch. Baudelaire).

Le Journal des Artistes (15e année, 1841, 1er vol., p. 179, art. an. contre Delacroix ; 20 octobre 1844, 2e série, t. I, pp. 349-352).

Journal des Artistes et Bulletin de l'Ami des Arts (II, 22 mars 1841, p. 111, contre Delacroix).

Journal de Bruxelles (22 juin 1890, art. nécrologique sur *Félicien Rops*).

Journal des Débats (5 octobre 1824, 14 janvier 1828, 21 mars 1828, 7 mai 1831, 26 avril 1833, 8 mars 1834, 11 mars 1836, 8 avril 1837, 8 mars 1838, 7, 31 mars 1839, 5 mars 1840, 21 mars 1841, 15 mars 1842, 15 mars 1844, articles d'E.-J. Delécluze ; 15, 18, 22 mars, 9, 22 avril, 12-13 mai 1845, E.-J. Delécluze, *Salon de 1845 ;* 25, 31 mars, 12 avril et 2 mai 1846, E.-J. Delécluze, *Salon de 1846 ;* 10 mai 1849, art. de Liszt sur *Tannhäuser ;* 21-22 avril 1851, Berlioz sur la *Sapho* de Gounod ; 20 avril et 12 novembre 1856, art. sur *Baudelaire traducteur ;* 15, 27 avril, 5, 13, 18 et 26 mai, 3, 16 et 30 juin 1859, E.-J. Delécluze, *Exposition de 1859 ;* 9 février 1860, art. de Berlioz contre Wagner ; 22 février 1860, R. Wagner, *Lettre à H. Berlioz;* 23 mars 1861, art. d'Ortigues sur *Tannhäuser;* 15 octobre 1864, art. d'E. Deschanel sur Baudelaire ; 20 avril 1895, *Souvenirs de la Princesse Metternich sur la Première de* Tannhäuser *à l'Opéra;* 10 octobre 1921, *Baudelaire au Lycée Louis-le-Grand*).

Le Journal spécial des Lettres et des Arts (2e année, 1er vol., p. 204, contre Delacroix).

Journal de Paris et des départements (9 octobre 1824, art. de Stendhal, signé A.).

Le Journal du Peuple (1er avril 1838, T[horé], éloge de Delacroix).

Les Lettres (Janvier 1927, René Johannet, *Baudelaire est-il allé à Châteauroux?*).

Le Manuscrit autographe (1927, numéro spécial consacré à Ch. Baudelaire ; juillet-août 1930, *Salon caricatural de 1846*, attribué à Baudelaire, Banville et Vitu, avec gloses de J. Mouquet ; septembre-octobre 1930, J.-P. Dubray, *Constantin Guys ;* janvier-mars 1933, 18 poèmes de Baudelaire imprimés, avec corrections manuscrites).

Le Mauritien (3 septembre 1841, liste des passagers du *Paquebot des mers du Sud*).

Le Ménestrel (29 janvier 1860 (concerts Wagner) ; 17 mars (Heugel contre Wagner) ; 24 mars 1861 (P. Bernard contre *Tannhäuser*) ; 2 juillet 1865, art. de Gaspérini sur *Lohengrin*).

Le Mercure de France (octobre 1896, t. XX, pp. 163-165, R. de Gourmont, *Un ami de Baudelaire ;* 15 janvier et 1er février 1905, t. LIII, pp. 190-204, 329-346. Féli. Gautier, *Documents sur Baudelaire ;* 1er mars 1907, *Sur le style et l'esprit de M. Villemain*, texte de Baudelaire publié par J. Crépet ; 1er juillet 1909, pp. 69-84, G. Grappe, *Constantin Guys ;* février 1910, Emile Bernard, *les Palettes d'E. Delacroix ;* 16 novembre 1910, Léon Séché, *Baudelaire et Mme Sabatier ;* 16 septembre 1912, *Lettres de Mme Aupick à Asselineau ;* 16 octobre 1917, Ernest Raynaud, *Baudelaire et Théophile Gautier ;* 16 décembre 1918, pp. 637-647, Paul Peltier, *Musset et Baudelaire ;* 1er mai 1921, J. Charpentier, *la Poésie britannique et Baudelaire ;* 1er août 1923, pp. 810-817, Léon Lemonnier, *Baudelaire, Edgar Poe et le Romantisme ;* 1er juin 1924, pp. 856-858, P. D[ufay] *Les Causeries du Tintamarre ;* 1er avril 1931, pp. 216-225, G. Batault, *Baudelaire et Balzac ;* 15 avril 1932, pp. 334-347, Pierre Dufay, *Autour de Baudelaire : Antonio Watripon*).

Midi hivernal (17 et 24 mars 1892, H. Hignard, *Ch. Baudelaire, sa vie, ses œuvres, Souvenirs personnels*).

La Mode (1829, t. I, oct. déc., pp. 29, 56, 104, 183, 188, 348 ; 1830, 2e année, t. I, livr. 2, 3, 4, 6 (art. an. de Balzac sur *La Vie élégante*) ; 1835, 2e trim., p. 132 (l'anglomanie) ; 1838, 1er trim., pp. 43-45 ; 22 juin 1839, p. 364, caricature ; 6 mai 1845, p. 212, critique du *Sultan du Maroc ;* 16 décembre 1846, (allusion à Delacroix) ; 5 octobre 1847, pp. 16-26, éloge de Delacroix).

Le Monde Illustré (7, 14, 21, 28 janvier 1865).

Le Moniteur des Arts (12 mars 1862, Ch. de Saint-René (allusion dédaigneuse à E. Manet) ; 23 mais 1863, sur le Salon des refusés (E. Fillonneau) ; 5 mai 1865, Ernest Fillonneau, *Salon de 1865*).

Le Moniteur Universel (18 mai 1822, art. d'E. J. Delécluze contre Delacroix ;

8 septembre 1824, art. signé D. contre Delacroix ; 29 janvier et 27 février 1828, art. signé Ch. (Chauvin ?) contre Delacroix ; 5 février 1844 (Th. Gautier) ; 17, 21, 26, 31 mars, 6, 14, 21, 28 avril, 6 et 12-13 mai 1845, Fab [ien] P [illet], *Salon de 1845* ; 19, 23, 30 mars, 6, 13, 14, 20, 27 avril, 4, 11, 18 mai 1846, Fab. P. *Salon de 1846*; 26, 29, 30 juin 1853, E. Delacroix, *Le Poussin ;* 25 et 31 mai, 2, 8, 14, 15, 21, 28 et 30 juin 1855, Th. Gautier, *Exposition Universelle ;* 12 août 1856 et 7 avril 1857, Baudelaire traducteur ; 29 septembre 1857, Gautier, *Tannhäuser* ; 18, 23, 30 avril, 7, 21, 28 mai, 3, 11, 16, 18, 23, 25, 29 juin, 1er, 6, 7, 13, 20, 29 juillet, 3, 6, 15, 25 août, 4, 21 septembre, 10 octobre 1859, Th. Gautier, *Exposition de 1859 ;* 30 janvier 1860, A. de Rovray, contre Wagner ; 18 mars 1861, le même contre *Tannhäuser*).

Le Mousquetaire (11 novembre 1856).

La Muse française (10 décembre 1929, nº consacré à Baudelaire).

Le Nain Jaune (19 août 1863, art. de H. de la Madelène, sur *Delacroix*).

La Nation (4 octobre 1864, Gaspérini sur Wagner ; 16 octobre 1864, du même sur Scudo).

The Nation (vol. 88, nº 2280, 11 mars 1909, p. 248, K. Campbell, *l'Influence de Byron sur E. Poe*).

Le National (30 mai 1831, L. Peisse *M. Delacroix, Romantisme ;* 11 mars 1834, *Eloge de Delacroix* par L. Peisse ; 23, 30 mars, 6, 13, 24 avril, 4, 11 mai 1845 Pr [osper] H [aussard], *Salon de 1845 ;* 27 mars, 18, 28 avril, 12, 19 mai 1846, Pr. H., *Salon de 1846 ;* 8 avril 1847, 23 mars 1848, 7 août 1849 (art. de Pr. H.) ; 28 juin 1869, Th. de Banville, E. Prarond, *de Montréal à Jérusalem*).

The New-York Times Book Review (december 5, 1926, pp. 1, 14, 18, 26, *Poe sits for a final portrait* by Herbert S. Gorman).

Nineteenth Century (XXXIV, July 1893, pp. 65-80, Esme Stuart, *Charles Baudelaire and Edgar Poe, a literary affinity*).

Les Nouvelles littéraires (9 octobre 1926, Régis Michaud, *Le mystère d'E. Poe ;* 9 et 16 avril 1927, D. Mornet, *le Romantisme et la Pensée française*.

L'Observateur des Beaux-Arts, Journal des Arts, des Théâtres et de la Littérature (nº V, 24 avril et nº IX, 8 mai 1828, signé D., contre Delacroix).

Les Œuvres libres (juin 1832, p. 230 sqq., Maurice Kunel, *Quatre jours avec Baudelaire*).

L'Opinion Nationale (31 janvier 1860, art. d'Azévedo sur les concerts Wagner ; 19 mars 1861, du même contre *Tannhäuser*).

La Patrie (19 mars 1860, art. de Frank. Marie, pour Wagner).

Le Pays (26 mai et 3 juin 1855, Ch. Baudelaire, *Exposition Universelle, Beaux-Arts*).

La Petite Revue (5 mars 1864, p. 49, pour Delacroix ; 9 septembre 1865, vers d'E. Deschamps sur *les Fleurs du mal ;* 4 novembre 1865 (sur Fétis) ; 10 décembre 1862, p. 78 (Baudelaire, traducteur de Poe) ; 21 avril 1866, pp. 158-161, G. Le Vavasseur, *Chanson en prose latine ;* 2 juin 1866, p. 23, sur Fétis).

Le Peuple, organe quotidien de l'île de la Réunion (13-14 mars 1929, à propos du séjour de Baudelaire à Bourbon).

La Plume (1er-15 août 1893, Daruty de Grandpré, *Baudelaire et Jeanne Duval*).

La Presse (9 mars et 26 août 1837, 22 mars 1838, 4 avril 1839, 13 mars 1840, art. de Th. Gautier ; 11, 18, 19, 20 mars, 15, 16, 17, 18 et 19 avril 1845, Th. Gautier, *Salon de 1845 ;* 31 mars, 1, 2, 3, 4, 7, 8 avril 1846, Th. Gautier, *Salon de 1846 ;* 14 octobre 1846 (*Petites représailles*), 1er avril 1847, Th. Gautier ; 18-19 septembre 1850, G. de Nerval, *Le Centenaire de Gœthe et de Herder à Weimar ;* 2 décembre 1850, art. de Gautier sur l'ouverture du *Tannhäuser ;* 23 avril 1851, Gautier, « *Sapho »* de Gounod ; 23 avril 1859, P. de Saint-Victor, éloge de Delacroix ; 18 mars 1861, P. de Saint-Victor, sur Wagner).

Pro Medico (1927, nº 3, Dr Cabanès, le *Mal mystérieux de Baudelaire*).

Réalisme (novembre 1856 à mars 1857, et principalement le 15 décembre 1856 : *A quoi sert donc Charenton ? ; Pour ceux qui ne comprennent pas*).

La Réforme (16 et 26 mars 1845, Ch. Blanc, éloge de Delacroix).

Recueil de l'Académie des Jeux Floraux (1911, *Eloge de M. Jules Buisson* par

M. de Lahondés-Lafigère, Toulouse, Douladoure, 1911, in-8).

La Renaissance, chronique des Beaux-Arts, de la Littérature et revue archéologique de la Belgique (7ᵉ année, t. VII, Bruxelles, 1845-1846, pp. 4-6, 29-31, articles d'Alfred de Martonne sur le *Salon de 1845* ; 8ᵉ année, t. VIII, 1846-1847, pp. 13 sqq., 21 sqq., articles d'A. de Martonne sur le *Salon de 1846*).

Revue anecdotique (2ᵉ quinzaine de juillet 1859, pp. 26, sqq. sur *la Mort de Privat d'Anglemont* ; 2ᵉ quinz. d'octobre 1859, pp. 178-188, *Privatiana* ; 1ʳᵉ quinz. de nov. 1859, p. 215 (*Théophile Gautier* par Charles Baudelaire, art. bibliogr.) ; 2ᵉ quinz. de janvier 1860, p. 42 (Wagner aux Concerts parisiens) ; 2ᵉ quinz. de février 1860, pp. 95-96 (*id.*) ; 2ᵉ quinz. de mars 1860, pp. 120-130, Privat d'Anglemont à la *Revue des Deux-Mondes* ; 1ʳᵉ quinz. de juillet 1860, p. 7 (les rôles du *Tannhäuser* à l'Opéra) ; 1ʳᵉ quinz. d'octobre 1860, p. 161, *les Soirées de Gavarni* ; 2ᵉ quinz. de mars 1861, pp. 128-130, (*Tannhäuser* à l'Opéra) ; 1ʳᵉ quinz. de juin 1861, pp. 252-254, mystification de Privat d'Anglemont ; 1ʳᵉ quinz. de décembre 1861, pp. 250-251, description de la lithographie de Durandeau ; 1ʳᵉ quinz. d'avril 1862, 2ᵉ quinz. d'octobre 1862, p. 173 sqq., allusion aux opinions de Baudelaire sur le Romantisme).

Revue anglo-américaine (octobre 1927, R. Galland, *Hermann Melville* ; octobre à décembre 1929, Charles Cestre, *le Romantisme d'Emerson*).

Revue de l'Art ancien et moderne (1920, t. 1, p. 72, P. Jamot, *Th. Chassériau*).

Revue blanche (1ᵉʳ mars 1902, G. Kahn, *V. Hugo et la critique*).

Revue Contemporaine (I, 1852, p. 152, art. bibliog. d'A. de Pontmartin ; III, 1852, p. 173, même auteur ; IV, 1852, p. 651, du même auteur ; XII, 1854, pp. 617-620, Lerminier, *Lettres sur la littérature contemporaine* ; XXXII, 15 juillet 1857 (L. Etienne, *Les Conteurs américains, E. Poe*, pp. 492-525) ; XLIV, 31 mai 1859, 2ᵉ série, t. IX, pp. 287-324, Ch. Perrier, le *Salon de 1859* ; 15 février 1860, Baron Ernouf, *l'Œuvre de M. Richard Wagner*) ; *ibid.*, pp. 549-553 (*Revue mus.* de Wilhelm) ; 15 et 31 mars 1861, Wilhelm, contre Wagner).

Revue des Cours et Conférences (15 avril 1926, pp. 56-73, E. Meyer, *Th. Gau-* tier et Baudelaire ; 1930, J. Pommier, *Baudelaire et les Lettres françaises*).

Revue des Deux-Mondes (1ᵉʳ avril 1834, pp. 27-44, G. Planche, *De l'Ecole française au Salon de 1834* ; 1ᵉʳ avril 1835, pp. 167-209, Ch. Lenormant, *l'Ecole française en 1835, Salon annuel* ; 15 juillet 1835, pp. 169-202, Philarète Chasles, *De la littérature dans l'Amérique du Nord* ; 15 avril 1836, pp. 144-176, A. de Musset, *Salon de 1836* ; 15 avril 1837, p. 145, A. Barbier, *Salon de 1837* ; 1ᵉʳ août 1837, E. Delacroix, *le Jugement dernier de Michel-Ange* ; 1ᵉʳ mai 1838, pp. 367-408, F. de Mercey, *Salon de 1838* ; 1ᵉʳ novembre 1838, A. de Musset, *Sur la Tragédie et les débuts de Mlle Rachel* ; 1ᵉʳ et 15 avril 1839, art. an. de Mérimée, *le Salon de 1839* ; 1ᵉʳ septembre 1839, pp. 675-691, Sainte-Beuve, *De la littérature industrielle* ; 1ᵉʳ mars 1840, pp. 689-702, Sainte-Beuve, *Dix ans après en littérature* ; 15 avril 1841, pp. 306-325, Ph. Chasles, *Scènes de la vie privée dans l'Amérique du Nord* ; 15 septembre 1841, pp. 953-968, P. Dillon, *De la littérature et des hommes de lettres aux Etats-Unis* ; 1ᵉʳ février 1843, pp. 446-476, P. Chasles, *les Américains en Europe et les Européens en Amérique* ; 15 avril 1844, pp. 338-365, *le Salon* par Louis Peisse ; 1ᵉʳ août 1844, pp. 467-484, John Lemoinne, *George Brummell par le Captain Jesse* ; 1ᵉʳ février 1846, pp. 520-535, Th. Gautier, *le Club des Haschichins* ; 15 avril 1846, pp. 283-300 et 15 mai 1846, pp. 671-684, G. Planche, *le Salon de 1846* ; 1ᵉʳ novembre 1846, E. Delacroix, *Prudhon* ; 1ᵉʳ septembre 1848, E. Delacroix, *Gros* ; 1ᵉʳ janvier 1851, G. Planche, *Littérature dramatique* ; 15 avril 1852, Forgues, *E. Poe* ; 15 juin 1853, H. Delaborde, *Salon de 1853* ; 1ᵉʳ septembre 1853, G. Planche, *la Poésie en 1853* ; 15 juillet 1854, E. Delacroix, *Question sur le Beau* ; 1ᵉʳ février 1855, pp. 541-543, A. de Pontmartion, *Poètes et romanciers modernes de la France* ; 1ᵉʳ mars 1855, pp. 999-1019, E. Montégut, *Perspectives sur le temps présent* ; 1ᵉʳ mai 1855, pp. 538-565, G. Planche, *la Littérature française de 1830 à 1848* ; 15 septembre 1855, pp. 1139-1144, G. Planche, *l'Exposition Universelle des Beaux-Arts* ; 1ᵉʳ février 1856, pp. 587-595, Ch. de Rémusat, *Du romanesque et de l'esprit littéraire* ; 1ᵉʳ avril 1856, p. 155 et couverture (Bibliographie :

45

Baudelaire et ses traductions) ; 15 mars 1857, pp. 410-433, G. Planche, *le Roman français en 1857* ; 15 mai 1857, pp. 271-320, Cucheval-Clarigny, *la Presse en Amérique depuis l'indépendance jusqu'à nos jours* ; 15 juin 1857, E. Delacroix, *Des variations du Beau* ; 15 juillet 1857, pp. 404-421, Saint-René-Taillandier, *la Littérature et la vie militaire* ; 1er novembre 1858, pp. 196-213, E. Montégut, *le Roman intime de la littérature réaliste* ; 15 mai, p. 498 et 1er juin 1859, pp. 523-524, H. Delaborde, *l'Art français au Salon de 1859* ; 15 juin 1859, pp. 867-897, E. Montégut, *le Roman réaliste en Angleterre* ; 1er octobre 1859, pp. 720-738, Ch. de Mazade, *Pages d'un rêveur inconnu* ; 1er septembre 1860, p. 245, Ch. de Mazade, *Sur le réalisme* ; 1er mars 1860, pp. 228-238, Scudo, *les Ecrits et la Musique de M. Wagner* ; 1er avril 1861, pp. 759-770, Scudo, *Tannhäuser à l'Opéra*).

Revue de l'Enseignement des langues vivantes (décembre 1928, Vincent O' Sullivan, *Edgar Poe et ses compatriotes*).

Revue européenne (15 juin 1859, pp. 408-410, Emile Perrin, *Chronique musicale* ; 1er février 1860, pp. 634-635, E. Perrin, *Chronique musicale ; ibid.*, p. 837 ; 15 février 1860, pp. 834-839, E. Perrin, *Chronique musicale ;* 15 décembre 1860, pp. 855-860, E. Perrin, *Chronique musicale* ; 15 mars 1861, p. 387, E. Perrin, *Chronique musicale ;* 1er avril 1861, Baudelaire : *R. Wagner ;* août 1927, Léon Lemonnier, *Quelques vieux jugements sur la littérature américaine*).

Revue fantaisiste (15 février 1861-15 novembre 1861, et particulièrement 15 mars, 1er avril, 15 mai, 15 juillet).

Revue française (10 et 20 juin, 10 et 20 juillet 1859, *Salon de 1859* de Charles Baudelaire).

Revue de France (15 décembre 1921, Solange Rosenmark, née Autard de Bragard, *Baudelaire à l'île Bourbon ;* 15 septembre 1923, Paul Valéry, *Situation de Baudelaire* ; 15 octobre 1929, Lemonnier, *l'Influence d'E. Poe sur Baudelaire*).

Revue et Gazette musicale de Paris (1er décembre 1850, article de H. Blanchard, sur l'ouverture de *Tannhäuser* au concert Sainte-Cécile ; 1852, 6, 13, 20, 27 juin, 11, 21, 25 juillet, 8 août, articles de F.-J. Fétis sur l'œuvre de Wagner ; 1860, 29 janvier

(Paul Smith) (A. Botte), 19 et 26 février (L. Durocher), allusions hostiles à Wagner ; 20 mai (Fétis, sur les concerts Wagner à Bruxelles) ; 1861, 17 et 24 mars (Paul Smith contre Wagner).

Revue germanique (1858, t. III, 9e livr., L. Lacombe, *la Musique et le mouvement musical en Allemagne* ; 1860, t. IX, 2e livr., pp. 433-448 (pour Wagner) ; 1861, t. XIV, 31 mars, A. Dozon, *Alexandre Petöfi,* même date, pp. 320-323, Ch. Dolfus, sur *Tannhäuser*).

Revue hebdomadaire (28 juillet 1923, pp. 483 sqq., E. Marsan, *Dandysme littéraire* ; 19 juillet 1930, Jean d'Elbée, *Dialogue du Sourd et du Muet*).

Revue d'Histoire littéraire de la France (1911, janvier-mars, pp. 1-36, Ernest Bovet, *le Réalisme de Flaubert* ; pp. 256-296, A. Pitou, *les Origines du mélodrame français au XVIIIe siècle ;* pp. 297-334, J. Giraud, *Musset et Hoffmann ;* 1917, janvier-mars, pp. 65-79, G. Servières, *les Relations d'E. Reyer et de Th. Gautier ;* 1929, septembre-octobre, André Ferran, *Baudelaire juge de Baudelaire ;* 1930, octobre-décembre, J. Pommier, *Baudelaire et Banville ;* 1933, janvier-mars, André Ferran, *Note baudelairienne*).

Revue de l'Instruction publique (25 octobre 1860, A. Arnould, art. sur *les Paradis artificiels ;* 6 juin 1861).

Revue internationale de l'Art (1869, t. I, janvier-juin, pp. 190-201, A. Ranc, *Baudelaire critique d'art*).

Revue de Littérature comparée (1914, pp. 653-670, A. Viatte, *Quelques épisodes de la propagande « illuminée » au XVIIIe siècle*).

Revue du Lyonnais (5e série, t. XIII, pp. 418 sqq., juin 1892, Henri Hignard, *Charles Baudelaire, sa vie, ses œuvres, souvenirs personnels*).

Revue musicale (1er novembre 1922; 1er octobre 1923, numéro spécial : *Wagner et la France,* Paul Dukas, *l'Influence wagnérienne* ; André Suarès, sur *Wagner ;* Maxime Leroy, *les Premiers amis français de Wagner ;* Maxime Leroy, *Lettres inédites de Wagner à Léon Leroy et Gaspérini ;* A. Dubuisson, *Wagner et son éditeur parisien;* H. Lichtenberger, *Wagner et l'opinion contemporaine;* G. Servières, *Les visées de Wagner sur Paris ;* André Schaeffner, *R. Wagner et l'Opéra français au début du XIXe siècle;* Andre Cœuroy, *Notes sur le roman wag-nérien français* ; Edouard Dujardin, *la Revue wagnérienne* ; Adolphe Jul-lien, *l'ouverture de « Tannhäuser »* *aux concerts populaires* ; J. G. Prod'-homme, *les Maisons de Wagner à* *Paris* ; notes de Geneviève Perreau, X. de Courville, Henry Prunières et André George).

Revue Nationale (février 1860, p. 622 (sur *Wagner*) ; 25 décembre 1860, t. I, p. 647 (art de P. Brenier, *Chr. mus.*) ; 25 février 1861, p. 621, (art. de P. Brenier, *contre Wagner*) ; 10 mars 1861, pp. 138-139 (*sur « Tann-häuser »*) ; 25 mars 1861, pp. 296-360 (Brenier contre Wagner) ; 10 avril 1861 (art. de P. de Musset sur *Mo-zart*) ; 25 mai 1861, pp. 302-303 (P. de Musset contre Wagner) ; 25 jan-vier 1862, pp. 297-298 (*éloge de Wag-ner* par Th. Gautier fils).

Revue normande et percheronne (1893, p. 193, A. Du Bosc, *Ph. de Chenneviè-res*).

Revue de Paris (1829 mai, t. II, E. Dela-croix, *Des critiques en matière d'art* ; 1830, t. XI, p. 138, E. Delacroix, *Raphaël* ; 1830, t. XV, p. 41, et t. XVI, p. 165, E. Delacroix, *Michel-Ange* ; 1835, t. XVII, p. 195 (P. Ver-mond, sur Scribe), t. XIX, p. 119 (L. Gozlan); 1840, 3e s., t. XVI, pp. 123-124, Théodose Burette, *Salon de* *1840* ; 1838, t. LI (nouvelle série), pp. 52-58, t. LII, pp. 38-48, 267-279, t. LIII, pp. 50-59, Th. Thoré, *Salon* *de 1838* ; 1840, 3e série, t. XVI, p. 123-143, Th. Burette, *Salon de 1840* ; 1845 (1er avril), nouvelle série, t. III, p. 480, E. Bergounioux, *Salon de* *1845* ; 1852, mars et avril, Baudelaire, *E. Poe, sa vie et ses ouvrages* ; 1855, t. XXVI, juin, pp. 345-346, Max du Camp, contre Delacroix ; 1901, 1er juin, Ph. Berthelot, *Louis Ménard* ; 1932, 1er janvier, Ad. Boschot, *Th. Gautier, critique d'art* ; 1er, 15 août, L. Barthou, *Wagner et Judith Gau-tier*).

Revue de la Poésie (juillet-août 1892, G. Le Vavasseur, *Ernest Prarond*).

Revue Universelle (15 juillet 1922, Ch.

Maurras, *Devant les Poètes* ; décem-bre 1927, P. Jamot, *Pourquoi Fro-mentin a-t-il voulu être peintre ?*)

Revue wagnérienne (Juin 1886).

La Semaine (22 mars 1846, XXX. *Exposi-tion du Musée de 1846*, pp. 631-632 ; **26 mars 1848**, no 21, pp. 665-666, P. de St-Victor).

Le Siècle (7 juin 1859, L. Jordan, *Salon* *de 1859*).

La Silhouette (20 juillet 1845, A. Vitu, *le* *Salon de 1845 par Ch. Baudelaire* ; 2 et 9 septembre 1849, *Petits profils* *contemporains : P. Dupont*, par A[uguste] V[itu]).

Société havraise d'études diverses (1898, 1er trim., R. Leroy, *Gustave Le Va-vasseur*)

The South Atlantic Quarterly (January 1909, Palmer Cobb, *Poe and Hoffmann*).

Spectator (6 septembre 1862, art de Swin-burne sur *Baudelaire*).

Studio (numéro d'automne 1904, *Daumier* *and Gavarni with critical and bio-graphical notes* by Henry Franz and Octave Uzanne, London, Paris, New-York, 1904)

Le Temps (23 avril 1833, Lenormant, éloge de Delacroix ; 30 août 1834 et 31 mars 1837, Louis Peisse, éloge de Delacroix ; 13 mars 1840, Pros-per Haussard, sur Delacroix ; 2 mai 1887, J. Weber, *La 3e représentation* *de Tannhäuser en 1861* ; 4, 11 juin, 9 juillet, 17, 24 août, 17 octobre 1917, art. de Paul Souday : *le Cin-quantenaire de Baudelaire, le Do-maine public, A propos du Cinquan-tenaire de Baudelaire, Des lettres de* *Baudelaire, Vues sur Baudelaire*, *Chronique des Livres* ; 15, 22, 29 oc-tobre 1923, P. Souday, sur *l'Ecole* *païenne* ; 15 mai 1928, E. Henriot, *Baudelaire traducteur d'E. Poe* ; 27 novembre 1930, Edmond Jaloux, *le Centenaire de la Photographie*).

Uylenspiegel (17 avril, 19 octobre, 9 et 16 novembre 1856, 19 avril 1857, dessins ou caricatures de Félicien Rops).

INDEX ALPHABÉTIQUE DES NOMS PROPRES

Cet index se borne à renvoyer aux passages essentiels

A

H

TABLE DES MATIÈRES